金善宝文集

上卷

南京农业大学 编

中国农业科学技术出版社

图书在版编目（CIP）数据

金善宝文集．上卷／南京农业大学编．—北京：中国农业科学技术出版社，2022.10
ISBN 978-7-5116-4795-5

Ⅰ.①金… Ⅱ.①南… Ⅲ.①金善宝（1895—1997）-纪念文集 Ⅳ.①K826.3-53

中国版本图书馆 CIP 数据核字（2020）第 098849 号

责任编辑 朱 绯
责任校对 李向荣 贾海霞
责任印制 姜义伟 王思文

出 版 者 中国农业科学技术出版社
北京市中关村南大街 12 号 邮编：100081
电 话 （010）82109707（编辑室） （010）82109702（发行部）
（010）82109709（读者服务部）
网 址 https://castp.caas.cn
经 销 者 各地新华书店
印 刷 者 北京科信印刷有限公司
开 本 185 mm×260 mm 1/16
印 张 42.75
字 数 1 100 千字
版 次 2022 年 10 月第 1 版 2022 年 10 月第 1 次印刷
定 价 300.00 元

《金善宝文集(上卷)》

编 委 会

记我国杰出的农学家、教育家、现代小麦科学主要奠基人金善宝先生

在南京农业大学即将迎来120周年校庆之际，《金善宝文集》也将要付梓出版。该书全面记载了金善宝先生对农业科学的孜孜以求，对农业科教事业的全力以赴，是他“为灿烂的中华农业增辉”理想勤耕不辍的真实写照。

金善宝先生，学农爱农，奋斗终生。1895年7月，他出生于浙江诸暨，中学毕业后受辛亥革命影响毅然报考南京农业大学前身之一的南京高等师范学校农业专修科，1920年以优异的成绩毕业留校，工作于南京皇城小麦试验场，这个筹建中的试验场成为他“拼将毕生力，直至麦金黄”小麦科教生涯的起点。1926年，他在东南大学（由南京高等师范学校合并组建）农科完成本科学业，1927年12月任教于杭州劳农学院（今浙江大学农学院），1930年赴美国康奈尔大学研究生院学习，后转至明尼苏达大学农学院研究作物育种。1933年学成回国，他先后任教于浙江大学农学院、中央大学农学院、江南大学农学院。新中国成立后，历任南京大学农学院院长、南京农学院院长、中国农业科学院副院长和院长，担任第一至第六届全国人大代表、第三届中国科学技术协会副主席、国务院学位委员会委员、农业部科学技术委员会主任委员、中国农学会副会长、中国作物学会理事长等职。1955年当选中国科学院学部委员，并获评全苏列宁农业科学院通讯院士、美国农业服务基金会永久荣誉委员。1997年6月26日，金善宝先生在北京逝世，享年102岁。

金善宝先生，治学严谨，求实创新。他是我国著名的农学家、教育家和现代小麦科学主要奠基人，被誉为中国的“农业泰斗”和“远东神农”，为中国农业科教事业做出了无私奉献、留下了宝贵财富。他献身小麦研究70余年，出版了我国小麦史上第一部专著《实用小麦论》，发现并命名了我国独有的小麦品种“云南小麦”，主编了作物领域经典代表作之一的《中国小麦品种及其系谱》，选育的高产、抗病小麦新品种“南大2419”推广种植面积最高年份达7 000多万亩，成为当时的小麦当家品种和小麦育种史上的里程碑。20世纪60年代起，他倡导南繁北育、异地加代，大大缩短了小麦育种进程。金善宝先生一生从事农业教育与科研工作，努力践行“农科教结合”办学思想，摒弃了严重脱离农业生产实际的教学方法，讲求实效，要求学生必须到生产一线进行再学习，鼓励学生应用所学去解决各种作物的具体问题，为我国农业战线培养了几代农业教育、科研和生产、管理的优秀人才，为中国农业科教事业做出了卓越贡献。

金善宝先生，心系天下，热爱祖国。抗战期间，他在奔赴延安不能成行的情况下，两次前往八路军驻重庆办事处捐款，将选育的小麦良种托人送到延安，并表示：“我相信共产党，我的心在八路军战士身上。”在烽火连天的战争年代，他与梁希、潘菽等人组织成

立了“自然科学座谈会”，1944 年底参加“民主科学座谈会”（九三学社的前身），倡导团结民主，争取抗战胜利，重庆谈判期间他受到了毛泽东主席的接见。1946 年，他参加了中央大学和重庆大学联合发起的“一·二五”反内战运动。1947 年，他参加讨论《中央大学教授会宣言》，点燃了南京“五·二〇”反饥饿、反内战、反迫害学生运动的火焰。解放后，他担任了九三学社第六、第七届中央委员会副主席，第八、第九届中央委员会名誉主席。1977 年，他参加了邓小平主持的中央科教工作座谈会，积极为中国高等农业教育的恢复和发展献言献策。1978 年，在全国科学大会上，他作了题为《为把我国变成世界第一个农业高产国家而奋斗》的大会发言，提出了加强农业科研中心、重点农业院校和农业人才队伍建设的若干建议。

金善宝先生，为人师表，热爱母校。他是南京高等师范学校农业专修科 1917 年成立时的第一届学生，是南京农学院 1952 年组建时的第一任院长，与南京农业大学结下了不解之缘，是“诚朴勤仁”南农精神的缩影。他对母校倾注了满腔热血，充满了无限深情。无论是新中国成立初期的南京农学院办学实践和卫岗新校址选定，还是改革开放后南京农学院艰辛复校和南京农业大学“211 工程”建设，都有他的出谋划策和不懈努力，是南京农业大学全体师生应该永远铭记的历史功绩。1994 年，作为百岁老人，他最后一次回到母校参加校庆，坚持要以一个学生的身份站着发言。南京农业大学先后冠名设立了金善宝奖学金、金善宝实验班、金善宝书院、金善宝大讲堂、金善宝农耕青年讲堂和金善宝农业现代化研究高端智库等，揭幕了金善宝先生铜像和油画像，编排了《金善宝》原创话剧，这是对金善宝先生的缅怀，更是对金善宝精神的传承。

南京农业大学 120 年的发展史，是一部前辈垦荒拓宇、后辈不懈求索的历史。在 120 周年校庆之际，全体南农人要认真学习金善宝先生心系天下的报国情怀，努力践行金善宝先生求实创新的治学态度，大力弘扬金善宝先生学农爱农的优秀品格，以实际行动全面开启农业特色世界一流大学建设新征程。

陈利根　南京农业大学党委书记
陈发棣　南京农业大学校长
2021 年 10 月 20 日

《金善宝文集》序

为庆祝2022年南京农业大学建校120周年，学校决定编印出版《金善宝文集》，以此缅怀南京农学院首任院长金善宝先生的不朽功绩。编委会邀约作序，欣然命笔！

我于1953年被录取进南京农学院学习，当时正是全国院系调整、南京农学院建立的第二年，我怀着十分喜悦的心情得知金善宝院长和国内一批著名教授云集南农。学校的熏陶使我慢慢认识到，金善宝院长是我们参加新中国建设的领路人，走上农业科学探索道路的领头人，从事农业教育、传道授业解惑、培养新一代农学家的引导人。我敬佩金院长坚定明确的政治理想，为农作增产的育种成就，为培养青年农学家的循循善诱。

金善宝院长早年就追求民主进步，以国家的兴亡为己任。年少时，他毅然剪去辫子，报考革命同盟会创办的陆军中学，踏上追求民主的道路。金院长在《敬爱的周总理，我们永远怀念您》手稿中提到，抗战期间，周恩来在原中央大学做了《关于目前国际形势和中国抗战前途》的报告，“这是我第一次见到周恩来同志，听了周恩来同志的报告后，我就把中国的希望寄托在中国共产党身上”，感到苦闷的他与同样苦闷的梁希、潘菽、涂长望等人经常去新华日报社，组织“自然科学座谈会”，后又参加“民主科学座谈会”（九三学社前身），交流对时局的看法，在1945年重庆谈判期间得到了毛泽东主席的接见，金院长关心毛主席的安全，曾婉喻危险局面，劝毛主席早日返回延安。

解放后，金院长担任南京市副市长、华东军政委员会农林部副部长，对党的信任，他在手稿《二十年来的回忆——为庆祝党成立四十周年而作》中提到：“党对我多方面的教育和培养，对我工作上的热情帮助和鼓舞，无论在政治上和学术上都给我以崇高的荣誉，内心感动的心情是无法以言语来形容的。”他在1956年2月光荣加入中国共产党，是江苏省最先入党的老一辈农学家。

金善宝院长倾心农业科学，以我国农业农民农村的发展为目标。1920年，金院长毕业于南京农业大学前身之一的南京高等师范学校农业专修科，留校任皇城小麦试验场技术员；南京高等师范学校改为国立东南大学后，他又到大胜关农事试验总场任技术员直至1927年离开。在试验场工作的6年里，金院长不光从事小麦科学研究，还从事玉米、大豆的相关研究，他的研究成果《近代玉米育种法》《大豆天然杂交》等发表在《中华农学会报》。

在蔡旭发表《中央大学五种改良小麦品种》（1936年12月）一文中记载，中央大学农学院的小麦育种实验工作开始于民国七年（1918年），推广始于民国十三年（1924年），育成推广的5种小麦是“中大南京赤壳”“中大武进无芒”“中大江东门”“中大南宿州”“中大美国玉皮”，这其中凝聚着金院长大量的心血，而后来的当家品种“中大2419”

（后改名“南大 2419”）是我国小麦良种史上种植面积最大、分布最广、使用年限最长的小麦品种，也是我国大面积推广的第一个抗锈品种。

此外，金院长继承了他的老师邹秉文“农科教结合”的思想，在担任南京农学院院长期间，他带头联系农业合作社，与当时的李玉、联众、十月、红旗等公社建立合作，组织师生下乡体验并进行技术指导。

1955 年，金善宝院长被聘为中国科学院学部委员。在 1978 年全国科学大会上，金院长提出迅速发展农业科学技术六项建议：一、建立两类农业科学研究中心；二、研究落实技术政策；三、迅速培养建设一支宏大的农业科技队伍；四、搞好重大农业科研项目的写作研究；五、重视农业科学的基础工作和理论研究；六、农业科学研究必须保持相对的稳定性和连续性。他说：“我今年虽然已经八十二岁高龄，但此时此刻我的心中却充满着青春的活力，在实现四个现代化的长征道路上，我要把八十二岁当成二十八岁过……把我的余年贡献给我国的小麦育种事业，为把我国变成世界上第一个高产国家，竭尽自己最大的努力。”

金善宝院长关注我国农业教育，始终不渝推动南京农业大学的建设与发展。1958 年 9 月，南京农学院从城内的丁家桥迁到中山门外的卫岗，办学空间得到显著改善。这一决策是金院长在 1957 年 4 月写信给主管文教的聂荣臻副总理争取而来的。在 1994 年的校庆晚宴上，作为时任校长的我曾向金老当面致敬：“自新中国成立以来，在南京农业大学发展壮大的过程中，我们深深地体会到，当年老院长亲自为我们选定的卫岗校址是多么的正确和明智！”

金院长从 1920 年南京高等师范学校农业专修科毕业，到 1926 年东南大学农艺系本科毕业，再到 1933 年 9 月从浙江大学到中央大学农学院任教，直至 1958 年 9 月奉调入京，他在中央大学、南京农学院从事教育事业 20 多年，始终对母校饱含着一片深情，在这片故土上，他桃李满天下，学生们都尊称他为“金师”。

1958 年以后，金院长虽然离开了南京农学院，但从未忘记南京农学院，他始终关心着南京农学院的发展。1972 年南京农学院撤销并为江苏农学院，1977 年 8 月夏祖灼和沈丽娟两位先生分别写信给金院长，希望在京向中央反映南京农学院复校问题。根据文集的记载，年逾八十的金院长于 1977 年 9 月 20 日和 1978 年 5 月 4 日两次写信给邓小平同志，在他的呼吁下，中共中央终于电复：恢复南京农学院，仍作为全国重点农业院校之一到原校址办学。这一壮举给了学校第二次生命。

《金善宝文集》包含金院长的学术论文、重要讲话、农业科技管理、农业调查研究和社会活动等部分，这些文件记录了金院长一生的行为踪迹，从字里行间我们能感受到金院长是一位具有坚定正确政治方向的农业科学家，是一位关注我国农业农民的战略科学家和战术科学家，是一位高等农业的教育家，还是一位社会活动家。南京农业大学有幸有这样一位德高望重的首任院长，这部文集所记录的不仅是百余篇文章，更是金院长的志向、成就、为人、德行和风范，是留给后人取之无尽、用之不竭的精神财富。

盖钧镒 南京农业大学原校长
中国工程院院士
2021 年 10 月

目　　录

学术论文

会议讲话（广播）

农业科技管理

调查研究

其　他

学术论文

小麥交配對於生長習性與抵抗莖銹病性之遺傳

金善寶譯

譯美國農業雜誌第二十四卷第六號（Journal of Agrienltnral Researoh. No. 6. Voel. XXIV）

（一）緒言

普通減少小麥銹病之方法有三；（一）消毀蘗本，（二）選種富於抗病之品種，（三）應用適宜之栽培法。美國硬粒紅皮春小麥，每年受莖黑銹病之損失甚大，凡栽植硬粒紅皮秋小麥之區域，無一能抵抗該病之品種，故近來無大舉栽植者，Kota 小麥，在其生長之區域內，雖能抵抗莖銹病，但因莖幹軟弱，在潮濕之地易於倒朴，故不易推廣，是以育成一種富於抗病性之硬粒紅皮春小麥爲不容緩之事。

顧欲產生富於抗病之小麥，實非易事，從前以爲只有一種之銹病菌，然近則Stakman，Piemlisel 及其他作者，已證明莖銹病菌（Puocinia Gtaminis Tritioi）實包含許多種類，而此各病菌對於各種小麥之致害性不同，因此吾人可以解釋何以同是一種小麥，在某地能抗病，而在他處則不能抗病；又何以在同一地方，在某年能抗病，而在某年則不能抗病；

甘省紅粒（Kanrad）與馬克斯（Margnis）兩種，均爲優於品質與富於產量之品種。惟前者抵抗莖銹病之性則優於後者，本篇之目的，即欲研究該二種小麥之交配，其後代對於生長習性與抵抗銹病與之遺傳性如何耳。

Hayes，Parker，及Kurtzwil三氏，曾將硬粒小麥（Durum）與普通小麥及Fmmer 普與普通小麥交配：試驗其抗病與受病之遺傳性，彼等証明兩種交配法所得之結果不同，硬粒與普通交配受病爲顯性，Fmmer 與普通小麥交配，第一代抗病爲顯性，不過其抗病性不若Emmer 做本之強耳。

美國密西西比河流域，業已發現之銹病菌，計有二十一種，就中爲甘省紅粒能抵抗（Resistant）者二種，能完全免病（Jmmune）者十一種，故該種實爲育成抗病小麥之良好材料，如能從甘省紅粒與馬克斯交配之後代，選出一種春小麥而具有甘省紅粒之抗病性者、則從而繁殖之，可以供農家之需要。

甘省紅粒爲一種秋小麥，密南沙太大學農場曾將其下種於春季，則抽穗寥寥，且不結實•馬克斯爲一種春小麥，當其下種于冬季，則多爲嚴霜殺死•本篇所稱生長習性之意義，即在比較春小麥與秋小麥同在春季下種，其抽穗

小麦交配对于生长习性与抵抗茎锈病性之遗传

金善宝译

一、绪　言

普进减少小麦锈病之方法有三：①销毁蘖本，②选种富于抗病之品种，③应用适宜之栽培法。美国硬粒红皮春小麦，每年受茎黑锈病之损失甚大，凡栽植硬粒红皮秋小麦之区域，无一能抵抗该病之品种，故近来无大举栽植者，Kota 小麦在其生长之区域内，虽能抵抗茎锈病，但因茎秆软弱，在潮湿之地易于倒伏，故不易推广，是以育成一种富于抗病性之硬粒红皮春小麦为不容缓之事。

故欲产生富于抗病之小麦，实非易事，从前以为只有一种之锈病菌，然近则 Stakman、Piemligel 及其他作者，已证明茎锈病菌（*Puccinia Graminis Tritici*）实包含许多种类，而此各病菌对于各种小麦之致害性不同，因此吾人可以解释何以同是一种小麦，在某地能抗病，而在他处则不能抗病；又何以在同一地方，在某年能抗病，而在某年则不能抗病。

甘省红粒（Kanred）与马克斯（Marquis）两种，均为优于品质与富于产量之品种。惟前者抵抗茎锈病之性则优于后者，本篇之目的，即欲研究该 2 种小麦之交配，其后代对于生长习性与抵抗锈病与之遗传性如何耳。

Hayes、Parker 及 Kurtzwil 三氏，会将硬粒小麦（*Triticum durum*）与普通小麦及 Emmer（二粒小麦）与普通小麦交配：试验其抗病与受病之遗传性，彼等证明两种交配法所得之结果不同，硬粒与普通交配受病为显性，Emmer 与普通小麦交配，第一代抗病为显性，不过其抗病性不若 Emmer 母体之强耳。

美国密西西比河流域，业已发现之锈病菌，计有 21 种，就中为甘省红粒能抵抗（Resistant）者 2 种，能完全免病（Immune）者 11 种，故该种实为育成抗病小麦之良好材料，如能从甘省红粒与马克斯交配之后代，选出一种春小麦而具有甘省红粒之抗病性者，则从而繁殖之，可以供农家之需要。

甘省红粒为一种秋小麦，密南沙太大学（应为今明尼苏达大学）农场曾将其下种于春季，则抽穗寥寥，且不结实。马克斯为一种春小麦，当其下种于冬季，则多为严霜杀死。本篇所称生长习性之意义，即在比较春小麦与秋小麦同在春季下种，其抽穗之能力有何不同而已。

现在关于生长习性之遗传，研究之者尚鲜，惟关于春小麦与秋小麦之抽穗期与成熟期之观察，则颇不乏人。Fruwirth 于 1918 年选得一秋小麦穗，分作两部，一部分之种子下种于秋季，其他一部分则种于春季，如是继续行之 8 年，其后将两部分之种子，同在春季秋季下种，以比较其生长习性，结果各区之开花期与成熟期并无差异，由此观之，从纯系选种是无效果的。

关于生长习性之遗传，前人试验之结果，颇有出入。1909 年，据 Spillman 之报告，普通秋小麦与棍棒形春小麦交配，秋小麦为显性，春小麦为隐性。1910 年 Fruwirth 试验结果，亦以秋小麦为显性，杂种之第一代下种于秋季者，生长状况优于原来之秋小麦，但在春季下种者则花而不实。

1917 年 Gaines 之报告，彼交配两种春大麦，而得一春大麦与秋大麦之分离现象。第一代于春季下种，抽穗如常，故均为春大麦；而第二代则得秋大麦与春大麦两种，其比率为 3∶13。

小麦生长习性之遗传，要推 Valvivo 与 Kauznetzov 二氏研究之结果，最为完全。彼等将普通秋小麦与棍棒形春小麦交配，而知春小麦为显性，秋小麦为隐性；其第二代 552 植株中，有 500 株为春小麦，52 株为秋小麦。本篇所述春小麦遗传试验之结果，却与二氏同。

二、实验之材料与方法

供试之小麦品种为马克斯与甘省红粒，于 1918 年之夏季举行交配，马克斯为一种硬粒红皮之春小麦，品质极优。甘省红粒为硬粒红皮之秋小麦，产量甚丰，由 Crimean 小麦选出，经纯系育种法繁殖而成者也。

交配所得之种子，在同年秋季下种，共得 73 株，于成熟时分别收获，复于 1920 年之春季下种，第二代约得植株 5 000，为视察便利起见，用单株法下种，行距 1 尺（推测为英尺，1 英尺约合 30.48 厘米），株距 3 吋（英寸，1 英寸约合 2.54 厘米，全书同），抽穗时每株最先抽出之穗，即加以标记，凡在第一星期抽穗之植株作为第一类；在第二星期内抽穗之植株，亦加以标记，作为第二类，如是继续 8 星期，每星期为一类，自第八星期以后，无一抽穗者，自第一类至第八类之植株，列入春小麦，其余不抽穗之植株列入秋小麦。

三、试验之结果

（一）生长习性之遗传

交配所得之种子，于 1918 年秋下种，共得 73 株，为第一代，由第一代所得之种子，于 1920 年之春季下种，计得 5 250 株，就中抽穗者 4 808 株，不抽穗者 442 株，前者有 980 株与父母本之春小麦同时抽穗，第二期抽穗者 1 502 株，其数目之多，冠于各期，自第二期以至第八期，抽穗之数目逐渐减少，在第八期抽穗者仅得 19 株，兹将各期抽穗之数目，以图表示于后（图 1）。

细察图 1 之结果，第二代植株对于生长习性之分离现象颇为复杂，前 5 类之成熟期与普通春小麦无别，故若以前 5 类为春小麦，后 4 类为秋小麦，则前者得 4 350 株，后者得 900 株，而为 5∶1 之比。又若以夏季抽穗者，即前 8 类为春小麦，不抽穗者即第九类，为秋小麦，则得 11∶1 之比。由此可知春小麦为显性，秋小麦为隐性也。生长习性之遗传与芒之有无，是否相关，此问题亦有研究之价值，会将第二代 432 株之小麦，按其生长习性

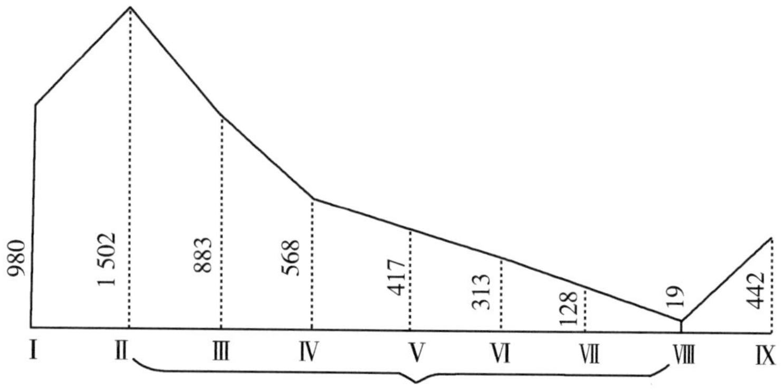

图 1　第二代抽穗期之分离现象

与芒之有无列为表 1。

观表 1 之结果，各期抽穗之数目，相差不大，就 8 期之总数论之，有芒者 129 株，无芒者 131 株，相差不过 2 株，故知生长习性之遗传与芒之有无并不相关也。

表 1　生长习性与芒之关系（第二代）　（单位：株）

抽穗期	有芒株数	略有芒之株数	无芒株数
1	18	25	14
2	17	29	11
3	14	21	16
4	21	21	24
5	23	26	16
6	29	41	38
7	6	9	11
8	1	—	1
总计	129	172	131

第三代各属生长习性之分离与第二代同，兹列于表 2。

表 2　第三代生长习性之属数　（单位：个）

抽穗期	属之数目			
	总数	纯粹春小麦属数	不纯粹属数	纯粹秋小麦属数
1	10	10	0	0
2	10	6	4	0
3	10	7	3	0
4	10	5	5	0
5	10	2	8	0
6	9	0	9	0
7	6	0	4	2

从第二代第一期选出之植株，在第三代完全为纯粹之春小麦，自第二期以后，春小麦之纯粹属数逐渐减少，而自第二期至第六期不纯粹属数逐渐加多。又自第一期至第七期纯粹春小麦与纯粹秋小麦属数之比例，亦循序变更，至第七期有 2 属为纯粹秋小麦，假使第

八期之植株在第二代能结实，则其纯粹秋小麦之属数，当多于第七期也。

又观表 2 内之统计，各期不纯粹属之程度，相差颇大，第三代第一期之 10 属，全为纯粹之春小麦，第二期 10 属中有 6 属，第三期 10 属中有 7 属，第四期 10 属中有 5 属，第五期 10 属中有 2 属，均为纯粹春小麦；而第六期之 9 属，全为不纯粹之个体；而第七期则有 4 属为不纯粹之个体，而 2 属为纯粹之秋小麦；除第七期外，纯粹之形体各属中均有之。

观表 3 有一事足以注意者：即第二代抽穗之早晚，与第三代各属春小麦之百分数为相关的。抽穗期早者，百分数高；抽穗期晚者，百分数低，故自第一期至第七期，春小麦之百分数，逐渐减少；而秋小麦之百分数，乃逐渐递增，惟第五期稍现相反之趋势耳，设第八期与第九期之植株能在第三期生长，则可断定春小麦与秋小麦之百分数，当呈反对之现象焉。

表 3　第二代不纯粹之个体在第三代之生长习性　（单位：个,%）

抽穗期	春小麦	秋小麦	春小麦之百分数
1	全数	无	100
2	154	13	92.2
3	121	14	89.6
4	158	39	80.2
5	236	46	83.7
6	187	69	73.0
7	12	6	66.7

（二）抗病性之遗传

第一代之植株，栽于普通田内，1919 年之夏季，因栽种之地不发生锈病，所有植株均无受病之征象；故甚难断定其抗病力之强弱也。第二代仍种于普通田内，乃用数种之锈病菌接种，后来受病甚剧，平均受病者计 80%，此种结果，并不足异，因所用接种之锈病菌，或则能致害甘省红粒，或则能致害马克斯也。故在田间接种，不能判别其对于何种之锈病菌有抵抗性也。如决定杂种对于已知之锈病菌能抗病与否，其法莫善于植在易于管理情形之下，接以一种之锈病菌焉。

所用接种之锈病菌为第一类锈病菌（Biologic Formal），此菌自 1916 年起，经过纯粹培养之手续，为极纯粹之菌。且其对于各种之寄主，有一定之反应，接种于第三代 65 属之植株上，所得结果，为纯粹能抗病者 23 属，纯粹受病者 10 属，不纯粹受病者 32 属，其纯粹属数，与不纯粹属数，约为 1：1 之比。其不纯粹受病之 32 属中，共计 1 020 株，内有 798 株为纯粹不受病者，222 株为纯粹受病者，而得 3：1 之比例（表 4）。

表 4　马克斯、甘省红粒及第三代各属对于第一类锈病菌之抵抗性　（单位：个）

类别	纯粹能抗病者		不纯粹抗病者			纯粹受病者	
	属数	植株数	属数	抗病植株数	受病植株数	属数	植株数
1	3	102	4	96	26	3	82
2	3	75	7	184	54	3	0

（续表）

类别	纯粹能抗病者		不纯粹抗病者			纯粹受病者	
	属数	植株数	属数	抗病植株数	受病植株数	属数	植株数
3	3	108	4	102	35	3	88
4	1	21	8	239	59	1	26
5	4	111	4	89	28	2	73
6	6	140	3	65	18	1	24
7	3	50	2	23	2	0	0
总计	23	607	32	798	222	10	293
马克斯	……	0	……	0	0	……	83
甘省红粒	……	83	……	0	0	0	0

由上之统计观之，在第三代可以得到许多之适意形体，此种形体，具有纯粹春小麦之生长习性，且能完全不受第一类锈病之侵害。

从第三代选出若干纯粹不受第一类锈病侵害之植株，接种其他 12 类之锈病菌，所得结果如表 5。

观表 5 之结果，足以明了马克斯与甘省红粒对于抵抗锈病之关系，表内之 13 类锈病菌可分为两族，第一族能致害马克斯，而不能致害甘省红粒，此族可以第一类代表之；第二族既能致害马克斯，亦能致害甘省红粒，此族可以第三类代表之。

杂种亦可分成两族：①对于锈病菌之反应与马克斯相同者，例如 180 号是也；②对于锈病菌之反应与甘省红粒相同者，例如 41 号是也。

上述之结果，可以表明小麦对于各种锈病菌之受病与否，或则一种之遗传因子，或则不同之遗传因子与其分离之过程为连续遗传也。明乎此理，即可将甘省红粒能免病之锈病菌，接种于任何杂种。如此杂种对于该菌亦能免病。则凡甘省红粒能够免病之锈病菌，接种于杂种，均起同样之反应焉。

四、结果之讨论

上述各种结果，关于春小麦与秋小麦遗传之复杂现象，非常显明。此种结果，不能以一对个性或两对个性之法解释之。就分离现象而论，个体之间甚难判别，其春小麦与秋小麦之性状。然若将各个体之抽穗期，分类而别之以一星期为一类，则春小麦与秋小麦之性状，可得而辨焉。

表 4 之结果，证明生长习性与抵抗锈病性，并无相关。植株之能抗病与否，有许多关系存乎其间，而抽穗期不与焉。交配之后代，具有甘省红粒之抗病性与马克斯之春小麦习性，此因本试验预期之目的也。在第三代至第四代，得到抗病之小麦约数千株。由此再选择其有栽培之价值者，从而繁殖焉。此种结果，不特对于欲育成抵抗锈病力强之小麦品种，有莫大之利益。即就生物学之眼光观之，亦未可忽视也。一般人之见解，以为春小麦乃原始于秋小麦者。Valvivo 则谓此种见解，由于五谷类之野生祖先，多为秋生之故。彼将此种野生种，作精密之研究。则知春小麦之存在，与秋小麦并无两歧。彼谓据天然之事实而论，春小麦固由两种之秋小麦杂交而生者；但有时杂交之春小麦，亦可产出秋小麦也。

表 5　马克斯、甘省红粒及第三代各属对于 13 类锈病菌之抵抗性

锈病菌类别	马克斯	甘省红粒	杂种各属之号数														
			29	30	31	41	42	43	47	48	54	55	60	79	80	205	181
第一类	S	I	—	—	I	I	—	—	—	I	I	I	I	I	I	I	S
第三类	S	S	—	—	—	S	S	S	S	S	—	—	S	S	S	S	S
第九类	S	I	I	I	—	I	—	—	—	—	—	I	—	—	I	I	S
第十四类	R	I	I	—	—	I	I	I	I	I	—	—	—	—	I	—	—
第十七类	S	I	I	—	I	I	—	I	—	—	—	—	I	—	—	I	S
第十八类	S	S	S	—	S	S	—	—	—	S	—	—	S	S	I	I	S
第十九类	R	I	—	—	I	I	—	—	—	I	—	—	I	I	I	—	—
第二十一类	S	I	—	—	I	I	I	—	I	I	—	—	I	I	I	I	S
第二十九类	S	I	I	I	I	I	—	I	—	I	I	I	I	I	I	—	—
第三十二类	S	S	—	—	—	S	—	—	S	S	S	S	S	—	—	—	—
第三十四类	S	S	—	S	—	S	—	—	S	—	S	S	S	S	S	—	—
第三十六类	S	S	—	S	S	S	S	—	S	—	—	—	—	—	—	—	—
第三十七类	S	I	I	—	I	I	I	—	I	I	I	I	I	—	I	—	—

小麦交配后之分离现象，全视父母本包含生长习性之因子如何而定。形体相似之两种秋小麦，交配之后代，生长习性有反似春小麦者。此种春小麦，据 Valvivo 试验之结果，在第二代即可得到。又以两春种（Spring Type）交配，亦可得同样之结果者。例如 Gaines 将两种春大麦交配，在第三代、第四代，均得到秋大麦之植株焉。

用各种之锈病菌，接种于一定之寄主，以决定寄主抗病之能力，实为本篇讨论最重要之原理。近来应用此原理，为育种小麦之根据者，颇不乏人。如 1919 年有 Stakman、Laine 及 Lench 三人；1920 年有 Hayes、Parker 与 Kurtzwil 三氏；1921 年有 Patrick 氏；皆创用此法以育种者也。从前育种家欲育成一种抵抗锈病之小麦品种，往往归于失败者，盖不知致小麦之锈病者，不仅一类之锈病菌也。因某小麦品种，在某地于数年内虽能抗病，然断难保证其植于他地，亦有同样之抗病力也。即在同一地方，若非将该地所有之锈病菌，对于某品种之致害性，一一加以试验，亦难决定某品种在该地之抗病能力，究为何如也。

第二代之植株，用纯粹培养法，在温室内接种者。各个体有完全受病者，有完全不受病者，结果极为显明。然在田间接种，则所有植株几乎同样受病；盖无法能辨其抗病力之强弱也。故欲为遗传上之研究，当用已知之锈病菌，在易于管束情形之下，如温室内接种也。

接种之后，淘汰其受病之植株，同时用混合选种法选出其适意而富于抗病之形体，即经选出之后，复与能抵抗其他锈病菌之品种交配之，如是继续行之，待得到适意之品种而能抵抗各种之锈病菌者而后已，寄主对于各种锈病菌之抗病性，为一遗传因子，此为已知之事实。此种事实，于交配上为极有价值之事，吾人知甘省红粒能免病之锈病菌，至少当有 11 种，且据试验之结果，凡交配之后代富于抗病性者，其抗病能力与甘省红粒之父母本同，由此可见欲育成一种普通小麦，能抵抗大多数之锈病菌者，实非难能也。

五、结　论

（一）春小麦与秋小麦交配，其后代之生长习性，依照孟德尔定律而分离。

（二）春小麦与秋小麦之纯粹形体，均在第三代显出。

（三）甘省红粒为有芒秋小麦，马克斯为无芒春小麦，两者交配而成之后代，其生长习性，与芒之有无，无相关性。

（四）甘省红粒与马克斯交配，其后代之分离现象，对于第一类锈病菌之反应与孟德尔定律相符合，免病与受病之植株为 3∶1 之比。

（五）交配之后代，以数种之锈病菌接种之，则表示寄主对于各病菌之反应为一单独之遗传因子。

（六）第三代中有数株属之生长习性，类似春小麦之马克斯，抵抗第一类锈病菌之能力则类甘省红粒。

（七）生长习性之遗传，与抗病性不为相关。

（八）由上述之事实，吾人可以用同样之法，产生能抵抗多数锈病菌之普通小麦。

（农学丛刊，1929，1（1）：96-104）
（Journal of Agricultural Research，No. 6 Vol. XXIV）

有芒小麥與無芒小麥之研究

金善寶

A Study on awned Wheat and awnless Wheat.

Z. P. King

一 緒言

余於數年前嘗至南京，徐州，壽州，淮陰一帶，調查農業，當地老農每與余談及有芒小麥與無芒小麥之優劣時，各有其特殊見解。有謂無芒優于有芒者，有謂有芒優于無芒者，亦有設有芒無芒各有其優點與劣點者。雖其見解懸殊，然所稱述，均係積述多年之經驗而來。彙而述之，頗足資參考。茲將各地農家認爲有芒種與無芒種之優劣各點述之如下：

(一)有芒少麥之抗病性優于無芒少麥。

(二)無芒少麥之子實較易脫落，收穫時易遭損失。

(三)有芒種之莖稈不若無芒種之易于倒仆。

(四)有芒種之收穫，脫粒，諸工作，不若無芒種之便利。

上述四點，關於有芒小麥與無芒小麥之優劣標準，僅能適合于某區域內之少數品種，決難普遍于各地方之多數品類也。蓋地方情形不同，小麥優劣之標準亦往往隨之而異。例如淮陰農民喜種有芒小麥，而無芒小麥當成熟之際常遭虫鳥之啄食，故種之者極少。又如當塗農家大都歡迎有芒小麥，而無芒小麥雖知其產量稍多，亦不願栽種。蓋農人喜植大穗之品種，而有芒種涸有芒之故，其穗比較的碩大也。

有芒小麦与无芒小麦之研究

金善宝

一、绪　言

余于数年前尝至南京、徐州、寿州、淮阴一带，调查农业。当地老农每与余谈及有芒小麦与无芒小麦之优劣时，各有其特殊见解。有谓无芒优于有芒者，有谓有芒优于无芒者，亦有谓有芒无芒各有其优点与劣点者。虽其见解悬殊，然所称述，均系积述多年之经验而来。汇而述之，颇足资参考。兹将各地农家认为有芒种与无芒种之优劣各点述之如下：

（一）有芒小麦之抗病性优于无芒小麦。

（二）无芒小麦之籽实较易脱落，收获时易遭损失。

（三）有芒种之茎秆不若无芒种之易于倒扑。

（四）有芒种之收获，脱粒，诸工作，不若无芒种之便利。

上述四点，关于有芒小麦与无芒小麦之优劣标准，仅能适合于某区域内之少数品种，决难普遍于各地方之多数品类也。盖地方情形不同，小麦优劣之标准亦往往随之而异。例如淮阴农民喜种有芒小麦，而无芒小麦当成熟之际常遭虫鸟之啄食，故种之者极少。又如当涂农家大都欢迎有芒小麦，而无芒小麦虽知其产量稍多，亦不愿栽种。盖农人喜植大穗之品种，而有芒种因有芒之故，其穗比较的硕大也。

东西学者，关于有芒小麦与无芒小麦之问题从事研究者尚少，且多略而不详。其结果较为详尽者，就作者所知，当推 A. G. Grantham 为最。查 Grantham 在美国 Delware 试验场历 12 年之久，研究小麦品种产量所以差异之原因，而注意于有芒与无芒之关系。其比较试验之结果，则为有芒优于无芒云。试举其结果之概要如下：

（一）有芒种之平均产量较无芒种多 3.3 英斗（1 英斗小麦约合 27 千克）。

（二）有芒种之分株多于无芒种。

（三）抵抗 *Fusarium* 与 *Septeria* 等病，无芒种不如有芒种。

（四）有芒种籽实之品质，优于无芒种。

（五）有芒种之耐瘠性弱于无芒种。

观 Grantham 研究之结果，有芒小麦之优于无芒小麦已甚显然，若再进而推求其所以差异之原因，则麦芒之有特殊作用可无疑义。如欲确定芒之有无功用，可将有芒小麦当穗初出时，剪去其芒，待成熟时比较不剪芒者有何差异。作者尝照此方法，作一度之试验，其结果后当为详论之。关于小麦之剪芒试验，作者尚未见过此项报告。惟 H. V. Harlan 与

S. Anthony 二氏，曾作大麦之剪芒试验。兹述其概要，藉资参考。二氏之试验时期，第一次为 1915 年，在米纳沙达大学试验场（St. Paul. Minn. University，今明尼苏达大学）举行，满城大麦（*Manchuria barley*）作材料。第二次为 1916 年，在 Aberdaho 试验场举行，材料为满城大麦。二氏之观察，以为剪芒之大麦，对于穗粒之生长，实有显著之影响。剪芒之穗较不剪芒者，籽粒小，分量轻。此种差异并非由于剪芒时损伤麦穗所致。盖剪芒之穗，其籽实之生长，较不剪芒者毫无迟速之区别也。

当大麦开花后一周，麦粒渐渐储蓄淀粉，斯时不剪芒之穗，其籽实中造成之干物质，乃超过剪芒之籽实，不剪芒者其芒上所含之灰分，比剪芒多 30%。但剪芒之后，芒上之灰分乃转移于穗轴，故剪芒之穗轴所含之灰分，比不剪芒的多 25%。剪芒之穗轴，因灰分增加之结果，其折断乃较易。据二氏之观察，在大麦成熟期内多雨之地方，麦芒显有特殊之功用。无芒大麦之产量，不及有芒大麦者，其原因即基于此。此种结果，实给育种家一种新知识，得以明了植物各部器官之生理作用，对于育种学诚有莫大之贡献，故二氏以为取麦穗中含灰分极低者作父母本可使产生不易脱落之无芒种，且在干燥气候，可得产量较高之种焉。

作者根据历年观察之结果，认为有芒小麦适应湿地之本能，胜于无芒小芒，试就前东大（国立东南大学（1921—1927 年），全书同）农科大胜关农场民国十一年至十二年（1922—1923 年）所栽之姜堰黄皮（无芒小麦）与南京赤壳（有芒小麦）为例以明之。该两种小麦在普通情形之下，抵抗锈病之能力并无差异。即是年栽于高地者，其收成亦相仿佛。惟栽于低地者，当四五月之交，适值扬花之际，雨水过多，姜堰黄皮发生剧烈之锈病，致籽实不克生长完全，品质恶劣，每石只售价 3 元。而栽在高地者，每石售价 5.8 元，相差几达一倍。至种于低地之南京赤壳，虽亦因水湿过度而受锈病之损失，然其影响甚微，每石售价较高地者只差 1 元而已。查是年小麦收成之恶劣，虽曰由于发生锈病所致，然水淹过度，实为其主要原因。南京赤壳与姜堰黄皮，在同一情形之下，种在高地之结果，相同若彼，而在低地之结果，则相异如此，则麦芒有吸收水分之功用，不待言矣。顾此不过两种品种比较之结果，未可遂为定论。若欲真实明了有芒与无芒各种关系，自非广搜品种，举行多种试验不为功。

二、试验材料与方法

本篇所用试验之材料，均取自前东大农科大胜关农场原有之品种，共计 35 种，属于有芒者 23 种，无芒者 12 种。种子单纯，性状一致。试验方法可分三类：一曰有芒种与无芒种混合栽种，二曰有芒种与无芒种之耐瘠性比较，三曰有芒种之剪芒试验。请分别述之：

（一）有芒种与无芒种之混合栽种

混合栽种之目的，在比较有芒种与无芒种生存竞争之强弱。于民国十三年（1924 年）在南京大胜关举行。试验之品种，一为南京赤壳，二为淮阴大玉花，三为武进无芒，四为日本赤皮。前二者为有芒种，后二者为无芒种。试验地积，每区半分，均用人工条播，分为单独种与混合种二类。混合种者，复分有芒种与无芒种混合、有芒种与有芒种混合及无芒种与无芒种混合三类。各区下种量以每亩 6 升（1 亩合 667 平方米，全书同）为标准，其混合各区则两种各占一半。当成熟之际，分别检查各区之分株、植株、高度。并任摘数十穗，脱实之后，数其50克之籽粒数。南京赤壳、淮阴大玉花，因其穗形与壳色甚易检别，故虽混合栽种，而检分株、量高度等手续，毫无困难，惟日本赤皮与武进无芒，其穗形与壳色均难分别，故不能分别检查，只能将混种与单种互为比较而已。

（二）有芒种与无芒种之耐瘠性比较

耐瘠性比较者，乃将有芒种与无芒种各栽于肥地瘠地，以比较其相差程度之大小也。该项试验，分两期举行，第一期在民国十二年（1923年），第二期在民国十三年（1924年）。第一期供试之小麦，共计21种，就中有芒者13种，无芒者8种。第二期共计29种，有芒者20种，无芒者9种。两期每区之地积，无论肥地瘠地均为1方丈，重复2次。第一期试验之结果见表1，第二期之结果则见表2，表中所载之结果，均系三区平均而得。

表1　有芒小麦与无芒小麦之耐瘠性比较

（民国十二年至十三年，1923—1924年）

品种	芒之有无	籽实收量（升）		麦秆重量（斤）	
		肥地	瘠地	肥地	瘠地
南京赤壳	芒	2. 80	1. 80	7. 93	3. 25
都昌小麦	芒	1. 80	1. 28	7. 06	3. 25
武进无芒	无	2. 50	1. 26	6. 62	3. 00
扬州山籽	无	1. 95	1. 40	8. 09	3. 18
江浦小麦	无	1. 95	1. 16	6. 93	2. 69
姜堰黄皮	无	2. 40	1. 45	6. 69	3. 37
南宿州16号	芒	1. 90	1. 36	8. 50	3. 81
江阴有芒	芒	1. 85	0. 89	7. 62	3. 37
南宿州55号	芒	2. 00	1. 29	8. 31	3. 62
美国4号	芒	2. 05	0. 93	9. 81	3. 87
美国5号	芒	2. 20	1. 30	9. 56	3. 81
美国7号	芒	2. 60	1. 18	7. 12	4. 06
日本赤皮	无	2. 65	1. 35	7. 12	3. 25
高淳小麦	无	2. 30	1. 04	7. 12	2. 37
丹阳赤壳	芒	1. 60	0. 95	7. 37	2. 75
南京白壳	芒	2. 60	1. 50	7. 18	3. 31
清粒江壳	芒	2. 40	1. 35	9. 00	3. 25
江阴红芒	芒	2. 10	1. 50	7. 31	3. 62
江阴白芒	芒	2. 05	1. 36	6. 56	3. 00
诸暨赤壳	无	2. 05	1. 08	5. 81	2. 69
常熟小麦	无	1. 95	0. 95	6. 75	2. 93

（续表）

品种	芒之有无	籽实收量（升）		麦秆重量（斤）	
		肥地	瘠地	肥地	瘠地
平均（13）	有芒	2.12	1.28	7.95	3.46
平均（8）	无芒	2.22	1.21	6.89	2.96

		肥地（升）	瘠地（升）	相差（升）	收缩百分数（%）
籽实	有芒种（13）	2.12	1.28	0.85	40.09
	无芒种（8）	2.22	1.21	1.01	45.49
麦秆	有芒种（13）	7.95	3.46	4.49	56.47
	无芒种（8）	6.89	2.93	3.96	57.47

表 2 有芒小麦与无芒小麦耐瘠性之比较

（民国十三年至十四年，1924—1925 年）

A. 有芒种				
品种	30 克籽粒数（粒）		相差	收缩百分比（%）
	瘠地	肥地		
南京赤壳	925	898	27	2.92
都昌小麦	957	903	54	5.64
淮阴大玉花	1 122	974	148	13.19
南宿州 55 号	983	972	11	1.12
江阴有芒	932	865	67	7.18
美国 7 号	657	732	-75	-11.42
丹阳赤壳	969	953	16	1.65
南京白壳	981	906	75	7.64
清易红壳	947	853	94	9.92
江阴红芒	1 026	941	85	84.6
江阴白芒	1 059	949	110	10.38
江东门	1 103	963	135	12.23
大红芒	933	861	72	7.71
虾须	929	894	35	3.76
武进有芒	1 006	949	57	5.66
无锡有芒	1 026	937	89	8.67
六合有芒	1 385	1 007	378	27.29
白壳有芒	1 339	1 143	196	14.63
金大 9 号	919	861	58	6.31
金大 26 号	932	838	94	10.08
总计	19 473	17 672	1 726	146.44
平均	1 024.89	930.1	94.78	7.71

（续表）

品种	30 克籽粒数（粒）		相差	收缩百分数（%）
B. 无芒种				
	瘠地	肥地		
扬州山粒	1 011	884	127	12.56
姜堰黄皮	1 056	989	67	6.34
日本赤皮	964	964	0	0
常熟小麦	1 188	1 103	85	7.15
高淳小麦	871	827	44	5.05
东台黄皮	1 132	996	136	12.01
江浦小麦	1 145	956	189	16.50
武进无芒	1 010.5	931	79.5	7.86
宜兴白壳	1 005	931	74	7.36
总计	9 382.5	8 581	801.5	74.83
平均	1 042.5	953.4	89.05	8.31

（三）有芒种之剪芒试验

供剪芒试验之品种，一为南京赤壳，二为淮阴玉花，三为江阴白芒。每种分栽两区，一区剪芒，一区不剪芒，各区占地 1 方丈，重复 1 次。其剪芒之区，当出穗时即用剪剪去其芒。成熟之后，分别收获籽实。每区任意称出 50 克，数其粒数，其结果详见表 3。

表 3　小麦剪芒对于籽粒大小之关系

品种	50 克籽粒数（粒）		差数（粒）
	剪芒	不剪芒	
南京赤壳	1 585	1 582	3
淮阴大玉花	1 849	1 844	5
江阴白芒	1 769	1 758	11

三、试验结果并讨论

（一）有芒种与无芒种对于单种混种各种结果之比较

（1）籽粒大小　今就表 4 单种混种对于籽粒大小之关系观之，南京赤壳 50 克籽粒数，单种者 1 471 粒，而与日本赤皮混种者为 1 476.5 粒，收缩百分数为 0.37。而日本赤皮单种 1 700 粒，而与南京赤壳混种者，则有 1 750.5 粒，收缩达 2.88%。又南京赤壳与武进无芒混种者，50 克粒数为 1 574.5 粒，收缩达 1.86%。武进无芒单种者为 1 633 粒，与南京赤壳混种者 1 677 粒，粒收缩百分数为 2.62。此日本赤皮及武进无芒与南京赤壳混种，其生存竞争之势力，均弱于南京赤壳者也。淮阴大玉花 50 克粒数，单种者为 1 787 粒，与武进无芒混种者，只 1 732 粒不但不减小，反增大 3%。武进无芒与淮阴大玉花混种者，为 1 654 粒。若与单种者比较，则收缩 1.27%。此淮阴大玉花生存竞争之势力优于武进无芒者也。若就有芒种互相混合之结果观之，南京赤壳收缩百分数为 6.57%，比与无芒种之武进无芒混种者大 4.71%，比日本赤皮混种者大 6.3%。更就无芒种互相混种之结果观之，平均收缩为 2.76%。其结果比与有芒种混合为优，而与有芒种互相混种之结果且成反比例焉。

表 4　有芒小麦与无芒小麦之单种与混种对于籽粒大小之影响

品种	芒之有无	50 克籽粒数（粒）		差数	增减百分数（%）
		单种	混种		
南京赤壳	芒	1 471	1 476.5	5.5	0.37
日本赤皮	无	1 700	1 750.5	50.5	2.88
南京赤壳	芒	1 471	1 499	28.0	1.86
武进无芒	无	1 633	1 677	44.0	2.62
南京赤壳	芒	1 471	1 574.5	103.5	6.57
淮阴大玉花	芒	1 787	1 824	37.0	2.02
淮阴大玉花	芒	1 787	1 732	−55	−3.07
武进无芒	无	1 633	1 654	21	1.27
日本赤皮	无	1 700	1 620	−46	−2.76
武进无芒	无	1 633			

（2）植株高矮　有芒小麦与无芒小麦生存竞争之强弱，在田间为吾人目力所能辨别者，厥为植株之高矮。有芒种之植株，混种高于单种，无芒种则反是。试观表 5，南京赤壳与日本赤皮混种者。较单种高一寸（一寸约合 3.3 厘米，全书同），与武进无芒混种者，较单种高一寸半，而日本赤皮则较单种者反低一寸半，武进无芒反低一寸。淮阴大玉花与武进无芒混种时，前者较单种并无增减，而后者则反低一寸半。至有芒种与无芒种各自混种者，较单种均有增加，然相差则极微耳。

表 5　有芒小麦与无芒小麦单种与混种对于植株高度之影响

品种	植株高度（尺①）		增或减（尺）
	单种	混种	
南京赤壳	3.55	3.65	+0.10
日本赤皮	3.72	3.57	−0.15
南京赤壳	3.55	3.70	+0.15
武进无芒	3.75	3.65	−0.10
南京赤壳	3.55	3.58	+0.03
淮阴大玉花	3.60	3.60	0
淮阴大玉花	3.75	3.60	0
武进无芒	3.60	3.60	−0.15
日本赤皮	3.72	3.75	+0.02
武进无芒	3.75		

① 一尺约合 33 厘米，全书同

（3）平均分株　表 6 所载之分株，除南京赤壳与武进无芒混种时混种多于单种外。其余无论有无芒均有减少之趋势，但减少之程度，有芒种与无芒种混合者，有芒优于无芒。至有芒无芒各自混种者，则无芒优于有芒焉。

表 6　有芒小麦与无芒小麦单种与混种对于分株之关系　（单位:%）

品种	芒之有无	平均分株		增或减	增减百分数
		单种	混种		
南京赤壳	芒	3. 04	2. 08	−0. 24	−7. 80
日本赤皮	无	3. 30	2. 40	−0. 90	−27. 27
南京赤壳	芒	3. 04	3. 36	+0. 32	+10. 52
武进无芒	无	3. 47	2. 80	−0. 67	−19. 30
南京赤壳	芒	3. 04	2. 60	−0. 44	−14. 47
淮阴大玉花	芒	3. 17	3. 00	−0. 17	−5. 36
淮阴大玉花	芒	3. 17	2. 60	−0. 57	−18. 00
武进无芒	无	3. 47	2. 53	−0. 94	−27. 80
日本赤皮	无	3. 30	3. 34	−0. 04	−1. 18
武进无芒	无	3. 47	3. 34	−0. 04	−1. 18

（4）籽实产量　籽实产量之多寡，于经济方面关系至为重大。观表 7 之结果，籽实之产量，混种者大都不及单种。淮阴大玉花与武进无芒混种者，一亩之产量，减少 14 斤（1 斤合 0. 5 千克，全书同）。南京赤壳与日本赤皮混种者，减少 11 斤，武进无芒与日本赤皮混合者，亦减少 10 斤。至南京赤壳与淮阴大玉花混种者，似略有增收，然一亩不过 3 斤而已。由此观之，小麦之品种，贵乎纯粹，不宜混杂，彰彰明矣，混杂之品种，其产量往往不及纯种，品种愈杂，产量之减低亦愈甚。盖栽种性质不同之品种于同一处所，因互相争存之故，其生长势力，往往发生一种剧烈之变动，所有生产一部分籽实之能力，消耗于生存竞争之间，籽实产量因以减少。品类愈杂，耗费之能力愈大，减少产量亦愈甚。吾国麦种极为复杂，因此而减少收量者，何可胜计。此晚近育种家所以有纯系选种之提倡也。

表 7　有芒小麦与无芒小麦单种与混种对于籽实收量之比较　（单位：斤）

品种	芒之有无	籽实产量			增或减	
		单种	平均	混种	半分地	伸算一亩
南京赤壳 日本赤皮	芒 无	13. 56 11. 80	12. 68	12. 13	−0. 55	−11. 00
南京赤壳 武进无壳	芒 无	13. 56 12. 56	13. 06	13. 00	−0. 06	−1. 20
南京赤壳 淮阴大玉花	芒 芒	13. 56 10. 13	11. 84	12. 00	+0. 16	+3. 20

（续表）

品种	芒之有无	籽实产量			增或减	
		单种	平均	混种	半分地	伸算一亩
淮阴大玉花 武进无芒	芒 无	10.13 12.56	11.34	10.62	-0.72	-14.40
武进无芒 日本赤皮	无 无	12.56 11.80	12.18	11.65	-0.53	-10.60

（二）有芒种剪芒后对于籽实大小之影响

有芒种剪芒之麦株，其籽实之生长，成熟之迟，早据作者观察所及，剪与不剪芒者并无何种之差异，或者二者之间，相差至微，非吾人目力所能觉察乎？但就籽实之大小而论，则剪芒者均逊于不剪芒者。试观表3，南京赤壳50克粒数，剪芒者较不剪芒者多3粒。淮阴大玉花多5粒，江阴白芒多11粒，其相差之数，虽均不及1%，然亦可知麦芒之有无，确能影响籽粒之大小也。

（三）有芒种与无芒种之耐瘠性比较

（1）秆实收量（民国十二年至十三年，1923—1924年） 无论有芒小麦或无芒小麦，其秆实之收量，种于肥地者，均多于瘠地。试一览表1，即可了然也。若就有芒种与无芒种之平均数比较之，有芒种子，实收量在肥地为2.12升，瘠地为1.28升，收缩百分数为40.09%。无芒种在肥地为2.22升，瘠地为1.21升，收缩百分数达45.49%。两相比较，无芒种大1.38%，有芒种之麦秆收量，肥地为7.95斤，瘠地为3.46斤，减低率为56.47%。无芒种在肥地为6.89斤，瘠地只2.93斤，减低率为57.7%，两者之减低率无芒种大1%，此小麦之耐瘠性，有芒种优于无芒种者一也。

（2）30克粒数（民国十三年至十四年，1924—1925年） 小麦耐瘠性之强弱，除比较其产量外，复可于籽实之大小比较之。其结果载在表2，此表分为二部，（A）有芒小麦20种、（B）无芒小麦9种。此表之结果，与表1有极相似之处，除有芒之美国7号小麦表示相反外，其余之有芒种或无芒种，30克粒数，种于肥地者均少于瘠地。换言之，种于瘠地之麦粒，均不及肥地者之硕大也。有芒种除美国7号不计外，肥地与瘠地之差数，最小者南宿州55号、丹阳赤壳、江阴白芒、金大26号4种，均不及2%；最大者为淮阴大玉花、江东门、六合有芒及白壳有芒4种，均超过10%。无芒种之日本赤皮，差数等于0，其耐瘠性之强，为无芒种之首；扬州山冠、东台黄皮、江浦小麦3种，肥地与瘠地之差数，概在10%以上。再就有芒种之平均收缩百分率比较，则知有芒种为7.71%，而无芒种则达8.31%，大于有芒种0.6%。此小麦之耐瘠性，有芒种优于无芒种二也。

四、结　论

综合上述之结果，可得以下之结论。

（一）有芒种与无芒种混种者

1. 籽实收量，每亩减少 10~14 斤。
2. 有芒种之植株增高，无芒种则减低。
3. 籽实之体积，均有缩小之趋势。但缩小之程度，无芒种大于有芒种。
4. 分株之势力，均较单种者为少。但减少之程度，有芒小于无芒。

（二）有芒种与有芒种混合栽种者

1. 籽实产量，每亩增收 3 斤。
2. 植株高度，并无增减。
3. 分株势力，减少 5%~14%。

（三）无芒种互相混者

1. 籽实产量，每亩减少 10 斤。
2. 植株高度，并无增减。
3. 分株势力，减少 1%。
4. 籽实之缩小率，比单种或与有芒种混种者俱占优胜。

（四）有芒种剪芒之后，其籽实均较不剪芒者为小

（五）有芒种与无芒种在肥地与瘠地之平均差数

有芒种籽实收量为 39.62%，无芒种为 41%，相差 1.38%。麦秆收量有芒种为 56.47%，无芒种为 57.47%，相差为 1%。又 50 克籽粒数有芒种为 7.71%，无芒种为 8.31%，相差 0.6%。约言之，有芒种之平均耐瘠性优于无芒种也。

参考文献（略）

（中华农学会报，1929（68）：39-51）
（A Study on awned Wheat and awnless Wheat，S. P. King）

外，早熟與重量之增加並不同在第一代雜種也。換言之，第一代雜種之成熟期較雙親早，而其重量未必增加。

著者謂第一代雜種成熟之所以較早者，一部分由于父母本遺傳因子之特性，而其另一鄧分則由于環境之不同。但第一代雜種健全之增加與其早熟，常不能同時發現。

（管家驥）

鷄用高粱之染色體數目

(Longley, A. E. 1932. Chromosomes in Grass Sorghums Jour Agr. Research. 44: 317—321.)

郎格來（Longley）作此篇之主旨，在根據染色體之數目，研究一年生芻高粱與多年生芻高粱在分類學上之關係。蓋有數種芻高粱，如Sorghum Sudanenis (Piper) Stapt.與S. halepensis (L.) Pers.,除前者爲一年生，後者爲多年生並具有根莖外，兩者在形態上實難區別也。

試驗所用之芻高粱，計共九種(Speeies)。均種於溫室。當花粉母體細胞(Pollen mother cells)進行減數分裂時，迅速採集之，並隨卽檢取適當之雄蕊，置於玻片上，用含鉄醋酸紅色溶液（Iron-Aceto carmine solution)染色，卽在顯微鏡下檢驗其染色體數目。

郎格來氏檢查高粱染色體之數目，多數在第一次分裂中期（First division metapbase)，或在中分期（Diakinesis)，或在第一次分裂後期(First division anaphase)，但亦有在第二次分裂初期(Second division prophase)，中期與後期者，均隨所用之種類而異。

刍用高粱之染色体数目

金善宝译

郎格来（Longley）作此篇之主旨，在根据染色体之数目，研究一年生刍高粱与多年生刍高粱在分类学上之关系。盖有数种刍高粱，如 *Sorghum Sudanenis*（Piper）*Stapt.* 与 *S. halepensis*（L.）*Pers.*，除前者为一年生，后者为多年生并具有根茎外，两者在形态上实难区别也。

试验所用之刍高粱，计共 9 种（Species）。均种于温室。当花粉母体细胞（Pollen mother cells）进行减数分裂时，迅速采集之，并随即检取适当之雄蕊，置于载玻片上，用含铁醋酸红色溶液（Iron-Aceto carmine solution）染色，即在显微镜下检验其染色体数目。

郎格来氏检查高粱染色体之数目，多数在第一次分裂中期（First division metapbase），或在中分期（Diakinesis），或在第一次分裂后期（First division anaphase），但亦有在第二次分裂初期（Second division prophase）、中期与后期者，均随所用之种类而异。

今将高粱之种类及染色体之数目，简略表明如下。

种类	染色体数目（半数时期）	种类	染色体数目（半分裂期）
Sorghum halepensis	20	*S. hewisonii*	10
Sorghum sudanensis	10	*S. arundinaceum*	10
S. verticilliflorum（*Steud*）*Stapt.*	10	*S. versicolar*	5
S. vergatum	10	*S. purpureo-sericum*	20
S. drummondii	10		

上列 9 种高粱，除 *Sorghum halepensis* 为多年生外，其余 8 种均为一年生。此 8 种一年生高粱，除 *S. versicolar* 具有 5 对及 *S. purpureo-sericeum* 具有 20 对染色体外，其余均具 10 对之染色体。

Sorghum versicolar 原产于非洲之东南部，其生长期较其他 8 种为短。其染色体数目亦居最少。郎格来氏因此作一结论：染色体数目之多少，与高粱生长期之长短有连带关系。多年生高粱乃系 10 对染色体之一年生高粱所演进。无论此种结论合理与否，染色体之数目，乃为高粱分类之重要性质则可无疑也。

（中华农学会报，1932（104）：111-112）

（Longley，A. E. 1932. Chromosomes in Grass Sorghums. Journal of Agricultural Research，44：317-321）

抵抗力較Garnet品種強十三倍。Reward品種之抵抗力較Garnet者強九倍。Ceres品種之抵抗發芽力處Garnet及Reward二品種間。此十五品種中，以Marguis品種之抵抗力爲最強，而Garnet者爲最弱。（馬保之）

△種子埋藏土中三十年生活力仍極健强

(Seeds Buried in Soil 30 Years Show Amarzing Vitality When Dug 1932. by U. S. Department of Agriculture. The Minnesota Seed Grower. No. 4. Vol V.)

美國農部最近發掘埋於土中三十年以上之種子，試驗其發芽力。自掘起後兩日，野牽牛花(Wild Morning glory)種子卽行發芽，其他草類種子亦於數日內萌發。此試驗始於1902年，其目的在決定草類及他種植物種子，埋藏土中經過多少時期然後失去其生活力。當時有一百十二類種子，埋於亞林頓試驗場(Arlington Experiment Station)之土中，其深度分爲八吋，二十二吋，及四十二吋三種。曾經發掘數次，試驗其發芽力。在1923年發掘者，發芽之種子有五十一類。今年試驗之結果，發芽之種子。僅得三十一種。以後擬每十年試驗一次，以覘其發芽率云。

據試驗者言，農夫不能藉耕耙之力，消滅其田內之野草種子。因此項種子能在土中維持其生命經歷甚久。一旦翻至土面，仍能繼續生長。照此試驗結果，農夫鏟除雜草，必須在其成熟之前翻入土中，若任成熟後翻入之，必屬無效云。（金善寶）

种子埋藏土中30年生活力仍极健强

金善宝译

美国农部最近发掘埋于土中30年以上之种子，试验其发芽力。自掘起后2日，野牵牛花（Wild morning glory）种子即行发芽，其他草类种子亦于数日内萌发。此试验始于1902年，其目的在决定草类及他种植物种子，埋藏土中经过多少时期然后失去其生活力。当时有120类种子，埋于亚林顿试验场（Arlington Experiment Station）之土中，其深度分为8吋、22吋及42吋3种。曾经发掘数次，试验其发芽力。在1923年发掘者，发芽之种子有51类，今年试验之结果，发芽之种子仅得31种。以后拟每10年试验一次，以觇其发芽率云。

据试验者言，农夫不能借耕耙之力，消减其田内之野草种子。因此项种子能在土中维持其生命经历甚久。一旦翻至土面，仍能继续生长。照此试验结果，农夫铲除杂草，必须在其成熟之前翻入土中，若任成熟后翻入之，必属无效云。

（中华农学会报，1932（107）：102）

（Seeds Buried in Soil 30 Years Show Amazing Vitality When Dug 1932. by U. S. Department of Agriculture. The Minnesota Seed Grower，No. 4 Vol V）

22·58±0·82%。

(四)長毛，短毛穗軸因子(Ss)與粗芒，光芒因子(Rr)間，交叉價爲34·63%。

(五)粗芒，光芒因子與羽狀花柱因子中之一對，亦有連繫之證。

（盧守耕）

△麥穗密度之特別遺傳

(Recurrence of A Peculiar Genetic Recombination in The Spike Density of Wheat by G. Stewart and L. W. Nelson. 1932. American Naturalist. Vol. LXVI. PP. 207——222.)

Sevier與Ridit兩種純系小麥交配所得之F_3，研究其密度，粒色，殼色，及芒之遺傳。因在F_2所得之299株雜種不易分別其遺傳之關係，故將每株之種子在F_3分行種植之。每行四十粒。每十行種兩親本。每株最先所抽之穗度其中部十節間之長度。並求出每行四十株十節間長度之平均數，標準差，變異百分數等。然後將各行照體質相同(Homozygous)及體質相異(Heterozygous)歸類之。

Ridit親系各行穗之平均密度爲44·58公粴；Seviet親系各行爲33·9公粴；體質相同之密穗各行爲23·6公粴；體質相異之各行平均密度爲34·75公粴；而體質相同之疏穗各行爲52·83公粴。由此分類，F_3顯然分離爲不同之三類，而此三類之個體爲1:2:1之比例，故決定係一對因子之遺傳。體質相同之密穗個體，其密度超過密穗之親本。體質相同之疏穗個體，其密度超過疏穗之親本。機會數爲億萬與一之比，故認爲極顯著。在299類

麦穗密度之特别遗传

金善宝译

Sevier 与 Ridit 两种纯系小麦交配所得之 F_3，研究其密度、粒色、壳色及芒之遗传。因在 F_2 所得之 299 株杂种不易分别其遗传之关系，故将每株之种子在 F_3 分行种植之。每行 40 粒，每 10 行种两亲本。每株最先所抽之穗度其中部 10 节间之长度，并求出每行 40 株 10 节间长度之平均数、标准差、变异百分数等，然后将各行照体质相同（Homozygous）及体质相异（Heterozygous）归类之。

Ridit 亲系各行穗之平均密度为 44.58 公糎（也称公厘，即毫米，全书同）；Seviet 亲系各行为 33.9 公糎；体质相同之密穗各行为 23.6 公糎；体质相异之各行平均密度为 34.75 公糎；而体质相同之疏穗各行为 52.83 公糎。由此分类，F_3 显然分离为不同之 3 类，而此 3 类之个体为 1：2：1 之比例，故决定系一对因子之遗传。体质相同之密穗个体，其密度超过密穗之亲本。体质相同之疏穗个体，其密度超过疏穗之亲本。机会数为亿万与一之比，故认为极显著。在 299 类之 F_3，由分离而得之纯粹个体，其密度无一似其亲系者，故认为有一个或一个以上之副因子（Minor factor）改变其主要因子之表现也。

在 F_3 红皮与白皮得 15：1 之比例，故为两对因子之遗传。惟此项因子并无累积之作用（Cumulative effect）耳。

芒与壳色之遗传，均得 1：2：1 比例，故均决定为一对因子之遗传。

（中华农学会报，1932（107）：95-96）

（Recurrence of A Peculiar Genetic Recombination in The Spike Density of Wheat by G. Stewart and L. W. Nelson. 1932. American Naturalist，Vol. LXVI. pp. 207-222）

□小麥性質之遺傳

(Inheritance in a Wheat Cross Between Hybrid 128 × White Odessa And Kanred By George Stewart & R. W. Woodward. 1931. Jour. Agr. Research 42:507—520)

從 Kanred 小麥與 Hybrid 128 × White Odessa 小麥交配所得之 F_1 選擇其最强壯者作繼續試驗。F_1 之芒而穗之密度介乎兩親之間，而子實顏色則作紅色而似 Kanred 親本。

F_2 共得 224 株，每株之種子在 F_3 種作一行，株距約三吋，行距十二吋，行長十二呎，每行下種子四十粒至六十粒，

交配之原意，在育成能抗腥黑穗病 (Tilletia tritici) 之品種，故兩親本各祇種一行。

在 F_3 各行之各株分別研究其各種性質之遺傳，如此在 F_2 所不能決定者，此時多能決定之。

研究遺傳之性質包括，(1)芒之有無，(2)穗之密度，及(3)子實顏色三種。

芒之長度祇憑觀察，並不度量，因其分離甚爲顯明也。芒之遺傳僅含有單對因子。兩親系所具芒之性質在 F_3 均復發現。F_3 各株以 1:2:1 之比例比較之，P=0.8190 故認爲極適合。

麥穗密度雖在各年不同之環境認爲比較的固定。故用前一年所植 Kanred 親本之對照行量得之密度以與 F_3 之密度作比較。麥穗密度亦爲單對因子。所得結果 1:2:1 之比例極爲適合，P=0.5995。

小麦性质之遗传

金善宝译

从 Kanred 小麦与 Hybrid 128×White Odessa 小麦交配所得之 F_1 选择其最强壮者作继续试验。F_1 之芒而穗之密度介乎两亲之间，而籽实颜色则作红色而似 Kanred 亲本。

F_2 共得 234 株，每株种子在 F_3 种作一行，株距约 3 吋，行距 12 吋，行长 12 呎（英尺，1 英尺合 30.48 厘米，全书同），每行下种子 40～60 粒。

交配之原意，在育成能抗腥黑穗病（*Tilletia tritici*）之品种，故两亲本各只种一行。

在 F_3 各行之各株分别研究其各种性质之遗传，如此在 F_2 所不能决定者，此时多能决定之。

研究遗传之性质包括（1）芒之有无，（2）穗之密度及（3）籽实颜色三种。

芒之长度只凭观察，并不度量，因其分离甚为显明也。芒之遗传仅含有单对因子。两亲系所具芒之性质在 F_3 均复发现。F_3 各株以 1∶2∶1 之比例比较之，$P=0.8190$，故认为极适合。

麦穗密度虽在各年不同之环境认为比较的固定。故用前一年所植 Kanred 亲本之对照行量得之密度以与 F_3 之密度作比较。麦穗密度亦为单对因子。所得结果 1∶2∶1 之比例极为适合，$P=0.5995$。

腥黑穗病足以影响穗之密度。以染病穗与同株不染病者比较，不纯粹个体（Heterozygous progenies）与纯粹密穗个体（Homozygous dense progenies）之染病穗，其 10 节间之长度增长 53.8%～74%。用学生法证明之，机会数为亿万与一之比。而在纯粹疏穗个体（Homozygous lax progenies）10 节间之长度仅增长 8.1%。机会数只 5.9∶1，故认为不显著。

籽实颜色之遗传，为含有 3 对不同之因子，将 F_3 各株分为 5 类，根据 3 对因子之关系以适合法（Goodness of fit）证明之，$P=0.7607$，认为极适合。但此 3 对因子证明并无累积（Cumulative effect）之作用也。

（中华农学会报，1933（109）：84-85）

（Inheritance in a Wheat Cross Between Hybrid 128 × White Odessa and Kanred By George Stewart & R. W. Woodward. 1931. Journal of Agricultural Research，42：507-520）

腥黑穗病足以影響穗之密度。以染病穗與同株不染病者比較，不純

個體 (Heterozygous progenies) 與純粹密穗個體 (Homozygousdense progenies) 之染病穗，其十節間之長度增長 53.8—74%。用學生

之，機會數為億萬與一之比。而在純粹疏穗個體 (Homozygouslax progenies) 十節間之長度僅增長 8.1%。機會數祇 5.9:1 故認為不顯著。

子實顏色之遺傳，為含有三對不同之因子。將 E_3 各株分成五類，

三對因子之關係以適合法 (Goodness of fit) 證明之，P=0.7607，

極適合。但此三對因子證明並無累積 Cumulative effect 之作用也。

（金善寶）

小麥之遺傳

Inheritance in a Wheat Cross Between Ridit and a Segregate of Federation × Sevier (14—85) by George Stewart 1931. Jour. Amer. Soc. Agron. 23:964—976

Ridit 小麥與 Federation × Sevier 之分離品系交配，其目

成抗銹病與腥黑穗病並產量豐富之品系，但其報告之內容僅及於遺傳之結果。

褐殼及紅皮兩性質在 F_1 為顯性，惟穗密度及芒之遺傳則為中

在 F_1 僅選擇最强壯者一株作為繼續試驗。F_3 共得 384 株，將各株之種子

F_3 繼續試驗之。當 F_2 有多量種子時，則將每株之種子分作三次種植每

十粒，其一供遺傳研究，其二供黑穗病研究，其三則作生長習性之用。

Ridit 親本具有頂芒，14—85 親本則為全芒，芒之遺傳為 1:2:1 之

小麦之遗传

金善宝译

Ridit 小麦与 Federation × Sevier 之分离品系交配，其目的在育成抗锈病与腥黑穗病并产量丰富之品系，但其报告之内容仅及于遗传之结果。

褐壳及红皮两性质在 F_1 为显性，惟穗密度及芒之遗传则为中间性，在 F_1 仅选择最强壮者一株作为继续试验。F_3 共得 384 株，将各株之种子与 F_3 继续试验之。当 F_2 有多量种子时，则将每株之种子分作 3 次种植每次 40 粒，其一供遗传研究，其二供黑穗病研究，其三则作生长习性之用。

Ridit 亲本具有顶芒，14~85 亲本则为全芒，芒之遗传为 1∶2∶1 之比。壳色之遗传亦含有单对因子。

粒色之遗传，证明为两对不同之因子。所得之 F_2，357 株为红皮，27 株为白皮 $D/P.E.=0.94$。机会数为 1∶1。F_3 有 161 株为纯粹红皮，97 株分离为 15∶1，97 株分离为 3∶1，而 27 株则为纯粹白皮。以 7∶4∶4∶1 之比例用适合法证明之 $P=0.87$。

穗之密度遗传认为只含有一对主要因子。至 F_3 纯粹密穗各株，较密穗之亲本为密，而纯粹疏穗各株则较疏穗之亲本为疏，故认为有超越分离（Transgressive segregation）之现象，惟关于超越分离所含之因子则未能加以解释。

取 151 株之 F_2，在 F_3 研究其生长习性之遗传，具纯粹春小麦习性者 50 株，分离为春小麦与冬小麦者 86 株，而具纯粹冬小麦者 15 株。故得春小麦与冬小麦为 15∶1 之比。$D/P.E.=2.49$。故证明为两对因子之遗传。

（中华农学会报，1933（109）：85-86）

（Inheritance in a Wheat Cross Between Ridit and a Segregate of Federation × Sevier（14-85）by George Stewart. 1931. Journal of the American Society Agronomy，23：964-976）

加黑麥之染色體。此爲極可能事，因 Florell 氏曾得自小麥及黑麥之雜交中，一株含有四十四個染色體之小麥（普通 n=21 之小麥，其染色體數爲四十二）其性狀均似親代所用之小麥，惟穀粒乃紅色，顯爲得諸親代所用之黑麥者。

（馬保之）

◉小麥與黑麥交配及其返配後之細胞學的研究

A Cytological Study of Wheat × Rye Hybrids and Back Crosses by V.H. Florell, 1931. Journal of Agricultural Research, 42:341—362

密穗小麥（Trictum c mpactum:）與黑麥(Secale cereale) 交配所得之 F_1 以小麥返配之。分別檢驗親本，F_1，及返配後之根尖細胞(Root tips)及花粉母體細胞(Pollen mother cells)染色體之狀況。根尖細胞之染色體；小麥二十一對，黑麥七對，F_1 爲二十八個。F_1 之花粉母體細胞；其單獨染色體(Univalent)及成對染色體(Bivalent)自0—3及自22—28個。

用小麥親本返配之結果，證明成熟生殖細胞 Gametes)含有不同之染色體數目；返配之第一代根尖細胞所含之染色體自四十至四十九個不等，故決定 F_1 成熟生殖細胞含有十九至二十八個染色體也。植科含有四十七個以上之染色體者其類似小麥之性質較多，且結實之程度亦較高。

在 F_3 之一族（Family）用小麥返配後，麥粒顏色分離爲紅皮爲白皮兩類，前者具有四十三及四十四個染色體，後者則有四十二個染色體。在花粉母體細毛，白皮類有二十一對染色體，紅皮類之兩植科則有二十一成

小麦与黑麦交配及其返配后之细胞学的研究

金善宝译

密穗小麦（*Triticum compactum*）与黑麦（*Secale cereale*）交配所得之 F_1 以小麦返配之。分别检验亲本，F_1 及返配后之根尖细胞（Root tips）及花粉母体细胞（Pollen mother cells）染色体之状况。根尖细胞之染色体：小麦 21 对，黑麦 7 对，F_1 为 28 个。F_1 之花粉母体细胞，其单独染色体（Univalent）及成对染色体（Bivalent）自 0~3 及自 22~28 个。

用小麦亲本返配之结果，证明成熟生殖细胞（Gametes）含有不同之染色体数目；返配之第一代根尖细胞所含之染色体自 40~49 个不等，故决定 F_1 成熟生殖细胞含有 19~28 个染色体也。植株含有 47 个以上之染色体者，其类似小麦之性质较多，且结实之程度亦较高。

在 F_3 之一族（Family）用小麦返配后，麦粒颜色分离为红皮、白皮两类，前者具有 43 及 44 个染色体，后者则有 42 个染色体。在花粉母体细胞，白皮类有 21 对染色体，红皮类之两植株则有 21 成对染色体与一单独染色体及 22 个成对染色体。

尚有两族，均具有颈毛（Hairy neck）者（即麦秆之顶节与穗基相接之处生有细毛者），返配后其一族分离为红皮与白皮，他族则分离麦粒为不等之长度，前者染色体之数目自 43~45 个，后者则自 42~47 个，各植株除 1 株仅具 22 成对染色体外，其余均具有 1~5 个之单独染色体。

由细胞与遗传两方面研究之结果，认为小麦与黑麦交配后，复以小麦返配之，欲得近似小麦之品系而具有黑麦之性质者，实属可能云。

（中华农学会报，1933（111）：76-77）

（A Cytological Study of Wheat×Rye Hybrids and Back Crosses by V. H. Florell. 1931. Journal of Agricultural Research，42：341-362）

對染色體與一單獨染色體及二十二個成對染色體。

尚有兩族，均具有頸毛 Hairy neck 者（即麥稈之頂節與穗基相接之處生有細毛者），返配後其一族分離爲紅皮與白皮，他族則分離麥粒爲不等之長度 前者染色體之數目，自四十三至四十五個，後者則自四十二個至四十七個。各植科除一株僅具二十二成對染色體外，其餘均具有一至五個之單獨染色體。

由細胞與遺傳兩方面研究之結果，認爲小麥與黑麥交配後，復以小麥返配之，欲得近似小麥之品系而具有黑麥之性質者，實屬可能云。

（金善寶）

◉由兩種間交配而成之小麥品系用細胞學與遺傳學方法研究其變異

Cytologic and Genetic Studies of Variability of Strains of Wheat Derived from Interspecific Crosses by Le Roy Powers. 1932. Jour. Agr. Research, 44:797－831.

作細胞學研究之材料，包括三品種，共得八十九株小麥，即馬克羅(Marquillo)三十二株，馬克斯(Marqui) 二十七株，及明尼蘇達 2303號(Minnesota 2303)三十株。最後之品種僅用以研究小胞子 (Microspore)之百分數而含有小細胞核(Micro-nuclei)者。

三十二株馬克羅小麥，就中有二株，其體染色體(Somatic chromosome）僅得四十一個。其餘三十株則均爲四十二個。馬克斯及明尼蘇達2303號各株之染色體均爲四十二個。

由两种间交配而成之小麦品系用细胞学与遗传学方法研究其变异

金善宝译

作细胞学研究之材料，包括 3 品种，共得 89 株小麦，即马克罗（Marquillo）32 株，马克斯（Marquis）27 株及明尼苏达 2303 号（Minnesota 2303）30 株。最后之品种仅用以研究小胞子（Microspore）之百分数而含有小细胞核（Micro-nuclei）者。

32 株马克罗小麦，就中有 2 株，其体染色体（Somatic chromosome）仅得 41 个。其余 30 株则均为 42 个。马克斯及明尼苏达 2303 号各株之染色体均为 42 个。

马克罗小麦有 2/10~8/10 之小胞子含有小细胞核。马克斯及明尼苏达 2303 号仅得 0.8%之小胞子含有小细胞核者。

马克罗小麦之小胞子体（Microsporocyte）其细胞含有离赤二价染色体（Non-Orientation of bivalents）10.8%±0.68%，马克斯小麦则有 6.9%±0.49%。

在第一次分裂之中期（Metaphase of first division），马克罗与马克斯小麦所含不接合（Nonconjunction）之数为 6.1%±0.44%与 7.7%±0.93%。

马克罗小麦平均 1.4%之细胞，具有多价数（Polyvalence）。而马克斯之细胞则仅 0.4%表现此种现象。

马克罗之小胞子具有 6.3%±0.69%之早期分离（Pre-disjunction），而马克斯则得 2.8%±0.31%。

离赤二价染色体及不接合均能成为小细胞核，而早期分离是否能成小细胞核尚未能证实之。

在 41 个染色体之小麦平均 23.4%±0.24%之小胞子具有小细胞核。根据小胞子而具有小细胞核之数目推算 20 与 21 个染色体之成熟生殖细胞（Gametes）比例为 74：26。此项结果与日本人 Nishiyama 用返配法以定 20、21 个染色体之成熟生殖细胞比例为 73：27 之结果颇相符合。

以相关系数计算各种之变象（Aberration）之百分次数（Percentage frequency），证明离赤二价染色体及不接合均与小细胞核有相关性。而离赤二价染色体与不接合之间，并无相关性之存在。

以马克罗小麦重要性质之变异系数（Coefficient of variability）与染色体各种变象之百分次数研究其相互之关系，证明每株种子重量之变异系数为小细胞核及不接合均为正相关；植株高度之变异系数与小细胞核及离赤二价染色体，以及结实变异系数与小细胞核及离赤二价染色体等，亦均为正相关。而结实百分数与小细胞核及离赤二价染色体，则为负相关；出穗百分数与小细胞核，种子长成结实植株之百分数与不接合，亦均为负相关。

马克罗自然杂交之百分数达7.2%，此项杂交百分数较明尼苏达试验场任何其他品种为高。

（中华农学会报，1933（111）：77-79）

（Cytologic and Genetic Studies of Variability of Strains of Wheat Derived from Interspecific Crosses by Le Roy Powers. 1932. Journal of Agricultural Research，44：797-831）

（一）製漿之試驗，宜即詳密進行也： 查用木材製紙，爲極專門之學，非合數類專家，如製紙及研究中國木材及中國植物地理者，諸方面之互證，鮮能得一正確而切實用之木材造紙知識。如木材產量，纖維之長短，含脂之多少，漂白之難易，與夫材色材性，紙之質地色澤等之研究，適合于中國之需要。

（二）造紙原料之選擇也：紙廠之設立，首宜有大規模之纖維性原料：或竹，或木，或破紙敗絮，甚至蘆柴（上海江南造紙廠即用之）及木材工業之副產木屑，均可用之；惟需有不絕之來源。爲急需創立紙廠，則浙地多竹，皖贛多杉，其亦可供試驗乎？

（三）廠基之設立，宜在吾國西南諸省也： 考吾國森林，針葉樹材中之雲杉，樅，鐵杉，松，帝杉，落葉松等，及闊葉樹材中之楊，槭，樺，椴等，在西南諸省，儘多可以採用之材料。故就地理之便利計，及材料之來源諸點言，大規模之木材造紙廠，應設立于西南。但際此天災人禍之中國，目下允宜盡全國人力財力，就此方面，從科學上先卜一切實之研究，庶免于將來之失敗也。

耕牛之鑑別及飼養法

金善寶

（甲）耕牛之鑑別法

（一）做事快之條件：

（a）眼去角近，大而互距遠，眼中有白脈貫瞳子者快。（b）尿射前脚者快；直下者不快。（c）前脚欲直而闊，後脚要曲而開，股要瘦小，則健而快。

（二）氣力偉大之條件

（a）臀方，尾上毛少。（b）頸大，胸闊，前峰隆起。（c）插頸欲高，膣堂宜闊。（d）脊背中部宜稍垂。（e）皮色宜淡紅。

（三）性情／好壞

（a）皮細者畏痛，易於驅策。手握牛皮，見附近之處震動者，乃易驅之證。（b）鼻宜軟大，硬則不聽牽使。

耕牛之鉴别及饲养法

金善宝

一、耕牛之鉴别法

（一）做事快之条件

（a）眼去角近，大而互距远，眼中有白脉贯瞳子者快。（b）尿射前脚者快；直下者不快。（c）前脚欲直而阔，后脚要曲而开，股要瘦小，则健而快。

（二）气力伟大之条件

（a）臀方，尾上毛少。（b）颈大，胸阔，前峰隆起。（c）插颈欲高，璧堂宜阔。（d）脊骨中部宜稍垂。（e）皮色宜淡红。

（三）性情之好坏

（a）皮细者畏痛，易于驱策。手握牛皮，见附近之处震动者，乃易驱之证。（b）鼻宜软大，硬则不听牵使。（c）目乱视者触人。

（四）年龄之看法

小牛之乳牙，产后三日即齐，乳牙脱落，乃生永久牙。永久牙可以鉴别牛之年龄，三年生二牙，三年半生四牙，四年生六牙，五年出齐，即八牙也。此乃普通情形，然亦有变更。

（五）雌雄鉴别法

雄牛之角短而粗，雌牛之角细而长。雄牛后身较圆，而后颈部甚粗，中央部且隆起；母牛则后身骨多突出，颈部无隆起。

（六）病重与否之证

（a）大凡牛有病，欲知可治不可治，先须看其鼻上有汗无汗，不可便下药。如有汗，即随症医治。如牛有生气，虽天时极冻，鼻亦有汗。如无汗，则死在旦夕，此医牛之良法也。（b）大凡牛病未至沉重时，其角必温，故将霜雪冻其角，亦不至于冷。用药时，先以手执牛角，以视其温冷，温即用药，冷即死症也。（c）凡牛病先看贴地与不贴地，及口鼻大小便出血，如头贴地，大小便出血者，不能医治。(d) 牛体之毛，宜密而短，粗而有光彩，凡毛拳曲者，为有病之证。(e) 凡毛短密而黑者，耐寒，疏长如鼠毛者怕寒。

（七）鼻印认牛之方法

美国密南沙尽大学乳牛部，发明一鼻印认牛之法。牛之鼻端，有多数之纹，一如人之手指，且各牛鼻上之纹，无一相同者。取印之法，用一臂夹住牛头，用他手先取布，将牛之鼻揩净，将墨汁涂牛鼻上，取一软纸，置一木板之上，先自上唇之末端印起，缓缓向上，卷至面部，则得一明晰之印矣。失去之耕牛，若重行发现，可用鼻印法辨认之也。

二、耕牛之饲养法

耕牛之饲养，可分为两种：一为休闲期内之饲养法，二为工作期内之饲养法。牛之工作，大都在夏秋，而冬季则多休闲。休闲时仅在维持其生活，每日约给稻草 30 斤即足。惟当春季开始工作之前一个月，除日常所给之草类外，每日须喂以大豆或玉米一升左右，以培养其体力。及至夏秋，工作甚忙，天气又热，夜间宜饱饲，每日给豆类约一升半，浸胀而后食之。早晨工作，日中休息，或放牧。如不放牧，则喂以青草百余斤。每工作 1 小时，宜令其休息，或即入塘沐浴。塘水宜浊不宜清，牛食青草，须有节制。食之过多，常致肚胀。牛患肚胀者，可以麻油 3 杯，鸡蛋 3 个，混合灌下。或以木棍涂黑油（Coal tar）横口内，使吐出腹内之气。

（农业周报，1933，2（17）：230-232）

近代玉米育種法

中央大學農學院教授

金善寶

目次

近代玉米育种法

金善宝

一、引　言

近年来我国作物育种问题，颇引起国人之注意，其事业已有急足之进展；但各地从事改良之作物，仅侧重稻麦棉3种，而于他种重要作物却少人注意或竟无人注意，玉米即其一例也。

玉米改良问题，未为国人重视者，良以玉米非我国之重要食用作物，其产量之增减无关于国计民生也；但据张心一氏（民国二十一年，1932年）之统计，我国各省每年栽培玉米之面积有9 200万亩，产额有14 800万担，20种作物之中玉米占第七位，介乎大豆与棉花之间。查欧美各国应用近代玉米改良法每亩籽实产量增加10%~70%者为常见之事实。我国各地玉米向未注意品种之改良，则其产量有待于改进者自不待言，改良之效率仅以10%计算，每年全国玉米产量之增加至足惊人矣。

玉米为天然异花受精之作物与麦稻之自花受精者迥异，故其育种方法决难应用麦类之秆行试验法。世界各国玉米产额以美国为最，育种方法亦以美国为最进步，数十年来各种新法层见叠出，其复杂情形，又非麦类育种法可以同日而语也。

中央大学农学院，玉米自交育种已历4年，自交品系约有500余系，今已选出40余系本年做各种杂交之用。作者因主持此项玉米育种工作，爰将平时搜罗各种玉米育种之重要材料散见各种杂志者，汇集成篇，藉供国内有志玉米育种者之参考，挂漏之处知所不免也。

二、传粉情形

在讨论玉米育种法以前，对于玉米传粉之情形，如传粉之媒介物、传粉期间、自花受精百分率以及外来花粉对于当代籽实产量之影响等，先作简略之叙述，俾进行育种时有所依据。

（一）传粉之媒介物

玉米各部分之构造，极适于风力之传粉，而不宜于昆虫作媒介。当玉米长大时，常有麻雀啄食雄花，但其窃取雄花常在传粉以前，蚂蚁常无目的地或为搜集蚜虫徘徊于玉米各部，但与传粉无关，蜜蜂常采集大量花粉，带往他处，且有许多昆虫产卵于其穗部，掠食其雌蕊者，但任何昆虫之探访从未闻有影响于玉米之传粉者。

实际唯一玉米传粉之媒介物，厥为吸力与风力。玉米各部分之构造，最适于此种之媒介。雄蕊部分生长最高，散落多量之花粉经过长久之时期，雌蕊约生于秆之中部，雌蕊之柱头着有胶黏之细胞，散布在穗之顶部四周。

光滑而呈圆形之花粉粒，表面干燥，不易相互黏结，故利于散为风飞所传播。

大多数之玉米花粉，照普通情形，其散布之范围仅及于数方尺之距离，但遇猛烈之风力，有时可飞散至一华里之遥。

（二）传粉之期间

玉米花粉散布期间之久暂，受多种因子之影响，如温度之高低，空中温度之多少等皆足以左右之。同花之雄蕊，其花药同时开裂，但因花药之裂口甚小，故其花粉之发散不免有先后，散发之期约需数小时，但总在一日之内完毕。天气晴朗之日开花时间始于日出以前，至午前九、十时之间开花最盛，至正午大多数之花已经开毕。

花壳之展开与花药之外露，进行极为迅速，当开放时各部分之移动与生长易为肉眼所觉察，两鳞片之突然吸水膨胀及花丝之迅速伸长似与环境有相当之关系，如午前下雨之后，继以温和之天气，似最适于玉米开花之进行。

（三）柱头接受花粉之期间

玉米之雌蕊聚生于由茎节所生之穗上。雌蕊之成熟位于穗之基部者最早，上部者最迟，发现花柱（Silk）之期间自最早至最迟，相差达一星期之谱，柱头由穗壳（Husk）露出于外时，即可受粉，其受粉之期间约可继续两星期或且过之。如柱头不立即受精则能继续伸长。

（四）花粉之数量

由风力传粉之植物其大部分之花粉是散失的，玉米亦不能逃此例，因此所具之花粉非常丰盛，一花药可产花粉 2 500 粒，一小穗则可产 15 000 粒。普通雄蕊之数目约十倍于雌蕊，而每一雌蕊仅需要一粒之花粉，故雄蕊与雌蕊对于花粉之供给与需要之比例约为 150 000 : 1，而多数品种则为 10 000 : 1 之比。

（五）自花受精百分率

玉米为天然异花受精之作物，若用人工方法，令其自配，则其下年所生之籽实产量，约减少 50%，其减少之程度与其天然自花受精百分率有相当之关系。

据海斯（Hayes，1918）之报告，玉米在田间情形，自花受精之程度约在 5%以下。

Kiesselbach（1922）在黄玉米田内种植若干行之白玉米，白玉米之开花期则与黄玉米相仿佛，结实之后，检查白玉米胚乳之颜色，以决定自花受精之百分率。试验结果，自花受精者仅得 0.7%。

Woller（1917）试验之结果，玉米自花受精者平均达 5.13%，但渠认为此种结果不能代表各地自花受精之情形，因湿度及风向实为影响各株间受精之重要因子也。

（六）外来花粉对于当代玉米产量之影响

玉米之花粉，落于异株或异品种之柱头，由此结实之种子，其大小或重量与自花受精者有无差异，实为玉米育种时应注意之问题。据 Smith（1905）之报告，玉米品种相邻种植，其异花受精之结果，对于当代籽实之产量无多大影响，但甜玉米如与马齿种隔行栽种，则马齿之花粉与甜玉米配合，其产量与自花受精者即有差异云。

Collins（1909）谓具有蜡质胚乳之中国玉米授以马齿种之花粉，其所结种子之重量，较纯粹之种子可增加 16%。

Wolf（1915）曾用 5 种黄马齿与 3 种白马齿作彼此杂交试验，法将黄白两品种之混合花粉传授于黄马齿或白马齿之穗上，将杂交之种子，与自花受精者比较，其产量有减低 13. 45%者，亦有增至 16. 04%者。

Carrier（1919）以为玉米产量比较试验，有时得相反之结果者，实受外来花粉之影响。渠证明各品系混合种植之产量，高于各品系单独种植之产量，其产量之增进由于杂交品系之胚乳增加重量云。

Kiesselbach（1925）将胚乳性状相同之各种玉米，间行种植之，使其相互杂交，其当代种子之产量，各品种间并无显著之差异。Kiesselbach 与 Leonard（1932）研究甜玉米与马齿种杂交对于当代产量之影响。分单本产量与每英亩产量两种计算，两品种间行下种，分两田种植，甲田将甜玉米之雄蕊割去之，使接受马齿种之花粉，乙田则割去马齿种之雄蕊，俾受甜玉米之花粉。试验结果，由马齿种传粉者，每英亩（1 英亩约为 4 047 平方米，全书同）之籽实产量增加 34%，单株试验之结果，甜玉米授以马齿种之花粉，增加产量 13%。

第一代杂种授以外来之花粉，籽实产量无显著之增加，甜玉米传授马齿种之花粉因以增加产量者，乃由于甜玉米之胚乳变为马齿种之粉质胚乳所致云。

三、选种法

（一）穗之性状与产量之关系

美国 19 世纪末叶，从事玉米改良者多根据穗之性状作为选种之标准，即至近世各地农家尚多沿用此法者，玉米产量包含许多因子绝无任何一种性状与产量有密切之关系足为选种之标准者，且选种时如专注重穗形之单纯或有减少产量之虞，盖自交之玉米其产量往往不及异花受精者也。

William 与 Helton（1915）在 Ohio 试验场选择许多性状不同之玉米作产量比较，年年继续选择，即长穗之中继续择长穗，短穗之中继续选择短穗，其结果如下（表 1）。

表 1　穗之性状与产量之关系

穗之性状	试验年限（年）	产量差异（英斗）	
长穗与短穗	10	长穗	1. 39
圆筒形与尖形	9	尖形	1. 65
秃顶与充实顶	8	充实	0. 34

（续表）

穗之性状	试验年限（年）	产量差异（英斗）	
糙粒与光粒	7	光滑	1.76
脱粒百分数之高低	6	低	0.42

玉米之产量每英亩以50~70英斗计算，此种相差实甚微小，虽继续选种其分离之品系彼此略有差异，但对于产量则无影响。

海斯（Hayes）与Garber（1927）在同种之后代继续选种，对于脱粒百分数之大小得极显著之结果，观表2即知其大概。

表2 继续选种对于玉米脱粒百分数之影响 （单位:%）

年份	高	低
1910	84.73	83.67
1911	87.30	84.66
1912	85.34	77.86
1913	87.09	76.93

但照前表之结果，依穗之性状而选种并不能增进玉米之产量也。

选种时如注意特别之性状，则玉米之品种经过多年之后可以随选之性质而改变。顾玉米系天然杂交之作物，故由混合选种改变之结果，不过移动其平均之性质，而此种改变并不能固定不移也。盖玉米由选种而成者均系杂种也。

郦且（Richey）与Willier（1925）用生物统计之复相关系数研究玉米穗之性状与产量之关系，所得穗之各种性状与产量之总变异数为2.5%~6.7%，故其结论谓根据穗之性状以选种不能作为改良玉米之有效方法；但选种时如注意穗之长短、行数之多少、粒之长短等则认为有相当结果也。

（二）穗行选种（Ear-to-Row Selection）

穗行选种者，从普通田内选择大批单穗，每穗之种子种在一行，从各穗行中再行选择，即将每行分别收获比较其产量，并从丰产之各行继续选种，然后作为大田种植之用。

玉米既系异花受精，则照寻常之选种法，仅注意于母本之性状而忽视其父本，穗行选种多认为分离品种最速之方法，此法美国伊利诺试验场Hopkins（1899）首先应用之，自此以后各试验场种子公司以及各地农民相继采用。是法创用至今已经数度之改变，East（1908）曾指出此法在技术上之缺点，其改良之法将同穗之种子，分种数重复行，以期减少近亲交配之影响。Williams氏（1905，1907）在第一年用作穗行之种子先种一半，第二年选其成绩优良之各系，并将留存之一半种植之使彼此杂交，第三年将上年杂交之种子在种子区繁殖之，此法之缺点每年须有一穗行育种区，留存种子之分离交配区，种子区及一普通大田区，Montgomery（1909）之方法第一年，选出百穗行作穗行试验，由穗行试验之结果，选其较优之25行，将此25行上年留下之种子混合下种，每间数年种植一穗行区，中间几年每年用点播法种一混合区，由此选择其强壮之植株，如此计划可以避免 Williams 氏法之缺点。

关于穗行育种法之结果甚多，若一一举而引用之，似非必要，概括言之，用穗行育种法选出之玉米，其产量切实高于混合选种法（Seed plot method）者，尚无显著之试验成绩足以证明之。兹将 Kiesselbach（1916）在 Nebraska 试验场 5 年之结果列于表 3，以示穗行育种对于产量之影响。

表 3 Nebraska 试验场穗行育种对于玉米产量之影响（1911—1915）（单位：英斗/亩）

说明	1911	1912	1913	1914	1915	平均
黄马齿原种	42.6	51.6	9.8	62.8	79.5	49.3
继续穗行选种	44.0	52.9	7.7	65.3	76.8	49.3
繁殖穗行单系	38.2	45.6	7.3	55.0	75.3	44.3
繁殖四穗行混系	42.5	54.6	12.1	63.5	80.0	50.5

观上表之结果，各种选种法均相仿佛，并无特别差异之处。

海斯与 Garber（1927）比较各种玉米选种法，4 年平均结果，其产量相差并不显著。据海斯等之意见，用选种法增加玉米之产量，混合选种为最简易迅速之一法，而穗行育种如施行于向未选种之品种，亦能得相当之结果，但在已经适应于某区域内之良好品种，如再用穗行选种法大都不能增加产量云。

四、近代育种法

前述各种玉米选种法，因只限于母本之性状而忽略其父本，故其选种难收良好之结果。自人工自交影响于玉米产量之关系发现以后，玉米育种乃渐成为有实用之价值。此种研究在 30 年前始于美国之 Shull、East 及农部各育种专家，其目的在研究玉米之遗传的生理，且深信此种研究能实际应用于育种。照 Shull（1905）与 East（1905）等研究之结果，凡自交玉米之后代，其生长与产量均较原品种大为减少，且生长势力之消失以第一代为最大，以后则逐渐减少，此即表示自交数代之后，其性质已渐趋于纯粹矣，如将自交品系彼此杂交生长势力及产量均骤然增高矣，故 Shull（1910）主张利用自交后分离之纯粹品系作杂交，则其第一代之产量即可增至最大限度，故自交方法予育种家以淘汰劣种之机会，其生长良好趋于纯质之品系可选作育种之用。

本段关于近代玉米育种方法除先讨论自交品系之选择，授粉之技术及自交品系杂交试验法等外，其育种方法分为：（1）单交；（2）双交；（3）混合杂交法；（4）隔代杂交法；（5）自交系与品种杂交法；（6）三系杂交法；（7）聚合改良法等 7 种兹分述之。

（一）自交系选择法

选择适于本地之品种，就此品种选出多数之良穗，每穗所得之种子分别种植一行，每行种植 20~30 株，每行择其生长最良好之 5 株使之自交，作为自交之品系，此种品系每年继续自交，待其表现之性质不再分离为止。

第二年，将其自交之穗各种一行，至开花时，每行选择最有希望者 5 株令其自交，在开花时表示生长良好之植株，成熟后未必优良，因此之故，自交之穗数须多于种植之穗数，既可防自交之失败，又可有选择之机会。每年每品系种植 3 穗，到成熟时就生育最好之后裔，再择 5 株使之自配，成熟后淘汰其 2 株，其历代进行选择之法如图 1。

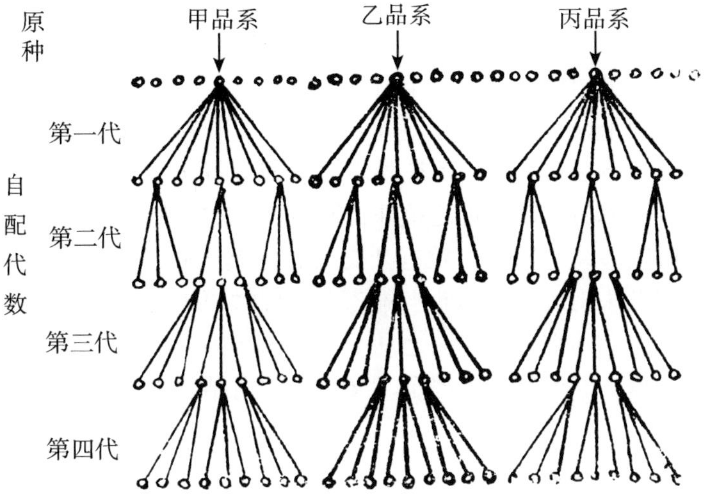

图 1　历代选择之法

每系种植一行，每行 30 株，下种之粒数须 3 倍或 5 倍于其株数，其生长软弱之苗随时锄去之，而留其强壮者，每行两端之植株，因受特殊之环境生长较好故不能作为自交之用。

上述选种进行手续为 Jones 氏（1925）在 Connecuticut 试验场所行之方法，每品种所选之穗数目甚少，而选种方法则甚严密。渠从 4 个标准品种之中仅选出 86 穗作为开始自交之用，自交数代之后，选作杂交之自交品系仅得 66 穗耳。选出之穗每年作极详细之记载，最初用作自交之各穗，依其穗大小、形状及种子之品质而分等编号，以后在田间每自交之单株均挂以一纸牌，记明该单株在田间生长之情形（如穗着生之高低、叶之数目、分蘖数、植株姿势、植株受病情形等）及其自交后穗之性状（如籽实行数、行之整齐程度、穗之长度、种子颜色及穗心之颜色等）作为选种之标准。

明尼苏达之海斯氏及农部之 Richey 氏关于选择自交品系之方法，却与 Jones 氏法相反，其最初从标准种所选之穗数目甚多，500～1 000 穗，每穗下种 60 粒，每行选出最强壮者数株使其自交，此项种子则种于一种行区，继续自交，并选出能抗病及茎秆强健之植株，年年如此继续，直至各系之性状不再分离为止，惟其自交之品系并不作详细之记载耳。

上述两种选择法各不相同，其一，开始选择时即从少数之品系着手而作精密之选择；其二，乃从多数之穗用粗放之法选出少数之优良品系。两法孰优孰劣，实为最费研究之问题。

（二）授粉之方法

玉米人工授粉之手续极为简单，当穗须未露出以前，用牛皮纸袋罩于穗上，其基部用回纹针夹住。同时或一二日后上面之雄蕊亦罩以牛皮纸袋，勿使过紧，袋口亦用回纹针夹住。

二三日后，当穗须伸出穗顶约 3 寸时，将雄穗（Tassel）捽下连同所套之纸袋用手频频击动之，使花粉振落于纸袋内，然后倾倒于同株雌穗之柱头，同时将小纸袋取去，换以大纸袋，庶使外来花粉不易侵入，所套之纸袋，至成熟时方可取去，以作标记，并可防鸟害。

授粉时，两手慎勿与雌蕊或纸袋之内部接触，以防与外来花粉混杂，如穗须伸出穗顶达 3 寸或 4 寸以上时，可用酒精消毒之小刀割去之。

授粉时，纸袋必须干燥，如行于潮湿或多露之日，花粉结成小块，不便使用。如有良好之花粉，授粉之分量不必多，惟当雌蕊外露时须即速行之。

传粉工作进行时，慎勿摇动邻近之植株，同时两手勿与雌蕊之柱头接触，以免异花受精。举行自交时，或因手续之不慎，致有杂交时，则其下代植株之形状必与自交种不同，故宜在抽出雄蕊以前设法淘汰之。因此当雄蕊未发现时须小心游行田中，逐行检查其生长情形，见有可疑之个体，则宜全株拔去之。

授粉时动作要迅速，每穗须一次授足。又如每穗所结之种子不多者即可弃之。

（三）自交系杂交试验法

玉米品系继续自交 4~8 代之后，即可选出生长强健之各株作为杂交之用。至各品系间应如何配合方可得到高产之杂种，惟有实际试验之一法。设有甲、乙、丙、丁 4 个自交纯系，则甲须与乙、丙及丁交配；乙须与丙及丁交配，其他以此类推。由此杂交而成之第一代，比较其产量，即可选出最优之自交纯系，此法虽极精密但甚费事。

Nillson-Leissner（1927）证明自交品系之若干性状与单交之产量有相关性，硬玉米之相关系数为 0.743 4±0.042 7，马齿种为 0.185 2±0.058 0，所以渠认为选择强壮之自交品系作为单交之亲本，实有相当之可靠性，惟最后之决定，仍有赖于实际之试验。

Jenkins 与 Brunson（1932）证明自交品系与标准品种交配及各自交品系间交配之结果，其间之产量有极高之相关性。相关系数 0.53~0.90，换言之，凡各自交品系与标准品种配合之后，均得丰富之产量者，则其品系间杂交所得之产量亦必丰富。据 Jenkins 等之经验，照此方法选择自交品系约有 50%之良系决无损失之危险。当品系众多时，杂交之手续较诸寻常试验法，可省数十百倍之时间，故此法实为试验优良自交品系之终南捷径。

Jenkins（1934）报告，自交系返配于标准种或各自交系杂交之结果，可作为估计双交成绩之标准。其估计方法分为 4 种：

第一法，将 4 个自交系做各种单交，取其任何性状之值而平均之，例如 A、B、C、D 4 个自交系，欲估计其双交之某一性质之成绩则平均 AB、AC、AD、BC、BD 及 CD 6 种单交之结果即得。

第二法，每双交中之两单交不估计成绩，例如 AB×CD 之双交中只计算 AC、AD、BC 及 BD，4 种单交之平均结果而将 AB 及 CD，两单交亲系除外。

第三法，先求某性质之各个自交系之各单交平均值，再将每双交中 4 个自交系之各单交平均值，而平均之，即得每双交之估计成绩。

第四法，平均 4 个自交系与标准种杂交之结果作为估计双交之成绩。

Jenkins 用上述 4 种估计法与实际双交结果之比较得各种相关系数如表 4。

表 4　双交实际成绩与估计成绩之相关系数

性状	估计法			
	A	B	C	D
枯叶	0. 60	0. 65	0. 57	0. 57
穗高度	0. 38	0. 42	0. 32	0. 31
植株直立性	0. 77	0. 70	0. 75	0. 64
水分	0. 69	0. 61	0. 72	0. 49
脱粒百分率	0. 70	0. 78	0. 06	0. 70
每英亩产量	0. 75	0. 76	0. 73	0. 61

（四）单交（Single Crosses）

1. 单交产生法

由两行纯系交配而成之杂种，谓之单交。此项种子之产生手续比较简单，将两纯系隔行种植之即得（图 2）。

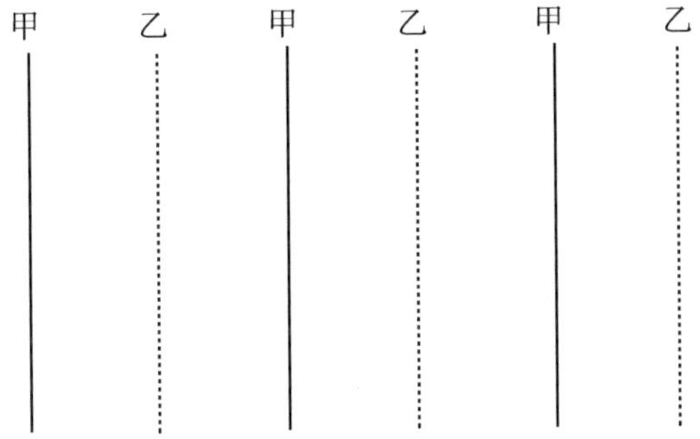

图 2　两纯系隔行种植示意

凡乙行各株在散放花粉以前，均须去势，故系杂交种子，而甲行各株不去雄蕊，故其产生之种子系自花受精，下年可作杂交之用。

各株之雄蕊必须摘除净尽，勿使稍有遗留，如摘除太早，雄蕊曝裂，常遗下一部分之雄蕊，日后有散放花粉之弊。如在适当时间摘除则此穗所结之种子，必为异花受精之结果，可作为种植之原种（Stock seed）。

每年在不同田内维持两交配区，A 田将甲品系割除雄蕊，B 田则除去乙品系之雄蕊，如此可有两品系之原种矣。

玉米交配无论甲品系授以乙品系之花粉，或乙品种授以甲品系之花粉，多得相似之结果，故普通不做逆交；但有若干品种，不宜于母本而适于作父系者，亦有作父系甚优而作母系则甚劣者，如遇此种情形则宜特辟一地种植之，作为交配区之原种。

用作交配之亲系，普通母系之成熟期须略早于父系，因花粉之成熟常先于柱头也。设父系之雄蕊与母系之雌蕊成熟期相差过远时，则宜将两亲系分两期下种。玉米之开花期常受气候之影响，分期种植之相隔日数甚难得适当之决定，如下种相差两星期则其开花之先后不过四五日，盖迟熟之玉米其开花常有追纵早熟之趋势也。若父系与母系在同时开花，最好将母系一次种完，父系则分两次下种。

生长强壮之玉米，父本与母本之行数不必相同，普通 1 行之父系足供 2 行、3 行甚至 4 行母系传粉之用。惟须视花粉之多少及开花期之长短而定。

2. 单交之产量

由自交品系交配而成之下，其产量须高于原来品种者方有实用之价值。Kiesselbach（1922）在 Nebraska 试验场，将单交与原品种作 4 年产量比较（表 5），产量最高之 F_1 4 年平均结果为 53. 2 英斗，原品种仅得 41. 2 英斗。此 F_1 之产量，4 年之中均超出原品种。各杂种 4 年平均产量超出原品种 17. 2%。在 Nebraska 州，凡自交品系之叶面小者，其产量常超过于叶面较大之品系，故选择叶面较小之自交品系作杂交，常得优良之结果。

表 5 自交品系杂交后之 F_1 与其原品种产量之比较（Kiesselbach，1922）

（单位：英斗/亩）

品系	每英亩籽实产量				平均
	1913	1915	1916	1917	
4×12	22. 0	61. 9	38. 8	60. 6	45. 8
4×1	26. 8	64. 8	53. 2	41. 6	46. 6
12×5	22. 8	64. 5	44. 6	48. 5	46. 4
8×2	20. 1	71. 3	66. 2	51. 9	52. 4
12×2	21. 9	73. 6	58. 0	59. 4	53. 2
10×12	22. 7	57. 9	51. 5	53. 6	46. 4
10×5	24. 2	61. 0	43. 3	51. 0	44. 9
平均	23. 3	66. 9	51. 7	59. 3	48. 3
原品种	11. 4	73. 1	34. 5	46. 0	41. 2

Hayes 与 Johnson 在明尼苏达亦作单交与原品种之产量比较，其结果如下（表 6）。

表 6 自交品系之杂交种产量（以原品种之产量作 100）

品种	杂交数目	试验年限	低于标准种者	100%～110%	111%～120%	121%～130%	130%以上
Rustler	91*	2（1929—1930）	67	18	4	○	○
Minn. #13	45**	1（1928）	14	3	11	5	6

* 表示内有 2 种杂交无记录

** 表示内有 6 种杂交无记录

上表杂交之产量低于原品种者表示两亲系间之有效显性因子相差甚微也。

3. 单交之优点与缺点

纯系单交之第一代，性状极为整齐，整齐之性状如大小形状及成熟期等，在甜玉米至关重要，故甜玉米之出售于市场或作罐藏用者，大可利用单交法育种也。

单交之缺点，在产生单交之自交品系种子细小且不规则，细小之种子发芽力常弱，故其产量较普通品种为低。据经验所示，自交品系之产量常低于其原来品种之半数，且其花粉亦较原种为少，因此交配比较费工。

（五）双交（Double Crosses）

自 Jones（1920）创用双交法，前述单交诸弊即可避免。双交者，乃两单交杂交后之第一代也，故双交之产生须用 4 个纯系，其交配之法如图 3。

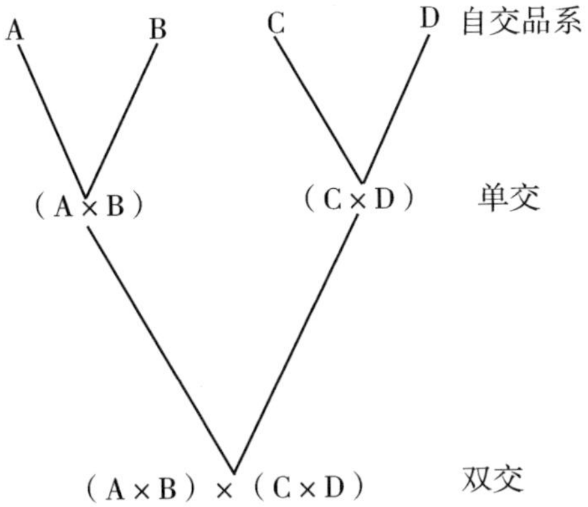

图 3　双交示意

双交之法，先 A 与 B 交配，C 与 D 交配，各成单交，将两单交之种子，下种于种子区，当穗须未发出前去其一单交之雄蕊，其布置法如图 4。

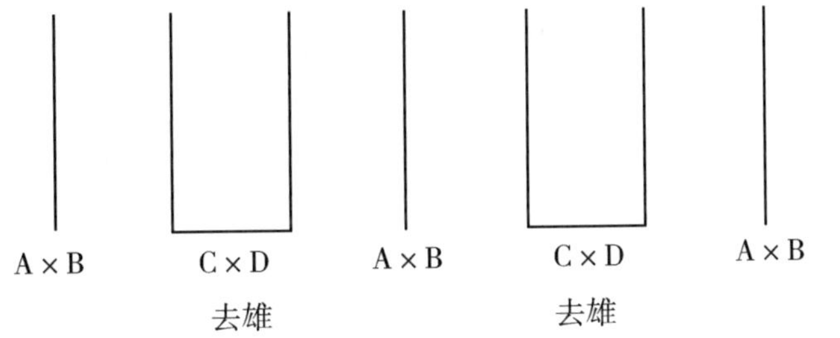

图 4　双交布置法

先种一行 A×B，次种二行 C×D，此二行均去雄蕊，如此依次种植之。去雄之工作每日巡行田间一次，将其雄蕊用利刀割去之，由割去雄蕊各行所结之种子，谓之双交。

双交之优点，在利用生长强壮之 F_1 作交配之亲本，双交之个体，其变异大于单交，因此往往延长传粉之期间，传粉期间之延长，颇利于特殊之环境。

双交之产量，未必常高于原品种。各地试验之结果，双交杂种间有生产较低者，惟双交之产量高于原品种者极易得到耳。Jones（1926）在 Connecuticut 曾将双交与产量最高之 5 种普通玉米作产量比较。5 年平均结果，双交之产量，超出五品种平均产量 27. 1%（表 7）。

表 7　双交杂种与 5 个标准品种平均产量之比较　（单位：英斗/亩）

品种	第一年	第二年	第三年	第四年	第五年	平均
双交	116	88	55	95	63	83. 4
五品种平均	82	64	47	81	54	65. 6

双交之产量可由4种纯系互相杂交后之平均产量而预测之。因此（a×b）（c×d）双交之产量必为下列各种单交之平均产量：

A×C

A×D

B×C

B×D

（a×b）及（c×d）不包括在内者，因此乃亲系之杂交在双交中不能得到也。

双交之产量以第一代为最高，第二代即有减少之趋势。郦且（Richey，1934）将10种双交在同年比较第一代与第二代之产量，证明10种双交之中，第二代之产量较第一代减少5%~24%，平均减少15.2%。第一代产量最高者在第二代减少亦最大。

双交法之缺点，每年须维持4种自交品系，两个单交杂种及一双交杂种，各分离种植，故每年须有7个分离区，手续甚繁。即近年改良之双交法每年亦须有3个自然杂交区，其中两个单交区，一个双交区，虽较简单，仍非普通农家所能取法，因此下列各种新法乃应运而生焉。

（六）混合杂交法（Synthetic Crosses）

混合杂交法之进行步骤大致如下：在田间选择生长良好及无异形之自交品系之各株，混合其花粉，传授于同品种另品系之各株，使其重行配合，第二年由两系配合而成之植株，取其50株之混合花粉，人工传授于其他两系配合而成之50株之穗上即得杂交之种子。如将所有自交品系之种子混合而种于一分离区亦可得同样之结果。无论用何种方法，待将各品系混合而成杂交之后，每年用混合选种法以维持其优性。

应用此法以改良玉米，则将各自交品系配合之前，须先试验 F_1 产量之能力，若自交品系与其他品系配合之后均得优良结果者，方可作为重配之用。

依理论言之，各自交品系彼此杂交之后，其遗传因子之相异（Heterozygosity）可增至极高度，且其以后各代之产量当与第二代无异。此法尚有一特点胜于单交或双交者，则农夫可以年年自行留种，而不必每年举行交配也。

混合杂交法，创于美国之海斯氏，是法在理论上确有遗传学之根据，但据明尼苏达大学农场历年试验之结果（1925—1932）应用此法之 F_1 或 F_2 与标准品种比较，其产量未见有何增加。兹将该场1931—1932两年平均之结果如下以见一斑（表8）。

表8 混合杂交与标准品种产量之比较 （单位：英斗/亩，%）

品种	平均（1931—1932）	百分数
Rustler——	41.8	100
,,——混合杂交	42.6	102
Minn，#13——	36.5	100
,,——混合杂交	31.5	86
N，W，马齿种——	35.9	100
,,——混合杂交	34.1	95

据该场试验之结果，用混合杂交法虽未能增加产量，但对于抗病及抗倒伏等性质则较

标准品种为优云。

（七）隔代杂交法（Advanced Generation Crosses）

Kiesselbach（1930）在 Nebraska 试验场发明隔代杂交法以代替双交法极得美满之结果。其法先将 4 个自交品系分植两区，作为第一杂交。第二年，将此两杂交下种于一区，即可得双交杂种，试举例以明之，设有第一单交（A×B）曰甲，栽于一隔离区，又有一单交（C×D）曰乙，栽于另一隔离区。甲与乙各令其照普通情形受精，此两区之种子则可另种一交配区，所得之种子其产量当与普通双交法无异。此双交区之甲单交至适当时割去其雄蕊使接受乙单交之花粉，而乙单交则令其自交。第二年，则将自交之乙单交作为父系而将甲单交之雄蕊割去。换言之，第一年以甲单交作母系，乙单交作父系。第二年则反之，乙单交作母系，甲单交作父系，每年轮换一次。今年所得之父系种子明年用作母系，后年又作父系，故一年之种子须分作两年用。如此计划每年只须种植一个杂交区，不必如普通所用之双交法，每年须有 3 个或 6 个之种子区也。其历年进行计划图示如图 5。

年份	杂交法	
	单交	单交
1934	a × b	c × d
	双交	
	♀	♂
1935	（a × b）×（c × d）	
1936	（c × d）×（a × b）	
1937	（a × b）×（c × d）	
1938	（c × d）×（a × b）	
1939	（a × b）×（c × d）	

图 5　隔代杂交法示意

于此有须注意者，即隔代杂交法经数年之后，其两单交之种子将较其第一代为少。故经过相当年限之后须重种基本自交品系一次，使产生新单交种子。

海斯等（1931）在明尼苏达曾作双交法与隔代杂交法之比较，兹列其结果如下（表 9）。

表 9　双交与隔代杂交产量之比较

	大学农场	Morris	平均	百分数
双交 E×I	39.8	59.3	49.6	100
双交 E×K	40.7	59.5	50.1	100
双交 E×L	39.9	57.8	48.9	100
隔代杂交 E×I	44.0	60.1	52.1	105
隔代杂交 E×K	44.0	57.7	50.9	102
隔代杂交 E×L	40.1	58.5	49.3	101

观上表，知隔代杂交法可与普通双交法得同样之结果也。

海斯等（1931）谓隔代杂交法如推广于农家可令两农家合作种植，譬如张三有甲×乙之杂交区，甲为父系，由甲所得之种子即为隔代杂种。又如李四亦有甲×乙之杂交区而以乙为父系，张三与李四可互换其种子而作隔代杂交之用云。

（八）三系杂交法（Three Way Crosses）

利用自交品系作三系杂交法明尼苏达大学正在继续研究，据该校三年试验之结果，证明为一优良之育种法。此法只须 3 个自交品系，可以 a（b×c）表示之，设 a 品系生长强壮且用作父本时，则双交之优点均可于此法得之。而工作则省于单交。三系杂交法之产量可以平均 a×b 及 c×d 两单交之产量而得之。

（九）自交系返交品种法（Top Crosses）

以自交品系之花粉返配于其原品种或当地之标准品种，谓之自交系返交品种法。将原品种或当地标准品种与自交系合种一分离区（三行标准种，一行自交系），原品种作为母系，至适当时去其雄蕊。其所结之种子可出售于市场而将自交系留作种用。如将母系去雄时小心从事，而自交系又不受外来花粉之影响，则其自交系可以继续保持其纯粹，故其一切管理并不费多大之额外工作而产量则可大增。

Lindstrom（1931）以自交系之花粉传授于标准品种（Krug）两年试验结果，各自交品系与标准种杂交所得之产量比标准高出 5%~45%。又以甜玉米之自交系与标准种（Evergreen）杂交亦得同样之结果，产量高过标准种 11%~54%。

（十）聚合改良法（Convergent Improvement）

聚合改良法为美国农部郦且（Richey，1927）所首创。是法之大要，在将各自交品系每年继续返配于其杂交种，使各自交品系之有效显性因子聚合于一体，然后从而选出之，其返配及选种之目的有二：

（1）回复杂交种之各自交系之有效显性因子（Desirable dominant factors）。

（2）选择生长强壮及产量丰富之单本，以期保留杂交种其他自交系之有效显性因子。

此法进行之步骤，可以下例表示之。设有甲、乙、丙、丁四个自交系，各品系之产量较其原品种为低，但配合之后则高于标准产量。此四品系成为双交时（甲乙×丙丁），第一要件在改良各个自交品系之生长势（Vigor），易言以明之，凡甲所缺乏之有效显性因子而为乙所具备者，尽力由乙输入于甲。反之，乙所缺乏之有效显性因子，而为甲所具者，则竭力由甲输入于乙。同时，丙与丁亦可用同法改良之，但照上法进行时乃假定各因子之发展具有同等势力，且因子间并无联系情形，因此只须将自交品系之有效显性因子成为纯粹使无分离之现象而已。

甲×乙之 F_1，杂种用乙之花粉返配之，可名之曰复得品系（Recovered line）。由此产生之后代择其生长强健之单本返配于乙之自交系，明年再选最强壮之后代复与乙品系作返配。如此继续返配则杂交中之甲系将维持其不纯粹状态。假定甲与乙两自交品系有 5 对不同之因子，则其杂交后用乙返配而成之复得品系，经过 6 代之返配，将有 96%均为纯粹之有效显性因子。且经过数次自交将有许多甲系之纯粹有效显性因子，则此复得品系之产量及生长势力当高出于乙矣。对于甲品系亦可用同法及选种。

同理，丙与丁杂交之后，丙系花粉继续返配于丙×丁之杂种，然后再用丁系之花粉返配之，则可得产量与生长势力高出于丙与丁之新系矣。依理论言之，由返配而成之复得品系其生长势力决不能高出于原来之 F_1 杂种，因其染色体之情形固未尝有何变动也。

甲×乙之杂种以乙返配之，则乙亲系之复原可以简单说明之。每次返配时之生殖细胞（Gametes）有一半系得自乙，且乙为纯粹品系，故乙之生殖细胞均相似。返配之后其纯粹百分数第一次可增加1/2，第二次可增3/4，第三次增7/8，第四次增至15/16，依此类推。

返配之工作应继续若干年，须视进行之目的及品系所含因子之多寡而异颇难断定。设以甲×乙之杂种返配于乙，假定此杂种有 50 对因子系来自乙，则 6 代之后当有 46%之纯粹个体，而在 54%之不纯粹个体（Heterozygous）中只占 50 对因子之 4%而已。故为实际玉米育种计，郦且氏在其第一次报告（1927）主张返配 6 代，而在第二次报告（1931）则认为返配 3 代或 4 代之后，乙之因子型（Genotype）重要部分已可得到云。

返配之本身并不能改良玉米，欲图改良选种为最重要之步骤。从返配所得之后代选择强壮与丰产之个体其成功之难易全视所含不同因子之多寡而定。如杂交之两亲系含有 10 对不同之因子，则其后代含有 10 对因子之个体 1 024 株之中仅得一株而已。如含有 20 对不同之因子则在亿万之后裔中，仅得一株含有各对显性因子。

返配 3 代至 4 代之后须自配 2 代或 3 代方可进行第二次聚合改良。如此聚合改良一次所需之时间为 5~7 年。

参考文献（略）

（中华农学会报，1934（125）：19-50）

matoxylin.

胚珠之發育　胚珠自心皮之內邊緣發生，邊緣卽爲胎座。初爲一團原始細胞（meristematic cells），漸次發生外珠被，內珠被，及珠心。外珠被之最外一層細胞，卽爲發生纖維之處。纖維之發育在受精以前。當花初開放時，卽已開始。

胚囊之發育　棉之胚囊發育與一般被子植物相同。一個大胞子母細胞經二次分裂而成爲四個大胞子。(megaspore) 排成一縱列。向珠孔之三個大胞子退化，僅內面一個大胞子發達而成胚囊。胚囊之細胞核再經三次分裂而成爲八個細胞核，卽一個卵子，兩個極核，兩個協助核，三個反足核。成熟之胚囊其形狀狹而長。

受精　陸地棉之 Delfos 品種開花後十五小時花粉管達到胚珠。花粉管穿過柱頭花柱之後，穿入胎座組織中，及達到胚珠之基部時始彎曲向珠孔進行。經過珠孔，侵蝕珠心之組織而達到胚囊。此時花粉管之端澎大而破裂，精子乃入胚囊之內。一個精子與卵融合而成胚，另一個精子與極核融合而成胚乳。受精之時間在開花後二十四小時至三十小時。

胚之發育　胚之發育與普通雙子葉植物相同。胚乳初期發育甚速，至後期乃爲胚所吸收，僅留薄層而已。　　（馮澤芳譯）

◘用返配法研究小麥之遺傳性

(Florel, V. H. 1931. A Study of Certain Characters in Wheat Back Crosses. Jour. Agr. Research 43:475—498.)

試驗目的　本篇用返配法之原意，在用迅速之方法，改良密穗小麥（

用返配法研究小麦之遗传性

金善宝译

试验目的 本篇用返配法之原意，在用迅速之方法，改良密穗小麦（*T. compactum*）之品质。密穗小麦之特性，为秆挺直，不易倒伏，籽实不易脱落，故能适应于滨海多暴风之区。惟其籽实松软，品质稍逊，难得善价，故种之者较少。

改良之法，选择两种高产之密穗小麦与三种普通小麦（*T. vulgare*）而具有优良之面包品质者，作多种之交配。小麦之面包品质为含有多数因子之性质。欲使此种密穗小麦而具有优良之面包品质者迅速得到起见，则返配之方法尚焉。

本篇所述之结果，仅关于利用返配之方法，研究小麦各种之遗传性，如穗之密度、外壳颜色、秆之高矮、成熟早晚等。而于改良密穗小麦品质之结果则并未述及。

试验方法 试验所用之品种为（1）Little Club，（2）Jenkin，（3）Quality，（4）Hard Federation，（5）Marquis，前二种为密穗小麦，后三种为普通小麦，其配合方法如下：（1）Quality×Little Club，（2）Quality×Jenkin，（3）Jenkin×Hard Federation，（4）Jenkin×Marquis。所得之 F_1 各与其父母本配合之，因各父母本均具有隐性也。所用返配之材料选择强壮之 F_1 任之。花粉则取自纯系之亲系。此项亲系分 3 期种植之。每期相间一月。

第一年交配所得之种子及其亲系种子，植之于 3~4 呎之短行。行距一呎。株距 3~4 吋。第二年返配所得之种子，F_1、F_2、F_3 以及亲系之种子均植于 16 呎之杆行。行间一呎。株距 1.5~2.5 吋。行之两端均种有保护行，以减少边际之影响。

穗之密度以穗轴之节间长短为准。穗轴节间之长度，则自穗之基部第 3 节间至第 12 节间所占之 10 节间量得之公糎数为准。至不用基部之第 1 节、第 2 节间者，因易于变异故也。成熟期以穗自叶鞘出现之日期为标准。外壳颜色，仅凭观察，而与其亲本比较之。凡植株短小、节间密集，而呈多叶状态者，作为矮本。

试验结果 （1）穗之疏密遗传：用返配法试验穗之密度遗传。亲本及返配所得之个体，均列表并用曲线表示之。所得结果，密穗与疏穗为 1：1 之比例。即证明穗之密度遗传仅含有一对因子也。此项结果与寻常所用之自配法在 F_2 及 F_3 所得者甚为符合。因在 F_2 及 F_3 均得三密穗与一疏穗之分离结果也。

（2）植株高矮之遗传：在（Quality×Jenkin）×Quality 及（Jenkin×Marquis）×Marquis 所得之结果，其高矮之比例为 7：1。在 Quality×Jenkin 与 Jenkin×Marquis 所得之 F_2 其高株与矮株约为 55：9 之比。返配及 F_2 所得之结果均证明高株与矮株乃含有 3 对不同之因子。

Jenkin 小麦含有之遗传因子，假定为 $NND_1D_1D_2D_2$，而 Quality 及 Marquis 则为 $nnd_1d_1d_2d_2$。N 为高性因子，而 D_1 与 D_2 为相佐矮性因子（Complementary dwarting factors）。当 N 因子存在时，D_1 与 D_2 两因子不能表现其矮性。即使 N 因子不存在时，D_1 与 D_2 两因

子若缺少一个时，亦不能表现矮性。

（3）外壳颜色之遗传：用（Jenkin×Marquis）×Marquis 作为研究之材料。Jenkin 之外壳为褐色，Marquis 为白色。返配之后代，得 58 个褐壳与 50 个白壳，即 1.2：1 之比例。同时 Jenkin×Marquis 所得之 F_2 为 307 株褐壳与 99 株白壳，3.10：1 之比例。此种结果均证明外壳之颜色仅含有一对因子也。

（4）成熟早晚之遗传：小麦之成熟期为数量遗传。在 F_2 及 F_3 甚难决定其因子遗传之关系。为分析便利起见，故将 Quality×Little Club 及 Quality×Jenkin 两种交配所得之 F_1 均用亲本返配之。Quality 为早熟种。Little Club 及 Jenkin 均为晚熟种。此两种交配所得之 F_1 其成熟期均介乎两亲之间。返配之结果均列表并用曲线与其亲系比较之。在 Quality×Little Club 所得之 F_1 若用 Little Club 返配之，下代所得之个体，其成熟期之中数（Mode）趋向于 Little Club，即大多数为晚熟也。反之，若用 Quality 返配之，则下代成熟期中数趋向于 Quality，即早熟之个体占大多数也。在 Quality×Jenkin 所得之 F_1 用 Quality 及 Jenkin 相互返配之，亦得同样之结果。由此可知 Quality、Little Club 及 Jenkin 3 个品种均含有成熟期之显性因子也。因此假定此 3 个品种关于成熟期之遗传含有 3 对或 3 对以上之因子云。

返配之功用 返配者，乃将交配所得之 F_1 与其隐性之亲本配合，使杂种所含之隐性成熟生殖细胞（Recessive gametes）易于表露是也。当 F_1 杂种含有一对因子时，若与其隐性亲本返配之，则返配所得之 F_1 显性与隐性可得 1：1 之比例。如含有两对因子时，F_1 具有 4 种不同之成熟生殖细胞，若与两个隐性因子作返配，可得 4 种相等之配偶子（Zygote），而成 1：1：1：1 之比例。惟此 4 类配偶子只有一类为纯粹隐性，其余 3 类外表无从区别，故返配所得之 F_1 为 3：1 焉。同理，如含有 3 对因子时，返配所得之 F_1 为 7：1 之比例。

研究数量遗传，如成熟期、植株高矮、锈病及黑穗病之遗传等，施用返配法最为有效，因此种性质用普通方法甚难得其结果也。且施用返配法以较少之个体，可得精确之比例，不必如寻常之分离法，在 F_2 须得多数之个体也。返配所得之 F_2 仍须种植之，以便与其 F_1 之结果作比较。

返配之短处 （1）各种隐性甚难悉具于同一之亲本。（2）交配费工不能应用于多数之植物。Florell 交配 231 个小麦穗得种子 4 692 粒，二人工作每人需费 50 小时云。（3）小麦累积因子之色泽遗传（Cumulative color factors）用寻常方法，在 F_3 分离时，即可决定各种性状之因子关系。但此种遗传现象不能用返配法证明之。

欲行返配，亲本之材料须极充分，以期供给花粉。两种亲本因开花期不免有先后，故宜分数期种植之种子各种于短行。如无困难，在同一种交配所用之花粉，须取自同一之植株。

（中华农学会报，1934（122）：81-85）

（Florell，V. H. 1931. A Study of Certain Characters in Wheat Back Crosses. Journal of Agricultural Research，43：475-498）

大豆幾種性狀與油分蛋白質之關係

國立中央大學農學院

金善寶　王兆澄

1. 引　言

大豆之用途甚多，但最重要者厥為製油與製豆腐，故大豆之育種除增進產量外，油分與蛋白質之含量亦應同時注意。

國立中央大學農學院曾向全國產豆區域徵集大豆九百餘種，去年植在南京三牌樓院內農場，擇其生長良好產量較豐者一百九十五種作油分與蛋白質之分析，以供改良大豆品質之參攷。本文根據此項分析之結果作黃豆，青豆，黑豆對於油分蛋白質含量之比較。並依大豆子實之形狀，大小，百粒重及生長期等性質各與油分蛋白質作相關研究。

2. 分析方法

(一)蛋白質，——本試驗援用 Kjehdahl 氮氣定量之改良裝置因此法較節省時間而又經濟也。先將供試之樣品隨機取出十克磨成粉末使均能經過一定孔度大小之篩子篩過，然後盛入秤過乾燥之秤量瓶內，放入100°c 之乾燥箱內乾燥並秤量之，直至恆量為止，普通約經十餘小時即可乾透。

分析方法可分為兩大部分：(a)使供試品消化 (Digest)，(b)蒸溜 (Distillate)。

(a)消化，——將已乾燥之粉末秤出一克，放入長頸圓底瓶內 (Kjeldahl flask)，次加入 K_2So_4 及 $Cuso_4$ 之混合物約六克而攪和之，然後注入

大豆几种性状与油分蛋白质之关系

国立中央大学农学院　金善宝　王兆澄

一、引　言

大豆之用途甚多，但最重要者厥为制油与制豆腐，故大豆之育种除增进产量外，油分与蛋白质之含量亦应同时注意。

国立中央大学农学院曾向全国产豆区域征集大豆 900 余种，去年（1934 年）植在南京三牌楼院内农场，择其生长良好产量较丰者 195 种作油分与蛋白质之分析，以供改良大豆品质之参考。本文根据此项分析之结果作黄豆、青豆、黑豆对于油分、蛋白质含量之比较。并依大豆籽实之形状、大小、百粒重及生长期等性质各与油分蛋白质作相关研究。

二、分析方法

（一）蛋白质

本试验援用 Kjeldahl 氮气定量之改良装置，因此法较节省时间而又经济也。先将供试之样品随机取出 10 克磨成粉末，使均能经过一定孔度大小之筛子筛过，然后盛入称过干燥之称量瓶内。放入 100℃之干燥箱内干燥并称量之，直至恒量为止，普通约经 10 余小时即可干透。

分析方法可分为两大部分：（1）使供试品消化（Digest），（2）蒸馏（Distillate）。

（1）消化，将已干燥之粉末称出 1 克，放入长颈圆底瓶内（Kjeldahl flask），次加入 K_2SO_4 及 $CuSO_4$ 之混合物约 6 克而搅和之，然后注入纯硫酸 10~20 毫升，振荡后加温约 2~3 小时即完全消化。

（2）蒸馏，已经上述处理之瓶中，注入 100~200 毫升之蒸馏水准备蒸馏，于稀释之硫酸溶液中，注入浓 NaOH，便呈强碱性。一端即引入水蒸气，此时即有 NH_3 驱出，经凝缩器而流注于盛置标准稀硫酸溶液之接受器中，约经 10 余分钟即可完全驱出，而后用 Methyl 作指示剂而滴定之。所用去之硫酸乘以 6.25 即得蛋白质量。

（二）油分

取已干燥之供试品粉末约 1 克，盛入试管中，加入 10 毫升无水酒精，用脱脂棉塞管口，时时振荡，约经 16 小时，即将上部之酒精倾出，再注入乙醚（ether）10 毫升，再浸再倾，以无色为度。如是者 3 次。脂肪乃完全浸出。取此试管在 105℃之干燥箱中数小时，干燥后称量之以恒量为度。以最低量减去粉末及试管之量即为脂肪量。

蛋白质与油分之分析，每品种均重复一次。

三、结果之分析

试验所用之材料关于油分者，计黄豆 115 种、青豆 48 种、黑豆 29 种，共计 192 种。关于蛋白质者，计黄豆 111 种、青豆 44 种、黑豆 25 种，共计 180 种。分析之结果见表 1。

表 1　大豆各品种之油分与蛋白质之含量

品种	油分				蛋白质			
	1	2	平均	对总平均之百分数（%）	1	2	平均	对总平均之百分数（%）
黄豆								
Ⅲ-19-4	14. 02	14. 06	14. 04	84. 45	40. 45	38. 17	39. 31	91. 61
Ⅲ-19-10	12. 05	13. 94	13. 00	78. 19	39. 40	39. 13	39. 27	91. 51
Ⅲ-19-36	15. 80	15. 90	15. 85	95. 33	36. 73	35. 94	36. 34	84. 69
Ⅲ-23-179	15. 00	14. 70	14. 85	89. 32	41. 85	42. 56	42. 21	98. 37
Ⅲ-23-228	13. 32	13. 20	3. 26	79. 75	38. 14	38. 48	38. 31	89. 28
Ⅲ-23-305	14. 94	15. 46	15. 20	91. 42	41. 28	41. 15	41. 22	96. 06
Ⅲ-23-400	15. 04	15. 00	15. 02	90. 34	37. 34	37. 34	37. 34	87. 02
Ⅲ-23-406	15. 54	16. 00	15. 77	94. 85	39. 70	39. 92	39. 81	92. 77
Ⅲ-23-426	14. 28	14. 40	14. 34	86. 25	40. 76	41. 06	40. 91	75. 34
Ⅲ-23-428	16. 92	17. 06	16. 99	102. 19	39. 00	39. 58	39. 29	91. 56
Ⅲ-23-438	17. 26	17. 08	17. 17	103. 27	39. 24	39. 15	39. 20	91. 35
Ⅲ-23-444	15. 88	16. 12	16. 00	96. 23	36. 22	36. 71	36. 47	84. 99
Ⅲ-23-523	15. 88	15. 70	15. 79	94. 97	37. 60	37. 73	37. 67	87. 79
Ⅲ-23-524	16. 22	16. 36	16. 29	97. 98	37. 95	37. 64	37. 80	88. 09
Ⅲ-19-153	13. 64	13. 96	13. 80	83. 00	46. 16	46. 24	46. 20	107. 66
Ⅲ-19-142	17. 26	17. 26	17. 26	103. 81	41. 27	40. 86	41. 07	95. 71
Ⅲ-19-92	16. 10	15. 96	16. 03	96. 42	42. 60	41. 56	42. 08	98. 06
Ⅲ-19-162	15. 74	15. 22	15. 48	93. 11	42. 11	42. 11	42. 11	98. 13
Ⅲ-19-128	18. 02	17. 82	17. 92	107. 78	41. 53	41. 27	41. 40	96. 48
Ⅲ-19-159	14. 72	13. 54	14. 13	84. 99	41. 93	41. 60	41. 77	97. 34
Ⅲ-23-439	16. 52	16. 46	16. 49	99. 18	38. 25	40. 42	39. 34	91. 68
Ⅲ-23-529	16. 00	16. 74	16. 37	98. 46	41. 50	42. 99	42. 25	98. 46
Ⅲ-19-139	18. 60	19. 46	19. 03	114. 46	41. 32	42. 07	41. 70	97. 18
Ⅲ-19-90	17. 08	17. 58	17. 33	104. 23	42. 66	42. 33	42. 50	99. 04
Ⅲ-19-135	18. 00	17. 36	17. 68	106. 34	44. 16	44. 31	44. 24	103. 10
Ⅲ-19-160	15. 08	15. 32	15. 20	91. 42	46. 80	46. 40	46. 60	108. 60
Ⅲ-19-155	15. 30	14. 50	14. 90	89. 62	48. 99	49. 40	49. 20	114. 66
Ⅲ-19-121	15. 72	15. 38	15. 55	93. 53	49. 88	49. 40	49. 64	115. 68

（续表）

品种	油分				蛋白质			
	1	2	平均	对总平均之百分数（%）	1	2	平均	对总平均之百分数（%）
Ⅲ-19-31	17.40	17.36	17.38	104.54	48.49	47.91	48.20	112.33
Ⅲ-19-19	16.80	17.06	16.93	101.83	48.59	47.91	48.25	112.44
Ⅲ-19-122	18.74	18.06	18.40	110.67	43.98	44.46	44.22	103.05
Ⅲ-19-154	14.78	14.78	14.78	88.90	49.59	48.99	49.29	114.87
Ⅲ-19-152	14.10	15.06	14.58	87.69	47.91	45.32	46.62	108.64
Ⅲ-23-485	17.00	16.70	16.85	101.35	46.45	46.67	46.56	108.50
Ⅲ-23-236	17.92	18.20	18.06	108.63	40.71	41.17	40.94	95.41
Ⅲ-23-119	17.58	17.54	17.56	105.62	46.79	45.63	46.21	107.69
Ⅲ-23-56	16.00	15.44	15.72	94.55	44.48	44.72	44.60	103.94
Ⅲ-23-130	17.86	17.88	17.87	107.48	48.06	45.99	47.03	109.60
Ⅲ-19-17	19.34	19.28	19.31	116.14	42.32	41.17	41.75	97.29
Ⅲ-19-112	16.80	16.92	16.86	101.41	38.87	39.56	39.22	91.40
Ⅲ-19-153	17.70	18.30	18.00	108.26	37.71	40.71	39.21	91.38
Ⅲ-23-94	17.62	17.40	17.51	105.32	45.87	45.30	45.59	106.24
Ⅲ-23-62	17.20	17.36	17.28	103.93	45.06	44.84	44.95	104.75
Ⅲ-23-388	17.20	17.26	17.23	103.63	40.03	42.66	41.35	96.36
Ⅲ-23-66	17.42	17.34	17.38	104.54	41.63	43.45	42.54	99.14
Ⅲ-23-122	17.20	17.16	17.18	103.33	42.54	44.39	43.47	101.30
Ⅲ-123-128	17.14	16.94	17.04	102.49	43.69	43.81	43.75	101.96
Ⅲ-23-125	16.80	17.02	16.91	101.71	47.02	46.91	46.97	109.46
Ⅲ-23-466	16.94	17.00	16.97	102.07	47.70	47.12	47.41	110.48
Ⅲ-23-123	18.62	18.92	18.77	112.90	44.60	42.89	43.75	101.96
Ⅲ-23-401	18.00	17.84	17.92	107.78	46.90	47.93	47.42	110.51
Ⅲ-23-93	16.44	16.82	16.63	100.02	42.32	43.23	42.78	99.69
Ⅲ-19-14	17.10	17.20	17.15	103.15	45.04	43.88	44.46	103.61
Ⅲ-19-15	16.08	16.06	16.07	96.66	43.28	43.44	43.36	101.05
Ⅲ-23-57	18.82	19.06	18.94	113.92	30.13	33.81	31.97	74.50
Ⅲ-23-81	16.22	16.18	16.20	97.44	41.82	40.14	40.98	95.50
Ⅲ-23-105	18.36	17.98	18.17	103.33	45.49	44.63	45.06	105.01
Ⅲ-23-107	16.48	16.60	16.54	99.48	47.24	47.24	47.24	110.09
Ⅲ-23-131	16.84	16.92	16.88	101.53	47.53	47.15	47.34	110.32
Ⅲ-23-132	18.94	18.88	18.91	113.74	44.10	43.33	43.72	101.89
Ⅲ-23-134	17.72	17.70	17.71	106.52	46.93	48.68	47.81	111.42
Ⅲ-23-135	18.94	18.88	18.91	113.74	47.84	47.84	47.84	111.49
Ⅲ-23-136	16.76	16.90	16.83	101.23	44.28	40.07	42.18	98.30
Ⅲ-23-138	16.78	16.92	16.85	101.35	46.43	45.42	45.93	107.04
Ⅲ-23-306	16.90	17.00	16.95	101.95	46.11	45.89	46.00	107.20
Ⅲ-23-499	16.34	16.14	16.24	97.68	—	—	—	—
Ⅲ-19-111	16.44	16.42	16.43	98.82	44.68	44.98	44.83	104.47

（续表）

品种	油分				蛋白质			
	1	2	平均	对总平均之百分数（%）	1	2	平均	对总平均之百分数（%）
Ⅲ-19-114	15.40	14.68	15.04	90.46	39.40	39.48	39.44	91.91
Ⅲ-23-6	18.02	18.04	18.03	108.44	39.48	38.16	38.82	90.47
Ⅲ-23-23	15.58	15.32	15.45	92.93	44.56	48.64	46.60	108.60
Ⅲ-23-56	15.18	16.54	15.86	95.39	47.04	45.04	46.04	107.29
Ⅲ-23-150	18.12	18.16	18.14	109.11	42.08	41.60	41.84	97.50
Ⅲ-23-156	16.90	17.44	17.17	103.27	41.52	40.48	41.00	95.55
Ⅲ-23-165	17.84	17.68	17.76	106.82	41.32	43.28	42.30	98.58
Ⅲ-23-175	16.74	16.36	16.55	99.54	45.44	48.32	46.88	109.25
Ⅲ-19-140	17.62	17.80	17.71	106.52	47.32	47.08	47.20	110.00
Ⅲ-23-188	15.60	16.08	15.84	95.27	47.72	45.88	46.80	109.06
Ⅲ-23-190	16.62	16.14	16.38	98.52	45.52	45.52	45.52	106.08
Ⅲ-23-200	17.26	17.42	17.37	104.29	46.60	44.60	45.60	106.27
Ⅲ-23-370	17.30	17.10	17.20	103.45	47.72	46.68	47.10	109.76
Ⅲ-23-338	16.38	16.54	16.46	99.00	47.44	47.20	47.32	110.27
Ⅲ-23-350	18.22	18.30	18.26	109.83	43.68	44.36	44.02	102.58
Ⅲ-23-358	16.64	16.64	16.64	100.08	44.60	45.64	45.12	105.15
Ⅲ-23-371	17.50	17.82	17.66	106.22	48.40	46.68	47.54	110.79
Ⅲ-23-376	16.46	16.50	16.98	102.13	44.04	49.00	46.52	108.41
Ⅲ-23-379	16.62	16.94	16.78	100.93	44.60	43.96	44.28	103.19
Ⅲ-23-393	18.78	19.10	18.94	113.92	45.28	43.92	44.60	103.94
Ⅲ-23-394	17.04	17.12	17.08	102.73	48.64	49.48	49.06	114.33
Ⅲ-23-399	16.14	16.06	16.10	96.84	48.24	49.80	49.02	114.24
Ⅲ-23-104	16.18	16.26	16.22	97.56	44.36	44.68	44.52	103.75
Ⅲ-23-413	17.02	16.66	16.84	101.29	49.00	48.04	48.52	113.07
Ⅲ-23-415	18.00	17.92	17.96	108.02	43.30	43.60	43.45	101.26
Ⅲ-23-423	19.08	18.88	18.98	114.16	43.04	41.92	42.48	99.00
Ⅲ-23-468	13.46	13.54	13.50	81.20	50.16	51.48	50.82	118.43
Ⅲ-23-479	17.68	17.32	17.50	105.20	46.96	46.20	46.58	108.55
Ⅲ-23-483	15.90	16.22	16.06	96.60	48.24	48.16	48.20	112.33
Ⅲ-23-510	17.14	17.30	17.22	103.57	48.24	45.96	47.10	109.76
Ⅲ-23-514	16.04	15.64	15.84	95.27	49.20	49.56	49.38	115.08
Ⅲ-23-520	16.70	16.62	16.66	100.20	50.28	50.52	50.40	117.45
Ⅲ-23-566	16.70	16.86	16.78	100.93	34.60	44.28	43.94	102.40
Ⅲ-23-569	17.82	17.46	17.64	106.10	47.40	46.40	46.90	109.30
Ⅲ-23-570	17.00	16.64	16.82	101.17	44.90	44.97	44.94	104.73
Ⅲ-19-1	16.22	15.81	16.02	96.36	46.66	46.12	46.39	108.11
Ⅲ-19-6	16.30	16.42	16.36	98.40	50.39	50.23	50.31	117.24
Ⅲ-19-12	18.04	18.00	18.02	108.38	43.76	44.74	44.25	103.12
Ⅲ-19-81	16.30	16.66	16.48	99.12	46.42	47.33	46.88	109.25

（续表）

品种	油分				蛋白质			
	1	2	平均	对总平均之百分数（%）	1	2	平均	对总平均之百分数（%）
Ⅲ-19-120	16.98	15.86	16.42	98.76	43.90	43.75	43.83	102.14
Ⅲ-19-122	19.10	17.58	18.34	110.31	40.46	40.84	40.65	94.73
Ⅲ-19-142	16.16	16.60	16.38	98.52	43.76	43.36	43.56	101.51
Ⅲ-23-2	18.30	17.70	18.00	108.26	40.46	38.64	39.55	92.17
Ⅲ-19-91	15.84	15.52	15.68	94.31	41.77	40.70	41.24	96.11
Ⅲ-23-490	16.22	16.38	16.30	98.04	—	—	—	—
Ⅲ-23-118	15.14	14.54	14.84	89.26	—	—	—	—
Ⅲ-23-153	18.84	18.44	18.64	112.11	32.10	32.40	32.25	75.16
Ⅲ-23-102	17.46	17.30	17.38	104.54	—	—	—	—
总数	—	—	1 922.38	—	—	—	4 874.64	—
青豆								
Ⅲ-23-159	16.00	16.44	16.22	97.56	44.60	44.02	44.31	103.26
Ⅲ-23-180	17.46	17.24	17.35	104.35	40.97	41.50	41.24	96.11
Ⅲ-23-204	16.80	16.86	16.83	101.23	41.73	42.61	42.17	98.27
Ⅲ-23-261	16.50	16.58	16.54	99.48	43.26	43.13	43.20	100.67
Ⅲ-23-303	15.96	15.92	15.94	95.87	45.12	44.99	45.06	105.01
Ⅲ-23-424	17.50	17.52	17.51	105.32	42.45	42.52	42.49	99.02
Ⅲ-23-431	18.84	19.20	19.02	114.40	40.33	41.49	40.91	95.34
Ⅲ-23-455	18.52	18.62	18.57	111.69	39.71	39.80	39.76	92.66
Ⅲ-23-480	18.26	17.66	17.96	108.02	44.19	44.01	44.10	102.77
Ⅲ-23-522	15.90	15.60	15.75	94.73	45.96	45.08	45.52	106.08
Ⅲ-19-61	17.78	17.96	17.87	107.48	38.11	38.58	38.35	89.37
Ⅲ-19-97	15.80	15.58	15.69	94.37	40.61	41.12	40.87	95.24
Ⅲ-19-156	14.10	14.44	14.27	85.83	40.77	40.70	40.74	94.94
Ⅲ-19-54	16.70	15.58	16.14	97.08	42.33	43.83	43.08	100.39
Ⅲ-19-119	17.90	17.60	17.75	106.76	31.85	32.69	32.27	75.20
Ⅲ-19-55	14.50	16.28	15.39	92.57	44.15	44.31	44.23	103.07
Ⅲ-19-133	16.86	16.46	16.66	100.20	45.61	46.04	45.83	106.80
Ⅲ-19-52	17.46	17.50	17.48	105.14	45.92	46.71	46.32	107.94
Ⅲ-19-69	16.34	16.54	16.44	98.88	47.12	47.12	47.12	109.81
Ⅲ-19-77	18.04	18.12	18.08	108.75	36.78	37.38	37.08	86.41
Ⅲ-23-98	16.80	17.94	17.37	104.47	44.14	46.67	45.41	105.82
Ⅲ-23-494	18.00	17.20	17.60	105.86	42.65	43.35	43.00	100.21
Ⅲ-23-65	19.04	18.74	18.89	103.62	41.39	41.39	41.39	96.46
Ⅲ-23-112	18.02	18.24	18.13	109.05	41.05	39.44	40.25	93.80
Ⅲ-23-480	16.70	16.74	16.72	100.57	45.99	43.69	44.84	104.50
Ⅲ-23-496	15.52	15.54	15.53	93.41	46.40	45.42	45.91	106.99
Ⅲ-19-56	15.62	14.44	15.03	90.40	45.64	45.80	45.72	106.55
Ⅲ-19-51	16.84	16.62	16.73	100.63	42.76	44.80	43.78	102.03

（续表）

品种	油分				蛋白质			
	1	2	平均	对总平均之百分数（%）	1	2	平均	对总平均之百分数（%）
Ⅲ-23-7	17.38	17.54	17.46	105.02	44.67	43.28	43.98	102.49
Ⅲ-23-15	16.98	17.02	17.00	102.25	45.18	45.39	45.29	105.54
Ⅲ-23-44	17.90	17.96	17.93	107.84	37.91	38.46	38.19	89.00
Ⅲ-23-50	16.78	16.80	16.79	100.99	35.43	36.32	35.88	83.61
Ⅲ-23-55	16.20	16.18	16.19	97.38	31.12	34.55	32.84	76.53
Ⅲ-23-85	15.94	15.66	15.80	95.03	43.33	41.82	42.58	99.23
Ⅲ-23-101	16.48	16.56	16.52	99.36	46.09	47.00	46.55	108.48
Ⅲ-23-410	17.82	17.50	17.66	106.22	45.20	45.57	45.39	105.78
Ⅲ-19-55	14.48	14.64	14.56	87.57	39.48	40.93	40.21	93.71
Ⅲ-19-133	16.26	16.06	16.16	97.20	43.45	43.36	43.41	101.16
Ⅲ-23-53	18.86	18.94	18.90	113.68	43.45	43.90	43.68	101.79
Ⅲ-23-187	17.52	17.04	17.28	103.03	46.42	46.65	46.54	108.46
Ⅲ-23-189	16.58	16.58	16.58	99.72	45.35	46.35	45.85	106.85
Ⅲ-23-197	18.18	18.22	18.20	109.47	46.67	43.34	45.01	104.89
Ⅲ-23-332	18.26	18.22	18.24	109.71	39.83	36.35	38.09	88.77
Ⅲ-23-364	17.60	16.88	17.24	103.69	—	—	—	—
Ⅲ-23-375	15.80	15.64	15.72	94.55	46.61	46.21	46.56	108.50
Ⅲ-23-387	15.04	15.08	15.06	90.58	—	—	—	—
Ⅲ-23-414	15.22	14.82	15.02	90.34	—	—	—	—
Ⅲ-23-481	14.52	14.64	14.58	87.69	—	—	—	—
总数	—	—	806.35	—	—	—	1 874.88	—
黑豆								
Ⅲ-19-71	16.82	17.46	17.14	103.09	39.34	39.33	39.34	91.68
Ⅲ-19-78	14.24	14.48	14.36	86.37	43.78	43.69	43.74	101.93
Ⅲ-19-98	15.54	15.64	15.59	93.77	44.45	44.30	44.38	103.42
Ⅲ-19-103	15.22	15.20	15.21	91.48	43.69	44.04	43.87	102.23
Ⅲ-23-29	17.44	18.92	18.18	109.35	41.37	41.37	41.37	96.41
Ⅲ-23-83	13.24	12.82	13.03	78.37	44.13	44.09	44.11	102.79
Ⅲ-23-129	15.48	15.00	15.24	91.66	43.60	44.13	43.87	102.23
Ⅲ-23-153	18.24	18.42	18.33	110.25	34.19	34.36	34.28	79.89
Ⅲ-23-206	16.30	16.42	16.36	98.40	41.50	41.46	41.48	96.67
Ⅲ-23-373	12.30	12.50	12.40	74.58	43.09	42.55	42.82	99.79
Ⅲ-23-390	17.60	16.98	17.29	103.99	41.86	41.76	41.81	97.43
Ⅲ-19-80	15.78	16.46	16.12	96.96	44.19	43.51	43.85	102.19
Ⅲ-19-115	16.56	16.56	16.56	99.60	43.15	43.98	43.57	101.54
Ⅲ-19-76	18.50	16.76	17.63	106.04	42.91	42.66	42.79	99.72
Ⅲ-23-115	15.82	15.86	15.84	95.27	46.79	45.80	46.30	107.90
Ⅲ-19-74	14.56	14.26	14.41	86.67	47.02	44.72	45.87	106.90
Ⅲ-19-70	19.36	19.00	19.18	115.36	37.50	39.32	38.41	89.51

（续表）

品种	油分				蛋白质			
	1	2	平均	对总平均之百分数（%）	1	2	平均	对总平均之百分数（%）
Ⅲ-23-118	17. 56	17. 76	17. 66	106. 22	41. 17	42. 32	41. 75	97. 29
Ⅲ-23-396	18. 64	18. 10	18. 37	110. 49	46. 54	47. 36	46. 95	109. 41
Ⅲ-23-58	16. 76	16. 96	16. 86	101. 41	40. 33	40. 01	40. 17	93. 61
Ⅲ-23-38	16. 50	16. 48	16. 49	99. 18	—	—	—	—
Ⅲ-23-121	17. 60	17. 86	17. 73	106. 64	—	—	—	—
Ⅲ-23-59	16. 94	16. 90	16. 92	101. 77	34. 09	33. 25	33. 67	78. 46
Ⅲ-23-111	18. 44	17. 88	18. 16	109. 23	47. 15	46. 09	46. 62	108. 64
Ⅲ-19-102	17. 16	17. 20	17. 18	103. 33	37. 01	39. 63	38. 32	89. 30
Ⅲ-19-104	15. 98	15. 72	15. 85	95. 33	41. 60	41. 48	41. 54	96. 81
Ⅲ-23-331	13. 46	13. 42	13. 44	80. 84	—	—	—	—
Ⅲ-23-454	17. 14	17. 30	17. 22	103. 57	—	—	—	—
Ⅲ-23-90	15. 78	15. 78	15. 78	94. 91	44. 72	47. 03	45. 88	106. 92
总数	—	—	474. 53	—	—	—	1 056. 72	—

根据表 1 之结果，将黄豆、青豆、黑豆三类各品种之油分与蛋白质之含量，计算其平均数，并各求其标准误差，则得结果如表 2。

表 2　黄豆、青豆、黑豆之油分及蛋白质含量之比较

种类	油分			蛋白质		
	品种数	平均（%）	标准误差	品种数	平均（%）	标准误差
黄豆	115	16. 716	0. 116	111	43. 916	0. 351
青豆	48	16. 799	0. 341	44	42. 611	0. 663
黑豆	29	16. 363	0. 311	25	42. 265	0. 907

如欲比较黄豆、青豆关于油分与蛋白质之含量，其差异是否显著，则照下例计算。

两类差异之显著度 $=\sqrt{E_1^2+E_2^2}\times 1.96$

详细计算之结果载表 3。

表 3　三类豆之油分与蛋白质之差异显著度比较

种类对比	油分	蛋白质
黄豆与青豆	0. 706	1. 470
黄豆与黑豆	0. 647	1. 901
青豆与黑豆	0. 902	2. 201

依上表之结果观之，3 类大豆之中，无论油分与蛋白质之含量，其差异无一显著者，换言之，黄豆、青豆、黑豆所含油分与蛋白质之量均相若也。

再比较各品种间油分与蛋白质之差异程度，根据表 1 之结果，计算所有各品种油分与蛋白质之平均数，各求出其标准误差，则得结果如表 4。

表 4 各品种油分与蛋白质之总平均、百分数及标准误差

油分		蛋白质	
平均	标准误差	平均	标准误差
16. 626	0. 964	42. 911	2. 63
100	5. 798	100	6. 13

两品种间油分差异之显著度＝5. 798%×3＝17. 39%

两品种间蛋白质差异之显著度＝6. 13%×3＝18. 39%

四、油分、蛋白质与他种性状之相关

大豆之油分或蛋白质之含量与他种性状之相关性，以及二者之相互关系如何，为育种家必须知之事实。即知两种性状间之关系程度，则于选种时可定适当之标准。因此作者曾将下列性状与油分蛋白质各作两性相关系数之计算。

（一）百粒重

每品种称其百粒之重，以克数计之，就本文之材料，百粒重之最轻者，计 8. 67 克；最重者计 40. 37 克。

（二）生长期

以各品种自发芽之日起至成熟之日止，其间所经之日期，谓之生长期。生长期最短者计 98 日，最长者达 160 日。

（三）粒形

大豆籽实之形状，有作球形者，有扁圆形者，亦有呈椭圆形者，但此种形状颇多变异，仅凭目力而分类难得精确之标准。作者乃试以数字代表之，颇得美满之结果。即先度各品种籽实之长度、厚度、宽度，（均以 10 粒平均计算）乃以宽度除长度，所得指数以 x 表示之。又以厚度除长度，其指数以 y 表示之。最后以 $x \times y$ 之积，即可代表该品种之粒形。凡籽实作真正之球形者，其长宽厚度均相等，故 $x \times y$ 之积应为 1。其积数愈小，愈近圆形，否则作扁圆形或椭圆形等。就本文所用之材料言，积数最小之品种为 1. 284，最大者达 3. 256。

（四）粒之大小

照上法度各品种籽实之长、宽、厚度，以三者相乘之积，即可代表籽实之大小。本文所用之材料，籽实最小之品种，长宽厚相乘之积数为 117. 50 立方公厘（即立方毫米，全书同）。最大之品种，其积数为 679. 25 立方公厘。

兹录油分与蛋白质及两者与他种性状之相关系数如表 5。

表 5　油分与蛋白质及几种性状之相关系数

相关性状	相关系数 r
油分与蛋白质	−0. 257±0. 047
油分与粒形	−0. 178±0. 055
油分与粒大小	+0. 294±0. 051
油分与百粒重	+0. 183±0. 049
油分与生长期	+0. 131±0. 048
蛋白质与粒形	−0. 290±0. 053
蛋白质与粒大小	−0. 203±0. 056
蛋白质与百粒重	−0. 063±0. 057
蛋白质与生长期	+0. 061±0. 049

$$P.E. \text{ of } r = 0.6745\frac{(1-r^2)}{\sqrt{n}}$$

五、结果之讨论

豆类种子之皮色，普通可分为黄、青、黑 3 种。此外有作棕色者，即所谓虎皮色者，均比较少见。本文分析之材料中，呈此种皮色者，均只一二种，以其数目过少，故未列入比较。

就黄豆、青豆、黑豆 3 类比较之，关于油分与蛋白质之含量均无显著之差异。可知油分及蛋白质之多少，与种皮之颜色并无关系也。此种结果，似不乏实用之价值。既吾人进行大豆育种时，无论以增进油分或蛋白质为标准，似无须注意种皮颜色之如何也。

油分与蛋白质为负相关，其相关系数为−0. 257，此种结果，表示在同一品种欲增进油分与蛋白质之含量，不能同时并进，而呈相反之趋势。但其相关系数不甚显著，且查第一表之结果，若干品种之中有油分与蛋白质之含量均甚丰富者，故欲选择油分与蛋白质并富之品种，似非绝对不可能者。

油分与粒形及蛋白质与粒形之相关系数为−0. 178±0. 055 与−0. 290±0. 053。此即表示种子愈圆，油分与蛋白质之含量愈多也。

Summary

Data considered in this paper deal with the oil and protein content of 195 varieties of soybeans grown in Small plats at National central University Farm, San-Pai-Lou, Nanking, China.

In determining the oil and protein content of each variety, the ether extract and Kjeldahl improved method were used, respectively, two samples were taken for each variety, each sample weighing 0. 5−1. 0g.

According to the color of seed − coat, the soybeans may be classified into three groups, namely, yellow soybeans, green soybeans, and black soybeans. Data showed that the difference of the oil and protein content between three groups were insignificant. It may be concluded, therefore, that plant breeder need not pay any attention to the seed-coat color in selecting soybeans so far as oil and protein content are concerned.

The range of oil and protein content of 195 varieties studied varied from 12.40%-19.31% and 31.97%-50.82% respectively.

The shape of seed of each variety was measured as follows: seed length/seed width = x, seed length/seed thickness = y, x × y = seed shape. The results obtained were rather satisfying, especially for-correlation study.

Oil and protein content showed a negative correlation of -0.257. Correlation Studies between both oil and protein content and other characters such as seed shape, seed size, life period, and weight of 100 seeds, were made, the correlation coefficients are shown in a table.

参考文献（略）

（中华农学会报，1935（142-143）：185-198）

本院大勝關農事試驗場最近玉米大豆試驗成績簡報

金善寶　　丁振麟

目　次

甲・玉米試驗

一・玉米自交試驗

(一)試驗目的・——玉米爲天然雜交作物・其雜交程度常在95

本院大胜关农事试验场最近玉米大豆试验成绩简报*

金善宝　丁振麟

一、玉米试验

（一）玉米自交试验

1. 试验目的

玉米为天然杂交作物，其杂交程度常在95%以上。故品种间之优劣互障，良莠莫分。是以育种之第一步骤，即为举行自交，分离劣性，使育成优良自交系（Inbred lines）。再利用此种自交系，互相交配，以确定何者配合最为优良。此即杂交优势之利用，玉米育种之道胥赖乎此。

2. 试验材料

本场对于玉米自交工作，进行已七八年，就历年淘汰及因天灾损失外，现尚存优良者305系，其中就自交年限之多寡得分2类，计自交7年者有150系，自交4年者有155系。

3. 试验方法

每一自交系种植一行，行长30尺，行距2.5尺，株距1尺，播种时每穴下种3粒，以后选留强苗一株，在生长期中详细检查其整齐率，以为分离纯否之考料。关于记载项目，在幼苗时期，记白苗及黄苗之有无及多少；以后记载高度整齐否，穗位（Ear position）一致否，成熟期相同否，凡此数点均可供分离纯否之标准。至于自交方法，每系择优良之株，自交5穗，至成熟时，观察结实情形，选留3穗，以供次年种植之用。

4. 试验结果

考查自交7年之各系，对于植株高度、穗位及成熟期，均渐趋一致。足证性状分离，已达相当纯粹，现就其中优良各系，逐年选出，以供杂交之用矣。

（二）玉米自交系优劣检定试验

1. 试验目的

既得自交系，则育成第二步骤，即在检定优劣，务使优良形质汇集一体，使产量得以增高。优良自交系既已检出，则单交、双交等均可源源利用矣。

---

* 注：本院为中央大学农学院

2. 试验材料

民国二十二年（1933 年），选得分离纯粹之自交系 41 种，于次年开始杂交，由杂交之结果，共得 115 种，其中包括二部，一为南京黄与自交系配合，得 27 种，二为自交系与自交系配合，得 85 种。今合并试验之。

3. 试验方法

关于试验方法，可分三部，略述于后：

（1）田间种植法　如自交系间生育期之长短不一，则彼此交配不免发生困难，故将各自交系分成 4 期下种，每期相隔一星期，使生育期长者可与短者交配，且交配期亦可延长，行长行距等与自交试验同，惟每间 4 行自交系，种南京黄一行，以供自交系返交品种（Top cross）之用。

（2）交配方法　①将各自交系互相杂交，如有 A、B、C、D 4 种，则其交配方式，可分 6 种：A×B，A×C，A×D，B×C，B×D 及 C×D 是也。简言之，设有 N 自交系，其可能的交配，可用 1/2N（N-1）式示之；②将自交系做♂，南京黄（标准种）做♀，互相交配，此即近年来所提倡之自交系返交品种法是也。

（3）杂交种子试验法　将以上杂交之二类种子，分别种植试验，行长为 20 尺，行距 2.5 尺，株距 1 尺，每间 4 行种一标准种（南京黄）。至于重复次数，依照种子多寡可分二类：①重复一次，凡种子不敷 4 行种植者均归入之。②重复三次，凡种子足够 4 行或 4 行以上者均属之。在生育期内，对于开花期、秆高及成熟等均详细记载之。

4. 试验结果（表 1）

（1）本试验之产量　用 H. H. Love 氏法计算，凡杂交种产量大于 4×平均产量者，认为优良自交系。

（2）用自交系返交品种法，以检定自交系之优劣，实为最省便之法，且亦为实际育种之良法也。

表 1　玉米标准与杂交种产量之比较（民国二十四年，1935 年）

杂交种	籽实产量	
	每亩（斤）	百分率（%）
南京黄	275	100
（A）自交系反交品种		
南京黄×22-121	349	127
南京黄×22-109	333	121.1
南京黄×22-168	331	120.4
南京黄×22-159	325	118.9
南京黄×22-35	320	116.4
平均	331.6	120.8
（B）自交系×自交系		
22-118×22-30	358	130.2
22-127×22-30	346	125.8
22-101×22-90	333	121.1

（续表）

杂交种	籽实产量	
	每亩（斤）	百分率（%）
22-90×22-30	329	119.6
22-109×22-12	312	113.4
22-193×22-186	300	109.1
平均	329.7	119.9

（3）现已检定优良自交系 11 系，今后将直接利用单交及双交矣。

（4）由本试验之结果，玉米利用杂交方法，比普通优良品种之产量，至少可增加至 15%以上。平均可增加 20%焉。

（5）查考各项记载，杂种之秆高、吐丝期及成熟期，虽比标准种略有增加及提早，但并不显著。

（三）普通玉米品种杂交试验

1. 试验目的

试验普通品种相互杂交后，对于杂种优势（Hybrid vigor）之增减情形。

2. 试验材料

本试验所用之材料，系向各省征集，自民国二十四年（1935 年）播种前止，共计收到 42 种。

3. 试验方法

（1）种植法　每一品种分为 4 期下种，每期相隔为 10 天，俾使生长期长短不同者亦可互相杂交。

（2）杂交方法　每一品种所需交配之穗数甚多，关于交配方式可分下列 3 种；①自交（Selfing）。每一品种须自株授粉 10 穗，俾使翌年与杂交种比较及继续自交之用。②同种异株配合（Sib-Crosses）亦须交配 10 穗，俾保持原种性状及与杂交种比较优劣之用。③各品种间互相交配，每种杂交 5 穗。

4. 试验结果

本试验开始才一年，现尚在赓续试验中，后当另文报告。

（四）玉米抵抗钻心虫品系之初步观察

1. 试验目的

选择能抵抗玉米钻心虫之品系，并测定与抗虫有关之形态及生理因子。

2. 试验材料

就 318 种自交系及 42 种标准种内测定之。

3. 试验方法

玉米对于钻心虫之抵抗能力因品种而异，现美国发现一种玉米曰 Maize Amargo 能抵抗钻心虫。现利用杂交已分离抗虫品系，至各种玉米以甘味种（Sweet Corn）被害最烈，由此推测，茎秆组织如微管束数目之多寡，秆汁糖分之含量等均有关焉。惟此类研究，时日浩繁，现所研究者，仅测定植株高度及生育期长短，与被害轻烈有无关系而已。

4. 试验结果

现用相关系数测定虫害与秆高之相关系数为-0.40，虫害与生育期为-0.45，两者均为负相关，即秆愈高或生育期愈长，则虫害愈少。此与他人研究之结果完全相反，似与钻心虫发生之时期大有关系，惟本试验系初步观察，且所调查之株数不多，错误当属难免，至于详细研究结果，尚待异日。

（五）玉米去雄试验

1. 试验目的

研究除去雄穗（Tassel）或截去穗（Ear）上秆部，对于玉米产量有无影响。

2. 试验材料

南京黄玉米。

3. 试验方法

除去雄穗，可使完全异株授粉，或有增加产量之可能。现处理方法，共计6种：①不去雄（作对照）；②雄穗初出时去雄；③开花盛时去雄；④开花盛时截去穗上秆部；⑤开花后去雄；⑥开花后截去穗上秆部。田间布置，行长20尺，行距2.5尺，株距1尺，二行为一区，重复3次，用任意区块排列，每区面积为100平方尺。

4. 试验结果

所得产量记录，用变量法分析，知各处理间之差异极为显著（表2，表3）。

表2　每区籽实产量之分析

变异之因	自由度	平方和	变量	*S. D.*	1/2 log（*M/Sq*×10）	Z
区块	3	2.79	—	—	—	—
处理	5	14.38	2.876	—	1.679 5	1.058 9
差误	15	5.19	0.346	0.588 9	0.620 6	—
总和	23	22.36	—	—	—	—

$$\left.\begin{matrix} n_1=5 \\ n_2=15 \end{matrix}\right\} \begin{matrix} 5\%之\ Z=0.532\,6 \\ 1\%之\ Z=0.758\,2 \end{matrix}$$

表3　各处理产量盈亏之比较

处理种类	总产量（斤）	对标准区相差斤数	差异>或<$S.E.\times\sqrt{2}\times\sqrt{4}\times t$（0.5%）	差异显著否	对标准区相差（%）
不去雄	32.7	—	—	—	—
雄穗初出时去雄	31.9	0.8	<3.545	不显著	97.6
开花盛时去雄	31.7	1.0	<3.545	不显著	96.9
开花盛时去穗上秆部	25.7	7.0	>3.545	显著	78.6
开花后去雄	31.7	1.4	<3.545	不显著	95.7
开花后去穗上秆部	25.1	7.6	>3.545	显著	76.8

综观上表，知仅去雄穗对于产量并无影响，但不论任何时期，截去穗上秆部，均有损害，其统计上之差异，亦极显著，盖折损秆部，有影响于生长。由此观之，普通钻心虫蛀食秆部甚烈，则其影响于产量之损失颇大，故抗虫育种实不容忽视。

（六）玉米播种期试验

1. 试验目的

探求各品种在南京环境下播种最适宜之时期。

2. 试验材料

用南京黄、崇明大金黄、崇明小金黄共3品种。

3. 试验方法

播种时期共分6期，半月为一期，5月1日首期下种，以后均按期下种。试区布置，用任意排列法，重复3次，布置时以时期为主区，每一副区即代表一品种，其分布亦属随机。试区面积，行长30尺，株距1尺，行距2.3尺，5行成一区。收获时除去两边行及每行两端各一株（实收行长30尺），以免除边际影响。生育期间详细记载生育状况。

4. 试验结果

兹简述数端：

（1）玉米播种期之迟早，影响于生育期者大，而影响于成熟期者小。

（2）播种过早或过迟，对于全生育日数均有延长之趋势，盖玉米需要高温，若温度较低，则生育期或成熟期均为之延长。

（3）播种较早，则受钻心虫之害较烈，故改变播种期似有避免虫害之可能。

（4）玉米分蘖数之多少，原为品种之特性，但在生育期内，雨水较多，处于最适宜环境下，亦有增加分蘖之可能；但此种分蘖多不孕穗，间有生穗者结实甚少。

（5）就籽实产量用统计方法分析之结果，播种过早，对于籽实产量有减低之可能；但吾人不能断言早播为不利，因本试验第一期播种时遭逢亢旱，嗣后在生育期中雨水又感缺乏，故收获自蒙不利。以后各期产量之相差尚微，至第六期播种收获尚称不恶，足证播种迟早于产量无甚关系。但于斯吾人须注意者，即迟种对玉米籽实之水分含量增多，而品质亦大损，冬季不易保存，故亦不可失之过迟（表4，表5）。

表4　各播种期及各品种间之产量（民国二十四年，1935年）（单位：斤）

时期	南京黄	崇明大金黄	崇明小金黄	平均数
5月1日	13.1	10.7	10.7	11.5
5月16日	14.2	12.0	15.5	13.9
5月31日	15.4	14.6	17.2	15.7
6月15日	17.7	17.6	18.0	17.8
6月30日	16.7	15.8	17.2	16.0
7月15日	17.4	14.7	12.9	15.0
平均	15.7	14.2	15.2	—

两处理间显著差异度 $= \frac{S.E.\sqrt{2}}{\sqrt{n}} \times 1.96 = 1.2$(斤)

每区面积=207（平方尺）

表 5　玉米籽实产量之变量分析（民国二十四年，1935 年）

变量之因	自由度数	平方和	平均方和	S. D.	log S. D.	Z
区集	3	20.83	6.98	—	—	—
品种	2	28.04	14.02	3.744	1.319 09	0.948 24**
播种期	5	290.51	58.10	7.622	2.031 04	1.660 19**
联应	10	71.92	7.19	2.681	0.986 20	0.615 35*
差误	51	107.15	2.10	1.449	0.370 85	
总和	71	518.45				

** 表示机会数 1%时差异显著

* 表示机会数 5%时差异显著

（6）关于籽实产量因每区株数不等，兹用双关变量法分析（Analysis of covariance）则品种及播种期之差异，仍甚显著。但联应之差异，则完全消失各播种期之产量用 $Y=y-b(x-\bar{X})$ 公式（表 6）。

表 6　玉米籽实产量之双关变量分析结果

变量之因	自由度数	平方和 $S(y-bx)^2$	平均方和	S. D.	1/2log（平均方和）	Z
品种	2	16.25	8.125	—	1.047 47	0.774 88*
播种期	5	226.5	45.300	—	1.906 65	1.634 06**
联应	10	34.41	3.441	—	0.618 02	0.345 43
差误	50	86.26	1.725	1.314	0.272 59	—

** 表示机会数 1%时差异显著

* 表示机会数 5%时差异显著

改正后，第六期因缺株较多，产量略有增高，其余各期与未改正前无甚区别，故不另表。

（7）本试验仅系一年结果之结论，尚待异日之考证。

（七）玉米大豆夹栽试验

1. 试验目的

研究玉米与大豆之夹栽制度，确定何种方式最为有利。

2. 试验材料

玉米南京黄、大豆金大 332。

3. 试验方法

两年方法略有不同，兹分别述之。

（1）民国二十三年（1934 年），处理方法，共分 4 种：①玉米单栽；②大豆单栽；

③玉米大豆混行栽（约3株大豆1株玉米）；④一行大豆，一行玉米。每处理重复3次，任意排列，用播种器下种，每区面积为0.15亩，大豆及玉米行距均为2.5尺。

（2）民国二十四年（1935年），试验方法略有变更，处理方法共分7种：①玉米单栽；②大豆单栽；③一行大豆，一行玉米；④二行大豆，一行玉米；⑤二株大豆，一株玉米；⑥三株大豆，一株玉米；⑦四株大豆，一株玉米。每处理重复3次，用任意排列，行长为28尺，行距2.5尺（大豆玉米同），株距玉米1尺，大豆4寸，每区种8行，用人工播种。收获时仅取中间6行，以免边际影响。

4. 试验结果（表7~表10）

表7 玉米大豆夹栽方式之产量及经济收入（民国二十三年，1934年）

栽培方式	大豆产量（斤）	玉米产量（斤）	综合经济收入（元）
玉米单栽	—	190.3	5.71
大豆单栽	86.6	—	3.46
一行大豆一行玉米	73.3	88.5	5.60
大豆玉米混行栽	72.4	139.9	7.09

两处理显著差异度 $= S.E. \times \sqrt{2} \times \sqrt{4} \times 2.26 = 1.83$(元)

表8 四区经济收入变量分析（民国二十四年，1935年）

变量之因	自由度数	平方和	平均方和	$S.D.$	$\frac{1}{2}\log\ (M/S_2\times100)$	Z
区集	3	0.292 5	0.097 5	—	11.386 3	—
处理	3	1.684 7	0.561 6	—	2.014 10	0.960 21**
差误	9	0.741 0	0.082 3	0.287	1.053 89	—
总和	15	2.718 2	—		—	—

** 表示机会数1%时差异显著

表9 玉米大豆夹栽方式之产量及经济收入（民国二十四年，1935年）

栽培方式	大豆产量（斤）	玉米产量（斤）	综合经济收入（元）
玉米单栽	—	86.9	2.61
大豆单栽	46.2	—	1.84
一行大豆一行玉米	30.9	56.0	2.93
二行大豆一行玉米	38.7	32.6	2.53
二株大豆一株玉米	36.2	61.4	3.29
三株大豆一株玉米	38.4	54.5	3.19
四株大豆一株玉米	43.3	44.4	3.07

两处理间显著差异度 $= S.E. \times \sqrt{4} \times \sqrt{2} \times 2.101 = 0.34$(元)

表 10　每区经济收入之变量分析（民国二十四年，1935 年）

变量之因	自由度数	平方和	平均方和	*S. D.*	1/2log（$M/S_2 \times 100$）	Z
区集	3	0.121 6	0.040 5	—	1.849 41	—
处理	6	0.376 5	0.062 7	—	2.569 18	1.972 22**
差误	18	0.059 4	0.003 3	0.057 4	0.596 96	—
总和	27	0.557 5	—	—	—	—

** 表示机会数 1%时差异显著

本试验已有两年之结果，今就可得各点分项简述之：

（1）大豆与玉米，无论间夹栽与夹栽，均有促成大豆早熟之效；因玉米成熟较早，玉米收获后所余隙地较多，阳光得充分照射，故较普通单栽之大豆能早熟一星期左右。

（2）大豆与玉米每亩产量不同，其经济价值亦异，兹为便于比较起见，就每 100 斤大豆 4 元及玉米 3 元之市价，将各区产量均折算之，然后用变量法分析之。

（3）按照变量法分析之结果，证实改变栽培方式对于产量有显著之差异，根据二倍标准差（Standard error of difference）比较之结果，以夹栽最为有利，而夹栽方式中以二株大豆夹栽一株玉米更为优越。

（4）间行栽种，产量则渐损，不若夹栽之优良，但间栽方法，现所举行者，尚有改良之可能，即玉米行距嫌太宽，今后拟加减小，则收益或可增加。

（5）无论夹栽与间栽，均优于大豆或玉米单栽，已无疑义。

（6）本试验现仍在赓续中，在未确定间栽与夹栽孰优孰劣之前，现暂定夹栽为最佳，揆之本场历年大宗栽培方式，尚属合理。

（7）就本场试验所得之结果，栽培玉米似较栽培大豆为有利，但栽玉米极耗地力，而栽大豆有改进地力之效。且因地制宜，当不能执一结果定断论也。

（8）本年结果与上年（民国二十三年，1934 年）结果，适相吻合。

二、大豆试验

（一）大豆株行试验

1. 试验目的

选择优良单株，分行试验，使分离优良纯系。

2. 供试品系

民国二十三年（1934 年）秋，在京芜一带，共选优良单株 1970 株（每株仅在田间采二三十荚），更由院内品种观察区选择单本 190 株，合计 2160 株。标准种暂用金大 332。

3. 试验方法

（1）田间采用单本方法　单本选择之标准为早熟结荚多，无病虫害等。每株采豆荚 20 余荚，携归室内，重行检查，如豆粒有虫害者，或结实不丰满即淘汰之。

（2）田区布置法　单株试验，行长为 5 尺，株距 5 寸，每隔 10 行设一对照，不设重复。生长期内，对于开花期、生长习性、秆高及成熟期等，均详加记载，以为验选之参考。

4. 试验结果

本年自下种至开花期间，均遭旱灾，故生育大受影响，且病害发生甚烈，现仅选优良者140系，以供次年五行试验之用。

（二）大豆五行试验

1. 供试品系

去年株行试验中，择优良80系以供五行试验之用。标准种为金大332。

2. 试验方法

试验区行长16尺，行距2.5尺，株距4寸，重复4次，每第五行设一标准行。在生育期中，记载开花期、生长习性及病虫害等。惟本年因下种后首遭干旱，嗣后生育期间雨水又欠充足，故生育不良。在田间亦淘汰40余系，仅收获优良者34系。

3. 试验结果

本试验之产量比较，用平均偏差法（Deviation from mean method）计算共得优良者10品系，来年可升作十行试验，其余尚有10余系存留作五行试验。

（三）大豆混合选种

大豆混合选种，手续简易，成效也渐，但继续选择，产量亦可提高。历五六年后，性状渐纯，再行选择，其效渐减，总之，混合选种法在大豆育种上仍不失为优良之方法，按本场历年选择之结果，所获成绩极佳，现在纯系尚未育成前，暂用历年所选之混合选种，以供给推广之用。

（四）中大混合选种与金大332比较试验

1. 试验目的

比较中大混合选种与金大332纯系大豆产量之丰歉及生育状况之优劣。

2. 试验品系

中大混合选种，金大332。

3. 试验方法

田间布置，用直接对比法，3行为一区，重复7次，共计8区。行长行距离等，与五行试验同。

4. 试验结果

（1）关于植株性状两者无甚区别。

（2）金大332斑纹（Mottling）百分率为68.2%，而中大混合选种仅35.2%。

（3）金大332百粒重仅12.7克，而中大混选为15.5克。

（4）中大混合选种之产量比金大332增12.27%，用学生法比较产量之结果，Z=0.92，0dds>40：1，故差异认为颇显著。

（5）中大混合选种，每亩平均产量为77.5斤，而金大332为63.1斤，本年因天气亢旱故产量较逊，金大332之产量较逊于中大混合选种者或由于抗旱力有差异所致。

（6）本试验仅一年之成绩，确否尚待赓续（表11）。

表 11　中大混合选种与金大 332 产量比较（民国二十四年，1935 年）

中大混合选（克）	金大 332（克）	D（克）	
580	560	20	
1 020	760	260	
940	570	370	$S.D.=151.28$
880	1 000	-120	$M=143.7$
1 070	960	110	$Z=\frac{M}{S.D.}=0.92$
470	350	120	Odds>40：1
540	460	80	每区面积=120 平方尺
700	390	310	
6 200	5 050	1 150	

（五）栽培大豆与野生种杂交试验

在本场江边芦滩地，有野生大豆（*Glycine ussuriensis*）生焉，茎细而蔓生，高达丈余，生育期长，性耐水，此其特点。其他性状与栽培种差异不下 20 余点，实可供遗传研究之新材料。就育种言，野生种亦有其经济上之价值，现此项杂交工作，进行才一年，结果如何，尚难预卜。

（六）大豆距离疏密试验

1. 试验目的

研究大豆栽培最适宜之株行距，使在最小单位面积内，获得最高之产量。

2. 试验材料

金大 332。

3. 试验方法

试验行距分为 1.5 尺、2 尺及 2.5 尺，株距分 2 寸、4 寸、6 寸及 8 寸。每小区行长为 30 尺，宽 12 尺。田间排列 3×3 复式拉丁方。以行距为主区，株距为副区，总处理共 12 种。生育期间，记载开花期、秆高及成熟期等。另于每区取出 10 株，检秆高、单株产量、结实荚数、斑纹比例等。收获时用取样法，每区仅取样本 3 个，每一样本代表 1/400 亩。

4. 试验结果

（1）种植愈密，则植株愈高，同时单株产量渐减。

（2）在单位面积内，种植数目愈小，则分枝渐增，而结荚丛数及结实荚数亦随之而增。

（3）种植愈密，则豆粒发生斑纹愈多，此与 Hollowell 氏之研究结果完全相反（表 12）。

（4）用变量分析之结果，不论行距增密或株距增密，均能增高产量（表 13）。

（5）本试验区，因缺株关系，故用取样法，每区取样 3 个，是以取样误较大，在比较两处理间，显著的差异度须 3 倍（1%）于相差标准差（Standard error of difference），始认为显著（表 14）。

（6）本试验系一年之结果，现仅得一概念，至于密植之是否有利，尚待后证。

表 12　大豆距离疏密与种子斑纹之关系（民国二十四年，1935 年）　（单位:%）

行距（尺）	2 寸	4 寸	6 寸	8 寸	平均
1.5	75.0	55.6	55.3	49.4	58.8
2.0	67.6	41.8	28.1	35.9	43.5
2.5	53.0	68.4	33.1	37.0	42.9
平均	65.2	55.3	38.8	40.8	48.4

表 13　大豆距离疏密与产量之关系（三区）　（单位：克）

行距（尺）	2 寸	4 寸	6 寸	8 寸	平均
1.5	6 930	5 100	4 960	3 760	5 187
2.0	5 760	5 050	3 900	4 060	4 692
2.5	5 460	4 550	4 290	3 110	4 352
平均	6 050	4 900	4 383	3 643	

两处理间显著的差异度 $= S.E. \times \sqrt{2} \times \sqrt{3} \times 2.845(1\%) = 1\ 181$(克)

三区面积=540 平方尺

表 14　大豆距离疏密之变量分析（民国二十四年，1935 年）

变异之因	自由度数	平方和	平均方和	$S.D.$	1/2log（M/S_q÷10 000）	Z
直行	2	110 372.23	55 186.12	—	—	—
横行	2	240 338.89	120 169.45	—	—	—
行距	2	470 155.56	235 077.78	—	1.578 65	1.049 57*
株距	3	3 071 530.56	1 023 843.52	—	2.314 30	1.785 22**
联应	6	342 544.44	57 090.74	—	0.871 02	0.341 94
差误	20	576 288.88	28 814.44	69.71	0.529 08	—
总和	35	4 811 230.56	—	—	—	—

** 表示机会数 1%时差异显著

* 表示机会数 5%时差异显著

（国立中央大学农学丛刊，1935，3（1）：1-20）

用統計方法研究秈粳糯米之脹性

金善寶 葉聲鐘

A Statistical Study of the "Expansion" of the "Early Non-glutinous" (秈米), "Late Non-glutinous" (粳米), and Glutinous (糯米) Milled Rices.

S.P.king and S.C.Yeh

(1) 引言

吾人日常所食之稻米，普通可分爲秈粳糯三類。除糯米多用爲釀酒及製糕餌外，秈米粳米則爲吾國主要之民食。而民間購米炊飯，多注意於脹性之大小。但米之脹性與種類及品種間之關係如何，尙無人能切實言之者。東西各國關於此問題之研究寥若晨星Steinbarger(4)雖曾注意米之煑飯品質但所用品種祇有八種岡村保(5) 對於煑飯之方法曾有詳細之報告，但關於脹性之大小則未嘗提及。至應用變量分析法解釋米之脹性結果者，本文尙屬首創。本文側重研究之問題，則爲(一)秈粳糯米脹性之大小是否有差異，或差異之程度如何？(二)秈粳糯各品種間脹性是否不同，差異至如何程度？(三)脹性之大小與精米之形狀，大小，輕重，及他種性質有何關係？其他如米之水分多少與脹性之關係；蒸飯量筒直徑之大小，用米之數量與脹性之變異係數等亦稍注意及之。

用统计方法研究籼粳糯米之胀性

金善宝　叶声钟

一、引　言

吾人日常所食之稻米，普通可分为籼粳糯3类。除糯米多用为酿酒及制糕饵外，籼米、粳米则为吾国主要之民食。而民间购米炊饭，多注意于胀性之大小。但米之胀性与种类及品种间之关系如何，尚无人能切实言之者。东西各国关于此问题之研究寥若晨星，Steinbarger虽曾注意米之煮饭品质，但所用品种只有8种，冈村保对于煮饭之方法曾有详细之报告，但关于胀性之大小则未尝提及。至应用变量分析法解释米之胀性结果者，本文尚属首创。本文侧重研究之问题，则为（1）籼粳糯米胀性之大小是否有差异，或差异之程度如何?（2）籼粳糯各品种间胀性是否不同，差异至如何程度?（3）胀性之大小与精米之形状、大小、轻重及他种性质有何关系?其他如米之水分多少与胀性之关系；蒸饭量筒直径之大小，用米之数量与胀性之变异系数等亦稍注意之。

二、前人对此问题研究之概要

Steinbarger在美国农部曾试验各种米之胀性，其煮饭方法，用无盖之蒸煮器，注入清水800毫升及一茶匙之食盐。煮沸之后，逐渐加入精米80克。煮20分钟左右，倾出多余之沸水，将煮成之饭，以冷水灌注之，排水5分钟后，权其重量，然后计算80克米煮饭后吸水之百分率。

冈村保关于煮饭之方法，曾作精密之研究，渠用直径不同之量筒（自9分至1寸4分共计6种），各加入不同之米量（自6克至32克计15种）蒸煮之。渠认为一定大小之量筒，加入蒸煮米之数量，各有其最大之限度。过其限度，则米之胀力不匀。又米饭之容积，主张须以真容积法表示之。测定饭之真容积，以不易溶解于水之媒体，如石油、挥发油等注入饭内，以饭之容积减去注入之油量，即得饭之真容积。

三、材料及方法

本篇蒸饭所用之米样，系向上海无锡及南京各大米行采集而得。计有籼米63种，粳米90种，糯米20种，共计173种。此项米样虽非纯粹之品种，或不乏异名而同种者，然其来源甚广，种性自异，凡上述三处米市之各种精米当已包括十之七八。故本文试验之结果，或可代表该三处米市各种精米胀性之大概情形也。

米种不同，吸水各异，即同样米种，因蒸煮时间长短之不同，则吸水之数量亦互有差别。在本实验未做之前，曾有加水多少与蒸煮时间长短之测验，结果以米水成一二之比例为最佳。煮时以1小时之时间为最适。蒸煮之方法，系先称米200克，次注400毫升之沸水于6.1厘米直径之量筒，俟一一称注妥善后，乃将米分别倾入各筒，倾毕盖好，依次安放于沸水之箱内，箱之容积适足放置量筒20。箱内之水面适平量筒内之水面，箱上加盖，盖上插以时计。箱下燃以火炉。如是继续烧煮1小时，启盖取筒，安放桌上，俟全数取出后，即时记录其增长之度数，即以毫升表示之。每种重复2次，共计3次。记度时使筒内蒸饭之高度与眼平行，惟遇有面积不平时，则取其最高与最低之折中数。

试验结果，则用变量法分析之，变量分析（Analysis of variance）者，将总自由度及总平方和由于已知原因所起之变异，分为若干部分，所剩之部分，其变异之原因无从知悉，或非试验所能控制者，则称为误差（Error），平方和或变量之计算，以自由度除平方和即得，各变量间差异之显著与否，则用Fisher氏之Z. 试验法以测定之。

总平方和之计算，应用S $(\bar{X}-X)^2$程式。为计算便利起见，又可用S (X^2) –S (X) X程式表示之，公式中S表示总和，X为每次蒸饭之容积，$\bar{X}$为各次蒸饭容积之平均数，S (X_1)、S (X_2)、S (X_3) 分别表示籼粳糯三类之总容积，籼粳糯三类间之平方和可以下式表示之。

$$\frac{S(X_1^2)}{189}+\frac{S(X_2^2)}{270}+\frac{S(X_3^2)}{60}-S(X)\bar{X}$$

因籼粳糯三类之米样数目不等，故各须以其米样数除之，且每种米样蒸饭三次故籼粳糯三类之平方和，须分别以189、270及60除之。平方和之计算法，先将各区容积平方之，相加，以其区数除之，减去各区之和乘平均数之积，即得平方和。

自由度由每种变异之数减1而得，籼粳糯三类之自由度为2。各区之总自由度为518。各米样间之自由度系由籼粳糯三类之米数各减1相加而得，即（63－1）＋（90－1）＋（20－1）＝170。将籼粳糯三类之自由度与各米样之自由度相加，从总自由度减去，所剩之数，即为误差之自由度，或以每种米样重复次数减1，各乘其每类米样数，相加之和，亦为误差之自由度。即

$$(3-1)\times 63+(3-1)\times 90+(3-1)\times 20=346$$

四、试验结果

籼米63种，粳米90种，糯米20种，每种蒸饭3次，蒸饭容积之大小以毫升表示之，其结果见表1，每种米样蒸饭容积之总和列在左边，每类各种米样之总和，则记在各类之下端。

表 1　各种籼粳糯 200 克米每次煮饭之容积及其总数

(一) 籼米

米样号	200 克米煮饭后之容积（毫升）			总数	米样号	200 克米煮饭后之容积（毫升）			总数
	1	2	3			1	2	3	
1	555	595	550	1 700	35	630	635	625	1 890
2	565	595	540	1 700	36	520	540	525	1 585
3	555	570	540	1 665	37	655	660	660	1 975
4	565	620	545	1 760	39	625	580	580	1 785
5	585	620	540	1 745	40	555	535	610	1 700
6	580	625	545	1 750	41	670	660	665	1 995
7	580	625	545	1 750	50	655	650	640	1 945
8	590	615	545	1 750	54	665	660	630	1 955
9	550	635	545	1 730	55	665	665	665	1 995
10	540	545	545	1 630	56	670	665	665	2 000
11	550	640	640	1 830	71	650	635	640	1 925
12	525	545	545	1 615	72	640	645	600	1 885
13	535	565	535	1 635	73	550	600	605	1 755
14	565	605	545	1 715	108	570	555	545	1 670
15	610	635	570	1 815	109	595	530	580	1 705
16	590	625	580	1 795	218	665	665	665	1 995
17	535	555	545	1 635	219	655	660	560	1 875
18	570	590	540	1 700	226	640	675	670	1 985
19	540	555	550	1 645	227	610	630	660	1 900
21	590	620	550	1 760	228	665	650	670	1 985
22	570	595	600	1 765	229	655	640	670	1 965
23	565	630	625	1 820	241	550	550	555	1 655
24	540	590	550	1 680	242	625	615	600	1 840
25	665	660	660	1 985	243	600	625	580	1 805
26	590	620	620	1 830	244	580	615	590	1 785
27	670	690	670	2 030	245	615	635	635	1 885
28	545	630	635	1 810	246	670	655	680	2 005
29	630	630	635	1 895	247	670	670	700	2 040
30	545	575	590	1 710	278	575	630	615	1 820
31	620	610	615	1 845	279	595	625	555	1 775
33	640	650	660	1 950	280	580	630	630	1 840
34	640	645	640	1 925	总数	37 790	38 890	37 810	114 490

（二）粳米

米样号	200 克米煮饭后之容积（毫升）			总数
	1	2	3	
20	530	550	540	1 620
32	620	570	550	1 740
38	555	540	570	1 665
45	615	580	600	1 795
57	660	650	655	1 965
58	615	560	605	1 780
60	580	585	595	1 760
61	545	540	585	1 670
62	545	525	545	1 615
63	570	590	570	1 730
64	610	610	570	1 790
65	545	545	545	1 635
74	590	560	560	1 710
75	600	585	605	1 790
76	545	545	560	1 650
101	645	635	640	1 920
102	555	530	550	1 635
103	580	530	560	1 670
104	575	545	565	1 685
105	565	550	550	1 665
106	560	530	540	1 630
107	580	555	565	1 700
110	660	630	645	1 935
111	605	530	540	1 675
112	565	530	545	1 640
113	580	580	545	1 705
114	610	610	560	1 780
115	635	630	620	1 885
119	635	640	640	1 915
120	645	640	650	1 935
201	530	520	550	1 600
202	520	520	550	1 590
203	540	540	555	1 635
204	570	565	570	1 705
205	585	550	570	1 705
206	545	550	560	1 655
207	570	595	585	1 750
208	545	540	565	1 650
209	570	555	570	1 695
210	535	540	555	1 630
211	560	640	630	1 830
212	650	635	630	1 915
213	565	640	560	1 765
214	605	620	570	1 795
215	550	535	550	1 635
216	595	540	550	1 685
217	650	635	650	1 935
222	625	600	615	1 840
223	550	545	550	1 645
224	535	540	570	1 645
225	635	620	610	1 865
231	560	555	545	1 660
232	540	565	545	1 650
233	540	550	545	1 635
234	540	590	545	1 675
235	550	590	555	1 695
236	545	580	550	1 675
237	545	600	570	1 715
238	545	605	550	1 700
239	535	540	540	1 615
248	605	570	575	1 750
249	595	595	620	1 810
250	550	590	570	1 710
251	550	545	550	1 645
252	560	545	550	1 655
253	560	540	545	1 645
254	545	530	545	1 620
255	540	540	560	1 640
256	545	540	550	1 635
257	525	550	535	1 610
258	530	545	540	1 615
259	540	550	545	1 635
260	530	540	535	1 605
261	530	535	535	1 600
262	525	545	540	1 610
263	545	565	535	1 645
264	530	545	530	1 605
265	540	555	545	1 640
266	520	540	530	1 590
267	615	615	625	1 855
268	530	540	530	1 600
269	540	540	530	1 610
270	530	540	530	1 600
271	550	545	535	1 630
272	520	560	530	1 610
273	585	620	620	1 825
274	590	640	580	1 810
275	580	625	550	1 755
276	555	590	540	1 685
277	535	570	530	1 635
总数	51 235	51 250	50 965	153 450

（三）糯米

米样号	200 克米煮饭后之容积（毫升）			总数	米样号	200 克米煮饭后之容积（毫升）			总数
	1	2	3			1	2	3	
42	525	525	525	1 575	80	530	530	525	1 585
44	520	520	520	1 560	81	525	530	525	1 580
46	520	520	520	1560	82	530	530	525	1 585
47	520	525	535	1580	116	510	510	530	1 550
48	525	525	530	1580	117	510	505	520	1 535
49	525	520	515	1560	118	510	515	530	1 555
68	530	525	530	1585	220	520	530	550	1 600
69	530	525	530	1585	221	525	535	530	1 590
77	525	530	525	1580	230	520	525	535	1 580
78	525	525	525	1575	总数	10 450	10 475	10 550	31 475
79	525	525	525	1575					

先计算总变异之平方和，从表 1，519 区之容积，分别平方，相加，得 173 820 675 毫升。再将 519 区之容积相加，得总数 299 415 毫升。以 299 415÷519=576. 690 751 4，即为普通平均数。普通平均数须至小数第 6 位方为准确。以总数乘普通平均数，则得改正数，则 299 415×576. 690 751 4=173 274 763. 304 31，总平方和应用 $S(X^2)-S(X)\bar{X}$ 公式，以上述数字代入之，即得 173 820 675−172 734 763. 304 31 或1 085 911. 695 69。

次计算种类间之平方和，即将籼米各区容积之和平方之，以其区数除之；粳米、糯米亦如之，然后相加，减去改正数，即得种类间之平方和。

即 $\frac{(114\ 490)^2}{189}+\frac{(153\ 450)^2}{270}+\frac{(31\ 475)^2}{60}-172\ 734\ 763.304\ 31=341\ 533.355\ 7$，再次计算样品间之平方和，或种类间之误差。即将每种米样三区之容积之和平方之，相加，因每种米样重复 3 次，故须以 3 除之，减去改正数，即得下式：

$$\frac{(1\ 700)^2+(1\ 700)^2\cdots+(1\ 840)^2+(1\ 620)^2\cdots+(1\ 635)^2+(1\ 575)^2\cdots+(1\ 580)^2}{3}-$$

172 734 763. 304 31=951 495. 029 02。

每种变异之平方和，须与其自由度之数相符，951 495. 029 02，乃系 173 种米样容积平方之和。而样品间之自由度，则只 170。故样品间之平方和应为 951 495. 029 02−341 533. 355 7=609 961. 673 3。

最后将种类间之平方和与样品间之平方和相加，从总平方和减去，留剩之数则为样品间之误差。（自由度为 346）即 1 085 911. 695 69−（341 533. 355 7+609 961. 673 3）=134 416. 666 67。

分析之最终结果，可综括之如表 2。

表 2 变量分析（Analysis of Variance）

变异由来	自由度 *D. F.*	平方和	平均方	自然对数之半数	*Z*
种类间	2	341 533. 355 7	170 766. 677 85	6. 024 1	1. 931 4
样品间	170	609 961. 673 3	3 588. 009 82	4. 092 7	

（续表）

变异由来	自由度 D. F.	平方和	平均方	自然对数之半数	Z
样品间误差	346	134 416. 666 7	388. 487 47	2. 981 2	1. 111 5
总数	518	1 085 911. 695 7			

平均方各以其左边之自由度除之即得，Z 则为各平均方与误差平均方自然对数差异之半数，例如种类间变异所起之 Z 值为 1/2（log 170 766. 677 85－log 3 588. 009 82）＝6. 024 1－4. 092 7＝1. 931 4，样品间与样品间误差差异之 Z 值亦可依法求之。

Z 值求出之后查 Fisher 氏之 Z 表，在 Z 表 N_1 为变量较大之自由度，N_2 则为变量较小之自由度。

先求种类间或籼粳糯胀性差异之显著程度，$N_1=2$，$N_2=170$ 查 Fisher 氏之 Z 表 1% Point，Z＝0. 802 5－0. 763 6，与实际求得者相差甚大，即表示籼粳糯米胀性之大小有显著之差异也。换言之，100 次之中有 99 次之差异由于种类之不同，只有 1 次则由于任意取样之差异也。

籼粳糯三类之胀性既有显著之差异然，则各品种间或各样品间胀性之大小是否有差异或差异之程度如何，亦为吾人所宜知者照表 2，$N_1=170$，$N_2=340$ 查 Fisher 氏之 Z 表 Z＝0. 235 0－0 与表 2 实际求得之 Z 值 1. 1219 相差甚大，即证明各品种间或各样品间之胀性其差异极显著也。

上述分析之结果仅证明籼粳糯三类及三类各品种间胀性之大小有显著之差异，若欲明了籼粳糯，或粳糯以及各品种胀性差异之程度，则有待于另行之分析。凡用 Z 法分析之结果，处理之差异，虽然显著，但各处理间之差异未必均显著，惟至少须有两种处理之差异为显著耳。

先分析籼粳糯彼此差异之程度，从表 1 籼粳糯各类容积之总数各以其样品数除之，则得各类容积总数之平均数：

$$籼之平均容积=\overline{X_1}=\frac{114\ 490}{63}=1\ 817.30\ 毫升$$

$$粳之平均容积=\overline{X_2}=\frac{153\ 450}{90}=1\ 705.00\ 毫升$$

$$糯之平均容积=\overline{X_3}=\frac{31\ 475}{20}=1\ 573.75\ 毫升$$

此样品间或种类间误差之平均方，用各类之自由度除之，开方，则得各类之标准差（Standard Deviation），若以 S_1、S_2、S_3 代表籼粳糯之标准差，n_1、n_2、n_3 代表自由度，则：

$$S_1=\sqrt{\frac{3\ 588.01}{n_1}}=\sqrt{\frac{3\ 588.01}{62}}$$

$$S_2=\sqrt{\frac{3\ 588.01}{n_2}}=\sqrt{\frac{3\ 588.01}{89}}$$

$$S_3=\sqrt{\frac{3\ 588.01}{n_3}}=\sqrt{\frac{3\ 588.01}{19}}$$

以两种平均数之差异，被除于差异之标准误差（Standard error）则可求得 t 值，并参考 Fisher 氏之 t 表则可测知籼粳、籼糯及粳糯间胀性差异之程度，如此：

$$t=\frac{\overline{X_2}-\overline{X_2}}{\sqrt{S_1^2+S_2^2}}=\frac{1\ 817.30-1\ 705.00}{\sqrt{\frac{3\ 588.01}{n_1}+\frac{3\ 588.01}{n_2}}}=\frac{112.30}{\sqrt{3\ 588.01(\frac{n_1+n_2}{n_1n_2})}}=$$

$$\frac{112.30}{\sqrt{3\ 588.01(\frac{62+89}{62\times 89})}}=11.332$$

自由度 $=n_1+n_2=151$，$P=0.01$，查 Fisher 氏之 t 表，$t=2.57582$。实际求得之 t 值远超于理论之 t 值，即证明籼米之胀性大于粳米，其差异极为显著也。

$$t=\frac{\overline{X_1}-\overline{X_3}}{\sqrt{S_1^2+S_3^2}}=\frac{1\ 817.30-1\ 573.75}{\sqrt{\frac{3\ 588.01}{n_1}+\frac{3\ 588.01}{n_3}}}=\frac{243.55}{\sqrt{3\ 588.01(\frac{n_1+n_3}{n_1n_3})}}=$$

$$\frac{243.55}{\sqrt{3\ 588.01(\frac{62+19}{62\times 19})}}=15.506$$

自由度 $=n_1+n_3=81$，$P=0.01$，查得 $t=2.575\ 82$，即证明籼糯之间胀性之差异极显著也。

$$t=\frac{\overline{X_2}-\overline{X_3}}{\sqrt{S_2^2+S_3^2}}=\frac{1705.00-1573.75}{\sqrt{\frac{3588.01}{n_2}+\frac{3588.01}{n_3}}}=\frac{131.25}{\sqrt{3588.01(\frac{n_2+n_3}{n_2n_3})}}$$

$$=\frac{131.25}{\sqrt{3588.01(\frac{89+19}{89\times 19})}}=8.675$$

自由度 $=n_2+n_3=108$，$P=0.01$，查得 $t=2.57582$ 即证明粳糯之间胀性之差异亦极显著也。

第二步分析各样品间胀性差异之程度。为便于明了起见，取表 1 中各种米样 3 次蒸饭容积之总数，并算成百分数如表 3。

表 3　各种精米 3 次蒸饭容积之总数、百分数总平均数及标准误差（Standard Error）

籼米

1	2	3	4	5	6	7	8	9	10	11	12	13	14	15
1 700 98.23	1 700 98.23	1 665 96.20	1 760 101.69	1 745 100.83	1 750 101.11	1 750 101.11	1 750 101.11	1 730 99.96	1 630 94.18	1 830 105.74	1 615 93.31	1 635 94.47	1 715 99.09	1 815 104.87
16	17	18	19	21	22	23	24	25	26	27	28	29	30	31
1 795 103.71	1 635 94.47	1 700 98.23	1 645 95.05	1 760 101.69	1 765 101.98	1 820 105.16	1 680 97.07	1 985 114.69	1 830 105.74	2 030 117.29	1 810 104.58	1 895 109.49	1 710 98.80	1 845 106.60

（续表）

33	34	35	36	37	39	40	41	51	54	55	56	71	72	73
1 950 112.67	1 925 111.23	1 890 109.20	1 585 91.58	1 675 114.11	1 785 103.14	1 700 98.23	1 995 115.27	1 945 112.38	1 955 112.96	1 995 115.27	2 000 115.56	1 925 111.23	1 885 108.91	1 755 101.40
108	109	218	219	226	227	228	229	241	242	243	244	245	246	247
1 670 69.49	1 705 98.51	1 995 115.27	1 875 108.34	1 985 114.69	1 900 109.78	1 985 114.69	1 965 113.54	1 655 95.63	1 840 106.31	1 805 104.29	1 785 103.14	1 885 108.91	2 005 115.85	2 040 118.27
278	279	280												
1 820 105.16	1 775 102.56	1 840 106.31												

粳米

20	32	38	45	57	58	60	61	62	63	64	65	74	75	76
1 620 93.60	1 740 100.54	1 665 96.20	1 795 103.71	1 965 113.54	1 780 102.85	1 760 101.69	1 670 96.49	1 615 93.31	1 730 99.96	1 790 103.43	1 635 94.47	1 710 98.80	1 790 103.43	1 650 95.34
101	102	103	104	105	106	107	110	111	112	113	114	115	119	120
1 920 110.94	1 635 94.47	1 670 96.49	1 685 97.36	1 665 96.20	1 630 94.18	1 700 98.23	1 935 111.80	1 675 96.78	1 640 94.76	1 705 98.51	1 780 102.85	1 885 108.91	1 915 110.65	1 935 111.80
201	202	203	204	205	206	207	208	209	210	211	212	213	214	215
1 600 92.45	1 590 91.87	1 635 94.47	1 705 90.51	1 705 98.51	1 655 95.63	1 750 101.11	1 650 95.34	1 695 97.94	1 630 94.18	1 920 110.94	1 915 110.65	1 765 101.98	1 795 103.71	1 635 94.47
216	217	222	223	224	225	231	232	233	234	235	236	237	238	239
1 685 97.36	1 935 111.80	1 840 106.31	1 645 95.05	1 645 95.05	1 865 107.76	1 660 95.91	1 650 95.34	1 635 94.47	1 675 96.78	1 695 97.94	1 675 96.78	1 715 99.09	1 700 98.23	1 615 93.31
248	249	250	251	252	253	254	255	256	257	258	259	260	261	262
1 750 101.11	1 810 104.58	1 710 98.80	1 645 95.05	1 655 95.63	1 645 95.05	1 620 93.60	1 640 94.76	1 635 94.47	1 610 93.03	1 615 93.31	1 635 94.47	1 605 92.74	1 600 92.45	1 610 93.03
263	264	265	266	267	268	269	270	271	272	273	274	275	276	277
1 645 95.05	1 605 95.74	1 640 94.76	1 590 91.87	1 855 107.18	1 600 92.45	1 610 93.03	1 600 92.45	1 630 94.18	1 610 93.03	1 825 105.45	1 810 104.58	1 755 101.40	1 685 97.36	1 635 94.47

糯米

42	44	46	47	48	49	68	69	77	78	79	80	81	82	116
1 575 91.00	1 565 90.43	1 560 90.14	1 575 91.00	1 580 91.29	1 560 90.14	1 585 91.58	1 585 91.58	1 580 91.29	1 575 91.00	1 575 91.00	1 585 91.58	1 580 91.29	1 585 91.58	1 550 89.56
117	118	220	221	230	平均	标准差								
1 535 88.69	1 555 89.85	1 600 92.45	1 590 91.87	1 580 91.29	1 730.72 100.00	34.139 1.972								

上表每段中第一横列，系各米样号数，第二横列为各米样 3 次蒸饭容积之总数，第三横列则为百分数，最后一段总数之平均数系由各米样 3 次蒸饭容积总数之总和以 173 除之而得。以此平均数即 1730.72 为 100，与各米样之总数相比，则得各米样胀性之百分数。标准误差即取表 2 样品间误差之平均方乘 3，开方即得。

$$标准误差 = \sqrt{388.4847 \times 3} = 34.139 毫升$$

$$标准误差百分率 = \frac{34.139 \times 100}{1730.72} = 1.972\%$$

用标准误差（Standard Error）测定试验中两种处理差异之显著与否，其差异数必须 3 倍予其标准误差，方为显著。设以 S 为试验之标准误差，则差异之标准误差为 $\sqrt{2} \times S$，差异数须 $2 \times \sqrt{2} \times S$ 方为显著，此 $2 \times \sqrt{2} \times S$ 之数与 3 倍标准误差之数甚近似。

今查表 3 各样品之标准误差百分率 = 1.972%，若以 3 乘之，则得 1.972% ×3 = 5.916%，即两样品间胀性之差异至少须有 5.916%方可认为差异显著也。

查表中胀性最大者为 247 号籼米，计有 118.27%，最小者为 117 号糯米，计有 88.69%，相差达 29.58%。以种类之平均言，籼米之胀性固大于粳米与糯米，而粳米又大于糯米。然以各样品而论，粳米之中亦有不少样品其胀性大于籼米而差异显著者。但糯米各样品之胀性，并无一种大于籼粳者。如将籼米各样品相互比较之，其胀性亦有显著之差异；粳米亦然。惟糯米各样品之胀性，差异极小，无一显著者。

五、精米各种性质与胀性之相关

由上述试验之结果，吾人即知籼粳糯各种精米胀性差异之程度，然则胀性之大小，与米之物理的或化学的性质是否有相关性，或相关之程度如何，亦为吾人所欲知者。因此作者曾将籼粳糯之千粒重、比重、每担重、50 克容积、长度、宽度及指数等性质与胀性或饭米倍数作相关研究。相关系数分两步计算，①籼粳糯合并计算，②籼粳糯 3 类样品分别计算。兹录 7 种性状与胀性之相关系数如表 4。

表 4　籼粳糯米之胀性与各种性状之相关系数（一）

	籼粳糯		籼		粳		糯	
	数目	系数（r）	数目	系数（r）	数目	系数（r）	数目	系数（r）
千粒重	165	−0.372**	56	+0.039	89	−0.425**	18	+0.165
比重	165	−0.151	56	+0.088	85	+0.088	18	+0.219
每担重	106	+0.349**	42	−0.165	48	−0.353*	14	−0.139
50 克容积	154	+0.153	55	+0.352**	85	+0.611**	15	−0.012
长度	156	+0.256**	53	−0.138	84	+0.157	17	+0.055
宽度	156	−0.323**	53	+0.318*	84	−0.440**	17	+0.074
指数	156	+0.290**	53	−0.301*	84	+0.321**	17	−0.353

相关系数之显著与否，可查 Fisher 氏之 Table V. A. 以决定之。凡上表相关系数之数值上无 * 者，表示相关不显著。如有 * 者表示显著。如有 ** 者，表示相关系数甚显著。

观上表结果，胀性与各种性质之相关系数，籼粳糯3类合并计算与各类分别计算之结果不同。籼粳糯合并计算者，胀性与千粒重、每担重、长度、宽度及指数之相关系数为-0.372、+0.349、+0.256、-0.323、+0.290均极显著；籼米单独计算者，胀性与50克容积、宽度及指数之相关系数为+0.352、+0.318、-0.301；籼米一类胀性与千粒重、每担重、50克容积、宽度及指数之相关系数为-0.425、-0.353、+0.611、-0.440、+0.321。惟糯米之胀性与各种性质之相关系数较小，且无一显著。此或由于两种原因，①用于计算相关系数之糯米样品过少，②糯米之胀性变异较小。

浙江省立农业改良场稻麦场，曾搜集杭州市各种精米51种作物理的与化学的性质之测定，其详细结果载在该场民国二十三年（1934年）试验成绩报告，作者乃借用此项结果，作胀性与各种性质相关性之计算，以与上述结果比较，其相关系数载在表5。

表5 籼粳糯米之胀性与各种性状之相关系数（二）

性状	相关系数	性状	相关系数
千粒重	+0.094	灰分	+0.589*
比重	+0.011	粗脂肪	+0.207
长度	+0.401*	蛋白质	+0.242
宽度	-0.258	粗纤维	+0.122
指数	+0.346*	热价	+0.095
厚度	-0.154		

六、米之含水量与胀性之关系

Steinbarger研究米之煮饭品质，先置供试之米于98~100℃之干燥炉，约2小时，然后入水蒸煮之。

冈村保认为米之含水百分率与胀性之大小有相当关系，故主张一定直径之量筒内，蒸饭用米之数量，须随米之含水百分率而异云。

著者等关于米之含水量与胀性之关系曾作试验。法取同种之籼米，使吸收不同之水分，将米粒表面风干之后，用Brown-Duvel之水分测定器分别测定其含水百分率，当即入量筒蒸煮之，检验其胀性，依吸收水分之多少，将同种供试之米，分成23组，每组之水分，分6次测定之。胀性则分5次测定之。

由此试验之结果，水分之含量自9.52%至27.05%，胀性之变异则自515毫升至595毫升。计算水分之含量与胀性大小之相关性，其相关系数为+0.077。由此可知同种之米，水分之多少与胀性之大小似无甚关系也。

七、量筒直径、米之数量与胀性之变异系数

取不同直径之量筒6种，注入同种之精米自5克至160克不等。加水量则等于米量之2倍，例如5克米之量筒加水10毫升，10克米之量筒则加水20毫升，各重复13次，其蒸煮之法一如前所述者煮饭容积变异之大小，以变异系数表示之，其结果如表6。

表 6 量筒大小、米之量与胀性之变异

量筒直径（厘米）	米之克数（克）	饭平均容积（毫升）	标准差	变异系数
1.8	5	19.51	0.290 5	1.48
2.3	10	34.71	0.468 8	1.34
2.6	20	68.43	1.090 0	1.59
3.7	40	140.57	3.457 0	2.46
4.9	80	276.29	0.517 0	1.27
6.1	160	541.79	5.041 0	0.93

$$\text{标准差} = \sqrt{\frac{E(d^2)}{n-1}}\text{，变异系数} = \frac{\text{标准差} \times 100}{\text{平均数}}$$

照上表，量筒之直径与米之克数，煮成之饭，均颇良好。

观上述结果，量筒之直径与米之重量，对于饭之容积大小固有变异，但其变异系数相差甚微。

八、结果摘要

1. 本文所用材料系向上海、无锡及南京 3 处采集之，计籼米 63 种，粳米 90 种，糯米 20 种，共计 173 种。

2. 蒸饭之法：取米 200 克注入直径 6.1 厘米之量筒，加水 200 毫升，蒸煮 1 小时。容积之大小以毫升表示之同种米共蒸 3 次。

3. 用变量分析法分析之结果，证明籼米之胀性最大，粳米次之，糯米最小，其差异均极显著。

4. 籼米之中，胀性之大小有差异极显著者，粳米亦如之，但糯米各样品间胀性之差异极小，无一显著者。

5. 粳米之中有若干样品，其胀性大于籼米中之若干样品，且差异极显著，惟糯米各样品之胀性均小于粳米。

6. 依本文研究之结果，米之胀性既有差异，则精米之分级对于胀性之关系似应予以相当之注意。

7. 对于米之各种物理性质与胀性之相关性，则用相关系数列表表示之。

8. 同种米样含水百分率与胀性之相关系数为 0.077，证明无相关性。

9. 以不等之米量在不同直径之量筒内蒸煮之，蒸饭容积之变异用变异系数表示之，证明变异甚小，换言之，用 5 克之米在 1.8 厘米直径之量筒与 160 克米在 6.1 厘米直径之量筒蒸饭之结果，无甚差异也。

参考文献（略）

（国立中央大学农学丛刊，1935，2（1-2）：55-74）

(2)管保——有各別與混合保管之分，保管費有從價從量之別。
(3)出倉——持收據領出。
(4)掛失——收據遺失時先聲明作廢，再取保領貨。
(5)變賣——放款滿期時，市價低落時行之。
(6)寄存——農產物出售完竣，倉庫空閑，可出租寄存其他貨品。
(7)代理支付——代農民出售穀物也。

c.倉庫之利益

(1)使農產物貯藏確實。
(2)使農產物金融圓轉。
(3)使農產物獲得優良價格。
(4)使農產物銷路擴大。

參考書目：

"Marketing Agricultural Products" By: Clark and Weld.
"Marketing" By: Tonzoo C. Woo
徐澄：農產貿易問題講演
唐啓宇：農業經濟學
商業月報（上海商會出版）

小麥開花之觀察

金善寶

（一）引言

小麥開花之時間與現象，半由於品種之性狀，半由於氣候之關係，本篇所述，關於品種方面爲多。

（二）方法與材料

供觀察之品類，計有八種，均爲普通小麥（T. vulgare, Host）中之秋小麥，今將其名稱性狀略述如下：

1.南京赤殼　有芒、無毛、赤殼、紅皮。
2.都昌小麥　無芒、無毛、白殼、紅皮。
3.揚州山籽　無芒、無毛、赤殼、紅皮。
4.姜堰黃皮　無芒、無毛、白殼、黃皮。
5.武進無芒　無芒、無毛、白殼、紅皮。
6.南宿州16號　有芒、無毛、白殼、紅皮。
7.南宿州55號　有芒、無毛、白殼、紅皮。
8.日本赤皮　有芒、無毛、白殼、紅皮。

觀察之法，在開花之前，擇定各品種之穗，每種五穗，繫以白色小紙牌，編定號數，俾便記載，擇定之穗，每日觀察五次，隨時記錄其開花之數目，觀察時間爲下午六時至八時，下午八時至上午四時，上午四時至七時，上午七時至十二時，十二時至下午六時，每次記錄結果，在一時期末了十分鐘前後行之，夜間記載，係藉燈光之力，其

小麦开花之观察

金善宝

一、引　言

小麦开花之时间与现象，半由于品种之性状，半由于气候之关系，本篇所述，关于品种方面为多。

二、方法与材料

供观察之品类，计有 8 种，均为普通小麦（*T. vulgare* Host）中之秋小麦，今将其名称性状略述如下。

1. 南京赤壳　有芒、无毛、赤壳、红皮。
2. 都昌小麦　无芒、无毛、白壳、红皮。
3. 扬州山籽　无芒、无毛、赤壳、红皮。
4. 姜堰黄皮　无芒、无毛、白壳、黄皮。
5. 武进无芒　无芒、无毛、白壳、红皮。
6. 南宿州 16 号　有芒、无毛、白壳、红皮。
7. 南宿州 55 号　有芒、无毛、白壳、红皮。
8. 日本赤皮　有芒、无毛、白壳、红皮。

观察之法，在开花之前，择定各品种之穗，每种 5 穗，系以白色小纸牌，编定号数，俾便记载，择定之穗，每日观察 5 次，随时记录其开花之数目，观察时间为下午 6 时至 8 时，下午 8 时至上午 4 时，上午 4 时至 7 时，上午 7 时至 12 时，12 时至下午 6 时，每次记录结果，在一时期末了 10 分钟前后行之，夜间记载，系借灯光之力，其光力足以便于记载为度，当每期记录完毕之后，已经开过之雄蕊，即用钳去之，以期观察便利，并免记录之错误，记录时须以极精细之手续从事，盖行将成熟之花蕊，如以手触之，即足以激动其开放也。

三、开花之步骤

在普通情形之下，小麦之花，将开放者，其外壳必先展开，可为预知之表示，初极缓，继而速，待中壳与内壳之顶部散开时，约需两三分钟，斯时花药借花丝之增长，乃突壳而出，临风招展，有时此种动作进行之际，花药即由其顶端裂开；当其初露壳外时，已能见之，但大部分之花药则延至完全外露始行破裂，麦花因气候关系，其花药有潜伏壳内未尝外露者，亦有一半露于壳外即行停止伸张者，C. E. Leighty 与 W. J. Sando 谓花丝最长者达 10 公厘，而花药除外，花药最长者则达 3 公厘，Askenasy 谓大多之小麦，花丝之生长每分钟自 1 公厘至 1. 5 公厘云。

麦花开放既毕，花药即行开裂，花粉向外飞散，至少约有 1/3，落于自花之柱头上，余则分散落于他花柱头，异花受精之机会，因此而起，尤以邻近之花行去势之手续者为甚，余尝将数穗去势，而得若干之籽实，Leighty 与 Hutcheson 研究小麦去势之结果，而得异花受精之种子达 83%云。

四、一花开闭所需之时间

小麦开花之进行极为迅速，自外壳初放至完全展开，不到 1 分钟；粉囊之伸张，与花粉之散放，约需 2~3 分钟；而 5 分钟之内，外壳复行闭合其半；10 分钟之内，完全闭合；15 分钟至 20 分钟乃紧闭如初焉。其全部手续，自外壳开始启放至重新紧闭时止，鲜有过 20 分钟者。

据 Leighty 与 Sando 之报告麦花开闭所需之时间，最少 11 分钟，最多 66 分钟，平均 26 分钟。Knuth、Rimpan 与 Delpino 均称麦花开闭只需要 15 分钟。Percival 则谓麦花开合自 8 至 30 分钟，平均计 20 分钟。而 Hays 以为小麦在早晨扬花于 1 小时内复行闭合。

五、各时期开花之多寡

8 种小麦在各时期开花之数目载表 1，为比较便利起见，将各时期复分为日夜，即以上午 7 时至下午 6 时为日，而下午 6 时至上午 7 时为夜。

表 1 小麦在各时期开花数目之比较

穗之号数	每穗开花总数	各时期开花之数目					日花总数	夜花总数	每穗开花期
		下午6时至8时	下午8时至上午4时	上午4时至7时	7时至①12时	12时至②下午6时			
1. 南京赤壳									
1	47	6	10	2	16	13	29	18	5月2日至5日
2	39	5	2	6	12	14	26	13	5月2日至4日
3③	36	4	11	5	8	8	16	20	5月3日至5日
4	40	7	10	9	6	8	14	26	5月1日至6日
5	32	7	3	6	11	5	16	16	5月3日至6日
总　计	194	29	36	28	53	48	101	93	
百分数	100	14. 94	18. 55	14. 43	27. 31	24. 74	51. 05	47. 92	

（续表）

穗之号数	每穗开花总数	各时期开花之数目					日花总数	夜花总数	每穗开花期
		下午6时至8时	下午8时至上午4时	上午4时至7时	7时至[①]12时	12时至[②]下午6时			
2. 都昌小麦									
1	11	1	3	0	3	4	7	4	5月3日至4日
2	40	7	11	5	6	11	17	23	5月3日至7日
3	23	2	1	3	9	8	17	6	5月3日至5日
4	15	4	0	2	3	6	9	6	5月3日至4日
5	34	5	6	7	10	6	16	18	5月1日至5日
总计	123	19	21	17	31	35	66	57	
百分数	100	15.44	17.07	13.82	25.20	28.45	53.65	46.33	
3. 扬州山籽									
1	31	6	6	1	4	14	18	13	5月2日至5日
2	39	11	7	4	7	10	17	22	5月1日至4日
3	25	5	4	6	5	5	10	15	5月1日至4日
4	25	5	7	1	2	10	12	13	5月1日至4日
5	32	6	7	4	6	9	15	17	5月1日至6日
总计	152	33	31	16	24	48	72	80	
百分数	100	21.71	20.31	10.52	15.78	31.57	47.35	52.54	
4. 姜堰黄皮									
1	43	2	8	6	4	23	27	16	5月3日至6日
2	42	8	4	5	9	16	25	17	5月1日至5日
3	40	7	1	1	18	13	31	9	5月2日至5日
4	74	6	5	3	12	21	33	14	5月2日至6日
5	36	1	9	2	8	16	24	12	5月1日至4日
总计	208	24	27	17	51	89	140	68	
百分数	100	11.53	12.98	8.11	24.51	42.78	67.29	32.62	
5. 武进无芒									
1	34	7	7	5	4	11	15	19	4月30日至5月4日
2	38	10	5	3	6	14	20	18	5月1日至4日
3	47	10	0	2	7	28	35	12	5月2日至6日
4	43	5	2	1	15	20	35	8	5月2日至5日
5	50	5	5	2	12	26	38	12	5月1日至6日
总计	212	37	19	13	44	99	143	69	
百分数	100	17.45	8.96	6.13	20.75	46.69	67.44	32.54	

（续表）

穗之号数	每穗开花总数	各时期开花之数目					日花总数	夜花总数	每穗开花期
		下午6时至8时	下午8时至上午4时	上午4时至7时	7时至①12时	12时至②下午6时			
6. 南宿州16号									
1	38	5	5	4	9	15	24	14	4月30日至5月5日
2	28	2	4	4	11	7	18	10	5月1日至5日
3	25	1	5	6	6	7	13	12	4月30日至5月4日
4	16	4	3	5	1	3	4	12	4月30日至5月4日
5	22	4	2	5	5	6	11	11	4月30日至5月4日
总计	129	16	19	24	32	38	70	59	
百分数	100	12.41	14.72	18.61	24.81	29.45	54.26	45.74	
7. 南宿州55号									
1	26	4	5	2	8	7	15	11	5月1日至5日
2	31	3	2	5	10	11	21	10	5月2日至5日
3	37	7	3	4	7	16	23	14	5月1日至5日
4	42	6	1	7	6	22	28	14	5月1日至5日
5	26	4	4	3	7	8	15	11	5月1日至5日
总计	162	24	15	21	38	64	102	60	
百分数	100	14.81	9.26	12.96	23.45	39.51	62.96	37.03	
8. 日本赤皮									
1	25	6	2	3	4	10	14	11	5月3日至5日
2	35	10	0	1	10	14	24	11	5月1日至4日
3	36	4	2	3	11	16	27	9	5月3日至5日
4	35	5	4	3	12	11	23	12	5月2日至4日
5	38	7	5	4	6	16	22	16	5月2日至7日
总计	169	32	13	14	43	67	110	59	
百分数	100	18.93	7.69	9.28	25.44	39.64	65.08	34.90	

①5月4日上午7时至12时之观察改至7时至下午1时，又12时至下午6时改为下午1时至6时

②5月5日下午6时至7时大雨，故是日12时至下午6时未行观察

③南京赤壳之第三穗至5月5日上午12时折断，故有一部分之花未开

据表1知各品种在各时期内开花之数目，多寡悬殊。南京赤壳观察之花总数为194，日花占51.05%，夜花占47.92%；都昌小麦开花总数为123，日花得53.65%，夜花得46.33%；姜堰黄皮开花之总数208，计日花67.29%，夜花32.62%；武进无芒，日花67.44%，夜花32.54%；南宿州16号54.26%为日花，45.74%为夜花；南宿州55号62.96%为日花，37.03%为夜花；日本赤皮日花与夜花为65.08%与34.90%之比；以上7种，日花之数均多于夜花，惟扬州山籽夜花多于日花，夜花有52.54%，而日花只

47.35%。按扬州小麦，作者于民国九年（1920年）在扬州搜集者，当时该处农民即言，本种在夜里扬花，然则农民所述与本篇观察之结果，尚相吻合，则知本种并未因易地而改变其开花之习性也。

按四五月之交，下午8时至上午4时为纯粹的昏夜，而在此期间所开之花数，南京赤壳为18.55%，都昌小麦17.07%，姜堰黄皮12.98%，均较其前后两期（即下午6时至8时及上午4时至7时）所开者为多，扬州山籽、武进无芒，虽较前期为少，而较后期则多，南宿州16号少于后期，而多于前期，南宿州55号及日本赤皮，虽均少于前后两期，然相差无几，由此可知小麦开花之进行，并不全赖日光之力也。

《二如亭群芳谱》称："小麦性有南北之异，北地燥，麦昼花，南方卑湿，麦夜花。" Leighty与Sando谓麦花在日中开者86%，夜间6.9%，黎明或薄暮6.9%。Godron以为麦花始于黎明4时30分，终于6时30分至7时。Rimpan云：在适当情形时，麦花之开放始于早晨4时30分，且在日中各时期都有多少之进行。Koernick谓麦花最早在上午5时45分，最迟在下午8时30分。据Fruwirth之观察，则谓在适宜之环境，麦花始于上午4时30分，止于下午7时。Obermayer称小麦在上午5时以前即有进行，从此继续开放，至下午7时以后，则断续稀少矣。

六、开花之次序

同一麦穗，其各部所开之花有先后之差，即同一小穗内所开者亦非尽属同时，若将每穗分为上中下三部，每部所开之花，分别记录之，则其先后之次序，可得而按焉。今将其结果列入表2，表中之1、2、3各数字，乃表明穗之上中下各部开花先后之次序也。但所谓先后者，乃指一部中最先开放之一朵或数朵而言，并非一部开毕，而后及于他部之谓也。

表2 小麦开花次序表

品名	穗之部位	穗之号数				
		一	二	三	四	五
南京小麦	上	2	2	2	1	3
	中	1	1	1	2	1
	下	3	3	3	3	2
都昌小麦	上	2	2	2	2	
	中	1	1	1	1	
	下	3	3	3	3	
扬州小麦	上	2	2	2	3	2
	中	1	1	1	1	1
	下	3	3	3	2	3
姜堰小麦	上	1	2	3	3	2
	中	2	1	1	1	1
	下	3	3	2	2	3
武进小麦	上	2	2	2	2	2
	中	1	1	1	1	1
	下	3	3	3	3	3

（续表）

品名	穗之部位	穗之号数				
		一	二	三	四	五
南宿州 16 号	上	2	2	2	2	2
	中	1	1	1	1	1
	下	3	3	3	3	3
南宿州 55 号	上	3	2	1	2	2
	中	1	1	3	1	1
	下	2	3	2	3	3
日本小麦	上	2	3	1	2	2
	中	1	1	3	1	1
	下	3	2	2	3	3

据表 2，都昌小麦、武进无芒、南宿州 16 号 3 种，各穗开花之次序，均为中部先开、上部次之、下部最迟，其他 5 种之一部亦如之，观察之穗共计 39 个，而依上述次序开放者 29，占全数 74%，他如南京赤壳之第五穗，扬州山籽之第四穗，南宿州 55 号之第一穗，日本赤皮之第二穗，均为下部早于上部，中部则仍为最早，南京赤壳之第四穗，则上部早于下部，而中部次之，南宿州 55 号及日本赤皮之第三穗，亦为上部早于下部，惟中部则最迟。

七、结　论

1. 本报告系在南京大胜关东大农科试验总场实地观察之结果，观察之材料，计 8 品种，40 穗，1 349 花。

2. 一花开闭所需之时间，普通约为 20 分钟。

3. 各时期开花之多寡，视品种而异，若以日夜之比例论之，除扬州山籽夜花多于日花外，其余 7 种，均为日花多于夜花。

4. 下午 8 时至上午 4 时，所开花数，自 7.69%至 20.31%，据此，则一般人对于小麦在黑夜是否开花之疑问可以释然矣。

5. 开花之次序，先中部、次上部、次下部，照此次序开放者，约占全数 74%。

6. 育种家作小麦交配时，其授粉之手续往往举行于早晨，盖误认小麦扬花于此时为最盛也，今据本篇之结果，则知小麦扬花于早晨者实居少数，然则授粉之手续，在午前或午后举行者，俱无不可，固不必限于清晨也。

参考书目（略）

（农业周报，1936，5（1）：7-14）

精米脹性試驗方法之研究

國立中央大學農學院

金善寶　莊晚芳

(一)引　言

米爲我國主要食糧，毋庸贅述；但國人對米之善惡素不甚攷究，亦無法攷究也。普通一般人評米之優劣，多以米煮飯後之脹性大小爲比較之重要條件。如同一單位之米煮成飯後所增之份量多者則爲好米。此種品評，雖不盡合科學，但就經濟上言之，確有甚大之價值。因脹性大者合多數消費者之經濟條件。需要因此而多，市價亦因此而高。蓋其能以同一金錢而得較多之白飯，自然受現實下之大衆萬分歡迎也。

米之脹性在經濟上旣有如斯之需要及價值，故不能不注意及之。何者脹性大？何者脹性小？爲何有大小？大者是否爲滋養？此皆值得研究之問題。

今欲解決脹性上各項問題，必須先解決如何試驗米之脹性。故試驗脹性方法爲一切問題先決之條件。

試驗米脹性實非易事。蓋有甚多因子足以影響之。如米之種類，碾白程度，加水多少，蒸煮時間及處理方法等莫不有重大關係。過去試驗米脹性者有美國 Steinbarper（2）及日本岡村保（3）二氏。二氏之方法均有其缺點(另詳於下)。作者等乃用自然吸收法不加水於精米中，使其在同一情形之下，能盡吸水之能力而盡量脹大。以此原理設計一簡便而精確之方法，求米脹性之大小。至該方法是否可用？是否精確？此爲本文最大之目

精米胀性试验方法之研究

国立中央大学农学院　金善宝　庄晚芳

一、引　言

米为我国主要食粮，毋庸赘述；但国人对米之善恶素不甚考究，亦无法考究也。普通一般人评米之优劣，多以米煮饭后之胀性大小为比较之重要条件。如同一单位之米煮成饭后所增之分量多者则为好米。此种品评虽不尽合科学，但就经济上言之，确有甚大之价值。因胀性大者合多数消费者之经济条件。需要因此而多，市价亦因此而高。盖其能以同一金钱而得较多之白饭，自然受现实下之大众万分欢迎也。

米之胀性在经济上既有如斯之需要及价值，故不能不注意及之。何者胀性大？何者胀性小？为何有大小？大者是否为滋养？此皆值得研究之问题。

今欲解决胀性上各项问题，必须先解决如何试验米之胀性。故试验胀性方法为一切问题先决之条件。

试验米胀性实非易事，盖有甚多因子足以影响之。如米之种类、碾白程度、加水多少、蒸煮时间及处理方法等莫不有重大关系。过去试验米胀性者有美国 Steinbarger 及日本冈村保二氏。二氏之方法均有其缺点（另详于下）。作者等乃用自然吸收法不加水于精米中，使其在同一情形之下，能尽吸水之能力而尽量胀大，以此原理设计一简便而精确之方法，求米胀性之大小。至该方法是否可用？是否精确？此为本文最大之目的。

二、前人方法

（一）Steinbarger 氏法

1932 年在美国农部试验米之胀性。其方法用无盖蒸煮器注入清水 800 毫升及食盐一茶匙，煮沸后加入白米 80 克；煮 20 分钟，倾多余之水，并以冷水灌注；停 5 分钟后，称其重量，计其吸水百分率。

此法之缺点，米入沸水煮后，至少有一部分溶解于水，取出秤重亦因此失其准确性。求其真正胀性而不可得。且米溶解于水之程度又因种类而有差异。故欲比较各品种间胀性之大小更为困难。彼虽加入食盐以减少米之溶解程度，但各种精米是否与食盐发生作用而妨碍米本来之胀性亦有疑问。

（二）冈村保法

用有刻度之量筒，放入一定分量之米及水，并烧煮相当时间。煮好后，取出，待其冷却，加入纯粹之煤油，求饭之真容积。此法冈村保氏于日本昭和九年（1934年）首先行之。近藤万太郎、金善宝与叶声钟试验米之胀性时，亦用刻有度数之量筒蒸煮之。虽各人所用量筒之大小、米之数量、加水之多少及蒸煮之时间，未尽一致。然大体则相似。因其试验之米，均放入量筒内蒸煮之。故亦可称为量筒蒸煮法。

用此方法试验米之胀性时，据前名作者之经验，亦有几种缺点。即米之胀性因品种而不同，如蒸煮时加以等量之水，则所加之水量，是否足供未知胀性大小精米之吸收，实一疑问。有余或不足，均难表示真正之胀性。且当水分不多时在筒底之米，膨胀之程度，常不及上层或面上米之大。米之数量愈多，则差异愈甚。试以大小不同之量筒试验之，①口径为1寸1分，②口径为九分，以同一品种（暹罗一号）之米，甲筒内放10克，乙筒内放5克，而注入不同之水量。结果差异甚大。兹列其结果如下。

表1　加水之多少与米之胀性关系

注入水量		5	10	20	30	40	45	备　注
甲筒	容积		18	29	40	48	51*	*为下部稀烂者倍数，是以10克米真容积7.2毫升除饭之真容积
	倍数		2.5	4.03	5.5	6.6	—	
乙筒	容积	9	13	24	32	34*		
	倍数	2.5	3.6	6.6	8.8	—		

三、试验器具材料及方法

（一）所用器具及构造

前曾设计一长方形之蒸汽箱，内放水，水上置铅架，开2寸径圆孔10个，分成两列。架上每一圆孔放一小铜盘，中有许多小孔。盘中放米。下用电气热之，使蒸气上升供米自由吸收。试验结果，因电气装置不佳，火力不匀，以致米蒸后之胀性难得所期之结果。

以后经数次之试验与改良，则得如下构造之蒸器（图1）。用铅皮制成圆筒锅。锅内放水，水面置一圆盘架，架上放置用铜丝网制成9个小三角形之盛米器。器之周围有边高约7公厘。锅盖用螺丝钉可以转紧，使水气少泄漏而尽米之吸收。锅下用打气炉热之。

（二）材料

所用材料均为碾白之精米，其品种为暹罗米、东莞白、帽子头、江苏洋籼、小白稻、一时兴及中等糯7种。

（三）方法

1. 水位高低

锅内放沸水，据实验之结果不能太少，太少精米吸收水分有困难。故以离圆盘底约

1~1.5 公分为宜。锅内有 4 小支柱，水适临于支柱下便可。

2. 蒸煮时间

以此器具用沸水蒸煮，30 分钟左右，米已十分膨胀。为使各种米有尽量吸收之机会以蒸煮 40 分钟为合宜。

3. 煮后处理

煮后稍停 10 分钟。去盖取出圆盘，令其冷却。然后按号权其重量（各个三角形盛米器重量相同权重时，即可连器一齐称总重减去器重即得饭重）同时求其真正容积以资比较。

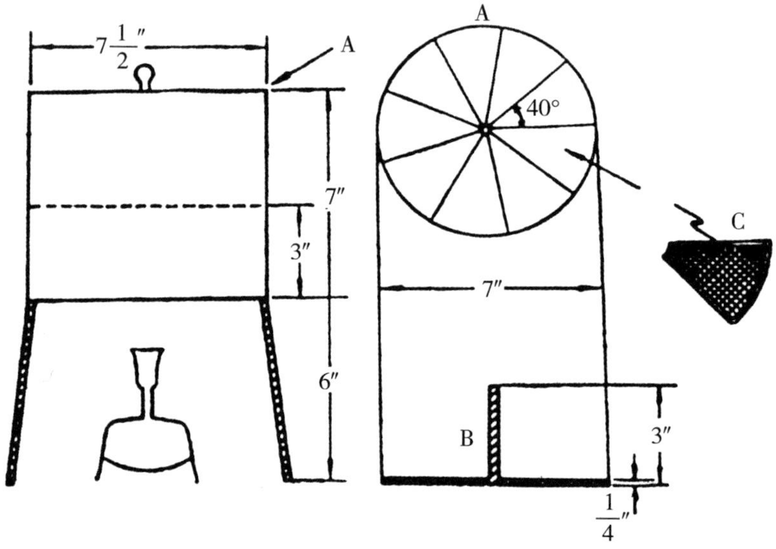

（左）胀性测定器外观全　A. 螺丝

（右）圆盘架及盛米器　A. 圆盘架顶视图　B. 圆盘架侧视图　C. 盛米器

注：图中所用尺寸均为寸

图 1　自制胀性测定器

4. 火力调节

打汽炉之火力务须均匀，使火面能遮掩锅底为宜。

5. 胀性之测定

蒸好之饭，取出后使其晾干。权其重量或倾入有刻度之量筒中，量筒内先放有 40 毫升之煤油，饭入筒后油上升，油所升之度数即为饭之真容积。

四、试验结果

（一）胀性变异大小与前二法比较

材料应用暹罗顶上一号白米。一依 Steinbarger 氏法在烧杯中放 100 毫升水加一克食盐。待煮沸加米 10 克煮 20 分钟后，依法测其结果，一依冈村保法，用 9 分量筒，放米 6 克，加水 8 毫升放蒸浴中，煮 40 分钟后测其真容积。一依本法试验之，比较其差异之大小。Steinbarger 氏法，每次一个，计重复实验 9 次。冈村保法，每次在一蒸浴器中放 9 个，计举行 2 次。本法每次同时可做 9 个，计重复 3 次，兹将所得结果列于表 2。

表 2 米之胀性试验法与变异百分率 （单位:%）

（1） Steinbarger 氏法

次数	1	2	3	4	5	6	7	8	9	平均	标准差	变异百分率
饭重（克）	35.9	35.4	33.9	34.1	32.6	30.0	34.7	30.0	36.1	33.6	2.325	6.92

（2） 冈村保法

个数		1	2	3	4	5	6	7	8	9	平均	标准差	变异百分率
饭真正容积（毫升）	第一次	12.9	13.1	12.5	12.0	12.4	12.0	13.8	13.0	13.6	12.8	0.643 3	5.03
	第二次	13.1	13.0	12.0	13.2	12.8	13.0	12.5	13.5	12.8	12.9	0.433	3.36

（3） 本法

个数		1	2	3	4	5	6	7	8	9	平均	标准差	变异百分率
饭重（克）	第一次	30.3	32.3	32.2	30.5	31.3	31.3	31.3	28.9	30.2	30.9	1.069	3.46
	第二次	30.6	30.8	30.8	31.6	32.0	32.0	32.5	33.4	32.3	31.8	0.926	2.91
	第三次	22.1	31.7	31.7	32.0	32.1	31.9	31.9	31.1	31.8	31.8	0.306	0.96
	第四次	30.0	31.7	30.0	30.7	30.3	30.0	30.2	31.0	30.3	30.5	0.575	1.89

照原来计划，每种方法拟用 9 个品种试验，每品种试验 9 次，求出每品种煮成饭后之变异百分率。由此求每种方法变异百分率之平均数及标准误差（Standard error）。然后再比较 3 种方法变异百分率平均数之差异显著与否。嗣因有几个品种之米样，数量太少，不敷试验之用。又因 Steinbarger 氏法，每次只能做一个，如做 90 次，费时甚久，故只择数量稍多之暹罗米以供试验。应用此 3 种方法比较米胀性变异之大小，虽未能用统计方法证明其显著与否，然观上表所列之结果，亦可知其大概即 Steinbarger 法变异百分率最大，冈村保法次之，本法最小。

（二） 品种间胀性大小之比较

如欲比较各种米胀性之大小，用本法试验之，极为便利。本法同时可试验 9 个品种，亦因品种及米样之数量不够，故只用 6 个品种。每品种试验 3 次，每品种每次用米 10 克，任意排放。照上述方法蒸煮。并用变量分析法（Analysis of variance）比较各品种间胀性之大小。兹录其结果如下（表 3，表 4）。

表 3 6 品种 10 克米之饭重 （单位：克）

品种	饭重			总数
	1	2	3	
东莞白	34.6	33.3	34.3	102.2

（续表）

品种	饭重			总数
	1	2	3	
帽子头	29.5	30.0	29.7	89.2
江宁洋籼	32.5	32.8	32.7	98.0
小白稻	32.8	31.9	32.9	97.6
一时兴	31.7	31.7	32.8	96.2
中等糯	33.8	33.5	33.1	100.4
总数	194.9	193.2	195.5	583.6

$$\text{校正数}=\frac{T^2}{N}=\frac{(583.6)^2}{18}=\frac{340\ 588.96}{18}$$

$$\text{总平方和}=\sum X^2-\frac{T^2}{N}=18\ 958.04-\frac{340\ 588.96}{18}=36.43$$

$$\text{区平方和}=\frac{\sum T_2^2}{p}-\frac{T^2}{N}=\frac{113\ 532.50}{6}-\frac{T^2}{N}=0.47$$

$$\text{品种间平方和}=\frac{\sum T_2^2}{q}-\frac{T^2}{N}=\frac{56\ 865.84}{3}-\frac{T^2}{N}=33.67$$

表 4 变量分析

变异由来	自由度	平方和	平均方	F
区间	2	0.47	0.235	1.13
品种	5	33.67	6.734	32.37
误差	11	2.29	0.208	
总数	18	39.43		

当大平均方之自由度为 5，小平均方之自由度为 11 时，等于 p 值 5%之 F 值为 3.20，而 1%之 F 值为 5.32。今计算所得之 F 值超过 5.32。故品种间之胀性差异非常显著。

$$\text{标准误差}（S.E.）=\frac{\text{标准差}}{\sqrt{\text{重复次数}}}=\frac{0.208}{\sqrt{3}}=0.789$$

兹将表 2 中 6 个品种 10 克米饭重之平均数、饭重百分率、标准误差及标准误差百分率列于表 5。

表 5 各品种饭重之平均标准误差及其百分率

项目	东莞白	帽子头	江宁洋籼	小白稻	一时兴	中等糯	平均	标准误差
饭重（克）	34.06	29.73	32.67	32.53	32.07	33.47	32.42	0.789
百分率（%）	105.05	91.71	100.77	100.33	98.92	103.24	100.00	2.43

$$5\%\text{相差之最低差数}=\sqrt{2}\times t\times S.E.=1.414\times 2.201\times 2.43=7.56\%$$

即两品种之胀性显著相差之最低差数当为7.56%。由此标准比较各品种之胀性，则知帽子头之胀性不及其他5品种，且差异均显著。

五、米胀性单位之表示

米之胀性大小，或以饭之重量，或以饭真正容积表示之。依理应以容积直接表示米煮饭后容积之增加，但手续比之重量较为麻烦。今以重量表示及以真正容积表示，二者结果是否相同，殊值探讨。兹将各种样品所试验之10克米，经蒸煮后称饭之重量，同时求其真容积，然后制成相关表，求其相关系数，求二者相关之程度结果见表6。

二者相关极显著。重量增，容积亦增。因此可以任择其省便者应用之。

再重量要化成容积，或容积变成重量，加减一个常数即得。此常数系用30次之10克米煮成饭后，称其重量及测其容积比较其差数之平均数也。结果列表7。

表6　饭容积与重量相关表

重量 \ 容积	24.1–25	25.1–26	26.1–27	27.1–28	28.1–29	29.1–30	30.1–31	f
28.1 ~ 29	1	4	1					6
29.1 ~ 30		1	1	3	3			8
30.1 ~ 31		1	1	9	5	1	1	18
31.1 ~ 32					7	6	3	16
32.1 ~ 33					1	8	3	12
33.1 ~ 34							1	1
34.1 ~ 35							1	1
f	1	6	3	12	16	15	9	62

r=0.805 ± 0.03

表7　10克米煮成饭后之重量容积及其两者之相差

重量（克）	容积（毫升）	相差	重量（克）	容积（毫升）	相差	重量（克）	容积（毫升）	相差
25.8	22.8	3.0	30.9	27.7	3.2	28.5	25.5	3.0
25.1	22.3	2.8	32.3	29.2	3.1	28.4	25.4	3.0
25.8	23.1	2.7	29.3	25.7	3.6	28.5	25.0	3.0
30.4	27.1	3.3	30.9	28.0	2.9	30.0	26.2	3.8
30.2	26.1	4.1	32.1	28.7	3.4	30.0	27.5	2.5
30.6	27.3	3.3	30.1	25.8	4.3	29.5	27.4	2.1
32.0	29.1	2.9	31.4	28.4	3.0	29.8	27.3	2.5
30.9	27.9	3.0	31.1	28.5	2.6	32.7	29.4	3.3
32.4	29.6	2.8	29.0	26.0	3.0	34.2	30.7	3.5
32.5	29.4	3.1	28.2	25.5	2.7	32.9	30.1	2.8

此常数为3.093。如求真容积，由重量减去3.093即得。如由容积求重量，加上3.093即得饭重。例如上表左方第一个数目，饭重为25.8克，如减去常数3.093，则得容积22.707毫升，与其实际之容积22.8毫升比较，其差数为0.093毫升，相差甚微。唯此项常数随重复之次数而变动，重复次数愈多，则正确性愈大。

六、米含水百分率与胀性

米之胀性大小与其水分之含量有相当之关系。故普通试验米之胀性时，须先将米置入104 ℃之干燥器内，烘若干时间，至米之重量不变时，取出蒸煮，以免胀性受水分之影响。但此种手续比较多数品系之胀性时，实相当麻烦。作者等为研究其是否有关或关系至何种程度。乃取安南白占米（陈米）为材料，分成3种处理，①烘干者，水分约在1%以下，②未烘者，含水10.16%，③加水，使含水量达15.16%。每处理称出30克，分为3个，即每个10克，在胀性测验器中测验之结果如下（表8）。

表8　米含水之多少与胀性之关系

处理	饭重（克）			平均（克）	真容积（毫升）	胀性倍数
①	52.4	53.5	51.2	52.37	49.28	6.84
②	38.7	38.6	39.2	38.83	35.74	4.96
③	37.0	38.2	38.6	37.93	34.84	4.84

由上表，烘干之米其胀性最大。②③两种则不甚差异。可知米含水量之能影响于胀性，有一定之限度。水分之含量相差达10%时，则胀性之差异甚大。但若相差在5%以下，则影响于胀性者至微。

七、讨　论

1. 饭重量与其真正容积之关系，由上结果，知为正相关。但米之胀性，似应以容积增加几倍言之，为合实际。如用本方法试验，直接测其真正容积亦无不可。惟求容积之法，手续较繁，又费煤油。故直接求重量，然后由重量化为真正容积，求其比米增加容积之倍数，即为胀性，是较简便多矣。

2. 胀性与米含水率相差太多者，似有关系。但在5%以下则差异甚小，而普通米含水相差5%者不甚多。故在普通情形，求米之胀性，对于水之含量似可不计。况本方法无须加水，令其自己可能者吸收影响更少。

3. 同一品种，重复试验时，其胀性之相差不应超过5%~6%，或10克米煮成饭后以重量计之，其饭重之相差，不可超过2克。否则即须重做。因此当蒸煮时，对于火力之调节、水位之高低及煮后之处理等，均须力求一致。

4. 米之新陈与胀性关系至大，如表2 6品种中之东莞白及中等糯均为陈米。其胀性比于其他4种为大。故一般消费者认定陈米比新米为良，其市价亦较高。实非偶然也。

5. 米之胀性随品种而有差异，已可证实。故对品种改良似应加以注意。考查米之品质，应将胀性列入其内，以为参证。至于品种间胀性大小，原因何在，尚待来日之研究也。

八、结　论

1. 应用米自然吸水原理，设计一胀性测定器。

2. 在此测定器内，可同时举行比较 9 个不同品种之胀性，或同一品种重复 9 次，或 3 个品种重复 3 次，均无不可。

3. 测定器内放水量以离米盘架 1~1.5 公分为准。

4. 每盛米器内放米 10 克，入于器中，加盖，然后用火蒸煮之。

5. 蒸煮时间以 40 分钟为准。煮后 10 分钟，取出，称饭重或测其容积。

6. 米胀性应由真正容积表示，但可由饭重间接煮得之。10 克米煮成饭后之真正容积与饭重为正相关。由饭重减去 3.093 之常数即得真容积。以此真容积除以 10 克米真容积，即得胀性倍数。

7. 米胀性测定法，其精确之程度，以变异百分率表示之。用 Steinbarger 氏法测定者，其变异百分率为 6.92%。用冈村保法测定者，变异百分率，第一次为 5.03%，第二次为 3.36%。用本法测定者，变异百分率计第一次 3.46%，第二次 2.91%，第三次 0.96%，第四次 1.89%。

8. 应用本方法试验品种间之胀性，有显著之差异。同时米之新陈其胀性亦异。

9. 由本试验 6 个品种比较之结果，帽子头之胀性最小，且差异显著。

10. 如用本法比较各品种胀性之大小，同一品种或同一米样，其胀性之相差，不得超过 5%~6%。或 10 克米煮成饭后，其饭重之相差，不能超过 2 克。

11. 精米含水量与胀性之关系，有一定之限度。如相差在 5%以下，似无关系。

参考文献（略）

（中华农学会报，1939（164）：35-45）

大豆天然雜交

中央大學農學院

金善寶

Natural Crossing of Soybeans

S. P. King

大豆雖是一種自花授精的作物，但有時亦有雜交的機會，不過它的雜交百分率是很低的。根據一般的報告，大豆自然雜交率總在百分之一以下，例如Woodworth 從 7450 株大豆之中祗有三莢是雜交的。又 Garber與Odland在1922年與1923年發現大豆異花授精的百分率爲0.14%與0.36%。

筆者今年在重慶沙坪壩中央大學農場作了一個小小的大豆天然雜交試驗供試品種有三，卽A，合川白毛豆；B，合川透心綠及C，合川豌豆黃。行距分爲一尺五寸，二尺，二尺五寸三種，排列次序以B居中間A與C在兩旁如 ABCBABC……等是。因爲B是青子葉，A與C都是黃子葉，如A或C的花粉落在B的柱頭上，則B的子葉將是黃色而不是靑色了，所以雜交的種子，當成熟時立刻就可以檢查出來的。

這三個品種於四月廿二日下種，五月一日出土，開花日期相差不過數日，B在六月一日就開花，A與C則在六月四日與五日。成熟之後，連株拔起，在室內檢查，就B品種每株隨機採取十餘莢至二十餘莢，逐粒用小刀切去它種皮的一部，如果發現有黃色的子葉，就可以斷定，它是由於雜交的結果。茲將B品種之種植行號，檢查株數，粒數及雜交粒數列表于下：

大豆天然杂交

中央大学农学院　金善宝

大豆虽是一种自花受精的作物，但有时亦有杂交的机会，不过它的杂交百分率是很低的。根据一般的报告，大豆自然杂交率总在百分之一以下，例如 Woodworth 从 7450 株大豆之中只有三荚是杂交的。又 Garber 与 Odland 在 1922 年与 1923 年发现大豆异花受精的百分率为 0. 14%与 0. 36%。

笔者今年在重庆沙坪坝中央大学农场做了一个小小的大豆天然杂交试验，供试品种有 3，即 A. 合川白毛豆、B. 合川透心绿及 C. 合川豌豆黄。行距分为一尺五寸、二尺、二尺五寸 3 种，排列次序以 B 居中间 A 与 C 在两旁如 ABCBAB……等是。因为 B 是青子叶，A 与 C 都是黄子叶，如 A 或 C 的花粉落在 B 的柱头上，则 B 的子叶将是黄色而不是青色了，所以杂交的种子，当成熟时立刻就可以检查出来的。

这 3 个品种于 4 月 12 日下种，5 月 1 日出土，开花日期相差不过数日，B 在 6 月 1 日就开花；A 与 C 则在 6 月 4 日与 5 日。成熟之后，连株拔起，在室内检查；就 B 品种每株随机探取十余荚至二十余荚，逐粒用小刀切去它种皮的一部，如果发现有黄色的子叶就可以断定：它是由于杂交的结果。兹将 B 品种之种植行号、检查株数、粒数及杂交粒数列表于下文（表 1）。

表 1　B 品种检查结果

行号	行距（尺）	株数	粒数	自然杂交粒数
2	1. 5	29	1 020	0
4	1. 5	16	595	0
6	1. 5	31	1 022	1
8	2. 0	20	625	0
10	2. 0	28	942	1
12	2. 0	26	839	1
14	2. 5	24	695	1
16	2. 5	30	920	0
18	2. 5	26	750	0
20	2. 5	14	358	0
总计		244	7 766	4

从上面的结果，7 766 粒之中，有 4 粒是天然杂交而成的，以比例计算，约合 0. 05%，

即每 10 000 粒之中，有 5 粒是杂交的。如以株数作比较，则 244 株之中有 4 株得到杂交的机会，却等于 1/60。但这种事实，只就 A 或 C 的花粉落于 B 的柱头而言，同时 B 的花粉落于 A 或 C 的柱头，亦应有同样的机会，不过我们暂时无法检查罢了。所以照本试验的情形来说，大豆的自然杂交百分率，应该是 0.1%。

再看上面的结果，3 种行距之中，都有杂交的现象，似乎行距之大小对于杂交率之大小无甚关系，这也许是对的，因为引起大豆杂交的媒介，并不是风而是昆虫，尤其蜜蜂或黄蜂是最重要的媒介物。所以一尺五寸与二尺五寸的行距，对于杂交率是不会有多大分别的。

（中华农学会报，1940（168）：33-34）
（Natural Crossing of Soybeans，S. P. King）

新時代小麥改良應採的技術

金善寶

一、引言：我國小麥單位產量不高，品質亦待改進。二、中國小麥的自然區域：根據播種期，麥粒之軟硬及顏色，可分三區：（1）硬粒紅皮春小麥區（2）硬粒冬春麥混合區，（3）軟粒紅皮冬小麥區。三、小麥之生理與栽培之關係：（1）冬麥與春麥：因播種期不同而分，其形態亦異。（2）春化性：蘇聯用春化法增產成功。（3）休眠期：宜選休眠期較長之品種。四、品質的改進：（1）硬粒與軟粒：軟粒小麥，宜於溫潤之地，硬粒者須高燥。（2）斑粒與品質：斑粒多則等級低，施用淡肥等法可防止之。（3）品質試驗法：試驗麵筋之強弱。五、麥作育種：（1）育種方法之演變．對抗病抗寒等品種及田間技術屢有改進。（2）中國改良小麥的重要品種：有中大美國玉皮、中農二十八號、川福麥等。六、小麥之種類與雜交之關係：我國百分之八十七屬普通小麥，餘爲密穗、圓錐及硬粒小麥。用雜交方法可使普通小麥具抗病性。七、改良小麥的新途徑：小麥與黑麥、鵝管草等雜交工作現正開端，將有奇蹟表現。

一、引言

小麥是人類最重要的食糧作物，分佈範圍遍及全世界，每年栽培小麥的面積，五十個國家之中，計有三萬萬英畝，約合十八萬萬市畝，這種龐大的面積，是任何其他的作物所不及的。

我國小麥的產量，居世界第三位，在國內是最重要的一種作物。全國的產額雖不少，可是單位面積的產量並不高，品質更有待於改進。要想增加產量，改進品質，是一個很繁複的問題，本篇只能把幾個重要問題，略提大概而已。

二、中國小麥的自然區域

中國小麥的分佈，範圍很廣，從北緯十九度到五十二度之間，都有小麥的栽培，但在長江以南，夏季溫度高，雨量多，不適於小麥之生長。北方因冬季嚴寒，只栽春麥。故中國小麥之重要產區，約等於北緯二十九度到四十一度之間。

我國栽培小麥之範圍既廣，品種又多適應性更是不同。若依小麥自然的分佈，或適應力的情形劃爲幾個區域，無論對育種栽培，或推廣都是必要的。

沈宗翰氏在中央農業實驗所，曾徵集一百個農家小麥，在杭州、武昌、徐州、開封、涇陽、濟南、北平、太谷八處農事試驗場，和該所南京總場，同時舉行適應性試驗。根據四年所得結果，並依氣候的差異和改良時應注意的條件，劃分全國小麥區域爲西北春麥區，燕晉區、豫魯區、隴海路東段（包括豫中蘇北及魯南）渭河流域，陝西中部，淮河流域、長江流域（西至武昌東至杭州）等七區。若根據各省小麥品種在各試驗場平均產量結果，各省小麥品種，除春麥區外，可分爲三大適應區域：（一）南部冬小麥主區，包括長江流域淮河流域；（二）中部冬小麥主區，包括蘇皖北部，豫之中部，晉魯南部和陝

新时代小麦改良应采的技术

金善宝

一、引言：我国小麦单位产量不高，质量亦待改进。二、中国小麦的自然区域：根据播种期、麦粒之软硬及颜色，可分为3区：（1）硬粒红皮春小麦区，（2）硬粒冬春麦混合区，（3）软粒红皮冬小麦区。三、小麦生理与栽培之关系：（1）冬麦与春麦：因播种期不同而分，其形态亦异。（2）春化性：苏联用春化法增产成功。（3）休眠期：宜选休眠期较长之品种。四、品质的改进：（1）硬粒与软粒：软粒小麦，宜于温润之地，硬粒者须高燥。（2）斑粒与品质：斑粒多则等级低，施用氮肥等法可防止之。（3）品质试验法：试验面筋之强弱。五、麦作育种：（1）育种方法之演变：对抗病抗寒等品种及田间技术屡有改进。（2）中国改良小麦的重要品种：中大美国玉皮、中农28号、川福麦等。六、小麦之种类与杂交之关系：我国87%属普通小麦，余为密穗、圆锥及硬粒小麦。用杂交方法可使普通小麦具抗病性。七、改良小麦的新途径：小麦与黑麦、鹅管草等杂交工作现正开端，将有奇迹表现。

一、引　言

小麦是人类最重要的食粮作物，分布范围遍及全世界，每年栽培小麦的面积，50个国家之中，计有30 000万英亩，约合180 000万市亩，这种庞大的面积，是任何其他的作物所不及的。

我国小麦的产量，居世界第3位，在国内是最重要的一种作物，全国的产额虽然不少，可是单位面积的产量并不高，品质更有待改进。要想增加产量，改进品质，是一个很繁复的问题，本篇只能把几个重要问题略提大概而已。

二、中国小麦的自然区域

中国小麦的分布，范围很广，北纬19°~52°都有小麦的栽培，但在长江以南，夏季温度高，雨量多，不适于小麦之生长，北方因冬季严寒，只栽春麦。故中国小麦之重要产区，约等于北纬29°~41°。

我国栽培小麦之范围既广，品种又多，适应性更是不同，若以小麦自然的分布或适应力的情形划为几个区域，无论对育种栽培或推广都是必要的。

沈宗瀚氏在中央农业实验所，曾征集100个农家小麦，在杭州、武昌、徐州、开封、洛阳、济南、北平、太古8处农事试验场和该所南京总场，同时举行适应性试验。根据四年所得结果，并依气候的差异和改良时应注意的条件，划分全国小麦区域为西北春麦区，燕晋区，豫鲁区，陇海路东段（包括豫中苏北及鲁南）渭河流域，陕西中部，淮河流域，长江流域（西至武昌、东至杭州）等七区。若根据各省小麦品种在各试验场平均产量结果，各省小麦品种，除春麦区外，可分为三大适应区域：(1) 南部冬小麦主区，包括长江流域、淮河流域；(2) 中部冬小麦主区，包括苏皖北部、豫之中部、晋鲁南部和陕西中部的渭河流域；(3) 北部冬小麦主区，包括燕之全部、鲁豫北部和晋之中部。

金善宝吴董成二氏，从全国各省征集小麦样品 2 834 种，产地包括 28 行省，720 余县。根据小麦的播种期、麦粒的软硬和麦粒的颜色，划分全国小麦为很明显的 3 个区域。

(1) 硬粒红皮春小麦区，该区位在中国的东北、北部和西部。包括东三省、内外蒙古、西康和青海。

(2) 硬粒冬春麦混合区，这一区域介乎冬麦北界和春麦南界之间，地跨鲁豫之北，冀之中、晋之中北部，察热宁三省极南之一小部，甘之东南和川西北角的一部，新疆因地势的差异特殊，似宜另划一冬春麦混合区。

(3) 软粒红皮冬小麦区，本区以春麦南界为北界，小麦主区南界为南界，位在吾国中部，如江苏、浙江、鲁南、皖中北，豫则几达全省，晋的西南，陕的西南，鄂北、川东和川中等地，都属于这一区域。

三、小麦之生理与栽培之关系

（一）冬麦与春麦

麦类因播种时期不同，可分为冬麦与春麦两大类。冬季播种的叫冬麦，春季播种的叫春麦。无论从形态方面或生理方面来比较，两者性质显然不同。在幼苗时期，冬麦多散生，叶很狭，深绿色；春麦则多直立，叶宽，作淡绿色。春麦播种于冬季，大都冻死；冬麦种在春季，多不能出穗，或出穗而不能结实，但这种关系，只在北方寒冷地方是正确的，若在温暖区域如我国之长江流域，春麦种在冬季，生长得很好，重庆地方，春季播种冬麦，亦能出穗结实。

蔡旭氏在成都，测度冬春小麦生长之速率的结果，发现春麦如美国玉皮，越冬期间，生长虽慢，但并不休止；冬麦如中农 28 号则作短期之休眠。成都光头麦，偏于春麦性，因生长较速，抽穗与成熟都比冬麦早。

笔者于民国二十四年（1935 年），曾以南京赤壳、江东门、美国玉皮 3 品种，在南京自然状况下，用分期播种法，观察出穗之反应，从 8 月到次年 6 月下旬，分 20 期播种，结果 3 月下旬播种的南京赤壳就不能抽穗，江东门延到 4 月下旬，美国玉皮则到 5 月上旬还能出穗。日人榎本中卫亦曾做这种研究，证明不出穗的播种期，冬小麦早，春小麦晚，中间性品种介乎两者之间。

Kranoselkaja—Maximova 氏要想测定冬麦出穗延迟的原因，曾把燕麦、冬小麦和春小麦的种子，发芽三四日后，取出种子上一部分的胚乳（1/3～1/2）。同时把换入想要试验的物体剖开之裂缝，则涂以油膏，对照的种子施用同样的手术，所不同的，取出的一小部分胚乳，仍放入原处，这样试验的种子，计有 4 000 粒，无论小麦、燕麦生长都极健壮，且出穗之情形和不施手术的种子并没有区别。从发芽五六日的春麦种子，取出一部分之胚乳，输入到冬小麦、春小麦、燕麦，但对于生殖部分都没有什么影响。Maximova 又从 Lutescens 冬麦取出一部分胚乳，补入燕麦及马克斯小麦，因此燕麦的生殖延迟了两星期，但马克斯小麦的出穗则和对照同。作者的结论，认为冬麦具有生长素（Hormonetyhe）的物质，这些物质有阻凝生殖的功用，所以是一种阻遏的因子。冬麦和春麦的差异就是被这种因子所左右，这种物质的影响愈强，则该品种愈近冬麦。但作者对春麦的出穗，并不能决定有促进出穗因子的存在。

冬麦和春麦的性质，大家认为是固定的遗传性质，换句话说，冬麦或春麦的品种，永远不会改变的，但近据苏联科学家如郦逊科（Lysenko，即李森科）等，从实验上证明，这些遗传的性质，只有在一定环境之下是正确的。如果环境改变，冬麦或春麦的性质也要改变的，不过在创造的遗传的冬麦性质的过程中，低温是个绝对必要的条件。而在创造春麦性的过程中，高温是一个绝对必要的条件。

1939—1940 年，苏联奥德萨研究院的试验场。曾遇非常凛冽的冬季，有一块田地在两个冬天继续播种 Erythrospermum1160 号春小麦，因为播种过迟没有发芽，都在地下过了冬天，到后来，发现这些春小麦的许多性质改变了，而且变成一种冬小麦了。相反的，冬小麦亦可用种种方法使它改变为春小麦，而且已经得到了许多冬小麦变种的实例。

从这些例子看来，作物的遗传性质是可以通过外界的环境而加以控制的，至少小麦是如此。

（二）春化性

苏联之奥德萨地方，夏季温度高，不适于晚熟小麦的出穗，所以在该地选择春小麦的主要条件是要成熟早。如栽晚熟种，虽则别的现状很好，但因成熟过迟，常受高温之害。从 1929 年郦逊科氏发明作物春化法后，这种困难渐渐地被他克服了。

在奥德萨有两个品种，一个是 Erythrospermum5341/1。还有一个是 Ferrugineum1316/8。这两个品种的出穗期，比当地的标准种 Odessa-girka0274 迟 17 日，产量只及 2.9%~4.7%，但用春化法处理后，出穗期反比标准种早 2~9 天，产量则高出 11%~41%。可见春化法有实用上的价值的。

1932 年，在苏联应用春化法向农家推广小麦之面积。计有 12 000 海克太（Hectare = 2.5 英亩 = 15 市亩，即今之公顷）。1933 年增加到 20 万海克太，1934 年种植春化法之小麦，计有 25 000 个农场，面积达 50 万海克太，约合 750 万亩。小麦种子经过春化法处理后，出穗期比不处理的平均提早三四天。每个海克太的产量，平均增加 1.13Centn（Centn = 200 磅，1 磅合 0.454 千克，下同），如以我国的衡制计算，每市亩约可增加 17 磅。所以春化法在苏联可说是成功的。

马丁（Martin）氏在美国想应用春化法以冬小麦代替春小麦，但没有成功，其原因①处理过的种子，生长虽好，但产量不及春麦，并不及原来冬季下种的冬麦；②有许多品种处理的期间，须达 65 天，管理不是容易的事；③处理期间，需要一定的低温，在大量种植时实不经济。作者的结论，认为小麦春化法的应用，只限于试验方面，例如作物育种家要想把一种作物在一年内生长两次，那或者是可能的，但在实用上是否经济，还是问题。

沈骊英氏于民国二十三年到二十六年（1934—1937 年），杜春培氏于民国二十四年至二十五年（1935—1936 年），分别在南京及河北定县等处做春化法试验，他们的结论是：

①冬麦预措春播，有促进出穗的作用，但产量太低，没有实用的价值；②秋季预措杂交种子，栽在温室，可以促进它的生育期，应用春化法于杂交育种，可能缩短试验的年限；③在定县春麦预措，对于产量和出穗都没有效果，而且比春季直接播种的产量还要差，因此在北方若秋播受灾，不若延到春季播种。

加拿大也有人做过春化法的试验，结果亦是认为没有经济的价值。因此有人说，春化法似乎是有地域性的，苏联地方冬季温度低、日照长，或者是特别适于春化法的，但我国黄河以北，冬季气候严寒，栽种小麦的区域很广，如能多做春化法的试验，或者可以得到相当的结果。

（三）休眠期

长江流域各省，当小麦成熟时，常多梅雨，这时如果收获失时，或堆积在露天，没有到脱粒的时候已经在穗上发了芽，在产量方面或者经济上的损失是很大的，因此选择一种休眠期较长的品种，在栽培方面实具有相当的价值。

蔡旭氏在成都比较 16 个品种发芽快慢的结果，中大江东门、中大南宿 32 品种的休眠期最长：中农 28 号、成都光头麦较短，川福麦更短；美国玉皮几乎没有休眠期。小麦休眠期的长短是一种遗传的性质。据孙仲逸在德国研究的结果，证明休眠期是隐性遗传。

四、品质的改进

从农民的观点说，一种好的小麦，第一要产量高，第二要能得到好的价格。面粉厂商评定小麦的标准，每担的重量要大，出粉率要高，含水量要低。制面包的人又是一种看法，同容积的面粉，做成的面包要松而大，这是他所最需要的。我国面粉的主要用途是做面条、馒头、大饼、油条、饼干等，又各有不同的标准，所以面粉品质的优劣要看它的用途而定的。

（一）硬粒与软粒

依麦粒组织的不同，可分为硬粒和软粒两类。多数的硬粒小麦，皮色红而脆，胚乳是角质的、透明的；软粒小麦的胚乳呈白色而不透明，如把麦粒放在口里咀嚼，可以得到一小块坚硬而有弹性的面筋。

软粒小麦普通是一种弱性的小麦，皮色或红或白，皮坚韧而较厚，粒大而饱满，胚乳白色而不透明，放在口里咀嚼，得到的面筋较少，弹力亦较差。

麦粒的软硬是一种遗传的性质，举例来说，一粒小麦，二粒小麦，硬粒小麦（*T. durum*）的品种几乎都是硬粒。反之，圆锥小麦、多数的普通小麦、密穗小麦大多是软粒。

一个小穗具有粒数最多的品种，大概是软粒小麦，这是一般人所知道的。就普通小麦说，麦粒粉质的多少和产量有密切的关系，就是说，粉质多产量一定高。软粒小麦生长多迟缓，茎叶的生长期长，所以宜种在湿润的气候或者便于灌溉的地方，反过来说，硬粒小麦生长迅速，成熟较早，栽培的地方必须要高燥。例如中大江东门是一种较早熟的硬粒小麦，低洼地是不相宜的。

硬粒小麦和软粒小麦对气候的适应性是很不同的，因此硬粒种的分布多集中在黄河流域：河北、山西全省、山东北部最为显著，可说全部是硬粒小麦。软粒小麦则多分布在雨量丰富的长江流域各省，而以沿江附近比较密集，例如苏南、鄂北和浙江全省，更来得显著。

黄河流域所产小麦的品质，常优于长江流域所产的，这种差异，最重要的因子是被气候所控制的。美国农部曾经收集我国各地所产小麦加以检定。和美麦比较，天津、济南、开封所产的小麦，无论出粉率或蛋白质含量，都超过美国红冬麦；开封小麦且超过美国北部二等春红麦。我国滨海各埠每年输入洋麦很多，倘能把北方优良小麦加以改良和推广对堵塞漏卮必能收相当效果的。

（二）斑粒与品质

硬粒小麦的皮色，杂有黄色的斑点，或者把麦粒切开来看，角质的组织间有白色胚乳的，叫作斑粒（Yellow berry），斑粒所含的蛋白质，比普通的硬粒低，美国小麦的分级，常根据斑粒的多少而定，斑粒多等级必低。

Wheeling 与 Vandecaneye 二氏，从轮作试验中 13 年平均的结果，证明斑粒的多少和氮素含量是负相关，斑粒愈多氮素愈少，它的相关系数是 0. 790±0. 019。

斑粒的成因学说不一，有的说是受成熟前气候的影响，亦有人说缩短冬季的生长期，或缩短它的全生长期，有减少斑粒的功用。

Headden 氏用氮磷钾三要素试验的结果，证明斑粒的发生并不受气候的影响，施用适当的有效氮素，可以减少或完全阻止斑粒的发生；施用适当的钾肥，则能大量增加斑粒的百分率，而磷肥的施用丝毫不受影响，所以 Headden 氏的结论，斑粒的发生与否，种植家是可以左右的：例如①多行中耕和适用氮素肥料，②实行轮作，小麦的前作多种豆科作物，③休闲以养地力，都是有效的方法。

（三）品质试验法

欧美各国评定面粉的优劣，多半以能否制面包为标准。20 余年来，许多学者莫不注力于这种方法的探讨，普通所用的方法，多以同样的面块，经过发酵后，比较体积的大小，作为评定品质的标准。应用这种方法，每品种必须有多量的种子方能进行，但在育种试验区，最初几年，品系很多，每品系的种子数量极少，要做这种试验极感困难，到了高级试验时，每品系的种子虽没有问题，但有许多优良的品系已经被淘汰了，因此发明一种迅速简单而有效的方法，不但是面粉商、面包业者所希望，育种家在同一时期内，要相比较数百个品系的品质，也是很需要的。

面粉的坚韧（Strength）与否，多以面筋（gluten）的物理性决定之。如把面粉放入细布袋，在清水里用手搓揉，不久面粉溶入水里，剩下的黏着物就是面筋。优于制面包的面筋，结实而有弹性，如用两手向左右轻轻拉开，可以伸张到相当程度，但不适于制面包的面筋，既软又脆，如向左右拉开立即被折断了。

英国面粉家常用咀嚼法以试验面筋的优劣，法取小麦二三十粒，在口内咀嚼数分钟，因唾液的作用，面粉慢慢消失，麦皮咽入胃里，整块的面筋，留剩在口内。把这块面筋用手拉开，就能知道它的坚韧程度，假使品种多，要比较，可把每品种的面筋放在盛有清水的玻璃杯里，当全数预备好了，再把各个面筋搓成圆形，放在玻璃片上，经过相当时间后，软弱的面筋渐渐变成扁形了，但坚韧的面筋仍能维持原来的珠形状态。这种方法，既切实用，又相当可靠，如用于比较 F_3 或 F_4 各品系面筋力的强弱。颇为便利，但在 F_2 品系较多时，就不便比较了。

Cutler 与 Worzella 二氏，发表面粉球发酵时间试验法，是用少量面粉而得到精密可靠的方法。这种方法，只要 10 克面粉加入 5.5 毫升的酵母液，慢慢搓成球状。放入盛有蒸馏水的玻杯里，水的温度保持 80°F（约合 26.67℃），面球立即沉到水底。当发酵时，又慢慢向上浮到水面，不久面球逐渐分离而下沉。从最初下沉水底到上浮水面开始分裂所需时间的长短，可以表示面筋的强弱。软粒小麦所需时间最少的只要 25 分钟，即开始破碎。硬粒小麦之中，有需时 400 分钟以上的。做面包的面粉，发酵时间要长，但做面条或做饼干的面粉，时间宜短。

五、麦作育种

（一）育种方法之演变

我国麦作育种事业，始于民国初年，当时国立东南大学农科和私立金陵大学农林科，对于麦作品种之改良推广，都有相当成绩。民国九年（1920 年），东南大学和上海面粉公会合作，在南京皇城，开地 106 亩，成立小麦试验场，积极从事小麦改进工作。从此以后，小麦改良事业，颇引起国人的注意，各地农事试验场也多举行小麦改良工作，但当时小麦试验所用的方式，多采用大区制，极少重复。民国十四年（1925 年），东南大学大胜关试验场，首先仿行美国康奈尔大学麦作试验法，做小麦纯系比较试验，十五年（1926 年），洛夫氏来华讲学，在金陵大学召开作物改良会议，从那时起，金陵大学和各地试验场多采用康校（即康奈尔大学，下同）的方法，就是普通所谓顺序排列的秆行试验法。

康校的育种法：第一年是穗行试验，第二年秆行，第三年五秆行，第四年十秆行，第五年高级试验，继续试验数年。开始试验以前，对于单穗主张大量采选，并侧重不同的形状，秆行试验和高级试验，根据产量的多少，作为升级的标准。

二十三年（1934 年），英国韦适氏来华讲学，田间试验主张用随机排列法，许多试验场在小麦高级试验时，改用随机区组法，作为解释试验的帮助。

美国明尼苏达大学海斯氏，对于小麦育种，不但注重产量，同时注意抗病抗寒等性质。当产量比较开始的第一年，设置抗病的床圃，抗病力弱的品种当即被淘汰，因此供试的品种很少，因为优良的品种必须富于抗病抗寒等能力，那么它的产量才会平稳。海斯氏和他的合作者，在明尼苏达试验场，改良的品种很多，Minturki 和 Thatcher 两品种是现今最著名的小麦。

二十五年（1936 年）海斯氏来华，主张历年小麦品系比较试验，除了产量之外，还得注重病虫寒旱的抵抗力。从二秆行起，一个重复区，须用人工授病。每年严格选择。抗病力不及标准行的，都要受淘汰。从第四年到第五年，采用三行区随机排列法，同时作床圃试验，研究各品系对各病菌的抵抗力。从海斯氏的方法阐明以后，我国麦作改良的技术，起了很大的转变，各学术机关和试验场多所仿行。

关于小麦育种试验的田间技术，从康奈尔大学之秆行制施行后，不久即通行全国，但当时行长、行距等都采英国制。民国十八年（1929 年），蒋涤旧氏倡用本国制，改行长为 15 尺，行距 1 尺；十九年（1930 年），孙逢吉、陶然两氏，同时主张改行长为 12 尺，现今各试验场都采用之。

高级试验时，三行为一区，计算产量时，两个边行对品种间的生长竞争是否有影响?这个问题，美国各试验场的结论，认为生长竞争的影响，水分是最重要的因子，那就是说，干旱区域，水分缺乏，就发生品种的竞争，所以只能收获中间一行。

沈宗翰氏报告，有许多品种，并没有因生长竞争而产量发生显著的变更，不过有一部分品种，因不同地方或不同季节的缘故，对生长竞争发生了不同的反应。据蔡旭氏的报告，在顺序排列的结果，和沈氏是相同的，但在随机排列法的试验，一部分品种的产量次序，因生长竞争的影响，得到相反的结果，所以他主张在随机排列的产量比较试验时，只能采收获中间一行。

（二）中国改良小麦的重要品种

民国十二年（1923 年），东南大学即有改良小麦之推广，在这一时期，中央或各省学术与事业机关，分别努力小麦之改良，先后育成不少优良品种，据蔡旭氏之调查，现今各省改良之小麦，计 37 种；从国外输入的有 5 种，由混合选种而成的 2 种，纯系选种育成的 26 种，杂交法成功的 1 种，此外由检定试验而成的计 4 种。

据笔者所知，在许多改良小麦之中，由外国输入的几个品种，更值得重视。

作物是有地域性的，适宜于甲地的优良品种，移到乙地去种植，未必仍能保持它的优性，多数作物如此，小麦也不能例外，但如引进的品种多，间有少数品种能适应于新地之生长，世界农业国家，不乏这种先例，就美国说，多数之硬粒红皮春小麦和冬小麦，是从欧洲和加拿大输入的；硬粒小麦则从俄国输入。现今美国之面粉业、面包业以及运输业，都和这些小麦有密切关系。20 年来，我国各地推广的改良小麦，像中大美国玉皮、中农 28 号以及最近推广的川福麦、中大矮立多、中大 2419 等小麦，是从欧美或澳洲等地输入，而成为目前国内最优秀的品种，倘能在重要产麦地带，多做区域试验，将来扩大种植面积，增进小麦产量，一定可以预卜的。这样看来，作物育种并没有国家、民族的界限，对于增加生产和造福人类，实有无比的功效。

上面所述几种小麦的特性、引进的历史和在国内适应的区域，把它分别写在下面。

1. 中大美国玉皮

这是外国小麦在国内最先推广的一种，原名 Quality，美国育种家 Burbank 氏从 Marquis 小麦中选出，并经过多年改良而成的。该种输入我国的历史不甚明了，据笔者所知，约在民国十一年（1922 年），前东南大学（即今中央大学）南京大胜关农事试验场，从苏州农校附设之乡村师范学校，得到一些种子，把它加入品种比较试验，结果很好，遂尽量繁殖，逐渐在各地推广。本种是一顶芒、白壳、白皮、硬粒、春麦性品种。它的优点有五：①秆直立不扑。②对各种锈病和黑穗病的抵抗力甚强。③成熟时麦粒不致自由脱落，故在田间的损失极少。④皮薄，出粉率高。⑤适应力强，在多数产麦区域，都显出它的优性，播种过早或过迟，产量之递减率，总比别种小麦低，因此历年的产量非常平稳，若种植在肥沃的土壤，更能显出高产的优性，经多年试验和推广的结果，在长江流域各省都能适应。战前江苏、浙江都有多少栽培。现四川、湖南亦有小量推广。最近据广西柳州省立农事试验场场长马保之氏面告，美国玉皮在柳州两年试验的结果，产量都是第一位，较该场顶好的品种，高出 10%以上，而且它的品质很好，所以当地面粉厂，特约该场大量推广，愿意高价收买它。又据陕西武功农林部种子繁殖站技士张德逊氏函告，美国玉皮在武功的产量，亦列第一，可见这种小麦，在我国东西南北各地，有它广大的适应区域，如果政府事业机关，以客观地位，努力小麦的增产，把这种小麦做普遍的地域试验，并尽量推广，那么将来对粮食增产，必会有惊人的收获。

2. 中农28号

产地意大利，原名 Villa Glori，潘希维尔（Percival）氏世界小麦的一种。二十年（1931年）引进中国，中央农业实验所故技正沈骊英氏选出。二十五年（1936年）引进四川，经四川省农业改进所三年试验之结果，成绩优良。二十八年（1939年）开始示范，取名落霞，后由中农所正式推广，更名中农28号。本种植株矮，秆坚强，在四川盆地中部17县举行试验，更证明中农28号在多数地点较本地种的产量高，肥地更能显出它的优性，现由四川农所在成都平原推广，不过它的穗短易折，在南京试验，它的成熟常比金大2905迟熟一星期，这是它的缺点。

3. 川福麦

原产澳洲，英名 Fawn。川农所稻麦改良场场长李先闻氏于民国二十二年（1933年）从澳洲引进，二十七年（1938年）开始在川种植，据川农所在川省11处两年试验结果，平均每亩产量达348斤，比当地麦种多收四五十斤至200斤，平均增收78.9斤，合29.3%，比金大2 905多收60斤，合19.2%之多。本种是一种春麦，略有顶芒，植株壮健，不易倒伏，对黄锈病、黑锈病完全免疫，所以产量很稳定。

4. 中大矮立多

这也是意大利原产的小麦，原名 Ardito，约在民国十八年（1929年）的时候，有一留意归国之某君（已忘其姓名）带来一些种子，交给笔者，最初在浙江大学杭州笕桥农场试验了几年，二十三年（1934年）秋，在中央大学南京劝业农场加入秆行试验，都证明是一个很好的品种。二十六年（1937年）带到四川，经五年来在重庆中大院内农场和川农所总分各场站的试验，有许多地方表现优良。三十一年（1942年）在成都试验的结果，更显出它的丰产，因它的秆稍矮，挺立不倒，产量又高，所以叫它“矮立多”。据川农所在成都肥地试验，都列前茅，因它的秆很粗健，所以虽在肥地或遇暴风雨，总不会倒的。据成都龙潭寺农家种植结果，每亩收获3石4斗，比当地种多收8斗。麦粒肥大，每石比当地种重7斤。能抗黄锈病和黑穗病，冬麦习性，外壳棕色、短芒、着生小穗甚密。

5. 中大2419

潘希维尔世界小麦的一种，意大利原产，二十年（1931年）输入中国，二十六年（1937年）到了四川，川农所在各地举行试验，三十年（1941年）开始示范推广。

本种是一种春小麦，穗有芒、白皮，对黄锈病、黑锈病都免疫。产量高、成熟期早是它最大的特点。

上述的5种小麦，都是从国外输入的，产量多胜过本国原产的改良小麦。像中大美国玉皮，适应性之大及历年产量之平稳，为现在任何本国改良小麦所不及的。而且这5种小麦有3种都原产在意大利，似乎意大利所产的小麦，很适合于我国各地的风土，以后如能多多输入意大利小麦，对我国麦作事业之改进，或有更多的帮助。

六、小麦之种类与杂交之关系

潘希维尔氏搜集全世界小麦，在英国理亭大学（推测为雷丁大学）研究20年的结果，于 1921 年出版《小麦植物》一书，分小麦为 2 种（Specics）11 系（Races）实是林奈氏以后对小麦分类集大成的工作。不过潘希维尔氏之所谓系，实是普通所称的种，从他以后，陆续有新种发现，如 *T. persicum*、*T. timopheevi* 和 *T. macha* 都是后来发现的。

笔者搜索全国小麦 900 余种，在民国十七年（1928 年）观察的结果，我国栽培的小麦，有 87%属普通小麦（*T. vulgare*）；11%属密穗小麦（*T. compactum*）；其余属圆锥小麦（*T. turgidum*）和硬粒小麦（*T. durum*）。普通小麦的分布最广，归纳为 14 品种（Varieties）；密穗小麦的种植较少，归纳为 6 个品种；硬粒小麦只新疆、云南、湖北诸省有些许出产，且只有 2 个品种；圆锥小麦四川、云南、甘肃都有出产，约有 4 个品种。1934 年，日人细野氏在我国搜集 126 种小麦，检定后，普通小麦有 19 种，密穗小麦 5 种，圆锥小麦 1 种。

笔者最近检定全国小麦品种的结果，除普通小麦、密穗小麦、圆锥小麦和硬粒小麦之外，在云南之缅宁、镇康、云县等处，得到一种新的小麦。它的穗轴很脆，麦粒不易和壳分离，穗长、无芒，每小穗有 2~3 粒，似属于斯卑尔脱小麦（*T. spelta*），至少可分成 4 个品种。

1913 年，Schulz 氏认为世界小麦虽有十余种，但可归纳为三大类（Groups），1914 年，范维劳夫（Vavilov）氏根据小麦抗锈力，Tschermak 氏比较杂交的不孕率，Zade 氏应用血清反应，都同时证明小麦可分为三大类。到了 1918 年，日人板村（Sakamura）氏，依染色体数目，证明小麦可分为 7 对染色体、14 对染色体和 21 对染色体三类。

木原均氏根据小麦种的杂交孕性及染色体 Genom 的关系，证明原属于第二类二粒小麦中的提摩非维小麦（*T. timopheevi*，今称提莫非维小麦），应该是独立的一类，所以把它从二粒小麦中分出来，另列为第四类。但靳自重氏以圆锥小麦与提摩非维杂交，观察杂交种减数分裂时，染色体的价数，结果在各细胞内很不一致，每细胞内最多有三价染色体，据靳自重氏的意见，提摩非维的第二染色体 BB，与二粒小麦之第二组 BB 是相对的，所以该种应该是二粒小麦的一种，不应该成为另一系统（表 1）。

表 1　小麦的种类

第一类	第二类	第三类	第四类
一粒小麦 $2n=14$ AA	二粒小麦 $2n=28$ AABB	普通小麦 $2n=42$ AABBDD	提摩非维小麦 $2n=28$ AAGG
野生种 *T. aegilopoides*	*T. dicoccoides*		*T. timopheevi*
栽培种 *T. monococcum*	*T. dieoccum* *T. durum* *T. persicum* *T. orientale* *T. pyramidale* *T. polonicum* *T. turgidum*	*T. vulgare* *F. compactum* *T. sphaerceoccum* *T. spelta* *T. macha*	

据范维劳夫的研究，小麦对于锈病的抵抗力和染色体的数目有密切关系。就是第一类即一粒小麦，完全免疫；第二类，如硬粒小麦、圆锥小麦、波兰小麦都具有抵抗力；第三

类，如普通小麦、密穗小麦和斯卑尔脱小麦，很容易感染。Sax 氏报告，小麦染色体数对黑锈病抵抗力的强弱有显著的相关性，它的相关系数 $r=0.87\pm0.04$。

如能用杂交方法，把一粒小麦或二粒小麦类的抗病性，转移到普通小麦，那么普通小麦更具有经济的价值了。第一类小麦和第四类小麦杂交，如以染色体数目较多的作母本，成功比较容易，不然是很困难的。所得的杂种是不孕的。

第二类和第四类，杂交容易成功，杂种亦能结实。这种杂交成功的例子很多。例如明尼苏达大学海斯氏从 Marquis 和 Inmillo（durum）交配成功的 Maquillo 小麦，是一种硬粒红皮春小麦，而且是硬粒小麦抗锈病的性质转移到普通红皮春小麦的第一种。最近育成的 Thatcher 小麦，推广于 1934 年，乃是从双交法而成的。它的亲本是 Marquis-Inmillo × Kanred-Marquis，是最有希望的新种，能抗锈病，适应力很强，品质极优。又如美国 S. Dakota 试验场，Mc Fadden 氏之 Hape 小麦，系由普通小麦和能抗锈病的二粒小麦杂交而成。

七、改良小麦的新途径

近来作物育种家正在做新的试验，从种间与属间的杂交，希望造成新的品种来。远亲交配所得的杂种，普通是不孕的，有时要从几千个杂交种之中，才能得到一个结实的个体。这种工作要想达到一个预期的目的，前途虽是遥远而艰难，但育种家终认为是有希望而值得努力的，一旦成功，得到现在所没有的理想新种，那是多么大的贡献啊。就小麦来说，如果有一个品种，比现在所有的品种，更适应于恶劣的气候，同时又更能抗病抗虫，那是非常需要的。这种目标究竟能达到何种程度，现在还不能完全知道。但别的野草若干性质，确比小麦来得优越，这种野草的优性，是否能用杂交的方法把它转移到小麦上面去，却像小麦品种间之杂交得到几种合意的性质结合在一个品种呢？这种工作，显然是很艰难，甚至会弄得毫无结果，但这种可能是很具诱惑性的，因为万一能成功，在农业的应用上，实具有革命的作用。

小麦和野生小麦（Aegilops，今称山羊草）、船形草（Haynaldia，今称簇毛麦）、黑麦（Secale）及鹅观草或小麦草（Agropyron，今称冰草）等的杂交工作，正在开端，将来必会有奇迹表现的。

黑麦（Secale）：黑麦的抗寒性很强，它能生长于冬小麦不能生长的严寒区域。作物育种家利用这种特性，把它和小麦杂交，因此产生了许多有意义且有兴趣的工作。黑麦（7 对染色体）能和多数的小麦杂交，但成功的程度，显然是不同的。这种杂交的难易，要看所用小麦之种类与品种而定，据 Florell 氏报告，21 对染色体之小麦，用黑麦之花粉杂交，极易成功，但 14 对染色体小麦与黑麦交配，很难受精。Gaines 与 Stevenson 及 Nina Meister 与 Tjumjkoff 曾做相反之杂交，即以黑麦做母本，小麦做父本，前者所得之杂种都像黑麦，但分离后即有他种性状发现；而后者所得之杂种，则是小麦的性状，和小麦做母本的交配一样。

小麦与黑麦交配后之一代杂种，若任它自交，几乎都是不孕的，因此小麦育种家常应用返配方法，把冬小麦与黑麦交配而成之杂种，继续以小麦返配之，以期增加耐寒的性质。

杂种用小麦返配之后，产生许多不同的性状，有的能以自己的花粉受精，但也有许多是自花不孕的，完全受精的后裔，多半是像小麦的。

Florell 报告，用小麦亲本返配之后，不但杂种的结实率增加，而且它的后代也更近乎小麦，返配两次之后，亲系的性状重新表现出来了。他从杂种 128×Rosen 之交配，得到像小麦的植株，这种植株已经近乎纯粹，麦粒是红色的，这种结果，足以证明小麦与黑麦杂交之后代，产生不变的小麦是可能的。

新的小麦形的植物，而它的抗寒性则较一般的小麦强得多，别的作者也已经报告过，从小麦与黑麦杂交产生出来的异质四元体（Amphiploids）具有 56 个染色体。

鹅管草（Agropyrum）：鹅管草的种类甚多，分布亦很广，有些种类对抗病抗旱以及忍受低温的能力，要比任何黑麦与小麦来得强。各种小麦草都是多年生的，如能把小麦草的优性和小麦结合起来，那么对小麦的栽培必能起巨大的革新，因为许多危险可能革除了。在这方面的工作，将来可能达到何种的成就，现在当然还不可能去推测，但苏联的育种家已经把许多小麦与 3 种鹅管草（*Intermedium*，*trichophorum* 及 *elongatum*）做过杂交。普通小麦与 *A. elongatum* 杂交之后第一代，结实率很高，从此产生了许多种类，对锈病与黑穗病，都是有高度的抵抗力。

在西伯利亚 Omsk 研究院，Tzitzin 博士用小麦与 Agropyrum 杂交的结果，得到一种多年生小麦。在杂种之中，成熟期有的比苏联最早的小麦早 5~8 日，有若干杂种的产量，比小麦高 50%，麦粒的品质很好。

有两种多年生的小麦，在 1936 年已经开始繁殖了。这种属间杂交的成功的机会，要看用以杂交材料之数量；从事工作的训练、耐心和坚持；同时，在大量的材料之中，要有辨别何者是最有价值的能力。因为这些杂种，大多数是无用的东西。

野生小麦（Aegilops）：野生小麦是地中海一带野生的植物，种类很多，但就染色体的数目可分为 7 对、14 对及 21 对 3 种。成熟时穗轴极易折断，多数是散生的。有些种类能抗小麦的黑穗病，有的极富于抗旱性。

当各种野生小麦与小麦杂交，第一代杂种之大多数是自花不孕的；这就是说，它们用自己的花粉是不能结实的，如果把这些杂种再和小麦交配，那就可以得到一些种子，如继续以小麦返配之，它的后代结实率，就会逐渐增加，到了最后，可能选出联合了野生小麦与小麦特性之后裔来。因为做这种工作，一年只能产生一代，虽则利用温室可以加速进行，但一般说来，从开始到最后，是需要相当久长年月的。

有时小麦与野生小麦某种杂交之第一代杂种，略有自交受精之能力，并能产生少许种子，下代并没有分离的现象，但受精的程度可能增加。从细胞学研究的结果，证明这些自交结实的杂种，是异质四元体（Amphiploids）。它们不但结合了两亲的特征，而且把两亲的染色体也聚合在一起了。这种异质四元体，似乎是固定的，但究竟是否是真正新的植物之一属，倒是问题。

船形草（Haynaldia）：另外一种野草，能和小麦、黑麦杂交的是 *Haynaldia Villosa*，是船形草的一种。这是旧世界的植物，分布范围很小，种类亦不多。船形草只有与圆锥小麦交配，才能得到结实的杂种。杂种的穗轴甚脆，却像亲系的船形草，这种杂种和小麦再进一步的杂交，还没有人做过。

参考文献（略）

（中农月刊，1944，5（4）：49-60）

中國小麥區域

國立中央大學農學院

金善寶　吳董成

Wheat Regions of China

S. P. King And T. C. Wu.

小麥爲吾國最重要農作物之一，其栽培之普遍，分佈之遼闊，實駕乎其他作物之上而莫能及者。栽培範圍既廣，氣候之差異懸殊，且小麥之適應性因品種而不同，有適於此而不宜於彼者，故其分佈常受自然環境之限制。如能根據小麥之特種性狀，依其自然之分佈而劃爲若干麥區，則對於改進中國小麥之育種或栽培等問題，均有相當之幫助。作者曾兩次搜集我國各縣之小麥樣品數千種，分別研究冬麥、春麥、白皮、紅皮、及軟粒與硬粒之分佈狀況；並根據上述之分佈結果，試分我國小麥爲三個區域，即(一)硬粒紅皮春小麥區，(二)硬粒冬麥春麥混合區，及(三)軟粒紅皮冬小麥區。

材料與方法

本文研究材料，係向全國各市縣徵集而得，計先後共徵集兩次，每次每縣市寄到之小麥樣品有兩三種或三種以上者。

第一次於民國十八年，當前名作者在國立浙江大學農學院服務時徵集；計有江、浙、皖、贛、湘、鄂、川、康、冀、魯、豫、晉、陝、甘、青、閩、粵、桂、滇、黔，暨熱、察、綏、寧、新、遼、吉、黑等二十八行省，總計市縣共六百五十

中国小麦区域

国立中央大学农学院　金善宝　吴董成

小麦为吾国最重要农作物之一，其栽培之普遍，分布之辽阔，实驾乎其他作物之上而莫能及者。栽培范围既广，气候之差异悬殊，且小麦之适应性因品种而不同，有适于此而不宜于彼者，故其分布常受自然环境之限制。如能根据小麦之特种性状，依其自然之分布而划为若干麦区，则对于改进中国小麦之育种或栽培等问题，均有相当之帮助。作者曾两次搜集我国各县之小麦样品数千种，分别研究冬麦、春麦、白皮、红皮及软粒与硬粒之分布状况；并根据上述之分布结果，试分我国小麦为 3 个区域，即硬粒红皮春小麦区、硬粒冬麦春麦混合区及软粒红皮冬小麦区。

一、材料与方法

本文研究材料，系向全国各市县征集而得，计先后共征集两次，每次每县市寄到之小麦样品有两三种或 3 种以上者。

第一次于民国十八年（1929 年），当前名作者在国立浙江大学农学院服务时征集；计有江、浙、皖、赣、湘、鄂、川、康、冀、鲁、豫、晋、陕、甘、青、闽、粤、桂、滇、黔、热、察、绥、宁、新、辽、吉、黑等 28 行省，总计市县共 650 个，样品数目当在 1 300 以上。第二次于民国二十六年（1937 年）征集，以省份言，除热、辽、吉、黑四省情形特殊未能收到样品外，其余 24 省均按期收到。以市县之数目而言有 723 个，较第一次增加 73 县。以小麦样品数目而言，则有 1534 种，亦较第一次为增多。总计两次征得之小麦样品，共 2834 种，此项小麦样品，即本文研究之材料也。

当征集品种时，曾附一印就之纸片，给各省市县府，请其填明所寄之品种为冬麦抑为春麦以及当地之播种期与收获期。小麦之收获期，因与本文无关，故暂不讨论。照吾人分析之结果，吾国各地冬小麦之播种期约在 9 月至 12 月，春小麦之播种期大都在三四月间，故冬麦与春麦之播种界限，非常明晰，不致相混。至于白皮与红皮、硬粒与软粒，系从寄到之样品实地检查而得。根据上述之记载与检查之结果，分别制成冬麦、春麦、白皮、红皮、软粒及硬粒之分布图，以示分布之大概。最后并依上述 3 种性质分布之互相关系，制成中国小麦之分区图，各图上之黑点系代表各县之地位，凡有黑点之县份，即表示该县有冬麦或春麦、白皮或红皮及硬粒或软粒小麦之栽培也。

二、结果与讨论

（一）冬麦与春麦之分布

吾国小麦之栽培区域，几遍全国，因幅员辽阔，各地之气候、地势、土壤等各不相同；是以小麦之播种时期亦各有殊。在秋季播种者谓之冬小麦，春季播种者则谓春小麦。关于冬麦与春麦之分限问题，张心一氏之《小麦播种期之研究》及卜凯氏之《中国土地利用》两文中均略有叙述，其结果与本文之冬麦北界大致相似，惟本文之界线比较扩展耳。兹根据作者之统计，将冬麦与春麦之分布情形，分述如次。

1. 春麦之分布及其南界

春麦之分布，就大体而言，在吾国北方与东北及西部诸省，如辽宁、吉林、黑龙江、热河、察哈尔、绥远、宁夏诸省，几全为春麦；河北、山西、陕西则以北部为最多；甘肃则以西部为最多；青海、西康全部为春麦；四川之西北角，亦有分布也（图 1 略）。

就纬度而论，我国春麦之分布，南达北纬 27°，北迄 52°以上。在西部之西康高原，虽在北纬 30°左右之地区，尚完全栽种春麦，此乃全受地势之限制。就西北部之麦区言之，大概海拔 1 500 公尺（公尺即为米，全书同）以上之山地，多为春麦所分布。据前名作者实地调查之结果，在四川之松潘，海拔达 3 150 公尺之山地，尚多春麦之栽培。我国因甘肃与西康高原之关系，春麦之南界，乃由东北而西南，形成一斜线式，且其极南界竟至北纬 27°之低纬度，此为世界其他产麦国所少有之现象。至于春麦之南界，其详细分布，继述于下。

（1）自山东之北部，经冀南与豫北之一小角，越晋南而达陕中，此界线恰与 1 月份平均气温-2℃之等温线颇相符合（图 2 略）。

（2）自陕中折向西南而入甘肃南部，该处春麦之南界，略与 1 月气温 0℃以北之界线相符，且该线之北有六盘山脉形成之高地，海拔在 3 000 公尺左右，气温当更减低也。

（3）自甘肃南部再折向西部，经四川之西北角而达西康省。西康之春麦界线，显然以该省东边之大雪山脉（海拔 3 300 公尺）为判；即大雪山以西为春麦区域，盖受冬季风影响所致也。据卜凯氏编之《中国土地利用》所载，打箭炉 1 月份之气温，2 年之平均为-1℃；5 年之平均气温为-0. 1℃，其最低限度之低温记录 1 月 22 日有低至-13℃者。打箭炉之气温如是，而大雪山以西之气温，当更减低无疑也。

2. 冬麦之分布及其北界

冬麦之分布遍于吾国本部诸省，而以中部及东南各省为纯粹之冬麦区。绥远与新疆亦有冬麦分布之踪迹，但查绥远之归绥，1 月份气温在-13℃，包头则在-17. 8℃，而临河、丰镇、安北三县仍有冬麦之分布，颇成疑问。新疆则以四周高山峻岭，中部形成较低之塔里木盆地，其气温有各种高低不同之现象，故有春麦与冬麦兼种之可能（图 3 略）。

至于冬麦分布之北界，依主要之山脉而言，则自河北之松岭山脉起，经燕山、西山，再沿阴山脉折南经贺兰山脉，而达甘肃省之南部。由甘肃南部，沿西倾山脉，逾岷山折向西四川之西北角而接西康东边之大雪山脉，该线可称为冬麦之西界，即该线以西为春麦，其东则为冬麦区矣（图 3 略）。

3. 冬麦春麦混合区

春麦南界与冬麦北界既如上述，则冬麦与春麦之混合区，即介乎两界之间（图3略）。若以省区而言，自山东之北部起、河北之中部、山西除西南角一小部分外遍及全省，察哈尔、绥远之南部，陕西之北部，甘肃之东南部以及四川西北角之一部为止，此等地域之内，即为冬麦与春麦之混合区。此外应另行提出叙明者，即新疆省亦系春冬麦之混合区也。盖新疆之准噶尔盆地与塔里木盆地，其海拔高度多在1 000公尺以下，气温较高，故多栽冬麦。此外如海拔在1 500~3 000公尺及以上之山地，则均栽春麦，故同纬度地方地势之差异，亦为限制春冬麦分布之主要因子。

（二）红皮与白皮之分布

1. 红白皮小麦分布概况

吾国小麦之皮色，红白兼有，而以红皮品种为最多，约占76%（图4）。至其在各省分布之情形，据作者所得结果，红皮种之分布最广，凡全国可栽培小麦之区域随处皆有，而以江苏、安徽之南部及浙、赣、湘、鄂、闽、粤、桂、黔诸省为纯粹之红皮区域（但亦有少数例外者）。换言之，红皮小麦分布最纯粹之区域为长江以南，而云南为例外（图5略）。白皮种之分布，则在黄河流域及北方诸省，新疆、四川、云南，亦有之。而黄河流域尤以山东、河北、河南为最多，山西、陕西次之（图6略）。

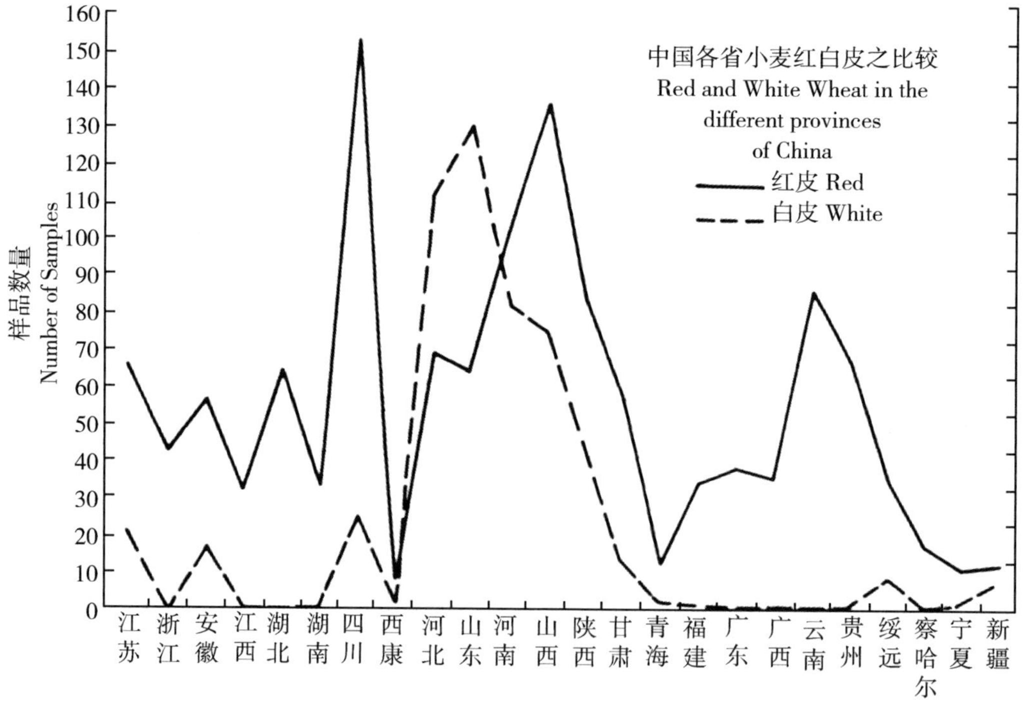

图4　中国各省小麦红白皮之比较

2. 白皮种之南界

白皮种之分布概况，已如上述，其分布区域之南界，确受相当限制，而以雨量之多寡影响尤大。其界线东起于海，经盐城兴化，沿高邮湖南入安徽，越巢湖之北，入河南之东南角，经该省之南部而达陕西边境，折向西南，逾紫阳而入川境；经四川之万源、宣汉、长寿，再沿长江而迄云南之会泽县；经会泽直向南下，越蒙自以迄法属安南（今越南）界为止。该白皮种之界线，形成如半月形之曲线，适与每年平均雨量900~1 100公糎之等雨线相吻合，此线以北，雨量渐减，而白皮种之分布亦多，以南则雨量渐增。在最南诸省，则增至1 500公糎以上者，而白皮小麦之分布绝迹焉（图6略）。由此可知，白皮小麦在中国环境之下，宜于比较干燥之区，而不适于雨量过多之湿润区域也无疑矣。

（三）硬粒与软粒之分布

1. 硬粒与软粒分布状况

硬粒与软粒之区别，乃观察麦粒横断面胚乳之组织情形而定。以淀粉质多，或全部为白色之淀粉，则谓软粒；反之，麦粒之胚乳呈半透明之玻璃状者，谓之硬粒。作者检查全部样品之结果，硬粒与软粒分布亦有不同（图7）。硬粒种之分布（图8略），以黄河流域之北为纯粹；其中尤以河北、山西全省及山东北部为最显著，可说全部为硬粒种；但除北方硬粒区域外，在南方如珠江流域各省亦有硬粒种之分布，此乃特殊情形，不能混为一谈。至于软粒之分布（图9略），仅在长江流域各省，而以沿江附近较密集，如江苏之江南、湖北之江北及浙江全省，其尤著者也。且在软粒区域之内，并非全部为软粒种，而往往杂有硬粒种之分布，故言软粒之分布，只能述其大概而已。

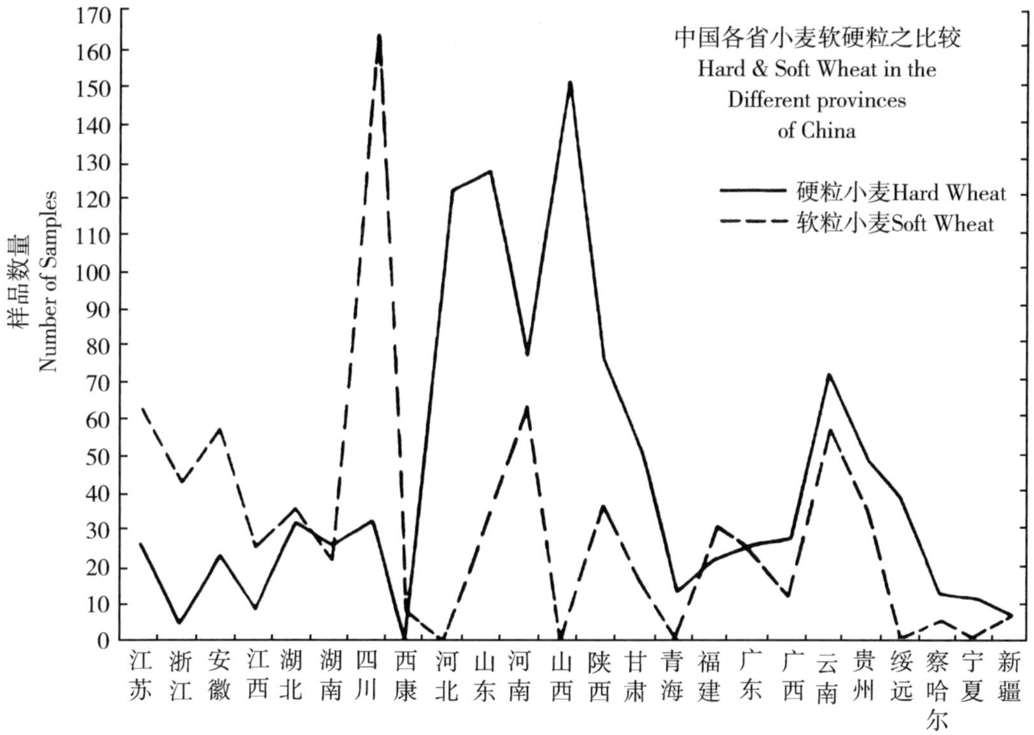

图7 中国各省小麦软硬粒之比较

查麦粒之有软有硬，第一由于品种之遗传性，第二乃受环境之影响。环境影响于麦粒之软硬，虽有许多因子，但最重要者，莫如小麦生长期内雨量之多寡。凡生长期内雨量不多之区域，小麦多为硬粒，或适于硬粒种之生长。雨量过多之地，小麦多为软粒，或不适于硬粒种之生长。因此吾国黄河以北雨量稀少，为纯粹之硬粒小麦分布区域；长江流域雨量较多，为软粒区域。若以全年降雨量为标准，硬粒与软粒分布之界限，似颇明显，即在600公粴等雨线以北多为硬粒小麦，而软粒小麦几乎绝迹；以南则多为软粒小麦，而硬粒小麦逐渐减少焉。

2. 特种状况硬粒之分布

珠江流域行经之五省（闽、粤、桂、黔、滇），在理论上讲，位居吾国南方，雨量甚多，应为软粒种之分布区域，但实际上检查结果，全部为硬粒之分布（图7）；惟此硬粒之品种与北方之硬粒种完全不同，盖北方之硬粒种，麦粒非常饱满而齐大，而南方之硬粒种则皱瘪不等，无饱满之可言，且种皮毫无光泽，与北方之硬粒种不能同日而语。非特珠江流域之硬粒种如是，即长江流域软粒区中掺杂之硬粒种，亦有此种皱瘪不饱满之现象，探其原因，乃为生育未能健全之表征，而非真正之硬粒种也。盖南方为冬麦区，其收获时期常在春夏之交，而其成熟（自抽穗到成熟）后半期之温度过高，不适于小麦之生长，是以麦粒后半期之生育未能充分完成，以致淀粉缺乏，而呈瘪皱之现象。此种原因，乃系环境不良所致，故为特种状况之硬粒分布也。

（四）中国小麦区

兹据前三节所述各种小麦之分布情形，更作进一步之归纳研究，将中国小麦划分为三个区域，制成三条极明显之分区县，使读者一目了然，即可知中国小麦区域之大概也。

作者所划分区域有三（图2略），自北至南，即硬粒红皮春麦区，硬粒冬春麦混合区，与软粒红皮冬小麦区是也。其分区之界线亦有三，乃冬麦北界，春麦南界与小麦主区南界是也。小麦之分区界线，实为决定区域之基础，故有先将界线说明之必要。关于冬麦北界及春麦南界，已于前两节中详细叙明，故不赘，兹将小麦主区南界述之如下。

小麦主区南界，东起于江浙交界之海边，向西伸展，经太湖之南，入安徽，经该省之广德、南陵、桐城、英山而入鄂境，再向西经蕲水、武昌、宜都、恩施，而达四川之石砫（今石柱）、涪陵；越江向西，经隆昌、乐山、雅安，迄邛崃山脉而止。此线即小麦主区南界，恰与全年平均雨量1 100公粴之界线完全合符。此线以北为吾国之主要小麦区域，该线以南，虽仍有种植，但其产额不多，生长之环境亦不如北方之适宜，是以品质较差，故吾国小麦之主区以此为南界也。

小麦之分区界线既明，则小麦之区域即在其中矣，兹将小麦区之范围及概况分述如次。

1. 硬粒红皮春小麦区

本区位居吾国之最北部，该区之南界，即为冬小麦之北界，此等地域乃硬粒红皮春小麦区也（图2略）。计包括吾国之辽宁、吉林、黑龙江、热河之全省；察哈尔、绥远、宁夏三省均除南部一小部分外咸属之，而甘肃则为中部与北部，四川仅西北角之一小部；青海、西康（新近由四川划入之一部分除外）亦为全省；新疆因地势特殊，除春麦外，间有冬麦；故本区之范围至广，可说除本部18省外，吾国之东三省、华北及华西各省均包括在内。

2. 硬粒冬春麦混合区

本区之南界，即春麦南界，北界即冬麦之北界，在此两界线之内，冬麦与春麦均有栽种，且均为硬粒之主区，故称硬粒冬春麦混合区。此外本区域内尚有一事须叙明者，即白皮小麦分布最密集之处，亦为本区之东半部所包括也。

3. 软粒红皮冬小麦区

本区位居吾国中部，以春麦南界为本区之北界，其南界即小麦主区之南界；计包括江苏全省、浙江之一小角；安徽、湖北之中部与北部；山东之东南部，河北之南部一角，河南除极北一角外，全省属之；山西之西南角，陕西之中部与南部，甘肃南部之一角，四川东部与中部均属之。本区为纯粹之冬小麦区域，且以软粒红皮为主也。

关于吾国南部诸省，即指小麦主区南界以南者，虽有小麦之栽培，因非主要之区，已如上述，故本文不再分出论述也。

三、结　论

1. 本文研究之材料，系向全国各省市县征集而得，共计样品 2 834 种，遍达 28 行省，720 余县。

2. 中国小麦之分布范围至广，自北纬 19°~52°，均有小麦之栽培。惟在扬子江以南，夏季温度高雨量多，小麦之生长欠佳；北方因冬季严寒之故，只栽春麦。故中国小麦之重要产区，南以小麦主区南界为限，北迄冬麦北界。就纬度言，约等于北纬 29°~41°。

3. 春麦之分布，南达北纬 27°，北迄 52°。就西北部之麦区言之，大概离海拔 1 500 公尺以上之山地，多为春麦所分布。四川之松潘海拔 3 150 公尺之处，尚多春麦之栽培。

4. 冬麦之分布遍于吾国本部诸省，而以中部及东南各省为纯粹之冬麦区，新疆亦有之。冬麦之北界越春麦之南界而向北分布，即在 1 月份平均温度 -10℃之等温线以北。

5. 凡吾国可栽小麦之区，随处皆有红皮小麦之分布。其比较纯粹之区，为苏、皖南部及浙、赣、湘、鄂、闽、粤、桂、黔诸省，简言之在长江以南，惟云南为例外。

6. 白皮小麦之分布与全年雨量关系至大，其南界约等于全年雨量 900 与 1 000 公糎之等雨线，故其分布区域大都在黄河流域及北部诸省，而以鲁、冀、豫为最多，晋、陕次之；新疆、云南、四川亦间有之。

7. 硬粒与软粒之分布，对于生长期间雨量之多寡，影响甚巨。黄河以北诸省，雨量稀少，为纯粹之硬粒分布区，冀、晋及鲁北其尤著者也；软粒小麦则分布于雨量丰富之长江流域各省，以苏南、鄂北及浙江全省为最密集。

8. 中国之小麦，可分为下列很明显的 3 个区域。

（1）硬粒红皮春小麦区：该区位居中国之东北、北及西部，即包括东三省、内外蒙古、西康及青海，可说除本部各省外均属之，而以冬麦之北界为其南界。

（2）硬粒冬春麦混合区：该区介乎冬麦北界与春麦南界之间，地跨鲁、豫之北，冀之中，晋之中北部，察、热、宁三省极南之一小部，甘之东南及川西北角之一部。新疆因地势之差异悬殊，似宜另划一冬春麦混合区。

（3）软粒红皮冬小麦区：该区以春麦南界为北界，小麦主区南界为南界，位居吾国中部，如江苏、浙北、鲁南，皖之中、北，豫则几及全省，晋之西南，陕之中南，鄂北与川东及川中等地属之。

参考文献（略）

（中华农学会报，1940（170）：1-19）

44蔣同慶楊邦傑：廣東蠶Ed死卵系統致死的研究

45蔣同慶：家蠶絹絲膠之研究

46陳朝玉：家蠶蛹粉中水溶性蛋白質之營養價值

47陳朝玉王高順：家蠶蛹與柞蠶蛹蛋白質之營養價值之比較

48陳萬聰張松蔭孫鼎文：成都市土種黃牛及級進種乳牛之產量與泌乳期之比較

49李秉權：陝西同州羊之肉體的與毛質的觀察

50李象元：中國淡水魚人工雜交孵化之試驗

51陳朝玉王祖澤：幾種野鳥肌肉蛋白質之生理的價值

52郝景盛：北碚區松杉柏播種造林成功之經過

53梁希等：川西木材強度之研究

54梁希陳桂陞：木材纖維飽和度之研究

55梁希陳桂陞：木材人工乾燥法之研究

56梁希張楚寶：氣壓法木材防腐試驗裝置之設計

57侯學煜：貴州南部酸性土及鈣質土之植物組合

58宋達泉：福建之土壤利用與農產分佈

59陳鴻佑：貴州省土壤冲刷之初步研究

60萬鶴羣：犁頭力學之比較研究

61童潤之：璧山二六九戶農家教育程度與經濟狀況之調查

62朱穎光：論我國合作金融業務之新經營方法

中國小麥之種類及其分佈

中央大學農學院　金善寶

本文研究所用之材料，除利用中大農藝系舊有之小麥品種外，民三十一年，曾向雲南，貴州，廣西，四川，西康，陝西，甘肅，寧夏及新疆等省之農業機關，徵得小麥樣品多種。若與舊有之品種合併計之，約有一千九百七十種，其產地則包括二十四行省。

上項材料種植於中大院內農藝場及柏溪分校農場，經兩年田間觀察及室內檢查之結果，歸納之後，屬於普通小麥（*T, Vulgare*）者，計有千四品種，屬於密穗小麥（*T, Compactum*）者，計十二品種；屬圓錐小麥（*T.Turgidum*）者，計五品種；屬於硬粒小麥（*T. durum*）者，計四品

中国小麦之种类及其分布

中央大学农学院　金善宝

本文研究所用之材料，除利用中大农艺系旧有之小麦品种外，民国三十一年（1942年）曾向云南、贵州、广西、四川、西康、陕西、甘肃、宁夏及新疆等省之农业机关征得小麦样品多种。若与旧有之品种合并计之，约有 1 970 种，其产地则包括 24 行省。

上项材料种植于中大院内农艺场及柏溪分校农场，经两年田间观察及室内检查之结果，归纳之后，属于普通小麦（*T. vulgare*）者，计有 14 个品种，属于密穗小麦（*T. compactum*）者，计 12 个品种；属圆锥小麦（*T. turgidum*）者，计 5 个品种；属于硬粒小麦（*T. durum*）者，计 4 个品种；属于斯卑尔脱小麦（*T. spelta*）者，计有 4 个品种。共计 5 种（Species），39 个品种（Varieties）。

普通小麦之种类最多，分布几遍全国，就中以 *Var. erythrospermum* 与 *Var. Ferrugineum* 两品种之分布为尤广，惟多集中于山东、河北、山西、陕西及河南诸省。密穗小麦之分布，仅次于普通小麦。圆锥小麦列为第三位，云南与四川所产最多。硬粒小麦仅见于云南、绥远、陕西及甘肃四省，斯卑尔脱小麦为云南之特产，其分布之范围甚小，只产于缅宁、镇康、云县及双江一带。

就省之单位言：云南所产之小麦，种类最多，包括 5 种，21 个品种，157 个品系，几足以代表全国。

（中华农学会通讯，1945（50）：4–5）

移植冬小麥的初步試驗結果

金 善 寶

(一)引 言

一九四九年東北、華北和華東各地區發生嚴重的水災，被淹耕地面積達一萬萬畝；因此，有廣大的田地不能及時在冬季種上作物，這對今年夏季糧食的生產，顯然是受到很大的影響的。筆者在今年二月間曾經主張『移植冬麥戰勝災荒』（見一九五〇年二月二十一日新華日報），當時因缺乏試驗的數字根據，南京和各地的農民很少具有移植冬麥的經驗，只知道水稻可以插秧，但不曉得小麥是可以移植的。各災區的農業工作人員和地方幹部也因缺乏經驗，不敢輕於嘗試。因此那時候在南京丁家橋南大勸業農場作了冬小麥的移植試驗，現在得到了一些初步結果。今年夏季皖北和蘇北又發生空前未有的大水災，皖北一地被淹耕地即約有三千二百萬畝。這些地區。今年一定有數百萬畝的土地，將不能種上冬作，如何爭取明年夏季糧食生產不遭受損失或減少損失到最低限度？這是我們必須加以注意和研究的。現將試驗方法和結果，作簡略的報告，以供大家參考。

(二)試驗材料和方法

供試品種有美國玉皮，中大一三——二一五、和中大二四一九等三種小麥。移植日期在二月二十四和二十五日。移植時一般的麥苗高約四、五寸，相當散開，但中大二四一九要比較高些，已經向上直立，近乎要出節的樣子。那時的土壤早經解凍。每日最低溫度自攝氏二度至五．二度，最高自八．六度至一三．二度。因爲天氣和暖，麥苗已經度過了冬季的休眠期，漸漸地生長起來了，按照移植的條件來說，已經超過適當的時期。

移植的方法，選擇生長強壯，分蘖衆多的麥田用鋤或鍬把麥苗連根帶土掘起來，但不要把同一塊地方的麥苗統統掘起，必須適當地留一部份讓它在原地生長。選擇生長比較緊密的地方相間地掘起一部份移植到另外田裏去，這樣可使留在原地區的麥苗發生更多的分蘖。普通一畝麥田可以移植四、五畝，如果土地肥沃，生長茂密的麥苗可以分植到五、六畝，是不成問題的。

經過深耕細耙的土地，每隔一市尺開一深約三寸的溝，把掘起的麥苗，細心地分開，約一、二株或二、三株爲一叢，或具有五、六根分蘖的分別斜放在溝裏。每隔三寸放一叢，隨即把土蓋上，用手壓緊根部土壤，最後用脚緊緊地踏一遍。

每品種三行爲一區，各品種順次排列，重複三次。本來分三種處理：（一）不澆水，（二）澆水，（三）澆水並施肥，但因移植後的第三天就下了大雨，認爲對於澆水與否不會有什麼作用，因此就把三種處理取消，改爲九次重複了。

到了三月一日和四日澆了兩次水。移植後兩星期，麥苗已經發出許多的新根。到了三月十一和三月二十九日，曾經施過兩次稀薄的人糞（普通腐熟的糞便加上七、八倍的水），中耕除草舉行了三次。

(三)移植後一般生長情況

麥苗移植之後，恢復生機的快慢，要看天氣、品種、土壤的溼度和麥苗的大小而定。在陰溼的天氣就容易恢復，如遇猛烈的太陽，土壤又很乾燥，那就恢復得很慢。但在同樣的環境下，品種的特性也是表現得很清楚的。就筆者的經驗來說，美國玉皮在各種試驗中，移植之後常能保持青綠的狀態，但中大一三——二一五特別顯得容

移植冬小麦的初步试验结果

金善宝

一、引 言

1949年，东北、华北和华东各地区发生严重的水灾，被淹耕地面积达10 000万亩；因此，有广大的田地不能及时在冬季种上作物，这对今年夏季粮食的生产，显然是受到很大的影响的。笔者在今年2月间曾经主张“移植冬麦战胜灾荒”（见1950年2月21日新华日报），当时因缺乏试验的数字根据，南京和各地的农民很少具有移植冬麦的经验，只知道水稻可以插秧，但不晓得小麦是可以移植的。各灾区的农业工作人员和地方干部也因缺乏经验，不敢轻于尝试。因此那时候在南京丁家桥南京大学劝业农场做了冬小麦的移植试验，现在得到了一些初步结果。今年夏季皖北和苏北又发生空前未有的大水灾，皖北一地被淹耕地即约有3 200万亩。这些地区，今年一定有数百万亩的土地将不能种上冬作，如何争取明年夏季粮食生产不遭受损失或减少损失到最低限度？这是我们必须加以注意和研究的。现将试验方法和结果，作简略的报告，以供大家参考。

二、试验材料和方法

供试品种有美国玉皮、中大13-215和中大2419 3种小麦。移植日期在2月24日和25日。移植时一般的麦苗高约四五寸，相当散开，但中大2419要比较高些，已经向上直立，近乎要出节的样了。那时的土壤已经解冻。每日最低温度2~5℃，最高8.6~13.2℃。因为天气和暖，麦苗已经度过了冬季的休眠期，渐渐地生长起来了，按照移植的条件来说，已经超过适当的时期。

移植的方法，选择生长强壮，分蘖众多的麦田用锄或铲把麦苗连根带土掘起来，但不要把同一块地方的麦苗统统掘起，必须适当地留一部分让它在原地生长。选择生长比较紧密的地方相间地掘起一部分移植到另外田里去，这样可使留在原地区的麦苗发生更多的分蘖。普通一亩麦田可以移植四五亩，如果土地肥沃，生长茂密的麦苗可以分植到五六亩，是不成问题的。

经过深耕细耙的土地，每隔一尺开一深约3寸的沟，把掘起的麦苗，细心地分开，约一二株或二三株为一丛，或具有五六根分蘖的分别斜放在沟里。每隔3寸放一丛，随即把土盖上，用手压紧根部土壤，最后用脚紧紧地踏一遍。

每品种3行为一区，各品种顺次排列，重复3次。本来分3种处理：①不浇水，②浇水，③浇水并施肥，但因移植后的第三天就下了大雨，认为对于浇水与否不会有什么作用，因此就把3种处理取消，改为9次重复了。

到了3月1日和4日浇了两次水。移植后两星期，麦苗已经发出许多的新根。到了3月11日和3月29日，曾经施过两次稀薄的人粪（普通腐熟的粪便加上七八倍的水），中耕除草举行了3次。

三、移植后一般生长情况

麦苗移植之后，恢复生机的快慢，要看天气、品种、土壤的湿度和麦苗的大小而定。在阴湿的天气就容易恢复，如遇猛烈的太阳，土壤又很干燥，那就恢复得很慢。但在同样的环境下，品种的特性也是表现得很清楚的。就笔者的经验来说，美国玉皮在各种试验中，移植之后常能保持青绿的状态，但中大13-215特别显得容易凋萎。这是不是因为美国玉皮是一种春小麦而中大13-215是一种冬小麦的关系，尚不敢断言，因为中大2419也是一种春小麦，但它移植后的生长状况，比美国玉皮要差些，而比中大13-215则要强些，不过中大13-215小麦生长快，移植时植株要比美国玉皮高些。这或许是它不像美国玉皮容易恢复的原因之一。

移植的麦苗多少有点凋萎现象，甚至有的小分蘖竟会渐渐死去，但经过10天或两星期之后，就会逐渐转向青绿，而且新的分蘖陆续发生出来。在肥沃的土壤或多施些粪肥，新发生的分蘖，会比原来的分蘖多到好几倍。不过因为分蘖的期间相差得很远，最早的发生于冬季，最迟的到3月才产生，因此，虽是同株的小麦，出穗的时期是很参差的，成熟期也要相差五六天。同一品种，移植的小麦，出穗最早的或是成熟最早的超过了不移植的，但移植后发生出来的分蘖，出穗或成熟都是比较迟的。故一般说来，移植的小麦，无论出穗或成熟要比不移植的来得迟些。

移植小麦的分蘖比不移植的或直播的来得多，但植株的高度一般要比不移植的短些。（图1~图3）

图1　移栽小麦将近成熟时在田间生长状况

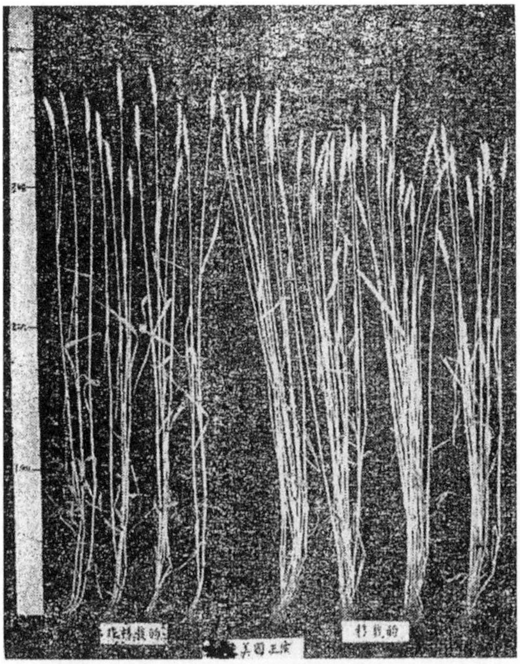

图 2　中大美国玉皮移栽与非移栽的植株生长之比较

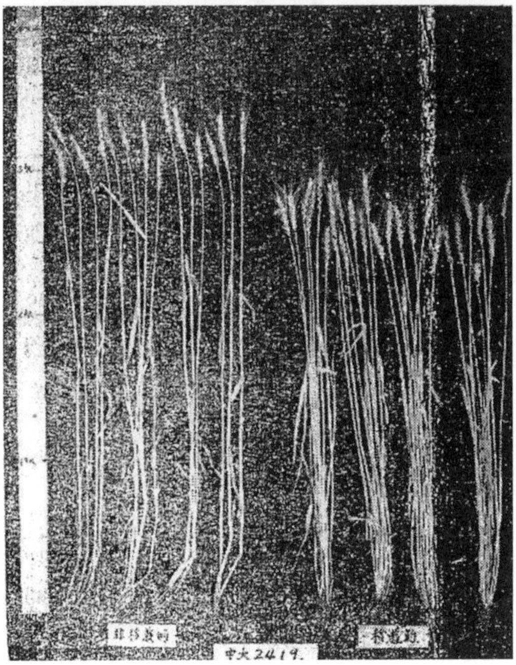

图 3　中大 2419 移栽的与非移栽的植株生长之比较

注：1. 移植的小麦植株高矮参差，不移植的植株高矮比较整齐

2. 移植的小麦，穗的大小相差很大，早出的穗比不移植的大，迟出的穗比不移植的小

3. 在一单位面积内，移植的小麦，株数少，吸收养料的机会多，故每株的分蘖较多。相反的，不移植的因株数较多吸收养料的机会少，故一株的分蘖亦少。至于同一面积内的产量，要看穗的数目，每穗粒数和大小而定

就麦穗之大小来比较，从移植前分蘖所产生之麦穗移植的比不移植的大。但移植后所生的分蘖，它的麦穗就比直播的或不移植的麦穗小，这是很明显的。

图 4　中大南京赤壳移栽的与非移栽的植株生长之比较

四、产量和品质的比较

移植小麦每亩的产量（表 1），根据 9 个小区的试验结果，美国玉皮最低是 91 斤，最高 191 斤，平均为 116. 2 斤。中大 13–215 小麦最低 45 斤，最高 87 斤，平均为 46. 4 斤。中大 2419 小麦最低 71 斤，最高 123 斤，平均为 94. 3 斤。就 3 个品种比较，美国玉皮产量最高，中大 2419 次之，中大 13–215 最少。这 3 个品种，每 9 个小区的产量，变异都是很大的。最高与最低相差有几达一倍的，甚至有超过一倍的。差异的主要原因，是由于这几个试验事先没有好好准备，例如移植的麦苗生长是不一致的，掘起的时候，根部带土有多少，移植时在一定面积内，麦苗的株数，是不会尽同的，而且移植有深浅。压土有松紧，其他如灌溉、施肥，都是不同的。

表 1　移植小麦与直播小麦每亩产量之比较　（单位：斤）

重复区数	美国玉皮	中大 13–215	中大 2419
1	191	79	72
2	132	55	81
3	105	45	71
4	118	87	117
5	117	51	84

（续表）

重复区数	美国玉皮	中大 13-215	中大 2419
6	95	84	114
7	91	83	123
8	96	59	87
9	101	85	100
总计	1 046	628	849
平均	116. 2	69. 7	94. 3
大田对照产量	200	150	155
对照与移植比较	100：58. 1	100：46. 4	100：60. 8

同一品种移植小麦的产量，比普通直播的来得低，美国玉皮移植的只抵直播的 58%或减产 42%。中大 13-215 移植的只有 46%，或减少 54%。中大 2419 小麦只及直播的 60%或减低 40%。

移植小麦的品质，也要比直播的差些，例如美国玉皮移植的千粒重是 33 克，直播的有 35 克；一升重：移植的只 611 克，直播的达 740 克。中大 13-215 小麦移植的千粒重 30 克，直播的 32 克；一升重：移植的只有 563 克，直播的达 700 克。中大 2419 小麦移植的千粒重 32 克，一升重是 603 克，直播的则有 35 克和 720 克。

五、产量和品质减低的原因

移植小麦的产量之所以减低，是有下列几种原因：第一，在同一面积内，移植的麦苗比原来直播的麦苗要少得多；第二，移植的时期太迟，没有充足的时间让它发生更多的分蘖，故移植的疏密和移植的时期，对小麦的产量是有很大的影响的。如果移植的密度和直播的密度相差不很大，或在适当的时期移植，那么，移植的产量并不会比直播的减少，甚至有些时候还会超过的。至于品质的降低，完全由于移植期晚，后期所生的分蘖，种子结实不能饱满的缘故。

关于上述移植小麦产量和品质降低的原因，我可以拿陈锡臣先生的报告（《大众农业》二卷五期《小麦移植法有没有实用价值?》）来证明。他在杭州做过小麦移植的试验，得到很好的结果，他说，浙大 11 号小麦，在适期（11 月 10 日）直播的产量，每亩为 350 斤，而适期育苗（10 月 31 日）及时移植（12 月 15 日）的产量，每亩达 370 斤，超过适时直播的产量 20 斤，超过过时直播（11 月 20 日）的产量 65 斤。又说，麦粒的充实程度与容重的大小与直播的没有两样。这些数字和说明，适当地证明了小麦移植的时期与移植的产量和品质有着密切的关系。如果预备移植的小麦，能够在适当时期播种和适当时期移植，那么，产量和品质的问题，是可以克服的。

六、条栽和穴栽的比较

移植的时候，应该用点播式的移植，还是用条播式的移植？两者的产量是否会有差别？为了解答这个问题，特地做了一个简单的试验。供试品种有美国玉皮和南京赤壳。行长18尺，行距1尺，每品种都是三行为一区。这两行之中东首的一行是整株的，每株约有五六个以上的分蘖，株距是5寸。第二行是分株的，就是把具有六七个分蘖的整株麦苗分成了两株，株距约二三寸，重复各8次。另一组不是真正的整株，行长和株距与第一组相同。移植日期都是在2月28日下午，到了3月1日和4日两组各浇了两次水。

就生长情形比较，无论是整株的或假整株的，条栽的总是比穴栽的要好些。产量计算的结果，美国玉皮小麦，整株或是假整株，8个重复之中，有7个重复的产量，条栽超过了穴栽，只有第八个重复，条栽的产量比穴栽要差些。就平均来说，整株的条栽产量超过穴栽17%，假整株的条栽产量超过穴栽20%。

南京赤壳的结果没有美国玉皮那样显著，但在8个重复之中，整株的条栽产量，有6个超过穴栽。平均结果，假整株条栽产量超过穴栽8%，整株的条栽产量超过穴栽14.5%（表2）。

表2 小麦条栽与穴栽产量之比较（单位：斤）

重复区数	美国玉米				南京赤壳			
	整株		假整株		整株		假整株	
	穴栽	条栽	穴栽	条栽	穴栽	条栽	穴栽	条栽
1	77	118	86	93	114	119	86	109
2	166	171	93	127	119	126	95	83
3	151	182	95	159	172	172	91	112
4	163	206	169	175	179	152	154	143
5	199	270	165	194	147	272	83	88
6	85	106	175	207	60	115	114	142
7	240	320	160	176	104	125	81	107
8	95	93	167	161	100	75	105	85
总计	1 176	1 466	1 110	1 290	995	1 156	809	869
平均	147	183	139	161	124	145	101	109
百分比（%）	83	100	80.6	100	85.5	100	92	100

就这个试验结果看来，生长状况的观察和产量比较的结果是一致的，条栽要比穴栽好。这就是说，移植的小麦宜分散不宜集中，分散易于发展，集中减少分蘖，这是值得我们注意的。

七、麦苗拔起后第二天移植

移植的麦苗拔起后，因人工关系或因远道运输，当天来不及移植，到了第二天移植是否会受到影响呢？为要解决这个问题也做了一个很粗放的试验。把拔起的麦苗，放在阴湿的地方，隔了一天一夜，然后取出栽种。这个试验又分两种处理：①把麦根上附着的泥土打干净，②带土的即不把泥土打掉。这两种处理都重复了3次，收获之后，三区平均的结果，打土的每亩平均产量是148斤，带土的每亩平均产量达160斤。这个试验结果，大致告诉了我们，第一天拔起的麦苗，如果适当放置，延到第二天移植，似乎不会受到多大影响。带土和不带土的产量相差并不多，为了便利长距离运输起见，麦根上附着的泥土是可以打去的。

八、简短的结论

小麦、大麦都是谷类作物，有许多的须根，有分蘖的习性，它和水稻同样，都是可以移植的。

移植成绩的好坏，和移植的时期、移穜时麦苗生长的状况、移植的方法、移植时和移植后的天气，都有密切的关系。

麦苗出土后一个月或已有三四个分蘖，土壤尚未冰冻的时候，移植小麦常能得到良好的结果，它的产量能和不移植的相等。

预备移植的小麦，它的种子如能比当地适当种麦的时期提早两三个星期播种，利用温暖的天气，使麦苗发生较多的分蘖，那么在寒冷天气来临前，就可以进行移植了。

只要土地不冰冻，麦苗生长到了三四个分蘖的阶段，随时可以移植的，但到春天气温逐渐上升，麦苗由散开而向上直立之后，移植就应该停止。就南京今年的天气，2 月下旬移植的小麦已经向上直立了，它的产量相当不移植的五六成。

如天气干燥，土壤水分不多，移植之后，灌几次水对麦苗的迅速恢复生长，是有帮助的。如在瘠薄的土壤，移植十几天之后，施些稀薄的腐熟粪肥，都有助于麦苗分蘖的发生。

移植的小麦，行距约八九寸，不要超过一尺。株距约二三寸，但不宜太大。每株的麦苗，必须把土压紧，然后再用脚紧紧踏一遍。

拔起的麦苗隔天移植，对产量不会有多少影响的。如要远道运输，附着根部的土壤，是可以打去的。

冬季适时移植的小麦，它的成熟、产量和品质不会比直播的差。如迟至 2 月底或当麦苗直立之后移植，因分蘖发生的先后相差悬殊，迟发的分蘖，成熟赶不上直播的，因此产量和品质也要差些。

从拔苗到移植，每亩约需 12~15 个工。如从纯经济观点出发，和直播的小麦来比较，移植小麦是不经济的。但如从生产救灾的观点来说，移植小麦可说绝对有利的。而且在整个国家利益上也是有很大帮助的。

（华东农科所工作通讯，1950（1）：12-16）

我国当前种植面积最广的小麦良种

中大2419小麦

金善宝（南京农学院） 蔡旭（北京农业大学） 吴董成（华中农业科学研究所） 吴兆苏（南京农学院）

前言

中大2419小麦，1934年在南京开始选种，1937年移至四川重庆繼續試驗，至1942年首先在四川示范推广，以后种植面积逐年扩大；尤其是解放后的最近二三年发展得更为迅速。根據1956年底不完全的統計，中大2419在全国范圍内的种植面积已超过三千六百万亩，而且还有进一步发展的趋势。中大2419不但在过去已經在粮食增产上起了一定的作用，而且根据它的一系列优良性状可以預見到在今后还有更大的发展前途。

中大2419自育成到現在已經十八年了，由于它在生产上的价值，引起有关方面的重視。我們感到有必要把有关这个品种的資料加以初步整理，提供有关的研究机关和生产部門参攷。

中大2419在解放以后由于原育成机关前中央大学改組为南京大学，所以又称为南大2419。又因輾轉傳播，各地名称不一。（例如陕南一带有称为"齐头紅"的，川北一带有称为"中大麦"，四川内江一带有称为"印度麦"的。）根据1956年8—9月間华东区小麦研究座談会討論結果，一致認为仍以保持原来名称为恰当，仝时为了避免仝种異名所引起的許多不便，建議有关方面今后一致用中大2419的名称。

一、中大2419的來源和选育經过

中大2419是1934年由金善宝教授和蔡旭、吴董成等在前中央大学农学院进行选育的小麦品种。当年前中央大学农学院在南京勸业农場（即現在南京农学院丁家桥农場旧址）种植了国内各地所搜集的小麦品种二千一百余种，国外小麦品种及潘希維尔（Percival）世界小麦品种千余种。从这一大批原始材料中擇优进行了混合选擇。中大2419的原始亲本就是当年从潘希維尔世界小麦品种中选出的。根据記載，它的原始品种叫做"Mentana"，是意大利中部和北部聞名的早熟良种之一［1］。1934年秋季逕行加入十行試驗，当时的編号为Ⅲ—23—2419（根据当时的編号制度："Ⅲ"表示引进的材料，"23"表示民国23年开始选种）。到品种育成时，以这个編号略去前面的而冠以校名，称为中大2419。（与这个品种仝时开始选育而得到成功的还有中大2509，其原始編号为Ⅲ—23—2509；由于

我国当前种植面积最广的小麦良种中大 2419 小麦

南　京　农　学　院　金善宝
北　京　农　业　大　学　蔡　旭
华中农业科学研究所　吴董成
南　京　农　学　院　吴兆苏

前　言

中大 2419 小麦 1934 年在南京开始选种，1937 年移至四川重庆继续试验，至 1942 年首先在四川示范推广，以后种植面积逐年扩大；尤其是解放后的最近二三年发展得更为迅速。根据 1956 年年底不完全的统计，中大 2419 在全国范围内的种植面积已超过 3 600 万亩，而且还有进一步发展的趋势。中大 2419 不但在过去已经在粮食增产上起了一定的作用，而且根据它的一系列优良性状可以预见到在今后还有更大的发展前途。

中大 2419 自育成到现在已经 18 年了，由于它在生产上的价值，引起有关方面的重视。我们感到有必要把有关这个品种的资料加以初步整理，提供有关的研究机关和生产部门参考。

中大 2419 在解放以后由于原育成机关前中央大学改组为南京大学，所以又称为南大 2419。又因辗转传播，各地名称不一（例如陕南一带有称为“齐头红”的，川北一带有称为“中大麦”，四川内江一带有称为“印度麦”的）。根据 1986 年 8—9 月间华东区小麦研究座谈会讨论结果，一致认为仍以保持原来名称为恰当，同时为了避免同种异名所引起的许多不便，建议有关方面今后一致用中大 2419 的名称。

一、中大 2419 的来源和选育经过

中大 2419 是 1934 年由金善宝教授和蔡旭、吴董成等在前中央大学农学院进行选育的小麦品种。当年前中央大学农学院在南京劝业农场（即现在南京农学院丁家桥农场旧址）种植了国内各地所搜集的小麦品种 2 100 余种，国外小麦品种及潘希维尔（*Percival*）世界小麦品种千余种。从这一大批原始材料中择优进行了混合选择。中大 2419 的原始亲本就是当年从潘希维尔世界小麦品种中选出的。根据记载，它的原始品种叫作“*Mentana*”，是意大利中部和北部闻名的早熟良品之一。1934 年秋季经行加入十行试验，当时的编号为Ⅲ-23-2419（根据当时的编号制度：“Ⅲ”表示引进的材料，“23”表示民国二十三年（1934 年）开始选种）。到品种育成时，以这个编号略去前面的而冠以校名，称为中大 2419（与这个品种同时开始选育而得到成功的还有中大 2509，其原始编号为Ⅱ-23-2509；

由于其原始品种名为“Ardito”，为了音意兼顾，名为“矮立多”，现在这个名称已普遍应用，但在四川有些地方仍有称为中大2509的）。中大2419自1934年开始，通过了十行和高级等一系列的比较试验，自南京到重庆，历时6年，表现甚佳。到1939年由于与前四川省农业改进所合作，分发到该所各试验场进行区域适应性试验，成绩优异。据1939—1940年两年在合川、内江、泸县、岳池、武胜、渠县等6处12个试验的结果，中大2419的产量列居前位，比当地品种增产7.2~94.1斤，折合3.1%~37.6%，也比当地的推广品种金大2905显著增产；因此，在1942年秋开始在四川省示范推广。1946年前中央大学农学院在重庆的建筑遭受火灾，所有此前在南京和重庆的小麦试验记录全被焚毁。

1946年前中央大学迁回南京后，中大2419仍继续在丁家桥农场参加品种比较试验并进行繁殖。根据1946—1947年试验的结果，中大2419的产量超过南京当地品种17.1%。1947—1948年以玉皮为对照进行对比试验的结果，中大2419的产量超过玉皮11.0%（同年前中央农业实验所在江湾进行的小麦良种区域适应性试验的结果，也肯定了中大2419在苏南一带的推广前途）。1948—1949年6个品种比较试验的结果，中大2419产量居第二位，每亩447.4斤。1950—1951年10个品种比较试验的结果，中大2419产量居第一位，每亩427.0斤。由此证明，中大2419不但适应于长江上游，而且也适应于长江下游；不但具有高额丰产性，而且具有产量的稳定性。

二、中大2419的形态和特性

在分类学上，中大2419系属于普通小麦的一个变种（*Var. erythroleucon* Korn.）。

穗呈纺锤形，芒长而粗硬，具有锐利的锯齿，芒的长度在穗中部的为6~7厘米，在穗上部的比中部的略短或接近于中部的长度，在穗下部的则比中部的为短。芒向两侧张开，与穗轴成30°~45°的角度。颖壳为淡红色，其上无茸毛，到蜡熟期颖壳的边缘呈现很明显的棕色条纹，颖壳长而狭；颖肩方形；颖嘴鸟嘴形，长1~2毫米；颖脊明显，直达到颖的基部。

小穗着生较疏，紧贴于穗轴。中部小穗通常结实3粒，多的可达4~5粒，甚至6粒。

种皮呈乳白色，胚端较尖呈卵形，粒长7~8毫米，宽3~4毫米，种子横切面近三角形，腹沟较深，皮薄，粉质，出粉率高。千粒重一般在36~40克，高的达到45克左右。根据浙江省农业科学研究所的测定结果：中大2419种子千粒重为36.3克，每斤有种子13 536~13 712粒，每升重715~726克，比重为1.2。根据华东农业科学研究所的分析结果：千粒重为35~38克，含蛋白质为12.2%，干面筋8.1%，湿面筋23.3%，灰分3.83%。

芽鞘呈淡绿色，幼苗习性为直立。在植株生长期间，茎叶的颜色比较深绿，略带有白色蜡质。叶片宽狭中等而略短，剑叶向上挺立，植株高度中等，一般在115厘米左右，茎秆坚硬粗壮，分蘖力较弱。

阶段发育特性：在春化阶段上，中大2419系属春性类型。根据华东农业科学研究所分析的结果，在10~12℃下10天以内即可通过春化阶段。根据中国科学院植物研究所遗传研究室与华北农业科学研究所发育生物学系的研究，最适春化条件为0~12℃经过9天。在光照阶段上，中大2419光照阶段较短，对光照条件反应不敏感。根据华东农业科学研究所作物生理研究室分析的结果，中大2419光照阶段不到25天，在16小时光照下仅较自然光照下提早了3天抽穗，在10小时日照下则延迟13天。根据中国科学院植物研究所遗传研究室与华北农业科学研究所发育生物学系 1955 年的分析结果：中大 2419 光照阶段为 20 天，属于对日照条件反应迟钝的类型，在 8 小时和 12 小时日照下都能抽穗。总之，中大 2419 是属于光照阶段短对日照条件反应不敏感的类型。南京农学院在 1950—1951 年所进行的周年分期播种试验结果，虽然自出苗到抽穗的时间长短有出入，但是都能够依播种的先后次序抽穗，这说明在南京自然条件下周年的温度和日照条件都能够允许这个品种通过两个发育阶段，这也补充说明，中大 2419 的发育阶段短，而且对发育条件的要求不严格。

生育期：中大 2419 在各地种植的结果，一般都表现中早或早熟的特性。在南京地区其生育期在 204~206 天，比当地最早的品种江东门迟熟 3~4 天，但比其他大多数品种都早熟。在武昌地区，其生育期在 204 天左右，比当地早熟品种武昌三月黄早熟 2 天；在湖北新洲县比当地混子麦早 2~3 天。在重庆地区，其生育期平均为 183 天，比巴县土种早熟 5~7 天；在成都地区，其生育期为 185 天；在泸县为 179 天。在杭州地区，根据浙江省农业科学研究所 1952—1955 年小麦品种工作总结，其生育期在 208 天，比浙农 9 号、17 号及当地一般品种早熟 2~5 天。在江西北部和中部一带，其生育期在 200 天左右，比当地品种早熟 7~10 天。在福州地区，其生育期为 152 天，差不多与当地早熟种同时成熟。在昆明地区，较一般品种早熟 5~10 天。在昌都地区，作为春麦种植比当地品种提早 15 天左右成熟。中大 2419 生长的前期一般比其他品种为短。根据华东农业科学研究所的观察结果：中大 2419 自出苗到拔节需要 119 天，而骊英 3 号、金大 2905 和中农 28 分别为 125 天、133 天和 146 天；又中大 2419 在出苗后 17~20 天其生长锥就已经伸长，而金大 2905 和中农 28 则需要 35~38 天。

中大 2419 耐寒性较弱，如遇寒流袭击容易受害，尤其是在早播情况下为严重；不过中大 2419 在受冻后的恢复能力也比较强。1952 年 12 月初遭受寒流袭击之后，根据江苏望亭试验场的观察，中大 2419 受冻伤的麦苗在 2 月下旬就开始生出新叶，复活的麦苗较多，产量也较高，而当地品种方六柱受冻伤的麦苗达到 3 月中旬才开始重新生出新叶，复活的麦苗较少，产量也较低。同年在扬州地区，寒流来后地上部的麦叶全部冻伤，约过了 10 多天逐渐恢复，中大 2419 首先转青，而当地品种白花箕则较迟。根据河南省农业厅的报道：中大 2419 遇骤寒霜害后，如适当施肥，恢复力强；内乡龚文生种的中大 2419 在 1953 年霜灾后每亩尚收 450 多斤。

对病害的抵抗性：在田间自然条件下，中大 2419 对条锈病表现高度抵抗或免疫；对叶锈病基本上也是抵抗的；而对秆锈病则在不同地区和不同年份里表现不同程度的感染。根据华东农业科学研究所布置的统一条锈病圃试验：1950—1963 年的 3 年间，自福建至山东包括福州、杭州、芜湖、无锡、南京、淮阴、徐州、济南和莱阳 9 处；1953—1954 年福州、杭州、无锡、南京、徐州和济南 6 处，共计 33 次的观察中，中大 2419 有 22 次表现为免疫型，11 次表现为抵抗型（严重率也多数都在 25% 以下）。又根据该所食用作物系 1952、1954、1955 年在南京的田间观察记载：中大 2419 对叶锈病的发病严重率一般都在 0~5%；对秆锈病的发病严重率头两年也不过 0~5%，而在 1955 年严重率大多数达到 10%，普遍率达到 100%。根据华中农业科学研究所的记载：中大 2419 在武昌的自然条件下，条锈病的发病严重率为 0，叶锈病发病严重率也都在 5% 以下，而对秆锈病的抵抗性很弱，个别年份最严重的情况下，普遍率竟达到 100%。其他各地区的观察记载大致相似；并且普遍地反映：中大 2419 对 3 种锈病的抵抗性一般都比地方品种强得多。

中大2419对赤霉病缺乏抵抗力。在病害流行的年份（1952年），华东农业科学研究所在南京田间自然感染情况下的检查结果：中大2419的发病率为30%（受检查的235个品种中，发病率0.9%~89.1%）；1954年为0.6%（受检查的40个品种中，发病率0~7.1%）。又据1954年的调查，浙江萧山地区，一般品种的发病率为20%~30%，而中大2419达到80%~90%；江苏无锡望亭附近，一般品种的发病率为10%~20%，而中大2419高达60%~70%。根据江苏省稻作试验场（望亭）1954年的比较观察结果：中大2419的发病率为31.7%（供试品种24个，发病率7.9%~45.6%）。根据华中农业科学研究所1955年的检查结果：中大2419在武昌自然条件下的感染率为15.1%，严重度为5.12%。

中大2419通常不容易发生黑穗病。根据云南、江西、湖北、河南、陕西等省的报导，中大2419相对地具有抗黑穗病的特性。

对虫害的抵抗性：根据各地区近年所进行的调查和试验研究的结果，一致肯定了，中大2419是我国当前抗吸浆虫最强的小麦品种。华东农业科学研究所和苏北、皖北试验场1950—1953年进行了一系列的灾区调查，接种试验和示范工作。1952年在扬州的强力接种试验的结果：中大2419在两个重复中共接种成虫1 474个，仅查出幼虫29个；而对照品种红芒子接种成虫738个，查出的幼虫竟达1 860个；其他两个供试品种——矮立多和中农28的情况居间而略近于中大2419。1953年以8个品种再度进行接种试验：中大2419接虫971个，其结果每穗平均卵数为31.96，平均幼虫数为2.28，虫粒仅占3.02%；红芒子接虫954个，检查结果每穗平均卵数为69.80，平均幼虫数为57.84，虫粒占49.92%。其他供试品种中，西北站2号的情况与中大2419相近，二维80未发现卵及幼虫（由于避性），西农6028则比中大2419为严重。同年在4个据点的灾区农田进行了对比示范，每处每品种检查500个穗上的幼虫数：在颍上，中大2419为0，当地白麦为13290；在滁县，中大2419为13，白和尚头为6547；在南通，中大2419为0，六轮麦为53；在黄桥，中大2419为3，大黄皮为3484。由此可以确信，中大2419在苏北、皖北的虫害区域中是抗虫性最强的品种。华中农业科学研究所与河南省农业厅在河南洛阳调查研究的结果：10个品种中，中大2419的被害率为0，一般认为抗虫的品种西农6028和中农28达到25%和22%，受害最重的品种新出山豹达到81%。该所1955年在湖北天山县调查结果：当地须麦200穗中平均每穗幼虫68.88个，每穗被害14.39粒；当地红和尚头每穗幼虫23.35个，被害9.92粒；而中大2419每穗只有幼虫5.85个，被害仅1.29粒。根据安徽省农业厅的报导，在沿淮虫害严重地区——凤台、蒙城、阜阳等县调查结果，中大2419被害率最高的也不过1.6%，一般为0，而阜阳白麦达12.3%~22.0%，碧蚂1号最高的竟达80%，最低的也有4%。根据陕西省农业厅的报导，1954年在丹凤县虫害严重地区检查的结果，中大2419被害率为0.9%，西农6028为1.5%，中大2419的产量也高于西农6028。根据华北农业科学研究所在山西芮城调查研究的结果：中大2419的被害率为4.13%，西农6028为4.41%，而中大2419的产量稍低于西农6028。

中大2419的抗虫性与下列的形态特性有关：①颖壳坚硬，抱合紧密，小穗又紧靠于穗轴，吸浆虫在其间产卵有困难；②种子上的丛毛较长而密，幼虫易于僵死在毛上；③抽穗较整齐一致，吸浆虫产卵机会较少；④种子灌浆迅速，幼虫取食比较困难。

其他特性：中大2419植株高度中等，一般在115厘米左右，茎秆坚硬粗壮；耐肥，抗倒伏能力强。根据南京农学院测定结果：茎秆基部5厘米处的平均直径为3.8毫米，一般易倒伏品种都在2.7~3.0毫米。中大2419分蘖生长比较一致，穗头也比较整齐。这些特性都是有利于密植丰产栽培和机械收获。

中大 2419 的颖壳长大坚硬，包合坚密；穗幅较宽，小穗基部紧靠于穗轴，所以具有不易掉粒的特性。南京农学院应用章锡昌设计的落粒性测定器——打穗器强力测定的结果：中大 2419 落粒率也不过 1.3%，而其他供试的江南地方品种一般都在 10%以上。中大 2419 的这种不易掉粒的特性使收获过程能避免损失，机械收获的安全又得到一重保证；但是对于我国目前绝大多数的农业生产条件来说，这种特性也带来一种困难——脱粒费工，农民群众普遍反映南大 2419 难打。

中大 2419 的种子休眠期较短，收获时遇雨容易在穗上发芽，贮存过程也容易吸潮发热。根据南京农学院种子休眠期的测定结果：中大 2419 在成熟后 20~30 天内基本上就完成了休眠期；在充分潮湿的条件下，在株上和穗上就有 12%以上的种子发芽。

由于中大 2419 芒粗、壳硬、包合紧密，在成熟过程减免了因雀害而造成的损失。湖北、江西、云南等省的雀害严重地区都有这样的报道。

三、栽培特点

在我国中部和南方冬小麦区，中大 2419 在适当晚播下表现早熟丰产，特别适宜于稻麦、棉麦和杂粮小麦的两熟制度，对于解决茬口矛盾和保证两熟丰收，提供有利的条件。在选用中大 2419 的种子进行生产栽培时，除了根据当地的具体条件采用一系列适当的农业技术措施外，还要根据中大 2419 的特性掌握其栽培要点，才能充分发挥其丰产潜力，否则反而造成不应有的损失。

由于中大 2419 春化阶段短、对于光照条件的要求也不严格，通常能够很快地通过发育阶段，进行生殖生长，因此在秋季播种时，要比当地的冬性或弱冬性品种的正常播种期适当地延迟（5~15 天，因各地的情况而异）。否则往往冬前生长过旺，甚至于冬前拔节，越冬期间容易遭受不同程度的冻害，招致不同程度的减产后果。许多地区的试验研究和生产栽培都已经获得这样的经验和教训。至于中大 2419 最适当的播种期，各地区的试验结果可供参考。苏皖各地播种期试验结果：中大 2419 最适宜的播种期，在苏北里下河及安徽淮南丘陵地区及江苏沿海垦区为 10 月底 11 月初；江苏南通专区为 11 月 10 日左右；江南地区为 11 月 5 日左右。一般比半冬性品种及当地品种延迟几天到半月。在南京地区，宜在 11 月上旬播种。（南京农学院的 3 年分期播种试验证明：中大 2419 的产量高峰在 11 月上旬播种的，而地方品种和弱冬性的改良种在 10 月底和 11 月初。）在武昌地区，中大 2419 最适当的播种期为 10 月底到 11 月初，比当地冬性品种延迟 10~15 天。（华中农业科学研究所的 2 年晚播试验证明：中大 2419 的产量高峰在 10 月 26 日。）在湖北襄阳地区，中大 2419 最适当的播种期在 10 月下旬，而当地品种则在 10 月 10 日左右。在华南地区，中大 2419 则宜于与当地品种同时播种，因为这个地区冬季温暖，当地品种一般也是属于春性的类型。（福建省综合农业试验站的分期播种试验证明：中大 2419 在当地品种一般播种期——11 月 20 日左右播种产量最高，迟播则减产。）至于在春小麦地区，中大 2419 在春播的情况下，则可以比当地一般春小麦品种的播种期适当地提早。

由于中大 2419 的生长发育初期对外界条件的要求不严格，适应能力比较强，因此在南方冬小麦地区延迟播种对产量的影响不及其他品种显著。南京农学院 1950—1954 年的分期播种试验证明：中大 2419 延迟到 12 月初播种的产量尚能达到适期的 80%以上，到了

3 月初在增加播种量的情况下还能达到 70%以上。华中农业科学研究所的 2 年晚播试验也证明：中大 2419 延迟一个月播种（11 月 25 日）的产量也达到适期的 71%。安徽省农业厅报导：1954 年在宿县、阜阳，中大 2419 延迟到 3 月 8 日、17 日播种，分别获得每亩 216 及 244 斤的产量。华东农业科学研究所 1955—1956 年试验所得的结论：中大 2419 晚播在增加播种量 2~3 成的条件下可以收到稳定产量的效果。因此，有关方面一致认为：在冬作物不能及时播种（由于水旱灾害等），或越冬过程发生难以补救的灾害的情况下，补种中大 2419 可以作为一种有效的善后措施。这一点在大面积生产上也已得到了证实。安徽省农业厅报导：1954 年芜湖沿江一些地区退水较晚，低洼田地在春节前后播种了 3 800 亩的中大 2419，平均每亩还收到 70~90 斤（常年产量也不过百余斤）。不过，在过时播种的情况下，还是以尽量早播为宜，年前播种无论如何比年后播种更有保证一些；同时为了争取较高的产量，必须相应地增加播种量、增施肥料并注意田间管理工作。

中大 2419 的种子大、千粒重高，而分蘖力又较弱，因此比一般地方品种需要适当地增加播种量，才能充分发挥其丰产特性。通常播种以重量计，为了保证每亩有足够的苗数和穗数，播种中大 2419 应比一般小粒而分蘖较强的品种每亩增加播种量 2~6 斤。南京农学院历年繁殖中大 2419 的经验，在窄行（6 寸行距）条播下以每亩 18 斤左右（约有 23 万粒）为适当。

华东农业科学研究所 1953—1954 年所进行的品种比较试验中，播种量按每亩 15 万苗为标准，根据当年品种的千粒重、发芽率及以往田间出苗率（80%），折算每亩应播粒数及斤数；经过这样调整后，实际可用的播种量：中大 2419 每亩合 15. 1 斤，当地小粒种江东门合 10. 3 斤，相差 4. 8 斤。到了蜡熟期计算的结果，中大 2419 的每亩有效穗数合 30 万个，而江东门达到 46 万个。由此可见，如以单位面积应有的穗数为准，中大 2419 的播种量不但要考虑其千粒重高，还应考虑到其分蘖力弱。该所同年在南京以中大 2419 为材料所进行的播种法试验结果：穴（点）播的以 6 寸距离每亩播种 8 斤（10 万粒）为最适宜，条播的以 6 寸行距每亩 16 斤（20 万粒）为最适宜。这个结论可供南京附近旱作地区种植参考。但在一般整地播种比较粗放、种子的质地较差的情况下，播种量还应适当地增加。江苏省稻作试验场 1953—1954 年以中大 2419 为材料在无锡望亭所进行密植试验结果：无论在多肥区或少肥区，无论用条播或撒播，每亩播种 21 斤（25 万粒）的都比 16. 8 斤（20 万粒）的表现增产，同年在丹徒县农场附近所进行的中大 2419 播种量典型调查结果：在多肥的条件下，每亩播种 17~20 斤（21 万~25 万粒）的产量每亩平均 307. 7 斤，每亩播种 14~16 斤（17 万~20 万粒）的产量每亩平均 228. 0 斤，每亩播种 10~13 斤（12 万~16 万粒）的产量每亩平均 170. 2 斤，可见在多肥条件下增加播种量都得到显著增产的效果。稻作试验场苏北麦作工作组在泰州所进行的中大 2419 的播种量调查和试验结果：无论在条播或撒播下，播种量 22 斤的却比 18 斤的增产，在撒播下差异更显著。浙江省农业科学研究所试验结果：中大 2419 应比一般品种多播 4~6 斤。江西、云南等省的报导也都指出：播种中大 2419 特别需要适当地增加播种量。但是播种量超过一定限度反而收不到增产的效果。江苏省稻作试验场松江试验组在南汇县农场以中大 2419 为材料所进行的施肥及播种量试验结果：每亩播种 20 斤（合 27 万粒）的在不同的追肥条件下平均每亩产量为 269 斤；而每亩播种 28 斤（合 37 万粒）的平均每亩产量为 267 斤。以上所引资料说明：适当地增加播种量是中大 2419 发挥增产潜力的重要条件。至于具体数量则应根据各地区自然条件、耕作制度、整地质量以及播种方法而定。

中大 2419 茎秆粗壮，不易倒伏，多花多实，种子肥大，特别适宜于肥地的丰产栽培。在一般田地，如能施足基肥，分期追肥，也可以发挥其丰产潜力。江苏省望亭试验站 1953—1954 年用中大 2419 试验的结果：施基肥比不施基肥的增产 20.7%；不施基肥、施腊肥加春肥比施一次追肥的增产 62%~69%；同样施基肥再施 2 次追肥比施 1 次的增产 58%~61%。华东农业科学研究所在追肥对小麦穗器官的影响研究中，了解了对通过阶段发育早的品种中大 2419，在小穗花原始体分化前追肥愈早，对穗形成愈有利，四分子期追肥，不能影响穗长，但对千粒重的增加有显著影响。中大 2419 在南京施基肥、腊肥（12 月中旬）、春肥（2 月下旬）的比施基肥和春肥的增产 14.5%，比施基肥和腊肥的增产 12.1%。可见对中大 2419 来说，早期追肥效果更好。

中大 2419 不耐寒，在稻麦两熟地区撒播的情况下，种子入土的深浅不一，露子很多，易受冻害，因此需要掌握时间，及时碎土培壅麦根，将分蘖节埋入土中，以防冻害并减轻根拔的不良影响。在旱作地区，地干土松时应加以镇压，以减轻麦苗根拔及冻害。

由于中大 2419 耐湿性弱、种子休眠期短、易发生赤霉病和不抗秆锈病等缺点，在多雨低湿地区栽培时，必须特别注意开沟筑畦，做好排水工作，否则就会在不同的程度上影响收成；成熟期间如逢雨季，必须抓紧时间进行收割、清晒和脱粒，否则易在穗上发芽，遭受损失。

四、增产效果

中大 2419 近年来在淮河秦岭以南，长江流域各省区试验、示范及生产栽培结果，一般都表现丰产性和产量稳定性。

（一）江苏

华东农业科学研究所、江苏省综合试验站及浏河棉作试验场 1953—1954 年在苏南两熟棉区调查结果，对所搜集的宝山、川沙、南汇、奉贤等县的 7 个对比资料进行了分析，说明中大 2419 在适期迟播下比当地品种增产 12.02%~126.66%，平均增产 39.01%。1954—1955 年在浏河棉场、太仓、宝山和嘉定县农场所进行的品种比较试验，在宝山和太仓几个农业生产合作社所进行的品种比较观察，又进一步证明了中大 2419 的显著增产效果，平均比当地品种增产 39.23%。在南通，根据南通农学院 1947—1949 年和南通专区农场 1950—1954 年的品种区域试验和比较试验结果：中大 2419 平均比当地品种增产 30.72%。华东农业科学研究所 1954—1955 年在松江、宝山、嘉定等县试验结果，中大 2419 比当地品种增产 19.2%~26.1%。1955—1956 年在苏北里下河籼改粳地区初步试验结果，中大 2419 的产量也比较高。在国营农场和农民群众中播种中大 2419 出现了不少高产的纪录。上海县农场 1952 年开始种植 52.8 亩，平均每亩产量 357 斤，高的达到 516 斤，超过当地品种一倍以上。在扬州地区，1951 年每亩收到 404 斤，比当地品种增产 15.1%，1952 年虽曾遭受冻害，每亩尚收 270 斤，比当地品种增产 9.7%。奉贤县 1952 年种植了 8.66 亩，平均每亩达到 412 斤。南通县农民群众中，1952 年出现了每亩 458 斤的纪录；1953 年出现了 560 斤的纪录。在南京附近，每亩收到 400 斤以上的也很多。

（二）安徽

根据安徽省淮南农业试验站 1950—1956 年 7 年小麦品种比较试验结果：在供试的 13 个改良品种和地方品种中，中大 2419 的产量居于第一位，7 年平均每亩 275 斤，超出各品种总平均产量 26.9%。根据安徽省农业厅报告：1953 年在徽州、芜湖、六安、安庆、滁县、蚌埠等地试验结果增产 7.2%~37%。1954 年在合肥、六安、徽州、阜阳、芜湖、歙县等地试验结果，在阜阳增产 50.3%，其他各地增产 5.3%~21.44%。根据安徽省农业试验总结报告：1955 年在合肥、阜阳、滁县、徽州等地区试验结果增产 8.6%~58.3%。1956 年在合肥、安庆、徽州、滁县、阜阳试验结果比当地品种增产 1.5%~61.0%。据在合肥、凤台、滁县群众中调查，中大 2419 比当地品种增产 20%~51.3%。又据省农业厅报道，在该省南北各地栽种结果，中大 2419 的产量高出一般农家品种 20%左右。如阜阳河东乡訾营社在 310 亩田地上平均每亩收 200 斤，比当地白麦增产 25%，其中 1.5 亩高产地收到 920 斤，合每亩 613 斤。

（三）湖北

根据华中农业科学研究所与湖北省农业厅 1951—1955 年合作进行小麦良种区域试验 3~4 年的结果：在武昌 4 年平均增产 15.0%，在荆门增产 23.9%，在随县增产 27.0%，在襄阳增产 30.0%，在孝感增产 42.7%。又据湖北省综合试验站 1950—1953 年 4 年试验结果，也证明中大 2419 在该省各地都能增产；1954—1955 年试验结果，比对照种 3 月黄增产 32.8%。在该省各地生产栽培的结果，也证明选用中大 2419 是该省两熟栽培的增产措施之一。1953 年华中农业科学研究所大面积栽培平均每亩收 390 余斤；浠水县农场每亩收 487 斤。根据省农业厅报道，1956 年随县訾湾乡八一社共种 2 045 亩小麦，平均每亩收 305 斤，其中中大 2419 播种 1 132 亩，平均每亩收 381.5 斤，比当地品种增产 36%。长阳县三渔乡红光社种植 72 亩中大 2419，每亩收 201 斤，比当地种增产 46%。同年其他各地种植中大 2419 每亩收到 300~500 斤的为数很多。其中最突出的，在谷城县沈湾乡乐民社 7.4 亩的丰产地上，每亩高达 1 052.5 斤。

（四）四川

中大 2419 在该省各地已多年种植，普遍收到增产的效果，一般产量为 300 斤，比地方品种平均增产 30%以上。在国营农场和农民群众中种植的结果，经常出现高产的纪录。广汉县外南农场曾经获得每亩 851 斤的高产；广汉县农民向远杰每亩曾经收到 519 斤。原属西康省的干宁农场 1952 年以中大 2419 春播，大田繁殖的结果，平均每亩收到 350 斤，比当地良种道孚麦增产 70%。

（五）浙江

根据浙江省农业科学研究所区域试验结果，在杭州地区以中大 2419 的产量为最高，超过对照品种松蒲麦 44.3%，1950 年比当地品种平均增产 12.2%；在金华地区，1949 年和 1950 年比当地品种增产 15.3%。该所 1953 年的密植丰产试验曾经获得每亩 483 斤的高额产量。在台州、金华、温州等专区种植的结果也都收到增产的效果。

（六）江西

根据江西省农业厅 1955 年推广中大 2419 的初步总结，在丰城、鄱阳、都昌、乐平、高安、广丰各县，中大 2419 的产量达到每亩 120~261 斤，比当地品种增产 15%~160%。1956 年高安县共和社曾经获得每亩 345 斤的产量。

（七）湖南

根据湖南省综合农业试验站 1954 年和 1955 年的试验结果，在 60 多个品种中，中大 2419 两年的产量都列于第一位，1954 年每亩 218.3 斤，1955 年每亩 270 斤；在品种比较试验中，每亩高达 354 斤，比对照品种浏阳有芒小麦增产 57.9%。1954 年益阳县农民种植结果，每亩收到 172 斤，比当地品种增产 50~100 斤。

（八）云南

根据昆明农业学校 1951—1955 年试验结果，中大 2419 的产量超过其他 20 多个外地良种和当地品种，1955 年大田栽培的结果，每亩平均收到 577 斤，最高的达到 780 斤；1956 年每亩平均收到 600 多斤。云南省农业厅自 1953 年起先后在昆明、大理、楚雄、曲靖、玉溪、蒙自等专区示范推广，都获得连年增产的效果。玉溪县农场曾经每亩收到 650 斤，比当地品种增产一倍多。在晋宁、楚雄、开远、蒙自、陆良、大理、祥云、石屏等县，比当地品种也都增产 20%以上。

（九）河南

根据河南省农业厅的报道：中大 2419 在南阳 5 年试验结果，平均比对照品种红和尚头增产 31%，1955 年在内乡比当地劈刀把增产 60%，在信阳 3 年试验结果，平均比对照品种火麦增产 22.4%，在汝南比当地蚰子头增产 36.2%；又在洛阳 4 年试验结果，比对照品种大口麦增产 18.2%。中大 2419 的一般产量为每亩 300 斤，高的达到 600 斤以上。

（十）陕西

根据陕西省农业厅的报道：在汉中、商洛、安康等专区 25 县示范推广的结果，证明中大 2419 能够适应各该地区的栽培，收到增产的效果，1951 年在吸浆虫为害最严重的城固县，中大 2419 产量更为突出，较金大 2905 高出 20%~30%。1954 年在丹凤县虫害区，中大 2419 的产量超过西农 6028。1955 年在安康 4 个据点进行对比示范的结果，中大 2419 的产量比当地品种小红麦增产 14.5%。

（十一）其他各省区

在山西芮城地区，根据华北农业科学研究所的试验结果，中大 2419 的产量仅次于西农 6028，每亩达到 527.9 斤，比当地品种金裹银和白水麦平均增产 70%左右。在广西柳州地区，根据广西柳州综合试验场试验结果，中大 2419 增产在 70%以上。在广东根据广东省农业试验场试验结果，在引进品种中以中大 2419 表现最好。在福建福州地区，根据福建省综合试验站 1954 年和 1955 年两年试验结果，在引进品种中也以中大 2419 表现最好，平均每亩产量为 397.2 斤，比当地良种和尚麦增产 5.2%。此外，在西藏及昌都高原地区，中大 2419 被引入作为春小麦进行试种，也都获得增产的效果。根据昌都农牧试验场 1956 年试种结果，中大 2419 每亩产量达到 600 斤，比当地品种高出 75%。

五、推广情况和适应范围

中大 2419 在 1942 年首先在四川省推广，1944 年引入湖北，1945 年引入江苏、浙江及安徽，以后逐渐传播到长江流域的其他各省；近年陕南、豫南、云南、贵州等省区也已开始扩大推广，甚至于西藏及昌都地区都在进行示范栽培中。在解放以前，中大 2419 在各省区不过零星试验与推广，栽培面积不大，估计全国范围不到 100 万亩。解放以后，中大 2419 的种植面积迅速推广，根据不完全的统计，1954 年达到 600 万亩左右，1955 年上升到 900 多万亩，1956 年扩大到 3 600 多万亩。由此可预见到今后继续扩展的趋势，中大 2419 已成为我国种植面积最广的小麦良种。

兹根据各省农业厅、研究所、试验站所提供资料，将中大 2419 在各省 1955 年的播种面积和 1956 年的推广面积列于表 1。

表 1　各省 1955 年、1956 年播种面积（亩）

省别	1955 年播种面积	1956 年推广面积
江苏	405 000	5 860 000（计划面积）
安徽	1 750 000	10 000 000（计划面积）
湖北	4 500 000	11 180 775（播种面积）
四川	2 368 000	7 789 373（播种面积）
浙江	30 000	200 000（初步估计）
江西	50 000	500 000（计划面积）
云南	5 000	150 000（计划面积）
河南	10 300	470 000（计划面积）
陕西	34 000	750 000（计划面积）
总计	9 155 300	36 900 148（尚未包括贵州、湖南）

从上面所列举的调查和试验结果以及推广种植面积，可以看出中大 2419 在我国分布的范围是非常广的。这不能不说：这个小麦品种具有极其丰富的生活力和适应性，能够在多样性的自然环境和耕作栽培条件下以及在不同的年份里表现丰产性和产量的稳定性。究竟中大 2419 能够适应的范围有多广？最适于栽培的地区究竟在哪里？这些问题的讨论对于中大 2419 今后发展前途的估计以及种子繁育工作的计划可能有一些帮助。

从各地区的试验、示范、推广以及调查的资料可以看出：中大 2419 在淮河、秦岭以南各地区种植，基本上都能够适应的，它的北界主要限制因素是越冬过程的低温，因为中大 2419 系属于春性类型，抗寒性较弱；凡最冷月的平均温度在 0℃，结冰期不超过半月的地区，基本上还能够适应的，更冷则越冬的安全没有保证。因此它的种植北界基本上可以最冷月 0℃和年降雨量 750 毫米等值线为准。至于南方，越冬基本上不成为问题；中大 2419 在 0~12℃经 10 天左右就可以顺利地通过春化阶段，在进一步发育过程对光照条件的要求也不严格，因此即使在华南地区冬季温暖日照最短的情况下，它也可以和当地品种一样顺利地进行生长发育。在福州、广州、柳州等地的初步试验，就已得到证明。因此，从这个品种可适应的范围看来，可以说是在最冷月 0℃的等值线以南的广大地区，包括（中国自然地理区划草案所指的）华中区、华南区和康滇区。

在这个广大的可适应范围中，中大 2419 不是都能够在生产上充分发挥作用，换言之，不是都能够充分发挥其丰产性和产量稳定性。偏南地区的多雨、潮湿和高温，特别是在小麦开花至成熟过程，对中大 2419 的生产是有不利的影响的；因为中大 2419 不耐湿，也不耐高温，易感染赤霉病，种子成熟时遇雨易在穗上发芽，这些特性在南方的气候条件下往往会造成不同程度的减产。偏北地区，只要冬季低温和寒冻能够允许中大 2419 安全越冬的前提下，一般环境条件多是有利于这个品种优良特性的发育的。因此，中大 2419 在整个可适应范围中，其最适应地区一般说来是偏于北部地带，即北自淮河秦岭、南至长江南岸这一广阔地带，包括（中国自然区划草案所指的）秦巴山地、长江中下游平原、四川盆地、云贵高原及康滇区。再就长江中下游平原地区来看，中大 2419 在长江以北的表现也往往优于长江以南的。长江以南多湖泊，滨湖沿江地区地势低、湿度大、土壤黏重、排水不良加以赤霉病经常流行，成熟时期适逢雨季，对于中大 2419 的产量会造成不同程度的影响。长江以北地区，这些不利因素的威胁逐渐减少，加以中大 2419 具有高度抵抗吸浆虫的特性，因此中大 2419 在这个地区一般更显得优越。总之，长江以北淮河秦岭以南是中大 2419 最适宜种植的地区。

结　语

中大 2419 为我国当前种植面积最大、分布地区最广的小麦品种，在我国粮食生产上发挥了一定的作用，而且在今后可能继续发挥作用。但是由于辗转传播，自从开始推广到现在，14 年来没有注意种子的繁育工作，在各地区已经发现不同程度的混杂与退化现象，对于种子的品种品质和播种品质已经发生一定的影响。今后应在中央农业部的种子管理局统一领导下，各省区有计划有步骤地进行品种复壮工作，借以提高其种性和纯度。

最近数年来各省区以中大 2419 为对象进行了不少的调查研究和试验研究，这些工作对于进一步揭发中大 2419 的特性和掌握其栽培技术提供了相当丰富的资料，成为推广和提高产量的可靠依据。但是，各地区气候土壤条件不同，耕作栽培制度也有差异，而且农业技术水平不断提高，这个品种在各种具体条件的反应也不一样，因此进一步研究还是有必要的。

最后还必须强调指出：中大 2419 还存在着不耐湿、易感赤霉病和秆锈病以及种子休眠期短等缺点，应避免在滨湖、地势低湿以及上述病害经常流行的地区种植。在安徽、湖北、四川、江苏等省，中大 2419 的种植面积已经很大，建议今后除最适合的地区外，应注意推广其他良种，以免由于品种单一化所造成的种种损失。

由于作者所掌握的资料有限，又没有在各个主要产区进行系统的调查，因此在这个报告中，在看法和提法上难免有许多不恰当的地方，希望有关方面提出改正的意见。

参考文献（略）

（南京农学院科学研究专刊第 1 号，1957-10）
（金善宝文选，1994：172-183）

中国小麦之种类及其分布（初稿）

ВИДЫ КИТАЙСКОЙ ПШЕНИЦЫ И ИХ РАСПРОСТРАНЕНИЕ

金善宝

（一） 引言

我国栽培小麦的面积，計有四亿多市亩，約占全国耕地总面积四分之一，是我国作物栽培面积最大的一种。小麦的分布范圍也是最广的，自北緯十九度至五十二度之間，从平原、丘陵，以至云貴、青藏高原地带，都有小麦的栽培。由于地区广，土壤气候差異大，生长条件极为复杂，因此，小麦品种間的性質，也就变異很大。但我国究竟有多少小麦品种，特性如何？分布情况如何？等等，都是不夠了解的。如能把全国各地的农家小麦，作有系統的特性檢定，首先肯定它在植物学上的地位，并說明在各地的分布情況，这是对全国小麦資源的了解，对我国的小麦育种工作是会有一定的帮助的。

（二） 前人的研究

关于我国小麦种类的报导，最早当推 Flaksberger 氏（引自細野1935），他于 1911 年发表我国小麦分屬于普通小麦和密穗小麦兩个种。前者有七个变种，后者有四个变种。瓦維洛夫（Vavilov,N.I.）于1923年也发現我国小麦分屬于普通小麦和密穗小麦兩种，但前者增加到18个变种，后者增加到 7 个变种。仝年 Orlov 氏发現 1 个硬粒小麦的变种。作者（1）曾搜集全国二十六省七百九十县的小麦品种，在南京观察的結果，檢定为 4 个种和24个变种，即普通小麦12个变种，密穗小麦 6 个变种，圓錐小麦 4 个变种和硬粒小麦 2 个变种。細野（9）在我国搜集 247 个小麦品种，得到普通小麦19个变种，密穗小麦 5 个变种和圓錐小麦 1 个变种。細野（9）根据前人研究我国小麦种类的結果，作了比較完整的統計，我以他的統計做基础，把国内研究的結果补充进去，作成一表（見表 2）。

观表 2，我們可以知道，我国的小麦品种，屬于普通小麦的有29个变种，密穗小麦有13个变种，圓錐小麦有 7 个变种，硬粒小麦有 4 个变种，共計四种，53个变种。作者（1934）根据各个种的变种样品数的多少，作过一个統計，知道我国栽培小麦的范圍以

中国小麦之种类及其分布（初稿）

金善宝

一、引　言

我国栽培小麦的面积，计有 4 亿多市亩，约占全国耕地总面积 1/4，是我国作物栽培面积最大的一种。小麦的分布范围也是最广的，自北纬 19°～52°，从平原、丘陵以至云贵、青藏高原地带，都有小麦的栽培。由于地区广，土壤气候差异大，生长条件极为复杂，因此，小麦品种间的性质，也就变异很大。但我国究竟有多少小麦品种，特性如何？分布情况如何？等等，对这些我们都是不够了解的。如能把全国各地的农家小麦，进行系统的特性检定，首先肯定它在植物学上的地位，并说明在各地的分布情况，这是对全国小麦资源的了解，对我国的小麦育种工作会有一定的帮助。

二、前人的研究

关于我国小麦种类的报导，最早当推 Flaksberger 氏（引自细野 1935），他于 1911 年发表我国小麦分属于普通小麦和密穗小麦 2 个种。前者有 7 个变种，后者有 4 个变种。瓦维洛夫（Vavilov N. I.）于 1923 年也发现我国小麦分属于普通小麦和密穗小麦两种，但前者增加到 18 个变种，后者增加到 7 个变种。同年 Orlov 氏发现 1 个硬粒小麦的变种。作者曾搜集全国 26 个省区 790 个县的小麦品种，在南京观察的结果，检定为 4 个种和 24 个变种，即普通小麦 12 个变种，密穗小麦 6 个变种，圆锥小麦 4 个变种和硬粒小麦 2 个变种。细野在我国搜集 247 个小麦品种，得到普通小麦 19 个变种，密穗小麦 5 个变种和圆锥小麦 1 个变种。细野根据前人研究我国小麦种类的结果，做了比较完整的统计，我以他的统计做基础，把国内研究的结果补充进去，做成表 1。

表 1　中国各种小麦的品种数及变种数

种类	品种数（个）	百分比（%）	变种数（个）
普通小麦	5 346	96.4	93
圆锥小麦	113	2.1	8
密穗小麦	39	0.7	12
硬粒小麦	27	0.5	7

（续表）

种类	品种数（个）	百分比（%）	变种数（个）
“云南小麦”	19①	0.3	6
总计	5 544	100.0	126

①内有作者 1943 年收集的 15 个品种

由表 1，我们可以知道，我国的小麦品种，属于普通小麦的有 29 个变种，密穗小麦有 13 个变种，圆锥小麦有 7 个变种，硬粒小麦有 4 个变种，共计 4 种，53 个变种。作者（1934）根据各个种的变种样品数的多少，做过一个统计，知道我国栽培小麦的范围以普通小麦为最广，约占总数 87%，就中能分别成为独立品种的，约有 170 种。其次是密穗小麦，约占 9%。其余 4%为圆锥小麦和硬粒小麦。

三、材料的搜集、观察和检定结果

1956 年，我们曾向全国各省所属的县，发出了函件，征集当地的农家小麦品种，共计收到小麦种子 3 720 种，先后在南京播种，由于不少农家小麦是混杂的，经过田间的观察和室内的考查，有些品种把它分离为几个品种，因此，最后的结果，我们得到 5 544 个品种，这些品种，经初步检定分属于普通小麦、密穗小麦、圆锥小麦、硬粒小麦和“云南小麦”5 个种和 126 个变种，就品种而论，其中绝大部分是普通小麦，约占总数的 96.4%，其详细比例见表 2。“云南小麦”，“T. yunnanense” King 我们假定它是一个新种。其中有 6 个变种，普通小麦的 93 个变种之中有 19 个我们也初步假定它是新的变种，其详细特性有待于继续观察，才能作最后肯定。尚望读者加以指正。

（一）圆锥小麦

圆锥小麦的叶上、秆上以及穗上都着生带有白色的蜡质，出穗前后，在大块麦田里，远远地就可以看出呈现着蓝色的景象，故四川、甘肃、陕西、新疆各地的农民，都称这种小麦为蓝麦或叫南麦，青海和云南又叫大蓝麦。

圆锥小麦的各品种，秆都很高，但四川遂宁一带栽培着矮秆的品种，秆高只 75 厘米，穗长 8~9 厘米，芒亦比较短，一般不超过 8 厘米，白壳无毛，白芒，红皮，种子短（长 6 毫米、宽 3 毫米）。栽培在南京的环境，穗的生长还正常，但种子极瘦小。

我国的圆锥小麦大部分分布在西北和西南的高原地区，如甘肃、新疆、四川、陕西、云南等地栽培比较多（表 3）。以变种数目而论，主要集中在四川，8 个变种之中（内中 3 个分枝型），占有 6 个变种，而且分布在 19 个县，主要在川北各县。其次是甘肃占有 5 个（2 个分枝型），云南虽只有 4 个变种，但有 26 个县栽培着这些品种。湖北、湖南、安徽、福建等省种植圆锥小麦，大都是解放以后开始的。我国长江以南或长江以北附近地区，小麦出穗至成熟期间，气温过高，不适于圆锥小麦的栽培。根据作者 1928 年调查的结果，只从四川、甘肃、新疆得到几种圆锥小麦，并在新疆获得一种分枝小麦。但现在我国的圆锥小麦已经扩展到 17 个省区，分枝小麦也已扩展到 9 个省区。

表 2 中国普通小麦（*T. vulgare*）、密穗小麦（*T. compactum*）、圆锥小麦（*T. turgidum*）及硬粒小麦（*T. durum*）的变种

种及变种	Flaksberger 1911	Flaksberger 1915	Percival 1921	Vavilov 1923	Orlov 1923	Flaksberger 1929	Hosono 1934	金善宝 1928 1934	蔡旭 1942	金善宝 1943	崔继林等 1954	浙江农科所 1955	李乃雱 1957
1. *v. albidum*				+			+	+	+	+			+
2. *v. lutescens*	+			+		+	+	+	+	+		+	
3. *v. alborubrum*				+			+	+	+	+			+
4. *v. milturum*	+		+	+			+	+	+	+		+	
5. *v. leucospermum*				+									
6. *v. velutinum*				+			+	+		+			
7. *v. pyrothrix*			+	+				+		+			
8. *v. graecum*				+			+	+	+	+			+
9. *v. erythrospermum*	+		+	+		+	+	+	+	+		+	
10. *v. erythroleucon*				+			+	+	+	+			
11. *v. ferrugineum*	+		+	+		+	+	+	+	+		+	+
12. *v. hostianum*				+			+			+			+
13. *v. barbarossa*				+				+		+			
14. *v. bengalense*							+						
15. *v. subgraecum*							+						
16. *v. suberythrospermum*				+			+						
17. *v. suberythroleucon*				+			+						
18. *v. subferrugineum*							+						
19. *v. subbarbarossa*							+						
20. *v. albinflatum*				+									
21. *v. lutinflatum*	+	+		+			+						
22. *v. triste*	+	+	+										
23. *v. rufinflatum*	+	+		+									
24. *v. lucomanicum*						+	+						
25. *v. lagendreanum*						+							
26. *v. huanyangense*							+						
27. *v. villosum*								+					
28. *v. meridionale*								+					
29. *v. turcicum*								+		+			
小计	7	3	5	18		5	19	14	8	13		4	5
30. *c. humboldtu*							+			+			
31. *c. wernerianum*	+	+	+	+			+	+	+	+			
32. *c. rufulum*							+			+			
33. *c. creticum*	+	+	+	+			+	+	+	+			
34. *c. icterinum*	+	+	+	+		+	+	+	+	+			

（续表）

种及变种	Flaksberger 1911	Flaksberger 1915	Percival 1921	Vavilov 1923	Orlov 1923	Flaksberger 1929	Hosono 1934	金善宝 1928 1934	蔡旭 1942	金善宝 1943	崔继林等 1954	浙江农科所 1955	李乃霁 1957
35. *c. fetisowii*				+						+			
36. *c. erinaceum*	+	+	+	+				+	+	+			
37. *c. echinodes*				+				+		+			
38. *c. rubrum*			+	+									
39. *c. splendens*								+		+			
40. *c. abliceps*										+			
41. *c. wittmackianum*										+			
42. *c. rubrum*										+			
小计	4	4	5	7		1	5	6	4	12			
43. *d. hordeiforme*					+				+	+			
44. *d. leucurum*								+	+	+			
45. *d. affine*								+		+			
46. *d. murciense*										+			
小计					1			2	2	4			
47. *t. lusitanioum*							+	+		+	+		
48. *t. gentile*								+		+	+		
49. *t. megalopolitanum*										+	+		
50. *t. plinianum*											+		
51. *t. iodurum*								+					
52. *t. buccale*										+			
53. *t. speciosum*										+			
小计							1	3		5	4		

表 3 中国圆锥小麦（*T. turgidum*）变种及其分布

变种	滇	闽	湘	黔	皖	鄂	豫	川	藏	鲁	冀	陕	甘	青	新	蒙	黑	合计
var. lusitanicum	32	1		1		1	3	13	2	8	2	2	2		4			71
var. gentile	2				1		1	4				4						12
var. megalopolitanum	1							2		1			1					5
var. buccale								1				1	1					3
*var. speciosum*①	2																	2
var. columbinum															1	1		2
var. pseudocervinum			1				1	1		1		1	2		1		1	9
var. plinianum							2	2					2	1	2			9
品种数总计	37	1	1	1	1	1	7	23	2	10	2	8	8	1	8	1	1	113
变种数总计	4	1	1	1	1	1	4	6	1	3	1	4	5	1	4	1	1	8

① 根据作者 1943 年未发表资料

表 4　中国硬粒小麦（*T. durum*）的变种及其分布

变种	滇	黔	川	冀	陕	新	蒙	合计
var. leucurum	1		2			1		4
var. affnie	1	1	3		1	1		7
var. valenciae				1		2		3
var. fastuosnm					1			1
var. hordeiforme					1		4	5
*var. murciense*①					1		1	2
var. provinciale				1		3	1	5
品种数总计	2	1	5	2	4	7	6	27
变种数总计	2	1	2	2	4	4	3	7

①根据作者 1943 年未发表资料

圆锥小麦何时输入我国已无从考证，陕西的农民叫这种麦为洋麦或叫番麦，可以推测它的栽培历史不会很久，再从圆锥小麦变种的分布范围来说，它的最初栽培地是在西北，似乎无可置疑。

崔继林、薛淑伦认为圆锥小麦的分枝特性有着很大的动摇性，它受肥料的影响很大，肥料不足时，穗分枝的特性显不出，穗形变成不分枝了，产量也因而减低。

（二）硬粒小麦

硬粒小麦在我国的栽培范围比圆锥小麦要少些，新疆、陕西和内蒙古栽培比较多。变种最多是新疆、陕西，由此可以推测，我国的硬粒小麦可能是从苏联引进的。新疆的硬粒小麦集中分布在北疆，而且多数靠近苏联的边境，就是明证。硬粒小麦约占小麦品种的 0.5%。细野综合其他作者调查的结果，我国的硬粒小麦有 5 个变种，其中栽培在东北的占有 4 个。但据作者几次搜集的资料，在东北都未得到一个硬粒小麦的品种。

表 5　中国密穗小麦（*T. compactum*）的变种及其分布

变种	滇	黔	浙	豫	川	藏	晋	陕	甘	新	合计
var. splendens							1		6	2	9
var. icterinum	1	1					1		10	2	15
var. tetisowii									1		1
*var. erinaceum*①						1					1
var. rubriceps									1	1	2
var. echinodes									1		1
var. atriceps					1					1	2
var. atrierinaceum									1		1
*var. humboldtii*①				2				1			3
var. wernerianum			1								1
var. wittmackianum	2										2
var. creticum									1		1

（续表）

变种	滇	黔	浙	豫	川	藏	晋	陕	甘	新	合计
品种数总计	3	1	1	2	1	1	2	1	21	6	39
变种数总计	2	1	1	1	1	1	2	1	7	4	12

①根据作者 1943 年未发表资料

（三）密穗小麦

密穗小麦，秆短而粗，较不易倒。穗多数有芒，无芒的比较少。壳多无毛，但在新疆、甘肃、云南都发现有毛的品种。穗之侧面宽于正面，但和国外的密穗小麦比较起来，穗的侧面要窄些。穗短而密，穗形有棍棒形或橄榄形。棍棒形的穗上部特大而紧密，下面较稀。故仅限于穗之上部侧面较正面为宽，上部各小穗儿与穗轴成直角。种子短，长宽比例小。

我国的密穗小麦，虽然分布在 10 个省区（表 5），但大部分集中在甘肃和新疆两地。12 个变种之中，甘肃就占有 7 个，新疆占有 4 个。甘肃的密穗小麦，集中分布在祁连山以北地区，新疆则集中在天山以北。变种的分布范围或适应区域，以有芒、白壳、无毛、红皮（*var. icterinum*）的变种为最广，它占有 5 个省区，甘肃有 9 个县种植了这个变种。其次是有芒、白壳、无毛、白皮的变种（*var. splendens*）。它的分布范围也有 3 个省区，甘肃有 6 个县栽培这个变种。

密穗小麦因产量低、品质差，随着小麦选种事业的发达，这种小麦的种植面积有渐渐缩减的趋势，同时，品种也在逐渐被淘汰。例如 20 多年以前，作者在浙江得到变种有 3 个，但这次只得到 1 个变种，又如我国现在 78 个大面积栽培改良品种中，没有一个品种是密穗小麦，似乎都可以说明这种趋势。

（四）普通小麦

普通小麦是我国栽培小麦最多的一种，它的分布遍及全国，凡是栽培小麦的地区都有它的踪迹。据作者在 1934 年的估计，我国所栽小麦约有 87%属于普通小麦，前面已经说过。但这个百分比照现在看来，似乎低估了一些，据去年搜集的材料 5 544* 个品种中，普通小麦就有 5 346 个，约占总数 96.4%。普通小麦的变种数也是最多的，全国计有 93 个。

普通小麦变种最多的在西北、西南和青藏高原地区。西北和青藏高原有 55 个变种，约占总数的 60%，西南有 51 个，约占总数的 55%。云南是变种最多的一个省，它有 45 个变种，占总数的 47.3%。甘肃、西藏、四川都有 30 多个变种。这里值得注意的事实是河南虽是平原，但变种的数目仅次于云南，计有 38 个。

长江以南和长江北岸稻麦两熟地区，普通小麦变种数目比较少，因为这些地区水稻是主要的作物，生长环境比较单纯，小麦生长后期，温度高，雨水多，土壤黏湿，小麦容易感染赤霉病。又因前后作的关系，小麦必须是比较早熟的品种，因此小麦品种的适应性受到自然和耕作条件的限制，再经过人工的长期选择，小麦品种比高原地区就要少得多。

* 内中有 15 个“云南小麦”品种系 1943 年作者搜集的材料

表 6　中国普通小麦（*T. vulgare*）的变种及其分布

变种	粤	桂	滇	闽	赣	湘	黔	浙	苏	皖	鄂	豫	川	藏	鲁	冀	晋	陕	甘	青	新	蒙	辽	吉	黑	合计
无芒，包括顶芒（muticum Al.）																										
var. albidum	1		4	1	1	1	2	1	8	8	5	15	13		35	65	25	13	13	3		2				216
var. lutescens	14	20	15	16	26	54	47	59	72	37	22	15	39	12	7	17	33	22	42		7	10	4	4	4	598
var. triste			5								1			1												7
var. zaisanicum	1													1					1							3
var. alhorubrum	2			2	2				1	3		16	4	2	39	33	29	7	1				3			144
var. milturum	21	25		39	47	35	16	35	19	9	3	18	29	21	14	9	37	25	19		1	1	3	1		427
var. nigro alborubrum				1	1				1			6			5	12	6	6	2							40
var. kazakstanicum	7	7		6	6	4	3	9	3	2	1	3	9	1	5	3	8	1	6							84
var. introitum					1			1					1				1									4
var. leucospermum														1												1
var. velutinum			7									1	3	2			1				1					15
var. delfi			1																							1
var. pyrothrix			1											11												12
var. ardjeschicum																				1						1
var. mirabilc								1																		1
品种数小计	46	52	33	65	84	94	68	106	104	59	32	74	98	52	105	139	140	74	85	3	9	13	10	5	4	1 554
变种数小计	6	3	6	6	8	5	4	6	7	5	5	8	7	9	3	6	8	6	9	1	3	3	3	2	1	15
长芒，芒长 4 厘米以上（aristatum A1.）																										
var. graecum	2		4	1			1	1	12	12	1	42	16	1	98	81	23	19	13		40	1		2		370

（续表）

变种	粤	桂	滇	闽	赣	湘	黔	浙	苏	皖	鄂	豫	川	藏	鲁	冀	晋	陕	甘	青	新	蒙	辽	吉	黑	合计
var. erythrospermum	61	37	66	52	45	33	24	46	60	76	57	60	82	17	23	99	58	58	50	12	46	26	14	27	43	1172
var. epruinosum	3		1	7	1		1	2		5		2				1	1	2	2	1		1		1		31
var. nigri-aristatum														1												1
var. erythroleucon			14		1		3	1	16	11	5	20	13	1	40	40	19	8	1		13	7			1	214
var. ferrugineum	61	44	22	33	56	49	46	30	38	68	25	57	59	20	21	57	53	27	36	15	14	27	14	9	25	906
var. sardoum																						1				1
var. fulvo-cinereum																			1							1
var. caesioides		1																								1
var. caesium	1		15										1													17
var. “*Rhodum*”																1										1
var. nigro-graecum																	1									1
var. ingrediens			3				1								1											5
var. pseudo-ingrediens			4			1																				5
var. nigro-erytheospermum														1												1
var. chiovendae			2						2	1		2	1	1	6	3	2	4			2					26
var. “*Rhodo-chiovendae*”	10	4	2	3	9	10	13	7	8	14	8	4	17		3	9	4	3	3							131
var. nigro-ferrugineum			1				1		2	1		5	3		6	7	2	2			1					31
var. “*Sub-nigro-ferrugineum*”	9	6	6	3	9	22	18	9	11	18	14	17	16	1	12	20	6	7							1	205
var. nigricaus															1											1
var. indicum									1				2		1											4
var. bengalense		1	1		5	11	11		7	4		4	6		2				1	1				1		55

（续表）

变种	粤	桂	滇	闽	赣	湘	黔	浙	苏	皖	鄂	豫	川	藏	鲁	冀	晋	陕	甘	青	新	蒙	辽	吉	黑	合计
var. meridionale							1	1										1	1		15					19
var. hostianum			8									1						1	3		6					19
var. pseudo-meridionale					1																					1
var. turcicum														1							20					21
var. barbarossa			3											1		1			2		1	2				10
var. hamadanicum																					1					1
var. kazvinicum																					1					1
var. kermanschachi																					2					2
var. lusistanicum			1																1							2
var. murinum																1										1
var. rubro-murinum																			1							1
var. mesopotanicum			1																		2					3
var. renovatum			1																							1
var. iranicum																					2					2
var. fuliginosum																			1							1
品种数小计	147	93	155	99	127	126	120	97	157	210	110	214	216	45	214	320	169	132	116	29	166	65	28	40	70	3 265
变种数小计	7	6	18	6	8	6	11	8	10	10	6	11	11	10	12	12	10	11	14	4	15	7	2	5	4	37
短芒，芒长 2~3 厘米下部小穗有芒（breviaristatum Vav.）																										
var. sub-graecum													4		3		1	1	2		2					13
var. sub-erythrospermum	1	1	5	1	1	1			1			2	4	1	1	1	3	9	5		1		1	1		40

（续表）

变种	粤	桂	滇	闽	赣	湘	黔	浙	苏	皖	鄂	豫	川	藏	鲁	冀	晋	陕	甘	青	新	蒙	辽	吉	黑	合计
var. sub-erythroleucon										3		6	2		8	1	5	3	1		1					30
var. sub-ferrugineum			1				2		2			1	3	1			1	4	2							17
var. sub-caesioides										1																1
var. sub-meridionale																						1				1
var. sub-Hostianum																			1							1
var. sub-iranicum								1																		1
品种数小计	1	1	6	1	1	1	2	1	3	4		9	13	2	12	2	10	17	11		4	1	1	1		104
变种数小计	1	1	2	1	1	1	1	1	2	2		3	4	2	3	2	4	4	5		3	1	1	1		8
拳曲芒（inflatum Vav.）																										
var. huanyangense			2				2					5	4													13
var. “*nigro-huanyangense*”			1																							1
var. “*menshiengense*” *King*												3														3
var. “*lunangense*” *King*			7																							7
var. “*chiugiegense*” *King*																			1							1
var. albinflatum			1									1	1					1								4
var. lutinflatum			4				1	1				3	24	5				1						1		40
var. “*pseudo-lutinflatum*”			2																							2
var. alborubro-inflatum														1												1
var. rufinflatum							1					2	10	6				1	11							31
var. “*nigro-alborubro-inflatum*”																					1					1
var. nigro-rufinflatum												1		1					1							3

（续表）

变种	粤	桂	滇	闽	赣	湘	黔	浙	苏	皖	鄂	豫	川	藏	鲁	冀	晋	陕	甘	青	新	蒙	辽	吉	黑	合计
var. heraticum			5										1													6
var. turcomanicum														2												2
var. sub-graecum-inflatum												1	1					1	2		1					6
var. erythrospermum-inflatum		1	7								1	26	14	2	1	1	1	8						2		64
var. sub-erythrospermum-inflatum			7				3				1	9	10	3	1		4	4								42
var. "*nigro-erythrospermum-inflatum*"			4																							4
var. sub-erythroleucon-inflatum			1									1														2
var. sub-ferrugineum-inflatum			5				1				1	7	5			1		5	2	1						28
var. sub-Hostianum-inflatum	1		9				1							1	1						1					14
var. sub-barbarossa-inflatum			1											1	1						1					4
品种数小计	1	1	56				9	1			3	59	70	22	4	2	5	21	17	1	4			3		279
变种数小计	1	1	14				6	1			3	11	9	9	4	2	2	7	5	1	4			2		22
穗密度大																										
var. "*albidum-compactoides*"												1			1	1										3
var. "*lutescens-compactoides*"								3		1		1			1		1									7
var. velutinum-compactoides			1					1	1																	3
var. "*pyrothrix-compactoides*"								1	1																	2
var. "*graecum-compactoides*"												3			5	9	7	3	2		2					31
var. "*erythrospermum-compactoides*"			7		4			5	8	7	2	5	5	1	1	2	2		2		2	1				54

（续表）

变种	粤	桂	滇	闽	赣	湘	黔	浙	苏	皖	鄂	豫	川	藏	鲁	冀	晋	陕	甘	青	新	蒙	辽	吉	黑	合计
var. erythroleucon-compactoides												2			6	1										9
var. “*ferrugineum-compactoides*”			3	1	1	1		10	2	1		1		1			1	3	2		2					29
var. “*meridionale-compaetoides*”																					1					1
var. “*barbarssa-compactoides*”			4																							4
var. “*erythrospermum - inflatum - compactoides*”			1																							1
品种数小计			16	1	5	1		20	12	9	2	13	5	2	14	13	11	6	6		7	1				144
变种数小计			5	1	2	1		5	4	3	1	6	1	2	5	5	4	2	3		4	1				11
品种数总计	195	147	266	166	217	222	199	225	276	282	147	369	402	123	349	476	335	250	235	33	190	80	39	49	74	5 346
变种数总计	15	11	45	14	18	12	22	21	22	20	15	38	32	32	30	27	28	30	35	6	29	12	6	10	5	93

东北平原的品种最简单，变种数最少，几乎都是长芒、红皮小麦。

就各个变种来说，以有芒、无毛、白壳、红皮（*var. erythrospermum*）的变种栽培最为普遍。5 346 个普通小麦之中，这个变种就占有 1172 种；约占总数的 21.9%，其次是有芒、无毛、红壳、红皮（*var. ferrugineum*）的变种，约占 16.9%。此外如无芒、无毛、白壳、白皮（*var. lutescens*），无芒、无毛、红壳、红皮（*var. milturum*）和有芒、无毛，白壳、白皮（*var. graecum*）3 个变种，只占 7.2%~11.0%。如果把这 5 个变种合起来计算，就占了全部普通小麦的 64.9%。

以无芒种（包括顶芒）和有芒种作比较（拳曲芒除外），则有芒品种超过无芒品种 3 倍多，长芒种（芒长在 4 厘米以上）比短芒种多 31 倍。东北平原及内蒙古长芒种占绝对多数，占总数 71%~94%，其他各省区长芒都占 50%~79%，只有浙江、西藏在 50%以下。

据全国农业展览会麦作品种介绍，全国现在推广的 78 个优良品种，其中有芒的就占有 2/3，大大超过了无芒品种。芒的性质从栽培关系来说，各有不同的说法，有的认为有芒可以减少鸟害，有的认为芒对工作有妨害，特别是脱粒比较麻烦。小麦品种生产能力的高低虽受多种性质的影响，但就我国栽培的品种而论，芒的性质似乎对生产有着一定的关系。有芒小麦栽培的面积逐年在扩大，而无芒小麦则有渐渐缩小的趋势。因此，在小麦选种时是值得注意的问题。

以种子颜色来分，红皮的分布范围比白皮种要广得多，凡是栽培白皮种的地区，红皮种大都能适应，但在红皮种占优势的地区，白皮种不一定能适应。东北平原全是红皮小麦，黄河流域是白皮小麦栽培最多的地区，但到长江以南，白皮小麦的分布就大大地减少了。据金善宝、吴董成报告，我国白皮小麦的分布和年降雨量 900 与 1 100 毫米的等雨线相吻合，在此线以南，雨量渐多，白皮小麦逐渐减少。

壳上有毛以及黑壳、黑芒等品种，农家栽培比较少。它的产地大都在西北和西南的高原地区，华北平原和长江中下游这种小麦是很少的。

完全无芒小麦，外壳之顶是一极钝的嘴，和护颖一样。这种小麦在我国栽得相当多，作者在 1934 年的记载，曾在河南之郾城和长葛两个县、河北之满城等 3 个县和山东之文登等 5 个县，都发现过完全无芒的小麦。细野于 1935 年在湖南衡阳也得到这种小麦。我们去年搜集的种子中，今年在南京观察的结果，发现了有 7 个省区栽培着这种小麦，其中有高原山岳地带，也有平原地区。云南高原上 192 种小麦之中，有 15 种是完全无芒的，占该省品种 7.8%。四川有 6 种，西藏有 2 种，湖南、贵州、甘肃各省也都有一种是完全无芒的。河南虽是平原地区，283 个品种之中，完全无芒的也占有 7 个。

有些品种外壳顶端特别膨大，并略向内弯曲，状如蟹爪，有的品种膨大处距基部约有几毫米，有的下部膨大，上端之芒有长达 3 厘米的。又有些品种，同一穗上一部分外壳之顶端膨大，但另一部分外壳之顶端不膨大而略向内勾曲，也有一部分成为曲芒的。

蟹爪芒小麦的分布区域，可以说和全无芒的分布几乎完全一致的，也就是说，有完全无芒的地区，大概就可以找到蟹爪芒小麦。曲芒小麦的分布范围比较大得多，我们发现云南等 16 个省区都有曲芒小麦，但是曲芒小麦大多数品种都集中在和前两类相同的地区，如四川、河南等省都是比较多的。

中国普通小麦变种分类检索表（1）①

A_1 穗密度普通
　B_2 无芒，包括顶芒（nuticum Al.）
　　C_1 颖无毛
　　　D_1 壳白色
　　　　E_1 壳全部白色
　　　　　F_1 粒白色 …… var. albidum Al.
　　　　　F_2 粒红色 …… var. lutescens Al.
　　　　E_2 壳白色边缘黑色
　　　　　F_1 粒白色 …… var. triste Flaksb.
　　　　　F_2 粒红色 …… var. zanisicum Orl.
　　　D_2 壳红色
　　　　E_1 壳全部红色
　　　　　F_1 粒白色 …… var. alborubrum Köru.
　　　　　F_2 粒红色 …… var. milturum Al.
　　　　E_2 壳红色，边缘蓝黑色
　　　　　F_1 粒白色 …… var. nigro-alborubrum Vav. et Jakudz.
　　　　　F_2 粒红色 …… var. kazakstanicum Orl.
　　　D_3 壳蓝黑色，底红色，粒红色 …… var. introitum Vav. et Jakubz.
　　C_2 颖有毛
　　　D_1 壳白色
　　　　E_1 粒白色 …… var. leucospermum Körn.
　　　　E_2 粒红色 …… var. velutinum Schubl.
　　　D_2 壳红色
　　　　E_1 粒白色 …… var. Delfi Körn.
　　　　E_2 粒红色 …… var. pyrothrix Al.
　　　D_3 壳蓝黑色
　　　　E_1 壳底白色 …… var. ardjechicum Tum.
　　　　E_2 壳底红色 …… var. melanorubrum Tum.
　B_2 长芒，芒长 4 厘米以上（aristatum Al.）
　　C_1 颖无毛
　　　D_1 壳白色
　　　　E_1 芒白色
　　　　　F_1 粒白色 …… var. graecum Körn.
　　　　　F_2 粒红色
　　　　　　G_1 有蜡质 …… var. erythrospermum Körn.
　　　　　　G_2 无蜡质 …… var. epruinosum Jakubz.
　　　　E_2 芒黑色 …… var. nigri-aristatum Flaksb.
　　　D_2 壳红色
　　　　E_1 芒红色
　　　　　F_1 粒白色 …… var. erytbroleucon Körn.
　　　　　F_2 粒红色 …… var. ferrugineum Körn.

① 本表根据木原均的普通小麦分类检索表增编而成

C_2 芒黑色……………………………………………………………………… var. sardoum Körn.
D_3 壳灰鼠色
E_1 壳底白色 ……………………………………………………… var. fulvo-cinereum Flaksb.
E_2 壳底红色
F_1 芒白色
G_1 粒白色 ……………………………………………………………… var. caesioides Flaksb.
G_2 粒红色……………………………………………………………………… var. caesium Al.
F_2 芒红色 ……………………………………………………………… var. “Rhodum” King.
D_4 壳边缘蓝黑色，渐次扩展
E_1 壳底白色
F_1 芒白色
G_1 粒白色 …………………………………………………………… var. nigro-graecum Perc.
G_2 粒红色 ……………………………………………………… var. ingrediens Vav. et Jakubz.
F_2 芒黑色 ……………………………………………………… var. pseudo-ingrediens Flaksb.
E_2 壳底白色 ……………………………………………… var. nigro-erythrospermum Jakubz.
E_3 壳底红色，芒红色
F_1 粒白色 ……………………………………………………… var. chiovendae Vav. et Jakubz.
F_2 粒红色 ………………………………………………… var. “Rhodo-chiovendae” King.
E_4 壳底红色有蓝黑斑
F_1 粒白色……………………………………………………… var. nigro-ferrugineum Jakusch.
F_2 粒红色 ………………………………………………… var. “sub-nigro-ferrugineum” King.
D_5壳蓝黑色
E_1 壳底白色 ………………………………………………………………… var. nigricans Howard.
E_2 壳底红色
F_1 粒白色…………………………………………………………………… var. indicum Howard.
F_2 粒红色………………………………………………………………… var. bengalense Howard.
C_2 颖有毛
D_1 壳白色
E_1 芒白色
F_1 粒白色 ……………………………………………………………… var. Meridionale Körn.
F_2 粒红色…………………………………………………………………… var. Hostianum Clem.
E_2 芒黑色 ……………………………………………………… var. pseudo-meridionale Flaksb.
D_2 壳红色
E_1 粒白色 ………………………………………………………………… var. turcicum Körn.
E_2 粒红色………………………………………………………………………… var. barbarossa Al.
D_3 壳边缘黑色，渐次扩展
E_1 壳底白色
F_1 粒白色 ……………………………………………………………… var. hamadanicum Vav.
F_2 粒红色 ………………………………………………………………… var. kazvinicum Vav.
E_2 壳底红色
F_1 粒白色……………………………………………………………… var. kermanschachi Vav.
F_2 粒红色………………………………………………………………… var. luristanicum Vav.
D_4 壳灰鼠色，粒红色
E_1 壳底白色 ……………………………………………………………… var. murinum Flaksb.

E_2 壳底红色 ……………………………………………… var. rubro-murinum Flaksb.
D_5壳蓝黑色
E_2 壳底白色
F_1 粒白色 ……………………………………………… var. mesopotanicum Vav.
F_2 粒红色 ……………………………………………… var. renovatum Flaksb.
E_2 壳底红色
F_1 粒白色 ……………………………………………… var. iranicum Vav.
F_2 粒红色 ……………………………………………… var. fuliginosum Al.
B_3 短芒（芒长 2~3 厘米），下部小穗有短芒（breviaristatum Vav.）
C_1 颖无毛
D_1 壳白色，芒白色
E_1 粒白色 ……………………………………………… var. sub-graecum Vav.
E_2 粒红色 ……………………………………………… var. sub-erythrospermum Vav.
D_2 壳红色，芒红色
E_1 粒白色 ……………………………………………… var. sub-erythroleueon Vav.
E_2 粒红色……………………………………………… var. sub-ferrugineum Vav.
D_3 壳灰鼠色，壳底白色，粒白色 ……………………… var. sub-caesioides Flaksb.
C_2 颖有毛
D_1 壳白色
E_1 粒白色 ……………………………………………… var. sub-meridionale Vav.
E_2 粒红色 ……………………………………………… var. sub-Hostianum Vav.
D_2 壳蓝黑色，壳底红色，粒白色……………………… var. sub-iranicum Tum.
B_4 拳曲芒（inflatum vav.）
C_1 完全无芒
D_1 颖无毛，粒红色
E_1 壳白色
F_1 壳全部白色……………………………………………… var. huanyangense Hosono.
F_2 壳边缘黑色 ……………………………………… var. “nigro-huanyangense” King.
E_2 壳红色，粒红色 ……………………………………… var. “menhsiengense” King.
D_2 颖有毛，粒红色或白色
E_1 壳白色，粒红色 ……………………………………… var. “lunangense” King.
E_2 壳红色，粒白色……………………………………… var. “chiugiengense” King.
C_2 勾曲芒（穗上部有 2 厘米以下的短芒）
D_1 颖无毛
E_1 壳白色，芒白色
F_1 粒白色 ……………………………………………… var. albinflatum Vav.
F_2 粒红色 ……………………………………………… var. lutinflatum Flaksb.
E_2 壳白色，边缘黑色，粒红色……………………… var. “Pseudo-lutinflatum” King.
E_3 壳红色
F_1 粒白色 ……………………………………………… var. alborubro-inflatum Vav.
F_2 粒红色 ……………………………………………… var. rufinflatum Flaksb.
E_4 壳红色，边缘黑色
F_1 粒白色 ……………………………………… var. “nigro-alborubro-inflatum” King.
F_2 粒红色 ……………………………………… var. nigro-rufinflatum Vav. et Kob.

D_2 颖有毛，粒红色

E_1 壳白色，芒白色 ………………………………………… var. heraticum Vav. et Kob.

E_2 壳红色，芒红色 ………………………………………… var. turcomanicum Kob.

C_3 拳曲芒

D_1 颖无毛

E_1 壳白色

F_1 粒白色 ………………………………………… var. sub-graecum-inflatum Palmov.

F_2 粒红色

G_1 长芒 ………………………………………… var. erythrospermum-inflatum Palmov.

G_2 短芒 ………………………………………… var. sub-erythrospernum-inflatum Palmov.

E_2 壳白色，边缘黑色，粒红色，芒短……………… var. “nigro-erythrospermum-inflatum” King.

E_3 壳红色

F_1 粒白色………………………………………… var. sub-erythroleucon-inflatum Frenk.

F_2 粒红色………………………………………… var. sub-ferrugineum-inflatum Palmov.

D_2 颖有毛，粒红色

E_1 壳白色 ………………………………………… var. sub-Hostianum-inflatum Palmov.

E_2 壳红色 ………………………………………… var. sub-barbarossa inflatum Palmov.

A_2 穗密度大（Compactoides or inter jectum Flaksb）

B_1 无芒

C_1 颖无毛，壳白色

D_1 粒白色 ………………………………………… var. “albidum-compactoides” King.

D_2 粒红色………………………………………… var. “lutescens-compactoides” King.

C_2 颖有毛，粒红色

D_1 壳白色………………………………………… var. velutinum-compactoides Koh.

D_2 壳红色 ………………………………………… var. “pyrothrix-compactoides” King.

B_2 长芒

C_1 颖无毛

D_1 壳白色

E_1 粒白色 ………………………………………… var. “graecum-compactoides” King.

E_2 粒红色 ………………………………………… var. “erythrospermum-compactoide” King.

D_2 壳红色

E_1 粒白色 ………………………………………… var. erythroleucon-compactoides Kob.

F_2 粒红色 ………………………………………… var. “ferrugineum-compactoides” King.

C_2 颖有毛

D_1 壳白色，芒白色，粒白色 ……………………… var. “meridionale-compactoides” King.

D_2 壳红色，芒红色，粒红色……………………… var. “barbarossa-compatoides” King.

B_3 曲芒，颖无毛，壳白色，粒红色……………… var. “erythrospermum inflatum-compactoides” King.

普通小麦几个变种的性状

长芒，壳灰鼠色，壳底红色，颖无毛，红皮

T. vulgare，“var. Rhodum” King

红芒白：产河北滦县，穗长 8.5~10.2 厘米，小穗 19~20 个，因染秆锈病极重，粒瘦长，粒长 6 毫米，宽 2.5 毫米，护颖尖端长 2~4 毫米。软粒。

长芒，壳边缘蓝黑色，壳底红色，颖无毛，红皮

T. vulgare，“var. Rhodo-chiovendae” King

这个变种分布区域比较广，湖南的晃县、石门，江西的安福，浙江的建德和山东的汶上所产的，穗都呈扁形，穗疏，穗长 8~13 厘米，小穗数 19~23 个，每小穗含种子 2~5 粒，种子外露，硬粒或软粒，腹沟深。四川倬斯和山西浑源所产的，护颖尖端长 2 ~5 毫米。

长芒，壳边缘蓝黑色，壳底红色有蓝黑斑，颖无毛，红皮

T. vulgare，“var. sub-nigro-ferrugineum” King.

黄壳麦：产四川涪陵，穗疏，扁形，种子外露，中熟种，每小穗 2~4 粒，腹沟深。软粒，粒长 5. 8 毫米，宽 3 毫米。

红芒麦：产河南方城，穗扁而疏，种子外露，中熟。

全无芒，白壳，边缘黑色，颖无毛，红皮

T. vulgare，“var. nigro-huanyangense” King.

这是从云南路南县的小麦中分出来的，穗长 7~8. 5 厘米，每穗有小穗 21~23 个，每小穗有种子 2~4 粒。粒长形，腹沟深，硬粒。

全无芒，红壳，颖无毛，红皮

T. vulgare，“var. menhsiengense” King.

产河南孟县，土名红够豆，芽鞘红色，半冬性，中熟种。穗长 6~8 厘米，每穗有小穗 20~22 个，穗密，粒短，硬粒，腹沟深。河南南阳产的土名红和尚头，穗近纺锤形，护颖易脱落。

全无芒，白壳，颖有毛，红皮

T. vulgare，“var. lunangense” King.

本变种主要分布在云南的路南、通海、禄劝、禄丰等县。路南栽培比较多。壳包裹比较紧，种子不易脱落，小穗数 20~24 个，每小穗 2~4 粒，硬粒，腹沟深。

路南的羊巴麦，穗长 6. 8~8. 0 厘米。禄劝的火麦，穗长 5. 5~7. 6 厘米，每小穗 2~3 粒。通海的西风麦长方形，粒长 7 毫米，宽 3. 5 毫米。禄丰的紫麦，粒长 7 毫米，宽 3 毫米。

全无芒，红壳，颖有毛，白皮

T. vulgare，“var. chiugiengense” King.

红光头：原产甘肃酒泉县，穗长 6~8. 5 厘米，小穗数 19~23 个。护颖的尖端长约 5 毫米，比外壳的尖端略长，向内曲。本种在南京生长不好，种子极瘦小。

勾曲芒，白壳，边缘黑色，红皮

T. vulgare，“var. pseudo-lutinflatum” King.

天秆小麦：产云南蓝坪县，穗纺锤形，穗长 7. 2~10. 5 厘米，小穗数 23~26 个，每小穗 2~4 粒，外壳顶端成勾曲状或膨大作蟹爪状。种子短，腹沟深，软粒。

勾曲芒，红壳，边缘黑色，颖无毛，白皮

T. vulgare，“var. nigro-alborubro-inflatum” King.

我们只从新疆的洛浦县搜得一种小麦，穗长 8. 4~10. 3 厘米，小穗 20~21 个，每小穗 2~3 粒，粒长 5. 8 毫米，宽 3 毫米，腹沟深。

拳曲芒，白壳，边缘黑色，红皮，芒短

T. vulgare，“var. nigro-erythrospermum-inflatum” King.

火麦：产云南寻甸县，穗长6.5~9.5厘米，小穗数20~22个，每小穗含种子2~5粒，硬粒，腹沟深。

穗密度大，无芒，白壳，颖无毛，白皮

T. vulgare，“var. albidum-compactoides” King.

刺猬头：产河北永年县，穗下部疏，上部密，略呈棍棒形。穗长5~6厘米，小穗数20~21个，每小穗2~4粒。种子细长，硬粒。

穗密度大，无芒，白壳，颖无毛，白皮

T. vulgare，“var. lutescens-compactoides” King.

鸭子黄：产江苏启东县，穗略呈棍棒形，穗长5.5~6.9厘米，每穗20~23个小穗，每小穗2~4粒。种子略短，软粒。

穗密度大，无芒，红壳，颖有毛，红皮

T. vulgare，“var. pyrothrix-compactoides” King.

我们从浙江的永康、仙居县都采到这个变种，穗纺锤形，穗长6.5~7.9厘米，小穗数20~23个，每小穗2~4粒，粒大，长6毫米，宽3.6毫米。软粒。产江苏启东的穗棍棒形。

穗密度大，长芒，白壳，颖无毛，白皮

T. vulgare，“var. graecum-compactoides” King.

本变种主要分布在河北、河南、陕西、山西、甘肃等省。穗长方形或棍棒形，穗长5.2~7.5厘米。小穗数19~23个，每小穗2~5粒。河北邯郸与吴桥两县产的都为硬粒，其余各地有硬粒，亦有软粒。粒长5.8~3.2毫米。

穗密度大，长芒，白壳，颖无毛，红皮

T. vulgare，“var. erythrospermum-compactoidos” King.

本变种分布在云南、河南、河北、浙江、江苏、安徽、甘肃、新疆等省区。产于云南的多为硬粒，其余各省产的多为软粒或半硬粒。云南晋宁的羊巴麦，穗长方形，穗长6.2~7.5厘米，小穗数22~23个。每小穗2~4粒。种子短，腹沟大。

穗密度大，长芒，红壳，颖无色，红皮

T. vulgare，“var. ferrugineum-compactoides” King.

大红麦：产陕西丹凤县，穗长5.8~7.0厘米，小穗数20~24个，每小穗含2~5粒，软粒。

本变种分布在陕西、新疆、浙江、山西、河南、甘肃诸省区。浙江的金华、浦江、盘安各县所产的，穗都为棍棒形。粒长为宽的2倍。新疆产的种子腹沟深，软粒。

穗密度大，长芒，红壳，颖有毛，白皮

T. vulgare，“var. meridionale-compacfoides” King.

从新疆民丰县搜到一个品种，在南京生长不好，种子极瘦小，穗长4.8~6.0厘米，小穗数20~21个，粒长6.8毫米，宽3.2毫米，软粒。

穗密度大，长芒，红壳，颖有毛，红皮

T. vulgare，“var. barbarossa-compactoides” King.

本变种都是云南产的。从保山县得到的叫草鞋麦，穗长6.5厘米，小穗数22，每小穗2~3粒，半硬粒，腹沟深。南华县的火麦，穗作棍棒形，穗长5.5~6.2厘米，小穗数20~21个，粒瘦长（长6毫米，宽2.8毫米），腹沟深，颊面呈三角形。粒半硬。龙陵县的穗长5.3~6.4厘米，粒长6毫米，宽3.2毫米，种子颊面亦呈三角形。

穗密度大，曲芒，白壳，颖无毛，红皮

T. vulgare，“var. erythrospermum-inflatum-compactoides” King.

火烧麦：产云南昭通县，穗棍棒形，穗长 6~6.5 厘米，小穗数 22 个，粒长卵形，粒长 6 毫米，宽 3 毫米，腹沟浅。

（五）云南小麦（“T. yunnanense” King）

“云南小麦”在我国的唯一产区是在云南西部澜沧江之西南，包括镇康、双江、云县、缅宁及腾冲 5 个县的范围。这是就我们所搜集到的种子而言，这几个县的附近地区是否有种植，还不得而知。这些地区的海拔高度在 1 000~1 700 米当地农民对这种小麦有不同的名称，一般叫粉光头，亦称糯光头（吃起面来带有软糯的意思），有的叫箐小麦（适宜种在高寒的山箐里）、铁壳小麦（麦壳不易脱粒）等。

幼苗淡绿色，直立，叶片有毛。穗疏（D = 20~23），穗轴坚硬而脆，种子与壳难分离，小穗从穗节之下部折断，故不同于斯卑尔脱小麦。护颖之背脊到底，颖壳有毛或无毛，白壳或红壳，穗细长侧面略宽于正面，护颖之顶端紧靠着外壳。每小穗有种子 2~4 粒；种子角质，腹沟大。种子背面呈半圆形，颊面呈三角形。我们最初搜集到的种子是在 1937 年，都是无芒的。1956 年，我们从双江采到一种有芒的品种，芒长达 7 厘米。镇康产的一种是白皮，其余都是红皮。

“云南小麦”的变种

1. 无芒，白壳，颖无毛，红皮 …………………… var. “ankoncum” King.
2. 无芒，白壳，颖有毛，红皮 …………………… var. “fenkwantacum” King.
3. 无芒，红壳，颖无毛，白皮 …………………… var. “chenkangense” King.
4. 无芒，红壳，颖无毛，红皮 …………………… var. “lanchankiangense” King.
5. 无芒，红壳，颖有毛，红皮 …………………… var. “mieningense” King.
6. 有芒，白壳，颖无毛，红皮 …………………… var. “shuankiangense” King.

“T. yunnanense，var. ankoncum”，King.

云南的云县和缅宁都有栽培，在云县的土名叫硬壳麦。穗有顶芒，穗长 9~11 厘米，小穗数 23~26 个。

“T. yunnanense，var. fenkwantacum” King.

产云南的镇康和腾冲。在腾冲的土名叫谷麦，亦叫花谷麦，成熟早。镇康产的叫粉光头。稳有顶芒，长的达 1.5 厘米。在镇康生长的，穗长达 14 厘米，每种有 30 个小穗，在南京生长的，穗长 9~10 厘米。小穗 22~25 个。硬粒。

“T. yunnanense，var. chenkangense” King.

1937 年，曾在云南的镇康搜集到这个品种。

“T. yunnanense，var. lanchankiangense” King.

这个变种在云南澜沧江以西是分布最广的一个种，缅宁、镇康、云县、双江都有栽培。我们在 1937 年曾采到过这个变种。

“T. yunnanense，var. mieningense” King.

1937 年，曾在缅宁、云县都采到这个变种。

“T. yunnanense，var. shuankiangense” King.

这个品种是从双江县的小麦中分出来的，我们只得到两个穗。穗长 11 厘米，芒长 7 厘米。

（六）我国小麦的垂直分布

西藏的拉萨海拔在 3 600 米以上，普通春小麦，4 月下种，9 月收获，生长期约 150 天，冬小麦在拉萨可以冬播，因昼夜温度相差很大，1、2 月最低温度，白天一般在 -6~-7℃，夜间约在-17℃，但只几小时。冬小麦 10 月下种，次年 8 月收获，冬季正常分蘖，但甚缓慢，生长期达 300 天以上。西藏的日喀则，海拔 3 850 米，春小麦正常生长，可以成熟，这是普通小麦在全世界要算生长最高的地区。

中大 2419 小麦是属于普通小麦的有芒、赤壳、无毛、白皮，（*var. erythroleucon*，Körn）的一个变种。从四川远至拉萨试种，在 500 亩大面积上的生产量，平均每亩达到 200 斤。

圆锥小麦的分枝种，在拉萨生长良好，每亩产量可达 800 斤。在察寓生长的圆锥小麦，千粒重达 46.6 克。

在西藏青稞能生长在 4 000 米的高寒地区。

在云南普通小麦的分布地区，海拔最低的约为 380 米（如金屏县），最高的可达 3 080 米（如剑川县）。在云南高寒山区，海拔 2 400 米，中大 2419 小麦不受冻害。在北纬 23°海拔 3 080 米地区，中大 2419 小麦生长还是很好。

密穗小麦的分布自 1 600 米（如蓝坪县）至 3 050 米（如丽江县）。圆锥小麦的分布自 1 500 米（如宜良县）至 2 500 米（如蓝坪县）。

生长在高原地区的小麦，种子比较大，千粒重高，一般都在 30 克以上，有不少品种超过 40~50 克，甚至有达 60 克以上的。西藏 14 种普通小麦，千粒重在 40 克以上的有 3 种，50 克以上的有 7 种。青海 34 种小麦，千粒重在 40~50 克以上的有 10 种，最高的一种达到 65.8 克。云南 204 种小麦，40~50 克以上的有 35 种，50~60 克的有 8 种，60 克以上的有一种。新疆的小麦也有超过 50~60 克的。同一省区，千粒重的大小，也是随着海拔的高低而有差异。河北与河南是平原区，小麦种子的千粒重大都在 30 克以下，例如河北 325 个品种，千粒重在 30 克以上的只有 25 种。

四、小麦变种的分布和地区的关系

试将表 3 至表 6 的结果，汇总成为表 7，来看看各种小麦变种的分布和地区的关系。很清楚地可以看出，云南是我国小麦种类最丰富的地区，我国所有 5 种小麦在云南都有栽培。全国 126 个小麦变种，云南就占有 59 个，将近总数的一半。形成了我国小麦变异的中心。其次是甘肃，它的变种数有 47 个。其他如四川、陕西、西藏、新疆等省区，小麦的种类和变种数，也是比较多的。1954 年，云南栽培小麦的面积，只占全国小麦 4 亿多亩的 0.8%，甘肃、四川、新疆等省区也只占 2.32%~5.09%。高原地势的复杂性，是形成品种变异的重要因素，例如云南全省是个高原，且多高山低谷，栽培小麦的地区、海拔低的只有 300 多米，高的超过 3 000 米。从垂直来看，有炎热的河谷、温暖的平坝和高寒的山区，温度、雨量、日照都相差很大。历史上国际间的往来，如汉唐以来，新疆和云南一度成为中外交通的要道，可能从国外带来一些小麦品种。西北和西南各省区都是多民族地区，不同的民族对农业经营的不同方式和选择品种的结果，也会使品种的变异受到一定的影响。

表7　中国各种小麦的变种分布

变种	粤	桂	滇	闽	赣	湘	黔	浙	苏	皖	鄂	豫	川	藏	鲁	冀	晋	陕	甘	青	新	蒙	辽	吉	黑	合计
普通小麦（*T. vulgare*）	15	11	45	14	18	12	22	21	22	20	15	38	32	32	30	27	28	30	35	6	29	12	6	10	5	93
密穗小麦（*T. compactam*）			2				1	1				1	1	1			2	1	7		4					12
圆锥小麦（*T. turgidum*）			4	1		1	1			1	1	4	6	1	3	1		4	5	1	4	1			1	8
硬粒小麦（*T. durum*）			2				1						2			2		4			4	3				7
云南小麦（*T. yunnanense*）			6																							6
总计	15	11	59	15	18	13	25	22	22	21	16	43	41	34	33	30	30	39	47	7	41	16	6	10	6	126

河南虽属平原，但小麦的变种数目仅次于甘肃。它有3个种和43个变种。晋冀鲁3省的变种数占30~33个。华北4省是我国小麦最重要的产区，它的栽培面积占全国小麦总面积48.77%。栽培面积广，小麦变种多，是可以理解的。河南又是历代文化的集中地，交通频繁，增加小麦的品种是一个不可忽视的因素。①

东北平原，小麦栽培面积只占全国总面积的4.64%，因此，它的品种比较单纯，变种数最少。

苏皖鄂三省，小麦栽培面积虽达全国总面积的22%，但由于多半是稻麦两熟地区。小麦生长环境比较单纯，因此，品种的变异不大。长江以南其他地区也有类似的情形。

30年来，密穗小麦的品种和种植面积有缩减的趋势，相反的，圆锥小麦的种植面积由西北、西南逐渐在向华北和华中扩展。由于农业合作化的蓬勃发展，手工业的耕作方式，将逐步变为大面积生产或机械耕作所代替，加之改良小麦品种的不断增加，普通小麦的变种数今后势必将逐渐减少。为了储备小麦育种材料，各地农业科学研究机关，如何很好地保存地方品种就成为极其重要的任务。

参考文献（略）

（南京农学院，1957-11）

① 本报告所用之小麦材料承薄元嘉同志帮助整理，普通小麦变种分类检索表承李扬汉教授提供了很好的意见，云南小麦垂直分布的材料是西南农科所余淑君同志供给的，特此致谢

1959年10月　　南京农学院科学研究专刊　　第2号

中国小麦的种类及其分布

金善宝　　　吴兆苏

沈丽娟　薄元嘉　俞世蓉　颜玉树

南京农学院印

中国小麦的种类及其分布

金善宝　　　　吴兆苏
沈丽娟　薄元嘉　俞世蓉　颜玉树

前　言

我国幅员辽阔广大，而小麦的栽培几乎遍及所有农业区域。由于地势、土壤、气候以及耕作制度的多种多样性，更由于4 000多年来我国劳动人民的创造性劳动，产生了数以万计的适应不同地区栽培需要的小麦地方品种。这些品种不但在过去粮食生产上起了重要的作用，而且在目前和将来仍然发挥着重要的作用。它们的作用不但表现在直接作为生产资料方面，而且也表现在作为创造新品种的最基本的原始材料方面。它们的作用不但表现在本国的小麦育种栽培上，而且对世界小麦的生产发展也做了不少的贡献。但过去对我国小麦的种类及其分布，尚缺乏全面而系统的调查研究。而这方面的资料是我国小麦生产进一步发展所必须掌握的。因此，首先应该把我国多种多样的小麦地方品种，进行系统的检定，明确它们在植物分类学的地位，弄清它们的分布情况。这对祖国小麦资源的系统了解，对小麦青种栽培基本问题的认识，都是十分必要的。

根据“生物有机体及其生活条件统一”的辩证唯物主义观点，一切作物品种都是长期的自然选择和人工选择的产物，也就是在一定的自然环境条件和栽培条件下形成的，品种对这些环境条件就有一定的适应性。试验研究和生产实践证明：各个小麦地方品种都具有其一定的地区适应范围；而在一定地区范围内的地方品种，都具有一定程度上相同的特点。因此，根据各个品种的性状总体和各个品种原产地的综合环境条件关系，可以把全国的小麦地方品种归纳为若干生态类型。这些类型既集中地反映出各个地区的自然环境和耕作栽培条件，又可明确显示出适应这个地区环境条件的品种基本性状。在分析整理我国各个地方品种的基础上，进行生态类型的划分，是我国小麦品种事业进一步发展的基本建设工作之一。小麦生态学的深入研究，对于进一步明确我国各个地区小麦生产栽培对于品种性状的具体要求，育种原始材料的合理利用、选种途径以及引种、调种等工作，都具有重要的意义。

根据上述的目的，南京农学院与中国农业科学院自1956年开始协作进行全国小麦的种类及其分布的研究工作，此项研究材料的来源遍及全国各地区，提供品种材料和基本资料的约有2 000个县。供试的品种材料达5 000多个。这些品种材料在南京农学院农场进行了2~3年的种植，通过系统观察和分析，对各品种的生长发育，主要形态特征和特性，积累了相当丰富的资料；此外，在1957—1958年，选取了在各地区具有一定代表性的品种460个，分别在北京、徐州、武功、西宁、乌鲁木齐、成都、昆明、武昌、广州及福州等12个据点，进行种植观察。在研究工作进行过程中，由于院党委的领导和关怀，各有关单位的协作，各项工作得以顺利进行。自今年年初开始，对历年来已积累的资料，进行系统的整理。但是目前这个研究报告，还只能是初步的。今后还需要进一步深入研究，不断补充和修正，逐步臻于完善。

一、中国小麦的种、变种及其分布

小麦属禾本科（Gramineae Juss.）小麦属（*Triticum* L.）。小麦的分类系统是比较完整的，就全世界来说，已被定名的种不下20个，但对其中少数的种各国学者的看法还不一致。各个种内变种的数目，更由于分类方法不同，出入很大，近年来陆续发现的为数也不少。

关于我国小麦的种类，过去国内外学者曾经进行过一些调查研究，但在不同的程度上受到材料的限制，所得的结果都不够全面。Flaksberger（1911）的报告中。我国小麦分别属于普通小麦（*T. aestivum* L.）和密穗小麦（*T. compactum* Host.）两个种，前者有7个变种，后者有4个变种。根据Percival（1921）的研究，我国的普通小麦和密穗小麦各有5个变种。瓦维洛夫（Vavilov，1923）指出，我国小麦属于普通小麦的有18个变种，属于密穗小麦的有7个变种。同年Orlov（1923）发现我国有硬粒小麦（*T. durum* Desf.）的1个变种。金善宝（1928，1934）对所搜集的全国790县的小麦品种（未包括东北的材料）进行检定的结果，其中属于普通小麦的有12个变种，密穗小麦的有6个变种，圆锥小麦（*T. turgidum* L.）的有4个变种，硬粒小粒有2个变种。细野重雄（1934）曾在我国搜集247个品种，检定为普通小麦19个变种、密穗小麦5个变种和圆锥小麦1个变种。以后国内其他学者如蔡旭（1942）等也陆续发现少数变种。此外，茹科夫斯基（Жукóвский）曾经发现我国小麦中的一个新种，即所谓阔叶小麦（*T. amp-lissifolurm* Zhuk.）；但最近雅库别契尼尔（Якубцинер）列为普通小麦的一个亚种。根据木原均（1954）的近著，世界普通小麦共有158个变种，中国的普通小麦有26个变种。

归纳以上国内外学者的调查研究，先后所发现我国小麦的种和变种：属于普通小麦的有29个变种，密穗小麦有12个变种，圆锥小麦有7个变种，硬粒小麦有4个变种，共计4个种，52个变种。金善宝（1934）根据当时所搜集的品种加以分类统计的结果，属于普通小麦的品种数约占总数87%，属于密穗小麦的约占9%，圆锥小麦和硬粒小麦合占4%。

我们这一次对在1956—1957年向全国各县所收集到的5 545个品种类型，加上金善宝在1943年所征集的17个不同的品种类型，进行了系统的检定。其中普通小麦的变种分类标准系参照木原均（1954）的普通小麦分类检索表加以增编的；普通小麦新亚种“云南小麦”（*T. aestivum* subsp. *Yunnanese* King.）系1937年第一次发现，这一次进一步加以肯定的。经过这次比较全面而系统的检定结果，我国小麦分别属于普通小麦、密穗小麦、圆锥小麦、硬粒小麦、波兰小麦等5个种及普通小麦亚种“云南小麦”1个亚种；属于各个种及亚种的变种共计101个。其中超大部分为普通小麦，属于普通小麦及其亚种“云南小麦”的变种数就有67个，其品种数占总数的96.5%。（表1）

表1 中国各种小麦的变种数和品种数

种类	变种数（个）	品种数（个）	品种数（%）	备注
普通小麦 亚种“云南小麦”	61 6 } 67	5 346 19	96.1 0.4	内有1943年收集的15个品种
圆锥小麦	11	120	2.2	内有1943年收集的2个品种
密穗小麦	12	41	0.7	
硬粒小麦	9	34	0.6	
波兰小麦	2	2	—	零星栽培
总计	101	5 562	100	实有品种5 545个

（一）普通小麦（*T. aestivum* L.）及其亚种“云南小麦”（*T. aestivum* subsp. *yunnanese* King）

普通小麦是世界上分布最广的一个种，也是我国小麦中栽培面积最大，分布范围最广，变种最多的一个种。从表1可以看出这次所征集的5 545个小麦品种类型中，普通小麦及其亚种“云南小麦”就有5 350个，约占总数96.5%；在各种小麦变种总数101个中，就占67个。

过去国内外学者先后发现的中国普通小麦29个变种中，有下列4个变种在这次没有发现。

1. var. Sub-barbarossa （Hosono，1934）
2. var. lucomanicum （Flaksberger，1929）
3. var. lagendreanum （Flaksberger，1929）
4. var. Villosum （金善宝，1943）

但这次发现了很多以前没有发现的变种。

对这次所征集到的属于普通小麦的品种类型，经过检定结果有61个变种，其检查表如下。

中国普通小麦变种分类检索表

A_1 无芒，包括顶芒（muticum Al.）
  B_1 颖无毛
    C_1 壳白色
      D_1 壳全白色
        E_1 粒白色 ………………………… var. albidum Al.
        E_2 粒红色 ………………………… var. lutescens Al.
      D_2 壳白色边缘黑色
        E_1 粒白色 ………………………… var. triste Flaksb.
        E_2 粒红色 ………………………… var. zaisanicum Orl.
    C_2 壳红色
      D_1 壳全部红色
        E_1 粒白色 ………………………… var. alborubrum Körn.

E_2 粒红色 …… var. milturum Al.
D_2 壳红色边缘黑色
E_1 粒白色 …… var. nigro-albor ubrum Vav. et Jakubz.
E_2 粒红色 …… var. kazakstanicum Orl.
C_3 壳蓝黑色，底红色，粒红色…… var. introitum Vav. et Jakubz.
B_2 颖有毛
C_1 壳白色
D_1 粒白色 …… var. leucospermum Körn.
D_2 粒红色 …… var. velutinum Schubl.
C_2 壳红色
D_1 粒白色 …… var. Delfi Körn.
D_2 粒红色 …… var. pyrothrix Al.
A_2 长芒，芒长 4 厘米以上（aristatum Al.）
B_1 颖无毛
C_1 壳白色
D_1 芒白色
E_1 粒白色 …… var. graecum Lörn.
E_2 粒红色 …… var. erythrospermum Körn.
D_2 芒黑色 …… var. nigri-aristatum Flaksb.
C_2 壳红色
D_1 芒红色
E_1 粒白色 …… var. erythroleucon Körn.
E_2 粒红色 …… var. ferrugineum Körn.
D_2 芒黑色 …… var. sardoum Körn.
C_3 壳边缘蓝黑色
D_1 壳底白色
E_1 芒白色粒红色 …… var. ingrediens Vav. et Jakubz.
E_2 芒黑色 …… var. pseudo-ingrediens Flaksb.
D_2 壳底红色，芒红色
E_1 粒白色 …… var. chiovendae Vav. et Jakubz.
E_2 粒红色 …… var. “Rhodo-chiovendae” King.
C_4 壳蓝黑色底红色
D_1 粒白色 …… var. indicum Howard.
D_2 粒红色 …… var. bengalense Howard.
B_2 颖有毛
C_1 壳白色
D_1 芒白色
E_1 粒白色 …… var. meridionale Körn.
E_2 粒红色 …… var. Hostianum Clem.
D_2 芒黑色 …… var. pseudo-meridionale Flaksb.
C_2 壳红色
D_1 粒白色 …… var. turcicum Körn.
D_2 粒红色 …… var. barbarossa Al.
C_3 壳灰鼠色，底红色

D_1 粒白色…… var. Caesio-turcicum Jakubz.
D_2 粒红色…… var. rubro-murinum Flaksb.
C_4 壳蓝黑色
D_1 壳底白色
E_1 粒白色…… var. mesopotanicum Vav.
E_2 粒红色…… var. renovatum Flaksb.
D_2 壳底红色
E_1 粒白色…… var. iranicum Vav.
E_2 粒红色…… var. fuliginosum A1.
A_3 短芒（芒长 2~3 厘米），下部小穗有短芒（breviaristatum Vav.）
B_1 颖无毛
C_1 壳白色，芒白色
D_1 粒白色…… var. sub-graecum Vav.
D_2 粒红色…… var. sub-erythrospermum Vav.
C_2 壳红色，芒红色
D_1 粒白色…… var. sub-erythroleucon Vav.
D_2 粒红色…… var. sub-ferrugineum Vav.
B_2 颖有毛
C_1 壳白色
D_1 粒白色…… var. sub-meridionale Vav.
D_2 粒红色…… var. sub-Hostianum Vav.
A_4 拳曲芒（inflatum Vav.）
B_1 完全无芒
C_1 颖无毛
D_1 壳白色，粒红色…… var. huanyangense Hosono.
D_2 壳红色，粒红色…… var. “menhsiengense” King.
C_2 颖有毛
D_1 壳白色，粒红色…… var. “lunangense” King.
D_2 壳红色，粒白色…… var. “chiugiengense” King
B_2 勾曲芒（穗上部 2 厘米以下的短芒）
C_1 颖无毛
D_1 壳白色，芒白色
E_1 粒白色…… var. albinflatum Vav.
E_2 粒红色…… var. lutinflatum Flaksb.
D_2 壳白色，边黑色，粒红色…… var. “Pseudo-lutinflatum” King.
D_3 壳红色
E_1 粒白色…… var. alborubro-inflatum Vav.
E_2 粒红色…… var. rufinflatum Flaksb.
D_4 壳红色，边缘黑色，粒红色…… var. nigo-rufinflatum Vav. et Kob.
C_2 颖有毛，粒红色
D_1 壳白色…… var. heraticum Vav. et Kob.
D_2 壳红色…… var. turcomanicum Kob.
B_3 拳曲芒
C_1 颖无毛

D_1 壳白色

E_1 粒白色 …………………………………………… var. sub-graecum-inflatum Palmov.

E_2 粒红色…………………………………………… var. erythrosper mum-inflatum Palmov.

D_2 壳白色，边缘黑色，粒红色 ……………………… var. nigro-erythrospermum-inflatum King.

D_3 壳红色

E_1 粒白色…………………………………………… var. sub-erythroleucon-inflatum Frenk.

E_2 粒红色 …………………………………………… var. sub-ferruginenum-inflatum Palmov.

C_2 颖有毛，粒红色

D_1 壳白色 …………………………………………… var. sub-Hostianum-inflatum Palmov.

D_2 壳红色 …………………………………………… var. sub-barbarossa inflatum Palmov.

属于普通小麦亚种“云南小麦”的品种，这次征集到 4 个，加上金善宝 1943 年征集的 15 个，共计 19 个；对于这些品种类型进行检定结果，分为 6 个变种，其检索表如下。

中国普通小麦亚种“云南小麦”变种分类检索表

A_1 无芒（包括顶芒）

B_1 颖无毛

C_1 壳白色，粒红色 …………………………………………… “var. ankoncum” King.

C_2 壳红色

D_1 粒白色 …………………………………………… “var. chenkangense” King.

D_2 粒红色 …………………………………………… “var. lanchankiangense” King.

B_2 颖有毛，粒红色

C_1 壳白色 …………………………………………… “var. fenkwantacum” King.

C_2 壳红色 …………………………………………… “var. mieningense” King.

A_2 有芒，颖无毛，壳白色，粒红色 ……………………… “var. shuankiangense” King.

根据这次所征集材料的检定和统计结果，将我国普通小麦的变种及其分布编制成表（表 2）。

在我国普通小麦中，就芒的性状而论，长芒类有 23 个变种，这次征集的就有 3 397 个品种类型（占总数 60%以上）属于这一类；无芒类有 13 个变种，短芒类有 6 个变种；拳曲芒类有 19 个变种。“云南小麦”亚种有芒的变种 1 个，无芒的变种 5 个。若按一般的分法，以无芒类（包括顶芒）和有芒类（包括短芒）作比较，拳曲芒不考虑在内，则有芒品种数超过无芒的 3 倍以上。有芒类中，以芒长 4 厘米为准，长芒的又占绝大多数，比短芒多 31 倍。从全国范围看来，在东北和内蒙古，长芒的品种数占 71%~94%，其他各省区长芒的占 50%~78%，只有浙江和西藏在 50%以下。根据 1957 年全国农业展览会麦作品种介绍，我国现在推广的 78 个优良品种中，有芒的占 2/3。一般认为芒在生产栽培上是有利的性状。有芒的小麦栽培面积有逐年扩大的趋势。因此，芒在小麦选种上值得注意的问题。此外，我国普通小麦中有很多拳曲芒小麦，这次所征集的有 279 个品种，分属于 19 个变种；根据现有文献，世界上以我国分布最多。

具有颖壳上有毛茸以及黑壳、黑芒等性状的品种为数不多。它们的产地都在西北和西南高原，有毛茸的品种以新疆、云南、甘肃等省区较多；黑壳、黑芒的品种主要集中在新疆，其他广大地区，特别是华北平原、长江中下游以及华南地区这种小麦是极少见的。

表 2 中国普通小麦的变种及其分布

变种	广东	广西	云南	福建	江西	湖南	贵州	浙江	江苏	安徽	湖北	河南	四川	西藏	山东	河北	山西	陕西	甘肃	青海	新疆	内蒙古	辽宁	吉林	黑龙江	合计
无芒，包括顶芒（muticum Al.）																										
var. albidum	1		4	1	1	1	2	1	8	8	5	16	13		36	66	25	13	13	3		2				219
var. lutescens	14	20	15	16	26	54	47	62	72	38	22	16	39	12	8	17	34	22	42		7	10	4	4	4	605
var. triste											1			1												2
var. Zaisanicum	1													1					1							3
var. alborubrum	2			2	2				1	3		16	4	2	39	33	29	7	1				3			144
var. milturum	21	25	5	39	47	35	16	35	19	9	3	18	29	21	14	9	37	25	19		1	1	3	1		432
var. nigro-alborubrum				1	1				1			6			5	12	6	6	2							40
var. kazakstanicum	7	7		6	6	4	3	9	3	2	1	3	9	1	5	3	8	1	6							84
var. introitum					1			1					1				1									4
var. leucospermum														1												1
var. velutinum			8					1	1			1	3	2			1				1					18
var. Delfi			1																							1
var. pyrothrix			1					1	1					11												14
品种数小计	46	52	34	65	84	94	68	110	106	60	32	76	98	52	107	140	141	74	84	3	9	13	10	5	4	1 567
变种数小计	6	3	6	6	8	5	4	7	8	5	5	8	7	9	6	6	8	6	7	1	3	3	3	2	1	13
长芒，芒长 4 厘米以上（aristatum Al.）																										
var. graecum	2		4	1			1	1	12	12	1	45	16	1	103	90	30	22	15		42	1		2		401
var. erythrospermum	64	37	74	59	50	33	25	53	68	88	59	67	87	18	24	102	61	60	54	13	48	28	14	28	43	1 257
var. nigri-aristatum														1												1
var. erythroleucon		1	14		1		3	1	16	11	5	22	13	1	46	41	20	8	1		13	7			1	225
var. ferrugineum	61	44	25	34	57	50	46	40	40	69	25	58	59	22	21	58	54	30	39	15	16	27	14	9	25	938

（续表）

变种	广东	广西	云南	福建	江西	湖南	贵州	浙江	江苏	安徽	湖北	河南	四川	西藏	山东	河北	山西	陕西	甘肃	青海	新疆	内蒙古	辽宁	吉林	黑龙江	合计
var. sardoum																						1				1
var. ingrediens			3				1								1											5
var. pseudo-ingrediens			4			1																				5
var. chiovendae			3				1		4	2		7	4	1	12	10	4	6			3					57
var. “*Rhodo-chiovendae*”	20	10	23	6	18	32	31	16	19	32	22	21	34	1	15	29	10	10	3						1	353
var. indicum									1				2		1											4
var. bengalense		1	1		5	11	11		7	4		4	6		3				1	1				1		56
var. meridionale							1	1										1	1		16					20
var. Hostianum			8									1						1	3		6					19
var. pseudo-meridionale																					2					2
var. turcicum														1							21					22
var. barbarossa			7											1		1			2		2	2				15
var. caesio-turcicum			1																		4					5
var. rubro-murinum			1														2				1					4
var. mesopotanicum			1																		2					3
var. renovatum																					1					1
var. iranicum																					2					2
var. Fuliginosum																			1							1
品种数小计	147	93	169	100	131	127	120	112	167	218	112	225	221	47	226	331	179	138	122	29	179	66	28	40	70	3 397
变种数小计	4	5	14	4	5	5	9	6	7	7	5	8	8	9	9	7	6	8	11	3	15	6	2	4	4	23
短芒，芒长 2~3 厘米下部小穗有芒（breviaristatum Vav.）																										
var. sub-Hostianum																			1							1

（续表）

变种	广东	广西	云南	福建	江西	湖南	贵州	浙江	江苏	安徽	湖北	河南	四川	西藏	山东	河北	山西	陕西	甘肃	青海	新疆	内蒙古	辽宁	吉林	黑龙江	合计
var. sub-graecum													4		3		1	1	2		2					13
var. sub-erythrospermum	1	1	5	1	1	1			1			2	4	1	1	1	3	9	5		1		1	1		40
var. sub-erythroleucon										4		6	2		8	1	5	3	1		1					31
var. sub-ferrugineum			1				2		2			1	3	1			1	4	2							17
var. sub-meridionale																						1				1
品种数小计	1	1	6	1	1	1	2		3	4		9	13	2	12	2	10	17	11		4	1	1	1		103
变种数小计	1	1	2	1	1	1	1		2	1		3	4	2	3	2	4	4	5		3	1	1	1		6
拳曲芒（inflatum Vav.）																										
var. huanyangense			3				2					5	4													14
var. “*menshiengense*”												3														3
var. “*lunangense*”			7																							7
var. “*chiugiegense*”																			1							1
var. albinflatum			1									1	1					1								4
var. lutinflatum			4				1	1				3	24	5				1								40
var. pseudo-lutinflatum			2																							2
var. alborubro-inflatum														1												1
var. rufinflatum							1					2	10	6				1	11							31
var. nigro-rufinflatum												1		1					1							3
var. heraticum			5										1													6
var. turcomanicum														2												2
var. sub-graecum-inflatum												1	1					1	2		1					6
var. erythrospermum-inflatum		1	14				3				2	35	24	5	2	1	5	12								106

（续表）

变种	广东	广西	云南	福建	江西	湖南	贵州	浙江	江苏	安徽	湖北	河南	四川	西藏	山东	河北	山西	陕西	甘肃	青海	新疆	内蒙古	辽宁	吉林	黑龙江	合计
var. “*uigro－erythrosper－umnm－inflatum*”			4																							4
var. sub－erythrosper－muminflatum			1									1														2
var. sub－ferrugineum－inflatum			5				1				1	7	5			1		5	2	1						28
var. sub－hostianum－inflatum	1		10				1							1	1						1					15
var. sub－barbarossa－inflatum			1											1	1						1					4
品种数小计	1	1	57				9	1			3	59	73	22	4	2	5	21	17	1	3					279
变种数小计	1	1	12				6	1			2	10	8	8	3	2	1	6	5	1	3					19
品种数总计	195	147	266	166	216	222	199	223	276	282	147	369	405	123	349	475	335	250	234	33	195	80	39	46	74	5 346
变种数总计	12	10	34	11	14	11	20	14	17	13	12	29	27	28	18	17	19	24	29	5	24	10	6	7	5	61

就籽粒的颜色而论，红皮小麦的分布范围比白皮的广得多，凡是栽培白皮小麦的地区，红皮小麦大都能适应；而红皮小麦占优势的地区，白皮小麦常常不能适应。黄河流域是我国白皮小麦栽培最多的地区，长江以南到东南沿海几乎全部种植红皮小麦。

在普通小麦中有很多穗密度比较大的拟密穗小麦（Compactoides），在河南、云南、浙江、山东、河北、新疆等省区，都有这种小麦。(穗密度在40个以上)。

就各个变种来说，以 *var. erythrospermum*（长芒、无毛、白壳、红皮）栽培最为普遍，在所征集的普通小麦5 346个品种中有1 257个，约占23.5%，其次为 *var. ferrugineum*（长芒、无毛、红壳、红皮）有938个，约占17.5%。再次为 *var. lutescens*（无芒、无毛、白壳、白皮）有605个，约占11.3%，此外 *var. milturum*（无芒、无毛、红壳、红皮）有432个，*var. graecum*（有芒、无毛、白壳、白皮）有401个，这5个变种共有3 633个品种，占普通小麦品种总数的68%。

以变种的分布地区来说，云南变种最多，共有34个，另外还有“云南小麦”亚种6个变种；其次是河南29个，甘肃29个，西藏28个，四川27个，新疆24个，陕西、贵州都有20个以上。总之，在西南和西北地区的变种最多。但这里须加注意的就是河南虽是中原，但变种数目与甘肃同列第二位。

华南沿海和长江中下游稻麦两熟地区普通小麦的变种数目较少。东北平原和内蒙古、青海等春麦地区，变种数最少，而且这些地区极大多数是长芒品种。

（二）圆锥小麦（*T. turgidum* L.）

圆锥小麦与硬粒小麦有相似之处，一般都是长芒、高秆，穗基部相近之秆为髓所充实。它与硬粒小麦的主要区别在于穗方形，有的分枝，护颖大，短于外颖约1/3；籽粒比硬粒小麦短，顶端成截形，通常为粉质。圆锥小麦的叶上、秆上以及穗上都带有白色的蜡质；麦株在出穗前后，呈现着蓝色的景象。故四川、甘肃、陕西、新疆各省区的农民都称这种小麦为“蓝麦”或叫“南麦”；青海和云南又叫“大蓝麦”。

我们这次收集的材料中，有120个品种属于圆锥小麦，分属于11个变种，(内有4个分枝型)。在分枝型中有一个品种，有芒、白壳、白芒、颖无毛、粒白色，其变种学名待查。在四川遂宁所征集的品种“矮南麦”，秆特别矮，与圆锥小麦的其他所有变种有显着的不同，我们认为是一个新变种，定名为 *T. turgidum*, *var. humilicum* King。此外，还有一个变种 *var. iodusum*，金善宝曾于1934年征集到，而这次材料中没有发现，圆锥小麦的变种分类检索表如下。

中国圆锥小麦变种分类检索表

A_1 小穗分枝型，有芒，颖无毛

　B_1 壳白色，芒白色

　　C_1 粒白色 …………………………………… var. (　　)

　　C_1 粒红色 …………………………………… var. Columbinum Körn.

　B_2 壳红色，芒红色，粒白色 ………………… var. pseudo cervinum Körn.

　B_3 壳红色，芒黑色，粒白色 ………………… var. plinianum Körn.

A_2 穗不分枝，有芒

B_1 颖无毛

C_1 壳白色，芒白色

D_1 粒白色

E_1 芒长（10 厘米以上）………………………………………………… var. lusitanicum Körn.

E_2 芒短（8 厘米以下）…………………………………………………… var. humilicum King.

D_2 粒红色 ……………………………………………………………………… var. gentile Körn.

C_2 壳红色，芒红色，粒红色 ………………………………………………… var. speciosum① Körn.

C_3 壳黑色，芒黑色，粒白色 ………………………………………………… var. Herrerae Körn.

B_2 颖有毛

C_1 壳白色，芒白色

D_1 粒白色 ………………………………………………………… var. megalopolitanum Körn.

D_2 粒红色 …………………………………………………………………… var. buccale Körn.

C_2 壳蓝黑色，粒红色 …………………………………………………… var. （iodurum）②Körn.

注：①作者金善宝 1943 年未发表材料；②作者金善宝 1934 年发现，未列入分布表

由表 3 可以看出：我国圆锥小麦的分布，主要集中在西南和西北地区，以四川、云南、新疆、甘肃、河南等省区栽培最多。就变种数而论，以四川为最多，在 11 个变种中，四川就有 7 个（2 个分枝型），而且分布在 19 个县，主要在川北一带。其次为甘肃、新疆及河南各有 5 个；新疆有 3 个分枝型。在 11 个变种中 *var. lusitanicum* 分布最广，品种数最多，共有 72 个，占圆锥小麦品种总数一半以上，其中有 32 个分布在云南。

就品种数而论，以云南为最多，有 37 个，约占总数 31%；其次为四川，有 24 个。湖北、湖南、安徽、福建等省种植圆锥小麦，大都是解放以后开始的。我国长江以南或长江以北附近地区，小麦出穗至成熟期间，气温过高，不适于圆锥小麦的栽培。根据金善宝在 1928 年调查结果，只从四川、甘肃及新疆得到几个圆锥小麦，从新疆得到一个分枝型的，但这次所征集的圆锥小麦已经扩展到 17 个省区，分枝型也已扩展到 11 个省区，从新疆征集来的就有 4 个分枝变种。

由此可见我国分枝小麦的发源地是在新疆。中国的分枝小麦，很早就流入苏联。苏联学者多次提到，19 世纪后半期，中国的分枝小麦，分别传入中亚细亚和东西伯利亚；苏联有些分枝小麦称为中国小麦。青海的圆锥小麦（不分枝的），据撒拉族简史的记载，是在元朝末叶撒拉族的祖先由中亚细亚的撒马尔罕（在苏联乌兹别克共和国［今乌兹别克斯坦］境内）迁居青海循化县时带来的；撒拉语称为“可合尔散”（意即白芒麦）。从这段记载看来，青海的不分枝圆锥小麦是从中亚细亚的撒马尔罕带来的，距今约有 600 年。

（三）密穗小麦（*T. compactum* Host.）

密穗小麦秆短而粗，较不易倒，穗多数有芒，颖壳多无毛，但在新疆、甘肃、云南等省区有 4 个有毛的变种。穗侧面宽于正面，但和国外的密穗小麦比较起来，穗的侧面要窄些；穗短而密，穗长度约为宽度的 2 倍。穗形为棍棒或橄榄形；棍棒形的穗，上部特大而紧密，下部较稀。密穗小麦的小穗几与穗轴成直角；籽粒短，长宽度比例小。

表 3 中国圆锥小麦的变种及其分布

变种	云南	福建	湖南	贵州	安徽	湖北	河南	四川	西藏	河北	陕西	甘肃	青海	新疆	内蒙古	山东	黑龙江	合计
var. ( ) 分枝、有芒、无毛、白壳、白粒							1			1			1					3
var. columbinum														1	1			2
var. pseudocervinum			1				1	1			1	2		1		1	1	9
var. Plinianum							2	2				2	1	3				10
var. lusitanicum	32	1		1		1	3	13	2	2	2	2		5		8		72
var. gentile	2				1		1	4			4							12
*var. speciosum*①	2																	2
var. herrerae														1				1
var. megalopolitanum	1							2	1			1						5
var. buccale								1			1	1		(2)*				3
var. humilicum								1										1
品种数	37	1	1	1	1	1	8	24	3	3	8	8	2	11	1	9	1	120
变种数	4	1	1	1	1	1	5	7	2	2	4	5	2	5	1	2	1	11

①作者 1943 年未发表资料

* 只有标本材料

我们这次收集的材料中，有42个品种属于密穗小麦，分属于12个变种。过去国内外学者先后所发现的我国12个密穗小麦变种中，有3个变种，包括 *var. rufulum*（Hosono，1934），*var. rubrum*（Percival，1921），*var. albiceps*（金善宝，1943），这次没有发现。所以实际上我国密穗小麦已发现的应为15个变种。其检索表如下。

中国密穗小麦变种分类检索表

A_1 无芒
　B_1 颖无毛
　　C_1 壳白色
　　　D_1 粒白色 ………… var. humboldtii① Körn.
　　　D_2 粒红色 ………… var. Wernerianum Körn.
　　C_2 壳红色
　　　D_1 粒白色 ………… var. rufulum② Körn.
　　　D_2 粒红色 ………… var. creticum Körn.
　B_2 颖有毛
　　C_1 壳白色，粒红色 ………… var. Wittmackianum Körn.
　　C_2 壳红色，粒红色 ………… var. rubrum③ Körn.
A_2 有芒
　B_1 颖有毛
　　C_1 壳白色
　　　D_1 粒白色 ………… var. splendens Körn.
　　　D_2 粒红色 ………… var. icterinum Körn.
　　C_2 壳红色
　　　D_1 粒白色 ………… var. Fetisowii Körn.
　　　D_2 粒红色 ………… var. erinaceum Körn.
　　C_3 壳蓝黑色，粒红色 ………… var. atriceps Körn.
　B_2 颖有毛
　　C_1 壳白色，粒红色 ………… var. albiceps④ Körn.
　　C_2 壳红色
　　　D_1 粒白色 ………… var. rubriceps Körn.
　　　D_2 粒红色 ………… var. echinodes⑤ Körn.
　　C_3 壳蓝黑色，粒红色 ………… var. atrierinaceum Körn.

注：①1934年Hosono及1943年金善宝发现②同①未列入分布表；③1921年Percival发现未列入分布表；④1943年金善宝发现未列入分布表；⑤根据金善宝1943年材料

我国的密穗小麦，虽然分布在10个省区（表4），但品种数只有41个，大部分集中在甘肃和新疆两省区的山岳地区。12个变种之中，甘肃就有7个，新疆有5个。甘肃的密穗小麦，集中分布在祁连山北地区，新疆则集中在天山以北。就分布范围或适应区域而论，以 *var. icterinum*（有芒、白壳、无毛、红皮）变种为最广，它分布在5个省区；甘肃有9个县种植这个变种。其次是变种 *var. splendens*（有芒、白壳、无毛、白皮），它的分布范围也有3个省区；甘肃有6个县栽培这个变种。

密穗小麦由于产量低、质量差，随着小麦选种工作的发展，这种小麦的种植面积有渐渐缩减的趋势，许多品种也在逐渐被淘汰，例如20多年以前。金善宝（1934）在浙江得到的变种有 3 个，而这次只得到 1 个变种；当时的统计，密穗小麦品种数约占 9%，而这次仅占 0.7%，这都足以说明其有缩减的趋势。

表 4　中国密穗小麦的变种及其分布

变种	云南	贵州	浙江	河南	四川	西藏	山西	陕西	甘肃	新疆	合计
var. splendens							1		6	2	9
var. icterinum	1	1					1		10	2	15
var. Fetisowii									1		1
var. erinaceum						1				2	3
var. rubriceps									1	1	2
var. echinodes									1		1
var. atriceps					1					1	2
var. atrierinaceum									1		1
var. Humboldtii				2				1			3
var. Wernerianum			1								1
var. Wittmackianum	2										2
var. creticum									1		1
品种数	2	1	1	2	1	1	2	1	21	8	41
变种数	3	1	1	1	1	1	2	1	7	5	12

（四）硬粒小麦（*T. durum* Desf.）

硬粒小麦一般都有芒，芒之长度超过穗的长度，一般约在 10 厘米以上。穗扁平，其侧面比正面宽。护颖比外颖略短，护颖主脉突起成龙骨，直达基部，有明显的脊齿。接近穗部茎秆为薄壁组织所填充，个别品种都被薄壁组织所充实。籽粒长椭圆形、角质、籽粒大。新疆乌鲁木齐产的长粒春小麦种在青海的西宁，籽粒重达 68.9 克。

我们这次收集的材料中，只有 34 个品种属于硬粒小麦，分属于 9 个变种。过去国内外学者先后所发现的 4 个硬粒小麦变种全部包括在内。但在甘肃山丹县发现的一个品种，为无芒、无毛、白壳、白粒变种。硬粒小麦中无芒的品种比较少见，我们这次也只在甘肃山丹县的材料中发现 1 个无芒的品种。硬粒小麦的分类检索表如下。

中国硬粒小麦变种分类检索表

A_1 无芒，颖无毛，壳白色，粒白色 …………………………………………………… var. Candicans.

A_2 有芒

　B_1 颖无毛

　　C_1 壳白色，芒白色

　　　D_1 粒白色 ………………………………………………………………… var. leucurum Körn.

　　　D_2 粒红色 ………………………………………………………………… var. affine Körn.

　　C_2 壳红色，芒红色

　　　D_1 粒白色 ………………………………………………………………… var. hordeiforme Körn.

　　　D_2 粒红色 ………………………………………………………………… var. murciense①Körn.

　　C_3 壳蓝黑色，芒黑色，粒白色 ………………………………………………… var. provinciale Körn.

　B_2 颖有毛

　　C_1 壳白色，芒白色

D_1 粒白色 …………………………………………………………………… var. Valenciae Körn.

D_2 粒红色 …………………………………………………………………… var. fastuosum Körn.

C_2 壳白色，芒黑色，粒白色 ………………………………………………… var. melanopus Körn.

注：①根据金善宝 1943 年材料及新疆标本

硬粒小麦在我国分布在 8 个省区，其栽培范围比圆锥小麦要少些。其中以新疆、陕西和内蒙古栽培比较多，变种最多的是新疆、陕西和内蒙古。新疆的硬粒小麦集中分布在北疆，而且多数靠近苏联的边境。我国的硬粒小麦品种占小麦品种总数的 0.6%。细野重雄（1934）综合其他作者调查的结果，我国的硬粒小麦有 5 个变种，其中栽培在东北的占有 4 个。但据金善宝过去和这次所征集的材料，在东北都未得到一个硬粒小麦的品种。

表 5　中国硬粒小麦的变种分布

变种	云南	贵州	四川	河北	陕西	新疆	甘肃	内蒙古	合计
var. candicans							1		1
var. leucurum	1		2			1			4
var. affine	1	1	3		1	1			7
var. hordeiforme					1			4	5
var. murciense					1	1		1	3
var. provinciale				1		5		1	7
var. valenciae				1		3			4
var. fastuosnm					1				1
var. melanopus						2			2
品种数	2	1	5	2	4	13	1	6	34
变种数	2	1	2	2	4	6	1	3	9

（五）波兰小麦（*T. polonicum* L.）

波兰小麦，春性；秆高，接近穗部的茎秆为髓所充实；穗大，有芒或无芒。护颖的长度超过外颖，颖软如纸。籽粒长而大，长约 1 厘米左右，千粒重 65 克左右。

在新疆若羌县曾经在 500 年前的古墓中发现有波兰小麦的种子，足证我国栽培波兰小麦已有悠久的历史。

据现有查料，我国的波兰小麦有两个变种。

1. 顶芒，颖无毛、壳白色、穗方形，粒白色 ……………………… var. Submuticum Link

产地：新疆巴里坤。

2. 长芒，颖无毛，壳白色，穗方形而略扁，粒白色 …………… var. Levissimum Körn

产地：新疆的拜城、库车、若羌、莎车、叶城、和田。

（六）中国各种小麦分布的总趋势

对于上述资料加以综合统计（表 6），可以看出我国各种小麦分布的总趋势。

云南和新疆是我国小麦种类最多的省区。我国小麦共有 5 个种，1 个亚种；云南除了波兰小麦一种外，各种小麦都具备，新疆则 5 个小麦种都有，仅缺“云南小麦”一个亚种。全国各种小麦共有 101 个变种，云南和新疆分别具有 48 个和 42 个。而且这两个省区的栽培面积都不算大，这就更显得它们的小麦种类的多样性。由此可见，云南和新疆是我国小麦种类的中心，尤其云南，它具有我国和世界所特有的普通小麦亚种“云南小麦”，而且所种植的各种小麦的变种数，将近我国小麦变种总数之半。再从全国范围来看，小麦的种类以西南和西北两个地区最多。西南地区的小麦以云南为中心，其附近的四川、西藏（包括昌都）及贵州都有 3~4 种小麦，变种数分别为 37、31 和 23 个。西北地区的小麦以新疆为中心，其附近的甘肃、陕西都有 4 个种、42 和 33 个变种。地势和气候条件的复杂性，是形成小麦种类多样性的重要因素。云南是低纬度的高原地区，境内有高山深谷，海拔低的只有 300 多公尺，高的超过 3 000 多公尺，有炎热的河谷、温暖的平坝和高寒的山区；温度、雨量、日照强度都相差很大。新疆是高纬度的高原盆地，自然条件也很复杂。再从历史上看，云南和新疆自汉唐以来，都曾经是国际交通的要道，品种交流的机会也就比较多。此外，西北和西南各省区都是多民族的地区，不同的民族在不同的农业经营方式下进行选种，这也会形成小麦种类的多样性。

华北 4 省（河南、河北、山东、山西）的小麦种数少，而变种数则较多，尤其是河南省的变种数达 35 个。上述 4 省虽然大部是平原，自然条件比较单纯，但在农业经营上则为我国小麦最主要产区，小麦栽培面积占全国小麦总面积 48. 71%。因此，小麦变种也就比较多。河南省又是我国历史上经济文化的中心，交通频繁，在小麦分布趋势上，兼具有西南和西北的一些类型。

东北平原自然条件比较单纯，小麦栽培面积只占全国总面积 4. 64%，因此，它的品种比较单纯，变种数最少，除黑龙江省明水县有 1 个分枝圆锥小麦（在当地只有 5 年栽培历史）外，东北三省只有普通小麦 1 种。

苏皖鄂三省小麦栽培面积虽达全国总面积 22%，但由于多半是稻麦两熟地区，小麦生长环境也比较单纯，因此，品种的变异不大，长江以南的其他地区也有类似的情形。

关于我国各种小麦的垂直分布情况，目前的资料很少，只能作简单的叙述。西藏的拉萨海拔在 3 600 公尺以上，普通春小麦，4 月下种，9 月收获，生长期约 150 天；冬小麦在拉萨可以秋播，10 月下种，次年 8 月收获，生长期达 300 天以上。西藏的日喀则，海拔 3 850 公尺，春小麦生长正常，可以成熟，这是普通小麦在全世界生长最高的地区。

圆锥小麦的分枝种在拉萨生长良好，每亩产量可达 800 斤。在察寓生长的圆锥小麦，千粒重达 46. 6 克。

在云南，普通小麦的分布地区海拔最低的约为 380 公尺（如金屏县），最高达可 3 080 公尺（如剑川县）。密穗小麦的分布自 1 600 公尺（如燕坪县）至 3 050 公尺（如丽江县）。圆锥小麦的分布自 1 500 公尺（如宜良县）至 2 500 公尺（如蓝坪县）。

生长在高原地区的小麦，种子比较大。千粒重高，一般都在 30 克以上，有不少品种超过 40~50 克，甚至有达 60 克以上的。西藏 14 种普通小麦，千粒重在 40 克以上的有 3 种，50 克以上的有 7 种。青海 34 种小麦，千粒重在 40~50 克以上的有 10 种，最高的一种达到 65. 8 克（波兰小麦）。云南 204 种小麦，40~50 克以上的有 35 种，50~60 克的有 8 种，60 克以上的有 1 种。新疆的小麦也有超过 50~60 克的。同一省区，千粒重的大小也是随着海拔的高低而有差异，高原山区日夜温差大，出穗到成熟的日期长，有利于养分的积累，故小麦千粒重比较高，河北与河南是平原区，小麦种子的千粒重大都在 30 克以下，例如河北 325 个品种，千粒重在 30 克以上的只有 25 种。

表6　中国各种小麦的变种分布

品种	广东	广西	云南	福建	江西	湖南	贵州	浙江	江苏	安徽	湖北	河南	四川	西藏	山东	河北	山西	陕西	甘肃	青海	新疆	内蒙古	辽宁	吉林	黑龙江	合计
普通小麦 云南小麦亚种	12	10	34 6	11	14	11	20	14	17	13	12	29	27	28	18	17	19	24	29	5	24	10	6	7	5	61 6 } 67
圆锥小麦			4	1		1	1			1	1	5	7	2	2	2		4	5·	2·	6②	1			1	11
密穗小麦			2				1	1				1	1	1			2	1	7		5					12
硬粒小麦			2				1						2			2		4	1		6	3				9
波兰小麦																				1	1					2
变种数	12	10	48	12	14	12	23	15	17	14	13	35	37	31	20	21	21	33	42	8	41	14	6	7	6	101
种数	1	1	5①	2	1	2	4	2	1	2	2	3	4	3	2	3	2	4	4	3	5	3	1	1	2	5

注：①＊内有一个亚种；②内有一个变种只有标本材料，未列入统计

纵观30年来我国各种小麦的生产情况，密穗小麦的品种和种植面积有缩减的趋势，相反的，圆锥小麦的种植面积由西北、西南逐渐在向华北和华中扩展。由于农业合作化蓬勃发展，人民公社的普遍建立，手工业的耕作方式已逐步变为大面积生产或机械耕作代替，加之改良小麦品种的不断增加和扩大栽培，地方农家品种今后势必将逐渐减少，为了储备小麦育种材料，各地农业科学研究机关应很好地保存地方品种，加以整理研究，这是当前极其重要的任务。

二、中国几种特殊小麦的性状及其分布

（一）普通小麦亚种——“云南小麦”（*T. aestivum*，**subsp.*yunnanese*** **King**）

1. “云南小麦”亚种的来源

1937年，金善宝向云南省征得的小麦品种中，发现有一个小麦品种，无芒、白壳、穗轴坚硬而脆，易于折断，籽粒和颖壳难于分离，小穗靠紧穗轴。所呈角度甚小。小穗从穗节之基部折断，种子颊面呈三角形，从植物学分类来看，既与一般普通小麦有很多差异。也不同于斯卑尔脱小麦（*T. spelta* L.）。1956年，我们在镇康、双江、腾冲、云县等县所征集的小麦地方品种中都有这种类型的小麦。云南省其他地方是否有这种小麦栽培尚不得而知；但在全国5 000多个品种中，除云南外，都没有这种类型的小麦品种，因此总称它为“云南小麦”。经过两年来在南京种植观察，发现“云南小麦”的品种中，有芒或无芒，颖壳有毛或无毛，壳色有红也有白，籽粒红皮或白皮的都有；显然构成一个比较完整的变种分类系统。在孕穗初期，可观察到它的染色体数目（$2n=42$），与一般普通小麦杂交，很易成功，与硬粒小麦杂交也获得成功。“云南小麦 ”在世界现有小麦分类学文献中，未见有相似的品种类型，很难找到它的适当的植物分类学的地位。因此我们曾经把它假定为一个新的小麦种，后经多方研究，把它定为普通小麦的一个亚种（*T. aestivum*，subsp. *yunnanese* King）。

关于“云南小麦”的分布面积，栽培历史以及其性状和特性以后将做进一步的研究。

2. “云南小麦”的性状及其分布

“云南小麦”唯一的产区在我国的云南省西部澜沧江的西南，包括镇康、双江、云县、临沧（缅宁）及腾冲等县。这些地区的海拔高度约在1 000~1 700米，当地农民对这种小麦有不同的名称，一般叫粉光头或称糯光头（吃起面来带有软糯的意思），有的叫箐小麦（适宜种在高寒的山箐里）、铁壳小麦（麦壳不易脱粒）等。幼苗淡绿色，直立，芽鞘绿色，幼苗叶片有毛，稀而长。剑叶长12~15厘米，宽约1.5厘米。茎秆细长，高约120~140厘米，节部长。穗轴坚而脆，护颖顶端紧靠着外壳；小穗抱合很紧，小穗在穗节下部折断，护颖背脊到底，脊上有明显的锯齿，并且有明显的侧脉。穗细长，呈圆锥形或纺锤形，穗疏（$D=20-23$），侧面略宽于正面。颖壳有毛或无毛；壳白色或黄色，白壳者居多；无芒，少数有芒。每小穗有籽粒2~3粒，4粒者极少。种子角质或半角质，大多数红粒，丛毛多，背面星半圆形，颊面呈三角形。千粒重约34克。从穗部和籽粒上很容易与一般普通小麦区别出来。这里把现有的几个变种分别简述如下。

（1）*var. ankoncum*，King.

云南的云县和缅宁都有栽培，在云县的土名叫硬壳麦。穗有顶芒；穗长 9~11 厘米，小穗数 23~26 个。

（2）*var. fenkwantacum*，King.

产于云南的镇康和腾冲。在腾冲的土名叫谷麦，亦叫花谷麦，成熟早。镇康产的叫粉光头。穗有顶芒，长的达 1.5 厘米。在镇康生长的，穗长达 14 厘米，每穗有 30 个小穗；南京生长的，穗长 9~10 厘来。小穗 22~25 个，硬粒。

（3）*var. chenkangense*，King.

1937 年，曾在云南的镇康搜集到这个品种。

（4）*var. lanchankiangense*，King.

这个变种在云南澜沧江以西分布最广，缅宁、镇康、云县、双江都有栽培。我们在 1937 年曾征集到过这个变种。

（5）*var. shuankiangense*，King.

这个品种是从双江县的小麦中分出来的，我们只得到两个穗。穗长 11 厘米，芒长 7 厘米。

（二）普通小麦的特殊类群拳曲小麦

拳曲芒（*inflatum*）小麦的分布，在世界上以我国为最多，在四川、云南、河南等 16 个省区都有曲芒小麦的品种。我们这次收集的材料中有 279 个品种是拳曲芒的，分属于 19 个变种。按照一般分类方法，把拳曲芒列为普通小麦中变种分类的一个项目，并把拳曲芒分为下列 3 类。

1. 完全无芒

外颖之顶，芒的痕迹向内而不向上，呈一极钝而圆的嘴。这种小麦在我国栽培相当多。金善宝在 1934 年曾在河南的郾城和长葛县、河北的满城等 3 个县和山东的文登等 5 个县，都发现过完全无芒的小麦。细野重雄（1934）曾在湖南衡阳得到这种小麦，并列为一个新变种。我们这次搜集的种子在南京种植观察结果，发现在云南、河南、四川等 7 省都有完全无芒的小麦品种。

2. 勾曲芒

在颖上有 2 厘米以下的短芒（直芒或曲芒）而在穗中下部的芒则向内弯曲如钩。有的全穗的芒都是钩曲的。有的外颖顶部（或芒基部）膨大如蟹爪，称为蟹爪芒。

3. 拳曲芒

这种曲芒小麦有较长的芒，芒粗细一致。有的品种在芒基部几毫米处膨大而弯曲向上，有的下部膨曲而上部的芒长达 3 厘来而不甚弯曲的。各品种弯曲的程度和形式都不一致，凡基部膨大的曲芒也称为蟹爪芒。

在拳曲芒小麦 19 个变种中，有 4 个变种属于完全无芒；云南省有 2 个变种，10 个品种；河南有 2 个变种，8 个品种；此外，四川、贵州也都有全无芒品种。蟹爪芒小麦的分布地区大概集中在四川省。此外甘肃、云南、贵州也有。

勾曲芒的有 6 个变种，分布范围较全无芒为广；除全无芒所分布的地区外，尚有西藏、陕西、浙江等共 9 省区，而以川、藏、甘、滇为主。

拳曲芒分布范围最广，除以上 9 省区外尚有山西、山东、河北等 7 省，共计 16 个省区，而以滇、黔、豫、川、陕各省为多。

总的说来，拳曲芒小麦共有279个品种，约占全部普通小麦品种的5%，分布在滇、川、豫、藏等16个省区。以品种数而论，四川最多，云南、河南次之，西藏、甘肃又次之。以变种数而论，云南最多，河南、四川次之，西藏、陕西又次之。分布地区大部分在高原山岳地带，只有小部分在平原。

在全部曲芒品种中颖壳有毛的有35个品种，大都在高原山区，海拔2 000米以上，而云南省占23个。

关于拳曲芒小麦的种子、幼苗、植株等一般性状因分布地区很广、品种很多，很难加以概括叙述。不过拳曲芒小麦的叶片并不是都很阔的。

（三）普通小麦的几个新变种

1. *var. rhodo-chiovendae* King（长芒，壳边缘蓝黑色，壳底红色，颖无毛，红皮）

这个变种分布区域比较广，以四川、湖南、安徽、河北等省较多，部分品种壳上有蓝黑斑。湖南的晃县、石门，江西的安福，浙江的建德和山东的汶山所产的，穗都呈扁形，穗疏；穗长8~13厘米，小穗数19~23个，每小穗有种子2~5粒，种子外露，硬粒或软粒，腹沟深。四川倬斯和山西浑源所产的，护颖尖端长约2~5毫米。

2. *var. menhsingense* King（全无芒，红壳，颖无毛，红皮）

河南孟县的土名红够豆。芽鞘红色，半冬性，中熟。穗长6~8厘米，每穗有小穗20~22个，穗密，粒短，硬质，腹沟深。河南南阳的土名红和尚头，穗近纺锤形，护颖易脱落。

3. *var. lunangense* King（全无芒，颖有毛，红皮）

主要分布在云南的路南、通海、禄劝、禄丰等县；路南栽培比较多。颖壳包裹比较紧，种子不易脱落，小穗数20~24个，每小种2~4粒，硬粒，腹沟深。路南的羊巴麦，穗长6.8~8.0厘米。禄劝的火麦，穗长5.5~7.6厘米，每小穗2~3粒。通海的西风麦穗长方形，粒长7毫米，宽3.5毫米。禄丰的紫麦，粒长7毫米，宽3毫米。

4. *var chingiengense* King（全无芒，红壳，颖有毛，白皮）

红光头：原产甘肃酒泉县，穗长6~8.5厘米，小穗数19~23个。护颖的尖端长约0.5毫米，比外颖的尖端略长，向内曲。本种在南京生长不好，种子极瘦小。

5. *var. pseudo-lutinflatum* King（勾曲芒，白壳，边缘黑色，红皮）

天秆小麦：产云南蓝坪县，穗纺锤形，穗长7.2~10.5厘米，小穗数23~26个；每小穗2~4粒，外壳顶端成勾曲状，或膨大作蟹爪状。种子短，腹沟深，软粒。

6. *var. nigro-erythrospermum-inflatum* King（拳曲芒，白壳，边缘黑色，红皮，芒短。）

火麦：产云南寻甸县，穗长6.5~9.5厘米，小穗数20~22个，每小穗含种子2~5粒，硬粒；腹沟深。

（四）圆锥小麦的特殊变种矮兰麦（*T. turgidum*，*var. humilicum* King）

圆锥小麦的植株一般都很高，大都在150厘米左右，各个变种在120~180厘米；芒也比较长，一般8~16厘米；穗长7~11.5厘米。但在我国四川省遂宁一带栽培着一种矮秆的品种，秆高75~85厘米；芒也较短，一般不到8厘米；种子长6毫米，宽3毫米，也比一般圆锥小麦短小。从秆高、芒长和种子大小三方面看，和其他圆锥小麦的各变种都有不同。我们把它作为一个新的变种，定名为 *T. turgidum*，*var. humilicum* King。

这个圆锥小麦的品种在遂宁一带称为矮蓝麦或称六方南麦。种子黄白色，胚端有褐点，丛毛极短，千粒重约 30 克。芽鞘绿色，幼苗淡绿色，直立，叶片毛茸不多。剑叶长 20~23 厘米，宽 1.3 厘米。有的穗上有白色蜡质。护颖扁短，颖嘴钝圆，每穗有 20 个小穗，下部有 2~3 个小穗不实，秆硬不倒。在南京生育期约 210 天，比一般圆锥小麦略为早熟。在原产地有同棉花间作的。

三、中国各地区普通小麦的主要性状特点

（一）全国各地区小麦的生育期

根据征集种子的同时，各县所填报的资料、本试验研究 13 个据点的记录以及全国各地有关的报告，我们对于全国各地区的小麦播种期、收获期、生育期，联系各个品种的分布，进行了比较全面的整理研究。

从全国范围内看，各地小麦秋播时期自 9 月直到 12 月，一般的趋势，越是北方，播种期越早，自北向南逐渐推迟；而各地区播种期的范围也不相同，一般说来，南方的播种期范围较大，北方的范围较小。例如，华南地区的播种期自 10 月中直到 12 月中不等，前后相差两个月之久；长江流域则在 10 月中到 11 月初之间，播种期范围缩小到两个星期左右；而华北北部及高寒地区的播种期范围都集中在 9 月上中旬，幅度不到 10 天。这与冬季温度及低温来临的时间有密切关系，在南方耕作制度也有一定的影响。春小麦的播种时期，一般在 3 月初到 4 月底，因春季回暖时期的迟早而不同。在收获期方面，华南沿海地区最早，从 3 月初就开始收获；自南向北收获期逐渐推迟，长江流域在 5 月底 6 月初，华北及西北的迟熟麦区在 6 月中下旬，春麦区的冬小麦收获期有的迟到 7 月初。再就收获期的地区差距来看，自华南沿海到长江沿岸的差距较大，自 3 月初到 5 月底 6 月初，先后相差 3 个月左右，而自长江沿岸到华北北部的差距就比较小，自 6 月初到 6 月中，相差不超过半个月。这是由于我国大部分地区（冬麦区），在 4 月以后气温普遍上升，5—6 月南北气温的变化情况很接近。春麦区的春播小麦收获期，自 7 月初至 9 月底。东北及新疆北部地区，一般较早，7 月初到 8 月初；内蒙古一带东北部早，西南部迟，7 月初到 8 月底；甘肃、青海自 7 月中到 9 月中不等；西藏昌都一般迟到 8 月中 9 月底。同地区又因地势、土壤、茬口、品种的不同，播种期和收获期也有一定的出入。

从各地区的播种期和收获期，可以看出各地区小麦的生育期差异很大。但自播种到收获的日数不等于生育期，生育期是指从苗到成熟的日数。秋播小麦生育期最短的不过 120 天左右，如华南沿海地区的早熟品种；生育期最长的达到 280 天以上，如华北平原及黄土高原北部以及春麦区的一些迟熟冬麦品种。南方冬麦区中：华南沿海地带的小麦生育期，一般在 110~150 天的范围；长江中下游大都在 190~230 天，四川盆地 160~190 天。云南由于海拔高低差异悬殊，南部低地的小麦生育期不到 150 天，高山达到 200 天以上。北方冬麦区中：淮北及渭河、汾河中下游在 230 天左右；华北中部在 240~260 天；华北北部及西北高寒地带在 260 天以上，少数超过 280 天。春麦区的冬小麦，生育期最长的达 300 天左右。春麦区的春小麦，以东北中北部的生育期最短，短的只有 80~85 天；新疆北部次

之，90~120 天；内蒙古及新疆南部一带在 100~130 天；甘肃、青海 120~150 天；西藏昌都的品种，生育期最长，达 160 天左右。春麦区小麦生育期长短与各该地区的无霜期长短有关。

小麦的总生育期系由各个发育时期所组成，总而言之，以出苗到抽穗为前期，抽穗到成熟为后期。全国各个地区的冬小麦比较起来，前期长短的差异远大于后期；冬小麦总生育期的长短也主要决定于前期的长短。全国冬小麦的前期差异范围为 60~230 天；后期差异范围为 30~60 天。前期长短决定于各地区在小麦苗期的温度和光照条件及所形成的品种阶段发育特性，特别反映出各该地区的冬季温度及低温持续的时间，而这个条件各地区差异很大。华南沿海地区，冬季的平均温度都在 10℃以上，在这个地区生长的小麦，根本无所谓越冬和返青，可以说从播种起一直在不停息地生长发育。这个地区的小麦生长前期仅 60~90 天。由此向北，越冬时间界限逐渐明显，越冬逐渐加长；小麦生长前期也相应地加长。在华北、西北的北部及高寒地区，小麦的越冬期达到 120~150 天之久，该地区的小麦生长前期长到 200~220 天。后期长短决定于小麦抽穗到成熟期间的气候条件，在这段时间，南方的气温上升，较早而平稳；北方的气温上升迟，但较急剧，因此各地冬小麦后期长短差异一般不大。在种子成熟期间，南方的湿度大，气温低；北方的湿度小，气温高。例如在南方广州一带，麦熟期间 3—4 月份的平均月雨量在 200 毫米以上，平均气温只有 17℃左右；而在北方的石家庄一带，麦熟期间 5~6 月的平均月雨量不到 60 毫米，平均气温高到 24℃左右，春小麦的生长前期一般都很短，各地区只有 50~80 天的差别；后期的长短差异比较大，短的只有 30 天左右，长的达到 60 天以上。

这里必须着重指出，我国主要麦区的小麦生长后期一般都很短，大多数只有 28~35 天，而籽粒灌浆和脱水过程尤其迅速。这是我国小麦在世界小麦中的最突出的特点之一。这种特性的形成，与我国主要麦区在麦熟期间气温急剧上升有关，而我国复种指数高，广大农民以早熟为目标所进行的长期人工选择也起了很大的作用。

（二）全国各地区小麦的阶段发育特性

由于各地区冬春季气温和日照的差异很大，因此各地区品种的阶段发育特性也有显著不同。中国科学院遗传研究室和华北农业科学研究所黄季芳等（1956），1953—1956 年，先后用全国各地区的秋播小麦品种 608 个进行了春化阶段分析和其中 292 个进行了光照阶段分析。根据春化阶段分析结果指出，我国秋播小麦品种的分布趋势，自南而北依次为春型、弱冬型、冬型和强冬型。如以北纬 33°为界，在此以南的品种对温度要求条件较宽，一般为 0~12℃，春化日数为 12~36 天；在此以北的品种，春化阶段要求 0~7℃的温度，所需日数在 36~51 天。品种的冬性程度又与地势有密切关系，一般地势越高和大山脉靠北地区，品种的冬性程度较同一或相近纬度有较强的趋势。如闽粤岭南沿海地区的品种都是春性强的，但岭南和闽北山地个别品种有冬性的倾向。又如云贵高原在纬度上虽然低于四川盆地，而云贵的品种不少属于弱冬性的，四川的品种则多属于春性的。根据光照阶段分析的结果，北纬 33°以南的品种，光照阶段多为 24~28 天；以北的品种多在 28~32 天，北纬 30°以南的品种对光照的反应都比较迟钝；30~35°的迟钝者仍占多数，少数反应中等；35~40°的主要是反应中等和敏感的品种，迟钝者占少数；西北和东北地区，除甘肃、青海有部分反应迟钝和中等外，一般品种都是反应灵敏的。

华东农业科学研究所崔继林等（1954，1956），1953—1955 年对华东地区 104 个品种进行了春化阶段分析。根据分析结果指出，在 1 月等温线为 −2~0℃的地带，品种多为冬型，1 月等温线 4℃以南的地区多属春型，0~4℃的品种则以半冬型和冬型为主。根据光照阶段特性分析结果指出，华东区南部的品种反应迟钝，北部品种反应灵敏。一般品种在春季自然条件下为 20~30 天。

拉祖莫夫（В. И. Разумов，1954）分析了我国一部分省区的品种阶段发育特性，得出以下的结论：华南的品种都应该是春型的，四川的品种则属于春型和弱冬型，但没有强冬型的。华中的品种则属于冬型或强冬型。东北只有春型的品种。在光照阶段特性方面，除了东北和新疆的品种对光照反应比较敏感外，其余广大地区的品种一般对光照条件的要求都不严格，而且光照阶段都比较短，地区之间差异不大。

我们曾于 1958 年对全国各地区 5 000 多个品种在南京进行春播（3 月 3 日）试验，观察各该品种的抽穗情况。观察的资料说明：淮河秦岭以北地区的冬小麦品种，在南京春播条件下，有 90%以上不能抽穗；在淮河秦岭以南地区的品种，不抽穗的百分率渐次减少。到长江以南，不抽穗的品种在苏南、皖南及浙江中北部尚有半数以上；在江西、湖南只有少数；在四川及云贵只有个别的品种出现这种情况。广东、广西、福建及浙江东南部的品种几乎全部能抽穗，四川和云贵的品种也以能抽穗的占绝大多数，湖南、江西及湖北的品种中能抽穗的仍然占优势。在南京春播条件下能抽穗的品种中，抽穗的早晚相差很大。①最早的在 5 月 12 日以前就已经抽穗，与秋播的同样一些品种相差不到一个月，而且能顺利地生长发育到成熟。广东的绝大多数品种，福建南部和东部以及广西和浙江的东南部的大部分品种，都是属于这一类。②次早的在 5 月 13—25 日抽穗与秋播的同样一些品种相差在一个月左右。广东、福建的其余品种，广西大部分地区的品种都是属于这一类；四川盆地也以这一类品种为主，云南也以这一类品种占多数；长江中下游的广大地区中星散分布这一类品种。③迟的到 5 月 26 日到 6 月 3 日才抽穗，与秋播的同样一些品种相差 40 天左右。这一类品种主要分布在贵州和湖南一带；四川边境、云南及江西山区也占有一定的比例，长江流域及以北的其他地区也有少数品种属于这一类。④最迟的直到 6 月 4—15 日才勉强抽穗。这一类品种主要分布在长江中下游（包括浙江中北部）及淮河流域，其他地区也都有一些。

根据南京地区 1958 年春季的气象资料，自 3 月上旬到 4 月上旬的 30 天之间的平均气温还都在 6~12℃，所以除了冬性品种外，在春播（3 月 3 日）下都能够抽穗，春性的抽穗比较迅速，弱冬性的比较迟缓。上述第①、第②两类都可列于春性类型，而以第①类春性最强，第③、第④类则属于不同程度的弱冬性类型。根据这样划分标准看各个类型在全国范围内的分布趋势，与过去工作者分析研究结果基本上是符合的。从这些类型的分布结合冬季气温条件来看：凡是 1 月份平均气温在 6~7℃及以上的地区，其品种都是属于春性类型；1 月份平均气温在 0℃及以下的地区，其秋播品种大多数都是冬性类型；在 1 月份平均气温在 0~6℃的广阔地区中，各种类型的品种都占一定的比例。4~6℃的地区仍以春性的类型为主；0~4℃的地区则以弱冬性和冬性为主，5℃以下的气温持续期在 30~40 天的弱冬性类型较多，30~40 天以上的则以冬性类型占优势。同一地区中品种之间的冬春性差异，与个别范围内地势以及耕作制度的不同，人工选择的作用都有关系。

春麦地区的秋播品种，在南京春播下都不能抽穗，可以肯定这些品种都只能属于强冬性的类型。春播品种的反应差异很大。东北南部、华北北部、内蒙古南部以及甘肃、青海的春播品种，在南京春播条件下，绝大多数都能抽穗，抽穗期中等。东北北部、新疆及西藏的春麦品种，在南京春播条件下，大多数很迟抽穗或不抽穗。这显然不是由于春化阶段的发育条件的问题，而是与光照条件及其他因素有关，西藏在纬度上虽然不算高，但西藏的品种适应于高山的夜间低温条件下通过光照阶段的。

全国各地区的品种在南京的栽培条件下的抽穗情况，多少也反映出各该品种的光照阶段特性。南京地区春季通常在2月上旬气温上升到5℃以上，这时候的日照为11.5小时；在3月中旬，气温上升到10℃以上的日照为12小时；到4月中旬，气温上升到10℃以上时，自南到北的日照分别为10~13小时，在气温上升到10℃以上时日照为12小时以内的地区，即长江流域及以南地区，这些地区的品种在南京条件下都可以很顺利地通过光照阶段，对抽穗的迟早影响不大。在日照12.5小时以上的地区，华北和西北的中北部，这些地区的品种在南京条件下通过光照阶段比较缓慢，在一定程度上延迟抽穗期。当春季气温上升到10℃以上时，日照为14小时以上的地区，如东北、内蒙古及新疆的中北部，这些地区的品种在南京的自然光照条件下通过光照阶段很困难，在抽穗上受到很大的阻碍。

（三）全国各地区小麦的籽粒性状

对全国各地应征的品种的原始种子，我们曾经就各方面的性状进行了详细的分析。这里首先将关于籽粒的大小、重量、质地及皮色几方面的分析结果，扼要论述如下。

就全国地方品种来看，种子最小的千粒重不到18克，最大的达到55克以上，我们根据各个品种千粒重的大小分为小（24克以下）、中（24~32克）、大（32~42克）和特大（42克以上）4级。从籽粒大小、重量的地区分布趋势来看：在冬麦区中，东南沿海各省（浙江、福建、广东），西南各省（四川、云南、贵州）以及秦巴山地的绝大多数品种，籽粒都是中到大；长江中下游各省（湖南、江西、湖北、安徽及江苏）以及广西的品种，籽粒一般都是小到中；华北各省（河南、山东、河北、山西、陕西）品种的籽粒，从小到大都有，但以大小中等的居大多数，春麦区中，只有东北地区到冀北一带的籽粒小到中等大小；其他地区，内蒙古大部、晋北、陕北、甘、宁、青、新疆、西藏及昌都地区的品种都是以大粒的占绝对优势。这里值得强调指出：种子千粒重在42克以上的品种，主要分布在云南、四川、甘肃、青海、新疆及西藏等省区，其中，云南、甘肃、新疆及西藏等省区的品种中有些千粒重超过50克的。总起来看，春麦区的品种籽粒大于冬麦区，西部的种子大于东部，山地高原的种子大于平原洼地。山地高原地区种子较大的原因，主要由于山地高原的光照强度大，日夜的温度差异大，籽粒的灌浆时期长，在湿度条件适中的情况下，都有利于形成大而重的籽粒。我国的春小麦大部分都是分布在这地区。东南沿海种子较大的原因，可能与海洋性气候的夜间温度降低有关。四川盆地的昼夜温度也有一定的差距。华北一带在麦熟期间天气晴朗，气温高、湿度低；在灌溉条件下，籽粒虽小而质地硬、比重大。长江中下游一带在麦熟期间气温较高而潮湿，种子虽较大而不饱满、质地松软，比重一般不高。这里必须附带说明的，上述的东北种子小可能与当年该地区锈病流行也有关系。

关于全国小麦种子的皮色与质地的分布情况，金善宝、吴董成（1943）曾于1938年对所征集的2 834个小麦样品进行检查研究，并将研究结果作为划分“中国小麦区域”的部分依据。当时已经得出以下的结论：红皮小麦普遍分布在全国各地，但比较纯粹的地区在长江以南（云南为例外）；白皮小麦分布地区大都在黄河流域各省区，而以山东、河北、河南为最多，山西、陕西次之，新疆、云南、四川也有一些。硬质小麦分布在黄河以北各省，主要集中在河北、山西及山东北部；软质小麦分布于长江流域各省，以苏南、鄂北及浙江为最密集。研究报告中指出：上述性状的分布与生长期间的雨量关系很大。根据这一次对更多的品种材料的分析研究结果，大致与上述相符。这次研究中，在种子质地方面，分为软、硬和半硬3级。硬质小麦的集中地区，除了进一步肯定主要在河北、山西及山东北部外，需要补充指出：陕西中部、甘肃中部和东部，青海东北部也是以硬质小麦为主，东北、内蒙古及云贵硬质和半硬质的小麦也占较大的比例。其他地区大多数都是软质小麦。

关于种子休眠特性方面，吴兆苏、赵同芳（1959）曾于1957年从这一次所征集的全国品种种植区中选取具有一定代表性的各地品种335个及推广品种39个，进行各品种的种子休眠期测定，结果指出：种子休眠期长短与种皮颜色之间存在着高度的相关性，一般白皮品种的种子休眠期较短，红皮品种的种子休眠期较长。在地区分布上，在华南区只有红皮而休眠期“中”和“长”的品种；在华北的情况恰恰相反，白皮而休眠期“短”的品种所占的百分率是全国各地区中最高的，在华中区则以红皮而休眠期“中”和“长”的品种占绝大多数。在各个春麦区，休眠期“短”“中”“长”各占一定的比例。研究报告中指出：品种的休眠特性明显地反映出地区的一部分气候条件特点，说明自然选择的作用和品种的适应性。小麦成熟收获前后的雨量与降雨日数对品种的种子休眠特性起着决定性的作用。

（四）全国各地区小麦的幼苗性状

我们对于所有供试品种的幼苗习性、颜色以及第一幼叶的长、宽度，在南京秋播条件下，都进行了观察和测定。根据观测的资料加以比较研究的结果，扼要说明如下。

华南沿海地带的绝大多数的品种，其幼苗都具有直立的习性，颜色浅绿。四川、云南及广西的小麦幼苗，大多数也都是直立型，颜色自浅绿到略深。长江中下游各省及贵州的品种，幼苗颜色一般都是深浅中等，幼苗习性直立或半匍匐；长江以南的地区以直立型为主，长江以北地区则以半匍匐型居多。淮河秦岭以北地区的冬麦品种，绝大多数幼苗颜色深绿，而具有匍匐的习性，而汾河下游和渭河流域的品种，幼苗匐状或半匍匐，颜色略深或深绿的类型各占一定的比例。春麦区的春播品种，幼苗基本上都是直立的，半匍匐到匍匐的很少；颜色则从浅绿到深绿，但仍以浅绿到略深的居多。

关于第一幼叶的长宽度方面：华南（广东、广西、福建）及云南的品种长而宽（平均长10厘米左右、宽4毫米左右）；四川的品种较短而宽（平均长8.5厘米左右、宽4.5毫米左右）；长江中下游各省（除淮河以北）及贵州的品种长短中等而宽（平均长9厘米左右、宽4毫米左右）；华北及西北各省区的品种短而狭（平均长仅8厘米左右，宽3毫米左右）；春麦地区的品种一般也都是短而狭，西藏的品种宽不到3毫米。

根据幼苗的各种性状，结合各品种的地区分布来看，可以得到以下的结论。幼苗的习性、颜色与品种的春化阶段特性及幼苗抗寒性有很密切的关系。一般说来，幼苗匍匐、颜色深绿的品种，都是属于冬性强、抗寒性高的类型；幼苗直立、颜色浅的品种都是属于春性的类型。幼苗叶片的长宽与苗期的抗寒性及抗旱性有关。一般在苗期寒冷而干旱的地区，小麦幼苗大多具有幼叶短而狭的特点，但这种特征与春化阶段特性并没有内在的联系。

（五）全国各地区小麦的植株性状

就植株高度来说，根据全国各地区的品种在南京种植条件下的表现：从华南到浙江，从西南到西藏各省区的品种，大多数是矮到中（80~115 厘米），很少超过 115 厘米的；东北地区都是比较高（110~135 厘米），几乎没有在 110 厘米以下的；内蒙古一带的品种都是中到高（100~130 厘米）。长江中下游各省多数高度中等（95~120 厘米）。华北、西北各地，除了山西西南部、陕西中部到甘肃东南部一带的品种较矮外，其他地区的品种高矮不等。

对各地品种在南京种植条件下的剑叶长宽度进行测定的结果说明，全国各地区品种的剑叶面积和形状也有一定的差异。春麦区的品种叶面积一般都比较大。冬麦区中，四川品种叶面积大的居多数；而华北和西北地区的品种则以叶面积小的为主。云贵、两广、福建、浙江各省区的多数品种叶面积大小中等。长江中下游各省的品种叶面积大小不等。在叶形方面，四川的品种较宽，浙闽一带的品种较短，华北和西北的品种一般较狭。

（六）全国各地小麦的穗部性状

我国小麦芒的性状也是极其多样的：短芒、长芒、顶芒、完全无芒以及各种形式的曲芒。芒的性状与地区的条件有一定的关系。比较特殊的芒形，如完全无芒及曲芒的类型在分布上有相当明显的地区性，已在前面分类部分作过概括的描述，这里不再重复。若按一般有芒和无芒的分法来看，南方冬麦区和春麦区的小麦，无芒和有芒的各占半数左右；北方冬麦区和春麦区的小麦有芒的则占绝对优势，无芒的很少。看来无芒或有芒与小麦生长地区的雨量和湿度有关。至于穗部的毛茸性，前面已经提到过，则与高原山地的气候条件有一定的关系。

对于各地区品种的穗形、长度、密度、小穗数、粒数等，我们曾经根据它们在南京种植条件下的表现，进行了系统的考察和计算。关于穗形方面，全国大多数地区的品种都以纺锤形为主，少数为圆柱形或棒棍形；黄土高原一带及云南、西藏等省区的品种，圆柱形占一定的比例。所有供试品种的穗长，自 5~16 厘米不等；密度（10 厘米的小穗数）自 15~40 个。华南沿海一带的品种一般穗长而稀；江南山区的品种纺锤形的还是较长而稀，而圆柱形或棍棒形的较短，密度中到密；四川的品种多半麦穗长大，密度稀到中；云南的品种麦穗长度中等而密；长江流域的品种一般穗较长，密度稀到中；华北平原与黄土高原的冬麦品种一般穗短小，密度中到密。春麦区的品种，在新疆的，除少数品种外，多数倾向于长而稀；而在西藏的，则短而密。

多花多实性是我国小麦非常突出的特点之一，在全国范围内几乎到处都具有这种特性的品种。关于品种的这方面性状，我们曾经在 1957—1958 年对全国 5 000 多个品种在南京种植的结果，进行了考察分析，分析的资料完全证实这样的结论。再就组成多花多实性的因素来看，全国小麦的小穗数一般在 18~30 个，每穗粒数在 25~80 的范围，其中每小穗粒数在 3 粒以上的品种为数不少，我们曾经以每小穗 4 粒以上或每穗 60 粒以上的品种作为多花多实的类型，考察其分布情况。从分布的情况可以看出，我国小麦多花多实的类型的普遍性，同时也可以看出这种类型有比较集中的区域。一般说来，多花多实的类型比较多的有下列几个地区：西南的云贵、四川一带，长江中下游的鄂东、皖南、苏南及浙江一带；河南大部及陕西中南部一带。山东中西部及河北中南部一带，这种类型也占一定的比例。

四、中国普通小麦的生态类型及其分布

这里对于我国小麦生态类型的划分，是在学习苏联在这方面工作的原则和经验的基础上进行的。划分的具体依据：在品种方面，包括对全国范围内所征集的 5 000 多个地方品种材料观察鉴定的结果，各省、区、县所提供的当地品种资料以及过去全国各地对地方品种分析研究的报道；在地区条件方面，包括全国自然地理及耕作制度的文献资料。根据各个品种的主要性状，首先是生长发育特性，结合各该品种原产地的自然和耕作条件，特别是小麦生产期间的气候条件，加以分析综合。先从品种的性状总体出发，图解地区分布的趋势；又以自然地理区划，地区的综合条件为基础，按品种的性状总体加以归纳。如是反复修正过程，初步将我国普通小麦品种划分为 14 个生态类型。

（一）华南生态类型

在我国秋播小麦中生育期最短，仅 110~150 天；自出苗到抽穗仅 60~90 天，抽穗到成熟 40~90 天。春性强，春化阶段短；对光照反应迟钝，光照阶段短。籽粒大小中等，软质、红皮、休眠期中到长。幼苗直立型，幼叶长而宽，颜色淡绿。植株高度矮到中，剑叶面积大小中等。穗长而稀，纺锤形，无芒或有芒。早熟，不抗寒而耐湿，成熟过程不需要高温。

分布地区：主要在南岭以南的地区，包括福建的东南部、广东的大部、广西的东南部以及海南、台湾诸岛。1 月份平均温度都在 10℃ 以上。耕作制度基本上是一年三熟，小麦与连作稻或杂粮轮作。当春季温度上升时，日照为 11 小时左右。小麦生长期间的雨量为 300~350 毫米，成熟期间的月雨量在 150 毫米左右，气温在 17~18℃。

属于这个生态类型的品种有：潮安小麦、梅县光头、花县信麦、长泰车雷、龙岩松蕊、晋江深根、龙溪蜈蚣、北流小麦、平南光头麦等。

（二）江南山地生态类型

一般生育期在 160~190 天；出苗到抽穗 100~150 天，抽穗到成熟 40~50 天。春性或弱冬性，春化阶段短；对光照反应迟钝，光照阶段短。籽粒中到大，质软、红皮、休眠期中到长。幼苗直立到半匍匐，幼叶长而宽，颜色略深。植株矮到中，剑叶面积中等而较短。穗无芒或有芒，有芒者以纺锤形为主，密度中等偏稀；无芒者以圆柱形为主，有的成棍棒状，穗短而较密，结实性高但易落粒。一般分蘖力和耐湿性都比较强。

分布地区：主要在浙闽山地和南岭山地一带，包括浙江的东南部、福建的西北部、江西及湖南的南部、广东的北部以及广西的东北部。海拔多在 500~1 000 公尺。耕作制度为一年两熟或三熟，小麦与水稻或杂粮轮作。1 月份平均温度在 5℃ 以上到 10℃ 左右。当春季温度上升到 10℃ 以上时，日照为 11~12 小时。小麦生长期间的降雨量为全国雨量最多的地区，达 500~600 毫米。麦熟期间的气温在 20℃ 左右，湿度大。

属于这个生态类型的品种有：温州红和尚、平阳四粒白麦、临海洛阳青、衢县红知了、兰溪白蒲麦、嵊县早小麦、宁德白茴、长汀白毫、古田柳花、泰和泉麦、来阳四方

麦、道县红小麦、宜山小麦、全县光头等。

（三）云贵高原生态类型

这个生态类型可分为两个生态亚型。

1. 贵州高原山地生态亚型

生育期170~200天；出苗到抽穗130~140天，抽穗到成熟40~50天。多数属于弱冬型，春化阶段短；对光照反应迟钝，光照阶段短。籽粒中到大，多数红皮、软质、休眠期中到长。幼苗直立到半匍伏，幼叶长而宽，颜色略深。植株高度中等，剑叶小到中。穗多数纺锤形，少数圆柱形或棍棒形；无芒或有芒，有的曲芒；少数颖上有毛茸。穗长短中等，密度中到密。

分布地区：贵州高原及周围山地，包括贵州全省、云南东部以及邻近贵州的湘西等山地。一般海拔500~2 000公尺。耕作制度基本上是一年两熟，小麦与水稻或玉米、大豆轮作。1月份平均温度在4~6℃。当春季温度上升到10℃以上时，日照为11~12小时。小麦生长期间的雨量在300~350毫米。麦熟期间的温度在20℃左右，多雨潮湿。

属于这个类型的品种有：麻江大肚麦、威宁四轮小麦、丹寨有芒酱麦、德江鱼秋麦、兴义油麦、平塘黄腊麦、遵义红花麦、永善光头麦、榕峰白芒麦等。

2. 云南横断山地生态亚型

生育期140~200天，出苗到抽穗100~150天，抽穗到成熟40~50天。春型或弱冬型，春化阶段短；对光照反应迟钝，光照阶段短。籽粒中到特大，多数红皮，少数白皮，质地软到硬，休眠期长短不等。幼苗直立到半匍伏，幼叶长而略狭，颜色由浅到略深。植株较矮，剑叶大小中等。穗多圆柱形，有芒、无芒或曲芒，有的颖上有毛茸。穗长度中等，密度大，结实性高。

分布地区：云南及四川、昌都南部的横断山区。海拔自500~3 000公尺以上；普通小麦多分布在1 000~2 200公尺。耕作制度基本上是一年两熟。小麦与水稻或杂粮轮作。1月份温度在2~14℃，小麦生长期的雨量在200~300毫米，空气湿度较低。麦熟期间的温度在19℃左右。

属于这个类型的品种有：火烧麦、养巴穗、宜良猪屎麦、牟定火麦等。

（四）四川盆地生态类型

生育期一般在160~190天，出苗到抽穗120~140天，抽穗到成熟为40~50天。大多数属于春型，少数弱冬型，春化阶段短；对光照反应迟钝，光照阶段短。籽粒中到大，少数特大；质地一般软，少数倾向于半硬或硬质，休眠期基本上属于中或长，有的较短。幼苗绝大多数都是直立型，颜色由浅到略深，幼叶长而宽。植株一般都是矮到中等高度，高的不多。剑叶大多数长而宽。穗无芒或有芒，还有一些曲芒的；穗形系长方形或纺锤形；穗较长，密度稀到中，结实性高。

分布地区：四川盆地。中西部平地海拔都在500米以内，四周高到500~3 000公尺。耕作制度基本上是一年两熟，小麦多半与水稻或玉米等轮作。1月份平均温度在6~8℃以上。当春季温度上升到10℃以上时，日照为11~12小时。小麦生长期间降雨量在300毫米左右；成熟期间月平均雨量在80~100毫米，气温上升到22℃左右。

属于这个生态类型的代表品种有：成都光头、宣汉三月黄、沪县红花麦、巴县火烧麦、合川排灯麦、达县白麦子等。

（五）长江中下游平原生态类型

一般生育期在190~220天，自出苗到抽穗150~180天，抽穗到成熟35~40天。典型的品种属于弱冬性，春化阶段长度中等，少数品种倾向于冬性，个别为春性；对光照的反应一般不敏感，光照阶段短。籽粒一般小到中，红皮，大多数软质，少数倾向于半硬或硬；休眠期中到长。幼苗习性由直立到半匍匐，颜色略深；幼叶长宽度中等。植株矮到高，下游沿海一带偏矮；剑叶面积大小不等。穗无芒或有芒，纺锤形居绝大多数，侧面较狭；少数圆柱或棍棒形。穗长度短到中，密度稀到中。沿江丘陵地有一些多实的类型。一般都能够耐湿，对赤霉病感染较轻。籽粒灌浆期短。

分布地区：长江中下游两岸各省（湖北、湖南、江西、安徽、江苏）的大部及浙江北部，包括江北淮河以南，江南的洞庭湖、鄱阳湖、太湖流域以及钱塘江以北的广阔地带。地势以平原及低地为主，间或有丘陵地。土壤多半为冲积土。典型的耕作制度为稻麦两熟，旱地为棉麦两熟或杂粮麦两熟。1月份平均温度在0℃到5~6℃，5℃以下的持续日数都不多于50~70天。当春季温度上升到10℃以上时，日照为12小时左右。小麦生长期的雨量在400~600毫米，一般雨量充足；抽穗到成熟期间多雨。成熟期间的温度在20~22℃左右。

属于这个生态类型的品种有：常熟铜柱头、崐山菜子黄、上海淮麦、武进车键子、建湖紫秆子、如东大黄皮、滁县白和尚头、休宁蝉不吱、南陵禾蒲头、合肥三月黄、临安毛洋麦、慈溪羊尾巴、婺源小麦、万年和尚麦、鄱阳小麦、南昌条身子、余干鱼公麦、乐平九条纫、浏阳无芒小麦、浏阳有芒红壳、沅陵红壳麦、宁乡和尚麦、岳阳道士麦、崇阳红麦、黄岗籽麦、恩施红小麦、武昌三月黄、麻城骆驼麦、信阳火麦、望水白、固始三月黄等。

（六）秦巴山地生态类型

生育期一般210~250天，自出苗到抽穗在170~200天，自抽穗到成熟为35~50天。品种主要属于弱冬型或冬型，春化阶段长度中等，对光照反应中等，光照阶段短。籽粒中到大，多数红皮，少数白皮；多数软质，少数半硬到硬；休眠期短到中。幼苗大多数直立到半匍匐，少数匍匐；颜色深浅中等，少数深绿；幼叶短而略狭。植株高度中到高，个别矮；叶面积大小中等。穗多数有芒，也有一些曲芒的；穗以圆柱形为主，少数纺锤形；穗的长度短到中，密度中到密；结实性高。

分布地区：陕西南部、四川北部、河南西部、湖北西北部以及甘肃的东南端，包括秦岭、大巴山、伏牛山、武当山一带山地。海拔500~2 000公尺。耕作制度为一年二熟或二年三熟，小麦与水稻玉米等轮作。1月份平均气温在0~5℃，5℃以下的持续天数在60~80天。当春季气温上升到10℃以上时，日照为12小时左右。小麦生育期间的降雨量为300~350毫米。小麦成熟期间，月平均降雨量为60~70毫米，气温为22~23℃。

属于这个生态类型的代表品种有：沔县红疙瘩、安康老红麦、巫山和尚麦、巫溪红花麦、郧西孬担三、成县白旱麦等。

（七）华北平原生态类型

生育期自南到北为220~260天；自出苗到抽穗为160~220天，抽穗到成熟在30~40天。冬性或弱冬性，春化阶段长；对光照反应中等或灵敏，光照阶段长度中等。籽粒小到中等大小，饱满硬质；白皮或红皮，休眠期多数短，少数中等。幼苗习性以匍匐型为主，间或有半匍匐的；颜色深绿，幼叶较短而狭。植株高度中等到高，秆细。剑叶一般比较短小。穗大多数长芒，纺锤形，穗小到中等大小，密度中到较密。苗期抗寒耐旱；灌浆期短，成熟时要求高温。

分布地区：主要在淮河以北、太行山及伏牛山以东的广大平原；即山东全省，河北中部及南部、河南中部及北部、江苏和安徽的淮北地区；此外并包括山西的汾河中下游和陕西的渭河沿岸一带。除局部地区外，大部分都是海拔500米以下的平原。耕作制度主要是小麦与杂粮的一年两熟或二年三熟。1月份平均温度，自南到北为0~-5℃；10℃以下的持续日数，由南到北为120~150天。当春季温度上升到10℃以上时，日照在12~13小时。小麦生长期间的雨量在150~250毫米，通常干旱，冬季积雪不多。成熟期间气温急剧上升，籽粒灌浆脱水过程中，温度达到22~24℃；这时候雨量略比前期为多，但一般仍然比较干燥，湿度偏低。

属于这个生态类型的品种有：蚰子麦、偃师大口麦、开封黄瓜先、洛阳出山豹、扁穗麦、凫山半截芒、黄县大粒半芒、历城蝼蛄腚、鱼鳞白、红芒白、巨鹿红葫芦头、盐山红秃头、衡水白葫芦头、睢宁红花雾、淮阴大玉花、丰县葫芦头（红秃头）、阜阳白麦等。

这个生态类型又可分为3个生态亚型。

1. 华北平原旱地型

6月10日左右成熟。冬性，抗寒性强，植株高，秆弱。穗密度中等。如肃宁小红芒、东光红秃头白麦、菏泽玉石娃娃、郑州白芒糙等。

2. 华北平原灌溉丰产型

6月上旬成熟。弱冬性或冬性，抗寒性中等。植株中到高。茎秆强度中等。穗密，结实性高。如洛阳出山豹、济源张飞胡、万荣黄金倖、兴平拳芒麦、武功蚂蚱麦、新泰白垛麦等。

3. 华北平原早熟型

5月底成熟。弱冬性，植株矮到中，穗密度中等。如永济三月黄、朝邑三月黄、淮阳红二糙等。

（八）黄土高原生态类型

生育期在260~280天；出苗到抽穗220~230天；抽穗到成熟30~50天。冬性或强冬性，春化阶段长；对光照反应中等倾向于灵敏，光照阶段中等偏长。籽粒中到大，以硬质居多，白皮占显著地位；休眠期一般较短。幼苗大多匍伏，幼叶短小而狭，颜色深绿。植株中到高，茎秆软弱；剑叶面积小。穗纺锤形或圆柱形；多数有芒，少数无芒，有的曲芒；穗一般较短，密度较大。抗寒性和抗旱性都很强。

分布地区：山西东部及中部、陕西中部及北部以及甘肃东部的黄土高原地带，并包括河北北部及辽东半岛。黄土高原海拔都在1 000~1 500公尺。耕作制度为一年一熟或二年三熟。1月份平均温度在-4~-8℃。10℃以下的持续日数为140~190天。当春季温度上升到 10℃以上时，日照为 13 小时左右。小麦生长期间的雨量仅 200 毫米左右，经常处于干旱状态，冬季很少积雪。麦熟期间雨量略多，但空气湿度仍低，温度在 22℃左右。

属于这个生态类型的品种有：孝义假红麦、平遥小白麦、榆次大芒麦、长子映山红、太谷白和尚头、沂县白芒红、延安红麦、绥德红老麦、黄陵红芒二齐、吴旗老芒麦、张家川白齐麦、平凉红金麦、通县大白芒、丰润白秋麦等。

（九）东北平原生态类型

在我国春小麦中生育期最短，仅 80~90 天；出苗到抽穗 50~60 天，抽穗到成熟在 30 天左右。春播品种属于春型，春化阶段短；对光照反应灵敏，光照阶段长。籽粒小到中，红皮，多数半硬质，休眠期长短不等。幼苗直立，幼叶长宽度中等，颜色浅到略深。植株中到高，剑叶长而宽。穗纺锤形，长芒；穗长度和密度中等。生长前期耐旱，中后期耐湿。易感染锈病。

分布地区：主要在东三省（辽东半岛除外），海拔 500 米以下的平原。耕作制度基本上是一年一熟。1 月份平均温度在 -30~-10℃，10℃以下的持续日数为 200~220 天，生长期短。当春季温度上升到 10℃以上时，日照为 15 小时左右。春小麦生长期间的雨量约为 350 毫米，但主要集中在中后期。麦熟期间的温度在 22℃左右。

属于这个生态类型的品种有：火麦、大青芒、秃不齐等。

（十）内蒙古高原生态类型

春小麦生育期 100~130 天。春播小麦属于春型，春化阶段短；对光照反应灵敏，光照阶段长。籽粒中到大；绝大多数红皮，半硬质到硬质；休眠期长短不等。幼苗直立，个别半匍伏；颜色由浅到略深，幼叶较短而略宽。植株较高；剑叶面积中到大，少数较小。穗较大，多数有芒，纺锤形，长度中等，密度中到较密，结实性低。

分布地区：内蒙古、宁夏北部及河北、山西等省的北部春麦区；包括大兴安岭以西、祁连山以东、长城以北的高原地带。地势高，大部分海拔 1 000~2 000 公尺。基本上是一年一熟的耕作制度。1 月份平均气温在 -20~-10℃，10℃以下的持续日数在 180~210 天的范围，生长期短。当春季温度上升到 10℃以上时，日照为 15 小时左右。小麦生长期间的降雨量 200~300 毫米，小麦生长早期干旱，中后期雨水略多。成熟期间的气温在 18℃左右。

属于这个生态类型的代表品种有：梁有来白皮麦、临河二道眉、固阳秃麦、多伦有芒白、毕克齐小白麦、清水河大红皮、武川火燎麦、张北大白皮等。

（十一）甘青高原生态类型

春麦生育期在 120~150 天，自出苗到抽穗 60~80 天，抽穗到成熟 50~60 天。绝大部分春播，属于春型，春化阶段短；对光照反应灵敏，光照阶段长。籽粒大到特大；大多数红皮、硬质；休眠期长短不等。幼苗直立，个别半匍伏；颜色浅绿，少数略深；幼叶短而略宽。植株高度中到高；剑叶面积中到大。穗多数纺锤形，少数圆柱形；有芒或无芒，个别曲芒；少数穗部有毛茸。穗长度中等，密度中到密，结实性较小。

分布地区：甘肃的中部及西北部，青海的东北部；主要在祁连山南北一带，海拔 1 000~3 000 公尺。耕作制度为一年一熟。一月份平均气温为 -10~ -6℃；10℃以下持续日数在 170~210 天。当春季温度上升到 10℃以上时，日照为 13~14 小时。小麦生长期间的降雨量在 250 毫米左右，早期干旱，中后期雨水略多。成熟期间的温度为 17~18℃。

属于这个生态类型的代表品种有：天祝小红芒、临夏红麦、永靖红小麦、敦煌小白麦、民勤红光麦、临洮老变麦、民乐红麦子、乐都六月黄、民和红短麦、祁连小红麦、互助朵老汉（白短麦）、循化一支麦、湟中大白麦等。

（十二）准噶尔盆地生态类型

春小麦生育期在 90~120 天。春播小麦属于春型，春化阶段短；对光照反应灵敏，光照阶段长。籽粒大到特大；多数半硬质或硬质；红皮或白皮；休眠期短到中。幼苗大多数直立，少数半匍匐；颜色一般深浅中等；幼叶较短而略狭。植株大部分较高，叶面积也较大。穗属于纺锤形，大多数有芒，芒长；穗较长，密度中等。结实性较低。

分布地区：新疆的天山以北的准噶尔盆地，海拔 200~1 000 公尺。属草原性气候。1 月份平均气温在 -16~-10℃，生长期仅 130~150 天。一年一熟。当春季气温上升到 10℃以上时，日照为 14~15 小时。小麦生长期间的降雨量为 150~200 毫米。成熟期间温度为 17~18℃。

属于这个生态类型的代表品种有：阜康大头春麦、木垒金包银、塔城小芒麦、青芒麦、伊宁黑芒麦等。

（十三）塔里木盆地生态类型

春小麦的生育期为 100~130 天，自出苗到抽穗为 60~80 天，抽穗到成熟为 40~50 天，冬小麦生育期为 280~290 天。春播的属于春型，春化阶段短；秋播的属于强冬型，春化阶段长；对光照反应灵敏，光照阶段长。籽粒大到特大；多数硬质；红皮或白皮；休眠期短到中。幼苗直立或匍匐；颜色由浅到深；幼叶较短而略宽。植株多数较高，剑叶面积多数较大。穗多数有芒，芒长；穗形多数为纺锤形，穗较长，密度稀到中。大头型的品种，穗大而短。结实性一般不高。

分布地区：新疆的天山以南的塔里木盆地，海拔一般在 500~1 000 公尺。1 月份平均气温 -14~-8℃；5℃以下的持续日数为 120~170 天；10℃以下的持续日数为 170~200 天。当春季气温上升到 10℃时，日照为 13~14 小时。气候十分干燥，全年雨量从 10 毫米左右到 200 毫米左右，经常依靠灌溉。小麦成熟期间温度达 22~24℃。

属于这个生态类型的代表品种有：喀什白麦、黑芒冬麦、轮台红冬麦、库车红粒春麦、和阗孜米圩、民丰大头麦、柯坪白芒春麦等。

（十四）青藏高原生态类型

春小麦生育期为 120~160 天，自出苗到抽穗为 60~90 天，抽穗到成熟为 60~70 天。品种属春型，春化阶段短，对光照反应灵敏，光照阶段长度中等。籽粒大到特大，红皮，大多数半硬质到硬质；休眠期长短不等。幼苗直立，个别半匐伏；颜色浅到略深；幼叶短而狭。植株矮到中，剑叶面积中到大。穗圆柱形，有芒或无芒，有的曲芒；穗上有的有毛茸。穗较短而密度大。小穗数多，每小穗粒数不多。

分布地区：西藏、昌都大部以及青海南部；海拔都在 3 000 公尺以上的高原。1 月份平均气温在 -12~-0℃。10℃以下的持续日数在 200~230 天。当春季气温上升到 10℃以上时，日照为 12~13 小时。雨量各年差异很大，蒸发量大，基本上属于半干旱性气候。小麦成熟期间的温度为16~18℃。

属于这个生态类型的代表品种有：拉萨红颖有芒、红颖无芒、日喀则无芒红颖、半芒红颖、江孜小麦、昌都大头麦、佳卡麦、怒江麦等。

摘　要

在我国农作物中，小麦是栽培面积最大的作物之一，其分布范围也最广，由于我国自然环境条件和耕作制度的多种多样性，更由于我国广大农民的辛勤劳动，我国小麦种类是非常丰富多彩的，它们不但在过去的粮食生产上起了重要的作用，而且在今后将进一步发挥作用。因此，对全国多种多样的小麦品种类型进行系统的检定，明确它们的分类地位、分布情况及发展趋势；并在这个基础上，根据品种类型的性状总体，结合其原产地的环境条件，对全国小麦进行生态类型的划分；这对祖国小麦资源的系统了解和进一步利用都是十分必要的，在育种栽培上也都具有理论上和实践上的意义。

南京农学院和中国农业科学院自1956年开始协作进行这方面的研究。在全国范围提供品种材料和基本资料的约2 000具，供试品种材料5 000多个。这些材料在南京农学院农场种植了2~3年（1956—1959），进行了系统的观察和分析；其中具有地区代表性的品种460个分别在全国12个试点种植和观察1年（1957—1958）。根据所积累的资料，结合过去的工作，整理成这篇初步报告。

一、中国小麦的种、变种及其分布

中国的栽培小麦中，普通小麦分布最广，变种最多（61个）；其中新发现的我国特有变种5个。属于普通小麦品种的占这次征集品种总体数的96.1%。此外还发现了我国特有的普通小麦亚种，定名为“云南小麦”亚种，内分6个变种。其次为圆锥小麦，约占2.2%，有11个变种，内有4个分枝型。在四川遂宁的材料中，还发现了一个我国特有的新的变种，茎秆特别矮。圆锥小麦的分布，以四川、云南为最多，河南、山东、陕西、甘肃，新疆等省区也都有一些。近年来分枝类型栽培面积有扩展的趋势。再次为密穗小麦，约占0.7%，有11个变种，集中分布在甘肃，新疆、云南也有少数栽培。近年来这种小麦的种植面积有缩小的趋势。硬粒小麦约占0.6%，有9个变种，新疆最多，内蒙古、陕西、四川等省区也有栽培。波兰小麦在我国栽培的极少，在新疆的巴里坤和青海的兴海的材料中，发现了无芒和有芒的类型各1种。普通小麦中的拳曲芒小麦类型，在全世界的分布上以我国为最多，这次征集到的材料中就有近300个属于这种类型的品种。我国西藏的拉萨（海拔3 600公尺以上）、日喀则（海拔3 850公尺）等处是全世界栽培普通小麦最高的地区。云南的自然条件十分复杂，小麦分布地区，低的海拔仅380公尺，最高的达到3 000公尺以上，在炎热的河谷、温暖的平坝、高寒的山地都有分布。因此，云南省是我国小麦的种和变种最丰富的地区；全国小麦5个种，101个变种中，在云南除了波兰小麦外，其他各种及将近半数的变种都具备。

二、中国各地区普通小麦主要性状特点

在生育期方面，在我国各地区间差异很大。秋播小麦（冬麦）最短的仅120天左右(如华南沿海)，最长的达280天以上（如黄土高原、华北平原北部及高寒地区）。这与冬季低温及越冬期长短关系最大。春播小麦（春麦）最短的不到80天（如东北北部），最长的超过160天（如西藏）。我国大部地区小麦的生长后期（抽穗到成熟）很短，不少品种只有30天左右。这除了成熟期间的气候条件外，更重要的是我国一向复种指数高，我国农民长期选择而形成早熟的遗传性。这种特性在世界小麦中是相当突出的。通过试验观察，结合过去的报道，进一步明确品种的阶段发育特性与产地气候条件的关系。例如，南方沿海地区的冬季气温都在10℃以上，小麦苗期日照不过11小时左右。因此这个地区的品种属于春型，对光照反应不敏感。而华北及西北北部1月份平均气温在-5℃以下，5℃以下的持续日数在120天以上，当春季气温上升到10℃以上时，日照达13小时左右；因此这一带的品种属强冬型，对光照反应敏感。类似关系，长江中下游品种多属弱冬型，对光照反应中等，东北、内蒙古、新疆等地区的春麦品种属于春型，而光照反应灵敏。品种幼苗习性及颜色与春化特性有密切关系，同样受地区条件所决定。例如南方品种幼苗属直立型，颜色淡；北方冬麦品种幼苗属于匍匐型、颜色深。幼叶面积，形状则与气候及土壤湿度有关，温暖而潮湿地区的品种，幼叶长而宽；寒冷干旱地区的品种，幼叶短而狭。种子的性状与地区条件也表示出显著的关系；麦熟期间多雨潮湿地区（如长江流域及华南）的品种籽粒，绝大多数红皮、软质，休眠期中到长；而麦熟期间雨量较少而干燥的地区(如华北及黄土高原）的品种籽粒，白皮、硬质、休眠期短的，占很大的比例。在我国高原地区的小麦品种籽粒都比较大而重，一般千粒重都在30克以上，有不少品种超过40~50克，这与这些地区昼夜温差大，籽粒灌浆过程长有关。多花多实性是我国小麦品种在世界上最突出的特点之一。这种特性为我国小麦普遍的特性，在条件适宜的情况下，全国各地的品种中多少都出现一些每小穗结实4粒以上，每穗籽粒60粒以上的品种。这种类型的品种，比较集中地分布在四川及云贵一带，河南、陕西中部以及长江中下游的山丘地带。进一步分析这些地区的条件，将对于多花多实性形成因素，得到明确，将为丰产品种的培育与丰产栽培指出方向。

三、中国普通小麦的生态类型

根据各个品种的主要性状，包括生育期、阶段发育特性、籽粒、幼苗、植株、穗部等性状以及其他特性的分析结果；结合原产地区的自然环境条件及耕作制度，特别是在小麦生长期间的气候条件；分别加以综合归纳，将全国普通小麦品种划分为14个生态类型。属于同一类型的品种之间具有相对相同的性状总体而与其他类型都有一定的差异。各个生态类型的分布地区范围如下。①华南生态类型：南岭以南地区及中国台湾、海南诸岛；②江南山地生态类型：浙闽山地及南岭山地；③云贵高原生态类型：云贵高原及附近山地；④四川盆地生态类型：四川盆地；⑤长江中下游平原生态类型：长江中下游一带；⑥秦巴山地生态类型：秦岭、大巴山、伏牛山、武当山一带山地；⑦华北平原生态类型：淮河以北、太行山及伏牛山以东的大平原，并包括渭河、汾河中下游沿岸；⑧黄土高原生

态类型：黄土高原，并包括河北北部及辽东半岛；⑨东北平原生态类型：东北平原（辽东半岛除外）；⑩内蒙古高原生态类型：大兴安岭以西，祁连山以东，长城以北的高原地区；⑪甘青高原生态类型：祁连山南北一带；⑫准噶尔盆地生态类型：天山以北的准噶尔盆地；⑬塔里木盆地生态类型：天山以南的塔里木盆地；⑭青藏高原生态类型：昆仑山以南的西藏，青海及昌都高原地区。

主要参考文献（略）

（南京农学院科学研究专刊第2号，1959-10）

青海柴达木盆地春小麦高产的調查分析

金善宝　王恒立

近年来柴达木盆地，各种作物不断出現大面积丰产和高额丰产的事例，其中尤以春小麦最为突出。盆地內春小麦产量增長的特点是：單位面积产量逐年稳定上升，而且幅度很大。一九五八年全国科联組織了青海丰产小麦参观团，所到之处有賽什克、德令哈、坏头他拉、馬海等地，春小麦高产田已經較为普遍。一九五九年，我們在盆地各处看到春小麦生長比一九五八年更好，麦浪似海，穗大粒飽，眞是一片丰收景象，令人感到無限兴奋。我們在盆地各地进行測产的結果列表如下（表見下頁）。

青海省在农業生产技术方面原来是比較落后的，而柴达木盆地在人們的印象里則更是風沙千里、走兽出沒的不毛之地，現在所以能够創造这样大面积春小麦的丰产記录，一切应該归功于党的正确領导。只有在党的領导下，与不利的自然条件进行了艰苦斗爭，綜合运用了农業"八字宪法"，才有可能在高寒地区出現这样的丰产記录。現就科学技术方面，对柴达木盆地春小麦获得丰产的重要原因做一些分析，并对今后进一步提高产量，提出几点意見。

采用有效的栽培技术措施

一、加深耕層，平整土地。柴达木各地对于深耕的措施極为重視。据中国科学院青甘綜合考察队的調查結果，深耕后土壤的容重减輕，松紧度变小，孔隙度显著增大。說明土壤經过深耕后，水分滲透和空气流通的狀况大为改善，因而为小麦根系的生長和發育創造了有利的条件。特别是由于土壤通气条件的改善和水份含量的提高，在一米土層內的平均地温也随之增高攝氏一度左右，对于加速早春土壤解冻，提早播种和促进土壤中微生物的活动，加速养份分解，提高肥料的利用率，都能起到良好的作用。針对盆地气候寒冷，生長期短，土壤熟化程度較差，土壤底層有片狀結構，妨碍水份和养料的供应等情况，深耕在盆地的增产效果特别显著。据德令哈地区历年試驗結果，一般深耕比淺耕可以增产百分之十六到四十。加深了耕層，为盆地获得春小麦大面积丰产和高额丰产的重要原因之一。各地除了深耕以外，还注意扩大秋耕面积，并結合秋耕进行施肥，翻后晒垡；早春平整土地，施肥澆水，再淺翻耙耱，一环扣一环，做到土塊細碎平整。德令哈地区在一九五八年秋收后对土地进行了合理規划，分段筑畦，做到埂直、渠直、渠平、畦小、畦平，从而使水足、水匀、苗齐、苗壯，为取得春小麦的大面积丰产打下了良好的基础。在小麦生育期間各地对于田間管理也十分重視：田間很少看到有杂草，在少数麦田發生倒伏后，一般都能及时采取有效措施，使其减輕倒伏的损失，

二、大兴水利，变碱荒为良田。盆地內雨量稀少，水份供应成为各种作物增产的关鍵問題。各地非常重視水利建設。按照作物生長發育的需要，一般都能做到及时灌溉，而尤其重要的是利用灌溉压碱、洗碱，改良鹽碱地变成良田。在这方面噶尔穆地区具有極丰富的經驗，其办法是：㈠深翻土地以破

青海柴达木盆地春小麦高产的调查分析

金善宝　王恒立

近年来柴达木盆地，各种作物不断出现大面积丰产和高额丰产的事例，其中尤以春小麦最为突出。盆地内春小麦产量增长的特点是：单位面积产量逐年稳定上升，而且幅度很大。1958 年全国科联组织了青海丰产小麦参观团，所到之处有赛什克、德令哈、怀头他拉、马海等地，春小麦高产田已经较为普遍。1959 年，我们在盆地各处看到春小麦生长比 1958 年更好，麦浪似海，穗大粒饱，真是一片丰收景象，令人感到无限兴奋。我们在盆地各地进行测产的结果如表 1。

表 1　1959 年柴达木盆地各地不同春小麦的每亩穗数和产量关系（详见附表）

测产地点	品种	取样点数	每亩穗数		每穗粒数		千粒重（克）	产量（斤/亩）	
			变异范围	平 均	变异范围	平均		变异范围	平均
赛什克	甘肃 96（60 号）	19	502 690～1 012 051	765 805	17.1～25.5	21.9	以每斤 13 000 粒计算	889～1 518	1 284
赛什克	南大 2419	3	524 026～786 039	632 920	23.0～29.6	26.7	46	1 109～1 975	1 563
香日德	南大 2419	9	519 629～837 085	706 357	23.6～30.6	26.3	46	1 468～2 138	1 743
香日德	30088	7	418 876～677 005	533 943	24.7～34.3	28.9	60	1 297～2 255	1 839
德令哈	德令哈大白麦	3	595 631～678 334	634 317	25.0～25.7	25.3	以每斤 14 000 粒计算	1 084～1 235	1 154

青海省在农业生产技术方面原来是比较落后的，而柴达木盆地在人们的印象里则更是风沙千里、走兽出没的不毛之地，现在所以能够创造这样大面积春小麦的丰产纪录，一切应该归功于党的正确领导。只有在党的领导下，与不利的自然条件进行了艰苦斗争，综合运用了农业“八字宪法”，才有可能在高寒地区出现这样的丰产纪录。现就科学技术方面，对柴达木盆地春小麦获得丰产的重要原因做一些分析，并对今后进一步提高产量，提出几点意见。

采用有效的栽培技术措施

（一）加深耕层，平整土地

柴达木各地对于深耕的措施极为重视。据中国科学院青甘综合考察队的调查结果，深耕后土壤的容重减轻，松紧度变小，孔隙度显著增大。说明土壤经过深耕后，水分渗透和空气流通的状况大为改善，因而为小麦根系的生长和发育创造了有利的条件。特别是由于土壤通气条件的改善和水分含量的提高，在1米土层内的平均地温也随之增高1℃左右，对于加速早春土壤解冻，提早播种和促进土壤中微生物的活动，加速养分分解，提高肥料的利用率，都能起到良好的作用。针对盆地气候寒冷，生长期短，土壤熟化程度较差，土壤底层有片状结构，妨碍水分和养料的供应等情况，深耕在盆地的增产效果特别显著。据德令哈地区历年试验结果，一般深耕比浅耕可以增产16%~40%。加深了耕层为盆地获得春小麦大面积丰产和高额丰产的重要原因之一。各地除了深耕以外，还注意扩大秋耕面积，并结合秋耕进行施肥，翻后晒垡；早春平整土地，施肥浇水，再浅翻耙耱，一环扣一环，做到土块细碎平整。德令哈地区在1958年秋收后对土地进行了合理规划，分段筑畦，做到埂直、渠直、渠平、畦小、畦平，从而使水足、水匀、苗齐、苗壮，为取得春小麦的大面积丰产打下了良好的基础。在小麦生育期间各地对于田间管理也十分重视：田间很少看到有杂草；在少数麦田发生倒伏后，一般都能及时采取有效措施，尽量减轻倒伏的损失。

（二）大兴水利，变碱荒为良田

盆地内雨量稀少，水分供应成为各种作物增产的关键问题。各地非常重视水利建设。按照作物生长发育的需要，一般都能做到及时灌溉，而尤其重要的是利用灌溉压碱、洗碱，改良盐碱地变成良田。在这方面噶尔穆地区具有极丰富的经验，其办法是：①深翻土地以破坏碱土下面黏重的不透水层，使土中盐碱易于随水下渗。②平整土地，使盐碱随水溶解后能够均匀下渗或排洗；规定田块内高低差不得超过5~7厘米，以免高处引起泛碱现象。③深灌压碱，在深翻平地以后，连续深灌数次，使水分下渗，用以泡压盐碱；灌后再浅翻，以便切断毛细管，防止盐分继续上升。一般秋灌较冬灌为有利，因为这时地下水位最低，盐碱容易下渗，下渗后不易上泛。④排洗盐碱，在地下水位较高（3米以上）的地方，灌水20~40厘米，使盐碱溶解于水后立即排水，如此连续数次即可。在改良盐碱地时，必须重视排水问题，以免产生次生盐渍化现象。噶尔穆地区1955年粮食平均亩产很低，对盐碱地大力改良后，产量逐年直线上升，1958年“大跃进”以来就连续获得了大面积稳定丰产。说明盐碱地经过改良以后，增产潜力是很大的。

（三）大力积肥，施足底肥，肥料加工，提高肥效

盆地各地对于积肥工作都十分重视，千方百计挖掘肥源。一般每亩都能施上质量较好的土粪作为基肥。各地为了提高肥效还创造了许多肥料加工的办法。例如诺木洪地区对于制造土化肥经验极为丰富。他们创造了一灶三用的肥料加工法，利用一个炉灶，同时可以制造硝酸钾和碳酸氢铵两种肥效很高的土化肥，还可以促进厩肥的腐熟，不但扩大了肥

源，而且大大地提高了肥效。针对盆地早春地温较低的特点，各地都很重视在温度较高的表土层施用大量腐熟的土粪，以提高地温和加速土粪的分解来满足麦苗早期生长发育的需要。盆地内牲畜较多，泥炭蕴藏量很大，各地狠抓肥料，大挖肥力，变低肥为高肥，粗肥为细肥，缓肥为速肥，是作物产量获得迅速提高的另一重要原因。

（四）匀播密植，提早播种

柴达木各地初开垦时，一般耕作比较粗放，播种时间也拉得很长，小麦单位面积产量不高。例如德令哈地区 1954 年还用撒播，播种量每亩仅 22 斤。1955 年起全部改用马拉播种机条播，大大地提高了播种质量。行距一般为 12 厘米。播种量在 1955—1957 年每亩增至 25~28 斤，1958 年更提高到 38~40 斤（播种量高了一些），一般能增产 20%以上。根据德令哈和香日德两地春小麦丰产经验的总结，在目前生产条件下，以每亩保穗 60 万~80 万个为宜。1959 年香日德地区更全部改用宽幅条播，幅距 5~6 厘米，比 1958 年缩小行距 4~6 厘米，使种子分布均匀，得到良好的生育条件。

提早播种是春小麦获得丰产的重要措施之一，各地几年来在实践中都有深刻的体会，因此尽量争取早播和缩短播种时间，如德令哈地区自 1958 年起提前在 3 月中旬开始播种，1959 年香日德地区也提前在 3 月 25 日播种，比往年播期提早 10 天左右，对于春小麦的增产起了很大的作用。根据德令哈地区试验结果：3 月下旬至 4 月上旬播种比 5 月 1 日播种增产 50%~200%。

（五）针对土壤特性，采取合理的灌溉方法

盆地大部分地区地下水位较低，而蒸发量又很大，因此在播种前必须浇透座水，蓄水保墒，以利出苗和供应植株以后生长的需要。按照各地的成功经验，一般须深灌至 1 米左右，才能保证全苗。当地土壤结构较差，浇水后容易发生板结和裂缝现象。各地在小麦生育期都采用浇“过水”的办法，使水分在地面很快流过，不使积水，可以减轻板结和裂缝现象。此外增加灌水次数，实行轻浇、勤浇，利用蒸发作用，在一定时间内恢复土中空气的供应，促进根部的生长发育，以克服土壤结构不良的缺点。

当地气象条件上的有利因素

柴达木盆地在春小麦生育期间的气象条件具备一些有利的特点。为了便于说明起见，我们曾就我国各主要春麦区 1956—1958 年（其中内蒙古呼和浩特系 1955—1957 年）三年内春小麦各生育阶段的气象资料进行了分析。在此必须指出：不同年度间各地气象资料变化很大，只有根据较长时间累积的气象资料进行分析，所得结果才是比较可靠的；而供我们分析的气象资料只有短暂的三年时间，因此它的准确性无疑受到一定的限制。此外，各地春小麦的各生育期也受当地当年气象因素、不同品种和不同的栽培管理措施而有所出入。上述各地区春小麦的各生育期是指一般情况而言，并且为了分析方便起见，以一候（5 天）为一计算单位（例如青海德令哈春小麦分蘖期一般在 5 月中旬，我们就定在 5 月 15 日），误差也在所难免。尽管如此，通过各地区春小麦各生育阶段气象资料的分析，仍能相当明显地反映出青海柴达木盆地春小麦生育期间气象条件上的一些特点如下。

（一）柴达木盆地（以德令哈为代表）春小麦的全生育期长达 145 天，仅略短于西藏

拉萨地区，而远较其他地区为长。

（二）以春小麦全生育期内平均日气温而言，柴达木盆地除与西藏拉萨地区比较接近外，又比其他地区显著为低。柴达木盆地春小麦从分蘖至拔节、拔节至抽穗、抽穗至成熟都是在较低的温度下度过的，特别是从分蘖至拔节这一阶段，时间长达 30 天左右，也就是说当地春小麦的穗原始体是在较长时间和较低温度下进行分化的，这为造成春小麦穗大、小穗多、粒多提供了有利的条件。

（三）柴达木盆地春小麦全生育期日照时数长达 1 140 小时左右，仅次于拉萨，而比其他地区都长。平均日温差除与甘肃张掖地区近似外，也远较其他地区为大。在当地春小麦生育期间，由于白天光照时间长而气温高，光合作用进行旺盛，有利于植株养分的制造，而夜间温度又很低，养分消耗少而积累多，都为春小麦的生长发育创造了良好的条件。

（四）在春小麦生育期间，柴达木盆地雨量最少。在气候干燥而能灌溉的条件下，春小麦生长特别良好，一方面是没有各种锈病危害的威胁，另一方面是倒伏的危险性也较小，即使发生倒伏，基部茎叶也无霉烂现象，影响很小。在这种条件下，单位面积内的植株密度可以比其他地区大为提高。例如根据目前掌握的资料，长江流域小麦每亩一般不宜超过 30 万～45 万穗，华北地区也不过在 60 万～70 万穗，超过以上的限度，在目前一般情况下风险较大；而在柴达木各地每亩高达 80 万～90 万穗还能良好生产。

（五）柴达木盆地春小麦从抽穗至成熟阶段，时间长达 50 天左右（仅次于西藏拉萨地区），平均每天日照长达 10 个小时左右（仅次于新疆伊宁地区），平均日温差最大（达 16℃左右），对于春小麦籽粒的饱满肥大极为有利，所以籽粒重也远较其他地区为高。例如同样是春小麦品种南大 2419 在长江中下游地区，千粒重只有 30 克左右，在柴达木盆地就达 44～47 克。甘肃 96 号在柴达木盆地的千粒重和在黑龙江省克山的千粒重分别为 36～38 克和 25～26 克，千粒重增加约达 50%左右，为其获得丰产的又一个重要原因。

今后意见

通过以上分析，柴达木盆地在构成春小麦产量的 3 个因素（单位面积内穗数、每穗粒数、千粒重）方面的确具备了一系列有利的气象条件。其他地区春小麦各生育阶段气象条件的配合都不如柴达木盆地为好。例如西藏拉萨地区虽然春小麦全生育期最长，但温差较小，特别是拉萨和德令哈比较起来，自春小麦抽穗至成熟阶段，平均日温差低 3.6℃，平均每天日照时数约少 2 小时，在这个时期雨量也较多，有利于条锈病的发生，是其不利之处。甘肃河西走廊也是我国春小麦著名丰产区。分析张掖和德令哈的气象条件，在春小麦生育期间的平均日温差、日照时数和雨量均有近似之处；但前者的春小麦全生育期比后者约短 25 天，特别是春小麦自分蘖至拔节所历的时间，两者相差悬殊。加之张掖在春小麦抽穗以后，气温急剧上升（高达 20℃），自抽穗至成熟时间较短，不如柴达木盆地在春小麦灌浆期间的气象条件为有利。

柴达木盆地的春小麦虽然获得了史无前例的丰产纪录，但是我们认为还有不少潜力可挖，为了进一步提高春小麦的产量，提出下列一些初步的意见。

（一）选用早熟良种，加强新品种的引种和选育，注意品种的合理搭配

我们在柴达木各地初步观察所及，感到良种在春小麦的生产上起着极为巨大的作用。例如在德令哈地区采用的德令哈大白麦，茎秆较弱，普遍发生严重的倒伏，而且籽粒也小，限制了产量的进一步提高。香日德地区采用良种南大2419，表现早熟、秆强，很少倒伏或倒伏很轻，并且穗大、粒多、粒大（千粒重高达44~47克，平均46.5克）。两相对照，形成了鲜明的对比。目前各地春小麦栽培水平很高，亩产千斤已成为大面积生产的指标，因此选用早熟、秆强、穗大、粒多、粒大的良种对于稳定和提高春小麦的产量将起决定性的作用。最近引入盆地的春小麦品种表现较好的有来自阿尔巴尼亚的玛拉、夫诺、阿勃、丰收和麦粒多等。其中来自阿尔巴尼亚的春小麦品种，其共同特性是茎秆特别矮壮，抗倒伏力强，穗大粒多，估计对于肥、水条件更能适应，应该予以密切的重视和扩大试种。鉴于外地引入的品种一般在盆地表现良好，为此有必要进一步加强引种工作，以便发掘更多适应盆地春小麦生产的良种。

目前盆地春小麦生产上应用较广的品种有德令哈大白麦、甘肃96（60号）等。南大2419（即中大2419）播种面积正在迅速扩大。甘肃96（60号）茎秆较强，不易倒伏，丰产性也较高，历年在赛什克地区不断出现高额丰产；缺点是籽粒较小，成熟嫌晚。德令哈大白麦适应性较强，在比较瘠薄的盐碱地表现尚好，不适用于丰产栽培。30088硬粒小麦品种穗大、粒多、粒大（千粒重高达60克），具有很大的丰产潜力，但成熟嫌晚，目前种植面积很小。就综合性状来看，南大2419的优点较多，是目前比较最理想的良种。根据德令哈地区的调查分析，该品种抗盐碱能力也比德令哈大白麦为强，应该迅速扩大栽培。甘肃96（60号）和30088都具有一定的优点，并且丰产性也都较高，应与南大2419配合种植，以避免因品种单一化所能引起的损失。德令哈大白麦除了在新开垦的生荒地和比较瘠薄的盐碱地上可适当保留外，栽培面积应予压缩。

盆地无霜期短，作物在成熟前容易遭受霜害，因此选用早熟而又丰产的品种极为重要。同时，早熟品种必须与栽培技术结合起来。一切技术措施要以促进小麦早熟为前提。冬播是提早成熟的有效措施，在春季要尽量适期早播，缩短整个播种时间。后期灌水要有节制，并要控制后期追肥，特别是氮肥。后期灌水与追施氮肥过多，往往延迟小麦成熟，增加霜害的机会。1960年盆地有些地区，小麦尚在灌浆时期（8月22日）下了一次枯霜，减产很大。这是在栽培上值得注意的。

（二）防止品种混杂，重视种子处理，确立良种繁育制度

盆地内春小麦品种混杂现象相当普遍，特别是新由外地调来的南大2419的种子混杂程度更为严重；应该注意选留纯种。1959年，我们在德令哈地区的春小麦地内发现腥黑穗病和线虫病为害的病穗相当普遍。必须重视种子处理，以防止蔓延和造成更大损失。

为了从根本上做好良种的供应工作，各地需要建立良种繁育制度。每年应在麦收前进行穗选、片选或场选，单打单存；应有计划地培养留种田，以确保良种的纯度和继续不断地提高品种的种性。对于有希望的新品种更应采用稀播方法，加速繁殖。要力争做到自选、自繁、自留、自用，尽量避免长途调运；这样不但可以减少运输的负担，还可以避免可能由外地带入新的病虫灾害。

（三）扩大春麦冬播和秋耕的面积

早春为了突击抢种春小麦，工作十分紧张，有时对于整地和播种质量均难要求过高。德令哈和噶尔穆等地区积累了春麦冬播的成功经验，目前比较理想的春麦冬播技术首先是深翻，施足基肥，然后在 10 月下旬至 11 月上旬进行深灌，11 月中下旬再浅耕 6~7 厘米。当浅耕后的表层土壤干透和底层土壤结冻时进行耙地播种。播种不宜太深，勿使种子紧接冻土层，以免遇到次年春季气温骤然上升，容易出土受冻。次年 3 月初进行镇压，如遇土壤发生板结现象，则镇压后还须结合耙地，以利种子萌动出土。如果限于劳畜力或水源等条件，来不及进行秋灌，则沙性较大的土壤也可以采用干播办法，即冬前播种后不灌溉，待次年在春麦浇座水时进行深灌；灌后耙地和及时压耱，以待出土。根据噶尔穆地区的经验，春麦冬播的关键性措施是：①播迟不播早，掌握播种后的中午地温稳定在-2℃以下；②适当增加播种量，播浅不播深（特别在土壤比较黏重的情况下，播种深度以不超过 4 厘米为宜）；③如土壤湿度小，早春应轻浇催芽，以利出土；④在麦苗长至 3~4 片真叶时，进行耙耱压青，结合追肥，是有效的增产措施。

试验证明，南大 2419 冬播的植株比春播的显得粗壮，具有较多的初生根和次生根，穗子长大，结实小穗数和每小穗结实粒数均有所增加，而且千粒重大；冬播的产量比春播的显著提高。例如 1959 年在香日德地区试验结果，南大 2419 从 11 月 23 日起至 4 月 6 日止，分 8 期播种，千粒重从 50. 1~48. 6 克呈依次递减的趋势。在 11 月 23 日至 12 月 23 日播种的产量最高，平均亩产 1 733~1 824 斤；冬播比春播的增产 5%~7%。在德令哈地区也得到类似的结果。德令哈大白麦冬播的（12 月 21 日）千粒重为 41 克，春播的（4 月 2 日）为 38. 5 克，1958 年和 1959 年冬播的亩产分别为 1 095 斤和 1 680 斤，春播的亩产分别为 878 斤和 1 095 斤，冬播比春播增产 24%~53%。

春麦冬播经过柴达木各地几年来的试验已经获得满意的结果。我们认为这种经验同样可以应用于青稞、大麦、豌豆、蚕豆等春种作物。

当然，春麦冬播还有些技术上的问题，需要继续试验研究解决。例如，在什么时候冬播最适当，如何才能保证最高的出苗率，应该选用什么品种等。我们认为这些问题在不同地区由于气候土壤条件不同，会得出不同的结论。因此，各地区春麦冬播在栽培上还需要做比较细致的试验研究，结合大田生产进行总结，使春麦冬播成为大面积高额丰产的可靠保证。

此外，目前各地还只有少数土地实行秋耕，是延误春播的另一个重要原因。尽可能扩大秋耕面积，耕后最好能结合冬灌，浇透座水。这样一方面可以避免因早春浇水降低地温、不利春小麦苗期生长的影响，另一方面秋翻冬灌的土地可以在 3 月顶凌耕地和顶凌播种，既能节省劳力，又不受春寒渠水结冻延误浇水的影响，对于春小麦的提早播种是十分有利的。

（四）窄行匀播、合理密植

盆地内各地所用播种机的行距一般在 10~12 厘米，要求较高的整地质量，否则出苗难以保证，这点应该特别注意。在一般情况下可将行距缩小至 7. 5 厘米，以求达到窄行匀播的目的，是切实可行的。此外宽幅条播也是可以考虑采用的一个播种方法。宽幅条播可能比窄行条播更为优越，这当然还需要进行精密的试验才能下结论。

1959年我们在盆地内各场进行了比较细致的测产工作，根据我们测产的结果，不同密度和品种对于产量的关系可以概括如表2。

表2 不同密度和品种与产量的关系

每亩穗数（万）	产量（斤/亩）			
	甘肃96号	南大2419	30088硬粒小麦	德令哈大白麦
40~50			1 500~1 600	
50~60	1 000斤以下			
60~70	1 200~1 300	1 500	2 000斤以上	1 000
70~80	1 300	1 900~2 000		

以上概括的情况，虽然个别例子稍有出入，总的趋势还是明显的。德令哈大白麦和甘肃96号（60号）每亩不足60万穗时，难以达到亩产千斤的水平。德令哈大白麦每亩达到60万穗时，倒伏相当严重。甘肃96号（60号）每亩达80万穗以上，植株很少分蘖，甚至完全不分蘖，每穗粒数虽有减少，产量仍有增加的趋势；但每亩超过90万穗以上，穗子显著变小，产量又有下降的趋势。南大2419每亩达到80万穗左右，穗部性状还没有显著变劣的现象，亩产可达2 000斤以上；一般每亩保持60万~70万穗，亩产即可达1 500斤上下。30088的每穗粒数和千粒重都显著高于其他品种；每亩穗数在50万穗上下，亩产可达1 500~1 700斤；每亩穗数达到60万穗以上，亩产即可达2 000斤以上。根据以上分析的结果，如果春小麦大面积丰产指标定在1 000~1 500斤，在整地质量良好的情况下每亩播种量南大2419宜在30~35斤，甘肃96号（60号）宜在25~30斤，30088宜在40斤左右。我们在柴达木各地看到麦田缺苗断垄现象还相当普遍，应该注意改进整地质量，并采用播种质量好的种子，以保证全苗。

（五）确立倒茬制度，合理利用肥源，使用种肥，注意肥料三要素的合理配合

春小麦前茬以豌豆、蚕豆为最好，其次为油菜、马铃薯，青稞茬最差。据德令哈地区1959年试验结果，豌豆茬、油菜茬和马铃薯茬分别比小麦连作增产60%、38.3%和13.8%。有的地区对于春小麦的倒茬已予以应有重视，有的地区还有待迅速确立换茬制度。

盆地内肥源是比较丰富的，但是有些肥源利用得还很不经济。例如有些地区习惯于挖草皮烧灰做肥料，而忽视了有效肥料的大量丧失；应该采用割青沤肥来代替烧灰做肥料的办法，以增加当地土壤原来比较贫乏的有机质含量，对于改善土壤结构是有重大作用的。

当地早春气温较低，有机肥料分解很慢，难以满足麦苗早期生长的需要，因此结合播种混施少量氮、磷化肥做种肥，对于促进幼苗生根滋长将是很有利的。

盆地钾肥蕴藏丰富，土壤内一般也不缺钾。各地区所施肥料主要是氮肥，很少磷肥，三要素的配合量还不够理想。而氮肥施用过多，容易加重倒伏和引起贪青晚熟等问题；应该注意增施磷肥，最好能和厩肥掺合作基肥施下或在麦苗生育期间用作追肥，以促进小麦的正常生长和壮大颗粒。

附表 1959 年青海省柴达木盆地各地区春小麦测产结果

测产地点	品种	每亩穗数	每穗粒数	产量（斤/亩）	备注
赛什克	甘肃 96 号（60 号）	502 690	24. 1	930	每斤以 13 000 粒计算
		520 693	22. 2	889	
		584 029	23. 3	1 047	
		674 700	23. 3	1 225	
		694 035	25. 5	1 361	
		702 035	23. 9	1 291	
		723 370	22. 1	1 230	
		740 037	24. 4	1 389	
		744 037	17. 8	1 019	
		752 407	23. 3	1 349	
		775 372	24. 1	1 437	
		796 706	23. 0	1 409	
		844 042	17. 6	1 143	
		850 709	23. 2	1 518	
		852 709	22. 1	1 450	
		885 378	20. 1	1 505	
		916 046	19. 7	1 388	
		964 048	19. 8	1 468	
		1 012 051	17. 1	1 331	
	平均	765 005	21. 9	1 284	
赛什克	南大 2419	524 026	23. 0	1 109	以千粒重 46 克计算
		588 696	29. 6	1 604	
		786 039	27. 3	1 975	
	平均	632 920	26. 7	1 563	
香日德	南大 2419	519 629	30. 6	1 680	以千粒重 46 克计算
		665 666	23. 7	1 468	
		669 668	23. 6	1 474	
		680 340	27. 0	1 709	
		685 009	24. 6	1 562	
		724 362	25. 6	1 724	
		760 380	27. 8	1 962	
		815 074	28. 2	2 138	
		837 085	25. 3	1 970	
	平均	706 357	26. 3	1 743	
香日德	30088（硬粒小麦）	418 876	34. 3	1 725	以千粒重 60 克计算
		435 953	29. 8	1 572	
		438 219	24. 7	1 297	
		500 917	29. 0	1 743	
		591 629	30. 2	2 142	
		675 004	27. 8	2 255	
		677 005	26. 3	2 138	
	平均	533 943	28. 9	1 839	

（续表）

测产地点	品 种	每亩穗数	每穗粒数	产量（斤/亩）	备注
德令哈	德令哈大白麦	595 631	25.7	1 084	以每斤 14 000 粒计算
		638 986	25.0	1 163	
		678 334	25.1	1 235	
	平均	634 317	25.3	1 154	

注：当时作者等亲自参加了田间测产工作，力求本着实事求是的科学态度，随机取样，尽量避免偏颇，因此所得结果可以说是具有一定的代表性和可靠性的。众所周知，实际产量与测产结果往往是有出入的。但是我们过去在冬麦区也曾做过不少类似的测产工作，从来还未发现过如此高产的结果，而且当时柴达木各地区春小麦大面积田间生长情况良好，在内地的确也是罕见的。在高寒地区春小麦出现这样高的产量，还是史无前例的

（中国农业科学，1961（3）：6-12）

第1卷 第1期　　作 物 学 报
1962 年 2 月　　ZUOWU XUEBAO

淮北平原的新石器时代小麦

金 善 宝
(中国农业科学院)

提　要

1955年,安徽省博物舘在亳县釣魚台的考古发掘中,在新石器时代的地层里,发掘出炭化小麦籽粒。根据测定和考据:1.这种小麦可能是屬于古代小麦 T. antiquorum, Heer. 的一种;2.据推算,远在四千多年以前,在我国淮北平原就有小麦栽培了。

小麦是我国最古老的作物之一,它对我国古代人民生活和文化的发展有着重要的关系。我国古代就有关于麦的記述,甲骨文里有很多麦字,又有来字。«說文»謂:齐人謂麦为秾,秾与来通。那么,来、麦是一物,不过是不同地区,有不同的称呼而已。«詩經»有:“貽我来牟”和“于皇来牟”等句,这里的牟是区别于来的。由此可見,在文字記載上,是先有来而后有牟的。«孟子»«告子篇»:“今夫麰麦……”赵岐注云:古称大麦为牟,麰麦是大麦。«吕氏春秋»«任地篇»,首先提出大麦的名称,但他仍沿用麦字,如“今兹美禾,来兹美麦”和“稀首生而麦无叶”等,这就很明显地可以看出,大麦和麦是两种不同的作物,它似乎是以麦粒的大小来分别的。小麦的名詞最先見于«氾胜之书»(公元前一世紀),到了三国时,张揖在他所著的«广雅»(三世紀)一书中,肯定来是小麦,牟是大麦,这种解释,我們认为是有一定根据的。但日本学者对我国小麦的历史問題,直到現在仍在爭論之中。篠田統[2]认为我国在汉以前所說的麦是大麦,来、牟是一物,都是大麦,并认为小麦是张騫通西域以后传入中国的。木原均[3]引北村四郎(1950)报告說:“文字記載上肯定中国栽培小麦最早的年代距今不超过二千年”。事实究竟如何,我国考古学家在近年的发掘工作中,已为我們提出了可考的見証,証明我国小麦具有极其悠久的历史。

1955 年,安徽省博物舘[1]在亳县釣魚台遺址的考古发掘中,在新石器时代的地层里,除发掘出原始的蚌鐮、石刀、石斧等工具和陶鬲、陶盘、陶碗等器具以外,还发掘了大量的炭化小麦籽粒(重达一市斤十三两)。这些炭化麦粒是盛在一个紅烧土台中大形陶鬲內的,陶鬲是古代炊食的器具,紅烧土台可能是建筑的废墟。从釣魚台遺址发掘出来的陶鬲、陶罐等器具,經考古学家的鑑定,具有龙山文化黑陶色泽的特征,与龙山文化遺址出土的黑陶完全相同,而且蚌刀和石斧等遺物都标志着龙山文化的特征。就其时代来說,約在夏朝的初期,距今約有四千多年了。从陶鬲的年代来推算,我国的劳动农民,远在四千多年以前,就已經在淮北平原栽培起小麦来了。再从炭化小麦籽粒細小的程度和古代文字記載上来、牟以及大麦、小麦等名字出現的先后来看,我們还可以做出这样的論断:我国小麦栽培历史可能比大麦来得早些。

淮北平原的新石器时代小麦

中国农业科学院　金善宝

提　要

1955 年，安徽省博物馆在亳县钓鱼台的考古发掘中，在新石器时代的地层里，发掘出炭化小麦籽粒。根据测定和考据：1. 这种小麦可能是属于古代小麦 *T. antiquorum*，Heer. 的一种；2. 据推算，远在 4 000 多年以前，在我国淮北平原就有小麦栽培了。

小麦是我国最古老的作物之一，它对我国古代人民生活和文化的发展有着重要的关系。我国古代就有关于麦的记述，甲骨文里有很多麦字，又有来字。《说文》谓："齐人谓麦为秾，秾与来通"。那么，来、麦是一物，不过是不同地区，有不同的称呼而已。《诗经》有："贻我来牟"和"于皇来牟"等句，这里的牟是区别于来的。由此可见，在文字记载上，是先有来而后有牟的。《孟子・告子篇》："今夫麰麦……"。赵岐注云：古称大麦为牟，麰麦是大麦。《吕氏春秋・任地篇》首先提出大麦的名称，但他仍沿用麦字，如"今兹美禾，来兹美麦"和"猕首生而麦无叶"等，这就很明显地可以看出，大麦和麦是两种不同的作物，它似乎是以麦粒的大小来分别的。小麦的名词最先见于《氾胜之书》（公元前 1 世纪），到了三国时，张揖在他所著的《广雅》（3 世纪）一书中，肯定来是小麦，牟是大麦，这种解释我们认为是有一定根据的。但日本学者对我国小麦的历史问题，直到现在仍在争论之中。篠田统认为我国在汉以前所说的麦是大麦，来、牟是一物，都是大麦，并认为小麦是张骞通西域以后传入中国的。木原均引北村四郎（1950）报告说："文字记载上肯定中国栽培小麦最早的年代距今不超过 2 000 年"。事实究竟如何，我国考古学家在近年的发掘工作中，已为我们提出了可考的见证，证明我国小麦具有极其悠久的历史。

1955 年，安徽省博物馆在亳县钓鱼台遗址的考古发掘中，在新石器时代的地层里，除发掘出原始的蚌镰、石刀、石斧等工具和陶鬲、陶盘、陶碗等器具以外，还发掘了大量的炭化小麦籽粒（重达 1 市斤 13 两）。这些炭化麦粒是盛在一个红烧土台中大型陶鬲内的，陶鬲是古代饮食的器具，红烧土台可能是建筑的废墟。从钓鱼台遗址发掘出来的陶鬲、陶罐等器具，经考古学家的鉴定，具有龙山文化黑陶色泽的特征，与龙山文化遗址出土的黑陶完全相同，而且蚌刀和石斧等遗物都标志着龙山文化的特征。就其时代来说，约在夏朝的初期，距今有 4 000 多年了。从陶鬲的年代来推算，我国的劳动农民，远在 4 000 多年以前，就已经在淮北平原栽培起小麦来了。再从炭化小麦籽粒细小的程度和古代文字记载上来、牟以及大麦、小麦等名字出现的先后来看，我们还可以做出这样的论断：我国小麦栽培历史可能比大麦来得早些。

我们对 1955 年出土的新石器时代小麦，做了一些研究。我们收到的炭化麦粒，是安徽省博物馆寄来的，共有 200 多粒。麦粒虽然已经炭化，但大都保持原来的形状（图 1）。它的胚部、背部、腹沟等处都可以看得很清楚（图 2、图 3），而且还是相当坚实，检查时，轻微的震动，不致破碎。麦粒的背部并不隆起，近乎弧形，两颊丰满。腹沟很狭，深度中等，两旁比较饱满，没有显明的边缘。看来种子的成熟是很正常的。收到的麦粒，其中夹杂有些小泥块，未见到小穗或穗部其他残屑，也未见到类似大麦的籽粒。绝大部分的炭化麦粒，只能看到胚部的位置，胚可能已经脱落，所以下陷很深，没有突出的形状。但也有少数的炭化籽粒，用扩大镜检查，胚的中部突起，四围凹下（图 3），和现在未炭化的籽粒同样清楚，可见胚部还是完整的。保留胚部的籽粒多属于圆形籽粒。炭化籽粒，一般来说，胚端大，顶端略小。少数籽粒近乎椭圆形。圆形籽粒，胚部与顶端的大小就没有什么分别了。

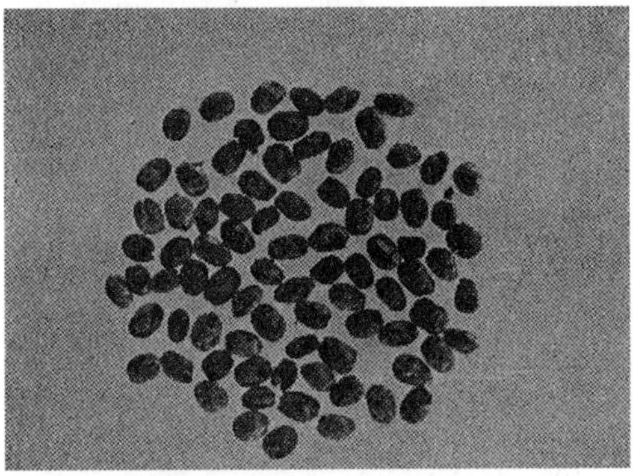

图 1　亳县炭化麦粒的大小形状（自然大）

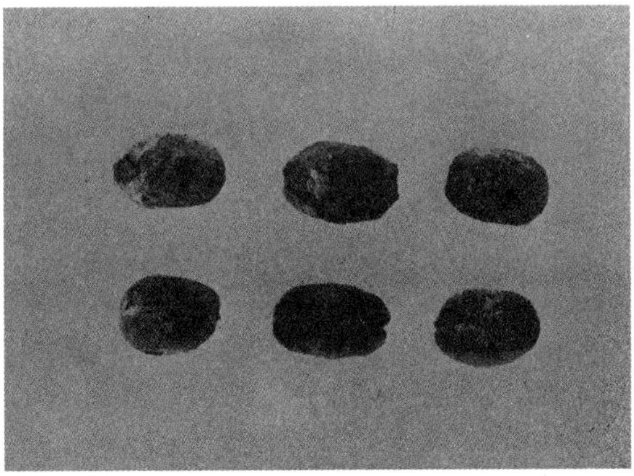

图 2　亳县炭化麦粒的背部与腹部（放大 5.5 倍），上列 3 粒为背面，下面 3 粒为腹面

炭化的籽粒都是很细小的，是一种小粒形小麦。就测定 49 粒炭化籽粒的长度、宽度和厚度来说，它的长度最短的只有 3 毫米，最长的亦只 4.4 毫米（表 1），若与现在淮北平原和华北平原栽培的小麦比较起来则有很大的差别。我们选择了现在淮北平原和华北平原籽粒比较小的 28 种农家小麦，平均长度为 5.49 毫米（表2），超过炭化麦粒的平均长度 1.60 毫米，即相差 29.2%，最长的达 6.43 毫米，最短的品种如江苏邳县的蚰子头小麦，长度为 4.99 毫米，还超过炭化小麦最长的籽粒 0.69 毫米。宽度就不同了，炭化麦粒的平

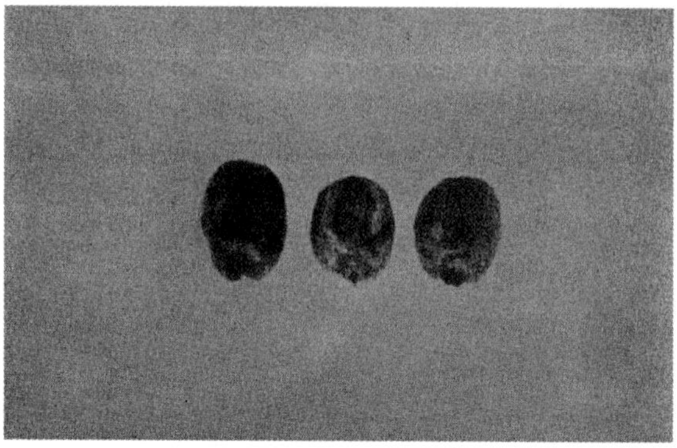

图3　亳县炭化麦粒的胚部（放大5.5倍）左边1粒胚已经脱落，右2粒胚仍存在

均宽度为2.68毫米，若与淮北平原等小麦的平均宽度2.90毫米比较，前者等于后者的92.4%，相差只有7.6%。炭化麦粒的平均厚度与淮北平原等小麦的平均厚度相差亦不甚大，只有13.1%。

表1　亳县炭化小麦籽粒的大小

长（毫米）×宽（毫米）×厚（毫米）	比例
4.40×2.40×2.20	100：54.5：50.0
4.30×2.90×2.70	100：67.4：62.7
4.25×2.90×2.40	100：68.2：56.5
4.20×2.80×2.40	100：66.6：57.1
4.20×2.90×2.45	100：69.0：58.3
4.10×3.00×2.45	100：73.1：59.7
4.10×2.90×2.30	100：70.7：56.1
4.10×2.85×2.70	100：69.5：65.8
4.05×2.95×2.65	100：72.8：65.4
4.05×2.90×2.45	100：71.6：60.4
4.00×2.90×2.30	100：72.5：57.5
4.00×2.65×2.65	100：66.2：66.2
4.00×2.50×2.35	100：62.5：58.7
4.00×2.80×2.40	100：70.0：60.0
3.95×2.50×2.55	100：63.2：64.6
3.90×2.90×2.30	100：74.3：58.9
3.90×2.90×2.70	100：74.3：71.7
3.90×2.60×2.35	100：67.9：60.2
3.90×2.50×2.15	100：64.1：55.1
3.85×2.80×2.30	100：72.7：59.7
3.85×2.70×2.35	100：70.1：61.0
3.85×2.60×2.30	100：67.5：59.7
3.85×2.40×2.10	100：62.3：54.5
3.80×2.90×2.35	100：76.3：61.8
3.75×2.80×2.25	100：74.6：60.0
3.75×2.40×2.20	100：64.0：58.6
3.70×2.90×2.65	100：78.3：71.6
3.70×2.70×2.20	100：72.9：59.4
3.70×2.50×2.50	100：67.5：67.5
3.60×3.00×2.65	100：83.3：73.6
3.60×2.80×2.40	100：77.7：69.4
3.60×2.75×2.40	100：76.4：66.4
3.60×2.45×2.30	100：68.0：63.8
3.60×2.20×2.10	100：61.1：58.3
3.60×2.15×1.95	100：59.7：54.1
3.50×3.00×2.45	100：85.7：70.1
3.50×2.90×2.90	100：82.8：82.8
3.50×2.75×2.20	100：78.5：62.8
3.50×2.50×2.20	100：71.4：62.8
3.40×2.80×2.55	100：82.3：75.0
3.35×2.20×2.10	100：65.6：59.7
3.30×2.80×2.65	100：84.8：80.2
3.30×2.60×2.20	100：78.7：69.6
3.30×2.20×2.15	100：66.6：65.1
3.20×2.70×2.10	100：84.3：65.6
3.10×2.60×2.50	100：83.8：80.6
3.10×2.40×2.00	100：77.4：64.5
3.10×2.00×2.20	100：64.5：70.9
3.00×2.70×2.70	100：90.0：90.0

表2 淮北平原与华北平原小麦籽粒长宽厚的比较

品种	原产地	长（毫米）×宽（毫米）×厚（毫米）	比 例
摇头麦	安徽亳县	5.49×2.90×2.71	100：52.8：49.3
白蚰子	安徽蒙城	5.51×3.05×2.67	100：55.3：48.4
五花头	安徽颍上	5.29×2.58×2.45	100：48.7：46.3
小红麦	安徽凤台	5.43×2.72×2.57	100：50.1：47.3
天津花麦	安徽五河	5.42×2.78×2.60	100：51.2：47.9
疙瘩麦	安徽阜阳	5.00×2.41×2.31	100：48.2：46.2
蚰子头	江苏邳县	4.99×2.89×2.69	100：57.9：53.9
红干小麦	河南镇平	5.08×3.33×2.96	100：65.6：58.2
红干小麦	河南内乡	5.52×3.40×2.99	100：61.5：54.1
红狗豆	河南孟县	5.13×3.25×2.98	100：63.3：58.0
笨葫芦头	河南商丘	5.95×3.12×2.82	100：52.4：47.4
红芒蚰子麦	河南内黄	6.00×2.80×2.30	100：46.6：38.3
稠麦	河南清丰	5.24×2.56×2.73	100：48.8：52.0
红蚰子麦	河南邓县	5.24×3.32×2.95	100：63.3：56.1
小条麦	河南林县	5.47×2.84×2.56	100：51.9：46.8
小白麦	山东平度	5.30×2.86×2.62	100：53.9：49.4
红气死雾	山东临沂	5.22×2.96×2.72	100：56.7：52.1
螳螂子	山东诸城	5.38×2.94×2.54	100：54.6：47.2
大清芒	山东无棣	5.47×2.85×2.53	100：52.1：46.2
红扁穗	山东文登	5.32×2.87×2.43	100：53.9：45.6
红秃头	山东乳山	5.43×2.78×2.47	100：51.1：45.4
白芦麦	山东栖霞	5.33×2.97×2.76	100：55.7：51.7
平原五〇	河北平原	6.05×3.22×3.04	100：53.2：50.2
红秃穗	山西高平	5.32×2.93×2.63	100：55.1：49.4
三白麦	山西绛县	5.23×2.78×2.59	100：53.1：49.5
红芒麦	山西稷山	5.69×2.95×2.70	100：51.8：47.4
红锉麦	甘肃	6.63×2.84×3.02	100：42.8：45.5
白大头	甘肃	6.43×2.69×3.02	100：41.8：46.9
平均		5.49×2.90×2.68	100：52.8：48.8
幅度		（4.99~6.63）×（2.41~3.40）×（2.30~3.04）	（41.8~65.6）：（38.3~58.2）

就长宽与长厚比来说，炭化麦粒的比值都比较大。以长度为100，炭化麦粒的平均

长宽比与长厚比为 68. 8 与 59. 9，而淮北平原等小麦仅为 52. 8 与 48. 8，相差很大。炭化麦粒的长宽比与长厚比，在各籽粒之间有很大的差异，长宽比为 54. 5~90. 0，长厚比为 50. 0~90. 0。淮北平原等小麦的长宽比与长厚比在各籽粒之间的差异要小得多，长宽比为 46. 6~65. 6，长厚比为 38. 3~58. 2。从这些结果可以很清楚地看出，炭化麦粒的大小，形状是多种多样的，大多数籽粒是近乎圆形的，有的几乎成为球状，只有个别籽粒是比较狭长的。

华北平原的几种小麦，例如河南镇平县的红干小麦、孟县的红狗豆以及内乡小麦等，它的长宽比达到 61. 5~65. 6，长厚比达到 54. 1~58. 2。这些小麦是属于普通小麦的圆颖多花类的，是我国现代小麦之中比较属于圆粒的。圆颖多花的小麦就籽粒形状来说，和炭化小麦中有些籽粒比较接近，但两者籽粒的大小还是有很大区别的。

从我国现有小麦的几个种来说，炭化麦粒的大小、形状与普通小麦和密穗小麦比较接近，它与圆锥小麦、硬粒小麦或波兰小麦是完全不同的。至于普通小麦与密穗小麦的籽粒，识别就比较困难。一般认为，普通小麦的籽粒狭而长，密穗小麦的籽粒短而圆，但实际情况并不完全如此。表 2 中甘肃红锉麦与甘肃白大头都是最典型的密穗小麦，它们的长×宽×厚为 100 毫米×42. 8 毫米×45. 5 毫米与 100 毫米×41. 8 毫米×46. 9 毫米，而表 2 的其他 26 种普通小麦，除河南内黄县红芒蚰子麦的长厚比小于上述两种密穗小麦外，其余的普通小麦，其长×宽×厚为 100 毫米×(46. 6~65. 6) 毫米×(46. 2~58. 2) 毫米，反比密穗小麦为大。由此可见，仅凭籽粒的形状是不能作为普通小麦与密穗小麦的绝对识别标准的。就地理分布来说，我国的密穗小麦多分布在祁连山以北和天山以北地区，淮北平原是很难见到密穗小麦的。现在淮北平原栽培的小麦绝大部分是普通小麦，又是冬麦的重要区域，它是属于半冬性的。

前面已经提到，炭化的麦粒极为细小，是一种小粒种。我们曾就中国农业科学院作物育种栽培研究所和南京农学院从各省搜集来的五六千种农家小麦的籽粒做了比较，但都找不到像炭化麦粒那样小的品种。这可能由于古代的小粒品种，经过几千年的自然选择和人工选择的结果，它的种籽就变得现在那么大了；而且，在 4 000 多年以前，淮北平原农民栽培小麦是非常粗放的。同样的品种在瘠薄、干旱、杂草丛生的情况下，它的籽粒也会变得细小。这两种原因对炭化籽粒的大小都会有一些影响，但选择与栽培的结果对麦粒的形状不可能会起那么大的变化。

小麦籽粒经过炭化后，它的形状或者长宽比与长厚比等会不会发生变化？我们曾做过几次试验，把 5 种普通小麦和 2 种密穗小麦进行人工炭化。炭化的方法；把几颗籽粒密封在一个小黄泥团内，在火里焙干，即成炭化。发现人工炭化后的种子，它的长度、宽度和厚度都发生显著的变化（表 3），即炭化籽粒的长度普遍缩短了，相反的，宽度和厚度都不同程度地增大了（只有河南邓县的红蚰子麦，炭化后长度、宽度和厚度的变化有些不规则的现象）。因此，长宽比和长厚比相应地发生了变化，即长宽比和长厚比普遍增大了，也就是说，原来比较狭长的麦粒，炭化后，变得有些近乎短而圆了。根据这些材料，似乎可以这样推测，出土的炭化小麦，在未炭化前，它的长度可能还要长些，宽度和厚度可能还要小些，那就是说，整个麦粒的形状可能还要狭长些。何况出土的炭化小麦是从一个红烧土台中发掘出来的，它盛在一个炊器陶鬲内，陶鬲的裆和足上都有熏烟的痕迹。由此可以推测，这种出土麦粒的炭化过程，可能是在红烧土台中经过灼热的高温迅速变化过来的。

表 3 小麦籽粒人工炭化后长、宽、厚度的变化

品种	长（毫米）		宽（毫米）		厚（毫米）		长宽比		长厚比	
	未炭化	炭化	未炭化	炭化	未炭化	炭化	未炭化	炭化	未炭化	炭化
河南邓县红蚰子头	5.24	4.90	3.32	3.33	2.95	2.92	63.3	67.9	56.1	59.7
安徽亳县白蚰子	6.25	5.67	3.21	3.34	2.87	3.11	51.3	58.8	45.9	54.8
安徽亳县摇头麦	6.20	5.42	3.04	3.22	2.78	2.85	49.0	59.4	45.1	52.5
鹿邑红芒糙	6.01	5.34	2.87	3.59	2.67	3.14	47.8	67.3	44.4	58.9
河南商丘靠山红	6.23	5.44	3.01	3.55	2.75	3.08	48.3	65.3	44.1	57.0
甘肃红铧麦	6.63	5.08	2.84	3.56	3.14	3.24	42.8	57.0	45.5	52.4
甘肃白大头	6.43	5.70	2.69	3.39	3.02	3.08	41.9	59.4	47.0	54.0

以上这些推测是有一定理由的，但就一般来说，麦粒的炭化是在寻常温度下长期自然变化的过程。麦粒含有大量的纤维和淀粉，它们是碳分子和水组成的，在某种特殊情况下，逐渐起脱水的作用，只留下了碳分子，因此成了炭化籽粒。在自然炭化的过程中，籽粒的形状、大小是不会有什么改变的。即使从表 3 人工炭化的结果来看，它和亳县出土麦粒的形状是有很大差别的，人工炭化后的籽粒长宽比的幅度为 57~67.9，长厚比的幅度为 52.4~59.7，而出土炭化麦粒的长宽比幅度达 54.5~90.0，长厚比幅度则达 50.0~90.0。由此可见，现代普通小麦中比较圆粒的品种，种籽经过人工炭化后，虽然形状变得更圆些，但是它的圆形程度还是远不及出土炭化籽粒。

出土炭化麦粒的形状、大小与现代小麦如此悬殊，可能由于这种古老的圆粒小麦在我国早已绝迹了，它和现代各种小麦不同，它是属于古代小麦 *T. antiquorum*, Heer. 的一种。

为了与亳县古代小麦做比较，根据潘希维尔几种现代小麦和辛斯卡娅引用欧洲古代小麦的资料作成图 4。图中 1 代表普通小麦；2 代表密穗小麦；3 代表印度矮生小麦；4 代表欧洲古代小麦；5 代表亳县古代小麦。从这个图上可以看出，亳县古代小麦的长度不但比现代小麦的长度来得短，而且比欧洲古代小麦的长度也要短得多。宽度和厚度也是最小的。

因此，亳县古代麦粒无论比现代小麦中的印度矮生小麦和欧洲古代小麦都要来得小。再从图 5 来分析，亳县古代小麦和欧洲古代小麦的长宽比和长厚比的幅度都要比我国现代小麦的幅度来得大，多数的籽粒都是接近圆形的，其中少数籽粒与现代小麦有些相近。亳县古代小麦的长宽比与长厚比的幅度又比欧洲古代小麦的幅度来得大些，籽粒的形状也要更圆些。

我国普通小麦的圆颖多花类，是籽粒较小、粒形较圆的一种类型，它的这种特性是和

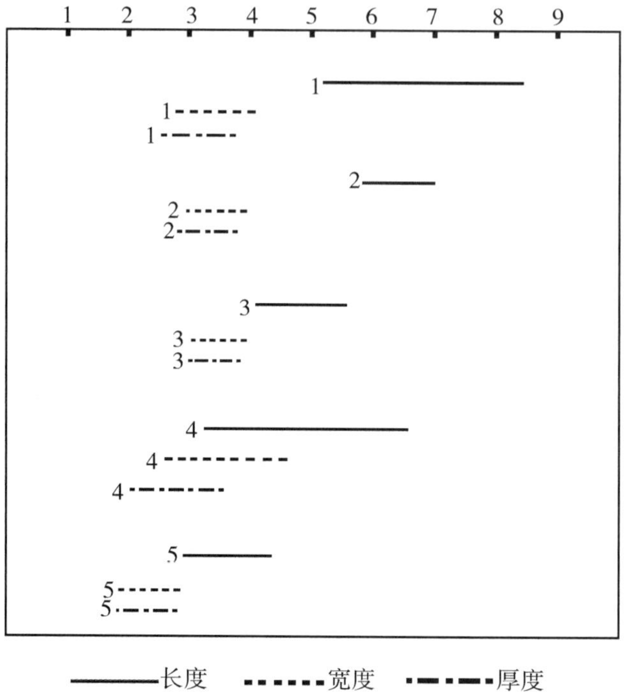

图 4 古代小麦与现代小麦长、宽、厚度的比较（单位：毫米）

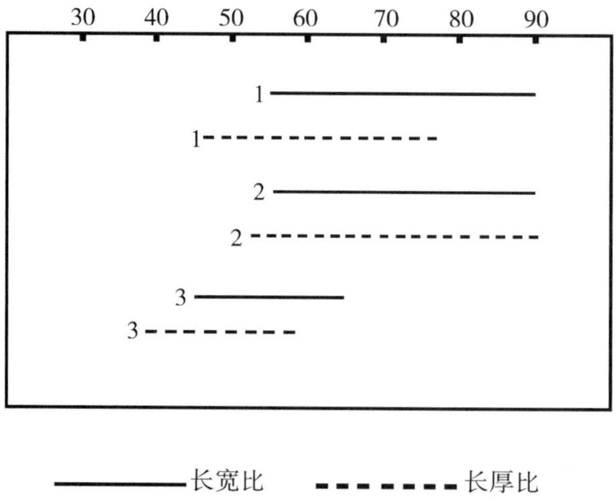

1. 欧洲古代小麦；2. 亳县古代小麦；3. 我国现代小麦

图 5 亳县古代小麦与欧洲古代小麦和我国现代小麦的长宽比和长厚比（以单位长度为 100）

亳县古代小麦有些相近的，亳县古代小麦可能是一种多花类型的。我国农业到了商代已经相当发达，小粒的古代小麦，从那时候起，可能逐渐被籽粒较大的小麦所排挤了。

安徽省博物馆在亳县钓鱼台遗址发掘出来的新石器时代小麦，迄今为止，应认为是我国小麦栽培历史最早的一种。它对研究我国小麦的起源和传播的历史都具有极其重要的意义。我国地区辽阔，农业历史悠久，埋藏在地下的农业遗物，特别是种子的遗物一定很多，希望考古学家在发掘工作中对农业的种子遗物特别予以注意，并妥为保存，共同做好我国农业历史的研究工作。

（本文炭化麦粒的大小承张芬和叶正楚同志测定，并承农业部电影社代为拍照，特此致谢。）

参考文献（略）

（作物学报，1962，1（1）：67-73）

中國小麥改進史

金善寶
蔡旭

一、緒言

小麥為我國主要食糧，尤見重於黃河流域各省，而有所謂南人食米北人食麥之諺，麥與稻二者同為我國最重要之兩大穀物。全國麥產頗豐，據一九三〇年至一九三四年世界各國小麥生產額之比較，全世界小麥生產額總計為十五萬萬公担，我國所產為二萬二千萬餘公担，約佔世界總產額七分之一。試國別而論，得在世界麥產國之第二位，僅稍次於蘇聯，視諸美，加拿大，印，法，意，阿根廷，澳洲，德國等均勝，其產量亦不可謂不豐也。然反觀歷年來我國對外貿易之統計，自民國十一、二年以後，每年有大量小麥與麵粉之入超且其數字與年俱增。當民國十九年以前，每年小麥之輸入尚未有超出六百萬担以上者，乃至二十年其入超竟達二千二百萬担以上，麵粉之入超亦達四百八十餘萬担，二者合計價值在一萬萬兩

中国近三十年来小麦改进史*

金善宝　蔡　旭

根据《中华农学会通讯》1934 年 9 月第 42 号“中华农学会三年来概况（民国三十年一月至民国三十三年六月（1941 年 1 月至 1944 年 6 月））”一文记载：“自民国三十一年（1942 年）四月邹秉文先生接任本会理事长，首先提议募集三十万奖学金，继又筹建本会重庆会所，现均已先后告成、复计编印《三十年中国农业改进史》，现大致编就。”由这则史料可知，《三十年中国农业改进史》是邹秉文先生首先提议并组织编写的。

另根据胡竟良先生《中国棉产改进史》“自序”说：“民国三十一年夏，值吴县邹秉文先生五十大寿辰，中华农学会以先生献身农业垂三十载，倡导策划，功垂百史，因议将三十年来农业改进史实汇辑成编，以为先生寿。”1942 年 9 月，《中华农学会通讯》第 22 号报道了该书的编写提纲，共分 24 篇，篇目有：1. 总论；2. 农业政策；3. 农业教育；4. 农业研究；5. 农业推广；6. 稻麦改进；7. 棉产改进；8. 茶叶改进；9. 烟草改进；10. 甘蔗改进；11. 森林改进；12. 畜牧兽医改进；13. 园艺改进；14. 蚕桑改进；15. 水产改进；16. 垦殖；17. 水利改进；18. 植物病虫防治；19. 农机具改进；20. 土壤肥料改进；21. 农产加工改进；22. 农业合作；23. 农业金融；24. 土地经济。该报道中也写明本书系“为邹秉文五十大寿而作。”

由于种种原因，该书自 1943 年 9 月写成后，除前面提到的胡竟良先生的《中国棉产改进史》以单行本于 1945 年在重庆出版外，其余至今未能出版。部分手稿现存中国农业科学院农业遗产研究室。金善宝院长的手稿《中国近三十年小麦改进史》即是该书的一篇。原提纲是将“稻麦”合为一篇的，但实际写作时，已分为两篇，另一篇是《水稻改进史》，是周拾禄先生撰写的。

——曹幸穗附记

1993 年 2 月

---

* 注：本文虽是手稿，但在《金善宝文选》中发表，故时间定为 1994 年 1 月

中国近三十年来小麦改进史

一、绪　言

小麦为我国主要食粮，尤见重于黄河流域各省，而有所谓“南人食米，北人食麦”之谚，麦与稻二者固同为我国最重要之两大谷物。全国麦产颇丰，据1930—1934年世界各国小麦生产额比较，全世界小麦生产额统计为15亿公担，我国所产为2 200余万公担，约占世界总产额1/7。就国别而论，得居世界麦产国之第二位，仅稍次于苏联，视诸美、加、印、法、意、阿根廷、澳、德等均胜，其产量亦不可谓不丰也。然反观历年来我国对外贸易之统计，自民国十一、十二年（1922、1923年）以后，每年有大量小麦与面粉之入超且其数字与年俱增。当民国十九年（1930年）以前，每年小麦之输入尚未有超出600万担以上者，乃至民国二十年其入超竟达2 200万担以上，面粉之入超亦达480余万担，二者合计价值在1亿两以上，漏卮之巨，询足惊人。

论者每谓我国小麦与面粉之入超为国麦生产量不足之表征。试检阅民国纪元以来国际间与国内小麦面粉二者输出入之实况，则国麦品质之不良，运销之不便，外粮之过剩，均为促进外麦内销之要因。当第一次世界大战期间，我国面粉工业勃兴，而以上海为其中心，每年需用原料甚多，其主要供应区域为苏皖两省，过远则运费高昂，成本加重，惟以两者之所产不足以供需求。加以苏皖两省小麦之品质素劣，不能磨制上等面粉。反之，洋麦则品质纯一，运费低廉，交易便捷，面粉厂商遂争舍国麦而购洋麦，尤以1926年（民国十五年）以来，加、澳、阿根廷等国生产过剩，低价倾销，更以在我国外麦之进口向不收税遂形成外麦之充斥市场。

爱国之士，群谋所以补救之道，迄民国二十二年（1933年）十二月政府议订新税则，征收米麦进口税，实行未久，颇能收效，民国二十三、二十四两年小麦与面粉之进口数量较之民国二十二年竟减少一半以上，同时中央专设农业改进监理及实施机构，统筹全国麦产改进事宜，先是少数高等农业教育机关曾致力于麦产改进技术之研究并已着手推广，得此基础，在极短期间内，对于麦种之改良与推广，栽培方法之指导均得扩大利用，如肥料、病虫、灌溉、检验以及遗传、生理等基本问题，均在积极进行研究中。

抗战发生后，主要麦区相继沦陷，军粮民食之供应浩繁，增进麦产乃更属迫切要图。六年来后方各省除继续战前各省未结束之试验研究材料外，侧重于麦产之增加，同时培养战后复兴之资源。战时主要工作目标，为扩充粮食种植面积及提高单位面积收量，每年均积极推行颇收实效。兹将30年来小麦改进工作之演进及其成效汇为斯篇，借供国内贤达之研讨与参考，文内所记各事至民国三十二年（1943年）八月为止，取材力求谨严，惟以战事图书杂志不全，遗珠之憾，在所难免，尚祈谅察。

二、麦作改进机关史略

辛亥鼎革，民国肇建，国人受外力之惊觉，举凡学术思想，社会组织，莫不有急剧之变动。农业为国际民生之本，朝野咸能注其视力于农务之振兴。吏设专政，兴办农科学校，设立农事试验场，首及蚕棉之提倡，旋及于食粮作物之改进。而以麦作为其中较早之一种，唯当年格于人力与财力以及方法上之不当，成效殊少，有之者仅少数高等农业教育机关而已；其较著者为前国立东南大学农科（现改为国立中央大学农学院）与私立金陵大学农科，两校对于麦作品种之改良推广，均获有相当成就，树立楷模，作育人才，对于今后麦作改进事业之进展，贡献颇大。

民国十四年（1925 年）起，金陵大学农科与美国康奈尔大学合作，由康校派遣育种专家来华讲学，鼓吹农事改进之重要，指导并设计农作物改良之技术，策动利用教会组织合作设立农事试验场，每年更利用寒假或暑假开办讲习会，研究育种有关之理论及技术问题，是不仅在我国麦作育种史上占重要之一页，且为我国作物育种事业向上之一大转变，斯时也，国内干戈扰攘未已，公私立学校及农场多数因人事及经费之影响，不足以言开展，独教会学校得超脱于政治之旋涡，先后有开封宿县等农场之创设，而以外籍人士为其推进之动力。

民国十八年以后，洋麦洋面输入日见增长，每年漏卮至巨，承民国二十年（1931 年）长江大水及民国二十一年上海战争之后，国内粮食问题益见严重。实业部图挽此危局，民国二十年始有中央农业实验所之设立，领导全国从事农业试验研究，而列麦作改进为该所重要工作之一。是时浙、豫、鲁、冀，公私立农业试验场及农业学校，亦因政治之修明，对于麦作改进工作多所注重。民国二十一年起，中央农业实验所与各省农学院及各农事试验机关合作举行全国性小麦区域试验，开中央与地方麦作事业连系之嚆矢。迄民国二十四年，政府当局鉴于米麦面粉漏卮之巨，乃更有全国稻麦改进所之设立。掌理全国稻麦改进事宜，并由行政院农村复兴委员会、全国经济委员会、军事委员会、资源委员会、财政部及实业部等五机关，合组全国稻麦改进监理委员会，负责监督指导全国稻麦改进所之责，经此番中央之倡导与地方机关之积极进行，麦作改进事业乃得顺利开展。不意民国二十七年中日战端揭幕，北方麦区首先沦陷，正在迈进中之各省麦作改进事业，乃受莫大之打击，或则陷于停顿，或则内迁协助工作。维时西南各省，因适应战事需要，经中央之督饬，与人力及财力之协助，川、黔、桂、滇、湘、豫、陕 7 省，先后成立农业改进所，统辖旧有农林机构，积极从事各该省之农业建设工作，而列食粮作物之增产为首要作业，于是各省之麦作试验推广工作乃得迅速开展。自民国三十年（1941 年）中央于农林部设立粮食增产委员会，各省成立粮食增产督导团从事粮食增产工作以来，各省麦作改良与推广工作，益形开展。尤以川陕两省因得天时地利及人和上之优势，成效较著，以上所举，系近三十年来麦作改进机关产生之过程及其动力。兹更将较著麦作改进机关之沿革及事业简叙如下。

（1）国立中央大学农学院 该院麦作改进工作开始于民国八年（1919 年），前南京高等师范学校农专时代，试验地为该院南京城内之成贤农场，民国九年，得面粉公会之资助，乃在南京皇城内辟地 106 亩成立小麦试验场，积极从事麦作改良工作，民国十年东南大学农科成立，因皇城场地不敷，复在南京城外大胜关辟地从事试验，面积与事业均大为扩充。迄民国十三年（1924年）新品种南京赤壳与武进无芒相继问世。民国十五年东南大学改组扩充为农学院，另在该院劝业农场，进行试验，先后又育成江东门与南宿州两品种，亦于民国十九年开始杂交育种工作。民国二十四年（1935年）夏与武昌、南昌、九江、芜湖、淮阴、凤阳、南阳、济南8处农事试验机关，合作进行区域试验。推广区域乃扩及长江下游各省，民国二十六年因战事西迁重庆，除保存原有材料外，并进行川东区麦作改进工作。该院在南高与东大时代，科主任为邹秉文氏擘划倡导，开我国麦作改进风气之先。技术方面由原顾周金善宝两氏负责主持，身体力行，为国人从事麦作改进工作之最早者。

（2）金陵大学农学院 该院麦作改进始于民国四年，前农林科时代，主其事者为该院前院长美籍芮思娄（J. H. Reisner）氏，先后育成改良小麦双恩号、9号及26号3种。自民国十四年与康奈尔大学合作后之作物育种专家洛夫（H. H. Love）、马雅斯（C. H. Myers）、魏赓三教授相继来华讲学，并指导作物育种事宜，即自是年起，先后与开封、宿县、铜山（徐州）等农事试验场确立合作关系，迄民国二十五年止，共有分场4处，合作场8处，分布于苏、皖、鲁、豫、冀、晋、陕7省，各场咸以小麦为冬季育种之主要对象，或则从事繁殖工作。成都总场经多年之试验，选获良种金大2905号，自民国二十二年起，开始推广。民国二十一年该校集合总分各场选育之较优种系分发上开7省之14处举行区域试验。自民国十五年至民国二十五年期间，并曾举办假期作物改良讨论会7次，各场在该校领导之下，进行工作，成就颇著。主其事者为谢家声章之汶两氏，技术设计与指导，洛夫、沈宗瀚、郝钦铭三氏与力颇多，民国二十六年因战事迁蓉，仍在进行中。

（3）中央农业实验所 该所民国二十年成立后，首先在南京孝陵卫所址附近，从事麦作试验工作，当年有国内各农事机关，及美国育种场征得小麦1 500余种。次年秋，该所与中央大学、金陵大学两农学院合作复购得英国小麦专家潘希维尔氏（John Pevcival）所收集之世界小麦1 700余种，该所得此丰富资源，对于后此国内若干农事机关育种工作之开展贡献良多。同年秋在总技师洛夫指导之下，在8省39处举办各省小麦区域适应性试验，以后各年均继续举行。迄民国二十五年（1936年）秋更新试验计划，试验种类分3种，分布范围扩及11省之35处。民国二十六年战事发生后，除西南各省外，多数地点未能继续，迄民国二十九年告一段落。自民国二十年以后，此项试验由沈宗瀚氏主持进行，现川、黔、湘3省推广麦种金大2905号、中农28号、中大美国玉皮等之确定均基于此。该所于民国二十七年，更倡西南5省小麦区域试验，民国二十八、二十九两年继续办理。民国二十年以后，该所每属冬季举办改良农作物冬季讨论会、民国二十五年该所并与全国稻麦改进所，合办改良农作物冬季训练班。召集各省农业技术人员到会，俾以各种新技术与智识，裨益各省农事改进，实非浅鲜。在此期间，英籍生物统计专家韦适氏（J. Wishart），美籍育种专家海斯氏（H. K. Hayes），先后莅会，主讲生物统计遗传育种等学科，海斯氏且曾赴各省视察指导麦作改进工作之进行。并与沈宗瀚氏著中国小麦改进协调计划之拟议，区域试验更新计划之产生，即其后果。该所民国二十三年起即开始杂交育种工作，当年所做杂交后裔业已选获纯系多个，民国三十年起，分发西南及西北各省举行比较试验，确定其价值。民国二十六年南京失陷后，该所工作人员分发川、黔、湘、滇、桂、豫、陕7省协助工作，各该省麦作改进事业之开展得其助力颇多，尤以湘、黔、滇、桂4省为最。民国二十九年后，该所麦作杂良系工作集中四川荣昌举行，民国三十一年一部分试验工作迁移北碚举行。

（4）全国稻麦改进所 该所于民国二十四年冬成立，承中央农业实验所（下称中农所）农艺系之小麦工作，设置麦作组，两所对于各项工作之进行随时密切合作，除继续原有事业外，在各地举行肥料试验，并从小麦检验及分级之研究，迄民国二十七年该所又因战事影响仍行归并于中农所。

（5）江苏无锡小麦试验场 约于民国九年（1920年）成立，曾选获锡麦1号及2号两品种，在无锡一带种植甚广。该项事业之开展，顾复氏与力颇多。

（6）江苏铜山麦作试验场 民国六年（1917年）筹备，民国八年正式成立，原名江苏省立第二农事试验场，至民国十七年改为今名，以改良徐属小麦为主要工作，民国十五年起作有计划之试验，民国十九年以农家品种沛县小红芒为推广材料。民国二十一年与中央农业实验所及金大农学院合作举行区域试验，迄民国二十五年育成改良小麦1—438及1—405两系，开始推广。场长为尹聘三氏。

（7）江苏省立杂谷试验场 原系江苏省立第二农场，淮阴分场。民国二十二年（1933年）改组后，始有今名，自民国二十三年起与中央大学农学院开始技术合作，民国二十四年起以当地种淮阴大玉花为推广材料。

（8）安徽宿县农事试验场 系民国十一年（1922年）安徽宿县北长老会所创立，民国十四年与金陵大学农学院合作，开始食粮作物之改进工作。宿县位于淮河流域，为国内小麦盛产之区，故小麦之改进，为该项主要对象之一，于民国二十一年育成南宿州61号小麦，曾在皖北大量推广，迄民国二十八年更选获宿县1419号曾小量推广，自民国十五年起马立炎氏始终参与其事并主持场务。

（9）河南开封农事试验场 系民国十二年（1923年）浸礼会之开封浸礼学院所创立。创办人为美籍余礼氏，民国十四年开始与金陵大学合作，以改良小麦为该场主要工作之一。旋由美籍米兰登氏（G. K. Middleton）继任，民国十五年改由毕永华氏承之。育成良种开封124，于民国二十二年开始推广。迄民国二十六年冬，因战事西移陕西西北农场。

（10）河南大学农学院 该院麦作改进工作开始于民国十七年（1928年）前中山大学农科时代，场址在开封南塔寺，经多年之继续试验，选获良系22—14号，民国二十五年开始示范。并于民国二十三年起开始杂交工作，抗战发生后移河南嵩县潭头，继续进行中。

（11）山东济南齐鲁大学农场 系民国十八年（1929年）中国华洋义赈会山东分会所设立，场址初位于济南东70里之龙山镇，嗣后迁入齐鲁大学，始与金陵大学农学院合作，从事小麦育种工作。至民国二十年潍县及峰县两农场之材料统移于此。迄民国二十四年春邹平乡村建设协进会加入合作，试验与场地均行扩充，后胶济铁路之合作，增设周村及青州两分场。育成改良小麦济南1195号1种，民国二十六年秋因战争影响，三场相继停顿，场长为李鸿勋氏。

（12）山东第一区区农场 场址设于济南，民国元年（1912年）起从事筹备，民国十年以后陷于停顿。迄民国十九年重行恢复，开始食粮作物之育种事宜，而以小麦为主要工作对象。民国二十四年改组成立第一区农场后，专司麦作之改进工作，试验内容大为扩充，并与中央大学农学院开始技术合作，民国二十六年因战事关系，陷于停顿。

（13）北平燕京大学作物改良场 系民国十四年（1925年）燕京大学农学系海甸农事

试验场所倡设，民国十九年改隶为金大分场，小麦为该场主要育种工作之一。育成改良小麦燕京白芒白及燕京 919 号 2 种，前品种于民国二十五年开始推广，场长为沈寿铨氏。

（14）定县平民教育促进会农事试验场 民国十六年（1927 年）由于修旧开始小麦育种，民国二十二年该会与金陵大学农学院合作，从事改良小麦之区域试验及选种工作，育成改良小麦定县 72 号及 73914 号两种，均于民国二十四年开始推广。

（15）山西太谷铭贤农事试验场 原系铭贤学校农科办理，民国十九年（1930 年）始与金陵大学农学院合作，主持试验者为穆懿耳氏，育成改良小麦 169 号及 204 两种，该校现因战事影响，迁川继续工作。

（16）陕西省农业改进所 该所麦作改进工作，承前建设厅农事试验场之材料。地址在西安，于民国十七年（1928 年）开始麦作改进工作。初设置选良繁殖区及民国二十年着手纯系选种，育成纯系小麦陕农 7 号，于民国二十六年开始推广。民国二十七年冬该场工作归并于陕西省农业改进所。民国二十九年该所与西北农学院及西北农事试验场，合作大量推广，各该院均已行推广之良种。民国三十年秋该所又与金陵大学西北农场及西北农学院合作举办豫、陕、甘、宁 4 省小麦区域试验，测量陕省各农事机关选育良种之适应范围及生产力。当该所成立伊始，并在陕南成固县设立陕南农场，从事陕南稻麦改进工作，民国三十年大量推广引进种金大 2905 号。

（17）金大西北农事试验分场 民国二十二年（1933 年）成立，场址设于陕西省泾阳县永乐店，泾渭渠灌溉区域内之适中地点，从事于小麦之育种栽培灌溉及肥料试验。灌溉试验与陕西省水利局合作，肥料试验与中央农业实验所合作。曾育成蓝芒麦，于民国二十五年开始推广。嗣后复育成 60 号、129 号、302 号 3 系，自民国三十年开始推广，场长为霍席卿氏。

（18）国立西北农学院 该院育种工作始于民国二十三年（1934 年）前西北农林专科学校时代，经 7 年纯系选种工作，选获改良小麦蚂蚱麦（又名武功 27 号小麦），民国二十八年秋开始推广。此外并自世界小麦材料中发现多种适宜西北环境之品种，业已参与前举 4 省小麦区域试验中。民国二十七年以后，该院更进行抗病抗虫品系之观察与栽培试验等工作，主持该院试验者为沈学年氏。

（19）四川省稻麦改良场 该场麦作改良工作，开始于民国二十五年（1936 年），前稻麦改进所时代。成立初年致力于品种试验与区域试验，同时并进行纯系选种工作。民国二十五年试验地点仅成都总场一处，民国二十六年增设绵阳、合川、泸县三分场，分别着重各该场址范围之选种工作，兼及栽培试验，即于是年根据区域试验结果确定金大 2905 号为过渡时期推广材料。迄民国二十七年该所归并于农业改进所成立食粮作物组后，试验与推广均大为扩充。试验方面除纯系选种外，同时致力于杂交育种，民国二十九年经各处地方试验，复确定中农 28 号，与莫字 101 两品种为推广材料，继于民国三十一年秋更确定改良种川福麦、中大矮立多、中大 2419 三品种为推广材料。最近两年侧重于杂交育种工作，杂交后裔纯良品系，早者已至第八代，产量比较试验中。此外并注意小麦主要农艺性状之遗传研究及本省小麦之分类等工作。民国三十一年 10 月重行改组易为今名，场长李先闻氏，自民国二十七年起，始终领导此项工作之进行。

（20）贵州省农业改进所 该所于民国二十七年（1938 年）成立后，得中央农业实验所人力上之协助，乃从事于该省小麦之调查及试验研究工作。试验方面着重品种试验、纯系选种及区域试验三项，民国二十九年确定引进品种金大 2905 号为推广材料。民国三十年复选定当地种遵义 136 号为推广品种，此外策动烟田改种小麦之工作。

(21) 广西省农事试验场 该场于民国二十七年（1938 年）得中央农业实验所之协助，举办地方品种检定及试验工作，并与中农所合作举行区域试验。

(22) 湖南省农业改进所 湖南为产稻主区，麦作改进工作少予注意，自民国二十五年（1936 年）该省农业改进所成立以后，始与中央农业实验所在芷江稻场合作进行中农所主持在各省进行之三种区域试验，次年更在芷江、衡阳等四处举行本省小麦品种区域试验，经确定引进种金大 2905 及中大美国玉皮 2 品种适应当地环境，民国二十九年冬开始示范推广。

(23) 江西省农业院 该院于民国二十二年（1933 年）成立以后曾在南昌南关总场及永修涂家埠棉场，进行小麦改进工作。民国二十七年确定引进种中大南宿州、金大 2905 号及南昌农家种涂家埠大头小麦为推广材料。民国二十八年在吉安凤凰墟增设棉麦专场进行小麦纯系选种工作，民国三十年秋在赣东大量推广前举三品种，民国三十一年更在多处举行地方试验，藉以确定各该优良品种之推广范围。

(24) 湖北省农业改进所 该所于民国二十九年（1940 年）成立后，即行着手引进品种之比较试验，于民国三十年秋确定金大 2905、中农 28 号及中大美国玉皮 3 品种，为鄂西过渡时期之推广材料。

(25) 浙江省稻麦改良场 该场小麦育种工作，始于民国十九年（1930 年），初在杭州岳坟租地试验，民国二十二年移杭州丁家桥小麦育种区继续试验，嗣后该场隶属与名称更迭者再，而事业未曾终断。成立初年注重纯系选种，自民国二十一年莫定森氏至该场，即将之前在南京中央大学时所进行之杂交育种材料移浙，在民国二十二年至民国二十五年期间将纯系小麦多个，分发各区农场举行地方试验，即于民国二十五年秋开始示范推广纯系浙场 9 号与浙场 4 号 2 系，杂交育种方面，发现优良杂交系数个，产量或品质方面均超越纯系小麦之上，民国二十六年浙北试验据点相继沦陷，即于民国二十七年将原有较优品种移秋阳继续举行，精密试验，并着手浙南之麦作育种工作，同时在浙江中部及南部大量推广浙场 9 号及 4 号纯系小麦。民国二十八年与民国二十九两年又确定新品系 17 号、2 号、105 号及 908 号 4 系，在浙南推广，现浙江省农业改进所所长莫定森氏始终领导此项工作之进行，备极艰辛。

(26) 浙江大学农学院 该院麦作改进工作开始于民国十七年（1928 年），试验场地为杭州笕桥，纯系选种与杂交育种工作同时进行，曾确定引进品种美国玉皮宜于杭州一带种植。民国二十三年该院迁华家池后继续举行。选获良种浙大 64 号，但未及推广，即因战事影响辗转西迁。民国二十九年秋复在贵州湄潭继续举办麦作试验工作，业已三年于兹。

(27) 云南省稻麦改进所 该所自民国二十七年（1938 年）得中央农业实验所派员协助后，曾积极进行该省麦作之调查与试验工作，即于是年秋着手小麦之纯系选种工作，并进行本省品种比较试验。民国三十年确定四川 1 号、南京赤壳 8 品种生长较佳，即于是年秋扩大示范区域及呈贡、昆明等 8 县，种植面积达 3 050 亩，在各示范麦种中以良种 128 最具希望。

(28) 福建农业改进处与甘肃西康两农业改进所 自民国二十七年（1938 年）以后，均已先后从事麦作改进工作，惟以为时较暂，故尚未见成效。

综观我国麦作之改进史略，得略分为三期。

第一期，约在民国四年至民国十三年（1915—1924 年），以高等农业教育机关为推进之动力，藉现实博取国人之同情与注意。育种方法以选种为主，田间种植粗放，产量计算简单。本期得谓为我国麦作改进工作之创始时期。

第二期，约自民国十四年至民国二十一年（1925—1932 年），本期之初，政治不靖，公立农场或农校停滞不进，惟教会组织之农校或农场，因得外籍人士之辅导，仍得积极开展，建立试验场数处，尤以育种方法方面呈一大转变，向之以注重观察以选种之旧法，一变而为应用统计与遗传知识以改良品种之新法，并涉及遗传与生理等问题之研究。良种推广方面，零星散漫，成效不著。统观本期之事迹，得称之为奠基时期，以外籍人士为推进之主要动力。

第三期，自民国二十二年（1933 年）迄今，先有行政院农村复兴委员会之组设，经积极提倡，中央农业改进机关日趋强化，指导技术，训练人才，并与各省麦作改进事业取得实际之联系。抗战军兴，滨海各省之麦作改进事业陷于停顿，而西南各省因中央之督饬与奖励，关乎地方政府之注意与倡导，视麦作改进为新兴事业之一种。近年来技术与推广两方面均获有成就，目前正在蓬勃开展中。此段历程得谓为我国麦作事业之开展时期，本期之一切改进措施，均出之于政府之策动或举办，而对日抗战为其促进之主要动力，至其进行也，则由分道进行之局面步趋联合进行之途径，此为本期独特之点，亦为本期事业开展之原因也。

三、试验研究成绩一般

（一）小麦之种类及其分布

金善宝氏前在南京大胜关东大农事试验场曾收罗国内小麦 900 余种，就其形态上作多年之精密观察，仿克拉克氏之美国小麦分类法，作中国小麦之初步报告，于民国十五年（1926 年）七月刊行，据氏检定，中国所栽小麦有 87%属普通小麦（*T. vulgare*），余则属于密穗小麦（*T. compactum*）、硬粒小麦（*T. durum*）、圆锥小麦（*T. turgidum*）。普通小麦之分布遍及全国，经归纳为 10 种（Varieties），而可能区分为独立种系（Sorts or forms）者，约有 170 余，其庞杂可见。密穗小麦之分布，几个省都有，惟种植较少。经归纳为 6 种。硬粒小麦只新疆、云南、湖北诸省有些许出产，经归纳为 2 种，圆锥小麦则四川、新疆、甘肃均有出产，经归纳为 4 种。

1934—1935 年（民国二十三至民国二十四年）日人细野氏，曾亲临国土，采集材料，研究中国小麦之分布，计及 18 省区，126 个麦种，经检定后，普通小麦有 19 种，密穗小麦有 5 种，圆锥小麦只云南有 1 种，合计 25 种，其中 10 种系与金氏所区分者同。

民国二十六年（1937 年）后，四川、贵州、云南、湖南均举行地方小麦品种检定工作，并分类之研究，蔡旭氏调查四川小麦品种之结果后发现普通小麦、圆锥小麦及密穗小麦三类，农家所栽培之小麦自亦以普通小麦为多，经检定后得大别为 8 种，为迄未发现外壳有毛种之存在，就 73 县可能区分之独立种系数言，则不下 140 余种。圆锥小麦在川中部丘陵地带种植之普遍，几不亚于普通小麦，本种之存在，实未容漠视，经检定，得大别为 3 种，型系数目较简单，并有分枝蓝麦之发现。至密穗小麦种植者则较少，得大别为 4 种。云南小麦之种类与四川同，亦以普通小麦为主，型系亦较复杂。贵州与湖南两省，只发现普通小麦一种，且全部为无芒红皮之麦种，大别之为4种。

概括言之：西南各省因地形田地环境与耕作制度之复杂，麦种之型系比较庞杂。北方各省因地形平坦，耕作环境单纯，小麦品种不若南方之繁，其种植之范围亦较南方品种为宽广。

（二）适应区域之研究

我国幅员辽阔，各地风土悬殊，小麦品种之适于甲地者，未必适于乙地，而适于乙地者，又未必适于甲地，其适应范围之大小及其与品种来源地域之关系如何，十余年来中央农业实验所及各省事业机关曾作详密试验与分析，兹分述于后。

沈宗翰氏在中央农业实验所自民国二十一年至民国二十四年（1932—1935年）期间，曾以征集小麦所得之农家小麦品种100种，在杭州、武昌、徐州、开封、泾阳、济南、北平、太谷8处农事试验场及该所南京总场同时举行适应试验，据4年所得结果；若根据气候之差异及改良时应注意之条件，可将全国栽培小麦区域分为西北春麦区、燕晋区、鲁北区陇海路东段（包括豫中、苏北及鲁南）、渭河流域、陕西中部、淮河流域、长江流域（西至武昌、东至杭州）等7区。若根据各省小麦品种在各试验场平均产量差异显著性测验所得结果，则我国各省小麦品种，除春麦区外，可分为三大适应区域：①南部冬小麦主区：包括长江流域及其南之贵州、湖南、湖北、浙江4省与淮河流域；②中部冬小麦主区：包括苏、皖北部、豫中部、晋鲁南部及陕西中部之渭水流域；③北部冬小麦主区：包括燕之全部、鲁豫北部及晋之中部。

根据前述区域试验结果，民国二十五年（1936年）秋实施更新试验计划，用各地之改良品种为试验材料，同时举行三种不同性质之试验：①全国各区适应试验，②同区域内品种适应试验（前举西北春麦区以外之六区域），③南京三机关（中农所、中大及金大）。试验地点35处，分布范围广及浙江、江苏、安徽、江西、湖北、四川、河南、山东、山西、陕西、河北等11省。抗战军兴后，多数地点未能继续。自民国二十七年起，即将上列第一种试验及第二种试验中之长江流域同区适应性试验，移川、黔、滇、桂、浙5省举行。同时另组西南5省小麦区域试验，迄民国三十年春均已先后结束。各该试验产量分析之结果，赓续指明各省品种之适应区域仍可分为冬麦之三大区域，惟南区以田地划分问题，尚须作进一步之研究。根据上述四大主区之划分，各该区今后小麦工作之推动，可根据各区不同之需要分区解决，此项原则之发现，定为今后我国麦作育种推广及灾后输种之滥觞。

西南五省小麦区域试验结果，显示川、黔、滇、桂、湘5省非属同一小麦区域，而滇、桂2省小麦之区域适应性，似较川、黔、湘3省之小麦为差。金大农学院于民国二十一年至民国二十三年（1932—1934年）期间，亦曾集合南京、南宿州、开封、峰县、徐州等场之改良麦种在该场之各合作场举行区域试验；结果南方北方品种在南宿州均好，自此以北，则不适应南方品种之生长，自此以南，则不适于北方品种之生长，此项结果是以印证沈氏分区之合理。四川省农业改进所曾收集省内外小麦2万余种，在成都平原继续试验3年，又将历年选拔较优品种或品系在成都、绵阳、遂宁、合川、泸县等试验据点举行区试验历经5年之久，据其共同之结论谓之川省盆地中部之东南半壁与西北半壁大体上属于两个小麦品种之不同适应区域，惟因区域地形与田地环境之不同，常使此项区分发生困难。川省田地环境得大别为坝田（堰田）、坝地（旱坍）、膀地及坡地4种。坡地与坝地所给予品种之影响显然不同，同样坝田或坝地其结果大体相同，至坝田与坝地间之关系，在较近距离内亦较一致。川省成都平原以外之丘陵地带，此四种田地常间杂形成，为顾及田地环境不同所发生之差异起见，区域适应性试验有分化不同田地环境举行之必要。中农所在南京举行之三机关合作试验及在昆明举行之区域试验，均获得同样之指示。

陕西泾阳西北农事试验场历年试验之结果，河南陇海线之小麦，在关中泾阳栽培，生长颇为良好，四川小麦在关中栽培生长欠佳。

金善宝、吴董成两氏曾就全国 24 省 723 市县征集所得之小麦 1 534 种，分别查检冬麦、春麦、白皮、红皮、软粒及硬粒之分布状况，然后根据上述三种性状分布之互相关系，将我国小麦分为三个明晰之区域：①硬粒红皮春小麦区，包括我国之东三省内外蒙古西康及青海以冬麦之北界为南界；②硬粒冬春麦混合区，该区界于冬麦北界与春麦南界之间，地跨鲁豫之北部、冀之中部、晋之中北部，察、热、宁三省极南之一小部，甘之东南及川西北角一部，新疆因地势差异之悬殊，似宜另划一冬麦混合区；③软粒红皮冬小麦区，本区以春麦南界为北界，小麦主区南界为南界，位居吾国中部。包括江苏、浙江北部，鲁南、皖之中北，豫则几及全省，晋之西南，陕之中南，鄂北与川东及川中等地。金氏之此种分区与沈氏之以品种适应性为主要分区之根据，各有其独到之点，顾沈氏之分全国小麦为 7 区，麦粒品质和性状亦为其中之要点，今有金氏此作，相得益彰，尤于品质育种方面，藉有明确之概念也。

（三）育种试验

麦作育种事业，在我国之开展虽系近 20 余年来之事，惟因外籍硕儒沟通之频捷以及国人之钻研，诸凡近代育种方法之应用，新颖田间技术之取法，均能审查国情，潜移默化，尤以区域育种问题，多所了解；现多数试验场已有过渡品种，以资推广，后兹之育种事业，有此基础，当有更多之成就也，兹将育种技术之演进，田间技术之研究，区域育种问题及改良品种之来源及特性等，分节叙述如次。

1. 育种技术之演进，麦作育种方法

主要者不外输种、纯系选种及杂交育种三者。我国栽培小麦已有 4 000 多年之历史，全国各地，无不有其踪迹。在此悠久历程中，经天择与人择，固无时不在演进，与自然传播中；惟无详细系统之记载，足供我人之稽考耳，迄民国纪元后，各地农事机关相继设立，乃有实地试验工作之记述，其最早者，当推东南大学农科。民国十二年（1923 年）之小麦试验报告专册。该校于民国八年（1919 年），向邻近省县征集小麦品种数十种，举行品种观察，九年着手单株选种，并举行品种比较试验。前者系采用粒播法，将每株之种子播为一小区，四周围以稞麦，以免混杂。后者则以大区为单位，无所谓重复，田间对于植物学上性状之记载较详。至民国十三年，始有重复区之设置，当年其他农事试验场，亦有举行小麦试验者。惟试验方法，全持主持者之设计，并无划一之规定，迄民国十四年，大胜关东大农事试验场首先仿行美国康奈尔大学麦作试验法，做小麦纯系比较试验。翌年洛夫氏来华讲学，并连年召开作物改良会，阐扬育种有关之理论与技术问题，于是金陵大学暨各地农事试验场，相率采用康校育种法，即顺序排列之秆行试验法是也。不数年间，此法则通行全国，至是我国麦作育种试验乃步入统一方法之途程中。当时各地农事试验场，多注重在本地麦种中纯系选种，但为求迅速获得良种起见，亦有采用混合选种法者。

康奈尔育种法之步骤，第一年为穗行试验，第二年至第四年递次为二秆行，五秆行及十秆行，第五年为高级试验，继续试验二三年。在开始试验之前，对于材料之采选，以愈多愈佳，以后各年以产量之多少为选作主要根据，故当时各地农事试验场，供试之单穗常至数千以至数万，秆行试验之品系亦以千百计。惟以多数农场事属初创，技术人员之经验生疏，事前对于当地品种之优劣，适应区域之宽狭，均无所知，每以选穗之不当，观察之未周，所费多而成效缓。民国二十三年（1934 年）英国韦适氏来华讲学后，田间试验之新法随机排列法渐为国人所注意，多数农场于育种试验之最后阶段，兼用随机区组法以为能释试验结果之助，迄民国二十五年美国海斯氏来华后，我国麦作育种之程序及方法更有一大转变。海斯氏主张于产量比较试验之过程中，同时注重于病、虫、寒、旱之抵抗能力，自二秆行起即以其中之一重复实行人工致病，每年均严行选择，如出穗期、倒伏期及病虫旱寒等，每一性状不及标准品种者，均行淘汰。自第四年至第七年采用三行区之随机排列法，同时举行床圃试验，以研究各种系对于重要病菌之抵抗能力及特殊环境下之适应性。中央农业实验所西北农学院等均在海斯氏之指导下严行淘汰，人工地积大为节省，此后其他各试验场亦力矫偏重于产量试验之育种工作。海斯氏为美国明尼苏达大学育种教授，该校小麦育种之特色，为产量与抗病工作并重，在产量比较开始之第一年，有染病苗圃之设置，凡品种之具有任何不良性状者，当即淘汰之；故供试之品系极少。盖氏根据其经验所得，增加产量与改良品质，固为改良小麦之终极目标，然需同时讲求品种之抵抗力，使能谋其收获之安全也；故海斯之行，实为我国育种技术上之一大进步。

中央农业实验所根据海斯氏之建议，民国二十五年（1936 年）于各地举行区域试验之际，同时进行床圃试验；供试材料为该所向中外各国，搜集之小麦多种及区域试验内所包括之品种与本地品种，测验各该品种，对于当地病、虫、寒、旱抵抗力，藉以寻求丰产而适合于各地环境之良种，以及杂交育种之材料，民国二十六年战事发生后，仅桂、陕两省继续举办。

杂交育种为我国近年来各农事试验场所瞩目之方法；中央、金陵、浙江三大学农学院，于民国十六年至民国十九年（1927—1930 年）期间进行此项工作，因战事影响或人事变更，均未著有成效。浙场稻麦改良场，于承袭中央大学之杂交材料后，经多年之选拔，曾获得良系 10 数种，参与民国二十五年该所在省内各区之地方试验。长江流域同区适应试验中之良种莫字 101 号即为当年交配之后裔，在川省试验 4 年，确定为川东区推广品种之一。迄民国二十三年，中央农业实验所故技正沈骊英氏，曾大规模进行此项工作，战事西移后，其中适应西南环境而得继续者，有三种组合。选拔之优良品系，曾于民国二十七年秋，分在川、黔、湘、桂 4 省，继续试验 3 年，发现若干品系颇具希望，自民国三十年起分发西南及西北各省，测验其适应性及生产力，至本年止已继续举办两年。目前四川省农业改进所、西北农学院均致力此行。自民国二十六年起，即将国外行进良种，如中农 28 号，中大美国玉皮等与当地丰产土种成都光头麦等相互交配，现已获得纯系多个，正进行精密产量比较试验中，并每年进行新交配多种，择其最有希望之组合，广予选择。

育种试验区之田地间技术，在改进第二期，悉系因袭康奈尔大学之秆行制；诸凡行长行距及每亩收量均以英国制表示之。嗣后全国度量衡制划一，蒋涤旧氏于民国十八年首先倡用本国度量衡，并谓行长 15 尺，行距 1 尺，对于每亩斤数之改算，亦属便捷。民国十九年孙逢吉陶然两氏同时主张秆行试验之长度以 12 尺为最便捷，于每亩产量之改算，目前国内各农场多采用之，间亦有采用行长 15 尺者，高级试验普通应用三行区，重复 10 次，每区之三行分别收获，以供产量计算用。关于三行区制收获中间一行，抑收获全区，为当时所讨论之问题；此与品种间之生长竞争有关，沈宗瀚氏曾在南京及开封以不同小麦品种，在变不同环境下研究此问题，据其结论谓有甚多品种，并不因生长竞争而产量发生显著之更，但有一部分品种因不同地方或不同季节之故，对于生长竞争之反应致有不同。蔡旭氏曾以中央大学劝业农场顺序排列高级试验中，各种不同品种多年试验之材料及数个随机区组试验之结果加以分析，顺序排列所得之结果，与沈氏相同，惟在采用随机区组法之区域试验中，若干品种产量之次序，竟因生长竞争之影响而产生颠倒结论，故主张在随机排列之产量比较试验中，以取用中间行为有利。

周承钥、蔡旭两氏，曾以民国二十二年（1933 年），小麦空白试验之资料研究，在随机排列式下，试验小区之大小形状，与区组之大小与形状相互间之关系，重复次数之多少，与乎顺序排列，与随机排列得失等项，其结论谓：小型狭长区，方形或近于方形之较小区组，最属有利。若因特殊需要，而必须采用大型试区时，则狭长形试区更属必要。目前通行之 2 尺单行区或三行区，颇为相宜，惟于举行高级试验时，设若地积不受限制，或田地欠均匀，而意外损坏较甚之处，则以采用 15 尺行长之四行区，收中间二行为较适，重复次数不论单行区或三行区或四行区，六次已足够；随机排列法，较顺序排列法为准确。但于初级试验品系数目较多时，有其实际应用上之便利，仍不失为可取之法。

区域育种问题：改进产量，与改进品质，为小麦育种家之共同目标，惟欲达此目标，应考虑之因子颇多，尤须因时因地制宜，以收事半功倍之效。沈宗瀚氏于研究我国各省小麦之适应区域问题时，曾依气候及改良时应注意之条件划分全国为 7 区；各该区须注意之改良条件，兹参阅作者之意见汇集如下表。

附表：中国小麦区域及其需改良品种之条件

小麦品种适应主区	依气候及小麦状态所分之区域	改良品种之条件
第一主区	长江流域	1. 早、中、晚种，同时并重，俾便分配劳力并增广种植面积。
		2. 麦茎宜坚，以免因雨倒伏，沿海多雨及低洼盆地尤应注意。
		3. 须能抵抗黄锈病、赤霉病、散黑穗病及线虫诸病，尤以黄锈与赤霉两病为最重。
		4. 麦粒具有发芽迟缓性以免雨后发芽之损失。
	淮河流域	1. 早熟，俾于收麦后种大豆、绿豆、甘薯及其他夏季作物。
		2. 品质须优，俾便制面条与馒头。
		3. 须能抵抗秆黑粉病、线虫病、褐锈病与条纹诸病。
第二主区	陇海铁路东段	1. 品质硬质或半硬质，白皮硬质者最受欢迎。
		2. 早熟，以免高温旱风之害，且便麦后种豆、甘薯以及短期生长之粟及其他作物。
		3. 须能抵抗秆黑粉病、线虫病、条纹及褐锈病。
	陕西渭河流域	1. 须不易脱粒，因本区品种多因落粒而遭无限之损失。
		2. 麦茎宜坚，以便生长于灌溉地时不倒伏。
		3. 须能抵抗秆黑粉病、散黑粉病、条纹及褐锈诸病。
		4. 育成抗旱品种以供高地栽培。
第三主区	豫鲁北部	1. 须白皮硬质。
		2. 须能御冬寒。
		3. 须能抵抗秆黑粉病、散黑粉病、条纹及褐锈病。
	燕晋区	1. 品种须抵抗寒旱。
		2. 茎秆须坚韧以免生长于灌溉地时之倒伏。
		3. 在山西省须能抵抗条纹病、褐锈及散黑粉诸病。
		4. 须为白皮坚质者。
第四主区	西北春麦区	1. 须能抵抗腥黑穗病。

2. 改良小麦品种举要

自民国十二年至民国三十二年（1923—1943 年）期间，各省改良小麦种推广而著有成效者共 38 种，其中自外国输入者 5 种，由混合选种法育成者 2 种，由纯系选种法育成者 26 种。由杂交育种法产生者 1 种。此外由于检定试验认为优良者约 4 种。兹将各省改良麦种之选育经过特性及适应区域按其育种类别罗列如下。

（1）输种成功之品种

美国玉皮：原名“Quality”，系美国育种家柏朋克（Burbamk）氏从马克斯（Marquis）小麦中选出，后经多年之改良而成者也，或云其输入中国始于苏州农校之附设乡村师范，或云民国九年无锡小麦试验场输入者。本种系一顶芒、白壳、白粒、春麦性品种；其最大优点为，①茎秆坚韧、不易倒伏。②抗病力强，对于黄锈病、散黑穗病、秆黑粉病、腥黑穗病均属免疫。③品质优良，麦粒硕大，自硬至半硬皮薄多粉而洁白。④麦粒与壳附着颇紧，不易自由落粒。⑤成熟较早而尤以适应性之广泛为可贵。中央大学曾以之参与各地之试验，在长江流域各省均能适应，战前江苏、浙江均有多少栽培，现四川、湖南均有少量推广，最近据广西农事试验场在柳州试验数年结果均列第一位，又在陕西武功亦列前茅，江苏省立某职业学校在泰兴推成绩，此种亦列为第一。其适应性之广，可以想见。因其具有多种优良特性，故各地均用为杂交亲本。本种当为外国小麦输种中国适合我国风土最早之一种。其缺点，为易于发芽，并感染赤霉病，实美中不足也。

日本赤皮：原产日本，前江苏省立第一农业学校输入，白壳、无芒、赤色；无锡小麦试验场，与前东南大学农场，曾一度用为推广材料，民国二十年前后曾在无锡广为推广。

中大矮立多：原名“Ardito”，系金善宝氏于民国十八年（1929 年）得自一意大利新回国之留学生（忘其姓名）在杭州笕桥浙大农场种植数年，民国二十三年加入南京劝业农场试验，民国二十六年输入四川，民国二十八年加入四川省农业改进所各地之试验，成绩甚佳；于民国三十一年开始推广，取其译音，并因植株之矮、而产量多，遂以名之。植株稍矮，秆坚，挺立不倒。穗着小穗密，具有稀疏而稍短之芒；外壳棕褐色，麦粒赭色，坚硬程度受环境之影响极大，抗病力强，成熟期较早，在肥地种植较本地种产量高出甚多，现在成都县集中推广。

中农 28 号：原产意大利，系该国名育种家 Signor nogarenro strampelli 氏所杂交育成，名“Villa Glori”，为英国理亭大学（Reading University）教授潘希维尔氏所收集世界小麦之一种；民国二十年引入中国，中央农业实验所故技正沈骊英氏，以之参加长江流域区域试验，民国二十五年经四川省农业改进所三年之试验，成绩优异，遂于民国二十八年秋开始示范，本名之成立，在表示其在川省推广之年代也，在未正式定名之前，四川省农业改进所曾以落霞名之。本种植株较矮，茎秆粗健，挺立不倒，穗坚密，棍棒形，具有少许顶芒，壳棕褐色，麦粒红皮，皮较厚、粉质；抗黄锈病、散黑穗病，赤霉病极少感染，分蘖力极强，成熟期适中，在民国二十五年至民国三十年间，四川省农业改进所曾在盆地中部之 17 县举行试验凡 76 个。证明中农 28 号在多数地点较本地种为丰产，尤以肥地愈能显出其特性，现在成都平原区推广，惟其穗轴易于折断，脱粒稍感困难，茎秆短粗，不适于葺盖茅舍，引为缺点也。

川福麦：产地澳洲，原名“Fawm”，系李先闻氏自澳引进 72 麦种之一。民国二十七年，经李氏手选，民国三十一年开始推广，民国三十一年春，沈部长鸿烈莅蓉视察，见本种极有希望，遂命名为川福麦云。本种系春麦习性，茎秆坚壮，植株较高，穗较大，着生小穗稍稀，具有顶芒，外壳白色，麦粒硕大，粉质，出粉多，而洁白，黄锈病、黑穗病全属免疫，褐锈病感染较微，成熟期较农家稍迟，其生产力之高与适应性之强，为川省现在品种之冠。据民国三十与民国三十一两年全川 11 处 34 个试验平均每亩产量较本地种多收 30%。现集中于成都平原区推广，惟麦粒较易发芽，为其缺点。

中大 2419：原产意大利，为潘希维尔氏世界小麦之一种。民国二十年引进中国，民国二十六年引进川省，民国二十八年与中大矮立多同时加入四川各地举行之试验，于民国三十年秋开始示范推广。本种系春麦习性，植株中高，茎挺壮，较不易倒，穗有芒，着生小穗稍稀，外壳黄褐色，粒大而皮白，粉质，出粉多，对于黄锈病完全免疫。抵抗秆黑粉病力亦强，产量高，适应性强，尤以成熟期早见称。川东川南现均用为推广材料。与川福麦均有同样缺点，即麦粒易于发芽。

（2）由于混合选种法育成之品种

中大江东门：本种系民国十二年（1923 年），东南大学大胜关农场主任原颂周氏，在南京江东门附近之农田中获得，翌年在该场种植，其成熟较任何品种为早，经数年之去劣选良工作，遂成为一纯良早熟品种，以其原产江东门外故名，民国十七年开始推广。本种为有芒赤壳、赤皮、疏穗，尤以成熟较早著称；其成熟几与大麦相仿，故适于棉花之前作。产量稍逊，麦粒坚硬，含角质多，出粉亦多，每石较南京赤壳、武进无芒约重八九斤，面粉厂商愿多高价购买，在长江流域中下游各省，均有分布。河南、湖南两省自民国三十年起用为过渡时期之推广材料，因本种系硬粒，故宜栽在高燥区域。

沛县小红芒：系江苏沛县之农家品种，经江苏省立麦作试验场各年之试验，较标准种为优；于民国二十年用为过渡时期之推广种，麦粒白皮白而出粉多。

淮阴大玉花：系淮阴农家品种，经江苏省立麦作试验场，淮阴分场之试验，用为过渡时期之推广材料。秆高三尺五六寸，穗方形，白壳、白芒、白皮，皮较薄，籽粒饱满，出粉率高。

金大泾阳蓝芒麦：俗名蓝花麦，为陕西省沿陇海线各县之农家品种，与陕农号为同一原种，西北农场用为标准种，经三四年之混合选种与去劣工作，故较纯粹；该场为应急需，于民国二十五年即用为过渡时期之推广材料。本种植株高 3 尺 4 寸至 3 尺 5 寸，茎秆粗壮，不易倒伏；分蘖力强，穗形短而粗肥，有芒，白壳，白粒，半硬质，成熟适中；产量高出农家种约 19%，惟易感染秆黑粉病与散黑穗病，且于成熟后，易于落粒，是为其缺点，是为陕西省推广最多之品种。

成都光头麦：系四川成都华阳等两县种植较普遍之麦种，据川农所多年之试验，较当地其他品种为丰产，成熟早，分蘖强，宜与水稻轮作。尤以适应性强，据泸县遂宁等处之试验，成绩均佳，因于民国二十九年秋用为成都平原区及川南过渡时期之推广材料。

（3）由于纯系选种法育成之品种

中大南京赤壳：原种系民国八年南京高等师范学校在南京当地所采集，民国九年选择单穗，嗣经东南大学大胜关农事试验场历年之选育，乃得纯良品系，于民国十三年开始推广。秆稍矮，成熟时成紫色，不易倒伏，穗紧密，赤壳、赭色麦粒，腹沟深，皮较厚，属粉质，分蘖力强，产量颇高，南京附近及京沪路一带种植较多。民国十七年引进浙省试验，民国二十三年该省农林总场曾大量推广。

中大武进无芒：原产江苏武进，其选育经过与南京赤壳相仿；系民国八年南京高师向该县征集所得之麦种中穗选而来，经大胜关农事试验场数年之选育，于民国十三年开始推广，秆白色，不易倒伏，穗松弛，橄榄形，无芒白壳，麦粒红皮，皮薄，粉多，产量高，成熟较早，京沪一带南京附廓，江浦等县种植者颇多。

中大南宿州：本种系民国九年，东大农科自南宿州征集所得之麦种中穗选而来，经多年之试验，产量与品质均属优良，于民国二十二年开始推广。本种植株稍高，茎秆较健，穗稍稀，有芒、白壳、麦粒赭色，大而硬，皮薄出粉多，抵抗发芽能力强，成熟早，感染黑穗病极少，尤以适应性宽广。民国二十四年，在长江流域中下游及淮河流域各地试验均优，较本地麦种平均每亩超出 22%即于是年引进江西，现大量推广于该省之东南部及中部；云南省亦用为推广材料之一，其缺点为，易于感染赤霉病。

锡麦一号：本种系无锡小麦试验场，民国十五年从质量小麦中穗选而来，白壳，无芒，长穗；麦粒白皮，品质极佳，叶浓绿色，对锈病之抵抗力极强，易栽培于肥地，曾在无锡种植甚广。

金大 2905 号：本种系金大农学院于民国十四年自南京通济门外农田中单穗选得，经多年之试验，于民国二十二年开始推广。植株高约 4 尺，茎秆尚健，成熟时约成紫色穗长大，稍稀，具有长芒，壳白色，麦粒红皮，大而坚硬，出粉多，利储藏，成熟较早，抵抗散黑穗病能力强，丰产。自民国十六年至民国二十二年平均超过标准种 25%并且有广泛之适应。民国二十五年前在苏皖等省曾大量推广，民国二十一年引入四川，民国二十六年冬大量推广于成都平原；民国二十八年后集中在川北推广。目前贵州、江西、陕西、汉中均在大量推广中，为我国历来改良小麦中推广面积最广者，其缺点在易于感染赤霉病。

金大南宿州 61 号：本种系金大农学院，自京沪路属之宝华山农田中选得之单穗，于民国十五年参加安徽宿县之品种比较试验，经金大南宿州之合作农场多年选育而成；民国二十一年开始推广。本种具有丰产早熟抗线虫病之能力，其原种亦为南京赤壳，为有芒，赤皮赤壳小麦。据民国十六年至民国二十三年（1927—1934 年）之生产量试验结果，平均超过农家品种 13%，民国二十六年皖北种植本种之面积达 20 万亩，为抗战发生前我国改良小麦品种中种植面积最广者。

金大宿州 1419 号：系民国十七年在安徽宿县农田选得，早熟茎坚，分蘖力强，品质佳，少病害。据民国十九年至民国二十四年之产量，平均超过标准种南宿州 61 号 20%，民国二十五年多量繁殖，民国二十八年推广达 400 余亩。

金大开封 124 号小麦：系民国十二年美籍米南登氏自洛阳洛河滩穗选而来，经金大开封分场多年之试验，于民国二十二年开始推广。本种又名余礼麦，盖用以纪念首创开封农场之 W. E. Salle 者也。本种秆强韧，不易倒伏，茎叶被白粉，穗长大，上部具有弯曲短芒，麦粒淡褐色，坚硬含角质多，不易落粒，抗碱力强，产量高，民国十五年至民国二十一年之平均超过标准种 13%；推广初年，以开封西十里，陇海路侧之兴隆集为主要区域，民国二十八年以后，河南省农业改进所用为推广材料，曾大量散布于陇海路以南及平汉路以西各县，惟成熟较晚，为其缺点。

萧县火燎芒：系江苏省立麦作试验场，自萧县选得之单穗，经该场各年之选育而成，产量高，麦粒坚硬，种皮薄。

徐州 1—438 号及 1—405 号：此两系均系江苏省立麦作试验场，于民国十九年自徐州农家田中穗选而来，于民国二十五年小量推广。前者麦粒为白皮，后者为红皮，品质佳良，少病害，据民国二十年至民国二十四年试验结果产量平均，前者超过火燎芒 37%，后者超过 21%。

济南 1195 号：系民国十九年山东华洋义赈会农场自龙山迄济南东部，所选之单穗中获得，据潍县举行之区域试验，证明较各该当地种为优，适于鲁省中、东、北三部之种植，于民国二十八年开始推广。

定县 72 号：系定县平民教育促进会农场，在定县农田中选得之单穗，经过七年育种工作而成，据民国二十年至民国二十四年之产量平均，超过标准品种 15%，分蘖力及抗旱力均强，茎秆坚强，病害少，皮白，品质佳。民国二十五年开始推广，2 000 余亩。

定县 73914 号：系定县平民教育促进会、农场，至定县农田中选得之单穗，经该场多年选育而成，据民国二十二年至民国二十四年之产量平均，超过标准品种 18%，成熟早，分蘖力强，病害少，麦粒硬，白皮，品质佳，民国二十五年开始小量推广。

铭贤 169 号：系民国十九年山西太谷铭贤农场自榆次至太谷间农田中选得。田间试验工作分在旱地及灌溉地同时举行，民国二十三年铭贤学校与山西省建设厅合作，在该省中部及南部 17 县举行大规模区域试验，结果证明铭贤 169 号，有抗寒、抗旱能力，丰产，良质，诸优良性状，据民国二十年至民国二十四年，灌溉地试验平均产量超过标准种 14%，非灌溉地超过 9%，于民国二十五年开始少量推广。

陕农 7 号：原种系民国十七年陕西省建设厅粮棉试验所，采集之关中种植最普遍之本地种蓝花麦，民国二十年从中选穗，经历年试验，确定为丰产耐寒良种，乃于民国二十六年开始在西安附近推广。本种茎秆健强，不易倒伏，穗扁方形，芒长，麦粒白皮，其硬度视土壤气候之不同而有异，成熟较早，抗旱、寒能力强。据民国二十二年至民国二十六年之产量平均，超过标准种蓝花麦 13%。惟成熟时易于落粒，为其缺点，民国二十九年以后均曾大量推广。

蚂蚱麦：系西北农林专科学校，于民国二十三年采选 30 000 余单穗中之一系，穗行试验时为第 27 号，经多年试验生产优异，乃于民国二十六年在武功附近开始推广。以其穗成熟时颇似蚂蚱，立于秆顶，仍以农家习用之蚂蚱麦名之；或以其穗行时号数名之曰武功 27 号。植株高约 3 尺，密穗，成棍棒形，白壳，长芒，麦粒白皮，粉质，抗寒、旱力均强，成熟早而整齐，产量高而稳定，超过农家种 9%，黄锈病及秆黑粉病均属感染，出粉率较差，成熟时易于落粒，为其缺点；现大量推广于陕西西部陇海路各县。

西北 60 号：系金陵大学西北农事试验场，于民国二十二年自高陵县境所选之单穗，经连续 8 年之试验，确定为该场目前最优之品系，民国二十九年起，参加西北四省区域试验，表现亦佳，因于民国三十年大量繁殖，民国三十一年大量推广。植株高约 3 尺 3 寸，茎秆较蓝芒麦稍细微，有倒伏，穗橄榄形，具有长芒，白壳，白粒，半硬质，抵抗黑穗病，抗旱、寒力均强，但对于秆黑粉病与条锈病均属感染，据 8 年产量试验之平均，超过蓝芒麦 12%。

西北 302 号：系金大西北农事试验场，于民国二十二年在渭南县境所选之单穗，选育经过与西北 60 号同，民国三十一年开始大量推广。植株高 3 尺，粗壮不易倒伏，穗之形状大小与南芒麦相似，有长芒、白壳、白粒、半硬质，抗寒、旱力均强，成熟时较蓝芒麦不易落粒，据 8 年产量试验之平均，超过蓝芒麦 10%。

浙场 4 号：系浙江省稻麦场选育之纯系，自民国二十二年至民国二十四年期间参与 7 处试验，证明为丰产良系；于民国二十五年秋即行示范，抗病力强、早熟，据杭州总场民国二十二年至民国二十四年产量试验之平均，超过标准种 25% 自民国二十六年起，因战事关系，分发金华区各县推广。

浙场9号：系浙江省稻麦改良场选育之纯系，与浙场4号同时参加7处之试验，证明为丰产良系，于民国二十五年与浙场4号开始示范，春麦习性，秆粗，抗锈病力特强，成熟亦早，惟分蘖力稍弱，据杭州总场民国二十二年至民国二十四年之产量，平均超过标准种44%，现为浙省推广之最多品系，宜于稻田种植。

浙场17号：为浙江省稻麦改良场选育之纯系，抗锈病力特强，成熟早，而分蘖力强。据民国二十七年北阳旱地试验之结果，本系得列居前茅，自民国二十八年起，已在淮南县推广，而以在旱地种植较水田为适。

(4) 由于杂交产生之新种

莫字101号：系莫定森氏于民国十九年在中央大学任教时所交配之后裔，亲本之一为美国玉皮，另一亲本为法国种，名不详，民国二十一年以后分离工作，移浙江省稻麦改良场继续进行，选得纯系多个，莫字101为其中之一系。据该场民国二十二年至民国二十四年之产量，平均超过标准种33%，遂于民国二十五年参加长江流域适应性试验，即于是年转入四川省，经在多处试验，极能适应。本种系春麦性，穗橄榄形，具有顶芒，白壳，红粒，粉质，抗锈病强，成熟较早，因后期分蘖多，植株高度抽穗期不整齐。种在旱地，常因抽穗过早而有不孕穗发生，故以种在稻田为宜，自民国二十九年以后，曾在川东各县小量推广，本种当为国内推广杂交品种最先见有成效之一种。

（四）遗传研究

1. 质量性状之遗传

(1) 麦粒之色泽 通常分为白皮，与红皮两种，国外多数学者研究之结果，其遗传由于1对、2对或3对独立遗传因子之支配，沈宗瀚氏曾以Forward×Albit两品种相交，发现红皮为显性，第二代红皮与白皮成15∶1，沈骊英氏亦曾于江东门×Albidum之组合中，研究麦粒色泽之遗传，第二代红皮与白皮成63∶1，但未经第三代之证明。

(2) 芒之有无 戴松恩氏，于5个普通小麦品种杂交中，发现外芒之遗传，在3种组合中受一对不同因子之支配，在另两种组合中由于2对不同因子之支配，且此两因子有部分连锁现象，更由于因子互相作用，杂种第二代及后代发现4种芒，即尖短芒、尖长芒、全芒及半芒。尖短芒为全芒及半芒之显性；而全芒为半芒之显性；此结果表示除多数相对性外，包括因子之相互作用。蔡旭氏曾进行多种交配，其中应用最多之一亲本为具有顶芒之美国玉皮，以之与有芒种或其他顶芒种交配，杂种第一代均介于顶芒与有芒之间，但较偏于顶芒，在涪陵小麦（完全有芒）与川福麦（顶芒）交配之第二代中，分离出具有各种长短不同之芒，与完全有芒二者成3∶1，此表明顶芒为不完全显性，并只有1对遗传因子之差异。又在川福麦与1—13（顶芒）交配之第二代中，分离中，自完全无芒，以至各种长度之芒，现尚在研究中。

(3) 穗形之遗传 沈氏于前举Forward（疏穗）与Albit（密穗）之交配中，得F_1偏于密穗型，F_2密穗包括（中间形穗）与疏穗近乎3∶1，与国外多数学者研究之结果类同，穗形与穗长有密切之关联、二者似受诸同一因子之影响。

(4) 壳色之遗传 壳色普通分为黑、白、红3种。沈宗瀚氏于金大16号与Nalbuwa之组合中，发现红壳与白壳为3∶1，蔡旭氏于前举小麦（红色）×川福麦（白壳）及川福麦×（1—B）之两组合中，获得与沈氏同样之结果。国外一般研究之结果，壳色由于一对因子之差异。

（5）矮生形状之遗传 鲍文奎、李先闻曾研究此题5年之久，据谓控制矮生性遗传之因子，共有7个，即抑制矮生性之因子I，矮子互补因子 $D_1D_2D_3$ 及此三互补因子之各别重复因子，$D'_1D'_2D'_3$。

（6）其他性状之遗传 戴松恩氏于前举几个小麦品种杂交研究之性状，除芒外尚有：①叶片，叶鞘及秆节之毛，②叶舌及颖间之有无，③颖尖形态及长度，④生长习性。就每单对性状遗传之结果言，叶片叶鞘及秆节之毛受二对重复因子之支配，毛叶片毛叶鞘及毛秆节为显性，护颖尖之形态受一对不同因子（KSks）之支配，钝颖尖为锐颖尖之显性。颖尖之长度受 k_1k_2k 三因子之支配，该三因子成一复等位系列（multiple allelomorpric series）k_2 负责产生长颖尖，为（俄国无叶舌品种）短颖尖k之半显性因子，但负责产生Marquis之短颖尖k又为 k_2 之k之全显性因子。

叶舌之有无，为二对重复因子所负责，有叶舌性状为显性。

颖尖之有无，受三对重复因子之支配，有颖尖为显性。

生长习性由于一对不同因子支配冬性WW为春性ww之显性。

2. 数量性状之遗传

植株之高度，沈氏于前举Forward×Albit之组合中，同时研究其植株高度之遗传，在第二代株高之分布，近于正常曲线，得解释为受多数因子之支配，经第二代与第三代之证明，株高及茎高，与穗形有极著之联系，即长穗形之株高及茎高，均显著高出于密穗型及中间型。此项事实，经氏之推论有两说，其一，密穗因子，L同为茎高之主要因子，而另有影响高度之次要因子存在。其二，密穗因子L与株高之至要因子有密切之联系，而以第二说解释较切。

沈氏在另一杂交组合中，说明株高、芒、粒色及抽穗期四者间无连系遗传现象。

3. 抗病性之遗传

自美国育种家海斯来华后，抗病育种引起农艺学者深切之注意，遗传植物病理，植物生理等学识，为从事抗病育种工作者之基础，黄锈病、秆黑粉病、散黑穗病，为国内各地普遍而重要之病害。目前中央农业实验所，复旦，四川、陕西等省农事试验场，均致力于抗病品种之选育，同时探究此等病害之遗传法则。

沈宗瀚氏自1929—1933年期间，研究10种杂交小麦对于秆黑粉病抵抗性之遗传研究，据第二代至第四代各代分离后裔结果观察，假定控制秆黑粉病抵抗性之遗传因子，有三对（A—a，B—b，C—c）该三因子抗病作用之强弱不同，A因子之作用最强，C因子之作用最弱，抵抗力最强之品种，除抗病因子外，具有抗病因素。氏复指明抵抗秆黑粉病与芒颖色及颖毛等之因子均为独立遗传。

蔡旭氏于民国二十九年起从事黄锈病之遗传研究，据多种杂交第一代植株之观察，抗病性为完全显性，其中5种组合曾于第二代作精密之观察，接近3∶1，现在继续鉴定中。

4. 细胞遗传

相同染色体组种间杂交；除Timopheevii外，易于成功，杂种第一代常自交结实，在多数事例中，第二代合于孟氏遗传分离律。不同染色体组种间杂交较不易成功；李先闻氏曾致力于不稔性之研究，发现不正常环境，可使染色体凝结成团，而不能形成正常生殖细胞；又李氏与鲍文奎、李竞雄共同研究普通小麦品种间染色体之联会消失现象，据谓由于一对隐性因子之控制，此因子之表现力甚易受温度之影响，在低温时此因子所表现之不配合现象甚属显著；当温度逐渐增高时，单价体渐次减少，增至相当温度时（约20℃左右）

即全成为正常型，关于种间杂交及属间杂交之研究与实际应用，亦渐为国人所注意，兹简述之。

（1）种间杂交（interspecific crosses） 靳自重氏以美国密穗小麦与白斯卑尔脱小麦杂交（*T. compactum*×*T. spelta*）杂种第一代植株之芒及穗之密度均成中间性，第二代由第三代之结果予以证明，共分八红穗型，自密穗型以至斯卑尔脱及介于二者之间的各种型式，其中因子 S 与无芒 B 因子并有连系遗传现象。

靳自重氏以波兰小麦与二粒小麦（*T. polonicum*×*T. dicoccum*）交配，杂种之第一代之护颖，远较母本为短，护颖之毛茸及色泽亦较为明显。第二代由第三代植株证明，有 9 种形式，此表明系受两对因子（P_1—p_1，P_2—p_2）之支配，波兰型为不完全显性，护颖之长短与颖之长短与颖之色泽及毛茸均为独立遗传，P 因子对于颖之色泽及毛茸有不完全之抑制作用，且 P_1 较 P_2 之作用为大。

靳自重氏更以提莫非维与圆锥小麦交配（*T. timopheevii* Zhuk. ×*T. turgidum* L.）观察其杂交种，减数分裂时染色体之价数；结果在各细胞内颇不一致，每细胞内有 3 价染色体，据靳自重氏之意见，提莫非维小麦之第二染色体 B_B，与二粒小麦之第二组 B_B 大致相对，故该种应为二粒小麦之一种，不应如木原均所称之另一系统。

靳自重氏更从事蓝麦杂交种之细胞学研究，证明蓝麦圆锥小麦之关系较之与硬粒为近，故蓝麦当为圆锥小麦（即川省习见之女儿麦），与埃及小麦（*T. phramidole*）有关。

（2）属间杂交（intergeneric crosses） 不同属间可以利用之性状甚多，如抗病、抗旱、抗寒等，惟属间杂交多呈不适合性，与不育性之现象，即花而不实是也。晚近经潜心研究，利用回交法，小麦与黑麦之杂交早告成功，或用人工处理使染色体加倍，小麦与野生小麦（Aegilops）黑麦及 Villosum 之间，有双二倍体（Amphiploids）之产生，又小麦与鹅冠草杂交成功者亦复不少。

小麦与黑麦杂交：黑麦具有抗锈抗旱及抗寒能力，鹅冠草具有抗锈、抗寒、抗黑穗病，抗蚜虫之能力，旱寒为西北各省麦作育种之重要问题，西北农学院于民国二十八年（1939 年）开始此项杂交工作；以黑麦与关中种植最普遍之蚂蚱麦杂交，（以小麦为母本）得种子 8 粒，第一代花而不实，乃以蚂蚱麦之花粉与之回交，获得结实种子，其后代中发现似小麦之品质优良，成熟早而具有抗旱及抗寒之植株；现用混合选择法继续进行中。

李先闻、李竞雄两氏，曾观察印度矮生小麦，与黑麦杂交，第一代生殖细胞，共有 28 个染色体，于减数分裂时，其行为极不规则，多数成单价体、二价体及三价体虽有存在，为数不多，小胞子呈衰退现象，花粉粒多数死亡，杂种全不孕，然用普通小麦正常花粉回交后，得种子 2 粒。

小麦与鹅冠草杂交：西北农学院从事此项杂交育种工作所用鹅冠草品种为 Glamcum，共杂交 150 穗，得种子 6 粒，第一代芒与穗均长，表显杂种优势，能自交结实，现用系谱选种法继续进行中。

（五）小麦之病害与育种

据农业实验所及金陵大学之调查，我国小麦主要病害，在春麦区为腥黑穗病；鲁、豫、皖北、苏北为秆黑粉病；长江流域为散黑穗病；至于锈病则以长江淮河流域为烈。线虫病散布颇广，以淮河流域、冀南、豫东、鲁南、湘、黔及江苏无锡附近受害较烈。赤霉病在长江下游为害颇烈。

麦病之防治，治本在于抗病品种选育，治表则视病害性质而异，或施用药剂，或利用温热，或实行卫生疗法，如举行种子检查，注意耕作方法等。

抗病品种之选育，自为理想之防治麦病方法，惟需较长时间之研究，始能获得。在抗病品种未育成，或普遍推广之前，实有赖于其他方法以济急。近10年来我国育种学者与植病学者，一方面致力抗病育种工作，另一方面致力于治表方法之探究。目前锈病、秆黑粉病、赤霉病，育种工作均获有部分成果、线虫病与黑穗病之防治，则已著有实效。兹将各种主要病害历年来调查试验与研究所得结果，分别撮述如次。

1. 锈病

为害小麦之锈病，为黄锈病、褐锈病、秆黑锈病，此种锈病在小麦上之发生盛期，迟早各异，以黄锈病发生最早，叶锈病次之，秆锈病最迟。在长江流域及西南各省，黄锈病之发生盛期在抽穗期至开花期间，褐锈病在乳熟期始猖獗。秆黑锈病在成熟期始蔓延，故其为害以黄锈病为最重，其他两种较轻微。西北春麦区，黄锈病与褐锈病发生均轻，而以秆黑锈病较烈。

据江苏、四川、陕西三处之记录，国外品种抗病力强者居多，本国品种极少有能抗病者。各年间锈病发生之轻重有异。同年内早播者发病轻，迟播则发病较重。更因品种之不同，罹病程度亦有显著之差异。品种异地种植时生态方面最明显之征状，为感染黄锈病之轻重；黄河流域各省及西南、西北高原之麦种移植江苏南京或四川，罹病均极重，而成为各该品种产量歉收之最大原因。泾阳西北农场之报告，燕晋区及济南之麦种在关中栽培，罹条锈病极烈。

中农所（中央农业实验所，全书同）于民国二十四年（1935年）曾同时研究黄锈病、褐锈病、散黑穗病、白粉病、腥黑穗病，成熟程度及生长习性诸性状相互之关系，结果，除锈病与腥黑穗病及秆黑锈病与白粉病外，其他性状均有相关。

目前各地农事机关，于进行选种及杂交试验时，对于黄锈病之抵抗性，均极重视。

2. 秆黑粉病

金大（金陵大学，全书同）植物病理组俞大绂氏等于民国十四年（1925年）起，即从事于秆黑粉病之抵抗性试验。民国二十二年之报告，经7年之试验，发现美国品种中有178种全属免疫，中国与德国只有1种，在澳洲小麦中有2种，经5年之试验亦属免疫，其结论谓：国外小麦之抵抗性较国内小麦为强，但成熟一般较迟。民国二十三年之报告，经8年之试验，在山东、河南、江苏三省所采之单穗中，发现67种具有强大之抵抗性。民国二十五年之报告，俞氏等曾以采自中国各地之小麦秆黑粉病菌接种于10种纯系小麦上，经4年之试验，获知秆黑粉病菌非且致病力有强弱之分，并显示生理分化现象。在试验中证明有5种生理小种。金大纯系716及澳洲小麦Nabawa经多年之试验，对于秆黑粉病完全免疫，并且有较丰之产量。据中央大学及西北农学院之试验，美国玉皮之抵抗性亦强。

3. 赤霉病

民国二十五年春安徽宣城小麦，因此病之为害，曾蒙极大之损失。而金大2905为害尤烈，使该品种在宣城不能作推广之用。嗣后中农所，即进行此病之研究，前此国人对于此病之为害情形，颇少注意。

该所技正戴松恩氏自民国二十六年起开始赤霉病之抗病育种工作，历经5年，计南京二年，贵阳二年，荣昌一年，南京第二年之试验未有结果，兹列举其要点如次：①开花期间用布罩人工接种为有效之法，天然接种之结果极不可靠。②品种间感病之轻重颇有差异，各年间之反应亦属一致。在供试验之41个品种中，只牟定火麦1种表示免疫，中大江东门、金大26号、中农28号、遵义136等品种抵抗力强，金大2905、成都秃头等极易感染，惟牟定火麦之产量欠丰，不能直接利用。③罹病轻重以病株或麦穗百分率较可靠，损失百分率（用种子计数）不甚可靠。④赤霉病菌之来自玉蜀黍穗者，其致病力与来自小麦者完全相同，故此两作物之轮栽及栽培地点之距离等问题，均宜注意。⑤小麦壳色与染病程度似有关系，红壳品种多能抗病。他如芒之有无、穗之密度及小穗基部毛之长短与抗赤霉病均无关系。又抽穗期开花期与抗赤霉病亦无关。

4. 线虫病

据中央农业实验所调查，此病在我国之分布达20省。在其流行猖獗之地，有因是而减少产量35%以上者，据该所民国二十五年前之调查，谓：本病之分布以淮河流域为中心，距此中心愈远则分布愈少。惟据民国二十八年至民国三十年期间，在黔省实地勘察之结果，此病之发生亦极严重，损失率达47%。战前上海阜丰面粉厂曾有线虫为害之纪录，该厂每日取用153万斤小麦原料内，挑弃5 700余斤之线虫瘿率。此病发生之严重，于兹一例可以概见。

民国二十五年河北定县曾与全国稻麦改进所合作线虫病抵抗性试验，本地品种接种结果，无一能抵抗者。世界小麦中有能抵抗者，但未发见能有免疫者，朱凤美氏在贵州观察之结果，证知我国所产线虫病，因地域而异其性质。

杜春培、张绍舫两氏于民国二十四年至民国二十六年期间，曾举行线虫病防治方法试验，用筛选，盐水选，盐水选后复温汤选，温汤选后及硫酸铵选5种方法。与未加处理者比较，证明各法均属有效，尤以盐水选后绝无病害发生。江苏省之麦作试验场，于民国二十二年即曾推行此法，但此法不如温汤选种之经济。嗣后中农所复倡用清水选种法，汰除虫瘿可达99%以上。民国二十八年该所复兴贵州省农业改进所制成多孔式汰除器一种。指导黔省农民应用，颇称便利。

又该所研究小麦线虫病之发生，以9月底至11月初播种者最盛。

5. 黑穗病

据中农所之调查，我国小麦黑穗病有散黑穗病、秆黑穗病、腥黑穗病，为害之烈除西北春麦区外，据最近黔滇两省之调查极为严重。又秆黑粉病在该两省之发生亦剧，关于此4类病害之育种研究，除秆黑粉病外，当少注意。惟于各该病害之防治方法，已获有成就。中农所于民国二十三年至民国二十四年举行各种浸种处理之比较，证明长期温浸及冷渍温浸为有效之方法。民国二十七年在贵阳继续试验，经证明冷温浸法49℃ 6小时式及冷渍浸法8小时冷水后，54℃ 5分钟式为最便利而最有效。前者系先将麦种置49℃温汤中浸6小时任其渐冷，此法适用于少量麦种之处理。后者系将麦种先浸清水中8小时，然后移入54℃温汤浸5分钟。任其渐冷，此法适用于大量麦种之处理，所有二法之需水量可自1∶2（麦比水）至1∶10实施时期可至9月中旬至10月下旬。

（1）又据该所南京试验结果，日光浴之P. M. 1—7（将麦种浸冷水中曝日光下面由下午1时起至下午7时止）式亦佳。

（2）实验碳酸铜拌种，对于种苗性传染之秆黑穗病，与腥黑穗病亦属有效之防治法，此项药品仰给于外国之供给。民国二十七年四川省农业改进所，自行设厂制造，现在锐意推行中。

（3）山西河北一带有用酒类喷种与油类润种等方法，以防治麦类黑穗病。又四川贵州等省更有应用灰质浸种，与沸水泡种以防治此种病害者，经该所民国二十七年在贵阳之试验。其中除酒类处理外，均属无效。酒类处理后，其发芽率及产量均显著减少，然无实用价值。

麦类黑穗病之发生程度，与播种时期有关。据南京长沙二地试验之结果，指明小麦秆黑粉以早播发生为最烈。小麦腥黑穗病以迟播发生为最烈。民国二十七年贵阳之试验，腥黑穗之发病获得同样之证明，但秆黑穗则表示无显著之影响。

培育抗病育种工作，在原理方面与寻常之育种工作并无差异，惟在步骤方面，需经病菌接种工作，更因病原菌有生理小种之存在，异地种植后易发生抗病，与染病之现象，增加育种工作之复杂性，惟此项工作之进行，即所以补助其他性状育种之不足，如产量品质等，故可视为育种工作之一环，兹所以另行叙述之，为方便计耳。

（六）栽培试验

增进麦产之技术，除注意品种改良外，栽培方法之讲求亦至关重要。麦作改进第二期之初，国内少数农事机关于育种工作之际，对于栽培问题如播种期、播种量、播种方法等，亦有所注意，但各该栽培条件，均系分别试验，相互之关连究竟如何，则未之明了，于实际应用未尽适合。自最近六七年来，因子或设计之运用，渐为农艺学者所熟稔，有关栽培上之实际问题乃得多所明了，尤以栽培方法及土壤肥料方面之知识较多。分别简述如次。

1. 麦区之土壤与地力

中央地质调查所10余年来曾从事我国土壤之分类工作，查麦产区域之土壤大部为冲积土，主由黄河、淮河、长江三大河流及各省境内较小河流冲积而成，因秦岭山脉阻隔之影响其南北冲积地带之土壤性质有显然不同，秦岭淮河一线以北之广大平原及黄河上游山西、陕西、甘肃、宁夏各省之平谷大部属于石灰性冲积土。疏松多孔而易透水，为我国冬小麦之最要产区。长江三角洲及其以西之河谷，以至四川之成都平原多为无石灰性冲积土，黏重而易蓄水，大部已种植水稻，其排水较良者，实行稻麦前后作，为便于排水，并盛行畦作。长江为我国南部麦主区之南界，前已有所述及，逾此以南，则小麦逐渐失其重要性矣。黄河平原之四周山地，即山东、河北西北与东北部及河南西北部之山地区，多为棕壤。晋东山地、秦岭北部及六盘山南部所见之无石灰性土壤，亦属此类，种植小麦颇多。西北各省由黄土发育而成之栗钙土区，亦为麦产之主要土类。高寒地带多为春小麦、较暖之处则为冬小麦。此外长江流域山地种麦之多属于此，常灰棕壤及棕壤土类。

中央农业实验所土壤肥料系自民国二十四年起曾在各省大规模进行田间三要素肥料试验，藉以测定各土壤中三要素之供给能力，以作施用肥料时之参考。6年来总计以小麦为供试材料之试验，凡63个分布于豫、冀、鲁、苏、皖、晋、陕、湘、川、滇、黔、桂12省占有7个主要土壤区域。

结果指示各地土壤中以氮素为最缺乏，62个含氮素试验中，有43个于施用氮素肥料后显著增加产量。磷肥亦感缺乏，但不若氮素之严重。61个含磷素试验中，有20个作用甚者。至于钾素肥料，则甚少有缺乏现象，56个试验中只3个作用显著。若就各种土类分别而言，黄河流域石灰性冲积土，氮素相当缺乏，磷素与钾素养分相当丰富。淮河流域石灰性冲积土，大都在沙姜土区域，该区之雨量较高，渗滤较烈，氮素与磷素均感缺乏。浅栗钙土地力颇高，惟雨水不足，为其高度生产之限制因子。氮素养分尚感缺乏，磷素与钾素则较丰富。红壤与黄壤分布于吾国西南高原，地力瘠薄，氮磷均缺乏，小麦之种植于此类土壤者，不多。四川土壤地力情形，四川省农业改进所自民国二十六年来曾作详细之研究，以小麦为材料凡 33 个（其中 11 个系与中农所合作举行）。就各种土类言，成都平原之地力较一般土壤为强，但氮素缺乏之现象仍属普遍，砂性较重之冲积土，即磷素肥料亦尚感缺乏。紫色土壤为四川分布最广之土壤，地力亦高，惟因感氮素之缺乏。棕壤则同时缺乏氮素。至于钾素肥料在我国各地均感丰富，此盖由于我国一般农民惯用混合有多量草木灰之堆肥或厩肥之故。

2. 耕地试验

沈学年与史奇生氏报告西北农场于民国二十三年至民国二十四年举行深耕试验，深度分 4 寸、8 寸、12 寸等 3 种，以金大 2905 为试验材料，结果表示耕地之深浅与小麦之产量无显著之影响。

3. 播种时期

小麦播种时期，张心一氏曾作详细之调查。并依其平均时期而绘成各线，前已有所述及。春麦区域自南而北渐迟，最早者在 3 月 10 日，迟至 5 月 1 日。而冬麦区域则适相反。自北而南渐迟。北方各省早在 9 月上旬，渐南则播种渐迟，最迟约在 12 月 12 日，此系指全国小麦播种时期之变迁情形。事实上更因各地气候、田地环境、熟制以及种植品种之不同而有更形适合之播种时期也。

（1）不论单个播种期试验或与其他栽培之组合试验播种期间之差异，均极显著。苟播种失时，虽可以其他栽培条件如：播种量等予以调节，但亦仅能挽回较少之收量，故各地小麦之及时播种至关重要。

（2）播种时期之范围，因各地之气候而大异，北方各省冬令较早，而酷寒，播种既要提早，播种适期之范围亦较促，华中各省则反是。

（3）秋季雨水之降落，常为支配播种时期之一重要因素。黄河流域各省初秋雨水既稀少，故在 9 月间农民如遇透雨或土壤润湿时既需赶早播种。四川盆地之中北部，10 月间雨水常稀，丘陵地常在 9 月下旬至 10 月上旬之雨后既在坡土播种。四川省农业改进所历经 4 年之试验凡遇秋旱之年虽在 10 月下旬播种，产量亦即锐减。在平常年提早与过迟播种均非所宜，但提早播种所生之影响远不若过迟播种之为大，故在一定之区域内如无特别情形，与其延迟毋宁提早。

（4）品种之生长习性不同与播种期亦至有关系，北方各省冬期长而温低，春小麦冬播者冻死，春播则生长良好。冬小麦则反是，冬播者生长良好，春播则秀而不实。华中各省，春麦与冬麦同为秋播，四川省农业改进所，在成都、绵阳、遂宁、合川、泸县 5 处举行 6 个有关品种与播种期之复式试验，结果品种与播种期之连应均极显著。一般言之，春麦如美国玉皮、莫字 101 受播种稽迟之影响，较冬麦为小。故可较冬麦播种稍迟。中央大学农学院在南京试验之结果，获得同样之证明。惟两处因生育期间气温之高低，结果稍异。川省冬麦气温较高，无论春冬小麦各年间，抽穗期之变异较大，尤以春麦冬期得断续生长，常因抽穗过早，而遭寒气激变之损害，致产量不能稳定。至在南京则因冬临较早，而为期长，在正常时期播种者，各年间生育期之差异较小，不致如川省之易遭寒气侵袭之危机。又川省春麦之播种于旱土者，其抽穗常较种植于水田者为早，而有同样受寒害之影响。目前各省杂交育种之亲本，以春麦居多，并以选育早熟植株为唯一之目标，此点当有考虑之必要。

（5）提早播种成熟期亦可稍形提早，但只有数日上下，惟迟播则推迟成熟。日数较早，麦种迟播生态方面最明显之现象，为分蘖弱，植株矮，感染锈病烈，成熟不齐，穗形细小，麦粒瘪瘠，千粒质量减低，但性质较硬，蛋白质之含量增加。

（6）兹将各地农事试验场实地试验之播种时期及显著减收之期间指示如表 1。

表 1　不同地点播种时期的收获差异

地名	试验田地环境	适宜播期	显著减收之播期	备注
杭州笕桥		10 月中旬至 11 月上旬	11 月下旬	
上海扬思				
南京大胜关	旱坝	10 月中旬	11 月中旬	
江西吉安		11 月上旬	11 月下旬	
四川成都	水稻田	10 月中下旬	9 月下 11 月上旬	
四川绵阳	水稻田	10 月上中旬	11 月初	本试验播种期最早级处理为 11 月上旬是否播种之时期尤属问题
四川遂宁	旱坝	10 月中下旬	9 月初 11 月中旬	
四川合川	坡地与旱坝	10 月中下旬 11 月上旬春麦	10 月初 11 月中旬	
四川泸县	坡地	10 月中下旬冬麦 11 月上旬春麦	9 月初 11 月中旬	
贵州贵阳	坡地	10 月中旬	11 月中旬	
云南	邕宁	10 月下旬	10 月初 11 月下旬	

表内列举各地偏于长江流域各省于此可得一概念，即 10 月间为本流域之播种适期是也。惟于实地播种时因需随时随地随品种而有不同。

（7）生长期。小麦之出穗期视地方及品种而定。重庆之农家小麦在 3 月 15 日以前已有出穗。南京地方小麦之出穗期，最早 4 月上旬，最迟有达 5 月初者。在同一区域内，各品种历年出穗期之早晚有相关性：即出穗早者常早，晚者常晚。民国十六年及民国十七年金善宝氏在南京观察 459 种小麦之结果，其出穗期之相关系数为 0. 7721，可知有甚高之相关性，但因气候之变迁，同一品种两年间出穗期之迟早，有相差至三星期者。

民国二十三年至民国二十四年，各种小麦品种在南京种植之结果，最早之出穗期，为 4 月 4 日，最迟为 6 月 1 日，相差几达 2 月。民国二十八年，在重庆 1 600 余种小麦之中，出穗最早者为 2 月 4 日，最迟者 4 月下旬尚未出穗。大概言之，南京以南之品种，出穗期较早，北方之品种，出穗较晚。同一省内之小麦，种植于南京出穗最早之品种，与出穗最晚之品种，其间相差之日数，南方品种之变异小，北方品种之变异大。

在寻常之季候，自出土至出穗，约需 150～193 日。自出穗至成熟约需 38～48 日。自出土至成熟则需 220～230 日。但此系指冬小麦而言，若春小麦自下种至成熟，仅需 110 日。就普通言之，出穗早者成熟亦早，但亦有例外，例如美国玉皮之出穗期，在南京情形，常早于南宿州与武进无芒，但其成熟期反较两者为迟。

照南京情形，小麦之成熟期，约在 5 月中旬至 6 月上旬，由美国输入之小麦，多数成熟于 6 月中旬至下旬，实嫌过迟。

据金善宝之观察，小麦品种之出穗期，又因地方与播种期而异。例如中大江东门，在南京之环境，其出穗期常早于中大美国玉皮，但种植于重庆，其结果适得其反。又如在重庆将此两品种分期播种之，其出穗之先后又有不同，播种早者，美国玉皮之出穗期，早于江东门，迟播者，则江东门早于美国玉皮。此种出穗期差异之原因，或由于发芽期内两种在温期所需之温度不同所致。

4. 播种量

播种用量试验各地农事试验场均有举行，所得结果得概括述如次。

（1）在适当时期播种之单个播种量试验，其各级之变异范围在4升至1斗间者（1升约合0.76千克，1斗约合7.6千克，下同）。对于产量之影响多不显著，尤以肥田或肥地差异为小，惟在多数试验每亩6升至8升者常能得较高之收量，故在普通情形下常以此为适当。

（2）播种量之多少随播种期之早晚，田地环境及所用品种而有所不同。民国二十八年，四川省农业改进所在成都、绵阳、合川、泸县4处所举行之品种与播种期与播种量之组合试验，曾予以证明。各该试验之每亩用量均为3升、6升及9升3种。播种期按各种情形而分为5期。供试品种为2个或3个。结果播种之主要效应，除合川一处外，均属显著。至播种期与播种量之连应及品种与播种量之连应，除泸县外则属显著。

（3）就播种量言，种植于水稻田者，每亩3升之播种量均较6升及9升为显著低量，但种于旱坝者每亩3升之播种量能得较高之收量。

（4）就播种量与播期之关系言，种植于水田者不论何期播种以用较多之播量为稳妥。种植于旱坝者若播种及时，则6升已足用，但在迟播情形下，则以多播为胜。中央农业实验所于民国二十四年曾在南京举行品种与播种量与行距组合试验，本试验之播种迟至12月19日。每亩播种用量分6斤、12斤、18斤，结果播种用量愈多，收量愈高。故在迟播情形下，增加播种量，系属有效之举。就品种与播种量之关系言，凡籽粒大而分蘖力弱者，如金大2905号，则以每亩播9升为适。反之籽粒大而分蘖力强者，如中农28号，则每亩6升即足用，过多无益。

5. 播种方法（行距与播种方式）

我国种麦，南方多点播或撒播，北方多条播或撒播。四川农民多用点播，惟成都平原通行开行条播法。前东南大学大胜关试验场报告，如整地精细，条播与撒播对产量并无区别。据中央农业实验所在南京之试验，条播较撒播多收，并可用较少量之种子。四川省农业改进所，民国二十六年在成都比较条撒与点播之产量，结果前者较后者稍胜。惟于实际应用时，胥视土壤之性质，劳力之分配，前作物及播种之便捷而定。北方因土壤疏松，土表平坦，故利于用耧。长江流域之水稻田，土性黏重，而泄水难，只能行畦作，并采用撒播。四川冲积平原之采用行、点播法者，实为南北折衷之播种方式。又四川盆地中部丘陵区之两熟田，更因土质较黏而通行开穴点播法。故各地对于播种方式之采择，均有其独特之背景，而决非为收量高下之一项因素所能左右也。

行距之宽窄对于产量之影响颇大，中央农业实验所民国二十四年在南京所举行之品种行距与播种复式试验之结果，以6寸之成绩为最优。四川省农业改进所，民国二十六年与民国二十八年两年中曾举行，行距单式试验一个及有关行距之复式试验两个三个试验最低级之行距分别为5寸、7.5寸、8寸。共同之结论为行距愈窄，产量愈多，并表示品种与行距与播种量间无显著之连应。故于采用窄狭行距时每亩种子用量可不变更，而以其单位面积内播种之密度或每穴之籽粒调节之。

6. 肥料之施用

民国二十一年，浙江化学管理局并规定三要素配合数量。其施用于小麦者，在肥土氮、磷、钾三者成2：1：1之比，瘠土为5：3：3之比，中等土壤为4：3：3之比。民国二十五年以后，中央农业实验所暨各省农事机关曾积极研究肥料之施用问题，其结果得条举各项。

（1）化学肥料之施用量与施用时期。据中农所民国二十三年在徐州实验之结果于施用农家常用之肥料以外以每亩用20斤硫酸铵最为经济。民国二十四年该所在徐州、济南、泾阳、武昌四处举行硫酸铵施用量与施用时期试验，结果仍指示以每亩用20斤为最有利。其中泾阳之一试验，并表示施用时期之不同足以影响其效应而以早春（约3月上旬）作追肥用者最佳。民国二十八年四川省农业改进所曾在该省之10处举行三要素肥效与用量试验，一般结果均表示增施氮肥收效极著，每亩施氮4斤者平均可较不施区增加产量2%~3%，8斤者平均可较不施区增加产量5.1%~20%。就施用磷肥言，4斤者平均可较不施区增加产量26%，8斤者可较不施区平均增加产量42.6%。其中紫色土与棕壤两处之试验，当氮磷共同施用时，其效更著。

（2）氮质与磷质肥料之比较，人粪尿为都市附近农家之主要给源。据四川省农业改进所之报告，人粪尿之肥效颇强，而价廉。中等肥力之麦田，每亩用氮量6斤已足。骨粉为磷质肥料之一种。自民国二十七年以来，四川省农业改进所曾设厂大量制造，推广民间以补磷之不足，其肥效较过磷酸钙稍逊，但较土制粗膏粉优。

若施用于缺乏磷质之黄壤与棕壤区，其肥效颇著，每亩用15斤至30斤足矣。

（3）小麦品系肥力反应测验，中央农业实验所于民国二十五年，曾在10处合作举行，结果肥料用量间与小麦品系间，其差异多属显著。至在用量与品系间之连应，则有3处表示显著。四川省农业改进所亦经证明有连应之存在。此表示小麦品系间有在肥土较适宜者，亦有在瘠土表现较佳者。故于育种试验之。高级试验时，有分在不同肥度试验之必要，而于推广小麦时，须顾及土地之肥瘠，农家供给肥料之能力，而对于品种有所选择也。

7. 灌溉试验

西北各省及黄河平原雨水不足，常引渠或凿井灌溉，以补天雨之不足，而水分之足否乃成为北方旱区麦产之支配因子。陕西泾惠渠管理局与西北农学院在民国二十七年至民国二十九年期间，曾合作进行灌溉试验，测定小麦最适宜之需水量及其时期。民国二十七年灌溉水量与灌溉时期，系分别试验，结果证明灌溉区与不灌溉区内之产量有显著差异。最大时可达30%。惟灌溉间量与期之不同，对于产量之影响甚微。故西北麦区之严重问题，为水之有无问题。民国二十八年与民国二十九年两年，改用3×3×3混合区组设计，除灌溉量与灌溉时期外，后加入氮素肥料用量因子。灌溉量规定为60毫米、100毫米及140毫米。灌溉时期分①休眠期、生长期，各灌溉一次。②播种前休眠期生长期各灌溉一次。③播种前休眠期、生长期、开花期，各灌溉一次，氮素肥料分每亩不施用，每亩4斤氮及每亩8斤氮三种，其结果得概述如下。

（1）灌溉量增加产量亦随之增加，140毫米较100毫米增加6%。100毫米则较60毫米增加8%（实际包括有灌溉次数因子在内，亦即灌溉总量）。灌溉时期，远较逐次之灌溉量对于产量之影响为著。但与播种前生长期间雨量之分配有密切关系，若播种前雨量不足，予以灌溉，自极有效。至开花期约5月初之灌溉，虽然增加产量，但其效果两年间均不甚著。就浇2次与4次之产量比较言，民国二十八年增加22%，民国二十九年则达33%。

（2）于灌溉区域施用氮素肥料之效益非常显著，每亩施用4斤氮者较不施区可增加产量26%。每亩施8斤氮者，则可增加产量达43%尤以在窄行距时，其效果益显。又氮肥用量与灌溉时期有显著之感应，即当氮肥用量愈多时，灌溉水之效用亦著。最后其结论谓：泾渭渠原定100毫米之灌溉量，可改用80毫米，而以节省所得之水，用以扩大灌溉面积，其总收量当十百倍于单位面积之收量。盖以灌溉水量之多少，对于产量之影响并不过大。但于原定之灌溉期距，则可延长至20日一次。而其最适之灌溉时期，则为9月上旬，12月或1月、4月初及4月20日前后。此项结论之获得，实用上之价值颇大。

8. 耕作制度

长江流域各省多行两熟制。夏作经常为水稻；冬作以小麦、大麦、油菜、蚕豆为普遍。小麦多间年种一次，构成两年四熟制。因小麦为各作物中收获较迟者，故早熟问题极为重要。冲积坝田，土质松软，透水力强，适合水稻以外各种作物，如玉米、大豆、高粱、棉花、绿豆、花生、芝麻、粟、红苕等均为小麦之前作。惟因小麦成熟稍迟，于其收获后继种棉花、大豆、高粱、花生等每嫌稍迟，收成虽望良好，惟利用间作法，始得一年两收，或实行二年三熟制。战事后方棉田面积大为扩充，实行棉麦两熟制者颇多。

（1）棉麦两熟试验 中央大学农学院民国十九年与二十年两年，曾用爱字美棉与小麦配合，即棉花一熟（行距2尺），麦棉间作，行距2尺间作麦，麦棉间作（麦一行间作棉二行）及棉麦前后作4种处理。结果棉花产量以一熟区为高。但总收益则以麦行行距2尺，间作棉花为高。又该校于同年曾用青茎鸡脚中棉，与小麦配合成4种处理，与前美棉两熟制同。惟麦棉间作两处理，其行距分别用1尺6寸及1尺2寸，结果仍以两熟为有利。四川省农业改进所棉作试验场，民国二十七年在遂宁试验之结果，无论棉花收量及经济收益，均以休闲植棉产量最多，麦棉间作次之，麦后种棉最低。惟以是年棉花价值陡涨，致有此结论，若衡以平常年市价，则以间作为最有利。此制且不仅在总收益之高，并有调节农民经济及补足食粮之利，实为抗战期中增加衣食生产两全之道，而有予提倡之必要。

（2）小麦蚕豆间作试验 川省坝地麦田间作甚为通行。通常与小麦间栽之作物，为蚕豆、豌豆、油菜3种，而以与蚕豆间作者比较普通。据四川省农业改进所农艺化学组试验之结果，间作蚕豆较未间作者每亩得增加蚕豆产量12斤，相当8%。间作小麦较未间作小麦每亩增加小麦产量62斤，相当25%。尤以施用氮肥后，小麦收量之增加甚为显著，故此制可广为倡导。

（七）生理之研究

1. 冬麦与春麦

麦类因其播种时期不同，得分为春麦与冬麦。在秋季播种者谓之冬麦，春季播种者谓之春麦，10余年来农事机关因材料之交换，及举行区试验之关系，春冬小麦常同植于一地，若干春麦品种，如美国玉皮、川福麦、中大2419、莫字101等，且已被选为推广材料，冬麦与春麦生态上及生理上之差异，渐为各地育种工作者所注意，兹简述已见之事实如次。

（1）生育状况 冬麦与春麦大体上可以生长习性区分，冬麦多匍匐或散生，春麦则簇立，蔡旭氏曾在四川成都测度春冬小麦生长之速率，据谓春麦如美国玉皮，越冬期间生长虽缓，但并不休止；冬麦如中农 28 号，则成短期之休止；四川本地种成都光头麦，偏于春麦性，春麦因生长较速，抽穗开花以致成熟，均较冬麦为早，且各年间受气温变化之影响，较冬麦为甚，而有产量不稳定之虑。

（2）春播性程度 沈骊英氏，曾于其设计之生长促短法试验中，将北平、太谷、徐州及南京等处之春麦，与冬麦分别在河北定县、陕西武功、江苏徐州及南京 4 处，举行试验。其结果显示小麦品种间春播性程度之高低颇有不同，真正冬麦必须冬播，春播则无收获。定县、太谷两地方小麦属之。长江流域以至淮河流域各省之麦种，实偏于春麦性，以之移植于春冬麦兼种区域之定县，大部不能越冬。但种植于徐州、武功及南京 3 处者，虽迟至 2 月中旬之播种，仍可得相当之收获，迄 3 月下旬播种，则除江东门及察哈尔春麦外，均不能抽穗。

金善宝氏于民国二十四年曾以南京赤壳、江东门及美国玉皮三品种，在南京自然状况下，用分期播种法研究其出穗之反应，自当年 8 月至次年 6 月下旬分 20 期播种。结果 3 月下旬播种者，南京赤壳即不能抽穗，江东门延至 4 月下旬，美国玉皮则至 5 月上旬尚能抽穗，俄人李森科、日人榎本中卫诸氏，均曾作此项研究，一致指明不出穗之播种期，冬小麦早，而春小麦晚，中间型品种则介乎两者之间，形成连续之关系。据氏等阐明春小麦越冬性程度上之不同，由于品种间感温性，与感光性之差异，李森科氏曾谓任何品种发育期间必须经过低温期，但因品种不同，所需要低温之程度与时期均有差异，春麦只须历经短暂较低温度之刺激；反是，冬麦则须历经长期之低温刺激。

2. 促短生长

俄国北部、东部、南干燥地带栽培春小麦之主要困难，为抽穗时夏季高温之侵害，是以各该地带选取春小麦之主要条件，为早熟性。自 1932 年，李森科氏发明生长促短法后，栽培面积因得尽量扩张。我国北部易旱，南部易涝。北方各省常因秋雨灾期而无法下种，长江流域因大水为灾而种麦误期，民国二十年为其著例。如何以谋补救之道，为世人所瞩目。当年沈宗瀚氏曾将农家后种麦方法予以试验（法以小麦于冬至节后，每日淘晒一次，9 日后拌之以细石盛置缸内，于惊蛰日连土与麦条播田中）结果，证明此法对于成熟期及产量均无影响，惟春播性程度高之麦种，可得相当之收获，并较冬麦改种荞麦为有利。

沈骊英氏于民国二十三年至民国二十六年，曾应用李森科氏所倡低温润湿催芽种子之原则进行。①冬麦预措春播试验。②发芽与不发芽春播比较试验（在徐州、武功、南京三处同时举行）。③夏季短促，生长试验，低温光照连合试验。杜春培氏于民国二十四年至民国二十五年期间同时在河北定县举行，春麦预措春播试验，春麦预措试验及冬麦预措冬麦试验，两氏之重要结论得条举如次。

（1）冬麦预措春播，可促进抽穗，其促进之程度因品种而异，并表示试验区域附近所收之麦种，较敏感，但产量太差，实际上不能应用。

（2）春播小麦发芽后种与不发芽种，对于抽穗及产量，无甚差异，其产量亦远不若同品种之春播者。

（3）秋季预措杂交种子种植于温室内，得促进其生育期，而于年内收获，故此法应用于杂交技术中，得能缩短试验之年限。

（4）定县之试验春麦预措，对于产量及抽穗均属无效，且其产量转不若春季直接播种者为多，故在北方各省，若秋播受灾，自以补种春麦为上。

3. 休眠与落粒问题

长江流域及西南各省，当小麦收获期间，每值霉雨，时正值农忙，或以收获稽迟，或以露天堆积，在川省缺水之高田，且有在小麦未收获前即以关水田中者，以故成熟之小麦，未待脱粒，先已就穗发芽，每年损失甚巨。尤以近年来国外引进之小麦发现此种现象，增加育种及推广工作上之困难不少，本问题已引起国内从事育种工作者之重视。

蔡旭氏曾于民国三十年夏，在四川成都观察 16 个新收获之普通小麦发芽之迟缓现象，不发芽者即为休眠，结果品种间之差异极属显著，在现行推广品种中，美国玉皮无休眠期之可言，川福麦、莫字 101 休眠期短，成都光头麦、中农 28 号次之，而以中大江东门、中大南宿州二品种之休眠期为长。

品种发芽之迟缓性，业经国外学者证明为遗传性状，孙仲逸氏在德国之研究，指示此项性状为隐性遗传，并以品种性状无关存在。近来各省杂交材料中应用美国玉皮为亲本颇多，于其后裔之选择，实应有所注意。尤于杂交育种工作开始之前，对于两亲之选择，应予审慎，其中应有一亲本，具有较弱发芽之能力。

小麦之易于落粒，为我国小麦之普通现象，盖以数千年来沿用旧法打麦，选择易于脱粒之麦种使然。在北方各省，气候转燥，麦熟不割，因落粒多而致之损失大，故有“割麦如救火”之谚。在长江流域各省，气候湿润，且以麦后种稻之故，常提早收割，故落粒之损失较少，其严重性实不如北方之远甚。故本问题为北方各省小麦育种工作之重大问题。国外小麦品种之落粒不易，据章锡昌氏之研究，小麦品种之能抵抗落粒性，由于护颖内基部具有多量保强组织。外颖基部沿边部分之保强组织量虽与抗落粒成正相关，但其为数不多，影响较小。此外之颖长度，种子阔度，穗之密度，每千粒种子重量以及每穗种子数等五性状，能影响落粒百分数，但其影响甚微。

（八）小麦品种与面粉工业

面粉品质之优劣，要视其用途之不同而互殊，欧美各国以制造面包之适否为品评目标，近 10 余年来因加工调制之日趋商品化，对于小麦品质问题，精益求精。在我国面粉之主要用途，为制造面条、馒头、大饼、糕点、饼干、油条等，各该成品所需麦粉之品质不尽相同，并因各地品质不同，食用方法有异。最显然之一例，为北方用拉面，南方各省用切面，盖以北方小麦之品质较南方为胜。

1. 各地小麦品质之比较

长江流域各省小麦以红皮软质者居多，品质较差，上海面粉厂用此等小麦必须掺和外国之硬质小麦，使能磨制优等面粉。我国面粉厂之设立，以上海、天津、无锡、洛阳、汉口等商埠为多，而尤以上海为最，天津次之，国外进口麦之用于上海者，占全国输入总额 19%，因上海采用之国麦多仰给于安徽、江苏两省，其品质特差也。

淮河流域与黄河流域之小麦，以白麦居多，品质较优，宜制面包及馒头。美国农部曾收集长江流域至天津所产之中麦，细为分析检定，与美国相比较。结果无论出粉率及蛋白质含量，天津、济南、开封所产之小麦，较优于美国各红麦，开封小麦且超于美国北部二等春红麦。按该两种小麦，即为上海厂家所最欢迎者。粉色方面，洛阳、开封之小麦与之相比，若以美麦与镇江及海州两地之小麦相较，蛋白质含量方面显较优良。上海面粉商人，每谓中麦不如洋麦，均系片面之谈，徒以黄河流域之小麦，以运费及捐税关系，成本太高，不能与洋麦竞争故耳。

2. 品质与遗传及环境之关系

气候影响于小麦品质者至大，黄河流域与长江流域麦粒品质之不同，要以生长期内雨量多少之影响。金善宝氏研究麦粒硬软之自然分布情形，指明黄河以北为纯粹硬麦之分布区，长江流域为软麦区，其分布界限均与600毫米之等雨线符合，逾此以南，硬粒小麦，逐渐减少云。又中农所曾于民国二十四年，测验两大流域小麦容重之差异，结果以山东与河南两省为最高，山西与陕西次之，淮河北与四川、湘北、江苏三省相仿，而以安徽为最低。此其原因，盖以河北小麦虽硬，但失之过瘦，而在南方虽饱满，但失之过软。夫小麦之容重，繁于麦粒之饱满度及其硬度，惟黄河流域两岸各省之小麦，能兼二者之长也。

容重之大小及麦粒之软硬受气候之影响固大，但与土壤及品种本身之遗传特质亦至有关。据四川省农业改进所之测验、水稻土麦粒之容重及硬度，远逊于旱土者，但在各不同品种间，其变异之程度，亦常有异。通常所谓品质者，视川麦为软麦区，但经调查之结果，在盆地中北部丘陵区之坡土，实有不少半硬质麦粒之产生，即川人通称之油条子小麦是也，另据中农所在云南之调查，硬麦之分布亦多，其品质且较长江流域所产者为胜。贵州试验之纪录，在黔省本地麦种中品质之差异亦至大。故在西南各省，增进小麦品质，系属可能之事。

我国以往对于小麦育种工作偏于产量，而忽视品质，自民国二十四年以后，对于麦粒品质之考查渐予注意。北方各省自然环境，宜于良质品种之栽培，对于育种问题，更应予注意。

（九）检验与分级

国产小麦掺水掺杂之习，所在皆是，流弊所及，减低品级，妨碍运销，影响储藏，更造成外麦之大量内销，直接影响国民生计。前农矿部上海商品检验所，于民国十九年前先实行检验运销上海之小麦，广州亦有同样机构之设置，但基础未固，困难重重，未能彻底实行。

世界各大麦产国之市场，均有小麦分级标准之规定，订货便捷，交易公平，既得杜绝流弊于无形，兼有提高小麦品质之作用，实为积极的促进麦产之重要工作。惟在我国市场，素无一定标准，足资根据。上海面粉场公会为遏制掺杂之风，曾有上海小麦研究会之组设，以测验下脚及容重。

民国二十四年上海商品检验局曾拟定江苏小麦分级之标准，按麦粒色泽软硬，先分成类别标准；每类内则按其容重、色泽、皮之厚薄、粒形、匀度、腹沟深浅等因子分成级别，而以容重之大小为主要根据；然后视其所含夹杂物之多寡及含水量之多少，评定价格。

中央农业实验所于民国二十四年冬亦曾从事于国产小麦分级之研究，收集样品达江苏、安徽、四川、山东、山西、河南、河北、陕西等9省，分析项目，有皮色、硬度、粒状、容重、水分、杂物、伤害、千粒体积及千粒重等。曾就皮色及硬度试分我国小麦为红硬、红软、白硬、白软、花硬、花软6大类；每一类硬麦中，又以其所含透明及纯硬粉之多少，分上中下三小类，共计12类。就含杂量言，平均以湖北为最多，江苏及安徽次之，黄河以北各省则较少。主由贩运商及输入时所搀入，凡麦样之采自农家者均不及3%。就含水量言，以江苏、安徽两省为最高，尤以长江以南为甚，北方各省含水量则较低。经储藏试验之证明，在南京之湿度情形下，小麦含水15%，在存储中即有发热发霉之危险，凡含水分14%之小麦，则无此现象。故美国以14.5%（软麦）、15%（硬麦）为含水量最高限度之规定，在我国情形下，亦可实用。江苏、安徽两省新收之小麦，其含水量均超过15%，成为储藏中之严重问题。

四、改良小麦之推广

农业试验之主要目的不仅在试验成功，尤贵在试验成功后，如何使之推行于民间，使农民因而获得较高之福利。故推广工作，为完成农业改进程序中之最后而最要阶段。

我国麦作改进工作之开展，以高等农业教育机关为其先导，故在麦作改进之第二期，改良小麦之推广工作，仍由南京两大学倡导办理。当年采用广告式与演讲式之宣传，颇能引起农民之注意，但于良种已分发后，如何指导，如何管理，则未予重视。更以分布零散，范围过广，每年虽有适量之种子推广，但年复一年成效不著。

自麦作改进之第二期转进至第三期，除南京两大学外，宿县、开封、徐州、无锡4处农事试验场均有适当材料，足资推广。民国二十三年金陵大学农学院鉴于过去分散式推广收效较难，乃改变推广方法，于安徽宿县、河南开封两处农事试验场附近成立种子中心区，集中改良小麦之推广。其推进要点，从农民组织入手，并实行麦种检定。设计指导者为郝钦铭氏，郝氏此举，实为我国麦作推广史上之一大革新。

民国二十四年中央农业实验所在南京、开封、南宿州、徐州等处与各地之农事机关合作进行推广事宜，以经费与人力上之充裕，并得金融界之合作，推广工作乃得顺利开展。尤以宿县与开封两处因得天时与地利上之优势，扩充极速。

自全面抗战后，增加粮食生产，既列为长期抗战之重要政策，无论中央与省农业改进机关，均形强化。民国三十年以后，更有粮食增产委员会与粮食增产督导团之设立。专施食粮作物之增产工作，民国三十一年各省更有推广繁殖站之设立，机关虽各别而其目标则一，即在将各地试验研究所得之良种美法，介绍于农民以期增加粮食之生产是也。

后方各省小麦改良历史虽属短暂，但因得引用战前其他各省之材料以及地方与中央之合力推进，6年来之成就殊属可观，尤以陕西与四川两省在抗战发动之初，即以有适当材料开始推广，在此短短期间更有长足之进步。兹将历年来推广之组织与方法以及其成果分别撮述如次。

推广之组织可分两种：一为改进机关本身之组织或称为执行机构。一为接受推广之农民组织，或称为基层机构。

（1）执行机构　麦作改进之第二期，全由农科大学进行推广工作，已如前述由各该校设置推广处，或推广委员会等司理其事，组织简单。

麦作改进之第三期，主由中央或地方行政机关与农业学校或农场联合进行，在南京有宁属作物指导委员会之设立，由全国稻麦改进所、中央农业推广委员会、宁属救济协会、金陵大学及中国银行等五机关合组而成，执行南京附近各县之小麦推广事宜。

在开封与南宿州分别有推广区之设立，由全国稻麦改进所与金陵大学合作组织而成，执行各该试验场邻近各县之推广工作。

民国二十七年四川省农业改进所为谋增进推广效率起见，树立推广制度，于此内设立推广委员会，统筹全省农业推广行政事宜，复依本省行政督察专员区之规划，按区设立推广督导区或辅导区，督促并指导各该区属之推广事宜，而于各县则设立农业推广所，负责各县推广工作。嗣后陕西等省校继起仿行各该省之小麦推广工作，亦因此而得大量开展。

（2）农民组织　在推广过程中，农民组织问题，极关重要以一个团体为推广良种美法之对象，实较散漫无组织之各个农民为事半而功倍，抑农业改进工作之持久实现，应以养成农民自治改进之风当为主要目标。民国十九年以后，合作社之设立，日趋普遍。民国二十四年南宿州推广区即以此为推广之主要对象。实属作物改良会与开封推广区，则指导农民组织作物改良会。此两种组织，有向金融机关贷款或举办合作运销之利便。嗣后陕西贵州等省之改良小麦推广工作，多运用此项组织，从事推广。金陵大学乌江农业推广实验区以及陕西、四川等省之一部，则藉重于农家已有之组织，如农会保甲制度等。

各地之推广办法，大同而小异，率多采用分区集中方式，以各乡镇为中心，层层外展，逐渐扩大范围，实施步骤，要言之分良种示范，良种繁殖，良种配布，技术指导，良种检定及贮藏等项。

（1）良种示范　经区域试验或地方试验确定优良之品种，即在当地开始示范，以作扩大推广之准备，但每以示范地点过少或每一地点示范处数较少，不能引起农民深切之注意。尤以示范与繁殖不能配备并进，每于示范之后无适量种籽供农民之需求，而抱向隅之感。示范方法在四川采用团字形布置，战前开封124号之推广多用“阳耧青法”。

（2）良种繁殖　目前各省之良种繁殖工作约可分自行繁殖、特约繁殖与合作繁殖3种，特约繁殖在各省比较通行，合作繁殖陕西与云南行之，二者均兼有示范之效，惟繁殖处数每嫌过少或面积过小，尤照特约繁殖之农田，多未能奉行去杂去劣工作。纯良麦种之不能尽量供应已成为当前小麦推广面积不能大量扩展之一大限制因素。民国三十年陕西西安有作物品种繁殖场之设立，该场曾大量繁殖原种供给推广之用。民国三十一年各省更有推广繁殖站之设立，培育原种为其首要任务，能切实执行并扩大其工作范围，则改良麦种之推广可得更大之成效。

（3）良种配布　分贷种、售种、换种、指导换种、指导留种之法，浙江、江西、湖南、河南、贵州、云南等省目前均用贷种方式。四川省在民国二十六年至民国二十九年期间亦采用此法，旋以收回贷种手续较烦，民国三十年起一部分区域已用售种指导换种，指导留种等法。陕西省目前采用换种、售种及指导换种三法，对于合作繁殖之农民，则采用贷种方式。综合各地实施推广结果，在改良麦种已树立深切信誉之区域，配发良种之手续如何，无关重要，惟在新推广区域则贷种方式最易收效。近两年来，物价高涨，普通贷种方式举办非易，四川省于民国三十年秋试行实物贷放而以合作社名义向银行息借，实行以来当感便捷。

（4）技术指导　实施技术指导为推广过程中之最要阶段，一般农民对于新种之特性，未能明了，诸如种植田地，栽培方法，肥料之运用，均得指导者之详细指示，融合其固有经验，方能举最大之生产。惟在目前多数省县限于人力与财力未能切实执行影响推广之成果殊大。

（5）麦种检定　分田间检查与室内检查两种，通常根据检查之纯度、发芽率、容重及含水分等评定麦种之优劣以为采购之标准。此举为增加麦种数量及免除纯种混杂之良法。自民国二十三年以来南宿州、开封等推广区及近年四川、陕西等省均曾局部采用。

（6）良种贮存　长江流域各省当小麦收获期间雨量较多，湿度较高，而在各地无设备完全之仓库，储藏翻晒均感困难，虫害颇烈，推广麦种每以储藏不慎或因运输受湿而影响发芽率。

(7) 宣传与奖励 各地之从事推广工作者较注重于文字之宣传，如散发浅说，张贴标语等工作，间或举办展览会或陈列等，但对于良种供给及收获竞赛等殊少奖励之措施。

推广实绩。

(1) 战前各省推广成绩 民国二十一年以前主要推广区域为江苏与安徽两省，其他各省仅有零星分布。迨后河南与安徽两省种植面积曾大量扩充。推广品种之主要者为中大南京赤壳、中大武进无芒、金大26号、金大2905号、南宿州61号、开封124等11个品种。总计各年推广面积40余万市亩。

(2) 战后各省推广成绩 民国二十六年战事发生后，原有推广区域相继沦陷，惟安徽宣城得继续进行。同年四川与陕西两省亦开始示范推广工作，其他各省则积极选择适合于本省推广材料。迄民国三十一年秋已行示范及推广区域，扩及陕西、浙江、江西、湖南、贵州、安徽等9省。推广良种亦由9种而增至30余种。据农林部粮食增产委员会，民国三十年之报告各省之推广面积以四川为最多，陕西次之，递次为江西、河南、浙江、贵州等省，总计8省共推广60万亩之谱，占该8省麦田总面积0.55%，如就单位面积产量论平均较农家种每亩增收53斤。

民国三十一年推广区域增扩至14省，除前举9省外，广西、湖北、甘肃、宁夏等5省亦有小量示范或推广。推广面积突增至130万余亩，超过战前各省改良种之种植面积几及二倍。依省别而言，则以陕西为最多，推广面积达93万亩，实开我国麦作推广之新页。其次为四川、河南等省。

稻产主区如四川、浙江等省麦田零星散漫，农民对于改良麦种之注意力一般较北方农民如陕西、河南等省为薄，故推广工作之进行较难，成效亦较逊。

兹将战前及抗战期间主要推广小麦品种之名称及其在各省历年来推广之数量分别汇列，如表2、表3以作参考。

改良小麦之推广不仅是技术问题，必须配合政治经济社会教育各方面之力量，方能收事半功倍之效。而其实施也，不只限于生产方面，诸如加工制造，运销各方均须统筹并进，方能发挥高度之成效。不特此也，学术与事业机关，必须有密切之合作，改良品种在当地推广之前，必须作三年以上之区域试验，详细调查该地之农作制度，与土壤地势等情形，确定某品种适应之程度，集合各方专家讨论之，并采取当地农民之意见，然后决定推广之品种与推广之区域。须知作物有地域性，任何优良之品种，决不能推之各地而尽适，同一区域，又因农制与地势等关系，必须有两种以上不同性质之优良品种，方能适合农民之需要。吾人尤须记住品种之改良与推广，主要目的在增进国家生产，同时改善农民之生活，苟能达此目的则吾人之责已尽。改良种不必由我而成，更不必由我而广也。回顾历年来我国推广小麦之陈迹，无论推广组织方法，以至材料，均有显著之进步，惟有待于改进之点亦正多。就推广组织而言，总的方面，各级机构隶属关系多未确定，职掌亦未划分，以致运用有欠灵活，操纵不能同如横的方面，各有关组织尚未作密切之连系，以致重复冲突，力量抵消，不能协力从事于事业上之推广，尤以基层机构之欠健全，致未能发挥宏效。他如推广方法之改善，材料之更需确实，业已于前节约略叙述，诸此均为增进麦产工作急待努力者也。

表 2　战前重要改良小麦品种各年推广成绩

推广种名称	开始推广年份	民国十七年以前推广数量	各年推广数量 民国十八年	民国十九年	民国二十年	民国二十一年	民国二十二年	民国二十三年	民国二十四年	民国二十五年	总计	备考
金大 26 号	民国十二年（1923 年）	57 713	16 876	19 528	15 490	22 075	—	—	—	27 360	145 386	多推广于江苏省
中大南京赤壳	民国十三年	11 227	—	—	—	—	6 955	20 730	24 604	15 426	67 115	多推广于江苏省
中大武进无芒	民国十三年	11 880	—	—	—	—	920	32 721	9 856	3 045	46 542	多推广于江苏省
中大江东门	民国十七年	200	—	—	—	—	不详	6 383	20 941	795	28 119	多推广于江苏省
中大南宿州	民国二十二年	—	—	—	—	—	786	478	1 260	5 275	7 799	多推广于安徽省
中大美国玉皮	民国十七年	12 481	—	—	—	—	—	—	252*	695	947	多推广于江苏省
金大 2905	民国二十五年	—	—	—	—	—	—	24 605+	180 858+	693 500	898 463	多推广于江苏、安徽两省
南宿州 61 号	民国二十一年	—	—	—	—	—	不详*	40 000	100 000	967 250	1 104 250	多推广于安徽省
开封 124 号	民国二十二年	—	—	—	—	—	742	18 020	63 445	258 856	1 080 956	多推广于河南省

注 1：表内若干品种各年之资料不全，所用单位亦不一致，凡用市亩表示者均改用斤数

注 2：+每石照 140 斤计算，长江流域淮河流域每亩照 9. 5 斤播种量改算

* 黄河流域每亩照 7 斤播种量改算。

表 3　民国二十六年以来后方各省推广良种名称及推广成绩表

省别	推广种名称	开始推广年份	各年推广亩数			总计	备考
			民国二十九年前推广亩数	民国三十年	民国三十一年		
四川	金大 2905	民国二十六年（1937 年）	204 823	296 565	517 094	1 004 558	民国二十九年前推广面积为
	中农 28 号	民国二十九年	828	1 992	2 439	4 368	民国二十五年至民国二十九年
	成都光头	民国二十九年	—	6 375	39	6 414	
	莫字 101	民国二十九年	—	385	352	737	民国二十九年后推广面积只
	川福麦	民国三十一年	—	—	105	105	民国二十九年
	中大矮立多	民国三十一年	—	—	88	88	
	中大 2419	民国三十一年	—	—	137	137	
陕西	陕农七号	民国二十七年	20 142	256 799	289 776	536 717	民国二十九年后为民国二十
	蓝芒麦	民国二十五年	122 921	245 678	475 508	844 107	七年至民国二十九年
	蚂蚱麦	民国二十五年	3 170	9 515	29 461	42 146	民国二十九年前为民国二十
	金大 2905	民国三十年	—	27 699	123 203	150 972	五年至民国二十九年
	金大 60 号	民国三十一年	—	—	15 276	15 276	民国二十九年前为民国二十
	金大 302 号	民国三十一年			1 309	1 309	八年至民国二十九年
河南	金大开封 124 号	民国二十二年	21 242	45 566	180 000	286 808	民国二十九年以前为民国二十六年、民国二十九年
	红芒小麦	不详	—	1 200		1 200	
浙江	浙场 9 号	民国三十年	——	27 088		27 088	
	浙场 17 号	民国三十年	——	129		129	
	浙场 105 号	民国三十年	——	17		17	
	浙场 90 号	民国三十年	——	83		83	
	浙场 4 号	民国三十年	——	161		161	
江西	金大 2905 号	民国二十九年	—	27 000		27 000	
	中大南宿洲	民国二十二年	—	15 800		15 800	
湖南	美国玉皮	民国三十年	—	12		12	
	金大 2905 号	民国三十年	—	3		3	

（续表）

省别	推广种名称	开始推广年份	各年推广亩数			总计	备考
			民国二十九年前推广亩数	民国三十年	民国三十一年		
贵州	金大 2905	民国二十八年	—	6 244	6 244		
	遵义 136	民国二十九年	—	3 124	3 124		
	四川 1 号	民国三十年	—	14	14		
	四川 3 号	民国三十年	—	14	14		
	遂宁蓝麦	民国三十年	—	14	14		
云南	中大南宿洲	民国三十年	—	15	15		
	浙江 319 号	民国三十年	—	12	12		
	南京赤壳	民国三十年	—	14	14		
	四川 2 号	民国三十年	—	18	18		
	云南紫麦	民国三十年	—	14	14		

五、结　论

我国麦产改进之首要目标为谋国麦之自给自足，杜绝洋麦之输入。洋麦内消之最大原因，为生产不足，品质不良，运输不便，外粮有余。补救之道，治表方面，实施关税保护政策，改善运销，普设仓储诸端。治本方面，在预防损失，增加生产，改进品质。进行方法可分：①改良品种，②改进栽培，③运用适当肥料，④防除病虫害，⑤促进灌溉与排水，⑥制造新式农具，⑦改进品质，⑧实施检验与分级，⑨便利运销，⑩改良捐税，⑪充分储藏，⑫内地多设粉场，⑬扩充种植面积。自民国五年（1916 年）以来，经教育机关之倡导与研究，政府当局之运筹措施，举国同工之努力研究与实施，各项问题逐步见诸实施，当战事发动之初，生产技术方面，已树立相当基础。抗战六年期间，因农事改进组织之日起强化，政治经济与技术各方面之力量渐见愈合，麦粮增产工作之成效日著。今后苟能通盘筹划，统一步骤，充裕经费，实限时期，顺应农业之持续地域与季节之特性，按步前进，则我国麦产改进之前途，正未自艾也。

（金善宝文选，中国农业出版社，1994：103-138）

会议讲话（广播）

學生生活

求是消息

民衆夜校報名踴躍

文理學院教育學會前曾議決開辦民衆夜校以補救大學路慶春門一帶失學成人與兒童，後因經費困難，籌備需時，以致未能早日實現。茲聞對於經費方面已有辦法，該學會民教股遂於四月廿七日着手開辦。參加任教者二十餘人；並推選莫如儉爲校長，王友瀛爲教務主任，李震同路倜爲教務員，陳醒民爲事務主任，樓次善吳作邦爲事務員。招生除張貼廣告外，更由該校全體教職員分頭在大學路慶春門區域內挨戶調查失學成人與兒童人數，解釋該校之目的，並勸其入學。廿八日開始報名，來報者甚爲踴躍，第一日卽有四五十八之多云。

覓橋生活

農藝學會舉行常會

△並請副教授金善寶演講

農學院農藝學會日前舉行本學期第一次常會，請農藝系副教授金善寶先生演講，題爲「美國人研究科學之精神」，當時由吳季次君筆記，全文如次：

兄弟承蔡先生之約，要我來和諸位講幾句話，因爲盛情難却，不得不來講幾句。今晚所要講之題目就是美國人研究科學的精神。

兄弟這次到美去初是在康南耳大學研究作物育種，後來又到明尼蘇達大學住了一年；因爲時間短促不能作詳細的調查和考察，然美國人的一般研究精神於平時已可窺一般了。今就余所知分三方面來講：

(一)個人方面：美國人研究科學的精神的確非常懃懇，研究者每日自早晨八時進辦公室至下午五時才回家；甚有晚上還到實驗室去研究的，他們平時都是衣冠整齊，但一到田裏去工作，穿上工作衣服，那就和農夫一樣整日不息的工作；竟有連中餐也帶往田間的。他們不但能耐勞而且很有恆心，凡研究一個問題短則數年長至十幾年，中途雖遇種種困難，不肯放棄，必至解決而後已。例如康南耳大學的作物育種系主任兼研究院院長 Emerson 氏爲美國研究玉蜀黍遺傳之泰斗，孜孜於玉蜀黍植科之色性遺傳經十二年之久，後來才發明了ABPl的遺傳因子定律。

至他們所以這樣刻苦研究不息的原因，約有三點(A)設備完美：僅就圖書而言，美國大學大都有一個總的圖書館，收羅極豐，各院有分圖書館，各系又有圖書室，如康南耳大學就有圖書八十萬册之多，有了這多的書籍可供參攷，自能引起研究者的興趣了。(B)人才衆多：各種科學都有專門人才，研究者不懂的時候，就可隨時詢問，必能得到完美的答覆。(C)經濟充裕：因他們經濟的充裕，設備方面可隨時增添，如康南耳大學最近所落成的一座農藝院，共費去約一百五十萬元，室內一切的一切都是最新式的設備，如桌子，架子都由鋼鐵做成的。

因此，科學雖多半倡自歐洲，如植物病理學，遺傳學等，然繼而發明的，却以美國爲多。

(二)合作精神：個人方面已講過很值得我們欽佩，至他們彼此的合作精神尤令人嘆服，如明尼蘇達大學的作物育種系植物病理系，彼此都是互相研究，一旦研究有得就彼此雙方合作發表；因此造成了不少的抗病力極强的大小麥品種；再如研究小麥製粉之品質則與生物化學系合作；研究小麥之抗寒性則與植物生理系合作；結果獲得品質佳良產額豐富的品種，這不過是一機關內各部的合作。至他們機關與機關也很有合作的精神，我們知道美國是由四十八州合併而成的；每州都有一個農

美国人研究科学之精神
——在浙江大学农艺学会上的演讲

金善宝

农学院农艺学会日前举行本学期第一次常会，请农艺系副教授金善宝先生演讲，题为《美国人研究科学之精神》，当时由吴季次君笔记，全文如次：

兄弟承蔡先生之约，要我来和诸位讲几句话，因为盛情难却，不得不来讲几句。今晚所要讲之题目就是《美国人研究科学的精神》。

兄弟这次到美去初是在康南耳大学（即康奈尔大学，下同）研究作物育种，后来又到明尼苏达大学住了一年；因为时间短促不能做详细的调查和考察，然美国人的一般研究精神于平时已可窥一斑了。今就余所知分三方面来讲：

（一）个人方面

美国人研究科学的精神的确非常勤恳，研究者每日自早晨 8 时进办公室至下午 5 时才回家；甚有晚上还到实验室去研究的，他们平时都是衣冠整齐，但一到田里去工作，穿上工作衣服，那就和农夫一样整日不息的工作，竟有连午餐也带往田间的。他们不但能耐劳而且很有恒心，凡研究一个问题短则数年长至十几年，中途虽遇种种困难，不肯放弃，必至解决而后已。例如康南耳大学的作物育种系主任兼研究院院长 Emerson 氏为美国研究玉蜀黍（即玉米）遗传之泰斗，孜孜于玉蜀黍植株之色性遗传经 12 年之久，后来才发明了 ABPI 的遗传因子定律。

至他们所以这样刻苦研究不息的原因，约有三点，（1）设备完美：仅就图书而言，美国大学大都有一个总的图书馆，收罗极丰，各院有分图书馆，各系又有图书室，如康南耳大学就有图书 80 万册之多，有了这样多的书籍可供参考，自能引起研究者的兴趣了。（2）人才众多：各种科学都有专门人才，研究者不懂的时候，就可随时询问，必能得到完美的答复。（3）经济充裕：因他们经济的充裕，设备方面可随时增添，如康南耳大学最近所落成的一座农艺院，共费去约 150 万元，室内一切的一切都是最新式的设备，如桌子、架子都由钢铁做成的。

因此，科学虽多半倡自欧洲，如植物病理学、遗传学等，然继而发明的，却以美国为多。

（二）合作精神

个人方面已讲过很值得我们钦佩，至他们彼此的合作精神尤令人叹服。如明尼苏达大学的作物育种系、植物病理系，彼此都是互相研究，一旦研究有得，就彼此双方合作发表；因此造成了不少抗病力极强的大小麦品种；再如研究小麦制粉之品质则与生物化学系合作；研究小麦之抗寒性则与植物生理系合作；结果获得品质佳良产额丰富的品种，这不过是一机关内各部的合作。至他们机关与机关也很有合作的精神，我们知道美国是由 48 个州合并而成的；每州都有一个农科大学或农学院，研究当地的农业。同时农部方面则注意全国各地之农业问题，但农部对于各州的农业，并不另设试验场乃由各州之农科大学中聘定一人或数人，由农部拨给相当的经费彼此互相合作，做种种详细的研究和调查；因此经济人才两得其便，可收事半功倍之效。

（三）推广于人民的方法

他们研究得到了结果，必能推广应用于农家，因他们各系有各系的推广部，一经研究得到结果，耕种方法或优良品种，就在农家田中试验；农民见了自然能采用或接受他们的方法或种子。且各大学每年必有几次的公开讲演会，召集当地乡民听讲，例如康南耳大学每年到圣诞节时有“农夫周”，仪式非常庄严盛大，纽约州长亲来讲演，在这种讲演会时，除陈列良种良法以供农民参考外，校中各教授又轮次讲述各人心得；因美国教育很普遍，农民中中学毕业的也很多，他们大都能将所讲的笔记，作平时的参考。况美国农家的耕地在百亩以上很多，因此种子的优劣影响于收获极大，故一般农民很需要研究机关给与优良的种子。其他如畜养乳牛者，一旦乳中发生毒汁，或其变故，他们都自愿向学校教授与以相当的解决方法；有时还有到学校去练习。所以他们的研究和实用都是有密切的关系，这点似值得我们的注意和参考。

（国立浙江大学校刊，1933（133）：1399-1400）

中國近年來作物育種和作物栽培的進步概況

（民國二十五年一月二十九及三十一日應教育部之聘在中央廣播無線電台演講稿）

金善寶

增加作物生產的方法，大概有三種：第一，擴充種植面積；第二，改良品種；第三，改良栽培。今天所要報告的，注重於改良品種和改良栽培兩方面，至於擴充種植面積問題暫且不題。

我們知道，近代科學進步是日新月異的，因科學進步的結果，世界各國，農業生產的方法，均在長足地向前邁進。我國科學，雖然落後，但近年來國內對於農業生產，已能應用科學原理，且有相當成績表現，不若從前那樣故步自封了。因爲本人是學作物的，對於國內作物事業比較知道詳細些，所以今天特地把我國近年來作物育種和作物栽培的進步概況，略爲報告一下。

（一）作物育種

（1）水稻——中央大學於民國九年在南京高等師範時代，已經開始水稻純系育種，不過那時規模很小，祇在南京成賢街農場舉行；以後逐年擴充，到了現在，主要試驗地點共有三處：（一）院內農場有稻田十畝專做雜交育種和各種精密研究之用，雜交育種現有第一代到第五代的雜種，第五代雜種已有二十個優良品系在崐山和江浦農場加入十稈行試驗了；（二）崐山稻作試驗場有水田二百六十多畝，可稱國內最完善的稻作育種場，秈粳稻育種同時並進；（三）江浦場，有稻田百畝專充秈稻育種之用。

中央大學改良的水稻品種有帽子頭，江甯洋秈，東莞白三種。產量都比農家種好，所以歷年向各地推廣的數量很多。據崐山稻作試驗場報告，最近三年平均結果，帽子頭每畝產量比當地農家種，可增加12.6%。去年崐山螟害很猖獗，帽子頭竟能避免，增加產量竟達25%。帽子頭的優點，不但產量豐富，而且成熟早，能避螟害，因此適應力很大，在長江下游都能栽培。

中央大學最近在崐山場育成一新種，叫做『Ⅲ-16-258』和本地種比較增加產量可達16.9-29.2%之多。

廣東中山大學丁穎先生，在廣東羅浮山發現一種野生稻，利用野生稻和栽培稻雜交的後代，育成一個新種，稱爲『中山一號』生育很旺盛，並能抵抗不良環境，每畝收穫量比對照種可多收百分之三十。

上面所報告的是國內農業研究機關對於水稻品種改良成績，此外關於水稻生理現象或栽培方法，和改良品種有間接關係的，國內各水稻專家也有相當的研究和貢獻。例如普通種植水稻，必先播種於秧田，再移植於本田；應用秧田的原因，在提早水稻下種期，使本田的作物可待至移植水稻時再行收穫。這是江南一年種植兩季作物的區域，利用土地最經濟的辦法。但這種移植法舉行水稻育種試驗時最容易發生錯誤，沈宗瀚先生曾經做了一個水稻直播法試驗，他的結果證明直播法和移植法收量上沒有什麼分別。趙連芳先生也得同樣的結果。因此近年來國內水稻育種試驗，如品系數目很多的時候，多主張改用直播法，以期減少試驗的錯誤。

日照時間的長短，對於作物生長有重要的關係，外國已有許多試驗證明，國內近年在稻作方面也有相當的研究。趙連芳先生在中央大學試驗結果證明日照時間愈長，水稻出穗期所需日數愈多，產量愈高；日照時數少，出穗所需日數亦少，產量也減低。同一品種因日照時數不同，出穗日期有相差達一倍的；但其相差程度要看品種而定，譬如帽子頭的出穗期對日光和

中国近年来作物育种和作物栽培的进步概况

金善宝

增加作物生产的方法，大概有 3 种：第一，扩充种植面积；第二，改良品种；第三，改良栽培。今天所要报告的，注重于改良品种和改良栽培两方面，至于扩充种植面积问题暂且不提。

我们知道，近代科学进步是日新月异的，因科学进步的结果，世界各国农业生产的方法，均在长足地向前迈进。我国科学虽然落后，但近年来国内对于农业生产，已能应用科学原理，且有相当成绩表现，不若从前那样固步自封了。因为本人是学作物的，对于国内作物事业比较知道详细些，所以今天特地把我国近年来作物育种和作物栽培的进步概况，略为报告一下。

一、作物育种

（一）水稻

中央大学于民国九年（1920 年）在南京高等师范（学校）时代，已经开始水稻纯系育种，不过那时规模很小，只在南京成贤街农场举行；以后逐年扩充，到了现在，主要试验地点共有 3 处：①院内农场有稻田 10 亩专做杂交育种和各种精密研究之用，杂交育种现有第一代到第五代的杂种，第五代杂种已有 20 个优良品系在昆山和江浦农场加入 10 秆行试验了；②昆山稻作试验场有水田 260 多亩，可称国内最完善的稻作育种场，籼粳稻育种同时并进；③江浦场，有稻田 100 亩专充籼稻育种之用。

中央大学改良的水稻品种有帽子头、江宁洋籼、东莞白 3 种。产量都比农家种好，所以历年向各地推广的数量很多。据昆山稻作试验场报告，最近 3 年平均结果，帽子头每亩产量比当地农家种可增加 12. 6%。去年（1935 年）昆山螟害很猖獗，帽子头竟能避免，增加产量竟达 25%。帽子头的优点，不但产量丰富，而且成熟早，能避螟害，因此适应力很大，在长江下游都能栽培。

中央大学最近在昆山场育成一新种，叫作Ⅲ－16－258，和本地种比较增加产量可达 16. 9%~29. 2%之多。

广东中山大学丁颖先生，在广东罗浮山发现一种野生稻，利用野生稻和栽培稻杂交的后代，育成一个新种，称为中山 1 号，生育很旺盛，并能抵抗不良环境，每亩收获量比对照种可多收 30%。

上面所报告的是国内农业研究机关对于水稻品种改良成绩，此外关于水稻生理现象或栽培方法，和改良品种有间接关系的，国内各水稻专家也有相当的研究和贡献。例如，普通种植水稻，必先播种于秧田，再移植于本田；应用秧田的原因，再提早水稻下种期，使本田的作物可待至移植水稻时再行收获。这是江南一年种植两季作物的区域，利用土地最经济的办法。但这种移植法举行水稻育种试验时最容易发生错误，沈宗瀚先生曾经做了一个水稻直播法试验，他的结果证明直播法和移植法收量上没有什么分别。赵连芳先生也得同样的结果。因此近年来国内水稻育种试验，如品系数目很多的时候，多主张改用直播法，以期减少试验的错误。

日照时间的长短，对于作物生长有重要的关系，外国已有许多试验证明，国内近年在稻作方面也有相当的研究。赵连芳先生在中央大学试验结果证明日照时间愈长，水稻出穗期所需日数愈多，产量愈高；日照时数少，出穗所需日数亦少，产量也减低。同一品种因日照时数不同，出穗日期有相差达一倍的；但其相差程度要看品种而定，譬如帽子头的出穗期，整日光和5小时光相差不过10余日。这种结果可以预测某品种适应能力的大小，对于水稻品种推广的范围有相当的帮助。帽子头的出穗期和日照时间之长短影响甚小，所以它的适应性也就很大了。又据卢守耕先生在中央农业实验所试验结果，减少日照时间可使早、中、晚稻互相杂交。水稻品种的开花期，早中晚稻相差很大，在天然情形要想把两类品种互相杂交，很难办到。若减少日照时间，无论早、中、晚稻都能同时开花，故可互相杂交，因此早稻品种可做晚稻育种的材料，晚稻品种可做早稻育种的材料，杂交范围因而扩大。但是要使早、中、晚稻同时开花，施行短日法的时期是很重要的。据卢先生的报告，照南京情形，从6月1日起到6月30日，6月1日起到7月15日，施行短日法最能达到早、中、晚稻同时开花的目的。

（二）小麦

关于小麦育种工作，要算金陵大学和中央大学，历史最悠久，成绩最优良。这两个学校最近几年都已育成优良的品种，在各处推广的结果，都受农家的欢迎。

先说金陵大学改良小麦的成绩，该校改良的小麦有金大26号，是一种有芒赤壳红皮普通冬小麦，产量比农家小麦可增加7%。该校最近又育成一个新种，叫作金大2905，比金大26号的产量要高出25%。金陵大学在开封合作场，也育成了一个新种，称为开封124号，产量品质都很好，而且抵抗黑穗病的力量也很强。

中央大学改良的小麦，现在各处推广的计有5种。(1) 南京赤壳，也是一种有芒赤壳红皮普通冬小麦。据该校在淮阴合作场试验结果，比当地著名的大玉花小麦每亩可多收20%。又据河南南阳、商丘两合作场的报告，南京赤壳的产量都比当地的土种好，可见本种的适应性是很大的。(2) 武进无芒，本种的成熟期比南京赤壳可早三四日；皮薄出粉多，但产量常逊于南京赤壳。(3) 南宿州小麦，据淮阴合作场报告，本种产量比当地大玉花高出34%。(4) 江东门，本种形态上和南京赤壳很相似，但亦很容易分别，就是它的穗比较疏些，成熟时穗有点弯曲的。它的种子很坚硬，可说是一种硬粒小麦。南京气候潮湿，多不适于硬粒小麦的生长，所以北方硬粒小麦移到南京来种，不但产量减低，种子也变软了。现在南京改良的小麦都是软性的，只有江东门是硬粒的。硬性小麦的好处是蛋白质的含量高，适于制面包，而且本种每石重量要比南京赤壳、武进无芒等多七八斤；所以面粉厂商情愿出高价来收买。江东门小麦最大的特点，还在它成熟早，几乎和大麦同时收获。我国施行两熟制的区域，小麦的早熟性是很重要的条件。故在棉麦两熟或稻麦两熟的地方，江东门可说是唯一适宜的小麦品种。（5）品质小麦（Quality），这个品种是从美国输入的，因为它的种子洁白如玉，故有时称为美国玉皮。它的特点很多：①秆极强健不易倒伏；②种子和壳附着很紧，虽收获稍失时，不致脱落；③抗病力极强，对于黑穗病和锈病可说是完全免疫的；④它的适应能力很大，许多地方都能栽培，播种提早或延迟，都不甚影响产量。因为秆极强健，所以很能抗肥，不像别的品种，一遇过肥之地，就会倒伏的。总之，品质小麦有许多优点，现在国内改良的几种小麦，优良条件恐怕没有比它最完备的。据朱凤美、周承钥两先生合作试验结果，证明品质小麦之产量，也很不差。他们试验的目的，是用腥黑穗病孢子接种和不接种对于产量的关系。试验结果，无论接种不接种，品质小麦的产量都超过武进无芒、南京赤壳、金大 26 号、金大 2905、江东门等各品种。从此可知品质小麦也是一个丰产的品种，而且遇到不良的环境愈加显出它比别的品种来得好（表 1）。

表 1　各小麦品种用腥黑穗孢子接种和不接种之每亩平均产量　（单位：斤）

品种	对照	接种（T）	接种（L）
品质小麦	280.0	293.5	288.2
武进无芒	278.8	241.8	254.4
金大 26 号	250.4	228.9	262.8
南京赤壳	252.0	226.2	233.3
金大 2905	235.7	219.2	206.5
江东门	203.3	189.3	202.2
南宿州	195.0	199.3	189.5

T=*Tilletia tritici*，L=*Tilletia laevis*

以上所说，是中央大学改良的品种已经向农家推广的，该校最近又得到一个新种，叫作中大 17-14，在大胜关和劝业场两处试验都用南京赤壳做对照，5 年平均结果，中大 17-14 比南京赤壳增加产量 20%。在淮阴合作场试验结果，比当地大玉花增加产量 15%。

（三）棉作

棉作改良工作，中央大学和金陵大学都有很悠久的历史，近几年来，中央农业实验所和中央棉产改进所可说是异军突起。对于我国棉种的改良积极进行，不遗余力，将来希望实未可限量。

过去对于棉作改良之途径可分为两种：一种是输入优良美棉使它驯化，还有一种是分离中棉选出优良之纯系以供繁殖。

驯化美棉，从民国九年（1920 年）起，直到现在已经有 16 年历史了。在各省大量种植的有 3 种：一是脱字棉，成熟早，产量丰，分布最广。凡适于美棉区域都有它的踪迹，而在山东、河南、陕西几省栽培更多。次之是金字棉，成熟最早，河北、山西两省种植最多，最近江苏盐垦区域和山东高密等处，也有大量的推广。还有一种是爱字棉，纤维最长，铃又大，但成熟最迟，现在栽培区域，只限于南京、乌江和安庆一带。

最近中央农业实验所和中央棉产改进所举行美棉品种区域试验，得到两个新品种：一是斯字棉第四号（Stoneville No. 4），经各省试验结果，产量比脱字棉多 3%~64%，纤维长

$1\frac{1}{8}$英寸，可纺 32~42 支之细纱。成熟极早，宜于黄河流域各省。还有一种是德字棉 531 号（Delfos No. 531），产量胜于爱字棉 6%~86%，纤维长达 $1\frac{1}{4}$英寸。可纺 42 支细纱，成熟又早于爱字棉。此棉在长江流域产量甚丰，黄河流域也能种植。总之，斯字棉和德字棉是中央农业实验所和中央棉产改进所，最近对于棉作育种的极大贡献，也可说是近 15 年来我国棉作育种上很大的成功。将来在国内棉推广方面，具有极大希望的。

说到改良中棉的成绩，中央大学曾经育成鸡脚棉、小白花、孝感长绒、江阴白籽等 4 个品种，前两种已经放弃了，现在专注重江阴白籽和孝感长绒两种，这两种在长江流域颇为适宜。金陵大学育成的中棉有百万棉，铃大而纤维细长，可纺 24 支纱。

（四）大豆

大豆改良的成绩，金陵大学得到一个品种称为金大 332，经过 7 年试验，它的产量比标准种高 45%。中央大学有一个品种是用混合选种法选出来的，去年在大胜关农场试验结果，它的产量比金大 332 多 12%以上，机会数是 40∶1。金大 332 百粒重量为 12.7 克，斑纹百分率占 68.2%；混合选种百粒重为 15.5 克，斑纹百分率占 35.2%。但这是一年的结果，去年又因天气干旱，两品种之产量都不甚好，故以后尚须继续试验，方能知其究竟，不过看了这种结果，我们可以知道，混合选种在大豆育种似乎是一个迅速有效的方法呢。

（五）玉米

现在改良玉米所用的方法，大概先用人工自交，以便得到纯粹自交系，再将各自交系相互配合则可得到具有杂交势的新种。中央大学从事玉米自交育种已有多年，现在自交 7 年的共有 150 系，自交 4 年的有 155 系。民国二十三年（1934 年）从自交系之中，选出比较纯粹的 41 系，做各种杂交之材料。去年比较试验结果，得到 13 个自交系，彼此结合之后，产量高于南京黄（标准种），最低 9%，最高达 30%，平均约得 20%。

二、作物栽培

（一）高粱打叶

我国北部诸省如河南、山东等处，农民种植高粱，常有打叶的习惯。当高粱黄熟时期，把下部的老叶剥去，只留剩顶端几叶，剥下来的老叶或充饲料或作柴薪，但这种剥叶习惯，对于高粱本身是否有害或受害到如何程度，应该做试验来证明，方可断定。李先闻先生在河南大学农学院曾经做过很精密的试验，他证明在高粱黄熟时候打叶，对于产量并无损害。江苏省立麦作试验场，在徐州也做过打叶试验，得到同样的结果。这样看来北方农民对于高粱打叶是有益而无损的，不过打叶必须在黄熟时举行，打得太早，籽实收量就要逐渐减少。

（二）播种期

各种作物之播种期，都有最适当的时期，过早或过迟，对于产量都有莫大的损害。这种最适当时期，当然要待试验之后，才能决定的。

1. 小麦

据周承钥先生在中央大学试验结果，照南京情形，播种小麦最适当时期是10月下旬，播种愈迟产量愈少，但因播种失时而产量递减的百分率要看品种而定，例如，南京赤壳在12月下旬播种和10月下旬比较，产量要减少58%，金大26号减少66%，但品质小麦则只减少53%。品质小麦的优点前面已经说过，就播种时期说，也可以看出它的好处。

2. 大豆

据张文曦先生，在北平农学院试验结果，北平大豆播种时期，以4月下旬至5月中旬为适当，尤以5月上旬为最适当时期；5月下旬至7月中旬播种，大豆尚可收获，若延到7月下旬播种，发芽生长都不好，只能开花而不能结荚成实。本人在南京试验结果，大豆播种期以5月中旬至6月上旬播种最适当，种植太早或太晚，多半不结实。

3. 玉米

照本人在南京试验结果，玉米播种期6月中旬最适当，产量好；但玉米可以播种的时期比较别种作物来得长，播种提早或延迟，对于产量不甚影响。照南京情形，最早5月1日，最迟7月15日播种，每亩产量并不十分受影响。不过7月下旬播种，因收获稍迟，穗上含水很多，干燥比较困难。

4. 棉花

中央大学在江浦农场进行已有两年，用脱字棉作为材料，采用任意排列法处理，共分7期，两年结果，均以5月初旬和中旬下种为佳。河南大学农学院在开封试验，材料亦是脱字棉，分4期播种，亦用任意排列。结果证明开封播种期宜在4月25日左右。

（三）种植疏密

作物种植的疏密，不但影响每亩产量，且和成熟期、中耕工作以及种子品质都有相当关系。故各种作物都应就地方情形分别试验决定之。例如，水稻插秧问题，每丛应该要几株，各丛距离要多大，都有研究的必要；水稻如此，别的作物也是一样。

1. 水稻

据赵连芳先生在中大昆山稻作场试验结果，证明行距愈大，产量愈小，5~7寸下种中耕均不便，19寸成熟最迟，5寸可早10天，11~13寸生育状况、产量以及成熟期都好。所以早稻主用12寸，晚稻主用15寸最为适当。每丛株数则用4~5株。

浙江省立稻麦场报告：早稻以行距6寸，株距5寸；中稻以行距9寸，株距5寸为最适当；晚稻以每丛所占地面积自40至90平方寸，行距9寸，株距9寸最适宜。

卢守耕先生最近在中央农业实验所试验结果，证明水稻小株密植每亩收量远胜于大株疏植，小株密植（每株3本，株距0.45尺）比大株疏植（每株9本，株距1.30尺）增加收量20%。因此主张欲增加一定面积之收量，应该奖励小株密植法。

2. 大豆

本人在中大大胜关农场，曾经做了一个大豆距离疏密试验，行距分为1尺5寸、2尺、2尺5寸3种，株距分为2寸、4寸、6寸、8寸4种。试验结果可分数种：①就产量说，愈密愈多，但成熟期愈疏愈早；②斑纹病百分率因距离疏密而不同，愈密则愈多。这种结果，吾人可以酌量情形变通应用，若以大豆之收量为目的，可以密植，如要顾到下届作物（例如小麦）之收量则应疏植。又如所用之大豆品种，容易发生斑纹病亦应疏植。

（四）大豆玉米夹栽

我国各地农民常有把大豆和玉米混起来种的，北方最盛行，南京也很普遍。这种夹栽制度，是否比单栽好，或者怎样混种才能收最大的效果，实在值得我们研究的。本人在大胜关试验场做过精密比较试验，有几点可以报告：①无论大豆单栽或玉米单栽，经济收入总不及两者混种好；②行间夹栽，不及株间夹栽；③株间夹栽，又以两株大豆一株玉米为最好，换句话说，大豆和玉米夹栽的播种量，最好是 2∶1；④夹栽的大豆成熟比单栽的来得早；照南京情形，大豆收获之后，要种小麦，所以提早大豆成熟期是很重要的。

（五）早熟促成法

俄国 Lysenko 氏，于 1932 年发表植物早熟促成法以来，欧美各国竞相仿效举行试验。中央农业实验所沈骊英先生，已有试验成绩报告，证明在南京情形，应用此种方法，可以促进小麦之早熟，他并证明成熟提早之程度和小麦品种颇有关系，江东门小麦似乎最适于用为早熟促成法之材料。

（六）肥料

作物所需肥料各有不同，吸收的分量、时期、种类亦随种类而定。要想增加作物单位面积的收量，当然要举行各种肥料试验，方能得最大的效果。我国对于作物肥料试验向少举行，而有成绩表现的，更若凤毛麟角，中央农业实验所近来对于稻麦棉各种主要作物，举行大规模肥料试验，由张乃凤、戴弘两先生主持，现有合作试验场 12 处，分布于苏、皖、鲁、冀、晋、陕等 7 省。据该所在各地试验之结果，氮素是普遍缺乏的养分，磷钾的效力各地颇不一致。对于棉花，氮素钾素最能增加收量，施用大豆饼增加产量仅得 9%，施用化学肥料则能增加 19%。中央棉产改进所在各处试验也得相似之结果。对于小麦，每亩施用硫酸铵 20~30 斤，能增加产量 23%~32%，但若再增加硫酸铵的用量，对于小麦产量不能再增加了。对于水稻、氮磷、氮钾或氮磷钾合施，均得同样最优结果；水田施用菜籽饼再加硫酸铵 10 斤，增加产量 30%，且达最高限度。

又据卢守耕先生报告，水稻因增加肥料之结果，增加产量非常显著，但因增肥而增收的百分率又因品种而大有差异。他又证明水稻品种间抗肥力大有强弱，就一般说，粳稻比籼稻能耐肥，换句话谈，粳喜多肥，籼则能耐瘠地。

中央大学在江浦场举行肥料同份试验已有 3 年，所用肥料是油粕类（包括大豆、油菜、棉籽、芝麻饼）和农民普通所施的灰粪，用不施肥料作为对照。历年结果都以施用油粕类为佳，且很显著。说到油粕类之中，孰优孰劣，就没有显著的分别。灰粪的肥效，比不施肥的，毫无分别。

（七）棉麦两熟

江南一带，农民种植棉花，多采用两熟制的，就是棉花收获前后，常种植裸麦或是小麦，这种棉麦两熟制对于经济是否合算，实在值得我们研究的；中央大学劝业农场和大胜关农场，曾经做过棉麦两熟和棉花一熟制的比较试验，由冯泽芳先生主持，所用的材料是江东门小麦、爱字棉和鸡脚棉，三年平均结果，不论美棉中棉，两熟总不及一熟好。不过中棉两熟还可行，而前后作又比间作来得好。

以上所举的几个例子，只是一个大概，绝不能代表全体，国内农业机关作物事业具有优良成绩的，当然不止于此。只就稻麦来说，中央农业实验所对于稻麦育种，原在积极进行之中，近来又和新成立之中央稻麦改进所，联络各省农业机关，在整个计划之下，谋全国稻麦生产之改进；最近之将来，对于全国稻麦之生产，实具有无限希望。此外如河南大学农学院、北平大学农学院、北平燕京大学作物改良场、徐州麦作试验场、江西农业院、浙江大学农学院、浙江省立稻麦改良场、浙江省立棉场、广州私立岭南大学农学院等，对于小米（应为谷子，下同）、高粱、大豆、玉米、小麦、水稻、棉花各种作物，依地方情形，分别在那里作实地改良的工作。或已有成绩报告，或尚在继续进行之中；今天因为时间所限，不能做很详细的报告，不过综合上述结果，我们可以知道中国近年来对于作物事业进步之一斑。

最后把中国以后关于作物事业应注意的几点提出来供大家参考。我国农业机关过去对于作物事业，似有两大缺点：①偏重稻麦棉而忽略他种主要作物；②偏重育种而忽略栽培；因此作物工作都不免重复，人力财力两不经济，故以后作物工作人员，除稻麦棉外，他种重要作物如茶、甘蔗、烟草、麻、大豆、高粱、玉米、小米等，亦应加以注意，就地方情形，致力于当地特种作物、育种栽培同时并进；诚能如此，我国以后作物事业之进步，当更倍蓰于今日。

（1936 年 1 月 29、31 日，应教育部之聘在中央广播无线电台演讲稿）

（农报，1936，3（5）：254-259）

中國幾種重要禾穀類

（二十五年十二月二十一、二十三、二十五三日講）

國立中央大學農學系教授 金善寶

一 禾穀類的釋義

禾穀類作物是人類日常生活所不可缺少的東西。無論古今中外，總是取牠做人們的重要食料。故從食糧的地位來說，人類和禾穀類作物可說是休戚相關的。不過禾穀類的範圍很廣，解釋很不一致，今天在未講本文以前，把禾穀類的意義先來解釋一下。

中國古時就有穀類的名稱，惟古書的記載各各不同，有五穀、六穀、八穀、九穀、甚至百穀等等的分別。穀名考：五穀是禾、麻、粟、麥、豆；六穀是穀、黍、稻、粱、麥、菰；八穀是黍、稷和稻、粱、禾、麻、菽、麥；九穀是穀、黍、稷、秫、稻、麻、大小豆、大小麥。元王禎百穀序說：『百穀者，三穀各二十種爲六十種，蔬菓各二十種共爲百穀』，注裏說：『粱者，黍稷之總名，稻者既種之總名，菽者種豆之總名，三穀各二十種爲六十』。我們可以知道，中國古時所謂穀類的範圍是很廣汎的，除了禾本科的稻麥黍稷之外，還加入屬於豆科的大小豆，和園藝上的蔬菓。不但如此，不屬於食用的麻，有時也加入在內。

本文所講的禾穀類，牠的定義是這樣的：凡是禾本科的作物，牠的種子可供食用的，都稱爲禾穀類。照這個定義，麻非禾本科，且不能供食用，大小豆雖可供食用，但亦不是禾本科，故均不能稱爲禾穀類。禾穀類作物，種類很多，今天因爲時間關係，祇能把和中國食糧有關係的幾種，如水稻、小麥、高粱、玉米、小米等，作一概括的報告。

二 禾穀類生產概況

中國種植作物的面積，據各方估計（参考4）約有十五萬萬二千八百萬畝。若以這個數目作爲一百，那麽小麥約佔作物總面積百分之二十二，水稻約佔百分之二十一，大麥約佔百分之十一，高粱小米各佔百分之十，玉米佔百分之六，合計佔作物總面積百分之八十。由此可知禾穀類在我國作物之中佔最重要的位置。若就禾穀類之中分別來說，又因氣候的差異，地勢的不同，各種作物在各地的生產，多寡大相懸殊。

中国几种重要禾谷类

国立中央大学农艺系教授　金善宝

一、禾谷类的释义

禾谷类作物是人类日常生活所不可缺少的东西。无论古今中外，总是取它做人们的重要食料。故从食粮的地位来说，人类和禾谷类作物可说是休戚相关的。不过禾谷类的范围很广，解释很不一致，今天在未讲本文以前，把禾谷类的意义先来解释一下。

中国古时就有谷类的名称，惟古书的记载各不同，有五谷、六谷、八谷、九谷，甚至百谷，等等的分别。谷名考：五谷是禾、麻、黍、麦、豆；六谷是谷、黍、稻、粱、麦、蓏；八谷是黍、稷、稻、粱、禾、麻、菽、麦；九谷是谷、黍、稷、秫、稻、麻、大小豆、大小麦。元王祯《百谷序》说："百谷者，三谷各二十种为六十种，蔬果各二十种共为百谷"，注里说："粱者，黍稷之总名，稻者既种之总名，菽者种豆之总名，三谷各二十种为六十"。我们可以知道，中国古时所谓谷类的范围是很广泛的，除了禾本科的稻麦黍稷之外，还加入属于豆科的大小豆和园艺上的蔬果。不但如此，不属于食用的麻，有时也加入在内。

本文所讲的禾谷类，它的定义是这样的：凡是禾本科的作物，它的种子可供食用的，都称为禾谷类。照这个定义，麻非禾本科，且不能供食用，大小豆虽可供食用，但亦不是禾本科，故均不能称为禾谷类。禾谷类作物种类很多，今天因为时间关系，只能把和中国食粮有关系的几种，如水稻、小麦、高粱、玉米、小米（应为谷子，下同）等，作一概括的报告。

二、禾谷类生产概况

中国种植作物的面积，据各方估计，约有152 800万亩。若以这个数目作为100，那么小麦约占作物总面积22%，水稻约占21%，大麦约占11%，高粱小米各占10%，玉米占6%，合计占作物总面积80%。由此可知，禾谷类在我国作物之中占最重要的位置。若就禾谷类之中分别来说，又因气候的差异，地势的不同，各种作物在各地的生产，多寡大相悬殊。

（一）水稻

水稻的生产，在平常年岁，约计90 000万担以上（每担100斤）。我国人口以

45 000万计算，那么平均每人约可得稻两担多。从稻的产量而论，我国占据世界第一位。从消费方面说，也要算我国第一。国内诸省，以广东的产量为最多。次之如四川、湖南、江西、广西等省，产量都不少，且常有多余输出外省。再次如江苏、浙江、湖北、安徽等省。广东产米虽多，但该省消费很大，常不能自给，洋米之进口，广东要占十分之七八。湖南每多余米，从前因交通阻塞，不能运往外省，最近粤汉铁路开始通车，今年湘省稻产又告丰收，故有大批湘米可以运往广东，杜塞漏卮，当有可观。

我国稻的生产，虽占世界第一位，但因消费浩大，分配又不均，每年常有大量洋米输入，据海关报告，每年洋米进口，少则1 000余万担，多至2 250万担，平均约1 600万担。每担平均以10元计，每年约有10 000万元以上的漏卮流出国外。

（二）小麦

全国小麦产额，约在40 000万担左右，比较号称世界产麦第一的美国（美国产麦约36 840万担）有过之而无不及。各省生产最多的，要算山东、河北两省，均在6 000万担以上。次之是江苏，约在5 000万担以上。再次是河南、湖北两省，均在3 000万担左右。我国所产小麦，虽可与美国并驾齐驱，但每年消费仍感不足，据历年海关报告，每年从外国输入的麦粉，是很惊人的。小麦每年约1 700万担，面粉约300万担。小麦平均以4元一担计算，每年损失约计7 200多万元，面粉的价钱还没有加入。

我国从古以农立国，米和麦又是我国最重要的两种禾谷类。但现在这两种食粮，仍须仰给外国，不但可耻，而且可忧。推究我国每年从外国输入米麦的原因，是否由于国内产生的不足，实在是个疑问。据我看来，国内交通阻塞，运输不便，恐怕是个重要因素。从前南方发生灾荒，北方如绥远、察哈尔诸省，因交通不便，小麦反无人顾问，未经收获而用火焚烧者，乃常有的事。反之，北方闹旱荒的时候，南方的米亦无法运到北方去。广东每年输入大宗的洋米，内地有余米的几省，也很难运过去，今年粤汉铁路通车，湘米就可以大宗输到广东去，则今年广东对于洋米之进口，一定可以大大地减少。将来各省铁路交通网完成之后，运输便利，米麦之输入额，我想必要大为改观呢。米麦输入的重要原因，恐怕还有一个品质问题，我国米麦的品质，就一般来说，实不及洋米洋麦，这是无可讳言的。试拿小麦做例子，我国进口的小麦，大部分是从加拿大来的，这些小麦运到上海，每担的价格要比本国小麦高好几角，但是一般面粉厂商仍是乐于购买。因为加拿大的小麦，不但洁净干燥，出粉率亦高，虽价格稍高，仍是合算的。小麦如此，米也是这样的。

从上述结果看来，中国要想米麦自给，不但要增加产量，改良品质也是很重要的。

（三）大麦

大麦因其具有粗糙的芒，收获脱粒等工作很不方便，所以农民很讨厌它，但在某种区域，仍以大麦为主要的生产。它的原因不外有下列两个：①为工作支配便利起见，不得不种大麦。②大麦成熟早，一年种两季作物的地方，大麦收获后，得以从容种植下期作物，如行棉麦两熟制的区域，大麦尤居重要的地位。

全国大麦的产量，约有22 000余万担，要算江苏最多，约计3 200万担，湖北、河南、四川等次之，皆在1 000万担以上。

（四）玉米

我国玉米的产额，在禾谷类之中，除了燕麦、黑麦之外，要算是最少的。每年约有14 000万担以上。其中出产最多的是四川，占总产额15%；次之是河北，占13%；辽宁居第三，占12%。再次是湖北、河南、山东、吉林等省。全国玉米的分布，从东北到西南约略成一斜带形，不若小麦的分布偏于北部，水稻的分布偏于南方。

（五）高粱

全国高粱的产额，约有23 000万担以上，多于小米和玉米。各省之中，辽宁最多，约占总产额20%；次之是山东、河北、吉林、河南、黑龙江、山西等省。上述几省和辽宁合计起来，约占全国产额71%。所以高粱是北方的产物，而且它的分布略偏于东北方面。

高粱植株的性状和玉米很相似，但耐旱的能力，高粱比玉米来得强。北方天气很干燥，所以高粱的生长要比玉米好。至于这两种作物耐旱能力所以不同的原因，大概可分为3种：①高粱的根部比玉米发达，因此吸收水分的力量增大了。②高粱的叶子比玉米狭，因此蒸发的面积减少了；③高粱在生理方面还有一种特别的优点，就是当土中缺乏水分的时候，高粱能够暂时停止生长。虽无水分供给，亦不至于死，遇到适当的时候，再继续生长。因为有这3种原因，在北方干燥的区域，高粱比玉米长得好，这并不是说高粱不能生长于南方湿润的区域，不过在湿润区域，高粱的生长不及玉米来得好。所以在北方，高粱多于玉米，而在南方则玉米多于高粱。

（六）小米

小米也是很能耐旱的作物，所以它的分布也是偏于北方的。全国总产额约计21 700万担。山东、河北、河南三省最多，东三省亦不少，南方栽培很少。

三、禾谷类的特性

谷类作物之性状，大体可分为二类：第一类，籽实发芽之际，生有一本之幼根。发芽及成熟时，需要温度较高，种子表面没有腹沟。第二类，种子发芽时，生有二本以上之幼根。发芽及成熟时，需要较低之温度，稻、粟、高粱、玉米属于第一类，小麦、大麦、燕麦等属于第二类。再就根、茎、叶、花等性状分别述其大概。

（一）根

谷类作物之根部，可分为临时根和永久根两种。临时根是在种子发芽时产生的。它的功用是帮助幼根吸收水分，等到永久根发生，即行消减。永久根由根冠发生，为无数须根所组成。临时根之数目，随作物之种类而不同，例如水稻、高粱只有一本，小麦、燕麦有三本，黑麦四本，大麦自五本至八本。

临时根离土面的深度，随播种深浅而定。但永久根之深度，常在离土面一寸左右之处，和播种之深浅没有什么关系。

（二）叶

谷类作物之叶，都是平行脉。叶之全体，可分为叶身和叶鞘两部。叶身为营同化作用制造养料之重要机关。叶鞘包裹茎部，有支持上部之物体及保护软弱之茎部与穗部之功用。

叶鞘和叶身连接之处，左右有薄膜状凸出之部分，形若两耳，叫作叶耳或称叶唇。叶唇之大小、长短、有无，要看作物之种类而不同。小麦、大麦、黑麦、水稻均有叶唇，高粱、玉米没有叶唇。又在水田中有一种杂草叫稗草，也是没有叶唇的。故欲驱除水田中的杂草，稗和稻的性状，可借叶唇之有无而分别的。

叶身基部之内面，生有一透明之薄膜，环茎而生，普通称作叶舌。叶舌有长有短，玉米之叶舌很短，大麦之叶舌甚长。叶舌紧附着茎部，这样可使为叶鞘包围之软弱茎秆，不致为雨水所侵害。

（三）茎

谷类作物之茎，多数呈圆筒形。茎或空或实，稻麦之茎常空，高粱、玉米内部充满髓实。茎有节，普通自五节到七节。节间之长度，下部最短，上部最长，这样可以支持上部之重量，使作物不容易倒伏。

（四）分蘖作用

一粒之谷类种子，发芽成苗之后，从它的基部逐渐产生若干枝苗，这种枝苗普通叫作分蘖。分蘖也是谷类作物特性之一。稻麦之分蘖最旺盛，高粱、玉米比较少。一颗之稻麦种子，普通能分蘖四五本至十数本。旺盛时可达二十余本。如生长于适当之环境，可达一百数十本。分蘖的时期，开始于发芽后二星期，嗣后继续进行，照普通情形，至出节时停止分蘖。凡分蘖能出穗结实者称为有效分蘖。中途夭折或出穗而不能结实的，叫作无效分蘖。

分蘖之多少，第一关乎作物之种类和品种之特性，第二受环境之影响。例如，播种之早晚、疏密、深浅、土壤之肥瘠、水分之多少等，都与分蘖有密切的关系。

（五）花序

谷类之花序可分两种。一种是穗状花序（Spike），像大麦、小麦、黑麦等属于这一类。所有小穗，均直接着生于穗轴。另一种是复总状花序，像水稻、燕麦属之。这种花梗，生有枝梗，枝梗又生小枝梗。所有小穗着生于小枝梗。

介乎上述二者之间，又有一种所谓拟穗状花序（Raceme），如粟之花序即属于这一类。这种花序本为复总状花序之一种，但是枝梗很短，表面看起来，似属穗状花序，所以称为拟穗状花序。

谷类作物之穗部，无论是穗状花或复总状花，都由许多小穗组织而成的。每个小穗具有一个乃至二个以上之花。水稻、大麦一个小穗只有一个花。小麦之小穗则有花一个至五个。每个小穗有两个外壳（Glume），外壳之内为中壳（Lemma）和内壳（Palea）。每花有中壳、内壳各一个。但每一小穗，中壳和内壳之数则不等。中壳是芒着生的地方。芒有着生于中壳之顶端的，如小麦、水稻；也有生于外壳背部之中央的，如燕麦。

花部之内外壳，在保护内部之生殖器官，它的功用和别种花之花冠相等。

谷类作物，只有玉米是雌雄异花的。其余若水稻、小麦、大麦、高粱都是雌雄同花。一花之中，只有一个雌蕊。但雄蕊之数目，水稻有六个，小麦、大麦、高粱、玉米等都是三个。

花之受精，有自花受精，也有异花受精。稻、小麦、大麦、燕麦普通均系自花受精，黑麦和玉米则为异花受精。

开花之顺序，复总状花序之谷类，最上部之小穗先开，顺次及于下部。穗状花序之谷类，普通穗之中部先开，上部次之，下部最迟。开花的期间，水稻从一小时到三小时。小麦仅数分钟到二三十分钟。

一日之中，开花时间，水稻约在上午 10 时左右。小麦多在早晨七八时和下午五六时，晚上也有一部分开花。大麦在午前，黑麦在正午。

一株中之开花顺序，母株最先，次第一分穗，再次第二分穗。一株开花终了之时间，要看分蘖之多少和气候情形而定。

（六）禾谷类的四时期

谷类作物从发芽生长，到了成熟，可分为很明显的 4 个时期。（1）幼苗期（Seedling Stage）：从发芽至出节以前，称作幼苗期。在这个时期，作物如受践踏或放牧，不会受到多大损伤的。（2）出节期（Jointing Stage）：在这个时期，作物长成明显的秆节，生长很快，如遭践踏，很容易受损害。（3）出穗期（Heading Stage）：在这个时期，谷类品种的特性，很明显地表示出来，故为分别品种最好的时期。（4）成熟期（Ripening Stage）：从结实到成熟，谓之成熟期。这时期很长，又可分为 4 个，①乳熟期：在这时期，种子之长度已经生长完成，外表呈绿色，内部浆状，若以两指用力压之，就有浆状之物流出。②黄熟期：这时种子发达完全，用两指压之，内部已由浆状而变成胶状。种子很丰满，紧附中壳和内壳，不容易脱落。如用机器收获，这是最适当的时期。③完熟期：这时的种子体积较前缩小，种皮已具有天然的光泽，很容易和壳分离。如用机器收获，种子因振动而脱落，要受相当的损失。④枯熟期：种子已极度干燥，茎秆已呈枯萎状态，在此时收获，损失很大。

四、禾谷类的种子

（一）种子的构造

大凡花有雌蕊，它的子房含有胚珠，雌蕊受精之后，胚珠发育，变成种子。胚珠和子房同时发达，这种发达的子房，叫作果实。故从植物学的关系来说，由胚珠发达的部分，乃是真正的种子，如包括子房在内，乃是果实而不是种子。例如大豆、蚕豆、豌豆、棉花、油菜、烟草等种子，都由胚珠发达而成。而谷类作物，如小麦、玉米等种子之外皮，乃由子房发达而成。稻和大麦，且包含花部的内外壳。但吾人都称为种子。故谷类种子所包括的部分，比别的种子来得广泛。

谷类除去由子房发达之种皮不计外，可分为胚和胚乳两大部分。胚部分幼芽、幼根及胚甲三部。幼芽发达为地上部，幼根则向地下生长。胚甲当发芽进行时，能分泌酵素，溶解胚乳中的养分，并助这种养分运输至幼芽与幼根。胚乳是种子储藏养料的组织。大都是淀粉，专供发芽时幼植物吸收养料之用。

（二）种子的储藏

谷类种子从田间收获之后，储藏在室内，常有发热、发霉或是不能发芽的现象。这都是由于种子内部含水分过多的缘故。潮湿是种子变坏的重要因素。换过来说，欲保存种子的发芽力，干燥是最重要的条件。因为种子干燥之后，内部的化学作用受了抑制，各种酵素的消失均受阻止，故发芽力乃能保持长久。

谷类之种子，普通约含 14%的水分。如超过此种限度，种子即难久藏。如能设法将水分减少到 14%以下，发芽力可以保持得很长久。

干燥种子之时，须用低温度慢慢地干燥，不可加高温。干燥的方法，可先利用天然之日光，反复晒干，再加入适当之器具而密封之；或加入生石灰、草木灰、氯化钙等干燥剂，共同密封于相当之器具，均能延长种子之生命。日人近藤万太郎曾将小麦、稞麦种子，分 3 种储藏方法，试验发芽力之大小，即①储入通风之袋内，②用瓶密封，③用密封之瓶，再拌以生石灰。每年检查发芽率一次，得到很显著的结果。用第 3 种方法贮藏，到第 15 年时，小麦之发芽率尚有 48. 6%，稞麦尚有 71. 5%。用第二种方法贮藏，至第 8 年时，小麦之发芽率仅 0. 3%，稞麦仅 1. 5%。用第一种方法贮藏更不及第三法。又美国之 Whymper 与 Bradley 将小麦贮藏于玻璃瓶，放在暗处，并置入氯化钙（$CaCl_2$）干燥之，使其种子之水分减至 1. 97%。15 年又 9 个月之后，取出检验发芽力，尚有 82%。由此观之，充分干燥是维持种子生活力最有效的方法。

种子在贮藏期内，除受潮湿之损害外，害虫的蛀食也是很重要的。当麦子收获之后，放在仓库里，两星期之内，即见有大批麦蛾飞出，或是把麦粒切开检查，常见有幼虫在内把麦粒内部吃空。这种由麦粒飞出之麦蛾，一二日内又能生卵于麦粒之腹沟。孵化之幼虫再钻入麦粒而繁殖之。如贮藏不得其法，一二月之后，麦粒之大部将受损害。防治之法，虽可应用二硫化碳等药剂熏杀之，但殊不经济，充分干燥仍为最有效之法。盖干燥之后，种子坚硬，幼虫不容易侵入内部也。吾人如在仓库内注意观察，麦堆之表面或四周，受虫害之程度，比较内部或下层的要来得厉害，这是因为在麦堆的表面，麦蛾由麦粒飞出时，即可自由交配，自由产卵，滋生繁殖，极为容易。但在内部之麦蛾，不易交配产卵，不久即窒息而死。因此之故，贮藏麦子，小堆不及大堆。又麦堆之表面，铺一层石灰或草木灰等，既能防止麦蛾之繁殖，又能促进种子之干燥。

五、禾谷类在食粮上的地位

禾谷类在食用上的地位，要看地方情形和人类习惯而有差异。例如亚洲民族，米是主要的民食，而欧美两大陆，则以小麦和黑麦作主要食粮。就我国而论，南人多吃米，北方人多吃麦。日本除吃米以外，要算大麦最重要。欧美各国，栽培大麦，只用作酿酒和家畜的饲料而已。

我国虽号称南方人吃米、北方人吃麦，但这是一句笼统的话，各省对于各种食粮消费的情形，我们应该知道一些大概。中央农业实验所曾经有过一个调查报告。根据这个报告，中国主要的食粮，米是最重要，占 28%。次之是小麦，占 16%。再次是小米，占

13%。因为小米和黍很相似，两者合起来，占18%。此外玉米占8%，大麦占6%，高粱占5%。以上都是谷类作物，合计已达全国食粮消费81%。其他食粮，全国平均皆在5%以下。谷类作物在中国食粮地位之重要可想而知。

再就各省而论。吃米最多的要算广东，占全省食粮消费73%；次之是浙江，占66%，广西占52%；再次福建，占50%；其余各省均在50%以下。小麦的消费，青海最高，占40%。华北各省以及宁夏、河南亦很普通。大麦的消费，青海最多，占28%。江苏次之，占12%。玉米之消费量，最高是河北，占18%。其他华北各省以及云南、贵州亦甚高。高粱之消费，只限于华北诸省。小米和黍的消费，亦以华北为最重要。绥远、陕西两省之消费，为数更多。

六、禾谷类的用途

（一）稻米

米是东方民族最重要的食料，这是谁都知道的。依米之黏性程度，可分为籼米、粳米及糯米三类。糯米黏性最大，大都是酿酒用的，对于实际民食的关系，可说是很少。故就食用而论，只有籼米和粳米两类是最重要的。世界上产米最多的区域，如印度、暹罗（今泰国）、安南（今越南）、菲列滨（今菲律宾）、中国台湾等处，都是籼米。日本三岛所产的全是粳米。中国则籼米、粳米兼而有之。不过粳米的区域只限于江、浙交界一带，但籼米的产区分布很广。

籼米和粳米在形态方面，是很容易分别的。籼米大都是细长而稍扁平，粳米比较宽厚而短。

籼和粳在栽培上的性质，也是不同。例如籼稻多早熟，粳稻多晚熟。籼稻比较能耐瘠地，粳稻需要肥沃。籼稻容易倒伏，粳稻比较挺直。

从米的性质说，籼和粳也有差异。籼米的腹白多，硬度低，碾白时碎米很多。粳米的腹白和心白很少，硬度高，碎米很少。据本人在京沪（南京、上海）一带调查的结果，普通市场的籼米，碎米百分率最少10%，最高45%，大多数约占20%。粳米所占的碎米，最少5%，最高35%，大多数只有15%。籼米每担重量，最轻146斤，最重166斤，大多数156斤。粳米最轻156斤，最重168斤，大多数160斤。由此可知，籼粳对于碎米和重量是不同的。

籼米煮成饭，粗硬而不黏，味颇淡薄。粳米煮成饭则软而黏，味较浓厚。籼米的胀性大，能耐饥。粳米之胀性小，不能耐饥。故有钱的人喜欢吃粳米饭，贫穷的人喜吃籼米饭，就是这个缘故。

从稻去壳叫作糙米。糙米因有一层果皮包围，粗糙而难食。且煮饭时，不易膨胀。故必须碾白之后，方可煮饭。但米皮含有多量的蛋白质、脂肪以及维他命乙（即维生素B）等滋养物质。若米碾得太白或去皮太净，则此种滋养物质全都失去。普通市场之米，等级的高下大都是以精白的程度做标准，愈白等级愈高。这种标准，只注意消费者的口腹，而未顾及人身的营养问题。据日人的研究，多吃白米因营养不足，很容易生脚气病。小孩因此而死亡的，每年有数万人。因此奉劝诸位听众，不要吃上等白米，最好吃二三等普通米，不但滋养，而且经济。

近来日本发明一种胚芽米，也可称为胚白米，就是糙米碾成白米之后，米的糠层已全部碾除，但胚部仍然保存。因米的胚部含有丰富的蛋白质、脂肪以及维他命乙等滋养料，既可预防脚气病，增进健康，又兼有普通白米的食味，投人所好，故可称为富含养分的白米。近年来日人提倡甚盛，我国亦应继起仿效。

（二）小麦

人类食料之中，要算米和麦最重要，这是大家知道的。但实际说起来，麦和人类的关系，比米还要来得密切。我们知道，世界各国除了亚洲几国食米之外，欧美各国均以麦为主要食品。耶稣经典称小麦是人类养生之源，可见它的由来是很久了。据各方面估计，小麦充作文明人的食品，要占全食料 1/3。世界人口 16 亿，那么以麦为生活的，至少要占 53 000 万人以上。欧美人有一句俗语说："小麦是谷类作物的王"。它的重要可以想见。

小麦的吃法，西方人和东方人很有不同的地方。西方人大都是拿来做面包。东方人则以面和馒馒为大宗。

制造面包，要以膨大松软为好。要合乎这种条件，小麦的种类和所含蛋白质的多少，有密切的关系。普通小麦（*Triticum vulgare*）制造面包的品质，要比别种任何小麦来得好。普通小麦之中，蛋白质含量愈高，制造面包的品质也愈好。我们若把小麦的种子横切开来，里面的胚乳，有和粉笔一样而作白色的，也有像玻璃而呈透明的。前面一类的种子，我们称为软粒小麦；后者称为硬粒小麦。硬粒小麦所含的蛋白质，总比软粒小麦高。换句话说，做面包的品质，软粒小麦不及硬粒小麦。国立中央大学农学院有一种改良小麦，叫作江东门，是一种硬粒小麦，最适于制造面包。

小麦之中，有一种硬粒小麦（*Triticum durum*），籽实很坚硬，它的蛋白质成分有时比普通小麦还要高。但是制造面包的品质反不及普通小麦。这是因为硬性小麦所含蛋白质的品质不如普通小麦来得好。至于这种硬性小麦的面粉，大都是用来制造通心面或称管状面。这种面的大小和麦秆相似，里面是空的，所以称为管状面。欧洲意大利是这种面制造最多的地方。我们吃西餐时，也常见到的。

中国之面粉，最大的用途是做面和馒馒。次之要算馒头、油条、烧饼等。从前吃面食的大多限于北方，近年来，南方吃面的人也渐渐地多起来了。这几年来，外国式的面包，中国各地方的食品店都有出售，销路也很好。因为麦食比米食容易消化，滋养料亦比米丰富，此后麦粉在中国食粮上的地位，当更有逐渐增加的趋势。

日本所出的小麦粉，最大的用途和中国相仿佛，也是拿来做面，平均约占总数 50%。次之则为糕饼、馒头等，约占总数 21%。

日本人用米煮饭的时候，常加入一小部分小麦和米同煮，合而食之，这种吃法由来已久，近年且有增加的趋势。它的理由很简单，就是专吃白米很容易生脚气病。若将一部分之小麦和米混吃，可以减少这种脚气病的发生。

此外大宗用途在制造酱油。法将磨碎炒干之小麦和大豆混合，稍加湿润，加入酵母，到相当时候，使它自然发酵，变成液体。日本之小麦，用作酱油之原料者，约占 21%。中国制造酱油，小麦亦是不可少的原料。

小麦在东方还有一种特别用途，就是制造味之素或是味精，这种味精乃系一种乳白色而带结晶的粉状物，加入各种荤素汤内，有调味的效用。它的制法，从麦粉之中提出麦胶（Gluten），使它起分解作用，从加水分解所得之产物便是味精。这种味精之制造，最初是日本人发明的，现在中国也能制造了。

（三）大麦

大麦的用途很多。它的种子可作食用、酿酒、饲料及制麦芽糖。它的秆可制草帽辫。再分别简单说明一下。

1. 食用

我国北方农家，常把稞麦磨碎，和水煮食，普通称为麦稀饭。欧美各国，也有以大麦作为人类食料的，把大麦的内外壳剥去，叫作珍珠大麦，加入汤内，可以增加汤的浓度。或把大麦磨碎，作为小孩的食料。欧战（即第一次世界大战）时粮食缺乏，美国有用大麦代替小麦制作面包的。不过大麦粉没有麦胶，制成的面包，很紧实，不像小麦那样发松。

2. 酿酒

欧洲最重要之大麦制造工业就是酿啤酒。二棱大麦在欧洲，几乎都是酿啤酒的。酿酒的大麦蛋白质之成分以少为优。因蛋白质如溶解于麦酒，有时受温度变化的影响，变为沉淀。那么酒色混浊就要跌价了。所以酿酒用的大麦，蛋白质的含量要低，淀粉的成分要高。我国绍兴、诸暨等处，有用四棱大麦酿作烧酒的，亦称大麦烧。

3. 饲料

大麦是一种极好的家畜饲料，对于猪、羊、鸡、乳牛等尤为相宜。我国山东、四川等省，多用大麦喂马。不过大麦用作家畜的饲料，宜在青绿的时候；等到干燥之后，麦壳粗硬，对于牲口的牙龈，很有损害。又酿酒剩下的酒糟，也是牲畜的好饲料。

4. 麦芽糖

制造麦芽糖的工业，我国各省多有之。它的原料都是大麦，当大麦种子发芽时，从胚盖的外层，分泌一种糖化酵素，转变淀粉为麦芽糖。制造麦芽糖的大麦种子，形状要椭圆，胚盖（Scutellum）的面积要大，那么做出来的麦芽糖，品质一定良好。如大麦种子两端是尖的，胚盖又是细狭的，不能制造麦芽糖。

5. 制草帽辫

大麦秆漂白之后，可编作草帽，从稞麦秆编成的品质最好。山东、湖南两省，草帽工业很为发达，输出外国的也不少。

（四）玉米

1. 牲畜的饲料

玉米不但可供人类的食用，而且可作牲畜的饲料。玉米生产的多少，和畜牧事业之发达与否，有密切的关系。美国养猪最多的各州，玉米之生产最丰，牛的产额也是这样。美国种植玉米，有许多是专为牲畜之饲料的。当玉米已经结实，未达完全成熟，而秆叶尚呈青绿的时候，把它割下来，切成好几段，穗和秆叶一起放入青贮塔里，压得紧紧的，让它自然发酵，作为冬季家畜的饲料。这种饲料是秆叶和种子穗心混合在一起喂的，也有只把种子来做猪或牛之饲料的。据多数学者试验结果，白玉米的饲料价值不及黄玉米。对于猪的生长或育肥，都不相宜。饲养小猪影响较大。因白玉米缺少维他命甲（即维生素 A），所以营养价值较低。

2. 甜玉米

玉米之中有一种甜玉米，味甘、皮皱、胚乳全是角质。秆很矮，穗很短。若把没有成熟的穗，煮而食之，其味甚甜，所以叫它甜玉米。美国多有罐藏出售的，也是一种重要罐头食品。近年来运销中国市场数亦不少。甜玉米制作罐藏的品质，最要紧的是种皮要柔软。种皮的软硬，品种固然有相当关系，但是最重要的关键，还是在成熟的程度。玉米种皮柔软的期间，非常短促，故必须在适当的时候收获。第二个重要性质，是籽粒里所含淀粉和糊精的比例。至于糖分之含量，倒不若前二者之重要。因罐藏时，糖分可以设法加入的。

3. 爆裂玉米

又有一种玉米叫爆裂玉米。粒子比普通玉米小，种子之胚乳大部分是角质，加火热之，内部即裂而外向。美国各地种植很多，作为家常食品。中国各省也有相当生产，但种子拿来做爆裂用的很是少见。上海永安、先施等百货公司，所出售的爆裂玉米都是从美国买来的。

爆裂玉米加热之后，它的体积可增加 12~20 倍。体积增加的大小，受各种因子的影响。如种子的大小、水分的含量、粉质胚乳的多少等，都有相当关系。种子所含之水分如在 13%~15%，爆裂性最大。如水分少于 12%或多于 16%，爆裂都不好。在同一品种，籽实含粉质胚乳最少的，爆裂性最大。同一穗上，小粒种子的爆裂性比大粒种子来得大。

4. 玉米油

玉米种子的胚部，储有许多油分，可以设法取出之。提炼后之玉米油，具有优美的滋味、香气和色泽。它的烹调价值，不亚于橄榄油（Olive oil）。若把水分提去，可变为很好猪油代替物。玉米油又可做肥皂、甘油、染料、漆，等等之原料。

5. 淀粉

提去胚部之玉米，磨碎成粉，用细布滤去其稃皮，留剩的则为蛋白质和淀粉。再把蛋白质和淀粉用淀粉槽分离之。因淀粉和蛋白质轻重不同的关系，流动有缓急，故可逐渐分离。分离的淀粉，一经干燥，可作种种的用途。

6. 糖浆（Corn Syrup）

玉米之淀粉，加水呈胶状，再加入淡盐酸，并施以华氏 280°F（约合 137.78℃）之高温，则淀粉可逐渐变成糖浆。糖浆不但可以佐餐，还可制皮、肥皂及生发油等。

7. 糖

结晶的玉米糖，可作蔗糖的代替物，含有纯粹的葡萄糖。它的甜味略次于蔗糖。

8. 别的产物

玉米除了上述几种用途之外，又可制造酒精。一磅（1 磅约合 454 克，全书同）玉米可出 1.5~2 加仑（1 加仑约 3.79 升，全书同）之酒精。此外玉米的秆可以造纸，穗心可制呋喃甲醛（furfural）。

（五）高粱

高粱依它的用途，可分为 4 种：①种用高粱，②甜高粱，③帚高粱，④饲料高粱。

种用高粱的种子可供食用，我国普通所栽的就是这一种，为我国北方重要民食之一。欧美各国也有用作食料的，因淀粉中所含的蛋白质缺少麦胶（Gluten），只能充作粉食（Meal），不能如小麦、玉米制作面包。

种用高粱，因含有 70%的淀粉，故除食用外，可以酿酒。徐州之高粱烧，就是高粱之种子做成的。外国且用以制造酒精。

甜高粱之秆，汁多而甜，含糖分很多，可以生食，其甜味不亚于甘蔗。江苏之崇明种植最多，每年运销于上海市场者，为数不少。据美国各试验，试验结果，甜高粱秆含水分80%~90%，压出之糖液，约有50%~60%，糖液约含糖分10%~18%，故为制糖之极好原料。据估计，每英亩可出糖60~300加仑，平均每英亩可得125加仑。因此美国用以制糖之甜高粱，每年约有50万英亩。

帚高粱之穗轴很短，但从穗轴所生之分枝极长而柔软。普通穗之长度，约达1.5~2尺。所以制造各种大小之帚刷，坚韧而洁净。我国也有以种用高粱之穗部做成扫帚之类，但枝短而脆，极易折断。

高粱除上述3种用途之外，它的茎叶可作为家畜之饲料。我国北方诸省，如山东、河南等处，当高粱未成熟以前，常把上部诸叶剥下来，作为牲畜之饲料。外国畜牧事业发达之区，有专门种植作为放牧之用，即普通所谓饲料高粱。但放牧于高粱田内，常有毒毙牲畜的现象，受过霜害的高粱，毒性尤重。据学者研究的结果，牲畜毒毙的原因，由于高粱含有一种氢氰酸（Prussic acid）所致。如气候干燥或高粱受霜害者，这种毒汁逐渐增加。生长良好之高粱，从幼苗到成熟，毒汁的含量逐渐减少。故在高粱结实后放牧，比较安全。放牧于二次生长之高粱，最为危险。就普通情形，高粱氢氰酸之含量，北方常比南方多。干燥后之高粱，即无氢氰酸之存在。

参考文献（略）

（1936年12月21、23、25日讲）

（播音教育月刊，1937，1（4）：99-110）

农业科学与技术，3期，1951年9月

華東麥作與麥病蟲座談會特輯

金善寶副部長在座談會上的講話

各位代表：今天是華東麥作與麥病虫的座談會，到會的人數很多，各地區的主要技術人員，各大學的教授和專家都有代表前來參加。各位遠道而來，天氣很熱，相當辛苦，我代表華東農林部向各位代表致以熱烈的歡迎和誠懇的謝意。

這次會議是要總結五一年小麥生產的經驗，同時討論和計劃五一年下半年小麥試驗研究工作，這是一個很重要的會議。像這種單是一種作物的會議在過去並不多，尤其是專門來討論小麥的問題，在華東還是第一次。因爲小麥是華東地區的重要糧食作物之一，我們把它的栽培育種工作、病虫害防治方法的經驗總結起來是有其重要意義的。各位都是多年從事實際工作的，一定有許多很好的經驗，我是來聽報告的，向你們學習的。

關於麥作問題，從栽培到品種以及病虫害防治，均要分別來討論的。問題很多會期又短，什麼都要詳細的談，恐怕不可能，但是重要的普遍的問題，我們必須不厭求詳的加以研討。總之，這次會議的目的，是要討論增加小麥單位面積的產量問題。這個問題是很複雜的，我們首先要進行深入的調查，虛心向勞動農民學習，把廣大農民的寶貴生產經驗，總結起來，才可以順利的指導生產工作。今年小麥全國普遍豐收，這對我們全中國人民抗美援朝反對美帝國主義侵略的愛國主義教育起了有力的支持作用。農民經過土改，自己得到了土地，今年又得到豐收，生產情緒異常高漲，政府大力興修水利，中央和地方幹部正確領導，以及技術人員的密切配合，都是重要的因素。我認爲豐產的因子，人力是主要的，因爲「人定勝天」，但是除了人爲因子之外，是否還有其他有關麥作豐產的因子呢？這是值得注意的。據我的觀察，今年的豐收，氣候關係似乎是不可忽視的。去年冬季華東華北雨水充足，小麥幼苗時期雨水多對於分蘖生長是有利的；冬季的低溫，麥苗沒有受到多大的凍傷，小麥的銹病也沒有像五〇年那樣嚴重，所以五一年的麥作豐收可說是人力和天時配合的結果。如果忽略了天時，不去研究天時，如五二年天時有了變化不加以預防，我們的豐收要發生問題。我希望各位代表根據各地實際情況，把今年麥作普遍豐收有關的許多人爲和自然因素總結出來，這是對今後小麥的增產會有很大的幫助的。另一方面，我們要找出各地的典型豐產經驗，像南京郊區一位農業女勞模李秀蘭的小麥每畝收到五百多斤，這是一個相當高的產量。但在其他地區如皖北和山東有高到八百斤甚至一千斤一畝的，我們應該向這些勞動農民進行個別訪問，詳細調查他們關於選種、整地、播種、施肥、除草中耕以至防治病虫害等特殊方法，並作有系統地分析，那些是有關豐產的主要因子，那些是次要的，找出切合實際的豐產經驗，來改進我們的麥作栽培法。

關於試驗研究方面，華東各試驗場的技術人員對本身的試驗工作是很努力的，而且已經作出了不少的成績。但由於技術人員在思想上，想在短期內做出很好很多的結果，試驗工作往往不是從實際出發，而醉心於英美資本主義的試驗方法。因此從事試驗研究的作物和試驗項目是很多的，例如小麥品種比較和品種觀察有多至數百種甚至幾千種的，一種試驗的重複次數有多至五次十次的，在田間佈置試驗的時候，不問土壤肥瘠的差異，地勢高低的懸殊，以爲只要應用隨機排列與各種計算方法，就可

在华东麦作与麦病虫座谈会上的讲话

金善宝

各位代表：

今天是华东麦作与麦病虫的座谈会，到会的人数很多，各地区的主要技术人员、各大学的教授和专家都有代表前来参加。各位远道而来，天气很热，相当辛苦，我代表华东农林部向各位代表致以热烈的欢迎和诚恳的谢意。

这次会议是要总结 1951 年小麦生产的经验，同时讨论和计划 1951 年下半年小麦试验研究工作，这是一个很重要的会议。像这种单是一种作物的会议在过去并不多，尤其是专门来讨论小麦的问题在华东还是第一次。因为小麦是华东地区的重要粮食作物之一，我们把它的栽培育种工作、病虫害防治方法的经验总结起来是有其重要意义的。各位都是多年从事实际工作的，一定有许多很好的经验，我是来听报告的，向你们学习的。

关于麦作问题，从栽培到品种以及病虫害防治，均要分别来讨论的。问题很多、会期又短，什么都要详细谈恐怕不可能，但是重要的、普遍的问题，我们必须不厌其详的加以研讨。总之，这次会议的目的，是要讨论增加小麦单位面积的产量问题。这个问题是很复杂的，我们首要进行深入的调查，虚心向劳动农民学习，把广大农民的宝贵生产经验，总结起来，才可以顺利地指导生产工作。今年小麦全国普遍丰收，这对我们全中国人民抗美援朝反对美帝国主义侵略的爱国主义教育起了有力的支持作用。农民经过土改，自己得到了土地，今年又得到丰收，生产情绪异常高涨，政府大力兴修水利，中央和地方干部正确领导以及技术人员的密切配合，都是重要的因素。我认为丰产的因子，人力是主要的，因为“人定胜天”，但是除了人为因子之外，是否还有其他有关麦作丰产的因子呢？这是值得注意的。据我的观察，今年的丰收，气候关系似乎是不可忽视的。去年冬季华东华北雨水充足，小麦幼苗时期雨水多对于分蘖生长是有利的；冬季的低温，麦苗没有受到多大的冻伤，小麦的锈病也没有像 1950 年那样严重，所以 1951 年的麦作丰收可说是人力和天时配合的结果。如果忽略了天时，不去研究天时，如 1952 年天时有了变化不加以预防，我们的丰收要发生问题。我希望各位代表根据各地实际情况，把今年麦作普遍丰收有关的许多人为和自然因素总结出来，这是对今后小麦的增产会有很大的帮助的。另一方面，我们要找出各地的典型丰产经验，像南京郊区一位农业女劳模李秀兰的小麦每亩收到 500 多斤，这是一个相当高的产量。但在其他地区如皖北和山东有高到 800 斤甚至 1 000 斤一亩的，我们应该向这些劳动农民进行个别访问，详细调查他们关于选种、整地、播种、施肥、除草、中耕以至防治病虫害等特殊方法，并有系统地分析，哪些是有关丰产的主要因子，哪些是次要的，找出切合实际的丰产经验，来改进我们的麦作栽培法。

关于试验研究方面，华东各试验场的技术人员对本身的试验工作是很努力的，而且已经做出了不少的成绩。但由于技术人员在思想上，想在短期内做出很好很多的结果，试验工作往往不是从实际出发，而醉心于英美资本主义的试验方法。因此从事试验研究的作物和试验项目是很多的，例如小麦品种比较和品种观察有多至数百甚至几千种的，一种试验的重复次数有多至五次十次的，在田间布置试验的时候，不问土壤肥瘠的差异、地势高低的悬殊，以为只要应用随机排列与各种计算方法，就可以把它完全矫正过来，因此所做的试验忽视了田间的观察和记录，而偏重于室内的计划和计算。因为试验种类多而又繁复，播种的时候还不觉得有多大困难，但到了收获时就会感到人力不足、设备不够。碰到下雨时，试验就容易弄错或糟蹋掉，人少责任重，有时管不了，就交给没有经验或不明了试验方法的工人去做，不但成绩很难正确，反而浪费了人力、物力。我们必须克服这种缺点，应当尽量减少不必要的试验，要有重点的选择切合实际需要的，集中力量去做。最好做试验的时候，大家事先经过充分的计划和讨论，要明确做这种试验可以解决什么问题。我们在做计划以前还应该深入农村，进行详细的调查，和广大的农民谈谈，他们有什么困难须要急待解决的。根据当地农民提出来的重要问题来计划我们应该做的试验，我想这种试验是不会很多的，而且试验出来的结果必然是切合实际，为广大农民愿意接受的。关于试验规划、计算方法都要简单，重复次数可以少些。我们要重视田间的观察，经下种发芽以至成熟应该有详细的记载。在收获以前，必须召集有关工作人员和劳动模范共同评选，这样得出的结论，一定可以更加正确、更切合实际。过去只注意田间的规划、布置和室内的计算分析，不喜欢到田间去做实地观察和记载，甚至过分的标新立异，凡是英美杂志上新发表一篇试验方法的论文，不问欧美还在争论不决的问题就把它在中国大肆宣传实行起来了，这种脱离实际的错误观念，我们今后应该加以切实纠正的。总之，我们的试验要从实际出发，要合乎大众的需要，方法要简单，要一般的技术人员都容易懂得、容易做到。我们对旧的、繁复的、不合实际需要的试验方法要予以适当的批判，因此建立一套新的试验制度合乎省、专署和县级各农场采行的是非常必要的。这种新的试验制度必须是许多有经验的农业科学工作者，经过周密的计划和反复集体的讨论才能拟定出来的，再经过各地试验场的技术人员实地应用之后提出意见加以修正。经过这样审慎周详而制订出来的试验方法，我想是会合乎实际需要而容易被广大试验场的技术人员所接受的。

（农业科学与技术，1951（3）：1-2）

新華日報 1954.10

加強學習，充分發揮知識分子在社會主義建設中的作用

全國人民代表大會代表 金善寶

我受到了人民的信任，光榮地當選爲全國人民代表大會代表，參加了第一屆全國人民代表大會第一次會議，通過中華人民共和國憲法和選舉新的國家領導工作人員的時候，我都親自投了神聖的一票，這是我一生中最難忘的光榮事情。

這次會議是一個有偉大歷史意義的會議，是全國人民的大團結進一步的加強具體表現，是中國人民新的偉大勝利。一千二百二十六位代表，包括了各方面的代表人物。從最年輕的才滿十八歲的全國工業勞動模範郝建秀到年齡最高九十四歲的老畫家齊白石，其中有一百四十七位婦女代表，有各民主黨派的成員，有少數民族，有宗教界，有不少民族資本家和文教科學工作者。

在大會期間，全體代表始終充滿着喜氣洋溢、高度團結的氣氛。因此，所有選舉，一切決議、報告，都是順利地一致表決通過了。這次大會又一次地表現了中國各民族各階層的人民空前的大團結。

這次會議一致通過的中華人民共和國憲法是中國人民一百多年來流血犧牲革命鬥爭的經驗總結，是指示我國人民向着社會主義道路前進的里程碑。毛主席在開幕詞中指出：「這次會議所制定的憲法將大大地促進我國的社會主義事業」。爲了推進我國的社會主義事業，中國人民必須在中國共產黨的正確領導下，逐步消滅剝削，消滅貧困，有計劃地發展國民經濟。大家要忘我地勞動，積極增加生產，以便提高人民的物質生活和文化生活的水平。在這方面廣大的知識分子必須發揮他們應有的作用。

周總理在政府工作報告中指出：「具有革命思想和科學技術知識的知識分子在國家建設工作中的作用，現在已顯得更加重要了。」我們的憲法上已明白規定，國家保障公民進行科學研究，並對從事科學研究的公民的創造性的工作將給以鼓勵和幫助。只有人民掌握了政權，才能保證科學有充分發展的條件，蘇聯就是一個很好的例子。蘇聯科學院科學工作者的人數和革命前的時期比較起來，幾乎增加了六十倍，而科學的預算幾乎增加了七百倍。馬林科夫同志在蘇聯共產黨（布）第十九次代表大會上所作的蘇聯共產黨(布)中央委員會的報告中，向蘇聯科學家提出了偉大的任務：「進一步發展先進的蘇維埃科學，使它在世界上居第一位。」這不僅是豪語，而且正在和必將成爲事實。亞歷山大·涅斯米揚諾夫在「蘇聯科學佔世界第一位」的論文裏這樣說：「現在資本主義國家任何範圍內的技術問題我們都能解決了，同時，資本主義國家所不能解決的許多技術問題，在蘇聯都順利地解決了。」實際上蘇聯有許多科學已經佔世界科學的第一位。蘇聯科學的輝煌成就是我國科學家學習的良好榜樣，對於我們是極大的鼓舞。

中國科學技術界的知識分子，解放五年來，在中國共產黨的領導下，經過思想改造，認識了科學必須爲人民服務，科學與政治是不可分割的。因此，五年來，他們在國家經濟建設和文化建設方面起了一定的作用。就農業來說，我國的農業科學工作者，嚴格地批判了魏斯曼、毛爾根主義者的反動學說，學習了先進的蘇聯農業科學，認識了米邱林學說是世界上最先進的生物科學。它是充滿着戰鬥性和創造性的，是理論與實際密切聯系的。因此，他們深入到農村，向廣大的勞動農民學習了豐富的實際農業生產經驗，總結了這些經驗，並把這些經驗提高到理論上來豐富科學，最後把這種理論再回到實踐中去以提高農業生產。

但是我們決不能因此自滿，我們科學技術界的知識分子，從舊社會遺留下來的舊思想舊觀點，決沒有在短短的五年中洗滌乾淨，我們的工作還遠遠趕不上當前形勢發展的需要，我們還存在着不少的缺點。例如少數的知識分子不從工作需要出發，強調個人興趣；工作中遇到困難，不是努力去克服，而是要求調動工作；有些人自高自大，喜歡獨斷獨行，不習慣於集體的工作。這些缺點都是和當前的建設社會主義的形勢不相適應的，容許這些缺點的存在，就要影響工作，不利於團結。爲了實行社會主義工業化和社會主義改造，我認爲在工作中必須開展批評和自我批評，集中注意力來消滅我們工作中的缺點。周總理說：「知識分子的思想改造工作是有成效的，今後仍然應當根據具體需要，採取適當的方式來進行。」這是完全正確的。同時，知識分子要自覺地加強馬克思列寧主義的學習，學習工人階級大公無私的精神；計較個人的名利，那是與馬克思列寧主義的精神相違背的，是資產階級的思想。馬克思列寧主義者是堅持眞理的，科學技術界知識分子應該熱愛眞理，必須不斷地提高社會主義的思想。我們要遵照毛主席的指示：「老老實實，勤勤懇懇，互勉互助，力戒任何的虛誇和驕傲」，爲建設一個偉大的社會主義國家而奮鬥！

加强学习，充分发挥知识分子在社会主义建设中的作用

全国人民代表大会代表　金善宝

我受到了人民的信任，光荣地当选为全国人民代表大会代表，参加了第一届全国人民代表大会第一次会议，通过《中华人民共和国宪法》和选举新的国家领导工作人员的时候，我都亲自投了神圣的一票，这是我一生中最难忘的光荣事情。

这次会议是一个有伟大历史意义的会议，是全国人民的大团结进一步的加强具体表现，是中国人民新的伟大胜利。1 226 位代表，包括了各方面的代表人物。从最年轻的才满 18 岁的全国工业劳动模范郝建秀到年龄最高 94 岁的老画家齐白石，其中有 147 位妇女代表，有各民主党派的成员，有少数民族，有宗教界，有不少民族资本家和文教科学工作者。

在大会期间，全体代表始终充满着喜气洋溢、高度团结的气氛。因此，所有选举，一切决议、报告，都是顺利地一致表决通过了。这次大会又一次地表现了中国各民族各阶层的人民空前的大团结。

这次会议一致通过的《中华人民共和国宪法》是中国人民 100 多年来流血牺牲革命斗争的经验总结，是指示我国人民向着社会主义道路前进的里程碑。毛主席在开幕词中指出："这次会议所制定的宪法将大大地促进我国的社会主义事业。"为了推进我国的社会主义事业，中国人民必须在中国共产党的正确领导下，逐步消灭剥削，消灭贫困，有计划地发展国民经济。大家要忘我地劳动，积极增加生产，以便提高人民的物质生活和文化生活的水平。在这方面广大的知识分子必须发挥他们应有的作用。

周总理在政府工作报告中指出："具有革命思想和科学技术知识的知识分子在国家建设工作中的作用，现在已显得更加重要了。"我们的宪法上已明白规定，国家保障公民进行科学研究，并对从事科学研究的公民的创造性的工作将给以鼓励和帮助。只有人民掌握了政权，才能保证科学有充分发展的条件，苏联就是一个很好的例子。苏联科学院科学工作者的人数和革命前的时期比较起来，几乎增加了 60 倍，而科学的预算几乎增加了 700 倍。马林科夫同志在苏联共产党（布）第十九次代表大会上所作的苏联共产党（布）中央委员会的报告中，向苏联科学家提出了伟大的任务："进一步发展先进的苏维埃科学，使它在世界上居第一位。"这不仅是豪语，而且正在和必将成为事实。亚历山大·涅斯米扬诺夫在《苏联科学占世界第一位》的论文里这样说："现在资本主义国家任何范围内的技术问题我们都能解决了，同时，资本主义国家所不能解决的许多技术问题，在苏联都顺利地解决了。"实际上苏联有许多科学已经占世界科学的第一位。苏联科学的辉煌成就是我国科学家学习的良好榜样，对于我们是极大的鼓舞。

中国科学技术界的知识分子，解放五年来，在中国共产党的领导下，经过思想改造，认识了科学必须为人民服务，科学与政治是不可分割的。因此，五年来，他们在国家经济建设和文化建设方面起了一定的作用。就农业来说，我国的农业科学工作者，严格地批判了魏斯曼、毛尔根（摩尔根）主义者的反动学说，学习了先进的苏联农业科学，认识了米丘林学说是世界上最先进的生物科学。它是充满着战斗性和创造性的，是理论与实际密切联系的。因此，他们深入农村，向广大的劳动农民学习了丰富的实际农业生产经验，总结了这些经验，并把这些经验提高到理论上来丰富科学，最后把这种理论再回到实践中去以提高农业生产。

但是我们决不能因此自满，我们科学技术界的知识分子，从旧社会遗留下来的旧思想旧观点，绝没有在短短的五年中洗濯干净，我们的工作还远远赶不上当前形势发展的需要，我们还存在着不少的缺点。例如少数的知识分子不从工作需要出发，强调个人兴趣；工作中遇到困难，不是努力去克服，而是要求调动工作；有些人自高自大，喜欢独断独行，不习惯于集体的工作。这些缺点都是和当前建设社会主义的形势不相适应的，容许这些缺点的存在，就要影响工作，不利于团结。为了实行社会主义工业化和社会主义改造，我认为在工作中必须开展批评和自我批评，集中注意力来消灭我们工作中的缺点。周总理说：“知识分子的思想改造工作是有成效的，今后仍然应当根据具体需要，采取适当的方式来进行。”这是完全正确的。同时，知识分子要自觉地加强马克思列宁主义的学习，学习工人阶级大公无私的精神；计较个人的名利，那是与马克思列宁主义的精神相违背的，是资产阶级的思想。马克思列宁主义者是坚持真理的，科学技术界知识分子应该热爱真理，必须不断地提高社会主义的思想。我们要遵照毛主席的指示：“老老实实，勤勤恳恳，互勉互助，力戒任何的虚夸和骄傲。”为建设一个伟大的社会主义国家而奋斗。

（新华日报，1954-10）

（在第一届全国人大第一次会议上的发言）

对台湾农业科学工作者的广播

一九五五年七月

在台湾的农业科学工作者的各位朋友们！自从你们先后离开了大陆，前往台湾之后，我们彼此已经有许多年不见了，我们无时无刻不在怀念着你们，今天能藉这个广播的机会，和你们作遥远的谈话，我感到无比的兴奋，让我首先祝贺各位朋友们身体好！

朋友们！祖国大陆解放六年来，无论在经济建设、文化建设和国防建设，无论是人民生活的改善，各民族各阶层人民间的亲密团结，它的进步都是非常惊人的，你们大概也是知道一些的，但实际的真实情况，决不是你们所能想像得到的。

从农业方面来说，农民自从推翻了地主，得到了自己的土地，政府大力帮助他们种子、农具和肥料，并领导他们组织起来，互助合作，农民的生产积极性大大提高，因此几年来

对台湾农业科学工作者的广播稿

金善宝

在台湾的农业科学工作者的各位朋友们！

自从你们先后离开了大陆，前往台湾之后，我们彼此已经有许多年不见了，我们无时无刻不在怀念着你们。今天能借这个广播的机会，和你们作遥远的谈话，我感到无比的兴奋，让我首先祝贺各位朋友们身体好！

朋友们！祖国大陆解放六年来，无论在经济建设、文化建设和国防建设，无论是人民生活的改善，各民族各阶层人民的亲密团结，它的进步都是非常惊人的，你们大概也是知道一些的，但实际的真实情况决不是你们可能想象得到的。

从农业方面来说，农民自从推翻了地主，得到了自己的土地，政府大力帮助他们种子、农具和肥料，并领导他们组织起来，互助合作，农民的生产积极性大大提高，因此，几年来，在农业生产战线上涌现出成千成万的生产能手，选拔了许多农业劳动模范。例如江苏省松江县的陈永康是全国农业劳动模范。他种植的水稻每亩能产 1 400 多斤，现在江苏以及其他不少地区应用他的方法种植水稻，每亩产量都得到显著的提高。山西的曲耀离，也是全国农业劳动模范，他是种植棉花的能手，他的棉花每亩能产 900 多斤。这种劳动模范对中国农业生产有着很大的贡献，因此他们成为推进中国农业生产的先进旗帜，受到全国人民的尊敬。

朋友们！你们想一想，为什么大陆解放后的短短几年中，就能出现对农业生产有巨大贡献的劳动模范呢？这个很简单，因为这种劳动模范是在千千万万的劳动农民积极地、忘我地劳动的情况下产生出来的，那就是说，只有解放后的新中国，人民掌握了自己的政权，农民能够自由使用他们的土地，在中国共产党的领导下才能产生出来的。相反的，在任何资本主义国家里面，同样的，在台湾地区，是决不可能产生出那种劳动模范的。

大家知道，我国曾经是一个在帝国主义侵略下的半殖民地和半封建的国家，经济是非常落后的，特别农业是分散落后的小农经济，农民一直陷于非常贫困的状态。为了克服分散的个体小农经济的落后性，提高农业生产，党和政府大力号召农民组织起来，互助合作。几年来，互助合作已经有很大的成绩，现在全国农业生产合作社已经达到 60 多万个，参加互助组的更多。到今年春天为止，全国参加互助合作的农户，约占总农户 70%。这种参加互助合作的农户都是根据自助互利的原则发展起来的，所以是非常牢固的。现有的农业生产合作社，它们的产量一般比互助组高，互助组又比单干户高。农业生产合作社的产量一般能增产 10%~20%。但现在的农业生产合作社还只是初级形式的合作社，其中使用新式机械耕种的或者甚至使用拖拉机耕种的，还仅仅是个别的。到了第二个五年计划和第三个五年计划，就可逐步地甚至广泛地实现农业机械化了，无疑地，那时的农业生产合作社的产量将会比现在更加提高的。

我国虽然是个农业国，但在国民党反动统治时期，农业生产是没有得到发展的，相反地，还受到严重的破坏，农业生产一年比一年下降。到了 1949 年，我国粮食产量只有 2 220 亿斤，棉花产量只有 880 多万担，因此解放以前，每年要从越南、泰国运进大米，从加拿大运进小麦、面粉，从美国运进棉花。解放以后，仅仅经过 3 年的时间，我国 1952 年的粮食产量就达到 3 278 亿斤，棉花产量达到 2 600 万担，都超过了解放之前的最高年产量。现在我们的粮食不但可以自给，而且还支援朝鲜和印度等邻邦。粮食、棉花如此，其他农业的生产也大概相同。仅仅从上面展现的农业生产情况已经足够说明我们的国家的社会制度有着无比的优越性。

中国的农业科学工作者在解放以前，由于受了孟特尔、毛尔根（孟德尔、摩尔根）主义者反动学说的毒害，科学研究陷入了唯心主义的深渊，理论脱离了实际，弄得五谷不分、麦韭不辨。但在解放以后就大大不同了，他们学习了辩证唯物主义，学习了苏联的先进经验，他们懂得了米丘林学说是世界上最先进的生物科学，他们自觉地从实验室深入农村，虚心向广大的劳动农民学习，他们了解了农业生产的实际情况，总结了劳动农民的丰富生产经验，不但提高了自己，增加了生产，也丰富了科学。

毛主席和中国共产党对科学是非常重视的，而且在宪法上还作了明文规定，中华人民共和国保障公民进行科学研究的自由，国家对于从事科学的公民的创造性工作给以鼓励和帮助。现在国内各高等学校的教师已经普遍开展了科学研究工作。今年 6 月间中国科学院召开了 4 个学部的成立大会，选出了 233 位学部委员，包括各种学科对科学有成就的代表人物。经过两周的时间，共同讨论了全国各方面的科学研究计划。这个会议对中国科学研究事业来说，是具有极其重大的历史意义的。在开会期间，周恩来总理、陈毅副总理都在大会上作了详细的指示，给予全体科学工作者以很大的鼓励。在 233 位学部委员中，有 16 名是农林科学工作者，其中如丁颖、冯泽芳、戴芳兰、俞大绂、蔡邦华等诸先生都是生物学地学部的委员。

党和政府不但重视科学研究，而且对科学工作者给予无微不至的关怀，举几个例来说，上月中国科学院召开学部成立大会的时候，华南植物研究所之长陈焕镛先生因在视察广西某工作站的途中，不幸跌伤了手臂，大家劝他休息，但陈先生坚持来京出席学部成立大会，因此，政府特别派了两名护士陪同陈先生来京，以便随时照顾他的生活，又如中央农业部孙玉书司长、南京林学院李寅恭教授都因年老体弱不能工作了，但政府仍支给他们全部薪水，让他们在家里安心休养，类似这样的例子是很多的。孙玉书先生很激动地对人说，照他的身体情况，如果在解放以前，在反动统治时期，那他的生活就会陷于不堪设想的地步了。在台湾的朋友们，对孙先生的话，大概是很容易理解的。

由于国家重视科学，对科学工作者的尊重，关心科学工作者的生活，使科学工作者感到极大的感动并受到极大的鼓舞，因此，他们都是勤勤恳恳、老老实实、努力学习、努力工作，大家都是怀着无限的热忱为国家社会主义工业化而努力。大家知道，今年是我国第一个五年计划的第三年，现在正在北京召开的全国人民代表大会第二次会议，就是要讨论和通过第一个五年计划草案，按照我国第一个五年计划，到 1957 年参加农业生产合作社的农户将占全国农户总数的 1/3 左右，机械化的国营农场将达到 141 个。将有 5 000 多台我国自己制造的拖拉机出现在 750 万亩的耕种土地上。朋友们！这是我国即将实现的社会主义农业机械化情景，你们都是学农的，都是非常关心祖国的农业建设的。你们听到这种消息，我想你们一定也是欢欣鼓舞的。

为了实现国家工业化，发展国民任务建设，我们的国家就需要大量的文化建设和经济建设的干部。五年内，我们将设立许多高等学校，学生数量将要大大增加。在台湾有许多农业科学工作者，像钱天鹤先生、沈宗瀚先生、欧世璜先生、汤蕙孙先生、马保之先生，都是在南京工作过多年的，就拿南京来说吧，解放前，南京是国民党反动统治的首都，那时只有一个伪中央大学和美帝国主义作为文化侵略工具的两个教会学校，总共不过 4 000 个学生。现在南京已经有 8 个高等学校，学生已经有一万二三千名学生。解放前，1947 年，伪中央农业大学农学院 8 个系只招收了 21 名学生。现在的南京农学院 6 个系，今年暑假一次就预备招收 600 多名学生。解放前，大学里的学生，毕业就是失业，找工作是非常困难的。现在的大学生，没有毕业以前，国家早已为他们安排了工作。我们只有感到大学毕业的人数太少，决不会使一个大学毕业生找不到适当的工作岗位。这也足够证明我们国家的社会制度有着无比的优越性。

现在在台湾的大学生怎样呢？他们和解放前在大陆上的大学生遭到了同样悲惨的境遇。大学毕业了，据说还要经过严格的、无理的就业考试，就业考试及格的才能希望分配工作，但是今年的情况越来越悲惨了，就业考试虽然被录取，反动统治者只预备给他一张空洞的就业证书，但并不保证给他一定的工作，甚至今年的大学毕业生还要他受一年的军训，换句话说，一个大学毕业生不但不能分配到工作，还要他为反动统治者去充当炮灰呢。

朋友们！我们亲切地知道，你们在台湾的境遇也是非常恶劣的。日常艰苦的生活已经压迫得你们喘不过气来，万恶的特务又布满了你们的周围，你们的行动没有丝毫自由，你们的集会受到了监视。你们在中学读书的子女，进入电影院看电影，经常受到特务和流氓分子的戏弄和糟蹋。很难使人相信，这还是人的世界呢？回顾头来，看看大陆上的情形，无论男女老幼，都是那么的亲密团结，互相帮助，欢欣鼓舞在建设社会主义的社会。我们从前读中国历史，说什么三代以上的社会是“夜不闭户，路不拾遗”，我们认为那是神话，不能相信的。但是今天新中国的社会里，这种神话式的事实，已经逐步在实现了。

朋友们！你们记住，你们可以信任，我们决不忍心我们台湾的 800 万同胞长期陷于水深火热之中，我们有决心，我们有力量，我们一定要解放我们自己的领土——台湾。

朋友们！你们要继续忍受，坚持斗争。要团结你们可以团结的周围群众，做好你们应做的一切工作。等待时机，准备迎接英勇无比的中国人民解放军，共同来建设我们伟大祖国的社会主义社会。

（金善宝，1955-7）

新華日報，1955. 12.29

金善宝代表的發言

主席、各位代表：

我听了惠浴宇省長關於「为加速和超額完成國家第一个五年計劃給予我省的任务而奋鬥」的報告以後，表示衷心的拥護。在惠省長的報告中說明了江苏省三年來無論在經济文化建設方面，和在社会主义改造的事業方面，都取得了很大的成績。農業生產中的主要作物粮食、棉花等已經在三年的時間提前完成了五年計劃。对这种巨大的勝利，作为一个農業科学工作者是会感到特別兴奋的。

惠省長在報告中指出，全省粮食總產量要求一九五六年達到二百八十億斤，一九六七年達到六百五十億斤，如那時全省人口以五千万人計算，每人每年可得一千三百斤，約合苏联現在的标準。棉花產量要求一九五六年每畝生產皮棉四十五斤，至一九六七年達到每畝一百一十斤。我認为所有这些生產指标是完全可以实現的，当然在將來的生產过程中，我們会遇到許多实际困难的，但是我相信，在中國共產党的堅強領導下，任何困难都会被我們克服的。

由於農業合作化运動高潮的到來，農民生產積極性空前高漲，为農業生產的迅速提高帶來了極其有利的条件。根據我这次在徐州專區所看到的幾个合作社來說，可以看出農村的面貌这幾年來的变化是非常巨大的，例如雲台山區的朝陽鄉全鄉五百七十多戶，去年就已合作化了。由於全鄉合作化的結果，妇女的劳動力也得到了充分的發揮，副業的收入每年增加。一九五三年副業收入二万六千四百元，今年增加到七万七千六百四十元。副業由社支配，收入按劳取酬。各村的土地得到了合理的調配，今年調配土地一千一百畝，節省了二千二百个劳動力。社員都能在就近地區工作，都感到很兴奋。取消了五百多个田埂，多出了二十畝土地，以每畝生產二百斤粮食計算，每年可以增加四千斤粮食。我們不能小看这条田埂，因为田埂保証了農民的私有制，現在他們自動地取消了田埂，那就是說，他們坚决要走社会主义的道路，他們相信中國共產党和毛主席的領導，只有農業合作化才是使農民由窮变富的正確道路。因此，社員的爱國主义和爱社思想非常高漲，繳公粮既乾又淨，一天就繳完。認購公債，超額完成。社員沈炳忠是負責看牛的，有次天气很冷，母牛生了小牛，他脫了自己的棉襖把小牛抱回家來。苏小蘭的九歲孩子，拾了田裏的稻穗不拿回家，而交給社裏的生產隊長，这是平時父母对他進行爱社思想教育的結果。他們成立了民主檢查会，展開了批評与自我批評，解决了社員間的爭吵，加強了团結。从前家庭裏父子要爭吵，婆媳要吵鬧。有人說，「清官难断家务事」，但經过民主檢查，父子、婆媳之間的關係搞好了。現在在合作社的人員，只要有劳動的能力都可以得到適当的安排。如後山湖農業生產合作社的呆子、瞎子，从前都認为是廢人，但是現在他們可以在社裏做挑水、打雜、記賬、餵牛等工作，每人每年能得到二千斤到二千多斤的粮食，所以農村裏充滿着喜气洋洋团結友爱的快樂景象，他們說，只要党和政府一有号召，我們都是積極响应的。他們說，把解放前後的生活对比一下，我們的勁头就來了。例如朝陽鄉解放前有二百二十戶沒有土地，也得不到地主的土[illegible]种，从前家裏十多天看不到粮食，大家在山[illegible]，在塘裏掘野荸薺过生活，患病的人很多，小孩經常死亡。現在家家戶戶男女老幼都穿上了新衣服，蓋起了許多新房子。想起从前的痛苦，看到今天的幸福生活和將來社会主义無限美好的前途，他們的生產積極性就越來越大了。

在这次視察中，看到農村裏一系列的生動事实，使我受到極其深刻的教育。我們生活在城裏的人，遇到一點小小的事情，往往思想不通，什麼知識分子又要進行思想改造[illegible]本主义工商業要進行社会主义改造啦，什[illegible]分配啦等等。可是我們如果到農村去看一下[illegible]就会把我們的思想豁然貫通，至少使我們的苦悶可以減少許多。長期的傳統教育告訴我們，城裏總是比鄉村進步的。因此，我們大家有这样的印象，農民的思想是保守的，落後的，甚至有人說是頑固的。但是現在我們可以这样說，解放六年來，農民的思想起了根本的变化，他們比城裏人進步得多了。應該說，現在的廣大農村，可以作为知識分子学習和思想改造的良好園地了。

但農業生產和農業合作化的問題是很複雜的，它牽涉到各方面的科学，沒有工業的帮助，農業合作化就会受到一定的阻碍，水利問題不解决，農業生產就得不到保障。当此農業合作化高潮到來的時候，如何很好地來規劃合作社的水利問題已經成为一个重要的环節。例如朝陽農業社的社長薛永高同志領導五、六百戶和五、六千畝土地的一个大社，領導得井井有条，但当他領導社員挖水溝的時候，他親手規劃的水利圖，把水溝的方向弄錯了，後來請來东辛農場的技術人員才得到迅速的更正。又如挖水溝要多少長？多少深？多少寬？坡度要多大？才能使耕种土地不被水淹，应有精確的計算，挖得太多了，徒然浪費了人力。如果水利科学工作者能够参加合作社的全面規劃，那对農業生產必然会有很大的帮助。就我所知，我們的水利科学工作者对農業生產合作社的水利問題是很關心的。華东水利学院水能利用教研組的全体教師，最近参观了李王領導的農業生產合作社，他們还詳細地察看了离該社三里路的珍珠泉水源，發現这是一个適宜於建造農村小型水力發电站的地點，大約可以有十多瓩到二十瓩的电力，全年可能生產十万度电能，若該水电站建成（二、三年後），对農民的生產積極性会起一定的鼓舞作用，並为農村电气化做出示範，估計若由農民供給劳動力，建造成本並不太大。他們願意担任發电站的勘測与設計工作，我認为这是一个很好的建議。这个建議說明了我們南京的科学工作者是如何積極關心着農業合作化的高潮和準备投入这个高潮。

金善宝代表的发言
——江苏省第一届人民代表大会第三次会议上的发言

金善宝

主席、各位代表：

我听了惠浴宇省长关于《为加速和超额完成国家第一个五年计划给予我省的任务而奋斗》的报告以后，表示衷心的拥护。在惠省长的报告中说明了江苏省三年来无论在经济文化建设方面，还是在社会主义改造的事业方面，都取得了很大的成绩。农业生产中的主要作物粮食、棉花等已经在三年的时间提前完成了五年计划。对于这种巨大的胜利，作为一个农业科学工作者是会感到特别兴奋的。

惠省长在报告中指出，全省粮食总产量要求 1956 年达到 280 亿斤，1967 年达到 650 亿斤，如那时全省人口以 5 000 万人计算，每人每年可得 1 300 斤，约合苏联现在的标准。棉花产量要求 1956 年每亩生产皮棉 45 斤，至 1967 年达到每亩 110 斤。我认为所有这些生产指标是完全可以实现的，当然在将来的生产过程中，我们会遇到许多实际困难的，但是我相信在中国共产党的坚强领导下，任何困难都会被我们克服的。

由于农业合作化运动高潮的到来，农民生产积极性空前高涨，为农业生产的迅速提高带来了极其有利的条件。根据我这次在徐州专区所看到的几个合作社区来说，可以看出农村的面貌这几年来的变化是非常巨大的。例如云台山区的朝阳乡全乡 570 多户，去年就已合作化了。由于全乡合作化的结果，妇女的劳动力也得到了充分的发挥，副业的收入每年增加。1953 年副业收入 26 400 元，今年增加到 77 640 元。副业由社支配，收入按劳取酬。各村的土地得到了合理的调配，今年调配土地 1 100 亩，节省了 2 200 个劳动力。社员都能在就近地区工作，都感到很兴奋。取消了 500 多个田埂，多出了 20 亩土地，以每亩生产 200 斤粮食计算，每年可以增加 4 000 斤粮食。我们不能小看田埂，因为田埂保证了农民的私有制，现在他们自动地取消了田埂，那就是说他们坚决要走社会主义的道路，他们相信中国共产党和毛主席的领导，只有农业合作化才是使农民由穷变富的正确道路。因此，社员的爱国主义和爱社思想非常高涨，缴公粮既干又净，一天就缴完。认购公债，超额完成。社员沈炳忠是负责看牛的，有次天气很冷，母牛生了小牛，他脱了自己的棉袄把小牛抱回家来。苏小兰的九岁孩子，拾了田里的稻穗不拿回家，而交给社里的生产队长，这是平时父母对他进行爱社思想教育的结果。他们成立了民主检查会，展开了批评与自我批评，解决了社员间的争吵，加强了团结。从前家庭里父子要争吵，婆媳要吵闹。有人说，“清官难断家务事”，但经过民主检查，父子、婆媳之间的关系搞好了。现在在合作社的人员，只要有劳动的能力都可以得到适当的安排，如后山湖农业生产合作社的呆子、瞎子，从前都认为是废人，但是现在他们可以在社里做挑水、打杂、记账、喂牛等工作，每人每年能得到2 000斤左右的粮食，所以农村里充满着喜气洋洋、团结有爱的快乐景象，他们说，只要党和政府一有号召，我们都是积极响应的。他们说把解放前后的生活对比一下，我们的劲头就来了。例如朝阳乡解放前有220户没有土地，也得不到地主的土地来耕种，从前家里10多天看不到粮食，大家在山里挖野菜、在塘里掘野荸荠过生活，患病的人很多没钱治病，小孩经常死亡，现在家家户户男女老幼都穿上了新衣服，盖起了许多新房子。想起从前的痛苦，看到今天的幸福生活和将来社会主义无限美好的前途，他们的生产积极性就越来越大了。

在这次视察中，看到农村里一系列的生动事实使我受到极其深刻的教育。我们生活在城里的人，遇到一点小小的事情，往往思想不通，什么知识分子又要进行思想改造啦，资本主义工商业要进行社会主义改造啦，什么按劳分配啦，等等。可是我们如果到农村去看一下，就会把我们的思想豁然贯通，至少使我们的苦闷可以减少许多。长期的传统教育告诉我们，城里总是比乡村进步的。因此，我们大家有这样的印象，农民的思想是保守的、落后的，甚至有人说是顽固的。但是现在我们可以这样说，解放六年来，农民的思想起了根本的变化，他们比城里人进步得多了。应该说，现在的广大农村，可以作为知识分子学习和思想改造的良好园地了。

但农业生产和农业合作化的问题是很复杂的，它牵涉各方面的科学，没有工业的帮助，农业合作化就会受到一定的阻碍，水利问题不解决，农业生产就得不到保障，当此农业合作化高潮到来的时候，如何很好地来规划合作社的水利问题已经成为一个重要的环节。例如朝阳农业社的社长薛永高同志领导五六百户和五六千亩土地的一个大社，领导得井井有条，但当他领导社员挖水沟的时候，他亲手规划的水利图，把水沟的方向弄错了，后来请来东辛农场的技术人员才得到迅速的更正。又如挖水沟要多长？多深？多宽？坡度要多大？才能使耕种土地不被水淹，应有精确的计算，挖得太多了，徒然浪费人力。如果水利科学工作者能够参加合作社的全面规划，那对农业生产必然会有很大的帮助。据我所知，我们的水利科学工作者对农业生产合作社的水利问题是很关心的。华东水利学院水能利用教研组的全体教师，最近参观了李玉领导的农业生产合作社，他们还详细地察看了离该社三里路的珍珠泉水源，发现这是一个适宜于建造农村小型水力发电站的地点，可以有10~20瓩（瓩即千瓦）的电力，全年可能生产10万度电能，若该水电站建成（两三年后），对农民的生产积极性会起到一定的鼓舞作用，并为农村电气化作出示范，估计若由农民供给劳动力，建造成本并不太大，他们愿意担任发电站的勘测与设计工作，我认为这是一个很好的建议。这个建议说明了我们南京的科学工作者是如何积极关心着农业合作化的高潮和准备投入这个高潮。

农业合作化迅速发展的结果，农民的要求提高了，农业科学工作者的责任也加重了。农民不能满足于小农经济的耕作方法，他们要求双轮双铧犁，要求好的品种，要求新的防治病虫的方法，要求新的耕作技术。他们的要求非常具体，他们说，密植是好的，但究竟一亩田的棉花要多少株？这个品种和那个品种是否有不同？这个地区和那个地区究竟应该相差多少株？什么时候播种最适当？应该用什么肥料？什么时候施最好？施多少呢？一句话，要的是能在生产上发生作用。技术上的指导必须有专职的农业干部。如果一个合作社派一个农业干部，全国以200万个农业生产合作社计算，就需要200万个农业技术干部，培养这些干部的责任无疑地要落在我们农业院校的身上，我们既感到责任的艰巨，又觉得无上的光荣。培养干部必须按照要多、要好、又要快的方针。我认为有条件的学校或专业除正规的招收学生外，还可以开办函授学校和短期训练班。按照苏联的经验，函授6年，每年暑假到学校做两个月的实验，可以相当于农学院的毕业程度。匈牙利的农学院有这样的经验，利用寒假、农闲的时候，开办短期训练班，派农业生产合作社的社长和主要社干部到学校里听课，以最有经验的教师讲授，如此学校的教室和设备可以得到充分的利用，教师和社干部可以互相交流经验，相互提高，这种经验我认为是值得我们仿效的。为了使理论联系实际，农学院的教研组应该与附近的农业生产合作社取得密切联系，南京农学院已经和南京市郊区李玉领导的合作社以及联众、一心农业社3个农业社发生了联系，对我们教学上的改进有很大的帮助。但我们认为联系的面是不够广的，我们学校有28个教研组，如果一个教研组或两三个教研组配合一个合作社，那我们还可以增加和不少合作社的联系，教研组可以和合作社订立合同，帮他们订计划，负责一定的技术指导，教研组的教师可以从实际工作中，吸取不少经验，来丰富我们教学的内容，提高我们教学的质量。为农业合作化服务，这是我们农业教育重要的工作方向。

我认为我们江苏的科学工作者有很大的潜在力量。就南京来说，我们有8个高等学校，不少科学研究机关，科学工作者都能在农业合作化运动方面发生作用，这是我省在人力方面特别有利的条件。我建议党政领导要对科学工作者加强领导，把这一支强大的科学队伍很好地组织起来，从省、专区、县以至每一个农业生产合作社配合各方面的科学力量做出全面规划，使每一个科学工作者在伟大的农业合作化运动中起着重要作用，在一定时期内，使江苏的农业生产活动大范围内能起到示范作用。我们的科学工作者要更紧密地团结在中国共产党的周围，加强马克思列宁主义的学习，加强向苏联先进科学经验学习，发挥积极性和创造性，共同为建设美好的社会主义社会而奋斗！

（新华日报，1955-12-29（4））

向丰產能手学習

新華日報
1956，1.25

南京農学院院長
南京市副市長
金善宝

江苏省農業高額丰產社代表会議開幕了，这是一个極其重要的会議，是江苏省農業生產上的一件大事。召開这样的会議，对促進本省農業生產方面会起到極大的鼓舞作用。

参加这次代表会議的有1千多个高額丰產社的代表和生產能手，他們是从15万多个農業生產合作社中选拔出來的。他們在不同的作物和不同的环境条件下，創造了許多高額丰產的成績，这些成績都是很宝貴的。在这次会議上，將表揚和樹立本省在農業生產战綫上的先進社的旗幟，總結、交流他們創造高額丰產的經驗，並把这些經驗普遍推廣出去，使本省的農業生產大大提高一步。

在这次会議上，農業科学工作者將共同参加討論。農業科学工作者十分重視这个会議，他們从这个会議上，得以進一步了解本省農業生產合作社的生產情况，有机会和許多農業丰產能手見面，向他們当面請教，詳細地学習他們的丰產經驗。農業科学工作者將会認識到几年來本省農業生產合作社的生產經驗是十分丰富的，生產方法是多种多样的，一切高額丰產的实踐結果，都是科学的表現。他們將会从大量的生產材料中，發現許多新鮮的問題，那就是，在同一情况下，有的收穫量提高了，但有的則降低了。如何很好地整理这些大量丰產材料，找出各种矛盾，揭露它們的規律性，使高額丰產社的实踐經驗变成科学的东西，使全省農業生產獲得普遍提高，这是農業科学工作者的重要任务。

我以十分兴奋的心情，預祝这次会議的勝利成功！

向丰产能手学习

南京农学院院长
南京市副市长
金善宝

江苏省农业高额丰产社代表会议开幕了，这是一个极其重要的会议，是江苏省农业生产上的一件大事。召开这样的会议，对促进本省农业生产方面会起到极大的鼓舞作用。

参加本次代表会议的有 1 000 多个高额丰产社的代表和生产能手，他们是从 15 万多个农业生产合作社中选拔出来的。他们在不同的作物和不同的环境条件下，创造了许多高额丰产的成绩，这些成绩都是很宝贵的。在这次会议上，将表扬和树立本省在农业生产战线上的先进社的旗帜，总结、交流他们创造高额丰产的经验，并把这些经验普遍推广出去，使本省的农业生产大大提高一步。

在这次会议上，农业科学工作者将共同参加讨论。农业科学工作者十分重视这个会议，他们从这个会议上，得以进一步了解本省农业生产合作社的生产情况，有机会和许多农业丰产能手见面，向他们当面请教，详细地学习他们的丰产经验。农业科学工作者将会认识到，几年来本省农业生产合作社的生产经验是十分丰富的，生产方法是多种多样的，一切高额丰产的实践结果，都是科学的表现。他们将会从大量的生产材料中，发现许多新鲜的问题，那就是，在同一情况下，有的收获量提高了，但有的则降低了。如何很好地整理这些大量丰产材料，找出各种矛盾，揭露它们的规律性，使高额丰产社的实践经验变成科学的东西，使全省农业生产获得普遍提高，这是农业科学工作者的重要任务。

我以十分兴奋的心情，预祝这次会议的胜利成功！

（新华日报，1956-1-25（2））

江苏省農業高額丰產社代表会議文件之一四三

一九五六年二月二日

録自江苏政报1956.3
《中国农报》1956年 [illegible]刊第二期

江苏省稻麥兩熟增產的意見

金善宝

各位代表、各位同志：

会議中听到了很多的重要報告和丰產典型的介紹，廣泛地交流了經驗，学到了不少的新东西，擴大了眼界，拓開了思想，大家都有了很大的提高，無疑地，这次会議，一定会成为全省農業生產新高潮的信号，为超額完成一九五六年增產指标帶來巨大力量，为实現全國農業發展綱要奠立良好開端。關於本省稻麥兩熟增產問題，經过幾天來的熱烈討論，在不少問題上，都得了較明確的認識，現把大家的意見，加以整理，並作如下回報：

一

稻麥为我省重要的商品粮食，也是廣大羣众的主要口粮。一九五五年佔粮食總面積百分之六十五點五，佔粮食總產量百分之七十六點九；在現有水稻面積中，稻麥兩熟田即佔百分之八十左右。幾年來，稻麥兩熟面積是逐年擴大的，單位產量也年有上升。去年水稻超出五百斤的有十九縣市，佔稻田面積百分之三十二點一；小麥平均在一百五十斤至二百四十斤的有二十二縣市，計四百九十三万畝；水稻在五百斤以上、小麥在一百八十斤以上的有太倉、宝山、上海等縣；南通市水稻五百七十斤，而小麥高達二百三十五斤。由於全省稻麥兩熟田比重大，單位產量高，对超額完成國家第一个五年計劃給予本省粮食生產指标，起了極大的作用。但目前稻麥兩熟區耕作水平不齐，單產亦不平衡，有的稻產較高麥產很低，有的稻產不高或兩

江苏省稻麦两熟增产的意见

南京农学院院长　金善宝

各位代表、各位同志：

会议中听到了很多的重要报告和丰产典型的介绍，广泛地交流了经验，学到了不少的新东西，扩大了眼界，拓开了思想，大家都有了很大的提高。无疑地，这次会议一定会成为全省农业生产新高潮的信号，为超额完成1956年增产指标带来巨大力量，为实现全国农业发展纲要奠立良好开端。关于本省稻麦两熟增产问题，经过几天来的热烈讨论，在不少问题上，都得到了较明确的认识，现把大家的意见，加以整理，并作如下汇报。

一

稻麦为我省重要的商品粮食，也是广大群众的主要口粮。1955年占粮食总面积65.5%，占粮食总产量76.9%；在现有水稻面积中，稻麦两熟田即占80%左右。几年来，稻麦两熟面积是逐年扩大的，单位产量也年有上升：去年水稻超出500斤的有19县市，占稻田面积32.1%；小麦平均在150~240斤的有22县市，计493万亩；水稻在500斤以上、小麦在180斤以上的有太仓、宝山、上海等县；南通市水稻570斤，而小麦高达235斤。由于全省稻麦两熟田比重大，单位产量高，对超额完成国家第一个五年计划给予本省粮食生产指标，起了极大的作用。但目前稻麦两熟区耕作水平不齐，单产亦不平衡，有的稻产较高麦产很低，有的稻产不高或两者均低，有些地区，冬闲田仍占很大比重，优越的自然条件尚未充分利用。为超额完成今年280亿斤粮食，到1967年实现650亿斤的规划指标，亟应随着水利条件的改善，变旱田为水田，改一熟沤田为两熟田。凡水稻地区，应无例外地把现有的一熟田改成两熟田；发展了双季稻后，稻麦两熟田仍占很大比重，因此，继续而有效地提高稻麦两熟产量，是值得我们十分重视紧紧抓牢的重要一环。理由如下。

（一）本省气候条件，宜于稻麦两熟的生长

具体讲：水稻开花授粉最低温度为20℃，结实的最低温度为15℃左右。小麦播种时，如在13~15℃及以上，则年前可分蘖、扎根以利越冬。晚粳需水量750毫米以上，小麦400毫米左右，而晚粳一般在9月中旬抽穗，10月下旬成熟。各稻麦两熟地区，9月份平均气温都在22℃以上；10月份平均气温16℃以上；11月份平均气温15℃以上。全年降雨量江南1 100毫米，里下河地区900毫米，灌溉总渠两岸800毫米左右。如能掌握品种特性，及时种植，气温雨量都能满足稻麦生育过程中的需要。加之，地势低平，土壤肥沃，

河流纵横，肥源较多，无霜期较长，发展高产粳稻，增加午收比重，条件是完全具备的，也是适应自然规律、充分发挥增产潜力的正确措施。

（二）稻麦两熟的耕作制度，土地利用率大，年产量高

本省人多地少，一年种植两熟，劳力可以得到充分发挥，增加农本的积累，扩大再生产。按照苏联马尔采夫学说："所有植物共同特点，留给土壤中的有机质多过它所消耗的。"土壤学家威廉斯也说过："只有取得农业植物的高度收成，才是日益提高土壤肥沃程度的道路。"根据以上论点，庄稼长得愈好，留在土中的有机质也就愈多。只要采用合理的耕作技术，种了麦子，是不会削弱地力的。至于用白地休闲来恢复地力，这是消极的落后的办法。如若认为白田休闲可以培养地力，这是没有科学理论依据的。因此，尽量利用人力、地力、水分、阳光等资源，增加复种指数，生产更多的为人类所需要的农产品，不但不会掠夺地力，而且还可以提高地力。稻麦两熟的耕作制度，是符合上述科学原理的，积极扩大稻麦两熟面积，大力提高两熟单产，正是逐步提高土壤肥沃性的有效办法。

（三）几年来稻麦两熟产量均有提高

不少地区也出现了大面积的高额丰产，但增产潜力还是巨大的。如太湖地区，小麦在100斤以下的仍有5个县市，里下河水稻单产仅及太湖地区60.5%，有5个县市均在300斤以下。低产的稻麦两熟面积，在全省仍占很大比重，里下河和镇扬山区比较突出，全省小麦单产只115斤多，产量是低的，增产潜力也是很大的，如能同时提高稻麦单产，特别是小麦，则全省粮食产量，就会大大地跃进一步。

（四）从年产量说：凡是抓住稻麦两熟的，增产就很显著

如太仓新华社年产粮食1 075.5斤，常熟寿兴乡第一农社两熟总产达1 006斤，兴化何姚社年产812斤，其中有32.9亩田平均每亩年产高达1 045斤。反之，如一年只重视一熟水稻，麦产很低，年产量就不能提高；而全省沤田还有600多万亩，一年只种一熟水稻，土地利用仅百天左右，每亩稻产一般仅三四百斤，年产则更低。去年全省稻麦两熟平均年产约530斤，要达到淮河以南各地年产800~900斤的要求，非大力提高稻麦两熟产量不可。随着合作化运动的猛烈发展，水利工程的大力兴修，新式畜力农具的普遍推广，农业科学的广泛应用，特别是广大农民有丰富的种植经验，使两熟都能获得大面积的丰产，条件是足够的，只要我们很好努力，是不难实现的。

总的说来，稻麦两熟是适合本省情况的，也是本省优良的耕作制度。今后在发展双季稻的地区，与稻麦绿肥交叉进行，同时并存，稻麦两熟田仍会保持很大的面积。从这次许多丰产典型看，本省任何稻麦地区，水稻既可高产，小麦也能丰收。自然条件是优越的，增产潜力是巨大的，全省应为实现"千斤水稻，五百斤小麦"的目标而奋斗。

二

如何才能提高稻麦产量，顾厅长报告中指出：在老稻麦地区，水稻小麦都要提高单产，稻麦并重，争取两熟丰收。里下河地区，水利面貌已根本改变，应积极改沤田为二熟田，扩大麦类种植面积，改籼稻为粳稻，大力提高水稻单产。低产粮棉地区改种水稻，产

量可几倍的增长，应大力发展水稻，提高小麦单产。根据不同地区，针对影响稻麦增产的因素，分别采取不同的方针，这些意见都是完全正确的。由一年一熟改成稻麦两熟，是耕作制度的大变革，这样做，既完全适合本省的自然条件，也是增加粮食产量的重要措施。由于种植习惯的改变，必然会带来不少的新问题，要两熟都能丰收，突出的须解决如下问题：①要解决前后作的矛盾。江南早粳地区应选用早熟丰产小麦如抢水黄、菜子黄等；晚粳地区要选用半冬性或春性小麦品种如矮立多、中大 2419 等，争取立冬左右播种完毕。里下河地区既要发展粳稻，又须提早成熟，宜选用白露后抽穗霜降左右收割的品种，如江阴芒等，争取 10 月底种好小麦；栽培老来青的地区，应选用春性大的小麦品种，争取立冬前播种结束。②整理灌排系统的原则，无论是“旱改水”“沤改旱”及现有稻麦地区，都必须严格掌握，既适应水稻用水，又要照顾到麦田的灌排。为此，必须全面规划，在现有基础上加以整理。③必须相应地增添生产资料，如灌溉工具、小型农具、肥料、药剂等，特别要解决耕牛问题。根据调查，里下河沤改旱地区一般缺少耕牛 40%以上，只有增加了耕畜，才能很好发挥双轮双铧犁的深耕作用，使人力在农忙季节得到更好的调配，做到不误农时与耕作水平的提高。在改制地区除解决以上问题外，还需认真改进栽培技术，使两熟产量的提高更有保证。在水稻方面，除继续推广行之有效的丰产经验外，应以密植丰产为中心，一切栽培技术围绕“早活棵、早发棵、早成熟”进行，为达到这一要求，必须着重做好下列主要工作。

（一）培育壮秧

壮健的秧苗生活力强，根系发育良好，移栽后成活快，吸收力大，因而能提早发棵，提早成熟。为达到这个目的，必须抓住稀落谷的中心环节，同时做好盐水选种、合式秧田、适当施用速效性肥料，及时灌溉排水等一系列的措施。晚粳每亩秧田一般用净重 100 斤左右，落谷均匀，使秧苗生长健壮。

（二）施足基肥，分期追肥

秧苗移栽初期，根部尚未恢复活力，不能伸入土层吸取养料，基肥中必须有足量的速效性养分，促使早日活棵，以积累更多的养料，增强生长势，提早发棵。苏南地区的草塘泥含有更多的速效性成分，所以能使水稻早活棵、早发棵。追肥要分期看苗施用，水稻分蘖期中，如基肥不足，在移栽后两星期，应该施用一次速效追肥，促使分蘖。水稻在拔三眼时（幼穗分化），需要养分更多，及时施用速效性穗肥，就能使穗大粒多，增加产量。穗肥施用时间，是在水稻出穗前 25 天左右，过早过迟都不相宜。水稻抽穗后，如有脱力现象，应再追施一次少量化肥，可以增加千粒重。施肥必须做到均匀，使植株生长整齐，成熟一致。追肥一般不宜施用迟效性的以防延迟成熟与遭致病虫害。

（三）浅水勤灌，适期搁田

移栽后灌水要深，一般以 2～3 寸水为宜，这样可减少蒸发面，不致发生凋萎现象，保持根部稳定，容易生根活棵。分蘖期灌水宜浅，加强基部日照，提高水温土温，有利分蘖，并增加基茎硬度防止倒伏。如施用未腐熟的基肥，就需在分蘖中期提早干田，加强通气作用，促使养分分解，并及时中耕除草，提早发棵。分蘖后期，天气炎热，蒸发量大，灌水可深达 3 寸，调节温度，抑制分蘖。圆秆时，要搁田一次，加速土壤中肥料分解，增加水稻营养，促进幼穗发育，对产量的提高有显著作用。开花时不能脱水，保持田面空气有相当湿度，不过于干燥妨碍授粉受精，灌浆时可以干干湿湿，到黄熟期就可提早排水，促使成熟。

除以上三点外，还有选用良种、深耕密植、防治病虫害等措施，增产作用也很大。会议中陈永康同志和其他劳模已有介绍，故我不再多谈。

三

麦子十年九收，这是群众的普遍反应，说明了本省夏熟产量比较稳定。苏联小麦最高产量每亩达到 1 493 斤，我们新疆也出现了 1 300 多斤的高额丰产。从本省说：赣榆爱国农业社的小麦也达到 504 斤。小麦是高产的粮食作物，但过去普遍存在重稻轻麦的思想。耕作粗放，施肥不足，影响增产潜力的发挥。解放以来，单产虽逐年上升，但去年三麦平均单产只有 120. 9 斤，产量是不高的，如能提高到 200 斤，即能增加 42 亿斤粮食，可买拖拉机 25 000 标准台，能耕地 6 000 万亩，可买耕牛 210 万头，高出全省现有耕牛的总数，数字是惊人的，实现也是不难的。提高单产的办法如下。

（一）选用良种

种子是农业最基本的生产资料之一。改进小麦栽培技术，必须结合换用良种才能获得稳定的丰收。太仓新华社本地洋小麦比长棋白壳增产 85%；唐宝铭选用抢水黄，成熟早，单产高，能抗病；兴化何姚社选用中大 2419，最高的每亩达到 420 斤。实践证明：凡是选用适合当地环境条件的优良品种，都能获得显著增产。根据本省稻麦两熟地区的特点，一般要求选择早熟、高产抗病、耐肥、成熟时不易落粒与不发芽的品种。为保证品种的优良性状，不断提高品种质量，应该认真选种留种，劳模唐宝铭在小麦成熟时选择早熟、无病、穗大、粒密的单穗，作为留种田种子，加以精细的培育繁殖，年年这样做，防止了混杂退化，产量高而稳定。

（二）阔墒（墒即指垄）密植全苗足穗

小麦产量的高低，很大程度上决定于每亩实际播种面积的大小和麦穗的多少。目前畦狭沟宽，一般土地利用仅 60%左右，每亩穗数只有 10 万~15 万，大大地影响了产量的提高。决定产量的因素，主要是每亩穗数、每穗粒数和千粒重。穗数的多少取决于单位面积的苗数与单株有效分蘖数。而单位面积苗数又决定于播种量、出苗数及植株成活数。单株有效分蘖数，各品种是不一致的，主要决定于播种期、土壤肥力及单株营养面积，这些都可以用栽培技术来控制的。具体讲：首先要耕深耕透、精细碎土，为种子芽出土和幼苗扎根吸肥创造有利条件，要求畦宽一般 6~8 尺，沟宽 1 尺左右，土地利用增达 80%以上。其次在播种前要做好晒种、选种等处理，提高种子质量，增加发芽率和发芽势。根据试验，选用大粒种子可显著增产，盐水选种比不选种的增产 8. 6%。再次播种量因播种方法、地力肥瘦、播期迟早、种粒大小而有不同，一般说撒播的要 20 斤左右，播种均匀，仔细覆土，避免露籽。点播的应缩小株行距为 4~6 寸，每穴种子在 10 粒左右，播种量每亩 12~16 斤。穴底要平整，使种子散开保持一定粒距，有利植株生长，条播便于集中施肥和中耕除草。在土壤轻松地区可采用直条播；黏土地区宜用横条播，一般播幅 3~4 寸，横距 6

寸，常熟胜利社 1954 年采用这一方法，单产 410 斤。最后适期播种，保证在年前有适当的分蘖和根系，并累积养料，安全越冬。小麦在 5℃以下，基本上停止生长，为达到上述要求，年前一般在 5℃以上需要 40 多天的时间，如果需要晚播，可选用中大 2419、玉皮等春性品种。上述几点，都是密植全苗的基本措施，要因地制宜灵活掌握，保证每亩有效穗能达 30 万株以上。

（三）增施肥料，合理施用

根据科学分析，生产 100 斤小麦，需要氮肥 2.5~3 斤，相当于厩肥 500~750 斤。年来施肥水平虽有提高，但与这一标准距离还大，施肥不足的现象依然普遍存在，白田下种仍占很大比例，远不能适应小麦增产的要求，解决途径应多方面的增辟肥源，养猪积肥、种植绿肥并注意合理施用。为使麦苗冬前能正常生长，更好地安全越冬，必须重视基肥的施用，并适当的配合速效性肥料。如基肥不足，则应在小雪前追施一次腊肥。入春后天气转暖，小麦快要拔节，土壤中微生物活动力差，有效养分很少，因此在 3 月上旬追施速效肥，对促使小麦返青和幼穗分化有显著效果。苏联先进经验："冬季谷类作物氮肥最主要的施用时期是在早春"。华东农科所试验，在早春 3 月追施 10 斤硫酸铵，平均增产 42%。在目前肥料不足的情况下，必须根据小麦生育需要，提高施肥技术，做到分层集中、缓急并重，肥料既很经济，又能充分发挥增产效能。

（四）做好开沟排水和中耕除草工作

太湖地区，河港交错地下水位高，土壤黏重板结，入春以后往往阴雨连绵，田易积水，影响小麦生长，必须深沟高畦，沟沟相通，加强排水工作，以降低地下水位。里下河沤改旱田，应在水稻黄熟时排水落干，收获后立即深耕晒垡，畦沟要深，畦面要高，但不宜太宽，一边以 4 尺为宜，播种量比一般田要增加一成左右。湿地采用点播，土壤干燥可用撒播或条播。多施有机质肥料。兴化县红星社掌握上列措施，57 亩沤改旱小麦，每亩收到 176 斤，获得了大面积的增产。

本省部分地区，有麦田养草习惯，草苗齐长，甚至草多苗少，由于杂草滋生，侵夺养料，影响麦苗生育，减少了分蘖，麦穗短少，减产很大，为使麦苗有良好生长环境，一定要在冬前和早春，锄尽杂草，这是保证壮苗足穗的重要措施。

关于以上稻麦两熟的增产意见，因限于时间，归纳不够全面，请大家修正和补充。合作化运动的猛烈发展，《1956 年到 1967 年全国农业发展纲要（草案）》的公布，经过全面规划后的农村工作，广大农民正以欢欣鼓舞、忘我劳动的姿态，以伟大的步伐从事国家历史面貌的改变，力量是巨大的，在农业生产战线上，一定会打一个更漂亮的仗，全面地争取稻麦两熟丰收，为加速国家社会主义建设事业而努力。

（华东农业科技通讯，1956（3）：139-143）
（中国农报，1956 增刊（2））

江苏省第一届人民代表大会
第四次会议

1956年8月25日　（星期六）　新华

民主党派在共産党領導下，加強团結，信心百倍地沿着社会主义道路迈進！

——金善宝代表的發言

我完全同意和拥护冷遹付省長和管文蔚付省長所作的兩个报告。

最近时期國内有兩件大事

一、“百花齐放，百家爭鳴”方針的提出；
二、“長期共存，互相監督”方針的提出。

最近一个时期，國内有兩件大事，就是毛主席提出了在学術研究上必須貫徹“百家爭鳴”的方針和民主党派“長期共存、互相監督”的方針，这兩个方針的意义都是十分重大的。

近几年來，九三学社在南京的地方組織在党的領導下，为社会主义事業貢献了一些力量，取得了一定成績，組織也有了很大的發展。自从上述兩大方針提出后，我們內部开了不少次会，深深感到我們过去的工作做得很不够，而今后的責任將更为艰巨。我們初步考慮：九三学社在新的方針下，如何進一步貢献力量？它將依据什么來共存？它將如何实行互相監督？从哪方面監督？我們覚得，九三学社以联系文教科学工作者的中上層为主要任务，在偉大的社会主义建設中，对科学文教事業应該貢献更多的力量。

我國科学文教事業近几年來有了飛躍的發展，目前正以驚人的速度改变着我們一向被人認为落后的面貌。这种成就，是和学習苏联教学改革以及積極开展科学研究分不开的。但是，無可諱言，我們在这方面的工作中走过了不少弯路，使我國的科学文教事業在前進路上遭到不少損失。

創造性地向苏联学習

要結合中國实际情况和具体条件学習苏联教育工作的經驗。

我們曾生搬硬套地学習苏联，不結合中國具体条件，把苏联的教育制度、教材、教学法等等生硬地搬到中國來，以致有人認为：“过去是抄襲英美，今天是抄襲苏联”。南京师范学院原有十个系，教育部因为苏联的师范学院只有五个系，硬叫南师和苏州的江苏师范学院互相調整。原來打算文理分家，即：南师着重文科，苏师着重理科。但由于客观条件的限制，生硬的調整，強制的分割，結果是南师僅有中國語文系，苏师僅有歷史系，文史分了家；南师有化学系而無物理系，理化分家；不能不影响文史理化各系課程教学的質量。

高等学校現在采用的統一教学計划和統一教学大綱，一般是把苏联的五年課程，硬压縮在四年內学完，虽然討論已久，但仍未得到合理解决。一个学生同时要学八門課、九門課，样样都要他学得好，这种塡鴨式的教学，使学生一天到晚赶功課，連星期天也得不到休息，既妨碍健康，又大大影响学生独立思考和独立工作能力的培养。

考試是測驗学生教学成果和学生的理解程度的一种方法。在方式上，可以用筆試或口試。現在很多学校学期考試紛紛采用口試。只要条件可能，口試是有其优点的。但我們有些高等学校一个班里的学生往往有100人甚至到150人，与苏联情况不同，采用口試，所需时間太長，弄得教师和学生精疲力竭。

推行苏联的有些制度必須愼重考慮

一、投票选举教授要找同行或接近同行的人；
二、國家考試各地互派教授監考，浪費时間，增加忙乱現象；
三、三級制改成兩級制也需愼重考慮。

有些教育制度，在苏联可能行之有效，而在我國却未必適宜，必須愼重考慮。目前我們正在推行一种新制度，即用投票方式，选举教授，如果付教授升教授必須經过选举，投票决定。也就是說，譬如一个研究化学的人要升教授，必須請些对他業务毫不了解的，如研究地理、語文、歷史……等学科的人來参加投票决定。試問这能有多少实际意义？假定采用系科民主評議，領導决定是否一定不好呢？如果一定要投票，最好找同行或接近于同行的人。例如：農学院教授选举，請農科所的研究人員來投票，就比較实事求是得多了。

苏联的國家考試制度是有它的优越性的，但是我國目前还沒有条件來積極推行这个制度。今年已經有某些学校实行了这个制度。按照規定，國家考試委員会的主任委員必須聘請校外教授或其他科学研究机关的人員來担任，要他們放下本身的工作，匆匆赶到外地去担任考試工作。今年大热的暑天，南京有不少專家教授跑到外地去参加國家考試，也有許多外地的專家教授跑到南京來担任國家考試的主任委員，你來我去，大家在火車上賽跑。考試时間又長达三四星期，大家对于对方的情况都不熟悉，只好陪着坐在考試人員的位子上。各地教授东奔西跑，不知浪費了多少时間，增加了忙乱現象。但实际效果很难估計。

民主党派在共产党的领导下，加强团结，信心百倍地沿着社会主义道路迈进！
——金善宝代表的发言

金善宝

我完全同意和拥护冷遹副省长和管文蔚副省长所作的两个报告。

最近时期国内有两件大事

“百花齐放，百家争鸣”方针的提出

“长期共存，互相监督”方针的提出

最近一个时期，国内有两件大事，就是毛主席提出了在学术研究上必须贯彻“百家争鸣”的方针和民主党派“长期共存，互相监督”的方针，这两个方针的意义都是十分重大的。

近几年来，九三学社在南京的地方组织在党的领导下，为社会主义事业贡献了一些力量，取得了一定成绩，组织也有了很大的发展。自从上述两大方针提出后，我们内部开了不少次会，深深感到我们过去的工作做得很不够，而今后的责任将更为艰巨。我们初步考虑：九三学社在新的方针下，如何进一步贡献力量？它将依据什么来共存？它将如何实行互相监督？从哪方面监督？我们觉得，九三学社以联系文教科学工作者的中上层为主要任务，在伟大的社会主义建设中，对科学文教事业应该贡献更多的力量。

我国科学文教事业近几年来有了飞跃的发展，目前正以惊人的速度改变着我们一向被人认为落后的面貌。这种成就是和学习苏联教学改革以及积极开展科学研究分不开的。但是，无可讳言，我们在这方面的工作中走过了不少弯路，使我国的科学文教事业在前进道路上遭受了不少损失。

创造性地向苏联学习

要结合中国实际情况和具体条件学习苏联教育工作的经验

我们曾生搬硬套地学习苏联，不结合中国具体条件，把苏联的教育制度、教材、教学法等生硬地搬到中国来，以致有人认为：“过去是抄袭英美，今天是抄袭苏联”。南京师范学院（下称南师）原有 10 个系，教育部因为苏联的师范学院只有 5 个系，硬叫南师和苏

州的江苏师范学院互相调整。原来打算文理分家，即南师着重文科，苏师着重理科。但由于客观条件的限制，生硬的调整，强制的分割，结果是南师仅有中国语文系，苏师仅有历史系，文史分了家；南师有化学系而无物理系，理化分家；不能不影响文史理化各系课程教学的质量。

高等学校现在采用的统一教学计划和统一教学大纲，一般是把苏联的5年课程，硬压缩在4年内学完，虽然讨论已久，但仍未得到合理解决。一个学生同时要学8门课、9门课，样样都要催他学得好，这种填鸭式的教学，使学生一天到晚赶功课，连星期天也得不到休息，既妨碍健康，又大大影响学生独立思考和独立工作能力的培养。

考试是测验教师教学成果和学生理解程度的一种方法。在方式上，可以用笔试或口试。现在很多学校学期考试纷纷采用口试。只要条件可能，口试是有其优点的。但我们有些高等学校一个班里的学生往往有100人甚至达到150人，与苏联情况不同，采用口试，所需时间太长，弄得教师和学生精疲力竭。

推行苏联的有些制度必须慎重考虑

投票选举教授要找同行或接近同行的人

国家考试各地互派教授监考，浪费时间，增加忙乱现象

三级制改为两级制也需要慎重考虑

有些教育制度，在苏联可能行之有效，而在我国却未必适宜，必须慎重考虑。目前我们正在推行一种新制度，即用投票方式选举教授，如果副教授升教授必须经过选举，投票决定。也就是说，譬如一个研究化学的人要升教授，必须请些对他业务毫不了解的，如研究地理、语文、历史……等学科的人来参加投票决定。试问这能有多少实际意义？假定采用系科民主评议，领导决定是否一定不好呢？如果一定要投票，最好找同行或接近于同行的人。例如农学院教授选举，请农科所的研究人员来投票，就比较实事求是得多了。

苏联的国家考试制度是有它的优越性的，但是我国目前还没有条件来积极推行这个制度。今年已经有些学校实行了这个制度。按照规定，国家考试委员会的主任委员必须聘请校外教授或其他科学研究机关的人员来担任，要他们放下本身的工作，匆匆赶到外地去担任考试工作。今年大热的暑天，南京有不少专家教授跑到外地去参加国家考试，也有许多外地的专家教授跑到南京来担任国家考试的主任委员，你来我去，大家在火车上赛跑，考试时间又长达三四星期，大家对于对方的情况都不熟悉，只好陪着坐在考试人员的位子上。各地教授东奔西跑，不知浪费了多少时间，增加了忙乱现象。但实际效果很难估计。

（在江苏省第一届人民代表大会第四次会议上的发言）

（新华日报，1956-8-25（7））

1957年3月6日在中央人民广播电台广播（录音）

P.1.（378）

各位听众：现在请听全国农业展览会总馆長、农业科学院副院长、我国著名农学家金善宝对台湾农業科学工作者的講話稿

在台湾的农業科学界的各位朋友们！

記得是在1955年8月间，我在這个电台上曾经和你们作过遥远的談話。时间过得真快，到現在快要两年了，我们时刻关心着你们在台湾的工作和生活。

在过去两年中间，祖国大陸上，在社会主义改造和经济建設方面，又出現了新的面貌。就过去一年来說，全国出現了农業合作化的高潮，百分之九十六点一的农户，加入了农業生產合作社，分散落后的小农经济已经基本上被改造过来。由於农業合作化高潮的推动，农民生產积极性空前高漲。1956年，我国虽然有不少地区，遭受了严重的自然災害，但我国的粮食生產，还比1955年超过了二百多亿斤，为了交流先进生產经驗，鼓励农民更大的积极性，来不断提高我国的农業生產，規模巨大的全国农業展览会已经於二月二十日，在北京隆重地开幕了。現在我想借這个

给台湾农业科学工作者的广播稿

全国农业展览会总馆长
中国农业科学院副院长　金善宝

在台湾的农业科学界的各位朋友们!

记得是在1955年8月间，我在这个电台上曾经和你们作过遥远的谈话。时间过得真快，到现在快要两年了，我们时刻关心着你们在台湾的工作和生活。

在过去的两年中间，祖国大陆上，在社会主义改造和经济建设方面，又出现了新的面貌。就过去一年来说，全国出现了农业合作化的高潮，96.1%的农户加入了农业生产合作社，分散落后的小农经济已经基本上被改造过来。由于农业合作化高潮的推动，农民生产积极性空前高涨。1956年，我国虽然有不少地区，遭受了严重的自然灾害，但我国的粮食生产，还比1955年超过了200多亿斤，为了交流先进生产经验，鼓励农民更大的积极性，来不断提高我国的农业生产，规模巨大的全国农业展览会已经于2月20日，在北京隆重地开幕了。现在我想借这个机会，把全国农业展览会的重要内容，向朋友们作简单的介绍。因为像这样大规模的全国农业展览会，在我国历史上还是第一次，我想朋友们一定很关心这件事，而且也乐于收听的。

整个农业展览会共分为11个馆展出，计有综合馆、粮食作物馆、经济作物馆、畜牧馆、国营农场馆、热带作物馆、林业馆、水利馆、水产馆、气象馆和增产措施馆。展览会里的展品来自全国各个地区，它包括了从亚热带到寒带，从东海边到西藏高原，从极普通到极稀罕的产品。当你看了这个展览会，就会感觉到祖国农业生产具有极其丰富的资源，解放以来，我国农业生产上取得了辉煌的成就，农业合作化有着无比的优越性。但我们感到十分遗憾的是，在这个展览会上，还缺少台湾农民和农业科学工作者的劳动成果。

农业合作化的高潮，推动了农业生产的高潮，同时，带来了农民生活水准的提高。1956年，全国范围内，除了遭受严重自然灾害的地区以外，80%的农业生产合作社成员增加了收入。以农民的消费情况来说，他们的生活水准，是一年比一年提高。例如1949年，全国农民棉布的消费量是4 526万疋（1疋合4丈，约合13.33米，下同），1956年，达到11 378万疋，增加了近2倍。1949年，胶鞋的消费是790万双，1956年增加到3 639万双，增加了3.6倍。1949年糖的消费是7.5万吨；1956年，达到46.5万吨，增加5倍多。

1956年，我国的粮食总产量，比1949年增加1 524亿斤，而且超过了第一个五年计划1957年所规定的指标。1949—1956年，平均每年增产粮食218亿斤，到1956年比解放前1936年增长32.9%。

棉花是重要的经济作物，1956年，棉花总产量比1949年增加2 161万担，比解放前产量最高年份还增加1352万担。大豆、花生、油菜籽等重要油料作物，1956年的总产量比 1949 年增加一倍多。其他重要的经济作物，如麻类、烤烟、蚕丝、茶叶以及糖料作物等，也都有巨大的增加。

我国的畜牧业也在迅速的发展，1956 年，我们的大家畜比 1949 年增加 2 779 万头，绵羊、山羊增加 4 991 万只。

化学肥料和农业机械是增加农业生产的重要利器。1952 年，我国的化学肥料，只有 29 588 吨，1956 年增加了 5 倍。农具的生产，1952 年，为 276 441 部，1956 年，增加了 6 倍。

水利事业，与农业生产有密切的关系，国家在进行了治理各大河流的同时，大力兴修了农田水利。1949 年，全国农田灌溉面积是 30 000 万亩，1956 年，增长到 50 000 万亩。气象事业，也在迅速的发展，全国气象台站，1956 年已经有 1 404 个，比解放前 1948 年增长了 19 倍。气象的预报工作，在农业生产上起了很大的指导作用。这些数字雄辩地说明了，我国解放以后，农业生产有了多么大的发展，说明了农业合作化的制度有着多么显著的优越性，也说明了我国农业面貌有了多么深刻的变化。

由于农业合作高潮的积极推动，全国各地涌现出许多先进的农业生产合作社，产生了许多先进人物，在各种生产工作中创造了许多先进生产经验，取得了显著的生产成就，大大提高了单位面积的产量。例如在粮食生产方面，1956 年，水稻有广东潮安，福建海澄、长乐、尤溪等 4 个双季稻千斤县。其他地区在大面积上每亩产水稻千斤以上的事例，也是很多的。广东揭阳县云光农业生产合作社，创造了每亩产 1 850. 2 斤的新纪录。小麦在陕西武功等 7 个县、2 个市，平均亩产达到 300 斤以上，其中还有 26 个农业生产合作社平均每亩达千斤以上。山西临汾县红星农业社还在将近 2 亩地上，创造了每亩产小麦 1 342 斤的新纪录。主要杂粮的玉米、高粱和谷子等，平均亩产量达到 1 000 斤以上的，甘薯和马铃薯每亩达 10 000 斤以上的，不少地方都可以找到这样的事例。棉花产量也有显著的成绩，1956 年，已经出现了平均每亩产皮棉百斤的甘肃敦煌县。1956 年，平均亩产皮棉百斤以上的，全国约有 300 万亩之多。新疆玛纳斯河流域一个国营农场，在近百亩的棉田上，还创造了平均亩产籽棉 1 686 斤的高额丰产纪录。

朋友们！解放以来，中国共产党和人民政府，对农业教育和农业科学研究也是极其重视的。1956 年，全国农、林、渔、牧高级和中级的院校，已经发展到 228 所，在校学生，高等学校，1950 年只有 10 381 人，1956 年已经达到 36 441 人，增加了 2. 5 倍；中等学校，1950 年只有 21 896 人，1956 年达到 118 505 人，增加了近 5 倍。农、林、渔、牧的科学研究机构，全国共有 216 所，其中农业有 190 所。几年来，农业科学工作成绩也是不小的。举例来说，蝗虫（灾害）是我国历史上严重的灾害，由于我们对飞蝗的发生规律和药剂防治进行了深入的研究，掌握了有利的防治时期，提高了防治效果，通过群众性的治蝗工作，使几千年的蝗患不再成灾。在畜牧方面，我们育成了毛肉兼用的新疆细毛羊品质，我们也研究成功了反应疫苗和培育成了山羊化牛瘟弱毒，这对扑灭东北、内蒙古地区的牛瘟起了决定性的作用。水稻插秧机依靠了集体的力量，已经创造性地试制成功。一个插秧机一天能插秧 30 亩，这是我国农业机械工作者在水稻机械化方面一个重大的贡献。

3 月 1 日，中国农业科学院已经宣告成立，它是我国农业科学的最高领导机构，今后我国的农业科学将会得更迅速的发展。

朋友们！我国是一个地大物博的国家，我们有极其丰富的自然资源，可以供发展农业生产的利用。我们有中国共产党和毛主席的英明领导，有5亿农民和广大的农业科学工作者的积极努力。我们深信，我们的农业生产将会一年比一年的发展和提高，农民的生活水准，将会一年比一年迅速改善。我希望在不久的将来，也能在我们祖国的建设事业中看到现在在台湾的农业科学工作者的贡献。

（中央人民广播电台，1957-3-6）

全国小麦病虫工作会議开幕詞(摘要)

金善宝
(中国农業科学院)

今年我国小麦获得空前的大丰收，总产量已經超过美国而躍居世界第二位。这件事不但在生产上是一个巨大的胜利，在政治上和国际意义上也具有極其重大的意义。

今年小麦的大丰收是全国农民在党和毛主席的英明領导下，在全民整風和社会主义大辯論的基础上，依靠冲天干勁和大胆創造精神，敢想敢做的結果；而与病虫害作斗爭也是其中一个重要部分。例如，江苏、安徽、內蒙对稈銹病的大面积防治，以及其他各省对吸漿虫、地下害虫、条銹病等的防治，都是党政領导亲自掛帅，依靠广大羣众的冲天革命干勁而取得的。在这些史無前例的斗爭中，广大农民羣众在防治病虫害方面取得了極为丰富的經驗。根据这些經驗和成果，坚决依靠羣众，相信羣众智慧，我們完全有信心在党的領导下，提出我們的躍进規划和奋斗目标，就是：苦战三年，基本消灭小麦的主要病虫災害，为保証小麦的大丰收而貢献我們的力量。

为了达到这一目的，全国小麦主要病虫害的消灭工作，必須在党的領导下，坚决貫徹鼓足干勁、力爭上游、多快好省地建設社会主义的总路綫，明确重点奋斗目标，充分發揮广大羣众的积極性和創造性，使生产、研究和羣众智慧三者密切結合起来，并在全国范圍內組織大联合大协作，只有这样，才能最迅速地完成上述任务。因此，总結已有的經驗教訓，辨明前进的道路，提出今后的目标和任务，制定具体的方案，确定保証完成任务的措施，組織全国力量大联合大协作，就成为这次会議需要研究解决的主要問題和內容。

所以这是一个生产会(参加者包括小麦主要生产省分的行政單位代表)，也是一个科学研究会(包括中国农業科学院、各农業院校及有关各省的主要研究單位)，更是一个綜合性的大会(包括病虫、农药、品种、气象等各种專業)。总的目标是要在党的統一領导下，將行政和技术擰成一股繩，合理地安排人力物力，調动一切积極因素，以胜利地完成在三年內基本消灭小麦的主要病虫災害，保証小麦丰收。

今年广大农民兄弟，在党的領导下所取得的輝煌成果和創造的奇蹟，进一步暴露出农業科学研究工作研究路綫和研究方法上的錯誤和缺点，更暴露出科学研究远远落后于生产实踐的事实，必須徹底推翻許多陈腐观念，破除迷信，解放思想，才能使农業科学向前躍进。我們科學工作者，对目前这种新的形势，必須要有充分的認識，下决心克服思想上和工作上的落后狀态，急起直追，迎头赶上，完成党和人民所交給我們的重大任务。

这次会議的要求是：

1.总結今年以及以往的成功經驗。

2.提出消灭小麦主要病虫害的躍进規划，討論防治措施，分区制定小麦病虫害綜合防治工作的具体方案。

3.制定 1959 年以及最近几年的科学研究計划。

4.研究解决其他有关問題例如药械的供应問題等向有关單位提出必要的建議。

这次在安徽开会是因为本省对防治小麦几种主要病虫都有很大的成績，安徽又是三改的發祥地，今年小麦大丰收，增产 60% 以上，水稻也是大面积的增产，他們的干勁和方法是值得大家学習的，这次会議是一个計划会議，但是也帶有現場会議的性質。

这次会議是在安徽省省委的領导和大力支持下进行的，無論在人力的配备、住宿、膳食的保証以及各項大会准备工作等方面都有很大的供献，謹此致謝。

虽然天气炎热，大家都很辛苦，但是在各地

全国小麦病虫工作会议开幕词（摘要）

中国农业科学院　金善宝

今年我国小麦获得空前的大丰收，总产量已经超过美国而跃居世界第二位。这件事不但在生产上是一个巨大的胜利，在政治上和国际意义上也具有极其重大的意义。

今年小麦的大丰收是全国农民在党和毛主席的英明领导下，在全民整风和社会主义大辩论的基础上，依靠冲天干劲和大胆创造精神，敢想敢做的结果；而与病虫害作斗争也是其中一个重要部分。例如，江苏、安徽、内蒙古对秆锈病的大面积防治以及其他各省对吸浆虫、地下害虫、条锈病等的防治，都是党政领导亲自挂帅，依靠广大群众的冲天革命干劲而取得的。在这些史无前例的斗争中，广大农民群众在防治病虫害方面取得了极为丰富的经验。根据这些经验和成果，坚决依靠群众，相信群众智慧，我们完全有信心在党的领导下，提出我们的跃进规划和奋斗目标，就是："苦战3年，基本消灭小麦的主要病虫灾害，为保证小麦的大丰收而贡献我们的力量。"

为了达到这一目的，全国小麦主要病虫害的消灭工作，必须在党的领导下、坚决贯彻鼓足干劲、力争上游、多快好省地建设社会主义的总路线，明确重点奋斗目标，充分发挥广大群众的积极性和创造性，使生产、研究和群众智慧三者密切结合起来，并在全国范围内组织大联合大协作，只有这样，才能最迅速地完成上述任务。因此，总结已有的经验教训，辨明前进的道路，提出今后的目标和任务，制定具体的方案，确定保证完成任务的措施，组织全国力量大联合大协作，就成为这次会议需要研究解决的主要问题和内容。

所以这是一个生产会（参加者包括小麦主要生产省区的行政单位代表），也是一个科学研究会（包括中国农业科学院、各农业院校及有关各省区的主要研究单位），更是一个综合性的大会（包括病虫、农药、品种、气象等各种专业）。总的目标是要在党的统一领导下，将行政和技术拧成一股绳，合理地安排人力物力，调动一切积极因素，以胜利地完成在3年内基本消灭小麦的主要病虫灾害，保证小麦丰收。

今年广大农民兄弟，在党的领导下所取得的辉煌成果和创造的奇迹，进一步暴露出农业科学研究工作研究路线和研究方法上的错误和缺点，更暴露出科学研究远远落后于生产实践的事实，必须彻底推翻许多陈腐观念，破除迷信，解放思想，才能使农业科学向前跃进。我们科学工作者，对目前这种新的形势，必须要有充分的认识，下决心克服思想上和工作上的落后状态，急起直追，迎头赶上，完成党和人民所交给我们的重大任务。

这次会议的要求是：

1. 总结今年以及以往的成功经验。

2. 提出消灭小麦主要病虫害的跃进规划，讨论防治措施，分区制定小麦病虫害综合防治工作的具体方案。

3. 制定 1959 年以及最近几年的科学研究计划。

4. 研究解决其他有关问题，例如药械的供应问题等，向有关单位提出必要的建议。

这次在安徽开会是因为安徽省对防治小麦几种主要病虫都有很大的成绩，安徽又是三改的发祥地，今年小麦大丰收，增产 60%以上，水稻也是大面积的增产，他们的干劲和方法是值得大家学习的，这次会议是一个计划会议，但是也带有现场会议的性质。

这次会议是在安徽省委的领导和大力支持下进行的，无论在人力的配备、住宿、膳食的保证以及各项大会准备工作等方面都有很大的贡献，谨此致谢。

虽然天气炎热，大家都很辛苦，但是在各地代表的革命热情、冲天干劲和共同努力之下，我们完全相信大家能很好地完成这次大会的任务。最后，让我预祝大会成功并祝各位代表身体健康！

（植病知识，1958，2（4）：193-194）

代表的革命热情，冲天干劲和共同努力之下，我們完全相信大家能很好地完成这次大会的任务。最后，讓我預祝大会成功並祝各位代表身体健康！

全國小麦病虫工作会議总結（初稿）

金善宝

（中国农業科学院）

7月22日至29日，在安徽合肥召开全国小麦病虫工作会議。參加者包括：小麦主要生产省分的行政單位代表，高額丰产劳模代表，农業部植保局，中央气象局，中国科学院，中国农業科学院，各农業院校，地区农科所及各省的主要研究單位有关代表（包括病害、虫害、农藥、麦作、气象等各种專業）。安徽省各專区100多位列席代表也參加了大会。大会經过兩天典型报告交流經驗后，进而解放思想統一認識，各大区分組制訂了小麦病虫害統一防治技术規划和試驗研究規划，組織了有关地区間的联防協作，制訂出協作書。由安徽省农業厅举办的土藥械防治小麦稈銹病的小型展覽会，充实了大会討論的內容和依据。从參加会議人員和大会內容来看，充分表現出这个会議是在爭取今后小麦更大丰收的統一奋斗目标下防治和研究病虫害的綜合性会議，这样的会議在农業科学界是有史以来第一次召开，这是在全国农業生产大躍进新形势下产生的，对1959年及今后小麦更大丰收作了有力的准备工作。

在十个典型經驗报告中，总結了1958年及以前的小麦病虫害防治和研究工作。安徽省大面积防治稈銹病依靠广大羣众的智慧，应用土藥解决了藥剂不足的困难，土藥防治面积佔总防治面积的38.7%，出动了800多万人苦战三十晝夜，基本上消灭了銹病为害，贏得了大丰收；河南省大面积防治吸漿虫，作好全面思想發动，書記掛帅，全党动員，全民出动（800多万人次），建立了羣众性虫情測报站（点），抓住有利时机，全面圍剿，組織軍事化，行动战斗化，苦战十天，在2,246万多亩麦田上消灭了吸漿虫，贏得大丰收。从以上兩个大面积防治中，充分說明，只有在社会主义国家才能获得这样巨大的成就。同时它也是消灭病虫害上高速度發展的典型。河南省陈炎理劳模小麦亩产7,320斤的高額丰产經驗介紹，最使人兴奋感动，这个具体事实解决了人們几千年来公認小麦是低产作物的迷信保守思想，开辟了爭取小麦更高产的道路。在試驗研究报告中介紹的666处理土壤防治小麦吸漿虫的經驗，由于它既簡便經济又节省劳力，既能根治吸漿虫又兼治地下害虫且能刺激小麦增产，受到代表們的欢迎。听过典型报告后，在大区分組会上，很快的就展开了思想批判，批判了先理論后生产，土藥不管用的洋化思想；也批判了藥剂防治不能解决銹病問題的唯品种論，書本上沒有的和外国沒有解决的就無法解决不相信羣众的創造等迷信保守思想，以及同業異夢，爭当博士，不从整体出發等等資产阶級个人主义思想。認識到这些思想是造成脫离羣众、脫离生产、使农業科学远远落在形势后面的重要原因，是农業科学躍进的主要障碍。在解放思想，統一認識的基础上，各地区提出了小麦病虫害防治和研究躍进規划，並紛紛出大字报进行挑战，如有的地区提出"一年免災，二年除害，提前三年消灭小麦病虫害"，有的省提出"叫小麦病虫断子絕孙，1960年基本实現無病虫省"，这就表現我国消灭小麦病虫害方面三年內將不断有衛星放射，这也是超国际水平的創举。

根据大会討論，提出以下几点意見：

一、为了提前消灭小麦主要病虫害，保証今后的大丰收，坚决貫徹鼓足干劲，力爭上游，多快好省地建設社会主义总路綫的精神，依靠全党全民办科学，並坚决貫徹科学研究走羣众路綫，为生产大躍进服务的方針。

二、根据目前国內生产形势的飞躍發展，我們决心采取一切措施，苦战三年在全国范圍內

全国小麦病虫工作会议总结（初稿）

中国农业科学院　金善宝

7月22—29日，在安徽合肥召开全国小麦病虫工作会议。参加者包括：小麦主要生产省区的行政单位代表，高额丰产劳模代表，农业部植保局、中央气象局、中国科学院、中国农业科学院、各农业院校、地区农科所及各省的主要研究单位有关代表（包括病害、虫害、农药、麦作、气象等各种专业）。安徽省各专区100多位列席代表也参加了大会。大会经过两天典型报告交流经验后，进而解放思想统一认识，各大区分组制订了小麦病虫害统一防治技术规划和试验研究规划，组织了有关地区间的联防协作，制订出协作书。由安徽省农业厅举办的土药械防治小麦秆锈病的小型展览会，充实了大会讨论的内容和依据。从参加会议人员和大会内容来看，充分表现出这个会议是在争取今后小麦更大丰收的统一奋斗目标下防治和研究病虫害的综合性会议，这样的会议在农业科学界是有史以来第一次召开，这是在全国农业生产"大跃进"新形势下产生的，对1959年及今后小麦更大丰收作了有力的准备工作。

在10个典型经验报告中，总结了1958年及以前的小麦病虫害防治和研究工作。安徽省大面积防治秆锈病依靠广大群众的智慧，应用土药解决了药剂不足的困难，土药防治面积治占总防治面积的38.7%，出动了800多万人苦战30昼夜，基本上消灭了锈病为害，赢得了大丰收；河南省大面积防治吸浆虫，作好全面思想发动，书记挂帅，全党动员，全民出动（800多万人次），建立了群众性虫情测报站（点），抓住有利时机，全面围剿，组织军事化，行动战斗化，苦战10天，在2 246多万亩麦田上消灭了吸浆虫，赢得大丰收。从以上两个大面积防治中，充分说明，只有在社会主义国家才能获得这样巨大的成就。同时它也是消灭病虫害上高速度发展的典型。在试验研究报告中介绍的六六六处理土壤防治小麦吸浆虫的经验，由于它既简便经济又节省劳力，既能根治吸浆虫，又兼治地下害虫，且能刺激小麦增产，受到代表们的欢迎。听过典型报告后，在大区分组会上，很快就展开了思想批判，批判了理论后生产，土药不管用的洋化思想；也批判了药剂防治不能解决锈病问题的唯品种论，书本上没有的和外国没有解决的就无法解决，不相信群众的创造等迷信保守思想以及同业共梦、争当博士，不从整体出发等资产阶级个人主义思想。认识到这些思想是造成脱离群众、脱离生产、使农业科学远远落在形势后面的重要原因，是农业科学跃进的主要障碍。在解放思想、统一认识的基础上，各地区提出了小麦病虫害防治和研究跃进规划，并纷纷出大字报进行挑战，如有的地区提出"一年免灾，二年除害，提前三年消灭小麦病虫害"，有的省提出"叫小麦病虫断子绝孙，1960年基本实现无病虫省"，这就表现我国消灭小麦病虫害方面3年内将不断有"卫星放射"，这也是超国际水平的创举。

根据大会讨论，提出以下几点意见。

一、为了提前消灭小麦主要病虫害，保证今后的大丰收

坚决贯彻鼓足干劲，力争上游，多快好省地建设社会主义总路线的精神，依靠全党全民办科学，并坚决贯彻科学研究走群众路线，为生产“大跃进”服务的方针。

二、根据目前国内生产形势的飞跃发展，我们决心采取一切措施，苦战3年，在全国范围内基本消灭小麦病虫害

于1958年秋播时，彻底消灭线虫病；1960年内消灭小麦吸浆虫和地下害虫；1960年前消灭3种黑穗病和麦秆蝇；基本消灭锈病、赤霉病和红病为害，为保证以上任务的实现，必须在各项工作中政治挂帅，加强组织领导，在农药使用上必须贯彻“土”“洋”结合的方向，做到物质供应有保证，使生产、科学研究和群众智慧密切结合，充分发挥广大群众的积极性和创造性。农业科学工作者必须树立生产观点、群众观点、整体观点、丰产观点和协作观点，鼓足革命干劲，发扬敢想敢说敢干的共产主义风格，积极贯彻已有的防治措施，并进一步研究提高，促使试验研究成果，早日在生产上生效。这是刻不容缓的任务，我们应有决心、有信心、有保证地来担当这一光荣的任务。

三、技术保证

1. 贯彻现有的有效措施，加强技术指导和传授（详见技术防治规划）

（1）小麦锈病防治应在全国所有发生锈病地区，大力进行全面地消灭本地菌源的工作。

（2）大力推广效果好，使用简便的有机合成杀虫杀菌剂和无机矿物性药剂，以及群众发掘的多种有效土药和发明创造的多种土药械。

（3）迅速扩大现有抗病抗虫良种的种植面积。

（4）结合栽培管理，贯彻深耕灭茬、合理施肥、合理灌溉、开沟排水、清洁田园、调节播种期等农业防治措施。

（5）大力推行人工捕捉害虫和各种诱杀害虫的方法。

（6）通过现场会、座谈会、训练班和编著通俗手册及投稿报刊等多种方式进行技术指导和传授。

2. 建立和加强预测预报工作

（1）预测预报对象暂定为锈病、赤霉病和吸浆虫，各省可根据需要适当增减。

（2）重点省指定3~5个站，一般省指定2~3个站负责麦病虫的预测预报工作。目前尚未设站的重要地区应迅速建站，尽快地澄清小麦主要病虫发生情况（尤其是小麦吸浆虫），加强预测预报。

（3）重点农业社设病虫情报员，组成群众性的情报网；每个社设病虫检查员，担任病虫普查工作。

（4）植保所、各大区所和省所应密切结合当前生产，加强预测预报研究工作，使之在

大面积防治中充分发挥指导作用。

3. 存在问题的研究和解决（详见研究规划）

（1）有重点地研究小麦主要病虫发生规律，改进现有预测预报方法，以提高农业防治和化学保护等综合防治技术的效果。

（2）迅速提高现有小麦主要病虫害的药剂防治技术，加强一方治多病的综合性化学防治措施的研究。

（3）总结群众使用土药的经验，迅速肯定药效，研究和提高使用方法。

（4）加速选育抗病虫的丰产品种。

（5）总结高额丰产条件下病虫害农业防治措施的经验并加以提高。

四、物质保证

1. 药械准备

（1）建议各地区在总结群众使用土农药经验的基础上，确定有效的品种，加速收购、繁殖或开采。安徽省已经普遍建立土洋结合的农药厂，大力组织生产加工，各省可根据具体情况吸收安徽的经验，大力发展土药及各种化学药剂，以迅速满足本省防治主要病虫害的需要。

（2）建议农机所及南京农机所负责小麦病虫器械的选型工作，并建议工业部门尽速生产，以满足防治上的迫切需要。

2. 抗病虫良种的引种和繁殖

建议各省迅速制定抗病虫良种的普及规划，加强引种工作，与有关省签订调拨合同，认真执行检疫条例，并采用各种有效措施，加速繁殖、大力推广。同时，注意充分利用当地现有农家抗病虫良种。

五、加强组织领导

为了集中力量解决问题，行政和技术必须在党的领导下，拧成一股绳，同时，从省到乡层层建立统一的指挥机构，使各项措施的贯彻一竿插到底。为此，建议：

（1）省、专、县逐级成立病虫防治指挥部，由党政部门、科学研究机关和农业院校组成，并由各级党政领导亲自挂帅。其任务为对本省（专、县）病虫防治及研究工作进行全面规划，加强组织领导。指挥部下设病虫害调查小组，全面掌握病虫害发生情况。指挥部指定专人负责全省（专、县）小麦病虫害的防治工作。

（2）根据病虫害发生的范围和传播的规律，组织有关地区之间的联防，达到交换情报、交流经验、互相督促、互相支援的目的。

（3）由中国农业科学院组织有关单位成立麦病虫技术领导小组，其任务为加强麦病虫研究工作的领导组织地区及单位之间的协作，达到密切结合生产，多快好省地解决实际问题的目的。

（植病知识，1958，2（4）：194-196）

中国农业科学工作者是怎样理论联系实际的？

—在中央人民广播电台对苏联的广播稿 1960．9．24

（摘要）

亲爱的苏联朋友们：在我国国庆十一周年即将到来的时候，我十分高兴能有机会在这个电台和您们作遥远的谈话，请允许我祝贺您们在今年的农业生产和农业科学研究方面做出巨大的贡献！

我想在这里和您们谈谈关于我国农业科学工作者是怎样理论联系实际的问题。在旧中国时代，我国的农业科学工作者是严重脱离实际、脱离生产的。解放以后党大力号召农业科学工作者要联系实际，要深入农村，向劳动农民学习，总结农民的生产经验，提高到理论，反过来再去指导农业生产实践。党的这一号召，得到全国农业科学工作者的热烈响应，纷纷走向农村，和农民群众做朋友，虚心向他们学习。党的这种领导方法，不但改造了农业科学工作者的思想，同时，对提高农业生产和发展农业科学起了重大作用。全国农业劳动模范陈永康对单季晚稻关于叶色变化“三黑三黄”看苗施肥的经验，是培育水稻壮株、大穗、大粒、不倒、达到高产所必经的过程。中国农业科学院江苏分院总结了他的经验，证明晚稻从播种到收获，在其一生中，不论从生长发育上或者是生理特征上都可以划分为三个阶段，从而，陈永康“三黑三黄”的经验，在理论上获得了有力的根据。早在 1953 年 4 月江苏北部地区冬小麦遭受了摄氏零下 12 度的严重霜冻，南京农学院的 10 多名教授与当地有经验的老农一起详细讨论了小麦受冻的问题，总结了如何防止霜冻的经验，这个总结已成为麦作学上防冻害的重要教材，并结合天气预报、霜前　水、熏烟等措施，在实际防冻上已获得了一定效果。几年来，总结农民群众在农业生产上的经验，已成为我国各级农业科学研究机关的重要工作。

中国农业科学工作者是怎样理论联系实际的？
——在中央人民广播电台对苏联的广播稿

金善宝

摘　要

亲爱的苏联朋友们：

在我国国庆十一周年即将到来的时候，我十分高兴能有机会在这个电台和你们作遥远的谈话，请允许我祝贺你们在今年的农业生产和农业科学研究方面做出巨大的贡献！

我想在这里和你们谈谈关于我国农业科学工作者是怎样理论联系实际的问题。在旧中国时代，我国的农业科学工作者是严重脱离实际、脱离生产的。解放以后党大力号召农业科学工作者要联系实际，要深入农村，向劳动农民学习，总结农民的生产经验，提高到理论，反过来再去指导农业生产实践。党的这一号召，得到全国农业科学工作者的热烈响应，纷纷走向农村，和农民群众做朋友，虚心向他们学习。党的这种领导方法，不但改造了农业科学工作者的思想，同时，对提高农业生产和发展农业科学起了重大作用。全国农业劳动模范陈永康对单季晚稻关于叶色变化“三黑三黄”看苗施肥的经验，是培育水稻壮株、大穗、大粒、不倒、达到高产所必经的过程。中国农业科学院江苏分院总结了他的经验，证明晚稻从播种到收获，在其一生中，不论从生长发育上或者是生理特征上都可以划分为3个阶段，从而，陈永康“三黑三黄”的经验，在理论上获得了有力的根据。早在1953年4月江苏北部地区冬小麦遭受了-12℃的严重霜冻，南京农学院的10多名教授与当地有经验的老农一起详细讨论了小麦受冻的问题，总结了如何防止霜冻的经验，这个总结已成为麦作学上防冻害的重要教材，并结合天气预报、霜前座水、熏烟等措施，在实际防冻上已获得了一定效果。几年来，总结农民群众在农业生产上的经验，已成为我国各级农业科学研究机关的重要工作。就抓高产经验的总结而言，仅1959年省级以上的农业科学研究机关在人民公社建立了674个研究基点，有3 000多名专家参加了这项工作，他们和农民同吃、同住、同劳动，共同创造高产、总结高产经验，促进了生产，锻炼了干部，培养了基层技术力量，这对提高农业科学，推动农业生产的意义很大，过去亩产三四百斤的小麦就发生倒伏，现在总结了农民群众的高产经验，基本上掌握了防止倒伏的规律，原来大面积亩产五六百斤的小麦，有的可以达到亩产七八百斤、甚至千斤以上的小麦，也可以让它直立不倒，这是从农民生产实践中逐步总结提高的结果。

我国幅员广阔，地势复杂，土壤分布变化多端。多年以来许多人认为，要摸清我国土壤分布状况是高不可攀的。1958年，我们开展了全国性土壤普查工作，参加人数达700多万人，挖了1 000多万个土壤剖面，各省、直辖市、自治区编写了土壤志，培养了170余万土壤技术员，这是旧中国所不敢设想的。

在作物育种方面，解放初期中央农业部就号召各省农业科学工作者和农民一道从农家品种中选择优良品种，掀起了一个大规模的群选群育运动，选出了许多优良品种，其中有些品种在生产上起了很大作用，例如平原50、蚰子麦等小麦品种，都是从农家小麦中选拔出来的，这些品种在华北各省的种植面积均在100万公顷左右，出现了许多优秀的农民育种家。

在总结农民群众生产经验的基础上，我们着手进行大量编写农业科学理论著作，在中国农业科学院领导下，编写出版了《中国水稻栽培学》《中国小麦栽培学》《中国棉花栽培学》《中国果树栽培学》等理论著作，参加编写的人员来自全国各地，编写利用的材料采选自全国各地的高产总结。此外，各省、直辖市、自治区也分别编写了当地的高产经验，总计1954年全国编写的农业科学理论著作不下几千万字，超过了我国历史上几千年来的成就。

经验证明，农业科学工作者必须深入群众，一方面向农民群众学习丰富的生产经验，另一方面把科学技术交给农民，互相学习、共同提高，理论来自实践，理论反过来又指导实践，这既是实践—理论—再实践反复的过程，也是中国农业科学工作者贯彻执行毛主席“从群众中来，又回到群众中去”伟大名言的具体体现。因此，依靠群众、贯彻群众路线，是提高农业生产和发展农业科学的根本道路。

亲爱的苏联朋友们，上面所讲关于我国农业科学工作者怎样理论联系实际的工作，只能说仅仅是一个开始，还远远跟不上农业生产发展的需要。我们相信，在中国共产党的领导下，知识分子逐步劳动化，农民群众逐步知识化，科学研究机关与群众更紧密地结合起来，科学一旦为群众所掌握，就会显示出无穷无尽的力量，我国的农业科学工作者将在农业生产中起到更大的作用。

（中央人民广播电台，1960-9-24）

小麦育种专家、中国农业科学院副院长金善宝

同志在中央人民广播电台的广播讲話稿

1963.3.6

一般不到超过1.6%

我是一个农业科学工作者，我想关于农业科学方面谈谈个人的感想。最近中共中央和国务院召集了有一千二百多人参加的全国农业科学技术工作会議。我是参加稻麦小組的討論的，在这个小組上着重討論提高粮食单位面积产量的問題。就国外情况看，粮食单产的增加是很慢的，我国情况和外国不完全相同，我国1949—1957年，平均每年增产粮食2.9%，而且是在水肥条件困难的情况下获得的。因此，可以説，我国粮食增产有极大的潜力。就小麦来説，我国約四亿亩小麦，平均亩产只有一百斤，但有些国家象丹麦，在百万亩左右的面积，平均亩产达到五百斤以上；荷兰在180万亩小麦，平均亩产达到六百多斤。这些国家小麦高产的主要关鍵是肥水条件好，特别是化肥施得很多。近年来，我国由于科学技术的进步，配合肥水条件，也有不少的高产实例，例如中国农业科学院作物育种栽培研究所和北京农业大学在百亩左右的面积，几年来，小麦亩产都保持在七、八百斤的高水平。北京郊区有些国营农場和人民公社也不断出现了小麦高产的实例，証明只要肥水条件跟上去，我国小麦的单产是可以大大提高的。小麦如此，其他作物也是一样。全国农业发展綱要规定，粮食每亩平均年产量分为四百斤、五百斤和八百斤三个地区，大家认为，經过一个时期的努力，实现这个指标是完全可能的。大家决心为促进这个目标的尽早实现，积极提供科学研究成果。

小麦育种专家、中国农业科学院副院长金善宝同志在中央人民广播电台的广播讲话稿

金善宝

我是一个农业科学工作者，我想关于农业科学方面谈谈个人的感想。最近中共中央和国务院召集了有 1 200 多人参加的全国农业科学技术工作会议。我是参加稻麦小组的讨论的，在这个小组上着重讨论提高粮食单位面积产量的问题。就国外情况看，粮食单产的增加是很慢的，一般不超过 1. 6%。我国情况和外国不完全相同，我国 1949—1957 年，平均每年增产粮食 2. 9%，而且是在水肥条件困难的情况下获得的，因此，可以说，我国粮食增产有极大的潜力。就小麦来说，我国约 4 亿亩小麦，平均亩产只有 100 斤，但有些国家像丹麦，在百万亩左右的面积，平均亩产达到 500 斤以上；荷兰 180 万亩小麦，平均亩产达到 600 多斤。这些国家小麦高产的主要关键是肥水条件好，特别是化肥施得很多。近年来，我国由于科学技术的进步，配合肥水条件，也有不少的高产实例，例如中国农业科学院作物育种栽培研究所和北京农业大学在百亩左右的面积，几年来，小麦亩产都保持在七八百斤的高水平。北京郊区有些国营农场和人民公社也不断出现了小麦高产的实例，证明只要肥水条件跟上去，我国小麦的单产是可以大大提高的。小麦如此，其他作物也是一样。《全国农业发展纲要》规定，粮食每亩平均年产量分为 400 斤、500 斤和 800 斤 3 个地区，大家认为，经过一个时期的努力，实现这个指标是完全可能的。大家决心为促进这个目标的尽早实现，积极提供科学研究成果。

我国山地很多，我们的土地约有 2/3 属于山区，山区的资源大半尚未开发，潜力很大。山区因为地势关系，有利于建筑水库，灌溉农田，不像平原那样有发生次生盐渍化的危险，举例来说，我的家乡浙江的诸暨县是个多山地区，解放前种植水稻，常常遭受旱灾，产量很低，而且很不稳定，解放后，修建了 90 多个中小型水库，大部分水田可以自流灌溉，因此，全县 50 万亩水田，产量逐年上升，到 1961 年，水稻产量比 1949 年增加了一倍。由此可见，山区兴修水利，对粮食增产的效力是很大的。山区虽然平地很少，发展粮食作物比较困难，坡度较大的山地如果开垦来种植粮食作物，到了七八月间大雨一来，山洪暴发，水土流失很大，粮食仍然颗粒无收，反而得不偿失，这些当然是我们要注意的。但是在山上我们可以种植竹类、茶树、油桐、板栗以及各种果树之类，并相应地发展畜牧业，以山区多种多样的生产和平原地区来交换粮食，这样，山区的农民将来可以成为富裕的农民。

还有 30 亿~40 亿亩的草地，这些草地有待于我们去开发、改良和利用，这些草地对畜牧业的发展有无限广阔的前途。就是在平原地区，粮食提高到了一定程度之后，也可以适当地发展畜牧业，何况我们有数不尽的河流湖泊，水产极为丰富，又有 11 000 多公里长的海岸线，沿海的水产，都是我们生产副食品的良好基地，如果肉类和水产品增多，粮

食的消费就可大大减少。将来当我国实现机械化、水利化、化学化和电气化之后，我国农业生产将会起着根本性的变化，我国人民的生活，丰衣足食的情况，绝非我们现在所能想象得到的。

（中央人民广播电台，1963-3-6）

样板田促进了农业生产和农业科学的发展

金善宝

我衷心拥护周总理的报告。我完全同意江代部长的工作报告。作为一个农业科学工作者，我想就农业科学如何为生产服务和农业科学工作者下乡搞样板田问题谈谈个人的几点看法。

党和毛主席一向十分重视农业和农业科学。把农业作为发展国民经济的基础，党的八届十中全会公报中着重指出了："要动员和集中全党全国的力量，在物质方面、技术方面、财政方面，在组织领导方面、人才方面，积极地、尽可能地支援农业"，"特别是要注意对农业科学技术的研究，大力培养这些方面的人才"。毛主席最近又提出"阶级斗争、生产斗争和科学实验，是建设社会主义强大国家的三项伟大革命运动"的指示，把科学实验列为三大革命运动之一。

在党中央和毛主席的关怀和支持下，15 年来，我国农业科学事业，无论在组织建设上、人才培养上、研究条件的改善上，研究方法的改进上，以及广大农业科学技术人员思想觉悟的提高上，都取得了很大的进展，不少研究成果已在生产上发挥了显著的作用。我国农业科学事业已经有了一个巩固的思想基础、物质基础和组织基础，和解放前那种风雨飘摇、朝不保夕的处境相比，已有天渊之别。

回顾解放前，不但农业科学事业是每况愈下，农业科学工作者的遭遇也是十分悲惨的。举例来说，柑橘专家曾勉同志，不是在去农村调查果树时，在四川省合川县的道路上，他的行李和衣服都被抢得精光吗!？农大的蔡旭教授不是曾经在川北平武道上遭到过官匪的袭击吗？在反动派眼中这些人都是傻子。谁叫你到农村去的？你去干什么？想勾结农民造反吗？他们就是要农业科学工作者关起门来做研究，不问生产，弄得农业科学工作者严重脱离农业生产实际。解放初期，党号召农业科学工作者要深入农村，为生产服务，向农民学习。大家感到压力很大，怕吃苦是一方面，但主要的还是长期脱离实际、脱离生产，一旦要到农村去，怕农民提出问题，不好回答。例如，农民会问，那里耕地，打场的是马还是骡子啊？地上长的苗是玉米还是高粱啊？是小麦还是大麦啊？几年来，许多农业科学工作者响应党的号召，经过长期蹲点，和农民同吃、同住、同劳动，放下了架子，交上了朋友，科学技术与生产密切结合起来了。因此，在科学队伍中出现了像音西大队的林鸿达，新乡基点的王守纯和穆从如，祁阳基点的刘更另和江朝余，新乡市郊丰乐里基点的兰家璧等许多先进人物。农业科学技术工作者还总结和提高了劳动模范陈永康和崔竹松的水稻栽培等先进经验。1964 年在全国范围内掀起了建设样板田的热潮，农业科学技术在生产上发挥了作用，得到各级领导和广大群众的重视，农业科学工作者感到十分自豪。这是党多年来积极培养和热情关怀的结果。在这里，我们要衷心感谢我们伟大的党和伟大的领袖毛主席！

度过三年困难时期之后，我国的农业生产出现了连年丰收，收成一年比一年好的局面。有不少大队、生产队，如山西的大寨大队、福建的音西大队等都已提前超额完成了《1956 年到 1967 年全国农业发展纲要》（简称《全国农业发展纲要》）的产量指标，农业生产上也是一片大好形势。但是，在此同时，还应该看到我国农业生产的发展还很不平衡，高的固然很高，低的还是很低，总的说单产是很低的。以小麦为例，亩产高的如青海高原出现过千斤以上的纪录，北京地区几年来在较大面积上一直保持亩产 700、800 斤的水平，但不可否认，许多地区的产量是很低的，亩产只有几十斤，平均起来在世界上仅占第十七位，其他作物也有类似的情况。

农业科学事业的建设方面，虽然取得了以上许多成就，但和社会主义农业生产发展的要求相比，还是有很大的距离。人才的成长还显得相当缓慢，真正过硬的研究成果也还不够多。特别是在解决阻碍农业生产发展的一些关键技术问题上做得更差，如长期以来影响我国小麦增产的锈病问题，还没有较好的防治方法和较理想的抗病高产良种，畜牧生产上的一些重大传染病，有的连一个准确简便的诊断方法也还没有。其他如 4 亿亩低产田的改良、几十亿亩草原和山区的开发利用、几十万平方公里面积的水土保持等都还没有一个较好的办法。大量的稳产高产典型经验和先进农民的丰产经验也未能有组织、有步骤地全面加以总结，农业科学上要做而没有做的事情很多。

值得引起注意的是，农业科学所以发展不快，解决问题不彻底，不仅是管理不当、组织不善、方法不好等一些前进中产生的技术性问题，还由于我们没有能很好领会和贯彻党的指示，在一系列原则问题上不敢革命，或者革命不彻底，不敢大胆地打破旧框框、结合我国的特点创造自己的社会主义农业科学道路和方法。

一百多年来，帝国主义和反动势力的压迫和剥削，使我国在经济上技术上处于一穷二白的地位，虽然 15 年来有了飞速的发展，但总的说来比一些技术上先进的国家确实还落后很多；但这并不可怕，可怕的是在一些科学技术工作者的思想中由此而产生的一种自卑心理，他们变得不敢相信自己的智慧和力量，尤其是外国从没有过的新创造。写论文总要找几篇外文杂志参考参考，引几句外国人的话，好像不这样自己的论文就没有根据，站不住脚。我遇到过这样一位专家，几年前我国计划制造原子弹时他极力反对，认为我国的科学技术水平根本不可能自制原子弹。最近，我国成功地研发了第一颗原子弹，他仍说："这不过时组织工作做得好而已，科学技术在国际上还是第三流的。"像这样连起码的民族自尊心都丧失了的人当然是极个别的，但是这种自卑心理在科学技术人员中间，虽然程度不同，但却普遍地存在着。我自己也不例外。老一辈的农业科学工作者常常谈到的一个问题，就是农业科学如何更好地在改变农业生产落后面貌上发挥作用，特别在解放以后，看到了各方面迅速发展的形势，更感到这个问题的迫切性。党在农业发展纲要上早就提出，在不同地区，粮食要达到亩产 400 斤、500 斤、800 斤的奋斗目标，用什么方法能迅速地促其实现呢？又如《1963—1972 年农业科学技术发展规划纲要》（简称《十年农业科学规划》）指出，到 1970 年我国粮食生产要求达到 4 800 亿斤，即每年增产约 200 亿斤，怎样才能完成这个"硬任务"呢？谈来谈去总离不开"扩大机构、增加人员、充实设备、改善条件、加强组织"等几个老框框，总是不自觉地想到外国的一些所谓发展农业科学的措施，虽也明知这些办法并不理想，但似乎舍此又别无良法。

党提出了农业科学工作者下乡蹲点，和领导干部、农民群众一起建设旱涝保收稳产高产的样板田，就是要运用科学研究成果和成功经验做出样子，叫人来看，来学着做。以点带片，以片带面，从生产队到公社，从公社到县，逐步推广到全国。使低产变高产，高产更高产。这个号召得到广大农民群众和科技人员的热烈拥护，这是达到《十年农业科学规划》规定的粮食增产指标和《全国农业发展纲要》指出的奋斗目标最有效的办法。因为：

一、样板田把“科学为生产服务”的方针具体化了

在广大农业科学技术工作者中间大多数是愿意为生产服务，希望自己的科研成果在生产上发挥作用的。但通过什么途径达到为生产服务的目的是不清楚的。在样板田上研究题目是从生产中来的，研究结果也是反映在生产上的，这样也就不存在什么“为不为生产服务”的问题了。正如北京大兴青云店基点的同志们说的：“过去在机关里虽然领导一再指示研究工作要结合生产，但究竟怎样结合生产？生产中究竟有什么问题要我们去解决？总是感到似是而非，不十分明确，一到基点，这些问题就迎刃而解了。”

二、样板田促进了农业科学的发展

样板田上实行三个“三结合”，把农业科学的根子扎在群众中间，改变了少数人关门搞科学的冷冷清清的局面。去年我到江苏省徐州专区去过一次，那里群众性科技活动很活跃，有一个高中毕业回乡的知识青年孙庆平，1964 年他们科学小组的 50 亩棉田平均亩产皮棉 150~160 斤，在他们的带动下，整个大队成为专区棉产量最高的大队。徐州“三大”样板田的三个公社（大庙、大吴和大黄山公社）有高、初中毕业回乡的知识青年四五千人，如果再加上有经验的老农，这是一个多么大的力量！如果能把这些人都组织起来搞科学实验，我们的工作就好办得多了。

样板田的研究工作是针对生产中存在的主要问题步步深入开展的，如湖南祁阳低产田改良样板田，先解决了施用磷肥防止水稻“坐秋”问题，又进行了种植绿肥改良土壤的研究，并弄清了绿肥分解过程中产生的有机酸可以活化鸭屎泥中的磷素的原理；在掌握冬干鸭屎泥田的改良问题后，开展了单改双的试验，着重解决了晚稻产量不高的问题。当土地肥力提高了，种植制度改变了，适应于低肥力水平的品种不合用了，过去没有的病虫害也发生了，就必须把力量转到这方面来。双季稻试种成功，粮食够吃之后，如何增加收入的问题又变成了生产上的主要问题，现在他们正在全力投入开展农、林、牧、副、渔全面发展的规划，争取增产又增收。也许有人会说，他们的工作不能算步步深入，而是超出了低产土壤改良的专业范围，不能提高低产土壤改良专业的水平。但不管怎样说，祁阳样板田研究的这一系列问题，在其他低产土壤改良样板田上也是多少会遇到的，他们这样做是在低产土壤改良研究中步步深入了，是大大地丰富和充实了土壤改良这个学科，比较彻底地解决了低产土壤研究中过去一直不敢解决的问题。因此，这些工作是具有很高科学水平的，样板田上的其他研究工作也有类似的情况。这里顺便谈一下什么叫作水平的问题，过去不少人觉得学报登了才算有水平，老专家点了头才算有水平；我看最根本的还是既解决了生产问题又说明了科学道理才算有水平，经过实践检验、农民点头说好的才算有水平。

由于农业的地域性强，所以综合研究是农业科学研究的主要方式。过去我们单项研究的成果，如耕作栽培、土壤肥料方面的研究成果，即使确实效果很好，也不过是一个“零

件”，多少要经过一个“装配”的过程，才能在生产上应用。样板田上针对生产问题进行的研究一般都具有综合性，这不但可以省去“装配”阶段，缩短出成果到应用的过程，而且还可以打破专业的壁垒，把多年来一直没有很好解决的综合研究问题也解决了。

样板田的出现，还将会改变农业科学研究机构集中在大中城市、远离生产第一线的局面，使农业科学研究机构的布局更为合理。

有人曾认为，以样板田为主要阵地会削弱或放弃室内研究工作。这是一种不必要的顾虑，我们的实验室不是太多而是太少，不是要削弱而是要加强，搞了样板田后室内工作也就有了“奔头”，会引起室内工作的变化。实验室在解决生产重大问题中必需的研究条件，一定会陆续配备起来。但从我们农业科学工作者本身来说，不应该把条件放在首要的地位，而要通过自力更生的途径来创造条件。我认为所谓现代化研究条件，是指那些能够方便地解决我们研究工作中一些复杂问题的设备，而不是脱离生产需要片面追求高、大、精、尖的现代化设备。当然，随着农业现代化，农业科学也必须现代化，而且还要走在农业现代化的前头，这一点，也是应当努力以求的。

三、样板田是迅速改变我国农业生产面貌，实现全面稳产高产的主要途径之一

样板田顾名思义就是把技术送上门，做出样子给群众看，好让他们学着做。但过去我们在推广新技术上并不是这样做的。如化肥的应用，在我国也已有几十年历史，增产效果十分显著，在研究工作中却一直不被认为是一个重要问题。但哪知至今仍有不少地方群众不敢使用化肥，特别是磷肥，长期以来推不开，群众拿来刷墙，说：“这种灰面面是糊弄人的。”经过样板田示范、算增产账，群众看到了好处，争着用化肥，把磷肥叫做“灵肥”，现在供不应求。陈永康的水稻丰产栽培技术，已经发现十几年了，但过去推广面积一直不大，通过去年在太湖地区搞了样板，1964 年在江苏省已有 600 万亩水稻田应用了这一经验。1964 年有不少生产队由于引用了样板田上的先进技术，在生产上翻了身，摘掉了低产队的帽子。样板田通过“一点带多点，多点带全面”的方式，在农业增产上，特别是低产变高产稳产上起了立竿见影的作用。

四、样板田是锻炼农业科学技术人员的重要阵地

样板田既是科学实验的阵地，又是阶级斗争、生产斗争的第一线。农业科学技术人员通过亲身参加三大革命运动，实行“四同”，在实际斗争中就可以比较快地改造旧的世界观，建立起阶级观点、辩证唯物观点、生产观点，群众观点、劳动观点武装起来的革命的世界观。江苏太湖样板田研究人员说得好：“阶级斗争展不开，先进技术就推不下去，搞技术工作如果见物不见人，见人不见阶级，见阶级不见思想，单纯的技术观点是行不通的。”研究人员下乡后，由于思想感情变化了，方法对头了，就一定会促进他们业务上更快的成长和提高。

当十几万的科学技术人员与千百万的劳动知识青年和广大农民群众一道投入轰轰烈烈地建设样板田运动中时，我国的农业生产必然会空前的大发展。在农业大发展的同时，必然会要求科学技术来解决一系列新的问题。客观形势迫使农业科学工作者深入研究探索，

从而提高农业科学。所以，样板田既促进了农业生产的发展，又促进了农业科学的发展和革命化。总之，我认为样板田确实是一条发展我国农业科学和农业生产的多快好省的途径之一，是农业科学的重要阵地。一年多来，大量的事实使我更加坚信样板田是党15年来领导农业科学为生产服务的重要经验，是一个新的创造，是发展我国社会主义现代化农业生产和农业科学的新途径。

（金善宝文选，中国农业出版社，1994：263-267）

（选自1965年2月在国务院召开的全国农业科学实验工作会议上的讲话）

为把我国变成世界第一个农业高产国家而奋斗

光明日报 1977.9.17

中国农林科学院院长 金善宝

伟大领袖和导师毛主席离开我们整整一年了。

在这极不平凡的一年中，我们国家经历了一个重要的时刻。以英明领袖华主席为首的党中央，一举粉碎了“四人帮”，挽救了革命，挽救了党。华主席又领导我们抓纲治国，取得了很大的成绩。正当全国人民纪念伟大领袖毛主席逝世一周年的时候，又传来了党的第十一次全国代表大会和十一届一中全会胜利召开的特大喜讯，这使我更加缅怀毛主席对中国革命和世界革命作出的丰功伟绩，缅怀毛主席对我们科技工作者的谆谆教导和亲切关怀，更加激励我紧跟英明领袖华主席，坚持无产阶级专政下继续革命，为把我国建成伟大的社会主义强国而努力奋斗。

我是一个从旧社会过来的人。是党和毛主席把我从黑暗的旧社会解放出来，并光荣地参加了中国共产党，使我获得了新生。

特别令我难忘的是，抗战胜利后毛主席去重庆和谈期间，我第一次荣幸地受到毛主席召见的幸福情景。当时，毛主席在他的寓所接见我同科技教育界的几个同事时，亲切地握着我的手问长问短，问我叫什么名子，多大年纪，问我对时局有什么意见。这亲切的问话，使我激动万分，热泪盈眶，久久说不出话来。他那高大雄伟的身躯，和蔼可亲的容颜，深邃透彻的思想言谈，都深深地打动着我们。毛主席是我们时代的伟人，是我们中国革命的希望。毛主席的亲切接见和谈话，使我看到了新中国的曙光，给了我莫大的鼓舞和力量。

全国解放以后，我又三次幸福地见到毛主席，当时的情景，直到现在，还历历在目。毛主席还五次亲自任命我担任有关职务，从政治上学术上给了我极大的荣誉，毛主席对我的无限关怀和巨大鞭策，使我永志不忘，我要让子孙后代永远铭记毛主席的恩情。

为把我国变成世界第一个农业高产国家而奋斗

中国农林科学院院长　金善宝

伟大领袖和导师毛主席离开我们整整一年了。

在这极不平凡的一年中，我们国家经历了一个重要的时刻。以英明领袖华主席为首的党中央，一举粉碎了“四人帮”，挽救了革命，挽救了党。华主席又领导我们抓纲治国，取得了很大的成绩。正当全国人民纪念伟大领袖毛主席逝世一周年的时候，又传来了党的第十一次全国代表大会和十一届一中全会胜利召开的特大喜讯，这使我更加缅怀毛主席对中国革命和世界革命做出的丰功伟绩，缅怀毛主席对我们科技工作者的谆谆教导和亲切关怀，更加激励我紧跟英明领袖华主席，坚持无产阶级专政下继续革命，为把我国建成伟大的社会主义强国而努力奋斗。

我是一个从旧社会过来的人。是党和毛主席把我从黑暗的旧社会解放出来，并光荣地参加了中国共产党，使我获得了新生。

特别令我难忘的是，抗战胜利后毛主席去重庆和谈期间，我第一次荣幸地受到毛主席接见的幸福情景。当时，毛主席在他的寓所接见我同科技教育界的几个同事时，亲切地握着我的手问长问短，问我叫什么名字，多大年纪，问我对时局有什么意见。这亲切的问话，使我激动万分，热泪盈眶，久久说不出话来。他那高大雄伟的身躯，和蔼可亲的容颜，深邃透彻的思想言谈，都深深打动着我们。毛主席是我们时代的伟人，是我们中国革命的希望。毛主席的亲切接见和谈话，使我看到了新中国的曙光，给了我莫大的鼓舞和力量。

全国解放以后，我又三次幸福地见到毛主席，当时的情景，直到现在，还历历在目。毛主席还五次亲自任命我担任有关职务，从政治上、学术上给了我极大的荣誉，毛主席对我的无限关怀和巨大鞭策，使我永志不忘，我要让子孙后代永远铭记毛主席的恩情。

毛主席把毕生精力献给中国人民和世界人民的革命事业，对发展马克思列宁主义，对国际共产主义运动做出了无比伟大的贡献。在农业方面，毛主席不仅提出了“以农业为基础”的光辉思想，从理论到实践上解决了土地改革，农业集体化等方面重大的方向道路问题，而且精辟地总结了国内外农业发展的基本经验，发出了“农业的根本出路在于机械化”的伟大号召，指示我们要加强农业的技术改造，加强农业科学研究，为发展我国的社会主义大农业和农业科学指明了前进的方向。

早在第二次国内革命战争时期，毛主席就曾经强调指出，要设立农业研究学校，建立农事试验机构，加强农业科学研究，促进农业的发展。新中国成立以来，毛主席科学地论证了农、林、牧三者互相依赖，缺一不可的辩证关系，指出“要把三者放在同等地位”，“以粮为纲，全面发展”。对于平整土地、兴修水利为中心的农田基本建设，对于增施肥料，培育良种，合理密植，消灭病虫害，精耕细作，对于植树造林，绿化祖国，对于发展以养猪为中心的畜牧业，等等，都做过许多重要指示。1955年年底毛主席提出了“农业十七条”，以后又在十七条的基础上，制定了《农业发展纲要四十条》，提出了发展我国社会主义农业的奋斗纲领。毛主席又科学地总结了农业生产中积累的丰富经验，亲自制订了农业“八字宪法”，它是发展我国农业生产所必须遵循的根本大法，是科学种田的伟大纲领。毛主席指出：“将来会出现从来没有被人们设想过的种种事业，几倍、十几倍以至几十倍于现在的农作物高产量”，提出了“中国要变成世界第一个高产的国家”的宏伟设想，为我们农业科技发展提出了明确的奋斗目标，展示了我国农业光辉灿烂的未来。

新中国成立二十八年来，在毛主席革命路线的指引下，农业科技战线的各级领导、科学技术人员、广大工农兵群众，遵照毛主席的一系列教导，广泛开展“三结合”的群众性科学实验，取得了600多项科技成果，其中有些达到或超过了国际先进水平。水稻的矮秆育种、异源8倍体小黑麦的育成、杂交水稻的大面积推广、耕作制度的改革以及农作物、家畜几种重要病虫害的防治等都走在世界的前列，为发展我国社会主义大农业，为“农业学大寨”和普及大寨县做出了积极的贡献。这一切雄辩证明了，“中国人民有志气，有能力，一定要在不远的将来，赶上和超过世界先进水平。”

“文化大革命”期间，农业科技的一些领域与世界先进水平相比，也拉下了相当一段差距。

“莫到浮云终蔽日，严冬过后绽春蕾。”华主席领导我们一举粉碎“四人帮”，科技战线也同其他战线一样，获得了解放。现在向科学技术现代化进军的号角已经吹响，我们已经迎来了一个百花盛开的绚丽春天！

华主席对科技工作十分重视和关怀。最近，华主席又对科技工作，对发展农业和加强农业科学研究作了一系列重要指示。我们一定要奋发起来，竭尽全力，做出更大成绩。

我今年虽然已经八十二岁了。但是当我读了叶副主席充满革命乐观主义精神的诗篇《八十书怀》以后，受到很大鼓舞。当我反复吟诵“老夫喜作黄昏颂，满目青山夕照明”的诗句时，我感到豪情满怀，干劲倍增。我一定要在这有限的余生中，努力工作，为把我国变成“世界第一个高产的国家”，做一点微薄的贡献。

（光明日报，1977-9-17（2））

1978年 三月卅日 人民日报

中国农林科学院院长金善宝在全国科学大会上发言

提出迅速发巳农业科学技术的六项迠议

新华社北京三月二十八日电　我国著名农业科学家、中国农林科学院院长金善宝，三月二十七日在全国科学大会上发言，提出了迅速发巳我国农业科学技术的六项迠议。

金善宝满怀激情地说，我今年虽然八十二岁了，但此时此刻的心中却充满着青春的活力。在实现四个现代化的长征道路上，我要把八十二岁当成二十八岁过，把我的余年贡献给我国的小麦育种事业。

金善宝的六项迠议，是针对林彪、"四人邦"的干扰破坏和目前我国农业科学研究存在着与社会主义大农业发巳的需要远远不相适应的状况提出的。这六项迠议是：

一、迠立两类农业科学研究中心。一类是专业性的研究中心，一类是区域性的研究中心。从中央、省、地到四级农科网的各级农业科研机构，应该分工合作，各有侧重，形成一个布局合理，专业设置齐全的全国农业科学实验网。决定恢复的中国农业科学院要体现出面向全国的特点，突出全国性重大科技问题和基础理论工作，迅速填补空白、缺门和加强薄弱学科，真正办成全国农业科研中心。同时也要根据我国自然区划的特点，选择一些省、自治区的研究机构，有重点地迠设成为区域性的和专业性的研究中心。

二、研究落实技术政策。当前在发巳农业生产中，有两类政策问题需要解决，一类是经济政策，一类是技术政策。在"四人邦"的干扰破坏下，技术政策长期无人悉心研究。拿种子工作来讲，问题就不少。优良品种没有专门机构登记、鉴定，确定其适宜推广应用的区域。良种繁育体制不健全，繁殖推广速度慢，有的地方品种多、乱、杂。例如我院育成的京红七、八、九号春小麦品种，不仅秆矮、早熟、高产，而且适应性广，抗逆力强，抗病性好，由于没有专门机构加以鉴定，没有繁殖基地，没有采取有力措施进行推广。在推广农业技术的问题上，应当鼓励和允许各种不同意见的自由讨论和争论，不能用行政命令的办法，压制不同的意见。

三、迅速培养迠设一支宏大的农业科技队伍。要加速实现农业科学技术现代化，必须有一支数量足够，专业配套，拥有一批世界第一流科学家的农业科技队伍。全国重点农业院校，应当每个大区都有。高等农林院校有相当一批科研力量，要充分发挥他们的作用。另一方面，又要采取切实有效措施，提高现有科技人员的业务水平。我们老一辈的农业科学家，肩负着传、邦、带的光荣任务，要积极带好研究生和进修生。敬爱的周总理在一九六二年接见国家科委农业组扩大会议的代表时，曾经语重心长地指出：要更好地培养新一代的农业科学技术人才，希望我们老一辈的农业科学家多带徒弟，同时自己也要继续努力，提高思想水平和业务水平。要认真落实华主席的指示，各级科研机构和国营农场等单位，都要为基层和社队培训技术骨干。

四、搞好重大农业科研项目的协作研究。目前我国农业生产上还有一大批重大问题需要突破，如南方麦类赤霉病，东北地区每隔三、几年发生一次低温冷害，这些问题都应该继续组织有关方面力量协作研究，加强领导，早日获得解决。

五、重视农业科学的基础工作和理论研究。农业科学是一门应用科学，有其自己的基础工作和理论研究课题。中华人民共和国成立以来，我们针对生产发巳中存在的问题，在一些方面加强了基础研究工作，取得显著成效。如我国历史性的蝗灾问题，解放后通过大量基础研究，掌握了蝗虫生活习性和发生规律，采取改造蝗虫生活环境和药剂防治的"改治并举"方针，使数千年来的蝗灾得到控制。粘虫研究，通过调查和标记释放等试验，明确了这种害虫有远距离迁飞的习性，掌握了华北、东北的粘虫是由南方迁飞来的，并初步弄清了它的迁飞路线，每年可以作中期预报，为防治提供了科学依据。

六、农业科学研究必须保持相对稳定性和连续性。农业科学研究的特点，一是实验周期长；二是农作物和畜禽生长发育受各种外界条件影响，因素复杂，地域性很强；三是研究对象是活体，认识生命活动规律比非生物要困难得多。因此，农业科学研究更加需要注意机构、课题和人员的相对稳定。

金善宝说，我从事农业科学和农业教育已经半个多世纪。在半封建半殖民地的旧中国，国民党反动派残酷剥削和压迫农民，摧残农业，根本不关心农业科学事业。当时我们学农的人，虽然也想努力为发巳农业做一些工作，但是在反动统治下，辛勤培育的一些品种根本不能在生产上推广应用。

新中国成立以来，在毛主席革命路线指引下，我国农业科学研究机构从无到有，从小到大，群众性科学实验运动蓬勃开巳，农业科技战线取得了大量科研成果，为发巳我国社会主义农业作出了贡献。其中不少项目，达到了世界先进水平。但是由于林彪、"四人邦"的干扰破坏，我们同世界先进水平的差距拉大了。

金善宝最后表示深信，在以华主席为首的党中央的英明领导下，在本世纪内实现四个现代化的伟大目标一定能够实现。

提出迅速发展农业科学技术的六项建议

中国农林科学院院长　金善宝

我国著名农业科学家、中国农林科学院院长金善宝，3 月 27 日在全国科学大会上发言，提出了迅速发展我国农业科学技术的六项建议。

金善宝满怀激情地说："我今年虽然 82 岁了，但此时此刻的心中却充满着青春的活力。在实现四个现代化的长征道路上，我要把 82 岁当成 28 岁过，把我的余年贡献给我国的小麦育种事业"。

金善宝的六项建议，是针对林彪、"四人帮"的干扰破坏和目前我国农业科学研究存在着与社会主义大农业发展的需要远远不相适应的状况提出的。这六项建议如下。

一、建立两类农业科学研究中心

一类是专业性的研究中心，一类是区域性的研究中心。从中央、省、地到四级农科网的各级农业科研机构，应该分工合作，各有侧重，形成一个布局合理、专业设置齐全的全国农业科学实验网。决定恢复的中国农业科学院要体现出面向全国的特点，突出全国性重大科技问题和基础理论工作，迅速填补空白、缺门和加强薄弱学科，真正办成全国农业科研中心。同时也要根据我国自然区划的特点，选择一些省、自治区的研究机构，有重点地建设成为区域性的和专业性的研究中心。

二、研究落实技术政策

当前在发展农业生产中，有两类政策问题需要解决，一类是经济政策，一类是技术政策。在"四人帮"的干扰破坏下，技术政策长期无人悉心研究。拿种子工作来讲，问题就不少。优良品种没有专门机构登记、鉴定，确定其适宜推广应用的区域。良种繁育体制不健全，繁殖推广速度慢，有的地方品种多、乱、杂。例如我院育成的京红七、八、九号春小麦品种，不仅秆矮、早熟、高产，而且适应性广，抗逆力强，抗病性好，由于没有专门机构加以鉴定，没有繁殖基地，没有采取有力措施进行推广。在推广农业技术的问题上，应当鼓励和允许各种不同意见的自由讨论和争论，不能用行政命令的办法，压制不同的意见。

三、迅速培养建设一支宏大的农业科技队伍

要加速实现农业科学技术现代化，必须有一支数量足够，专业配套，拥有一批世界第一流科学家的农业科技队伍。全国重点农业院校，应当每个大区都有。高等农林院校有相当一批科研力量，要充分发挥他们的作用。另一方面，又要采取切实有效措施，提高现有科技人员的业务水平。我们老一辈的农业科学家，肩负着传、帮、带的光荣任务，要积极带好研究生和进修生。敬爱的周总理在 1962 年接见国家科委农业组扩大会议的代表时，曾经语重心长地指出：要更好地培养新一代的农业科学技术人才，希望我们老一辈的农业科学家多带徒弟，同时自己也要继续努力，提高思想水平和业务水平。要认真落实华主席的指示，各级科研机构和国营农场等单位，都要为基层和社、队培训技术骨干。

四、搞好重大农业科研项目的协作研究

目前我国农业生产上还有一大批重大问题需要突破，如南方麦类赤霉病，东北地区每隔几年发生一次低温冷害，这些问题都应该继续组织有关方面力量协作研究，加强领导，早日获得解决。

五、重视农业科学的基础工作和理论研究

农业科学是一门应用科学，有其自己的基础工作和理论研究课题。中华人民共和国成立以来，我们针对生产发展中存在的问题，在一些方面加强了基础研究工作，取得显著成效。如我国历史性的蝗灾问题，解放后通过大量基础研究，掌握了蝗虫生活习性和发生规律，采取改造蝗虫生活环境和药剂防治的“改治并举”方针，使数千年来的蝗灾得到控制。黏虫研究，通过调查和标记释放等试验，明确了这种害虫有远距离迁飞的习性，掌握了华北、东北的黏虫是由南方迁飞来的，并初步弄清了它的迁飞路线，每年可以做中期预报，为防治提供了科学依据。

六、农业科学研究必须保持相对稳定性和连续性

农业科学研究的特点，一是实验周期长；二是农作物和畜禽生长发育受各种外界条件影响，因素复杂，地域性很强；三是研究对象是活体，认识生命活动规律比非生物要困难得多。因此，农业科学研究更加需要注意机构、课题和人员的相对稳定。

金善宝说：“我从事农业科学和农业教育已经半个多世纪。在半封建半殖民地的旧中国，国民党反动派残酷剥削和压迫农民，摧残农业，根本不关心农业科学事业。当时我们学农的人，虽然也想努力为发展农业做一些工作，但是在反动统治下，辛勤培育的一些品种根本不能在生产上推广应用”。

新中国成立以来，在毛主席革命路线指引下，我国农业科学研究机构从无到有，从小到大，群众性科学实验运动蓬勃开展，农业科技战线取得了大量科研成果，为发展我国社会主义农业做出了贡献。其中不少项目，达到了世界先进水平。但是由于林彪、“四人帮”

的干扰破坏，我们同世界先进水平的差距拉大了。

金善宝最后表示，深信在以华主席为首的党中央的英明领导下，在20世纪内实现四个现代化的伟大目标一定能够实现。

（人民日报，1978-3-20（3））

在中国农业科学院所长会议上的讲话

金善宝

同志们：

现在开会了！出席这次会议的，有京内外各研究所（室）的领导，院直属单位的领导和工作人员。

今年的所长会，时逢年初，正值中央工作会议胜利结束、全国科技座谈会正在召开，元旦社论为我们这次召开会议，突出了会议的指导思想，增加了会议的重要内容。

党的十一届三中全会以来，党中央领导全国各族人民拨乱反正，在端正思想路线、政治路线，加强社会主义民主与法制，以及恢复国民经济等方面都取得了很大成绩。

1980 年 2 月，我们党召开了五中全会，8 月召开了中央政治局扩大会议，接着又举行了五届人大第三次会议。1980 年是不寻常的一年，我们多难的祖国，在粉碎“四人帮”后，又经过四年多的时间，终于走上了中兴之路。现在，摆在我们面前的政治形势和经济形势都是很好的。

过去的一年，我院在农业部的领导下，贯彻执行了三中全会提出的“调整、改革、整顿、提高”的方针，由于全院广大干部、科技人员和职工群众的共同努力，使我院的工作，在恢复中整顿，在整顿的同时发展前进，科学研究和各方面工作都取得了较大的成绩。

在当前形势下，中央决定对国民经济进行一次大调整，从中国的实际出发，按经济规律办事。陈云同志说的好，“我们不要害怕这个清醒的、健康的调整，我们会站稳脚跟，继续稳步前进”。为此，我们全院同志要更加自觉地、积极主动地、坚决贯彻中央对国民经济进行调整的重大决策，同心协力克服困难，从我院建立的历史条件和现实情况出发，努力搞好农业科学研究内部的各项调整工作。

这次会议，第一，要学习中央工作会议的有关文件，学习邓小平同志和陈云同志的报告，学习李先念同志的讲话、赵紫阳同志的发言，在认真学习、深入理解、全面领会精神的基础上，结合我院的实际情况，坚决贯彻执行。

第二，经过调查研究，实事求是地总结我院 1980 年的工作，根据以调整为中心的原则，布署 1981 年及今后五年的工作任务。

第三，研究讨论，切实落实院、所调整的方向，安排好院、所重点科研项目，讨论制定研究所（室）工作条例。

第四，为了加强党的领导，在充分发挥老干部作用的前提下，向干部年轻化、知识化、专业化的目标努力。“三化”的目标不能丢，丢了没有希望。我们要在这个原则的指导下，讨论领导班子建设、科技队伍的培养提高问题，相应安排好科研条件、生活福利等方面的后勤服务工作。

第五，根据新时期的形势、任务和特点，总结、交流全院思想政治工作情况和经验，制定全院 1981 年思想政治工作要点。

我们这次会议的任务是繁重的，希望到会同志共同努力，充分发扬民主讨论的风气，积极提出各种意见和建议，把会议中研究讨论的各项任务落到实处。在新的一年里，为维护安定团结的政治局面，搞好国民经济的调整做出贡献，为尽早把我院建成全国现代化农业科学研究中心共同奋斗。

（1981–1）

在《中国农业百科全书·农作物卷》编委会成立大会总结会上的讲话

金善宝

《中国农业百科全书·农作物卷》编委会成立大会今天上午就要结束了。我先说几句，然后庄巧生同志把几天来三个小组讨论的情况介绍一下，大家通通气，便于工作。不采取做报告的形式总结，最后再请常社长*就有关问题讲一讲。

这次会开得怎么样？我看是很不错的。首先是大家踊跃参加，情绪饱满、积极热情的支持编写“农业百科全书”这项工作。编委 78 人，到会 50 人，其中教授、研究员级的同志 30 人，副研究员级的同志 15 人。在这些同志中，兼任院长、副院长的有 11 位，兼任所长、副所长的有 11 位，有些还兼任省委、省政府、省政协等方面的工作。他们的工作是何等的忙呀！抽出一周的时间是很不容易的。

50 位同志中，年过花甲的有 24 位，年逾古稀的有 6 位，为了编好这部书，大家聚集在一起，也是很不容易的！王桂五同志冒雨乘公共汽车来，会上积极提出了很好的意见，还亲自动手，为棉花这个分支，写了细致的提纲；有的同志刚开完一个会，不顾疲劳，马上赶来参加这个会；有的同志别的会请了假，来参加这个会；还有的同志不辞辛劳，在两个会上来回奔波；郑丕尧同志两眼都充血了，还亲自为会议写材料；熊德邵、刘巽浩、王世之同志出差刚回来，连家也没有回，马上赶来参会，这种对工作的态度，对这次会议的热情，是极其可贵的！使我这个年近九旬的老叟感怀不已！

会议时间不长，对编写条目大纲进行了讨论，初步提出了一个可以进一步修改、应用的文字材料。王金陵等同志对豆类分支，反复认真细致地进行了讨论、研究，不仅对他们钻研多年、了如指掌的大豆从编写内容到撰稿人进行了安排和考虑，而且对他们较为生疏的食用杂豆，也认真地进行了筹划，请会外的同志来一齐商议，拟了纲目和撰稿人，使大纲条目有了眉目。至于分支的学术牵头人，是在学术实践中形成的。根据实际工作情况和身体情况，以完成工作为重，以同心协力团结共事为重，一定会妥善确定的。

这次会议讨论内容不仅限于“农作物卷”，而且涉及如何编好《中国农业百科全书》的许多问题，据出版社的同志讲，有些是以前还没认真考虑研究的（如“茶叶卷”问题）。这样，对全书的编写，在一定意义上，也起了一点促进作用。卢良恕同志还就编辑好全书工作，提出了不少有益的建议，并亲自给农业部、出版社领导打电话，提出应该解决的有关问题。

---

* 注：农业出版社社长常紫钟

关于这卷书的进度问题，我和多数同志的意见相近，希望能快一点编成。当然，进度要从实际出发，保证书的质量是最主要的。

会议结束了。我代表编委会，以同行老战友的身份，衷心感谢大家在百忙中来参加这次会议！祝同志们一路平安，工作顺利！

（1982-4-23）

《中国农业百科全书·农作物卷》各分支主编、副主编会议开幕式上的讲话（提纲）

金善宝

同志们：

《中国农业百科全书·农作物卷》主编、副主编会议，现在开会。

同志们都很忙，有的单位已经开始集中进行整党学习了；有的同志连续开了几个会，没有休息，现在又是辞旧迎新的年末之际，今年的工作要总结，明年的工作要安排，正是忙上加忙的年关时刻。因此，我首先对同志们在百忙中挤出时间来参加这次会议表示感谢！"农作物卷"的编委会是1982年4月成立的，在西苑饭店开的大会，当时梅藉芳同志到会了，现在，他离开了我们，他在患病期间还关心这卷书的编写工作，我们今天来开会的同志，也都在怀念他。

编写《中国农业百科全书》是总结、提高和普及农业科学知识的智力投资，做我们前人未来得及做的工作，是历史赋予我们义不容辞的应尽义务。

1982年，农牧渔业部下达了85号文件，正式把编写《中国农业百科全书》列入科研计划项目，确定中国农业科学院作物所为主持单位，还拨了一笔专款支持我们完成编写工作。

我们这次会议，主要有三个方面内容：

第一，讨论、修改和协调各分支的条目，使全书形成一个体例统一、内容充实，科学性较强、专业知识面较广，能反映出具有20世纪80年代农作物科学信息特点的总体条目。

第二，用解剖麻雀的方法，剖析少量已经试写出的具体条目，以便取得经验，使大家进一步掌握确立条目和释文的写作要求，为各分支全面布置撰写条目做好准备。

第三，这次大会以后，就不再开编委会和分支主编会了，主要靠各分支的编委们组织撰稿、审稿和分支定稿。为了保证全卷编写工作大体上的同步进行、按期完成任务，所以要统一确定1984年和1985年的工作进度要求。

这次会议的日程安排，已经印发给大家，我就不说了。今天开一天大会，有四位同志讲话：

一是，卢良恕同志的工作很忙，日程排得满满的，今天来看望大家。前一段他访问了日本、美国和墨西哥，回来就参加部里科技委员会，马上又要参加两个全国性会议。他非常关系心《中国农业百科全书》的编写工作，我讲完之后，请他给大家讲讲。

二是，编委会自成立以来，编委同志们大力支持、积极承担了各项任务，使“农作物卷”由初步的结构大纲进展为较完善的大纲，又过渡到目前的条目。请庄巧生同志代表编委会和编辑部，向大家做前一段的工作汇报，提出条目统筹协调的意见和今后两年的工作进度安排。

下午请大百科编委会的金常政同志讲一讲有关条目的设置和撰写方面的问题，再请娄希祉同志介绍一下“稻分支”确定条目时的一些想法和讨论过程。

同志们，“农作物卷”共200多万字，工作量是很大的，19个分支，参加撰写和审稿的同志数以百计，在一定程度上来说，是动员了我国农作物科教界的大部分精英参与这项工作。无论是撰稿还是审稿，都是强度很大的脑力劳动，是要花费相当时间的。特别是，许多同志都是在身兼数职的繁忙情况下，承担了这项任务。我们呼请各所在单位工作上给予大力支持，让这卷书作为我国作物科技教育界新老共同合作的胜利成果，献给“七五”计划开始的第一年。

（1984）

考察三江平原座谈会上的讲话（提纲）

金善宝

北大荒是个什么样？没有看到过；三江平原的开发，正在怎样进行？也不知道，总想来看看。这次坐车跑了几天，虽然是走马观花，加上有管理局和农场同志的介绍，大体上了解了概貌。

从1947年创建到王震部长率十万大军进军北大荒，再到1981年，垦荒3 000多亩，不仅养活了60多万人，而且上交商品粮300多亿斤和相当数量的工业、农牧土特产品，在无边的大草原上，盖起了高楼瓦房，在地多人少的大平原上办起了我国农业机械化、现代化的典型农场，我感到很受鼓舞，这样重大的成绩应该受到赞扬，应该向你们二十年、三十年如一日，艰苦创业的领导干部、科技人员、农业工人和其他服务性行业的职工学习、致敬。应该呼请作家来多写歌颂开拓者的作品，让《老兵新传》《北大荒人》之类的电影续集，早日同观众见面。

这次，我只到了红兴隆管理局友谊农场、三江管理局洪河农场的几个分场和作业区，看得少、学习得不深入，对垦区的开发、建设难于提供中肯的建议。我觉得三江平原地势平坦、面积大，有机质含量高，光照长，地下水丰富，发展农业是个好地方。大气环境对干旱与降水是主导因素，而人为的活动也是不可忽视的因素。开荒一定要结合治水，结合农田基本建设；开荒一定要造田间林草，以防止土壤风蚀，造成良好的农业生态环境；开荒要和农业现代化建设相结合，确定适宜的农、林、牧、渔等内部合理结构；开荒还要考虑职工生活需要，同整个国民经济建设统筹安排。

开荒并不是三江平原开发的整个含义，但它是一个重要组成部分，因此必须有计划的进行。没有计划、游牧式的垦荒，“现得利”的观点，“今年收，明年丢”的做法，决不能提倡。

关于种植业的土地问题，应该在现有的基础上，创造条件，逐步建立起一部分稳产、高产农田，以提高单位面积产量，关键是能排能灌，确定合理的轮作制度，发展畜牧业，用地、养地相结合，使土地的利用，既符合自然规律，又符合经济规律。

友谊农场、洪河农场都有了初步的田、水、林、路综合治理的计划和抗旱灌溉的安排，这是很好的。

关于农业科学研究，我说一点不成熟的看法，据说你们有一万多名农业科技人员，这是很宝贵的财富，真正使他们学有所用，这批力量是巨大的。这些科技人员，长期在这里工作，了解情况，只要充分加以利用，智力会变成有意义的直接生产力，要想见物，首先要见人。

你们有农科院、设计院、农业科技大学，还有进修学校和中专，一定会培养出更多垦区需要的人才。我希望在垦区工作多年的科技人员，继续努力，发挥你们的才干！我相信，在必要的条件改善之后，这里的农业科技工作是大有作为、大有用武之地的。

希望你们的农科院、各级农科所，要有明确分工，农科院和重点管局的所可以承担国家、省和总局的研究项目，其他多数所应把工作重点放在本所有关的农业技术的推广方面，要有针对性很强的研究解决生产实际中的问题。如作物、家畜、家禽良种的繁殖，农业机械的改装，发展畜牧业、林业的示范，等等。

就小麦来说，根据垦区的自然条件，不仅要大量引种鉴定，而且在重点所要发展育种，目标必须明确——抗赤霉病、根腐病和锈病；在抗逆性上要注意前期耐旱、后期耐涝，在熟期上要注意大面积机械化栽培的特点，早、中、晚摊开播种，摊开收获；对大面积来说首先是稳产品种，对一部分可灌地要考虑增产潜力大的高产品种。

我们过去的工作与垦区的联系较少，现在的工作业务都与农牧渔业部有关，今后一定会加强联系。

谢谢大家！

（1982-8）

中国农学会“全国农业学术讨论会”闭幕词

中国农学会副理事长　金善宝

同志们：

中国农学会召开的“全国农业学术讨论会”开了 12 天，经过大会和分科学会宣读论文，广泛交流了学术成果，经过酝酿、讨论，提出了有关发展农业科学技术和生产的一批建议；通过到大寨、昔阳参观学习，受到了教育和鼓舞；经过充分酝酿，选出了中国农学会和四个分科学会的新的理事会，大会圆满地完成了预定的各项任务。党中央和国务院的亲切关怀，对我们开好这次会是极为巨大的鼓舞。国家科委副主任于光远同志到会做了重要讲话。全国科协副主席裴丽生同志、农林部副部长何康同志参加了大会，给予具体指导。在大会开幕式上，裴丽生同志就学会的任务、贯彻毛主席“百家争鸣”的方针、搞好学术交流做了重要讲话。山西省委书记王克文同志做了热情的讲话。在会议期间，何康副部长做了报告，讲了农业生产、科学、教育的形势和任务。朱荣副部长作了中国农业代表团考察日本农业的报告。这些讲话和报告，进一步提高了我们对加快农业发展速度的重要性和紧迫性的认识，看到了同先进国家的差距，开阔了眼界、增强了赶超的信心。我们大家都深感任重而道远，要为 1985 年达到 8 000 亿斤粮食、为实现农业现代化多做贡献。

这次学术讨论会，到会的代表和涉及的专业、学科是很广泛的。到会代表共 706 人，其中，农业科技工作者 610 人，占 86%。副研究员、副教授以上的就有 138 人，还有实行科学种田、养畜、养蚕等方面的劳动模范、农民科学家 23 人，以及热心农业科教事业的领导干部和科协的干部。涉及的专业或学科有：农作物、蔬菜、果树、园林绿化、热带作物、蚕、茶、植病、昆虫、农药、畜牧、兽医，以及土壤、肥料、养蜂、原子能农业应用和农业技术经济等。这是中国农学会成立以来规模最大的一次盛会，也是多学科联合的大型学术讨论会，是农学界为贯彻新时期的总任务，向科学技术进军的大会。这次大会对活跃学术气氛，更好地开展农业科学研究，提高学术水平，普及农业科学技术，促进我国农业现代化，是有重大意义和作用的。

这次学术讨论会，收到的学术论文、试验报告等共 562 篇。在作物、园艺、畜牧兽医、植物保护、蚕、茶、热带作物等 7 个分科学会上宣读了近 200 篇。经分科学会评议推荐在大会宣读的有 19 篇。还请谈家祯、殷宏章两位教授在大会上作了“基因工程”和“光合作用”的学术报告。所有学术论文和试验报告都是我国广大科学技术工作者辛勤劳动的结晶，是同志们与“四人帮”做斗争，在艰苦的条件下坚持科学实验所取得的可喜成果，有的是在全国科学大会上受奖的，在理论和生产实践上都有重要价值，可以说在一定程度上反映了我国农业科学技术发展的水平。

通过学术交流和论文评选，推荐出一批突出的科研成果。例如，具有世界先进水平的水稻三系培育和杂种优势的研究，又有了新的进展，继“野败”三系之后，近年来又培育出了一批新三系，如云南的“滇型”、湖北的“红莲”、四川的“冈型”、湖南的“南新”“柳野”“田野”“古珍”等。广东省研究化学杀雄、组配杂交种，也获得成功。大白菜无性繁殖，利用叶芽扦插，获得成功，不仅能选优留种，而且能扩大单株繁殖系数。在兽医科学研究方面，我国研制的牛瘟、猪瘟、牛肺疫、羊痘、马传染性贫血病、猪传染性水泡病等疫苗的弱毒菌、毒种，都已进入世界先进水平，其中猪瘟弱毒种已被欧洲一些国家引用。近年来，有关单位协作研制出了防治猪瘟、猪丹毒、猪肺疫的三联冻干苗，注射一针可免疫猪的三种主要传染病，效果显著。防治猪水泡病疫苗的研究，在70年代初研制成功鼠化弱毒疫苗后，又制成组织培养弱毒及灭能苗，免疫力达80%左右。在养蚕方面，发现含量很高的露水草脱皮激素和保幼激素类似物，可以控制蚕的成长发育，增加茧丝，调节叶蚕平衡。还研究出了灭蚕蝇1号、3号，可以有效地防治桑、柞蚕的蝇蛆病。在热带作物方面，利用橡胶花药培养、移植已经成功。所有这些新成果，目前都可以说是居于世界前列的。

在这次会上，还有几位专家对我国水稻、茶树的原产地问题，提出了富有论据的科学文献。《从河姆渡遗址出土稻谷试论我国栽培稻的起源、分化与传播》一文，论证了我国栽培稻的起源较印度为早，对国际文献上关于亚洲稻起源于印度的流行论述提出了异议。几位茶叶专家的论文，对我国茶树原产地和原始种都做了历史的考证，进一步证实我国是茶树的原产地，纠正了某些西方学者认为我国茶树是印度传来的论述。

会上还提出了一批在科研上取得显著进展和在生产上开始推广应用的科技成果。例如，防治作物病虫害的超低容量喷雾技术、防治水稻白叶枯病、小麦赤霉病的鉴定、预测和防治、防治棉花枯、黄萎病、深层施药防治水稻害虫的研究、橡胶营养诊断指导施肥的技术、福建云茶的选育推广、苹果杂交育种、抗寒矮砧的选育和柑橘砧木选择，以及黑龙江省大面积推广的深松耕法等。总之，这次会反映的科研成果是丰富多彩的，上面只是有代表性列举。正如一些同志所说：检阅成果，人心振奋；交流学术，获益良多。但是由于时间短，一些学术专题，没有来得及深入讨论和展开争鸣，这些，我们将在以后的专题学术讨论会上，进行弥补。广大科技工作者对繁荣农业科学、发展生产有着满腔热忱。对这些建议，我们将在会后进行整理、汇编，一方面提供有关单位参考或实施，一方面使更多的同志从中得到启发，从而引出更多的好建议来。发动广大会员提建议，也是一条发扬民主生活的渠道，应当成为学会工作的一项经常任务。

我们还改选了中国农学会理事会，改选了作物、园艺、畜牧兽医、植物保护等四个分科学会的理事会，加强了组织建设。经过充分酝酿，按民主集中制的原则，由到会的代表进行投票选举。产生的新理事会人数比上届多，并体现了以农业科学技术专业工作者为主体的特点。中国农学会的理事为145名，比上届66名增加了一倍多。不仅新增加了许多有名望的科学家，注意吸收了新的血液；而且照顾到各省、市、区，照顾到重点科研单位和学校，以及不同学派、不同学术观点，还有热心农业科学、教育的领导干部和著名的劳动模范，使学会理事会比上届具有更为广泛的群众基础。由于中国农学会及各分科学会是党领导下的群众性学术团体。这一届理事中，农业科学技术专业工作者占绝大的比重。但也有美中不足之处，如女科学家、青年科学家占的比重太小。新理事会的产生，将在新时期的历史条件下发挥更大的作用。

我们以三天的时间在大寨、昔阳进行了参观、学习。代表们看到了大寨的新农村，见到了英雄的大寨贫下中农辛勤劳动的情景。许多同志说：大寨人以愚公移山的精神从根本上改变了生产条件，我们科技工作者，只要以大寨人为榜样，以愚公移山的精神，攻难关、攀高峰，是可以在不久的将来，迅速改变目前农业科学技术的落后状况、实现农业现代化。

同志们，我们这次学术讨论会就要结束了，大家即将回到各自的工作岗位上，希望把中央领导同志对农学界的亲切关怀和殷切期望带回去，把这次大会的精神和收获带回去，向大家传达和宣传，使之成为推动我们学会各项工作的强大动力。当前，我国农业科学技术的水平同先进国家的差距是很大的，在遭受“四人帮”惨痛破坏之后，我们很多科研机构和农业院校曾一度瘫痪，急需抓紧整顿；科研人员和教师被下放或改行，至今未完全归队，科研、教学设备被破坏，至今残缺不全，我们既要加速恢复和发展，又要努力赶超和攻关，面临的任务是极其艰巨的。我们要积极行动起来，在党政领导下，加倍努力工作。要认真落实全国科技发展规划中关于农业的各项重点项目，群策群力，把农业科学研究搞上去。我们农学界当前处于青黄不接的局面，需要特别重视农业教育，加速培养人才。我们老一辈科学家担负着培养青年一代的神圣任务，“老马识途”，我们一定要搞好传、帮、带；我们的青年一代是勤奋好学，有志攀登科学技术高峰的，这是本质和主流，我相信在党中央的领导下，我们一定能做到“后继有人”，青出于蓝而胜于蓝。中国农学会是党联系广大农业科学技术工作者的一条重要纽带，我们一定要充分发挥农学会这支力量的作用，要更广泛地团结各地和各部门的农业科学工作者，搞好国内外学术交流和科学普及工作，相互学习，共同提高，既重视学习外国的先进科学技术，也要重视总结我国自己的经验，创造性地发展我国的农业科学技术，为实现我国农业现代化而努力奋斗。关于学会的性质和今后的工作任务，于光远同志、裴丽生同志都做了具体的指示，我们要努力贯彻执行。沈其益副理事长在向大会所做的工作报告中，也提出了我们的意见，希望各省、市、区农学会和各分科学会进一步健全组织，在工作中参照执行。

同志们！打倒“四人帮”以后，特别是中央召开的全国科学大会以来，我国的科学技术事业已出现了蓬勃发展的大好局面。我相信我们农学界的同志们也必将不甘落后，以满腔热情，扎扎实实地，坚持不懈地把农业科学和农业教育搞上去，我国的农业科学技术水平必将有一个很大的提高。

同志们！我们开了一个学习的大会，开了一个团结的大会，开了一个民主的大会，开了一个向农业科学技术现代化进军的大会。现在我代表中国农学会向全体代表、向山西省委、省革委以及各有关单位，向全体工作人员和服务人员表示感谢。由于你们的辛勤劳动和大力支持，使这次大会进行得很顺利，开得很成功。

现在，我宣布：全国农业学术讨论会胜利闭幕！

（金善宝文选，中国农业出版社，1994：278-280）

在全国农作物品种资源科研工作会议上的讲话

中国农业科学院院长　金善宝

同志们：

全国农作物品种资源科研工作会议现在开始。

参加这次会议的，除台湾省外，有来自全国29个省、市、自治区农业科研单位的代表，还邀请了部分省、自治区农业行政部门的代表，一些高等农业院校和中国科学院科研单位的专家，以及宣传出版方面的同志出席，我院各有关专业研究所也派人参加。截至今天早晨，到会代表已达226人。这是我国农作物品种资源科研工作方面参加人数最多的一次盛会。我代表中国农业科学院向到会代表表示热烈欢迎。这次会议得到安徽省和合肥市各级领导的大力支持，并为会议创造了良好条件，今天安徽省负责同志又亲临大会指导，我代表会议领导小组和中国农业科学院，向安徽省和合肥市的同志们致以深切谢意。

同志们，不久之前召开的党的十一届三中全会决定，从今年起把全党工作的着重点转移到社会主义现代化建设上来。三中全会还深入讨论了农业问题，认为全党目前必须集中主要精力把农业尽快搞上去。这是一项带有战略意义的重大决策。大家都清楚，实现农业现代化，关系到我国九亿人口的吃饭穿衣问题，关系到整个国民经济的发展速度问题。随着农业现代化的发展，对农业科学技术的要求更高、更迫切。农业科研工作搞不上去，实现农业现代化就成为一句空话。可以说，实现农业现代化，高速度地发展我国农业生产，关键是农业科学技术的现代化。所以，我们农业科技战线的同志们，在这次新的长征中肩负着极其重要的任务，广大农业科技工作者要为实现农业现代化做出贡献。我们这次会议，就是在这种新的形势下召开的，目的是根据三中全会的精神和高速度发展农业生产的要求，交流经验、制定条例、讨论规划、落实任务，加快实现我国农作物品种资源科研工作的现代化步伐。

农作物品种资源，是经过长期自然演化和人工创造而形成的一种重要自然资源，应非常重视广泛搜集和深入研究品种资源，并建设现代化的种质贮藏库进行妥善保存，以便为创造新品种贮备雄厚的种质材料。一些育种家认为，50年代以来，农作物育种取得不少重大进展，应主要归因于品种资源工作的成就。国内外的大量事实也说明，要选育出具有多方面综合优良性状的品种，需要广泛的遗传基础，特别是一些特殊的性状和抗性，往往要从近缘野生植物或半野生类型上获得。近几年来，不少国家由于搜集和掌握了大量的植物种质资源，因而在农作物多抗性育种和品质育种等方面，取得显著成效。这个经验是值得我们很好地学习借鉴的。

我国幅员辽阔，农业历史悠久，生态环境和耕作制度复杂，农作物品种资源十分丰富。我国又是世界农作物重要起源中心之一，农作物的近缘野生植物种类繁多。这些都是人类的宝贵财富。我国的农作物品种资源，对世界农业发展有着重要贡献。如美国大豆的迅速发展，主要依靠了我国的大豆资源；日本、美国的柑橘，也主要是在引入我国柑橘资源的基础上发展起来的；我国的水稻抗病品种荔枝江、杜稻，小麦品种中国春、大拇指矮等，已成为世界稻、麦育种和遗传研究的重要材料。又如我国的猕猴桃，因为营养价值很高，已引起不少国家的兴趣，新西兰和日本等国，近年来正在积极研究利用。我国的水稻、小麦、谷子、豆类、苎麻等大田作物以及果树、蔬菜、茶叶的地方品种类型丰富多彩，还有许多稀有、珍贵品种资源，在世界农作物品种资源中占有极其重要的地位，受到国际上的普遍重视。

我国的农作物品种资源研究工作，解放以前基础十分薄弱，主要是解放以后发展起来的。由于党和政府的关怀和重视，在20世纪50年代农业合作化高潮时期，曾广泛发动群众，大规模地征集各类作物的品种资源。据1958年召开的全国大田作物品种会议统计，当时全国共征集到40多种作物约20万份品种材料（包括重复的在内）。这是一次非常及时和非常重要的农作物品种资源搜集工作，使得我国各族劳动人民在几千年生产实践中创造和积累的丰富资源，基本上搜集起来。这是我国农作物品种资源工作具有历史意义的功绩。否则，随着农业生产的发展和改良品种的推广，大批宝贵品种资源就有丧失的危险。1974年农林部召开的全国农作物品种资源工作会议以后，还初步组织了一些地区的水稻、小麦、大豆、棉花等作物的野生资源考察，有些省、市、自治区还对地方品种进行了一些补充征集工作，也都取得了一定成果。

在品种资源的鉴定方面，各地根据需要也开展了一些工作。如对小麦锈病的抗性鉴定，为小麦抗锈育种提供了大批抗原作亲本材料。水稻抗稻瘟病、白叶枯病，玉米抗大、小斑病，棉花抗枯、黄萎病，大豆抗食心虫，花生抗青枯病的筛选，等等，也都取得可喜的成果。品种资源的品质分析工作也有进展。全国稻、麦改良品种和部分地方品种的蛋白质含量已进行了分析，现有油菜品种的含油量分析已经完成，玉米、高粱、棉花等作物的品质分析也进行了一些工作。今后，随着品种资源研究工作的加强，我们的鉴定工作也会广泛深入开展起来。

近年来，各种作物的品种资源编目工作进展较快。棉花、油菜、烟草、牧草等作物的全国品种资源目录已经出版；稻、麦、谷子、大豆、花生等作物的品种资源目录已经编完，正在付印；还有个别作物正组织力量进行编写。各种作物的品种志也都在着手编写。许多省、市、自治区，也都编印了一批品种资源目录和品种志。编印各种作物的品种资源目录和品种志，是一项基本建设性质的工作，这项任务的完成，对交流和利用品种资源，将起到重要的作用。

随着我国外事活动的发展，国外引种工作也有了很大进展。1971年以来，仅经过中国农业科学院作物品种资源研究所引种室登记的品种材料就有3万多份，其他部门和单位还直接引进不少材料。这对丰富我国的农作物品种资源以及提供生产和科研利用，都起了一定作用。如引入的菲律宾和日本的水稻、墨西哥等国家的小麦、美国的棉花等，有些品种表现高产、抗病，现已直接用于生产。加拿大无芥酸油菜品种奥罗，在我国西北的一地区亩产高达五六百斤，正进行试种和推广。许多单位利用引进的品种资源为亲本材料，还育成了一大批各种农作物的优良品种。

还有品种资源的保存工作，由于种类多、数量大，在没有现代化的种质贮藏设备情况下，繁殖保存任务十分繁重。许多单位克服了很多困难，有的单位还开展了种子保存方法研究，采取各种措施，比较好地完成了品种资源的保种工作。应该提到的是，在林彪、“四人帮”干扰破坏期间，不少从事品种资源工作的同志，顶着压力、冒着风险，千方百计地把品种材料保护好，基本上做到了不错、不乱、不丢失，为保存我国农作物品种资源做出了贡献。

在基础和理论研究方面，也做了一些工作，取得一定成绩。如水稻、小麦、大豆等作物，在分类、生态型和光温反应等方面进行了一些研究，有些工作已引起国际上的重视。

我国的农作物品种资源研究工作虽然取得了一定成绩，但是，由于林彪、“四人帮”全盘否定基础工作的重要性，认为品种资源材料是包袱，工作是脱离实际，使得许多单位的品种资源研究工作一度陷于停顿，不少品种资源研究人员被迫改行，有些单位的品种材料受到很大损失，以至造成当前我国的品种资源科研工作同世界先进水平的差距拉大了，远远不能适应作物育种和农业生产的需要。存在的问题主要是：

（一）品种资源工作体制不健全

中国农业科学院虽然新成立了作物品种资源研究所，但院属部分作物专业所以及一些省级农科院，还没有品种资源的专业研究组织或专人管理；从事品种资源工作的各部门和单位之间分工不明确，未能形成一个有机整体，特别是国外引种工作，缺乏统一归口管理，材料分散，利用率低。从事品种资源工作的队伍少，变动大。加上有的领导同志不重视基础工作，不尊重品种资源工作的科研成果。这些都严重妨碍着品种资源工作的迅速发展。

（二）品种资源搜集得很不够

我国的农作物品种资源虽然经过一次大规模的征集，但当时搜集得不够全面，边远地区和一些交通不便的地方还有漏征的，已经搜集到的品种资源，在“文化大革命”期间还损失了相当一部分。同时，过去对国内的各种近缘野生植物和野生类型搜集得很少，对国外的资源引入数量不多，基本上处于被动状况。

（三）保存条件落后

目前全国还没有建成一个现代化的低温干燥种子贮藏库，品种资源的保存不得不分散到各个单位。许多单位，尤其是高温多湿地区的一些单位，为了保持种子发芽力，每年都要大批种植品种材料，进行种子更新。这样不仅容易造成品种资源的混杂、丢失和种性的改变，浪费了大量人力、物力，并且使得从事品种资源工作的同志，连年忙于种种收收，无力开展深入研究工作。

（四）研究鉴定工作跟不上

由于人力、物力的限制和缺乏必要的仪器设备，品种资源的研究、鉴定工作十分薄弱，许多作物的大量品种资源未曾进行全面筛选鉴定，甚至有些特征特性的鉴定方法还没有掌握，对大量有用的材料还没有进行深入研究，影响了充分发挥这些材料的作用。目前由于研究鉴定跟不上，心中无数，使得品种资源工作很被动，对外交换也顾虑重重，怕将没有研究清楚的珍贵资源交换出去。

同志们，迅速改变这种落后状态，使我国农作物品种资源研究工作有较快发展，为实现农业现代化多做贡献，这就是我们这次会议的中心议题。

为了开好这次会议，去年 10 月间曾经开过一次预备会。根据那次会议的讨论，大家一致认为：农作物品种资源工作是一项基础性工作，必须从战略着眼给予充分重视；同时，农作物品种资源工作又是一项全国性和多学科的工作，因为涉及面广，工作量大，必须组织全国有关力量，统筹安排，分工协作，才能收到事半功倍的效果。基于这种认识，在那次会议上起草了《全国农作物品种资源工作暂行条例》（讨论稿）；并根据全国科学技术发展规划的要求，起草了《1979—1985 年农作物品种资源研究规划》（讨论稿）。这两个材料都在会前寄给各单位征求意见。在这次会议上，要进一步讨论修改这两个文件。这次会上，还要讨论制定《关于农作物品种资源对外交换和国外引种的暂行管理办法》，以便使国外引种工作做到归口管理，避免分散、重复，防止危险病虫害的传入。会议还要讨论

落实《一九七九年农作物品种资源科研协作计划》，拟定野生大豆等考察方案。以上这些任务，就是这次会议的主要内容。

此外，我们还邀请了一些专家，就农作物品种资源工作的某些方面做学术报告，我院图书馆在会上还举办了一个小型的有关农作物品种资源的书刊、资料展览。我们要把这次会议既开成一个工作会议，又开成一个学术会议。

同志们，我们这次全国农作物品种资源科研工作会议，是在党的工作着重点转移到社会主义现代化建设以后召开的一次重要会议。我们要以三中全会的精神为指导，做到发扬民主，畅所欲言，使会议开得生动活泼。因为会期短、任务重，希望同志们集中精力开好会，多多出主意、想办法，集思广益，把会议的几个文件讨论修改好。大家对会议的开法和安排有什么意见，也希望尽量提出来。让我们共同努力，促使我国农作物品种资源科研工作大干快上，为实现农业现代化和赶超世界先进水平做出贡献。

（金善宝文选，中国农业出版社，1994：281-284）

1979.3.30 浙江日报

要有第一流的农业科学家

中国农业科学院院长金善宝勉励青壮年科技工作者，勤奋学习，刻苦钻研，为实现四化作出更大贡献

【本报讯】我国著名科学家、中国农业科学院院长金善宝同志说：我们更寄希望于广大青壮年科技工作者，希望你们树立攀登科学高峰的雄心，立下实现四个现代化的大志，勤奋学习，刻苦钻研，为建设现代化的祖国作出更大的贡献。

金善宝同志是在三月二十六日于杭州召开的中国原子能农学会成立大会上讲这番话的。

金善宝同志以八十三岁的高龄，从北京赶来参加大会，在会议开幕式上就讲了话，并特别寄希望于青壮年。老一辈科学家的殷切期望，受到了出席会议的广大青壮年科技工作者的热烈欢迎。

金善宝同志在讲话中说：党中央已向全党发出号召，要集中主要精力，尽快地把农业搞上去。农业是国民经济的基础，不搞好农业，四个现代化就无从谈起。要搞好农业，必须大抓农业科研工作，使农业科学技术走在农业生产的前面，这是我们农业科学技术工作者义不容辞的责任。建国不久，毛主席就曾指出，要打科学技术这一仗，不打这一仗，生产力无法提高。确实如此，一个国家不掌握现代科学技术，就要被动挨打；一个行业不掌握现代科学技术，就要落伍；一个企业不掌握现代科学技术，就要逐渐被淘汰。农业生产也是这样，不用现代科学技术和现代管理方法，我们的农业就不能摆脱靠天吃饭、靠“人海战术”种田、靠小农经济体系管理农业的落后局面。在座的大多数同志都是原子能农业利用研究方面的科技工作者，我们的任务就是要用原子能等现代新技术来研究农业，武装农业，推动农业的大发展，赶超世界先进水平。

金善宝同志指出，参加这次会议的，有象我这样的一些老人，更多的是一些青壮年同志。我们这些老人愿把有限的晚年献给祖国的四个现代化的宏伟事业。我们更寄希望于广大青壮年科技工作者，希望你们树立攀登科学高峰的雄心，立下实现四个现代化的大志，勤奋努力，刻苦钻研，牢记马克思的名言：“在科学上没有平坦的大道，只有不畏劳苦沿着陡峭山路攀登的人，才有希望达到光辉的顶点。”科学的发展，当然离不开劳动人民的实践，但同时也是和个人的勤奋努力分不开的。创立太阳系学说的哥白尼，发现机械运动三定律的牛顿，创立生物进化论的达尔文，创立相对论的爱因斯坦，以及中国古代科学家张衡、祖冲之、李时珍等，哪一个不是经过个人的勤奋钻研，才有所发现，有所发明的呢？我们伟大领袖毛主席，执掌党和国家大事，日理万机，在年已高龄的情况下，仍然挤出时间，孜孜不倦，潜心钻研原子物理学、土壤学和外语等。想想毛主席这种勤奋学习的精神，我们广大科技工作者和领导干部还有什么话好说呢？希望广大农业科技工作者，特别是青壮年科技工作者，要努力掌握基础理论知识，掌握现代的先进科学技术，熟练掌握一门至数门外国语，培养严谨的科研作风和实事求是的态度，忘我工作，勇猛攻关，立志赶超前人。难道古代中国能有那么多的发明创造，而现代的中国就办不到吗？难道西方资产阶级能够做到的，东方无产阶级就做不到吗？我看是能够做到的。我们必将涌现出更多的世界第一流科学家。希望广大科技工作者，在向农业现代化进军的新长征中，不断取得新的成就。

（本报记者　庞毅明）

要有第一流的农业科学家
——在杭州召开的中国原子能学会成立大会上的讲话

庞毅明

【本报讯】我国著名科学家、中国农业科学院院长金善宝同志说：我们更寄希望于广大青壮年科技工作者，希望你们树立攀登科学高峰的雄心，立下实现四个现代化的大志，勤奋学习，刻苦钻研，为建设现代化的祖国做出更大的贡献。

金善宝同志是在3月26日于杭州召开的中国原子能农学会成立大会上讲这番话的。金善宝同志以83岁的高龄，从北京赶来参加大会，在会议开幕式上就讲了话，并特别寄希望于青壮年。老一辈科学家的殷切期望，受到了出席会议的广大青壮年科技工作者的热烈欢迎。

金善宝同志在讲话中说：党中央已向全党发出号召，要集中主要精力，尽快地把农业搞上去。农业是国民经济的基础，不搞好农业，四个现代化就无从谈起。要搞好农业，必须大抓农业科研工作，使农业科学技术走在农业生产的前面，这是我们农业科学技术工作者义不容辞的责任。新中国成立不久，毛主席就曾指出，要打科学技术这一仗，不打这一仗，生产力无法提高。确实如此，一个国家不掌握现代科学技术，就要被动挨打；一个行业不掌握现代科学技术，就要落伍；一个企业不掌握现代科学技术，就要逐渐被淘汰。农业生产也是这样，不用现代科学技术和现代管理方法，我们的农业就不能摆脱靠天吃饭、靠“人海战术”种田、靠小农经济体系管理农业的落后局面。在座的大多数同志都是原子能农业利用研究方面的科技工作者，我们的任务就是要用原子能等现代新技术来研究农业，武装农业，推动农业的大发展，赶超世界先进水平。

金善宝同志指出，参加这次会议的，有像我这样的一些老人，更多的是一些青壮年同志。我们这些老人愿把有限的晚年献给祖国的四个现代化的宏伟事业。我们更寄希望于广大青壮年科技工作者，希望你们树立攀登科学高峰的雄心，立下实现四个现代化的大志，勤奋努力，刻苦钻研，牢记马克思的名言：“在科学上没有平坦的大道，只有不畏劳苦沿着陡峭山路攀登的人，才有希望达到光辉的顶点。”科学的发展，当然离不开劳动人民的实践，但同时也是和个人的勤奋努力分不开的。创立太阳系学说的哥白尼，发现机械运动三定律的牛顿，创立生物进化论的达尔文，创立相对论的爱因斯坦，以及中国古代科学家张衡、祖冲之、李时珍等，哪一个不是经过个人的勤奋钻研，才有所发现，有所发明的呢？我们伟大领袖毛主席，执掌党和国家大事，日理万机，在年已高龄的情况下，仍然挤出时间，孜孜不倦，潜心钻研原子物理学、土壤学和外语等。想想毛主席这种勤奋学习的精神，我们广大科技工作者和领导干部还有什么话好说呢？希望广大农业科技工作者，特别是青壮年科技工作者，要努力掌握基础理论知识，掌握现代的先进科学技术，熟练掌握一门至数门外国语，培养严谨的科研作风和实事求是的态度，忘我工作，勇猛攻关，立志赶超前人。难道古代中国能有那么多的发明创造，而现代的中国就办不到吗？难道西方资产阶级能够做到的，东方无产阶级就做不到吗？我看是能够做到的。我们必将涌现出更多的世界第一流科学家。希望广大科技工作者，在向农业现代化进军的新长征中，不断取得新的成就。

（浙江日报，1979-3-30（3））

金善宝院长在中国农业科学院学术委员会会议上的讲话

金善宝

各位委员、各位同志：

中国农业科学院学术委员会，是于 1957 年 3 月随着中国农业科学院正式成立同时成立的，到现在 23 年了。23 年前成立，23 年后恢复。抚今追昔，我们可以这样说，中国农业科学院学术委员会是在一个大好形势下成立，又在一个大好形势下恢复的。1957 年上半年，我们国家的社会主义革命和社会主义建设，在党中央和毛泽东同志的领导下，进入了一个健康发展的高潮，中国农业科学院和她的学术委员会应运而生，是顺乎潮流的。当时各项事业蒸蒸日上、兴旺发达的情景，我们大家至今记忆犹新。今天，我们党彻底粉碎了“四人帮”及其帮派体系，清算了他们所推行的极左路线，拨乱反正，实现了全党工作着重点的转移，我们国家进入了同心同德搞四化的历史新时期。党的十一届三中全会、四中全会和叶剑英同志在国庆三十周年大会上讲话精神的贯彻，发展了当前的大好形势。在这样一个时刻，我们恢复学术委员会的活动，大家重新济济一堂，共同商议农业科学技术现代化的大计，又是顺乎潮流，适应时代对我们的要求。

过去二十来年里，特别是“文化大革命”时期，频繁的政治运动冲击着科研单位，不仅严重地破坏了正常的科研秩序，而且使整个科研机构濒于瓦解。学术委员会被当作“资产阶级知识分子独霸的一统天下”“专家治院”的典型砸烂了，几乎所有的学术委员被作为“反动学术权威”批斗，就连对我国农业科学做出过重大贡献的我们中国农业科学院前院长兼学术委员会主任委员丁颖同志，在九泉之下也没有幸免。实践证明，这种批判是完全错误的，是林彪、“四人帮”对党的知识分子政策的践踏，对科学事业的摧残。今天，情况已经改变了。科技工作的各项政策得到了正确的贯彻执行，科技战线一系列重大历史事件重新做出了正确评价，平反了大批冤假错案，特别是在知识分子问题上，肯定了我们科技队伍是工人阶级的知识分子队伍，是党的依靠力量，是我们国家民族的精华和宝贵财富，依靠专家，发挥专家的作用，是党的群众路线的重要组成部分。

实践是检验真理的唯一标准。用这一条马克思主义的原理总结我们二十多年来正反两方面的经验教训，我们一方面要彻底批判林彪、“四人帮”的反革命罪行，肃清他们推行的极左路线的流毒和影响；另一方面，我们必须肯定，在毛泽东同志、周恩来同志和其他老一辈无产阶级革命家的亲切关怀下，我国的农业科学技术事业仍然有很大的发展。尽管有林彪、“四人帮”的干扰破坏，我们农业科技战线的广大同志，怀着高度的政治责任心，在极其困难的条件下，坚持工作，坚持研究，做出了许多成绩。我们学术委员会的同志们，在各自的工作岗位上，在科学研究中做了很多工作，起了很好的作用。1978 年全国科学大会上，我们农业方面推荐了 3 000 多项科技成果，被评选受奖的重大成果就有 381 项

(中国农业科学院各专业研究所占 80 项)。如大家知道的水稻起源、小麦分类的研究，一批水稻矮秆品种、杂交水稻和异源八倍体小黑麦的育成推广，东亚飞蝗的防治，小麦条锈病的发病规律及其控制，农作物生物防治的大面积应用，马传染性贫血病的诊断和预防，猪瘟、牛瘟疫苗的制成等，都接近或达到了世界先进水平，受到了国内外的称赞，不少的农业科学工作者得到党和人民的奖励。全国科学大会以来，情况又有了新的发展，许多被林彪、“四人帮”拆散、破坏的科研机构，得到了恢复，随着全党工作着重点的转移，我们农业科学技术事业得到了党和国家前所未有的重视。

中国农业科学院是全国性的综合农业科研机构，是全国的农业科学中心。中国农业科学院学术委员会是全院的学术咨询机构，由我国优秀的农业科学家组成，应当代表我们国家的农业科学技术水平，对于团结全国农业科学工作者，加强中国农业科学院的学术领导，促进我国农业科学事业的发展，具有重要作用。我们这次学术委员会的任务就是，紧紧围绕努力实现农业科学技术现代化这个主题，首先把学术委员会从组织上恢复起来。1957 年制定的《中国农业科学院试行组织简则》中，对学术委员会的性质、任务都有规定，这次参照这个文件，起草了《中国农业科学院学术委员会组织简则》，一并发给大家讨论，制定一个关于学术委员会的正式文件，立个章程，有章可循，照章办事，充分发扬学术民主，贯彻百家争鸣方针，把学术委员会的活动切实开展起来。

其次，我们要就增补学术委员会委员的问题进行讨论。我们原有委员 84 人，已有 28 人去世，现有委员 56 人。因此，增补学术委员会委员，充实健全学术委员会的机构，是我们开展学术委员会工作的当务之急。经过研究，起草了《中国农业科学院学术委员会委员增补办法》，请大家讨论修改。我们争取在今年上半年办好这件事。我相信，通过我们大家的共同努力，推荐和选拔一批年富力强、热心事业、奋发有为、有成就和贡献的优秀农业科学工作者，参加到我们的学术委员会中来，是完全可以办得到、办得好的。

第三，请大家对《中国农业科学院 1978—1985 年科学技术发展规划纲要（草案）》，进行讨论，提出建议和意见。对于涉及中国农业科学院的方向任务，学科设置，机构布局，人才培养，以及农业科学技术工作的体制、制度改革等许多重大问题，各位委员是最有发言权的。通过这次讨论、补充、修改，一定会使这个规划符合实际，切实可行。

第四，这次会议，我们要充分发扬民主，解放思想，畅所欲言，认真总结经验教训，对于如何搞好学术委员会的工作和活动，提出宝贵的意见和建议，以便使学术委员会名副其实，真正起到应有的作用。

我们学术委员会现在的委员都是六七十岁以上的老人了，随着农业现代化和农业科学技术现代化的发展，对我们农业科技工作者，提出了越来越高的要求，我们老一辈农业科技工作者负有更重的使命。我们要积极培养新生力量，把好的治学态度、治学方法传授给下一代人，让青出于蓝而胜于蓝，这样我们就尽到了自己应尽的责任，这个意义决不下于自己做出的某些研究成果。

同志们，展望今后的工作，我们充满了无限的信心，只要我们解放思想，实事求是，坚韧不拔，知难而进，扎扎实实做工作，我们的农业科学研究事业必将大踏步地向前迈进。让我们加强学习，搞好团结，忘我工作，为提高我国的农业科学技术水平，为培养大批后起之秀，做出应有的贡献。

祝同志们身体健康！

（金善宝文选，中国农业出版社，1994：287-288）

《农业图书馆》创刊号 1983、12

中国科学技术协会副主席、中国农学会名誉会长

中国农业科学院名誉院长金善宝同志

在中国农业图书馆协会成立大会上的讲话

同志们：

今天是中国农业图书馆协会成立大会，我首先向大会表示热烈的祝贺！刚才朱荣副部长、卢院长都讲了中国农业图书馆的重要性，就是说农业图书馆这个工作很重要，我也同意这个意见。朱荣同志讲到图书馆里有许多无名英雄，我认为这是对的，我们全国到处都有农业科研单位和农业院校，它们都有图书馆，藏书约有5,000万册。在这些图书馆里工作的有许多无名英雄，他们的工作是支援农业教育工作者、支援农业科研工作。农业教育战线上有许多成绩，农业科研方面的成绩，都离不开图书馆工作者的成绩。我觉得农业图书馆工作是农业教育、农业科研工作的后勤部，但是对这个后勤工作我们一般不够重视。我们平时讲农业教育战线，这些工作和打仗一样，打仗要靠后勤工作。历史上有这样一个故事：秦汉之间有个项羽，称为楚霸王，同他对立的有个刘邦，后称为汉高祖。项羽同刘邦两方面进行斗争，在鸿门宴会之后，项羽有四十万大军，刘邦只有十万大军，后因为项羽用人不当，被刘邦打败了。刘邦打胜之后认为稳定了，他要论功行赏，他的部下有许多大将，哪个应该记第一功？谁的功劳最大？刘邦很民主，让大家议论。有的说韩信功劳最大，有的说张良、有的说陈平，等等。议论了大约半年，还是定不下来。后来，汉高祖说，你们说的都不对，依我看功劳最大的是萧何。大家不服气，说他没上过战场，有什么功劳？汉高祖说。你们都很片面，热心打仗是好的，但这只是一方面，张良虽有许多好计策，但也不过是一部分。萧何是做后勤工作的，打仗一个要有兵力，一个要有粮食，你们哪方面缺少兵，他供给你们，粮食不够了，他又支援上去，他照顾到各方面，所以你们才打胜仗，依我说应该给萧何记第一功，大家都佩服了，后来萧何做了丞相。我们也是这样，农业教育有成绩，农业科研有成绩，不要忘记图书馆这个后勤工作。假如没有图书馆人员，教师讲义写不好、科研工作也做不好。但据我所知，我们对图书馆工作重视不够。我在中国农业科学院工作多年，院里有三十多个所，在开党组会、开学术会时，把图书馆代表忘了，没有图书馆代表。我说过好多次，我们有三十几个研究所，最大的最重要的一个研究所应该是图书馆，但是没有这样。过去不重视，我要负责任的，但我这个责任实际上负不了，没办法。所以我希望卢院长要负这个责任，要重视图书馆。现在中国农业图书馆协会成立了，大家开会讨论，怎样支援农业教育、怎样支援农业科研，要好好讨论。图书馆协会成立之后，你们可以各方面组织起来，向各方面呼吁，各方面越重视，对教育、对科研都越有好处。我相信：将来中国农业教育、农业科研会得到更大的成就，这些成就同农业图书馆协会成立是分不开的。

我就讲这一点，有错的地方请指正。

祝大会顺利、圆满成功！

在中国农业图书馆协会成立大会上的讲话

中国科学技术协会副主席
中国农学会名誉会长　金善宝
中国农业科学院名誉院长

同志们：

今天是中国农业图书馆协会成立大会，我首先向大会表示热烈祝贺！

刚才朱荣副部长、卢院长都讲了中国农业图书馆的重要性，就是说农业图书馆这个工作很重要，我也同意这个意见。朱荣同志讲到图书馆里有许多无名英雄，我认为这是对的，我们全国到处都有农业科研单位和农业院校，它们都有图书馆，藏书约有 5 000 万册。在这些图书馆里工作的有许多无名英雄，他们的工作是支援农业教育工作者、支援农业科研工作。农业教育战线上有许多成绩、农业科研方面的成绩都离不开图书馆工作者的成绩。我觉得农业图书馆工作是农业教育、农业科研工作的后勤部，但是对这个后勤工作我们一般不够重视。我们平时讲农业教育战线，这些工作和打仗一样，打仗要靠后勤工作。历史上有这样一个故事：秦汉之间有个项羽，称为楚霸王，同他对立的有个刘邦，后称为汉高祖。项羽同刘邦两方面进行斗争，在鸿门宴之后，项羽有 40 万大军，刘邦只有 10 万大军，后因为项羽用人不当，被刘邦打败了。刘邦打胜之后认为稳定了，他要论功行赏，他的部下有许多大将，哪个应该记第一功？谁的功劳最大？刘邦很民主，让大家议论。有的说韩信功劳最大，有的说张良，有的说陈平，等等。议论了大约半年，还是定不下来。后来，汉高祖说他们说的都不对，依汉高祖看功劳最大的是萧何。大家不服气，说他没上过战场，有什么功劳？汉高祖说，他们都很片面，热心打仗是好的，但这只是一方面，张良虽有许多好计策，但也不过是一部分。萧何是做后勤工作的，打仗一个要有兵力，一个要有粮食，他们哪方面缺少兵，萧何供给他们，粮食不够了，萧何又支援上去，萧何照顾到各方面，所以他们才打胜仗，依汉高祖说应该给萧何记第一功，大家都佩服了，后来萧何做了丞相。我们也是这样，农业教育有成绩、农业科研有成绩，不要忘记图书馆这个后勤工作。假如没有图书馆人员，教师讲义写不好、科研工作也做不好。但据我所知，我们对图书馆工作重视不够。我在中国农业科学院工作多年，院里有 30 多个所，在开党组会、开学术会时把图书馆代表忘了，没有图书馆代表。我说过好多次，我们有三十几个研究所，最大的、最重要的一个研究所应该是图书馆，但是没有这样。过去不重视，我要负责任的，但我这个责任实际上负不了，没办法。所以我希望卢院长要负这个责，要重视图书馆。现在中国农业图书馆协会成立了，大家开会讨论，怎样支援农业教育、怎样支援农业科研，要好好讨论。图书馆协会成立之后，你们可以各方面组织起来，向各方面呼吁，各方面越重视，对教育、对科研都越有好处。我相信将来中国农业教育、农业科研会得到更大的成就，这些成就同农业图书馆协会成立是分不开的。

我就讲这一点，有错的地方请指正。

祝大会顺利、圆满成功！

（农业图书馆，1983（1）：12）

在九三学社内蒙古自治区工作委员会筹备委员会成立大会上的讲话

金善宝

各位来宾、各位同志：

今天，我社内蒙古自治区工作委员会筹备委员会（下称“内蒙古工委筹委会”）正式成立了。我代表社中央向成立大会致以热烈的祝贺！

（一）今天是9月3日，是第二次世界大战也就是全世界反法西斯侵略战争伟大胜利38周年的纪念日，我们“九三学社”之所以命名为“九三”，就是为了纪念这一伟大胜利，我社内蒙古工委筹委会今天成立也具有一定的历史意义。

我社内蒙古工委筹委会的组织建设是在中共内蒙古自治区委的领导关怀下，在自治区政协、各兄弟党派的支持帮助下，逐步发展成立起来的，我代表社中央向中共内蒙古自治区委致以衷心的感谢！向自治区政协和各兄弟党派致以衷心的感谢！

在党的三中全会的路线指引下，我社于1979年10月召开了第三届全国社员代表大会，恢复了各级组织，开展了社务活动，并把工作重点转移到为“四化”建设服务的轨道上来，这是一个根本性的变化。各自的工作岗位是我社社员为“四化”服务的主要阵地，许多社员在岗位工作中做出了优异的成绩。几年来，各级组织在推动社员积极做好岗位工作的同时，在为“四化”建设服务中，面向社会，发挥智力集团作用，工作比较活跃，开辟了许多新的领域：不少地方组织与当地有关单位协作，创办了业余大学或正规大学，为国家培养人才方面做出了成绩；很多地方组织举办了各种学术讲座和培训班；在中共中央统战部的领导下，今年我社开展了智力支边项目，有些已经完成，有些正在落实进行中，取得了初步成绩和经验；有些地方组织也在当地开展了支边、支农工作，做出了有益的贡献；目前约有30个地方组织成立了科技咨询服务机构，面向中小企业，面向社会，开展了各种咨询服务活动，得到了社会上的好评。希望内蒙古工委筹委会在已经取得工作成绩的基础上，根据主观方面的特点和优势，结合客观实际需要，面向社会，在为“四化”建设服务中，进一步打开工作的新局面，做出新的成绩。

特别要提出的是，最近党中央领导同志在视察西北时，提出了“种草种树，发展畜牧，改造山川，治穷致富”的战略方针，希望内蒙古工委筹委会在中共内蒙古自治区委统一的领导下，充分发挥从事农林牧和有关科技工作的社员同志们的作用，同心协力切实贯彻执行这一方针，为建设大西北贡献力量！

（二）对于这一问题，社中央科学工作委员会于8月23日举行了座谈会，座谈党中央领导同志这一号召的重大意义和我社社员在科学技术方面对开展这项工作如何进行支援，大家提出了三点建议：

1. 加强科技宣传。采取讲学、写文章等方式，对地方干部和群众进行科技宣传，帮助他们尽快把思想统一到这个战略方针上来，从实际出发，实行农林牧结合，改造落后面貌。

2. 开展培训工作。协助地方培训农林牧方面的科技人员。

3. 结合我社社员具有多学科人才的特点，可以组织考察团到一地区进行实地考察，开展综合科技咨询服务活动，切实地对这项工作贡献力量。

8 月 29 日，中共中央统战部约集民盟、农工党、九三学社对座谈进行了汇报。最后，李定副部长作出重要指示。他说，全国政协、民主党派共同做些示范工作和宣传工作。主要措施有两点：第一，组织一个小型考察团。由老年专家和中年专家组成，在甘肃、宁夏、内蒙古三个省（区）内，选择一个地区进行考察、蹲点，在调查研究的基础上，对该地区进行综合开发、综合治理，搞出一个示范，扎扎实实地做些工作。第二，加强宣传工作。从事农、林、牧以及有关科技工作的政协委员和党派成员，可以在不同时期，有针对性地撰写不同内容的文章，制造舆论，进行宣传。

几年来，我社的组织发展工作是健康的、有成绩的。截至目前，全国社员已有约 10 500 人，比“文革”前的人数增加了 1 倍多。我社内蒙古直属小组恢复活动时，仅有 12 人，现在发展到 46 人，增加了 2 倍多。新社员大多是高等院校、科研机关、工程技术、医药卫生部门中的中年骨干，这是符合社的组织发展方针的。希望内蒙古工委筹委会继续有计划、有步骤地做好发展社员的工作。一定要坚持“发展为了工作，通过工作发展”的方针，成熟一个，发展一个。

新社员参加社的组织活动是积极的，要求社组织帮助的心情是迫切的，要经常了解他们的思想和要求，有针对性地组织一些活动，使他们感到在政治、业务等方面确有帮助。同时要健全基层组织，加强基层组织工作。

同志们，为了适应当前国家新形势、新任务的需要，适应新时期全面开创工作新局面的要求，我社和其他兄弟党派一样，提前一年召开第四届全国社员代表大会。这次代表大会的主要任务是：总结新时期的工作经验，提出今后的任务；修改社章；选举新的中央委员会，并充实加强中央领导机构，从组织上保证担负起新时期的任务。我个人感到这次代表大会有很重要的意义，可以说是具有承前启后、继往开来的重要意义。希望内蒙古工委筹委会在中共内蒙古自治区委的领导下，努力学习《邓小平文选》，加强组织建设，更好地开展社的各项工作，迎接第四届全国社员代表大会的胜利召开。

祝同志们身体健康，工作顺利！

（1983-9-3）

在九三学社内蒙古自治区第二次社员代表大会开幕式上的讲话

金善宝

各位领导、各位来宾、各位代表：

今天九三学社内蒙古自治区第二次社员代表大会隆重开幕了！我谨代表九三学社中央向大会表示热烈祝贺，向代表同志们致以亲切的问候，并向今天亲临大会指导的中共内蒙古自治区委、自治区人大、自治区政府、自治区政协、自治区党委统战部和各兄弟党派、各人民团体的领导同志表示诚挚的敬意和衷心的感谢！

自1984年9月我社内蒙古自治区第一次社员代表大会以来，九三学社内蒙古自治区委（下称“社区委”）的工作在中共内蒙古自治区委的领导下，在全社同志们的共同努力下，取得了显著的成绩，无论在政治协商、民主监督、落实政策和办学、支边、咨询服务以及海外联络等方面都有了较大进展，社的组织建设和思想建设也有进步。这次大会，希望同志们认真总结前四年的工作，提出今后几年的任务，为进一步开展社的工作打下良好的基础。

代表们、同志们，中共十三大以后，爱国统一战线和民主党派工作有了新的发展，面临着新形势、新任务，我们要在社会主义和爱国主义两面旗帜下，广泛地团结高、中级知识分子，致力于发扬社会主义民主，促进科技、教育和社会生产力的发展，促进改革开放。当前我国处在经济、政治、文化全面改革的攻坚阶段，是历史转折的重要时期。随着改革的深入，各种社会矛盾会呈现出纷繁复杂的趋势。我们九三学社作为高、中级知识分子组成的、为社会主义服务的政党，具有很高的社会责任感。几十年来我们与中国共产党风雨同舟、荣辱与共，在改革的关键时刻，我们要为民服务、为国分忧，要为改革开放和维护社会的安定团结，继续做好以下几个方面的工作：

一、政治协商、民主监督，也就是参政议政。要发挥我社智力密集的群体优势，对国家大事和大家关心的热门话题，搞好专题调查研究，有准备地参加多渠道、多形式、多层次的协商讨论，提供咨询，参与决策；在执行中反馈信息，提出建议和批评，实行民主监督。

二、做好调动服务工作。我们的成员大多具有较高的文化素质，是各条战线上的骨干力量，同广大的中青年知识分子、乃至港澳台和国外一些人士有着比较广泛的联系，我们要充分发挥这些优势，调动社员和所联系的知识分子的积极性，为改革开放、为发展社会生产力、为“两个文明”建设、为祖国的和平统一服务。

三、协助党和政府做好协调关系的工作。在社会主义初级阶段，仍然存在着不同的阶级、阶层和利益群体，随着改革的深化和商品经济的发展，他们之间的各种具体利益和矛盾都会通过各种渠道反映出来，九三学社作为政党之一，既要反映社员的愿望和要求，维护他们的合法权益，又要协调他们与其他阶级、阶层和利益群体的关系，自觉地维护安定团结的政治局面。

四、加强自身建设。自身建设问题关系到我社能否适应新形势新任务的要求，也关系到我社今后的发展。社组织要积极抓好思想建设和组织建设工作，加强政党机制，继承和发扬我社爱国主义传统、民主与科学的传统，以及同中国共产党长期合作、风雨同舟的传统。

代表们、同志们，我社正处在新老交替和合作的转折时期，选拔好新的领导班子是这次大会一项重要任务，我们要按照新老交替与合作的原则，使领导班子的年轻化向前迈进一步。新的社区委要有团结合作、开拓进取的精神，朝气蓬勃地带领全区社员完成我社面临的各项任务。我相信新的社区委产生后，在中共内蒙古自治区委的领导下，一定能够领导全体社员同心同德、群策群力，为内蒙古自治区的“两个文明”建设，为振兴中华、统一祖国做出应有的贡献。

祝大会圆满成功！

祝同志们身体健康！

谢谢各位！

（1988-9-3）

金善宝副主席在九三学社江苏省第二次社员代表大会上的讲话

代表们、同志们：

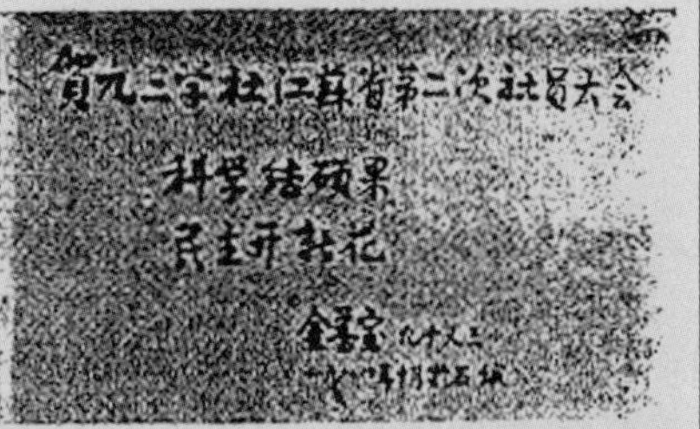

今天，九三学社江苏省第二次代表大会隆重开幕了。我很高兴参加这次大会。谨向大会表示热烈的祝贺，并向代表们致以崇高的敬意和亲切的问候。

我社江苏省委会的建立与发展，是同中共江苏省委的领导和江苏各兄弟党派的支持分不开的。在此，我代表社中央向今天莅会的中共江苏省委、省人大、省政府、省政协、省委统战部、省对台办领导；向省台联、省工商联及兄弟党派的领导同志表示衷心的感谢。

在过去的四年里，社江苏省委加强自身建设，在组织社员参政议政、落实政策、开展科技咨询和海外联谊工作诸方面做了许多工作，取得了很大的成绩。希望大会要认真总结近几年的工作，肯定成绩，找出差距，并规划好今后几年的任务。通过这次大会，为今后的工作奠定一个良好的基础。

代表们，同志们，中共中央提出的改革开放路线，受到全国人民的衷心拥护，业已取得了巨大的成绩，但也出现了一些重要的困难和问题。最近，中共十三届三中全会提出：明后两年着重治理经济环境，整顿经济秩序，全面深化改革。在不改变改革总方向的前提下，进行某些调整，以保证改革和建设的健康发展。在当前形势下，我社作为与党长期合作、风雨同舟的民主党派之一，要有高度的社会责任感和改革的使命感，为民服务，为国分忧，积极参加治理经济环境，整顿经济秩序的实践。九三学社的一切工作都要有利于安定团结，有利于祖国统一。一句话，有利于生产发展和社会进步。

近年来，社的组织发展很快，社员的思想空前活跃，在这里，我想仅就我社的思想建设方面谈两点意见，供同志研究、讨论。

第一点，要继续解放思想，认真转变观念，按发展商品经济和建设社会主义民主政治的要求，进行社的建设和开展工作。目前，我社的现状和形势的要求很不适应。最近，柔丽同志提出欢迎各民主党派参加治理经济环境，整顿经济秩序。又说，同意民主监督首先是民主党派监督共产党的观点。民主党派在国家政治生活中的地位愈显重要。而我社在过去很长时间，由于“左”倾思想的作用，成为专门进行“自我教育”的内向的封闭性组织，缺乏参与意识，缺乏生机和活力，缺乏自己的特色。在中共十一届三中全会以后，这些问题有了很大的改变，但并没有根本解决。为了适应新的形势，必须尽快完善我社的政党机制，加强政党意识，以便有效地参政议政。要做到这一点，全体社员的思想观念必须要来一个转变，转变对政治冷漠的意识，结合实际，学习和掌握十三大文件中提出的新的重要的思想、观点、理论，当然更要投身实践，在实践中探讨和解决改革中的问题。社员，特别是社领导，在搞好专业和岗位工作的同时，要关心形势，研究政治，积极参与国家政治生活。

第二点，要以新的姿态，坚持和发扬我社的优良传统。

在过去近半个世纪中，“九三”形成和保持了许多良好的传统。主要是，爱国主义的传统，民主与科学的传统；与中国共产党长期紧密合作，风雨同舟的传统。今天，在改革的新形势下，我们要继承和发扬这些优良传统，又要赋予它们时代的精神和新的内容，简言之就是：社的组织和社员要关心国家的命运，维护人民的利益，致力于社会主义民主与法制建设，致力于决策的民主化、科学化，促进科技教育事业的发展，为改变我国经济的落后面貌而贡献力量。我们要一如既往地同党紧密合作，保证改革顺利进行，保证现代化建设目标顺利实

诸位代表，我社江苏省委会的工作有许多自己的优势和特点。我相信，通过这次大会，社省委会在组织、思想和领导班子建设诸方面都会展现新的面貌，使社的工作更上一层楼，为江苏省的两个文明建设做出更大的贡献。

预祝大会圆满成功！

金善宝副主席在九三学社江苏省第二次社员代表大会上的讲话

九三学社中央副主席　金善宝

代表们、同志们：

今天，九三学社江苏省第二次代表大会隆重开幕了。我很高兴参加这次大会。谨向大会表示热烈的祝贺，并向代表们致以崇高的敬意和亲切的问候。

我社江苏省委会的建立与发展，是同中共江苏省委的领导和江苏省兄弟党派的支持分不开的。在此，我代表社中央向今天莅会的中共江苏省委、省人大、省政府、省政协、省委统战部、省对台办领导；向省台联、省工商联及兄弟党派的领导同志表示衷心的感谢。

在过去的四年里，社江苏省委加强自身建设，在组织社员参政议政、落实政策、开展科技咨询和海外联谊工作诸方面做了许多工作，取得了很大的成绩。希望大会要认真总结近几年的工作，肯定成绩，找出差距，并规划好今后几年的任务。通过这次大会，为今后的工作奠定一个良好的基础。

代表们，同志们：中共中央提出的改革开放路线，受到全国人民的衷心拥护，业已取得了巨大的成绩，但也出现了一些重要的困难和问题。最近，中共十三届三中全会提出：明后两年着重治理经济环境，整顿经济秩序，全面深化改革。在当前形势下，我社作为与党长期合作、风雨同舟的民主党派之一，要有高度的社会责任感和改革的使命感，为民服务，为国分忧，积极参加治理经济环境，整顿经济秩序的实践。九三学社的一切工作都要有利于安定团结，有利于祖国统一。一句话，有利于生产发展和社会进步。

近年来，社的组织发展很快，社员的思想空前活跃，在这里，我想仅就我社的思想建设方面谈两点建议，供同志研究、讨论。

第一点，要继续解放思想，认真转变观念，按发展商品经济和建设社会主义民主政治的要求，进行社的建设和开展工作。目前，我社的现状和形势的要求很不适应。最近，紫阳同志提出欢迎各民主党派参加治理经济环境，整顿经济秩序。又说：同意民主监督首先是民主党派监督共产党的观点。民主党派在国家政治生活中的地位愈显重要。而我社在过去很长时间，由于“左”倾思想的作用，成为专门进行“自我教育”的内向的封闭性组织，缺乏参与意识，缺乏生机和活力，缺乏自己的特色。在中共十一届三中全会以后，这些问题有了很大的改变，但并没有根本解决。为了适应新的形势，必须尽快完善我社的政党机制，加强政党意识，以便有效地参政议政。要做到这一点，全体社员的思想观念必须要来一个转变，转变对政治冷漠的意识，结合实际，学习和掌握十三大文件中提出的新的重要的思想、观点、理论。当然更要投身实践，在实践中探讨和解决改革中的问题。社员，特别是社领导，在搞好专业和岗位工作的同时，要关心形势，研究政治，积极参与国家政治生活。

第二点，要以新的姿态，坚持和发扬我社的优良传统。在过去近半个世纪中，“九三”形成和保持了许多良好的传统。主要是：爱国主义的传统；民主与科学的传统；与中国共产党长期紧密合作，风雨同舟的传统。今天，在改革的新形势下，我们要继承和发扬这些优良传统，又要赋予它们时代的精神和新的内容，简言之就是社的组织和社员要关心国家的命运，维护人民的利益，致力于社会主义民主与法制建设，致力于决策的民主化、科学化，促进科技教育事业的发展，为改变我国经济的落后面貌而贡献力量。我们要一如既往地同党紧密合作，保证改革顺利进行，保证现代化建设目标顺利实现。

诸位代表，我社江苏省委会的工作有许多自己的优势和特点。我相信，通过这次大会，社省委会在组织、思想和领导班子建设诸方面都会展现新的面貌，使社的工作更上一层楼，为江苏省的两个文明建设做出更大的贡献。

预祝大会圆满成功！

祝同志们身体健康！

（九三江苏社讯，1988（5）：4-5）

九三学社中央名誉主席、中国科学院院士、

中国农业科学院名誉院长、南京农学院首任院长

金善宝教授的讲话

南京农业大学校庆快报

1994.11.1

各位领导、同志们、朋友们、同学们：

今天我十分高兴能够和大家一起，庆祝南京农业大学八十周年校庆。南京农业大学是我的母校，我在这里曾经学习和工作了将近四十年，我是1917年进入南京农大的前身，南京高等师范农科学习的，是大家的老学友了。在这八十年里，我亲眼看到学校的发展和祖国的命运紧紧地联系在一起。解放前，全国农业院校寥寥无几，新中国成立后，农业教育和科研事业飞速发展，南京农业大学也已发展成为一个拥有七千多名师生员工，享誉海内外的著名大学。南京农大的学生遍布全国各地，为祖国的农业现代化，做出了卓越的贡献。

南京农业大学是有优秀传统的大学，在这八十年里，它培养出了我国首批农业教育、科研事业的开拓者，培养出了一批又一批农业教育、科研事业的优秀人才，成为农业教育，科技界各项学科的带头人，成为无数农业战线上的尖兵，为祖国的农业，做出了无私的奉献，他们是母校的骄傲，也是祖国的骄傲。

在南京农业大学八十周年校庆之际，以我的名义，在南农设立农业教育奖学金基金会，奖励优秀学子，培养跨世纪的人才，我感到十分光荣，十分高兴。年轻的朋友们，同学们，中国是一个十二亿人口的大国，“民以食为天”，“农业是基础”，任何时候，农业都是我们国家的头等大事，你们是祖国的未来，祖国的希望，我祝贺你们，加入了我们农业教育，科研的光荣队伍，实现祖国农业现代化的光荣任务，寄托在你们身上。庆祝南京农业大学八十周年校庆，衷心祝愿南京农业大学不断发展壮大。为祖国培育出更多的优秀人才，衷心祝愿在座的各位农业教育、科技工作者和未来的农业教育、科技工作者，为祖国的农业现代化，做出更大贡献！

附手稿

在南京农业大学 80 周年校庆大会上的讲话

九三学社中央名誉主席
中国科学院院士
中国农业科学院名誉院长
南京农学院首任院长
金善宝

各位领导、同志们、朋友们、同学们：

今天我十分高兴能够和大家一起，庆祝南京农业大学 80 周年校庆。南京农业大学是我的母校，我在这里曾经学习和工作了将近 40 年，我是 1917 年进入南京农业大学的前身——南京高等师范学校农科学习的，是大家的老学友了。在这 80 年里，我亲眼看到学校的发展和祖国的命运紧紧地联系在一起。解放前，全国农业院校寥寥无几，新中国成立后，农业教育和科研事业飞速发展，南京农业大学已发展成为一个拥有 7 000 多名师生员工，享誉海内外的著名大学。南京农业大学的学生遍布全国各地，为祖国的农业现代化，做出了卓越的贡献。

南京农业大学是有优秀传统的大学，在这 80 年里，它培养出了我国首批农业教育、科研事业的开拓者，培养出了一批又一批农业教育、科研事业的优秀人才，成为农业教育、科技界各项学科的带头人，成为无数农业战线上的尖兵，为祖国的农业，做出了无私的奉献，他们是母校的骄傲，也是祖国的骄傲。

在南京农业大学 80 周年校庆之际，以我的名义，在南京农业大学设立农业教育奖学金基金会，奖励优秀学子，培养跨世纪的人才，我感到十分光荣，十分高兴。

年轻的朋友们、同学们，中国是一个有 12 亿人口的大国，“民以食为天”“农业是基础”，任何时候，农业都是我们国家的头等大事，你们是祖国的未来，祖国的希望，我祝贺你们，加入了我们农业教育、科研的光荣队伍，实现祖国农业现代化的光荣任务，寄托在你们身上。庆祝南京农业大学 80 周年校庆，衷心祝愿南京农业大学不断发展壮大。为祖国培育出更多的优秀人才，衷心祝愿在座的各位农业教育、科技工作者和未来的农业教育、科技工作者，为祖国的农业现代化做出更大贡献！

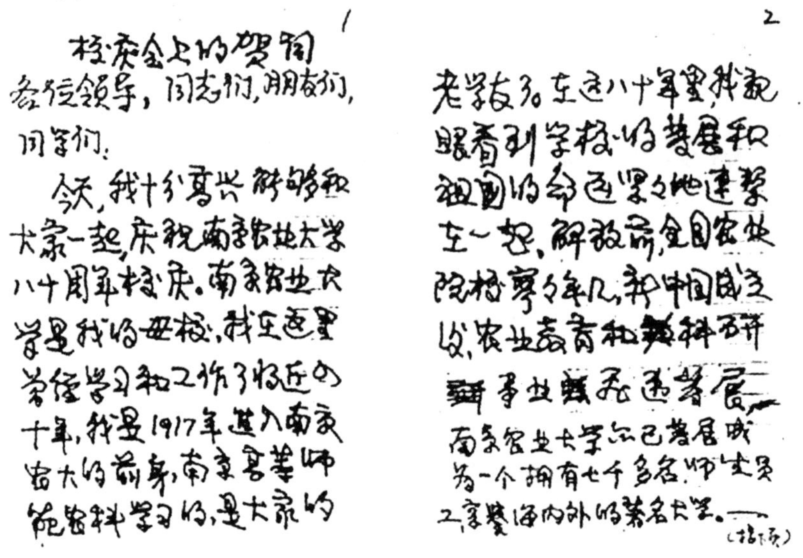
1

校庆会上的贺词

各位领导，同志们，朋友们，同学们：

今天，我十分高兴能够和大家一起，庆祝南京农业大学八十周年校庆。南京农业大学是我的母校，我在这里曾经学习和工作了将近四十年。我是1917年进入南京农大的前身，南京高等师范农科学习的，是大家的

2

老学友了。在这八十年里我亲眼看到学校的发展和祖国的命运紧紧地连系在一起。解放前，全国农业院校寥寥无几，新中国成立后，农业教育和科研事业得到迅速发展。南京农业大学已发展成为一个拥有七千多名师生员工，享誉海内外的著名大学。——（摘录）

（南京农业大学校庆快报，1994-10-20：11-13）

金善宝教授在南京市委、市政府祝寿会上的答谢词

各位领导、同志们：

我衷心感谢南京市政府为我的百岁寿辰举办了这样隆重的宴会，充分体现了党和政府对我国知识分子的关怀和希望。

我生于1895年，至今已经历了整整一个世纪的春秋，经历了满清皇朝的覆灭，辛亥革命的成功，以及北伐战争，抗日战争和解放战争的胜利，直到1949年新中国成立，我亲眼看到在中国共产党领导下，一个贫穷落后的旧中国，变化成为一个繁荣富强的新中国。作为一个跨世纪的老人，半个世纪生活在旧社会，半个世纪生活在新社会，新旧社会鲜明的对比，我由衷的感谢中国共产党，由衷地为我们伟大的社会主义祖国而自豪。

南京是我第二个故乡，我的青春，我一生中最宝贵的年华是在南京渡过的。从1917起，我就到南京来读书，毕业后就在南京工作了。在南京，我立下了为祖国农业奋斗终身的志愿，走上了振兴祖国农业的征途，几十年的风风雨雨，历尽坎坷，我献身祖国农业的决心从不动摇。1949年在南京迎来了中国共产党，迎来了解放，并光荣地参加了南京市政府工作。1958年调到北京以后，仍然经常怀念南京，有机会就想来南京，每次来南京，都觉得南京有巨大变化，我感到十分高兴。今天，我虽是百岁老人了，但我还想为改革开放为实现我国小康目标继续努力，我希望成为一个跨双世纪的人，看到中国的富强和美好的明天。

附手稿

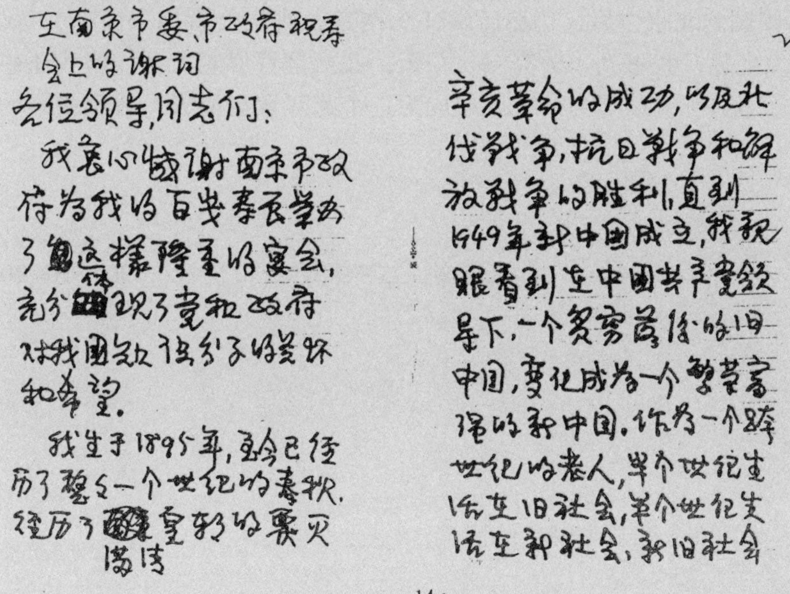
在南京市委市政府祝寿
会上的谢词
各位领导同志们：
我衷心感谢南京市政府为我的百岁寿辰举办了这样隆重的宴会，充分体现了党和政府对我国知识分子的关怀和希望。
我生于1895年，至今已经历了整整一个世纪的春秋，经历了满清皇朝的覆灭
辛亥革命的成功，以及北伐战争，抗日战争和解放战争的胜利，直到1949年新中国成立，我亲眼看到在中国共产党领导下，一个贫穷落后的旧中国，变化成为一个繁荣富强的新中国。作为一个跨世纪的老人，半个世纪生活在旧社会，半个世纪生活在新社会，新旧社会

金善宝教授在南京市委、市政府祝寿会上的答谢词

金善宝

各位领导、同志们：

我衷心感谢南京市政府为我的百岁寿辰举办了这样隆重的宴会，充分体现了党和政府对我国知识分子的关怀和希望。

我生于1895年，至今已经历了整整一个世纪的春秋，经历了满清皇朝的覆灭、辛亥革命的成功以及北伐战争、抗日战争和解放战争的胜利，直到1949年新中国成立，我亲眼看到在中国共产党领导下，一个贫穷落后的旧中国，变化成为一个繁荣富强的新中国。作为一个跨世纪的老人，半个世纪生活在旧社会，半个世纪生活在新社会，新旧社会鲜明的对比，我由衷地感谢中国共产党，由衷地为我们伟大的社会主义祖国而自豪。

南京是我第二个故乡，我的青春，我一生中最宝贵的年华是在南京度过的。从1917年起，我就到南京来读书，毕业后就在南京工作了。在南京，我立下了为祖国农业奋斗终身的志愿，走上了振兴祖国农业的征途，几十年的风风雨雨，历尽坎坷，我献身祖国农业的决心从不动摇。1949年在南京迎来了中国共产党，迎来了解放，并光荣地参加了南京市政府工作。1958年调到北京以后，仍然经常怀念南京，有机会就想来南京，每次来南京，都觉得南京有巨大变化，我感到十分高兴。今天，我虽是百岁老人了，但我还想为改革开放、为实现我国小康目标继续努力，我希望成为一个跨双世纪的人，看到中国的富强和美好的明天。

谢谢大家！

（南京农业大学校庆快报，1994-10-20：14-15）

农业科技管理

，而博雜不精，學亦無用的。到了應用之時，各就所學所長，以供獻於社會。學農者之需要，眞是無窮無盡。而說到現在爲止全國專科以上農學畢業的學生還祇有五千多人，以中國之大再多上幾倍學農的，是不怕沒有出路的，智識青年們，廣大的農村是在呼喚着你們！

學農的旣是各有所長，而從事農業之農民的工作，作包羅萬象。他一年之中旣要種植，又要牧畜，收獲以後，還要加工，假如樣樣都要請教於專家，眞不知道要找到幾位專家呢！專家的許多貢獻，到了農民，是要一樣一樣的配合起來。農民承受新智識，已不容易，承受後還要配合得當，是更不容易了。這種配合的學問是在農場管理學等等的領域之中。這門學問研究的人尚少，實施工作的人尤少。分別研究上有了貢獻，同時在怎樣配合的研究上亦要有貢獻，齊頭並進，農業總的推進，農民生活的改善，才可有比以往所未有更顯著的效果。智識青年們！任你學農的那一部門，分別的或是綜合的，都有現在極大的需要和將來光榮的事業！

農藝系的目標是什麼

金善寶

在我介紹農藝系之前，我想對正在選擇系科的青年們進幾句忠言。如果你是迷戀都市的生活，醉心於個人的物質享受你最好不要選這一系。你若是以爲人生在世，忙忙碌碌，只爲了一已的衣食住行殊不値得；但如果願爲人羣服務或者想做一番事業，那麼，農業園地眞是無邊無岸儘可以發展你的才能。

我國號稱以農立國，但是農業的科學技術處處落人之後，因此人人必需的衣食原料不但不能自給反而仰給於外國，例如暹邏安南的米，美國加拿大的小麥，每年均有大量的進口。我國所產的棉花，不但產量不足，而且纖維短，不能紡細紗，故又不得不從美國源源輸入。他如從印度輸入的麻纖維與麻袋，從英美輸入的菸葉與紙菸每年的漏巵又不知有多少！這些情形說明我國有許多作物不但量不足而且品質有待於改良，急起直追，端賴於多數有爲的青年，加入農藝的園地，共同努力。總之，我國的農業科學方始萌芽，隨地都有你研究的材料，只要你有耐心，有恆心，你一定可以獲得相當的成就。請你到鄉間去看看，現在我國的農村破碎崩潰到了何種地步？估人口百分之八十的農民又在過着這樣的痛苦生活？如果我們能在技術方面，事業方面去幫助他們，使他們的情況獲得改善，該是多麼偉大多麼可喜的工作？譬如說，我們育成了一個好的作物品種，可以增加產量百分之二十，那麼所增加農民總收入當以億萬元計。在陝西推廣的斯字棉，在各地推廣的稻麥改良品種，都是最好的例證，這樣的工作，難道還不値得我們去做嗎？

農藝系亦稱農學系，是農學院最重要的一系。凡是有農學院的大學農藝系總是最先成立的。農藝系的研究的對象是人類衣食之源，農村事業生產的根本。食的方面如稻、麥、雜糧和豆類；如衣的方面如棉和麻；此外尚有其他工業的原料如茶、菸、

农艺系的目标是什么

金善宝

在我介绍办农艺系之前，我想对正在选择系科的青年们进几句忠言。如果你是迷恋都市的生活，醉心于个人的物质享受，你最好不要选这一系。你若是以为人生在世，忙忙碌碌，只为了一己的衣食住行殊不值得；但如果愿为人群服务或者想做一番事业，那么，农业园地真是无边无岸尽可以发展你的才能。

我国号称以农立国，但是农业的科学技术处处落人之后，因此人人必需的衣食原料不但不能自给，反而仰给于外国，例如暹罗（今泰国）、安南（今越南）的米，美国、加拿大的小麦，每年均有大量的进口。我国所产的棉花，不但产量不足，而且纤维短，不能纺细纱，故又不得不从美国源源输入，（其）他如从印度输入的麻纤维与麻袋，从英美输入的烟叶与纸烟，每年的漏卮又不知有多少！这些情形说明我国有许多作物不但量不足，而且品质有待于改良，急起直追，端赖于多数有为的青年，加入农艺的园地，共同努力。总之，我国的农业科学方始萌芽，随地都有你研究的材料，只要你有耐心、有恒心，你一定可以获得相当的成就。请你到乡间去看看，现在我国的农村破碎崩溃到了何种地步？占人口 80%的农民又在过着怎样的痛苦生活。如果我们能在技术方面，事业方面去帮助他们，使他们的情况获得改善，该是多么伟大、多么可喜的工作！譬如说，我们育成了一个好的作物品种，可以增加产量 20%，那么所增加农民总收入当以亿万元计。在陕西推广的斯字棉，在各地推广的稻麦改良品种，都是最好的例证，这样的工作，难道还不值得我们去做吗？

农艺系亦称农学系，是农学院最重要的一系。凡是有农学院的大学，农艺系总是最先成立的。农艺系的研究对象是人类衣食之源，农村事业生产的根本。食的方面如稻、麦、杂粮和豆类；如衣的方面如棉和麻；此外尚有其他工业的原料如茶、烟、甘蔗以及油料作物等。农艺系研究的目标，在应用科学方法创造人类最需要产量丰富而品质优良的品种，并求得最能保持土地生产率及保障并增加农业生产者之收益的耕种技术。用人类的智慧去开发自然的富源以解除人类饥寒的威胁。这是伟大的目标，也是艰巨的工作。

农艺科学是应用的科学，所以学理与实习并重。农艺系作物方面的课程，有植物生理学、作物学，有的学校还开有稻作学、麦作学、棉作学。与育种有关的课程，有遗传学、育种学、生物统计、田间技术；与病虫害防治有关的，有植物病理学、经济昆虫学；与作物栽培有关的有土壤学、肥料学、农具学，一般的课程有农业经济学、农场管理等。基本科学则有植物学、动物学、普通化学、有机化学、物理学、地质学、气象学等。有的是理论的探讨，有的是技术的训练，你在四年之中，生活在教室、实验室和农场，大自然和你做伴，你不会觉得单调的。

上面所说的，是大学农艺系普通的情形，有的学校在农艺系里尚包含其他的组，如中央大学农艺系就分为三组，即一为农艺组，二为病虫害组，三为农业机械组。有的学校后两组另成为系，因为这两组研究的对象与农艺组几乎完全不同的。

（学识杂志，1947，1（5-6）：55-56）

一九五〇年一月二十日　新華日報　星期五　第五版

關於全國農業生產會議

·金善寶·

一九四九年十二月，中央人民政府農業部召開了第一次全國性的農業生產會議。出席這次會議的，主要的是各地方政府領導農業生產的同志們，同時也有各地區的專家、教授被邀請參加，尤其是東北、華北、華東、華中，以及西北各省的地方政府和學術機關，都有代表性的人員參與會議。總計出席人員計有二百三十餘人，濟濟一堂，很融洽地共同討論一九五〇年全國農業生產比較具體恰當的計劃。這一次會議，可說是全中國農業工作者第一次空前大團結，也可以說是全中國農業工作者真正為人民服務的開始。

正式會議，歷時十三天。會前分成農經、糧食、棉花、病蟲害、土壤肥料、畜牧獸醫、農田水利、以及試驗研究八個小組。經過幾天的詳細計劃研究，然後提出大會熱烈討論，會後再由小組逐步研討，求其澈底解決。最後規定一九五〇年以恢復生產為主的總方針，制定了增產糧食一百億斤，植棉五千萬畝，生產皮棉十三億斤的總計劃。

在整個會議期間，來自各地區的行政人員和專家教授，都是以積極負責的精神，虛心學習的態度，無論在會內會外，都進行了縝密的商討和深入的研究，表達了全中國農業工作者在中央人民政府統一領導下的團結一致，顯現出新中國農業建設有着無限的希望。

关于全国农业生产会议

金善宝

1949 年 12 月，中央人民政府农业部召开了第一次全国性的农业生产会议。出席这次会议的，主要的是各地方政府领导农业生产的同志们，同时也有各地区的专家、教授被邀请参加，尤其是东北、华北、华东、华中以及西北各省的地方政府和学术机关，都有代表性的人员参与会议。总计出席人员计有 230 余人，济济一堂，很融洽地共同讨论 1950 年全国农业生产比较具体恰当的计划。这一次会议，可说是全中国农业工作者第一次空前大团结，也可以说是全中国农业工作者真正为人民服务的开始。

正式会议历时 13 天。会前分成农经、粮食、棉花、病虫害、土壤肥料、畜牧兽医、农田水利以及试验研究 8 个小组。经过几天的详细计划研究，然后提出大会热烈讨论，会后再由小组逐步研讨，求其彻底解决。最后规定 1950 年以恢复生产为主的总方针，制定了增产粮食 100 亿斤，植棉 5 000 万亩，生产皮棉 13 亿斤的总计划。

在整个会议期间，来自各地区的行政人员和专家教授，都是以积极负责的精神，虚心学习的态度，无论在会内会外，都进行了缜密的商讨和深入的研究，表达了全中国农业工作者在中央人民政府统一领导下的团结一致，显现出新中国在农业建设有着无限的希望。

关于 1950 年增产粮食 100 亿斤，生产皮棉 13 亿斤的标准，是依照平常年生产水平，将水利、施肥、病虫害防治等以及各种栽培技术加以改进，做到增产，并不包括天年的好坏，如今年天年不如去年，仍需达到这个标准，如今年年岁比去年好，那么粮食增产数字需超过 100 亿斤。这是放在全中国劳动农民和农业科学工作者面前一个极其艰巨的任务，同时又是极其光荣的任务。我们必须有信心地冲破任何困难，完成这一伟大任务。

为了保证上述总的计划方针的实现，各地区拟定出适合当地的具体计划，经过自下而上，一字一句的审慎修正，制定了具体的计划与实施办法。各地区的行政干部，都是很坚决的，而且又是很愉快的，愿意担负起在他们本身岗位上的任务，去组织群众、发动群众，配合新的科学技术，大家全心全意地为 1950 年的粮食和棉花的增产而努力。只有各地行政领导机关，发动群众、深入群众，根据当地农民生产的需要，把现有的生产办法与经验，提高一步，适当地运用新的科学技术，才能完成 1950 年粮食增产的伟大任务。

这次会议，主要的任务当然是解决 1950 年全中国人民吃的和穿的问题。但此外还讨论到建立和加强各地区的农业试验研究机构的问题，同时也提到试验研究机关和学术机关的合作问题。在过去国民党反动政府时代，各地的农业试验研究机关，都是分散的、孤立的、不充实的，而且有许多工作是重复的。因此，没有一个机构能够切切实实地解决当地农业上的重大问题。这次会议，讨论到以后必须建立健全试验研究的机构与各种专业的组织，要发挥这些机构最大的作用，目前必须在中央统一的方针计划领导下，由各地区负责行政领导，并指导其日常的业务。至于农业试验研究机关与农业学术机关，在过去也是各自为政，缺少联系，以致建教分离，理论与实际脱节。今后为了发展农业的生产，为了农业工作者有计划地配合实际的需要，在技术上能发挥其更大的效力，农业学术机关与试验研究机关，在事业方面，需要做到中央统一的领导；在工作方面，必须做到密切的结合。

这次会议上，最使我感动的是各地区领导农业生产的干部。他们那种虚心学习的态度、实事求是的作风、吃苦耐劳和做事负责的精神，对地方农业情况和农民生活疾苦的了解，掌握农业生产的方针和步骤，都是从脚踏实地、全心全意为人民服务的精神出发的。这些干部在八年抗日战争和三年解放战争期间，一方面协助人民解放军打游击，同时还要进行农业生产运动。从延安南泥湾起，经晋、察、冀边区，直至东北内蒙古，积极地发动农民、组织农民，从事粮棉的增产，对支援解放战争起了很大的作用。他们因为从群众中来，故仍能到群众中去。他们又因为能虚心学习，故能从农民学得了生产的经验，从敌人学得了作战的经验，从游击战争中壮大了自己，从学习中求得了提高和发展。因此从农村中出来，一个十五六岁一字不识的孩子，打过十多年的游击战，到现在居然能担负起领导农业生产干部的责任，转向自然界做斗争了。陕甘宁边区农业厅厅长惠中权同志，就是从抗战中长大，战争中发展起来的一个。他今年不过 32 岁，他在大会上报告陕甘宁边区的农业情况，和 1950 年粮棉增产的计划和实施步骤，表现出掌握政策的正确，显示了实际的经验，结合了新的科学方法，因此博得全场热烈的拥护。

在老解放区的干部们，不但学习了新的经验与做法，同时还能把理论与实际结合起来，因此在粮食增产上，创造了许多科学方面的成果。举例来说：绥远在冬季的气候，是非常冷寒的，它的气温普遍在-27℃，最低达到-37℃，所以在那里只能种植春小麦，而不能生长冬小麦。不但绥远如此，就是美国和加拿大，一月份平均气温低过 10℃ 的地方，都划为春小麦区域，种植冬小麦是要冻死的。但现在绥远省政府建设厅厅长张立范同志，在抗日期间，从五台山得到一种小麦，在绥远的冬天种植了七八年，经过多年的试验研究和栽培上的不断改进，到了去年，冬小麦的面积已经推广到 5 000 多亩了。这种小麦不但产量多、品质好，而且成熟又早。这不能不说是一个伟大的成就。这种方法如能逐渐推广到东北和西北各个春麦区域，我想不久的将来，不但中国的冬小麦面积将大大的改观，就是小麦的产量也会大大地增加了。

这种方法的创造，绝不是偶然的，这是理论与实际紧密结合的表现，这是真实地结合了米丘林的路线！

（新华日报，1950-1-20（5））

對農業技術的提高與普及問題的幾點意見

——一九五〇年十二月二十六日在華東農林工作會議上的發言——

‧金善寶‧

各位代表同志們：

華東區一九五〇年農林工作會議從本月十一日開始，經過兩星期的熱烈討論，今日勝利地完成了大會的任務。在這次會議上，我們聽到了程照軒副部長的「一九五〇年農林工作總結」、和何康副部長的「關於一九五一年農業生產的方針與任務報告」、各省區農林廳處長的一九五〇年農林工作總結報告、以及各地區工作經驗的典型報告，覺得這是驚天動地從來未有的成績。在總結報告中，一致指出華東區一九五〇年農林工作是有顯著成績的，首先是全年糧食總產量達到五八二億斤，比一九四九年總生產額的四五二億斤增產了一四三億斤，超過了三十二億斤增產任務的四倍半。就各省區來說，今年的產量都比去年增加：山東增產了百分之六十二，皖北雖遭受了嚴重的水災，棉綿受了極特嚴重的破壞，但也增產了百分之十一至十三。今年皮棉產量爲三百三十九萬三千〇五十一擔，由於各地區水、旱、蟲災和雨水過多的影響，雖未能完成三百七十九萬八千擔的生產任務，但比一九四九年也增加了一百八十四萬九千四百七十三擔，其他如黃麻、蠶絲的生產量也都超過了原來的計劃。

其所以能獲得上述成績，主要由於各級人民政府的領導與各地區工作幹部的努力，只有在毛主席與中國共產黨的正確領導下才能使大批幹部不辭艱苦深入農村，發動廣大的農民羣衆，戰勝了嚴重的水、旱、病、虫等災害，得到今年的收成，否則是決不可能的。由於農業生產好轉，農民生活得到了改善，由嚴重缺糧缺衣的情況，逐漸進入温飽。許多地區的農民爭購花布、爭購肥料，達到農村近二三十年來未有的繁榮景象，因此打破了農民靠天吃飯的迷信思想，搞好了幹部與羣衆的關係，使廣大羣衆緊密地團結在人民政府與共產黨的周圍。農民們喊出了「毛主席不但領導我們抗戰，還領導我們生產」的口號，這決不是偶然的！

一九五一年的生產方針與任務在何副部長的報告中已指出，仍以增棉增產爲主，糧食生產要爭取達到六百二十四億六千一百萬斤，棉花增至四百五十七萬餘擔，這個任務是很艱苦的，同時又是極光榮的。我們必須克服一切困難用勇敢無比的精神去做，才會有很好的成績，我們幹部已有着光榮的歷史，所以任務是必定能完成的。

現在讓我來談談兩個問題：

（一）提高與普及問題：去年自然科學工作者代表會議上周總理也曾提出：有些人說共產黨來了以後只有重普及，不要提高了，這完全是錯誤的說法。在國民黨反動統治時代，科學家是受壓迫的，沒有出路的；相反的，共產黨是熱愛科學家的、重視科學的，只有在中國共產黨的領導下，科學家才會有光明的前途，科學才能真正得到提高。但提高與普及兩者是緊密連繫着的，只是提高不注意普及，提高是不可能的；反之，只是普及而不提高，普及也是有限度的。譬如一株樹要它長得高，必須枝葉繁茂，要它枝葉繁茂，也必須長高，若只要想它長高而儘量把它的枝葉去掉，那就不會長高了，反之，要想它的枝葉繁茂而把樹頂去掉，那麼恰恰會得到相反的結果。過去大學裏面有此種錯誤觀念，爲了竭力想把程度提高招收學生極少，「重質不重量」，妄想把千頭萬緒的農業問題託付在極少數人的手裏，中國的農業就永遠不會發展的。反之，如今年除蟲依靠了農民羣衆已有了成績，今後如以爲只要普及而不需要新的科學和技術的指導也是會犯錯誤的。

以目前國家的經濟情況和廣大農民的迫切需要來說，普及應重於提高，故在原有的基礎上應先要普及，將現有的科學知識傳播給農民，使農業生產提高一步；若先要提高再來普及，實爲緩不濟急；如對抗虫品種、害虫的天敵等的研究是需要的，但現在廣泛傳播廣大農民所能接受的科學知識，則更來得迫切需要，因爲抗虫品種的研究非短期所能完成

对农业技术的提高与普及问题的几点意见
——1950年12月26日在华东农林工作会议上的发言

金善宝

各位代表同志们：

华东区1950年农林工作会议从本月11日开始，经过两星期的热烈讨论，今日胜利地完成了大会的任务。在这次会议上，我们听到了程照轩副部长的《1950年农林工作总结》和何康副部长的《关于1951年农业生产的方针与任务报告》、各省区农林厅处长的1950年农林工作总结报告以及各地区工作经验的典型报告，觉得这是惊天动地从来未有的成绩。在总结报告中，一致指出华东区1950年农林工作是有显著成绩的，首先是全年粮食总产量达到582亿斤，比1949年总生产额的452亿斤增产了143亿斤，超过了32亿斤增产任务的4.5倍。就各省区来说，今年的产量都比去年增加：山东增产了62%，皖北虽遭受了严重的水灾，福建受了匪特严重的破坏，但也增产了11%~13%。今年的皮棉产量为3 393 051担，由于各地区水、旱、雹灾和雨水过多的影响，虽未能完成3 798 000担的生产任务，但比1949年也增加了1 849 473担，其他如黄麻、蚕丝的生产量也都超过了原来的计划。

其所以能获得上述成绩，主要由于各级人民政府的领导与各地区工作干部的努力，只有在毛主席与中国共产党的正确领导下才能使大批干部不辞艰苦深入农村，发动广大的农民群众，战胜了严重的水、旱、病、虫等灾害，得到今年的收成，否则是绝不可能的。由于农业生产好转，农民生活得到了改善，由严重缺粮缺衣的情况，逐渐进入温饱。许多地区的农民争购花布、争购肥料，达到农村近二三十年来未有的繁荣景象，因此打破了农民靠天吃饭的迷信思想，搞好了干部与群众的关系，使广大的群众紧密地团结在人民政府与共产党的周围。农民们喊出了“毛主席不但领导我们抗战，还领导我们生产”的口号，这绝不是偶然的！

1951年的生产方针与任务在何副部长的报告中已指出，仍以粮棉增产为主，粮食生产要争取达到6 246 100万斤，棉花增至457万余担，这个任务是极艰苦的，同时又是极光荣的。我们必须克服一切困难，用勇敢无比的精神去做，才会有很好的成绩，我们干部已有着光荣的历史，所以任务是必定能完成的。

现在让我来谈谈两个问题。

（一）提高与普及问题

去年自然科学工作者代表会议上周总理也曾提出：有些人说共产党来了以后只有重普及，不要提高了，这完全是错误的说法。在国民党反动统治时代，科学家是受压迫的，没有出路的；相反的，共产党是热爱科学家的、重视科学家的，只有在中国共产党的领导下，科学家才会有光明的前途，科学才能真正得到提高。但提高与普及两者是紧密联系着的，只是提高不注意普及，提高是不可能的；反之，只是普及而不提高，普及也是有限度的。譬如一株树要它长得高，必须枝叶繁茂，要它枝叶繁茂，也必须长高，若只要它长高而尽量把它的枝叶去掉，那就不会长高了，反之，要想它枝叶繁茂而把树顶去掉，那么恰恰会得到相反的结果。过去大学里即有此种错误观念，为了竭力想把程度提高招收学生极少，"重质不重量"，要想把千头万绪的农业问题托付在极少数人的手里，中国的农业是永远不会发展的。反之，如今年除虫依靠了农民群众已有了成绩，今后如以为只要普及而不需要新的科学和技术的指导，也是会犯错误的。

以目前国家的经济情况和广大农民的迫切需要来说，普及应重于提高，故在原有的基础上是先要普及，将现有的科学知识传播给农民，使农业生产提高一步；若先要提高再来普及，实是缓不济急；如对抗虫品种、害虫的天敌等的研究是需要的，但现在广泛传播广大农民所能接受的科学知识，则更来得迫切，因为抗虫品种的研究非短期所能完成，且常受地域限制，所以重点不能放在提高，而必须先普及原有方法。如除螟，在未普及以前农民还以为是天灾，但在普及了治螟的科学知识后，则对农业生产有很大的帮助。

（二）行政干部与技术干部问题

1950 年的生产成绩是行政干部与技术干部配合群众工作的伟大表现。往往行政干部强调结合群众，技术干部强调提高；就实际情况来说，这一年如没有行政上的坚强领导，发动广大的群众，而单凭少数工作干部是不可能有如此大的成就的。因为行政干部能吃苦，能与群众结合，所以才能发动了群众性的治水、防旱和除虫运动，而技术干部则多留恋城市生活，不愿下乡，争地点、争待遇，工作脱离群众，关起门来做研究，看不到广大农村的艰苦生活，不了解农民群众的急切要求，使工作脱离了实际。反过来看，南京解放前地下工作人员约 2 000 人，在解放后均改为供给制，并无怨言。南京市人民政府十余年的老干部，他们的家属从遥远的家乡来到了南京，想问父兄子弟要钱，但都空手回去，而今年南京各大学毕业生派在市府市委工作的有 30 余人都要求薪给制，只有一个青年团员愿供给制，南京的大学教授要求薪金向上海看齐，其实薪给制者应该向供给制看齐。

行政干部与技术干部的工作精神之所以不同，并不是生来就是如此，而是环境造成的。前者是经过多年革命大熔炉的锻炼，深刻了解马列主义的真义，真实了解中国农民生活疾苦，根据马列主义的精神表现在实际行动上，事事从全心全意为人民服务的观点出发的；后者则在反动统治的社会中养成了个人英雄主义，看不见群众，关起门来做研究，如果接近群众就有罪；抗战初期，浙江有些农业科学工作者因工作艰苦努力深入农村联系群众，被陈果夫之流戴上了红帽子，因此农业科学工作者认为只有钻牛角尖，做洋八股最有出息，住洋房，看显微镜，热了有电风扇，冷了有火炉，论文一出一举成名，所以这完全是国民党反动统治的结果。而这风气一直遗留到现在，因此大学毕业生不是想留在校中当助教，就是希望做助理员。过去 20 多年之中，在这种反动统治的环境下，农业科学工作者虽受到严重的压迫摧残和玩弄，但仍然有不少吃苦耐劳、做出不少辉煌成就的，如黄志秋同志在四川泸州之水稻分植，得到很好的成绩；又如胡仲紫同志之胜利籼都是亲自动手育成的，但都没有得到领导上应有的表扬。比如现在各省推广的稻、麦、棉改良种，都是许多农业科学工作者经过多年艰苦奋斗试验研究而成的，这些改良品种在现今中国农业生产方面是起着相当的作用的。又如水稻秧田施肥比在大田施放有利得多，甘薯与玉米夹栽增加的产量甚多，浙江大学丁振麟教授的甘薯与日光花嫁接，大大增加了产量，最多一株达 17 斤。兽医方面如程绍迥同志之试制鸡新城疫疫苗，东北之仿制兔化疫苗，都是不可多得的成绩。如果没有高度的科学技术，不经过坚苦耐心试验研究，是不可能成功的。

但以中国农业科学工作人数之多、历史之久，仅仅做出上述这些成绩，显然是薄弱得很。这当然要追罪于反动统治阶级之不重视农业科学工作者与压迫科学工作者；在那种环境下，要想做出更大的成绩是不可能的。但如李明同志在山东关于小麦腥黑穗病之种类分离的成绩，只有在共产党领导下才有可能，假使他在蒋介石反动统治政权下工作，我可断言到现在还是默默无闻的，所以环境决定着科学工作者所走的一个道路。

现在人民自己取得了政权，农业科学工作者必须改变过去关门做试验，脱离群众、脱离实际的工作态度，试验研究必须面向群众、面向生产。不要贪多务得，一切舍不得，不要强调设备，研究问题不要主观决定，而应从农民群众中去搜求。不要完全搬弄欧美的试验成果，而必须把它中国化。注重调查，了解情况，毛主席说："没有调查，就没有发言权。"我们应该强调说没有调查，不了解情况，就没有试验研究的权利。我们不能机械地搬运与抄袭外国的经验，就如李森科的春化法虽在苏联是极成功的，但不能机械地搬到中国来。

但是要想从钻惯牛角尖、脱离实际的研究工作，一下子就转变过来是不容易的。这是个困难的过程，需要相当的时间的。在显微镜下做报告觉得很容易，但要向广大农民群众做报告就比较难了。所以农业科学工作者要改变过去的习惯作风，必须加强政治学习，精通唯物辩证法，打开研究室的大门，经常深入农村，了解农业实际情况和实际需要，虚心向农民学习，吸取农民的经验，逐渐剔除小资产阶级的意识，变成一个广大农民的农业科学家。

总之，提高和普及都是重要的，二者不可偏废，但必须有重点、有方向，切合实际需要。我们一方面要加强政治学习，另一方面要加紧业务学习。要取人之长，舍己之短，互相学习，交流经验，不骄傲，不自满，不断地追求进步，不断地提高自己，互相勉励，紧密团结。在毛主席、中国共产党的领导下，共同向伟大的自然界做顽强坚决的斗争，搞好我们的农业生产。

最后，敬祝各省区 1951 年的农业生产工作胜利完成！

（华东农林，1950，2（1）：29-20）

為祖國的農業建設而奮鬥

（代發刊詞）

南京農林生活 一九五二年十一月二十日

農學院建院委員會主任委員 金善寶

解放三年多來，在中國共產黨及毛主席領導下，我們的祖國已做了許多建設的準備工作，到了今年底，一切準備工作就要完成，明年起就要開始進行大規模的經濟建設和文化建設了。

我們知道，從新民主主義社會進入到社會主義社會，我們的工業需要國有化，農業需要集體化。我們的農業政策，根據共同綱領規定，就是要把分散落後的小農經濟，組織起來，實行勞動互助，逐漸走向大規模工業化的集體農業。這是一個絕對正確的方向。但是發展農業，就需要大量幹部。據估計在三、五年內，我們的農林漁牧業幹部就需要十五萬到二十萬人，高等農業機關需要高級技術人員約四萬人。這些幹部將分別担任國營農場、合作農場、農業機關和農業學校等的任務。此外還要配合中國科學院；農業科學研究所，幫助並提高各地農林漁牧業的生產，總結他們的經驗。這是中央教育部錢俊瑞副部長，今年七月間在全國農學院院長會議總結時向全國農學院提出的任務，我們要努力担負起這一偉大光榮的任務。如何來完成這種光榮的任務呢？我認為：

第一、我們必須認真嚴肅地學習蘇聯的先進農業經驗，徹底清除從歐美資本主義國家搬弄來的充滿着各種偏見和毒素的農業科學思想。過去幾十年來中國農業科學者，盲目接受了門特爾、莫爾干的反動學說，使理論與實際完全脫了節，忽視了勞動農民的創造，因此，中國的農業科學，長期停頓不能前進。現在我們必須學習蘇聯的先進農業科學，因為他們已經有了卅多年的豐富經驗，而且他們所走過的道路，就是我們所要走的道路。正如錢副部長所說的：米邱林，威廉姆的學說是前進的，戰鬥的，同時是創造的，米邱林會說過：「我們不能等待自然的恩賜，必須向自然界爭取」，威廉姆也說過：「沒有壞的土壤，只有壞的耕作方法」。這是戰鬥的科學，是我們中國所需要的科學思想，必須要用來武裝我們的頭腦，來鼓勵我們廣大的勞動人民。現在農學院正在進行課程改革，我們必須有完全「一邊倒」的思想徹底批判各種錯誤的資產階級學說，才能真正做好我們的課程改革。

第二、我們要虛心向勞動農民學習，並總結農民的生產經驗：中國幾千年來，千千萬萬的勞動農民，有了多種多樣的創造，他們的生產經驗，內容是異常豐富的，把他們的經驗總結起來，作為我們的教材，作為我們的生產資料正是取之不盡，用之不竭的。山西曲耀離的棉花豐產，蘇南陳永康的水稻豐產都是掌握了作物生長發展的規律，適當地應用了生產技術一系列的制度。這是實際的效果，值得我們學習的。但是僅僅向他們學習是不夠的，我們必須很好總結勞模的生產經驗，找出豐產的主導因素，把勞模的生產經驗提高到理論上來，然後返回去教育農民，指導農民，把農業生產再提高一步。只有這樣，我們才能走在勞模的前面，不致落後在勞模的後面，只有這樣，我們的農業科學才有實際的意義，農業科學工作者才能担負起指導農業生產的責任。

第三、我們要加強農學院師生員工的團結：過去幾十年來，帝國主義和國民黨反動派遺留給我們的宗派主義，本位主義，以及個人英雄主義的醜惡思想和惡劣作風，使南京的農業科學工作者，曾經在思想上受到極大障礙，甚至在中國農業生產方面，也受到嚴重的損失，這是應該使我們深切痛恨與反覆回憶的。現在經過了思想改造，院系調整，我們已經出現了新的南京農學院。我們在中國共產黨的正確領導下只有一個馬克思列寧主義與中國革命實踐相結合的毛澤東思想，所有各種的錯誤思想與惡劣作風，都將隨着帝國主義侵略者滾出中國大陸和國民黨反動派逃往台灣一去而不復返了。無論是農業科學工作者，生物科學工作者或是理化科學工作者，以及其他科學工作者，大家的工作崗位雖不同，但是目標是一致的，就是我們是為國家培養農業科學的工作幹部，為祖國的農業生產建設而服務。為了更好地完成國家交給我們的偉大光榮任務，即培養高級農業生產的建設幹部。我們的師生員工必須有一交流學習經驗和生產經驗的共同園地。我認為「南京農林生活」正是符合我們這個共同要求的。我希望我們全體師生員工都要重視這個刊物，愛護這個刊物，共同來辦好這個刊物，也就是共同為祖國的農業建設事業而奮鬥！

为祖国的农业建设而奋斗（代发刊词）

南京农学院建院委员会主任委员　金善宝

解放三年多来，在中国共产党及毛主席领导下，我们的祖国已做了许多建设的准备工作，到了今年底一切准备工作就要完成，明年起就要开始进行大规模的经济建设和文化建设了。

我们知道，从新民主主义社会进入社会主义社会，我们的工业需要国有化，农业需要集体化。我们的农业政策根据《中国人民政治协商会议共同纲领》规定，就是要把分散落后的小农经济组织起来，实行劳动互助，逐渐走向大规模工业化的集体农业。这是一个绝对正确的方向，但是发展农业就需要大量干部，据估计在三五年内我们的农林渔牧业干部就需要15万~20万人，高等农林机关需要高级技术人员约4万人。这些干部将分别担任国营农场、合作农场、农业机关和农业学校等的任务，此外还要配合中国科学院、农业科学研究所，帮助并提高各地农林渔牧业的生产，总结他们的经验。这是中央教育部钱俊瑞副部长，今年7月间在全国农学院院长会议总结时向全国农学院提出的任务，我们要努力担负起这一伟大光荣的任务。

如何来完成这种光荣的任务呢？我认为：

第一，我们必须认真严肃地学习苏联的先进农业经验，彻底批判各种错误的资产阶级学说，才能真正做好我们的课程改革。

第二，我们要虚心向劳动农民学习，并总结农民的生产经验。中国几千年来，千千万万的劳动农民有了多种多样的创造，他们的生产经验，内容是异常丰富的，把他们的经验总结起来作为我们的教材，作为我们的生产资料正是取之不尽、用之不竭的。山西曲耀离的棉花豆产，苏南陈永康的水稻丰产都是掌握了作物生长发展的规律，适当地应用了生产技术一系列的制度。这是实际的效果，值得我们学习的。但是仅仅向他们学习是不够的，我们必须很好地总结劳模的生产经验，找出丰产的主导因素，把劳模的生产经验提高到理论上来，然后返回去教育农民、指导农民，把农业生产再提高一步。只有这样，我们才能走在劳模的前面，不至落在劳模的后面，只有这样，我们的农业科学才有实际的意义，农业科学工作者才能担负起指导农业生产的责任。

第三，我们要加强农学院师生员工的团结。过去几十年来，帝国主义和国民党反动派遗留给我们的宗派主义、本位主义以及个人英雄主义的丑恶思想和恶劣作风，使南京的农业科学工作者曾经在思想工作上受到极大障碍，甚至在中国农业生产方面也受到严重的损失，这是应该使我们深切痛恨与反复回忆的。现在经过了思想改造、院系调整，我们已经出现了新的南京农学院，我们在中国共产党的正确领导下，只有一个马克思列宁主义与中国革命实践相结合的毛泽东思想，所有各种的错误思想与恶劣作风，都将随着帝国主义侵略者滚出中国大陆和国民党反动派逃往台湾一去而不复返了。无论是农业科学工作者、生物科学工作者或是理化科学工作者以及其他科学工作者，大家的工作岗位虽不同，但是目标是一致的，就是我们是为国家培养农业科学的工作干部，为祖国的农业生产建设而服务。

为了更好地完成国家交给我们的伟大光荣任务，即培养高级农业生产的建设干部。我们的师生员工必须有一交流学习经验和生产经验的共同园地，我认为《南京农林生活》正是符合我们这个共同要求的。我希望我们全体师生员工都要重视这个刊物，爱护这个刊物，共同来办好这个刊物，也就是共同为祖国的农业建设事业而奋斗！

（南京农林生活，1952（1）：1）

第四，開展了羣衆性的技術改良運動。各主要棉區都因地制宜地製訂了植棉技術指導綱要，並找出關鍵性的增產技術改進措施，大力組織推行。幾年來，主要的改進項目是深耕、密植、及時播種、保苗勻苗、合理灌溉、適當整枝、減少蕾鈴脫落和防止徒長晚熟等。過去農民對細絨棉一般習慣稀植；經吸取蘇聯先進的密植經驗，通過許多農場和勞動模範的實地試驗，證實了適當密植是增加產量提早成熟的正確方向。幾年來，各個棉區已大部在原來密度基礎上每畝增加了幾百株到一千多株，一般都收到顯著的增產效果。如山東省高密縣共有三十多萬畝棉田，原來植棉密度每畝約二千株左右，一九五二年因推行密植，每畝加到二千五百至三千株，全縣平均產量提高了二成以上。又如，灌溉棉田過去普遍存在着大水漫澆的不科學的做法，幾年來已總結推行了小水輕澆、畦灌、溝灌、實行多灌、提早春灌等合理灌溉的辦法。陝西涇惠渠灌溉棉區三十八萬多畝棉田，一九五三年由於全面實施了灌溉方法和其他有關技術的改進，較一九五二年提高了單位面積產量一點四倍。雖然部分棉區羣衆中早就有棉花整枝經驗，但過去許多人一直抱懷疑或否定的態度，不敢提倡推廣。幾年來，從總結實踐經驗中，已完全肯定了整枝技術是保證棉花增產促進早熟的主要措施之一。北方棉區現已廣泛實施棉花整枝；南方棉區也在逐步擴大推行。湖北省荊州農場一九五三年整枝試驗的結果，實施整枝的比不整枝的產量高百分之二十一點八，霜黃殭爛花少百分之三十點二。另外，鹽墾區改變棉田不敢耕地的習慣；南方許多棉區改撒播爲條播；棉麥兩熟制地區克服兩熟栽培中存在的矛盾，爭取棉麥兩季增產；北方棉區實施抗旱耕作法，保證及時播種等，也都做出許多成績。

廣大農民在黨和政府的指導下，走互助合作的道路，由分散的個體經營，逐步改變爲較大規模的集體經營，合理地使用土地和勞動力，在棉花增產方面所表現出的優越性是極爲顯著的。如山西省一九五三年全省農業生產合作社的棉田，平均每畝產籽棉一百八十九斤，高出全省平均產量百分之三十五點八。

幾年來國家設置的許多國營農場，由於在大面積上實施機械耕作和採用科學的生產技術和經營管理制度，增產的成績更爲顯著。如一九五三年新疆全省國營農場和部隊生產的農場，在六萬多畝棉田上，平均每畝產皮棉七十二點三斤，超過全省平均產量一倍多。北京郊區的國營五里店、彰化、和義等農場，一九五三年共種五千零二十五畝棉花，平均產量也高於農民平均產量百分之五十左右。國營農場大規模的經營和先進的生產方法，已成爲引導廣大農民組織起來採用新技術發展生產的鮮明旗幟。

必須繼續努力提高棉花產量

在第一個五年計劃內，國家決定紡織工業要在原有基礎上繼續發展。勞動人民生活水平迅速提高，對棉花和棉布的消費量也顯著地增加。如東北棉布的消費量，解放後五年以內，就增加了十三倍多。幾年來，我們國家大量發展了棉花生產，基本上滿足了國內的供應。今後，隨着國家紡織工業的發展和人民對棉花棉布日益增長的需要，我們還要有計劃地繼續增加棉花的生產量。在國家工業化、農業合作化沒有完全實現以前，要大大提高棉花的產量當然是相當困難的，是很難趕上人民對於棉花棉布的需要增長的速度的。因此，不能不實行棉布計劃供應、棉花計劃收購。但是，不斷滿足人民需要的根本辦法還是不斷發展生產。農業工作者和棉農一定要認識自己對於進一步增產棉花的重要責任。中國的棉花生產有着極大的潛力，發展前途是無可限量的。自從新中國成立後，廣大的農業科學技術工作者，也都從過去那種工作不受重視、陷在小圈子裏發揮不了作用的局面中解脫出來了。幾年來，農業科學機關和農業試驗場經過整理和充實，科學技術人員受到尊重，並在政府幫助下提高了思想水平和業務水平，因而能密切地配合國家的需要，發揮出科學技術方面的力量，不僅幫助解決當前生產上的主要問題，並給今後繼續發展生產開闢了新的廣闊的道路。過去一般認爲我國棉區最北的界限不能超過北緯四十二、三度，而現在棉區已推進到黑龍江省北緯四十六、七度的地方。新疆、沿海墾區有着大量可以開發的新棉地。華東農業科學研究所運用有性、無性雜交的方法，已選育出絨長達一又二分之一吋的能供特種工業用的長絨原棉。另外，長絨的海島棉也已在我國初步引種成功，我國農業合作化、機械化的事業正在日益發展，增產棉花的科學技術和機耕經驗都正在不斷創造發展中。在我國的優越的政治經濟制度下，人力物力都可以充分發揮出對生產有利的作用；加以我國自然條件的優厚，只要我們不斷努力，完全有條件在現有基礎上生產出更多更好的棉花。

〔註〕據一九五四年九月十日新華社通訊稿：如果以一九五〇年全國棉花的種植面積、單位面積產量爲一〇〇，發展進度如下：種植面積一九五一年是一五〇、一九五二年是一五二、一九五三年是一四一，單位面積產量一九五一年是九八、一九五二年是一二〇、一九五三年是一一八。——編者

（九月二十日「人民日報」）

我國茶葉生產的新生

全國人民代表大會代表
南京農學院院長 金善寶

我國栽培茶樹已有兩千多年的悠久歷史，是世界上茶樹的原產地。現在世界上的產茶國家像印度、錫蘭、印度尼西亞和日本等國的茶樹，都是直接或間接由我國傳入的。

我國茶樹分佈在浙江、安徽、福建、湖南、湖北、江西、四川、雲南等十六省五百餘縣。茶葉生產產量豐富，品質優良，名茶的品類很多。安徽省黃山山區出產的「祁紅」、「屯綠」，早爲國際人士所珍愛。福建省武夷山出產的武夷「岩茶」、浙江西湖的「龍井」、雲南的「普洱」等都是國內外知名的名茶。我國茶葉的輸出長期在世界市場上佔居重要地位。華東、中南、西南各省的廣大農民向來以茶葉生產爲主要副業收入。但自十九世紀末葉以來，茶葉市場受到帝國主義的操縱壟斷，茶葉生產受到限制因而逐漸下降。特別在國民黨反動統治時期，買辦資本與帝國主義互相勾結，對茶葉生產大肆破壞摧殘，大量茶園荒蕪，生產一落千丈。解放前夕，茶園面積只剩下抗日戰爭前總面積的百分之四

我国茶叶生产的新生

全国人民代表大会代表
南京农学院院长　金善宝

我国栽培茶树已有2000多年的悠久历史，是世界上茶树的原产地。现在世界上的产茶国家像印度、锡兰（今斯里兰卡）、印度尼西亚和日本等国的茶树，都是直接或间接由我国传入的。我国茶树分布在浙江、安徽、福建、湖南、湖北、江西、四川、云南等16省500余县。茶树生产产量丰富，品种优良，名茶的品类很多。安徽省黄山山区出产的“祁红”“屯绿”早为国际人士所珍爱。福建省武夷山出产的武夷“岩茶”，浙江西湖的“龙井”，云南的“普洱”等都是国内外知名的名茶。我国茶叶的输出长期在世界市场上占据重要地位，华东、中南、西南各省的广大农民向来以茶叶生产为主要副业收入，但自19世纪末叶以来，茶叶市场受到帝国主义的操纵垄断，茶叶生产受到限制，因而逐渐下降，特别在国民党反动统治时期，买办资本与帝国主义互相勾结，对茶叶生产大肆破坏摧残，大量茶园荒芜，生产一落千丈。解放前夕，茶园面积只剩下抗日战争前（指1937年全面抗战以前，全书同）总面积的40%。茶叶生产量及输出量均低到抗日战争前1/4左右。茶农的生活陷于饥饿贫穷的境地。解放以后，在共产党和人民政府的正确领导下，茶叶生产才获得了新生。

垦复了荒废茶园，开辟了新式茶园

1949年中央人民政府成立以后，即着手恢复茶叶生产的工作，首先采取了提高茶叶价格、打开销路、贷款扶持等各种有效措施，动员茶农垦复过去荒弃了的茶园。在土地改革运动中，又领导农民从地主手中夺回了自己的茶园，茶农经营茶叶生产的情绪大大提高。五年来，各地有条件垦复的荒芜茶园大部分都已垦复。如湖南省1949年茶园面积仅及战前的33%，1953年已经恢复到战前的80%。福建省在1952—1953年一年中，即垦复茶园64 000多亩，与垦复荒芜茶园工作进行的同时，各地有计划地领导茶农对原有茶园进行了整理与改造的工作，通过补植缺株、增植新株，使原有零星散乱的茶园正改变成整齐的茶园，充分利用了地力，提高了单位面积产量。福建安溪县仅1954年上半年就补植缺株达300万余株。这项工作正在逐步扩展，对于今后茶叶产量的增加将起重要的作用。

在开辟新茶园方面也获得了不少的成就。仅福建一省在1952—1953年一年中就新开茶园19 000多亩，国家又新建或者在原有基础上整顿扩大了不少国营茶厂。这些新开的茶厂一般都是按照苏联的先进经验进行经营的，不仅向广大茶农进行了示范，为将来发展新茶园与改造旧茶园树立了榜样，同时也为今后茶叶生产进一步发展奠定了基础。

发展了互助合作组织，改进了技术

我国的茶农绝大部分是兼营农业或以农业生产为主的农民。以一家一户为单位的分散经营方式，不仅限制了农业生产的发展，而且限制了茶叶生产的发展，特别是茶叶在产制过程中需要一系列的比较复杂的技术和加工设备，同时茶季又正是其他农事的忙季，所以在农业与茶叶生产的安排上，常常发生矛盾，因此，各产茶区的党政领导以开展互助合作运动为恢复发展茶叶生产的一项主要工作。几年来，茶叶生产互助合作组织已有了一定程度的发展，特别是经过国家过渡时期总任务的宣传教育后，茶农对组织起来走社会主义的道路，有了进一步的认识，因而互助合作组织在数量和质量上都有了很大的发展和提高。据浙江嵊县等 25 个县的统计，1954 年共有农茶叶结合的生产合作社 29 个，互助组 6 473 个，茶叶初制所 735 个。嵊县、杭县、浦江、富阳等县的主要茶区已有 70%以上的茶农参加了各种形式的互助组织。福建省最近三年来已有合伙运售组、联合制茶组、农茶结合互助组、茶叶生产合作社等四种互助合作组织近 8 000 个。云南滇红茶区红茶的初制已全部通过初制所的形式进行。这些互助合作组织一般都显示了组织起来的优越性，在解决农茶叶生产季节之间的矛盾，劳力、工具的调制、技术的改进、产量的增加、品质的提高等方面，都起了巨大的作用。

在改进技术方面，全国已经有 20 个茶叶试验场，在重点茶区普遍建立了茶叶技术指导站。这些试验茶场在茶园管理、初制技术的改进等工作方面，均起到了一定的示范群众与指导生产的作用。茶叶技术指导站是推广茶叶生产技术有力的组织形式。目前一般茶园已普遍进行中耕，茶园的施肥、茶树的修剪、防治病虫、水土保持等工作，都有了不同程度的开展。在采摘上，采用了“及时采，分批采”等合理采摘方法，基本上扭转了过去老嫩不分，一次采光的粗放采摘情况。在初制技术方面，分别不同茶类，采用了各种合理方法，并开始采用了各种小型制茶机械，单是揉捻机一项，几年来全国即已推广了 10 000 架以上。

产量增加了，品质提高了

由于进行了以上各方面的工作，几年来茶叶生产已得到了迅速的恢复和发展，全国茶叶总产量如以 1949 年为 100，1953 年，已增加到 188. 34，1954 年估计可以达到 200 以上。品质也显著提高，1953 年国营公司运销苏联中级以上茶叶的数量较 1952 年增加了 12. 03%，其中红茶增加了 26. 41%。近年来的茶叶生产已能在一定程度上满足人民的需要，茶叶向国外输出的数量也逐年增加。从国营公司销售茶叶的数字上看，在国内内地各省的销售数量如以 1950 年为 100，则 1953 年已达 711. 35。在边远的少数民族地区，如以 1951 年为 100，1953 年已到 194. 45。在外销方面，如以 1950 年的出口数量为 100，则 1953 年已增加到 231. 65，茶叶生产对支援国家工业建设已起着一定的作用。

茶农生活初步得到了改善

随着茶叶生产的逐渐恢复，茶农的生活已得到了初步改善。四川省邛崃山茶区约有

10 000 户茶农，解放前因为茶园荒废，茶农们的生活十分困苦，他们住的是茅草屋，穿的是破布片，吃的是玉米面、野菜，铺的盖的大都是棕垫。解放后，在当地人民政府的贷款扶持下，茶园已经恢复，茶农的生活显著地得到了改善。如茶农侯华炳 1953 年卖了茶，除买回足够的种子和肥料外，还换回大米 800 斤、9 块土蓝布、两桶奶粉。茶农雷雨援一家 11 口人，1949 年还是顾不上吃、顾不上穿，如今生活已完全变了样，农具、猪牛样样齐全，屋子也盖好了，一家人生活得欢欢喜喜，他见了人就爱说："我种 6 亩多茶地，1949 年产干茶叶 160 斤，可买大米 340 斤，1953 年产干茶 240 多斤，可买大米 2 500 斤，论产量只增加了一半，论收入却增加了近 7 倍。"安徽省名茶"齐山云雾"的产地金寨县黄石乡，刚解放时，全乡茶园荒芜了 2/5 以上，许多茶农每年在青黄不接时总是挖野菜糊口，现在随着茶园的垦复发展，再没有吃野菜、"断顿"的现象了，而且山村里设立了 3 所常年民校，一所民办小学，51 个男女青年和 50 多个小孩都有了常年学习的机会。福建省罗源县沙坂乡 346 户农民都有茶园，茶叶生产收入平均占农民总收入的 37%。解放前因茶园被破坏，人们年年闹春荒，成了"缺粮乡"。近几年来，因为茶叶生产逐渐恢复，"缺粮乡"变成了"余粮乡"，去年全乡共卖了 30 000 斤余粮，支援了国家工业建设。其他各省茶农生活的改善情况，都和以上各地相类似。

五年来茶农生产战线上的成就是相当巨大的。但这只不过是一个开端。目前茶叶产量尚未恢复到战前水平，而随着国家工业化的逐步实现，人民生活水平的不断提高，国内外销售市场的不断扩大，更进一步恢复与发展茶叶生产与整个国民经济的发展相适应，还是摆在我们面前的迫切任务。

（新华月报，1954（11）：137–138）

一九五四年十一月二十二日（星期一）

光明日報

要很好地總結、發揚和運用我們偉大祖國的農業遺產

南京農學院院長　金善寶

我國是一個古老的農業國家。幾千年來，我們的祖先在從事農業生產和自然界作鬥爭的過程中，積累了極其豐富的經驗。這些寶貴經驗都由廣大的農民接受下來，或載在史冊和各種農書裡，成爲我國人民極其珍貴的農業遺產。這些農業遺產如果能用先進的農業科學方法，分別加以整理、總結，並把它提高到理論階段再運用到實踐中去，那它在祖國農業生產戰綫上將會起着何等巨大的作用，在農業科學和技術水平的提高上將會發生怎樣重大的影響！然而如何總結祖國農業的遺產，並把它發揚、運用到實際中去，正是我們從事農業教育和農業科學工作者的重大任務。這任務是十分艱巨却是偉大、光榮的。

對我國農民幾千年來在農業生產上的貢獻，我們的國際友人，特別是偉大盟邦蘇聯的朋友們，給予了很高的評價。我國南豐蜜橘運到蘇聯，被譽之爲「橘中之王」。有一位蘇聯農業專家在大連看到我國農民把白菜和韭菜間行栽植，使白菜減少甚至防止了腐爛病的發生，他非常驚嘆我國農民的創造能力。我在南京有一次和蘇聯朋友談到中國農業的問題，我說：「中國的農業科學是落後的。」他不同意我的說法，他說：「中國是有幾千年歷史的農業古國。中國農民在農業上有許多的創造，應該說，中國農業科學是最先進的。」他的意見，一方面充分表現了蘇聯朋友的偉大的國際主義精神，同時也表現了對中國農業的成就給予充分的重視。這種評價，對中國人民是一種極大的鼓舞。

不僅蘇聯朋友重視我國農業的經驗，就是資本主義國家有時也不得不承認我國農民在農業生產上努力的結果。例如美國土壤學家金氏在他所著「四千年的農業」一書中，認爲中國農民幾千年來從事農業生產，而仍能維持土壤肥力於不衰，是一件不可思議的奇蹟。

我國的廣大農民和歷代各種農書中保存着多種多樣的農業生產實踐經驗。如以保持土壤肥力來說，先進農業科學證明最有效的方法是實行作物輪作制度。在我國各地農民的生產實踐中，可以找到許多合乎現代科學上輪作原理的耕種方法。我們的祖先，很早就發明了輪作法。這種輪作法一直由廣大的農民繼承下來，在農業生產實踐中起了一定的作用。僅僅從這一點來說，我們的農業遺產是具有很高的科學性的。

要很好地总结、发扬和运用我们伟大祖国的农业遗产

南京农学院院长　金善宝

我国是一个古老的农业国家。几千年来，我们的祖先在从事农业生产和自然界作斗争的过程中，积累了极其丰富的经验。这些宝贵经验都由广大的农民接受下来或载在史册和各种农书里，成为我国人民极其珍贵的农业遗产。这些农业遗产如果能用先进的农业科学方法，分别加以整理、总结，并把它提高到理论阶段再运用到实践中去，那它在祖国农业生产战线上将会起着何等巨大的作用，在农业科学和技术水平的提高上将会发生怎样重大的影响！然而如何总结祖国农业的遗产，并把它发扬、运用到实际中去，正是我们从事农业教育和农业科学工作者的重大任务，这任务是十分艰巨却是伟大、光荣的。

对我国农民几千年来在农业生产上的贡献，我们的国际友人，特别是伟大盟邦苏联的朋友们给予了很高的评价。我国南丰蜜橘运到苏联，被誉为“橘中之王”。有一位苏联农业专家在大连看到我国农民把白菜和韭菜间行栽植，使白菜减少甚至防止了腐烂病的发生，他非常惊叹我国农民的创造能力。我在南京有一次和苏联朋友谈到中国农业的问题，我说：“中国的农业科学是落后的。”他不同意我的说法，他说：“中国是有几千年历史的古农业古国。中国农民在农业上有许多的创造，应该说中国农业科学是最先进的。”他的意见一方面充分表现了苏联朋友的伟大的国际主义精神，同时，也表现了对中国农业的成就给予充分的重视，这种评价对中国人民是一种极大的鼓舞。

不仅苏联朋友重视我国农业的经验，就是资本主义国家有时也不得不承认我国农民在农业生产上努力的结果。例如美国土壤学家金氏（富兰克林·H. 金）在他所著《四千年的农业》（即《四千年农夫》）一书中，认为中国农民几千年来从事农业生产，而仍能维持土壤肥力于不衰，是一件不可思议的奇迹。

我国的广大农民和历代各种农书中保存着多种多样的农业生产实践经验。如以保持土壤肥力来说，先进农业科学证明最有效的方法是实行作物轮作制度。在我国各地农民的生产实践中，可以找到许多合乎现代科学上轮作原理的耕种方法。这种轮作法一直由广大的农民继承下来，在农业生产实践中起了一定的作用。仅仅从这一点来说，我们的农业遗产是具有很高的科学性的。

我国的农业科学工作者过去对祖国农业遗产和农民在农业生产上的贡献，认识是很不够的。尤其是在蒋介石统治时期，一味崇美谄美，轻视我国劳动人民的成就。曾有人提出将我国汉朝时的农学家氾胜之的“区田法”研究后在各地推行。中央农业实验所所长崇拜美国农业制度，不懂得祖国农业技术的科学性，竟认为推广“区田法”是“劳民伤财，碍难实行”。像这样的例子在解放以前是很多的。

我们农业科学工作者过去成天钻在试验室和试验农场里工作，对农村农业生产的感性认识是非常不够的，同时受到资产阶级教育的毒害，轻视我国农民的生产经验，一直错误地认为中国农业技术是非常落后的。解放后，许多农业劳动模范增产的伟大事实，使我们逐步认识到祖国农业遗产的丰富和农民生产经验的宝贵。

如何把我国广大农民群众和历代农书中保存下来的丰富经验加以科学的整理和总结，是当前最迫切的工作。苏联有位汉学家对中国科学院访苏代表团这样说过："中国是一个古老的农业国，有许多宝贵的经验载在史册里，应该很好地把它整理出来，你们如果需要帮助的话，我们可以派人来，帮同你们整理。"李森科院士也一再对中国访苏代表团说："科学是实践经验的总结。"苏联朋友们非常关心我国农业生产经验的科学总结工作，他们的话使我们感到兴奋和惭愧。我们应当对整理祖国农业遗产的工作重视起来。

在这次全国高等农林教育会议上，中央高等教育部在《今后高等农林学校的方针任务》的报告里，特别强调了发扬民族文化遗产问题，已引起全体代表的重视。代表们对此一致表示拥护。有些代表还对自己过去在这方面的认识不足，做了深刻的自我检查。

将祖国农业遗产发扬光大并运用到实际中去，我们的态度必须严肃，处理的方法必须认真仔细；也就是说，必须经过详细调查研究，"没有调查研究，就没有发言权。"认为农民没有文化，他们的经验都不合乎科学，固然是错误的；反之，如认为农民的经验，不必调查研究，不管具体情况，可以到处推行，同样要遭到失败的。如像前面所说的那位中央农业实验所所长，武断地把祖国伟大的农学家氾胜之的"区田法"说成是"劳民伤财"的方法，显然是犯了严重的错误的，同样地，如果把氾胜之的"区田法"不问地区，不管环境如何，就向全国推行，其结果也是要失败的。陈永康和田耀离都是文化水平不高的劳动农民，但他们分别创造了水稻和棉花的丰产经验。他们的经验经过反复的调查研究、认真的总结，于是推广到适于推广的地区去，受到广大群众的欢迎，在粮棉增产上发生了一定的作用。但像四川的兽医用砒（霜）治疗猪丹毒的方法，并没有经过科学的试验，得出正确的结论，就把它大肆宣传和推广，那是会有问题的，甚至会发生不良的后果的。

今天强调重视祖国农业遗产，是否与过去学习苏联的号召有矛盾呢？答复是：完全不是的。强调重视祖国农业遗产与强调学习苏联的先进经验是统一的，不是矛盾的，只有运用苏联先进的科学理论、正确的观点和方法，才能把我们的经验提高到理论阶段；同样，也只有从祖国农业生产实践中总结出劳动人民的发明创造，才是学习苏联结合中国的实际。因此，两者是相辅相成，而不是相克相消的。学习苏联愈透彻、愈深入，才能把祖国农业遗产更好地总结出来，才能在农业生产上发生更大的作用。

总结祖国农业遗产，重点应放在总结广大农民的实际生产经验，特别是劳动模范的丰产经验上，因为这是最现实的东西。其次是整理历代的农书。中国自汉以来，出现了不少像氾胜之、贾思勰等卓越的农学家，这些农学家总结了前代劳动农民的生产经验，著成了专书。我们应该把他们的事迹加以宣扬，把他们的经验很好地整理出来，来指导农业生产。

我们各地高等农林学校和科学研究机关都要重视祖国农业遗产，总结我们的农业遗产，加强各种资料的收集。各图书馆的古农书要充分加以利用，互相交换，重复的应作适当的调整，使历代劳动农民宝贵的生产经验发挥它应有的作用。

祖国农业遗产是异常丰富的，也是十分宝贵的。总结、发扬和运用这些丰富的、珍贵的农业遗产是我们从事农业科学工作者义不容辞的责任。为了很好地总结祖国农业遗产，我们的农业科学工作者要认真地加强马克思列宁主义的学习，真心诚意地学习苏联先进的生物科学理论，提高我们农业科学的水平，在农业生产战线上贡献出自己的力量。

（光明日报，1954-11-22（2））

新華日報 1955年十一月七日

我从苏联農業展覽会上看到了
苏联在農業生産上的偉大成就

南京農学院院長 金善宝

今年八月份，我参加中國農業科学研究工作者代表团，前往匈牙利参加玉蜀黍育种代表大会，並参观匈牙利全國農業展覽会。回國途中，在莫斯科逗留了一星期，以四天半的時間参观了苏联農業展覽会。在那裏，我親眼看到苏联社会主义農業不断增長的巨大成就。

苏联現有大規模集体農莊八万九千个，國營農場五千一百四十一个。每个集体農莊平均耕种土地九万七千七百五十畝。現在全苏联已有一百四十多万台拖拉机，二十七万九千架穀物联合收割机。一九五三年苏联穀物收割的机械化程度已經達到百分之七十七，耕地机械化程度達到百分之九十八，播种机械化程度達到百分之九十一，集体農莊的農業生産工作已經有四分之三以上机械化了。隨着農業机械化程度的提高和農業科学的大發展，苏联農業生産正在不断提高。我們还記得：在苏共第十九次代表大会上，馬林科夫同志曾經宣佈一九五二年穀物的總收穫量達到八十億普特，穀物問題就順利地解决了。今年，苏联共産党中央在農業增産方面又对全体人民提出了一項偉大任务，就是到一九六〇年穀物總收穫量至少要達到一百億普特。苏联人民正在採取提高單位面積産量和大量開墾荒地等措施來完成这一偉大任务。

苏联農業展覽会是苏联社会主义建設中在農業方面偉大成就的大檢閱。在展覽会上，我看到了許多生動的事例。阿尔泰边疆區伏龍芝集体農莊在七

我从苏联农业展览会上看到了苏联在农业生产上的伟大成就

南京农学院院长　金善宝

今年（1955年）8月份，我参加中国农业科学研究工作者代表团，前往匈牙利参加玉蜀黍育种代表大会，并参观匈牙利全国农业展览会。回国途中，在莫斯科逗留了一星期，以四天半的时间参观了苏联农业展览会。在那里，我亲眼看到苏联社会主义农业不断增长的巨大成就。

苏联现有大规模集体农庄89 000个，国营农场5 141个。每个集体农庄平均耕种土地97 750亩。现在全苏联已经有140多万台拖拉机，279 000架谷物联合收割机。1953年，苏联谷物收割的机械化程度已经达到77%，耕地机械化程度达到98%，播种机械化程度达到91%，集体农庄的农业生产工作已经有3/4以上机械化了。随着农业机械化程度的提高和农业科学的大发展，苏联农业生产正在不断提高。我们还记得，在苏共第十九次代表大会上，马林科夫同志曾经宣布1952年谷物的总收获量达到了80亿普特（1普特约合16.38千克，下同），谷物问题就顺利地解决了。今年，苏联共产党中央在农业增产方面又对全体人民提出了一项伟大任务，就是到1960年谷物总收获量至少要达到100亿普特。苏联人民正在采取提高单位面积产量和大量开垦荒地等措施来完成这一个伟大任务。

苏联农业展览会是苏联社会主义建设中在农业方面伟大成就的大检阅。在展览会上，我看到了许多生动的事例，阿尔泰边疆区伏龙芝集体农庄在75 000亩土地上，平均每亩收获370斤小麦，超过我国1952年小麦平均每亩产量2.8倍，在乌克兰，冬小麦最高产量达到每亩1 493斤。即使在寒冷的帕米尔高原上，苏联人民也创造了高额产量的奇迹。有位梅立克莫夫在海拔3 000公尺的高地上种麦，1954年每亩收获了493斤小麦。苏联水稻和玉米的产量也高得惊人。卡查赫斯坦地区有位社会主义劳动英雄扎哈也夫在15亩土地上获得了每亩2 280斤水稻产量的高额产量。又有一位萨别夫妲，她在30亩地上种玉米，每亩平均收3 080斤。乌兹别克是苏联最主要的棉花产地之一，棉花产量占全苏联棉花产量3/5以上。去年因为推广了先进的农业技术，整个共和国的棉花平均产量达到了每亩产子棉384斤，比我国1952年棉花平均产量超出3倍多，此外苏联的水果、畜牧等事业也是非常发达的。在格鲁吉亚苏维埃社会主义共和国，茶树是一种重要的作物，平均每亩收320斤茶叶，最高产量达到每亩693斤。以茶叶著名的马哈拉泽区所有的31个集体农庄都成了“百万富翁”。在亚美尼亚共和国有个巴黎公社集体农庄，拥有366公顷的葡萄种植场，最高产量每公顷收160公担（1公担合100千克，全书同）葡萄，即每亩产2 133斤，以每斤4角计算就值800多元。在格鲁吉亚的集体农庄，庄员齐齐什维里种的苹果，平均每亩收8 666斤，以每斤5角计算，价值4 000多元。看到这里，我就想起：

要把江苏省的几百万亩丘陵都种上果树，农民的收入要增加多少倍呀！

苏联农业展览会用生动的事实反映了苏联人民在农业生产上所取得的辉煌成就。这种成就令人信服地证明了社会主义农业不仅比小农经济，而且比资本主义大农业生产都具有绝对的优越性。这次参观给我的印象是深刻的。第一，这样高度的农业发展水平，只有苏联劳动人民掌握了政权，在苏联共产党领导下进行了38年的建设才能获得，绝不是任何资本主义国家所能想象的；第二，由于苏联实现了社会主义工业化，发展了重工业，经济上有了雄厚的力量，因而才能推动农业生产的高涨；第三，苏联共产党和政府依照列宁的合作化计划，领导农民集体生产，采用现代化的农业机器和拖拉机，才能走到大家富裕的道路。

苏联的今天就是我们的明天，苏联走过的道路就是我们应走的道路。我们的国家正在进行社会主义建设，今年正值我国第一个五年计划的第三年。我们庆祝伟大的十月社会主义革命38周年，必须真心诚意地学习苏联先进经验，在集中主要力量首先发展重工业的同时，相应地发展我国的农业。我们农业科学研究工作者应当用米丘林学说，批判摩尔根主义的唯心观点，提高我们的农业科技水平，使农业科学技术更好地为农业合作化运动服务，使我国亿万农民走上共同富裕的道路。

（新华日报，1955-11-7（2））

新华日報 1956 1/24 夏

参加匈牙利玉米育种会議的回憶

南京農学院院長 金善宝

去年8月間，在美麗的多瑙河畔的布達佩斯，匈牙利科学院隆重地举行了玉米育种会議。参加会議的有苏、中、朝、波、捷、德、罗、保8个民主國家的代表，奥地利也有一位代表出席。我國是以中國農業科学研究工作者代表团的名义出席的，出席代表除河北省農林廳張克讓廳長，四川農業改進所楊允奎所長外，我也荣幸地参加了。苏联代表团是兩次來过我國的苏联科学院学術秘書格魯森科博士和全苏李森科遺傳育种研究所玉米人工輔助授粉的創始人穆西科教授。

玉米育种会議由匈牙利農業部与科学院作了三項報告：1.匈牙利宣傳總局局長雅諾奚的匈牙利玉米育种的發展和成就，概括的介紹了匈牙利玉米育种工作的歷史和目前的情況。2.育种家别尔仁尼的匈牙利玉米品种雜交育种工作的成就。3.育种家巴普的匈牙利玉米品系間雜交育种工作的成就。其次，各國代表团關於本國玉米育种情况分别作了10至15分鐘的發言。我國代表团由楊元奎教授作了中國玉米育种情况的報告，概括的介紹了中國玉米生產的基本情况，中國的玉米品种類型及玉米育种的工作方法和成果。

会議開了8天，前3天举行報告和討論，內容为一般玉米生產情况及育种工作，后4日参观各研究所。閉幕式已成为一个國际性質的会議，会上对会議作了一般的評价，一致認为匈牙利玉米育种会議大大地推進了各國玉米育种与栽培問題，促進了各國玉米專家的合作。会議最后作出了几項重要的决議，建議下一次会議在苏联举行，希望各國之間交換玉米品种与玉米資料等。

玉米育种会議閉幕以后，各國代表团还集体参观了全匈農業展覽会、國营農場和農業生產合作社。在布達佩斯共同相处3週的期間，彼此接觸的机会是很多的，举行了几次座談会，大家交換了意見，互相了解了情况。各國代表虽然來自东方和西方，甚至來自不同的社会制度，但会議相处期間的气氛始終是和諧的，态度是誠懇的，科学应該为生產服务、为人類服务的意見始終是一致的。

从这次会議上各國代表的發言中可以清楚地看出，玉米正在日益受到世界各國人民的普遍重視。因为，第一，玉米是一种重要的高產粮食作物和飼料作物；第二，它是一种良好的前作物；第三，它的適应性很大；第四，它在工業上的用途很多，可以制成150种的工業用品。因此，玉米的种植面積繼續在擴大，產量不断在提高。

匈牙利在200年前还沒有玉米的种植，但到現在，玉米的播种面積已經佔全國耕地面積的23%，全國平均每畝產量達到460市斤。苏联的玉米播种面積也在大大地發展，最近几年內从350万公頃增加到2,800万公頃，即合4億2千万市畝。为了迅速提高玉米的單位面積產量，苏联政府最近給玉米育种工作者提出了重要的任务，即在兩三年內要用產量高、成熟早、綠色体多的品种間的雜交种，全部代替普通品种。苏联現已育成了90天成熟的早熟高產品种，因此能把玉米大大向莫斯科以北地區推進。苏共中央發佈的“苏联共產党第二十次代表大会關於1956—1960年苏联發展國民經济第六个五年計划的指示”草案中，要求到1960年全國谷物總產量達到110億普特，畜牧業將大力發展。

参加匈牙利玉米育种会议的回忆

南京农学院院长　金善宝

去年（1955 年）8 月间，在美丽的多瑙河畔的布达佩斯，匈牙利科学院隆重地举行了玉米育种会议。参加会议的有苏、中、朝、波、捷、德、罗、保 8 个民主国家的代表，奥地利也有一位代表出席。我国是以中国农业科学研究工作者代表团的名义出席的。出席代表除河北省农林厅张克让厅长、四川省农业改进所杨允奎所长外，我也荣幸地参加了。苏联代表团是两次来过我国的苏联科学院学术秘书格鲁森科博士和全苏李森科遗传育种研究所玉米人工辅助授粉的创始人穆西科教授。

玉米育种会议由匈牙利农业部与科学院作了 3 项报告：①匈牙利宣传总局局长雅诺奚的匈牙利玉米育种的发展和成就，概括介绍了匈牙利玉米育种工作的历史和目前的情况。②育种家别尔仁尼的匈牙利玉米品种杂交育种工作的成就。③育种家巴普的匈牙利玉米品系间杂交育种工作的成就。其次，各国代表团关于本国玉米育种情况分别作了 10~15 分钟的发言。我国代表团由杨允奎教授作了中国玉米育种情况的报告，概括介绍了中国玉米生产的基本情况、中国的玉米品种类型及玉米育种的工作方法和成果。

会议开了 8 天，前 3 天举行报告和讨论，内容为一般玉米生产情况及育种工作，后 4 日参观各研究所。闭幕式已成为一个国际性质的会议，会上对会议作了一般的评价，一致认为匈牙利玉米育种会议大大地推进了各国玉米育种与栽培问题，促进了各国玉米专家的合作。会议最后作出了几项重要的决议，建议下一次会议在苏联举行，希望各国之间交换玉米品种与玉米资料等。

玉米育种会议闭幕以后，各国代表团还集体参观了全匈农业展览会、国营农场和农业生产合作社。在布达佩斯共同相处 3 周期间，彼此接触的机会是很多的，举行了几次座谈会，大家交换了意见，互相了解了情况。各国代表虽然来自东方和西方，甚至来自不同的社会制度，但会议相处期间的气氛始终是和谐的，态度是诚恳的，科学应该为生产服务、为人类服务的意见始终是一致的。

从这次会议上各国代表的发言中可以清楚地看出，玉米正在日益受到世界各国人民的普遍重视。因为，第一，玉米是一种重要的高产粮食作物和饲料作物；第二，它是一种良好的前作物；第三，它的适应性很大；第四，它在工业上的用途很多，可以制成 150 种工业用品。因此，玉米的种植面积继续扩大，产量不断提高。

匈牙利在 200 年前还没有玉米的种植，但到现在，玉米的播种面积已经占全国耕地面积的 23%，全国平均每亩产量达到 460 市斤。苏联的玉米播种面积也在大大地发展，最近几年内从 350 万公顷增加到 2 800 万公顷，即合 42 000 万市亩。为了迅速提高玉米的单位面积产量，苏联政府最近给玉米育种工作者提出了重要的任务，即在两三年内要用产量高、成熟早、绿色体多的品种间的杂交种，全部代替普通品种。苏联现已育成了 90 天成熟的早熟高产品种，因此能把玉米大大向莫斯科以北地区推进。苏共中央发布的《苏联共产党第二十次代表大会关于 1956—1960 年苏联发展国民经济第六个五年计划的指示（草案）》中，要求到 1960 年全国谷物总产量达到 110 亿普特，畜牧业将大力发展。其中主要措施之一，就是以扩大玉米播种面积和增加玉米单位面积产量来达到的。

在匈牙利玉米育种会议过程中，我深深感觉到我国在国际间的地位是很高的。在各种会议的席次、发言的次序，中国代表总是紧跟在苏联代表之后。全匈农业展览会闭幕时，拉科西同志和我国代表团成员亲切地握了手，在宴会时，有 5 位部长以上的同志和中国代表同桌进餐，这都是对中国代表团的重视。在一次座谈会上，保加利亚代表团团长、勃罗维季夫农业大学教授基尔雅可夫很谦虚地对我们说："我们能和 6 亿人口的中华人民共和国在一起，感到无比的骄傲。"捷克斯洛伐克代表团团长耶硕尔次院士在夜游巴拉顿湖的船上，在自由山的夜宴上，对着皎洁的明月，几次朗诵了我国伟大诗人李白的诗句，表示对中国无限的热爱。伟大的祖国受到国际科学家的无限尊重，作为一个中国农业科学工作者的代表，怎能不感到兴奋和光荣！

大家知道，近百年来，中国人民所受的灾难是深重的。为什么解放后短短 6 年中，我国人民就会受到全世界人民的尊敬？这绝不是偶然的，这是由于伟大的中国共产党和伟大英明的领袖毛主席 30 年来领导全国人民革命，艰苦奋斗、流血牺牲得来的。由于党的英明领导，终于使被压迫 100 多年的 6 亿中国人民坚强地站立起来，而且正在进行着伟大的第一个五年经济建设计划，全国人民胜利地向着社会主义的大道奋勇前进。

但那样国际性的玉米育种会议也会使人发生另外一种感想，那就是我们的科学地位与政治地位是不平衡的。正当 20 世纪 60 年代科学发展到了原子能时代的今天，中国人民对科学上的贡献和我们的政治来比较实在觉得太少了。格鲁森科同志在某次座谈会上曾经这样说过："我两次到过中国，亲眼看到伟大的长江，长江的伟大和中国的伟大是一致的。中国是具有 6 亿人口的伟大国家，中国人民勤俭耐劳，一个人能做 10 个人的事，但是由于近百年来中国人民受了帝国主义的侵略，封建官僚地主的压迫和剥削，无可讳言的，中国的科学落后了。"这是苏联人民对我国人民极其中肯的评语。

我国的科学落后是事实，但我们也应该肯定，中国的自然科学是有一定基础的，而且 3 000 多年来，我们的祖先在自然科学方面有过很多贡献。解放 6 年来，党和政府对科学研究是非常重视的，对科学工作者的生活是十分关切的，而且在宪法上还作了明文规定，中国科学院已经颁布了奖励科学条例，这对科学工作者是很大的鼓励，事实上，解放几年来，我国的科学研究已经取得了不少成绩。就农业方面来说，去年在南京举行的米丘林诞生百周年的大会上，华东农业科学研究所周拾禄副所长在报告中，列举了该所的不少成绩，我认为那些成绩如在国民党反动统治时代几十年的时间也是不能达到的。现在农业合作化运动在全国掀起了高潮，农民群众创造了各种史无前例的高产纪录，广东省的潮安县和澄海县被称为"千斤县"。中华民族是优秀的，学习和研究的精神是顽强的，最近《新华日报》发表的中共南京市栖霞区新合乡支部书记王邦发同志以 59 天的时间认识了 1 125 个字，能看农民报、写开会通知和写信了。我们的农业科学工作者要像王邦发同志那样顽强的学习精神学习马列主义和钻研科学技术，我相信我们的农业科学在 3~5 个五年计划内一定能够赶上国际先进的科学水平。

（新华日报，1956-1-24（3））

農業科学工作者的任务

南京農学院院長 金善宝

“1956年到1967年全國農業發展綱要（草案）”的公布，展示了我國農村在不久將要实現的美好幸福生活的面貌。这一綱要中的規划，都是極其偉大的，也都是廣大農民長期以來的美好理想。这一綱要只有在中國共產党和毛主席的領導下，才有可能在12年短短的時間內把它实現。

全國農業發展綱要的主要任务，是大量地增加農作物的產量，第六条規定了全國三种地區在12年內粮食平均產量的三种不同指标，規定了棉花的平均產量指标。这些指标，都是切实可靠的，有条件可以保証实現或提前、超額完成的。就江苏來說，在12年內，粮食產量要求達到650億斤，棉花產量每畝達到皮棉110斤。按照这种產量指标，到1967年，江苏粮食產量將比1955年增加2.7倍，棉花將增加3倍。江苏省的農業工作者，对这些粮棉指标，也都是滿怀信心，認为可以提前完成的。

我們从最近江苏省農業高額丰產社代表会議所表現的成績來看，江苏農業生產上的成就是巨大的。有不少農業生產合作社，在大面積的生產上，每畝粮食產量已經達到1千斤。江陰全縣，1955年，粮食每畝平均產量達到700斤，南通郊區，每畝平均產量達到805斤。啓东縣90万畝棉田，每畝收皮棉75斤。这些生動的事实，說明了廣大農民在迎接社会主义的高潮中，如何在發揮他們的積極性和創造性。

实現全國農業發展綱要的各項任务，是有条件的，我們有信心完成的；但必須指出，实現这些偉大任务需要5万万農民和全國農業工作者以及全國人民付出極大的劳動，經过艰苦的奋斗，才能達到的。農業科学工作者，必須積極投入这一偉大的斗爭，要把提高農業生產看着是每一个農業科学工作者对國家应負的光荣責任。

各地的農業生產合作社，逐步由低級進入到高級，耕种面積不断在擴大，經营內容是多种多样的，生產經驗是異常丰富的。在这种情况下，農業科学工作者，应該親身到農村去，虛心向生產能手学習，總結高額丰產社的生產經驗，从播种到收穫，親身观察各种生產过程，找出生產中的關鍵。从理論上來分析生產成績，才能正確地得到科学的總結。把这些經驗推廣出去，來普遍提高農業生產。这是農業科学工作者当前重要的任务。

但僅僅總結農民的生產經驗是不够的，農業科学必須与生產实踐多方面結合起來。每一个農業科学工作者的職責，就是要用一切方法，把科学的成果应用到農業生產中去，必須把研究的成就，或者学習到的先進科学技術，应用到生產实踐中去。我們知道，農業是有地域性的，科学研究

27

农业科学工作者的任务

南京农学院院长　金善宝

《1956年到1967年全国农业发展纲要（草案）》（简称《全国农业发展纲要（草案）》，全书同）的公布，展示了我国农村在不久将要实现的美好幸福生活的面貌。这一纲要中的规划，都是极其伟大的，也都是广大农民长期以来的美好理想。这一纲要只有在中国共产党和毛主席的领导下，才有可能在12年短短的时间内把它实现。

《全国农业发展纲要（草案）》的主要任务，是大量地增加农作物的产量，第六条规定了全国3种地区在12年内粮食平均产量的3种不同指标，规定了棉花的平均产量指标。这些指标都是切实可靠的，有条件可以保证实现或提前、超额完成的。就江苏来说，在12年内，粮食产量要求达到650亿斤，棉花产量每亩达到皮棉110斤。按照这种产量指标，到1967年，江苏粮食产量将比1955年增加2.7倍，棉花将增加3倍。江苏省的农业工作者对这些粮棉指标，也都是满怀信心，认为可以提前完成的。

我们从最近江苏省农业高额丰产社代表会议所表现的成绩来看，江苏农业生产上的成就是巨大的。有不少农业生产合作社，在大面积的生产上，每亩粮食产量已经达到1 000斤。江阴全县1955年粮食每亩平均产量达到700斤，南通郊区每亩平均产量达到805斤。启东县90万亩棉田每亩收皮棉75斤。这些生动的事实，说明了广大农民在迎接社会主义的高潮中，如何发挥他们的积极性和创造性。

实现《全国农业发展纲要（草案）》的各项任务是有条件的，我们有信心完成的。但必须指出，实现这些伟大任务需要50 000万农民和全国农业工作者以及全国人民付出极大的劳动，经过艰苦的奋斗才能达到的。农业科学工作者必须积极投入这一伟大的斗争，要把提高农业生产看作每一个农业科学工作者对国家应负的光荣责任。

各地的农业生产合作社，逐步由低级进入高级，耕种面积不断在扩大，经营内容是多种多样的，生产经验是异常丰富的。在这种情况下，农业科学工作者应该亲身到农村去，虚心向生产能手学习，总结高额丰产社的生产经验，从播种到收获，亲身观察各种生产过程，找出生产中的关键。从理论上来分析生产成绩，才能正确地得到科学的总结。把这些经验推广出去，来普遍提高农业生产。这是农业科学工作者当前重要的任务。

但仅仅总结农民的生产经验是不够的，农业科学必须与生产实践多方面结合起来。每一个农业科学工作者的职责，就是要用一切方法，把科学的成果应用到农业生产中去，必须把研究的成就或者学习到的先进科学技术，应用到生产实践中去。我们知道，农业是有地域性的，科学研究的结论，先进科学的运用，并不是任何地区都可原封不动套用的，这就要求农业科学工作者，能结合当地具体情况，详细调查研究，因地制宜，灵活应用，才能真正"使农业科学研究工作和技术指导工作更好地为发展农业生产服务"。

由于农业生产技术的复杂性以及我国农业生产上科学技术水平的落后状况，就要求各方面的农业科学工作者加倍努力，深入研究，分工合作，在农业生产实践中，找出一些关键问题，加以具体地解决。例如《全国农业发展纲要（草案）》规定了要扩大复种面积，多种高产作物，这是改变耕作制度的重要问题。但要贯彻这方面的措施，就有很多技术上的问题需要解决，如作物品种，如何能适应当地生长环境和条件，怎样才能使其产量高、成熟早，又能抗病虫害。固然，在农村中是有这样品种的，我们应该很好去进行实地观察、评选和总结，但是这只是作物育种工作者一方面的任务，另一方面还应从各地不同情况、从今后生产条件的发展趋势来研究、来改良品种。举例来说，由于我国几千年来是小农经济，农民十分贫苦，收获用镰刀，稻麦的抗倒性从来没引起人们的注意。因此，我国的小麦品种，每亩产量达到300斤以上就很容易倒伏（小麦也是高产作物，新疆曾产每亩1 300斤的小麦就是明证）。大家知道，小麦一经倒伏，收获上将遭到重大的损失，且造成收获工作机械化的许多困难。小麦如此，水稻也是一样。因此，育成丰产而又能抗倒伏的稻麦品种就是作物育种工作者的重要任务。又如大豆品种除了须具备高产的条件，秆要细、不倒伏，并且结荚离地面要高。这样，才能适合机械收获的要求。再如，发展畜牧业会加速农业的增产，各地农业生产合作社。

（新华日报，1956-3-7（3））

農業科学工作者積極投入提高農業生産的斗爭

南京農学院院長　金善宝

全國農業發展綱要草案提出的主要任务，是大量地增加農作物產量。要求在12年內，把粮食每畝平均年產量，在黃河以北增加到400斤，淮河以北增加到500斤，淮河以南增加到800斤。把棉花每畝平均產量，按照各地情况，分别增加到60斤、80斤和100斤（皮棉）。我作为一个農業科学工作者，認为这些粮棉指标都是切实可靠的，不但有条件可以保証实現，而且可以提前或超額完成。

我們从最近江苏農業高額丰產社代表会議所彙報的成績，就可以看出：有不少農業生產合作社在大面積的生產上，每畝粮食產量已經達到1000斤，江陰全縣1955年粮食每畝平均產量達到700斤，南通郊區每畝平均產量達到805斤，啓东縣90万畝棉田每畝收皮棉75斤。这些生動的事实，說明了廣大農民在社会主义建設的高潮中，如何在發揮他們的積極性和創造性。

实現全國農業發展綱要的各項任务，我們是有条件的，滿怀信心可以完成的。但是，必須指出，实現这些偉大任务，需要5万万農民和全國人民付出極大的劳動，經过堅苦的奋斗才能達到。農業科学工作者必須積極投入这一偉大的斗爭，把提高農業生產当做每一个農業科学工作者对國家应負的光荣職責。

現在，各地的農業生產合作社，正逐步由低級到高級，耕种面積不断在擴大，需要大力推廣丰產經驗。几千年來，我國農民積累了非常丰富的生產經驗。我們農業科学工作者就要親身到農村去，虛心向生產能手学習，并仔細观察生產过程，找出生產中的關鍵問題，再提高到理論上來分析生產成績，帮助農民總結出科学的生產經驗，再把它推廣開去，來普遍提高農業生產。这是我們農業科学工作者当前的重要工作。

但是，僅僅總結農民的生產經驗是不够的，農業科学还必須与生產实踐多方面結合起來。要做到这一點，每一个農業科学工作者就要針对生產中的問題進行研究，并要用一切方法，把科学的成果应用到農業生產中去。如果有了研究成就或者学習了先進的農業科学技術，而沒有提出合理的建議，把它应用到实踐中去，我們農業科学工作者仍不能說是已經完成了应有的職責。在运用先進科学和研究成果的時候，更必須注意到農業是有地域性的，要詳細調查研究，因地制宜，灵活运用，使農業科学研究工作和技術指導工作更好地为發展農業生產服务。

全國農業發展綱要又提出了擴大復种面積，多种高產作物的要求，这是完全正確的。經驗已經証明，在江淮地區改一季作物为双季作物，增加稻谷、玉米和薯類等高產作物，是增加粮食產量的有效办法。同時，我們也应注意到小麥也是一种高產作物。新疆有些地方小麥產量，每畝曾經達到1300多斤，就是一个明証。过去由于封建地主的剝削，小麥的栽培技術長期被忽視了，小麥的產量也因此減低。今后我們如果積極改良小麥品种和栽培技術，那么，可以断言，在稻麥兩熟和旱谷地區，粮食增產的潛力是很大的。

擴大復种面積，多种高產作物，是改变耕作制度的重要問題。对于作物育种工作者來說，就不僅是帮助農民选出產量高、成熟早、能抗病虫害的优良品种，还要看到我國農業發展的前途將对作物品种提出更高的要求。举例來說，稻麥的抗倒性过去就从來沒有引起人們的注意。因此，我國的小麥品种，每畝產量達到300斤以上就很容易倒伏。我們知道，小麥一經倒伏，就將遭到重大的損失，而且使用机械收割有許多困难。小麥如此，水稻也是一样。因此，育成丰產而又能抗倒伏的稻麥品种是作物育种工作者的重要任务。此外，大豆品种除了要具备高產的条件外，稈要細，不倒伏，并且結莢离地面要高。这样，才能適合机械收穫的要求。

为了更好地完成全國農業發展綱要中的各項任务，我們農業科学工作者必須認眞地学習苏联先進經驗。几年來的事实証明，苏联的先進經驗，对我國的農業科学和農業生產都起了很大的作用。1950年以前，新疆棉花每畝只能產籽棉几十斤，从來沒有超过100斤的，但自从鉄托夫專家親自指導植棉以后，1955年在18万畝的大面積上，每畝籽棉收穫就達到400斤以上，最高的超过1400斤。这完全是应用苏联先進技術的結果，我們决不能說这只是由于新疆气候特殊的關系。如果我們能很好地学習鉄托夫專家在新疆运用的先進技術，我國各地的棉花產量要達到全國農業發展綱要的指标，是完全可能的。

總之，農業科学技術要与实踐緊密地結合，必須經过廣大農民的嚴格考驗。只有經过廣大羣众考驗过的科学技術，才能在生產中發生指導推動的作用。我們農業科学工作者必須学習羣众的經驗，并在实踐中繼續鑽研，才会有新的發現和新的創造，才能在实踐与科学研究中獲得更加丰碩的成果。

解放日報　一九五六年三月十四日

农业科学工作者积极投入提高农业生产的斗争

南京农学院院长　金善宝

《全国农业发展纲要（草案）》提出的主要任务是大量地增加农作物产量。要求在 12 年内，把粮食每亩平均年产量，在黄河以北增加到 400 斤，淮河以北增加到 500 斤，淮河以南增加到 800 斤。把棉花每亩平均产量，按照各地情况，分别增加到 60 斤、80 斤和 100 斤（皮棉）。我作为一个农业科学工作者，认为这些粮棉指标都是切实可靠的，不但有条件可以保证实现，而且可以提前或超额完成。

我们从最近江苏农业高额丰产社代表会议所汇报的成绩就可以看出：有不少农业生产合作社在大面积的生产上，每亩粮食产量已经达到 1 000 斤，江阴全县 1955 年粮食每亩平均产量达到 700 斤，南通郊区每亩平均产量达到 805 斤，启东县 90 万亩棉田每亩收皮棉 75 斤。这些生动的事实，说明了广大农民在社会主义建设的高潮中，如何发挥他们的积极性和创造性。

实现《全国农业发展纲要（草案）》的各项任务，我们是有条件的，满怀信心可以完成的。但是，必须指出，实现这些伟大任务，需要 50 000 万农民和全国人民付出极大的劳动，经过坚苦的奋斗才能达到。农业科学工作者必须积极投入这一伟大的斗争，把提高农业生产当作每一个农业科学工作者对国家应负的光荣职责。

现在，各地的农业生产合作社，正逐步由低级到高级，耕种面积不断在扩大，需要大力推广丰产经验。几千年来，我国农民积累了非常丰富的生产经验。我们农业科学工作者就要亲身到农村去，虚心向生产能手学习，并仔细观察生产过程，找出生产中的关键问题，再提高到理论上来分析生产成绩，帮助农民总结出科学的生产经验，再把它推广开去，来普遍提高农业生产。这是我们农业科学工作者当前的重要工作。

但是，仅仅总结农民的生产经验是不够的，农业科学还必须与生产实践多方面结合起来。要做到这一点，每一个农业科学工作者就要针对生产中的问题进行研究，并要用一切方法，把科学的成果应用到农业生产中去。如果有了研究成就或者学习了先进的农业科学技术，而没有提出合理的建议，把它应用到实践中去，我们农业科学工作者仍不能说是已经完成了应有的职责。在运用先进科学和研究成果的时候，更必须注意到农业是有地域性的，要详细调查研究，因地制宜，灵活运用，使农业科学研究工作和技术指导工作更好地为发展农业生产服务。

《全国农业发展纲要（草案）》又提出了扩大复种面积，多种高产作物的要求，这是完全正确的。经验已经证明，在江淮地区改一季作物为双季作物，增加稻谷、玉米和薯类等高产作物，是增加粮食产量的有效办法。同时，我们也应注意到小麦也是一种高产作物。新疆有些地方小麦产量，每亩曾经达到 1 300 多斤，就是一个明证。过去由于封建地主的剥削，小麦的栽培技术长期被忽视了，小麦的产量也因此减低。今后我们如果积极改良小麦品种和栽培技术，那么可以断言，在稻麦两熟和旱谷地区，粮食增产的潜力是很大的。

扩大复种面积，多种高产作物，是改变耕作制度的重要问题。对于作物育种工作者来说，就不仅是帮助农民选出产量高、成熟早、能抗病虫害的优良品种，还要看到我国农业发展的前途将对作物品种提出更高的要求。举例来说，稻麦的抗倒性过去就从来没有引起人们的注意。因此，我国的小麦品种，每亩产量达到 300 斤以上就很容易倒伏。我们知道，小麦一经倒伏，就将遭受重大的损失，而且使用机械收割有许多困难。小麦如此，水稻也是一样。因此，育成丰产而又能抗倒伏的稻麦品种是作物育种工作者的重要任务。此外，大豆品种除要具备高产的条件外，秆要细，不倒伏，并且结荚离地面要高。这样，才能适合机械收获的要求。

为了更好地完成《全国农业发展纲要（草案）》中的各项任务，我们农业科学工作者必须认真地学习苏联先进经验。几年来的事实证明，苏联的先进经验，对我国的农业科学和农业生产都起了很大的作用。1950 年以前，新疆棉花每亩只能产籽棉几十斤，从来没有超过 100 斤的，但自从铁托夫专家亲自指导植棉以后，1955 年在 18 万亩的大面积上，每亩籽棉收获就达到 400 斤以上，最高的超过 1 400 斤。这完全是应用苏联先进技术的结果，我们决不能说这只是由于新疆气候特殊的关系。如果我们能很好地学习铁托夫专家在新疆运用的先进技术，我国各地的棉花产量要达到《全国农业发展纲要（草案）》的指标，是完全可能的。

总之，农业科学技术要与实践紧密地结合，必须经过广大农民的严格考验。只有经过广大群众考验过的科学技术，才能在生产中发生指导推动的作用。我们农业科学工作者必须学习群众的经验，并在实践中继续钻研，才会有新的发现和新的创造，才能在实践与科学研究中获得更加丰硕的成果。

（解放日报，1956-3-14（3））

要在農業科学研究上作出更多的成績

金善宝　南京日報，1956，9/4

党的第八次全國代表大会即將召开，这个消息使我們文教科学工作者更加增强了对培养干部和科学研究的热情和信心。

解放七年多來，党領導全國人民，積極進行社会主义建設，第一个五年計划業已取得很大的成就，新型噴气式飛机已經試制成功，自己制造的汽車亦將于今年國慶節大量出現。

無庸諱言，我國还是一个科学落后的國家，这是与我國現在的國际地位極不相称的，我們必須迅速地改变这种情况。因此，党号召全國科学工作者，積極向科学進軍，在12年內使我國的科学接近國际先進水平，并为科学工作者創造了各方面的条件，改善了物質生活。科学工作者都感到無比的激动和愉快，大家都願为在12年內使自己所从事的一門科学接近國际先進水平而努力。

事实上，解放几年來，在党的正确領導下，我國的科学工作者已經取得了不少的成績。農業科学研究方面也是一样，例如華东農業科学研究所集体創制的水稻插秧机，基本上已經可以实际应用了。最近意大利農業代表团來参观，他們对这种水稻插秧机給予極高的評价，特别是关于分秧和插秧兩部分認为是世界上任何國家的插秧机所不及的。当然，在全國范圍內，在農業科学方面，象華东農業科学研究所那样的成績也是不少的，所有成績都是党几年來領導農業科学的成就。

我國農業科学工作者因为有着这样偉大的、正确的、光荣的党來領導農業科学感到無比的驕傲，今后要進一步团結各方面的力量，繼續努力創造，在農業科学研究方面作出更多的成績。

要在农业科学研究上作出更多的成绩

金善宝

党的第八次全国代表大会即将召开，这个消息使我们文教科学工作者更加增强了对培养干部和科学研究的热情和信心。

解放七年多来，党领导全国人民，积极进行社会主义建设，第一个五年计划业已取得很大的成就，新型喷气式飞机已研制成功，自己制造的汽车亦将于今年国庆节大量出现。

毋庸讳言，我国还是一个科学落后的国家，这是与我国现在的国际地位极不相称的，我们必须迅速地改变这种情况。因此，党号召全国科学工作者，积极向科学进军，在12年内使我国的科学接近国际先进水平，并为科学工作者创造了各方面的条件，改善了物质生活。科学工作者都感到无比的激动和愉快，大家都愿为在12年内使自己所从事的一门科学接近国际先进水平而努力。

事实上，解放几年来，在党的正确领导下，我国的科学工作者已经取得了不少的成绩。农业科学研究方面也是一样，例如华东农业科学研究所集体创制的水稻插秧机，基本上已经可以实际应用了。最近意大利农业代表团来参观，他们对这种水稻插秧机给予极高的评价，特别是关于分秧和插秧两部分，认为是世界上任何国家的插秧机所不及的。当然，在全国范围内，在农业科学方面，像华东农业科学研究所那样的成绩也是不少的，所有成绩都是党几年来领导农业科学的成就。

我国农业科学工作者因为有着这样伟大的、正确的、光荣的党来领导农业科学感到无比的骄傲，今后要进一步团结各方面的力量，继续努力创造，在农业科学研究方面作出更多的成绩。

（南京日报，1956-9-14（3））

1956 11月 2日 新华日报

小麦是重要的高产粮食作物

南京农学院院長 金善宝

小麦是世界上分布最广、播种面积最多的作物。全世界栽培小麦的面积約有二十三亿三千多万亩，超过水稻的面积二点五倍。我国种植小麦的面积达四亿多亩，在各种作物中占第一位。

但我国小麦的單位面积产量是很低的，1952年每亩平均只有九十七点五斤，可說是各种作物之中产量最低的一种。有人認为小麦是低产的作物，这是錯誤的。小麦之所以低产，原因是很多的。如在稻麦地区，农民有重稻輕麦的思想，对稻田整地很精細，而对麦田就很粗放。在稻田施肥比較多，而在麦田就舍不得施肥；在稻田見到杂草，总是尽力芟除，但在麦田里，虽是杂草叢生，常常不大注意。农民对水稻都有选种的習慣，而对小麦就很少注意了。水稻因生長快，整个生長期比較短，农民容易集中精力去对付，小麦長得慢，生長期很長，一切操作往往被忽視。由于农民不重視小麦，小麦的品种就逐漸退化，产量也因此日趋低落了，这是必然的結果。

究竟小麦是不是低产作物呢？显然不是的，而且应該說。它是一种产量很高的作物。举例来說，苏联烏克蘭的冬小麦，最高产量每亩达到一千四百九十三斤，我国的新疆也創造了每亩一千三百多斤的高产紀录，在西藏三千多公尺的高原上，春小麦每亩产量也达到七百多斤，江苏省赣榆县爱国农業社的小麦，每亩收到五百零四斤。这些例子，虽說是个别的，但小麦可以高产是無可爭辯的事实。我国种植小麦的地区，如能注意深耕細耙，多施肥料，适当密植，勤除杂草，选用良种，精选种子等措施，那么，我国小麦的产量是可以大大提高的。全国四亿多亩小麦，每亩平均提高到二、三百斤，就能增产四百亿斤到八百亿斤粮食，那是完全可能的。

本省稻麦兩熟地区占全省耕地面积80%，加之土壤肥沃，气候温和，小麦每亩增产到五百斤，水稻增产到八百斤，每亩就能收到一千三百斤粮食。要想达到这样的指标，我認为并不是困难的。我們应为每亩生产五百斤小麦和八百斤水稻而奋斗！

小麦是重要的高产粮食作物

南京农学院院长　金善宝

小麦是世界上分布最广、播种面积最多的作物。全世界栽培小麦的面积约有23 000多万亩，超过水稻的面积2.5倍。我国种植小麦的面积达4亿多亩，在各种作物中占第一位。

但我国小麦的单位面积产量是很低的，1952年每亩平均只有97.5斤，可说是各种作物之中产量最低的一种。有人认为小麦是低产的作物，这是错误的。小麦之所以低产，原因是很多的。如在稻麦地区，农民有重稻轻麦的思想，对稻田整地很精细，而对麦田就很粗放。在稻田施肥比较多，而在麦田就舍不得施肥；在稻田见到杂草，总是尽力芟除，但在麦田里，随时杂草丛生，常常不大注意。农民对水稻都有选种的习惯，而对小麦就很少注意了。水稻因生长快，整个生长期比较短，农民容易集中精力去对付，小麦长得慢，生长期很长，一切操作往往被忽视。由于农民不重视小麦，小麦的品种就逐渐退化，产量也因此日趋低落了，这是必然的结果。

究竟小麦是不是低产作物呢？显然不是的，而且应该说。它是一种产量很高的作物。举例来说，苏联乌克兰的冬小麦，最高产量每亩达到1 493斤，我国的新疆也创造了每亩1 300多斤的高产纪录，在西藏3 000多公尺的高原上，春小麦每亩产量也达到700多斤，江苏省赣榆县爱国农业社的小麦，每亩收到504斤。这些例子，虽说是个别的，但小麦可以高产是无可争辩的事实。我国种植小麦的地区，如能注意深耕细耙、多施肥料、适当密植、勤除杂草、选用良种、精选种子等措施，那么我国小麦的产量是可以大大提高的。全国4亿多亩小麦，每亩平均提高到两三百斤，就能增产400亿斤到800亿斤粮食，那是完全可能的。

本省（指江苏省）稻麦两熟地区占全省耕地面积80%，加之土壤肥沃，气候温和，小麦每亩增产到500斤，水稻增产到800斤，每亩就能收到1 300斤粮食。要想达到这样的指标，我认为并不是困难的。我们应当为每亩生产500斤小麦和800斤水稻而奋斗！

（新华日报，1956-11-2（2））

人民日报·57.2.20

学習先进經驗，爭取农業生产的大丰收

——全国农業展覽会的展出及其意义——

全国农業展覽会总館長　金善宝

全国农業展覽会今天在北京开幕了。

我国农業生产已經取得了巨大的成就，积累了丰富的增产經驗。为了适应国家經济建設和人民生活日益增長的需要，今后必須用更大的力量發展农業。举办全国农業展覽会的目的，就是要广泛宣傳我国革命胜利以来，特别是第一个五年計划时期中农業的社会主义改造和农業生产的巨大成就，把先进生产經驗和科学成就，迅速地推广到国營农場和农業生产合作社中去，爭取提前或超額完成1956年到1967年全国农業發展綱要（草案）中所規定的各項任务。

全国农業展覽会对于我国悠久的农業历史，丰富的农業資源，以及珍貴的农产物品，也簡要地加以介紹，使我国人民借此机会更多地了解我国农業增产的無限潜力和优越条件，从而加强我們建設社会主义的信心。

1949年全国解放以后，我国农村在完成了土地改革的基础上，进行了社会主义改造和社会主义建設事業。到1956年11月底，全国已有96.1%的农戶加入了农業生产合作社，分散落后的小农經济已經基本上改造过来。土地改革，特别是农業合作制度的胜利实現，大大地解放了农業生产力。因而七年来在农、林業、漁業、水利、气象各方都取得了很大的成就。全国农其副業的总产值，以1949年为，1952年增長为一百四十八点五，1956年更增長为一百八十。粮食产量，1956年比1949年增加了一千五百二十四亿斤，超过了第一个五年計划1957年的指标。棉花产量，1956年比1949年增加了二千一百六十一万担，比解放前的最高年增加了一千三百五十二万担。大花生、油菜籽等主要油料作物，1956年总产量比1949年增加了一倍多。其他重要經济作物如麻类、烤烟，蚕桑、茶叶以及糖料作物等，也都有巨大的增長。畜牧業中的大家畜，1956年比1949年增加了二千七百七十九万头，猪增加了二千六百六十六万头，綿羊、山羊增加了四千九百九十一万只。从1953年到1956年，全国共开墾荒地六千六百五十三万亩。目前已建机耕国營农場和大型国營牧場四百五十四处。从1950年到1956年全国共造用材林和防护林一千零三十一万公頃，撫育采伐国有成林三十六万公頃，封山育林一百五十六万八千多公頃。水利事業，在进行各大河流治理的同时，大力兴修了农田水利。1949年全国农田灌溉面积为三万万亩，1956年增長到五万万亩。水土保持控制面积达二亿零九百万亩。水产产量，1949年为四十四万八千吨，1956年增長为二百六十一万吨。气象事業，气象台站逐年增長，1956年已有一千四百零四个，比解放前1948年增長了十九倍多，比1950年也增長了八倍多。这些数字，雄辯地說明了我国革命胜利以后农業生产有了多么大的發展，說明了农業合作制度有着多么显著的优越性，也說明了我国农村面貌有了多么深刻的变化。

在年复一年的轟轟烈烈的生产运动当中，全国各地涌現出許多先进的农業生产合作社、国營农場、国營牧場和别的农、林、水利、水产等事業單位，产生了許多先进人物，它們或他們在各項生产工作中，取得了显著的生产成就，創造和积累了丰富的先进生产經驗。全国农業展覽会各个陈列館內，匯总了这些先进生产經驗，这是展覽会的中心內容和最重要的組成部分，也是农業生产者应該观摩和学習的重心。粮食生产是农業經济的基础，棉花是最重要的經济作物，学習这兩項农作物先进生产經驗，具有格外重要的意义。許多先进的国營农場和农業生产合作社，依靠集体生产的优越条件，积極稳步地推行各种增产措施和經驗，大大提高了單位面积的产量。例如，在粮食方面，1956年，水稻有广东潮安、福建海澄、長乐、龙溪等四个双季稻千斤县。其他地区，在大面积上亩产水稻千斤以上的事例，也有很多。广东揭陽县云光农業生产合作社，創造了亩产一千八百零五点二斤的新紀录。小麦在陝西武功等七个县兩个市，平均亩产达三百斤以上，其中并有二十六个农業生产合作社，平均亩产达一千斤以上。山西临汾县紅星农業社还在將近兩亩地上創造了亩产小麦一千三百四十一点九四斤的新紀录。主要杂粮的玉米、高粱和谷子等，平均亩产达一千斤以上的，甘薯和馬鈴薯亩产达一万斤以上的，在不少地方都可找到大面积的典型。棉花方面，1955年已出現了平均亩产皮棉百斤的甘肃敦煌县。1956年，各地大面积平均亩产皮棉百斤以上的，全国約有三百万亩之多。新疆瑪納斯河流域一个国營农場，在近四亩的棉田上，还創造了平均亩产籽棉一千六百八十六斤的高額丰产紀录。看了这些丰产成就，和取得成就的方法和經驗，我們更可以理解到，普遍提高單位面积产量，确是我国农業增产潜力的所在。正如中共第八次全国代表大会关于政治报告的决議中所指出的："目前农業增产的主要途徑，就是要充分發揮农業已經基本上实現合作化这个优越条件，依靠合作社的集体力量和政府的支援，采取兴修水利、增施肥料、改良土壤、改良品种、推广新式农具、提高复种指数、改进耕作方法、防治病虫害等項措施，来增加單位面积产量。此外，还应当根据可能条件，积極开墾荒地，扩大耕地面积。"

全国农業展覽会，反映了我国农業科学研究的成就及其应用在生产工作中的重大作用。七年来，我国农業科学研究事業有了很大的發展，全国已有农、林、漁、牧等科学研究單位二百一十六所，加上高、中等农林院校和示范繁殖等机構，全国农業科学網已經形成。在农業展覽会展出期間，中国农業科学院就要宣告成立，这更标志着我国农業科学事業推进到了一个新的阶段。在研究工作上，过去已取得的成就和在生产中發揮的作用，在选育作物良种，选育优良种畜，防治病虫害，防治兽疫，改良土壤，增施肥料，改进农具，改进灌溉，以及防風防沙，預防天灾等等方面都可以看到很多事实。大力宣傳和推广这些重要的成就，当会促进我国农業的进一步發展。展覽会展出的群众从实踐中获得的丰产經驗，也为科学研究工作提供了珍貴的研究材料。

几年来，国家在經济上、技术上、人才上对农業生产的支援，也是巨大的。国家曾發放了巨額的农業貸款，建設了不少制造农業生产資料的工厂，兴修了不少大型灌溉工程，营造了大面积的防护林，提供了大量的新式农具、化学肥料、农用藥剂和藥械、生物藥品等生产資料，培养了很多农業技术人才，設立了很多农業科学研究机構和技术指导机構，設立了不少機械拖拉机站、抽水机站和其他农具站，訓練了大批农業工作干部和农民技术骨干。展覽会展出了这种種援助在实际工作中所产生的巨大效果。

我們在这里还应該特別提到的是，在我国农業發展中，偉大的社会主义友邦苏联和其他兄弟国家，都曾給了我們重要的物質援助和技术援助。农業展覽会对这种国际主义的互助友好精神，作了显著的展出，并表示我們衷心的感謝。

中共中央第八次全国代表大会关于政治报告的决議指出："我国目前农業生产还不能适应日益增長的需要，今后必須用更大的力量發展农業。"从这次全国农業展覽会上展出的种种材料看来，我国农業生产有着極其巨大的潜在能力，只要我們努力工作，就会提高生产水平，改变这种不相适应的局面。"关于1956年到1967年全国农業發展綱要"（草案）規定：要求在十二年內，把粮食每亩的平均产量，按照三种不同的地区，分別提高到四百斤、五百斤和八百斤；把棉花每亩平均产量，按照各地情况，分別提高到六十斤、八十斤和一百斤皮棉。只要这項中心要求做到了，全国农業發展綱要所提出的提高农民物質生活和文化生活的各項要求，就將毫無疑問地随着生产的發展而逐步实現。全国农業展覽会展出材料告訴我們：在1956年內，粮食方面，三种不同地区，以县为單位来計算，平均亩产量已經达到和超过这个綱要要求水平的，八百斤地区的有七个县，五百斤地区的有一个县，四百斤地区的有五个县市；棉花方面，全国有一百一十五个县市、有一千七百万亩棉田，亩产皮棉超过五十斤，其中有三百万亩，亩产皮棉达一百斤。在目前条件下，既已有这样多的地方和这样大的面积，已經达到并且超过了这个綱要要求的水平，那么，在十二年內随着国家工業化的發展，农業生产条件逐步改善后，完成这个綱要所提出的农業生产任务，是完全可能的。展覽材料还告訴我們：我国还有極其丰富的自然資源，可供發展农業生产利用。这就是有近十五亿亩的荒地，可以开墾种植；有一亿多公頃的荒山荒坡，可以植树造林；有77%海洋面积和84%淡水面积，可以养殖水产；有大面积的草原，可以飼育牲畜；有巨大的水利資源，可以灌溉田园。展出材料又告訴我們：我国有着优越的气候条件，物产非常富饒，在热帶作物、林木品种、水族种类以及桑、麻、茶、蚕、果品、藥材等物产中，有很多是我国所特有的珍貴品种，并且經济价值很高，利于輸出外銷。这些有利的条件，标志着我国农業增产的潜力是巨大無穷的。

我們要善于学習，才能够充分發掘这种巨大的潜在的增产源泉。特別是要善于学習农業方面高額丰产的先进經驗，来普遍提高單位面积产量，保証农業生产量的不断增長。农業展覽会为了达到这个目的，在大約四个月的展覽期間內，要有計划地組織全国各地农業、农墾、林業、水利、水产、气象等方面的劳动模范、工作人員和領导人員来京参观。同时要接待首都各界人士、市民和郊区农民前来参观。为了帮助大家充分交流生产經驗，除了在館內观摩学習外，还要为各地来京的劳动模范和工作人員举行專題报告会、技术座談会，放映农業科学技术影片，同时还組織各省、市、区編印了农業先进生产經驗小册子二百多种，在展覽会上發行。农業展覽会不只是农業生产先进經驗的总匯，而且也是一座学習先进生产經驗的学校。我們殷切希望到会观众，特別是各地实际从事农業工作的观众，能够細致的学習，热情的討論，并且把你所学到的东西，广泛傳播，同时結合自己的具体条件，正确的及时应用到生产工作中去，以爭取1957年更大的丰收。

全国农業展覽会，是在国务院領导下，由农業部会同农墾部、林業部、水利部、水产部和中央气象局共同举办的。共分为綜合館，农作物一館、农作物二館、国营农場館、畜牧館、增产措施館（分农業机械、植物保护、复种、改良土壤、肥料、种籽等六个室）、林業館、水利館、水产館、热帶作物館、气象館等十一个館。展出农、林、漁、牧各項产品的实物二千多种，实物标本、模型、机器、仪器等近五千件，此外还有大量的圖表、照片和其他展品。

全国农業展覽会还是第一次举办。由于依靠了上級的正确領导，各省、市有关厅、局和各有关事業單位的支持，和北京市党政方面及首都其他有关部門的大力帮助；同时依靠了所有办館人員的热情努力，才能够克服[illegible]按期办好展出，我們在这里表[illegible]的感激。但是畢竟我們是缺乏經驗的，因之缺点甚至錯誤仍然是会有的；我們誠恳地欢迎观众們能够給以批評和指正。

学习先进经验，争取农业生产的大丰收
——全国农业展览会的展出及其意义

全国农业展览会总馆长　全善宝

全国农业展览会今天在北京开幕了。

我国农业生产已取得了巨大的成就，积累了丰富的增产经验。为了适应国家经济建设和人民生活日益增长的需要，今后必须用更大的力量发展农业。举办全国农业展览会的目的，就是要广泛宣传我国革命胜利以来，特别是第一个五年计划时期中农业的社会主义改造和农业生产的巨大成就，把先进生产经验和科学成就，迅速地推广到国营农场和农业生产合作社中去，争取提前或超额完成《1956年到1967年全国农业发展纲要（草案）》中所规定的各项任务。

全国农业展览会对于我国悠久的农业历史、丰富的农业资源以及珍贵的农产物品，也简要地加以介绍，使我国人民借此机会更多地了解我国农业增产的无限潜力和优越条件，从而加强我们建设社会主义的信心。

1949年全国解放以后，我国农村在完成了土地改革的基础上，进行了社会主义改造和社会主义建设事业。到1956年11月底，全国已有96.1%的农户加入了农业生产合作社，分散落后的小农经济已经基本上改造过来。土地改革，特别是农业合作制度的胜利实现，大大地解放了农业生产力。因此7年来在农业、林业、渔业、水利、气象各方面都取得了很大的成就。全国农业及其副业的总产值，以1949年为100，1952年增长为148.5，1956年更增长为180。粮食产量，1956年比1949年增加了1 524亿斤，超过了第一个五年计划1957年的指标。棉花产量，1956年比1949年增加了2 161万担，比解放前的最高年增加了1 352万担。大豆、花生、油菜籽等主要油料作物，1956年总产量比1949年增加了一倍多。其他重要经济作物如麻类、烤烟、蚕桑、茶叶以及糖料作物等，也都有巨大的增长。畜牧业中的大家畜，1956年比1949年增加了2 779万头，猪增加了2 666万头，绵羊、山羊增加了4 991万只。从1953年到1956年，全国共开垦荒地6 653万亩。目前已建机耕国营农场和大型国营牧场454处。从1950年到1956年全国共造用材林和防护林1 031万公顷，抚育采伐国有成林36万公顷，封山育林156.8万多公顷。水利事业，在进行各大河流治理的同时，大力兴修了农田水利。1949年全国农田灌溉面积为30 000万亩，1956年增长到50 000万亩。水土保持控制面积达20 900万亩。水产产量，1949年为44.8万吨。1956年增长为261万吨。气象事业，气象台站逐年增长，1956年已有1 404个，比解放前1948年增长了19倍多，比1950年也增长了8倍多。这些数字，雄辩地说明了我国革命胜利以后农业生产有了多么大的发展，说明了农业合作化制度有着多么显著的优越性，也说明了我国农村面貌有了多么深刻的变化。

在年复一年的轰轰烈烈的生产运动当中，全国各地涌现出许多先进的农业生产合作社、国营农场、国营牧场和别的农、林、水利、水产等事业单位，产生了许多先进人物，它们或他们在各项生产工作中，取得了显著的生产成就，创造和积累了丰富的先进生产经验。全国农业展览会各个陈列馆内，汇总了这些先进生产经验，这是展览会的中心内容和最重要的组成部分，也是农业生产者应该观摩和学习的重心。粮食生产是农业经济的基础，棉花是最重要的经济作物，学习这两项农作物先进生产经验，具有格外重要的意义。许多先进的国营农场和农业生产合作社，依靠集体生产的优越条件，积极稳步地推行各种增产措施和经验，大大提高了单位面积的产量。例如，在粮食方面，1956 年，水稻有广东潮安，福建海澄、长乐、龙溪等 4 个双季稻千斤县。其他地区，在大面积上亩产水稻千斤以上的事例也有很多。广东揭阳县云光农业生产合作社，创造了亩产 1 805. 2 斤的新纪录。小麦在陕西武功等 7 个县 2 个市，平均亩产达 300 斤以上，其中并有 26 个农业生产合作社，平均亩产达 1 000 斤以上。山西临汾县红星农业社还在将近两亩地上创造了亩产小麦 1 341. 94 斤的新纪录。主要杂粮的玉米、高粱和谷子等，平均亩产达 1 000 斤以上的，甘薯和马铃薯亩产达 1 000 斤以上的，在不少地方都可找到大面积的典型。棉花方面，1955 年已出现了平均亩产皮棉百斤的甘肃敦煌县。1956 年，各地大面积平均亩产皮棉百斤以上的，全国约有 300 万亩之多。新疆玛纳斯河流域一个国营农场，在近 4 亩的棉田上，还创造了平均亩产籽棉 1 686 斤的高额丰产纪录。看了这些丰产成就和取得成就的方法和经验，我们更可以理解，普遍提高单位面积产量，的确是我国农业增产潜力的所在。正如中共第八次全国代表大会关于政治报告的决议中所指出：“目前农业增产的主要途径，就是要充分发挥农业已经基本上实现合作化这个优越条件，依靠合作社的集体力量和政府的支援，采取兴修水利，增施肥料、改良土壤、改良品种、推广新式农具、提高复种指数、改进耕作方法、防治病虫害等各项措施，来增加单位面积产量。此外，还应当根据可能条件，积极开垦荒地，扩大耕地面积。”

全国农业展览会反映了我国农业科学研究的成就及其应用在生产工作中的重大作用。7 年来，我国农业科学研究事业有了很大的发展，全国已有农、林、渔、牧等科学研究单位 216 所，加上高、中等农林院校和示范繁殖等机构，全国农业科学网已经形成。在农业展览会展出期间，中国农业科学院就要宣告成立，这更标志着我国农业科学事业跃进到了一个新的阶段。在研究工作上，过去已取得的成就和在生产中发挥的作用，在选育作物良种、选育优良种苗、防治病虫害、防治兽疫、改良土壤、增施肥料、改进农具、改进灌溉以及防风防沙，预防天灾等方面都可以看到很多事实。大力宣传和推广这些重要的成就，当会促进我国农业的进一步发展。展览会展出的群众从实践中获得的丰产经验，也为科学研究工作提供了珍贵的研究材料。

几年来，国家在经济上、技术上、人才上对农业生产的支援，也是巨大的。国家曾发放了巨额的农业贷款，建设了不少制造农业生产资料的工厂，兴修了不少大型灌溉工程，营造了大面积的防护林，提供了大量的新式农具、化学肥料、农用药剂和药械、生物药品等生产资料，培养了很多农业技术人才，设立了很多农业科学研究机构和技术指导机构，设立了不少机械拖拉机站、抽水机站和其他农具站，训练了大批农业工作干部和农民技术骨干。展览会展出了这种种援助在实际工作种所产生的巨大效果。

我们在这里还应该特别提到的是，在我国农业发展中，伟大的社会主义友邦苏联和其他兄弟国家，都曾给了我们重要的物资援助和技术援助。农业展览会对这种国际主义的互助友好精神，作了显著的展出，并表示我们衷心的感谢。

中共中央第八次全国代表大会关于政治报告的决议指出："我国目前农业生产还不能适应日益增长的需要，今后必须用更大的力量发展农业。"从这次全国农业展览会上展出的种种材料看来，我国农业生产有着极其巨大的潜在能力，只要我们努力工作，就会提高生产水平，改变这种不相适应的局面。关于《1956 年到 1967 年全国农业发展纲要（草案）》规定：要求在 12 年内，把粮食每亩的平均产量，按照 3 种不同的地区，分别提高到 400 斤、500 斤和 800 斤；把棉花每亩平均产量，按照各地情况，分别提高到 60 斤、80 斤和 100 斤皮棉。只要这项中心要求做到了，《全国农业发展纲要（草案）》所提出的提高农民物质生活和文化生活的各项要求，就将毫无疑问地随着生产的发展而逐步实现。全国农业展览会展出材料告诉我们：在 1956 年内，粮食方面，3 种不同地区，以县为单位来计算，平均亩产量已经达到和超过这个纲要要求水平的，800 斤地区的有 7 个县，500 斤地区的有 1 个县，400 斤地区的有 5 个县市；棉花方面，全国有 115 个县市、有 1 700 万亩棉田，亩产皮棉超过 50 斤，其中有 300 万亩，亩产皮棉达 100 斤。在目前条件下，既已有这样多的地方和这样大的面积，已经达到并且超过了这个纲要要求的水平，那么，在 12 年内随着国家工业化的发展，农业生产条件逐步改善后，完成这个纲要所提出的农业生产任务，是完全可能的。展览材料还告诉我们：我国还有极其丰富的自然资源，可供发展农业生产利用。这就是有近 15 亿亩的荒地，可以开垦种植；有 1 亿多公顷的荒山荒坡，可以植树造林；有 77%海洋面积和 84%淡水面积，可以养殖水产；有大面积的草原，可以饲育牲畜；有巨大的水力资源，可以灌溉田园。展出材料又告诉我们：我国有着优越的气候条件，物产非常富饶，在热带作物、林木品种、水族种类以及桑、麻、茶、蚕、果品、药材等物产中，有很多是我国所特有的珍贵品种，并且经济价值很高，利于输出外销。这些有利的条件，标志着我国农业增产的潜力是巨大无穷的。

我们要善于学习，才能够充分发掘这种巨大的潜在增产源泉。特别是要善于学习农业方面高额丰产的先进经验，来普遍提高单位面积产量，保证农业生产量的不断增长。农业展览会为了达到这个目的，在大约 4 个月的展览期间内，要有计划地组织全国各地农业、农垦、林业、水利、水产、气象等方面的劳动模范、工作人员和领导人员来京参观。同时要接待首都各界人士、市民和郊区农民前来参观。为了帮助大家充分交流生产经验，除了在馆内观摩学习外，还要为各地来京的劳动模范和工作人员举行专题报告会、技术座谈会，放映农业科学技术影片，同时还组织各省、区、市编印了农业先进生产经验小册子 200 多种，在展览会上发行。农业展览会不只是农业生产先进经验的总汇，而且是一座学习先进生产经验的学校。我们殷切希望到会观众，特别是各地实际从事农业工作的观众，能够细致地学习、热情地讨论，并且把所学到的东西，广泛传播，同时结合自己的具体条件，正确、及时地应用到生产工作中去，以争取 1957 年更大的丰收。

全国农业展览会是在国务院领导下，由农业部会同农垦部、林业部、水利部、水产部和中央气象局共同举办的。共分为综合馆、农作物一馆、农作物二馆、国营农场馆、畜牧馆、增产措施馆（分农业机械、植物保护、复种、改良土壤、肥料、种子等 6 个室）、林业馆、水利馆、水产馆、热带作物馆、气象馆等 11 个馆。展出农、林、渔、牧各项产品的实物 2 000 多种，实物标本、模型、机器、仪器等近 5 000 件，此外还有大量的图表、照片和其他展品。

全国农业展览会还是第一次举办。由于依靠了上级的正确领导，各省、市有关厅、局和各有关事业单位的支持和北京市党政方面及首都其他有关部门的大力帮助，同时依靠了所有办馆人员的热情努力，才能够克服了许多困难，按期办好展出，我们在这里表示衷心的感激。但是毕竟我们是缺乏经验的，因之缺点甚至错误仍然是会有的，我们诚恳地欢迎观众们能够给以批评和指正。

（人民日报，1957-2-20（3））

ИЗУЧАТЬ ОПЫТ, БОРОТЬСЯ ЗА ВЫСОКИЙ УРОЖАЙ

Кокосовые орехи и продукты из них, выставленные в павильоне тропических культур

Здесь показан опыт выращивания богатых урожаев хлопка хозяйством военнослужащих в бассейне реки Манас в Синьцзяне. Под руководством советских специалистов здесь был установлен рекорд: собрано 450 цзиней хлопка с каждого му на площади 20 тысяч му. Максимальная урожайность с одного му — 1349 цзиней.

Фото Ли Цзи-лу. (Агентство Синьхуа).

Смотр наших достижений

ЦЗИНЬ ШАНЬ-БАО,
Директор Всекитайской сельскохозяйственной выставки

Цель открытия Всекитайской сельскохозяйственной выставки заключается в широкой пропаганде огромных успехов в области сельскохозяйственного производства и в деле социалистических преобразований в сельском хозяйстве, достигнутых со времени победы революции в нашей стране и особенно в период осуществления первого пятилетнего плана. Выставке принадлежит большая роль в том, чтобы передовой производственный опыт и научные достижения быстрее внедрить в госхозы и сельскохозяйственные производственные кооперативы. Все это должно способствовать успешной борьбе народа за досрочное выполнение и перевыполнение задач, содержащихся в проекте основных положений плана развития сельского хозяйства КНР на 1956—1967 годы.

После освобождения нашей страны в 1949 году в деревнях на основе земельной реформы осуществлены социалистические преобразования. К концу ноября 1956 года по всей стране уже насчитывалось 96,1 процента крестьянских дворов, вступивших в сельскохозяйственные производственные кооперативы. Раздробленное отсталое мелкокрестьянское хозяйство сейчас уже в основном перестроено. Земельная реформа, особенно победоносное осуществление системы кооперирования сельского хозяйства создали простор для развития производительных сил сельского хозяйства.

Стоимость валовой продукции сельского хозяйства и его подсобных промыслов по всей стране, если принять 1949 год за 100, то в 1952 году составила 148,5, а в 1956 году возросла до 180. Сбор зерна в 1956 году по сравнению с 1949 годом увеличился на 152.400 миллионов цзиней, что превысило показатель 1957 года — последнего года первого пятилетнего плана. Сбор хлопка в 1956 году увеличился на 21.610 тысяч даней по сравнению с 1949 годом и на 13.520 тысяч даней по сравнению с самым урожайным годом до освобождения. Валовой сбор соевых бобов, арахиса, сурепицы и других важных масличных культур в 1956 году по сравнению с 1949 годом возрос более чем в два раза. Значительно увеличилось также производство других важных технических культур, таких, как лубяные, табак, чай, сахаристые культуры и другие. Заметно увеличилось производство тутового шелкопряда.

В области животноводства поголовье крупного рогатого скота в 1956 году по сравнению с 1949 годом увеличилось на 27.790 тысяч голов, свиней — на 26.660 тысяч голов, овец и коз — на 49.910 тысяч голов. С 1953 года по 1956 год по всей стране было освоено 66.530 тысяч му целинных земель. В настоящее время уже создано 454 государственных механизированных госхоза и крупных животноводческих ферм. С 1950 по 1956 год по всей стране произведена посадка строевого леса и лесозащитных полос на площади 10.310 тысяч гектаров. На площади в 360 тысяч гектаров проводились вырубки и велся уход за государственными лесами. В горах более 1.568 тысяч гектаров лесных площадей превращено в заказники.

В области ирригационного строительства одновременно с обузданием больших рек всемерно осуществлялась постройка ирригационных сооружений на полях. В 1949 году орошаемая площадь сельскохозяйственных полей по всей стране составляла 300 миллионов му, а в 1956 году она увеличилась до 500 миллионов му. Площадь почвоводозадержания достигла 209 миллионов му. Производство продукции водного промысла в 1949 году составляло 448 тысяч тонн, а в 1956 году оно увеличилось до 2.610 тысяч тонн. В области метеорологической службы год за годом росло число метеорологических пунктов и станций. В 1956 году их уже было 1404. По сравнению с 1948 годом, последним годом до освобождения, количество их возросло свыше, чем в 20 раз, а по сравнению с 1950 годом увеличилось более чем в 9 раз.

В ходе бурно развертывающегося из года в год производственного движения по всей стране появилось много передовых сельскохозяйственных производственных кооперативов, госхозов, государственных животноводческих ферм и других организаций как земледельческих, так и лесоводства, ирригационных, водного промысла. Передовые коллективы кооперативов, госхозов, ферм и других организаций и вышедшие из их рядов отличники труда добились заметных производственных успехов, создали и накопили богатый передовой опыт.

На выставке можно увидеть, как много передовые госхозы и сельскохозяйственные производственные кооперативы, опираясь на благоприятные условия коллективного производства и неуклонно внедряя различного рода мероприятия и опыт по увеличению производства, значительно повысили урожайность с единицы площади.

Глядя на эти достижения — сбор высоких урожаев, раскрывая методы и опыт их получения, мы сможем еще лучше понять то, что повсеместное повышение урожайности с единицы площади действительно является потенциальным источником увеличения производства в сельском хозяйстве нашей страны. Как указывается в резолюции VIII Всекитайского съезда КПК по политическому отчету, «главным путем увеличения сельскохозяйственного производства является максимальное использование преимуществ, которые принесло осуществление в основном кооперирования сельского хозяйства, и принятие при опоре на коллективный труд в кооперативах и при поддержке правительства мер по ирригационному строительству, увеличению внесения удобрений на поля, улучшению почв, улучшению сортности культур, внедрению сельскохозяйственных орудий новых типов, увеличению индекса повторных посевов, улучшению методов обработки полей, борьбе с болезнями и вредителями сельскохозяйственных культур с тем, чтобы повысить урожайность с единицы площади. Кроме того, в соответствии с возможностями следует также активно проводить подъем целины, расширять площади пахотных земель».

Всекитайская сельскохозяйственная выставка отражает успехи научно-исследовательской работы в области сельского хозяйства и их важную роль в производстве. За семь лет научно-исследовательская работа в области сельского хозяйства получила в нашей стране очень большое развитие. По всей стране создано 216 научных учреждений по земледелию, лесоводству, рыболовству, животноводству, а также высшие и средние земледельческо-лесоводческие школы и показательные организации по размножению скота. Сейчас в нашей стране уже имеется целая научная сеть в области сельского хозяйства.

Огромную роль исследовательской работы в развитии производства можно видеть в отборе и разведении лучших сортов сельскохозяйственных культур, отборе и разведении рассад лучших сортов, борьбе против вредителей и болезней разных культур, против заболеваний скота, в мелиорации, в увеличении внесения на поля удобрений, улучшении сельскохозяйственных орудий, улучшении орошения, а также в деле борьбы с ветрами и песками, в предотвращении стихийных бедствий. Всемерно пропагандируя и распространяя эти достижения, выставка будет содействовать дальнейшему развитию сельского хозяйства в нашей стране. Представленный на выставке опыт масс по выращиванию богатых урожаев дает ценный материал для дальнейшей научно-исследовательской работы.

Огромна также экономическая и техническая помощь и помощь кадрами, оказанная в течение нескольких лет сельскому хозяйству со стороны государства. Государство ассигновало большие кредиты, построило немало заводов по производству сельскохозяйственных производственных средств, возвело много больших ирригационных сооружений, создало лесозащитные полосы на больших площадях. Оно в большом количестве снабдило сельское хозяйство средствами производства: орудиями новых типов, химическими удобрениями, ядохимикатами и приборами для их применения, биологическими препаратами и т.д. Выращены большие технические кадры для сельского хозяйства, основано много земледельческих и других научно-исследовательских учреждений и органов по техническому инструктажу. Государство создало много МТС, машинно-насосных станций и других станций сельскохозяйственного инвентаря, подготовило большую группу сельскохозяйственных кадровых работников и технический костяк из крестьян. Выставка демонстрирует огромные результаты этой помощи в практической работе.

В данном случае мы особенно должны подчеркнуть то, что в ходе развития сельского хозяйства в нашей стране важную материальную и техническую помощь оказали нам великий социалистический союзник — Советский Союз и другие братские государства. Всекитайская сельскохозяйственная выставка со всей очевидностью демонстрирует интернациональный дух взаимопомощи и дружбы и выражает нашу искреннюю благодарность за эту помощь.

Резолюция VIII Всекитайского съезда КПК по политическому отчету указывает: «В настоящее время наше сельскохозяйственное производство еще не отвечает растущим с каждым днем потребностям, поэтому в дальнейшем необходимо приложить еще больше усилий для развития сельского хозяйства». Из разнообразного материала, представленного на Всекитайской сельскохозяйственной выставке, можно видеть, что сельское хозяйство нашей страны имеет огромные скрытые возможности, и если мы только старательно поработаем, то сможем повысить уровень производства и решительно изменить к лучшему существующее несоответствие.

Основные положения плана развития сельского хозяйства КНР на 1956—1967 годы (проект) устанавливают: требуется в течение 12 лет довести средний сбор зерновых с одного му, в зависимости от различных районов трех видов, до 400,500 и 800 цзиней, а средний сбор хлопка-волокна с одного му — соответственно до 60, 80 и 100 цзиней. Если мы только выполним эти центральные требования, несомненно вслед за развитием производства постепенно осуществятся задачи повышения уровня материальной и культурной жизни крестьян, выдвинутые в проекте Основных положений плана развития сельского хозяйства.

Материалы Всекитайской сельскохозяйственной выставки говорят нам о следующем. В 1956 году в области зерновых в различных районах трех видов, считая уезд за расчетную единицу, средний сбор с одного му достиг и превзошел уровень, намеченный в проекте Основных положений плана развития сельского хозяйства. Имеется 7 уездов, где получено в среднем по 800 цзиней с одного му, один уезд со средним сбором 500 цзиней с каждого му и пять уездных городов со средним сбором 400 цзиней с му. В области производства хлопка по всей стране в 115 уездах на площади 17 миллионов му средний сбор хлопка-волокна превысил 50 цзиней с каждого му, причем на площади 3 миллиона му средний сбор хлопка-волокна составил 100 цзиней с одного му.

В нынешних условиях уже имеется много районов и большие площади, где достигнут и превзойден уровень, требуемый в проекте Основных положений плана развития сельского хозяйства КНР на 1956—1967 годы. Отсюда ясно, что в течение 12 лет по мере развития индустриализации нашей страны и постепенного улучшения условий сельскохозяйственного производства вполне возможно успешное выполнение задач, выдвинутых в проекте Основных положений.

Экспонаты выставки говорят нам также о том, что наша страна имеет богатейшие природные ресурсы, которые могут быть использованы для развития сельскохозяйственного производства. У нас около 1,5 миллиарда гектаров целинных и залежных земель, которые можно поднять и засеять. Мы имеем более 100 миллионов гектаров пустопорожних земель на горах и склонах, которые можно засадить деревьями и создать леса; 77 процентов площади морей и океана и 84 процента площади пресных вод могут быть использованы для развития водного промысла. Степи, занимающие громадные площади, открывают большие возможности для выращивания скота. Огромные водные ресурсы можно использовать для орошения полей и садов.

Материалы выставки говорят нам также о том, что в нашей стране имеются благоприятные климатические условия, необычайно разнообразна сельскохозяйственная продукция. Среди речных и морских животных, тропических культур и пород деревьев, а также тутовых деревьев, лубяных культур, чая, шелкопряда, фруктов, лекарств очень много ценных сортов, специфических для нашей страны. Все они представляют высокую экономическую ценность и выгодны для экспорта. Эти благоприятные условия означают, что скрытые возможности увеличения производства в сельском хозяйстве неисчерпаемы. Несомненно, что Всекитайская сельскохозяйственная выставка не только является обобщением достижений сельскохозяйственного производства, но и школой по изучению передового опыта в области земледелия, животноводства, ирригации, лесоводства и других отраслей.

Необходимо умело изучить этот богатый опыт. Только тогда можно целиком вскрыть огромные скрытые источники увеличения производства. Особенно необходимо умело изучить передовой опыт получения богатых урожаев в сельском хозяйстве для того, чтобы повсеместно повысить урожайность с единицы площади и обеспечить [illegible] рост сельскохозяйственной пр[illegible]

На выставке показан опыт получения богатых урожаев летнего посева кукурузы в уезде Хуансянь провинции Шаньдун.

Путем тщательного отбора семян, периодического внесения удобрений, раннего черезрядного посева и своевременного полива в этом уезде получили в среднем по 500 цзиней кукурузы с каждого му на 270 с лишним тысячах му кукурузных полей.

Агава, экспонированная в павильоне тропических культур. Она выращивается на островах Хайнань и Тайвань и в провинциях Гуандун, Юньнань и Фуцзянь.

Фото Люй Хоу-миня. (Агентство Синьхуа).

Сычуаньское зерно—стране

В нынешнем году согласно плану из провинции Сычуань в другие районы страны намечено вывезти от 2,7 миллиона до 2,8 миллиона тонн зерна. Это на 50 с лишним процентов больше, чем его было вывезено в прошлом году. К 20 февраля по реке Янцзы и по железной дороге Баоцзи — Чэнду на Северо-Восток, в Северный Китай, Восточный Китай и на Северо-Запад было отправлено уже свыше 340 тысяч тонн зерна. В частности сычуаньское зерно пошло нефтяникам Карамая и строителям гидротехнического узла в Саньмынься.

В 1956 году валовой сбор зерна в провинции Сычуань, получающей из года в год богатые урожаи, достиг 44,5 миллиарда цзиней, то есть на 10 процентов превысил показатели 1955 года. После сбора осеннего урожая в прошлом году крестьяне Сычуани начали продавать государству избыточное зерно.

(Агентство Синьхуа).

Начались весенние лесопосадки

В ряде провинций юга страны ведутся весенние лесонасаждения. В провинциях Гуандун, Хунань, Хубэй, Цзянси, Фуцзянь и Гуанси уже посажен лес на площади, превышающей 610 тысяч му.

Устанавливается теплая погода в северных районах страны, здесь постепенно тает лед и снег. Население этих районов занято сейчас подготовкой саженцев и семян; в ближайшее время здесь также начнутся весенние лесонасаждения.

13 уездов достигли показателей 1967 года

В тринадцати уездах страны средняя урожайность зерна с одного му превысила норму, установленную для них проектом Основных положений развития сельского хозяйства КНР на 1956—1967 годы. Согласно нормы, в 1967 году урожайность зерна с му в трех различных по условиям зонах страны должна составить 400, 500 и 800 цзиней.

Среди этих 13 уездов к зоне с нормой 800 цзиней с му относится уезд Лувси провинции Фуцзянь, в котором средняя урожайность зерновых культур в прошлом году составила 1197 цзиней. В провинции Гуандун средняя урожайность с му составила: в уезде Чаоань — 1157 цзиней, в уезде Пунин — 1071, в уезде Цзеси — 1034, в уезде Чаоян — 1003 цзиня. Перекрыли норму также два уезда в провинции Хубэй: Сяогань (860 цзиней) и Хуанпи (808 цзиней).

К зоне с нормой 500 цзиней относится уезд Хуансянь провинции Шаньдун, добившийся средней урожайности 599 цзиней с му. Норму 400 цзиней с му превысили уезды: Чжэндин и Гаочэн (провинция Хэбэй), Сяньян и Чанъань (провинция Шэньси), Мэнсянь (провинция Хэнань).

Все эти уезды добились увеличения производства зерна методом увеличения индекса повторного посева.

总结经验，争取丰收

——检阅我们的成就

中国农业展览会负责人　金善宝

举办中国农业展览会的宗旨，在于广泛宣传我国革命胜利以后，特别是实施第一个五年计划期间，在农业生产领域以及农业社会主义改造事业中所取得的巨大成就。展览会的重要作用是使先进的生产经验和科学成果尽快地运用到国营农场和农业生产合作社中去。这必将有力地推动人民为提前实现和超额完成中华人民共和国《1956年到1967年全国农业发展纲要（草案）》中所提出的任务而进行卓有成效的努力。

1949年我国解放后，在农村进行土地改革的基础上又实行了社会主义改造。到1956年11月底，全国加入农业生产合作社的农户已达到96.1%。分散落后的小农经济如今已经从根本上得到了改造。土地改革，特别是胜利地实现了农业合作化，为发展农业生产提供了广阔天地。

全国农副业总产量，如果1949年为100，那么1952年为148.5，到1956年又增加到180。粮食总产量1956年比1949年增加了1 524亿斤，超过了第一个五年计划中1957年的指标。1956年的棉花产量，比1949年增加2 161万担，同解放前收成最好的一年相比，增加了1 352万担。1956年，大豆、花生、油菜以及其他重要油料作物的产量，比1949年增加了一倍以上。其他重要经济作物，如韧皮纤维、烟草、茶叶、糖类等的产量同样大幅度增长。家蚕的产量也明显增长。

在畜牧业方面，1956年与1949年相比，牛的总头数增加2 279万头，猪的总头数增加2 666万头，羊的总只数增加4 991万只。从1953年到1956年，全国开垦了6 653万亩荒地。现在，已经建立了454个国营机械化农场和大型畜牧场。从1950年到1956年，全国种植建筑用树林和防护林带1 031万公顷。砍伐面积则为36万公顷，并对国有森林进行保护。在山区，划为禁伐区的有156.8万公顷。

水利建设方面，在治理大江大河的同时，千方百计地建设农田水利设施。1949年全国农田灌溉面积为3亿亩，到1956年增加到5亿亩。水土保持控制面积达到20 900万亩。1949年，渔业生产总量为44.8万吨，到1956年增长为261万吨。在气象服务领域，气象站台的数量一年比一年多，到1956年已达到1 404个。同解放前最后一年的1948年相比，气象站台的数量增加了19倍，同1950年相比，增加了8倍。

在年复一年蓬勃掀起的生产运动中，全国涌现出许多先进的农业生产合作社、国营农场、国营畜牧场以及其他先进组织，其中既有农业组织，又有林业、水利、水产组织。先进的合作社、国营农场和其他组织以及从中涌现出来的先进工作者们取得了杰出的生产成就，创造和积累了丰富的先进经验。

在展览会上可以看到许多先进的国营农场和农业生产合作社，依靠集体生产的优越条件，坚定不移地采取多种措施，总结增产经验，大大提高了单位面积产量。

在回顾丰收的成就，揭示获得丰收的方法和经验的同时，我们更加清楚地认识到，普遍提高单位面积产量确实是我国农业生产的潜力所在。正如《中国共产党第八次全国代表大会关于政治报告的决议》中指出的："农业增产的主要途径，就是要充分发挥农业已经基本上实现合作化这个优越条件，依靠合作社的集体力量和政府的支援，采取兴修水利、增施肥料、改良土壤、改良品种、推广新式农具、提高复种指数、改进耕作方法、防治病虫灾害等项措施，来增加单位面积产量。"

中国农业展览会展示了科学研究工作在农业领域取得的成就及其在生产中的重要作用。7 年来，我国农业科学研究工作获得巨大发展。全国建立了 216 个农业耕作、造林、养鱼、畜牧的科研机构，建立了高级和中级的农林学校和牲畜繁殖示范基地。现在，我国农业领域已经具有完整的科学网络。

在选择和栽培农作物的优良品种及其秧苗，消除农作物病虫害、防治牲畜病害、改良土壤、增施肥料、改进农具、改善灌溉以及在战胜风沙、预防自然灾害的斗争中，都显示出科学研究工作在增产方面的巨大作用。展览会全方位地宣传和普及这些成就，必将促进我国农业的进一步发展。展览会展示的一系列增产经验，也为进一步开展科学研究工作提供了宝贵的材料。

几年来，政府对农业提供的经济援助、技术援助以及干部方面的支援也起了巨大的作用。国家拨巨款建立了众多的农具制造厂、建设了许多大型灌溉设施，建造了大面积的防护林带。政府还为农业提供大量生产物资：新型农具、化肥、农药及其配套用具、生物制剂等。为农业培养了大批技术干部，建立了许多农业耕作和其他方面的科学研究机构及技术指导机构。国家还建立了许多机器拖拉机站、抽水站和其他农业指导机构，从农民中培养了大批农业生产干部和技术骨干。展览会展示了这些援助在实际工作中取得的巨大成果。

这里，我们应当着重指出，在我国发展农业的过程中，伟大的社会主义邻邦苏联和其他兄弟国家给予了我们重要的物质和技术上的援助。中国农业展览会全面展示了国际主义援助和友谊，同时也表达我们对这种援助的衷心感谢。

《中国共产党第八次全国代表大会关于政治报告的决议》指出："我国目前农业生产还不能适应日益增长的需要，今后必须用更大的力量发展农业。"我们从中国农业展览会上展出的各种材料中可以看到我国农业具有巨大潜力，只要我们努力工作，我们就可以提高产量，彻底改善目前存在的不适应状况。

中华人民共和国《1956 年到 1967 年全国农业发展纲要（草案）》规定：要求在 12 年内三种不同类型地区的粮食平均亩产分别达到 400、500 和 800 斤，原棉平均亩产分别达到 60、80 和 100 斤。只要我们完成了这些基本要求，那么随着生产的发展，必定能够逐步地实现《全国农业发展纲要（草案）》中所提出的提高农民物质和文化生活水平的任务。

中国农业展览会向我们显示了如下事实。1956 年，3 种不同类型地区的粮食作物产量，以县为计算单位，有的平均亩产量已经达到和超过《全国农业发展纲要（草案）》的要求。有 7 个县平均亩产达到 800 斤，1 个县平均亩产 500 斤，5 个县平均亩产 400 斤。在棉花生产方面，有 115 个县 1 700 万亩的原棉产量每亩超过 50 斤，其中 300 万亩平均亩产原棉 100 斤。

目前，有更多的地区达到和超过了中华人民共和国《1956 年到 1967 年全国农业发展纲要（草案）》所要求的水平。由此可见，在 12 年里随着我国工业化的发展和农业生产条件的逐步改善，实现《全国农业发展纲要（草案）》提出的要求是完全可能的。

展览会的展品同时还告诉我们，我国具有极其丰富的可以用于发展农业生产的自然资源。我国有将近 15 亿公顷可开垦和播种的生荒地和熟荒地。我们有 1 亿多公顷尚未利用的宜于植树造林的山坡地。有 77%的海洋面积和 84%的淡水面积可以发展渔业。大面积的草原为饲养牲畜提供了充足的条件。丰富的水资源可用来灌溉田地。

展览会的展品还告诉我们，我国具有良好的气候条件，有种类繁多、各式各样的农产品。有水生动物和海洋动物，有热带作物和树木，还有桑树、韧皮纤维作物，有茶叶、蚕、水果，还有许多我国特有的珍贵药材。这些都具有很高的经济价值，也有利于出口。这些优越条件意味着，农业增产的潜力取之不尽。无疑，中国农业展览会不仅是对农业生产成就的总结，也是研究种植、畜牧、水利、造林和其他领域经验的学校。

必须善于总结这些丰富经验。只有这样，才能把增产的潜力全部挖掘出来。为了普遍提高单位面积产量，保证农业生产不断增长，特别要善于总结农业丰产的先进经验。

（友好报，1957-3-5）

本报編輯部于本月4日邀請农業科学工作者、水利科学工作者、森林科学工作者和食品工業科学工作者，就全国农業發展綱要（修正草案）举行了座談会。大家一致認为：全国农業發展綱要是建設社会主义新农村的偉大綱領，全国人民在共产党的領导下，团結一致，充分發揚艰苦奋斗的革命傳統，一定能够实現农業發展綱要所提出的指标；并表示要在科学工作崗位上，为实現农業發展綱要貢献出力量。現將他們的發言，摘要發表如下。

被邀請参加座談者名單

顧兆勳（华东水利学院河川系主任）
华兴鼐（华东农科所特用作物系主任）
沈学源（南京工学院食工系教授）
金善宝（中国农業科学研究院副院長、南京农学院院長）
郑庆端（华东农科所畜牧兽医系主任）
李揚謙（南京农学院教授）
朱鳳美（华东农科所植保系主任）
吳光远（华东农科所园艺系副主任）
程暄生（华东农科所农業化学系主任）
梅藉芳（华东农科所　作物系副主任）
吳闓直（华东农科所副研究員）
鄒鍾琳（南京农学院教授書面發言）
馬大浦（南京林学院教授書面發言）

种植高产飼料作物适应增养猪子的需要

中国农業科学院副院長
南京农学院院長　金善宝

全国农業發展綱要修正草案很完备，与第一次頒布的全国农業發展綱要草案內容基本一致，但也有几点是新增加的。

第十七条，發展山区經济。这一条增加进去很重要，中国山区农民很多，生产上、經济上都較落后、貧穷，交通运輸不便，他們需要的得不到，出产的运不出。現在綱要提出了發展山区經济，是十分必要的。事实上，山区經济發展的前途确是很大的，如种植果树等，將来可做到山区变成"花果山"。現在苏联山区农民就是最富裕的。

第七条，改良旧式农具，推广新式农具。据我了解，过去农業机械工作者对改良旧式农具一向是不注意的，南京农学院农机系师生談到农具总是設計、制造。而中国現狀首先是要改良旧式农具。中国地少人多，有不少地区不能一下子都用大型新式农具。所以，提出这一条非常正确。而且改良农具經济价格低廉，现在农村的經济情况負担得了。

第二条，提高粮食和其他农作物的产量。怎样使增产指标得以实現呢？綱要提出了許多切实可行的具体措施，如搞好农田水利、扩大复种面积等。扩大复种面积，应增加肥料，不然，現在产量虽然增加，过几年却会減少地力。綱要提出大力增加农家肥料和化学肥料，1962年生产化肥五百万吨到七百万吨，1967年增加到一千五百万吨，但这还是不能滿足要求的。而且生产一千五百万吨要新建相当于五十个永利宁厂，十年內是相当吃勁的，需要我們更好地努力。化学肥料不足如何办？可大力养猪，增加肥料。綱要提出到1962年农村每戶养猪一头半到二头，1967年每戶养猪二头半到三头，这很需要。但有一个問題，現在养猪一亿多头，飼料已發生問題，再增加，飼料必須要設法解决。我考虑是否可以多撥出土地散飼料基地，如每一百亩地拿出十亩地（或十五亩）种高产飼料作物。十亩飼料基地約可飼养五十头猪，以五十头猪的肥料壅九十亩地，如增施肥料后九十亩地能增加到一百亩地的产量，那猪就是多增加的收入了。我認为，現在科学研究机关可以先进行試驗，如确实可行，再普遍推广。

一九五七年十一月十七日新华日报

种植高产饲料作物适应增养猪子的需要

中国农业科学院副院长
南京农学院院长　金善宝

《全国农业发展纲要（修正草案）》（下简称《纲要》）很完备，与第一次颁布的《全国农业发展纲要（草案）》内容基本一致，但也有几点是新增加的。

第十七条，发展山区经济。这一条增加进去很重要，中国山区农民很多，生产上、经济上都较落后、贫穷，交通运输不便，他们需要的得不到，出产的运不出。现在《纲要》提出了发展山区经济，是十分必要的。事实上，山区经济发展的前途确是很大的，如种植果树等，将来可做到山区变成“花果山”。现在苏联山区农民就是最富裕的。

第七条，改良旧式农具，推广新式农具。据我了解，过去农业机械工作者对改良旧式农具一向是不注意的，南京农学院农机系师生谈到农具总是设计、制造。而中国现状首先是要改良旧式农具。中国地少人多，有不少地区不能一下子都用大型新式农具。所以，提出这一条非常正确。而且改良农具经济价格低廉，现在农村的经济情况负担得了。

第二条，提高粮食和其他农作物的产量。怎样使增产指标得以实现呢？《纲要》提出了许多切实可行的具体措施，如搞好农田水利、扩大复种面积等。扩大复种面积，应增加肥料，不然，现在产量虽然增加，过几年却会减少地力。《纲要》提出大力增加农家肥料和化学肥料，1962 年生产化肥 500 万~700 万吨，1967 年增加到 1 500 万吨，但这还是不能满足要求的。而且生产 1 500 万吨要新建相当于 50 个永利宁厂，10 年内是相当吃劲的，需要我们更好地努力。化学肥料不足如何办？可大力养猪，增加肥料。《纲要》提出到 1962 年农村每户养猪 1.5~2 头，1967 年每户养猪 2.5~3 头，这很需要。但有一个问题，现在养猪一亿多头，饲料已发生问题，再增加，饲料必须要设法解决。我考虑是否可以多拨出土地做饲料基地，如每 100 亩地拿出 10 亩地（或 15 亩）种高产饲料作物。10 亩饲料基地约可饲养 50 头猪，以 50 头猪的肥料垩 90 亩地，如增施肥料后 90 亩地能增加到 100 亩地的产量，那猪就是多增加的收入了。我认为，现在科学研究机关可以先进行试验，如确实可行，再普遍推广。

（新华日报，1957-11-17（2））

从編写理论著作来看党的領导农业科学

金善宝

我国是具有四、五千年历史的农业古国，千千万万的劳动农民在生产实践中积累了极为丰富的經驗。解放以后，农民分得了土地，又組成了农业合作社，生产积极性空前高涨。1958年，出現了人民公社，农业生产获得了史无前例的大跃进。高产出科学，在广大农民創造出来的丰产成績，包含着数不尽的科学道理，如何把这种丰富多采的成功經驗系統地加以总結，提高到理論，然后反过来去指导农业生产是非常必要的。

自从上海召开的全国地方科学技术工作会議向科学研究机关发出加强理論研究的号召，中国农业科学院积极地响应了这一号召。全国如此，各省、市、自治区也是如此，人民公社的科学研究机构也注意了理論研究。在全国范围内掀起了編写理論著作的高潮。如果說，1958年是我国农业生产空前大跃进的一年，那么，1959年是我国編写农业理論著作空前大跃进的一年。

从二十世紀的半个多世紀以来，我国在农业科学著作方面是十分貧乏的，沒有編出过一本象样的、中国式的书籍。我国的农业科学工作者，由于迷信外国，理論脫离实际的情况是十分严重的。解放前，农业院校的教师編写讲义的資料，大都因袭他自己所留学的国家的。因此，不是抄袭日本，就是引用美国的东西。不管农业是如何受着气候环境条件的影响，是有地域性的，而把它生搬硬套到中国来。把外国的試驗成果說得天花乱墜，对本国的农业实际情况則茫然无所知。虽然是个农业科学工作者，但仍然是四体不勤，五谷不分。这样由他們培养出来的学生和干部，怎能叫他們不脫离生产，不脫离实际呢？当然，在反动統治的年代里，也只能造就那种脫离生产，脫离实际的教师和学生，这也并不奇怪的。

編写中国农业科学理論著作，是我国农业科学工作者許多年来梦寐以求的事。1959年2月，在全国农业科学研究工作会議上，党发出了宏伟的号召，号召农业科学工作者要破除迷信，解放思想，在1958年农业生产大跃进的基础上，总結广大农民的丰富生产經驗，編写系統性的农业科学理論著作，使农业科学眞正能为农业生产服务。党这一伟大号召获得了全国农业科学工作者的热烈拥护。

一年多来，我国农业科学工作者，在党的总路綫光輝照耀下，鼓足干劲，发揮主观能动性，編写了大量的农业科学著作。全国五十八个单位編写的著作，就有二百八十二种，总数达三千三百六十二万字。这当然是一个不完全的統計，各省、市、自治区編写的数字是很大的，例如中国农业科学院江苏分院和南京农学院編写的理論著作各达一千万字，就是有的县科学研究机构，根据地方的特点，也写出了很好的科学論著。总起来說，1959年，我国編写的农业科学論著是空前的，划时代的。据估計，我国四千多年来有关农业方面記載的书籍包括各省的地方志在內不过六、七千万字，我們去年所編写的农业理論著作，大大超过了我国四千多年来的成就。这是党領导农业科学的伟大胜利，是辯証唯物主义的伟大胜利，是毛澤东思想的伟大胜利。

“钦定授时通考”是清代統治阶級用全国的力量，根据历代农业資料，編纂出来比較有价值的一部农书，它自乾隆二年到乾隆七年，共計六年的时間，才編纂完竣，参加編纂的大臣有六十人。全书七十八卷，不过六、七十万字，如与我們在1959年編写的农业理論著作的数量和质量来比較眞是不可以道里計。

党的領导，政治挂帅，是1959年我国农业科学研究机关編写理論著作胜利完成的根本保証。就中国农业科学院来說，在編写“中国水稻栽培学”“中国小麦栽培学”等九本理論著作的过程中，党坚持了在短期內写出足以反映我国生产大跃进和科学研究水平的理論著作，一开始就对农业科学工作者那种畏难情緒和慢慢积累資料以后一次写成的思想情况进行分析，并指出根据当前生产跃进的形势和不断涌現出来新的創造，应該破除迷信，解放思想，先就已經到手的材料加以科学分析，着手編写，边写边充实，边提高。在編写过程中大力組織各方面的力量，尽量提供所需要的資料。

在过去一年中，党在領导理論著作方面也取得了一条成功的經驗，即第一阶段，組織人力，集体討論，写出提綱；第二阶段，参加編写理論著作的人員，集中在一起編写，便于及时討論；第三阶段，組織会議审查，开展学术討論。利用各种現場会議来修改理論著作的提綱，例如“中国小麦栽培学”的提綱在去年4月間在成都召开的南方小麦座談会上及5月間在河南偃师召开的北方小麦座談会上都經过詳細的討論和修改，內容一次比一次充实，一次比一次提高。經过这样三个阶段編写出来的理論著作內容是比較丰富的，完整的，观点正确，理論联系实际。这是毛澤东思想的領导方法，是辯証唯物主义的領导方法，誰能說党不能領导农业科学？

为了迅速地很好地完成編写理論著作的任务，組織各級科学研究部門的大协作是必要的。开展大协作是我們社会主义制度优越性在組織上的表現，是我們实現大跃进的必要的和有利的条件。中国农业科学院所担任的九本理論著作，在編写过程中各地科学研究机构充分发揮了共产主义大协作的精神。在編写初期就抽調了各地有关农业科学研究机关和农业院校的研究人員共同編写，当时領导上考虑調人过多，会影响各省、市、自治区的研究工作和对当地生产的技术指导。但各地科学研究机关和农业院校的領导上都极其重視九本书的編写，都积极指派一定的研究人員共同参加編写工作，并提供了各地有关的重要資料。他們把編写这九本理論著作看作是我們党的共同事业，是对人民的崇高工作。

这些理論著作是农业科学工作者在党的領导下集体編写出来的产物。最初拟訂大綱都經过集体討論、并一再修改补充之后才确定的。初稿完成之后，又組織了全国有关专家，生产領导部門，科学研究部門和农业劳动模范共同参加，认眞审查。在“中国小麦栽培学”初稿中，劳动模范提出了許多宝貴的意見，他們强調从具体管理措施出发，对田間管理一章討論时，提供了“管”应包括从种到收的整套措施及其科学道理，并必須以綜合貫彻“八字宪法”的精神来編写，这样才能眞正指导生产。这种意見得到参加审查人員一致的重視，因此，便进行了逐章逐节的认眞討論，对不少章节提出修改意見并进一步組織力量进行編写。在审稿过程中，大力开展了学术活动，貫彻了百家爭鳴的方針，利用各种方法和形式鼓励大家展开不同意見的爭論。例如“中国水稻栽培学”的初稿中，对水稻有沒有春化阶段問題和早、中稻在光照阶段的有感、无感問題，展开了热烈的討論。专家們根据多年来掌握的丰富資料，都提出自己的見解，虽然在討論的过程中，还沒有得出一致的結論，但大家认为这样的討論是有助于学术的推进的。

在审稿的时候，在“中国水稻栽培学”“中国小麦栽培学”的初稿中，发現有些章节牵涉到立場、观点上的錯誤。領导上及时指出这些錯誤，并进一步开展了批判和深入的討論，把这些章节进行改写。通过編写、审查和批判，把以往的科学研究成果进行了认眞的，反复的检查。这使所有参加这一工作的科学家都一致认为这一工作不仅是业务水平提高的过程，也是改造思想的过程。

1959年，我們編写的九本农业理論著作，它的材料来自全国各地，参加編写的人員来自各地的科学研究机关。科学来自实践，这些著作是在深入研究大量具体材料的基础上得出的結論，是我国广大农民用自己的双手創造出来的劳动結晶。因此，这些結論就成为农业科学极为广泛的概括，它必然成为实践中眞正的指南。它是从群众中来又回到群众中去的一个科学典范，这是党的群众路綫的光輝胜利。毛主席教导我們：政治工作是一切工作的統帅。科学工作，技术工作同一切其他工作一样，必須服从政治，必須“政治挂帅”，脫离政治，就会迷失方向。知識分子如果沒有正确的政治观点，就等于沒有灵魂。我国的农业科学工作者必須认眞地、系統地学习毛主席的著作，重視劳动，虛心向农民学习，密切联系生产实践。1959年九本农业理論著作的胜利完成，为我国現代农业科学奠定了良好的基础。从此以后，中国有了自己的現代农业科学，这是我国农业科学史上划时代的一件大事。但必須指出，这仅仅是一个开端，我們决不能自滿。1960年，党交給全国农业科学工作者的任务，要編写“中国作物育种学”等十三本农业科学理論著作，这是全国农业科学工作者的光荣任务。我們相信，只要我們高举毛澤东思想的紅旗，坚决服从党的領导，坚决走群众路綫，农业科学必須为生产服务，必須为无产阶級的政治服务的方針，使农业科学不断跃进，在六十年代里，我国的农业科学必将在世界农业科学领域里作出輝煌的貢献。

从编写理论著作来看党的领导农业科学

金善宝

我国是具有四五千年历史的农业古国，千千万万的劳动农民在生产实践中积累了极为丰富的经验。解放以后，农民分得了土地，又组成了农业合作社，生产积极性空前高涨。1958 年，出现了人民公社，农业生产获得了史无前例的“大跃进”。高产出科学，在广大农民创造出来的丰产成绩，包含着数不尽的科学道理，如何把这种丰富多彩的成功经验系统地加以总结，提高到理论，然后反过来指导农业生产是非常必要的。

自从上海召开的全国地方科学技术工作会议向科学研究机关发出加强理论研究的号召，中国农业科学院积极地响应了这一号召。全国如此，各省、直辖市、自治区也是如此，人民公社的科学研究机构也注意了理论研究。在全国范围内掀起了编写理论著作的高潮。如果说，1958 年是我国农业生产空前“大跃进”的一年，那么，1959 年是我国编写农业理论著作空前“大跃进”的一年。

从 20 世纪的半个多世纪以来，我国在农业科学著作方面是十分贫乏的，没有编出过一本像样的、中国式的书籍。我国的农业科学工作者，由于迷信外国，理论脱离实际的情况是十分严重的。解放前，农业院校的教师编写讲义的资料，大都因袭他自己所留学的国家的。因此，不是抄袭日本，就是引用美国的东西。不管农业是如何受着气候环境条件的影响，是有地域性的，而把它生搬硬套到中国来。把外国的试验成果说得天花乱坠，对本国的农业实际情况则茫然无所知。虽然是个农业科学工作者，但仍然是四体不勤、五谷不分。这样由他们培养出来的学生和干部，怎能叫他们不脱离生产，不脱离实际呢！当然，在反动统治的年代里，也只能造就那种脱离生产、脱离实际的教师和学生，这也并不奇怪的。

编写中国农业科学理论著作是我国农业科学工作者许多年来梦寐以求的事。1959 年 2 月，在全国农业科学研究工作会议上，党发出了宏伟的号召，号召农业科学工作者要破除迷信、解放思想，总结广大农民的丰富生产经验，编写系统性的农业科学理论著作，使农业科学真正能为农业生产服务。党这一伟大号召获得了全国农业科学工作者的热烈拥护。

一年多来，我国农业科学工作者，在党的总路线光辉照耀下，鼓足干劲，发挥主观能动性，编写了大量的农业科学著作。全国 58 个单位编写的著作，就有 282 种，总数达 3 362 万字。这当然是一个不完全的统计，各省、直辖市、自治区编写的数字是很大的，例如中国农业科学院江苏分院和南京农学院编写的理论著作各达 1 000 万字，就是有的县科学研究机构根据地方的特点，也写出了很好的科学论著。总的来说，1959 年，我国编写的农业科学论著是空前的、划时代的。据估计，我国四千多年来有关农业方面记载的书籍包括各省的地方志在内不过六七千万字，我们去年所编写的农业理论著作，大大超过了我国四千多年来的成就。这是党领导农业科学的伟大胜利，是辩证唯物主义的伟大胜利，是毛泽东思想的伟大胜利。

《钦定授时通考》是清代统治阶级用全国的力量，根据历代农业资料，编纂出来比较有价值的一部农书，它自乾隆二年到乾隆七年（1737—1742年），共计6年的时间，才编纂完竣，参加编纂的大臣有60人。全书78卷，不过六七十万字，如与我们在1959年编写的农业理论著作的数量和质量来比较，真是不可以道里计。

党的领导，政治挂帅，是1959年我国农业科学研究机关编写理论著作胜利完成的根本保证。就中国农业科学院来说，在编写《中国水稻栽培学》《中国小麦栽培学》等9本理论著作的过程中，党坚持了在短期内写出足以反映我国生产"大跃进"和科学研究水平的理论著作，一开始就对农业科学工作者那种畏难情绪和慢慢积累资料以后一次写成的思想情况进行分析，并指出根据当前生产"跃进"的形式和不断涌现出来新的创造，应该破除迷信，解放思想，先就已经到手的材料加以科学分析，着手编写，边写边充实，边提高。在编写过程中大力组织各方面的力量，尽量提供所需要的资料。

在过去一年中，党在领导理论著作方面也取得了一条成功的经验，即第一阶段，组织人力，集体讨论，写出提纲；第二阶段，参加编写理论著作的人员，集中在一起编写，便于及时讨论；第三阶段，组织会议审查，开展学术讨论。利用各种现场会议来修改理论著作的提纲，例如《中国小麦栽培学》的提纲，在去年4月在成都召开的南方小麦座谈会上及5月在河南偃师召开的北方小麦座谈会上都经过详细的讨论和修改，内容一次比一次充实，一次比一次提高。经过这样3个阶段编写出来的理论著作内容是比较丰富的、完整的，观点正确，理论联系实际。这是毛泽东思想的领导方法，是辩证唯物主义的领导方法，谁能说党不能领导农业科学？

为了迅速地、很好地完成编写理论著作的任务，组织各级科学研究部门的大协作是必要的。开展大协作是我们社会主义制度优越性在组织上的表现，是我们实现"大跃进"的必要的和有利的条件。中国农业科学院所担任的9本理论著作，在编写过程中各地科学研究机构充分发挥了共产主义大协作的精神。在编写初期就抽调了各地有关农业科学研究机关和农业院校的研究人员共同编写，当时领导上考虑调人过多，会影响各省、直辖市、自治区的研究工作和对当地生产的技术指导。但各地科学研究机关和农业院校的领导上都极其重视9本书的编写，都积极指派一定的研究人员共同参加编写工作，并提供了各地有关的重要资料。他们把编写这9本理论著作看作是我们党的共同事业，是对人民的崇高工作。

这些理论著作是农业科学工作者在党的领导下集体编写出来的产物。最初拟订大纲都经过集体讨论、并一再修改补充之后才确定的。初稿完成之后，又组织了全国有关专家、生产领导部门、科学研究部门和农业劳动模范共同参加，认真审查。在《中国小麦栽培学》初稿中，劳动模范提出了许多宝贵的意见，他们强调从具体管理措施出发，对田间管理一章讨论时，提供了"管"应包括从种到收的整套措施及其科学道理，并必须以综合贯彻"八字宪法"的精神来编写，这样才能真正指导生产。这种意见得到参加审查人员一致的重视，因此，便进行了逐章逐节的认真讨论，对不少章节提出修改意见并进一步组织力量进行编写。在审稿过程中，大力开展了学术活动，贯彻了"百家争鸣"的方针，利用各种方法和形式鼓励大家展开不同意见的争论。例如《中国水稻栽培学》的初稿中，对水稻有没有春化阶段问题和早、中稻在光照阶段的有感、无感问题，展开了热烈的讨论。专家们根据多年来掌握的丰富资料，都提出自己的见解，虽然在讨论的过程中，还没有得出一致的结论，但大家认为这样的讨论是有助于学术的推进的。

在审稿的时候，在《中国水稻栽培学》《中国小麦栽培学》的初稿中，发现有些章节牵涉到立场、观点上的错误。领导上及时指出这些错误，并进一步开展了批判和深入的讨论，把这些章节进行改写。通过编写、审查和批判，把以往的科学研究成果进行了认真的、反复的检查。这使所有参加这一工作的科学家都一致认为这一工作不仅是业务水平提高的过程，也是改造思想的过程。

1959年，我们编写的9本农业理论著作，它的材料来自全国各地，参加编写的人员来自各地的科学研究机关。科学来自实践，这些著作是在深入研究大量具体材料的基础上得出的结论，是我国广大农民用自己的双手创造出来的劳动结晶。因此，这些结论就成为农业科学极为广泛的概括，它必然成为实践中真正的指南。它是从群众中来又回到群众中去的一个科学典范，这是党的群众路线的光辉胜利。毛主席教导我们：政治工作是一切工作的统帅。科学工作、技术工作同一切其他工作一样，必须服从政治，必须"政治挂帅"，脱离政治，就会迷失方向。知识分子如果没有正确的政治观点，就等于没有灵魂。我国的农业科学工作者必须认真地、系统地学习毛主席的著作，重视劳动，虚心向农民学习，密切联系生产实践。1959年，9本农业理论著作的胜利完成，为我国现代农业科学奠定了良好的基础。从此以后，中国有了自己的现代农业科学，这是我国农业科学史上划时代的一件大事。但必须指出，这仅仅是一个开端，我们决不能自满。1960年，党交给全国农业科学工作者的任务，要编写《中国作物育种学》等13本农业科学理论著作，这是全国农业科学工作者的光荣任务，我们相信，只要我们高举毛泽东思想的红旗，坚决服从党的领导，坚决走群众路线，农业科学必须为生产服务，必须为无产阶级的政治服务的方针，使农业科学不断跃进，在20世纪60年代里，我国的农业科学必将在世界农业科学领域里做出辉煌的贡献。

（文汇报，1960-6-16（2））

组织农业科学技术考察推动农业生产的基本经验

中国农业科学院副院长 金善宝

光明日报，1960.12.22

(一)

技术考察是理論密切联系实际，农业科学支援农业生产第一綫的群众路綫的工作方法之一。1958年以来，在总路綫、大跃进、人民公社三面紅旗的光輝照耀下，农业生产出現了持續跃进的局面。人民公社的建立，生产規模和經营范围日益扩大，广大农民群众創造了許多丰富的增产經驗，迫切要求农业科学工作者及时加以总結提高，用以指导生产；同时也迫切要求农业科学因时因地制宜地、迅速地解决不断涌現出的許多新的科学技术問題，促进农业生产的发展。各地农业科学技术研究部門为了适应这一客观形势的需要，組織了有关单位，深入农业生产第一綫，进行了技术考察，及时有效地解决了生产中存在的問題，加强了科学技术对农业生产的指导，有力地促进了农业生产，深受当地党委和群众的欢迎，达到了生产、科学双丰收。

几年来在各級党委的重視和有关单位的积极支援下，技术考察有了很大发展。首先是江苏、河北等省的研究单位，集中主要的技术力量，在几种主要作物生产的关鍵时期，进行技术考察，深入現場，評比研究，总結先进經驗，解决存在問題，积极推动当前当地的生产。这一方法所显示出来的优越性，立即为人們所认識，不少地区的省、专区、县各級的农业科学研究机关将它广泛地用于各个专业和学科。考察的內容也更加丰富了，不仅仅局限于稻、麦、棉等几种主要农作物的綜合性的增产考察，而且扩大到果树、蔬菜、畜牧、土壤、肥料和植物保护等专业或专題的考察。各地农业科学工作者在广泛的实践中，又进一步认識到，只在某一个关鍵时期进行一次技术考察，虽然也能了解到一些情况，收集到一些資料，发現和解决在某一个阶段上所发生的一些技术問題；但是，缺乏系統完整的資料，对生产中存在的問題很难从前因后果中进行全面而深刻的分析，因而就很难达到环环扣紧、段段促进、保证丰收的目的。于是临时性的技术考察便进一步地发展成为有計划、有組織的系統考察，从而提高了技术考察的质量。总之，在三年多的实践过程中，技术考察的方法和經驗不断增进，不断丰富，而它所起的作用也越来越大。

开展技术考察使农业科学与农业生产第一綫保持了最密切的联系，使科学技术与广大农民群众的生产斗爭紧密結合，及时发揮作用，更好地更有效地为生产服务。考察人員深入生产第一綫，实行田头会診，边听、边看、边調查、边分析、边总結，发現当前当地生产中的問題，就地研究解决，提出切实可行的措施；并对将来的发展趋势提出科学的預見，以便先一步作好准备，在向自然作战的斗爭中，充分发揮主观能动性，掌握更多的主动权。例如江苏省去冬的小麦苗期考察，根据当时分蘖苗数的分析，提出了冬春两季的总的奋斗目标是，促使更多的分蘖潜芽及早成苗，尽多成穗；并且估計到早春种种的不利因素，拟定了追施腊肥、培土壅根、开沟防湿和防冻保苗等技术措施。通过穗期考察，发現今年苏南地区春雨較多，部分麦苗叶片发黃，北部少数麦田有脫肥現象。針对这些不同情况，提出了苏南地区应继續清理墒沟，消除湿害，同时巧施粒肥，促进粒多粒重；北部地区則应以巩固分蘖，提高分蘖成穗为首要目标，应加强肥水管理。这一系列的技术考察活动，对今年江苏三麦丰收起到了很大的指导作用。不仅如此，通过考察，还可总結和推广先进經驗和科学技术成就。中国农业科学院在甘肃河西地区的小麦考察中，总結了这一地区扩种冬麦和春麦冬播的經驗，拟定了克服缺株死苗現象的措施，为今年推广这些先进經驗，力爭明年多打粮食提供了較为完整的技术資料。

开展技术考察，可促进农业科学的发展。首先可以发掘群众的先进經驗，解决生产中的問題，丰富科学內容。例如今春山东省以春耕生产为中心的考察，总結了群众創造的甘薯群坑育苗、甘薯秧苗高产以及井窖貯藏五年不烂等宝貴經驗。又如湖北省的油菜考察，总結了松滋县十万亩油菜大丰收的技术措施，提出了改分散种植为連片种植，改迟播为适当早播，改重茬为换茬，改苗床扯苗后的粗放管理为精細管理等成套經驗，找到了解决棉油（菜）两熟、稻油（菜）两熟和油（菜）肥（綠肥）两熟的矛盾的有效方法，为合理利用土地、多种多收、高产多收开辟了切实可行的途径。这些成就不但在生产上具有重大意义，而且丰富了甘薯和油菜的栽培技术。其次，通过技术考察可以发現新的問題，指出今后研究方向，使科学研究計划奠定在客观存在和主观认識統一的基础之上。如今年江苏三麦考察，明确了今后三麦的研究在南部应抓住綠肥与三麦夹种、改撒播为寬幅条播、防治秸銹病和赤霉病等問題；北部应解决一整套机械化栽培技术、新稻区三麦丰产技术以及豌豆和三麦混播技术等問題。此外，通过技术考察可以收集大批直接来自生产实践中的第一手資料和总結材料，这是农业科学的一項宝貴的财富，为今后建立专題档案，进行系統的研究創造了极有利的条件。

开展技术考察可以普及科学知識，激发广大农民群众学科学、办科学、用科学的热潮，推动农村中的技术革命和文化革命。山东省今年以春耕生产为中心的技术考察，采取了边总結边传播的方法，总結了汶上县的甘薯多級育苗的先进經驗，立即在曲阜、曹县、鄄城等地区宣传推广，得到迅速传播。在曹县等地举办了关于防治小麦銹病、棉花育苗等科学知識报告会，深受当地党委和群众的欢迎。河北省近两年来，用技术考察解决了生产中許多科学技术問題，使群众亲眼看到了科学技术对增产起的作用，提高了他們研究农业科学、推广新技术的积极性，紛紛建立起技术組織，成为促进河北省广泛开展群众性科学技术活动的主要因素之一。因此，技术考察团实际上已成为科学技术的传播队。

组织农业科学技术考察推动农业生产的基本经验

中国农业科学院副院长　金善宝

一

技术考察是理论密切联系实际，农业科学支援农业生产第一线的群众路线的工作方法之一。1958 年以来，人民公社的建立，生产规模和经营范围日益扩大。广大农民群众创造了许多丰富的增产经验，迫切要求农业科学工作者及时加以总结提高，用以指导生产；同时也迫切要求农业科学因时因地制宜地、迅速地解决不断涌现出的许多新的科学技术问题，促进农业生产的发展。各地农业科学技术研究部门为了适应这一客观形势的需要，组织了有关单位，深入农业生产第一线，进行了技术考察，及时有效地解决了生产中存在的问题，加强了科学技术对农业生产的指导，有力地促进了农业生产，深受当地党委和群众的欢迎，达到了生产、科学双丰收。

几年来，在各级党委的重视和有关单位的积极支援下，技术考察有了很大发展。首先是江苏、河北等省的研究单位，集中主要的技术力量，在几种主要作物生产的关键时期，进行技术考察，深入现场，评比研究，总结先进经验，解决存在问题，积极推动当前当地的生产。这一方法所显示出来的优越性，立即为人们所认识，不少地区的省、专区、县各级的农业科学研究机关将它广泛地用于各个专业和学科。考察的内容也更加丰富了，不仅仅局限于稻、麦、棉等几种主要农作物的综合性的增产考察，而且扩大到果树、蔬菜、畜牧、土壤、肥料和植物保护等专业或专题的考察。各地农业科学工作者在广泛的实践中，又进一步认识到，只在某一个关键时期进行一次技术考察，虽然也能了解到一些情况，收集到一些资料，发现和解决在某一个阶段上所发生的一些技术问题；但是，缺乏系统完整的资料，对生产中存在的问题很难从前因后果中进行全面而深刻的分析，因而就很难达到环环扣紧、段段促进、保证丰收的目的。于是临时性的技术考察便进一步地发展成为有计划、有组织的系统考察，从而提高了技术考察的质量。总之，在三年多的实践过程中，技术考察的方法和经验不断增进，不断丰富，而它所起的作用也越来越大。

开展技术考察使农业科学与农业生产第一线保持了最密切的联系，使科学技术与广大农民群众的生产斗争紧密结合，及时发挥作用，更好地更有效地为生产服务。考察人员深入生产第一线，实行田头会诊，边听、边看、边调查、边分析、边总结，发现当前当地生产中的问题，就地研究解决，提出切实可行的措施；并对将来的发展趋势提出科学的预见，以便先一步做好准备，在向自然作战的斗争中，充分发挥主观能动性，掌握更多的主动权。例如江苏省去冬的小麦苗期考察，根据当时分蘖苗数的分析，提出了冬春两季的总的奋斗目标是，促使更多的分蘖潜芽及早成苗，尽多成穗；并且估计到早春种种的不利因素，拟定了追施腊肥、培土壅根、开沟防湿和防冻保苗等技术措施。通过穗期考察，发现今年苏南地区春雨较多，部分麦苗叶片发黄，北部少数麦田有脱肥现象。针对这些不同情况，提出了苏南地区应继续清理墒沟，消除湿害，同时巧施粒肥，促进粒多粒重；北部地区则应以巩固分蘖、提高分蘖成穗为首要目标，应加强肥水管理。这一系列的技术考察活动，对今年江苏三麦丰收起到了很大的指导作用。不仅如此，通过考察，还可总结和推广先进经验和科学技术成就。中国农业科学院在甘肃河西地区的小麦考察中，总结了这一地区扩种冬麦和春麦冬播的经验，拟定了克服缺株死苗现象的措施，为今年推广这些先进经验，力争明年多打粮食提供了较为完整的技术资料。

开展技术考察，可促进农业科学的发展。首先可以发掘群众的先进经验，解决生产中的问题，丰富科学内容。例如今春山东省以春耕生产为中心的考察，总结了群众制造的甘薯群坑育苗、甘薯秧苗高产以及井窖贮藏5年不烂等宝贵经验。又如湖北省的油菜考察，总结了松滋县10万亩油菜大丰收的技术措施，提出了改分散种植为连片种植，改迟播为适当早播，改重茬为换茬，改苗床扯苗后的粗放管理为精细管理等成套经验，找到了解决棉油（菜）两熟、稻油（菜）两熟和油（菜）肥（绿肥）两熟的矛盾的有效方法，为合理利用土地、多种多收、高产多收开辟了切实可行的途径。这些成就不但在生产上具有重大意义，而且丰富了甘薯和油菜的栽培技术。其次，通过技术考察可以发现新的问题，指出今后研究方向，使科学研究计划奠定在客观存在和主观认识统一的基础之上。如今年江苏三麦考察，明确了今后三麦的研究在南部应抓住绿肥与三麦夹种，改撒播为宽幅条播、防治秆锈病和赤霉病等问题；北部应解决一整套机械化栽培技术、新稻区三麦丰产技术以及豌豆和三麦混播技术等问题。此外，通过技术考察可以收集大批直接来自生产实践中的第一手资料和总结材料，这是农业科学的一项宝贵的财富，为今后建立专题档案，进行系统的研究创造了极有利的条件。

开展技术考察可以普及科学知识，激发广大农民群众学科学、办科学、用科学的热潮，推动农村中的技术革命和文化革命。山东省今年以春耕生产为中心的技术考察，采取了边总结边传播的方法，总结了汶上县的甘薯多级育苗的先进经验，立即在曲阜、曹县、鄄城等地区宣传推广，得到迅速传播。在曹县等地举办了关于防治小麦锈病、棉花育苗等科学知识报告会，深受当地党委和群众的欢迎。河北省近两年来，用技术考察解决了生产中许多科学技术问题，使群众亲眼看到了科学技术对增产起的作用，提高了他们研究农业科学、推广新技术的积极性，纷纷建立起技术组织，成为促进河北省广泛开展群众性科学技术活动的主要因素之一。因此，技术考察团实际上已成为科学技术的传播队。

开展技术考察还可以提高科学技术人员的政治思想水平和业务水平。改造知识分子的途径是多方面的。通过社会生活的观察、实践和业务的实践，是改造知识分子的重要途径之一。科学技术人员深入田间、深入现场，亲眼看到了在党的领导下，农业生产持续跃进的形势和农民群众在生产技术方面的无穷智慧，大大地解放了思想，鼓舞了革命干劲，提高了社会主义思想觉悟。同时，在客观事物的启示下，他们进一步认识到了高产出科学和科学必须联系实际为生产服务的真理，感觉到了科学技术与群众相结合后所产生出来的威力，改变了过去关门搞研究、脱离生产脱离群众的资产阶级作风，将自己的科学活动由试验室、试验场扩大到农村，在最活泼最革命的生产实践中，学习到了群众的经验，获得了生产斗争的知识，扩大了知识的领域，明确了研究方向，提高了业务水平。

二

通过几年来的摸索，在工作方法上也积累了许多成功的经验，归纳起来有以下几个方面。

从生产需要出发，以增产为中心

经验证明，要搞好技术考察，首先要有明确的目的性。技术考察的主要特点在于它能迅速推动面的生产，使整个农业生产过程建立在科学的管理水平之上。因此，组织技术考察就必须从生产出发，运用它的“一快二广”的特点，不断发现和解决生产过程中不断产生的科学技术问题，使农业生产一浪高一浪地向前发展，这是问题的一个方面。另一方面农业生产的最终目的是要向自然攫取更多的粮食和其他农产品，增产是农业生产中的根本问题，因此不论以作物为对象的综合性技术考察抑或是专业范围的专题考察，在具体内容和方式方法上，尽可能各有其特点，但是都应以构成增产的重要关键为中心。几年来各地区所进行的考察在各类作物方面，重点围绕增穗、增粒、增加粒重；棉花重点围绕大抓三桃，增加铃重、防治脱落；土壤肥料方面重点围绕农家肥料和土壤改良。这样从生产需要出发，以增产为中心，就防止了脱离实际，为考察而考察的偏向，收到促进生产的实效。

不同作物由于生长发育时期不同，就有不同增产关键；不同地区由于自然条件不一，社会经济发展不平衡，就有不同的增产途径；在同一专业或专题范围内，由于空间和时间不同，又有不同的突出问题。因此，组织技术考察就必须根据生产的实际需要，结合研究任务，考虑到技术力量的配备，全面规划，统筹安排，使综合考察和专题考察相结合，前一次考察和后一次考察相结合，做到又系统又深入地解决增产关键中的科学技术问题。

既管全面，又有重点

在不同地区农业生产的发展总是不平衡的，有先进的，一般的和落后的；即使在一个时期内接近于平衡，仍然会有一些地区突破原来的水平，跃居更高的地位，这是农业生产发展的客观规律。显而易见，农作物总产量的提高，不仅有赖于少数地区的高额丰产，更重要的是使广大的一般地区和低产地区的产量，不断地提高。因此，在技术考察过程中，就采取了抓两头带中间的方法，既考察高产地区，又考察低产地区，使高产地区的先进经验和先进技术，及时经过分析总结和提高，结合不同地区的特点，灵活运用，就地推广，迅速带动了一般地区和低产地区的生产，达到全面的跃进。今年各地进行的小麦苗期考察，改变了过去一类苗和三类苗少，二类苗多的纺锤形，出现了一类苗多于二类苗，二类苗多于三类苗的好景象。同时，各地还采取了具体问题具体分析、不同对象分别对待的方法。在考察高产地区时，既注意考察先进的一面，也注意和研究薄弱的环节，提出改进的措施，使先进的更加先进；在考察低产地区时，不仅寻找落后的原因和改善的办法，而且注意发掘这些地区的有利条件和先进因素，特别是低产变高产的经验，使落后赶上先进。

农业生产有强烈的地域性，各地由于土壤气候和地形地势等自然条件不一致，农业生产上的耕作制度、栽培管理等各个方面都各具特点，甚至在同一作物中存在的问题及其解决的途径也不一样。不少地区在组织技术考察时充分地照顾到了这些特点，采取了一般与典型相结合、共同问题和特殊问题相结合以及点与面相结合等一系列两条腿走路的方法，既找共同的增产规律，也根据具体条件总结不同地区的特殊经验，解决不同地区的实际问题。在面上侧重了解大面积生产中存在的带有普遍性意义的现象，并验证点上的考察研究结果；在点上则选择多种典型，解剖麻雀，并深入钻研来自面上的资料。这样可以对共同问题进行细致分析，了解得更深更透，同时也照顾到了不同地区的特殊需要，既全面、又深入，可以花较少的时间，取得较多的效果；考察结果也更加正确，提出的措施能切合实际，避免了看得多分析研究少、考察一般化与片面性等缺点。

既要勤快，又要深广

农业生产还有强烈的季节性，不误农时是农业生产中一条不容忽视的重要原则。根据各地的经验来看，在很短的时间内，要考察一定地区一定范围内的农业生产情况，必须做到“四勤、四快、三结合”，以便争取农时，使问题及时得到解决，让科学技术迅速发挥作用。

经验证明：实行领导、技术干部和当地群众三结合，是组织技术考察的最好形式。我们决不能把技术考察看成是一项单纯的技术工作。要知道，在科学技术如何支援农业生产、理论如何联系实际、对待群众的创造发明采取何种态度、对于处于萌芽状态的富有生命力的新生事物抱有何种观点等一系列重大问题上，有着无产阶级的和资产阶级的两种观点、两种态度和两种方法的斗争。因此，技术考察工作必须在当地党委领导之下，坚持政治挂帅，确保技术考察工作朝着正确的方向和路线进行。另一方面，最熟悉当地的自然条件和生产状况的是当地群众，而各地的先进经验，也只蕴藏在当地群众的生产实践之中。因此技术考察又必须走群众路线，吸收当地农民参加，共同进行考察。专业技术人员只有与领导、群众相结合，才能取得既有科学数据和论点，又能反映领导意见和群众经验的丰富资料，对发展生产和科学做出更好的贡献。

技术考察一般是在统一组织、统一计划、统一步调的前提下，运用分片包干和巡回考察两种方式，定时定点集中，汇总分析研究。但是不论采取哪一种方式，在整个过程中都要做到“四勤四快”。“四勤”是：腿勤，走的面宽；眼勤，观察的类型多；嘴勤，多问多讲，多座谈多讨论；手勤，亲自动手调查，亲临指导示范。“四快”是：考察行动快，资料总结快，情况反映快，问题解决快。凡是按照这样做的，考察的质量就高，促进生产就快。

首尾呼应，段段衔接

组成整个农业生产过程的各个阶段和每一阶段中的各个环节是互相促进和相互制约的。后一阶段是前一阶段发展的继续，而前一阶段的关键往往会影响到后一阶段的发展。因此，要使每一次考察起到承先启后的作用，必须做到首尾呼应，段段衔接。因此，在考察时，应把历史资料和现实情况结合起来，而以现实情况为主；把上一次考察的结果和当前考察的材料结合起来，而以当前材料为主。对一种现象或一个问题经过这样的前后对比，反复验证，不但熟悉它的历史背景，掌握和支配它的现实动态，而且还可以预测未来，为下一阶段的发展做好准备。例如河北省的 3 次棉花考察，第一次主要是总结早座和多座伏前桃的经验，提出确保伏桃的措施，第二次考察则着重总结多保伏桃的经验，提出多座秋桃的有效措施，而最后一次考察，则系统总结以多座桃为中心的综合丰产措施。这样就使该省的棉花生产一个战役又一个战役，一个高潮又一个高潮地向前跃进，直到最后胜利。

三

技术考察，是“大跃进”以来农业科学研究工作方法上的一项革新，为了迎接今后农业生产的更大“跃进”，我们应当继续运用这一方法，为生产服务。在今后的技术考察中，应该进一步围绕农业“八字宪法”，把工作重点放在主要作物和影响生产全局的中心问题上，使技术考察与当前生产、科学研究以及与因地制宜地推广先进技术和研究成果更紧密地结合起来，使问题更及时地得到解决，经验更及时地得到交流，技术和成果更及时地得到推广，真正做到考察一次就能得到一次考察的实效，使技术考察在大办农业、大办粮食中继续发挥更大的作用。

（光明日报，1960-12-22（2））

大办农业　大挖增产潛力

金善宝

自从党中央發出"大办农業，大办粮食"和大力支援农業的号召以后，全国人民热情沸騰地从各方面响应了党的号召，爭先恐后地深入农業生产第一綫，掀起了轟轟烈烈的支援农業的高潮，在不同的崗位上貢献出自己的力量，迅速地壯大了农業战綫上的队伍，大大鼓舞了五亿农民的生产积極性。我們相信，我国的农業生产即將出現更大的躍进。

在"大办农業，大办粮食"的大好形势下，农業科学工作者应积極响应党的号召，迅速地投入农業生产第一綫，学習农民的丰富經驗，把先进科学技术交給农民，同时，在实踐过程中，与农民共同創造新的技术，为实現农業生产持續大躍进而奋斗。

总結低产变高产的經驗

几年来农業科学工作者深入农村，向农民学習，总結广大农民在生产实踐中多种多样的經驗，特别是高額丰产的經驗，摸索出生产上一些关鍵性問題，加以科学解釋，对指导实际生产取得了一定的成績。以小麦为例，在肥、水条件較好的地区，亩产四、五百斤的栽培技术已为一般羣众所掌握，并已初步認識了亩产七、八百斤的生長規律。除了少数地区由于气候条件特殊之外，一般来說，小麦要达到亩产千斤的指标，并不是很容易的。但是农業生产能手和农業科学工作者都有坚定的信心，要为实現小麦亩产千斤而努力。高产是科学，小麦亩产千斤是尖端。我們从这样的方向去努力是正确的，必要的，而且是可以达到的。

但从整个生产来說，总結羣众經驗，不能只顧高額丰产田，而忽視了低产区。丰产田的产量虽然很高，它所佔整个耕地面积的比例畢竟比較小。小麦丰产田的亩产量虽有六、七百斤，甚至千斤左右的，但許多低产地区亩产还不到一百斤。小麦如此，其他作物也有类似現象。如果我們把低产地区的作物平均亩产提高几十斤，全国粮食的产量就可以大大改观。

山西南部是个干旱地区，在整个小麦生長期間又处于干旱少雨的季节，小麦历年产量不高，而且極不稳定。夏秋时期是該地区雨水較多的季节。臨猗北辛公社在解放前是个荒灘，野草叢生。他們針对該地区历年雨量分佈的特点，突出地抓住了蓄水保墒的工作。在小麦收获后，实行早灭茬，早深耕，耙耱六、七遍，达到了高标准的整地質量，保証了土壤充分吸收雨水的能力。該社一九六〇年的小麦获得了大面积丰产。这是一个低产变高产的典型例子，是値得很好地总結的。各地的低产田都有它低产的特殊原因，如能找出它低产的主要关鍵，加以适当的技术措施，同样可以从低产变为高产。全国各地有多种多样的低产田，阻碍着我国农業生产的迅速提高，也可以說，这种低产田蘊藏着無限的增产潛力，有待于人們很好地去挖掘。細致地总結各个地区低产变高产的經驗，并在实踐过程中創造低产变高产的經驗，找出它的理論根据，广泛推广这些經驗成果，以迅速提高我国的农業生产。这就要求农業科学工作者和广大农民共同来积極完成。

高原地区是农業高产区

我国边疆有不少高原地区如云貴高原、青藏高原、黃土高原、北部高原等，海拔多在一千五百公尺至三千公尺之間。几千年来由于封建統治的压迫，这些地区多为少数民族所居住，地广人稀，形成了自然的牧区，对于农作物的栽培是不重視的；而且这些地区，地势高，生長季节短，長期以来，被認为是地瘠民貧之区，是不利于农業的發展

大办农业　大挖增产潜力

金善宝

自从党中央发出“大办农业，大办粮食”和大力支援农业的号召以后，全国人民热情沸腾地从各方面响应了党的号召，争先恐后地深入农业生产第一线，掀起了轰轰烈烈的支援农业的高潮，在不同的岗位上贡献出自己的力量，迅速地壮大了农业战线上的队伍，大大鼓舞了5亿农民的生产积极性。我们相信，我国的农业生产即将出现更大的“跃进”。

在“大办农业，大办粮食”的大好形势下，农业科学工作者应积极响应党的号召，迅速地投入农业生产第一线，学习农民的丰富经验，把先进科学技术交给农民，同时，在实践过程中，与农民共同创造新的技术，为实现农业生产持续“大跃进”而奋斗。

总结低产变高产的经验

几年来农业科学工作者深入农村，向农民学习，总结广大农民在生产实践中多种多样的经验，特别是高额丰产的经验，摸索出生产上一些关键性问题，加以科学解释，对指导实际生产取得了一定的成绩。以小麦为例，在肥水条件较好的地区，亩产四五百斤的栽培技术已为一般群众所掌握，并已初步认识了亩产七八百斤的生长规律。除了少数地区由于气候条件特殊之外，一般来说，小麦要达到亩产千斤的指标，并不是很容易的。但是农业生产能手和农业科学工作者都有坚定的信心，要为实现小麦亩产千斤而努力。高产是科学，小麦亩产千斤是尖端。我们从这样的方向去努力是正确的、必要的，而且是可以达到的。

但从整个生产来说，总结群众经验，不能只顾高额丰产田，而忽视了低产区。丰产田的产量虽然很高，它所占整个耕地面积的比例毕竟比较小。小麦丰产田的亩产量虽有六七百斤，甚至千斤左右的，但许多低产地区亩产还不到百斤。小麦如此，其他作物也有类似现象。如果我们把低产地区的作物平均亩产提高几十斤，全国粮食的产量就可以大大改观。

山西南部是个干旱地区，在整个小麦生长期间又处于干旱少雨的季节，小麦历年产量不高，而且极不稳定。夏秋时期是该地区雨水较多的季节。临猗北辛公社在解放前是个荒滩，野草丛生。他们针对该地区历年雨量分布的特点，突出地抓住了蓄水保墒的工作。在小麦收获后，实行早灭茬，早深耕，耙耱六七遍，达到了高标准的整地质量，保证了土壤充分吸收雨水的能力。该社1960年的小麦获得了大面积丰产。这是一个低产变高产的典型例子，是值得很好地总结的。各地的低产田都有它低产的特殊原因，如能找出它低产的主要关键，加以适当的技术措施，同样可以从低产变为高产。全国各地有多种多样的低产田，阻碍着我国农业生产的迅速提高，也可以说，这种低产田蕴藏着无限的增产潜力，有待于人们很好地去挖掘。细致地总结各个地区低产变高产的经验，并在实践过程中创造低产变高产的经验，找出它的理论根据，广泛推广这些经验成果，以迅速提高我国的农业生产。这就要求农业科学工作者和广大农民共同来积极完成。

高原地区是农业高产区

我国边疆有不少高原地区如云贵高原、青藏高原、黄土高原、北部高原等，海拔多在1 500~3 000公尺。几千年来由于封建统治的压迫，这些地区多为少数民族所居住，地广人稀，形成了自然的牧区，对于农作物的栽培是不重视的；而且这些地区，地势高，生长季节短，长期以来，被认为是地瘠民贫之区，是不利于农业的发展的。解放以后，由于党的正确领导，大力开发边疆，一向认为是不毛之地的，一变而为农业的高产地区。青海柴达木盆地在拓荒者的积极努力下，3年来不但小麦的产量很高，青稞、油菜、马铃薯、豌豆等作物的产量也是很高的。这个事实说明，高原地区的作物是能够高产的；高产的例子不是什么偶然的，而是在当地具有一定代表性的。高原地区高产的重要因素除了在栽培技术上充分发挥人的主观能动性之外，气候方面的有利条件是一个极其重要的因素。在现阶段农业生产上有许多方面还受着自然条件的限制，不是人力所能左右的。如果我们拿高原地区的历年气候资料与低海拔地区做比较，可以清楚地看出，在小麦生长期间，高原地区的日照时间长，昼夜温差大，因此，养料的积累多，消耗少。小麦自出穗到成熟期间温度比较低，延长了灌浆期（有的达50~60天，有的甚至达到70天），这样，有利于种子养分的积累。所以高原地区的种子比较大，千粒重比较高，一般都在30克以上，有不少品种超过40~50克，甚至有超过60克的。同一品种生长在低海拔地区的千粒重就不及在高海拔地区的。南大2419小麦在长江中下的千粒重约在30克左右，但在柴达木盆地就达到47克。

高原上的小麦不但千粒重高，而且穗大粒多。云南的芒市是个亚热带地区，但在那里生长的南大2419，每穗粒数达七八十粒的很多，有的在100粒以上，最高的达到130多粒。贵州安顺县栽培的2905小麦，一穗粒数达到166粒。由于高原上的大穗大粒，为高额丰产创造了有利的条件。假定南大2419每亩以50万穗，每穗25粒，千粒重45克计算，一亩的产量就达1 125斤；每穗平均以30粒计算，一亩就达1 350斤。高原地区，小麦生长期间，气候干燥，每亩50万~60万穗不算很密，虽有倒伏，茎叶不致受害，麦粒仍然很饱满。这和长江流域多雨之地，倒伏的小麦，产量常受很大的损失，是不能同日而语的。在平原地方，小麦亩产超千斤还是一个大关；而在高原上，我们认为，只要掌握一定的栽培技术，小麦亩产超千斤是比较容易达到的。

高原地区多是新开发的地区，农业生产上有不少问题急待研究解决。海拔2 500公尺以上的地区，生长期特别短，甚至没有绝对无霜期；作物尚未成熟，常会遇到严霜的侵袭，损失很大，作物产量不能稳定。做好气象预测预报工作，如何防霜以及如何避免霜害等技术措施就显得特别重要。又如采用早熟品种，作物生长后期少灌水、少施追肥（特别是氮肥），以促进作物提早成熟是比较有效的，是应该引起重视的。

高原地区气候干燥。作物生长多靠灌溉，没有灌溉就没有农业。但那里的水源并不很充分，如何引水、经济灌溉、何时灌水、灌几次、灌多深最利于作物的生长等一系列问题，都需要深入研究。

高原地区原是牧区，作物的种类很少。从外地引进大量作物品种，特别是早熟、耐寒的品种，以适应当地栽培的需要，是生产上首先要解决的问题。这是一项繁重细致的工作，但也是最有效的工作。

高原地区在农业生产上需要科学技术来解决的问题很多，前面不过是举几个例子而已。解决这些问题，首先要有大量科学技术力量的支援。劳动创造一切，人是发展农业生产最重要的决定因素。利用高原地区的自然有利条件，配合科学技术力量，充分发挥高原地区的增产潜力，这是农业科学工作者当前的光荣任务。

当前与长远相结合

在社会主义建设中，农业科学要积极为生产服务，这是党的坚定不移的方针。农业科学工作者当前的特殊任务是当前与长远相结合，两者不能偏废。目前农业生产上存在的问题，更需要农业科学工作者来研究解决，如果舍此不谈，或熟视无睹，就等于逃避现实。袖手旁观，不是科学工作者应有的态度。当然，科学研究要有预见性，要比群众先走一步，要做一些探索性工作。今天的探索性工作是为明天提高生产做好准备。忽视这一点，也是不对的。

例如河南、山东、陕西等省小麦产区，部分早播小麦已发生锈病，而且有传播蔓延的趋势。积极防治锈病，把锈病及早消灭于初发阶段，就成为保证1961年小麦大丰收的重要措施。这是植保科学工作者当前的重要任务。小麦锈病年年发生，对产量有不同程度的影响。进行细致的调查研究，找出小麦锈病的流行规律，这样就有可能对小麦锈病的发生给以预防和有效的扑灭。我国的植保科学工作者对小麦锈病流行规律方面已经做出了卓越的贡献。

1960年播种的冬小麦墒情很好，麦苗长得茁壮繁茂，为今年夏季大丰收创造了有利条件。但有些地区，基肥下得不多，整地质量不够好。如何加强冬季管理，适时追肥，因地制宜，进行技术指导，使二类苗上升为一类苗，消灭三类苗，为1961年小麦大丰收取得充分的保证，这又是农业科学工作者当前需要积极研究解决的重要课题。同时，对不同地点、不同气候、不同品种，还必须深入探讨小麦群体与个体的关系，基本苗数、冬前分蘖、冬后分蘖和每亩穗数等合理结构。肥水条件如何适当配合，以期达到穗大、粒多、粒饱，有效地掌握亩产千斤以上的生长规律和发育规律。这是在现有生产水平的基础上，继续提高和发展的研究过程。应该认识，小麦还具有极大的增产潜力，认为小麦增产已经到顶的说法是不符合生物客观规律的。

在作物育种工作中，品种间杂交与远缘杂交也有当前与长远的关系。品种间杂交技术比较简单，获得成绩比较快。许多作物的优良品种，有不少是由品种间杂交的方法育成的。在现阶段中，品种间杂交仍然是一个重要的育种方法。但品种间杂交，它的后代很难超出原来两亲品种的范围，改良效果受到一定的限制。远缘杂交，它的后代可以获得两亲所没有的特点，可以创造新种，是育种的一个重要新途径。近年来，我国的农民育种家和农业科学工作者，在植物远缘杂交方面摸索出一些新的遗传规律，获得了不少成绩。有些新品种或新种即将在大田生产上起到作用。应该指出，在远缘杂交方面有许多遗传规律还是非常生疏的。远缘杂交时当代受精率很低，杂种第一代往往表现高度不孕性，杂种不能繁殖，难以形成新品种，杂种后代的种子常呈皱瘪，大大限制了远缘杂交的利用。如何使远缘杂交很好地为生产服务在很大程度上还是一门探索性工作。这种工作拿出一定力量进行研究是必要的。如果把远缘杂交看作是育种的唯一方法，把过多的力量用于远缘杂交方面，而忽视了品种间杂交，那也是值得慎重考虑的。

我国品种资源极为丰富，仅中国农业科学院作物育种所搜集的国内农家品种就有20 000多份，各省搜集的品种还不在内。从这些品种资料中已经选出了和杂交育成了许多优良品种，约占全国改良品种的1/3。又从国外引进的有4 000多份，包括30多个国家和17种作物，选出了167个优良品种，一般增产在10%以上。它是我国今后作物育种工作中的重要基础，是我国农业方面极重要的宝贵财富。各有关部门都要予以应有的重视，挤出一定力量，做好作物品种资源工作。

为了适应农业生产上的需要，育成更多更好的品种，必须继续发掘我国作物方面的品种资源，无论是栽培的或野生的，都应该继续进行搜集、调查、研究，明了每一个品种在生态和生理上的特征特性，为育种工作做好充分准备。只有今天深入地进行研究，做好充分准备，才能成为明天在生产上取之不尽、用之不竭的源泉。

（中国农业科学，1961（1）：4-6）

我国作物品种工作的新成就

人民日报 1962年10月3日

中国农业科学院副院长 金善宝

中华人民共和国成立十三周年了。

我們以无比兴奋的心情，来庆祝这个伟大的节日。十三年来，我国人民在中国共产党和毛澤东同志的領导下，摆脫了帝国主义、封建主义和官僚資本主义的桎梏，高举着光輝的馬克思列宁主义的紅旗，以人类历史上从未有过的速度，在完成新民主主义和社会主义的革命之后，立即展开規模宏大、雄伟壮丽的社会主义各方面的建設。我国人民的革命，曾經战胜了种种无与倫比的困难和挫折；我国的社会主义建設，也經历过連续三年的自然灾害和各种困难的严重考驗，現在巩固地向前发展着。

为社会主义建設服务的我国农业科学工作者，在党的領导、关怀和鼓舞下，經过馬克思列宁主义和毛澤东思想的系統学习，政治热情和工作积极性空前高涨，十几年来上山下乡，深入田間、深入实际、刻苦钻研，克服种种困难，为迅速发展我国农业生产，提高农业科学技术水平，作出了許多可貴的貢献。

就以作者所熟悉的农作物的育种工作来說，近年来各省市、自治区对于各种农作物的地方品种，都进行了普遍的征集和保存。目前中央和各省、市、自治区农业科学研究机关保存的二十五种大田作物品种材料达十八万份以上，他們对这些材料的来源和田間生长情况都进行了調查登記，建立了品种档案，并根据科学整理的結果，正在編写全国的水稻、小麦、玉米、薯类、棉花、麻类、大豆、花生、油菜、烟草、甜菜等主要作物的品种目录和品种志。同时通过作物品种資源的整理研究，选出一大批可供生产上直接应用的优良品种，如水稻“桂花球”、玉米“英粒子”、高粱“牛心紅”、谷子“九根靑”、甘薯“牛黃”、大豆“通县小黃豆”、“杭州八月白”、花生“山东伏花生”、“北京大花生”等等，都已成为目前生产上受欢迎的良种。

国外引种的工作也得到应有的注意，据不完全統計，已从三十多个国家，引进十七种大田作物品种材料三千七百七十六份，在全国二十五个省、市、自治区八十九个地点进行試种。根据1960年中国农业科学院作物育种栽培研究所的总結材料，現已选出十二种作物的一百六十七个优良品种，提供生产应用。如从苏联引进的棉花“渦及1号”和“2421”，小麦“奥德薩73”，“早熟1号”，从阿尔巴尼亚引进的小麦品种“夫諾”、“阿勃”，从日本引进的水稻“銀胜”、“藤板5号”等都已成为生产上受欢迎的良种。广泛的引种工作，也丰富了我們的引种知識，找出一些引种的科学依据。例如由朝鮮、日本引进水稻品种，在东北、华北可作一季粳稻栽培，在长江流域可作双季稻或晚稻应用。自阿尔巴尼亚和意大利引进的小麦品种，在长江流域及华北南部秋播和春麦区春播，都表現良好；华北北部可利用美国中部或者苏联南部的冬小麦品种；新疆地区可利用苏联烏克兰一带的品种；春麦区可利用美国北部及加拿大或苏联品种。苏联中亚細亚的棉花品种，宜于內陆棉区如新疆、甘肃、河西走廊等地栽培。此外，苏联玉米杂交种在新疆生长良好，由苏联、波兰、德国、匈牙利、捷克斯洛伐克等高緯度国家引进的馬鈴薯、向日葵、甜菜和亚麻品种，在各地表現良好，可直接利用。

在国內相互引种中，也发現許多极有价値的材料。例如甘肃省农科院发現，将冬暖地区的秋播小麦品种引至春麦区进行春播时，在1月份平均温度1°—6°C地区的秋播品种，大都为弱冬性，春播后多为中熟种和早熟种，1月份平均温度超过6°C地区的秋播品种多为早熟春性类型，春播后大都表現早熟，且有不少品种比当地春麦品种早熟三至十天。甘肃春麦区可从四川盆地、华南、长江中下游、浙江以及国外冬暖地区如阿尔巴尼亚等地，引进秋播小麦品种进行春播。黑龙江省农科院1957—1960年的試驗証明，五常地区（北緯44.54°）的“五常40号”大麻品种，北移哈尔滨（北緯45.45°）种植，比在五常地区增产17%，北移至訥河地区（北緯48.3°）增产35%；安徽六安地区（北緯31.46°）的品种，引至哈尔滨增产49.8%，其他地区由南向北引种亦得到同样結果。相反，訥河地区的品种南移哈尔滨，减产13.4%。內蒙古农业科学研究所的結果也証明，南麻北移后发育迟、植株高，开花迟或不开花，皮麻产量显著增加。特别是“固始魁麻”、“六安寒麻”、“潞安秋麻”北移后，比当地品种增产35%—46%。浙江农业科学院，除了肯定黃麻南种北移，由于日照长、开花迟、生长好，可以获得增产外，并明确地区間自然差异过大，不但影响黃麻发育，也会影响黃麻生长，提出长江以南地区从广东、福建引种增产显著；而长江以北地区从浙江引种比广东、福建引种增产幅度更大。各地农业科学研究机关对于其他各种作物的引种工作，也都做出很大的成績，这里不及一一列举。

十几年来培育新品种的工作，中央和各地农业科学研究机关，也在各种作物方面广泛地展开，并且取得許多可喜的成就。根据中国农业科学院最近从江苏、吉林、陕西、广东、四川等十七个省、市、自治区有关单位报来材料的不完全統計，从1958—1961年各地育种单位，通过各种途径选育出的二十六种农作物的优良品种共有四百八十七个，其中育种家采用杂交育种的方法，在水稻、小麦、玉米、甘薯、棉花、油菜、大豆、烟草、甘蔗等十二种作物中，育成的新品种达二百二十七个。高粱、谷子、花生、芝麻、甜菜、馬鈴薯等十五种作物，以系統选育方法育成的新品种达一百四十三个。这些品种有的已經过全国区域試驗和生产示范，其余也都經过省一級或局部地区的区域試驗和生产示范，証明比原有的推广良种或地方良种增产10%—40%以上。例如水稻方面有吉林农业科学院育成的“公交9号”粳稻品种，茎秆强硬、抗倒伏、抗稻瘟、产量高，适于北方稻区栽培。广东农业科学院育成的籼稻“广場矮”、“江南矮”茎秆硬、根群发达、分蘖力强、抗風、不易倒伏，比亲本增产20%—40%，适于华南地区栽培。小麦方面，中国农业科学院作物所育成的冬小麦“华北187”、“北京6号”，北京农业大学育成的“农大183”秆子硬、产量高、抗銹力强，适于机械收割，丰产田亩产量达700—800斤不倒，已在华北北部地区推广。其他如南京农学院育成的“南农大黑芒”，中国农业科学院江苏分院育成的“华东1号”、“华东7号”，陕西分院育成的“陕农9号”等也都具有同样的优点，在各該省区內进行示范推广。春小麦品种方面，吉林农业科学院与东北农学院等单位合作育成的“合作二号”等抗銹品种，也在生产上起了重大的作用。棉花方面，經过几年来的区域試驗，鉴定出十八个最优的品种在进行繁殖推广。这些品种，比現在生产上应用的良种，具有纖維长、衣分

我国作物品种工作的新成就

中国农业科学院副院长　金善宝

中华人民共和国成立十三周年了。

我们以无比兴奋的心情，来庆祝这个伟大的节日。十三年来，我国人民在中国共产党和毛泽东同志的领导下，摆脱了帝国主义、封建主义和官僚资本主义的桎梏，高举着光辉的马克思列宁主义的红旗，以人类历史上从未有过的速度，在完成新民主主义和社会主义的革命之后，立即展开规模宏大、雄伟壮丽的社会主义各方面的建设。我国人民的革命，曾经战胜了种种无与伦比的困难和挫折；我国的社会主义建设，也经历过连续三年的自然灾害和各种困难的严重考验，现在巩固地向前发展着。

为社会主义建设服务的我国农业科学工作者，在党的领导、关怀和鼓舞下，经过马克思列宁主义和毛泽东思想的系统学习，政治热情和工作积极性空前高涨，十几年来上山下乡，深入田间、深入实际、刻苦钻研，克服种种困难，为迅速发展我国农业生产，提高农业科学技术水平，做出了许多可贵的贡献。

就以作者所熟悉的农作物的育种工作来说，近年来各省、市、自治区对于各种农作物的地方品种，都进行了普遍的征集和保存。目前中央和各省、市、自治区农业科学研究机关保存的 25 种大田作物品种材料达 18 万份以上，他们对这些材料的来源和田间生长情况都进行了调查登记，建立了品种档案，并根据科学整理的结果，正在编写全国的水稻、小麦、玉米、薯类、棉花、麻类、大豆、花生、油菜、烟草、甜菜等主要作物的品种目录和品种志。同时通过作物品种资源的整理研究，选出一大批可供生产上直接应用的优良品种，如水稻桂花球、玉米英粒子、高粱牛心红、谷子九根青、甘薯牛黄、大豆通县小黄豆、杭州八月白、花生山东伏花生、北京大花生，等等，都已成为目前生产上受欢迎的良种。

国外引种的工作也得到应有的注意，据不完全统计，已从 30 多个国家，引进 17 种大田作物品种材料 3 776 份，在全国 25 个省、市、自治区 89 个地点进行试种。根据 1960 年中国农业科学院作物育种栽培研究所的总结材料，现已选出 12 种作物的 167 个优良品种，提供生产应用。如从苏联引进的棉花涡及 1 号和 2421，小麦奥德萨 73、早熟 1 号，从阿尔巴尼亚引进的小麦品种夫诺、阿勃，从日本引进的水稻银胜、藤板 5 号等都已成为生产上受欢迎的良种。广泛的引种工作，也丰富了我们的引种知识，找出一些引种的科学依据。例如由朝鲜、日本引进水稻品种，在东北、华北可作一季粳稻栽培，在长江流域可作双季稻或晚稻应用。自阿尔巴尼亚和意大利引进的小麦品种，在长江流域及华北南部秋播和春麦区春播，都表现良好；华北北部可利用美国中部或者苏联南部的冬小麦品种；新疆地区可利用苏联乌克兰一带的品种；春麦区可利用美国北部及加拿大或苏联品种。苏联中亚细亚的棉花品种，宜于内陆棉区如新疆、甘肃、河西走廊等地栽培。此外，苏联玉米杂交种在新疆生长良好，由苏联、波兰、德国、匈牙利、捷克斯洛伐克等高纬度国家引进的马铃薯、向日葵、甜菜和亚麻品种，在各地表现良好，可直接利用。

在国内相互引种中，也发现许多极有价值的材料。例如甘肃省农科院发现，将冬暖地区的秋播小麦品种引至春麦区进行春播时，在1月份平均温度1~6℃地区的秋播品种，大都为弱冬性，春播后多为中熟种和早熟种，1月份平均温度超过6℃地区的秋播品种多为早熟春性类型，春播后大都表现早熟，且有不少品种比当地春麦品种早熟3~10天。甘肃春麦区可从四川盆地、华南、长江中下游、浙江以及国外冬暖地区如阿尔巴尼亚等地，引进秋播小麦品种进行春播。黑龙江省农科院1957—1960年的试验证明，五常地区（北纬44.54°）的五常40号大麻品种，北移哈尔滨（北纬45.45°）种植，比在五常地区增产17%，北移至讷河地区（北纬48.3°）增产35%；安徽六安地区（北纬31.46°）的品种，引至哈尔滨增产49.8%，其他地区由南向北引种亦得到同样结果。相反，讷河地区的品种南移哈尔滨，减产13.4%。内蒙古农业科学研究所的结果也证明，南麻北移后发育迟、植株高，开花迟或不开花，皮麻产量显著增加。特别是固始魁麻、六安寒麻、潞安秋麻北移后，比当地品种增产35%~46%。浙江农业科学院，除了肯定黄麻南种北移，由于日照长、开花迟、生长好，可以获得增产外，并明确地区间自然差异过大，不但影响黄麻发育，也会影响黄麻生长，提出长江以南地区从广东、福建引种增产显著；而长江以北地区从浙江引种比广东、福建引种增产幅度更大。各地农业科学研究机关对于其他各种作物的引种工作，也都做出很大的成绩，这里不一一列举。

十几年来培育新品种的工作，中央和各地农业科学研究机关，也在各种作物方面广泛地展开，并且取得许多可喜的成就。根据中国农业科学院最近从江苏、吉林、陕西、广东、四川等17个省、市、自治区有关单位报来材料的不完全统计，从1958—1961年各地育种单位，通过各种途径选育出的26种农作物的优良品种共有487个，其中育种家采用杂交育种的方法，在水稻、小麦、玉米、甘薯、棉花、油菜、大豆、烟草、甘蔗等12种作物中，育成的新品种达227个。高粱、谷子、花生、芝麻、甜菜、马铃薯等15种作物，以系统选育方法育成的新品种达143个。这些品种有的已经过全国区域试验和生产示范，其余也都经过省一级或局部地区的区域试验和生产示范，证明比原有的推广良种或地方良种增产10%~40%以上。例如水稻方面有吉林农业科学院育成的公交9号粳稻品种，茎秆强硬、抗倒伏、抗稻瘟、产量高，适于北方稻区栽培。广东农业科学院育成的籼稻广场矮、江南矮茎秆硬、根群发达、分蘖力强、抗风、不易倒伏，比亲本增产20%~40%，适于华南地区栽培。小麦方面，中国农业科学院作物所育成的冬小麦华北187、北京6号，北京农业大学育成的农大183秆子硬、产量高、抗锈力强，适于机械收割，丰产田亩产量达700~800斤不倒，已在华北北部地区推广。其他如南京农学院育成的南农大黑芒，中国农业科学院江苏分院育成的华东1号、华东7号，陕西分院育成的陕农9号等也都具有同样的优点，在各该省区内进行示范推广。春小麦品种方面，吉林农业科学院与东北农学院等单位合作育成的合作二号等抗锈品种，也在生产上起了重大的作用。棉花方面，经过几年来的区域试验，鉴定出18个最优的品种在进行繁殖推广。这些品种，比现在生产上应用的良种，具有纤维长、衣分率和产量都高的优点。如江苏省徐州专区农业科学研究所育成的徐州209，河北石家庄专区农业科学研究所育成的石短5号，江西省彭泽棉花研究所育成的彭泽4号，中国农业科学院江苏分院育成的长绒3号，陕西分院育成的陕棉1号，等等。玉米方面，通过培育自交系，利用杂交优势的方法，培育出大批品种间杂交种和双杂交种，如中国农业科学院作物所、北京农业大学、四川省农业科学研究所、河南农学院等。玉米双交种虽然制种比较费事，但增产幅度很大，如山东农业科学院的双跃 80，1959—1961 年在 11 个地方所做的 13 次试验结果，平均比品种间杂交种坊杂 2 号增产达 40.1%。此外，大豆、甘薯、油菜、向日葵、黄麻、甘蔗、甜菜、烟草、马铃薯等也都已培育出一批优良的新品种，正在生产上进行示范推广。

各地农业科学研究机关，通过各种途径所选育出来的这些优良品种，虽然目前由于种子的数量还少，在生产上所起的作用还不太大，但是我们相信，在今后三五年内，这些新的作物品种，由于种子数量的迅速增加和栽培面积逐渐扩大，在其他农业技术和栽培条件配合下，将在生产上发挥巨大的作用。

值此国庆佳节，我们来总结这些成就，回忆这些成就获得的前因后果，不能不想到共产党和毛主席对于科学工作者的关怀和鼓舞，想到党所领导的革命的胜利，并且在农业生产上创造了人民公社的优越制度，为农业的进一步发展和国家的富强创造了强大的工业体系；正是这些，为科学事业的发展和繁荣，提供了空前未有的有利条件。我们老一辈的科学工作者，在旧社会经历了长期黯淡的日子，在我国人民革命胜利以后，能够和年轻人一道来建设自己美好的祖国，看到大家在困难的条件下，在长期辛勤的劳动中所获得的这些成就以及它在农业生产上所发挥的作用，喜悦之情是难以用笔墨形容的。

今天我们来汇报这些成就，期待这些成就能发挥更大的作用，完全不是满足这些成就。我们已经获得的成就，比之于现代化农业生产发展的要求，比之于党和人民的期待，特别是党的八届十中全会关于进一步巩固人民公社集体经济发展农业生产的要求；比之于现代科学技术所可能提供的贡献，还是相差很远很远的。但是我们完全有信心，在现有的基础上，今后将以更短的时间做出更大的贡献。

（人民日报，1962-10-3（2））

喜见小麦育种工作蓬勃发展

光明日报1973.7.3

金善宝

我以十分兴奋的心情，热烈庆祝中国共产党诞生五十二周年！热烈祝贺伟大领袖毛主席万寿无疆！

半个多世纪以来，伟大领袖毛主席领导中国人民在完成新民主主义革命，进行社会主义革命和社会主义建设的伟大斗争中，取得了伟大的胜利。毛主席亲自发动和领导的无产阶级文化大革命，又取得了伟大的胜利。文化大革命以来刘少奇一类骗子被打倒了，他们复辟资本主义的阴谋被彻底粉碎了，从而大大地加强和巩固了我国的无产阶级专政。现在全国各族人民在毛主席的革命路线指引下，团结一致，意气风发，工农业生产迅速发展，物价稳定，市场繁荣，全国各地都呈现着一片兴旺景象，亿万劳动人民都在为我国伟大的社会主义革命和建设奋勇前进。

我是个旧知识分子，出生于十九世纪的末年，在旧社会度过了半个多世纪，从事农业科学和小麦的研究，也经历了二十几个寒暑。虽然经过个人奋斗，想达到成名成家，结果却是事与愿违。即使有点小小的成就，也往往变成了张冠李戴。科研成果根本得不到推广应用。眼看祖国大好河山，疮痍满目，人民生活在水深火热之中，又那里有心情去进行科学研究?!我开始感到，“个人奋斗”是徒劳，“科学救国”是空想。日本投降后，毛主席飞到了重庆与国民党进行和平谈判。当时我十分荣幸地受到了伟大领袖毛主席的接见，并亲聆了教诲，使我受到极大的鼓舞和教育。这是我一生最难忘的大事。我开始认识到，一轮红日正在从东方徐徐升起，必将放出万丈光芒，照耀着祖国大地。

全国解放了，党对知识分子采取团结、教育、改造的方针，我这个从旧社会过来的知识分子，无论在政治上和学术上都得到党的无微不至的关怀和帮助。我光荣地加入了伟大的中国共产党，在科研工作中取得了在旧社会梦想不到的进展。我深深感到，社会主义制度有着无比的优越性，它为科教事业开辟了无限广阔的前景。知识分子只要在共产党的领导下，听毛主席的话，坚定地走社会主义的道路，就能在教育、科研工作中充分发挥自己的作用。

多年来，我在作物育种工作中取得了一些成绩。这些成绩都是在党的关怀和帮助下，和工人、青年共同取得的。我个人是微不足道的。必须指出的是，在文化大革命以前，由于受刘少奇的修正主义路线的干扰，育种工作少慢差费。育成一个小麦新品种，从杂交到推广需要十年左右的时间，远远不能适应我国农业生产飞速发展的要求。春小麦是我国主要粮食作物之一。由于它生长期短，在北方能早播早收，在南方能在双季稻收后晚播早收，不影响早稻插秧，是增加复种和一年多熟的优良前茬作物。还由于它适应性强，从海南岛到黑龙江，从湖洼冬春退水区到西藏拔海近四千米的高原都可以种植。因此，尽快育成适应性强的春小麦品种，对发展春小麦生产，提高粮食产量具有重要意义。那末在春小麦育种工作中，如何才能缩短育种年限呢？从春小麦生长期短这一特点来说，一年种植三次，实行一年繁殖三代，以缩短育种年限，是完全可能的。它的关键在于夏播。文化大革命以前，我们曾经想开展小麦高山夏播试验，但没有搞成。一九六六年，我们乘文化大革命的浩荡东风，到井冈山和庐山两地同时进行小麦夏播试验。一九六七年和一九六八年，随着文化大革命的进一步深入，参加小麦高山夏播试验的科研单位多起来了。贫下中农热情地帮助我们播种、管理。中国科学院庐山植物园革委会等有关部门，更给予试验单位以多方面的积极支持。因此在较短时间里，夏播小麦获得了初步成功。有些品种千粒重达到五十克。碧玉麦六十八天就成熟，而且品质很好。近年来，参加庐山小麦夏播的科研单位，每年约有八、九个。全国各地不少科研单位在就近的高山进行小麦夏播试验，加速了世代繁殖，取得了一定的成果。这些事实有力地证明了，无产阶级文化大革命，解放了人们的思想，提高了人们的觉悟，有力地推动了农业科学的发展。

一九六八年起，我们培育的春小麦品种京红一号、二号、三号、四号、五号，在晋北、内蒙古、黑龙江、辽宁、北京、张家口、海南岛等地区试种推广，表现早熟，抗锈，品质好。每当我看到科研机关不断涌现出新的小麦优良品种，群众性的科学实验运动正在蓬勃发展、壮大，贫下中农创造了许多因地制宜的小麦栽培管理制度，因而使春小麦生产迅速发展，我感到由衷的高兴。北方冬小麦区，近年来试种春小麦，有的成熟期和单产都同适时播种的冬小麦差不多，比晚茬冬小麦产量高。种植一定比例

喜见小麦育种工作蓬勃发展

金善宝

我以十分兴奋的心情，热烈庆祝中国共产党诞生五十二周年！热烈祝贺伟大领袖毛主席万寿无疆！

半个多世纪以来，伟大领袖毛主席领导中国人民在完成新民主主义革命，进行社会主义革命和社会主义建设的伟大斗争中，取得了伟大的胜利。现在全国各族人民在毛主席的革命路线指引下，团结一致，意气风发，工农业生产迅速发展，物价稳定，市场繁荣，全国各地都呈现一片兴旺景象，亿万劳动人民都在为我国伟大的社会主义革命和建设奋勇前进。

我是个旧知识分子，出生于19世纪末，在旧社会度过了半个多世纪，从事农业科学和小麦的研究，也经历了二十几个寒暑。虽然经过个人奋斗，想达到成名成家，结果却是事与愿违。即使有点小小的成就，也往往变成了张冠李戴。科研成果根本得不到推广应用。眼看祖国大好河山，疮痍满目，人民生活在水深火热之中，又哪里有心情去进行科学研究?！我开始感到，“个人奋斗”是徒劳，“科学救国”是空想。日本投降后，毛主席飞到了重庆与国民党进行和平谈判。当时我十分荣幸地受到了伟大领袖毛主席的接见，并亲聆了教诲，使我受到了极大的鼓舞和教育。这是我一生最难忘的大事。我开始认识到，一轮红日正在从东方徐徐升起，必将放出万丈光芒，照耀着祖国大地。

全国解放了，党对知识分子采取团结、教育、改造的方针，我这个从旧社会过来的知识分子，无论在政治上和学术上都得到党的无微不至的关怀和帮助。我光荣地加入了伟大的中国共产党，在科研工作中取得了在旧社会梦想不到的进展。我深深感到，社会主义制度有着无比的优越性，它为科教事业开辟了无限广阔的前景。知识分子只要在共产党的领导下，听毛主席的话，坚定地走社会主义的道路，就能在教育、科研工作中充分发挥自己的作用。

多年来，我在作物育种工作中取得了一些成绩。这些成绩都是在党的关怀和帮助下，和工人、青年共同取得的。我个人是微不足道的。必须指出的是，在“文化大革命”以前，育种工作少慢差费。育成一个小麦新品种，从杂交到推广需要十年左右的时间，远远不能适应我国农业生产飞速发展的要求。春小麦是我国主要粮食作物之一。由于它生长期短，在北方能早播早收，在南方能在双季稻收后晚播早收，不影响早稻插秧，是增加复种和一年多熟的优良前茬作物。还由于它适应性强，从海南岛到黑龙江，从湖洼冬春退水区到西藏海拔近4 000米的高原都可以种植。因此，尽快育成适应性强的春小麦品种，对发展春小麦生产，提高粮食产量具有重要意义。那么在春小麦育种工作中，如何才能缩短育种年限呢？从春小麦生长期短这一特点来说，一年种植3次，实行一年繁殖3代以缩短育种年限，是完全可能的。它的关键在于夏播。“文化大革命”以前，我们曾经想开展小麦高山夏播试验，但没有搞成。1966年，我们乘“文化大革命”的浩荡东风，到井冈山和庐山两地同时进行小麦夏播试验。1967年和1968年，随着“文化大革命”的进一步深入，参加小麦高山夏播试验的科研单位多起来了。贫下中农热情地帮助我们播种、管理。中国科学院庐山植物园革委会等有关部门，更给予试验单位以多方面的积极支持。因此在较短时间里，夏播小麦获得了初步成功。有些品种千粒重达到50克。碧玉麦68天就成熟，而且品质很好。近年来，参加庐山小麦夏播的科研单位，每年约有八九个。全国各地不少科研单位在就近的高山进行小麦夏播试验，加速了世代繁殖，取得了一定的成果。这些事实有力地证明了，无产阶级“文化大革命”，解放了人们的思想，提高了人们的觉悟，有力地推动了农业科学的发展。

1968年起，我们培育的春小麦品种京红一号、二号、三号、四号、五号，在晋北、内蒙古、黑龙江、辽宁、北京、张家口、海南岛等地区试种推广，表现早熟、抗锈、品质好。每当我看到科研机关不断涌现出新的小麦优良品种，群众性的科学实验运动正在蓬勃发展、壮大，贫下中农创造了许多因地制宜的小麦栽培管理制度，因而使春小麦生产迅速发展，我感到由衷的高兴。北方冬小麦区，近年来试种春小麦，有的成熟期和单产都同适时播种的冬小麦差不多，比晚茬冬小麦产量高。种植一定比例的春小麦，可以缓和需水需肥过分集中的矛盾，有利于调节人畜力，也便于轮作倒茬和冬季搞农田基本建设，值得认真总结经验，积极扩大试种。毛主席对品种工作十分重视，把品种列为“八字宪法”重要的一环。毛主席说：“有了优良品种，即使不增加劳动力、肥料，也可获得较多的收成。”毛主席这一重要指示，对作物育种工作者是一个极大的鼓舞，对作物育种事业起到了积极的推动作用。我国作物育种队伍的迅速成长，群众性改良品种的热潮，各种作物新品种越来越多的出现，都是和毛主席的指示分不开的。

值此中国共产党诞生五十二周年之际，我从半个多世纪以来，亲身经历过的新旧对比中，深深地感到，生活在伟大的毛泽东时代的中国人民是光荣的、幸福的。我一定要在今后的工作中，认真学习马列主义和毛主席著作，活到老，学到老，改造到老。我虽然年纪大了，但在小麦生长期间，还能每天和工人、青年一道，帮助他们做些观察、记载、选种，并参加讨论小麦育种工作中存在的问题。自信在未来的年月里，在伟大的社会主义建设中，还能再为党工作若干年，在发展粮食生产中贡献自己的一份力量。

（光明日报，1973-7-3（2））

沿着毛主席无产阶級革命路綫把农业科学技术工作推向前进

金　善　宝

四届人大的召开，是无产阶级文化大革命的胜利成果，是毛主席无产阶级革命路线的重大胜利。我荣幸地作为一名代表参加了这次会议，受到了很大鼓舞和教育。

这次大会的召开，标志着我国的无产阶级专政更加巩固，标志着我国各族人民更加团结，标志着我国社会主义革命和社会主义建设正在胜利前进。大会自始至终洋溢着欢欣鼓舞、紧密团结、意气风发、斗志昂扬的气氛。在出席这次大会的2,864名代表中，工农兵代表占72%。妇女占22%。其他劳动人民、革命干部、革命知识分子、爱国人士、归国华侨和54个少数民族都有代表参加。特别是那些来自生产第一线的青年代表，他们象早晨八、九点钟的太阳，朝气蓬勃，大有作为。喜看这批新生力量的茁壮成长，令人非常高兴。这充分体现了我们国家以工人阶级为领导的以工农联盟为基础的、包括各爱国民主党派、爱国人士、爱国侨胞和港澳同胞在内的各族人民的大团结，反映了我们伟大的社会主义祖国欣欣向荣的兴旺气象。所以说这次大会是一次团结的大会，胜利的大会。

这次大会，通过了我国的新宪法，选举和任命了老中青三结合的新的国家领导工作人员。周总理的《政府工作报告》规定了我国社会主义革命和社会主义建设的宏伟任务。这一切充分反映了全国各族人民在无产阶级专政下继续革命到底的共同愿望，必将极大地激发全国人民的社会主义革命积极性，加速社会主义建设的步伐，在我国的历史上产生重大的影响。

在大会期间，我和代表们一起学习和讨论了《中华人民共和国宪法》、《关于修改宪法的报告》、《政府工作报告》等文件，心情万分激动。我国解放二十五年来，变化为什么这样大？最重要的是在伟大领袖毛主席和中国共产党的领导下，坚持党的基本路线，逐步地巩固和发展了社会主义制度。

我们的新中国一诞生，就遭到美帝国主义的经济封锁，接着那个社会帝国主义背信弃义，妄图卡我们的脖子。他们断言，中国人民没有外国的帮助就活不下去，几亿人民吃饭问题就解决不了。我们的伟大领袖毛主席指出："**中国人民不但可以不要向帝国主义者讨乞也能活下去，而且还将活得比帝国主义国家要好些。**"事实正是这样，全国人民在毛主席和中国共产党的英明领导下，沿着毛主席指引的方向，独立自主，自力更生，艰苦奋斗，奋发图强，终于在短短的四分之一世纪里，就把一个贫穷落后的中国建设成为

沿着毛主席无产阶级革命路线把农业科学技术工作推向前进

金善宝

四届人大的召开，我荣幸地作为一名代表参加了这次会议，受到了很大鼓舞和教育。

这次大会的召开，标志着我国的无产阶级专政更加巩固，标志着我国各族人民更加团结，标志着我国社会主义革命和社会主义建设正在胜利前进。大会自始至终洋溢着欢欣鼓舞、紧密团结、意气风发、斗志昂扬的气氛。在出席这次大会的 2 864 名代表中，工农兵代表占 72%，妇女占 22%，其他劳动人民、革命干部、革命知识分子、爱国人士、归国华侨和 54 个少数民族都有代表参加。特别是那些来自生产第一线的青年代表，他们像早晨八九点钟的太阳，朝气蓬勃，大有作为。喜看这批新生力量的茁壮成长，令人非常高兴。这充分体现了我们国家以工人阶级为领导的以工农联盟为基础的、包括各爱国民主党派、爱国人士、爱国侨胞和港澳同胞在内的各族人民的大团结，反映了我们伟大的社会主义祖国欣欣向荣的兴旺气象。所以说这次大会是一次团结的大会，胜利的大会。

这次大会，通过了我国的新宪法，选举和任命了老中青三结合的新的国家领导工作人员。周总理的《政府工作报告》规定了我国社会主义革命和社会主义建设的宏伟任务。这一切充分反映了全国各族人民在无产阶级专政下继续革命到底的共同愿望，必将极大地激发全国人民的社会主义革命积极性，加速社会主义建设的步伐，在我国的历史上产生重大的影响。

在大会期间，我和代表们一起学习和讨论了《中华人民共和国宪法》《关于修改宪法的报告》《政府工作报告》等文件，心情万分激动。我国解放二十五年来，变化为什么这样大？最重要的是在伟大领袖毛主席和中国共产党的领导下，坚持党的基本路线，逐步地巩固和发展了社会主义制度。

我们的新中国一诞生，就遭到美帝国主义的经济封锁，接着那个社会帝国主义背信弃义，妄图卡我们的脖子。他们断言，中国人民没有外国的帮助就活不下去，几亿人民吃饭问题就解决不了。我们的伟大领袖毛主席指出："中国人民不但可以不要向帝国主义者乞讨也能活下去，而且还将活得比帝国主义国家要好些。"事实正是这样，全国人民在毛主席和中国共产党的英明领导下，沿着毛主席指引的方向，独立自主，自力更生，艰苦奋斗，奋发图强，终于在短短的 1/4 世纪里，就把一个贫穷落后的中国建设成为一个初步繁荣昌盛的社会主义国家。解放以来在农业战线上，一直抓住了阶级斗争和路线斗争这个纲，开展了土改、农业合作化、人民公社化、社会主义教育运动，特别是经过无产阶级"文化大革命"和批林批孔运动，我国 7 亿农民的社会主义觉悟空前提高，"农业学大寨"运动更加蓬勃发展，形势越来越好。去年，我国的农业生产在连续 12 年丰收的基础上又获得了全面丰收，从黑龙江畔到五指山麓，从东海之滨到西藏高原，到处欣欣向荣，全国农业总产值预计比 1964 年增长 51%。我国农业生产的这种大好形势，同当前资本主义世界经济萧条、粮食减产、大闹粮荒的悲惨局面形成鲜明的对比。

回顾我国农业战线上的这种大好形势，使我们更加体会到伟大领袖毛主席关于“只有社会主义能够救中国”的论断，是无比英明、无比正确的。

在社会主义这个历史阶段中，还存在着阶级、阶级矛盾和阶级斗争，存在着社会主义同资本主义两条道路的斗争，存在着资本主义复辟的危险性。目前农村两条道路斗争依然存在。我们要进一步发展社会主义农业，就必须普及、深入、持久地开展批林批孔运动，不断批判修正主义，批判资本主义倾向，巩固和扩大农村的社会主义阵地。

我国的农业科学研究工作，在毛主席革命路线指引下，在三大革命运动的推动下，在各地全面贯彻执行农业“八字宪法”更加深入的情况下，也取得了很大的成绩。现在，全国已有 300 多项较大的农业科学研究成果应用到实际生产中去，这对我国农业连续 13 年获得丰收起到了一定的作用。这里举几个例子。

我国种植水稻的面积很大。如何改良水稻品种、增加产量，是个很大的问题。这几年来，通过各级农业科学技术人员和广大农村人民公社社员的努力，我们水稻良种面积已占总种植面积的 80%以上。在南方稻区，首先由广东育成的矮秆水稻品种，已解决了倒伏落粒问题，为进一步大幅度增产创造了条件，玉米、高粱杂交优势的利用，发展也很快，“两杂”面积已占播种面积的 40%以上，比原来的品种普遍增产二成多，小麦良种推广面积达到了种植总面积的 80%左右，而且控制了锈病的大面积的流行。小麦新品种的育成和栽培技术的提高，打破了我国过去的小麦种植界限，促进了小麦生产的发展。在高寒地区的青海柴达木盆地，现在也出现了亩产 1 500 多斤的高产典型，在以“世界屋脊”著称的西藏，更创造了冬小麦亩产 1 400 斤的高产纪录。那里翻身做了主人的农奴，还在海拔 5 000 米的地带种上了青稞。这都是过去人们连想都不敢想的奇迹。

小黑麦的培育成功，是我国科研工作中的一项重要成果。在外国对小黑麦的研究已有 40 多年历史，据报导有的国家现已育成 6 倍体小黑麦，用来代替大麦作饲料。而我国科研工作者利用普通小麦和黑麦杂交了一种穗大、粒多、蛋白质含量比小麦还高的 8 倍体小黑麦新种。这种小黑麦具有耐寒、耐瘠、抗旱、抗倒伏的能力，适于在高寒山区种植（在水源地同样可以长得好）。从 1970 年以来，连续在宁夏、贵州等地的山区试种，亩产都远远超过了原来的小麦和黑麦的产量。群众称赞它是“山区的一个宝”。毛主席教导我们：“中国人民有志气，有能力，一定要在不远的将来，赶上和超过世界先进水平”。我国农业科研人员一定要遵照毛主席的教导，解放思想，破除迷信，创造出更多更好的科研成果，为毛主席争光，为社会主义祖国争光。

毛主席教导我们；“什么工作都要搞群众运动”。这几年农业科学研究工作发展很快，主要的经验就是大搞群众运动。经过无产阶级“文化大革命”和批林批孔运动，广大科研人员批判了只依靠“专家”“权威”等少数人冷冷清清搞科研的错误路线，激发了广大农民办科研的积极性，一个以贫下中农为主体的群众性的科学实验运动，正在蓬蓬勃勃地开展。全国大部分人民公社的生产队都建立了科学实验田、种子田和高产田，并且进而发展到在县、社、大队、生产队 4 级建立起农业科学实验网。4 级科学实验网是无产阶级“文化大革命”中涌现出的一个新生事物，它反映了广大贫下中农占领了农业科学阵地，发挥了主力军的作用。现在全国已有 1 300 万人参加了这项活动。群众热情歌颂说：“实验站，自己办，贫下中农掌大权，科学种田谱新篇”。事实证明，哪里群众性科学实验搞得好，哪里就有大幅度增产。湖南华容县就是一个例子。1965年，这个县的粮食总产量是3.2亿斤。无产阶级“文化大革命”以来，他们在开展“农业学大寨”的运动中，建立了4级农科网，大搞科学试验，1970年粮食产量就增长到4.8亿斤，1972年又增长到6亿斤。“人民群众有无限的创造力”。在农业科研工作中，相信群众，依靠群众，发动群众开展以贫下中农为主体的群众性农业科学实验运动，这是一个路线问题。事实也证明，只有坚决执行这样一条路线，科研工作才能多快好省地发展。我们的新宪法规定，科学研究必须为无产阶级政治服务，为工农兵服务，与生产劳动相结合，是完全正确的。我们农业科学工作者，必须在党的一元化领导下，深入生产第一线，同贫下中农密切结合，把我国的农业科学技术工作不断推向前进。

大会向我们提出，在1980年以前，我国要建成一个独立的比较完整的工业体系和国民经济体系；在20世纪内，全面实现农业、工业、国防和科学技术的现代化，使我国国民经济走在世界的前列。

为了实现这个宏伟目标，我们应该遵照周总理在《政府工作报告》中传达的毛主席的教导：“自力更生为主，争取外援为辅，破除迷信，独立自主地干工业、干农业，干技术革命和文化革命，打倒奴隶思想，埋葬教条主义，认真学习外国的好经验，也一定研究外国的坏经验——引以为戒，这就是我们的路线。”艰苦奋斗，继续努力，发扬成绩，克服缺点，深入开展“农业学大寨”运动，以革命加拼命的精神，为我国农业生产和农业科学技术的发展，做出更大的贡献。

团结起来，争取更大的胜利！

（中国农业科学，1975（1）：7-9）

向科学技术现代化进军笔谈会

在抓纲治国初见成效的凯歌声中，我们迎来了战斗的一九七八年。华主席、党中央决定，今春在北京召开全国科学大会。广大科学技术工作者和工农兵群众无不欢欣鼓舞，正信心百倍、斗志昂扬地向科学技术现代化进军，科技战线出现了一个兴旺发达、捷报频传的崭新局面。为了迎接全国科学大会的召开，发展大好形势，本刊编辑部邀请部分科技工作者举行笔谈会，结合学科、专业，展望实现农业及科学技术现代化的前景。下面是笔谈会的第一批发言。

——编者

向世界第一个高产国家迈进

中国农林科学院院长 金善宝

实现我国农业现代化，要以阶级斗争为纲，坚持社会主义方向，发扬精耕细作的传统，用先进的科学技术和现代化装备武装农业，贯彻农业八字宪法，提高科学种田水平，实现大地园林化，实现机械化、电气化、自动化、水利化、化学化，农林牧副渔全面发展，把我国变成世界第一个高产国家。

我们要尽一切努力，在本世纪末，使粮食达到黄河以北亩产八百斤，淮河以北亩产一千斤，淮河以南亩产两千斤。棉、油、麻、丝、糖、茶、菜、烟、果、药、杂各类作物，都有较大发展。

实行农牧结合，逐步把畜牧业的比重提高到百分之五十左右。在牧区，大力发展牛、羊等草食性牲畜，提高草原载畜量和产品率。在农区，要积极发展猪、牛、鸡、鸭、兔等畜禽，大搞机械化畜禽工厂，向人民提供数倍或数十倍于现在的肉、蛋和奶类食品。

积极发展渔业，大抓海水养殖和远海、深海捕捞业；同时，充分利用内陆水面，发展淡水养殖。本世纪末，水产品产量要翻一、二番。

广泛发动群众，大搞农田基本建设，发展造林事业，尽快**“绿化祖国”**，使沙漠变绿洲，黄河成碧流。

实现农业现代化，农业科技工作要走在前面。二十九年来，在毛主席革命路线指引下，我们已经取得了很大的成就，较大的农业科技成果就有六百多项，其中有些是走在世界前列的。粉碎“四人帮”，农业科技要大上。在英明领袖华主席为首的党中央领导下，我们一定能够实现毛主席关于**“中国要变成世界第一个高产的国家”**的遗愿。

加快农药科研的步伐

南开大学教授 杨石先

人们常说：“种不种在于水，长不长在于肥，收不收在于药。”农药在农业生产上的保证作用，确实重要。实现农业现代化，农药科研工作必须跟上。

首先，在我们这样大的国家，至少需要一、二百种农药，才能应付各种病虫害。而现在只有几十种，大多是杀虫剂，其他品种特别是杀菌剂很少，许多病无药可用，除草剂也少得可怜，要尽快增加农药品种。

第二，近年来，由于环境污染问题的提出，出现了一批生物农药和利用生理作用的新农药。如昆虫激素、拟除虫菊素、抑制甲壳质生成的杀虫剂等。要加强这方面的研究。同时，不少化学农药，我们在本世纪甚至更长的年代里还要和它们打交道，决不可以“明日黄花”对待。

第三，农药当前的最大问题是使用对象发生抗性的问题。抗性产生的机制，控制抗性的方法等方面

向世界第一个高产国家迈进

中国农林科学院院长　金善宝

在抓纲治国初见成效的凯歌声中，我们迎来了战斗的1978年。华主席、党中央决定，今春在北京召开全国科学大会。广大科学技术工作者和工农兵群众无不欢欣鼓舞，正信心百倍、斗志昂扬地向科学技术现代化进军，科技战线出现了一个兴旺发达、捷报频传的崭新局面。为了迎接全国科学大会的召开，发展大好形势，本刊编辑部邀请部分科技工作者举行笔谈会，结合学科、专业，展望实现农业及科学技术现代化的前景。下面是笔谈会的第一批发言。

——编者

实现我国农业现代化，要以阶级斗争为纲，坚持社会主义方向，发扬精耕细作的传统，用先进的科学技术和现代化装备武装农业，贯彻农业八字宪法，提高科学种田水平，实现大地园林化，实现机械化、电气化、自动化、水利化、化学化，农林牧副渔全面发展，把我国变成世界第一个高产国家。

我们要尽一切努力，在20世纪末，使粮食达到黄河以北亩产800斤，淮河以北亩产1 000斤，淮河以南亩产2 000斤。棉、油、麻、丝、糖、茶、菜、烟、果、药、杂各类作物，都有较大发展。

实行农牧结合，逐步把畜牧业的比重提高到50%左右。在牧区大力发展牛、羊等草食性牲畜，提高草原载畜量和产品率。在农区要积极发展猪、牛、鸡、鸭、兔等畜禽，大搞机械化畜禽工厂，向人民提供数倍或数十倍于现在的肉、蛋和奶类食品。

积极发展渔业，大抓海水养殖和远海、深海捕捞业；同时，充分利用内陆水面，发展淡水养殖。20世纪末，水产品产量要翻一两番。

广泛发动群众，大搞农田基本建设，发展造林事业，尽快“绿化祖国”，使沙漠变绿洲，黄河成碧流。

实现农业现代化，农业科技工作要走在前面。二十九年来，在毛主席革命路线指引下，我们已经取得了很大的成就，较大的农业科技成果就有600多项，其中有些是走在世界前列的。粉碎“四人帮”，农业科技要大上。在英明领袖华主席为首的党中央领导下，我们一定能够实现毛主席关于“中国要变成世界第一个高产的国家”的遗愿。

（农业科学实验，1978（1）：4）

农业科学研究要走在生产的前面

中国农林科学院院长　金善宝

在英明领袖华主席和党中央的亲切关怀下，全国科学大会即将在北京召开。这次大会是我国科学事业发展的一个新的里程碑，它不仅有着重大的现实意义，而且对于加速我国科学技术的现代化将产生深远的影响。

自从华主席率领全党一举粉碎“四人帮”以来，全国人民在以华主席为首的党中央的领导下，高举毛主席的伟大旗帜，全面落实抓纲治国的战略决策，认真学习马列著作和毛主席著作，深入揭批“四人帮”，大批资本主义，大干社会主义，整个国民经济出现了新的跃进局面。去年五月，华主席对科技工作做了重要指示，提出“科学要兴旺发达起来，要捷报频传”；八月，在党的十一大政治报告中发出“为在本世纪内把我国建设成为伟大的社会主义的现代化强国而奋斗”的伟大号召。九月十八日，中共中央又发出了《关于召开全国科学大会的通知》。现在，一场向科学技术现代化进军的伟大革命运动正在迅猛兴起，全国各地出现了全党动员，书记动手，大办科学的新高潮。加速实现科学技术现代化，在二十世纪内把我国建设成为一个伟大的社会主义的现代化强国，是伟大领袖和导师毛主席及敬爱的周总理的遗愿，是我国人民的历史使命。我们要坚决响应华主席、党中央的伟大号召，一定要以百倍的努力搞好科研工作，以新的优异的成绩迎接全国科学大会的召开。

毛主席历来十分重视农业科学研究。早在第二次国内革命战争时期，毛主席就曾经强调指出，要设立农业研究学校，建立农事试验机构，加强农业科学研究，促进农业生产的发展。建国以来，毛主席制订了**“以农业为基础、工业为主导”**的发展国民经济总方针和在农业方面**“以粮为纲，全面发展”**的方针。毛主席还科学地论证了农、林、牧三者互相依赖、缺一不可的辩证关系，指示我们**“要把三者放在同等地位”**，并指出，**“用机械装备农业，是农、林、牧三结合大发展的决定性条件。”“农业的根本出路在于机械化。”**毛主席对于平整土地、兴修水利为中心的农田基本建设；对于增施肥料，培育良种，合理密植，消灭病虫害，精耕细作；对于植树造林，绿化祖国；对于发展以养猪为中心的畜牧业等等，都作过许多重要指示。一九五六年，毛主席亲自主持制订了全国农业发展纲要四十条，提出了发展我国社会主义农业的战斗纲领。一九五八年，在大跃进的高潮中，毛主席又科学地总结了我国农民丰富的生产经验，以及农业技术改革的经验，系统地提出了以“土、肥、水、种、密、保、管、工”为内容的农业**“八字宪法”**，为我国农业生产和农业科学技术的发展开辟了广阔的道路。毛主席高瞻远瞩地指出：**“将来会出现从来没有被人们设想过的种种事业，几倍、十几倍以至几十倍于现在的农作物的高产量”**，提出了**“中国要变成世界第一个高产的国家”**的宏伟设想，为我们农林科技战线指明了奋斗目标，展示了我国农业生产光辉灿烂的未来。

建国二十八年来，在两个阶级、两条路线的激烈斗争中，毛主席的革命路线在农林科技战线始终占主导地位。在毛主席的英明领导和周总理的亲切关怀下，我国农林科技事业在“一穷二白”的基础上建立和发展起来。专业机构从无到有、从小到大，四级农科网蓬勃发展，专业研究与群众运动相结合，广大农林科技人员，坚持走与工农相结合的道路，围绕农业生产中的重大科技问题，广泛开展“三结合”的科学实验，取得了大批科研成果。有些方面，填补了我国农林科学的空白，有些方面后来居上，达到了世界先进水平。如杂交水稻和异源八倍体小黑麦的培育成功并大面积应用于生产；单倍体育种在烟草、水稻、小麦等作物上获得成功之后，在玉米单倍体培育上又有了新的突破；大面积应用生物防治农作物、林木病虫害，以及一些重要家畜传染病的诊断和免疫技术等，都走在世界的前列。为发展我国社会主义大农业，为农业学大寨、普及大寨县作出了积极的贡献。这一切雄辩地证明：**“中国人民有志气，有能力，一定要在不远的将来，赶上和超过世界先进水平。”**

但是，林彪反党集团，特别是万恶的“四人帮”，出于篡党夺权的反革命目的，抹煞建国以来农林科技战线的伟大成绩，否定毛主席革命路线的主导地位，摧残科技事业，拆散科研机构，迫害知识分子，使农林科技工作的一些领域与世界先进水平的差距拉大了。“打倒四人帮，科研得解放”。现在，向科学技术现代化进军的号角已经吹响，我们已经迎来了一个百花

农业科学研究要走在生产的前面

中国农林科学院院长　金善宝

在英明领袖华主席和党中央的亲切关怀下，全国科学大会即将在北京召开。这次大会是我国科学事业发展的一个新的里程碑，它不仅有着重大的现实意义，而且对于加速我国科学技术的现代化将产生深远的影响。

自从华主席率领全党一举粉碎“四人帮”以来，全国人民在以华主席为首的党中央的领导下，高举毛主席的伟大旗帜，全面落实抓纲治国的战略决策，认真学习马列著作和毛主席著作，深入揭批“四人帮”，大批资本主义，大干社会主义，整个国民经济出现了新的跃进局面。1977 年 5 月，华主席对科技工作做了重要指示，提出“科学要兴旺发达起来，要捷报频传”；8 月，在党的十一大政治报告中发出“为在 20 世纪内把我国建设成为伟大的社会主义的现代化强国而奋斗”的伟大号召。9 月 18 日，中共中央又发出了《关于召开全国科学大会的通知》。现在，一场向科学技术现代化进军的伟大革命运动正在迅猛兴起，全国各地出现了全党动员，书记动手，大办科学的新高潮。加速实现科学技术现代化，在 20 世纪内把我国建设成为一个伟大的社会主义的现代化强国，是伟大领袖和导师毛主席及敬爱的周总理的遗愿，是我国人民的历史使命。我们要坚决响应华主席、党中央的伟大号召，一定要以百倍的努力搞好科研工作，以新的优异的成绩迎接全国科学大会的召开。

毛主席历来十分重视农业科学研究。早在第二次国内革命战争时期，毛主席就曾经强调指出，要设立农业研究学校，建立农事试验机构，加强农业科学研究，促进农业生产的发展。新中国成立以来，毛主席制订了“以农业为基础、工业为主导”的发展国民经济总方针和在农业方面“以粮为纲，全面发展”的方针。毛主席还科学地论证了农、林、牧三者互相依赖、缺一不可的辩证关系，指示我们“要把三者放在同等地位”，并指出，“用机械装备农业，是农、林、牧三结合大发展的决定性条件。”“农业的根本出路在于机械化。”毛主席对于平整土地、兴修水利为中心的农田基本建设；对于增施肥料，培育良种，合理密植，消灭病虫害，精耕细作；对于植树造林，绿化祖国；对于发展以养猪为中心的畜牧业，等等，都做过许多重要指示。1956 年，毛主席亲自主持制订了《农业发展纲要四十条》，提出了发展我国社会主义农业的战斗纲领。1958 年，毛主席又科学地总结了我国农民丰富的生产经验以及农业技术改革的经验，系统地提出了以“土、肥、水、种、密、保、管、工”为内容的农业“八字宪法”，为我国农业生产和农业科学技术的发展开辟了广阔的道路。毛主席高瞻远瞩地指出：“将来会出现从来没有被人们设想过的种种事业，几倍、十几倍以至几十倍于现在的农作物的高产量”，提出了“中国要变成世界第一个高产的国家”的宏伟设想，为我们农林科技战线指明了奋斗目标，展示了我国农业生产光辉灿烂的未来。

新中国成立二十八年来，在两个阶级、两条路线的激烈斗争中，毛主席的革命路线在农林科技战线始终占主导地位。在毛主席的英明领导和周总理的亲切关怀下，我国农林科技事业在“一穷二白”的基础上建立和发展起来。专业机构从无到有、从小到大，4 级农科网蓬勃发展，专业研究与群众运动相结合，广大农林科技人员，坚持走与工农相结合的道路，围绕农业生产中的重大科技问题，广泛开展“三结合”的科学实验，取得了大批科研成果。有些方面，填补了我国农林科学的空白，有些方面后来居上，达到了世界先进水平。如杂交水稻和异源 8 倍体小黑麦的培育成功，并大面积应用于生产；单倍体育种在烟草、水稻、小麦等作物上获得成功之后，在玉米单倍体培育上又有了新的突破；大面积应用生物防治农作物、林木病虫害以及一些重要家畜传染病的诊断和免疫技术等，都走在世界的前列。为发展我国社会主义大农业，为农业学大寨、普及大寨县做出了积极的贡献。这一切雄辩地证明：“中国人民有志气，有能力，一定要在不远的将来，赶上和超过世界先进水平。”

为了在 20 世纪内把我国建设成为农业、工业、国防和科学技术现代化的社会主义强国，我们应当树雄心，立壮志，抢时间，争速度，大干快上。

农业科学研究工作要走在农业生产的前面，必须大力加强理论研究和基础工作。我们敬爱的周总理在 1956 年就曾告诫我们：“如果我们还不及时地加强对于长远需要和理论工作的注意，那么，我们就要犯很大的错误。没有一定的理论科学的研究作为基础，技术上就不可能有根本性质的进步和革新。”“四人帮”制造种种谬论，竭力反对和取消自然科学基础理论的研究，造成了极大的混乱。在农林科技战线，那种一提理论研究就同“三脱离”画等号，用实践代替理论，用生产代替科研的错误倾向，必须彻底纠正。我们必须十分重视理论的指导作用，只有理论研究和基础工作搞好了，科技工作才能有所突破。异源 8 倍体小黑麦的研究，由于花费了 4 年的时间和很大精力，首先进行小麦与黑麦可杂交性遗传的鉴别研究，找出易与黑麦杂交的小麦品种，以这些品种作“桥梁”，制造出 5 000 多个小黑麦的原始品系，再以这些品系为材料进行杂交，从而培育成功一批新品种用于生产。条锈病曾经是我国小麦生产上的严重威胁，1950 年、1964 年几次大发生，仅 1950 年那一次就损失小麦达 100 亿斤之多，由于加强了基础研究，弄清了该病的流行规律、生理小种变化动态、品种抗锈性丧失等问题，从 1965 年以来，基本控制了它的流行危害。我们要用现代科学的原理来研究农业科学领域的许多理论问题，如提高作物的光能利用、人工创造新类型品种和新物种、生物固氮等，使我国农业生产和农业科学研究有新的重大突破。

农业科学的研究对象是有生命的动植物，它们生长发育的规律复杂，并且受到外界条件的很大限制，一般实验周期都较长，任何问题的解决都要有一个实践、认识，再实践、再认识的过程。因此，在研究当前生产急需解决的科技问题的同时，必须安排一定的力量，针对五年、十年后生产发展的需要以及预见新条件下可能出现的新问题，提前安排项目进行研究。例如，根据我国实现农业机械化的规划，当前要使农机研究和农艺研究密切配合，农机研究要根据农业生产发展的需要，设计和改革一定的机具以适应农作物高产栽培方式和精耕细作要求；农艺研究也要根据机械作业特点，相对地稳定耕作制度，改革种植方式和田间管理技术，为机械定型和实行机械作业创造必要的条件；并且要注意培育秆矮不倒、植株紧凑的稻、麦等作物品种，吐絮时间集中的棉花品种以及结荚部位高的大豆品种等，以适应机械化操作，减少损失。又如目前提供生产上使用的杂交水稻，增产显著，发展很快，1977 年种植面积达 3 000 多万亩，但有的恢复系不抗白叶枯病，在该病大流行年有遭受严重危害的可能，因此需要及早选育出新的抗白叶枯病的恢复系并配制相应的强优势杂交组合，以便巩固和提高杂交水稻的增产效益。在小麦 3 种锈病中，虽然条锈病和秆锈病现已基本控制，但叶锈病又有发展趋势，因此，小麦的育种工作，除继续重视育种材料的抗条、秆锈病特性外，要侧重抗叶锈病品种材料的选育，以防止叶锈病造成严重损失。还有品质育种的问题。以往我们较多地注意品种的产量结构，在培育高产品种上是有显著成效的。但是对于品质育种，我们必须及早摆到育种的日程上来，大力加强这方面的工作，以满足发展生产和改善人民生活的需要。

实现农业现代化和把我国建设成为世界上第一个高产国家，是伟大领袖毛主席的遗愿，也是我们农林科技战线的同志们肩负的光荣而艰巨的任务。马克思说过："在科学上没有平坦的大道，只有不畏劳苦沿着陡峭山路攀登的人，才有希望达到光辉的顶点。"我们要把敢攀高峰的革命精神和扎扎实实的科学态度结合起来。科学态度就是要实事求是。毛主席指出："'实事'就是客观存在着的一切事物，'是'就是客观事物的内部联系，即规律性，'求'就是我们去研究。"我们从事科学研究，一定要从客观存在的事实出发，通过仔细观察和认真研究，掌握大量、准确的第一手资料，客观地反映事物的本来面目，才能找出其固有的规律性。我们要努力学习唯物辩证法，用毛主席的哲学思想指导科学技术工作；并要提倡"三老四严"的作风，做老实人、说老实话、办老实事。反对任何弄虚作假、谎报科研成果的不良作风。我们要充分运用我国的有利条件，并吸取外国的先进经验，围绕重大科研项目，组织协作，攻关会战，不断提高研究质量，加快研究步伐，多快好省地提供科研成果。

我是一个从旧社会过来的人。是党和毛主席把我从黑暗的旧社会解放出来，并光荣地参加了中国共产党，使我获得了新生。抗战胜利后毛主席去重庆和谈期间，我第一次荣幸地受到毛主席召见。全国解放以后，毛主席从政治上和学术上给了我极大的荣誉。毛主席对我的无限关怀和巨大鞭策，使我永志不忘。我今年虽然已经 83 岁了，在此召开全国科学大会、动员向科学技术现代化进军之际，感到豪情满怀，干劲倍增。我一定要在这有限的余生中，在以英明领袖华主席为首的党中央领导下，加倍努力工作，为我国实现农业现代化和变成世界第一个高产国家而奋斗。

（农业科技通讯，1978（1）：1-2）

1978.6.23 光明日报

农业科研要向现代化进军

中国农业科学院院长 金善宝

当前，农业科技战线和其他科技战线一样，出现了一派欣欣向荣的喜人景象。在这大好形势下，《光明日报》开辟了《农业科学》专刊，交流农业科研工作经验，介绍国内外先进成果，开展学术讨论，为实现农业现代化服务，这是值得祝贺的。我仅就加速发展我国农业科研事业的问题谈点看法。

伟大的领袖和导师毛主席早在一九五七年就高瞻远瞩地指出："将来，中国要变成世界第一个高产的国家。"又指出："农业的根本出路在于机械化。"这为我们规定了实现农业现代化的宏伟目标。英明领袖华主席最近又发出号召：在今后不到四分之一世纪的时间内，在我国实现四个现代化。农业科学研究正愈来愈为人们所重视。农业要实现现代化，在很大程度上依赖于科学的进步，依赖于不断研究解决农业生产上出现的一批批关键性的科学技术问题。解放以来，在毛主席革命路线指引下，我国农业科学技术在"一穷二白"的基础上有了很大的发展，有些方面达到了世界先进水平。但是近些年来，由于林彪、"四人帮"的干扰破坏，使我国农业科技与世界先进水平的差距拉大了。当代世界农业科技的发展日新月异，一些农业发达的国家，耕作、植保、收获、运输等主要环节都已高度机械化。遥感技术、电子计算机、人工气候装置等日益广泛使用。劳动生产率比我国高出几十倍。如果我们走人家的老路，跟在后面爬行，不仅永远赶不上，而且差距将会越来越大。因此，我们必须打破常规，尽量采用先进的科学技术，敢想敢闯，才能迎头赶上。毫无疑问，农业科学研究要着力解决当前生产上急需解决的实际问题，而解决这些问题也不能光靠老办法，同样需要运用现代化的研究手段和最新的科研成果，才能在速度和水平上来一个飞跃。与此同时，农业科学研究要看到今后生产发展的趋向，走在生产的前面。例如我们现在就应该积极研究适应农业机械化的一整套耕作制度、农艺技术，培育相应的农畜新品种。还应该预见到，随着各学科现代研究成果在农业领域的应用，必将引起农业生产和科研的革命性变化。因此，我们要随时注意那些新苗头、新动向，提出一些新的课题列人规划，并安排力量进行研究。为了使农业科学研究工作作为我国农业现代化服务，我们的研究工作必须进行相应的改进和加强。

要大力加强农业科学的基础理论研究。敬爱的周总理早就指出："没有一定的理论科学的研究作基础，技术上就不可能有根本性质的进步和革新"。农业科学是研究农林牧渔业生产过程中，生物及其环境控制的基本理论的学科，有它自己的基础理论研究课题，例如农业生物的遗传、生长、发育规律的理论，外界环境条件与农业生产相关性的理论等等。我们如果不在这些方面狠下功夫，就不能根本改变我国农业科研的落后面貌。如搞杂交育种，不注意遗传规律和种质来源的深入研究；搞高产栽培，不注意农作物生理生化的研究，就不能使我们的研究工作摆脱盲目性。没有基础理论研究的坚实基础，即使引进先进科研成果，也只能照搬照抄，很难有所创新。

要强调分工合作，大力协同。现代科学技术发展的重要特点之一，是各个学科之间日益紧密的联系和互相渗透。由于农业科学各基础学科的重大发展和电子计算机、核磁共振波谱仪、激光技术等现代化科学手段的运用，现代农业科学已进入多学科多部门协同研究的国家规模以至国际规模。因此，在今后的研究工作中，必须有严密的统一规划和科学的组织分工。要调整充实各级农业科学研究机构，建立起全国性的、各地区的和各种专业的农业科学研究中心，形成一个布局合理、专业设置齐全的全国农业科学实验网。这样，可以集中力量，突出重点，避免重复，克服以往"上下一般粗"的毛病。我们要总结经验，加强组织领导，对一些急待解决的重大农业科研项目，如南方麦类赤霉病问题，东北地区低温冷害问题等，继续组织协作攻关。至于关系到农业科技发展方向的一些重大理论和技术问题，不但要组织农业科研领域中各学科、各地区科研机构协同作战，加强与其他有关学科的联系和合作，而且应该积极开展国际间的学术交流与技术协作。

要进一步搞好专群结合。建立四级农科网，实行专业队伍与群众性科学实验活动相结合，试验、示范、推广相结合，这是我国独创的行之有效的宝贵经验。当前要特别强调发挥专业队伍的骨干作用，采取切实有效的措施，充分调动现有科技人员的积极性，提高他们的业务水平，并积极创造条件，尽快实现科研手段的现代化。迅速培养一支宏大的农业科技队伍，提高广大农民群众的科学文化水平，这是实现农业现代化所急待进行的一项基本建设。

要树立一个好的学风。这几年来，"四人帮"不但把人们的思想搞乱了，而且把作风搞坏了。那种片面夸大、弄虚作假、形而上学猖獗的坏作风，那种盲目自大、因循守旧、拒绝学习外国先进技术的坏习气，在我们农业科研领域流毒很深，必须彻底清除。要大力恢复和发扬埋头苦干、实事求是的优良传统，反对说假话、说大话、说空话。对学术问题，要贯彻毛主席提出的百家争鸣方针，鼓励和提倡不同学派、不同观点的自由争论，反对那种唯我独尊、乱扣帽子、压制不同意见的学阀作风。

农业科研要在本世纪末赶超世界先进水平，是根本改变我国农业落后面貌的一场伟大革命。我们农业科技战线的全体同志要高举毛主席的伟大旗帜，奋发图强，向着农业科技现代化的宏伟目标，阔步前进！

农业科研要向现代化进军

中国农业科学院院长　金善宝

当前，农业科技战线和其他科技战线一样，出现了一派欣欣向荣的喜人景象。在这大好形势下，《光明日报》开辟了《农业科学》专刊，交流农业科研工作经验，介绍国内外先进成果，开展学术讨论，为实现农业现代化服务，这是值得祝贺的。我仅就加速发展我国农业科研事业的问题谈点看法。

伟大的领袖和导师毛主席早在1957年就高瞻远瞩地指出："将来，中国要变成世界第一个高产的国家。"又指出："农业的根本出路在于机械化。"这为我们规定了实现农业现代化的宏伟目标。英明领袖华主席最近又发出号召：在今后不到1/4世纪的时间内，在我国实现四个现代化。农业科学研究正愈来愈为人们所重视。农业要实现现代化，在很大程度上依赖于科学的进步，依赖于不断研究解决农业生产上出现的一批批关键性的科学技术问题。解放以来，在毛主席革命路线指引下，我国农业科学技术在"一穷二白"的基础上有了很大的发展，有些方面达到了世界先进水平。但是近些年来，由于林彪、"四人帮"的干扰破坏，使我国农业科技与世界先进水平的差距拉大了。当代世界农业科技的发展日新月异，一些农业发达的国家，耕作、植保、收获、运输等主要环节都已高度机械化。遥感技术、电子计算机、人工气候装置等日益广泛使用。劳动生产率比我国高出几十倍。如果我们走人家的老路，跟在后面爬行，不仅永远赶不上，而且差距将会越来越大。因此，我们必须打破常规，尽量采用先进的科学技术，敢想敢闯，才能迎头赶上。毫无疑问，农业科学研究要着力解决当前生产上急需解决的实际问题，而解决这些问题也不能光靠老办法，同样需要运用现代化的研究手段和最新的科研成果。才能在速度和水平上来一个飞跃。与此同时，农业科学研究要看到今后生产发展的趋向，走在生产的前面。例如我们现在就应该积极研究适应农业机械化的一整套耕作制度、农艺技术，培育相应的农畜新品种。还应该预见到，随着各学科现代研究成果在农业领域的应用，必将引起农业生产和科研的革命性变化。因此，我们要随时注意那些新苗头、新动向，提出一些新的课题列入规划，并安排力量进行研究。为了使农业科学研究工作为我国农业现代化服务，我们的研究工作必须进行相应的改进和加强。

要大力加强农业科学的基础理论研究。敬爱的周总理早就指出："没有一定的理论科学的研究作基础，技术上就不可能有根本性质的进步和革新。"农业科学是研究农林牧渔业生产过程中，生物及其环境控制的基本理论的学科，有它自己的基础理论研究课题，例如农业生物的遗传、生长、发育规律的理论，外界环境条件与农业生产相关性的理论等。我们如果不在这些方面狠下功夫，就不能根本改变我国农业科研的落后面貌。如搞杂交育种，不注意遗传规律和种质来源的深入研究；搞高产栽培，不注意农作物生理生化的研究，就不能使我们的研究工作摆脱盲目性。没有基础理论研究的坚实基础，即使引进先进科研成果，也只能照搬照抄，很难有所创新。

要强调分工合作，大力协同。现代科学技术发展的重要特点之一，是各个学科之间日益紧密的联系和互相渗透。由于农业科学各基础学科的重大发展和电子计算机、核磁共振波谱仪、激光技术等现代化科学手段的运用，现代农业科学已进入多学科多部门协同研究的国家规模以至国际规模。因此，在今后的研究工作中，必须有严密的统一规划和科学的组织分工。要调整充实各级农业科学研究机构，建立起全国性的、各地区的和各种专业的农业科学研究中心，形成一个布局合理、专业设置齐全的全国农业科学实验网。这样，可以集中力量，突出重点，避免重复，克服以往“上下一般粗”的毛病。我们要总结经验，加强组织领导，对一些急待解决的重大农业科研项目，如南方麦类赤霉病问题、东北地区低温冷害问题等，继续组织协作攻关。至于关系到农业科技发展方向的一些重大理论和技术问题，不但要组织农业科研领域中各学科、各地区科研机构协同作战，加强与其他有关学科的联系和合作，而且应该积极开展国际间的学术交流与技术协作。

要进一步搞好专群结合。建立四级农科网，实行专业队伍与群众性科学实验活动相结合，试验、示范、推广相结合，这是我国独创的行之有效的宝贵经验。当前要特别强调发挥专业队伍的骨干作用，采取切实有效的措施，充分调动现有科技人员的积极性，提高他们的业务水平，并积极创造条件，尽快实现科研手段的现代化。迅速培养一支宏大的农业科技队伍，提高广大农民群众的科学文化水平，这是实现农业现代化所急待进行的一项基本建设。

要树立一个好的学风。这几年来，“四人帮”不但把人们的思想搞乱了，而且把作风搞坏了。那种片面夸大、弄虚作假、形而上学猖獗的坏作风，那种盲目自大、因循守旧、拒绝学习外国先进技术的坏习气，在我们农业科研领域流毒很深，必须彻底清除。要大力恢复和发扬埋头苦干、实事求是的优良传统，反对说假话、说大话、说空话。对学术问题，要贯彻毛主席提出的百家争鸣方针，鼓励和提倡不同学派、不同观点的自由争论，反对那种唯我独尊、乱扣帽子、压制不同意见的学阀作风。

农业科研要在20世纪末赶超世界先进水平，是根本改变我国农业落后面貌的一场伟大革命。我们农业科技战线的全体同志要高举毛主席的伟大旗帜，奋发图强，向着农业科技现代化的宏伟目标，阔步前进！

（光明日报，1978-6-23（3））

消除污染保护好农业环境

中国农业科学院院长 金善宝

农业环境是人类生存环境的重要组成部分。农业生产对自然条件的依赖性很大，具备一个良好的土壤、水质和空气的环境，这是发展农业生产绝对需要的基本条件。如果水源、空气和土壤等农业环境受到污染和破坏，不仅直接影响农业生产的收益；而且由于农、畜产品的污染，还会危害人们的健康。因此，保护农业环境使之不受污染与破坏，在整个环境保护工作中占有极为重要的地位。

当今世界许多国家，特别是一些经济高度发达的国家，由于盲目发展工业，任意排放有毒的废水、废气和废渣，加之在农业生产上滥用农药和化肥，造成水源、大气和土壤的严重污染，直接破坏了农业环境，并使环境污染成为社会公害。早在一九七〇年，周总理就曾指出："对我们来说公害是个新课题。工业化一搞起来，这个问题就大了。农林部应该把这个问题提出来，农林又要空气，又要水。"消除污染，保护好农业环境，这是关系到高速度发展农业生产和实现四个现代化的大事，也是摆在我们农业科研部门的一项刻不容缓的重要任务。

近几年来，在华主席为首的党中央领导下，在积极建立和健全环境保护管理和监测机构的同时，组织全国几十个农业科研单位和院校，积极开展了农业环境保护科研大协作，短时间内，在环境科学和污染防治技术方面，都取得一定研究成果。农田灌溉水质标准的研究，现已初步掌握灌溉水中汞、镉、砷、铬、铅、铜、锌、硒和这些元素的化合物，以及氰化物、氟化物、石油、挥发性酚、苯、硫化物、三氯乙醛、氯化物、丙烯醛等十七种有害物质在不同浓度时对水稻、小麦和瓜菜类生长发育的影响规律，在作物体内运转和残留的动态，找到了上述各种有害物质造成农作物死亡的致死浓度，影响农作物正常生长发育的临界浓度，

以及对农作物和农田环境不产生污染影响的最高允许浓度。在取得这些科研成果的基础上，制订出我国第一个农田灌溉水质标准，这对加

消除污染　保护好农业环境

中国农业科学院院长　金善宝

农业环境是人类生存环境的重要组成部分。农业生产对自然条件的依赖性很大，具备一个良好的土壤、水质和空气的环境，这是发展农业生产绝对需要的基本条件。如果水源、空气和土壤等农业环境受到污染和破坏，不仅直接影响农业生产的收益，而且由于农畜产品的污染，还会危害人们的健康。因此，保护农业环境使之不受污染与破坏，在整个环境保护工作中占有极为重要的地位。

当今世界许多国家，特别是一些经济高度发达的国家，由于盲目发展工业，任意排放有毒的废水、废气和废渣，加之在农业生产上滥用农药和化肥，造成水源、大气和土壤的严重污染，直接破坏了农业环境，并使环境污染成为社会公害。早在 1970 年，周总理就曾指出："对我们来说公害是个新课题。工业化一搞起来，这个问题就大了。农林部应该把这个问题提出来，农林又要空气，又要水。"消除污染，保护好农业环境，这是关系到高速度发展农业生产和实现"四个现代化"的大事，也是摆在我们农业科研部门的一项刻不容缓的重要任务。

近几年来，在华主席为首的党中央领导下，在积极建立和健全环境保护管理和监测机构的同时，组织全国几十个农业科研单位和院校，积极开展了农业环境保护科研大协作，短时间内，在环境科学和污染防治技术方面，都取得一定研究成果。农田灌溉水质标准的研究，现已初步掌握灌溉水中汞、镉、砷、铬、铅、铜、锌、硒和这些元素的化合物以及氰化物、氟化物、石油、挥发性酚、苯，硫化物、三氯乙醛、氯化物、丙烯醛等 17 种有害物质在不同浓度时对水稻、小麦和瓜菜类生长发育的影响规律，在作物体内运转和残留的动态，找到了上述各种有害物质造成农作物死亡的致死浓度，影响农作物正常生长发育的临界浓度以及对农作物和农田环境不产生污染影响的最高允许浓度。在取得这些科研成果的基础上，制订出我国第一个农田灌溉水质标准，这对加强灌溉用水的水质监测，科学地利用污水或其他含毒水源灌溉农田以及为工业和城建部门治理污水，提供了科学依据。农药安全使用标准的研究，现已基本完成六六六、滴滴涕、敌百虫、E605、甲基 E605、敌敌畏、杀螟松、亚胺硫磷、杀虫脒、马拉硫磷、倍硫磷、有机砷、西维因、除草醚、辛硫磷等 16 种农药在水稻、玉米、烟草、茶叶、苹果、柑橘、黄瓜、青菜等 8 种作物和果树上残留动态的试验研究，并制订出上述 16 种农药分别在这 8 种作物和果树上安全使用的标准。这对今后在农业生产上科学合理地使用农药，提高防治病虫害效果以及防止农药污染和保证农副产品品质，都具有重要意义。利用生物防治农作物病虫害，可以减少化学农药的用量，对于防止化学农药污染环境和农作物，保障人畜健康，具有一定作用。这方面的研究也取得一些进展。如利用白僵菌、赤眼蜂防治玉米螟，利用赤眼蜂防治粟灰螟，利用赤眼蜂、草蛉防治棉红铃虫，利用七星瓢虫防治棉蚜等，都有一定成效。利用粪便、污水、草类、垃圾废料等有机物质制取沼气，既可充分利用能源、保护资源，又可变废为宝、化害为利、保护环境。近年来有些地区大办沼气，做到“煮饭不用柴和炭，照明不用油和电”，环境卫生面貌焕然一新。

我国在消除污染、保护农业环境方面，虽然做了一些工作，但总的来说，还解决得不那么好，目前环境污染不仅没有得到控制，而且还在继续发展。工业废气、废水、废渣的排放量日益增多，农药的大量使用以及城市烟尘和生活污水的增加，使空气、水源、土壤和农产品的污染日益严重。并应看到，环境污染的危害，往往要经过很多年才能表现出来，不易及时察觉，而一旦察觉之后，危害程度很深、涉及范围很广，以致难以挽救。我们要吸取资本主义国家的教训，从开始就重视起环境保护，大力开展科学研究，积极宣传推广防治污染技术，防患于未然。

从国外的发展动向来看，在20世纪50年代，他们着重搞“三废”处理技术，如污水处理、空气净化、废渣处理等；到70年代，采取了综合利用、工艺改革、闭路循环等进一步措施，并开展环境的综合研究、综合评价和综合防治，力求从根本上做到经济有效地控制污染、保护环境。

农业环境的污染，主要来自工业的“三废”。大量事实说明，只要认真做好“三废”治理工作，就能避免“三废”的危害，使工业发展不会污染环境。无锡县电化厂是一个出色搞好环境保护的化工厂。他们努力消灭“跑、冒、滴、漏”，植树造林不仅解决了污染的危害、改善了环境，还促进了生产的发展，周围农田基本上没有受污染。邻近氯碱、聚氯乙烯车间的两个生产队，小麦亩产达到500斤以上，前季稻亩产达800斤以上。当地农民高兴地说：“办了电化厂，庄稼生长没影响，稻麦连年获高产”。也要充分看到发展农业生产对消除污染的积极作用。如森林和其他植物可以吸收大量工业有害气体并放出氧气，起着净化和更新空气的效果，用处理好的工业污水灌溉农田，既可解决农业上的水肥需要，又可使污水得到进一步净化，避免对地下水源的污染。因此，所谓发展工业必然带来“三废”对农业环境的污染和破坏的说法，是没有根据的。

我国农业领域十分辽阔，农业环境保护范围宽广，我们要发扬社会主义制度的优越性，发动群众，依靠群众，花大力气消除污染，保护好森林、草原、园林和各种珍贵野生动植物资源，重视环境保护的监测和研究工作，为确保高速度发展农业生产创造一个良好环境。

（环境保护，1979（4）：3–4）

加强农业科学研究　促进农业现代化

中国农业科学院院长　金善宝

党中央非常重视加强农业这个国民经济的基础，采取一系列重大措施来加快农业的发展，广大人民也非常关心如何实现我国农业现代化问题。这里，我想从作物育种角度，谈谈加强农业科学研究，促进农业现代化问题。

什么是农业现代化，大家正在进行热烈的讨论。比较多的人认为，农业现代化就是用现代科学技术和现代工业来武装农业，用现代管理经济的科学方法来管理农业，充分合理地利用自然资源，大幅度提高劳动生产率、土地生产率和农产品的商品率，以满足社会对农产品的需要。要在我们这样一个原来基础比较薄弱的社会主义大国里实现农业的现代化，需要进行大量的工作，要做艰苦的努力。

实现我国农业现代化，必须充分考虑我国的特点：我国人口众多，耕地面积偏少，平均每人占有耕地只有 1 亩 6 分，只相当美国的 1/8，苏联的 1/7，法国的 1/3。虽然今后还可以开垦一些荒地，但是随着人口的增长，每人占有耕地面积仍不可能有较大的增加。这就决定了我国发展农业必须在提高单位面积产量上做文章，实现我国农业现代化的根本目标就要大幅度提高农业的单位面积产量，使我国成为世界上农业全面高产的国家。

我国农业生产的发展很不平衡。虽然有不少高产地区和高产单位，但是就全国而言，和世界先进水平相比，单位面积产量并不高。水稻是我国单产最高的一种作物，全国平均单产 400 多斤，虽然高于世界平均数字，但和日本、朝鲜的 800 多斤相比，有很大的差距。玉米在我国粮食作物中占第三位，平均亩产 300 多斤，低于世界平均产量，和奥地利的 900 多斤，意大利、加拿大的 800 多斤相比，不到他们的一半。这些都说明提高单产的潜力很大。

农业生产的发展，很大程度上依赖于科学的进步。在提高单位面积产量上，采用现代科学技术，包括改良土壤，实现灌溉，合理施肥，采用良种，防治病虫，改革耕作制度以及采用先进的栽培技术，等等，都具有重要作用。其中，选育和推广优良品种，又是世界各国普遍重视的问题。

优良品种是农业增产的重要因素。近年来由于育种技术的不断突破和优良品种的不断更新，使农业生产面貌发生很大变化。玉米杂交优势利用，大幅度提高了产量。美国 20 世纪 30 年代初期全国平均单产只有 200 多斤，由于利用高产抗病的杂交种，加上增施化肥，近年来玉米单产保持在 700 斤以上。“墨西哥小麦”和“菲律宾水稻”的育成和推广，被称为“绿色革命”，使一些国家奇迹般地提高了产量。在我国，由于一大批高产抗病小麦品种的育成，有效地控制了为害严重的小麦条锈病和秆锈病。在 50 年代末期到 60 年代初期我国首先培育成功的矮秆高产水稻，更新了易于倒伏的高秆不耐肥品种，使产量大大提高一步，近年来杂交水稻的育成和推广，又成为水稻生产上一个新的增产途径。应用普通小麦和黑麦杂交合成的新物种——异源8倍体小黑麦，穗大粒多，蛋白质含量高，具有耐旱、耐瘠薄、抗倒伏等特点，在西南、西北等高寒山区推广，成为“山区一宝”，大大提高了产量。这些都是现代农业科学的成就。

育种科学正在不断前进，为农业生产做出新贡献。目前国际上在育种工作上的新动向，一是进行理想株型育种，提高光合作用效率，选择光呼吸强度低，光合效率高的品种和类型。目前我国一般农田对太阳光能的利用率很低，不到1%。如能提高到2%，就能大幅度地增产粮食。二是加强抗病虫、抗逆品种选育，提高稳产性。目前国外不仅注意培育抗单种病虫的品种来解决重大病虫害问题，而且已经发展到多抗性育种。如菲律宾国际水稻研究所培育的一个品种能抗5种重要的水稻病害和5种重要害虫，同时还能抗盐碱、干旱，抗土壤缺锌、缺铁等。三是开展品质育种。在高产育种的基础上，注意提高粮食作物的蛋白质和氨基酸的含量，改进营养成分，选育低芥酸无芥酸的油菜和棉籽中不含色素体的无棉毒素品种，利用棉籽作高蛋白食物等。

近年来，育种方法也在不断发展，除常规育种外，新的育种方法如辐射育种、单倍体育种和体细胞人工杂交等都在研究，有的已取得很大成效。遗传工程受到各方面重视，如能获得重大突破，将给育种工作开辟广阔天地。

目前，我国的种子工作和国外先进水平相比差距很大，除育种工作外，还需要健全良种繁育制度，克服品种“多、乱、杂”现象，使推广品种良种化，良种布局区域化，种子质量标准化，逐步做到种子生产专业化，加工机械化。在这方面，我们还有大量的工作要做。

（北京科技报，1979-7-6（54））
（金善宝文选，中国农业出版社，1994：285-286）

知识就是力量

中国科学技术协会
中华全国总工会
中国共产主义青年团中央委员会
合办

2 1980

学科学用科学
加快实现我国农业现代化

中国农业科学院院长 金善宝

农业是国民经济的基础，要搞好农业生产，加快实现农业现代化，必须大力宣传普及农业科学技术。

农业生产是以生物有机体为对象的，它具有许多鲜明的特点，一是不论农作物、果树、蔬菜，还是畜牧、蚕、蜂等，都是有生命的活体。恩格斯指出：“生命是各种物质运动中的最高形式。”各种有生命的动植物都有其自身的生长发育规律，必须深入地开展农作物和畜、禽等有关生理、生态、生化和遗传等农业生物学的研究，提高对它们宏观和微观的认识，才能帮助我们不断地向农业生产的深度和广度进军。二是各种农作物、畜、禽等的生长发育都受外界条件的影响。就作物栽培来说，每种作物、每个品种的适应性都有一定范围，种植地区条件超过了它的适应性，就会大幅度减产，因此必须按一定的农业区划做好作物布局，并根据品种特点进行栽培管理，做到因地制宜，不能“一刀切”。三是生长周期长，年度间气象条件变动大，不能以某年的特殊气候来概括一般年份，也不能以一般年份代替特殊情况。这就需要保持工作的稳定性和连续性，才有利于认识和掌握农业生产的客观规律。

为了迅速发展农业生产，我们必须利用现代科学成就，实行科学种田，大量事实表明，农业科学技术对发展农业生产起着巨大的作用，比如，据美国有关专家分析，1929～1972年间，美国农业生产增长值的81%和劳动生产率提高的71%，归因于农业研究和技术推广。美国1933年推广杂交玉米前，全国平均单产也只有200多斤，由于高产、抗病玉米杂交种的研制成功和普遍推广，近年来玉米单产一直稳定在700斤以上。我国南方过去种植的水稻秆子高，不耐肥，亩产超过五、六百斤就容易倒伏，特别是在沿海台风侵袭地区，常常造成严重损失，五十年代中后期，研究育成并推广矮脚南特、广场矮、珍珠矮等一批矮秆高产品种，加上在一些地区推行旱田改水田以及单季稻改双季稻等重大技术改革，二十多年间，使我国水稻总产量提高了1.6倍。又如小麦锈病是一种

学科学用科学　加快实现我国农业现代化

中国农业科学院院长　金善宝

农业是国民经济的基础。要搞好农业生产，加快实现农业现代化，必须大力宣传普及农业科学技术。

农业生产是以生物有机体为对象的，它具有许多鲜明的特点：一是不论农作物、果树、蔬菜，还是畜牧、蚕、蜂等，都是有生命的活体。恩格斯指出："生命是各种物质运动中的最高形式。"各种有生命的动植物都有其自身的生长发育规律，必须深入地开展农作物和畜禽等有关生理、生态、生化和遗传等农业生物学的研究，提高对它们宏观和微观的认识，才能帮助我们不断地向农业生的深度和广度进军。二是各种农作物、畜禽等的生长发育都受外界条件的影响。就作物栽培来说，每种作物、每个品种的适应性都有一定范围，种植地区条件超越了它的适应性，就会大幅度减产。因此必须按一定的农业区划做好作物布局，并根据品种特点进行栽培管理，做到因地制宜，不能"一刀切"。三是生长周期长，年度间气象条件变动大，不能以某年的特殊气候来概括一般年份，也不能以一般年份代替特殊情况。这就需要保持工作的稳定性和连续性，才有利于认识和掌握农业生产的客观规律。

为了迅速发展农业生产，我们必须利用现代科学成就，实行科学种田。大量事实表明，农业科学技术对发展农业生产起着巨大的作用。比如，据美国有关专家分析，1929—1972 年，美国农业生产增长值的 81% 和劳动生产率提高的 71%，归因于农业研究和技术推广。美国 1933 年推广杂交玉米前，全国平均单产也只有 200 多斤；由于高产、抗病玉米杂交种的研制成功和普遍推广，近年来玉米单产一直稳定在 700 斤以上。我国南方过去种植的水稻秆子高、不耐肥，亩产超过五六百斤就容易倒伏，特别是在沿海台风侵袭地区，常常造成严重损失。20 世纪 50 年代中后期，研究育成并推广矮脚南特、广场矮、珍珠矮等一批矮秆高产品种，加上在一些地区推行旱田改水田以及单季稻改双季稻等重大技术改革，20 多年间，使我国水稻总产量提高了 1. 6 倍。又如小麦锈病是一种毁灭性病害。1950 年曾因这种病害大发生，当年损失小麦达 120 亿斤之多。后来组织全国有关力量开展协作研究，由于很快研究明确了我国条锈菌越夏、越冬和田间传播规律，培育出一批抗锈优良品种，提出了"以利用抗锈良种为主、药剂防治和栽培措施为辅，土洋结合、综合防治"的措施，从 1965 年以来，在全国范围内基本控制了小麦锈病的危害。

再从农业生产发展的历史来看，由于硫酸铵、尿素等化学肥料，六六六、滴滴涕等化学农药的研制成功，拖拉机、水泵等农用机械的发明，以及选育一个突出优良品种，或研究提出一项新的耕作栽培技术，等等，都使农业生产发生革命性的变化。展望未来，随着现代科学技术的发展，特别是物理、化学、生物学等基础科学的重大突破，以及现代技术装备的运用，将使农业生产发生根本改变。如遗传工程研究上有所突破，人类有可能积极干预生物的遗传和变异性，使之更加有把握的按照需要创造农作物和畜禽的新品种、新类型以至新物种。在光合作用的研究上，如能在提高光能利用的生态、生理、生化以及环境控制机理，控制光呼吸和光和产物运转分配的理论方面有所突破，使光和效率有所提高，就有可能成倍、十几倍以至几十倍地提高农作物产量。又如生物固氮研究，如能揭示某些微尘物和藻类在常温、常压下将自然界的分子态氮转变为可供植物利用的氨态氮的规律，以及利用基因工程技术，把豆科作物的根瘤菌中的固氮基因转移到其他作物上，使一般作物也可以直接固定利用空气中的氮素。空气中的氮素是一项取之不尽、用之不竭的自然资源，如果研究成功开发利用生物固氮，有可能取代整个氮素化肥工业，为农业增产开辟广阔的前景。

现代化的农业是以现代农业科学及其技术应用为基础的。使用农业机械是农业现代化的重要内容之一，但是研究建立适合机械化的农业技术体系，是农业机械化事业能够顺利发展的必要前提条件之一。因为科学的、适合机械化的耕作制度，不仅能促进劳动生产率和土地生产率的提高，而且对减少实现机械化的投资具有重要意义。如黑龙江省研究成功深翻耕法，除其有减少土壤风蚀和水蚀，适缓有机质下降速度，破除犁底层作用以外，据典型计算，还可节约钢材用量30%，减少油料消耗50%，减少拖拉机投放量25%，降低机械作业成本40%等优点。吉林省经多年试验证明3年翻一次土地，不但不会减产，还有一定的增产作用，并可节省机耕费用，节约用油，节省开支。据吉林省估计，适于推行这种耕作法的土地有3 000多万亩，以每年翻地40%计算，每年就能节省机械作业费用3 000万元，节约油料3.87万吨，减少拖拉机和配套农具设备投资1.7亿元，节约钢材8.34万吨。这说明机械化农艺研究的重要作用。又如随着工业生产的发展，工业支援农业的产品越来越多，这就有一个合理使用和合理分配的问题。目前一部分小面积高产田，采取大肥、大水、连续施药，不仅增加成本，并且破坏土壤结构，造成环境严重污染。因此必须研究制订不同地区合理经济用肥、用水、用药的科学技术方案，以提高生产资料的利用率。同时，还要研究各种作物在不同地区和不同产量水平下对氮、磷、钾和微量元素的需要量，为生产复合肥料和高浓度化肥提供依据。为了有效地利用水源和实行自动化灌溉，需要研究不同作物的需水规律、灌溉指标和最优灌水时期的省水高产灌溉技术。要有效合理地利用农药，就必须研制高效、低毒、低残留农药品种，开展药效生物测定、残毒量指标分析和科学施药方法的研究，等等。总之，必须大力加强科学研究，用现代科学技术武装农业，不然，即便花了上千万元，仍然拿不到多少农产品，达不到高产、稳产、高效率、低成本的目的。

农业科学研究的重大作用以及实现农业现代化与农业科学的密切关系，还没有被更多的人认识。现在还有相当一部分人的头脑中，存在着“开天辟地几千年，没有科学也种田”，“没有科学研究，农业照样丰收”等错误思想。产生这种思想是有它的历史根源和社会基础的。我国的封建社会延续了几千年，农业生产长期处于小农经济状态，因此农业生产技术只是以个人经验和手工操作为基础，不计劳动消耗，不讲劳动生产率，完全依靠人、畜力和各种当然因素从事农业生产，所以对农业科学技术要求不迫切。这种自然农业，遇到风调雨顺还有个好收成，一遇自然灾害就歉收逃荒，实际上是一种靠大自然恩赐的落后经营方式。解放以后，小农经济已被人民公社集体经济所取代，但我们的农业技术和农业经营管理仍停留在小农经济的水平。目前在小面积土地上采取手工生产方式，运用极其复杂的耕作方法和依靠繁重的体力劳动，虽然也能够获得较高的产量，但是，这种做法在现代化大农业、使用机器、大面积生产的条件下是无法推广的。农业现代化就要在合理化的农业生产结构的基础上，使用现代化的农业技术和管理方法，以达到高的劳动生产率和土地利用率，以最大限度地满足人民的需要。

为了加速实现我国农业现代化，必须大力加强农业科学研究和农业教育，培养一支数量足够、专业配套和有一大批世界第一流科学家的农业科技队伍；与此同时，还必须大力加强农业科学技术的宣传普及工作，普遍提倡学科学、用科学、不断提高广大干部和群众的科学技术水平；要由掌握现代科学技术知识的劳动者从事农业，并帮助他们提高劳动技能，鼓舞他们的创造性和劳动积极性。只有做到这样，才能使我国农业现代化立于不败之地。

（知识就是力量，1980（2）：1）

科学技术和农业现代化

作者近影　李春明摄

金善宝

（中国农业科学院院长　中国农学会副理事长）

一

我国的农业生产要有一个大的发展，到本世纪末实现农业现代化，首先必须结合我国农业的基本特点和农业生产的现状，选择适合我国具体情况的农业现代化道路。

目前，我国农业的基本特点是：

人口多、耕地少。按我国现有人口平均，每人占耕地不到两亩，而美国每人平均14亩，苏联13亩，法国5.3亩，印度4亩。虽然，在我国还有几亿亩荒地可以开垦，但是大都分布在边远地区，开发需要大量的投资和装备。随着人口的增长，耕地少的矛盾今后还会更加突出，因此，必须在提高单位面积产量上下功夫。

自然灾害多，高产稳产农田的比重小。在一般的情况下，我国每年遭受旱、涝、低温、风雹和病虫等自然灾害的受害面积，在2亿亩左右，在全国15亿亩耕地中，已建成的高产稳产农田只占$1/3$，中间状态的占$1/3$，还有$1/3$产量低而不稳。所以，要进一步提高单位面积产量，必须提高农田基本建设标准，不断增强抗灾能力。

劳力多，有全面发展的巨大潜力。我国在世界上是四大牧区之一。草原、草坡、草山约为50多亿亩，大可利用；各地都有宜林的山地、丘陵，还有80多万平方公里的海洋和7,500多万亩的淡水水面。因此，在实现农业现代化的过程中，决不能只局限于现有的耕地上，必须看到160万平方公里的巨大潜力，充分利用丰裕的劳动力，全面发展农、林、牧、副、渔。

底子薄，工业还不发达。在一些经济比较发达的国家，农业现代化一般放在工业现代化以后。例如美国，从发明拖拉机到全面实现农业现代化，大约经历了65年。而我国是农业、工业现代化同时进行，工业还不发达，不可能向农业提供更多的资金和装备，相反，四个现代化的实现将在很大程度上取决于我国农业现代化的速度。

二

加快实现农业现代化的速度，是要尽快地把落后的农业转变为现代的农业。现代农业萌芽于二十世纪初，到七十年代，一些国家发展到很高的水平。这些国家农业生产力的主要特征是：由人工、畜力操作转变为机械化、系列化，单纯生产经验积累的传统农业转变为现代农业；由缺乏社会分工的个体农业转变为社会化的大农业。这些变化必然导致农业生产效率的提高，单位产量显著增长，以及农、林、牧、副、渔业的全面发展。

结合我国的实际情况，农业现代化概念主要表现在以下几个方面：

（一）农业生产工具、生产条件现代化，就是广泛应用机械化操作、石油、电气化、化学肥料、农药、除草剂等，同时大力发展水利事业，把工业的物化劳动转移到农业生产过程，换取大量的农产品和劳动力。

（二）农业生产技术现代化，就是在加深对生物与环境因素的客观规律认识的基础上，广泛应用现代科学技术，包括良种、栽培、施

科学技术和农业现代化

中国农业科学院院长
中国农学会副理事长　金善宝

一

我国的农业生产要有一个大的发展，到20世纪末实现农业现代化，首先必须结合我国农业的基本特点和农业生产的现状，选择适合我国具体情况的农业现代化道路。

目前，我国农业的基本特点是：

人口多、耕地少。按我国现有人口平均，每人占耕地不到两亩，而美国每人平均14亩，苏联13亩，法国5.3亩，印度4亩。虽然，在我国还有几亿亩荒地可以开垦，但是大都分布在边远地区，开发需要大量的投资和装备。随着人口的增长，耕地少的矛盾今后还会更加突出，因此，必须在提高单位面积产量上下功夫。

自然灾害多，高产稳产农田的比重小。在一般的情况下，我国每年遭受旱、涝、低温、风雹和病虫等自然灾害的受害面积，在2亿亩左右。在全国15亿亩耕地中，已建成的高产稳产农田只占1/3，中间状态的占1/3，还有1/3产量低而不稳。所以，要进一步提高单位面积产量，必须提高农田基本建设标准，不断增强抗灾能力。

劳力多，有全面发展的巨大潜力。我国在世界上是四大牧区之一。草原、草坡、草山约为50多亿亩，大可利用；各地都有宜林的山地、丘陵，还有80多万平方公里的海洋和7 500多万亩的淡水水面。因此，在实现农业现代化的过程中，决不能只局限于现有的耕地上，必须看到960万平方公里的巨大潜力，充分利用丰裕的劳动力，全面发展农、林、牧、副、渔。

底子薄，工业还不发达。在一些经济比较发达的国家，农业现代化一般放在工业现代化以后。例如美国，从发明拖拉机到全面实现农业现代化，大约经历了65年。而我国是农业、工业现代化同时进行，工业还不发达，不可能向农业提供更多的资金和装备，相反，四个现代化的实现将在很大程度上取决于我国农业现代化的速度。

二

加快实现农业现代化的速度，是要尽快地把落后的农业转变为现代的农业。现代农业萌芽于20世纪初，到70年代，一些国家发展到很高的水平。这些国家农业生产力的主要特征是：由人工、畜力操作转变为机械化、系列化；单纯生产经验积累的传统农业转变为现代农业；由缺乏社会分工的个体农业转变为社会化的大农业。这些变化必然导致农业生产效率的提高，单位产量显著增长，以及农、林、牧、副、渔业的全面发展。

结合我国的实际情况，农业现代化概念主要表现在以下几个方面：

（一）农业生产工具、生产条件现代化，就是广泛应用机械化操作、石油、电气化、化学肥料、农药、除草剂等，同时大力发展水利事业，把工业的物化劳动转移到农业生产过程，换取大量的农产品和劳动力。

（二）农业生产技术现代化，就是在加深对生物与环境因素的客观规律认识的基础上，广泛应用现代科学技术，包括良种、栽培、施肥、排灌、植保以及新技术，形成一个与机械化相适应的农业技术体系，能动地利用自然和改造自然。

（三）农业生产管理现代化，就是农、林、牧、副、渔结合，统一规划、合理布局，形成区域化、专业化、社会化的大生产，形成产、供、销，农、工、商结合的农业生产管理体系。

农业现代化概念所包含的这些内容，是农业劳动生产率（即一个农业劳动力所提供的产品价值）的综合标志。我们知道任何社会的国民经济和一切事业的发展，都将最终决定于农业能够提供多少粮食、肉类、原料和市场。目前，我国一个农业劳动力平均只耕地 5 亩，生产粮食 2 000 斤，肉 50 斤，只能供给 3 个人的消耗。而在美国，每个农业劳动力平均耕种 918. 3 亩，生产粮食 14 万到 16 万斤，皮棉 1 000 多斤、肉类约 1 万斤、禽蛋类 1 700 多斤，以及足够的蔬菜、水果等，每个农业劳动力可供给 59 个人消耗。可见，我国的农业生产率是低的，与世界上农业先进的国家相比，差距很大。显然，要加快农业现代化建设的步伐，必须用现代科学技术、现代工业和现代的科学管理方法装备农业，使落后的农业变为商品率和劳动生产率都很高的农业。

三

实现农业现代化，农业科学技术是关键。恩格斯曾深刻地阐明科学技术和生产的辩证关系。他指出："劳动生产力是随着科学和技术的不断进步而不断发展的。"农业科学技术的威力，就在于它转化为直接生产力，推动农业现代化的进程。

近 30 年来，我国农业科学技术有了很大的发展，并且取得了一批重要科技成果，在农业生产中，发挥了重要作用。例如，1958 年育成了世界上第一个矮秆水稻良种，并迅速得到推广，使水稻单产大幅度提高。1973 年我国又育成了杂交水稻，1979 年推广种植 8 000 多万亩，增产达 70 多亿斤。小麦条锈病是一种毁灭性病害，如 1950 年小麦条锈病大流行，全国损失小麦 120 亿斤，以后又曾几度流行，也造成大面积的减产，因此成为农业科研的重要攻关课题之一。近十几年来，通过协作研究，逐渐摸清了条锈菌越夏、越冬和传播规律，培育并推广了一批抗病良种，提出了综合防治措施，从 1965 年以来，基本上控制了它的危害，保证了小麦产量的持续增长。此外，在单倍体育种、东亚飞蝗的根治、黏虫迁飞规律以及马传染性贫血病的诊断和预防等方面，也都处于世界领先的地位。

世界上一些技术先进的国家，普遍在农业生产的各个环节积极采用最新的科技成果，如培育良种、合理灌溉、使用新型肥料、用科学的方法防治病虫草害和高度机械化耕作，促进了农业现代化。例如美国进行科学研究和技术推广的成果，使现在玉米单产比 20 年前提高了 1 倍，小麦提高了 55%，大豆提高了 3 倍。在畜牧方面，一头犊牛达到屠宰重量的时间，由 20 世纪 20 年代的两年半缩短到现在的 5 个月。欧洲一些国家发展工厂化养鸡、养猪，使肉鸡8周龄的体重增长到3公斤；肥猪六月龄体重长到90~100公斤。高产奶牛年平均产奶量8 000~9 000公斤；绵羊年平均剪毛量5公斤。所有这些，主要归功于农业科学技术。农业科学技术作为生产力，愈来愈显示出巨大的作用。

60年代以来，世界农业科学技术又有了一个新的飞跃。它的主要特点和趋势是：

（一）综合运用现代科学技术，促进农业高效率的发展。例如，遥感是一项先进的综合性技术，在农业生产上应用卫星遥感技术，能够相当准确地从高空探测土壤类型，土壤肥力，植被覆盖状况，地表和地下水资源，农作物长势，产量和遭受病虫害情况，以及调查森林资源，监测森林火灾，勘探自然资源等。应用彩色选种机，可以根据种子色调的微小差异对各种农作物种子进行精选。特别是现代化大型高效机械和技术装备的应用，更是大幅度提高劳动生产率的积极因素，如实行机械等距点播，可以大大减少播种量和劳动力；应用电子计算机可以实现灌溉控制的自动化。

（二）各学科互相渗透，促进农业科学向综合性和多学科的方向发展。现代化农业，是一个分工细、精度高、专业化的领域，它所提出的许多重大综合性研究性项目，利用本学科的知识和技术已很难解决。例如，美国在1975年制定的有关农业的生物学科10项研究计划，基本内容是提高动植物和微生物对食物资源的增产效能，大多是由数十门学科参与协作的综合性项目。如生物固氮中的豆科研究，就涉及农学、土壤学、植物营养学、细菌学、细菌遗传学、植物遗传学、植物生理学、农业生物学等许多学科。越来越多的这类综合性研究项目，只有多学科协作，才可能取得进展或突破。

（三）重视基础理论研究。50年代以来，遗传学研究从细胞水平进入分子水平，建立了分子遗传学，这说明，基础理论研究达到了一个新的水平。例如，研究细胞工程的育种途径，可能育成具备理想性状（高产、抗病、抗虫、耐寒、优质等）的新品种或新物种；研究基因工程育种技术，有可能把蛋白的基因导入粮食作物或微生物细胞中，以育成高蛋白粮食作物新品种和高蛋白、高效能的微生物种群，研究细胞遗传工程的固氮基因传导，可能揭示豆科植物与根瘤菌共固氮的机制，即揭示生物固氮的本质，从而实现非豆科植物的生物固氮。对细胞遗传工程的研究，可能按照人类的意图改变生物的遗传性状，扩大物种杂交的范围，提高物种变异的频率，以及大大加快产生新组合的速度。基础理论的研究是整个农业科学技术的前沿，它的突破将推动整个农业科学技术的发展，带动重大的技术革新乃至技术革命。

总之，为了高速度发展农业生产，实现农业现代化，农业科研必须走在生产建设前面，尽快掌握现代科学技术发展的特点和趋势，密切结合我国生产实际，全面规划，突出重点，集中力量研究解决我国农业现代化中的重大科学技术问题；同时，大力加强基础理论和新技术应用的研究，争取使我国的农业科学技术在主要领域内达到世界先进水平。

（农业经济，1980（6）：45-47）

迎接我国生物科学的春天(续)

加强农业生物学研究　促进农业现代化

金善宝(中国农业科学院)：应当承认，目前我国农业生产技术在相当大程度上，还是凭借经验和沿用传统的方法。这种局面与实现农业现代化的要求很不适应。造成这种情况的原因是多方面的，与农业生物研究较为薄弱，是有直接关系的。

农业是国民经济的基础，它与每个人的衣、食、住、行都是密切相关的。而农业生产的特点又在于它的生产对象是有生命的农业生物。如果不了解某种农作物及其品种的生长发育规律和它对外界环境条件，在不同时期的具体要求，企图只靠"粪大、水勤"获得高产，那是难以奏效的，有时还会适得其反。

农业生物学就是要研究在农、林、牧、渔生产过程中，生物本身的特征、特性、变异、遗传规律，对其生活环境条件如何控制等方面基本理论的学科。它的任务就是应用现代基础科学的理论成果、实验仪器、新技术、新方法研究农业生物，为发展农业提供新的技术措施和新的途径，从而达到增加生产，提高劳动效率，改善人民生活的目的。

研究农业生物学，如同研究其它自然科学一样，不仅仅是以认识它、利用它为满足，更重要的是能动地按照人类的需要去支配它，改造它，使它更有益于人类。例如："墨西哥小麦"和"菲律宾水稻"品种的育成和推广，使一些国家大幅度地提高了产量。在我国，由于有一批高产、抗病小麦品种的育成，有效地控制了为害严重的条锈和秆锈。五十年代末期六十年代初期，我国首先育成了矮秆高产水稻，更新了易倒伏的高秆不耐肥品种，使水稻产量大大提高了一步。近年来，杂交水稻的育成和推广、新物种——异源八倍体小黑麦的人工合成并在高寒山区的推广等等，都是在较为深入的研究了这些作物的生物学特性的基础上，采取了相应的育种技术而获得的现代农业科学成就。

随着科学技术的发展，特别是农业生物学的发展，有力的推动了育种学的前进。目前，国际上农作物育种工作的新动向是，进行理想株型育种、提高光合作用效率、选择光呼吸强度低，光合效率高的品种类型；辐射育种、单倍体育种和体细胞人工杂交等也都在研究中，有的已经取得很大成效。生物遗传工程研究受到各方面重视，如能获得重大突破，将给农业生物育种工作开辟更为广阔的天地。

生物教学和我国林业的发展

汪振儒(北京林学院)：新中国成立后，对林业极为重视，成立林业部，领导全国的林业建设，还在全国各地设置了多所林业专科学校和林学院，为国家培养所需要的各种林业专门人材。

森林是有关国计民生的重要自然资源，其突出的优点是可以更新，如经营管理合理，就可采取不尽，永续利用。森林所供应的主要产品——木材，是建筑、铁路、水运、交通、电讯、化纤、造纸…… 等各种经济建设或工业所需要的重要材料与原料；此外还有防止风沙，减少旱涝，调节气候，保护水源，消除污染，鸟兽栖息，牲畜放牧，美化环境，提高人民生活水平的多种效益。

在新中国成立以前的漫长历史时期，我国

加强农业生物学研究　促进农业现代化

金善宝

金善宝（中国农业科学院）：应当承认，目前我国农业生产技术在相当大程度上，还是凭借经验和沿用传统的方法。这种局面与实现农业现代化的要求很不适应。造成这种情况的原因是多方面的，与农业生物研究较为薄弱，是有直接关系的。

农业是国民经济的基础，它与每个人的衣、食、住、行都是密切相关的。而农业生产的特点又在于它的生产对象是有生命的农业生物。如果不了解某种农作物及其品种的生长发育规律和它对外界环境条件，在不同时期的具体要求，企图只靠“粪大、水勤”获得高产，那是难以奏效的，有时还会适得其反。

农业生物学就是要研究在农、林、牧、渔生产过程中，生物本身的特征、特性、变异、遗传规律，对其生活环境条件如何控制等方面基本理论的学科。它的任务就是应用现代基础科学的理论成果、实验仪器、新技术、新方法研究农业生物，为发展农业提供新的技术措施和新的途径，从而达到增加生产，提高劳动效率，改善人民生活的目的。

研究农业生物学，如同研究其他自然科学一样，不仅仅是以认识它、利用它为满足，更重要的是能动地按照人类的需要去支配它、改造它，使它更有益于人类。例如：墨西哥小麦和菲律宾水稻品种的育成和推广，使一些国家大幅度地提高了产量。在我国，由于有一批高产、抗病小麦品种的育成，有效地控制了为害严重的条锈和秆锈。20 世纪 50 年代末期 60 年代初期，我国首先育成了矮秆高产水稻，更新了易倒伏的高秆不耐肥品种，使水稻产量大大提高了一步。近年来，杂交水稻的育成和推广、新物种——异源 8 倍体小黑麦的人工合成并在高寒山区的推广等，都是在较为深入地研究了这些作物的生物学特性的基础上，采取了相应的育种技术而获得的现代农业科学成就。

随着科学技术的发展，特别是农业生物学的发展，有力地推动了育种学的前进。目前，国际上农作物育种工作的新动向是，进行理想株型育种、提高光合作用效率、选择光呼吸强度低、光合效率高的品种类型；辐射育种、单倍体育种和体细胞人工杂交等也都在研究中，有的已经取得很大成效。生物遗传工程研究受到各方面重视，如能获得重大突破，将给农业生物育种工作开辟更为广阔的天地。

（生物学通报，1981（2）：1）

科学实验一定要实事求是

金善宝　方悴农

我们读了4月7日贵报记者关于《马铃薯生产技术实现重大突破》的报道，由于文中提到了我们，有些情况作一下简要说明：

辽宁省委宣传部赵普明同志，沈阳市计委王无同志和金鑫同志，3月2日下午来我院，谈及1980年在几处推广以整薯栽培为中心的马铃薯新种植法的增产效果，我们对金鑫同志几年来努力于这项丰产栽培试验，给予应有的鼓励。

他们要求把试验列入国家计划进行推广。因为这项技术尚未经过正式鉴定，我们不便发表肯定的意见，只同意向有关部门报告他们的工作。我们曾建议他们在1981年继续进行细致的栽培方法对比试验，如能取得明显的增产效果，可以通过现场，邀请和组织有关人员实地鉴评。我们还表示，无论是在内蒙还是在北京试验，收获前我们将争取去看一看，再向上级报告。我们这些话，不能说是要列为国家鉴定项目。

贵报所报道的《马铃薯生产技术实现重大突破》中的产量结果，我院没有参加验收，也没有向有关单位核实。在见报前，我们根本不知道将要报道这条新闻。

科学实验一定要实事求是，决不能言过其实。没有严谨的态度、严密的试验设计，严肃认真的研究，在获得足够的资料和论据以前，决不可把想象或推论作为"定律"性结论。

我们对金鑫同志的这项试验工作，如同对其他农业试验研究和推广工作一样，是热情鼓励，十分重视的。希望能够早日出成果，为马铃薯增产做出贡献。但我们的这种态度不应该被用作其他目的。

（转自人民日报4月17日第四版《来函照登》）

辽宁农业科学　1981.5期

科学实验一定要实事求是

金善宝　方悴农

我们读了4月7日贵报记者关于《马铃薯生产技术实现重大突破》的报道，由于文中提到了我们，有些情况做一下简要说明。

辽宁省委宣传部赵普明同志、沈阳市计委王无同志和金鑫同志，3月2日下午来我院，谈及1980年在几处推广以整薯栽培为中心的马铃薯新种植法的增产效果，我们对金鑫同志几年来努力于这项丰产栽培试验，给予应有的鼓励。

他们要求把试验列入国家计划进行推广。因为这项技术尚未经过正式鉴定，我们不便发表肯定的意见，只同意向有关部门报告他们的工作。我们曾建议他们在1981年继续进行细致的栽培方法对比试验，如能取得明显的增产效果，可以通过现场，邀请和组织有关人员实地鉴评。我们还表示，无论是在内蒙古还是在北京试验，收获前我们将争取去看一看，再向上级报告。我们这些话，不能说是要列为国家鉴定项目。

贵报所报道的《马铃薯生产技术实现重大突破》中的产量结果，我院没有参加验收，也没有向有关单位核实。在见报前，我们根本不知道将要报道这条新闻。

科学实验一定要实事求是，决不能言过其实。没有严谨的态度、严密的试验设计、严肃认真的研究，在获得足够的资料和论据以前，决不可把想象或推论作为“定律”性结论。

我们对金鑫同志的这项试验工作，如同对其他农业试验研究和推广工作一样，是热情鼓励，十分重视的。希望能够早日出成果，为马铃薯增产做出贡献。但我们的这种态度不应该被用作其他目的。

（转自《人民日报》4月17日第四版《来函照登》）

（人民日报，1981-4-17（4））

只有社会主义才能救中国

——庆祝中国共产党成立六十周年

社会主义赋予农业科学新的生命

全善宝

伟大的中国共产党领导全国各族人民，进行艰苦卓绝的革命斗争和社会主义建设，整整六十年了。我作为一个农业科学和农业教育工作者，解放前后都各工作了三十多年，回忆我国农业科学事业的发展变化，新旧中国真有天渊之别。

我们国家是一个具有悠久历史的文明古国，长期以来以农立国，在农业生产实践中积累了极其宝贵的经验。但是，用近代科学技术进行农业教育和研究，却是二十世纪初叶的事。一九〇一年（清光绪二十七年）在江宁创办江南蚕桑学堂，一九〇二年在保定成立直隶高等农业学堂，同年在保定建立第一个地方性的农事试验场，一九〇六年清政府的农工商部在北京成立第一个中央一级的农事试验场。这些新型的农业教育和试验机构，比西方一些国家差不多晚了近一个世纪，而且，当时摇摇欲坠的清政府并不重视它们，只不过把它们看成是点缀品而已。国民党统治时期，蒋家王朝经营二十余年，在全国各类农业试验研究机构不足百个，科技人员不足两千。直属国民党政府农林部的中央农业实验所，也只有百余人。内地一些省份虽设有农业试验机构，规模也是小得可怜，一般仅有三、四十个技术人员，而且大都场地狭小，经费很少，多数与农村和农业生产隔绝，有的甚至被当地土绅把持，根本谈不上搞什么试验研究工作。

在中国共产党的领导下，中国人民得到了解放，中国的农业科学事业从此获得了新的生命。新中国成立后，在国民党政府遗留的破烂摊子上，很快建立了东北、华北、华中、华东、西北、西南和华南七个大区农业科学研究所，各省也普遍建立了相应的农业科研机构，一九五七年正式成立了中国农业科学院，并且设立了一批以作物、畜禽为研究对象的专业研究所；五十年代末期，各省相继建立了省农业科学院、所，各地区也成立了农业科学研究所，逐步形成了一个由中国农业科学院、地方农业科学院、农业高等院校和中国科学院有关研究机构四方面组成的，从中央到基层，从内地到边疆的全国农业科学研究体系。现在全国地区以上的农业科学研究所已达五百多个，职工总数近九万人，其中科技人员两万多人，再加上县、社两级农业科研和技术推广人员，全国的农业科技人员近十万人。此外，由于农业科学技术在群众中的普及，还有半脱产的农民技术员二十五万多人。

在党的领导下，我国广大科技工作者，怀着高度的爱国热情，认真执行国家农业科学规划和计划。他们克服困难，坚持研究，表现了极大的社会主义积极性。三十多年来，取得了一大批科研成果，对发展我国农业生产和农业科学作出了重大贡献。一九七八年全国科学大会上，农业方面报奖的科技成果达三千多项，其中有三百八十一项获重大成果奖。近两年来，由国家科委和农业部授奖的又有近百项。在授奖的项目中，水稻起源，小麦分类的研究，一批水稻矮秆品种，杂交水稻和异源八倍体小黑麦的育成和推广，东南亚飞蝗的防治，小麦锈病的发病规律及其控制，低产土壤的改良，高产栽培和耕作制度的改革，家畜品种改良，马传染性贫血病的诊断和预防，猪瘟、牛瘟疫苗的研制等三十多项，已经接近或达到世界先进水平，受到了国内外的重视和称赞。此外，在组织培养单倍体育种、体细胞杂交、家畜胚胎移植、理化引变及同位素应用等研究方面都有新的进展。

三十多年来，我们在农业科学方面取得的巨大成就，在半殖民地半封建的旧中国是根本不可能做到的。那个时候，有志之士在万难之中即使做出某些成果，也是难以推广应用的。我和几个同事选出的小麦良种南大2419，在解放前的十多年间，推广面积不足一百万亩；解放后，由于党和政府重视，有组织地进行推广，才从长江两岸迅速向南、北麦区扩展，成为我国分布最广、种植面积最大的小麦品种之一。就整个小麦育种工作而言，解放前的二十多年里，育成的品种屈指可数，解放以来选育并应用于生产的小麦良种已有五百七十多个。严重威胁我国小麦生产的锈病，一九四八年曾使东北春麦区受到秆锈病严重危害，一般减产百分之五十以上，有的甚至颗粒无收；一九五〇年冬麦区条锈病大流行，损失小麦一百二十亿斤之多；一九六四年，由于锈菌生理小种的变化，小麦锈病又一次造成严重危害。敬爱的周总理对这一问题一直十分重视，曾几次作了重要批示并召集有关科学家座谈，指示组织全国力量进行研究加以控制。广大科技工作者，深入开展了对小麦锈病的发病规律及其控制技术的研究，先后选育和推广了大批抗锈、丰产良种，在全国范围内进行了几次大规模的品种更换，有效地控制了冬小麦条锈病和春小麦秆锈病的危害，加上栽培技术的改革，使小麦单产和总产都有大幅度提高。

双季稻栽培技术的推广也有同样的遭遇。前四川农业实验所于一九三八年就研究成功了双季稻的栽培技术，花了十年时间才推广七万亩，并且因地主剥削加重，农民一年种两季稻要连收两次租，到解放前夕只剩下三户农民种双季稻了。解放后，双季稻因地制宜地迅速扩大；五十年代中后期，我国在世界上最早育成并推广了矮脚南特、广场矮、珍珠矮等一批矮秆、高产良种，一般比高秆品种每亩要增产一、二百斤。七十年代初期，我国科技工作者协同攻关，到一九七三年就育成了强优势的籼型杂交水稻，随即研究解决了繁殖、制种和栽培技术问题，使杂交水稻很快用于生产，走在世界各国的前列，获得建国以来颁发的第一个特等发明奖。我国棉花生产，过去几乎全部种植外国品种，解放以后才开始陆续培育自己的品种，值得特别提出的是近几年育成的“鲁棉一号”，对我国棉花生产做出了重要贡献，获得一等发明奖。这是党和政府给予我们农业科技工作者的极大荣誉，它激励我们努力攀登世界科学技术高峰。

党的领导，使我国的农业科学研究得以组织全国范围的多学科、多部门的协作，充分发挥社会主义制度的优越性。依靠这种大协作，我们已经进行了第一次全国土壤普查，编写、绘制出版了全国土壤图和土壤志。对盐碱土、红壤等进行综合治理研究，取得一定成效，有的地区已初步改变了低产面貌；开展了全国农业自然资源和农业区划的调查研究，对我国农业生产状况、自然条件和资源的特点进行了综合分析，为合理利用资源、因地制宜安排生产布局和实行农业技术改造初步提出了科学依据；对农作物品种资源，早在五十年代就曾进行过全国性的收集工作，近几年又开展了水稻、小麦和蔬菜等作物品种资源的补充征集和野生大豆、野生水稻的大规模考察，已从二十三个省、市、自治区八百二十二个县搜集到大量的野生大豆种子，并发现了不少新类型。实践证明，农业科学技术作为生产力，在我国经济建设和农业生产上将越来越显示出它的重要作用。

我国农业科技工作者的社会地位，与旧社会相比，悬殊有如天地。在暗无天日的旧中国，许多人幻想着“科学救国”，也想努力为农业生产做些工作，但因社会腐败，没有起码的工作条件，生活颠沛流离，经常受到刁难和限制，不仅不能从事研究工作，甚至人身安全也受到威胁。一九三九年夏天，我和现在北京农业大学的蔡旭教授，去川西北进行农业考察，在平武县竟遭到几个手持短枪的歹徒的非法搜查和扣押，当我们提出质问时，他们才拿出一纸有官印的县府公文，诬陷我们看地图、查资料是所谓煽动“饥民暴动”，是“汉奸行为”。那时，正直的科技人员在政治上受迫害的不幸事件何止万千。解放后，在党的知识分子政策感召下，许多留居国外的专家、学者，放弃了优厚待遇和安逸的生活条件，怀着一颗赤子之心，欣然回国参加工作。在党和政府的关怀下，我国广大科技人员的工作条件和生活条件逐步有所改善，粉碎“四人帮”以后，特别是党的十一届三中全会以来，明确肯定了知识分子是工人阶级的组成部分，是党的依靠力量，依靠专家，发挥专家的作用，是党的群众路线的重要方面。现在，已有不少农业科技人员被选拔到各级领导岗位，有的被选为各级人民代表，在管理国家事务中发挥着重要作用。

回顾过去，展望未来，我深深地体会到没有中国共产党就没有新中国，没有中国共产党的领导和社会主义制度，就没有新中国农业科学事业的重大发展。我国的农业科学事业尽管受到了左倾错误的影响，遭受了林彪、“四人帮”反革命集团的破坏，但是我们的成绩还是巨大的，是主流，这一点是不容置疑的。当然，如果没有这些干扰和破坏，我们的成绩和进步一定会更大。现在党中央已经制订了正确的路线、方针和政策，进一步明确了科学技术要走在生产建设的前面，要为经济建设服务。当前农村出现了前所未有的大好形势，发展国民经济的新任务，对农业科学研究提出了新的更高的要求，也为广大农业科技工作者开辟了无限广阔的前景。在全党、全国各族人民欢庆党诞生六十周年之际，我作为农业科技战线上的一名老兵，决心在有生之年为党为人民多做工作，同时以极其欣慰的心情，更寄希望于已经为我国农业科学事业做出了重大贡献的广大中青年农业科技工作者，希望他们在伟大、光荣、正确的中国共产党领导下，为更快地发展我国的农业生产和农业科学事业，为把我们伟大的祖国早日建设成为现代化的、具有高度物质文明和高度精神文明的社会主义强国贡献一切力量！

社会主义新中国使测地学事业得到蓬勃发展

座落在布达拉宫西北面的

社会主义赋予农业科学新的生命

金善宝

伟大的中国共产党领导全国各族人民，进行艰苦卓绝的革命斗争和社会主义建设，整整60年了。我作为一个农业科学和农业教育工作者，解放前后都各工作了30多年，回忆我国农业科学事业的发展变化，新旧中国真有天渊之别。

我们国家是一个具有悠久历史的文明古国，长期以来以农立国，在农业生产实践中积累了极其宝贵的经验。但是，用近代科学技术进行农业教育和研究，却是20世纪初叶的事。1901年（清光绪二十七年）在江宁创办江南蚕桑学堂，1902年在保定成立直隶高等农业学堂，同年在保定建立第一个地方性的农事试验场，1906年清政府的农工商部在北京成立第一个中央一级的农事试验场。这些新型的农业教育和试验机构，比西方一些国家差不多晚了近一个世纪，而且，当时摇摇欲坠的清政府并不重视它们，只不过把它们看成是点缀品而已。国民党统治时期，蒋家王朝经营20余年，在全国各类农业试验研究机构不足百个，科技人员不足2 000。直属国民党政府农林部的中央农业实验所，也只有百余人。内地一些省份虽设有农业试验机构，规模也是小得可怜，一般仅有三四十个技术人员，而且大都场地狭小，经费很少，多数与农村和农业生产隔绝，有的甚至被当地士绅把持，根本谈不上搞什么试验研究工作。

在中国共产党的领导下，中国人民得到了解放，中国的农业科学事业从此获得了新的生命。新中国成立后，在国民党政府遗留的破烂摊子上，很快建立了东北、华北、华中、华东、西北、西南和华南七个大区农业科学研究所，各省也普遍建立了相应的农业科研机构，1957年正式成立了中国农业科学院，并且设立了一批以作物、畜禽为研究对象的专业研究所；50年代末期，各省相继建立了省农业科学院所，各地区也成立了农业科学研究所，逐步形成了一个由中国农业科学院、地方农业科学院、农业高等院校和中国科学院有关研究机构四方面组成的，从中央到基层，从内地到边疆的全国农业科学研究体系。现在全国地区以上的农业科学研究所已达500多个，职工总数近9万人，其中科技人员2万多人，再加上县、社两级农业科研和技术推广人员，全国的农业科技人员近10万人。此外，由于农业科学技术在群众中的普及，还有半脱产的农民技术员25万多人。

在党的领导下，我国广大科技工作者，怀着高度的爱国热情，认真执行国家农业科学规划和计划。他们克服困难，坚持研究，表现了极大的社会主义积极性。30多年来，取得了一大批科研成果，对发展我国农业生产和农业科学做出了重大贡献。1978年全国科学大会上，农业方面报奖的科技成果达3 000多项，其中有381项获重大成果奖。近两年来，由国家科委和农业部授奖的又有近百项。在授奖的项目中，水稻起源，小麦分类的研究，一批水稻矮秆品种，杂交水稻和异源八倍体小黑麦的育成和推广，东亚飞蝗的防治，小麦锈病的发病规律及其控制，低产土壤的改良，高产栽培和耕作制度的改革，家畜品种改良，马传染性贫血病的诊断和预防，猪瘟、牛瘟疫苗的研制等 30 多项，已经接近或达到世界先进水平，受到了国内外的重视和称赞。此外，在组织培养单倍体育种、体细胞杂交、家畜胚胎移植、理化引变及同位素应用等研究方面都有新的进展。

30 多年来，我们在农业科学方面取得的巨大成就，在半殖民地半封建的旧中国是根本不可能做到的。那个时候，有志之士在万难之中即使做出某些成果，也是难以推广应用的。我和几个同事选出的小麦良种南大 2419，在解放前的 10 多年间，推广面积不足 100 万亩；解放后，由于党和政府重视，有组织地进行推广，才从长江两岸迅速向南、北麦区扩展，成为我国分布最广、种植面积最大的小麦品种之一。就整个小麦育种工作而言，解放前的 20 多年里，育成的品种屈指可数，解放以来选育并应用于生产的小麦良种已有 570 多个。严重威胁我国小麦生产的锈病，1948 年曾使东北春麦区受到秆锈病严重危害，一般减产 50%以上，有的甚至颗粒无收；1950 年冬麦区条锈病大流行，损失小麦 120 亿斤之多；1964 年，由于锈菌生理小种的变化，小麦锈病又一次造成严重危害。敬爱的周总理对这一问题一直十分重视，曾几次做了重要批示并召集有关科学家座谈，指示组织全国力量进行研究加以控制。广大科技工作者，深入开展了对小麦锈病的发病规律及其控制技术的研究，先后选育和推广了大批抗锈、丰产良种，在全国范围内进行了几次大规模的品种更换，有效地控制了冬小麦条锈病和春小麦秆锈病的危害，加上栽培技术的改革，使小麦单产和总产都有大幅度提高。

双季稻栽培技术的推广也有同样的遭遇。前四川农业实验所于 1938 年就研究成功了双季稻的栽培技术，花了 10 年时间才推广 7 万亩，并且因地主剥削加重，农民一年种两季稻要连收两次租，到解放前夕只剩下 3 户农民种双季稻了。解放后，双季稻因地制宜地迅速扩大；20 世纪 50 年代中后期，我国在世界上最早育成并推广了矮脚南特、广场矮、珍珠矮等一批矮秆、高产良种，一般比高秆品种每亩要增产一二百斤。70 年代初期，我国科技工作者协同攻关，到 1973 年就育成了强优势的籼型杂交水稻，随即研究解决了繁殖、制种和栽培技术问题，使杂交水稻很快用于生产，走在世界各国的前列，获得新中国成立以来颁发的第一个特等发明奖。我国棉花生产，过去几乎全部种植外国品种，解放以后才开始陆续培育自己的品种，值得特别提出的是近几年育成的鲁棉 1 号，对我国棉花生产做出了重要贡献，获得一等发明奖。这是党和政府给予我们农业科技工作者的极大荣誉，它激励我们努力攀登世界科学技术高峰。

党的领导，使我国的农业科学研究得以组织全国范围的多学科、多部门的协作，充分发挥社会主义制度的优越性。依靠这种大协作，我们已经进行了第一次全国土壤普查，编写、绘制出版了全国土壤图和土壤志。对盐碱土、红壤等进行综合治理研究，取得一定成效，有的地区已初步改变了低产面貌；开展了全国农业自然资源和农业区划的调查研究，对我国农业生产状况、自然条件和资源的特点进行了综合分析，为合理利用资源、因地制宜安排生产布局和实行农业技术改造初步提出了科学依据，对农作物品种资源，早在 50 年代就曾进行过全国性的收集工作，近几年又开展了水稻、小麦和蔬菜等作物品种资源的补充征集和野生大豆、野生水稻的大规模考察，已从 23 个省、市、自治区 822 个县搜集到大量的野生大豆种子，并发现了不少新类型。实践证明，农业科学技术作为生产力，在我国经济建设和农业生产上将越来越显示出它的重要作用。

我国农业科技工作者的社会地位，与旧社会相比，悬殊有如天地。在暗无天日的旧中国，许多人幻想着“科学救国”，也想努力为农业生产做些工作，但因社会腐败，没有起码的工作条件，生活颠沛流离，经常受到刁难和限制，不仅不能从事研究工作，甚至人身安全也受到威胁。1939 年夏天，我和现在北京农业大学的蔡旭教授，去川西北进行农业考察，在平武县竟遭到几个手持短枪的歹徒的非法搜查和扣押，当我们提出质问时，他们才拿出一纸有官印的县府公文，诬陷我们看地图、查资料是所谓煽动“饥民暴动”，是“汉奸行为”。那时，正直的科技人员在政治上受迫害的不幸事件何止万千。解放后，在党的知识分子政策感召下，许多留居国外的专家、学者，放弃了优厚待遇和安逸的生活条件，怀着一颗赤子之心，欣然回国参加工作。在党和政府的关怀下，我国广大科技人员的工作条件和生活条件逐步有所改善，粉碎“四人帮”以后，特别是党的十一届三中全会以来，明确肯定了知识分子是工人阶级的组成部分，是党的依靠力量，依靠专家，发挥专家的作用，是党的群众路线的重要方面。现在，已有不少农业科技人员被选拔到各级领导岗位，有的被选为各级人民代表，在管理国家事务中发挥着重要作用。

回顾过去，展望未来，我深深地体会到没有中国共产党就没有新中国，没有中国共产党的领导和社会主义制度，就没有新中国农业科学事业的重大发展。我国的农业科学事业尽管受到了“左”倾错误的影响，遭到破坏，但是我们的成绩还是巨大的，是主流，这一点是不容置疑的。当然，如果没有这些干扰和破坏，我们的成绩和进步一定会更大。现在党中央已经制订了正确的路线、方针和政策，进一步明确了科学技术要走在生产建设的前面，要为经济建设服务。当前农村出现了前所未有的大好形势，发展国民经济的新任务，对农业科学研究提出了新的更高的要求，也为广大农业科技工作者开辟了无限广阔的前景。在全党、全国各族人民欢庆党诞生六十周年之际，我作为农业科技战线上的一名老兵，决心在有生之年为党为人民多做工作，同时以极其欣慰的心情，更寄希望于已经为我国农业科学事业做出了重大贡献的广大中青年农业科技工作者，希望他们在伟大、光荣、正确的中国共产党领导下，为更快地发展我国的农业生产和农业科学事业，为把我们伟大的祖国早日建设成为现代化的、具有高度物质文明和高度精神文明的社会主义强国贡献一切力量！

（光明日报，1981-6-24（2））

光明日报 1981年10月23日

科学家论坛

民以食为天

中国科学院生物学部学部委员
中国农业科学院院长 金善宝

一九七九年联合国粮农组织第二十届大会作出决议，把一九八一年十月十六日，也就是联合国粮农组织成立三十六周年纪念日，定为第一个“世界粮食日”，今后每逢十月十六日为“粮食日”。一九八〇年十二月召开的联合国第三十五届大会，也一致通过决议，欢迎联合国粮农组织的这个决定。我作为一个从事粮食作物科学研究多年的工作者，对这个决定感到由衷的高兴。

具有悠久历史的中华民族，“以农立国”著称于世。中国有句古话：“国以民为本，民以食为天”。按我国绝大多数人的习惯，人们的饭食是以粮食为主的，通称为“主食”。再过若干年，我们的畜牧业、蔬菜和果品有了相当大的发展，粮食在食品中的比重虽然会有一定程度的下降，但是随着人口的增加和国民经济的全面发展，对粮食的需要量还是要日益提高的。党中央和国务院提出的“决不放松粮食生产，积极开展多种经营”，是一项在农业生产上具有深远意义的战略性方针。

我国人口九亿七千多万，幅员九百六十万平方公里，有十五亿亩耕地。这就是说，在约占世界百分之七的耕地面积的国度里，养活了世界上近四分之一的人口，这是一件了不起的大事！我国人民素有精耕细作、重视粮食生产的传统，特别是解放以来，我国人口增长近一倍，而粮食增长达一点九三倍。现在农村出现了前所未有的大好形势，不仅粮食生产得到了发展，而且出现了靠山育林，近水用水，山、水、田、林、路综合治理，水面、草原、平原、丘陵、山地全面开拓，因地制宜，农林牧副渔全面发展的新局面。粮食作物的观念已不仅仅限于“稻粱蜀、麦黍稷”的传统观念，而已经发展成为包括木本粮油植物，含有丰富蛋白质、脂肪、淀粉的干果可食植物和水生食物在内的“大粮食”观念了。

粮食生产不仅是生产周期长的自然再生产过程，而且是需要有长远计划和严密管理制度的经济再生产过程。它的研究领域直接或间接地牵涉到许多学科，就农业的主要方面而言，至少涉及到自然资源的合理利用、农田基本建设、水土保持和水利设施、用地养地及合理施肥、改良品种、耕作栽培、植物保护、农业机械、农业气象，乃至劳动组织和经营管理等。只有运用好各门农业科学技术，人为地协调平衡，才能使其变为有效的生产力，发挥增产粮食的作用。

在粮食生产过程中，各种农业技术措施是外因。对植物的外部形态、内部代谢类型特点等具有潜在能力起遗传作用的，直接用于生产的，主要是种子（还有块根、块茎、枝条等）。因此，改良品种是粮食作物生产中最重要、最有效、最经济的技术措施。三十年来，我国曾选育出两千七百多个粮食作物新品种，使主要粮食作物品种大约每隔十年左右更新一次，对增产粮食起到了积极的作用。但是，这样的速度与增产粮食的迫切要求还是不相适应的。今后，我们要充分利用优良的育种材料，发挥各种育种方法之所长，互相补充，提高效率，缩短育种工作周期。在这方面，既不能急于求成，也不能墨守成规，应该妥善计划，勇于创新，踏踏实实地抓好品种资源、良种选育、区域试验、良种繁殖、示范推广等各个环节，使新的优良品种不断用于生产。

在我国，扩大耕地面积，虽还有一定潜力，但已不是很大，为了保持农业的生态平衡，决不能再滥垦滥伐了。从长远战略目标看，提高单位面积产量是解决粮食问题最重要的途径。我国现有耕地中，高产稳产田只占五分之一强一些，其余都还不能做到这一点。如北方十五省（市、区），平均亩产三百斤以下的耕地约占这些地区全部耕地面积的二分之一。这样大面积的中产、低产田，应该是今后增产粮食的主攻方向。我国劳动人民在长期生产实践中，在治理洪涝旱碱低产田方面，积累了很多宝贵经验，如排灌并举、蓄滞兼施、井灌井排、沟渠联合运用等，应因地制宜地加以推广。增施化肥能获得较明显的增产效果，但目前我国氮、磷、钾三要素的比例，大体上是1：0.2：0.04，相对说来是氮多磷少钾微。这种化肥生产比例失调的状况，在短时间内恐怕不会根本改变。因此，在改良低产田时，要十分重视增施有机肥料，种植解磷能力强、含钾量高的绿肥。在发展水利，发展有机肥料，提高旱地耕作栽培技术的同时，选育抗逆性强、适应性广、适于大面积肥力水平丰产稳产的粮食作物良种，是一项紧迫而重要的增产措施。

发展农业，“一靠政策、二靠科学”。党的农业政策已在农村中生根开花，而农业科学研究，无论在深度和广度上，还是在科研管理水平和现有科技成果的推广速度上，都落后于农业生产的大好形势。我们农业科技工作者，要适应这种新形势的需要，积极开展农业科学技术的研究，为解决当前生产的迫切任务服务，为农业现代化建设服务。另外还要积极培训农业科技人员，普及农业科学知识，促进农业生产力提高，更有效地为我国和世界的粮食增产和农业发展作出贡献。

民以食为天

中国科学院生物学部学部委员
中国农业科学院院长　金善宝

1979年联合国粮农组织第20届大会做出决议，把1981年10月16日，也就是联合国粮农组织成立36周年纪念日，定为第一个“世界粮食日”，今后每逢10月16日为“世界粮食日”。1980年12月召开的联合国第35届大会，也一致通过决议，欢迎联合国粮农组织的这个决定。我作为一个从事粮食作物科学研究多年的工作者，对这个决定感到由衷的高兴。

具有悠久历史的中华民族“以农立国”著称于世。中国有句古话：“国以民为本，民以食为天。”按我国绝大多数人的习惯，人们的饭食是以粮食为主的，通称为“主食”。再过若干年，我们的畜牧业、蔬菜和果品有了相当大的发展，粮食在食品中的比重虽然会有一定程度的下降，但是随着人口的增加和国民经济的全面发展，对粮食的需要量还是要日益提高的。党中央和国务院提出的“决不放松粮食生产，积极开展多种经营”，是一项在农业生产上具有深远意义的战略性方针。

我国人口97 000多万，幅员960万平方公里，有15亿亩耕地。这就是说，在约占世界7%的耕地面积的国度里，养活了世界上近1/4的人口，这是一件了不起的大事！我国人民素有精耕细作、重视粮食生产的传统，特别是解放以来，我国人口增长近1倍，而粮食增长达1.93倍。现在农村出现了前所未有的大好形势，不仅粮食生产得到了发展，而且出现了靠山育林，近水用水，山、水、田、林、路综合治理，水面、草原、平原、丘陵、山地全面开拓，因地制宜，农林牧副渔全面发展的新局面。粮食作物的观念已不仅仅限于“稻粱菽麦黍稷”的传统观念，而已经发展成为包括木本粮油植物，含有丰富蛋白质、脂肪、淀粉的干果可食植物和水生食物在内的“大粮食”观念了。

粮食生产不仅是生产周期长的自然再生产过程，而且是需要有长远计划和严密管理制度的经济再生产过程。它的研究领域直接或间接地牵涉许多学科，就农业的主要方面而言，至少涉及自然资源的合理利用、农田基本建设、水土保持和水利设施、用地养地及合理施肥、改良品种、耕作栽培、植物保护、农业机械、农业气象，乃至劳动组织和经营管理等。只有运用好各门农业科学技术，人为地协调平衡，才能使其变为有效的生产力，发挥增产粮食的作用。

在粮食生产过程中，各种农业技术措施是外因。对植物的外部形态、内部代谢类型特点等具有潜在能力起遗传作用的，直接用于生产的，主要是种子（还有块根、块茎、枝条等）。因此，改良品种是粮食作物生产中最重要、最有效、最经济的技术措施。30年来，我国曾选育出2 700多个粮食作物新品种，使主要粮食作物品种大约每隔10年更新一次。

对增产粮食起到了积极的作用。但是，这样的速度与增产粮食的迫切要求还是不相适应的。今后，我们要充分利用优良的育种材料，发挥各种育种方法之所长，互相补充，提高效率，缩短育种工作周期。在这方面，既不能急于求成，也不能墨守成规，应该妥善计划，勇于创新，踏踏实实地抓好品种资源、良种选育、区域试验、良种繁殖、示范推广等各个环节，使新的优良品种不断用于生产。

在我国，扩大耕地面积，虽还有一定潜力，但已不是很大，为了保持农业的生态平衡，决不能再滥垦滥伐了。从长远战略目标看，提高单位面积产量是解决粮食问题最重要的途径。我国现有耕地中，高产稳产田只占1/5，其余都还不能做到这一点。如北方15省（市、区），平均亩产300斤以下的耕地约占这些地区全部耕地面积的1/2。这样大面积的中产、低产田，应该是今后增产粮食的主攻方向。我国劳动人民在长期生产实践中，在治理洪涝旱碱低产田方面，积累了很多宝贵经验，如排灌并举、蓄滞兼施、井灌井排、沟渠联合运用等，应因地制宜地加以推广。增施化肥能获得较明显的增产效果，但目前我国氮、磷、钾三要素的比例，大体上是1：0.2：0.04，相对说来是氮多磷少钾微。这种化肥生产比例失调的状况，在短时间内恐怕不会根本改变。因此，在改良低产田时，要十分重视增施有机肥料，种植解磷能力强、含钾量高的绿肥。在发展水利，发展有机肥料，提高旱地耕作栽培技术的同时，选育抗逆性强、适应性广、适于大面积肥力水平丰产稳产的粮食作物良种，是一项紧迫而重要的增产措施。

发展农业“一靠政策、二靠科学”。党的农业政策已在农村中生根开花，而农业科学研究，无论在深度和广度上，还是在科研管理水平和现有科技成果的推广速度上，都落后于农业生产的大好形势。我们农业科技工作者，要适应这种新形势的需要，积极开展农业科学技术的研究，为解决当前生产的迫切任务服务，为农业现代化建设服务。另外还要积极培训农业科技人员，普及农业科学知识，促进农业生产力提高，更有效地为我国和世界的粮食增产和农业发展做出贡献。

（光明日报，1981-10-23（3））

光明日报 1984.9.30

农业科学要策马扬鞭

金善宝

迎接国庆三十五周年，心情十分激动。建国以来，我国农业取得了辉煌的成就，仅一九八〇年至一九八二年各省市推广的农业先进技术和重大科技成果就有一千多项。这次为庆祝建国三十五周年举办的“全国农业科技成果展览交流会”上科技成果又有一千六百多项。

党对农村经济实行了重大的调整和改革，农村出现了崭新的局面，农民学科学、用科学蔚然成风。党的各项农村政策象一把金钥匙打开了农村的富裕之门，农业生产力得到巨大发展，据一九八三年统计，农民拥有拖拉机二百多万台、汽车九万台左右。

展宏图，中华农业前景无量。我国农业科学和农业生产正面临着“两个转化”和世界新技术革命的挑战。要在本世纪末实现工农业年总产值翻两番的任务，农业科学研究必须加倍努力，策马加鞭向前进。

农业科学要策马扬鞭

金善宝

迎接国庆三十五周年，心情十分激动。新中国成立以来，我国农业取得了辉煌的成就，仅 1980—1982 年各省市推广的农业先进技术和重大科技成果就有 1 000 多项。这次为庆祝新中国成立三十五周年举办的“全国农业科技成果展览交流会”上科技成果又有 1 600 多项。

党对农村经济实行了重大的调整和改革，农村出现了崭新的局面，农民学科学、用科学蔚然成风。党的各项农村政策像一把金钥匙打开了农村的富裕之门，农业生产力得到巨大发展，据 1983 年统计，农民拥有拖拉机 200 多万台、汽车 9 万台左右。

大展宏图，中华农业前景无量。我国农业科学和农业生产正面临着“两个转化”和世界新技术革命的挑战。要在 20 世纪末实现工农业年总产值翻两番的任务，农业科学研究必须加倍努力，策马加鞭向前进。

（光明日报，1984-9-30（2））

光明日报 1996.3.18

名家新见

建立农业科技发展基金

金善宝（一〇一岁）

千方百计地增加农业科技投入，是迫切需要解决的一件大事。为此，我再次建议国家主管部门，认真研究一下，可以从农业税、农林特产税和种子经营效益中，每年提取一定比例的金额，作为农业科技发展基金，用于支持农业科技的进步。在农业生产和有关的商品经济发展中，农业科技的作用一般要占三分之一以上，所以，从总收益中提取一定比例是合理的，而且也不影响大局。这在国际上许多国家都有行之有效的范例，可供我们借鉴。如能实现这一愿望，我想对我国农业科技以致整个农业的持续发展都是大有好处的。

摄影　张新学

建立农业科技发展基金

金善宝（101岁）

千方百计地增加农业科技投入，是迫切需要解决的一件大事。为此，我再次建议国家主管部门，认真研究一下，可以从农业税、农林特产税和种子经营效益中，每年提取一定比例的金额作为农业科技发展基金，用于支持农业科技的进步。在农业生产和有关的商品经济发展中，农业科技的作用一般要占1/3以上，所以，从总收益中提取一定比例是合理的，而且也不影响大局。这在国际上许多国家都有行之有效的范例，可供我们借鉴。如能实现这一愿望，我想对我国农业科技以致整个农业的持续发展都是大有好处的。

（光明日报，1996-3-18（1））

调查研究

多種馬鈴薯渡春荒

金善寶

一九四九年，中國各地區都有異常嚴重的災害。自春至秋，旱災、蟲災、風災、水災相繼發生，水災特別嚴重。正如政務院指示所說，全國被淹耕地約一萬萬畝，減產糧食約一百二十萬萬市斤，災民約四千萬人，僅華東區，被淹面積即達五千萬畝，約佔其總耕地五分之一，其中毫無收成者，二千萬畝，減產七十餘萬萬斤，災民一千六百萬人。目前災荒依然十分嚴重，全中國尚有七八百萬人沒有吃的，或缺少吃的，還是一個非常嚴重的問題，如果我們不抓緊時機，發動全力生產救災工作，那麼一九五〇年不可避免的春荒情勢，是會更加嚴重的。這是放在全中國人民面前的一個極其重要的問題，因爲這一個問題，不但關係到千百萬人的生命，同時還會影響到一九五〇年的生產建設。因此我們除了消極的貸款貸糧節約捐輸幫助災民之外，我們全中國的人民必須響應中央人民政府的號召，積極的增加糧食生產。各地區各級人民政府必須配合各方面的農業科學工作者，根據當地的自然環境，從多方面尋求增加糧食生產的方法，以期消滅今年行將到來的嚴重春荒，至少要做到搶救春荒。如果我們能夠及時發動羣衆，用全力去進行糧食的增產，我相信今年的春荒，是可以設法渡過的。

增加糧食的方法是多方面的，我現在要說的是多種馬鈴薯搶救春荒的方法。這一方法當然不是唯一的方法，但也不失爲比較有效的一個方法。因爲馬鈴薯無論在歐美各國，都是一種重要的食用作物，我國的西北與東北，生產馬鈴薯也很多，是當地農民的重要糧食之一。營養價値並不亞於高粱與小米。華東華中，生產馬鈴薯雖不多，一般人民把它當作蔬菜看待的，但如能大量生產，在今年糧食奇缺的情形下，拿它當作一部分米麥的代替物，是最適當的東西。而且馬鈴薯還有下面幾個特點：第一，它可以播種的時間很長，從一月起直到五六月隨時可以播種。天氣比較溫暖的地方，第一次收穫之後，還可以播種第二次。就是說，同一品種，一年有兩次的收穫。第二，它可以收穫的時間也是很長的，不像水稻和小麥，必須完全成熟才能收穫。我們知道馬鈴薯的塊莖是在土中逐漸長大起來的，當它完全成熟以前一個月，如果需要的話，隨時可以把它掘起來，作爲食用。[illegible]種性質，當糧食青黃不接的時候，對搶救春荒，[illegible]的作用的。第三，馬鈴薯在一定單位面[illegible]生產量很高，普通一市畝能產一千多斤的塊莖，用特別的栽培方法，一市畝塊莖的產量達到五千市斤。在糧食作物之中，這樣高的產量，可說是數一數二的。

前面已經說過，一九四九年，全國被淹耕地面積達一萬萬畝，華東一區，即達五千萬畝，到了現在，恐怕還有十分之一的地區，或一千萬畝的土地，還沒有種上了莊稼。如能把這些土地，適合種植馬鈴薯的，都種上了馬鈴薯。再以十分之一的面積計算，約可得一百萬畝。每畝生產估計爲一千斤，可得十億斤。到了四五月間，就可以收穫，這對消除春荒的威脅，會有很大的幫助的。

這裏有一個問題，我們必須注意的，就是馬鈴薯的產量果然很高，但所用的種薯也是很多的。就普通來說，種植一畝田的馬鈴薯，約需一百斤的種薯，那麼，一百萬畝的面積，就得一億斤的種薯，就是一個相當龐大的數量。因此我議向各地區人民政府，各地方人民團體認識，要及時勸導農民多種馬鈴薯，是增產糧食，渡過災荒的有效方法。無論在農村裏或在城市裏，所有的馬鈴薯都要好好的把它貯藏起來，不要拿它當作蔬菜吃。尤其是已經進入城市或在菜場上的馬鈴薯，要趕快設法集中收購，把它送回鄉間，交給農民去種植。要知道現在少吃一斤種薯，四個月之後至少要多生產十斤糧食呢！我們要號召農民，組織農民，利用各種田邊隙地，來種植馬鈴薯，同時，也要號召城市裏的人民，要利用庭園隙地，把它開墾出來，種上了馬鈴薯。現在種上十斤馬鈴薯，四個月之後，可以救活二三個災民呢。在第二次世界大戰期間，英國的海口，被德國封鎖了，造成了國內嚴重的糧荒。但英國政府，號召全國人民，普遍種植馬鈴薯，連城市裏的居民，工廠裏的工人，家家戶戶，都在自己附近的地區，種植了馬鈴薯。因此克服了戰時糧食的困難。這種辦法是値得我們借鏡的。

華東華中兩地區，栽種馬鈴薯本來不多，留剩的種薯也是極有限的。現在要想大量的種植，當然會感覺到種薯的缺乏，但是南滿和北滿，綏遠和察哈爾，都是中國出產馬鈴薯的重要區域。根據歐美各國的經驗，北方的馬鈴[illegible]，移到南方種植，第一年的產量，總是比南方原[illegible]品種好得多。因此如把北方的品種，運到南方來栽種，它的產量決不會不好的。與其將來從東北運送糧食來救濟華東與華中，不如現在把它的種薯運到南方來種植，至少在運輸上可以省卻十倍的費用。

現在讓我把馬鈴薯的種植方法，很簡單地說一說：馬鈴薯適於寒冷而比較濕潤的氣候，平均氣溫達到攝氏十度以上，即可播種。在華東與華中，有些溫暖地區一月中旬以後，就可開始預備下種了。它所生長的土壤，要比較輕鬆一些，不要過於黏重。耕地要深，耙土要碎。低濕的地方，必須築成高畦，就是每隔三四尺或四五尺開掘一條溝，以利排水。馬鈴薯之繁殖，普通都是用塊莖繁殖的。下種時小的就用整個薯，大的切成小塊，切塊的大小，要看種薯的大小而定，小的用利刀切成兩塊，大的切成四塊，先縱切成二，再橫切爲二。每塊重約一二兩左右，不宜太小。每塊至少須有一個芽眼，普通須有二個。所謂芽眼，就是塊莖表面凹下去的地方。每一芽眼能發出新芽長成一株幼苗。切塊的工作，如栽種面積不大，可以邊切邊種。如大規模種植，必須在下種前幾天或幾星期預先切好。新切的種薯，在切面須塗以草灰，或風化石灰，使切面乾燥，以免種塊因摩擦而受損傷。行距約一尺五寸，株距一尺，掘穴點播，每穴播種薯一個或一塊，

多种马铃薯渡春荒

金善宝

1949 年，中国各地区都有异常严重的灾害。自春至秋，旱灾、虫灾、水灾相继发生，水灾特别严重。正如政务院指示所说，全国被淹耕地约 1 亿亩，减产粮食约 120 亿斤，灾民约 4 000 万人，仅华东区，被淹面积即达 5 000 万亩，约占其总耕地 1/5，其中毫无收成者，2 000 万亩，减产 70 余亿斤，灾民 1 600 万人。目前灾荒依然十分严重，全中国尚有七八百万人没有吃的，或缺少吃的，这是一个非常严重的问题，如果我们不抓紧时机，发动全力生产救灾工作，那么 1950 年不可避免的春荒情势，是会更加严重的。这是放在全国人民面前的一个极其重要的问题，因为这一个问题，不但关系到千百万人的生命，同时还会影响 1950 年的生产建设。因此我们除了积极的贷款、贷粮、节约捐输帮助灾民之外，我们全中国的人民必须响应中央人民政府的号召，积极地增加粮食生产。各地区各级人民政府必须配合各方面的农业科学工作者，根据当地的自然环境，从多方面寻求粮食生产的方法，以期消灭今年行将到来的严重春荒，至少要做到抢救春荒。如果我们能够及时发动群众，用全力去进行粮食的增产，我相信今年的春荒，是可以设法渡过的。

增加粮食的方法是多方面的，我现在要说的是多种马铃薯抢救春荒的方法。这一方法当然不是唯一的方法，但也不失为比较有效的一个方法。因为马铃薯无论在欧美各国，都是一种重要的食用作物，我国的西北与东北生产马铃薯也很多，是当地农民的重要粮食之一。营养价值并不亚于高粱与小米。华东、华中生产马铃薯虽不多，一般人民把它当作蔬菜看待的，但如能大量生产，在今年粮食奇缺的情形下，拿它当作一部分米麦的代替物，是最适当的东西。而且马铃薯还有下面几个特点：第一，它可以播种的时间很长，从一月起直到五六月随时可以播种。天气比较温暖的地方，第一次收获之后，还可以播种第二次。就是说，同一品种一年有两次的收获。第二，它可以收获的时间也是很长的，不像水稻和小麦，必须完全成熟才能收获。我们知道马铃薯的块茎是在土中逐渐长大起来的，当它完全成熟以前一个月，如果需要的话，随时可以把它掘起来，作为食用。这种性质，当粮食青黄不接的时候，对抢救春荒，可以起着很大作用的。第三，马铃薯在一定单位面积的生产量很高，普通一亩能产 1 000 多斤的块茎，苏联用特别的栽培方法，1 亩块茎的产量达到 5 000 斤。在粮食作物之中，这样高的产量，可以说是数一数二的。

前面已经说过，1949 年，全国被淹耕地面积达 1 亿亩，华东一区，即达 5 000 万亩，到了现在，恐怕还有 1/10 的地区或 1 000 万亩土地，还没有种上庄稼。如能把这些土地，适合种马铃薯的，都种上马铃薯。再以 1/10 的面积计算，约可得 100 万亩。每亩生产估计为 1 000 斤，可得 10 亿斤。到了四五月间，就可以收获，这对减少春荒的威胁，会有很大的帮助的。

这里有一个问题，我们必须注意的，就是马铃薯的产量果然很高，但所用的种薯也是很多的。就普通来说，种植1亩田的马铃薯，约需100斤的种薯，那么，100万亩的面积，就得1亿斤的种薯，这是一个相当巨大的数量。因此，我仅向各地区人民政府，各地方人民团体建议，要及时劝导人民多种马铃薯，这是增产粮食、渡过灾荒的有效方法。无论在农村里或在城市里，所有的马铃薯都要好好地把它贮藏起来，不要拿它当作蔬菜吃。尤其是已经进入城市或在菜场上的马铃薯，要赶快设法集中收购，把它送回乡间，交给农民去种植。要知道现在少吃1斤种薯，4个月之后至少要多生产10斤粮食呢！我们要号召农民，组织农民利用各种田边废地来种植马铃薯，同时，也要号召城市里的人民，要利用庭园隙地，把它开垦出来，种上了马铃薯，现在种上10斤，4个月后可以救活两三个灾民呢。在第二次世界大战期间，英国的港口被德国封锁了，造成了国内严重的粮荒。但英国政府号召全国人民，普遍种植马铃薯，连城市里的居民，工厂里的工人，家家户户都在自己附近的地区，种植了马铃薯。因此克服了战时粮食的困难。这种办法是值得我们借鉴的。

华东、华中两地区，栽种马铃薯本来不多，留剩的种薯也是极有限的。现在想要大量的种植，当然会感觉到种薯的缺乏，但是东北地区、绥远和察哈尔，都是中国出产马铃薯的重要区域。根据欧美各国的经验，北方的马铃薯，移到南方种植，第一年的产量，总是比南方原来的品种好得多。因此如把北方的品种，运到南方来栽种，它的产量绝不会不好的。与其将来从东北运送粮食来救济华东与华中，不如现在就把种薯运到南方来种植，至少在运输上可以省去10倍的费用。

现在让我把马铃薯的种植方法，很简单地说一说。马铃薯适于寒冷而比较湿润的气候，平均气温达到10 ℃以上即可播种。在华东与华中，有些温暖地区1月中旬以后，就可开始预备下种了。它所生长的土壤，要比较轻松一些，不要过于黏重。耕地要深，耙土要碎。低温的地方，必须筑成高畦，就是每隔三四尺或四五尺开掘一条沟，以利排水。马铃薯之繁殖，普通都是用块茎繁殖的。下种时小的就用整个薯，大的切成小块，切块的大小要看种薯的大小而定，小的用利刀切成两块，大的切成4块，先纵切成二，再横切为二。每块重约2两，不宜太小。每块至少须有1个芽眼，普通须有2个。所谓芽眼，就是块茎表面凹下去的地方。每一芽眼能发出新芽长成一株幼苗。切块的工作，如栽种面积不大，可以边切边种。如大规模种植，必须在下种前几天或几星期预先切好。新切的种薯，在切面需涂以草灰或风化石灰，使切面干燥，以免种块因摩擦而受损伤。行距约1尺5寸，株距1尺，掘穴点播，每穴播种薯一个或一块，播种深度须达三四寸。深播的马铃薯品质比较好，因为它所结的块茎，皮面光滑，不受日光照射，大小非常均匀。但如果我们希望马铃薯迅速发芽，早期成熟的时候，在寒冷而又潮湿的地方区域，深播是不利的。因此，早期播种最好是浅播，等到发芽之后，再培些土在上面。当植株长大、土中结起块茎的时候，培土更是必要的，因为浅播的结果，结成的块茎常会露出地面，经过太阳的照射，块茎的芽眼四周常常呈现绿色，会变成有毒的东西，故马铃薯必须培土务使块茎不露出地面，这点必须注意的。

北方干燥区域，马铃薯需要灌溉，行间须筑成深沟，使灌水之后，马铃薯下部的根得以吸收水分。但所灌之水不可直接和块茎接触。普通种植马铃薯所开之沟，常嫌太浅，因此灌溉之后，块茎常和水直持接触，块茎浸在水里，最大的危险，它的四周围土壤吸水饱和而成坚硬，块茎不易长大，故浇水不宜过量，这是极其重要的条件。灌溉马铃薯不能从土面大量灌水，也不能从土面喷射，因为这种灌溉方法，都要把地面或块茎周围的土壤变成结实，而根部反不能得适当的水分，故马铃薯的灌水，应该从较深的沟里，慢慢灌进去，使水分逐渐渗进上层的土壤。

苏联农业科学家近来发明了一种马铃薯两次收获的方法。应用这种方法，把马铃薯的产量大大提高了。他的方法是这样的：当马铃薯第一次采掘的时候，它的叶子还十分青绿壮健，同时完全成熟的马铃薯中间，还有许多没有发育完全的小薯，先把整株的马铃薯很小心地掘起来，摘下了成熟的块茎，让小的没有成熟的留在上面。然后掘穴、浇水、放入肥料，把原株栽在里面，较原来深度约深 5~6 公分，再将四周的土壤压紧，再浇些水使土壤湿润。以后中耕、除草、培土等管理方法，与普通管理法是一样的，第二次的收获期与普通栽培的马铃薯的收获期也是相同的。但第二次的收获量，超过第一次的收获量 1.5~2 倍。例如 1944 年罗克品种第一次的产量每公顷 15 吨，第二次收获量达 22 吨，换句话说，两次的收获量，不是其他食用作物所能与之比拟的。

收获马铃薯的方法各地不同。大面积栽培不外 3 种：第一种最简单的方法，是用锄或钉耙翻土，一人在后面捡起块茎。第二种是依行的方向用犁翻土，边翻边拾，比锄掘要快。第三种方法是用机器收获的，美国各地颇多应用。苏联有一个马铃薯研究所，设计的马铃薯收获机即将完成，届时可使马铃薯的收获工作完全机械化。

贮藏马铃薯的地方湿度要低，最好贮藏在地窖里，但不宜低到冰点。四周要干燥，收藏时须达完全成熟，如成熟不完全的种薯是不耐久藏的。先分别完全没有伤的和没有病的与有伤有病的，然后把没有病的和没有伤的拿来贮藏，在多湿的区域或收获时下雨，须把马铃薯散开，让它自然干燥，然后堆积，堆积的深度不宜超过 6 尺。普通煮食的马铃薯，须保持在 40~50°F（4.44~10℃）。来年做种的块茎，须维持在 32~40°F（0~4.44℃）的标准。在冷藏期间，因呼吸作用不断进行，把淀粉慢慢地转变成为糖分，最后变成二氧化碳。但温度低过 32°F（0℃），从淀粉转变的糖分，就停止不再转化了。因此，促进马铃薯的甜味。冷藏或稍稍受冻的马铃薯，常觉有些甜味就是这个缘故。

（新华日报，1950-1-14（2））

移植冬麥戰勝災荒

南大農學院院長金善寶

圖一：移植麥苗大小之比較

上圖四種麥苗，A.B兩種高約三四寸至五六寸，大小適中，最宜於移植；C.D兩種高約八九寸至一尺以上，生長過大，移植之後，不易恢復原狀，不能再分蘗，而且成熟要延遲，故不宜移植了。

一九四九年夏秋之間，華東、華中、華北以及東北許多地區發生了嚴重的水災，被淹耕地面積達一萬萬畝。華東一區特別嚴重，被淹面積約達五千萬畝，河北一省即達三千萬畝。當災害發生之後，曾經當地人民政府發動與組織了群衆，同時領導了農民，排去積水，播種冬麥，達被淹耕地百分之八十以上，但到現在恐怕還有一千五百萬畝以上的土地未能適時地種上了莊稼。華東與華中一年可以種植兩季作物，這些被淹未種的土地，我們必須爭取時間，斟酌各地實際情況，種植生長期比較短的，或者比較早熟的食用作物，像馬鈴薯（或洋芋）、旱玉米、旱大豆以及各種蔬菜都是可以採用的。旱玉米和旱大豆須達華氏六十五度以上的溫度方能發芽，約在四月中旬才能下種，發芽之後，六七十天即可收穫，還趕得上種植夏季作物，但旱玉米和旱大豆在各地留種的數量是不多的，而且最好是就地取材，從較遠地區輸入的成績，往往不及當地的品種好。馬鈴薯如在長江下游各地區要想大規模的種植，當地的種薯也是不夠的，還必須由各地人民政府迅速的有組織的向北方去採種，有計劃地幫助農民進行生產自救的工作。

但無論是馬鈴薯、旱玉米、或旱大豆，因為種子的數量受到限制，它們可能種植的面積是不會很大的。要想種植一千五百萬畝的土地，必須有大量的種子方能達成任務。為了這種關係，只有種植小麥才能解決種子的困難。我們知道就種植的時期來說，小麥有冬麥與春麥之分。冬小麥必須在冬季下種，發芽之後幼苗經過低溫時期的休眠，到了春天溫度昇高，才逐漸發榮滋長起來，然後出穗結實，得到豐產的收成。如改在春季播種，多半是不會出穗的，即使出穗，它的產量也是不會好的。如播種春小麥，除東北外，種子又成為不可克服的困難。華東華中本來極少春麥的種子，如向東北或西北輸入春麥來播種，事前未經過區域試驗，很少成功的把握，而且多半是要失敗的。那麼究竟應該用什麼方法才能把這些被淹未種的千萬畝的土地，不致暫時成為荒地呢？我認為移植冬小麥最可靠最簡單的方法，就是把去年冬季種植的小麥，現在已經生長高達四五寸的幼苗，把它連根帶土掘起來，移植到被淹未種的地上去。用這種移植的方法不但可以節省種子，而且能爭取時間，同時還能保證生長得和沒有移植的小麥一樣的好。

大家知道，小麥是和水稻、大麥以及其他穀類作物的性狀相同的，從一粒種子生長出來的幼苗，當它發芽後二個星期，就會從基部發出分蘗來。這種分蘗的多少，要看土壤的肥瘠，播種的疏密，播種的早晚等情形而定。同一品種肥地的分蘗比瘠地多，疏播的要比密播的多，早播的又比晚播的多。普通條播或撒播的小麥，一粒種子只能發生三四個或四五個分蘗，或者長成三四個麥穗，但如播種得很稀或者二三寸播一粒種子，那麼一株幼苗，就會長出十幾個甚至二十幾個分蘗的。根據這種性質，我們把去年十月間播種的，現在已經有三四個分蘗的小麥，每隔三四寸的距離留下一株，其餘的都把它掘起來，再把它一株一株的分開，如果一株有四五個分蘗的還可以很小心的把它分成為兩株。這樣掘起的麥苗在它的根部儘量要保存一部分原來附着的土壤，如搬到移植的地上須經過遙遠的距離，可將麥苗分成小捆放在涼爽的地方以便搬運。只要不經太陽的照射，不是大量堆積在一起，從掘苗到移植雖經過一二天的躭擱，不致會有什麼損害的。

預備移植小麥的土地，如在夏秋之間曾經淹過水的，如地面沒有什麼雜草，耕地是不必要的。只要用鋤或犁開一條溝，深約三寸，如天氣乾燥要灌些水，土壤瘠薄要施點基肥。兩溝之間約距八寸至一尺。每隔三四寸放入一株已經掘起的麥苗，然後把土蓋上，壓得緊緊的，如同普通移植蔬菜的方法是大略相同的，這樣移植的方法可說是極其簡單的。小麥是一種鬚根作物，移植之後是容易恢復生長的。因為行間有八寸到一尺，株間有三四寸的距離，比較它原來生長的地方要稀疏得多，吸收肥料的機會也要大得多。因此如能適當的移植，它的分蘗還會繼續增加，如土地肥沃，移植適時，栽培得法，一株麥苗長成十個左右的穗，並不算是稀罕的事。那麼經過這樣移植的小麥，一畝地的種子產量，並不會比它原來生長地的產量相差得很遠的。但是原來一畝地的麥苗已經分植到四五畝地上去了，四五畝的小麥產量比原來一畝地的產量要大到好幾倍了。

如能應用上述移植冬小麥的方法，把去年淹過水尚未栽種莊稼的一千多萬畝的土地，統統及時地種上了小麥，平均每畝的生產量以一百斤計算，那麼到了六月間就有十億斤以上的小麥生產收入，那就等於一九五〇年增產糧食一百億斤十分之一到七分之一，這是一個相當巨大的生產數字。

從掘苗、搬運、開溝、栽植平均每畝需要六個到十個工，這當然比普通種植一畝地小麥的工要大得多，好在春耕尚未開始，現在正是鄉村農閒的時候，只要各地人民政府發出移植冬麥戰勝災荒的號召，動員當地幹部和農業工作者深入農村，發動群衆，領導農民積極進行，來一個轟轟烈烈的移植冬麥的運動，我想這個工作雖然艱鉅，但是能夠完成的。當冬麥發芽後一個月，約有幾個分蘗的時候，就可開始移植，以後隨時可以進行，只有遇到寒冷的天氣，土壤結成冰凍，那時是應該停止移植的。到了春天土壤解凍，像現在華東與華中地區多數土壤已經沒有冰凍，正是移植小麥最適當的時候了。拿來移植的麥苗要高約四五寸，短而壯健，要具有幾個分蘗，而且分蘗愈多愈好，分蘗多的可以把它分成為兩三株。但是生長過高，已經出節，或者快要出節的麥苗，都是不宜用來移植的。去年冬季天氣比較溫暖，有些早熟品種現在已經出節了，或者快要出節了，一經移植，不易恢復原狀，不會再行分蘗，生長是不會好的。有些淹水地區，去年因播種太晚，小麥生長不好，到了現在，一粒種子只長出一根麥苗，還是沒有分蘗，或者有一二個分蘗，但長得又小又瘦，這些小麥，

移植冬麦战胜灾荒

南京大学农学院院长　金善宝

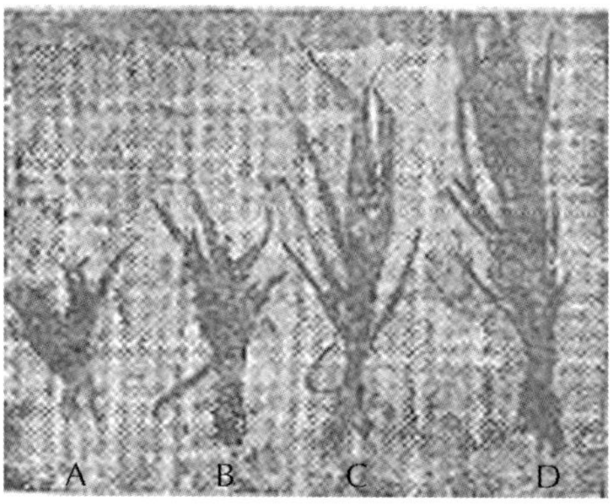

图 1　移植麦苗大小的比较

图 1 中 4 种麦苗，A、B 两种高约三四寸至五六寸，大小适中，最宜于移植；C、D 两种高约八九寸至一尺以上，生长过大，移植之后，不易恢复原状，不会再分蘖，而且成熟要延迟，故不宜移植了

1949 年夏秋之间，华东、华中、华北以及东北许多地区发生了严重的水灾，被淹耕地面积达 10 000 万亩，华东一区特别严重，被淹耕地面积约达 5 000 万亩，河北一省即达 3 000 万亩。当灾害发生之后，曾经当地人民政府发动与组织了群众，同时领导了农民，排去积水，播种冬麦，达被淹耕地 80%以上，但到现在恐怕还有 1 500 万亩以上的土地未能适时地种上庄稼。华东与华中一年可以种植两季作物，这些被淹未种的土地，我们必须争取时间，斟酌各地实际情况，种植生长期比较短的，或者比较早熟的食用作物，像马铃薯（或洋芋）、早玉米、早大豆以及各种蔬菜都是可以采用的。早玉米和早大豆必须达 65°F（18. 33℃）以上的温度方能发芽，约在 4 月中旬才能下种，发芽之后，六七十天即可收获，还赶得上种植夏季作物，但早玉米和早大豆在各地留种的数量是不多的，而且最好是就地取材，从较远地区输入的成绩，往往不及当地的品种好。马铃薯如在长江下游各地区要想大规模的种植，当地的种薯也是不够的，这必须由各地人民政府迅速地、有组织地去北方去采种，有计划地帮助农民进行生产自救的工作。

但无论是马铃薯、早玉米或早大豆，因为种子的数量受到限制，他们可能种植的面积是不会很大的。要想种植 1 500 万亩的土地，必须有大量的种子方能达成任务。为了这种关系，只有种植小麦才能解决种子的困难，我们知道就种植的时期来说，小麦有冬麦与春麦之分，冬小麦必须在冬季下种，发芽之后幼苗经过低温时期的休眠，到了春天温度升高，才逐渐发荣滋长起来，然后出穗结实，得到丰产的收成。如改在春季播种，多半是不会出穗的，即使出穗，它的产量也是不会好的。如播种春小麦，除东北外，种子又成为不可克服的困难，华东、华中本来极少春麦的种子，如向东北或西北输入春麦来播种，事前未经过区域试验，很少成功的把握，而且多半是要失败的。那么究竟应该用什么方法才能把这些被淹未种的千万亩土地，不致暂时成为荒地呢？我认为移植冬小麦最可靠、最简单的方法，就是把去年冬季种植的小麦，现在已经生长高达四五寸的幼苗，把它连根带土掘起来，移植到被淹未种的地上去。用这种移植的方法不但可以节省种子，而且能争取时间，同时还能保证生长得和没有移植的小麦一样的好。

大家知道，小麦是和水稻、大麦以及其他谷类作物的性状相同的，从一粒种子生长出来的幼苗，当它发芽后 2 个星期，就会从基部发出分蘖来。这种分蘖的多少，要看土壤的肥瘠、播种的疏密、播种的早晚等情形而定。同一品种肥地的分蘖比瘠地多，疏播的要比密播的多，早播的又比晚播的多。普通条播或撒播的小麦，一粒种子只能发生三四个或四五个分蘖或生长成三四个麦穗，但如播种很稀或者二三寸播一粒种子，那么一株幼苗就会长出十几个甚至二十几个分蘖的。根据这种性质，我们把去年 10 月间播种的，现在已经有三四个分蘖的小麦，每隔三四寸的距离留下一株，其余的把它掘起来，再把它一株一株的分开，如果一株有四五个分蘖的还可以很小心地把它分成为两株。这样掘起的麦苗在它的根部尽量要保存一部分原来附着的土壤，如搬到移植的地上需经过遥远的距离，可将麦苗分成小捆放在凉爽的地方以便搬运。只要不经太阳的照射，不是大量堆积在一起，从掘苗到移植虽经过一两天的耽搁，不致会有什么损害的。

预备移植小麦的土地，如在夏秋之间曾经淹过水的，如地面没有什么杂草，耕地是不必要的。只要用锄或犁开一条沟，深约 3 寸，如天气干燥要灌些水，土壤瘠薄要施点基肥。两沟之间约距 8 寸至 1 尺。每隔三四寸放入一株已经掘起的麦苗，然后把土盖上，压得紧紧的，如同普通移植蔬菜的方法是大略相同的，这样移植的方法可说是极其简单的。小麦是一种须根作物，移植之后是容易恢复生长的。因为行间有 8 寸到 1 尺，株间有三四寸的距离，比较它原来生长的地方要稀疏得多，吸收肥料的机会也要大得多。因此如能适当地移植，它的分蘖还会继续增加，如土地肥沃、移植适时、栽培得法，一株麦苗长成 10 个左右的穗并不算是稀罕的事。那么经过这样移植的小麦，一亩地的种子产量，并不会比它原来生长地的产量相差得很远的。但是原来一亩地的麦苗已经分植到四五亩地上去了，四五亩的小麦产量比原来一亩地的产量要大到好几倍了。

如能应用上述移植冬小麦的方法，把去年淹过水尚未栽种庄稼的 1 000 多万亩的土地，统统及时地种上了小麦，平均每亩的生产量以 100 斤计算，那么到了 6 月间就有 10 亿斤以上的小麦生产收入，那就等于 1950 年增产粮食 100 亿斤的 1/10～1/7，这是一个相当巨大的生产数字。

从掘苗、搬运、开沟、栽植平均每亩需要 6～10 个工，这当然比普通种植一亩地小麦的工要大得多，好在春耕尚未开始，现在正是乡村农闲的时候，只要各地人民政府发出种植冬麦战胜灾荒的号召，动员当地干部和农业工作者深入农村，发动群众，领导农民积极进行，来一个轰轰烈烈的移植冬麦的运动，我想这个工作虽然艰巨，但是能够完成的。当冬麦发芽后一个月，约有几个分蘖的时候，就可开始移植，以后随时可以进行，只有遇到奇冷的天气，土壤结成冰冻，那时是应该停止移植的。到了春天土壤解冻，像现在华东与华中地区多数土壤已经没有冰冻，正是移植小麦最适当的时候了。拿来移植的麦苗要高约四五寸，短而壮健，要具有几个分蘖，而且分蘖愈多愈好，分蘖多的可以把它分成为两三株（图2）。但是生长过高，已经出节，或者快要出节的麦苗，都是不宜用来移植的。去年冬季天气比较温暖，有些早熟品种现在已经出节了，或者快要出节了，一经移植，不易恢复原状，不会再行分蘖，生长是不会好的。有些淹水地区，去年因播种太晚，小麦生长不好，到了现在，一粒种子只长出一根麦苗，还是没有分蘖或者有一二个分蘖，但长得又小又瘦，这些小麦也是不宜用来移植的。总之移植冬麦，我们第一，要掌握时间，赶快组织起来，发动群众领导农民进行移植的工作；第二，移植的麦苗，要注意它生长状况，生长过高或细弱的不能用；第三，农民要有互助合作的精神，如有良好的麦苗，除了自己移植之外，要以合理的代价分给别人去移植；第四，各级地方人民政府要鼓励农民，凡移植一亩麦苗的代粮一斗，移植十亩的代粮一石，收麦之后如数偿还。如果能够这样做，我相信移植冬麦的运动是会有成绩的，对1950年的粮食增产是会有莫大帮助的。

图2　分植的麦苗

一株麦苗具有五六个分蘖，下面的3株是从上面一株分出来的，当中一株只有一根苗，左右两株各具有两三个分蘖，都带有一部分须根。这3个分蘖分别移植在土中，还会生出分蘖来

（新华日报，1950-2-21（2））

漫談東北

金善寶

七月間，政府在北京召開中華全國自然科學工作者代表大會籌備會。會畢之後，理、工、農、醫的工作者，集合了四十六人，組織了東北參觀團。本人是參加農組的，曾經到過瀋陽、公主嶺、哈爾濱、通北、薩爾圖、本溪、安東、大連、旅順等地。不但參觀了大規模的拖拉機農場，和廣大的牧場。同時也看過許多的重工業工廠。覺得這富饒的東北，顯現了新中國無限的前途。

東北擁有一百三十萬平方里的土地，約等於全中國的面積六分之一，三倍於日本一國的總面積。無論農林、漁牧、工鑛的資源，都是非常豐富的。它年產一千八百萬噸的糧食，是我國有剩糧最多的一個區域。每年約有半數的糧食，運進關內和輸出國外。僅僅大豆一項，年產五百萬噸。本地的消費不過百分之二十，大部分是輸到國外去的，最主要的地方是歐洲和日本。

大小興安嶺和長白山的東北森林，佔全國森林面積四分之三，是全國最大的林區。木材總積蓄量達二十五億到三十億立方米。現已大規模有計劃地開始採伐，據估計，今年伐木可達五百五十萬立方米，超過全國鐵路枕木的總和。

東北又是我國重工業最重要的區域，鐵的儲藏量約有四五十億噸，佔全國百分之七十。煤的儲藏量至少有八十六萬萬公噸，約佔全中國的煤量百分之三十六。煤的產量年產二千萬噸，超過全國其他各地的總產量。

東北既有廣闊肥沃的土地，又有各種工鑛的豐富資源，因此遂成為各帝國主義國家侵略之中心，尤其是日本帝國主義者處心積慮，幾十年來施展其多種侵略之手腕，從一九〇四年，日俄戰爭之後，日人即在公主嶺，設立農事試驗場，從事調查東北農業之資源。繼續在撫順、鞍山、本溪，建立三個煤鐵中心，作為製造武器和掠奪領土的據點。在過去四十多年之中，日本侵略者不知吸去了多少中國人民的血汗。單從遼東半島一個區域，每年即有千萬噸的大豆、煤鐵、木材運到日本去，作為侵略中國與亞洲人民的資本。九一八在北大營之砲聲一響，終於引起了第二次之世界大戰。由此可見，東北之主權，如落在帝國主義或是國內反動派手裏，它永遠將成為東方的火藥庫。

一九四五年八月廿二日，英勇的蘇聯紅軍進入了東北，解除了日本軍隊的武裝，解放了全東北，使東北三千萬人民從侵略者的鐵蹄下蘇醒過來，這是東北人民和全中國人民永遠不能遺忘的日子。

當蘇聯紅軍幫助東北人民從日本侵略者的手裏解脫桎梏，並從戰爭的廢墟上着手建設的時候，美帝國主義扶持下的國民黨反動派，却在南滿進行瘋狂的戰爭，逼得農民四散逃亡，田園大批荒蕪。當他狼狽敗退的時候，多數工廠遭受嚴重的破壞，因此農業與工業的生產受到不可估計的損失。

要想恢復這幅艱難的圖景，應從何做起呢？在這裏東北人民遇到了嚴重的考驗。但在中國共產黨領導下的東北人民是不怕困難的，任何困難都會被迅速克服的。哈爾濱、旅大等地的解放，距今不過四年；瀋陽、本溪、撫順等大城市，從解放到今天，不到一年，但對恢復農田與工廠的成績是足夠驚人的。當時黨與政府提出「全部種上，消滅熟荒」的口號，三年來耕地面積達到二百十三萬六千垧。一九四九年，全東北的耕地面積已恢復到一九四五年的百分之九十四。不但耕地面積擴大，產量也在逐年增加。一九四七年，每垧產量為一五〇〇斤，一九四八年則達一九二〇斤。

新華日報，1949，10，23

漫谈东北

金善宝

1949 年 7 月间，政府在北京召开中华全国自然科学工作者代表大会筹备会。会毕之后，理、工、农、医的工作者，集合了 46 人，组织了东北参观团。本人是参加农组的，曾经到过沈阳、公主岭、哈尔滨、通北、萨尔图、本溪、安东、大连、旅顺等地。不但参观了大规模的拖拉机农场和广大的牧场。同时也看过许多的重工业工厂。觉得这富饶的东北展现了新中国无限的前途。

东北拥有 130 万平方（公）里的土地，约等于全中国的面积 1/6，几倍于日本一国的总面积。无论农林、渔牧、工矿的资源，都是非常丰富的。它年产 1 800 万吨的粮食，是我国有剩粮最多的一个区域。每年约有半数的粮食，运往关内和输出国外。仅仅大豆一项，年产 500 万吨。本地的消费不过 20%，大部分是输到国外去的，最主要的地方是欧洲和日本。

大小兴安岭和长白山的东北森林，占全国森林面积 3/4，是全国最大的林区。木材总积蓄量达 25 亿~30 亿立方米。现已大规模有计划地开始采伐，据估计，今年伐木可达 550 万立方米，超过全国铁路枕木的总和。

东北又是我国重工业最重要的区域，铁的储藏量约有四五十亿吨，占全国 70%。煤的储藏量至少有 86 亿吨，约占全中国的煤量 36%。煤的产量年产 2 000 万吨，超过全国其他各地的总产量。

东北既有广阔肥沃的土地，又有各种工矿的丰富资源，因此遂成为各帝国主义国家侵略之中心，尤其是日本帝国主义者处心积虑，几十年来施展其多种侵略之手腕，从 1904 年，日俄战争之后，日人即在公主岭设立农事试验场，从事调查东北农业之资源。继续在抚顺、鞍山、本溪建立 3 个煤矿中心，作为制造武器和掠夺领土的据点。在过去 40 多年之中，日本侵略者不知吸去了多少中国人民的血汗。单从远东半岛一个区域，每年即有千万吨的大豆、煤铁、木材运到日本去，作为侵略中国与亚洲人民的资本。由此可见，东北之主权如落在帝国主义或是国内反动派手里，它永远将成为东方的火药库。

1945 年 8 月 22 日，英勇之苏联红军进入了东北，解除了日本军队的武装，解放了全东北，使东北 3 000 万人民从侵略者的铁蹄下苏醒过来，这是东北人民和全中国人民永远不能遗忘的日子。

当苏联红军帮助东北人民从日本侵略者的手里解脱桎梏，并从战争的废墟上着手建设的时候，美帝国主义扶持下的国民党反动派，却在辽东半岛进行疯狂的战争，逼得农民四散逃亡，田园大批荒芜。当他狼狈败退的时候，多数工厂遭受严重的破坏，因此农业与工业的生产受到不可估计的损失。

要想恢复这幅艰难的图景，应从何做起呢？在这里东北人民遇到了严重考验。但在中国共产党领导下的东北人民是不怕困难的，任何困难都会被迅速克服的。哈尔滨、旅（顺）大（连）等地的解放，距今不过四年；沈阳、本溪、抚顺等大城市，从解放到今天不到一年，但对恢复农田与工厂的成绩是足够惊人的。当时党与政府提出“全部种上，消灭熟荒”的口号，三年来耕地面积达到 2 136 000 垧（1 垧合 1 公顷，全书同）。1949 年，全东北的耕地面积已恢复到 1945 年的 94%。不但耕地面积扩大，产量也在逐年增加。1947 年，每垧产量为 1 500 斤，1948 年则达到 1 920 斤。

耕畜防疫注射非常普遍，1949 年春，已有 70 多万匹牛马实行牛瘟、马炭疽的防疫注射，新试验成功的兔化牛瘟疫苗，已经开始进行。为了改良种畜，已有 13 处的种畜场被建立起来。

农业机械化是发展农业生产的新方向，东北从 1948 年起已开始建立了拖拉机农场。到现在共有拖拉机农场 17 个，耕种面积达 30 万亩。共有拖拉机 200 余台。设立了拖拉机技工学校，建立起修理厂和零件制造厂，已训练出驾驶员 600 多人。

由于农业生产迅速恢复和积极发展，东北农民三年以来，交纳了 450 万吨公粮。支援了战争，供给了城市需要和工业原料。

工矿的损失更为严重。厂房倒塌了，机器毁坏了，工人逃跑了，熔铁炉被冷却，冻结着满炉的铁。但在很短期间之内，多数工厂已被恢复过来。钢铁的产量已达到伪满时代最高额 1/10。本溪的煤矿，每日产煤 2 300 吨，达到伪满时代最高额 80%。据东北人民政府的计划，在三年之内，全东北的工业建设，要恢复到 1944 年的 80%。

不但农业和工矿的恢复有着显著的成绩，就是公共卫生方面的设施，也有很大的进展。因为多年战争的结果，东北变成一个各种急性传染病的多发地区，其中尤以鼠疫最为猖獗，对于生产和战勤起了极大的阻碍作用。为了保证战争任务和生产技术任务的完成与提高，解放以后，东北公共卫生工作，着重在防治鼠疫这一方面。三年以来，计治愈受伤病员 23 万余人，使 85% 的伤员重上前线或参加工作。1947 年，东北人民死于鼠疫的达 23 000 人。1948 年，死亡人数不到 4 000 人。今年的鼠疫几乎绝迹了。

现在东北的物价是稳定的，乡间有名的胡匪绝迹了，城市见不到乞丐、游民，听不到人与人的争吵。无论在城市、在乡间，人民都是安居乐业的。“上有天堂，下有苏杭。”今日之东北，才是中国的天堂呢。

东北经过日本帝国主义和国民党反动派的双重破坏，在极度困难环境下，而能在极短期间内，迅速恢复工作，这是有其重要的原因，而绝不是偶然的。

第一，由于东北政治领导上执行政策的正确。就农业来说，1948 年春，完成了东北地区的土地改革，吉林四平以北地区平均每个农民分得土地 7 亩左右。辽东半岛平均每个农民分得土地 3 亩左右。多数农民分得一头牲口。经过土改之后，农民有了自己的土地，免除了一切剥削，因此出现了大批积极分子，奠定了人民民主专政的坚固基础，有力地支援了解放战争。在工厂方面，确立了劳工保险制度，提出全部的薪水 3%，作为职工疾病、死亡与婚丧之用。这些费用并不在薪水里扣除，而是另由工厂支付的。在旅（顺）大（连）的工人，还分得由日本人遗留下来优美舒适的住宅。同时工人的教育，异常被重视，工人学习的精神，亦非常高涨。因此三年来，东北工人阶级处处表现出克服困难的坚强精神和高度的创造性。就煤矿工人来说，三年之间，恢复了被破坏的 70 多个大矿坑，生产大大提高。在伪满时，全矿人员平均每人日产 0.3 吨，现在增产到 0.5 吨，超过了 67%。

第二，由于苏联友人的帮助，苏联不但为我们解放了东北，同时帮助了我们东北的建设。例如大连许多的重工业工厂，是在苏联友人直接帮助下，应用苏联先进的科学经验，迅速地恢复和发展起来。大连市中苏合营的远东公司所属的玻璃工厂，在日人时代，每日生产玻璃一般为六七千平方米，而现在一般日产则达 17 000 平方米，超过一倍以上。苏联同志在大连还为人们培养了大批的文化干部和技术干部。因此，高度发挥了工人的智慧，改进了生产的技术。

当"北满"解放的初期，大豆不能向外输出，而农民苦得没有衣穿，把大豆当作燃料。苏联看到了这种危险的现状，从印度购得大量棉花，运送到东北，来换取我们的大豆。因此解放了东北人民衣的问题，同时也克服了大豆的生产问题。

在伪满时代，日本帝国主义者把"北满"所产的亚麻，经过剥制之后，运到日本去织布，又把麻布运到中国来推销。它完全是以农业东北、工业日本的殖民地政策来剥削中国人民的。今年 8 月初，苏联与东北人民签订了贸易协定，由经济上来帮助中国的人民，加速了中国工业化的建设。东北人民以 20 000 吨的粮食，换得了苏联最新式的亚麻机器，这种新式机器，在苏联也只是仅有的几部。可见它完全以马列主义的精神，不分国界，不分民族，来帮助中国人民的建设。

（新华日报，1949-10-23（4））

1950年10月

關於水淹地冬作問題的幾點意見

金善寶·梅籍芳

今年夏季，皖北、河南、河北、蘇北等地有輕重不同的水災，而以皖北災情特別嚴重，被淹耕地達三千二百萬畝。災區夏作被淹後，若七月水退，羣衆可補種蕎豆；八月水退，可補種蕎麥、胡蘿菔；九月以後退水，將種冬麥。如果局部地區的積水，遲到十二月甚至明年一二月才退，不能種上冬麥，可以種春大麥、春小麥，播種油菜，移植冬小麥，或種馬鈴薯。三月以後，卽進入正常春耕。關於晚秋，今年會發生嚴重的種子問題，如八月初，皖北宿縣蕎麥種子最高價格達到一百二十萬元一担，經政府大力採購調運，減輕一些缺種的嚴重性，本年秋收的時候，將由種子公司收購大批蕎豆及蕎麥種子，並將在明春收購大批胡蘿菔種子，儲備急需，以後年年更新，有備無患。至於災區所缺乏之冬麥種子，如皖北已準備分向山東、河南以及皖北等非災區採購調運，關於購運冬麥種子，我們提出下列幾點意見：

一、適應性問題——以淮河爲界，北來南去的種子，各不越過淮河。宜儘量在附近地區採購，並儘量縮短輸種的距離，注意南北適應範圍小，東西適應範圍大，山東的種子，移到皖北種，可能不如豫東、蘇北的種子。卻不妨把隴海線的種子，種到災區內部一些。如果採用山東種子，宜把山東種子用在災區北部邊緣。

二、防治病害傳播問題——皖北向各方面引進種子，可能遇到的種子傳染病害，有腥黑穗、散黑穗、稈黑粉、線虫、赤黴等，其中以散黑穗、線虫、赤黴，可以不必作佈置工作，因爲一般散黑穗不大嚴重，本地種也不能有相同程度的散黑穗病；而防治處理，又不易做。有赤黴病的種子，雖可能影響幼苗，發生苗枯病，但是出穗後，氣候如不利赤黴的發生，穗部可以無病，所以未必因爲有病種子而傳播擴大此病。線虫病在皖北原已嚴重，外來種子未必較本地種子雜有更多的線虫癭。如果要防治，乃是一般防治問題，而不是防止加重的問題。所需特別注意的，乃是腥黑穗和稈黑粉，北來的種子，最有傳播擴大此二種病的可能，所以種子需要做病理檢查，能夠在收種的時候檢查，最好揀沒有混有病粒的收，在收種後檢查發現，最好進行拌藥處理。

關於本年十二月甚至明年一二月才退水的地方，不能如期種上冬麥，應當怎麼辦？這個災荒地區的情形可能是最嚴重的，上年水災後，皖北有七百萬畝沒有種上麥子，當然是地勢最低、退水最遲的地方，今年又沒有收到夏作，冬天再種不上麥子，明年春荒當然加倍嚴重。現在皖北農民已經成羣結隊地向外逃荒，我們認爲這種現象，更會影響明年夏季的糧食生產。當地政府必須大力制止，同時號召當地農業科學工作者，地方幹部結合農民羣衆，共同商討如何能使今年水退較遲的土地，仍能種上莊稼，使明年夏收不致減產或減少夏收到最低限度，這是非常必要的。七月裏在南京開的華東農業科學技術會議上，曾經提出種春麥、移栽冬麥、種油菜等辦法。我們認爲凡是可能補救的辦法，能够儘早收穫一季食糧，減輕春荒的，都可以不必計較是不是多化工，是不是豐產，而要全力推動起來。移栽冬麥、播種春麥、種油菜、或種馬鈴薯等四種辦法，可以同時推動，都需要及早準備種苗，大力號召佈置，四種辦法當中，以馬鈴薯種苗的可能採購數量最小，油菜種子其次，春麥種子再其次，而移栽冬麥則受種苗的限制最小，如果是預有佈置，移栽冬麥可儘量做起來。

关于水淹地冬作问题的几点意见

金善宝　梅籍芳

今年（1950年）夏季，皖北、河南、河北、苏北等地有轻重不同的水灾，而以皖北灾情特别严重，被淹耕地达3 200万亩。灾区夏作被淹后，若7月水退，群众可补种绿豆；8月水退，可补种荞麦、胡萝卜；8月以后退水，将种冬麦。如果局部地区的积水，迟到12月甚至明年一二月才退，不能种上冬麦，可以种春大麦、春小麦，播种油菜，移植冬小麦或种马铃薯。3月以后，即进入正常春耕。关于晚秋，今年曾发生严重的种子问题，如8月初，皖北宿县荞麦种子最高价格达到120万元（1950—1953年，120万元约合1955年人民币120元）1担，经政府大力采购调运，减轻一些缺种的严重性，本年秋收的时候，将由种子公司收购大批绿豆及荞麦种子，并将在明春收购大批胡萝卜种子，储备急需，以后年年更新，有备无患。至于灾区所缺乏之冬麦种子，如皖北已准备分向山东、河南以及皖北等非灾区采购调运，关于购运冬麦种子，我们提出下列几点意见。

一、适应性问题

以淮河为界，北来南去的种子，各不越过淮河。宜尽量在附近地区采购，并尽量缩短输种的距离，注意南北适应范围小、东西适应范围大，山东的种子移到皖北种，可能不如豫东、苏北的种子。却不妨把陇海线的种子，种到灾区内部一些。如果采用山东种子，宜把山东种子用在灾区北部边缘。

二、防治病虫害传播问题

皖北向各方面引进种子，可能遇到的种子传染病害有腥黑穗、散黑穗、秆黑粉、线虫、赤霉等，其中以散黑穗、线虫、赤霉可以不必做布置工作，因为一般散黑穗不大严重，本地种也不能有相同程度的散黑穗病；而防治处理又不易做。有赤霉病的种子，虽可能影响幼苗，发生苗枯病，但是出穗后，气候如不利赤霉的发生，穗部可以无病，所以未必因为有病种子而传播扩大此病。线虫病在皖北原已严重，外来种子未必较本地种子杂有更多的线虫瘿。如果要防治，乃是一般防治问题，而不是防止加重的问题。所需特别注意的，乃是腥黑穗和秆黑粉，北来的种子最有传播扩大此二种病的可能，所以种子需要做病理检查，能够在收种的时候检查，最好捡没有混有病粒的收，在收种后检查发现，最好进行拌药处理。

关于本年12月甚至明年一二月才退水的地方，不能如期种上冬麦，应当怎么办？这个灾荒地区的情形可能是最严重的，上年水灾后，皖北有 700 万亩没有种上麦子，当然是地势最低、退水最迟的地方，今年又没有收到夏作，冬天再种不上麦子，明年春荒当然加倍严重。现在皖北农民已经成群结队地向外逃荒，我们认为这种现象，更会影响明年夏季的粮食生产。当地政府必须大力制止，同时号召当地农业科学工作者、地方干部结合农民群众，共同商讨如何能使今年水退较迟的土地，仍能种上庄稼，使明年夏收不致减产或减少夏收到最低限度，这是非常必要的。7 月在南京开的华东农业科学技术会议上，曾经提出种春麦、移栽冬麦、种油菜等办法。我们认为凡是可能补救的办法，能够尽早收获一季食粮，减轻春荒的，都可以不必计较是不是多花工夫，是不是丰产，而要全力推动起来。移栽冬麦、播种春麦、种油菜或种马铃薯 4 种办法，可以同时推动，都需要及早准备种苗，大力号召布置，4 种办法当中，以马铃薯种苗的可能采购数量最小，油菜种子其次，春麦种子再其次，而移栽冬麦则受种苗的限制最小，如果是预有布置，移栽冬麦可尽量做起来。

1. 移栽冬麦

10 月初即宜组织群众，不要迟过 11 月上旬，集体种麦育苗，种在附近高地，按每亩麦苗移栽四五亩的比率安排苗田的面积，播种量可以较平常的增加一些，多施肥，移栽的距离约二三寸，大概按十五工一亩筹划劳动力；只要地不冻，年前年后都可以移栽，如能在 10 月初播种育苗，10 月底至 11 月上中旬，或麦苗有四五个分蘖时移植，天气比较温暖，麦苗栽后容易恢复，容易发展。栽后多灌水、多施肥、多锄田，每亩产量可能和不移植的一样，迟到 2 月底移植的，可能亦有五六成收，并且可能和正常播种的冬麦同时成熟，或者只迟几天。

移植冬麦是费工的，若和直播小麦比较是不经济的，但它对生产救灾的工作，可以起着很大的作用的。利用几十百万饥寒交迫的农民，移植千百万亩的冬小麦，不能不说是一个伟大的生产救灾运动。但要从事这一伟大运动，必须各灾区的地方政府有组织、有计划地来布置进行，首先要搞通农民的思想，要有互相合作的精神，公平合理的订好分让麦苗的价格，同时预备掘苗运动的必要器具，只要大家能有争取生产、克服灾荒的共同精神，加以地方政府的统一领导，我们相信移植冬麦是会有成绩的。

2. 种春麦

苏北沭阳专区和山东微山湖附近群众有播种春大麦和春小麦的经验，并且可在该两区采购种子，皖北省农场曾经试种过春大麦的，结果比春小麦好，每亩可有平常冬播的六七成收，只迟几天成熟，宜在早春解冻后播种。

3. 种油菜

冬天春天在结冰前后都可播种，撒播每亩约需种子一斤半，早春起，间苗采食，一直到开花，最后留在田里的还可收子，需要及早向淮南江南采购种子。

4. 种马铃薯

2 月下旬或气温达到 10℃左右即可播种，至 5 月间，可以陆续收作食粮。选择无病而中等大的作种薯，每个种薯切成三四块，每块必须具有 2 个芽眼，重约 1~1.5 两（1 两合 50 克，全书同），每亩需要 100 斤种薯，要向北方采购。东北马铃薯运到上海供食用的很多，运种应该不是很大的困难，锦州的白皮、熊岳城的男爵，都能适应本区风土，而且比土种产量高，可以运来种植。

（华东农林，1950，1（4）：5-6）

阜陽專區農業生產經驗及今后注意的問題

中國農業科学院副院長　金善寶

我和本院党委書記王更生同志到了阜阳專区，先后看了几个县的农业情况，生产很好。例如：阜阳專区一九五七年小麦亩产一百一十斤，今年已跃进到一百六十斤左右；渦阳县曙光一社一九五七年小麦亩产一百三十三斤，今年已跃进到二百五十斤以上；阜南紅光社一九五七年小麦亩产一百六十斤，今年估产为五百斤以上。这就說明了阜阳專区自农业合作化以後，在党的領导及全区劳动农民的努力下，农业生产不断在跃进中。現在我和王更生同志及我院駐阜阳專区工作队譚超夏、朱光煥二同志研究，对生产問題提出以下几点建議，以供党政領导及农业科学技術工作者参考。

一、認真总結羣众經驗。

（一）紅芋育秧問題：阜阳專区羣众有丰富的生产經驗。如紅芋育秧用豆毛做发热物，解决了缺少驢、馬粪的問題；农村买不到溫度計就用高粱稈来代替，这种就地取材的办法，是值得科学家們認眞去总結和提高的。

（二）豌豆麦混种問題：豌豆麦是淮北劳动农民創造之一，河南、山东、江苏也有此种經驗，对于增加單位面积产量和培养地力，都有极显著作用，应大面积普及。科学家們还应研究豌豆品种和小麦混作的关係。小麦、豌豆和扁豆三类作物混种对增产的关係。

（三）渦阳县曙光一社利用猪粪尿改良砂礓黃土，这是羣众改良土壤的极大創造。这社土壤原极为瘠薄，寸草不生，經过八年努力，这社小麦今年估产平均亩产二百五十斤以上，據当地农民講，不是地薄，而是人薄。这社已經創造了土壤改良的典型。

（四）在稈銹病防治問題上，羣众就地取材，利用貓儿眼、草木灰、石灰、楓楊、菸水、楝树根等进行防治，取得了一定成績。农民認为凡是苦的就能治銹病，可惜有些科学家們对这类事情还抱着怀疑式否定态度，不重視羣众經驗，这是极不正确的。

（五）双季馬鈴薯栽培及留种問題：界首县羣众对馬鈴薯留种及一年栽二季，已有二十七年历史，对解决馬鈴薯退化問題具有創造性的价值。如能把这种經驗总結及提高，就有很高的学術水平，因为双季馬鈴薯栽培，在世界上是一件大事。

（六）利用套种增加复种指数：例如界首县創造一年五种四熟及一年四种三熟，現已獲得亩产折粮一千八百斤以上高产，如能系統总結提高，就有超过双千斤的可能。阜南县紅光社玉米套种黃豆，黃豆套种玉米，也值得总結。

其他如养猪积肥、深耕、施肥、抗小麦倒伏及紅芋儲藏的羣众經驗，和阜光一社呂东阳引种苏联小麦品种，已有五年历史，比当地其他品种产量高，值得重視，应認眞进行总結及提高。

二、小麥品种問題。

小麦优良品种在阜阳專区起的作用很大，但品种不能單一化。去年陝西省碧碼一号发生条銹，由于这品种播种面积太大，以致造成損失，并使短期內无法解决品种更換問題。因此，应以合作社为單位种植三个以上小麦优良品种。这些品种可以是改良种也可以是本地种。当地的优良品种有很好的适应性，有的抗病性很强，产量稳定，要予以足够的重視。合作社应建立留种地，在麦收前进行选种，不宜选突出稈高者，应选抽穗整齐，成熟一致者。

三、小麥播种期問題。

小麦的播种期应随土壤、氣候、品种性能等条件而有所差異。南大二四一九是一种春性較强品种，播期过早在年前要发生拔节現象，第二年便要遭受冻害。南大二四一九較适宜播种期，據淮河流域羣众經驗和南京农学院試驗，以在霜降节前后为宜。碧碼一号小麦在寒露前后播种較为合适。

四、茬口处理問題。

小麦前茬，以玉米、高粱茬为好，豆茬次之，紅芋茬最差。阜阳專区今年扩大了紅芋、水稻、棉花面积，因此晚秋茬播种面积增加，小麦播种期要延至十月下旬以後，因此选用小麦晚播品种南大二四一九与豌豆混种作为晚秋茬接口，可以稳定晚茬麦的产量。

阜阳專区在生产大跃进形势下，經驗是丰富的。我們由于走馬看花，时間短促，羣众丰富的經驗，只是发現一部分。建議党政領导及农业科学工作者进一步深入生产过程总結和提高。我們深信低产变高产，淮北变江南，將为期不远。

阜阳专区农业生产经验及今后注意的问题

中国农业科学院副院长　金善宝

我和本院党委书记王更生同志到了阜阳专区，先后看了几个县的农业情况，生产很好。例如：阜阳专区1957年小麦亩产110斤，今年已跃进到160斤左右；涡阳县曙光一社1957年小麦亩产133斤，今年已跃进到250斤以上；阜南红光社1957年小麦亩产160斤，今年估产为500斤以上。这就说明了阜阳专区自农业合作化以后，在党的领导及全区劳动农民的努力下，农业生产不断在跃进中。现在我和王更生同志及我院驻阜阳专区工作队谭超夏、朱光焕二同志研究，对生产问题提出以下几点建议，以供党政领导及农业科学技术工作者参考。

一、认真总结群众经验

（一）红芋育秧问题

阜阳专区群众有丰富的生产经验。如红芋育秧用豆毛做发热物，解决了缺少驴、马粪的问题；农村买不到温度计就用高粱秆来代替，这种就地取材的办法，是值得科学家们认真去总结和提高的。

（二）豌豆麦混种问题

豌豆麦是淮北劳动农民创造之一，河南、山东、江苏也有此种经验，对于增加单位面积产量和培养地力，都有极显著作用，应大面积普及。科学家们还应研究豌豆品种和小麦混作的关系。小麦、豌豆和扁豆三类作物混种对增产的关系。

（三）改良土壤的方法

涡阳县曙光一社利用猪粪尿改良砂矼黄土，这是群众改良土壤的极大创造。这社土壤原极为瘠薄，寸草不生，经过8年努力，这社小麦今年估产平均亩产250斤以上，据当地农民讲，不是地薄，而是人薄。这社已经创造了土壤改良的典型。

（四）秆锈病防治问题

群众就地取材，利用猫儿眼、草木灰、石灰、枫杨、烟水、楝树根等进行防治，取得了一定成绩。农民认为凡是苦的就能治锈病，可惜有些科学家们对这类事情还抱着怀疑式否定态度，不重视群众经验，这是极不正确的。

（五）双季马铃薯栽培及留种问题

界首县群众对马铃薯留种及一年栽二季，已有 27 年历史，对解决马铃薯退化问题具有创造性的价值。如能把这种经验总结及提高，就有很高的学术水平，因为双季马铃薯栽培在世界上是一件大事。

（六）利用套种增加复种指数

例如界首县创造一年五种四熟及一年四种三熟，现已获得亩产折粮 1 800 斤以上高产，如能系统总结提高，就有超过双千斤的可能。阜南县红光社玉米套种黄豆、黄豆套种玉米，也值得总结。

其他如养猪积肥、深耕、施肥、抗小麦倒伏及红芋储藏的群众经验和阜光一社吕东阳引种苏联小麦品种，已有 5 年历史，比当地其他品种产量高，值得重视，应认真进行总结及提高。

二、小麦品种问题

小麦优良品种在阜阳专区起的作用很大，但品种不能单一化。去年（1957 年）陕西省碧蚂一号发生条锈，由于这品种播种面积太大，以致造成损失，并使短期内无法解决品种更换问题。因此，应以合作社为单位种植 3 个以上小麦优良品种。这些品种可以是改良种也可以是本地种。当地的优良品种有很好的适应性，有的抗病性很强，产量稳定，要予以足够的重视。合作社应建立留种地，在麦收前进行选种，不宜选突出秆高者，应选抽穗整齐，成熟一致者。

三、小麦播种期问题

小麦的播种期应随土壤、气候、品种性能等条件而有所差异。南大 2419 是一种春性较强品种，播期过早在年前要发生拔节现象，第二年便要遭受冻害。南大 2419 较适宜。播种期据淮河流域群众经验和南京农学院试验，以在霜降节前后为宜。碧蚂一号小麦在寒露前后播种较为合适。

四、茬口处理问题

小麦前茬，以玉米、高粱茬为好，豆茬次之，红芋茬最差。阜阳专区今年扩大了红芋、水稻、棉花面积，因此晚秋茬播种面积增加，小麦播种期要延至 10 月下旬以后，因此选用小麦晚播品种南大 2419 与豌豆混种作为晚秋茬接口，可以稳定晚茬麦的产量。

阜阳专区在生产“大跃进”形势下，经验是丰富的。我们由于走马观花，时间短促，群众丰富的经验，只是发现一部分。建议党政领导及农业科学工作者进一步深入生产过程总结和提高。我们深信低产变高产，淮北变江南将为期不远。

（安徽阜阳报，1958-6-11（2））

下乡見聞

中国农业科学院副院长 金善宝

今年5月4日到6月7日的一个多月期間，我和党委書記王更生同志曾經在河南、江苏、山东和北京等地区，参观了14个人民公社，10个省、专区和县級的农业科学研究所及3个农业院校的小麦生长状况，我們向农民学习了不少东西。現在把我們在沿途所見到的和听到的，加上个人一些体会，記在下面。

今年小麦又是大丰收

1958年，我国小麦获得史无前例的大丰收。今年怎样呢？根据我們最近在河南、江苏、山东等省实地参观的結果，各地小麦普遍出現了大面积的高额丰产。許多老农民說，几十年来沒有見过长得这样好的小麦。老农民对小麦估产是很有經驗的，但他們对今年的小麦就不敢輕易估产，因为今年的小麦不但长得密，而且长得好，所以，他們就估不透了。但是，大家認为我国今年的小麦肯定地比去年获得更大丰收，又是大跃进的一年。

农业科学工作者过去認为小麦亩产超过500斤就会引起倒伏，但从今年我們所經过的許多地区，都有大面积丰产片，亩产量在500斤左右，甚至达到600斤或700斤而仍直立不倒的相当普遍。由此看来，我們的广大农民已經掌握了小麦亩产500斤以上的栽培技术，这种技术經驗是非常宝貴的。我們必須認眞地总結这种經驗，如果配合适当的肥水条件，那么，使全国接近4亿亩的小麦面积亩产达到500斤以上是完全可能的。

提高小麦产量主要关鍵在肥料

前面已經說过，今年各地区普遍出現了亩产500斤左右的大面积小麦丰产片。但我們也不能否認，各地区还有不少面积的小麦，生长是不够好的，产量也就相当低。这种低产的小麦，原因是很多的，但就一般来說，主要关鍵在于缺乏肥料。小麦如此，別的作物，也是一样。

几年来，党号召全国农民开展轟轟烈烈的积肥运动，对农业增产起了极大的作用。我国的化学肥料工业，近年来有很大的发展，但要滿足我国农业生产上的要求，还需要一个相当长的时期。我們要千方百計地寻找肥源，增加土壤肥力，达到每亩地的作物能够丰产。

我国有許多地方是一年两熟，有的还是一年三熟。因此，肥料的消耗特別大，需要特別多，而且前后作物的收获，耕地和播种工作要同时进行，劳力十分紧張。远道运輸体积大，質量低的肥料就特別感到很多困难。为此，肥料問題最好是就地解决。人民公社要积极鼓励社員利用自留地和田边，路旁，以及屋前屋后的隙地，种植各种飼料作物，来养猪养羊，旣增加农民的收入，又可获得大量的有机肥料，使作物达到丰产。

几个优秀的农家小麦

我国小麦，几千年来經过我国的劳动农民长期培育选擇的結果，創造出不少的优良品种。它的主要特点是多花多实性。一般小穗有3－4粒，4－5粒也是常見的，有的多至6－7粒。一穗的粒数有达百粒左右的，最多的象2905小麦一个穗达到166粒。一种普通小麦，一个穗达到那样多的粒数，在世界小麦中是很少見的。

1950年，中央农业部曾在华北几省对农家小麦举行过一次群众性的評选，而且选出了不少优良品种。我們这次在河南、山东所看到的就有三种，例如平原50，蚰子麦，和大粒半芒。平原50和蚰子麦，抗倒伏和抗病能力很强，产量也很稳定，极受群众欢迎。播种面积都扩展到500万亩以上。大粒半芒分布在山东蓬萊一带，面积也达200万亩。几年来的实践証明，中央农业部采用群众性評定农家小麦的方法是完全正确的，而且在生产上已經起了很大的作用。同时，也說明了有人認为我国的小麦都是不抗銹病和容易倒伏的說法是錯誤的。我国各地的农家小麦，优良的品种是很多的，例如河南的出山豺；江苏的銅柱头，紅胡蘆头；安徽的白和尙头；浙江的白蒲麦等，都是当地很著名的小麦品种。

我国小麦，分布很广，品种之多，何止千万，这是我国在农业生产上极其宝貴的財富。当此人民公社空前大发展和积极推广小麦良种的时候，有些农家小麦很容易被遺弃，被忽視，这是必須注意的。如何把我国的农家小麦很好地保存和利用起来是我国农业工作者和农业科学工作者共同的責任。

在劳动中解决研究难题

我国的农业科学工作者，过去由于輕視劳动，理論脫离生产的情况是非常严重的。去年，在农业生产大跃进的形势下，农业科学就显得赶不上实际生产的要求。經过批判、鳴放和辯論，得出了这样的結論，就是知識分子必須劳动化，农业科学工作者要下放到农村，参加劳动鍛炼，和农民同吃、同住、同劳动，做到真正向农民学习。同时，結合各人的专业，根据在劳动实践中发現有关生产的重要問題，利用集体的智慧，进行綜合性的科学研究。一年来的实践証明，中央这个方針是完全正确的。

农业科学工作者对某些科学問題，經过很长时期的研究仍然得不到解决，但参加了劳动之后很快地就被发現了。例如谷子的鑽心虫为害谷子是很严重的。农业科学工作者只看到谷子的苗一棵棵地枯死，把谷子的枯死苗拔起来一看，都是被鑽心虫的幼虫咬死的，但在谷子的苗上从来看不到鑽心虫的卵块，也不知道它产卵在什么地方，因此，对防治鑽心虫感到很大困难。中国农业科学院植物保护研究所在山东寿張县張秋人民公社参加劳动鍛炼的同志們，在田間拔除杂草的时候，偶然发現狗尾草上产生着不少卵块，經檢查結果，这种卵块就

下乡见闻

中国农业科学院副院长　金善宝

今年5月4日到6月7日的一个多月期间，我和党委书记王更生同志曾经在河南、江苏、山东和北京等地区，参观了14个人民公社，10个省、专区和县级的农业科学研究所及3个农业院校的小麦生长状况，我们向农民学习了不少东西。现在把我们在沿途所见到的和听到的，加上个人一些体会，记在下面。

今年小麦又是大丰收

1958年，我国小麦获得史无前例的大丰收。今年怎样呢？根据我们最近在河南、江苏、山东等省实地参观的结果，各场小麦普遍出现了大面积的高额丰产。许多老农民说，几十年来没有见过长得这样好的小麦。老农民对小麦估产是很有经验的，但他们对今年的小麦就不敢轻易估产，因为今年的小麦不但长得密，而且长得好，所以，他们就估不透了。但是，大家认为我国今年的小麦肯定比去年获得更大丰收，又是“大跃进”的一年。

农业科学工作者过去认为小麦亩产超过500斤就会引起倒伏，但从今年我们所经过的许多地区，都有大面积丰产片，亩产量在500斤左右，甚至达到600斤或700斤而仍直立不倒的相当普遍。由此看来，我们的广大农民已经掌握了小麦亩产500斤以上的栽培技术，这种技术经验是非常宝贵的。我们必须认真地总结这种经验。如果配合适当的肥水条件，那么，使全国接近4亿亩的小麦面积亩产达到500斤以上是完全可能的。

提高小麦产量主要关键在肥料

前面已经说过，今年各地区普遍出现了亩产500斤左右的大面积小麦丰产片。但我们也不能否认，各地区还有不少面积的小麦，生长是不够好的，产量也就相当低。这种低产的小麦，原因是很多的，但就一般来说，主要关键在于缺乏肥料。小麦如此，别的作物也是一样。

几年来，党号召全国农民开展轰轰烈烈的积肥运动，对农业增产起了极大的作用。我国的化学肥料工业，近年来有很大的发展，但要满足我国农业生产上的要求，还需要一个相当长的时期。我们要千方百计地寻找肥源，增加土壤肥力，达到每亩地的作物能够丰产。

我国有许多地方是一年两熟，有的还是一年三熟。因此，肥料的消耗特别大，需要特别多，而且前后作物的收获，耕地和播种工作要同时进行，劳力十分紧张。远道运输体积大、质量低的肥料就感到特别困难。为此，肥料问题最好是就地解决。人民公社要积极鼓励社员利用自留地和田边、路旁以及屋前屋后的隙地，种植各种饲料作物，来养猪养羊，既增加农民的收入，又可获得大量的有机肥料，使作物达到丰产。

几个优秀的农家小麦

我国小麦，几千年来经过我国的劳动农民长期培育选择的结果，创造出不少的优良品种。它的主要特点是多花多实性。一般小穗有3~4粒，4~5粒也是常见的，有的多至6~7粒。一穗的粒数有达百粒左右的，最多的像2905小麦一个穗达到166粒。一种普通小麦一个穗达到那样多的粒数，在世界小麦中是很少见的。

1950年，中央农业部曾在华北几省对农家小麦举行过一次群众性的评选，而且选出了不少优良品种。我们这次在河南、山东所看到的就有3种，例如平原50、蚰子麦和大粒半芒。平原50和蚰子麦抗倒伏和抗病能力很强，产量也很稳定，极受群众欢迎。播种面积都扩展到500万亩以上。大粒半芒分布在山东蓬莱一带，面积也达200万亩。几年来的实践证明，中央农业部采用群众性评定农家小麦的方法是完全正确的，而且在生产上已经起了很大的作用。同时，也说明了有人认为我国的小麦都是不抗锈病和容易倒伏的说法是错误的。我国各地的农家小麦，优良的品种是很多的，例如，河南的出山豺，江苏的铜柱头、红葫芦头，安徽的白和尚头，浙江的白蒲麦等，都是当地很著名的小麦品种。

我国小麦分布很广，品种之多何止千万，这是我国在农业生产上极其宝贵的财富。当此人民公社空前大发展和积极推广小麦良种的时候，有些农家小麦很容易被遗弃、被忽视，这是必须注意的。如何把我国的农家小麦很好地保存和利用起来，是我国农业工作者和农业科学工作者共同的责任。

在劳动中解决研究难题

我国的农业科学工作者过去由于轻视劳动，理论脱离生产的情况是非常严重的。去年，在农业生产“大跃进”的形势下，农业科学就显得赶不上实际生产的要求。经过批判、鸣放和辩论，得出了这样的结论，就是知识分子必须劳动化，农业科学工作者要下放到农村，参加劳动锻炼，和农民同吃、同住、同劳动，做到真正向农民学习。同时，结合各人的专业，根据在劳动实践中发现有关生产的重要问题，利用集体的智慧，进行综合性的科学研究。一年来的实践证明，中央这个方针是完全正确的。

农业科学工作者对某些科学问题，经过很长时期的研究仍然得不到解决，但参加了劳动之后很快地就被发现了。例如谷子的钻心虫为害谷子是很严重的。农业科学工作者只看到谷子的苗一棵棵地枯死，把谷子的枯死苗拔起来一看，都是被钻心虫的幼虫咬死的，但在谷子的苗上从来看不到钻心虫的卵块，也不知道它产卵在什么地方，因此，对防治钻心虫感到很大困难。中国农业科学院植物保护研究所在山东寿张县张秋人民公社参加劳动锻炼的同志们，在田间拔除杂草的时候，偶然发现狗尾草上产生着不少卵块，经检查发现，这种卵块就是谷子钻心虫所产的卵块。这是一个很重要的发现。从此，我们如能把田间和路旁的狗尾草彻底拔除，使谷子钻心虫缺少产卵的宿主，就有可能消灭谷子钻心虫的为害。这是劳动锻炼在农业科学上的意外收获。

青年妇女大搞生产钻研科学

自从人民公社成立之后，在农村中普遍设立了托儿所、幼儿园，还建立了公共食堂，解放了妇女的劳动力，大大发挥了妇女的积极性，在农业生产中起了积极有利的作用。举例来说，济南东郊人民公社有个钢铁妇女连，一共有32个妇女，其中有1个共产党员，15个共青团员，她们把217亩土地深翻了1尺5寸，平均每人要深翻6.8亩地，还要自己积肥、运肥，自己烧饭，每亩施了8万斤基肥。这是一个巨大的、惊人的劳动。她们用五腿耧播种小麦，由于地耕得深、肥施得足，播种得很均匀，麦苗期间长得茁壮茂密。她们对麦苗很爱护，而且管理得非常好。我们去参观的时候，小麦已经到了灌浆后期，麦株都直立不倒，而且没有什么病。我们还细心地调查了两块小麦地的穗数，一块是45亩，每亩有50万穗，估产亩达747斤。另一块是80亩，每亩也有50万穗，穗略小，估产亩约665斤。这是钢铁妇女连在小麦生产中已经树立起来的一面大红旗。

我国的农村妇女，不但是农业生产中的能手，她们对农业科学的钻研，劲头也很大。例如河南孟县农业科学研究所是从一个生产大队成长起来的。有60亩小麦试验地，深翻、拖肥、播种都是20多个青年妇女亲自动手的。她们搜集了许多小麦品种做了比较试验，其中有23个品种长得很好，将来可以就地择优推广。她们对每一个小麦品种从出苗的时候起，在每个发育阶段做了根系的检查，制成了标本，辟了一个展览室，使参观的人对各个小麦品种的根系发展看得清清楚楚，对小麦地下部分进行那样细的研究，在别的科学研究机关是看不到的。

从七里营人民公社来看我国农村的远景

七里营人民公社距河南新乡县城不过10多里，全社约有3万亩土地，引黄渠道贯穿其间，灌溉非常便利。该社大部分土地用来种植棉花，去年棉花长得很好，毛主席曾经去视察过，因此，更加鼓舞了该社工作人员和农民群众的积极性。全场土地整理得很平整，地面、田边、路旁、大小沟道都看不到什么杂草，使病菌害虫没有藏身之所，因此大大减少了病虫的为害，这种田间管理的方法是值得重视的。

七里营人民公社利用引黄渠道建立了一个300千瓦的水力发电站，它的发电量可供该社20多个工厂和20多个村庄发电之用，可见农村电气化，已经在开始萌芽。据说，河南像这样的水力发电站还有不少，而且还要大大发展，主要是现在发电设备还供应不上。全国有26 000多个人民公社，如果没有别的特殊困难，我们只要很短的时间，就可以把全国所有人民公社都建立起发电站。可以设想，在社会主义建设中，全国农村电气化的实现，并不需要多么遥远的时间。

（文汇报，1959-7-20（2））

养猪积肥与粮食增产

去年和今年我国粮食生产都获得大丰收，去年的粮食比1957年增产35%，今年的粮食生产又是大跃进的一年。我們相信，明年的粮食生产将会比今年更好，将是继續跃进的一年。因为我国粮食生产，每年虽有很大的增长，但是单位面积的产量还是不高的，例如我国的小麦平均亩产量不过二百多斤，如果四亿亩小麦平均亩产增加到四百斤、六百斤，甚至八百斤，我国的小麦产量还可以增加好几倍，这是完全可以做到的。我国小麦单位面积产量之所以低，并不是什么栽培技术問題。而是由于还有不少地区受着肥料、土壤、水利等条件限制的緣故，特别是缺乏肥料是影响粮食生产最重要的因素。我們常常可以看到，在城市附近的地区，小麦总是长得很好，离开城市远一些，小麦就长得差了，这种差别肥料起着决定性的作用。小麦如此，其他作物也是一样。由此看来，在目前情况下，在粮食生产方面，我們的施肥量是很不够的。換句話說，如果我們能施足肥料，我国粮食增产的潛力是很大的。

建国十年来，党和政府号召广大农民大搞积肥运动，千方百計地挖掘肥源，在粮食增产方面起了巨大的作用。我国是一个人口众多的国家，为了迅速提高农业生产，大搞群众性的积肥运动，今后仍然是必要的。我国的化学肥料，解放以后，发展很快，但在目前还很难满足农业生产上的要求。畜牧与农业有密切的关系，家畜的粪尿是农田最好的有机肥料，这是大家所知道的。我国畜牧事业，由于党的正确領导，解放十年来有了很大发展。就大家畜而論，由1949年的6002万头增加到1958年的8506万头，增加40%以上。猪的头数由1949年的5775万头，增加到1958年的16000万头，約增长到三倍。羊由1949年的4234万只，增加到1958年的10886万只，約增长到2.6倍。为了迅速提高我国人民的生活水平，提高粮食的单位面积产量和增加人民肉食的数量，我們必須积极发展我国的畜牧事业。由于我国的广大人民都喜欢吃猪肉（除了回民），猪的适应地区最广，繁殖最快，农民群众对猪的飼养管理又具有极其丰富的經驗。因此，在目前情况下，积极发展养猪事业更具有特别重要的現实意义。

养猪与粮食增产的实例

养猪与粮食增产的例子是很多的，那个地区养猪多，粮食增产就多。据浙江諸暨县七里社的統計，一头栏养猪一年能积肥6000—8000斤，一头放栏猪，一年能积肥1500斤至3000斤。一头猪的肥料能肥田二亩，每亩能增产稻谷100斤左右。視北乡养猪5526头。据調查能解决11052亩的肥料，該乡解放前只有40%养猪戶，每亩产稻谷350斤，1956年每戶养猪1.5头，亩产提高到689斤。河北平谷县大辛寨村，1954年，平均6.8亩只养一头猪，到1957年2.3亩就有一头猪。每亩施肥量随着猪数的增加而增加，自1954年的每亩施肥量15馱（每馱160斤）增加到1957年的25馱。粮食亩产量也从1954年的220斤，到1957年达438.5斤，增加了一倍，其詳細数字如下：

年度	平均一头猪的亩数	每亩施肥量	粮食产量
1954	6.8亩	15馱	220斤
1955	4.4	17	269
1956	3.3	22	332
1957	2.3	25	438.5

大辛寨村1955年由国家供应的粮食达13,300多斤，1957年，不但不要国家供应粮食，还有余粮4万余斤。山东惠民县河坊乡五爱社由于几年来养猪积肥，粮食产量每年有显著的增加，1950年每年养猪数只有120头，以后逐年增加，到1957年达到1302头。1950年，每亩产量只有120斤，1955年220斤，1956年345斤，1957年就达400斤。从这些事例看来，养猪的好处很多，不但增加了肉食，还因为解决了肥料問題，粮食亩产量大大提高，有的还在几年之內翻了一番，穷社变成了富社，缺粮村变成了余粮村。

飼料問題

大力发展养猪事业，各个地区，因地制宜，做到一人一口猪，甚至一亩地一口猪，这是党的伟大号召，而且在不少地区已經实际行动起来，这是我国养猪事业上一次伟大的运动，它不但将給全国人民增加无限丰富的肉食，而且对粮食增产将会起到巨大的作用，全国人民都将为这个伟大运动而欢欣鼓舞。

发展养猪事业，首先应該注意的是如何很好地解决飼料問題。我們要积极增加飼料的种类和产量，同时还要提高飼料的质量。我国的农民群众采用各种野草和利用各种作物的茎叶积累了极其丰富的經驗。例如在高粱黄期采摘下部的叶子作为牲畜的飼料，保留接近穗部的3－4个叶子，据試驗証明，并不影响高粱种子的产量。华北平原盛产高粱地区的农民原有剝下高粱叶子作为燃料和飼料的习慣。又如蚕豆叶是猪的好飼料，四川农民当蚕豆快成熟时，把它的叶子剝得光光的，稈上只留下豆荚，让它慢慢成熟，剝下的叶子作为猪的飼料，这些經驗都是值得推广的。其他如大豆的叶子也可以在种子成熟前采下来做飼料，并不影响种子的产量。与其让叶子自然凋落在田里腐烂，不如把它采下来喂猪，变成肥料之后再施入土中較为經济。

綠肥有增加地力的功效，我国农民懂得这个道理是很早的。远在十六世紀，“齐民要术”里已有詳細的記載，如耕地第一中說：“凡美田之法，綠豆为上，小豆、胡麻次之。悉皆五、六月穊种，七月、八月犁掩杀之，为春谷田，則亩收十石，其美与蚕矢熟粪同”。这說明了豆科作物作为綠肥施用对增加土壤肥力是有很大作用的。我国各地农民应用綠肥的习慣相当普遍，南方水稻田如浙江、江西的农民在收获晚稻之后，撒下草子，亦叫紅花草，当来年插秧时，把它犁入田中作为綠肥，对水稻的增产是有显著的作用的。但从經济效益来說，这种綠肥的利用方法还可以进一步提高。如果把草子的地上部分割下来喂猪长肉，再把猪的粪尿去肥田，那么，既长了猪肉，又增产了稻谷，似乎一举两得。旱田的綠肥作物亦应該如此来利用。又如豆餅、菜子餅，以及棉子餅等更不应直接去肥田，而应該通过飼养家畜来提高它的利用。

南方盛产稻谷，稻草的养分很高，是家畜的好飼料。有些地区实行稻草还田来增加稻田的肥力。例如无錫一带的农民，常在稻田的一

养猪积肥与粮食增产

金善宝

去年（1958年）和今年我国粮食生产都获得大丰收，去年的粮食比1957年增产35%，今年的粮食生产又是“大跃进”的一年。我们相信，明年的粮食生产将会比今年更好，将是继续跃进的一年。因为我国粮食生产，每年虽有很大的增长，但是单位面积的产量还是不高的，例如我国的小麦平均亩产量不过200多斤，如果4亿亩小麦平均亩产增加到400斤、600斤，甚至800斤，我国的小麦产量还可以增加好几倍，这是完全可以做到的。我国小麦单位面积产量之所以低，并不是什么栽培技术问题。而是由于还有不少地区受着肥料、土壤、水利等条件限制的缘故，特别是缺乏肥料是影响粮食生产最重要的因素。我们常常可以看到，在城市附近的地区，小麦总是长得很好，离开城市远一些，小麦就长得差了，这种差别，肥料起着决定性的作用。小麦如此，其他作物也是一样。由此看来，在目前情况下，在粮食生产方面，我们的施肥量是很不够的。换句话说，如果我们能施足肥料，我国粮食增产的潜力是很大的。

新中国成立10年来，党和政府号召广大农民大搞积肥活动，千方百计地挖掘肥源，在粮食增产方面起了巨大的作用。我国是一个人口众多的国家，为了迅速提高农业生产，大搞群众性的积肥运动，今后仍然是必要的。我国的化学肥料，解放以后发展很快，但在目前还很难满足农业生产上的要求。畜牧与农业有密切的关系，家畜的粪尿是农田最好的有机肥料，这是大家所知道的。我国畜牧事业，由于党的正确领导，解放10年来有了很大发展。就大家畜而论，由1949年的6 002万头增加到1958年的8 506万头，增加40%以上。猪的头数由1949年的5 775万头增加到1958年的16 000万头，约增长到3倍。羊由1949年的4 234万只增加到1958年的10 886万只，约增长到2. 6倍。为了迅速提高我国人民的生活水平，提高粮食的单位面积产量和增加人民肉食的数量，我们必须积极发展我国的畜牧事业。由于我国的广大人民都喜欢吃猪肉（除了信仰伊斯兰教的人），猪的适应地区最广，繁殖最快，农民群众对猪的饲养管理又具有极其丰富的经验。因此，在目前情况下，积极发展养猪事业更具有特别重要的现实意义。

养猪与粮食增产的实例

养猪与粮食增产的例子是很多的，哪个地区养猪多，粮食增产就多。据浙江诸暨县七里社的统计，一头栏养猪一年能积肥6 000~8 000斤，一头放栏猪，一年能积肥1 500~3 000斤。一头猪的肥料能肥田2亩，每亩能增产稻谷100斤左右。视北乡养猪5 526头。据调查能解决11 052亩的肥料，该乡解放前只有40%养猪户，每亩产稻谷350斤，1956

年每户养猪 1.5 头，亩产提高到 689 斤。河北平谷县大辛寨村，1954 年，平均 6.8 亩只养 1 头猪，到 1957 年 2.3 亩就有 1 头猪。每亩施肥量随着猪数的增加而增加，自 1954 年的每亩施肥量 15 驮（每驮 160 斤）增加到 1957 年的 25 驮。粮食亩产量也从 1954 年的 220 斤，到 1957 年达 438.5 斤，增加了一倍，其详细数字如表 1。

表 1　养猪肥田实例

年度	平均 1 头猪的亩数（亩）	每亩施肥量（驮）	粮食产量（斤）
1954	6.8	15	220
1955	4.4	17	269
1956	3.3	22	332
1957	2.3	25	438.5

大辛寨村 1955 年由国家供应的粮食达 13 300 多斤，1957 年，不但不要国家供应粮食，还有余粮 4 万余斤。山东惠民县河坊乡五爱社由于几年来养猪积肥，粮食产量每年有显著的增加，1950 年每年养猪数只有 120 头，以后逐年增加，到 1957 年达到 1 302 头。1950 年，每亩产量只有 120 斤，1955 年 220 斤，1956 年 345 斤，1957 年就达 400 斤。从这些事例看来，养猪的好处很多，不但增加了肉食，还因为解决了肥料问题，粮食亩产量大大提高，有的还在几年之内翻了一番，穷社变成了富社，缺粮村变成了余粮村。

饲料问题

大力发展养猪事业，各个地区因地制宜，做到一人一头猪，甚至一亩地一头猪，这是党的伟大号召，而且在不少地区已经实际行动起来，这是我国养猪事业上一次伟大的运动，它不但将给全国人民增加无限丰富的肉食，而且对粮食增产将会起到巨大的作用，全国人民都将为这个伟大运动而欢欣鼓舞。

发展养猪事业，首先应该注意的是如何很好地解决饲料问题。我们要积极增加饲料的种类和产量，同时还要提高饲料的质量。我国的农民群众采用各种野草和利用各种作物的茎叶积累了极其丰富的经验。例如在高粱黄期采摘下部的叶子作为牲畜的饲料，保留接近穗部的 3~4 个叶子，据试验证明，并不影响高粱种子的产量。华北平原盛产高粱地区的农民原有剥下高粱叶子作为燃料和饲料的习惯。又如蚕豆叶是猪的好饲料，四川农民当蚕豆快成熟时，把它的叶子剥得光光的，秆上只留下豆荚，让它慢慢成熟，剥下的叶子作为猪的饲料，这些经验都是值得推广的。其他如大豆的叶子也可以在种子成熟前采下来做饲料，并不影响种子的产量。与其让叶子自然凋落在田里腐烂，不如把它采下来喂猪，变成肥料之后再施入土中较为经济。

绿肥有增加地力的功效，我国农民懂得这个道理是很早的。远在 16 世纪，《齐民要术》里已有详细的记载，如“耕地第一”中说：“凡美田之法，绿豆为上，小豆、胡麻次之。悉皆五六月穊种，七月、八月犁掩杀之，为春谷田，则亩收十石，其美与蚕矢熟粪同”。这说明了豆科作物作为绿肥施用对增加土壤肥力是有很大作用的。我国各地农民应用绿肥的习惯相当普遍，南方水稻田如浙江、江西的农民在收获晚稻之后，撒下草子，亦叫红花草，当来年插秧时，把它犁入田中作为绿肥，对水稻的增产是有显著的作用的。但从经济效益来说，这种绿肥的利用方法还可以进一步提高。如果把草子的地上部分割下来喂猪长肉，再把猪的粪尿去肥田，那么既长了猪肉，又增产了稻谷，似乎一举两得。旱田的绿肥作物亦应该如此来利用。又如豆饼、菜籽饼以及棉籽饼等更不应直接去肥田，而应该通过饲养家畜来提高它的利用。

南方盛产稻谷，稻草的养分很高，是家畜的好饲料。有些地区实行稻草还田来增加稻田的肥力。例如无锡一带的农民，常在稻田的一角挖一大坑，把大量的稻草和杂草泥土混在一起，使它腐烂成为堆肥。目前正在大力号召一亩地养一头猪，一切饲料都要提高它的利用，显然，稻草还田的方法是不经济的，应该有所改变，并且稻草还田的做法还会带来病虫害的危险。

稻草作为家畜的饲料，可用石灰化的方法来提高它的淀粉价。据日本的试验证明，稻草石灰化之后，它的淀粉价提高1倍。处理的方法是将稻草切成2~3厘米，加入1%消石灰液，在锅上煮沸1小时，再用冷水洗涤2次除去石灰，然后喂猪。或者将切短的稻草，放入大木桶中。注入1%消石灰液浸泡48小时，再用冷水洗涤2次，除去石灰后喂猪。普通稻草的淀粉价是20%，石灰化后稻草的淀粉价达40%，提高了一倍。如单独以石灰化稻草作饲料，家畜不甚爱吃，必须拌以麸糠，待习惯后，才能单独喂。

因地制宜，扩大饲料基地

积极发展养猪事业，大量增加猪的饲料，必须因地制宜，扩大饲料基地。首先应该利用屋前屋后、道路两旁以及田边、山坡隙地种植牧草，生产饲料，达到饲料的自给自足。仅仅利用这些土地当然是不够的，我们应该在人民公社拿出适当的土地作为家畜的饲料基地。比方说，拿出1/10或者1/6的土地作为饲料基地。有人会问，拿出那么多土地，岂不会影响公社的粮食生产吗？我说不会减少生产，恰恰相反，还会增加生产。现在的人民公社土地很多，我们应该划出一部分土地来做个试验。假定说，划出1 000亩土地，分作两部分，500亩全部种植作物，另500亩中400亩种植粮食作物，100亩种植高产饲料作物，一亩地的饲料作物可以饲养3~5头猪，一头猪能积肥5 000斤。我们把300~500头猪的粪尿全施在这500亩土地上，粮食和饲料都可以大大增产，如果这400亩粮食作物的产量和不施肥的500亩粮食作物比较，两者亩数虽相差100亩，但前者的产量不会少于后者，假定是相等，那么前者猪的生产价值就很可观了。我们应该尽量以好的土地来生产粮食，不好的土地来生产饲料。在不影响国家规定的生产指标下，我认为在人民公社进行上面所说的试验是必要的，待试验有结果就可逐步推行。

玉米的茎叶多，产量高，欧美以及苏联都是以玉米为家畜的主要饲料作物，盛产玉米的地区也就是畜牧业最发达的地区，我们也应加以注意利用。我国各地种植甘薯很多，甘薯的茎叶块根都可作饲料，产量一般要比玉米高出4~5倍，所以是一种很好的饲料作物。我国各地可供饲料的作物很多，产量也很高，例如广东的水浮莲，四川的牛皮菜，各地的南瓜、萝卜等亩产可达几万斤以至几十万斤。

畜牧兽医工作者的任务

养猪事业已经掀起了高潮，农民群众对养猪的积极性很高，在这一伟大的运动中，对猪的饲养、管理、繁育等方面将会创造出无穷无尽的好经验，同时，可能会产生出许多新的问题。农业科学工作者特别是畜牧兽医工作者，应该很好地深入各个人民公社，及时地了解情况、发现问题、总结经验。在人民公社对集体养猪的经验还不多，对如何防治猪只疾病的发生要予以充分的注意，要保证人民公社做出无病猪区的好经验。

（文汇报，1959-11-23（2））

柴达木盆地的春小麦丰產奇迹

光明日报 一九五九年十二月

中国农业科学院副院长 金善宝

盆地农业的发展是經过艰苦奋斗得来的

柴达木是我国内陆最大的盆地，它的总面积达三十四万平方公里，約有三个江苏省那么大，比英国本土的面积还要大十多万平方公里。它是一个十分富饒的地区，它拥有辽闊的草原，纵横的河流和广大可耕的土地。有一千六百万亩草原分布在盆地边緣，水草十分丰美，可耕地达三百六十多万亩。解放以前，柴达木盆地是个满目荒凉，渺无人烟的地方。解放后，在盆地发現了許多極为丰富的地下資源，是一个重要的工业基地。但要开发这些宝藏，首先要有农业的支援，沒有农业的支援，工业是建立不起来的。柴达木盆地是一块处女地，它沉睡了千百万年，能不能开发？能不能生产粮食？成为一个急待解答的問題。解放初期，有些科学工作者曾經到那里作过調查，对盆地开发农业的前途是很不乐观的。他們的报告里是这样說的："砂荒环境搞农业生产是极度困难的，无水利即无农业，有了水利还得有好土壤。砂荒、碱滩都不行的，水土条件都有了还得配合上温度或生长期，因此柴达木的耕地很少，根据我們現在所知道的，将耕地与可耕地加在一起也不过二十万亩"。他們认为发展农业必須具备种种条件，而这些条件柴达木是不存在的，因此柴达木发展农业是困难重重，他們就很自然地得出了"柴达木盆地不是发展农业的地方"的极端錯誤結論。党当时对开发柴达木盆地的信心是极其坚定的，絲毫沒有被这些悲观論調所动搖，认为柴达木盆地已經沉睡了千百万年，不能让它继續沉睡下去，农場一定要办，而且一定要办好。党为此发出了坚强的号召，号召人們向大自然进軍，向砂荒索取粮食，終于創造了奇迹。

1954年3月，党向柴达木盆地派出了第一批尖兵，他們从西宁出发，在莫河与德令哈之間二百多公里的地段上，披荆斬棘，边筑路，边前进，白天开荒，夜宿帳篷，忍受着零下二、三十度的严寒，在德令哈建成了第一个国营农場。当年播种8210亩，就获得了一次丰收，生产粮食近200万斤，春小麦亩产298斤，在柴达木的农业发展史上揭开了光輝的一頁。

几年来，柴达木盆地在党的領导下先后建立了賽什克、哇玉香卡、馬海、噶尔穆、諾木洪、香日德等十八个国营农場和六个青年农場。他們在农业技术上創造了許多先进經驗，他們的产量逐年在上升。他們都在迅速地成长和发展起来，过去的砂荒地，現在已經大大改观，农場本身都已形成了一个美丽的新型城市。

鼓舞人心的小麦大面积产量

去今两年，我国农业生产大跃进，小麦一馬当先，到处是大面积丰产，亩产500斤以上的丰产片非常普遍，但是千斤以上的高产田毕竟是不多見的。柴达木盆地对农业来說，原来是很落后的，但自各地兴建国营农場以后，各种作物不断出現大面积高产的惊人事例，其中尤以春小麦的表現最为突出。盆地内春小麦产量增长的特点是：单位面积产量逐年稳定上升，而且幅度很大，不是个别农場如此，而是几乎所有农場都有相同的趋势。据我們今年在盆地看到的春小麦长得非常好，到处麦浪似海，穗大粒飽，眞是一片喜气洋洋的特大丰收景象，令人感到无限兴奋。例如德令哈农場13,000亩春小麦，平均亩产1057斤，其中有514亩亩产1,346斤；有56.62亩，亩产1658.4斤。香日德农場2060亩，亩产1,102.5斤，其中有133.3亩，亩产1742斤，有11.2亩，亩产2180斤。怀头他拉农場134亩，亩产1009斤。怀头科日农場36亩，亩产1022斤。噶尔穆农場9亩，亩产1008斤。千亩、万亩以上的大面积，小麦亩产量超过千斤，这是史无前例的事迹，是大大鼓舞人心的。

获得高产的主要原因

柴达木盆地原来是一块砂荒碱滩，談不上什么农业生产，特别是土壤的碱性很重，含盐量达10%以上的很普遍，有人认为柴达木发展农业是沒有希望的。但柴达木的拓荒者在党的正确領导下，首先和盐碱土开展了頑强的斗争。他們用深耕、压碱、洗碱的方法，平整了土地，用大水浸灌泡洗盐碱。盆地由于雨量少，蒸发量大，盐碱多集中在土壤表层，继續冲洗5—7次，使滲水超过1.5米以下，耕作层的盐碱就被排除和下滲，逐步变碱荒为良田。噶尔穆农場土壤内含盐量达3—50%，1955年粮食平均亩产量只有13.3斤，到1959年就达299斤，增长了20倍。1959年亩产500斤以上的小麦500多亩，亩产千斤的有30多亩。他們坚持深耕深翻，用双层深耕犁，实行大面积深耕。如香日德农場，深耕40厘米以上的小麦丰产田，亩产高达1500——2000斤，而耕深20—28厘米的，亩产600—800斤。运用了合理密植，每亩播种47—62斤，比去年增加一倍左右，高产田亩播60—80斤。有的高产田每亩有效穗数达93万，每穗結实28粒，亩产达2350斤。选用良种在小麦增产上起了一定的作用，例如以南大2419和30088硬粒小麦代替了小紅麦。硬粒小麦結实性高，籽粒大，在每亩50万穗密度下，平均每穗結实30粒以上，千粒重60克，比小紅麦重80%，亩产达2000多斤。南大2419，抗倒伏，結实多，籽粒大，千粒重44克，比小紅麦重33%，在每亩70多万穗的密度下，每穗結实23—28粒，亩产达1700斤以上，各場掌握了高寒山区温度低，生长期短的特点，灌透塵水一公尺以上，同时施用充分腐熟的廐肥，每亩施肥量达一万到二万斤，使小麦能迅速的吃飽、喝飽，达到穗大粒多。各場还創造了春麦冬播的成功經驗，約在11月中下旬，地温达到3—4°C时，把种子播在土面3—4厘米深处，使种子处在膨脹萌动的状态，經过越冬的煅炼。它在春天出苗比春播的早，每穗粒数多，千粒重高，成熟早，产量亦比春播高。

柴达木盆地的春小麦丰产奇迹

中国农业科学院副院长　金善宝

盆地农业的发展是经过艰苦奋斗得来的

柴达木是我国内陆最大的盆地，它的总面积达34万平方公里，约有3个江苏省那么大，比英国本土的面积还要大10多万平方公里。它是一个十分富饶的地区，它拥有辽阔的草原、纵横的河流和广大可耕的土地。有1 600万亩草原分布在盆地边缘，水草十分丰美，可耕地达360多万亩。解放以前，柴达木盆地是个满目荒凉、渺无人烟的地方。解放后，在盆地发现了许多极为丰富的地下资源，是一个重要的工业基地。但要开发这些宝藏，首先要有农业的支援，没有农业的支援，工业是建立不起来的。柴达木盆地是一块处女地，它沉睡了千百万年，能不能开发？能不能生产粮食？成为一个急待解答的问题。解放初期，有些科学工作者曾经到那里作过调查，对盆地开发农业的前途是很不乐观的。他们的报告里是这样说的："沙荒环境搞农业生产是极度困难的，无水利即无农业，有了水利还得有好土壤。沙荒、碱滩都不行的，水土条件都有了，还得配合上温度或生长期，因此柴达木的耕地很少，根据我们现在所知道的，将耕地与可耕地加在一起也不过二十万亩。"他们认为发展农业必须具备种种条件，而这些条件柴达木是不存在时，因此柴达木发展农业是困难重重，他们就很自然地得出了"柴达木盆地不是发展农业的地方"的极端错误结论。党当时对开发柴达木盆地的信心是极其坚定的，丝毫没有被这些悲观论调所动摇，认为柴达木盆地已经沉睡了千百万年，不能让继续沉睡下去，农场一定要办，而且一定要办好。党为此发出了坚强的号召，号召人们向大自然进军，向沙荒索取粮食，终于创造了奇迹。

1954年3月，党向柴达木盆地派出了第一批尖兵，他们从西宁出发，在莫河与德令哈之间200多公里的地段上，披荆斩棘，边筑路，边前进，白天开荒，夜宿帐篷，忍受着-30~-20℃的严寒，在德令哈建成了第一个国营农场。当年播种8 210亩，就获得了一次丰收，生产粮食近200万斤，春小麦亩产298斤，在柴达木的农业发展史上揭开了光辉的一页。

几年来，柴达木盆地在党的领导下先后建立了赛什克、哇玉香卞、马海、噶尔穆、诺木洪、香日德等18个国营农场和6个青年农场。它们在农业技术上创造了许多先进经验，它们的产量逐年在上升。它们都在迅速地成长和发展起来，过去的沙荒地，现在已经大大改观，农场本身都已形成了一个美丽的新型城市。

鼓舞人心的小麦大面积产量

去今两年，我国农业生产“大跃进”，小麦一马当先，到处是大面积丰产，亩产500斤以上的丰产片非常普遍，但是千斤以上的高产田毕竟是不多见的。柴达木盆地对农业来说，原来是很落后的，但自各地兴建国营农场以后，各种作物不断出现大面积高产的惊人事例，其中尤以春小麦的表现最为突出。盆地内春小麦产量增长的特点是：单位面积产量逐年稳定上升，而且幅度很大，不是个别农场如此，而是几乎所有农场都有相同的趋势。据我们今年在盆地看到的春小麦长得非常好，到处麦浪似海，穗大粒饱，真是一片喜气洋洋的特大丰收景象，令人感到无限兴奋。例如德令哈农场13 000亩春小麦，平均亩产1 057斤，其中有514亩，亩产1 346斤；有56.62亩，亩产1 658.4斤。香日德农场2 060亩，亩产1 102.5斤，其中有133.3亩，亩产1 742斤；有11.2亩，亩产2 180斤。怀头他拉农场134亩，亩产1 009斤。怀头科日农场36亩，亩产1 022斤。噶尔穆农场9亩，亩产1 008斤。千亩、万亩以上的大面积，小麦亩产量超过千斤，这是史无前例的事迹，是大大鼓舞人心的。

获得高产的主要原因

柴达木盆地原来是一块沙荒碱滩，谈不上什么农业生产，特别是土壤的碱性很重，含盐量达10%以上的很普遍，有人认为柴达木发展农业是没有希望的。但柴达木的拓荒者在党的正确领导下，首先和盐碱土开展了顽强的斗争。他们用深耕、压碱、洗碱的方法，平整了土地，用大水浸灌泡洗盐碱。盆地由于雨量少，蒸发量大，盐碱多集中在土壤表层，继续冲洗5~7次，使渗水超过1.5米以下，耕作层的盐碱就被排除和下渗，逐步变碱荒为良田。噶尔穆农场土壤内含盐量达3%~50%，1955年粮食平均亩产量只有13.3斤，到1959年就达299斤，增长了20倍。1959年亩产500斤以上的小麦500多亩，亩产千斤的有30多亩。他们坚持深耕深翻，用双层深耕犁，实行大面积深耕。如香日德农场，深耕40厘米以上的小麦丰产田，亩产高达1 500~2 000斤，而耕深20~28厘米的，亩产600~800斤。运用了合理密植，每亩播种47~62斤，比去年增加一倍左右，高产田亩播60~80斤。有的高产田每亩有效穗数达93万，每穗结实28粒，亩产达2 350斤。选用良种在小麦增产上起了一定的作用，例如以南大2419和30088硬粒小麦代替了小红麦。硬粒小麦结实性高，籽粒大，在每亩50万穗密度下，平均每穗结实30粒以上，千粒重60克，比小红麦重80%，亩产达2 000多斤。南大2419抗倒伏，结实多，籽粒大，千粒重44克，比小红麦重33%，在每亩70多万穗的密度下，每穗结实23~28粒，亩产达1 700斤以上，各场掌握了高寒山区温度低，生长期短的特点，灌透座水1公尺以上，同时施用充分腐熟的厩肥，每亩施肥量达1万~2万斤，使小麦能迅速吃饱、喝饱，达到穗大粒多。各场还创造了春麦冬播的成功经验，约在11月中下旬，地温达到3~4℃时，把种子播在土面3~4厘米深处，使种子处在膨胀萌动的状态，经过越冬的锻炼。它在春天出苗比春播的早，每穗粒数多，千粒重高，成熟早，产量亦比春播高。春麦提早播种已经成为各场一致的共同经验，但由于劳动力的关系，春麦播种期往往延迟到3个星期以上，大大影响了小麦、青稞和马铃薯等作物的产量。春麦冬播获得成功可以缩短春季的播种期，对春播作物产量的提高是有很大的作用的。从气候来说，盆地虽有许多不利的自然条件，但也有其有利的一面。盆地气候干燥，锈病很少，春小麦只要得到灌溉，生长特别好。虽有倒伏，茎叶并无霉烂现象，因此利于高度密植。长江流域一般每亩不超过 30 万~40 万穗，而在盆地每亩虽达 80 万~90 万穗仍能生长良好。日夜温差大，有利于养分的积累，出穗到成熟的时间长，种子特别饱满，千粒重高。从分蘖到拔节的时间较任何其他春麦区为长，小麦的穗原始体和小穗在较长的时间和较低的温度进行分化，是造成穗大，粒多的重要原因。必须指出，这种气候方面的有利因素，只有在党的正确领导下，积极发挥人的主观能动性的前提下，才能使它起到应有的作用。

柴达木盆地发展的远景

盆地的小麦生产已经出现了千亩、万亩亩产千斤以上的高产纪录，并创造了亩产 2 000 斤以上史无前例的奇迹。但各国营农场并不以此为满足，有 11 个农场已经订出了明年实现小麦千斤场的宏伟计划，各农场这种冲天的干劲，英雄无比的气概，我们相信他们的计划一定能实现。

青海原是畜牧发达的地区，满山遍野都是牛羊；牲畜的肥料取之不尽，用之不竭，是粮食增产最有力的保证。农林牧并行发展，多少年后，“变沙荒为绿洲”“盆地胜过江南”并不是一句空话，而是将迅速成为现实的前景。何况盆地的地下资源十分丰富，有 50 多种矿产，金、银、铜、铁、煤、石油以及各种稀有金属，工业上的重要原料无不应有尽有。现在在粮食战线上取得了重大的胜利，为盆地发展工业打下了强有力的基础。工业发展了，反过来大力支援农业，农业与工业互相支援，互相影响。南水北调的计划一旦实现，黄河长江之水将在高原上急驰奔流，灌溉亿万亩良田，农林牧的发展将是无限美好的前途，青新、青藏两铁路建成之后，盆地工业的发展更是一日千里，不久的将来，青藏高原将成为我国工农业兴盛和科学文化发出万丈光芒的地区。

（光明日报，1959-12（2））

我国农民选种家在作物育种上的貢献

金善宝

解放十年来，在党的正确領导下，我国的粮食生产每年有很大程度的增長，从一九四九年的二千一百六十一亿九千万斤增加到一九五八年的五千亿斤，增長一点三倍。一九五八年比一九五七年增長百分之三十五，是大跃进的一年。一九五九年继續跃进，粮食指标比一九五八年增長百分之十，虽然一九五九年有許多地区遭到几十年来未有的特大水、旱災，但据各方估計，粮食生产肯定会大大超过原来指标的。美国从一九五四到一九五七年四年之中粮食生产平均每年只增加百分之一点三，同一期間，小麦平均每年反減产百分之零点九九。我国粮食生产每年能够継續跃进，充分証明我們的党領导的正确和社会主义制度的無比优越性。应該指出，我国粮食生产每年虽有不同程度的增長，但是我們的單位面积产量还是比較低的，如果継續改进肥料、水利和土壤等条件，我們的粮食产量还可以大大提高，何况五亿农民在建設社会主义总路綫的光輝照耀下，干勁冲天，积極發揮人的主观能动性，增产的潛力是無穷的。因此，我們深信，今年的粮食生产將会継續大跃进。

十年来，我国的作物育种工作，也获得了很大成績，也是在大跃进中，育成的品种在生产上起作用的就达二千四百四十四个，推广面积达十八亿余亩，佔播种面积的百分之八十六。在解放前的二十六年內只选育出良种二百十七个，推广面积仅一千多万亩。这是何等鮮明的对比。这說明了我国的作物育种事業只有在党的正确領导下才能得到迅速的發展。

自从一九五八年农業生产大跃进和人民公社化以来，作物品种已成为农業"八字宪法"中重要的一环，在农業生产上对作物品种的要求愈来愈显得重要。因此，今后我国的作物育种工作应該如何搞法，如何迅速育成更多、更好的新品种来配合农業生产継續大跃进，滿足广大人民公社的普遍要求，就成为急待解決的重要問題。

一九五九年十二月在北京召开的全国作物育种科学工作会議上，总結了解放十年来作物育种工作的輝煌成就，並着重指出今后我国的作物育种工作"必須継續貫徹建設社会主义总路綫，更好地执行專業机構育种和群众育种相結合的兩条腿走路的方針，大搞群众育种运动。多快好省地选育出农作物的新品种，充分滿足农業生产高速度發展的要求"。我們認为这个方針是完全正确的。

有人認为革命工作可以搞群众运动，而对科学工作是否可搞群众运动，却發生了怀疑。我們不妨回忆一下，解放前的几十年中，作物育种工作只是少数人关起門来搞，和广大群众不發生关系，所以造成冷冷清清的局面，做不出成績来，这是完全可以理解的。我国是一个地大人多的国家，我們的农業科学基础在人民公社，如果發动群众积極参加作物育种工作，人多智慧多，我們相信，这門科学一旦为五亿农民所掌握，这將会發生無穷無尽的力量。实在說起来，作物育种的群众运动早就搞起来了，而且搞得很有成績。解放初期，一九五〇年，中央农業部就發动羣众，做了几种作物的評选运动，选出了不少好品种。例如小麦方面，选出了平原 50、蚰子麦等具有早熟、稈矮、耐肥、抗銹等特点的品种。一九五〇年和一九五六年华北各省稈銹病大流行，这兩个品种的产量都較为稳定。現在这兩个品种在河南、河北、山东等省栽培面积达五百万亩到一千万亩。由于开展了羣众性的选种运动，大大鼓舞了广大农民的积極性，湧現出大批农民选种家。二千多个优良品种中約有三分之二是各地农民选育出来的。由此可見，作物育种工作不能搞羣众运动的說法显然是毫無根据的。

系統选育法是育成新品种的有效方法

經驗証明，采用系統选育法是迅速育成新品种的有效方法。大家知道，無論是異交作物、常異交作

我国农民选种家在作物育种上的贡献

金善宝

解放10年来，在党的正确领导下，我国的粮食生产每年有很大程度的增长，10年来，我国的作物育种工作，也获得了很大成绩，育成的品种在生产上起作用的就达2 444个，推广面积达18亿余亩，占播种面积的86%。在解放前的26年内只选育出良种217个，推广面积仅1 000多万亩。这是何等鲜明的对比。这说明了我国的作物育种事业只有在党的正确领导下才能得到迅速的发展。

自从1958年农业生产“大跃进”和人民公社化以来，作物品种已成为农业“八字宪法”中重要的一环，在农业生产上对作物品种的要求愈来愈显得重要。因此，今后我国的作物育种工作应该如何搞法，如何迅速育成更多、更好的新品种来配合农业生产继续“大跃进”，满足广大人民公社的普遍要求，就成为急待解决的重要问题。

1959年12月在北京召开的全国作物育种科学工作会议上，总结了解放10年来作物育种工作的辉煌成就，并着重指出今后我国的作物育种工作，“必须继续贯彻建设社会主义总路线，更好地执行专业机构育种和群众育种相结合的两条腿走路的方针，大搞群众育种运动。多快好省地选育出农作物的新品种，充分满足农业生产高速度发展的要求”。我们认为这个方针是完全正确的。

有人认为革命工作可以搞群众运动，而对科学工作是否可搞群众运动，却发生了怀疑。我们不妨回忆一下，解放前的几十年中，作物育种工作只是少数人关起门来搞，和广大群众不发生关系，所以造成冷冷清清的局面，做不出成绩来，这是完全可以理解的。我国是一个地大人多的国家，我们的农业科学基础在人民公社，如果发动群众积极参加作物育种工作，人多智慧多，我们相信，这门科学一旦为5亿农民所掌握，这将会发生无穷无尽的力量。实在说起来，作物育种的群众运动早就搞起来了，而且搞得很有成绩。解放初期，1950年，中央农业部就发动群众，做了几种作物的评选运动，选出了不少好品种。例如小麦方面，选出了平原50、蚰子麦等具有早熟、秆矮、耐肥、抗锈等特点的品种。1950年和1956年华北各省秆锈病大流行，这两个品种的产量都较为稳定。现在这两个品种在河南、河北、山东等省栽培面积达500万~1 000万亩。由于开展了群众性的选种运动，大大鼓舞了广大农民的积极性，涌现出大批农民选种家。2 000多个优良品种中约有2/3是各地农民选育出来的。由此可见，作物育种工作不能搞群众运动的说法显然是毫无根据的。

系统选育法是育成新品种的有效方法

经验证明，采用系统选育法是迅速育成新品种的有效方法。大家知道，无论是异交作物、常异交作物或自交作物的品种，并不是永久不变的，相反的，它是受着环境的影响，不断在变化着、发展着的。它的变化是两方面的，有进化的一面，也有退化的一面。我们从这些变化中，淘汰退化的部分，选择适合我们需要的个体，并定向地培育它，就能选育出更好的品种来。

应用系统选育的方法，从各种作物中选育出来的品种是很多的，特别是农民选种家，一年到头，在田里和品种打交道，他们对某一品种的特征特性了解得很清楚，哪一个植株、哪一个穗发生了变化，他们能够立即把它选拔出来，他们选出来的品种在农业生产上都起了很大的作用。水稻晚粳良种“老来青”是全国劳动模范陈永康用“一穗传”的方法选育出来的，现已在全国22个省市推广，并有15个国家引种。老来青选出来后，他还是不断地用“一穗传”方法进行选育和繁殖，提高种性。老来青经过他不断地选育，从最初每穗平均70粒左右，最大的只有150粒，现在已提高到一般平均80~90粒，最大的达200粒以上。

“复花生”是山东烟台市福山镇人民公社的农民房纬经即左侨生老大娘在1944年从直立型花生中选出来的。她对花生的识别能力很强，她选到一个花生果，只有2粒种子。在敌伪战争的年代里，她经过许多困难，终于把它繁殖开来。现在已推广到广东、广西、云南、四川、湖北、辽宁、甘肃等7个省区。这个品种的优点是成熟早，出仁率高，约达70%，耐低温，约10~18℃就能发芽，抗旱性强。

黑龙江省农民荆山朴从“满仓金”大豆田里选出一个单株，一荚有4粒，产量比原来的满仓金高15%，现已推广到全省。这个品种就是以荆山朴的名字来命名的。

一个品种常常是随着环境的变化而变化的，品种的变化愈大，它的适应环境能力也愈大。南大2419小麦是个白皮种，但在许多地区却出现了少数的红皮种子，有些地方已经选育成一个新品种。例如浙江省农科所从南大2419田里选得一个红皮单株，育成南大2419红皮373号，抗赤霉病比白皮种强。白皮小麦的种子休眠期短，成熟时在多雨的地方容易发芽，遭受损失。我国的白皮小麦多数集中在华北几省，长江以南因雨水多，白皮小麦就很少种植，甚至绝迹了，这是长期人为选择的结果。从这些事实，我们可以预测，南大2419在长江以南将来可能会被红皮种所代替。南大2419在长江中下游地区，口紧、不易落粒，各地农民普遍叫它“难打2419”。但这种性状也是随着地区而变化的，例如在青海柴达木盆地的诺木洪国营农场，它的口就变得很松了，成熟前遇大风，脱粒很多，1平方米落在地上的达800~1 500粒。南大2419在穗部性状方面也有不少变化，各地农民已经选出了不少新品种。

上面所举的几个例子，不过是千百个农民选种家里面的一些极少数的例子，仅仅从这些例子来看，各种作物用系统选育的方法进行选种，是可以很快地选出好的品种的。品种是在不断变异的、发展的，继续选种的机会是存在的，“纯系学说”完全是虚构的，没有事实根据的。

农民群众能不能搞杂交育种?

有人认为杂交育种工作需要有一定的技术，要有系统的记载，农民文化程度低，只能搞简单的系统选育，杂交育种必须由科学研究机关来搞。这种说法与事实完全不符，农民群众不但能搞杂交育种，而且搞得很好。举例来说，内乡5号小麦是河南农民选种家龚文生劳模用南大2419和内乡白火麦、白芒麦、白玉皮的3个父本的混合花粉重复授粉杂交，经过定向培育而成的。这个品种历年的产量比南大2419增产30%以上，比碧蚂1号增产16.1%。籽粒特大，在一般条件下，千粒重达57克。千粒重达到57克的品种，在普通小麦中是很少见到的。这个品种去年开始参加区域试验，并大量繁殖种子，很快即可在生产上应用。广西壮族自治区博白县浪平公社的廉受文同志是一个普通的劳动农民，他从1951到1959年，连年进行水稻有性杂交，创造了水稻新品种12个。这些品种大都具有穗大、粒多、粒重、抗病虫等丰产性能。比当地农家品种每亩增产100~300斤或一倍以上。

农民选种家不但在品种间杂交方面做了许多极有意义的工作，他们还在远缘杂交方面做出了前人从未做过的工作，而且已经得到了辉煌的成就。广东新会县的邓炎棠同志用水稻澄秋5号（♀）与高粱（♂）杂交获得了种子，在第一代杂种中，出现了一穗粒数达300~450粒，粒长1.1厘米，比母本澄秋5号粒长0.7厘米增长了0.4厘米，这是一个巨大的变异现象。又如广东杨明汉同志用水稻（♀）与稗草（♂）杂交的后代，获得一株有25个分蘖，平均每个分蘖有1 200粒以上。另外还有一个达1 745粒的大穗。黑龙江阿城县巨源人民公社张保同志做了许多大豆和蓖麻嫁接的工作，获得了很大的成绩。1959年在二亩一分杂种地上，每亩产量超过900斤，比当地同样条件、同样品种的大豆亩产平均220斤提高了2~3倍多。嫁接后代幼苗生长得非常好，结荚比一般大豆多3倍以上。出油率有了显著的提高，比同一品种未嫁接的大豆，每百斤多出油3~4斤。张保同志还进行许多其他嫁接试验，如槐树接大豆、山槐接大豆、山里红接大豆、向日葵接大豆等，都获得显著的成功。

农民选种家获得成功的主要原因

农民群众在育种工作方面所以能获得巨大成就，绝不是偶然的，首先应该归功于党的正确领导。他们在工作过程中都遭到各种各样的讽刺与打击，例如张保同志准备把大豆芽往蓖麻幼苗上接的时候，就有人对他说：“你这是胡扯呢，当会计无事干了?”有的人说，“老张你纯粹是瞎扯呢，没看谁用蓖麻接大豆能活，没事歇一会儿不好，费那个劲呢!”这是多么大的讥讽呀！如果当时没有党的大力支持和鼓舞，很难设想，他还能够坚持下去。其次，他们在反动统治时期经历了长期的艰难困苦，吃不饱、穿不暖。他们迫切要求改变“一穷二白”的根本面貌，他们对生产的热情很高，所以他们对育种的目的性非常明确。他们并不是“当会计没事干”随便瞎搞的。杨明汉把水稻与抗逆性强、粒子多的稗草杂交；邓炎棠把水稻与茎秆粗矮的高粱杂交；张保把大豆与含油量高的蓖麻嫁接，都是有非常明确的目的的。因此，得到了预期的结果。他们在试验过程中都是刻苦钻研，虚心学习。当遇到困难不得解决的时候，他们就扭住这个问题不放。他们在走路时想，吃饭时想，甚至晚上做梦也在想。他们在杂交方法上创造了许多好的经验，例如邓炎棠对水稻去雄用温汤杀雄的办法，掌握了籼稻和粳稻的不同温度和不同时间，杂交的结实率较高。授粉的方法有用毛笔授粉，直接将父母本穗子轻轻碰撞，把去雄的母本搬到父本田内自由授粉等。为了提高结实率，他还接连授粉几次。他们所做的杂交，从数量来说也是很多的，例如大豆与蓖麻嫁接就达3 000~4 000棵。他们的目的只有一个，就是要千方百计地提高改变水稻与大豆的种性，创造出合乎人类所需要的新种。

农业科学工作者的重大任务

解放以后的短短10年中，我国在作物育种工作中涌现出大量卓越的农民选种家，他们在系统选育、品种杂交和远缘杂交方面都取得了史无前例的成就。广大的农业科学工作者在党的领导下，改造了思想，提高了认识，在作物育种方面也取得了一定的成绩。但与广大农民群众的成绩比较起来是微不足道的。农业科学工作者要以马克思列宁主义和毛泽东思想为指导思想，严肃地对待农民选种家的成绩，虚心向他们学习。如果对农民的成绩抱着怀疑的态度，甚至熟视无睹，随便否认他们的成绩都是非常错误的。我国有24 000个人民公社、5亿农民对农业生产有高度的积极性，对农业科学的兴趣很大，他们在农业科学上的创造仅仅是个开端，今后的发展将是无穷无尽的。农业科学工作者必须认真地、细致地总结农民群众的创造性经验，找出远缘杂交的遗传规律，予以科学的解释，从实践中提高理论。同时，人民公社是我国作物育种的基层组织，农业科学工作者要深入基层，积极帮助农民群众提高科学水平，做到互相学习，共同提高，把我国的作物育种事业迅速向前推进，这是我国农业科学工作者的重大政治任务。

（中国农业科学，1960（1）：40-42）

河西小麦新貌

金善宝

文汇报 一九六〇年十二月四日

河西走廊地势平坦，沃野千里，水利資源丰富，是甘肃省黄河以西一个良好的大型灌溉区。現有耕地一千二百万亩，还有可耕荒地三千五百万亩，它不但是一个重要产粮地区，同时又是一个重要的产棉地区。河西地区日照时間长，昼夜温差大，适宜于多种作物的生长，而以小麦和棉花的生长特别好，产量很高。就目前情况来說，小麦在河西农作物中占主要地位，几年来河西小麦出現了許多大面积的丰产方。今年虽然遭受几十年来未有的大旱灾，但由于党的正确領导，广大群众干劲冲天，終于战胜了旱灾，仍然夺得了丰收。

河西地区在农业科学研究方面也出現了不少新的成績，他們成功地扩大了冬小麦和春麦冬种的面积，凡是栽培管理得当的，都获得了显著的增产效果，其他春性作物如谷、糜、青稞、豌豆等各地都在冬播。春谷冬播在武威县有多年历史，我們在张掖市梁家墩乡人民公社看到一块冬谷，稈高二米多，穗很大，估計亩产可达千斤上下。张掖的农业科学工作者还育成了春麦变冬麦的三个新品种，产量比原来的春麦高得多。这些栽培技术上和育种方法上的革新，充分反映了在党的領导下，广大群众发揮了冲天干劲，在短短期間内河西地区在农业生产上和科学研究上都获得了巨大的成就。

农业科学队伍的壮大

甘肃省虽然是个比較边远的地区，近年来农业科学队伍正在迅速成长壮大。省党政領导对农业科学的积极領导和重視，是农业生产和农业科学研究取得重大成就的重要保証。省农业科学院党委书記和院长都是由省委书記兼任的。省院各所室除在院内开展試驗研究外，在全省范围内广泛設置了基点，把大批的农业科学队伍放到农业生产第一綫，与当地农民同吃、同住、同劳动、同商量，正确地貫彻了党的“四同”政策。他們一方面向农民学习丰富的生产經驗，同时把新的科学技术亲手交給农民群众，做到互相学习、共同生产、共同提高，有效地开展了群众性的科学活动。例如我們到过的山丹县，原来沒有科学研究单位，1959年在县委試驗田的基础上吸收了六个老农民专家为顾問，成立了县委农科所，大力开展以土为主，土洋結合的試驗研究工作，对指导农业生产起到良好的作用，因而大大促进了县农业科学研究活动。該县現共成立了县級农科所六个、公社农科所五个、試驗站六十五个、生产小队的試驗小組三百五十一个，參加試驗研究的农民共四千七百七十九人，农业技术业余学校一百三十五个，共一千一百二十三人，千亩方、百亩方的丰产面积，总計占全部作物播种面积33.2%，轰轰烈烈的群众性的科学研究已經取得了丰富的成績。

河西小麦的特点

河西栽培小麦历史悠久，自然条件复杂，小麦品种繁多。据张掖試驗站的統計，河西有密穗小麦十变种，四十个品种；普通小麦十变种，五十八个品种；圆錐小麦五个变种，其中有无芒的变种十五个品种。有分枝与不分枝的；硬粒小麦有两个变种。河西的地方品种，由于长期在大气干旱和具有灌溉条件的环境下栽培，以及人工和自然选择的結果，形成了灌溉地区特殊的抗旱生态形和特征特性。一般品种具有分蘖力强、穗大粒多、千粒重高[illegible]适于制[illegible]以西关外[illegible]小麦，还有充分利用的价值，但这些品种[illegible]抗倒伏，不抗病，籽粒較小，以后应結合上述优点，进一步用杂交方法来改良和提高。

硬粒小麦具有丰产性能和蛋白质含量高的优点，河西地区气候干燥，适于硬粒小麦的生长，而且当地农民种植已久，但在封建社会，由于水、肥等条件的限制，栽培面积不大。根据柴达木盆地种植硬粒小麦（品种为30088）的經驗，生长极为良好，一般能达到千斤以上的高产。我认为河西的高寒地区可以适当发展硬粒小麦，由于当地的硬粒小麦良种較少，应积极向外地引种試驗来提高当地小麦的产量。

冬麦面积迅速扩大

河西原是春麦区，但近年来冬麦面积在迅速扩大。据当地农民談，河西的民乐县种植冬麦已有一百多年历史，古浪县也很早就种植，但在反动統治时代，农民无力改进栽培技术，产量很不稳定，因此，种植面积很小。解放后，党对冬麦的发展极为重視，总結了农民群众的栽培經驗，并引进了太原冬麦、乌克兰246等品种，进行了試驗和示范，結果很好。1956年，张掖专区种植冬麦三千多亩，亩产三、四百斤。1959年山丹县三堡人民公社四千八百二十二亩冬小麦，平均亩产五百多斤，并出現了七百斤以上的丰产田一百六十二亩，和小面积千斤上下的高額丰产田。

河西地区由于长期种植春小麦，杂草很多，特别是野燕麦一般比小麦还要多，成为春小麦生产上一个重大障碍。改种冬小麦之后，野燕麦几乎絕迹。种植冬小麦还可以調节劳动力和用水，减少腥黑穗病，提早成熟，有利扩大复种和綠肥面积，有些地区还能避免热东风；在高寒山区避免早霜为害。今年由于天气特别干旱，冬小麦成熟特别早，比春小麦更表現了耐旱丰产的优越性，增产很显著。因此，冬小麦在河西地方已經成为无可辯駁的成功事实，今年冬小麦的收获面积已达六十三万亩，今冬将发展到一百八十万亩。

河西的冬麦生长在拔海較高的地区，民乐县一般在二千米以上，那里的太原冬麦栽培在祁連山下拔海二千七百米地区，生长很好，亩产可达三百斤。冬小麦生长在那样的高寒山区，在世界范围内也是少見的。

春麦冬播

在高寒山区，农作物都是春季播种，由于冰冻期长，无霜期短，为了滿足作物的生长期，必須提早播种，尽量縮短播种期，但因劳动力关系，往往延迟了播种期，使产量受到很大的影响。經驗証明，春麦冬播可以調节劳动力，能利用秋冬蓄水，而且冬播小麦，成熟早，結实多，产量高，是高寒地区种植小麦的一項有效措施。

河西地区的农民，象武威、天祝一带的高寒山区，对冬播谷子已有几十年的历史。近年来，当地农民应用谷子的冬播經驗，进行了春麦冬播，已經获得成功，而且发展很快。1959年，冬播面积达到十三万亩，今年計划扩充三十万亩。

据省农业科学院試驗和調查的結果，春麦冬播不宜过早，以11月底即土壤五厘米深处五日平均温度1°C左右时最适当，这时播种，种子处于膨胀或萌动状态，春季容易出土，缺苗較少。播种过早，种子在土层内萌动到一定长度，一部分幼芽由于养分的消耗，削弱了抗寒力，因而变得衰弱甚至死亡。其次，播种深度要比春播浅一些，不宜超过四至五厘米，而且必須播在干土层内，使种子在干土层内过冬。其三，冬季地面結冻期間，如土壤耕耙不細致，发現有裂縫，要进行鎮压，增进保墒。早春土壤解冻，种子萌发时要进行深耙，这样可以提早出苗，并达到全苗壮苗的作用。总之，河西地区，春麦冬播基本上是成功的，而且有些經驗是很好的，如冬播要晚，要浅，要干，这些經驗与柴达木各地的“播迟不播早，播浅不播深，播干不播湿”的經驗是一致的。但春麦冬播都还存在着一些問題，如冬播的出苗率一般要减低30%，对产量有一定的影响。据柴达木的經驗，冬播出苗率的高低与品种有很大关系，据河西的經驗，种子在冬季可以萌动或萌发至一定长度，但今年柴达木的試驗，认为种子在过冬期間以不萌动为好。这些問題不同地区是否有不同的影响？我认为春麦区对冬播問題需要很好的交流經驗，予以总結。

春麦变冬麦

春麦是否能变为冬麦？这是科学工作者长期爭論不休的問題，形而上学者坚持[illegible]永远不变的，因而认为春麦只能永远是春麦，不能变为冬麦。辯証唯物論者則与此相反，认为生物体的遗传性不是静止不变的，在一定条件下，随着环境的变化而变化。因此，春麦可以变为冬麦。当然，空洞的爭論是无益的，事实是最好的雄辯。张掖专区試驗站用春小麦774进行近冬播种，經过几年的培育，終于获得三个冬性品种，张掖1、2、3号，产量超过太原冬麦79.5—136.1%，已經开始推广。这一成績，无論在理論上和生产实践上，都有重大的意义，說明某些生物体受了环境条件的影响可以改变其遗传性，經过定向培育，可以获得具有遗传特性的新品种，他們的試驗工作，开始于1954年，在11月上旬用774春小麦进行近冬播种，当代之植株除个别发生变异外，絕大部分与774相同，1955年第一代种子在9月中旬与一般冬麦同时播种，越冬后只有少数植株成活。1956年获得少量第二代种子，1957年第三代的越冬率逐漸提高，显著发生变异。1958年第四代呈現半匍匐型，叶鞘变紫，变成典型冬性，越冬率显著提高，成熟期比774提早十天左右。1959年越冬率提高到72.7—90.9%，品质由粉变硬，粒色由白色变为淡紅。774原为无芒的春麦，現在变成无芒、短芒、长芒几种类型。我們又在张掖梁家墩乡人民公社看到春麦变冬麦的实际例子。他們在1958年用774品种于11月27日播种，1959年秋播第一代种子，今年同样出現长芒、紅粒的冬性后代，这个后代与张掖一号的性状相似，也証明了春麦近冬播种可以获得冬性品种的后代。这种經驗是值得重視和系統总結的。春麦近冬播种的方法，它的价值不仅仅能把春麦变成冬麦，它的后代常常发生了多种多样变异，大大增加了选择的机会，我們认为，这是作物育种上一个多快好省的方法。

河西小麦新貌

金善宝

河西走廊地势平坦，沃野千里，水利资源丰富，是甘肃省黄河以西一个良好的大型灌溉区。现有耕地 1 200 万亩，还有可耕荒地 3 500 万亩，它不但是一个重要的产粮地区，同时又是一个重要的产棉地区。河西地区日照时间长，昼夜温差大，适宜于多种作物的生长，而以小麦和棉花的生长特别好，产量很高。就目前情况来说，小麦在河西农作物中占主要地位，几年来河西小麦出现了许多大面积的丰产田，今年虽然遭受几十年来未有的大旱灾，但由于党的正确领导，广大群众干劲冲天，终于战胜了旱灾，仍然夺得了丰收。

河西地区在农业科学研究方面也出现了不少新的成绩，他们成功地扩大了冬小麦和春麦冬种的面积，凡是栽培管理得当的，都获得了显著的增产效果，其他春性作物如谷、糜、青稞、豌豆等各地都在冬播。春谷冬播在武威县有多年历史，我们在张掖市梁家墩乡人民公社看到一块冬谷，秆高 2 米多，穗很大，估计亩产可达千斤上下。张掖的农业科学工作者还育成了春麦变冬麦的 3 个新品种，产量比原来的春麦高得多。这些栽培技术上和育种方法上的革新，充分反映了在党的领导下，广大群众发挥了冲天干劲，在短短期间内河西地区在农业生产上和科学研究上都获得了巨大的成就。

农业科学队伍的壮大

甘肃省虽然是个比较边远的地区，近年来农业科学队伍正在迅速成长壮大。省党政领导对农业科学的积极领导和重视，是农业生产和农业科学研究取得重大成就的重要保证。省农业科学院党委书记和院长都是由省委书记兼任的。省院各所室除在院内开展试验研究外，在全省范围内广泛设置了基点，把大批的农业科学队伍放到农业生产第一线，与当地农民同吃、同住、同劳动、同商量，正确地贯彻了党的“四同”政策。他们一方面向农民学习丰富的生产经验，同时把新的科学技术亲手教给农民群众，做到互相学习、共同生产、共同提高，有效地开展了群众性的科学活动。例如我们到过的山丹县，原来没有科学研究单位，1959 年在县委试验田的基础上，吸收了 6 个老农民专家为顾问，成立了县委农科所，大力开展以土为主、土洋结合的试验研究工作，对指导农业生产起到良好的作用，因而大大促进了县农业科学研究活动。该县现共成立了县级农科所 6 个、公社农科所 5 个、试验站 65 个、生产小队的试验小组 351 个，参加试验研究的农民共 4 779 人，农业技术业余学校 135 个，共 1 123 人，千亩、百亩的丰产面积，总计占全部作物播种面积 33.2%，轰轰烈烈的群众性科学研究已经取得了丰富的成绩。

河西小麦的特点

河西栽培小麦历史悠久，自然条件复杂，小麦品种繁多。据张掖试验站的统计，河西有密穗小麦 10 变种，40 个品种；普通小麦 10 个变种，58 个品种；圆锥小麦 5 个变种，其中有无芒的变种 15 个品种。有分枝与不分枝的；硬粒小麦有 2 个变种。河西的地方品种，由于长期在大气干旱和具有灌溉条件的环境下栽培以及人工和自然选择的结果，形成了灌溉地区特殊的抗旱生态型和特征特性。一般品种具有分蘖力强，穗大粒多，千粒重高，适于制种。在黄河以西关外地区主播小麦，还有充分利用的价值。但这些品种的缺点是不抗倒伏，不抗病，籽粒较小，以后应结合上述优点，进一步用杂交方法来改良和提高。

硬粒小麦具有丰产性能和蛋白质含量高的优点，河西地区气候干燥，适于硬粒小麦的生长，而且当地农民种植已久，但在封建社会，由于水、肥等条件的限制，栽培面积不大。根据柴达木盆地种植硬粒小麦（品种为 30088）的经验，生长极为良好，一般能达到千斤以上的高产。我认为河西的高寒地区可以适当发展硬粒小麦，由于当地的硬粒小麦良种较少，应积极向外地引种试验来提高当地小麦的产量。

冬麦面积迅速扩大

河西原是春麦区，但近年来冬麦面积在迅速扩大。据当地农民说，河西的民乐县种植冬麦已有 100 多年历史，古浪县也很早就种植，但在反动统治时代，农民无力改进栽培技术，产量很不稳定，因此，种植面积很小。解放后，党对冬麦的发展极为重视，总结了农民群众的栽培经验，并引进了太原冬麦、乌克兰 246 等品种，进行了试验和示范，结果很好。1956 年，张掖专区种植冬麦 3 000 多亩，亩产三四百斤。1959 年山丹县三堡人民公社 4 822 亩冬小麦，平均亩产 500 多斤，并出现了 700 斤以上的丰产田 162 亩和小面积千斤上下的高额丰产田。

河西地区由于长期种植春小麦，杂草很多，特别是野燕麦一般比小麦还要多，成为春小麦生产上一个重大障碍。改种冬小麦之后，野燕麦几乎绝迹。种植冬小麦还可以调节劳动力和用水，减少腥黑穗病，提早成熟，有利扩大复种和绿肥面积，有些地区还能避免热东风；在高寒山区避免早霜为害。今年由于天气特别干旱，冬小麦成熟特别早，比春小麦更表现了耐旱丰产的优越性，增产很显著。因此，冬小麦在河西地方已经成为无可辩驳的成功事实，今年冬小麦的收获面积已达 63 万亩，今冬将发展到 180 万亩。

河西的冬麦生长在海拔较高的地区，民乐县一般在 2 000 米以上，那里的太原冬麦栽培在祁连山下海拔 2 700 米地区，生长很好，亩产可达 300 斤。冬小麦生长在那样的高寒山区，在世界范围内也是少见的。

春麦冬播

在高寒山区，农作物都是春季播种，由于冰冻期长，无霜期短，为了满足作物的生长期，必须提早播种，尽量缩短播种期，但因劳动力关系，往往延迟了播种期，使产量受到很大的影响。经验证明，春麦冬播可以调节劳动力，能利用秋冬蓄水，而且冬播小麦，成熟早，结实多，产量高，是高寒地区种植小麦的一项有效措施。

河西地区的农民，像武威、天祝一带的高寒山区，对冬播谷子已有几十年的历史。近年来，当地农民应用谷子的冬播经验，进行了春麦冬播，已经获得成功，而且发展很快。1959年，冬播面积达到13万亩，今年计划扩充30万亩。

据省农业科学院试验和调查的结果，春麦冬播不宜过早，以11月底即土壤5厘米深处5日平均温度1℃左右时最适当，这时播种，种子处于膨胀或萌动状态，春季容易出土，缺苗较少。其一，播种过早，种子在土层内萌动到一定长度，一部分幼芽由于养分的消耗，削弱了抗寒力，因而变得衰弱甚至死亡。其二，播种深度要比春播浅一些，不宜超过4~5厘米，而且必须播在干土层内，使种子在干土层内过冬。其三，冬季地面结冻期间，如土壤耕耙不细致，发现有裂缝，要进行镇压，增进保墒。早春土壤解冻，种子萌发时要进行深耙，这样可以提早出苗，并达到全苗壮苗的作用。总之，河西地区，春麦冬播基本上是成功的，而且有些经验是很好的，如冬播要晚、要浅、要干，这些经验与柴达木盆地的“播迟不播早，播浅不播深，播干不播湿”的经验是一致的。但春麦冬播都还存在着一些问题，如冬播的出苗率一般要降低30%，对产量有一定的影响。据柴达木的经验，冬播出苗率的高低与品种有很大关系，据河西的经验，种子在冬季可以萌动或萌发至一定长度，但今年柴达木的试验，认为种子在过冬期间以不萌动为好。这些问题不同地区是否有不同的影响？我认为春麦区对冬播问题需要很好的交流经验，予以总结。

春麦变冬麦

春麦是否能变为冬麦？这是科学工作者长期争论不休的问题，形而上学者坚持生物体的遗传性是静止的，永远不变的，因而认为春麦只能永远是春麦，不能变为冬麦。辩证唯物论者则与此相反，认为生物体的遗传性不是静止不变的，在一定条件下，随着环境的变化而变化。因此，春麦可以变为冬麦。当然，空洞的争论是无益的，事实是最好的雄辩。张掖专区试验站用春小麦774进行近冬播种，经过几年的培育，终于获得3个冬性品种，张掖1、2、3号，产量超过太原冬麦79.5%~136.1%，已经开始推广。这一成绩，无论在理论上和生产实践上，都有重大的意义，说明某些生物体受了环境条件的影响可以改变其遗传性，经过定向培育，可以获得具有遗传特性的新品种。他们的试验工作，开始于1954年，在11月上旬用774春小麦进行近冬播种，当代之植株除个别发生变异外，绝大部分与774相同。1955年第一代种子在9月中旬与一般冬麦同时播种，越冬后只有少数植株成活。1956年获得少量第二代种子。1957年第三代的越冬率逐渐提高，显著发生变异。1958年第四代呈现半匍匐型，叶鞘变紫，变成典型冬性，越冬率显著提高，成熟期比774提早10天左右。1959年越冬率提高到72.7%~90.9%，品质由粉变硬，粒色由白色变为淡红。774原为无芒的春麦，现在变成无芒、短芒、长芒几种类型。我们又在张掖梁家墩乡人民公社看到春麦变冬麦的实际例子。他们在1958年用774品种于11月27日播种。1959年秋播第一代种子，今年同样出现长芒、红粒的冬性后代，这个后代与张掖1号的性状相似，也证明了春麦近冬播种可以获得冬性品种的后代。这种经验是值得重视和系统总结的。春麦近冬播种的方法，它的价值不仅仅能把春麦变成冬麦，它的后代常常发生了多种多样变异，大大增加了选择的机会，我们认为，这是作物育种上一个多快好省的方法。

（文汇报，1960-11-11（2））

三　江　平　原　观　感

中国农业科学院

金　善　宝

1982.9.4

8月10日到19日，我到三江平原转了一趟。在佳木斯住三宿，在友谊农场住两宿，在建三江管理局住两宿，在洪河农场住一宿。在此期间，黑龙江省农垦总局、红兴隆管局、建三江管局、友谊农场、洪河农场的有关同志介绍了情况。除沿途所见，还到友谊五分场、洪河农场的一个作业区，参观了农机具、粮食烘干设施、大型喷灌机、排水渠道以及大面积丰产方的大豆。分别同省农科院、农垦科学院、合江地区农科所和省农垦总局农业处的一些同志进行了座谈。

此行，到了三江平原腹心地带，距国境线只有百里左右，眼望无际的大平原，心旷神怡。耳闻目睹，从农垦农场创建到王震同志1956年指挥铁道兵挺进完达山南北、1958年率十万转业官兵进军北大荒，再到近年的发展，大部荒地已被垦殖，一批领导干部，科技人员和转业军人、农工，各方面的工作人员，二、三十年如一日，艰苦创业的革命精神是难能可贵的！在这块亘古荒芜的土地上，发展农业生产，三十年来不仅自力更生养活一百五十多万人，而且上交商品粮三百多亿斤，还有部分工业、农牧土特产品；进行了农业、林牧

三江平原观感

中国农业科学院　金善宝

8月10—19日，我到三江平原转了一趟。在佳木斯住3宿，在友谊农场住2宿，在建三江管理局住2宿，在洪河农场住1宿。在此期间，黑龙江省农垦总局、红兴隆管局、建三江管局、友谊农场、洪河农场的有关同志介绍了情况。除沿途所见，还到友谊五分场、洪河农场的一个作业区，参观了农机具、粮食烘干设施、大型喷灌机排水渠道以及大面积丰产田的大豆。分别同省农科院、农垦科学院、合江地区农科所和省农垦总局农业处的一些同志进行了座谈。

此行，到了三江平原腹地，距国境线只有百里左右，眼望无际的大平原，心旷神怡。耳闻目睹，从农垦农场创建到王震同志1956年指挥铁道兵挺进完达山南北、1958年率10万转业官兵进军北大荒，再到近年的发展，大部荒地已被垦殖，一批领导干部、科技人员和转业军人、农工，各方面的工作人员，二三十年如一日。艰苦创业的革命精神是难能可贵的！在这块亘古荒芜的土地上，发展农业生产，30年来不仅自力更生养活150多万人，而且上交商品粮300多亿斤，还有部分工业、农牧土特产品；进行了农业、林牧、渔业、工业、科学技术和文化教育以及保卫边疆的全面建设，成绩是巨大的。十一届三中全会以来，垦区的发展进入了同农业现代化建设同整个国民经济现代化紧密相结合的新阶段。

对三江平原的开发，我的一点粗浅看法。

三江平原土地多，地势平坦、肥力高，作物生长季节日照长，雨量较多，地下水资源丰富，发展农业生产具备一定的优势。但由于地面坡降缓、河槽窄而浅，泄水能力很差，四周封闭，排水困难。大部为黏质草甸土，透水性很差，外水加降水形成内涝，上层滞水与地下水又隔绝，造成土壤“水分库容”小，既不担涝也不担旱。因此，垦荒时必须妥善治水，不仅要排水治涝，还应蓄水防旱。大气环流的作用是该区雨量的主导因素，人为作用对生态环境的影响也必须予以重视。

垦荒使原来宿根的自然植物小叶樟、丛桦、沼柳、苔草等被季节性生长的小麦、大豆等作物所代替，在缺少树木的平原上，耕翻后的土壤，在春季，甚至播种后幼苗期，风蚀或风蚀的威胁都存在着，所以垦荒同时就应该营造防护林。洪河农场在大块条田格中修建了420公里的排水渠，其旁栽防护林带，计划成林后使林网格覆盖面积达8%~10%，这种水、路、林、田综合治理的规划是可取的。为了使林带尽早发挥作用，尽可能选栽速生树种，以后再有计划地逐步更新。

在解决内涝问题上，基本措施是农田水利工程，但农业措施也应予以重视，如合江地区农科所试验成功的机械深松土、加厚耕层打破滞水层，开挖河沟等也要结合进行。初垦荒地，一般耕层有机质含量较高，要注意用养结合，因土种植，因土施肥。三江平原垦区大部分已做到秸秆还田，还要适当种植绿肥，在一部分土地上种植饲草、搞草田轮作。要确定合理的轮作制度，避免大豆重茬、迎茬。对黑土层较薄、透水性很差的白浆土，要创造蓄水条件或打机井筑晒水池；发展水稻的种植是更为适宜的用地方法。

从黑龙江垦区 1955 年大发展以来，从 20 多年的统计资料看，粮豆作物年度间的单产相差悬殊。小麦一般年份亩产 200 斤左右，最低的 1961 年平均亩产 94 斤，最高的 1980 年平均亩产 274 斤；大豆一般年份亩产 150 斤左右，最低的 1957 年平均亩产 72 斤，最高的 1975 年平均亩产 192 斤；玉米一般年份亩产 300 斤左右，最低的 1960 年平均亩产 59 斤，最高的 1975 年平均亩产 342 斤；水稻一般年份亩产 300 斤左右，最低的 1972 年平均亩产 120 斤，最高的 1968 年平均亩产 436 斤。年度间的产量差异，主要是涝、旱或早霜三大自然灾害造成的，就一般年份的产量水平而言，基本上是低产田，提高单位面积产量水平的潜力很大。1981 年垦区遇到严重涝灾，在友谊农场本来平均每亩可以收 300 多斤的小麦减产 50%。1982 年又遇小麦生长期连续 70 多天无雨的旱灾，友谊农场五分场二队没有灌溉的小麦平均亩产 215 斤，喷灌 3 次（共 100 毫米水量）的田块平均亩产 425 斤，喷灌 6 次（共 200 毫米水量）的田块平均亩产 750 斤。由此可见，对已垦多年的耕地，投入必要的农田基本建设资金，不仅可以大幅度提高单产，而且能够使商品粮基地稳定充分发挥增加总产的潜力。据该场核算，只灌水一次就使总产增加 1/3。喷灌机械的投资当年即可收回，对急需增产粮食来说，这项投资的经济效益也是高的。当然，在努力完成农田基本建设的同时，也要应用其他农业技术措施（如选育抗赤霉病根腐病、早熟的春麦品种，等等）力求在稳产的基础上，发挥高产作用。

从哈尔滨到佳木斯、洪河农场，沿途所见牛羊甚少。据说垦区目前还有 100 万平方米的猪舍也空闲着。原因是在沼泽草甸放牧，牛羊有烂蹄病；养猪比直接售粮还赔钱。这里有饲养方法的技术经济问题，也有政策问题，均需妥善解决，以便促进垦区以粮为主，多种经营的发展。例如，国家应以支持工业加工同样的形式支持垦区粮食加工业的发展。（如小麦就地磨面粉）这样既减少商品粮的运输量，副产品又可以解决当地发展畜牧业舍养的饲料。养殖业的发展又能直接促进种植业的发展，尤其机械化作业水平较高的农场，应将种植业解放出来的劳动力，组织起来投向各业的开发，把三江平原建设成为麦豆稻商品粮基地、林业基地、牧业基地和渔业基地。

沿路时而见到有面积不太大，“游牧式”的小片开荒地。有利于鼓励今后大专毕业生到边疆为“四化”做出贡献。

为此，建议以密山八一农垦大学和佳木斯农垦科学院为基地经常请人去讲学，进行国内外学术动态、新技术的交流，有计划地根据农事季节分期安排专业技术干部轮流听课（包括外语学习），适当安排技术人员出国对口考察。鉴于历史情况和目前的实际困难，建议对在生产第一线从事科技工作二三十年的专业人员，在晋升农艺师、高级农艺师时，应以其实际工作中的技术水平和做出的贡献为主，对外文可以适当放宽要求，以使他们集中主要精力为垦区当前的各项建设事业发挥更大的积极性和创造性。

（金善宝文选，中国农业出版社，1994：297-299）

其　　他

一九五〇年春節大喜訊

南大農學院院長金善寶

二月十七 新華日報

中蘇兩國簽訂新約，不但是全中國人民的一個史無前例的大喜訊，也是鼓舞着全世界愛好和平人民的巨大消息。

當一九四五年中蘇友好同盟條約及其他協定公佈的時候，美帝國主義以及國民黨反動集團曾經千方百計的企圖對於中蘇關係實行挑撥離間，造謠誣衊，破壞兩國的邦交，甚至有些智識分子，也表示了懷疑，弄昏了頭腦。就那時候的形勢來說，如果旅大的管理權是操在美帝國主義和國民黨的反動派手裏的話，就不可能不使東北的解放事業甚至全國的解放事業受到影響。因此，中蘇友好同盟條約的締訂，對反人民的蔣介石是不利的，但對全中國的人民却是極端有利的。現在帝國主義的日本遭受了失敗，反動的國民黨勢力已被推翻，新的人民政府統一了全中國，並證明了自己能够堅持中國國家的獨立與領土完整，蘇聯政府認爲這種新的情況提供了有從新處理中長鐵路、旅大諸問題的必要，因此重訂中蘇友好同盟互助條約。由此可見，蘇聯之對待中國完全以道義的精神，尊重中國人民的主權並維護中國人民的利益的。現在的中蘇友好同盟互助條約，不但將繼續共同防止帝國主義的侵略，而且將大大地幫助了新中國的經濟與文化的建設。全世界三分之一以上或者近七萬萬的人民已經團結成爲世界最堅固的和平大堡壘，這個和平堡壘是法西斯戰爭販子們永遠不能戰勝的。讓法西斯戰爭販子們在死亡前發抖吧！

1950年春节大喜讯

南京大学农学院院长　金善宝

中苏两国签订新约，不但是全中国人民的一个史无前例的大喜讯，也是鼓舞着全世界爱好和平人民的巨大消息。

当1945年《中苏友好同盟条约》及其他协定公布的时候，美帝国主义以及国民党反动集团曾经千方百计地企图对于中苏关系实行挑拨离间、造谣污蔑，破坏两国的邦交，甚至有些知识分子，也表示了怀疑，弄昏了头脑。就那时候的形势来说，如果旅（顺）大（连）的管理权是操在美帝国主义和国民党的反动派手里的话，就不可能不使东北的解放事业甚至全国的解放事业受到影响。因此，《中苏友好同盟条约》的签订，对反人民的蒋介石是不利的，但对全中国的人民却是极端有利的。现在帝国主义的日本遭受了失败，反动的国民党势力已被推翻，新的人民政府统一了全中国，并证明了自己能够坚持中国国家的独立与领土完整，苏联政府认为这种新的情况提供了有重新处理中长铁路、旅大诸问题的必要，因此重定中苏友好同盟互助条约。由此可见，苏联之对待中国完全以道义的精神，尊重中国人民的主权，并维护中国人民的利益。现在的中苏友好同盟互助条约不但将继续共同防止帝国主义的侵略，而且将大大地帮助了新中国的经济与文化的建设。全世界1/3以上或者近7亿的人民已经团结成为世界最坚固的和平大堡垒，这个和平堡垒是法西斯战争贩子们永远不能战胜的。让法西斯战争贩子们在死亡前发抖吧！

（新华日报，1950-2-17（2））

偉大的祖國

金善寶

中華人民共和國成立兩週年的偉大國慶日就要到來了，我們四億七千五百萬人民都以無比歡欣鼓舞的心情來迎接這一偉大國慶日。今年的國慶日我們是在怎樣的情況之下來進行慶祝的呢？我們的大陸完全解放了，全國物價得到十多年來未有的穩定，絕大部分地區完成了土地改革，經過大張旗鼓，嚴厲的鎮壓反革命，那些反革命分子基本上已經被肅淸了，人民自己掌握了政權，工人們生產情緒異常高漲，農民得到了自己的土地，生活大大改善。四五十年興建未成的成渝鐵路已有一部分通車了（到了明年將會全部通車），而且全國原有的鐵路均已通車，其他重要鐵路亦在分別修建中。「十年九不收」的淮河流域農作物，今年居然得到豐收，這證明治淮工程已獲得初步成績。由於政府積極興修水利，正確領導農業生產，今年全國各地農作物，普遍豐收，不但不像國民黨反動統治時期必須大量從越南、暹羅運進大米，從美國、加拿大運進棉花、小麥，相反的，我們還可以運送大批的糧食去幫助印度人民解決他們的糧荒。不僅如此，我們的烟草還可以供給東歐，我們的中華牌香烟，亞浦耳電燈泡得到東歐民主國家熱烈的歡迎。我們以這樣廣大的土地，這樣衆多的人民，這樣多數的民族，具有不同的宗教信仰，不同的語言風俗習慣，又在長時期受到帝國主義和國內反動統治者的種種挑撥離間，而全國各民族各階層的人民今天能够緊密團結在中國共產黨的周圍，共同為建設新民主主義的新中國而奮鬥，這決不是偶然的事。若不是毛主席的英明領導，決不能够在空前大團結的氣氛下過着像今天這樣快樂和平幸福的生活。

此外，我們的國際地位空前提高了，特別是在朝鮮的戰場上，我們英勇的人民志願軍，在極端艱苦的環境裏，多次打擊了美帝國主義的侵略軍，使它在前綫的士氣異常低落，並使美國戰爭販子的內部發生了尖銳的矛盾，戰犯麥克阿瑟不得不因而下台，戰販李奇微不得不接受在開城的停戰談判。由於祖國最優秀的兒女，中國人民志願軍，在朝鮮創造了輝煌的戰績，大大鼓舞了全世界愛好和平的人民，對保衛世界和平增加了無限的勝利信心，因此每一次國際性的大會上，中國代表都得到大會全體代表的無限重視和尊敬，斯大林和毛澤東的名字總是並列在一起，這是全中國四億七千五百萬人民的無上光榮。

但是我們決不能因此自滿，我們還要提高警惕，美帝國主義雖在朝鮮遭到可恥的慘敗，但它還沒有接受足够的敎訓。它仍在積極武裝日本，武裝西德。它片面與日本締訂和約，它妄想掀起第三次世界大戰，來毀滅全世界愛好和平的人民。我們全中國人民要加强學習，緊密團結，訂好愛國公約，努力生產，積極支援前綫，要以實際行動來粉碎美帝國主義的侵略企圖，以蘇聯為首的世界和平陣營是任何帝國主義侵略者所不可能戰勝的。因此，我們有信心，有力量，和平一定能够戰勝戰爭。

偉大的中國人民領袖毛主席萬歲！

[redacted]

中國人民解放軍萬歲！

中國人民志願軍萬歲！

南京市政生活
第八期
一九五二年
國慶節

伟大的祖国

金善宝

中华人民共和国成立两周年的国庆日就要到来了，我们47 500万人民都以无比欢欣鼓舞的心情来迎接这一伟大国庆日。今年的国庆日我们是在怎样的情况之下来进行庆祝的呢？我们的大陆完全解放了，全国物价得到十多年来未有的稳定，绝大部分地区完成了土地改革，经过大张旗鼓、严厉地镇压反革命，那些反革命分子基本上已经被肃清了，人民自己掌握了政权，工人们生产情绪异常高涨，农民得到了自己的土地，生活人人改善。四五十年兴建未成的成渝铁路已有一部分通车了（到了明年将会全部通车），而且全国原有的铁路均已通车，其他重要铁路亦在分别修建中。“十年九不收”的淮河流域农作物，今年居然得到丰收，这证明治淮工程已获得初步成绩。由于政府积极兴修水利，正确领导农业生产，今年全国各地农作物普遍丰收，不但不像国民党反动统治时期必须大量从越南、暹罗（泰国）运进大米，从美国、加拿大运进棉花、小麦，相反的，我们还可以运送大批的粮食去帮助印度人民解决他们的粮荒。不仅如此，我们的烟草还可以供给东欧，我们的中华牌香烟、亚浦耳电灯泡得到东欧民主国家热烈的欢迎。我们以这样广大的土地，这样众多的人民，这样多数的民族，具有不同的宗教信仰，不同的语言风俗习惯，又在长时期受到帝国主义和国内反动统治者的种种挑拨离间，而全国各民族各阶层的人民今天能够紧密团结在中国共产党的周围，共同为建设新民主主义的新中国而奋斗，这绝不是偶然的事。若不是毛主席的英明领导，决不能够在空前大团结的气氛下过着像今天这样快乐和平幸福的生活。

此外，我们的国际地位空前提高了，特别是在朝鲜的战场上，我们英勇的人民志愿军，在极端艰苦的环境里，多次打击了美帝国主义的侵略军，使它在前线的士气异常低落，并使美国战争贩子的内部发生了尖锐的矛盾，战犯麦克阿瑟不得不因而下台，战犯李奇微不得不接受在开城的停战谈判。由于祖国最优秀的儿女——中国人民志愿军，在朝鲜创造了辉煌的战绩，大大鼓舞了全世界爱好和平的人民，对保卫世界和平增加了无限的胜利信心，因此每一次国际性的大会上，中国代表都得到大会全体代表的无限重视和尊敬，斯大林和毛泽东的名字总是并列在一起，这是全中国的47 500万人民的无上光荣。

但是我们决不能因此自满，我们还要提高警惕，美帝国主义虽在朝鲜遭到可耻的惨败，但它还没有接受足够的教训。它仍在积极的武装日本、武装西德。它片面与日本制订合约，它妄想掀起第三次世界大战，来毁灭全世界爱好和平的人民。我们全中国人民要加强学习、紧密团结，订好爱国公约，努力生产、积极支援前线，要以实际行动来粉碎美帝国主义的侵略企图，以苏联为首的世界和平阵营是任何帝国主义侵略者所不可能战胜的。

因此，我们有信心、有力量，和平一定能够战胜战争。

中国人民解放军万岁！

中国人民志愿军万岁！

（南京市政生活，1951（8））

南京文教界兩年來在思想戰綫上的勝利

金善寶

中國近百年的歷史，是長期受着帝國主義殘酷統治的歷史。帝國主義在中國除了軍事政治經濟侵略之外，主要是進行文化的侵略。由於南京曾經是帝國主義勾結封建地主和蔣介石匪幫統治全中國人民的中心，廣大知識分子和青年學生所受反動思想毒素是非常深重的。如何來掃除這些奴化教育所中的思想毒素，遂成爲南京文教工作的重要任務。在中華人民共和國成立後的兩年中，南京文教界經過各種學習，特別是通過抗美援朝、土地改革和鎮壓反革命三大運動所結合進行的愛國主義思想教育之後，政治覺悟有了普遍的提高。他們一致認識了「超政治」和「自由主義」的錯誤觀念，劃清了誰是敵人誰是朋友的界限，揭穿了美帝國主義在中國辦學校、設醫院的眞正目的是在進行文化侵略並配合軍事政治經濟侵略的種種陰謀。由親美、崇美、恐美的錯誤思想，轉變成爲堅強的仇美、鄙美和蔑美的思想。因此大大提高了民族自尊心，愈加熱愛偉大的祖國，樹立了爲人民服務的正確觀點。

兩年以來，南京市的文教工作者，在中國共產黨的正確領導下，無論對生產建設，國防建設和支援前綫的工作，都付出了偉大的貢獻。一九五〇年，南京醫藥衛生工作者，到參加對部隊的血吸蟲病的防治，治療了兩萬多人，對增强國防力量起了很大的作用。南大土木系的學生參加南京郊區的修堤護堤，使南京郊區的農業生產得到了有力的保證。許多地質學家曾去東北協助東北人民調查礦藏，發現不少新的重要礦產。有許多教授響應華東農林部的號召，曾去山東、蘇北、皖南、皖北、浙江等地進行了森林、土壤和病蟲害的調查。南大、金大農學院三百多個教授與學生參加了山東的農村典型調查工作，今年兩院二百多個師生又分別參加山東和蘇北的專業調查，南大有幾系的師生則參加了南京市郊區的土改工作。這一系列的工作，不但對當地農業起了有力的推動作用，就農業科學工作者本身來說，他們向廣大的勞動農民學習了許多豐富的經驗，了解了各地農業的實際情況，無論對農業技術或政治認識都大大提高了一步。

醫藥衛生界響應政府抗美援朝的號召，自動組織赴朝志願醫療團，參加報名的達一千五百多人，佔全市醫藥衛生人員二分之一以上。他們在前綫艱苦工作，克服了許多困難，解決了許多難以解決的問題，醫治了許多傷病員。由於高度發揮了對傷病員負責服務的精神，獲得了傷病員的熱烈擁護，因此約有百分之七十以上的醫療人員光榮立功。

具有愛國光榮傳統的南京青年學生，在祖國的莊嚴號召下，在家長教師的熱情鼓舞下，兩次參加軍事幹部學校運動中，充分表現了高度的愛國主義精神。一九五〇年，大中學生報名參加的計有七千餘人，今年幹部學校的名額，雖多限制，但報名參加的學生仍達六千人。獲得批准的同學，歡欣鼓舞，表示入校後學好本領，捍衛祖國，絕不辜負祖國對自己的重大寄託。沒有被批准的同學，則以努力學習，鍛鍊好身體的行動，時時準備着，盼望祖國發出其他的號召。許多優秀的青年學生都懂得，個人的遠大前途必須與祖國的需要緊密結合在一起，使個人的利益服從全體人民的最高利益，只有這樣，才能鞏固我們偉大的祖國，才能不辱沒在毛澤東時代青年的光榮稱號。

帝國主義特別是美帝國主義在中國辦學校、開醫院、設教堂，假借慈善之名，進行侵略的勾當。不但毒化我們成千成萬的青年兒童，還進行種種間諜活動，隨時隨地竊取我們的國防祕密。就南京來說，過去幾十年之中，不知有多少青年男女，受了它的奴化毒害。某青年因爲平日看了美國電影，羨慕美國的生活方式，通過慫訴才把積了三年的美國大腿電影明星畫片一起撕毀。類似這種覺醒的例子很多。

兩年以來，南京的大中小教會學校，都投進了各種反帝鬥爭和愛國主義的浪潮中，特別是經過反侮辱反誹謗等運動，各校師生的政治覺悟大大提高。當政務院頒佈『關於處理接受美國津貼的文化教育救濟機關及宗教團體的決定』後，人民政府把美帝國主義的六十三年的金陵大學，三十六年的金陵女子文理學院，九所中學及十六所小學全部收回，割斷與美帝國主義的一切關係，並將教會與學校分開，宗教與教育分開，按照共同綱領的原則，對學生施行新民主主義的教育，同樣按照共同綱領的原則，保護教徒的宗教信仰自由。各校師生在愛國主義的共同立場上，團結一致。因此，各校師生都歡喜若狂地說出：只有在毛主席的英明領導下，學校才能回到祖國的懷抱，只有在全國勝利後才能把美帝國主義在中國的文化侵略結束。從此，各教會學校的師生們，更認清了帝國主義分子利用宗教，把教會作爲侵略中國的工具，一貫進行侵略的陰謀，他們更認識了帝國主義分子利用作爲侵略工具的教會的叛徒。許多愛國教徒檢舉了帝國主義分子的陰謀，爲一個愛國的基督教徒或天主教徒，爲了團結宗教內部，必須肅清國際特務黎培里，必須逮捕帝國主義的爪牙，與帝國主義割斷關係，必須驅逐帝國主義分子出境，才能在愛國主義的旗幟下，做好三自革新運動。

總之，兩年來的南京文教工作者，在思想戰綫上已經取得了巨大的勝利，在國防建設與生產建設方面已經貢獻了一定的成績。這些勝利和這些成績只有在毛主席的英明領導下才能獲得。今後我們更要加強政治與各種科學知識的學習，緊密和各界人民團結一起，努力搞好生產，搞好文教工作，爲新中國的建設培養出色的人才，以這些實際行動來粉碎美帝國主義妄想奴役亞洲，奴役中國人民的迷夢。

南京文教界两年来在思想战线上的胜利

金善宝

中国近百年的历史，是长期受着帝国主义残酷统治的历史。帝国主义在中国除了军事、政治、经济侵略之外，主要是进行文化的侵略。由于南京曾经是帝国主义勾结封建地主和蒋介石匪帮统治全中国人民的中心，广大知识分子和青年学生所受反动思想毒素是非常深重的。如何来扫除这些奴化教育所中的思想毒素，遂成为南京文教工作的重要任务。在中华人民共和国成立后的两年中，南京文教界经过各种学习，特别是通过抗美援朝、土地改革和镇压反革命三大运动所结合进行的爱国主义思想教育之后，政治觉悟有了普遍的提高。他们一致认识了“超政治”和“自由主义”的错误观念，划清了谁是敌人谁是朋友的界限，揭穿了美帝国主义在中国办学校、设医院的真正目的是进行文化侵略并配合军事政治经济侵略的种种阴谋。由亲美、崇美、恐美的错误思想转变成坚强的仇美、鄙美和蔑美的思想。因此大大提高了民族自尊心，愈加热爱伟大的祖国，树立了为人民服务的正确观点。

两年以来，南京市的文教工作者在中国共产党的正确领导下，无论对生产建设、国防建设和支援前线的工作，都付出了伟大的贡献。1950 年，南京医药卫生工作者到嘉兴参加对部队的血吸虫病的防治，治疗了两万多人，对增强国防力量起了很大的作用。南京大学（下称南大）土木系的学生参加南京郊区的修堤护堤，使南京郊区的农业生产得到了有力的保证。许多地质学家曾去东北协助东北人民调查矿藏，发现不少新的矿产。有许多教授技正响应华东农林部的号召，曾去山东、苏北、苏南、皖南、浙江等地进行了森林、土壤和病虫害的调查。南大、金陵大学农学院 300 多个教授与学生参加了山东的农村典型调查工作，今年两院 200 多个师生又分别参加山东和苏北的专业调查、典型调查和农具调查。南大有几个系的师生则参加了南京市郊区的土改工作。这一系列的工作，不但对当地农业起了有力的推动作用，就农业科学工作者本身来说，他们向广大的劳动农民学习了许多丰富的实际经验，深切了解了各地农业的实际情况，无论对农业技术或政治认识都大大提高了一步。

医药卫生界响应政府抗美援朝的号召，自动组织赴朝志愿医疗团，参加报名的达 1 500 多人，占全市医药卫生人员 1/2 以上。他们在前线艰苦工作，克服了许多困难，解决了许多难以解决的问题，医治了许多伤病员。由于高度发挥了对伤病员负责服务的精神，获得了伤病员的热烈拥护，因此约有 70%以上的医疗人员光荣立功。

具有爱国光荣传统的南京青年学生，在祖国的庄严号召下，在家长教师的热情鼓舞下，两次参加军事干部学校运动中，充分表现了高度的爱国主义精神。1950 年，大中学生报名参加的计有 7 000 余人，今年干部学校的名额虽多限制，但报名参加的学生仍达

6 000 人。获得批准的同学欢欣鼓舞，表示入校后学好本领，捍卫祖国，决不辜负祖国对自己的重大寄托。没有被批准的同学，则以努力学习，练好身体的行动，时时准备着，盼望祖国发出其他的号召。许多优秀的青年学生都懂得，个人的远大前途必须与祖国的需要紧密结合在一起，使个人的利益服从全体人民的最高利益，只有这样才能巩固我们伟大的祖国，才能不辱没在毛泽东时代青年的光荣称号。

帝国主义特别是美帝国主义在中国办学校、开医院、设教堂，假借慈善之名进行侵略的勾当。不但毒化我们成千成万的青年儿童，还进行种种间谍活动，随时随地窃取我们的国防秘密。就南京来说，过去几十年之中，不知有多少青年男女，受了它的奴化毒害。某青年因为平日看了美国电影，羡慕美国的生活方式，通过控诉才把积了三年的美国大腿电影明星画片一起撕毁。类似这种想觉醒的例子很多。

两年以来，南京的大中小教会学校，都投进了各种反帝斗争和爱国主义的浪潮中，特别是经过反侮辱反诽谤等运动，各校师生的政治觉悟大大提高。

当政务院颁布《关于处理接受美国津贴的文化教育救济机关及宗教团体的决定》后，人民就把美帝国主义的63年的金陵大学、36年的金陵女子文理学院、9所中学及16所小学的教育主权全部收回，隔断与美帝国主义的一切联系，并将教会与学校分开，宗教与教育分开。政府按照共同纲领的原则对学生施行新民主主义的教育，同样，按照共同纲领的原则保护教徒师生的宗教信仰自由，在爱国主义的共同立场上，求得教徒与非教徒的团结一致。因此，各校师生都欢喜若狂，他们一致指出：只有在毛主席的英明领导下，才能使它们完全回到祖国的怀抱，只有在全中国人民反帝斗争取得胜利后，才能把美帝国主义在各校的非法统治宣告结束。从此，各教会学校的师生，尤其是爱国的教徒们，更认清了帝国主义分子及其爪牙利用教会对中国一贯进行侵略的阴谋，他们是祖国的敌人，是教会的叛徒。许多爱国教徒检讨了自己过去被帝国主义分子利用作为侵略工具的错误。他们明白了作为一个爱国的基督教徒或天主教徒，为了热爱祖国，为了团结宗教内部，必须驱逐披着宗教外衣的国际特务黎培里，必须逮捕帝国主义的爪牙徐超尘之流，才能在爱国主义的旗帜下，做好三自革新运动。

总之，两年来的南京文教工作者，在思想战线上已经取得了巨大的胜利，在国防建设与生产建设方面已经贡献了一定的成绩。这些胜利和这些成绩只有在毛主席的英明领导下才能获得，今后我们更要加强政治与各种科学知识的学习，紧密和各界人民团结一起，努力搞好生产，搞好文教工作，为新中国的建设培养出色的人才。以这些实际行动来粉碎美帝国主义妄想奴役亚洲，奴役中国人民的迷梦。

（新华日报，1951-10-1（3））

面積產量奠定了良好的基礎。因而一九五二年的棉花生產就要明確認識這一新的情況，並充分運用這些優良條件，以提高單位面積產量爲主，暫不追求植棉面積的發展。根據一九五一年的經驗，特別是豐產模範們的經驗證明，是完全可能的。這就要求我們在棉區大力組織打井，購置水車，開鑿渠道，增加棉田灌溉面積。發展油坊，把今年生產出來的棉籽除留下足够的種籽外，儘量用作榨油以增加餅肥。並向棉區調濟豆餅和化肥。繼續繁殖推廣優良品種，認眞總結豐產模範經驗，因地制宜地有計劃有領導地大力推廣。更多地在棉區推廣新式農具，提高耕作技術。加强病虫害的防治工作，及早充分準備葯械，及時組織羣衆防治。爲此就必須大量訓練農村工作幹部，和實現中央已定的訓練一批棉產專業幹部的計劃，以加强技術指導。

其次爲了迅速提高棉田單位面積產量，與爭取農民把生產下來的棉花儘量賣出來，必須儘先發展棉區的互助合作工作。棉區經濟雖然恢復發展的比較快，但由於小農經濟的特點，棉戶十分分散，單個農民採用較大的改良農具力量不够，也不可能並很不經濟。因而廣大羣衆迫切要求組織起來，擴大再生產，如果不能組織起來上述一切措施的貫澈也將受到極大的限制。必須加强領導，大力發展勞動互助組織，以滿足羣衆的要求，達到增加生產的目的。同時也可以把羣衆的剩餘產品吸收出來，克服存棉惜售的不良現象。在棉區必需大量發展供銷合作社，力求增多基層社，開展預購合同制度，以供給農民擴大再生產所必須的工具、肥料，更好的完成購棉任務。

再次，我們必須努力加强棉花育種工作。一九五一年推廣良種的面積二三〇〇萬畝，一九五二年據各區各省推廣計劃，將達到四五〇〇萬畝，一九五三年基本上可以完成全國的良種普及任務。除繼續發動羣衆選種，保持原有優良品質，並力求增進外，迫切要求有較現在推廣的更優良的品種產生出來，以供給良種繁殖區繼續繁殖推廣。這個艱巨的任務，需要全國各地試驗場肩負起來，爭取儘快的做到解決，以滿足羣衆的要求。

最後爲了在單位面積上普遍獲得高產量，必須把廣大棉農的豐產情緒提高起來，提高棉農豐產情緒的關鍵又在於突出地强調棉花生產上的愛國豐產競賽。今年秋多須認眞選拔豐產模範，並給以重奬。明年預購合同制，如果能够廣泛訂立 ， 應選擇條件優良區域，試行超額奬勵制度。凡在單位面積上超過預定計劃產額的農民，其超額部分，收購部門應給予有奬勵的價格收買過來，此筆奬勵費用，應由國家負担。這一運動一旦形成，就可以吸引棉農向棉田裏更多地投資，更加注意提高技術，達到豐產目的。

僅就個人所見及者，提出上述意見，願引起大家的注意和研究，以便更好地推進我們的棉產工作。

南京農業科學工作者在思想戰線上取得了勝利

金善寶

南京曾經是帝國主義，封建地主和官僚資產階級統治全中國人民的中心。我們的農業科學工作者所受的帝國主義封建主義的思想毒害是相當嚴重的。由於過去充滿了崇美親美的思想意識，無論是研究的儀器，教書的材料，不管中國的環境如何，不加選擇的直接從美國搬到中國來使用，却忘記了中國是有幾千年歷史悠久的農業國家，千千萬萬的勞動農民，有着輝煌的創造、無窮盡的教材和研究材料。有許多農業科學工作者，强調了科學超政治的觀點，試驗研究工作拚命向牛角裏鑽，使理論與實際完全脫了節，試驗研究的結果，脫離了廣大農民的需要，阻碍了中國農業向前發展。

但是在中華人民共和國成立後的兩年中，南京農業科學工作者，在思想戰線上有了顯著的進步，一致認識了政治與科學是不可分的，科學必須受政治的領導，如果一個農業科學工作者，不能很好的掌握馬列主義的武器，不能運用毛澤東的思想，他們就很難有所成就。他們也一致認識了農業科學工作者必須下鄉，面向農村，面向生產，如果「沒有調查」就沒有試驗研究的權利。因此 ， 一九五〇年，有許多教授拔正響應華東農林部的號召，去山東、蘇北、蘇南、皖南、浙江作了森林、土壤、和病虫害的調查。南大、金大農學院三百多位教授、學生參加了山東的農村典型調查工作，今年兩院的二百多個師生分別參加山東和蘇北的農業調查，農經系的師生則參加了南京市郊區的土改工作。這一系列的工作，不但對當地農業生產起了有力的推動作用，就農業科學工作者本身來說，他們向勞動農民學習了許多豐富的經驗，深切了解了各地農業的實際情况，無論對農業技術或政治認識都大大提高了一步，

南京農業科學工作者，多年來生活在「超政治」和「自由主義」的散漫氣氛下，在短短的兩年中能從牛角尖裏回轉頭來，做到實地下鄉，面向農村，面向生產，虛心向勞動農民學習，使理論與實際緊密地結合在一起，這是農業科學工作者在思想戰線上的巨大進步，是毛主席偉大號召的結果。今後我們要繼續加强學習，更緊密地團結，共同爲新中國的農業建設而奮鬥。

南京农业科学工作者在思想战线上取得了胜利

金善宝

南京曾经是帝国主义、封建地主和官僚资产阶级统治全中国人民的中心，我们的农业科学工作者所受的帝国主义、封建主义的思想毒害是相当严重的，由于过去充满了崇美亲美的思想意识，无论是研究的仪器、教书的材料，不管中国的环境如何，不加选择的直接从美国搬到中国来使用，却忘记了中国是有几千年悠久历史的农业国家，千千万万的劳动农民有着辉煌的创造、无穷尽的教材和研究材料。有许多农业科学工作者强调了科学超政治的观点，试验研究工作拼命向牛角里发，使理论与实际完全脱了节，试验研究的结果，脱离了广大农民的需要，阻碍了中国农业向前发展。

但是在中华人民共和国成立后的两年中，南京农业科学工作者，在思想战线上有了显著的进步，一致认识了政治与科学是不可分的，科学必须受政治的领导，如果一个农业科学工作者不能很好地掌握马列主义的武器，不能运用毛泽东的思想，他们就很难有所成就，他们也一致认识了农业科学工作者必须下乡，面对农村、面向生产，如果“没有调查”就没有试验研究的权利。因此，1950 年有许多教授、技正响应华东农林部的号召，去山东、苏北、苏南、皖南、浙江做了森林、土壤和病虫害的调查。南京大学、金陵大学农学院 300 多位教授、学生参加了山东的农村典型调查工作，今年两院的 200 多个师生分别参加山东和苏北的农业调查，农经系的师生则参加了南京市郊区的土改工作。这一系列的工作，不但对当地农业生产起了有力的推动作用，就农业科学工作者本身来说，他们向劳动农民学习了许多丰富的经验，深切了解了各地农业的实际情况，无论对农业技术或政治认识，都大大提高了一步。

南京农业科学工作者，多年来生活在“超政治”和“自由主义”的散漫气氛下，在短短的两年中，能从牛角尖里回转头来，做到实地下乡，面向农村、面向生产，虚心向劳动农民学习，使理论与实际紧密地结合在一起，这是农业科学工作者在思想战线上的巨大进步，是毛主席伟大号召的结果，今后我们要继续加强学习，更紧密地团结，共同为新中国的农业建设而奋斗。

（农业科学通讯，1951（10）：9）

學習報　一九五三年八月廿一日

學習選舉法的體會

南京市人民政府副市長
九三學社南京分社常務理事
金善寶

（一）進行普選召開人民代表大會的意義

中華人民共和國全國人民代表大會及地方各級人民代表大會選舉法的通過和公佈，是我們中國人民在政治生活中具有極其重大的歷史事件。

近百年來，中國歷史上的選舉法和選舉會經有過不少次，從康梁變法，滿清皇朝籌設資政院，中經袁世凱、曹錕的賄選以至蔣介石的偽國大都是反動統治階級假借選舉之名來欺騙人民並加緊，其反動統治。只有當中國人民革命成功，推翻了帝國主義封建主義和官僚資本主義的統治後的今天，才有眞正的民主的選舉。這次的普選是中國人民在中國共產黨領導之下以無數的鮮血換得的代價，同時也標誌着中國人民民主專政發展的新階段。

中國人民政治協商會議共同綱領第十二條規定，『國家最高政權機構為全國人民代表大會』，第十四條規定『凡在軍事已經完全結束，土地改革已經徹底實現，各界人民已有充分組織的地方，即應實行普選，召開地方的人民代表大會』，可見用普選方法產生的人民代表大會制度，是我們國家的根本制度，是四年以前就規定了的，並不是突然發生的。

解放初期，全國大陸沒有完全統一，土地改革沒有完成，鎮壓反革命沒有大規模展開，人民羣眾還沒有充分組織起來，一切條件都未具備，在那種情況之下，要實行普選是有許多困難的。故以協商方式產生的人民代表會議制度，暫時代行全國人民代表大會的職權，這種過渡形式是必要的，也是符合全國人民利益的，合乎當時的情勢的。在過去四年之中這種代行人民代表大會的政權制度，對於團結全國人民，鞏固人民民主政權，加強抗美援朝的鬥爭，都起了一定的歷史作用的。

到了今天，我們的國家情形完全不同了，我們的國土除了台灣之外，大陸上已經完全解放了。由於毛主席正確的民族政策感召，西藏終於達到和平的解放，藏族人民都回到祖國的懷抱，最近少數民族佛教代表團來南京，有一位代表談起，青海有一個番王，他有一萬多羣眾，經過二十七次的交涉，到了最後一次，他對毛主席是眞正心悅誠服了。由此可見，毛主席對執行少數民族政策的正確性。他不是以力服人，而是以德服人，只有以德服人所得到的統一才是眞正的統一，所以說，中國現在的統一是歷史上空前未有的統一。全國範圍內土地改革的基本完成，使四億左右的農民從地主階級的壓迫下解放出來，並獲得了自己的土地，這是農村社會的大革命，是農業生產的大革命，也即是生產關係的大變革，因此，農民發揮了生產積極性，出現了許多農業豐產勞模，短短幾年之中，使中國農業生產一般都超過了戰前水平。抗美援朝的鬥爭，表現了中國人民愛國主義和國際主義的偉大精神，全中國人民的政治覺悟普遍高漲，大大提高了中國的國際地位。「三反」「五反」運動改變了中國的社會風氣。知識分子進行思想改造，工礦企業經過了民主改革，由於工農業生產的提高，國家的經濟情況根本好轉了。這一

学习选举法的体会

南京市人民政府副市长
九三学社南京分社常务理事　金善宝

一、进行普选召开人民代表大会的意义

《中华人民共和国全国人民代表大会及地方各级人民代表大会选举法》的通过和公布，是我们中国人民在政治生活中具有极其重大的历史事件。

近百年来，中国历史上的选举法和选举曾经有过不少次，从康梁变法，满清皇朝筹设资政院，中经袁世凯、曹锟的贿选以致蒋介石的伪国大都是反动统治阶级假借选举之名来欺骗人民并加紧其反动统治。只有当中国人民革命成功，推翻了帝国主义、封建主义和官僚资本主义的统治后的今天，才有真正的、民主的选举。这次的普选是中国人民在中国共产党领导之下，以无数的鲜血换得的代价，同时也标志着中国人民民主专政发展的新阶段。

《中国人民政治协商会议共同纲领》第12条规定，“国家最高政权机构为全国人民代表大会”，第14条规定，“凡在军事已经完全结束，土地改革已经彻底实现，各界人民已有充分组织的地方，即应实行普选，召开地方的人民代表大会”，可见用普选方法产生的人民代表大会制度，是我们国家的根本制度，是四年以前就规定了的，并不是突然发生的。

解放初期，全国大陆没有完全统一，土地改革没有完成，镇压反革命没有大规模展开，人民群众还没有充分组织起来，一切条件都未具备，在那种情况下，要实行普选是有许多困难的。故以协商方式产生的人民代表会议制度，暂时代行全国人民代表大会的职权，这种过渡形式是必要的，也是符合全国人民利益的，合乎当时的情势的。在过去四年之中，这种代行人民代表大会的政权制度对于团结全国人民，巩固人民民主政权，加强抗美援朝的斗争，都起了一定的历史作用的。

到了今天，我们的国家情形完全不同了。由于毛主席的正确民族政策感召，西藏终于达到和平的解放，藏族人民都回到祖国的怀抱，最近少数民族佛教代表团来南京，有一位代表谈起青海有一个番王，他有一万多群众，经过27次的交涉，到了最后一次，他对毛主席是真正心悦诚服了。由此可见，毛主席对执行少数民族政策的正确性。他不是以力服人，而是以德服人，只有以德服人所得到的统一才是真正的统一，所以说，中国现在的统一是历史上空前未有的统一。全国范围内土地改革的基本完成，使四亿左右的农民从地主阶级的压迫下解放出来，并获得了自己的土地，这是农村社会的大革命，是农业生产的大革命，也即是生产关系的大变革，因此，农民发挥了生产积极性，出现了许多农业丰产劳模，短短几年之中，使中国农业生产都超过了战前水平。抗美援朝的斗争，表现了中国人

民爱国主义和国际主义的伟大精神，全中国人民的政治觉悟普遍高涨，大大提高了中国的国际地位。“三反”“五反”运动改变了中国的社会风气，知识分子进行思想改造，工矿企业经过了民主改革，由于工农业生产的提高，国家的经济情况根本好转了。这一系列的变革说明了中国的形势在不断地改变、迅速的发展。为了迎接新的伟大历史任务，我们的国家机构必须是更紧密地、更直接地联系群众、发动群众，提高人民的积极性，来参加国家的各种建设。中国人民志愿军在捍卫祖国和保卫世界和平的壮烈战斗中，出现了许许多多的伟大英雄人物，我们无论在报纸上所看到的或是在各种报告上所听到的，关于朝鲜前线数不尽的可歌可泣的英雄事迹，相形之下，常常会感到自己变得非常渺小。又如在工农业生产中涌现了许多劳动模范，他们在生产方面有了各种各样的巨大贡献，为国家增加了大量财富，这些英雄模范人物是应当通过普选被吸收到国家政权机构中去的。

二、我们的选举制度的优越性

我们的选举法是合乎我国现在的历史条件和实际情况的、真正民主的选举制度，如果和资本主义国家的选举法比较起来，在本质上是完全不同的。

(一) 我们的选举制度是从人民民主专政以工人阶级为领导，工农联盟为基础的精神出发的。社会各阶级各阶层在各级人民代表大会中都有其地位相当的代表，所以是中国人民大团结的选举法。

与此相反的，资本主义国家的选举法在实质上是被资产阶级所垄断和包办的，特别像美国的选举法对选民有 50 种的限制，例如由于居住期限的限制，在 1948 年的大选中就有 200 万选民因居住期限不够，350 万选民因在旅途中而不能参加选举。

(二) 我们的选举法特别照顾了少数民族，全国少数民族的人口约占全国总人口的 1/14，而他们的全国代表大会名额则有 150 人，约占全国代表人数的 1/7，可以说，我们的选举法是全国各民族大团结的选举法。

资本主义国家的选举法是大民族压迫小民族，在种族之间制造仇恨和歧视，例如美国由于民族和种族的歧视使千百万黑种人、犹太人、东方民族以及印第安人丧失了宪法所赋予的计票权。

(三) 我们的选举费用是由国库支出的，使人无法用金钱营私舞弊，选举人有充分享受自由选举的权利，而美国的选举法对财产的限制很严，法律规定必须缴纳选举税才能投票，进行选举活动时，又无处不需大量金钱，因此千百万的劳动人民不能享受宪法所赋予的选举权利。

上面所说的，证明了我们的选举法是真正民主的选举法，这种选举法要比资本主义国家的选举法有无比的优越。因此它得到全国人民和各民族的真诚拥护。

三、民主党派成员要积极参加普选

学习选举法，参加选举运动和选举工作是全国人民当前的重要政治任务，我们民主党派的成员要团结在中国共产党的周围，在党的正确领导之下，认真的学习选举法，宣传选举法，要动员广大的选民，积极地参加这次的选举，为搞好选举工作而努力。

(学习报，1953-8-21)

第三〇期　每份四百元　本期四版
江蘇
南京農林學院南京農林生活編輯委員會出版
一九五四年四月十

南京農林生活

寫在第二屆春季運動會以後

農學院院長　金善寶

我們農林兩院第二屆春季運動大會緊張地進行了一天半後勝利地結束了。

通過這次運動會，我希望我們兩院師生員工特別是同學中要更加普遍地開展體育鍛鍊，進一步貫徹毛主席的「三好」指示。在學校裏最重要的任務無疑地是搞好學習，但搞好學習首先必須鍛鍊好我們的身體，沒有強健的身體，要想搞好學習是有困難的。因此，我們必須明確認識身體好才能學習好，學習好才能工作好。

我們要鍛鍊好身體，必須注意平時的體育鍛鍊。我們要自覺自願地積極地經常地不躁不懈地來鍛鍊我們的身體。同時鍛鍊身體要與衛生結合起來，我們要注意飲食，作息要有定時，生活要有規律，應該學習的時候要緊張地學習，應該鍛鍊的時候要加緊鍛鍊，但應該休息的時候還是要好好休息。

我們的國家已經進入到社會主義建設的新的歷史時期。我們要建設我們的社會主義。一方面我們要增強我們的國防力量，保衛我們的邊防、空防和海防；另一方面，我們要積極地勞動，發展我們生產，使社會主義經濟不斷增長，保證人民得到美好的生活。要做到這樣，就需要每一個人具有健康的身體，因此，青年同學保證自己身體的健康，要當作祖國人民交給我們的重大政治任務來看待，是熱愛祖國、熱愛人民的一種具體表現。

同學們！讓我們積極鍊好身體，努力學習，共同為建設祖國的社會主義社會，保衛我們偉大的祖國而奮鬥！

写在第二届春季运动会以后

农学院院长　金善宝

我们农林两院第二届春季运动大会紧张地进行了一天半后，胜利地结束了。

通过这次运动会，我希望我们两院师生员工，特别是同学中要更加普遍地开展体育锻炼，进一步贯彻毛主席的“三好”指示。在学校里最重要的任务无疑是搞好学习，但搞好学习首先必须锻炼好我们的身体，没有强健的身体，要想搞好学习是有困难的。因此，我们必须明确认识身体好才能学习好，学习好才能工作好。

我们要锻炼好身体，必须注意平时的体育锻炼。我们要自觉自愿地、积极地、经常地、不躁不懈地来锻炼我们的身体。同时锻炼身体要与卫生结合起来，我们要注意饮食，作息要有定时，生活要有规律，应该学习的时候要紧张的学习，应该锻炼的时候要加紧锻炼，但应该休息的时候还是要好好休息。

我们的国家已经进入社会主义建设的、新的历史时期。我们要建设我们的社会主义。一方面我们要增强我们的国防力量，要保卫我们的边防、空防和海防；另一方面，我们要积极地劳动，发展我们的生产，使社会主义经济不断增长，保证人民得到美好的生活。要做到这样，就需要每一个人具有健康的身体，因此，青年同学保证自己身体的健康，要当作祖国人民交给我们的重大政治任务来看待，是热爱祖国、热爱人民的一种具体表现。

同学们！让我们积极锻炼好身体，努力学习，共同为建设祖国的社会主义社会，保卫我们伟大的祖国而奋斗！

（南京农林生活，1954-4-14）

繼續為和平解決朝鮮問題而鬥爭

新華日報 一九五四年六月廿五

南京市抗美援朝分會主席 金善寶

自一九五〇年六月二十五日，美國發動侵略朝鮮的戰爭，到今天已整整四年了。

在全世界愛好和平的人民的支援和中國人民志願軍並肩作戰下，朝鮮人民經過三年多的浴血奮鬥，終於把打着「聯合國」旗幟的美國侵略軍及其僕從國家的軍隊，趕回到原來發動戰爭的地方。美國的侵略行為在遭到嚴重打擊後，逼不得已於去年七月二十七日在板門店停戰協定上簽了字。全世界熱愛和平的人民都為這一停戰協定的簽訂歡欣鼓舞，認為這是和平解決朝鮮問題的第一步。

朝鮮停戰很清楚地證明了，侵略的戰爭一定要失敗，正義的戰爭一定會勝利。任何國際事件只有用協商的方式才能得到合理的解決，如果想以武力來征服人，不管你的武器質量上多麼優越都將成為夢想。但是美帝國主義者在朝鮮的戰爭雖然遭到可恥的失敗，雖然在停戰協定上簽了字，但它還沒有受到足夠的教訓，仍然唆使李承晚匪幫不斷叫囂着「北進」，企圖破壞朝鮮的停戰協定。

日內瓦會議關於朝鮮問題的討論，就可以清楚地看出，朝、中、蘇三國代表團在會議的過程中始終抱着謀求和平解決朝鮮問題而表現了充分協商的精神，但是美國代表團，百般阻撓着作出最終和平解決朝鮮問題的決定，因此，朝鮮問題的討論終於在十五日被美國破裂了。

大家知道，在朝鮮問題討論過程中，朝中蘇三國代表團為使朝鮮問題得到和平解決曾經先後提出許多次合理的建議，這些建議中指出必須用和平方式來恢復朝鮮國家的統一，必須讓全朝鮮人民有自由選舉的機會，在選舉前必須撤退朝鮮領土上的一切外國軍隊，所有這些建議都是合乎朝鮮人民的利益和願望的，但都被美國代表無理地拒絕了。美國代表團沒有提出它自己認為可以達到協議的任何建議，却破裂朝鮮問題的討論，這就清楚地告訴了全世界的人民誰是和平的真誠擁護者，誰是和平的敵人。

朝中人民和世界愛好和平的人民既有力量取得朝鮮的和平，也就有力量爭取朝鮮問題的和平解決；如果美帝國主義者還想憑藉它的所謂「實力政策」再度進犯朝鮮民主主義人民共和國，那麼朝中兩國人民和世界愛好和平的人民一起，必將給它更沉重的打擊，使它遭受更慘重的失敗。

继续为和平解决朝鲜问题而斗争

南京市抗美援朝分会主席　金善宝

自1950年6月25日美国发动侵略朝鲜的战争，到今天已整四年了。

在全世界爱好和平的人民的支援和中国人民志愿军并肩作战下，朝鲜人民经过三年多的浴血奋斗，都终于把打着“联合国”旗帜的美国侵略军及其仆从国家的军队赶回到原来发动战争的地方。美国的侵略行为在遭到严重打击后，逼不得已于去年（1953年）7月27日在板门店《朝鲜停战协定》上签了字。全世界热爱和平的人民都为这一停战协定的签订欢欣鼓舞，认为这是和平解决朝鲜问题的第一步。

朝鲜停战很清楚地证明了侵略的战争一定要失败，正义的战争一定会胜利。任何国际事件只有用协商的方式才能得到合理的解决，如果想以武力来征服人，不管你的武器质量上多么优越都将成为梦想。但是美帝国主义者在朝鲜的战争虽然遭到可耻的失败，虽然在停战协定上签了字，但它还没有受到足够的教训，仍然嗾使李承晚匪帮不断叫嚣着“北进”，企图破坏朝鲜的停战协定。

从日内瓦会议关于朝鲜问题讨论，就可以清楚看出朝、中、苏三国代表团在会议的过程中始终抱着谋求和平解决朝鲜问题而表现了充分协商的精神，但是美国代表团百般阻挠着做出最终和平解决朝鲜问题的决定，因此，朝鲜问题的讨论终于在15日被美国破裂了。

大家知道，在朝鲜问题讨论过程中，朝中苏三国代表团为使朝鲜问题得到和平解决，曾经先后提出许多次合理的建议，这些建议中指出必须用和平方式来恢复朝鲜国家的统一，必须让全朝鲜人民有自由选举的机会，在选举前必须撤退朝鲜领土上的一切外国军队，所有这些建议都是合乎朝鲜人民的利益和愿望的，但被美国代表无理地拒绝了。美国代表团没有提出它自己认为可以达到协议的任何建议，却破裂朝鲜问题的讨论，这就清楚地告诉了全世界的人民谁是和平的真诚拥护者，谁是和平的敌人。

朝中人民和世界爱好和平的人民，既有力量取得朝鲜的和平，也有力量争取朝鲜问题的和平解决；如果美国帝国主义者还想凭借它的所谓“实力政策”再次进犯朝鲜民主主义人民共和国，那么朝中两国人民和世界爱好和平的人民一起，必将给它更沉重的打击，使它遭受更沉重的失败。

（新华日报，1954-6-25（3））

文教工作的有力保障

九三社訊 一九五四年 第七号

金善寶

解放以前，國民黨反動派的僞憲法上也有民主、自由的字眼，但當時所謂民主、自由，只是騙人的字眼，人民是享受不到的。在學校裡，教師學生開座談會，看進步書報都要受到監視。參加遊行示威就要受到迫害。今天不同了，言論、出版、集會、結社、遊行、示威等等，在中華人民共和國憲法草案裡明白規定成爲每個中華人民共和國公民的自由權利。回憶過去，比照現在，怎能不令人感到興奮！

憲法草案規定：「中華人民共和國公民有受教育的權利。國家設立並且逐步擴大各種學校和其他文化教育機關，以保證公民享受這種權利。」「國家對於從事科學、教育、文學、藝術和其他文化事業的公民的創造性工作，給以鼓勵和幫助。」這就表示了我們國家的文化教育和科學事業將會達到無限的發展，這對文教科學工作者是很大的鼓勵。

在反動統治時代，教育只是一個幌子。就僞中央大學來說，每年對招收學生人數限制得很嚴，表面爲「提高學生程度」，實際上是害怕學生「鬧風潮」。前門雖然關得很緊，但是二、三百個反動的三青團分子反可以從後門偷偷摸摸地進來，因此千百個成績優秀的青年，竟被無理地拒絕在大學的門外了。一九四八年僞中央大學的一個學院八個系只有二十一名新生，一個系只有一兩名學生，有的系甚至沒有學生。教員沒有書教，反動派只要你「安分守己」地在研究室裡做「研究工作」，你如果想到農村裡去做些調查工作，那麼，馬上就會有人把手槍頂住你的胸口。僞中央大學如此，別的大學也沒有兩樣。解放後，僞中央大學到了人民手裡，很迅速地發展爲規模宏大的八個獨立院校，學生由兩千增加到近兩萬。南京如此，其他城市也是一樣。看過去，比現在，作爲一個文教工作者，就感到無限的興奮。

文教工作的有力保障

金善宝

解放以前，国民党反动派的伪宪法上也有民法、自由的字眼，但当时所谓民主、自由，只是骗人的字眼，人民是享受不到的。在学校里，教师学生开座谈会、看进步书报都要受到监视。参加游行示威就要受到迫害。今天不同了，言论、出版、集会、结社、游行、示威，等等，在《中华人民共和国宪法草案》里明白规定成为每个中华人民共和国公民的自由权利。回忆过去，比照现在，怎能不令人感到兴奋！

宪法草案规定："中华人民共和国公民有受教育的权利。国家设立并且逐步扩大各种学校和其他文化教育机关，以保证让公民享受这种权利。国家对于从事科学、教育、文学、艺术和其他文化事业的公民的创造性工作，给以鼓励和帮助。"这就表示了我们国家的文化教育和科学事业将会达到无限的发展，这对文教工作者是很大的鼓励。

在反动统治时代，教育只是一个幌子。就中央大学来说，每年对招收学生人数限制得很严，表面为"提高学生程度"，实际上是害怕学生"闹风潮"。前门虽然关得很紧，但是二三百个反动的"三青分子"反可以从后门偷偷摸摸地进来，因此千百个成功优秀的青年，竟被无理的拒绝在大学的门外了。1948 年中央大学的一个学院 8 个系只有 21 名新生，一个系只有一两名学生，有的系甚至没有学生。教员没有书教，反动派只要你"安分守己"地在研究室里做"研究工作"，你如果想到农村里去做些调查工作，那么，马上就会有人把手枪顶住你的胸口。中央大学如此，别的大学也没有两样。解放后，中央大学到了人民手里，很迅速地发展为规模宏大的 8 个独立院校，学生由 2 000 增加到 20 000。南京如此，其他城市也是一样。看过去，比现在，作为一个文教工作者，就感到无限的兴奋。

（九三社讯，1954（7）：6-7）

党的生活

新华日报
1956.2.10

为共產主义事業奋斗到底！

金善宝

我怀着入党的願望已經許多年了，但一直不好意思說出口來，顧慮不批准面子难看，这是由於我过去受了地主家庭影响所致。过去我虽然同情革命，但沒有把革命的偉大事業当作自己应有的職責來看待，只有坐待别人來請我的作客思想，这是非常錯誤的。

我是一个農業教育工作者，在抗战初期，为了理論联系实际，提高教学質量，想到四川農村去做點实际工作，但總是受到國民党反動政府公開的或是暗地的迫害，使我無法工作。蔣介石反動政府只会打內战，不能抵抗日本的侵略，一退總是几百里，使中華民族到了最危險的境地。但是八路軍以拙劣的武器，在平型關打了大勝仗，振奋了全國人心，这就証明了大家必須跟着共產党走，才能解放全中國。从那時候起，我就有了入党的願望，但是缺乏决心，遇到一點困难就退縮不前。解放以后，經过了歷次运動和政治学習，政治認識有了提高，覺得自己缺點很多，距离共產党員的条件还很远，又看到解放后吸收的党員多數都是青年，就認为我年紀大了，沒有入党的資格了，因此就把入党的問題擱了起來。去年苏联鉄托夫專家对一位50多歲的教授說：中國高級知識分子应該積極爭取入党。最近党中央召開的關於知識分子問題的会議上，批判了吸收知識分子入党的關門主义傾向，並計划要吸收高級知識分子入党。同時我又看到年達65高齡的刘仙洲同志已光荣地入党了，其他各地也有許多高級知識分子入党，使我有了更大的爭取入党的信心。

解放几年來，党对知識分子的团結、教育、改造政策是非常正確的，令人感動的。解放初期，國家經济正处在極端困难的時候，但党对原在國民党地區工作过的一切人員採取了包下來的政策，維持他們的原薪，而多年的革命幹部却一律是供給制，生活非常艰苦，說明了共產党員有吃苦在先享樂在后的精神。党为了帮助知識分子思想改造，曾号召我們農業科学工作者要深入農村，理論联系实际，学習劳動農民的实际經驗。在1953年，苏北小麥受寒流侵襲時，南京農学院就有11位教師在党組織的領導下，前往淮陰調查研究，回來又進行討論總結，对小麥栽培技術改進方面帮助很大，我也参加了这个工作，使我們農業科学工作者对实际生產知識有了很大的提高。總之，几年來党对科学工作者的重視与關怀是無微不至的，就我个人來說，党对我的教育和培养是說不尽的。党对科学的重視，在憲法上还作了明文規定，中國科学院又頒佈了獎勵科学研究的条例，这对科学工作者的鼓舞是很大的。毛主席号召我們，要把我國的科学在几十年內赶上國际先進水平，我相信这是完全可能的。

現在，我虽然光荣地被批准入党了，但我知道，我的缺點还很多，作为一个共產党員，在工作中任何一种缺點都会給党或人民的利益帶來損失的，因此，我向党保証，今后一定積極鍛鍊自己，努力学習馬克思列寧主义，提高革命警惕性，密切联系羣众，克服宗派主义殘余思想，虛心地接受批評和進行自我批評，全心全意做好学校崗位工作，把我的一切力量貢献給党，終身为共產主义事業奋斗到底。

为共产主义事业奋斗到底

金善宝

我怀着入党的愿望已经许多年了，但一直不好意思说出口来，顾虑不批准面子难看，这是由于我过去受了地主家庭影响所致。过去我虽然同情革命，但没有把革命的伟大事业当作自己应有的职责来看待，只有坐待别人来请我的作客思想，这是非常错误的。

我是一个农业教育工作者，在抗战初期，为了理论联系实际、提高教学质量，想到四川农村去做点实际工作，但总是受到国民党反动政府公开的或是暗地的迫害，使我无法工作。蒋介石反动政府只会打内战，不能抵抗日本的侵略，一退总是几百里，使中华民族到了最危险的境地。但是八路军以拙劣的武器，在平型关打了大胜仗，振奋了全国人心，这就证明了大家必须跟着共产党走，才能解放全中国。从那时候起，我就有了入党的愿望，但是缺乏决心，遇到一点困难就退缩不前。解放以后，经过了历次运动和政治学习，政治认识有了提高，觉得自己缺点很多，距离共产党员的条件还很远，又看到解放后吸收的党员多数都是青年，就认为我年纪大了，没有入党的资格了，因此就把入党的问题搁了起来。去年苏联铁托夫专家对一位 50 多岁的教授说：中国高级知识分子应该积极争取入党。最近党中央召开的关于知识分子问题的会议上，批判了吸收知识分子入党的关门主义倾向，并计划要吸收高级知识分子入党。同时我又看到年达 65 高龄的刘仙洲同志已光荣地入党了，其他各地也有许多高级知识分子入党，使我有了更大的争取入党的信心。

解放几年来，党对知识分子的团结、教育、改造政策是非常正确的，令人感动的。解放初期，国家经济正处在极端困难的时候，但党对原在国民党地区工作过的一切人员采取了包下来的政策，维持他们的原薪，而多年的革命干部却一律是供给制，生活非常艰苦，说明了共产党员有吃苦在先、享乐在后的精神。党为了帮助知识分子思想改造，曾号召我们农业科学工作者要深入农村，理论联系实际，学习劳动农民的实际经验。在 1953 年，苏北小麦受寒流侵袭时，南京农学院就有 11 位教师在党组织的领导下，前往淮阴调查研究，回来又进行讨论总结，对小麦栽培技术改进方面帮助很大。我也参加了这个工作，使我们农业科学工作者对实际生产知识有了很大的提高。总之，几年来党对科学工作者的重视与关怀是无微不至的，就我个人来说，党对我的教育和培养是说不尽的。党对科学的重视，在宪法上还作了明文规定，中国科学院又颁布了奖励科学研究的条例，这对科学工作者的鼓舞是很大的。毛主席号召我们，要把我国的科学在几十年内赶上国际先进水平，我相信这是完全可能的。

现在，我虽然光荣地被批准入党了，但我知道我的缺点还很多，作为一个共产党员，在工作中任何一种缺点都会给党或人民的利益带来损失的，因此，我向党保证，今后一定积极锻炼自己，努力学习马克思列宁主义，提高革命警惕性，密切联系群众，克服宗派主义残余思想，虚心地接受批评和进行自我批评，全心全意做好学校岗位工作，把我的一切力量贡献给党，终身为共产主义事业奋斗到底。

（新华日报，1956-2-10（3））

中苏友誼　天長地久

偉大的苏联永远是我們学習的榜样！

九三学社中央委員会委員
九三学社南京分社副主任委員　金善宝

偉大的十月革命四十周年就要到来了，过去的四十年是不平凡的四十年，它使世界上九亿人口获得了解放，消灭了几千年来人剝削人的制度，使人类进入了新紀元。

四十年来，苏联人民在苏联共产党和苏維埃政权領导下，各方面获得了巨大的成就。由于五个国民經济建設計划一个个胜利实現，苏联工农業生产不断提高。到1957年苏联工業总产量比1917年增長了四十五倍。鋼鉄、煤、水泥等重要工業絕对增产量最近几年已赶上或超过美国。就工業發展速度，或按人口平均計算，工業产量的增長速度，苏联都是最快的。苏联农業生产也有惊人的發展，他們的农業机械化程度是世界上規模最大的。他們的谷物播种面积，小麦的生产和棉花的單位面积产量都占世界第一位。苏联的畜产品正在迅速地增加，現在已經有拉脫維亚等三个加盟共和国牛奶的产量大大超过了美国，明年整个苏联也將赶上美国。相反地，在資本主义国家里，农業生产不但不增加，而且还有減少的趋势，例如1953年，美国的产量減少了15%，英国、法国也有不同程度的減少，这就說明了社会主义制度比資本主义制度有着無可比拟的优越性。

我国人民是沿着十月革命道路前进的，在帝国主义和反动統治的黑暗年代里，苏維埃政权照耀着我們前进的道路。革命胜利以后，苏联人民給予我們全面無私的援助，进行社会主义的巨大建設，使我国能在十分困难的条件下，迅速地建立起自己的近代化工業。在农業建設方面，苏联人民对我們的帮助也是十分巨大的。中苏友誼农場从勘察設計到开墾，从机器到技术，全是苏联帮助的。几年来，苏联專家不但帮助我們开墾了三十多万亩荒地，同时还为我們訓練了不少优秀的墾荒技术人員。新疆的棉花，單位面积产量本来是很低的，亩产量不过几十斤。經过苏联專家鉄托夫同志的热情指导，介紹了苏联的先进植棉經驗，使新疆瑪納斯河流域的棉花产量大大提高，四万亩的大面积上，每亩子棉产量达到四百斤以上，因此，新疆的棉花种植面积得到迅速的扩大，使新疆成为西北棉产的重要基地。此外，近几年来，有不少苏联專家，对我們农業教育方面的帮助，对我們农業科学干部的培养，和农業生产方面的具体指导，都作出了不少的貢献。而且他們那种孜孜不倦的学習精神和認眞負責的工作作風都是我們很好的学習榜样。解放八年来，我国在农業生产、农業教育和农業科学方面都取得了一定的成績，所有这些成績，我們認为都是和苏联人民对我們的热情帮助分不开的。

苏联偉大的生物科学家米丘林的学說是近代生物科学最先进的，我国农業科学工作者認眞地学習了米丘林学說，他們懂得了生物体与生活条件是統一的，因而使他們从摩尔根資产阶級科学形而上学的观点、方法中解放出来。由于米丘林鼓励生物科学工作者"要向大自然爭取，而不能等待大自然的恩賜"，大大地啓發了我国农業科学工作者的积極性和創造性。华东农科所把蘿菜和甘諸进行嫁接，培育出新的甘諸品种，把長絨海島棉与短絨陆地棉进行嫁接，使海島棉能在南京提前兩个月开花結鈴。这些成績都是受了米丘林学說的影响而創造出来的。右派分子汚蔑我們学習苏联是教条主义，上面所举一系列鉄的事实，都是对右派分子的反动言論最有力的反击。

最近苏联人民創造性地向星际發射出人类历史上第一顆人造衛星，揭破了宇宙間的秘密，又一次在世界科学領域中占了先。当此偉大的十月革命四十周年快要到来的时候，我們热烈地庆祝苏联建設事業和科学事業的偉大成就！

伟大的苏联永远是我们学习的榜样！

九三学社中央委员会委员
九三学社南京分社副主任委员　金善宝

伟大的十月革命40周年就要到来了，过去的40年是不平凡的40年，它使世界上9亿人口获得了解放，消灭了几千年来人剥削人的制度，使人类进入了新纪元。

40年来，苏联人民在苏联共产党和苏维埃政权领导下，各方面获得了巨大的成就。由于5个国民经济建设计划一个个胜利实现，苏联工农业生产不断提高。到1957年，苏联工业总产量比1917年增长了45倍。钢铁、煤、水泥等重要工业绝对增产量最近几年已赶上或超过美国。就工业发展速度，或按人口平均计算，工业产量的增长速度，苏联都是最快的。苏联农业生产也有惊人的发展，他们的农业机械化程度是世界上规模最大的。他们的谷物播种面积、小麦的生产和棉花的单位面积产量都占世界第一位。苏联的畜产品正在迅速地增加，现在已经有拉脱维亚等3个加盟共和国牛奶的产量大大超过了美国，明年（1958年）整个苏联也将赶上美国。相反地，在资本主义国家里，农业生产不但不增加，而且还有减少的趋势，例如1953年，美国的产量减少了15%，英国、法国也有不同程度的减少，这就说明了社会主义制度比资本主义制度有着无可比拟的优越性。

我国人民是沿着十月革命道路前进的，在帝国主义和反动统治的黑暗年代里，苏维埃政权照耀着我们前进的道路。革命胜利以后，苏联人民给予我们全面无私的援助，进行社会主义的巨大建设，使我国能在十分困难的条件下，迅速地建立起自己的近代化工业。在农业建设方面，苏联人民对我们的帮助也是十分巨大的。中苏友谊农场从勘察设计到开垦，从机器到技术，全是苏联帮助的。几年来，苏联专家不但帮助我们开垦了30多万亩荒地，同时还为我们训练了不少优秀的垦荒技术人员。新疆的棉花单位面积产量本来是很低的，亩产不过几十斤。经过苏联专家铁托夫同志的热情指导，介绍了苏联的先进植棉经验，使新疆玛纳斯河流域的棉花产量大大提高，4万亩的大面积上，每亩籽棉产量达到400斤以上，因此，新疆的棉花种植面积得到迅速扩大，使新疆成为西北棉产的重要基地。此外，近几年来，有不少苏联专家对我们农业教育方面的帮助，为我们农业科学干部的培养和农业生产方面的具体指导，都做出了不少的贡献。而且他们那种孜孜不倦的学习精神和认真负责的工作作风都是我们很好的学习榜样。解放8年来，我国在农业生产、农业教育和农业科学方面都取得了一定的成绩，所有这些成绩，我们认为都是和苏联人民对我们的热情帮助分不开的。

苏联伟大的生物科学家米丘林的学说是近代生物科学最先进的，我国农业科学工作者认真地学习了米丘林学说，他们懂得了生物体与生活条件是统一的，因而使他们从摩尔根资产阶级科学形而上学的观点、方法中解放出来。由于米丘林鼓励生物科学工作者“要向大自然争取，而不能等待大自然的恩赐”，大大地启发了我国农业科学工作者的积极性和创造性。华东农业科学研究所把蕹菜和甘薯进行嫁接，培育出新的甘薯品种，把长绒海岛棉与短绒陆地棉进行嫁接，使海岛棉能在南京提前两个月开花结铃。这些成绩都是受了米丘林学说的影响而创造出来的。右派分子污蔑我们学习苏联是教条主义，上面所举一系列铁的事实，都是对右派分子的反动言论最有力的反击。

最近苏联人民创造性地向星际发射出人类历史上第一颗人造卫星，揭破了宇宙间的秘密，又一次在世界科学领域中占了先。当此伟大的十月革命40周年快要到来的时候，我们热烈地庆祝苏联建设事业和科学事业的伟大成就！

（新华日报，1957-10-25（2））

为祖国建設的伟大成就和平定西藏叛乱而欢呼

全国人民代表大会代表
中国农业科学院副院长　金善宝

中国科学院
科学報，24期，1959年5月10日

伟大的胜利

第二届全国人民代表大会第一次会議已經胜利地閉幕了。这次大会是全面跃进的大会，是全国大团結的大会，选出了国家机构的領导人員，通过了1959年国民經济計划。全国人民都将鼓起冲天干劲，为实現大会的决議而奋斗。

我在会上听了周总理的政府工作报告，感到非常兴奋。他总結了第一个五年計划的伟大成就，描述了1958年史无前例的大跃进，并提出了1959年更大跃进的宏伟圖景。伟大的中国共产党和各族人民的伟大領袖毛主席領导全国人民，艰苦奋斗，在短短的十年中，把破烂落后的旧中国，变成了燦烂美好的新中国，使每一个中国人民感到无比的兴奋和自豪。我国这种奇迹般的成就，无疑地，影响是很大的，它将大大加强社会主义陣营的力量，对保衛世界和平将会發生巨大的作用。

解放前后的农业生产

我們試就农业生产情况，和解放以前对比一下。大家知道，我国是一个古老的农业国家，但在解放前，我国的农业生产情况是極其悲慘的，人民最需要的衣食原料是不足的。大米要从泰国等地大量輸入，小麦要仰給于加拿大和美国，棉花也要依靠美国。解放之后，帝国主义者曾經嘲笑过我們，說我們虽然取得了革命的胜利，但粮食与人口是一个无法解决的矛盾。他們是馬尔薩斯人口論者，認为我国粮食的增产是永远赶不上人口的增长的，因此，他們断言，我国将永远不能摆脫貧穷落后的状态。但是几年来，我国粮食迅速增产的事实有力地反击了帝国主义者那种嘲笑。1949年，我国每人平均占有粮食只有399斤，到1958年已經达到1200斤。十年之間，每人平均粮食增加了三倍。試問，我国的人口究竟增加了多少呢？馬尔薩斯人口論的極端反动性在这活生生的事实面前被徹底揭穿了，帝国主义者的詛咒也就破产了。

1959年，我国的粮食生产指标是10,500亿斤，比1958年增长3000亿斤。这又是一个巨大的增长。我国粮食产量，在解放前，最高的1936年也只有2774亿斤，现在我們一年就增产3000亿斤。这当然需要付出巨大的努力，才能完成这个大跃进的計划；但我們深信，我們一定能够完成，而且还能超額完成的。就小麦来說，去年我国小麦的产量已經超过美国，跃居世界第二位。今年怎样呢？根据我最近在长江下游，四川盆地以及关中平原等地所看到的，今年的小麦普遍长得很好，可以预测，今年的小麦，将会比去年获得更大丰收。1958年，小麦单位面积产量最高的是丹麦，計合每市亩511斤（美国只有244斤），但丹麦种植小麦的总面积不过百万亩，我国今年的小麦单位面积产量如果超过五百斤，无論是总产量或是单位面积产量都将成为震动世界的大事。

为西藏人民的光明前途欢呼

正当全国各族人民，在中国共产党和毛主席的英明領导下，以一天等于二十年的冲天干劲建設无限美好的社会主义的时候，西藏一小撮上層反动分子，勾結帝国主义和蔣匪帮，作出了背叛祖国的罪恶勾当。这引起了全国人民无比的憤怒。幸而我英勇的人民解放軍在几天之內就平定了西藏的叛乱，現在雅魯藏布江以南的叛乱集团已全被粉碎了。从此以后，西藏自治区筹备委員会的工作得以迅速开展，西藏人民将永远摆脫农奴主的残酷压迫，結束农奴的悲慘生活，走上幸福生活的大道。我們为西藏人民的光明前途欢呼！

应該按"五項原則"办事

自从西藏叛乱事件發生以后，帝国主义者都对我們大肆誣蔑，这是在我們意料中的。現在印度的某些扩张主义分子居然想繼承英帝国主义过去在西藏的手法，和西藏一小撮叛乱分子勾結在一起，公开表示"同情"西藏的叛乱，大唱其"西藏独立"的濫調，这是不能令人容忍的。謊言連篇的所謂"达賴喇嘛的声明"是在印度外交官員主持下發表的，这显然是对我国內政的粗暴干涉，是与中印五項原則相违背的。我們对此不但表示極度的憤慨，而且深为印度惋惜。

印度是我們伟大的邻邦，中印两国有几千年的友好历史关系，我們两国所倡导的五項原則是完全符合两国人民的利益和世界和平利益的。尼赫魯总理是五項原則的倡导人之一，应該始終不渝地来維护五項原則的实施。但不幸的是自从西藏叛乱事件發生以来，尼赫魯所發表的言論和行动是与五項原則背道而馳的。尼赫魯4月27日在印度人民院就西藏局势的講話里，表示"非常希望保持印度和中国之間的友誼"，但又把西藏叛乱分子当作印度的上宾来看待，說他們的叛乱是基于"强烈的民族主义情緒"。我們全国人民对西藏叛乱的迅速平定为之欢欣鼓舞，但尼赫魯把西藏目前的局势說成是"悲剧"。这些言論，对中印两国之間的友誼，不能不是非常危险的伤害！

尼赫魯虽然口口声声說，"我們一点也不想干涉西藏"，但他的言論和行动，却处处在借口西藏一小撮反动分子的叛乱事件，横暴地干涉我国的內政。我們要严正地宣告，我們决不干涉别国的內政，但我們的內政也决不允許别国来干涉。我們热爱和平，珍視中印两国人民的友誼，但我們决不允許任何帝国主义者和印度扩张主义分子染指我們的国土。西藏是中国領土不可分割的一部分。西藏一小撮反动分子的叛乱已經平息，西藏人民将永远摆脫农奴时代的黑暗生活，在不久的将来，将把西藏高原建成为人間乐园。帝国主义者和印度的扩张主义分子們，你們清醒点吧！

（文內小标题是編者加的）

为祖国建设的伟大成就和平定西藏叛乱而欢呼

全国人民代表大会代表
中国农业科学院副院长　金善宝

伟大的胜利

第二届全国人民代表大会第一次会议已经胜利地闭幕了。这次大会是全面跃进的大会，是全国大团结的大会，选出了国家机构的领导人员，通过了 1959 年国民经济计划。全国人民都将鼓起冲天干劲，为实现大会的决议而奋斗。

我在会上听了周总理的政府工作报告，感到非常兴奋。他总结了第一个五年计划的伟大成就，描述了 1958 年史无前例的“大跃进”，并提出了 1959 年“更大跃进”的宏伟图景。伟大的中国共产党和各族人民的伟大领袖毛主席领导全国人民，艰苦奋斗，在短短的 10 年中，把破烂落后的旧中国，变成了灿烂美好的新中国，使每一个中国人民感到无比的兴奋和自豪。我国这种奇迹般的成就，无疑地影响是很大的，它将大大加强社会主义阵营的力量，对保卫世界和平将会发生巨大的作用。

解放前后的农业生产

我们试就农业生产情况和解放以前对比一下。大家知道，我国是一个古老的农业国家，但在解放前，我国的农业生产情况是极其悲惨的，人民最需要的衣食原料是不足的。大米要从泰国等地大量输入，小麦要仰给于加拿大和美国，棉花也要依靠美国。解放之后，帝国主义者曾经嘲笑过我们，说我们虽然取得了革命的胜利，但粮食与人口是一个无法解决的矛盾。他们是马尔萨斯人口论者，认为我国粮食的增产是永远赶不上人口的增长的，因此，他们断言，我国将永远不能摆脱贫穷落后的状态。但是几年来，我国粮食迅速增产的事实有力地反击了帝国主义者那种嘲笑。1949 年，我国每人平均占有粮食只有 399 斤，到 1958 年已经达到 1 200 斤。10 年之间，每人平均粮食增加了 3 倍。试问，我国的人口究竟增加了多少呢？马尔萨斯人口论的极端反动性在这活生生的事实面前被彻底揭穿了，帝国主义者的诅咒也就破产了。

1959 年，我国的粮食生产指标是 10 500 亿斤，比 1958 年增长 3 000 亿斤。这又是一个巨大的增长。我国粮食产量，在解放前，最高的 1936 年也只有 2 774 亿斤，现在我们一年就增产 3 000 亿斤。这当然需要付出巨大的努力，才能完成这个“大跃进”的计划；但我们深信，我们一定能够完成，而且还能超额完成。就小麦来说，去年我国小麦的产量已经超过美国，跃居世界第二位。今年怎样呢？根据我最近在长江下游、四川盆地以及关中平原等地所看到的，今年的小麦普遍长得很好，可以预测，今年的小麦，将会比去年获得更大丰收。1958 年，小麦单位面积产量最高的是丹麦，计合每市亩 511 斤（美国只有 244 斤），但丹麦种植小麦的总面积不过百万亩，我国今年的小麦单位面积产量如果超过 500 斤，无论是总产量还是单位面积产量都将成为震动世界的大事。

为西藏人民的光明前途欢呼

正当全国各族人民在中国共产党和毛主席的英明领导下，以一天等于二十年的冲天干劲建设无限美好的社会主义的时候，西藏一小撮上层反动分子，勾结帝国主义和蒋匪帮，作出了背叛祖国的罪恶勾当。这引起了全国人民无比的愤怒。幸而我英勇的人民解放军在几天之内就平定了西藏的叛乱，现在雅鲁藏布江以南的叛乱集团已全被粉碎了。从此以后，西藏自治区筹备委员会的工作得以迅速开展，西藏人民将永远摆脱农奴主的残酷压迫，结束农奴的悲惨生活，走上幸福生活的大道。我们为西藏人民的光明前途欢呼！

应该按“五项原则”办事

自从西藏叛乱事件发生以后，帝国主义者都对我们大肆诬蔑，这是在我们意料中的。现在印度的某些扩张主义分子居然想继承英帝国主义过去在西藏的手法，和西藏一小撮叛乱分子勾结在一起，公开表示“同情”西藏的叛乱，大唱其“西藏独立”的滥调，这是不能令人容忍的。谎言连篇的所谓“达赖喇嘛的声明”是在印度外交官员主持下发表的，这显然是对我国内政的粗暴干涉，是与中印五项原则相违背的。我们对此不但表示极度的愤慨，而且深为印度惋惜。

印度是我们伟大的邻邦，中印两国有几千年的友好历史关系，我们两国所倡导的五项原则是完全符合两国人民的利益和世界和平利益的。尼赫鲁总理是五项原则的倡导人之一，应该始终不渝地来维护五项原则的实施。但不幸的是自从西藏叛乱事件发生以来，尼赫鲁所发表的言论和行动是与五项原则背道而驰的。尼赫鲁 4 月 27 日在印度人民院就西藏局势的讲话里，表示“非常希望保持印度和中国之间的友谊”，但又把西藏叛乱分子当作印度的上宾来看待，说他们的叛乱是基于“强烈的民族主义情绪”。我们全国人民对西藏叛乱的迅速平定为之欢欣鼓舞，但尼赫鲁把西藏目前的局势说成是“悲剧”。这些言论，对中印两国之间的友谊，不能不是非常危险的伤害！

尼赫鲁虽然口口声声说，“我们一点也不想干涉西藏”，但他的言论和行动，却处处在借口西藏一小撮反动分子的叛乱事件，横暴地干涉我国的内政。我们要严正地宣告，我们决不干涉别国的内政，但我们的内政也决不允许别国来干涉。我们热爱和平，珍视中印两国人民的友谊，但我们决不允许任何帝国主义者和印度扩张主义分子染指我们的国土。西藏是中国领土不可分割的一部分。西藏一小撮反动分子的叛乱已经平息，西藏人民将永远摆脱农奴时代的黑暗生活，在不久的将来，将把西藏高原建成为人间乐园。帝国主义者和印度的扩张主义分子们，你们清醒点吧！（文内小标题是编者加的）

（中国科学院科学报，1959-5-10（1））

我們一天天在上升

中国农业科学院副院长　金善宝

光明日報　一九六〇年一月廿四日

我国人民在党和毛主席的正确领导下，已經提前三年完成了第二个五年計划。这是总路綫的偉大胜利，是人民公社和大跃进的偉大胜利，是毛澤东思想的偉大胜利！六亿五千万人民为这个偉大胜利而欢欣鼓舞！

我們如果把我国十年来农业增产的情况和資本主义国家比較一下，就显得我国的农业增产非常突出了。1949—1958年，我国粮食由2161.9亿斤增加到5000亿斤，增长了2.3倍。1958年的粮食产量比1957年增长35%，粮食增产达到那么高的速度是从来沒有过的，所以是特大跃进的一年。1959年的粮食产量又比1958年增长8%，这一年的粮食生产是在战胜了几十年来沒有遇到过的特大水旱風雹灾害下取得的。全国受灾面积达六亿五千万亩，占全部播种面积30%。美国从1954—1957年，粮食生产平均每年只增长1.3%，同一期間，小麦方面，每年反減产0.99%，1958年的小麦产量更見萎縮，減产23%。我們的棉花产量也是在飞跃地发展，从1949年的888.8万担增加到1958年的4200万担，增加4.7倍。美国的棉花产量則从1949年的3.22百万吨減到1958年的2.55百万吨，十年之中，平均每年減产0.94%。在畜牧方面，我国的猪已經发展到一亿八千万头，美国只有五千多万头，我們比它多了三倍以上。美国如此，其他資本主义国家也是一样。这种現象說明了什么呢？这充分說明我們的党領导农业生产的正确和社会主义制度的无比优越性，别的解釋是沒有的，毛主席断言："敌人一天天烂下去，我們一天天好起来"，在农业生产方面也証明了这一点。

我们一天天在上升

中国农业科学院副院长　金善宝

我国人民在党和毛主席的正确领导下，已经提前3年完成了第二个五年计划。这是总路线的伟大胜利，是人民公社和“大跃进”的伟大胜利，是毛泽东思想的伟大胜利！65 000万人民为这个伟大胜利而欢欣鼓舞！

我们如果把我国10年来农业增产的情况和资本主义国家比较一下，就显得我国的农业增产非常突出了。1949—1958年，我国粮食由2 161.9亿斤增加到5 000亿斤，增长了1.3倍。1958年的粮食产量比1957年增长35%，粮食增产达到那么高的速度是从来没有过的，所以是“特大跃进”的一年。1959年的粮食产量又比1958年增长8%，这一年的粮食生产是在战胜了几十年来没有遇到过的特大水旱风雹灾害下取得的。全国受灾面积达65 000万亩，占全部播种面积30%。美国1954—1957年，粮食生产平均每年只增长1.3%，同一期间，小麦方面，每年反减产0.99%，1958年的小麦产量更见萎缩，减产23%。我们的棉花产量也是在飞跃地发展，从1949年的888.8万担增加到1958年的4 200万担，增加了3.7倍。美国的棉花产量则从1949年的322万吨减到1958年的255万吨，10年之中，平均每年减产0.94%。在畜牧方面，我国的猪已经发展到18 000万头，美国只有5 000多万头，我们比它多了2倍以上。美国如此，其他资本主义国家也是一样。这种现象说明了什么呢？这充分说明我们的党领导农业生产的正确和社会主义制度的无比优越性，别的解释是没有的，毛主席断言：“敌人一天天烂下去，我们一天天好起来”，在农业生产方面也证明了这一点。

（光明日报，1960-1-24（2））

回忆长望同志

金善宝

1962年6月9日我国卓越的气象学家涂长望同志与世长辞了。那天早上，九三学社以电話通知我。我急忙到医院去看他的时候，他已經停止了呼吸，和我們永别了！

我认識涂长望同志是在抗日战爭初期在重庆的时候，記得第一次見到他是在化龙桥的新华日报館。当时因为蔣介石的反动政权对于日本帝国主义的侵略节节退让，而对八路軍則处处进攻，至于压迫輿論、封鎖新聞，甚至残害进步人士，也是无所不用其极。有些知識分子忧国亡之无日，虑神州之陆沉，但手无寸鉄，又无縛鸡之力，因此，內心感到极度苦悶。我有机会和梁希、潘菽、謝立惠等同志去新华日报館解悶，承潘梓年、章汉夫、石西民等同志为我們讲解时事，有时还承中共中央的领导同志为我們讲述国內外形势，使我們的政治认識得以逐步提高，并大大增强了抗战必胜的信心，新华日报館就成为我們政治学习的大学。我和长望同志就是在那样的关系中漸漸熟識起来的。那时他不过三十多岁，年少英俊，学識广博，遇事沉着，热忱待人，当然，爱憎是分得很清楚的。我們从沙坪壩到新华日报館，有时集体，有时分散，开会的通知也只是口头的暗号："到报館去"。因为从化龙桥到新华日报館是有一段路程的，它設在一座小山上，在这段路上是佈满了特务的，他們在暗中检查过路的行人。长望同志因为工作关系，到新华日报館去是非常困难的，但每次开会，他总是积极参加的。

长望同志是九三学社創始人之一，当时的九三学社是一个政治性的学术团体，为了爭民主，反暴力，积极团結进步的科学工作者，长望同志总是走在最前列。他从1952年第二届全国工作会議时就被选为秘书长，1959年又被选为副主席。在党的領导下，积极发展九三学社的組織，领导社員进行政治学习，长望同志都作出了卓越的貢献。1956年，长望同志光荣地参加了中国共产党。他知道，九三学社是党的一个有力助手，九三学社的工作是党的工作的一部分，1957年，他在社內积极参加了反右派斗爭的領导工作，而且有会必到，虽然遇到不少困难，但为了党的事业，他終于克服了困难，，完成了党所交給的任务。

全国解放后，长望同志荣任中央气象局局长，他在党的正确领导下，坚决貫徹党的方針政策，因而十多年来我国气象事业获得蓬勃的发展，全国各地普遍設立了气象站，培养了大批气象科学干部，气象預測預报具有空前高度的准确性，对我国农业生产帮助很大。

长望同志虽然病魔纏身，当行动已經感到困难的时候，他还带了拐杖，在他爱人的陪同下，从气象局步行到我家里来看我，表示他不为病魔所屈服。他还乐观地說，某某領导同志患了八年重病，經过疗养，現在已經完全恢复健康了。在医院治疗期間，他并沒有放弃他的科学研究工作，他还在报上发表了"关于二十世紀气候变暖的問題"的著名科学論文，这种頑强的革命乐观主义精神都是我們学习的榜样。

长望同志将永垂不朽！

回忆长望同志

金善宝

1962 年 6 月 9 日我国卓越的气象学家涂长望同志与世长辞了。那天早上，九三学社以电话通知我。我急忙到医院去看他的时候，他已经停止了呼吸，和我们永别了！

我认识涂长望同志是在抗日战争初期在重庆的时候，记得第一次见到他是在化龙桥的新华日报馆。当时因为蒋介石的反动政权对于日本帝国主义的侵略节节退让，而对八路军则处处进攻，至于压迫舆论、封锁新闻，甚至残害进步人士，也是无所不用其极。有些知识分子忧国亡之无日，虑神州之陆沉，但手无寸铁，又无缚鸡之力，因此，内心感到极度苦闷。我有机会和梁希、潘菽、谢立惠等同志去新华日报馆解闷，承潘梓年、章汉夫、石西民等同志为我们讲解时事，有时还承中共中央的领导同志为我们讲述国内外形势，使我们的政治认识得以逐步提高，并大大增强了抗战必胜的信心，新华日报馆就成为我们政治学习的大学。我和长望同志就是在那样的关系中渐渐熟识起来的。那时他不过三十多岁，年少英俊，学识广博，遇事沉着，热忱待人，当然，爱憎是分得很清楚的。我们从沙坪坝到新华日报馆，有时集体，有时分散，开会的通知也只是口头的暗号："到报馆去"。因为从化龙桥到新华日报馆是有一段路程的，它设在一座小山上，在这段路上是布满了特务的，他们在暗中检查过路的行人。长望同志因为工作关系，到新华日报馆是非常困难的，但每次开会，他总是积极参加的。

长望同志是九三学社创始人之一，当时的九三学社是一个政治性的学术团体，为了争民主、反暴力，积极团结进步的科学工作者，长望同志总是走在最前列。他从 1952 年第二届全国工作会议时就被选为秘书长，1959 年又被选为副主席。在党的领导下，积极发展九三学社的组织，领导社员进行政治学习，长望同志都做出了卓越的贡献。1956 年，长望同志光荣地加入了中国共产党。他知道，九三学社是党的一个有力助手，九三学社的工作是党的工作的一部分，1957 年，他在社内积极参加了反右派斗争的领导工作，而且有会必到，虽然遇到不少困难，但为了党的事业，他终于克服了困难，完成了党所交给的任务。

全国解放后，长望同志荣任中央气象局局长，他在党的正确领导下，坚决贯彻党的方针政策，因而十多年来我国气象事业获得蓬勃的发展，全国各地普遍设立了气象站，培养了大批气象科学干部，气象预测预报具有空前高度的准确性，对我国农业生产帮助很大。

长望同志虽然病魔缠身，当行动已经感到困难的时候，他还带了拐杖，在他爱人的陪同下，从气象局步行到我家里来看我，表示他不为病魔所屈服。他还乐观地说，某某领导同志患了八年重病，经过疗养，现在已经完全恢复健康了。在医院治疗期间，他并没有放弃他的科学研究工作，他还在报上发表了《关于二十世纪气候变暖的问题》的著名科学论文，这种顽强的革命乐观主义精神都是我们学习的榜样。

长望同志将永垂不朽！

（红专，1962（7)：13)

向台灣科教界朋友賀新年

中國農業科學院院長
九三學社中央委員會副主席
金善寶

一九七九年即將過去，人類即將進入八十年代。在我們迎接一九八〇年新年的時候，適逢全國人民代表大會常委會《告台灣同胞書》發表一周年，我代表中國農業科學院和九三學社衷心祝願台灣的科學文教界老朋友們和同胞們新年愉快，事業進步！

我們闊別三十一年了，南北遙隔，人各一方，每逢佳節，倍增遙想。從白雪皚皚的長白山到鬱鬱葱葱的阿里山，從千里冰封的烏蘇里江到碧波蕩漾的日月潭，盡管氣候是那末的不同，但是我們心田中却有着共同的願望，那就是：過新年了，大家都惦念着團圓，希望家人、親友團聚。我們和台灣科學文教界的朋友們，雖然長期隔絶，但是我們的深情厚意是任何力量也割斷不了的。你們有親人和朋友在我們中間，我們也有一些同學、故舊遠處台灣。如錢穆、沈宗瀚、馬保之、黃夏千、孫逢吉、張德粹、盧亦秋等先生都是我當年在江南大學和中央大學時間的老同事；張尚中先生既是我的學生又是浙江農大時的同事。另外，還有很多很多。這些在台灣的老朋友都是我時常縈念的。這些老友據我了解都還健在，都應該是子孫繞膝，承歡堂前的了。如張尚中先生的外甥女姚錢春現在北京居住，她的孩子已經成大人了，現在部隊裏工作，她生活得很好，沈宗瀚先生的弟弟沈學年先生現任浙江農業大學教授、教育工會主席，又是五屆全國人大的代表，他搞水稻育種工作很有成績。

一年前，中日簽約和中美建交，為我們祖國的統一創造了大好時機。一年前發表的《告台灣同胞書》抒發了黃帝子孫的共同心聲，表達了祖國大陸人民對包括台灣當局在內的一千七百萬台灣骨肉同胞的良好祝願和殷切期望。如果我們祖國統一的局面早日實現，那末繁榮昌盛的統一的中國，對全世界全人類的貢獻將是不可估量的。

我們知道，三十一年來，台灣的科學文教工作者勤奮鑽研，在科學技術、農業技術等許多領域裏取得了顯著的進展。大陸上的農業科學研究也有了很大的發展，從中央到各省、地和大部分縣都建立了綜合的或專業的農業科研機構，全國的農業科研、農業教育和農業技術推廣體系已經或正在形成。

我們中華民族是勤勞、智慧的，我們要把智慧的頭腦，勤勞的雙手，奉獻給我們偉大的祖國。而今，我們廣大科學文教工作者與全國人民一道，同心同德，羣策羣力，在實現四個現代化進軍中，正在闊步前進。科學技術是實現四個現代化的關鍵，農業更是國計民生的重要一環，台灣回歸祖國以後，祖國九百六十萬平方公里的土地上，都是我們發揮智慧、施展才能的廣闊天地，為了中華民族科學文化的發達和經濟的發展，為了祖國的繁榮富强，我由衷地希望台灣的科學文教界的朋友們，為早日實現祖國統一大業，攜起手來做出我們自己的貢獻。

我今年已經八十四歲了，我十分渴望祖國的統一局面早日到來。那時，台灣的科學文教界朋友們到北京參觀、訪問、探親、訪友，我一定要陪同你們參觀大陸上的農業新成就，欣賞祖國多嬌的河山。我也一定要親去台灣，交流農業技術的經驗，飽覽台灣島上的風光。

我堅信，這種把臂暢談，愉快、幸福的團聚必定為期不遠了。

（中新社北京電）

向台湾科教界朋友贺新年

中国农业科学院院长
九三学社中央委员会副主席 金善宝

1979年即将过去，人类即将进入20世纪80年代。在我们迎接1980年新年的时候，适逢全国人民代表大会常委会《告台湾同胞书》发表一周年，我代表中国农业科学院和九三学社衷心祝愿台湾的科学文教界老朋友们和同胞们新年愉快，事业进步！

我们阔别三十一年了，南北遥隔，人各一方，每逢佳节，倍增遥想。从白雪皑皑的长白山到郁郁葱葱的阿里山，从千里冰封的乌苏里江到碧波荡漾的日月潭，尽管气候是那么的不同，但是我们心田中却有着共同的愿望，那就是：过新年了，大家都惦念着团圆，希望家人、亲友团聚。我们和台湾科学文教界的朋友们，虽然长期隔绝，但是我们的深情厚谊是任何力量也割断不了的，你们有亲人和朋友在我们中间；我们也有一些同学、故旧远处台湾。如钱穆、沈宗瀚、马保之、黄夏千、孙逢吉、张德粹、卢亦秋等先生都是我当年在江南大学和中央大学时的老同事；张尚中先生既是我的学生又是浙江农大时的同事。另外，还有很多很多。这些在台湾的老朋友都是我时常萦念的。这些老友据我了解都还健在，都应该是子孙绕膝，承欢堂前的了。如张尚中先生的外甥女姚钱春现在北京居住，她的孩子现在已经成大人了，现在部队里工作，她生活得很好，沈宗瀚先生的弟弟沈学年先生现任浙江农业大学教授、教育工会主席，又是五届全国人大的代表，他搞水稻育种工作很有成绩。

一年前，中日签约和中美建交，为我们祖国的统一创造了大好时机。一年前发表的《告台湾同胞书》抒发了黄帝子孙的共同心声，表达了祖国大陆人民对包括台湾当局在内的1 700万台湾骨肉同胞的良好祝愿和殷切期望。如果我们祖国统一的局面早日实现，那么繁荣昌盛的统一的中国，对全世界人类的贡献将是不可估量的。

我们知道，三十一年来，台湾的科学文教工作者勤奋钻研，在科学技术、农业技术等许多领域里取得了显著的进展。大陆上的农业科学研究也有了很大的发展，从中央到各省、地和大部分县都建立了综合的或专业的农业科研机构，全国的农业科研、农业教育和农业技术推广体系已经或正在形成。

我们中华民族是勤劳、智慧的，我们要把智慧的头脑，勤劳的双手，奉献给我们伟大的祖国。而今，我们广大科学文教工作者与全国人民一道，同心同德，群策群力，在实现四个现代化进军中，正在阔步前进。科学技术是实现四个现代化的关键，农业更是国计民生的重要一环，台湾回归祖国以后，祖国960万平方公里的土地上，都是我们发挥智慧、施展才能的广阔天地，为了中华民族科学文化的发达和经济的发展，为了祖国的繁荣富强，我由衷地希望台湾的科学文教界的朋友们，为早日实现祖国统一的大业，携起手来，做出我们自己的贡献。

我今年已经84岁了，我十分渴望祖国的统一局面早日到来。那时，台湾的科学文教界朋友们到北京参观、访问、探亲、访友，我一定要陪同你们参观大陆上的农业新成就，欣赏祖国多娇的河山。我也一定要亲去台湾，交流农业技术的经验，饱览台湾岛上的风光。

我坚信，这种把臂畅谈，愉快、幸福的团聚必定为期不远了。

（大公报，1979-12-25）

浙江日报 1981年2月25日
诸暨报 3月6日

八五老翁思故里

金善宝

离开故乡诸暨已经五、六十年了。这中间虽有几次去探望，每次都是忙去忙来，匆匆而过。现在年纪大了，而思乡之情却经常拨动着我的心弦。

诸暨曾经是越国的重镇，出过西施那样的爱国女英雄；诞生过勤学苦读、诗画并茂，甘愿清贫不求官禄的放牛娃王冕。

我是一个农业科学工作者，我爱故乡，希望故乡的农业有新的发展。因此，只要有机会，我总想回到故乡看一看，了解一下农业发展情况。一九六二年，我在离别故乡三十年后，第一次返回故乡。原想亲眼看看多年不见的故乡特产——香榧的丰收景象。那晓得，香榧树在“大跃进”的年月里，已经被砍个净光。望着那光山秃坡，我心里实在难受啊！

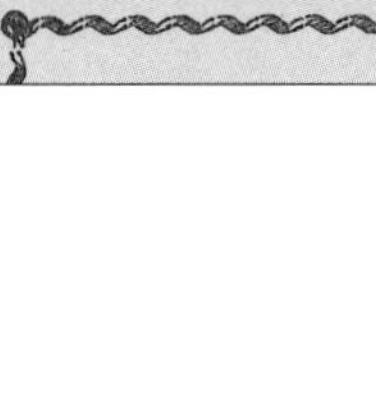

去年，我到杭州参加一个会议，顺便到诸暨去一趟。回想起来，我离开家乡的时候还是一个青年学生呢，这次回来已经鬓发如霜了。当年的好友健在无几。天真的孩子们围拢着我，拍着小手笑脸相迎，还都把我当作异土他乡的陌生客人呢！谈起农业生产，乡亲们兴致勃勃地告诉我，粉碎“四人帮”以后，重新栽植了一万多亩香榧林，而且还在继续发展，这使我感到由衷的高兴。

浙江，不仅有杭嘉湖、宁绍和温黄平原，还有南部丘陵地。省境相跨南北纬度四度，雨量充沛，无霜期较长，是一个“七山一水二分田”的好地方。山多，土壤表面积大，便于发展“立体农业”，在全面规划中，可以山水田林路综合治理；农林牧副渔全面发展。龙井茶、温州蜜柑驰名中外；满山遍野的毛竹，是发展编织业的良好原料；干果生产和蚕桑副业均有悠久的历史；粮食作物栽培，素有精耕细作的传统。勤劳智慧的故乡人民，一定会扬长补短，充分利用较为优越的自然条件，发挥社会主义建设积极性。作为第一个粮棉亩产跨《纲要》、一九七九年与去年又获得粮、棉、油大丰收的省，一定能在实现农业现代化中做出新的贡献。

金善宝同志在田间工作

（本文作者系全国科协副主席、中国农业科学院院长，我国著名农业专家。）

八五老翁思故里

金善宝

离开故乡诸暨已经五六十年了。这中间虽有几次去探望，每次都是忙去忙来，匆匆而过。现在年纪大了，而思乡之情却经常拨动着我的心弦。

诸暨曾经是越国的重镇，出过西施那样的爱国女英雄；诞生过勤学苦读、诗画并茂、甘愿清贫不求官禄的放牛娃王冕。

我是一个农业科学工作者，我爱故乡，希望故乡的农业有新的发展。因此，只要有机会，我总想回到故乡看一看，了解一下农业发展情况。1962 年，我在离别故乡 30 年后，第一次返回故乡。原想亲眼看看多年不见的故乡特产——香榧的丰收景象。哪晓得，香榧树在“大跃进”的年月里，已经被砍个精光。望着那光山秃坡，我心里实在难受啊！

去年，我到杭州参加一个会议，顺便到诸暨去一趟。回想起来，我离开家乡的时候还是一个青年学生呢，这次回来已经鬓发如霜了。当年的好友健在无几。天真的孩子们围拢着我，拍着小手笑脸相迎，还都把我当作异土他乡的陌生客人呢！谈起农业生产，乡亲们兴致勃勃地告诉我，粉碎“四人帮”以后，重新栽植了一万多亩香榧林，而且还在继续发展，这使我感到由衷的高兴。

浙江不仅有杭嘉湖、宁绍和温黄平原，还有南部丘陵地。省境相跨南北纬度 4°，雨量充沛，无霜期较长，是一个“七山一水二分田”的好地方。山多，土壤表面积大，便于发展“立体农业”，在全面规划中，可以山水田林路综合治理；农林牧副渔全面发展。龙井茶、温州蜜柑驰名中外；满山遍野的毛竹，是发展编织业的良好原料；干果生产和蚕桑副业均有悠久的历史；粮食作物栽培，素有精耕细作的传统。勤劳智慧的故乡人民，一定会扬长补短，充分利用较为优越的自然条件，发挥社会主义建设积极性。作为第一个粮棉亩产跨《全国农业发展纲要》、1979 年与去年又获得粮、棉、油大丰收的省，一定能在实现农业现代化中做出新的贡献。

（本文作者系全国科协副主席、中国农业科学院院长，我国著名农业专家。）

（浙江日报，1981-2-25（3））

祝贺《农业科研管理》创刊

金善宝

“最文明的民族也同最不发达的未开化的民族一样，必须保证自己有食物，然后才能去照顾其他的事情。”马克思所说的这个语言简明，意义深远的朴实道理，古往今来，无不如此。“以农业为基础”是毛泽东同志对发展国民经济的重要指导思想，综观多年来正反两个方面的历史经验，实践一再证明这个战略方针是完全正确的。

在五届人大四次会议政府工作报告中，讲到我国经济建设的十条方针时，首先提出“依靠政策和科学，加快农业的发展”。正确政策的制定也要凭借社会科学和管理科学。应当说只有农业科学知识并不等于懂得了这个领域里的管理科学。对农业科学研究的管理来说，也是一门重要的学问。由于复杂的历史原因，使得我们这个10亿人口、8亿农民的社会主义国家，直接从事农业科学技术工作的人还不多，总的看来农民科学种田的水平还不高。党的十一届三中全会以来，随着农村政策的落实，各种生产责任制的实行，广大农民生产积极性空前高涨，已经出现了爱科学、学科学、用科学的热烈局面，为我国农业科学的发展开辟了广阔的前途。同时也给农业科学管理工作提出了新的任务，首先要对如何更好地继承和发展我国的传统农业科学技术进行研究，其次要从我国的实际情况出发，学习外国好的经验。运用有关基础理论和新技术，来指导和丰富农业科学研究的内容，不断开拓新的研究领域，改善研究条件和手段，促进农业现代化的发展。

农业现代化必须以农业科学技术的发展为先导，而农业科学管理是否科学化、现代化，对其发展速度的影响，又是极其重要的一环。用老经验、老办法来办现代化事业的做法，显然是难以奏效的。长期以来，党培养了一批农业科研管理专家，在过去农业科学发展中起了重要的作用。然而，在科学技术迅速发展的今天，在新形势、新任务的面前，同样有一个重新学习新知识，掌握新本领的问题。为了提高农业科学研究和技术应用的效率，使研究成果迅速变为直接生产力，为国民经济建设服务，如何合理使用人、财、物，必然要涉及科研体制、政策、管理方法、人才培养等多方面的科学研究课题。《农业科研管理》的创刊，为我们开辟了在这些方面总结经验、交流成果、组织协作、协调关系、激发士气、研究问题、提出改革建议的园地。无疑的，它将对提高我国农业科研管理水平起到积极的促进作用。我们欢迎它，祝贺它，辛勤的园丁们，一定会用革命的精神培育它，灌溉它，使它为社会主义农业科学现代化管理结出丰满的果实。

（农业科研管理，1982（1）：1）

杰出学者 光辉著作

——纪念农业化学奠基者尤·李比希逝世110周年

中国科学院学部委员 中国农科院名誉院长 金善宝

今年是德国杰出学者——尤·李比希逝世一百一十周年。尤·李比希是农业化学的创始人，同时也是一个伟大的农业思想家，他的主要著作《化学在农业和生理学上的应用》一书，已由中国农科院土壤肥料研究所刘更另同志翻译出版，不久即将问世。

一百多年以来，这本书译成十几种文字，在世界上广为流传，1940年美国科学促进协会，为这本书发行一百周年，出版了纪念专集，全面总结了李比希学说及其发展，称这本书是划时代的名著。专集写道："从来没有任何一本化学文献，在农业科学的革命方面，比这本划时代的著作起更大的作用"。

革命导师马克思、恩格斯非常重视李比希的成就，高度评价《化学在农业和生理学上的应用》这本著作。据不完全统计，在马克思、恩格斯全集中，有三十三处赞扬、评论李比希的贡献，直接引用这本书的材料。例如1866年2月13日马克思致恩格斯的信中说："德国的新农业化学，特别是李比希和申拜因，对这种事情（指马克思写的地租理论），比所有的经济学家加起来，还更重要"（马恩全集31卷181页）。在谈到土地生产率的时候，马克思介绍说："关于在连续投资时，土地生产率降低的情形，可以参看李比希的著作《化学在农业和生理学上的应用》"（马克思全集25卷839页）。

李比希是一个伟大的化学家，他把化学上的研究成果，进行高度地理论概括，成功地运用到农业、工业、政治、经济、哲学各个领域，并特别重视解决农业生产实践问题。他根据大量科学实验的结果，深刻地揭露了自然界无机营养元素循环的规律，从而把土壤、作物、牲畜和人类生活需要有机地联系起来，为建立耕作业、种植业、饲养业相结合的农业，提供了理论依据。李比希对农业发展的基本理论，提出了一些卓越的见解。在140年以前，他就敏锐地看到了资本主义制度剥削地力、破坏自然资源的本质，并无情地揭露说："现代的农业（指资本主义农业）是一种掠夺式的农业（第七版序言）。他的这些思想，正如马克思在《资本论》中阐述的："资本主义农业的任何进步，都不仅是掠夺劳动者技巧上的进步……，同时也是掠夺土地肥力——持久源泉的进步"（马恩全集23卷553页）。

《化学在农业和生理学上的应用》第一版在1840年问世，经过作者多次修改补充，在1862年发行到第七版，在这个期间，许多欧洲人来到中国，了解到我国农民素有精耕细作的传统，施用人畜粪尿，促进有机质再循环的过程。李比希高度评价中国农民的创造，在这本书中他用很大的篇幅引用、赞扬了这些经验。他说："中国农民对农业具有独特的经营方法，可以使国家长期保持地力，并不断提高土地生产力，以满足人口增长的需要"（本书"绪论"）。他认为中国农民的经验，不仅证实了他的学说的正确性，同时，他列举了大量事实，证明资本主义的农业，是一种掠夺式的农业。

马克思高度评价李比希的贡献，写道："李比希的不朽功绩之一，是从自然科学的观点出发，阐明了现代农业的消极方面"（马恩全集23卷553页）。资本主义发展到今天，无论从规模上、经营方式上、技术方法上和140年以前相比，当然有许多不同。但是资本主义本质决定的消极方面，则有过之而无不及。农业环境被污染，良好的生态环境破坏，农产品质

杰出学者　光辉著作
——纪念农业化学奠基者尤·李比希逝世110周年

中国科学院学部委员
中国农业科学院名誉院长　金善宝

今年是德国杰出学者尤·李比希逝世110周年。尤·李比希是农业化学的创始人，同时也是一个伟大的农业思想家，他的主要著作《化学在农业和生理学上的应用》一书，已由中国农业科学院土壤肥料研究所刘更另同志翻译出版，不久即将问世。

一百多年以来，这本书译成十几种文字在世界上广为流传，1940年美国科学促进协会，为这本书发行100周年出版了纪念专集，全面总结了李比希学说及其发展，称这本书是划时代的名著。专集写道："从来没有任何一本化学文献，在农业科学的革命方面，比这本划时代的著作起更大的作用"。

革命导师马克思、恩格斯非常重视李比希的成就，高度评价《化学在农业和生理学上的应用》这本著作。据不完全统计，在马克思、恩格斯全集中，有33处赞扬、评论李比希的贡献，直接引用这本书的材料。例如1866年2月13日马克思致恩格斯的信中说："德国的新农业化学，特别是李比希和申拜因，对这种事情（指马克思写的地租理论）比所有的经济学家加起来，还更重要。"（马恩全集31卷181页）在谈到土地生产率的时候，马克思介绍说："关于在连续投资时，土地生产率降低的情形，可以参看李比希的著作《化学在农业和生理学上的应用》。"（马克思全集25卷839页）

李比希是一个伟大的化学家，他把化学上的研究成果，进行高度地理论概括，成功地运用到农业、工业、政治、经济、哲学各个领域，并特别重视解决农业生产实践问题。他根据大量科学实验的结果，深刻地揭露了自然界无机营养元素循环的规律，从而把土壤、作物、牲畜和人类生活需要有机地联系起来，为建立耕作业、种植业、饲养业相结合的农业，提供了理论依据。李比希对农业发展的基本理论，提出了一些卓越的见解。在140年以前，他就敏锐地看到了资本主义制度剥削地力、破坏自然资源的本质，并无情地揭露说："现代的农业（指资本主义农业）是一种掠夺式的农业（第7版序言）。"他的这些思想，正如马克思在《资本论》中阐述的："资本主义农业的任何进步，都不仅是掠夺劳动者技巧上的进步……同时也是掠夺土地肥力——持久源泉的进步。"（马恩全集23卷553页）

《化学在农业和生理学上的应用》第1版在1840年问世，经过作者多次修改补充，在1862年发行到第7版，在这个期间，许多欧洲人来到中国，了解到我国农民素有精耕细作的传统，施用人畜粪尿，促进有机质再循环的过程。李比希高度评价中国农民的创造，在这本书中他用很大的篇幅引用，赞扬了这些经验。他说："中国农民对农业具有独特的经营方法，可以使国家长期保持地力，并不断提高土地生产力，以满足人口增长的需要（该书“绪论”）。”他认为中国农民的经验，不仅证实了他的学说的正确性，同时，他列举了大量事实，证明资本主义的农业是一种掠夺式的农业。

马克思高度评价李比希的贡献，写道：“李比希的不朽功绩之一，是从自然科学的观点出发，阐明了现代农业的消极方面。”（马恩全集23卷553页）资本主义发展到今天，无论从规模上、经营方式上、技术方法上和140年以前相比，当然有许多不同。但是资本主义本质决定的消极方面，则有过之而无不及。农业环境被污染，良好的生态环境破坏，农产品质量的降低，大量矿物能源的消耗，正在各方面造成隐患。我国要建设社会主义现代化农业，当然要吸收工业发达国家发展农业的成功经验。但是不要忽视我国原有农业的某些优点以及解放以来我国在农业建设上取得的成就。更要重视农业生产自然规律，不要做那些剥削地力，破坏农业环境，损耗自然资源的事情。同时对农业发展的根本理论问题和基本技术路线问题，还需要进行认真的探讨。李比希《化学在农业和生理学上的应用》一书，有助于我们打开思路，认识某些农业自然规律，启发我们在农业建设方面考虑一些具有战略意义的问题，这对我国农业和农业科学的发展，毫无疑问是很有益处的。

当然，任何一个科学家、任何一个科学学说，都不免要受到当时社会条件的限制，李比希及其学说也不例外。例如，他一方面正确地批评资本主义农业是一种掠夺式的农业，致使土壤贫瘠化；另一方面他又把“土壤肥力递减”说成是一个自然法则，“把资本主义的缺点、局限性和矛盾，归咎于自然界。”（马恩全集第一卷第21页）“他对农业史所做的历史概述，不免有严重错误。”（马恩全集23卷553页）虽然如此，李比希在阐述农业发展史的时候，“但也包含一些卓越的见解。”（马恩全集23卷553页）更重要的，李比希能根据新的事实，修正自己学说中的错误。他说：“为真理建立巩固的基础，任何人都不会拒绝我在自己学说中去掉糟粕的东西。”他确实这样做了。因此，《化学在农业和生理学上的应用》最后的版本就显得更加完善了。

我年近九旬，能看到李比希这本名著的中文本出版，并把它介绍给读者，甚感欣慰。我相信它将在我国农业建设和农业科学发展中发生深远的影响。预祝我国农业的胜利。

（土壤肥料，1983（6）：1-2）

我和梁希教授同住一室的日子

金善宝

在人的一生中，总有一些难以忘怀的事情牢固地留在自己的记忆里。我和梁希教授同住一室的日日夜夜，就是经常使我回味的。

“七七”事变后，南京的中央大学迁移到重庆沙坪坝。搬迁时规定教授都不能带家眷。那时，当教授所得的薪水维持几口之家的生活也有困难，我就把家眷送回故乡了。梁希教授从德国回来后也过着孤身一人的生活。在沙坪坝，我们俩人住在临时建筑的一间十多平方米的平房里，室内放两张单人床，一张小桌子我们每人用一个抽屉。朝夕相处，情同手足。我们之间推心置腹，无话不谈。他比我大十三岁，既是我的兄长，又是平生难得的益友。

我同梁希教授最初的相识，还是在1932年，我从美国回来到浙江大学农学院任副教授，那时他在森林系任教授兼系主任。时约半年，发生了这样一件事，特务头子陈果夫对梁希教授说：“金华的火腿是世界闻名的，产地在浙江，浙江大学农学院应该设立一个‘火腿系’。”梁希教授和农学院院长许璇都认为这是无耻的干涉学校行政工作，不予理睬。陈果夫又通过浙江大学校长郭任远，继续坚持那个毫无教育常识的荒谬主张，并对农学院许院长等施加压力。许院长愤而辞职，只身去北平。因此，农学院

我和梁希教授同住一室的日子

金善宝

在人的一生中，总有一些难以忘怀的事情牢固地留在自己的记忆里。我和梁希教授同住一室的日日夜夜，就是经常使我回味的。

七七事变后，南京的中央大学迁移到重庆沙坪坝。搬迁时规定教授都不能带家眷。那时，当教授所得的薪水维持几口之家的生活也有困难，我就把家眷送回故乡了。梁希教授从德国回来后也过着孤身一人的生活。在沙坪坝，我们两人住在临时建筑的一间10多平方米的平房里，室内放两张单人床，一张小桌子我们每人用一个抽屉。朝夕相处，情同手足。我们之间推心置腹，无话不谈。他比我大13岁，既是我的兄长，又是平生难得的益友。

我同梁希教授最初的相识，还是在1932年，我从美国回来到浙江大学农学院任副教授，那时他在森林系任教授兼系主任。时约半年，发生了这样一件事，特务头子陈果夫对梁希教授说："金华的火腿是世界闻名的，产地在浙江，浙江大学农学院应该设立一个'火腿系'。"梁希教授和农学院院长许璇都认为这是无耻的干涉学校行政工作，不予理睬。陈果夫又通过浙江大学校长郭任远，继续坚持那个毫无教育常识的荒谬主张，并对农学院许院长等施加压力。许院长愤而辞职，只身去北平。因此，农学院许多教师都为之不平，纷纷辞职以示对当局的抗议。梁希教授和我们一起到中央大学农学院去任教。在离开浙江大学农学院的前夕，在西湖聚餐会上，他痛斥了反动当局对高等教育的无知和派系之间利用各种条件争权夺势的种种勾当。他即席赋诗："湖上起风波，湖边饮太和，南宋山河小，东林意气多……"时隔50多年，前四句还记得，后四句怎么也想不起来了。本来，陈家弟兄等人都是湖州人，与梁希教授是同乡，都想拉他去官场，而梁希教授为人坚毅、正直，认真从教育才，不为权势所诱，决不为他们捧场。

在沙坪坝居住期间，通过潘菽同志，我们和新华日报社取得了联系，经常去周恩来同志住所听抗战形势报告和参加座谈。有一次，时逢"七七"抗战纪念日，校方出面号召为抗日将士捐款。有的教授出于对抗战的关心，自愿捐赠5元、10元。我们明知所捐之款前方将士是得不到的，"为前方将士捐款"只不过是跑到后方享清福的国民党官僚们，搜刮民财的手段而已，所以我们都呆在宿舍不去应捐。这一举动，在当时却不被一些同事所理解。时年冬初，我们看到《新华日报》上有为八路军捐赠寒衣的消息，我们决定把钱献给真正在前方同日本侵略者浴血奋战的、共产党领导的抗日军民，以示我们衷心慰问之情。从沙坪坝到《新华日报》社址化龙桥有六七里路，他因关节炎行动不便，把钱交给我带去了。次日《新华日报》刊登一条新闻："梁金先生各捐赠抗日战士寒服款100元……"这梁金都是谁？多人不晓。日常稍有接触的人，猜测说："准是同居一室的'两老'哇!"

我那时虽然还不到50岁，但鬓发皆白，身体不佳，又拄着手杖，因此也被列为“老”字的行列了。

大约1939年春，我们一起参加了“自然科学座谈会”，这个组织并不保密，但参加的成员又是不公开的。新华日报社社长潘梓年同志经常直接或间接指导我们的活动。基本成员主要是几个著名大学的教授，前后约近20人，活动的地点也不固定，多半以座谈会、聚餐等形式进行。经常出席的人主要有梁希、潘菽、涂长望、谢立惠、干铎和我。梁希教授学习《自然辩证法》很有收获，不仅理解得深刻，而且能结合实际应用。他根据辩证法的原理，观察分析了林业科学和森林事业发展的问题，还写了《用唯物辩证法观察森林》在《群众》杂志上发表。当时，周恩来副主席看后说：“梁老是位实干家，写得很好，我们还写不出来。”

梁希教授非常关心和爱护他的学生，支持进步学生的革命活动。他认真备课，具有“教而不厌，诲而不倦”的精神，学生们非常尊重他。对反动黑暗势力的统治，他敢怒、敢言、敢骂的行为，更使学生们敬佩。有一次，我在讲课时因胃病大出血而昏倒，被同学们抬回办公室，他关切地照料我，同时向学生们诉说了当局无视教授们疾苦的种种勾当。重庆大学有位教授在饥寒贫困的条件下生活，为5斗平价米而自杀。梁希教授怒不可遏，面对国民党反动统治，气愤已极，他击碎了校庭的水缸，以示抗议。他挥笔疾书，写了一副挽联“寒士死生五斗米，贪官反正一团糟。”大大激发了广大科教人员的斗争觉悟。那时流行的口头语是“教授，教授，越教越瘦！”大家想到连自己的生活都得不到应有的保障，哪里还谈得上“科学救国”“科学建国”呢!?

在抗日战争处于敌我相持艰苦的时期，人民心向共产党，把抗战胜利的希望寄托在人民子弟兵身上。在雾都重庆，周恩来同志、《新华日报》如同黑夜里的明灯，指引着知识界航行的方向。1943年，周副主席和邓颖超同志，在新华日报社，备酒席为梁老庆祝六十诞辰。周恩来同志高瞻远瞩对梁老和应邀赴宴的教授、学者们说：“中国需要科学家，新中国更需要科学家”，并勉励大家说：“眼前的困难是暂时的，组织起来就会产生力量……”此后，梁老和许德珩老，以他们在知识界中的威望，在重庆各界人士中活动，宣传只有组织起来，团结一致共同奋斗才有力量的道理，他们广泛团结科教人员，紧密配合党在这方面的工作，经过一年多的筹备，一些著名科学家参加了有关事宜的商议，在1945年抗战胜利前不久，在重庆沙坪坝正式成立了“中国科学工作者协会”。1946年，梁老随中央大学迁回南京，在国民党统治区的首府，在新的历史条件下，他又积极地投入了新的战斗！

（梁希纪念集，1983：16-19）

抚今追昔　继往开来

——纪念我社建社四十周年感怀

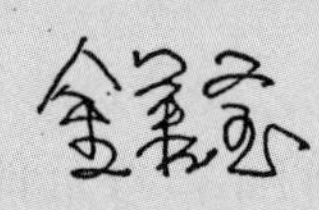

我社建社至今已经是四十个年头了。我作为一个老社员，热烈祝贺我社建社四十周年。

回忆四十年来所走过的历程，心情十分激动。我现在虽然年事高迈，许多往事已随着时间的流逝淡漠、遗忘了，但党对我们科技文教界同志的培养，毛主席、周总理对我社的关怀，却永远铭记心间，终生难忘。

一九三七年，我随前中央大学搬迁到四川重庆沙坪坝。当时的重庆，阴霾笼罩，黑云压城。然而，《新华日报》却象一座熠熠闪光的灯塔，冲破黑夜，驱散严寒，给人民带来了希望。我当时是《新华日报》的热心读者，报上的每一篇文章我都认真阅读，并逐段逐句地钻研。我还经常同梁希、潘菽、涂长望、谢立惠、李士豪等同志去《新华日报》社，同潘梓年、章汉夫、石西民等同志一起座谈，听取他们介绍国内外形势。在那里，我们还很荣幸地受到周恩来同志的多次接见、招待和教育。这就使我们得到了生活的勇气和斗争的力量，坚持革命必胜的信念。

党对我们民主党派成员一向十分关怀。即使在当时危机四伏的重庆，周恩来同志还多次以各种形式邀请我们一些教授座谈，向我们宣传党的政策，鼓励我们积极要求进步。记得，有一次，周恩来同志要前往中央大学讲演，消息刚一传出，国民党当局便关闭了学校的礼堂，并派国民党要员陈诚等多人进行监视。然而，封闭礼堂是徒劳的，周

我们的进步或红也就必须适合着这种新任务、新问题、新要求而体现于自己的新工作、新行动的具体表现之中。譬如说一个人在解放初期就已经是够红的，到了今天他的红就不能是老样子而必须有颇不同的具体表现了。他的思想意识和工作方法之类就应该有和现在的新形势相当的颇大变化了。总之，进步是不能停滞的，必须不断前进。这里就有不进则退的问题。在当前社会主义现代化建设大踏步前进，对外开放，对内搞活经济的甚为复杂的情况下，我们作为一个民主党派的成员也要紧跟着党，坚持四项基本原则，提高政治认识。我们对于红的努力不仅要继续，还应该有所加强。

抚今追昔　继往开来
——纪念我社建社四十周年感怀

金善宝

我社建社至今已经是四十个年头了。我作为一个老社员，热烈祝贺我社建社四十周年。

回忆四十年来所走过的历程，心情十分激动。我现在虽然年事高迈，许多往事已随着时间的流逝淡漠、遗忘了，但党对我们科技文教界同志的培养，毛主席、周总理对我社的关怀，却永远铭记心间，终生难忘。

1937 年，我随中央大学搬迁到四川重庆沙坪坝。当时的重庆，阴霾笼罩，黑云压城。然而，《新华日报》却像一座熠熠闪光的灯塔，冲破黑夜，驱散严寒，给人民带来了希望。我当时是《新华日报》的热心读者，报上的每一篇文章我都认真阅读，并逐段逐句地钻研。我还经常同梁希、潘菽、涂长望、谢立惠、李士豪等同志去新华日报社，同潘梓年、章汉夫、石西民等同志一起座谈，听取他们介绍国内外形势。在那里，我们还很荣幸地受到周恩来同志的多次接见、招待和教育。这就使我们得到了生活的勇气和斗争的力量，坚持革命必胜的信念。

党对我们民主党派成员一向十分关怀。即使在当时危机四伏的重庆，周恩来同志还多次以各种形式邀请我们一些教授座谈，向我们宣传党的政策，鼓励我们积极要求进步。记得，有一次，周恩来同志要前往中央大学讲演，消息刚一传出，国民党当局便关闭了学校的礼堂，并派国民党要员陈诚等多人进行监视。然而，封闭礼堂是徒劳的，周恩来同志在餐厅为我们作了长达 3 小时的报告，餐厅里听讲的人水泄不通，四周的窗户上也都挤满了人，大家深深地为周恩来同志对国内外形势所做的精辟、透彻的分析所吸引、倾倒，全场不时地爆发出一阵又一阵热烈的掌声。我从来没有听过如此精彩的报告，我感到越听心里越豁亮，就像是一盏明灯，驱散了沉沉迷雾，为我们指明了前进的道路和方向。

1945 年，抗日战争结束了。但国民党当局却要冒天下之大不韪，发动内战。为了争取和平，反对内战，1945 年 8 月 28 日，毛泽东、周恩来、王若飞等同志毅然飞赴重庆，与蒋介石进行谈判。在紧张的谈判期间，毛主席还十分关心民主党派人士，并在嘉陵江边张治中将军的公寓里，接见了梁希、潘菽、涂长望和我等几位教授。毛主席和蔼地问大家："你们有什么意见？"梁希教授首先向毛主席汇报说："我们感到很苦闷。"毛主席听后频频点头，同时细声地重复："噢，苦闷！噢，苦闷！噢，苦闷！"连续重复了三次。我当时虽然 49 岁，但已满头白发。毛主席亲切地问："后边那位白发老先生有什么意见？"我便迅速地把我的名片递给毛主席，并说："今天，我们都很高兴，从历史上看，人民总是要革命的，而革命又总是要流血的，不流血的革命是不会成功的。"还说："毛先生是吃惯了小米的人，到这里来吃大米是不习惯的。”我这后一段话是希望毛主席早日离开重庆，返回延安。毛主席听了我这话后，向我频频点头。我觉得这点头是意味深长的，体现了党与我们民主人士之间休戚相关的情谊。

饮水思源，我们是在党的教育下，才走上了革命的光明道路。我社是在党的关怀和支持下建立起来的。跟着党反对三大敌人，走社会主义道路，是我社坚定不移的光明大道。

新中国成立以后，我社作为党领导下的爱国统一战线的一个民主党派，参与了国家政治生活中重大问题的协商，在推动成员和所联系的知识分子参加社会主义革命和建设方面，做出了自己的贡献。

“文革”期间，我社各级组织被迫停止了活动。粉碎“四人帮”以后，在党的十一届三中全会的路线、方针、政策的指引下，我社把工作重点转移到为四化建设服务上来，推动成员积极做好岗位工作，为四化做出贡献，同时，开展了面向社会为四化服务的支边、支农、科技咨询、办学讲学等多项活动，取得了显著的成绩。现在，我社的组织和成员都有了很大发展，数以万计的中年科技工作者参加了我社。抚今追昔，继往开来，在全民奋起、振兴中华的黄金时代，我社今后要更好地发挥智力密集的优势，为实现到 20 世纪末全国工农业总产值翻两番的总目标，为建设社会主义物质文明和精神文明，促进祖国统一大业和维护世界和平，而努力奋斗！

（红专，1985（9)：16-17）

为灿烂的中华农业增辉

金善宝

一、我国具有灿烂的农业历史

我国是世界文明古国之一，有着悠久的农业历史。早在六七千年前，我们的祖先就在肥沃的黄河、长江流域种植粟米和水稻等农作物。三千多年前的殷代甲骨文中，已经出现了稻、禾、稷、粟、麦等农作物名称，以及有关畴、疆、圳、井、圃等农业生产和土地整治方面的文字记载。在农业专著上，我国不仅出现得早，而且数量、种类之多均居世界前列。据不完全统计，二千多年来，我国撰著的古农书（包括现存的和已经散失的）总数达三百七十六种。其中《氾胜之书》、《齐民要术》等古农书中讲的代田、轮作绿肥、灌溉等等经验，至今仍有重要的参考价值。这些论著，与国外相比，起码要早数百年乃至上千年。从这里也可以看到，我国古代的农业生产是发达的。有人计算过，秦汉时，每个人占有粮食一千一百斤，平均单产为一百四十斤；明朝时，每人占有粮食达到三千斤，平均单产达二百五十斤；到清朝初期

为灿烂的中华农业增辉

金善宝

一、我国具有灿烂的农业历史

我国是世界文明古国之一，有着悠久的农业历史。早在六七千年前，我们的祖先就在肥沃的黄河、长江流域种植粟米和水稻等农作物。3 000 多年前的殷代甲骨文中，已经出现了稻、禾、稷、粟、麦等农作物名称以及有关畴、疆、圳、井、圃等农业生产和土地整治方面的文字记载。在农业专著上，我国不仅出现得早，而且数量、种类之多均居世界前列。据不完全统计，2 000 多年来，我国撰著的古农书（包括现存的和已经散失的）总数达 376 种。其中《氾胜之书》《齐民要术》等古农书中讲的代田、轮作、绿肥、灌溉等经验，至今仍有重要的参考价值。这些论著，与国外相比，起码要早数百年乃至上千年。从这里也可以看到，我国古代的农业生产是发达的。有人计算过，秦汉时，每个人占有粮食 1 100 斤，平均单产为 140 斤；明朝时，每人占有粮食达到 3 000 斤，平均单产达 250 斤；到清朝初期的康熙、乾隆年代，每人占有粮食仍达 1 120 斤，平均单产达 300 斤。可以这样讲，我国古代科学技术和农业是光辉灿烂的。它使中华民族赢得了世界文明古国之称。

作为炎黄子孙，我们感到无比的骄傲，同时也感到责任重大。尤其在今天，我国的农业科学和农业生产虽然取得了较大的发展，但与农业先进的国家相比，差距仍很大。许多农作物的单位面积产量仍低于世界平均水平，农作物新品种的选育还供不应求，农业基础理论研究仍很薄弱，一些新的科学技术还没有在农业科学和农业生产上应用和发挥作用。就全国来讲，农业生产发展还不平衡，一些地方，农业耕作水平还很落后，甚至是刀耕火种。整个农村的经济力量还不雄厚，农民的生活水平还不高。面对这些，我们应该奋发努力，继承前人的遗志，发扬前人的精神，将我们中华民族的历史，谱写得更加灿烂辉煌。

我大半辈子生活在旧社会，耳濡目染，对旧中国农业的状况体会深切。由于长期的封建统治，我国科学技术的发展遭到了极大的压抑和摧残。原来遥遥领先于世界的各项科学技术，反而落后了。到 20 世纪初，帝国主义列强纷纷入侵中国，宰割中华，国内军阀混战，自然灾害频繁，人民处于水深火热之中，农业生产落后、退化。就以当时的小麦生产来讲，单产很低，被视为低产作物，一般只有百来斤。生产上应用的小麦品种几乎都是农家品种，而且品种混杂退化严重，病虫害也严重。由于国家贫弱，所以在国际上中华民族处处受人欺凌，被人瞧不起，西方国家称我中华民族为“东亚病夫”，这是我们民族的奇耻大辱，国家的耻辱。国家兴亡，匹夫有责。面对灾难深重的祖国，当时的热血青年，没有悲观消沉，而是以自己的实际行动投入救国运动中去。

我生在农村，长在农村。农谚说："七十二行，以农为本。"在农村，我目睹广大农民对粮食的珍爱和希望，粮食就是他们的命啊！有了粮食，农村就有了生气，有了活力。在这样的情况下，为了报效中华，我毅然报考了南京高等师范学校农业专修科，决心为中国农业科学奋斗终生。

二、我是炎黄子孙，要为中华增光添辉

上了大学，学了专业，不等于自己就跨进了科学家的行列，成为科学家的一员。上大学，学专业，仅仅是为每一个学生通向科学家铺设了一条助跑小道。以后的路，仍十分崎岖、艰难。

1920 年，我从南京高等师范学校农业专修科毕业。不久，农科主任邹秉文先生找我谈话，介绍我到本校的一个附属小学去当教员。按说，这是件好事情。因为在当时，学生毕业就是失业，能找到工作是不容易的。但我心里不愿意，既然下决心学了农，就应当踏踏实实地为我国农业科学事业，为振兴中华农业出一把力。哪怕这点力是微不足道的。于是，我谢绝了邹先生的一片好意。后来，邹先生第二次找我，这次介绍我到南京市丁家桥筹建的小麦试验场工作。听说是搞小麦，我欣然答应了。尽管试验场条件很差，设备落后，除了从美国引进的一台五行小麦条播机外，其他农活全靠人工劳动和牲畜耕种，但我心里是高兴的。

要学好专业，并在科学研究上有所作为，必须有一颗强烈的爱国心和事业心。

后来，我到美国去留学。在留学期间，我备尝了中华民族深受异国欺侮的痛苦。有一次，在聚餐会上，一位美国学生公然叫喊："把这些剩饭拿去给中国穷人吃吧！"我听后又气愤、又痛苦，最后终于压抑不住心底的愤怒，回敬道："先生，中国太远了，还是拿到美国芝加哥公园去吧，那里需要的人很多。"在我的回击下，挑衅者怏怏而去。当时我多么盼望生育我的祖国能尽快强大起来啊！在美国，许多事教育了我，使我认识到，祖国的强大关联着数以万计的海外赤子，关联着每一个中华民族儿女。我是炎黄子孙，我爱我的祖国，尽管她还灾难深重，在呻吟、挣扎。我决然离开了生活条件和工作条件都很优厚的美国，投入祖国的怀抱，决心为振兴祖国的农业而效力。

三、我是农业科学工作者，要为中国农业生产着想

学习有两种方法。一种是向书本学，通过书本，间接地掌握前人和他人的经验，以丰富自己的知识，以便在开拓科学技术和新的科学领域中，少走弯路。另一种方法是在实践中学习。长期以来，后一种方法常常容易被一些人所忽视了。特别在解放前，这种现象尤为严重。当时学校授课的内容及课本都是搬用国外的，国内的农业试验资料极少。学生查看资料，也多是翻阅美国和其他国家的材料，至于这些材料与中国的情况适不适合，谁也没有考虑过。记得有两件事对我的教育很深。一是在大学头一年的暑假，我们学生到浙江农事试验场进行生产实习，该场有一位从日本留学回来的农业技术员，整天钻在办公室里不到田里去，脱离生产实际。有一次，他为我们示范配制防治作物病害用的波尔多液，原料是硫酸铜和生石灰，由于他很少实践，只是从书本到书本，结果配了半天，也没有配出来。他给我们讲课，大家都不爱听。相反，我们很喜欢听该场的一位技术工人讲课，不仅

讲得生动，操作也很熟练。

第二件事是我刚刚跨出校门，来到小麦试验场工作。秋播小麦时，一位技术工人在调节五行播种机前问我："一亩地播多少斤小麦种子？"当场我张口结舌，答不出来，弄得很尴尬。最后还是那位老工人告诉了我。

从这两件事，我深深体会到，光是从书本上学还不够，必须结合中国的具体实际，认真、虚心地从实践中学。在农业上，我国是古老的农业国，直至今天，我国还有80%以上的人民从事农业生产。在劳动人民中蕴藏着丰富的农业生产经验。这些经验无论是在推动我国农业生产的发展上，还是建设具有中国特色的农业现代化中，都是不可忽视的。

有了知识，怎样使这些知识为我国农业生产服务呢？如果生搬硬套书本上的东西是不行的，这样做，往往容易闹出笑话来，给生产带来损失。因为我国幅员辽阔，各地水、土、气候条件及耕作管理水平等千差万别，用同一个模式来套，显然是不行的。别的不说，就拿小麦为例，从小麦的越冬性上来分，小麦可分为冬性的、春性的和半冬性的。从种来说，小麦又分为普通小麦、硬粒小麦、波兰小麦和密穗小麦等。每一个种又包括许许多多的品种，每一个品种都有它自己的特征特性，有它的耕作要求和一定的适应范围，如果条件满足了，它就能高产；满足不了，就要减产。因此，并非有了一个优良品种就什么地方都能种植，什么地方都能获得高产。明白了这个道理，并努力掌握我国农业生产的特点，我们就可以充分发挥自己的聪明才智，利用我们所学到的各种知识，来为当前的农业生产服务。同时，在改造生产的过程中，不断地去探索、研究、解决生产上发生的新问题和新课题。如此勇往直前，坚持不懈，我们必将会为灿烂的中华农业增加光辉，为我国的农业现代化做出贡献。也许，在你走过的路上，你所洒下的汗水和留下的足迹，就是一位真正的科学家成长的道路。

（著名科学家谈智力开发，广东人民出版社，1986：105-109）

“他山之石，可以攻玉”

中国农业科学院名誉院长 金善宝

看到《神州学人》杂志，在国外留学的年轻朋友们高兴，我亦甚感欣慰。并愿借此杂志的一角之地和年轻朋友们说说心里话。

我今年九十二岁了。1920年，我从南京高等师范农业专修科毕业后，就在一个农业试验场开始了我的农业科学研究生涯。1927年转入浙江大学农学院任教。在那列强割据神州大地、军阀混战大江南北的岁月里，祖国处于民不聊生、饿殍遍野的水深火热之中！凡我中华热血青年，莫不满怀悲愤，痛感国家之不振。作为一个农业科学工作者，我思之甚切的是怎样才能为振兴祖国农业做出贡献？——“他山之石，可以攻玉”，此言甚是。于是我决心到国外去，进修农作物的育种理论与方法。

1930年浙江省教育厅招考官费留学生，我有幸考上去美国进修。秋天，我从上海乘船到了日本神户，再从那里坐船18天，才登上美国西海岸。我进的是康乃尔大学，学作物遗传育种。一年后，转入明尼苏达大学。

在美国留学期间，正碰上日本帝国主义侵略中国的“九一八”事变。当时，有些美国人也看不起中国。有一次，我们班里开研讨会，会后举行会餐。会餐后，有人把剩饭倒掉了，有人讥讽地说：“别倒了！中国穷，把这些剩饭送到中国去吧！”——是可忍，孰不可忍！作为炎黄子孙，侮辱我中华，我岂能容忍！我气愤地说：“送到中国去太远，送到你们芝加哥去吧！那里的街头、公园不是也躺着穷人吗？”

慢慢地，我沉思着一个问题：外国人为何敢于侮我中华？不正是由于我们贫穷落后吗？从而更加激起了我学好农业科学，为振兴中华献身的坚强意志。

后来，我不想在那个金元帝国呆下去了。我该带着“他山之石”回国“攻玉”去。我想，祖国就是我的母亲。如果母亲穷就离开她，这不是正常人的感情！

1932年冬，我终于回到了祖国贫穷而又混乱的土地上。在回国至今的55年里，我把在国外学到的理论和先进的实验方法，和中国的实际结合起来，在农业科学研究方面取得了一些成果。1934年我出版了《实用小麦》一书。1943年我发表的论文《中国小麦区域》，为中国小麦的生态区划奠定了基础。1949年新中国诞生了，神州大地，阳光灿烂，人民真正成了这块土地的主人。此后，我倾注心血，征集了全国各地的小麦品种五千多份，对中国固有的小麦品种资源进行了系统研究，并于1952年发表了论文《中国小麦之种类及其分布》。1961年、1964

“他山之石，可以攻玉”

中国农业科学院名誉院长　金善宝

看到《神州学人》杂志，在国外留学的年轻朋友们高兴，我亦甚感欣慰。并愿借此杂志的一角之地和年轻朋友们说说心里话。

我今年 92 岁了。1920 年，我从南京高等师范学校农业专修科毕业后，就在一个农业试验场开始了我的农业科学研究生涯。1927 年转入浙江大学农学院任教。在那列强割据神州大地、军阀混战大江南北的岁月里，祖国处于民不聊生、饿殍遍野的水深火热之中！凡我中华热血青年，莫不满怀悲愤，痛感国家之不振。作为一个农业科学工作者，我思之甚切的是怎样才能为振兴祖国农业做出贡献？——“他山之石，可以攻玉”，此言甚是。于是我决心到国外去，进修农作物的育种理论与方法。

1930 年浙江省教育厅招考官费留学生，我有幸考上去美国进修。秋天，我从上海乘船到了日本神户，再从那里坐船 18 天，才登上美国西海岸。我进的是康奈尔大学，学作物遗传育种。一年后，转入明尼苏达大学。

在美国留学期间，正碰上日本帝国主义侵略中国的九·一八事变。当时，有些美国人也看不起中国。有一次，我们班里开研讨会，会后举行会餐。会餐后，有人把剩饭倒掉了，有人讥讽地说：“别倒了！中国穷，把这些剩饭送到中国去吧！”——是可忍，孰不可忍！作为炎黄子孙，侮辱我中华，我岂能容忍！我气愤地说：“送到中国去太远，送到你们芝加哥去吧！那里的街头、公园不是也躺着穷人吗？”

慢慢地，我沉思着一个问题：外国人为何敢于侮我中华？不正是由于我们贫穷落后吗？从而更加激起了我学好农业科学，为振兴中华献身的坚强意志。

后来，我不想在那个金元帝国待下去了。我该带着“他山之石”回国“攻玉”去。我想，祖国就是我的母亲。如果母亲穷就离开她，这不是正常人的感情！

1932 年冬，我终于回到了祖国贫穷而又混乱的土地上。在回国至今的 55 年里，我把在国外学到的理论和先进的实验方法，和中国的实际结合起来，在农业科学研究方面取得了一些成果。1934 年我出版了《实用小麦》一书。1943 年我发表的论文《中国小麦区域》，为中国小麦的生态区划奠定了基础。1949 年新中国诞生了，神州大地，阳光灿烂，人民真正成了这块土地的主人。此后，我倾注心血，征集了全国各地的小麦品种 5 000 多份，对中国固有的小麦品种资源进行了系统研究，并于 1952 年发表了论文《中国小麦之种类及其分布》。1961 年、1964 年我先后主编出版了《中国小麦栽培学》《中国小麦品种志》。1983 年，我又主编出版了 60 万字的《中国小麦品种及其系谱》，系统地总结了中国半个多世纪，特别是新中国成立以来小麦品种的演变历史及在利用国内外品种资源和选配亲本方面的基本经验，填补了中国在小麦品种系谱分析方面的空白。在农业科学实验方面，我也取得了一些成果。20 世纪 50 年代我选育出了小麦良种南大 2419，在南方 20 多个省、市、自治区推广、应用。50 年代后期，我调任中国农业科学院副院长、院长职务，可我一直没放弃自己酷爱的小麦育种研究，和几名助手，先后育出了京红号和中字号春小麦品种，在中国部分春麦区和黄淮冬麦区大量种植。今年 5 月里，我还在几位中青年农业科学家的陪同下，到河南省南阳考察那里的农业呢。为了祖国，只要一息尚存，我就奋斗不止。

积 60 多年之经验，深知农业科学的天地最广阔。“民以食为天”，还有什么比 10 亿人吃饭更重要的大事呢？现在我国农业科学和农业生产都有了巨大发展。粮食总产量已由 1949 年的 11 318 万吨增长到了 1986 年的 39 109 万吨，这个成绩是巨大的。可是每人平均还只有 700 多斤粮食。从全国来说，温饱问题虽是基本解决了，但是 700 多斤的水平远非高水平。因此，农业不仅现在是，即使在今后二三十年内，仍将是中国国民经济中最大和最重要的学科之一。四个现代化建设中排在最前面的就是农业现代化嘛！可见农业科学居于何等重要之位置。但是老夫耄矣，我寄希望于广大中青年农业科学工作者！

年轻的留学朋友，既有志于学农，一定会决心做一辈子“农科文章”，而且一定会用“他山之石”把“美玉雕琢”。

目前国内科研工作条件和生活条件都还比不上国外，但是，当你翻开几千年的古老的历史时你就可以看到，你们的确是生逢盛世啊！论工作和生活条件，现在比我们当年好了一千倍！更何况条件与责任是不能等同的。振兴中华这个极其艰巨而又光荣的历史责任落在你们肩上，你们能不感到骄傲和光荣吗？

“海阔凭鱼跃，天高任鸟飞。”你们是大有作为、大有希望的。

（神州学人，1987（3）：4-5）

序

中国农业科学院名誉院长 金善宝

农业是人类衣食之源、生存之本，是国民经济的基础，而不论社会形态如何。马克思说："食物的生产是直接生产者的生存和一切生产的首要的条件"。

我国以"文明古国"著称于世，农业历史源远流长，有着十分宝贵的经验。新中国成立后，农业生产几经周折，但仍取得了长足进展。近年来，党和政府制定了一系列加速农业发展的方针政策，调动了八亿农民的积极性，农业由自然半自然经济向有计划的商品经济转化，开始了现代化的进程。

当今世界科学技术日新月异，自然科学各基础学科向农业渗透，与农业结合，使农业科学体系不断丰富、充实和完善。特别是生物技术的崛起，它在分子水平和细胞水平上的研究应用，诸如基因工程、细胞工程、发酵工程、酶工程等方面，已成为社会现实生产力，其深远意义，不亚于原子能的发现。

我国农业现代化不应该走西方农业现代化的弯路，而要走具有中国特色的农业现代化的道路。但是，实现生产技术科学化、生产工具机械化、生产组织社会化，则是无可置疑的。我国农业既有精耕细作、种地与养地结合、农业与牧业结合等传统经验，又有较为齐全的农业各类学科，有各种配套的生产技术措施和推广应用的渠道。只要坚持社会主义方向，认真贯彻

《现代农艺师手册》序

中国农业科学院名誉院长　金善宝

农业是人类衣食之源、生存之本，是国民经济的基础，而不论社会形态如何。马克思说：“食物的生产是直接生产者的生存和一切生产的首要的条件。”

我国以“文明古国”著称于世，农业历史源远流长，有着十分宝贵的经验。新中国成立后，农业生产几经周折，但仍取得了长足进展。近年来，党和政府制定了一系列加速农业发展的方针政策，调动了8亿农民的积极性，农业由自然半自然经济向有计划的商品经济转化，开始了现代化的进程。

当今世界科学技术日新月异，自然科学各基础学科向农业渗透，与农业结合，使农业科学体系不断丰富、充实和完善。特别是生物技术的崛起，它在分子水平和细胞水平上的研究应用，诸如基因工程、细胞工程、发酵工程、酶工程等方面，已成为社会现实生产力，其深远意义，不亚于原子能的发现。

我国农业现代化不应该走西方农业现代化的弯路，而要走具有中国特色的农业现代化的道路。但是，实现生产技术科学化、生产工具机械化、生产组织社会化，则是无可置疑的。我国农业既有精耕细作、种地与养地结合、农业与牧业结合等传统经验，又有较为齐全的农业各类学科，有各种配套的生产技术措施和推广应用的渠道。只要坚持社会主义方向，认真贯彻执行正确的发展农业生产和发展农业科学技术的方针政策，就一定能加快农业现代化的步伐。

辛勤工作在农业第一线的农艺师、农业技术员和农业领导干部，是我国农业现代化建设的中坚，任重道远。他们在新形势面前，渴望学习农业科学新理论、新技术、新经验，以便提高自己的知识素养和基本技能，有所建树，有所创新。

我虽已92岁，但愿与农业科技战线广大同志共勉，为我国农业现代化竭尽绵薄。故此主编这部农业“小百科”，力求使其内容全面而新颖，包括农业各学科、农业生产各领域的基础知识，国内外近年来农业科学新的理论知识、应用技术和新机具、新方法以及农业技术经济、农村商品经济的有关知识和分析论证。它是奉献给县、乡农业科技人员自学进修、一专多能、增长知识、掌握资料的日常工具书，也可作为地、市、县培训农业科技人员和农业领导干部的辅导读物。

参加本书编写工作的有中国农业科学院和北京农业工程大学有关专家、教授等。

本书从动议到完稿，历时仅仅一年，时间仓促，加上作者学识有限，不足之处在所难免，敬希读者不吝赐教。

（现代农艺师手册，北京出版社，1989）

抗战期间在重庆

金善宝

作者是当代中国著名的农业科学家。本文着重叙述知识分子抗战时期在国统区贫困的生活、繁重的工作和苦闷的心情。

一　只身去重庆

金善宝近照

日本侵略军侵占我东北三省之后，又于1937年“七七”发动了卢沟桥事变，“八一三”又突然向我上海进攻。当时我守卫在淞沪一带的十九路军将士，奋起抗战，英勇杀敌，大大鼓舞了全国人民的抗战士气。可惜这种情况没有维持多久，随着南京危急，形势急转直下。

就在当时“国府”一片逃难声中，中央大学校长罗家伦向全校教职员工宣布，学校准备迁重庆，教职员工愿去的，不准带家属。财政部长孔祥熙

抗战期间在重庆

金善宝

作者是当代中国著名的农业科学家。本文着重叙述知识分子抗战时期在国统区贫困的生活、繁重的工作和苦闷的心情。

一、只身去重庆

金善宝近照

日本侵略军侵占我东北三省之后，又于 1937 年 7 月 7 日发动了卢沟桥事变，8 月 13 日又突然向上海进攻。当时守卫在淞沪一带的十九路军将士，奋起抗战，英勇杀敌，大大鼓舞了全国人民的抗战士气。可惜这种情况没有维持多久，随着南京危急，形势急转直下。

就在当时“国府”一片逃难声中，中央大学校长罗家伦向全校教职工宣布，学校准备迁重庆，教职员工愿去的，不准带家属。财政部部长孔祥熙则宣布，个人银行的存款，每月只准提取 5%。于是我把家属送回杭州，后来又到了诸暨老家。返回南京，我就和梁希、毛宗良教授各自花了 120 元，购买了民生公司的长江轮船票，沿长江上溯到了重庆。当时中央大学已在沙坪坝向重庆大学租了一块地，建筑了几幢教职员宿舍。我和梁老同住一间宿舍，每人一张床，当中放一张书桌，每人用一个抽屉。国难当头，大学教授的生活不过如此而已。然而我们到了重庆不久，那位曾宣布严令的罗校长，他的老婆、儿女、保姆，甚至大小便用的马桶，都乘飞机飞到了重庆。

二、“七七”献金

到了 1938 年 7 月，为了纪念“七七”抗战一周年，学校设了一个献金台，罗校长“带头”献了 30 元。有些教授献 10 元、5 元不等。我躲在宿舍里不出去，因为我担心献金会落入某些贪官污吏的腰包，不会送到前线将士手里。但心里还总感到不安。一天，某报载了一条消息，《新华日报》从汉口迁到重庆，并在某地设了办事处。第二天，我进城看见办事处一位姓周的同志，我向他说明来意，并捐了 100 元，请他交给八路军前线将士，这时我才感到心安理得。到了秋天，学校又号召向前线将士献送寒衣，许多教职员工又一次捐献，但我和梁老还是一文不名。我把前次去《新华日报》的情况告诉了梁老，他同意我的意见。因此我带着两个人的心愿又去《新华日报》办事处赠送寒衣款。第二天《新华日报》登了一条消息：“梁金先生献金200元。”

三、农村调查

我每年利用暑假期间，到川北、川西调查农业生产情况，前后跑过五六十个县。川西的温江县，盛产大麻。大麻收割之后，农民把大麻浸在水里一个时期，叫作“沤麻”。经过“沤麻”后，麻的表皮很容易和纤维层分离。那时联想到幼年时期，看到诸暨家乡农民们用刀刮苎麻表皮，既费力又费工的情况，我感到温江农民栽培大麻的经验应好好学习。回校后，就写了一个报告，登载在某杂志上。

四川遂宁、射洪、南充一带，盛产圆锥小麦。秆比一般圆锥小麦更矮些，有芒，叶深绿色，远远看去，闪闪发光，农民称它为油麦。这是圆锥小麦一个特殊的品种。可惜当时我没有能系统地对它做出鉴定。

四、川北受困

1939年，我和蔡旭同志去川北调查农业情况。每人坐了一乘滑竿，从重庆出发，到了平武，在县政府住宿。县长去重庆开会了，由秘书招待我们。几天后，我们离开平武，向松潘方向前进。到了下午，天快黑了，我们打算在一个镇上住宿。我们下了滑竿，突然从路旁出来五六个人，拿着手枪，对我们说，要检查行李，翻来翻去，检查了好一阵子，没有发现什么他们要找的东西。我问：你们无故搜查，想干什么？他们拿出一张平武县政府的通知：“中央大学教授金善宝，助教蔡旭，在县政府留住期间，翻地图，查县志，有汉奸嫌疑。”对此，我们非常气愤，他们呆在后方不抗战，反而诬陷别人是汉奸，真是混账逻辑。但转又安慰自己，幸而他们说我们是汉奸，如果说我们是共产党，也许要被砍头了。

五、烟草试验

当时外国香烟充塞市场，为了堵塞漏卮，发展本国烟草事业，某烟草公司捐了几万元经费，托中大农艺系改良本国烟草品种。我们向四川各县搜集了不少农家烟种进行试验，并选出了一些生长比较好的品种。但对烤烟技术没有实践经验。我们借了800元，从河南请到一位有实际操作技术经验的老农民帮助我们烤烟，并派一名高年级学生刘式乔跟他学习。这个学生在烤烟房旁搭了一张床，食宿不离，随时观察烟房的温度、湿度和烟叶颜色的变化，详细地记录下来，然后分别制成曲线。从这些曲线很容易看出三方面的相互关系。后来他写成了一篇很好的毕业论文。因为我们进行了多年的烟草试验，学生积累和学习了实际知识和工作经验，约有四五名毕业生，如朱尊权、王承瀚、洪承钺成了我国现在烟草界的权威。

六、全家团聚

大约在抗战的第三四年，我想回杭州把家眷接到重庆来。到了贵阳，才知道浙赣铁路已经不通，只好中途返回重庆。第二年，我的妻子姚璧辉带了四个小孩，千辛万苦到达了重庆。她们经过贵阳的吊死岩时，汽车翻了三个筋斗，幸而被一块大岩石挡住了，车内的皮箱翻出车外，不少乘客受了伤，有的还跌断了大腿。但我家的五口人，虽然有的衣裤上溅满了别人的鲜血，但一个也没有受伤，真是“感谢上帝保佑”。车祸后，他们找到贵阳一位姓何的诸暨同乡，在他家里休息了十多天，才辗转来到重庆。我在中渡口嘉陵江边花了 150 元，买了一间草房，一家六口总算安顿了下来。

七、苦难多病的岁月

当时由于国难当头，物价飞涨，生活很不安定，一个大学教授的生活也只能勉强维持温饱而已。记得有位教授走进饭馆，计算口袋里的钞票，还够吃一碗面，但吃完面，价钱又涨了，弄得他很狼狈。我一家六口，生活也很困难，妻子本来身体就不好，自抗战以来，长期颠沛流离，到达重庆不久，就病倒了。她每月要吐几口鲜血，经医生诊断认为是肺病。那时如果一个人患了肺病，等于判处了死刑，因此，她整天躺在床上，振作不起精神来，一直躺了好几年。

我在重庆时，身体也不好。一次在上课时，觉得头晕眼花，只好提前下课，刚走到教室外面就昏倒了。同学们把我抬到办公室休息，并要送我回家。但我想到妻子卧病在床，孩子们还小，我这副样子回到家里，岂不叫生病的妻子着急吗？因此，我婉言谢绝了同学们的好意。到了傍晚，肚子有点痛，坐在痰盂上，便了半痰盂血，住进医院，医生也检查不出是什么病。罗宗洛先生写信慰问我：“斯人也而有斯疾也。”回到家里，农艺系的同学们认为我的病是营养不良所致，他们在一起凑了一些钱，买了许多营养食品来慰问我，使我深受感动。当时一个大学教授的生活不过如此，一般大学生的生活就更是清苦难言，很多同学是靠救济金或亲友帮助勉强就学的。在这样艰难的日子里，用勒紧腰带省下的钱，买来的这些慰问品中，凝聚了多么深厚的师生情谊呀！

那时，我是年年有病，走路拐杖不离手，多年不见的老朋友一旦见到我，很惊讶地说：“金善宝你的身体还不差啊！”言外之意是以为我早已去见上帝了。当时中央大学农学院有 5 个老人，即梁希、邹树文、李演恭、汪德章和我。我当时年龄不到 50 岁，但满头白发，所以也忝列为五老之一。

八、毕业典礼上无声的抗议

由于日本侵略军疯狂地向我内地进攻，国民党反动派采取不抵抗主义，我军陆续向后退却。“四大家族”拼命搜刮民财，准备逃往国外做寓公。全国人心惶惶，人民群众喊出一种悲哀的口号：“中国若亡，是无天理；中国不亡，是无人理。”中央大学的学生多次上街游行示威，高呼“打倒日本帝国主义！”“全国人民团结起来，打倒卖国贼！”等口号。罗家伦、顾孟余等人先后离开了学校。于是蒋介石亲自出马，兼任中央大学校长，千方百计想控制这所高等学府。当学校举行毕业典礼这一天，蒋校长冒着日本飞机轰炸的危险，亲自从峨眉山赶来主持。把大礼堂的座椅都搬走了，毕业生都奉命站在礼堂迎候。蒋校长一到，就翻开毕业生名册，大声喊叫毕业生某某，上来领文凭。结果没人回答，叫第二个也没有人回答，叫到第三个还是没有回答。蒋校长感到四面楚歌，脸上冷若冰霜，但又无法发作，只好拿起皮包，跑出大门，坐上汽车，回峨眉山去了。

九、在周恩来同志的感召下

国共第二次合作共同抗日时期，我第一次见到周恩来同志，是中央大学学生会邀请他来校做报告。校方把大礼堂的大门关闭了，饭厅的桌椅都搬走了，人都站着，饭厅内外都挤满了听众。周恩来同志到达时，陈诚将军带了一些卫兵，进行所谓保护。周恩来同志口齿伶俐，出口成章，做了长达3个小时关于抗战形势的报告，开阔了人们观察世界形势的视野，更加激发了广大青年的爱国热情，增强了人民群众抗战必胜的信心。

新华社迁到重庆后，在化龙桥附近一个小山上设了办事处。社长潘梓年是潘菽教授的长兄，通过他，我们经常到那里探听前线战况，了解国内外形势，每次都颇有教益。我身体虽不好，但只要说到报社去，我就拿起拐杖一同前去。山间两旁，有几幢小洋房，住着一些不明身份的人，监视来往行人。我们熟悉他们那一套，也就设法避开他们，不定时地出入。我们组织的“自然科学座谈会”，除学习讨论《自然辩证法》外，多半以座谈、聚餐等形式进行活动。石西民等同志经常和我们畅谈时事。周恩来同志还几次设宴招待我们，边吃边谈，彼此都很亲切。周恩来同志在同国民党的周旋中，处理问题，具有高度的原则性，又十分机敏灵活，令人敬佩。

十、毛主席的亲切接见

抗战胜利后，蒋介石假和平、真内战。为了欺骗舆论，蒋邀请毛泽东主席亲自到重庆进行商谈。毛主席在美国大使赫尔利的陪同下，乘飞机到达了重庆。这个消息一传出，人们欢呼，欣喜若狂，以为国共合作，和平建国，中国有希望了！

毛主席在谈判期间，曾抽空来中央大学，探望他在湖南师范学校学习时的老同学。后来又在嘉陵江畔张治中的住宅亲切地接见了梁希、涂长望、潘菽、谢立惠、李士豪、干铎和我。毛主席先问我们：“各位对时局有什么高见啊？”梁老首先回答：“我们感到很苦闷。”毛主席连声说：“噢，苦闷！噢，苦闷！噢，苦闷！”一连说了三次，我坐在后面，毛主席问：“那位白发老先生有什么意见啊？”当他知道我刚50岁时，便伸出两个手指笑着说：“啊，我比你大两岁。”我递给毛主席一张名片后，说：“革命是要流血的，不流血的革命，不会长久的。孙中山先生为了求得和平，让位给袁世凯，终于遭到二次革命的失败。还是要打仗的！重庆是虎狼之地，不宜久留，希望毛主席早日离渝回延安。”毛主席听了，只是频频点头，没有说什么。

毛主席的接见，更加鼓舞我积极投入反饥饿、反压迫、反内战及营救进步学生的斗争，使我看到了光明，更加坚信一个崭新的中国，一定会在共产党的领导下建立起来。

十一、在昆明的半年

1946年，中央大学仍处于非常混乱的状态，不少教授几乎终日闲着无事。云南大学农学院张海秋院长寄来了一张聘书，我就向学校请了假，到云南大学农学院教了半年书。每逢星期六下午，我去昆明，住在清华大学周家炽教授宿舍。他对我说：“某某人来，我不招待；您来，我就招待。”一天，他拿出一张郭沫若同志为首的反对美国干涉中国内政和援助蒋介石打内战的呼吁书，请我签字，我欣然签了字。大约有300多位教授签名的宣言书，在《新华日报》发表后，轰动了昆明、重庆，波及全国。国民党感到十分震惊。为了昆明学生罢课事件，教育部委托中央大学校长吴有训到昆明进行调解。我在报上看到消息后，特地去看他，他关切地对我说：“您还不回去，教授会要停发您的薪水了。”我说：“我买不到飞机票啊！”后来，曹诚一同志帮我想了一个办法，她告诉我说我的一个学生的丈夫是国民党特务，可以托他帮助买飞机票。我照她的主意办了，果然迅速买到了飞机票，安然回到了重庆。

在云南大学农学院期间，由于美国曾经在日本的长崎和广岛投了两颗原子弹，在一次座谈会上，一位物理学教授，大谈特谈原子弹的威力，甚至有人嚣张地说：“只要美国借给我们两颗原子弹，一颗投在莫斯科，一颗投在延安，中国问题就解决了。”我一再强调，国共两党都是炎黄子孙，利害休戚相关，应该联合起来，抗战胜利后，共同建设新中国，才是孙中山先生的遗愿和国家兴旺强盛的出路。但言者谆谆，而听者藐藐。回到重庆，经潘菽同志介绍，我就加入九三学社了。

（文史资料选辑（第15辑），1988：19-26）

《南京农业大学新闻选辑》

南京大学出版社．1988、12．

序　言

南京农业大学，原名南京农学院，建于1952年，追溯其前身，已有七十多年的历史，为我国农业科技和教育事业培养了大批人才。校友遍及国内外，是一所影响较大的高等农业学校。

南京农业大学建校三十多年来，在党的领导下，为培养德、智、体全面发展、理论联系实际的高级农业建设人才，作出很大贡献。十年动乱期间，曾遭受严重破坏。在党的十一届三中全会以后，重新走上了恢复与发展的道路，涌现出许多新人新事。本书选编的南京农大师生最近几年在教学和科学研究工作上的先进事迹，就是南京农大精神风貌的缩影。

南京农大重视对工农劳动者的培养，早在五十年代就大批招收工农学生，六十年代创办了农业党政领导干部专修班，八十年代建立了农业管理干部培训学院，为提高干部素质，造就既有社会主义觉悟，又有科学文化知识的农业领导人才作出了应有的努力。

南京农大注重理论联系实际，坚持改革，进行专业结构调整，建立新专业，努力提高教学质量，积极开展科学研究，更好地为国民经济建设服务，使学校成为教学和科学研究中心。

我作为南京农大的老教师、老校友，看到广大师生员工朝气蓬勃，争为祖国的社会主义农业建设多作贡献的业迹，非常

《南京农业大学新闻选辑》序言

金善宝

南京农业大学原名南京农学院，建于1952年，追溯其前身，已有70多年的历史，为我国农业科技和教育事业培养了大批人才。校友遍及国内外，是一所影响较大的高等农业学校。

南京农业大学建校30多年来，在党的领导下，为培养德、智、体全面发展、理论联系实际的高级农业建设人才，做出很大贡献。“文化大革命”期间，曾遭受严重破坏。在党的十一届三中全会以后，重新走上了恢复与发展的道路，涌现出许多新人新事。本书选编的南京农业大学师生最近几年在教学和科学研究工作上的先进事迹，就是南京农业大学精神风貌的缩影。

南京农业大学重视对工农劳动者的培养，早在20世纪50年代就大批招收工农学生，60年代创办了农业党政领导干部专修班，80年代建立了农业管理干部培训学院，为提高干部素质，造就既有社会主义觉悟，又有科学文化知识的农业领导人才做出了应有的努力。

南京农业大学注重理论联系实际，坚持改革，进行专业结构调整，建立新专业，努力提高教学质量，积极开展科学研究，更好地为国民经济建设服务，使学校成为教学和科学研究中心。

我作为南京农业大学的老教师、老校友，看到广大师生员工朝气蓬勃，争为祖国的社会主义农业建设多做贡献的业绩，非常欣慰。希望南京农业大学继续为发扬优良传统，做出更大的成绩，成为我国农业界的一个重要的培养人才的熔炉。

1987年3月

（南京大学出版社，1988）

序

我国幅员辽阔，跨越几个气候带，地理环境错综复杂，生态条件千差万别。

我国是小麦主产国，品种繁多，类型丰富，栽培广泛且有明显的区域性。深入探讨不同小麦类型及其生长发育对主要环境因素的反应特性，研究气候生态因子对品种性状的形成和选择效应，光、热、水资源对小麦阶段性生长发育的关系，以及小麦生物学特性与生态环境变异的规律，对于制定全国小麦生态区划，明确各麦区小麦品种的适宜生态类型，提出充分发挥品种遗传优势和生态环境潜力的栽培技术体系，丰富和发展我国小麦栽培和育种的生态学基础，具有十分重要和深远的意义。

在国家科委的关怀下，这项基础理论性研究自1981年秋开始列入国家的自然科学基金资助的课题，由本人主持，组织了有关省、区农科院（所）和高等农业院校共42个单位参加。根据不同的纬度、海拔和生产条件，我们在全国范围内建立了协作点，选用有代表性的品种类型，按照统一的设计原则，采取分期播种以补充创造不同光温条件的方法，系统调查小麦生长发育进程的有关特性，并联系相应的气象资料进行整理分析。通过5年的努力，已完成第一轮的试验，其中部分协作点的工作成果已就地通过技术鉴定或整理成研究报告。“七五”期间这项研究仍继续进行。为了给下一阶段全国性试验资料的全面总结作好准备，我们从各协作点头一轮的73篇专题论文和工作报告中挑选了64篇加以整理，汇集成册，主要包括：小麦品种生态型分类，不同品种类型在不同生态条件下的生育表现和光温反应，重要生物学特性和产量性状与温、光条件的关系，人工控制条件下小麦生育过程中的生态、生理问题，生态研究与小麦生产等内容。一方面借此机会反映各协作点的研究进展情况，提出一些问题和不成熟的看法，与国内外从事小麦科技工作和生态研究者一同探讨，更希望通过抛砖引玉，对正在继续的第

《小麦生态研究》序

金善宝

我国幅员辽阔，跨越几个气候带，地理环境错综复杂，生态条件千差万别。

我国是小麦主产国，品种繁多，类型丰富，栽培广泛且有明显的区域性。深入探讨不同小麦类型及其生长发育对主要环境因素的反应特性，研究气候生态因子对品种性状的形成和选择效应，光、热、水资源对小麦阶段性生长发育的关系，以及小麦生物学特性与生态环境变异的规律，对于制定全国小麦生态区划，明确各麦区小麦品种的适宜生态类型，提出充分发挥品种遗传优势和生态环境潜力的栽培技术体系，丰富和发展我国小麦栽培和育种的生态学基础，具有十分重要和深远的意义。

在国家科委的关怀下，这项基础理论性研究自 1981 年秋开始列入国家的自然科学基金资助的课题，由本人主持，组织了有关省、区农科院（所）和高等农业院校共 42 个单位参加。根据不同的纬度、海拔和生产条件，我们在全国范围内建立了协作点，选用有代表性的品种类型，按照统一的设计原则，采取分期播种以补充创造不同光温条件的方法，系统调查小麦生长发育进程的有关特性，并联系相应的气象资料进行整理分析。通过 5 年的努力，已完成第一轮的试验，其中部分协作点的工作成果已就地通过技术鉴定或整理成研究报告。“七五”期间这项研究仍继续进行。为了给下一阶段全国性试验资料的全面总结作好准备，我们从各协作点头一轮的 73 篇专题论文和工作报告中挑选了 64 篇加以整理，汇集成册，主要包括：小麦品种生态型分类，不同品种类型在不同生态条件下的生育表现和光温反应，重要生物学特性和产量性状与温、光条件的关系，人工控制条件下小麦生育过程中的生态、生理问题，生态研究与小麦生产等内容。希望借此机会反映各协作点的研究进展情况，提出一些问题和不成熟的看法，与国内外从事小麦科技工作和生态研究者一同探讨，更希望通过抛砖引玉，对正在继续的第二轮试验给予检验、补充和修订，以期在更高的层次上进行系统的总结。

在本书编纂过程中，约请了李竞雄、庄巧生、鲍文奎、李焕章、郑丕尧、王世之、梅楠、周德超、刘锡山、崔读昌、张乐庆和杜振华 12 位同志对论文进行评阅，并在尊重原作者的观点和试验资料所反映的客观事实的前提下，做了一些文字和内容上的润饰。已故的张锦熙同志在课题的设计、组织落实方面做了许多工作，开了一个好头。在课题的具体组织与执行中以及本论文集的组稿，统稿等方面，曹广才同志付出了很大的精力，论文集的出版得到了浙江科学技术出版社的大力支持，在此一并致以谢忱。

由于编写水平的局限，错误之处在所难免，敬希读者指正。

1989 年 2 月 28 日

（浙江科学技术出版社，1990）

为科学和民主奋斗的一生

——缅怀涂长望同志

中国气象报

1991.10.28.

金善宝

今年10月28日是我国卓越的气象学家、社会活动家、新中国气象事业的奠基者、九三学社的创始人之一涂长望同志诞辰85周年纪念日。长望同志英年早逝，离开我们已经整整29个年头了。这29年来，我们的国家在政治、经济、科学技术等方面都发生了前所未有的巨大变化。可以告慰逝者的是，长望同志所期望的、所为之奋斗的许多理想今天都已成为现实。回顾往事，追忆斯人，不由得感慨万千。

长望同志所走的道路可以说是一个爱国的知识分子从旧民主主义走向新民主主义，最终走上社会主义革命道路的典型。他出生于中华民族危机四伏、社会矛盾十分尖锐的大动荡、大变革时代的一个崇尚新学而又贫寒的传教士之家，从小受教于教会学校。洋人的欺侮，家庭的窘困，国家的贫穷，使他从小就萌发了发奋图强、追求科学与民主、救国救民的志向。

青少年时代，长望同志即积极投身于革命民主运动。当时，苏联十月革命的一声炮响把马列主义送到中国，首先受到震动的是青年学生，国内的“五四”运动风起云涌，许多青年知识分子都投人其中。这些对少年时代的长望同志产生了很大影响。1931年“九·一八”事变后，留学英国的长望同志参加了留英进步学生组织“反帝救亡大同盟”。1934年，他受“同盟”的派遣，去苏联参加“五·一”国际劳动节活动，参观访问，学习苏联革命的经验，这可以说是他进步的开始。返英后，他参加了第三国际领导的秘密活动，并组织小组在进步留学生中进行宣传活动。在此期间，他先后结识了杨秀峰、邹韬奋等进步人士，深受他们思想的影响。回国后，长望同志更加积极地投身到爱国民主运动的激流中。在清华大学、浙江大学和中央大学任教时，他一方面致力于气象长期预报的研究，教书育人；另一方面，积极参加爱国民主运动，追求进步。他经常邀集一些进步的教师、学生在家中开会商议如何开展爱国民主运动；他为争取民主运动并竭尽全力帮助进步学生毕业后找职业。在斗争中，他逐步认识到：中国的希望在共产党。从此，延安成了他心中的一盏明灯。他自己家庭生活虽很窘困，却拿出钱资助去延安的进步学生；当他听说延安要建立气象台，需要气象书籍时，当即集了一批图书资料送到延安，此举受到周恩来同志的赞扬。

在党的建议下，长望同志与梁希、潘菽等人邀集李四光、严济慈等著名教授、科学家，发起组织了“中国科学工作者协会”。这是一个进步的、开展爱国民主运动和国际和平运动的科学家团体。1946年，长望同志又相继分别到英国、美国组织建立“中国科协”的分会。作为“中国科协”的常务理事和总干事，长望同志不顾政治压力和生活困难，积极奔波推动协会活动的展开。他经常组织讲演会，公开发表演讲，主讲科学与社会，科学与政治等问题，指出没有良好的社会和政治环境，便不可能发展科学事业。他为中国科协的建立和发展，付出了巨大精力，团结了许多进步科学家为科学和民主而斗争。1948年，北平学生邀许德珩、袁翰青、樊弘等教授集会，抗议取缔华北学联，反对伪国大召开。北平国民党当局派军警包围了会场并于事后声言要做“关麟征第二”(关曾镇压昆明“一·二一”运动并杀害了李公朴、闻一多)。面对反动势力的淫威，长望等同志以“中国科学工作者协会”的名义，写信给《观察》周刊，公开支持学生运动，抗议北平反动当局对许德珩、袁翰青、樊弘三教授的威胁。在国民党政府快跨台的时候，“中国科协”在各地中共地下党的领导下，同工人和学生在一起，进行护厂护校的运动。1946年，他出席了伦敦国际科学工作者协会，并担任了协会的理事，他在会上的关于维护世界和平，争取民主的发言，获得了与会的许多科学家的赞许。

我认识长望同志是抗日战争时期在重庆的时候，记得第一次见到他是在化龙桥的新华日报馆。当时，蒋介石的反动政权对于日本帝国主义的侵略节节退让，而对八路军则处处进攻，至于压制舆论，封锁新闻，甚至残害进步人士，也是无所不用其极。有些知识分子忧国亡之无日，虑神州之陆沉，但苦于手无寸铁，内心极度苦闷。我有机会和梁希、潘菽、谢立惠等同志去新华日报馆，承潘梓年、章汉夫等同志为我们讲解时事，有时还承中共中央的领导同志为我们讲述国内外形势。新华日报馆成为我们政治学习的大学。我和长望同志就是在这样的关系中渐渐熟悉起来的。那时，他不过三十多岁，英俊潇洒，学识广博，待人热情真诚，爱憎极为分明。从沙坪坝到新华日报馆要走很长一段路程，在这段路上布满了特务，他们在暗中检查过往的行人。长望同志因为工作的关系到新华日报馆去是非常危险的，但每次开会，他总是想尽办法积极参加。就在这个时期，在共产党的影响下，长望同志与许德珩、梁希、潘菽等进步知识分子一起，组织了“民主科学座谈会”，经常在一起议论时局，切磋时政，针砭时弊，主张内争民主以外御强寇，呼吁团结抗战，反对分裂投降，为抗日战争的胜利做出了应有的贡献。后来，为了纪念抗日战争和世界反法西斯战争的伟大胜利，“民主科学座谈会”以1945年9月3日日本投降签字为因，改名为九三学社，成为一个永久性的政治组织，长望同志当选为理事。

长望同志一生追求民主，追求科学，向往光明，他为民主革命的胜利和新中国的建立尽了最大努力，做出了应有贡献。1948年，他在国民党反动政府的追踪迫害下，在地下党组织掩护下，由南京绕道香港抵北平，真正呼吸到了民主与自由的空气。自此，以满腔的热情和非凡的才干，全身心地投人到新中国的建设事业中，直到生命的最后一息。他在1956年光荣地加入了中国共产党，实现了他多年的夙愿，由一名爱国知识分子成长为一名为共产主义理想而奋斗的革命战士。

新中国成立后，长望同志身兼数职，责任重大，却无一偏废。特别是于九三学社的工作，虽然是兼职，却能尽心尽职。1952年，他在九三学社第二届全国工作会议上当选为社中央秘书长，1959年，又当选为社中央副主席。在中国共产党的领导下，他为九三学社的发展和建设呕心沥血，团结广大社员及所联系的知识分子，沿着党指引的道路不断前进。他知道，九三学社是中国共产党领导下的爱国统一战线中一支不可缺少的力量。因此尽管他身兼数职，工作繁重，还是尽可能多地抽时间和精力来从事社务工作。他在身染重病的情况下，还利用考察各地气象台、站设立情况之便视察社的地方组织的工作情况。在他的引导和影响下，许多进步知识分子参加了九三学社，他自己则成为社员们拥戴、敬佩的领导。九三学社的工作能有今天这样可喜局面，与长望同志的努力和贡献是分不开的。

我与长望同志相识共事二十余年，感触最深的是他的待人宽厚的长者风度和顽强乐观的革命精神。他虽身为国内外知名的学者、专家，却很平易近人。对待朋友和同志总是坦诚仁爱，关怀倍至。他不仅能帮助人，而且也肯虚心向同志们学习。他主张对人要宽容，使人能讲心里话。他真诚地对待每一位同志，理解、帮助每一位同志，也保护了一些同志免受不白之冤，深受社内外同志的尊敬和爱戴。他顽强、乐观，从不为困难挫折所屈服。他小时候身体很差，有肺病嫌疑，到大学后，经常跑步、打球，逐渐摆脱幼年时候的病弱体质而锻炼成青年时的健壮身体。只此一点，就可以看出他意志的坚强了。当他病魔缠身，行动已经很困难时，他还拄了拐杖，在夫人的陪同下，从气象局步行到我家里来看我，表示他不为病魔所屈服。还在报上发表了“关于二十世纪气候变暖的问题”的著名论文。在他生存的最后阶段，仍坚强地与疾病作斗争，并说还要再活20年，为党为国家多贡献自己的智慧和力量，他的这种顽强、乐观的革命精神，使同志们深受感动。

长望同志虽然早已离开了我们，但他的精神却永存于我们中间，将永远鼓舞和激励我们前进。

忆涂长望教授几件事

施雅风

梁希、潘菽等组织的和中国共产党有联系的不公开的重庆自

胸怀宇宙

为科学和民主奋斗的一生
——缅怀涂长望同志

金善宝

今年10月28是我国卓越的气象学家、社会活动家、新中国气象事业的奠基者、九三学社的创始人之一涂长望同志诞辰85周年纪念日。长望同志英年早逝，离开我们已经整整29个年头了。这29年来，我们的国家在政治、经济、科学技术等方面都发生了前所未有的巨大变化。可以告慰逝者的是，长望同志所期望的、所为之奋斗的许多理想今天都已成为现实。回顾往事，追忆斯人，不由得感慨万千。

长望同志所走的道路可以说是一个爱国的知识分子从旧民主主义走向新民主主义，最终走上社会主义革命道路的典型。他出生于中华民族危机四伏、社会矛盾十分尖锐的大动荡、大变革时代的一个崇尚新学而又贫寒的传教士之家，从小受教于教会学校。洋人的欺侮、家庭的窘困、国家的贫穷，使他从小就萌发了发奋图强、追求科学与民主、救国救民的志向。

青少年时代，长望同志即积极投身于革命民主运动。当时，苏联十月革命的一声炮响把马列主义送到中国，首先受到震动的是青年学生，国内的五四运动风起云涌，许多青年知识分子都投入其中。这些对少年时代的长望同志产生了很大影响。1931年九·一八事变后，留学英国的长望同志参加了留英进步学生组织“反帝救亡大联盟”。1934年，他受“同盟”的派遣，去苏联参加五一国际劳动节活动，参观访问，学习苏联革命的经验，这可以说是他进步的开始。返英后，他参加了第三国际领导的秘密活动，并组织小组在进步留学生中进行宣传活动。在此期间，他先后结识了杨秀峰、邹韬奋等进步人士，深受他们思想的影响。回国后，长望同志更加积极地投身到爱国民主运动的激流中。在清华大学、浙江大学和中央大学任教时，他一方面致力于气象长期预报的研究，教书育人；另一方面，积极参加爱国民主运动，追求进步。他经常邀集一些进步的教师、学生在家中开会商议如何开展爱国民主运动；他为争取民主运动并竭尽全力帮助进步学生毕业后找工作。在斗争中，他逐步认识到中国的希望在共产党。从此，延安成了他心中的一盏明灯。他自己家庭生活虽很窘困，却拿出钱资助去延安的进步学生；当他听说延安要建立气象台，需要气象书籍时，当即集了一批图书资料送到延安。此举受到周恩来同志的赞扬。

在党的建议下，长望同志与梁希、潘菽等人邀集李四光、严济慈等著名教授、科学家，发起组织了“中国科学工作者协会”，这是一个进步的、开展爱国民主运动和国际和平运动的科学家团体。1946年，长望同志又相继分别到英国、美国组织建立“中国科协”的分会。作为中国科协的常务理事和总干事，长望同志不顾政治压力和生活困难，积极奔波推动协会活动的展开。他经常组织讲演会，公开发表演讲，主讲科学与社会、科学与政治等问题，指出没有良好的社会和政治环境，便不可能发展科学事业。他为中国科协的建立和发展，付出了巨大精力，团结了许多进步科学家为科学和民主而斗争。1948 年，北平学生邀许德珩、袁翰青、樊弘等教授集会，抗议取缔华北学联，反对伪国大召开。北平国民党当局派军警包围了会场并于事后声言要做“关麟征第二”（关曾镇压昆明“一·二一”运动并杀害了李公朴、闻一多）。面对反动势力的淫威，长望等同志以中国科学工作者协会的名义，写信给《观察》周刊，公开支持学生运动，抗议北平反动当局对许德珩、袁翰青、樊弘三教授的威胁。在国民党政府快垮台的时候，中国科协在各地中共地下党的领导下，同工人和学生在一起，进行护厂护校的运动。1946 年，他出席了伦敦国际科学工作者协会，并担任了协会的理事，他在会上的关于维护世界和平，争取民主的发言，获得了与会的许多科学家的赞许。

我认识长望同志是抗日战争时期在重庆的时候，记得第一次见到他是在化龙桥的新华日报馆。当时，蒋介石的反动政权对于日本帝国主义的侵略节节退让，而对八路军则处处进攻，至于压制舆论，封锁新闻，甚至残害进步人士，也是无所不用其极。有些知识分子忧亡国之无日，虑神州之陆沉，但苦于手无寸铁，内心极度苦闷。我有机会和梁希、潘菽、谢立惠等同志去新华日报馆，承潘梓年、章汉夫等同志为我们讲解时事，有时还承中共中央的领导同志为我们讲述国内外形势。新华日报馆成为我们政治学习的大学。我和长望同志就是在这样的关系中渐渐熟悉起来的。那时，他不过 30 多岁，英俊潇洒，学识广博，待人热情真诚，爱憎极为分明。从沙坪坝到新华日报馆要走很长一段路程，在这段路上布满了特务，他们在暗中检查过往的行人。长望同志因为工作的关系到新华日报馆去是非常危险的，但每次开会，他总是想尽办法积极参加。就在这个时期，在共产党的影响下，长望同志与许德珩、梁希、潘菽等进步知识分子一起，组织了“民主科学座谈会”，经常在一起议论时局，切磋时政，针砭时弊，主张内争民主以外御强寇，呼吁团结抗战，反对分裂投降，为抗日战争的胜利做出了应有的贡献。后来，为了纪念抗日战争和世界反法西斯战争的伟大胜利，“民主科学座谈会”以 1945 年 9 月 3 日日本投降签字为因，改名为九三学社，成为一个永久性的政治组织，长望同志当选为理事。

长望同志一生追求民主，追求科学，向往光明，他为民主革命的胜利和新中国的建立尽了最大努力，做出了应有贡献。1948 年，他在国民党反动政府的追踪迫害下，在地下党组织掩护下，由南京绕道香港抵北平，真正呼吸到了民主与自由的空气。自此，以满腔的热情和非凡的才干，全身心地投入新中国的建设事业中，直到生命的最后一息。他在 1956 年光荣地加入了中国共产党，实现了他多年的夙愿，由一名爱国知识分子成长为一名为共产主义理想而奋斗的革命战士。

新中国成立后，长望同志身兼数职，责任重大，却无一偏废。特别是于九三学社的工作，虽然是兼职，却能尽心尽职。1952 年，他在九三学社第二届全国工作会议上当选为社中央秘书长，1959 年，又当选为社中央副主席。在中国共产党的领导下，他为九三学社的发展和建设呕心沥血，团结广大社员及所联系的知识分子，沿着党指引的道路不断前进。他知道，九三学社是中国共产党领导下的爱国统一战线中一支不可缺少的力量。因此尽管他身兼数职，工作繁重，还是尽可能多地抽时间和精力来从事社务工作。他在身染重病的情况下，还利用考察各地气象台、站设立情况之便，视察社的地方组织的工作情况。在他的引导和影响下，许多进步知识分子参加了九三学社，他自己则成为社员们拥戴、敬佩的领导。九三学社的工作能有今天这样可喜局面，与长望同志的努力和贡献是分不开的。

我与长望同志相识共事 20 余年，感触最深的是他的待人宽厚的长者风度和顽强乐观的革命精神。他虽身为国内外知名的学者、专家，却很平易近人。对待朋友和同志总是坦诚仁爱，关怀备至。他不仅能帮助人，而且也肯虚心向同志们学习。他主张对人要宽容，使人能讲心里话。他真诚地对待每一位同志，理解、帮助每一位同志，也保护了一些同志免受不白之冤，深受社内外同志的尊敬和爱戴。他顽强、乐观，从不为困难挫折所屈服。他小时候身体很差，有肺病嫌疑，到大学后，经常跑步、打球，逐渐摆脱幼年时候的病弱体质而锻炼成青年时的健壮身体。只此一点，就可以看出他意志的坚强了。当他病魔缠身，行动已经很困难时，他还拄了拐杖，在他夫人的陪同下，从气象局步行到我家里来看我，表示他不为病魔所屈服。还在报上发表了《关于二十世纪气候变暖的问题》的著名论文。在他生存的最后阶段，仍坚强地与疾病做斗争，并说还要再活 20 年，为党为国家多贡献自己的智慧和力量，他的这种顽强、乐观的革命精神，使同志们深受感动。

长望同志虽然早已离开了我们，但他的精神却永存于我们中间，将永远鼓舞和激励我们前进。

（中国气象报，1991-10-28（4））

中国小麦气候生态区划

序

由我主持的全国小麦生态研究已经完成了试验。

在已经发表的论文和出版的著作中，系统地论述了小麦生态学领域中的诸多问题。

这本由崔读昌、曹广才、张文、张成琦撰写的《中国小麦气候生态区划》是小麦生态研究的系列著作之一。全书由绪论和普通小麦品种气候生态型及其反应、小麦生态环境与生育期、小麦气候生态区划等3章组成，自成体系，有作者独特的见解和观点。此书的出版有益于学术界“百家争鸣” 各抒已见，活跃学术空气。同时，也围绕小麦的生长发育和环境以及生态条件的关系，在小麦生态的一些理论阐述上有所创新，对已揭示的一些基本规律有所充实和发展，具有一定的学术价值。另外，这是我国第一部小麦气候生态区划专著，对于小麦引种、育种、品种资源利用和栽培等方面都有重要的参考价值，对于发展我国小麦生产也将产生一定的指导意义。

本书出版后，希能在同行和读者中引起反应。对涉及到的一些问题还望继续得以深入研究。

金善宝

1990年11月于北京

贵州科学出版社 1991.11

《中国小麦气候生态区划》序

金善宝

由我主持的全国小麦生态研究已经完成了试验。

在已经发表的论文和出版的著作中，系统地论述了小麦生态学领域中的诸多问题。

这本由崔读昌、曹广才、张文、张成琦撰写的《中国小麦气候生态区划》是小麦生态研究的系列著作之一。全书由绪论和普通小麦品种气候生态型及其反应、小麦生态环境与生育期、小麦气候生态区划等3章组成，自成体系，有作者独特的见解和观点。此书的出版有益于学术界百家争鸣、各抒己见，活跃学术空气。同时，也围绕小麦的生长发育和环境以及生态条件的关系，在小麦生态的一些理论阐述上有所创新，对已揭示的一些基本规律有所充实和发展，具有一定的学术价值。另外，这是我国第一部小麦气候生态区划专著，对于小麦引种、育种、品种资源利用和栽培等方面都有重要的参考价值，对于发展我国小麦生产也将产生一定的指导意义。

本书出版后，希能在同行和读者中引起反应。对涉及的一些问题还望继续得以深入研究。

1990年11月于北京

（中国小麦气候生态区划，贵州科技出版社，1991）

序　言

农业哲学属于哲学范畴，它是一门探讨农业生产和农业科学的本体论、认识论和方法论，归纳、概括出农业生产和农业科学中的基本观点和理论思维方式的学科。

农业生产，是在一定的社会、自然与科学技术条件下的生产活动。农业生产的内涵和外延，必须与上述三大因素相适应。社会与科学技术属于社会历史的范畴，它们在当代的特点之一是其发展变化极其迅速。自然条件是自然界发展的范畴，当社会力量和科学技术的作用还不够强大时，自然界的发展是比较缓慢的；而社会力量和科学技术已达到当代的水平，对自然的改造作用也同样表现为迅速的、甚至是急遽的（良性或恶性的）发展变化。

农业科学，是一定时期的农业实践与有关的科学技术相互渗透的产物。在当代，科学技术正在以其强大的力量冲击和改造着农业生产实践。那种孤立地认为农业科学仅仅只是农业生产自身经验的总结和提高的观点，已与当代的社会生产和科学技术发展的实际不相适应了。

农业哲学的根本观点，在农业生产方面，包括有农业的本质，农业的演化和发展规律，农业与社会、自然、科学技术发展的关系，农业未来的发展趋势，以及农业各部门之间、农业和其他产业与社会需求之间的辩证关系等。探讨这些基本观点的目的，在于为现代农业的决策与管理、农业教育的发展和人才的培养、农业发展战略的制定以及社会主义农业发展的长短期规划提供理论基础。在农业科学方面，基本的观点包括有农业科学发生、发展的规律，农业科学技术与社会经济发展的关系，以及农业科学研究的方法论等。探讨这些基本观点，也是促进农业生产和农业科学发展所必需的。

恩格斯指出："一个民族想要站上科学的各个高峰，就一刻也不能没有理论思维。"①农业哲学的研究，就是要为农业生产与农业科学的发展提供理论思维，帮助攀登农业科学的高峰。在我国实现社会主义农业现代化的过程中，从理论上论证"经济建设必须依靠科学技术，科学技术工作必须面向经济建设"的方针，这也是农业哲学的一项重要的基本任务。

《农业哲学基础》一书，是我国部分高等农林院校自然辩证法工作者在中国自然辩证法研究会及其农业专业组关怀和支持下集体编撰的。全书共分六篇，论述了农业的本质特征及其发展规律、农业发展中的若干关系、部门农业中的辩证法、农业的发展前景、农业科学的体系和发展规律、农业科学方法论、农业发展战略以及农业决策和管理等。像这样从哲学的角度比较系统地论述农业生产、农业科学、农业教育与农业管理问题的书，在我国还是第一本。这是一件开创性的工作，其理论阐述可能还不够完善。但它毕竟集中了集体的智慧，在总结近年有关学科的研究成果方面，作出了有益的尝试，反映了当今我国农业研究中的理论思维水平。

我国农村正处在一个伟大的历史转变时期，正在由传统农业向现代农业转变，由自给

① 恩格斯：《自然辩证法》，人民出版社，1984年，47页。

《农业哲学基础》序言

金善宝　沈其益　陈华癸

农业哲学属于哲学范畴，它是一门探讨农业生产和农业科学的本体论、认识论和方法论，归纳、概括出农业生产和农业科学中的基本观点和理论思维方式的学科。

农业生产是在一定的社会、自然与科学技术条件下的生产活动。农业生产的内涵和外延，必须与上述三大因素相适应。社会与科学技术属于社会历史的范畴，它们在当代的特点之一是其发展变化极其迅速。自然条件是自然界发展的范畴，当社会力量和科学技术的作用还不够强大时，自然界的发展是比较缓慢的；而社会力量和科学技术已达到当代的水平，对自然的改造作用也同样表现为迅速的、甚至是急遽的（良性或恶性的）发展变化。

农业科学是一定时期的农业实践与有关的科学技术相互渗透的产物。在当代，科学技术正在以其强大的力量冲击和改造着农业生产实践。那种孤立地认为农业科学仅仅只是农业生产自身经验的总结和提高的观点，已与当代的社会生产和科学技术发展的实际不相适应了。

农业哲学的根本观点，在农业生产方面，包括有农业的本质，农业的演化和发展规律，农业与社会、自然、科学技术发展的关系，农业未来的发展趋势以及农业各部门之间、农业和其他产业与社会需求之间的辩证关系等。探讨这些基本观点的目的，在于为现代农业的决策与管理、农业教育的发展和人才的培养、农业发展战略的制定以及社会主义农业发展的长短期规划提供理论基础。在农业科学方面，基本的观点包括有农业科学发生、发展的规律，农业科学技术与社会经济发展的关系以及农业科学研究的方法论等。探讨这些基本观点，也是促进农业生产和农业科学发展所必需的。

恩格斯指出："一个民族想要站上科学的各个高峰，就一刻也不能没有理论思维。"① 农业哲学的研究，就是要为农业生产与农业科学的发展提供理论思维，帮助攀登农业科学的高峰。在我国实现社会主义农业现代化的过程中，从理论上论证"经济建设必须依靠科学技术，科学技术工作必须面向经济建设"的方针，这也是农业哲学的一项重要的基本任务。

《农业哲学基础》一书，是我国部分高等农林院校自然辩证法工作者在中国自然辩证法研究会及其农业专业组关怀和支持下集体编撰的。全书共分 6 篇，论述了农业的本质特征及其发展规律、农业发展中的若干关系、部门农业中的辩证法、农业的发展前景、农业科学的体系和发展规律、农业科学方法论、农业发展战略以及农业决策和管理等。像这样从哲学的角度比较系统地论述农业生产、农业科学、农业教育与农业管理问题的书，在我

---

① 恩格斯：《自然辩证法》，人民出版社，1984 年，47 页

国还是第一本。这是一件开创性的工作，其理论阐述可能还不够完善。但它毕竟集中了集体的智慧，在总结近年有关学科的研究成果方面，做出了有益的尝试，反映了当今我国农业研究中的理论思维水平。

我国农村正处在一个伟大的历史转变时期，正在由传统农业向现代农业转变，由自给半自给经济向社会主义商品经济转变，农村的生产体制和多种经营的内涵，也在突破着历史的和近 30 多年的种种与四化建设不相适应的束缚。《农业哲学基础》一书，在这个伟大的历史转变时期问世，它必将经受实践的检验，接受群众和专家的鉴评，这无疑地又将促进农业哲学研究工作的深化与发展。而这正是本书编写者们所衷心期望的。

1988 年 1 月

（科学出版社，1991-1）

序

由我主持的"全国小麦生态研究"项目，是国家自然科学基金资助的课题，也得到中国农业科学院院长基金资助。在1982—1985年全国41个试点进行试验研究的基础上，1988—1990年又在全国14个试点进行了试验研究，参试品种也由原来的31个增加到61个，试验仍以田间分期播种作为主要研究手段。中国农业科学院作物育种栽培研究所为课题主持单位，中国农科院农业气象研究所为课题合作单位，全国14个农业科研单位和院校参加了协作研究。

本课题的研究目的是探讨我国不同地理位置和气候条件下，不同品种类型小麦的生长发育特点及其对温光等生态因子的反应；科学地划分小麦品种生态型，探索小麦生长发育的变异规律和产量构成因素的变异规律以及小麦发育生态的其他有关问题。

这部著作是由我主编的又一部小麦生态研究专著，主要反映1988—1990年的集体研究成果。

除总纲外，全书分成15章。从小麦品种生态型分类、不同类型小麦品种在我国不同地区和特殊生态环境地区的生长发育和温光反应、生育期的变异、植株性状和产量性状以及籽粒品质的生态效应等方面，全面地反映了课题研究内容，涉及了小麦生态研究的诸多理论问题，也讨论了小麦生态研究和发展我国小麦生产的关系，提出了一些方面的应用问题。

曹广才同志协助我组织和进行了试验研究工作，并在对试验资料和数据的整理、分析和运用以及本书写作提纲

《小麦生态理论与应用》序

金善宝

由我主持的“全国小麦生态研究”项目，是国家自然科学基金资助的课题，也得到中国农业科学院院长基金资助。在1982—1985年全国41个试点进行试验研究的基础上，1988—1990年又在全国14个试点进行了试验研究，参试品种也由原来的31个增加到61个，试验仍以田间分期播种作为主要研究手段。中国农业科学院作物育种栽培研究所为课题主持单位，中国农业科学院农业气象研究所为课题合作单位，全国14个农业科研单位和院校参加了协作研究。

本课题的研究目的是探讨我国不同地理位置和气候条件下，不同品种类型小麦的生长发育特点及其对温光等生态因子的反应；科学地划分小麦品种生态型，探索小麦生长发育的变异规律和产量构成因素的变异规律以及小麦发育生态的其他有关问题。

这部著作是由我主编的又一部小麦生态研究专著，主要反映1988—1990年的集体研究成果。

除总纲外，全书分成15章。从小麦品种生态型分类、不同类型小麦品种在我国不同地区和特殊生态环境地区的生长发育和温光反应、生育期的变异、植株性状和产量性状以及籽粒品质的生态效应等方面，全面地反映了课题研究内容，涉及了小麦生态研究的诸多理论问题，也讨论了小麦生态研究和发展我国小麦生产的关系，提出了一些方面的应用问题。

曹广才同志协助我组织和进行了试验研究工作，并在对试验资料和数据的整理、分析和运用以及本书写作提纲和计算提纲的提出与完善，主要论点的产生、组稿、撰稿和统稿等方面都付出了很大精力，做了大量工作。在各协作单位全体参试人员共同努力下，圆满地完成了试验研究和本书的写作。广东省农业科学院旱地作物研究所和华南师范大学计算中心出色地完成了试验数据的电子计算机处理和计算。

在写作和出版过程中，得到浙江科学技术出版社的大力支持，也得到中国农业科学院和作物育种栽培研究所及各协作单位的具体支持和关注。庄巧生、李焕章、郑丕尧、梅楠、曾道孝、贺逢辰、刘锡山、周德超、崔读昌、孙鸿良、张乐庆、杜振华、信乃诠、吴景锋、王崇义等同志分别对各个章节进行了审阅。在此一并致谢。

对于小麦生态这个学科领域，还有不少研究工作须继续进行和不断深入。

限于研究和写作水平，不当和错误之处敬请同行专家和读者指正。

1991年12月

（浙江科学技术出版社，1991-12）

相处半个多世纪的良师益友

金善宝

在纪念邹秉文先生诞辰一百周年之际，感慨万端，黯然命笔，以表怀念之情。

我由于家境的困难，1917 年 22 岁时，考入南京高等师范农业专修科学习。邹先生虽然只比我大两岁，那时他已经是农科的主任和教授了。他执教的侧重点，在于加强实践，培养学生既懂理论知识，又有实际操作本领，他的教学成果和从业学生学有所获，用有所长的事实，使人终生难以忘怀。

他为了争取到使学生能够有直接进行生产实习和从事必要的试验研究场地，真是“千方游说，四处化缘”绞尽脑汁去征求资助。就在我毕业的那一年，他争取到上海面粉大王荣宗敬先生每年资助 5000 元的捐赠，在明故宫遗址开辟了专供师生进行小麦试验研究的 106 亩地，作为南京高师的第二试验分场，我被留在这个场任技术员，这里也就是我一生从事小麦科学研究的起跑线。此后，又租了南京大胜关 1300 亩地，作为东南大学农事试验总场，开展小麦、水稻、棉花、大豆和玉米等多种作物的试验研究工作，我又到总场当技术员。南京高师 1921 年改为东南大学，农业专修科也改为本科，我 1926 年在校读一年学分，完成本科学业。到 1927 年东南大学改为中央大学，邹先生辞去农科主任离校了。从南京高师到东南大学 10 多年时间，他为创办学生实习的试验场和教师学生共同进行引入作物品种试种、选育良种、栽培技术试验的研究基地，花费了大量精力，也正是在这种既教学又研究实践过程中，为国家培养了一批脚踏实地从事稻麦棉等作物科技人才。

相处半个多世纪的良师益友

金善宝

在纪念邹秉文先生诞辰一百周年之际，感慨万端，黯然命笔，以表怀念之情。

我由于家境的困难，1917 年 22 岁时，考入南京高等师范学校（下称南京高师）农业专修科学习。邹先生虽然只比我大两岁，那时他已经是农科的主任和教授了。他执教的侧重点，在于加强实践，培养学生既懂理论知识，又有实际操作本领，他的教学成果和从业学生学有所获、用有所长的事实，使人终生难以忘怀。

他为了争取到使学生能够有直接进行生产实习和从事必要的试验研究场地，真是“千方游说，四处化缘”，绞尽脑汁去征求资助。就在我毕业的那一年，他争取到上海面粉大王荣宗敬先生每年资助 5 000 元的捐赠，在明故宫遗址开辟了专供师生进行小麦试验研究的 106 亩地，作为南京高师的第二试验分场，我被留在这个场任技术员，这里也就是我一生从事小麦科学研究的起跑线。此后，又租了南京大胜关 1 300 亩地，作为东南大学农事试验总场，开展小麦、水稻、棉花、大豆和玉米等多种作物的试验研究工作，我又到总场当技术员。南京高师 1921 年改为东南大学，农业专修科也改为本科，我 1926 年在校读一年学分，完成本科学业。到 1927 年东南大学改为中央大学，邹先生辞去农科主任离校了。从南京高师到东南大学 10 多年时间，他为创办学生实习的试验场和教师学生共同进行引入作物品种试种、选育良种、栽培技术试验的研究基地，花费了大量精力，也正是在这种既教学又研究实践过程中，为国家培养了一批脚踏实地从事稻麦棉等作物科技人才。

从 20 世纪 20 年代开始，邹先生就将他的才华和智慧都献给我国的农业发展事业了。为振兴祖国农业他的贡献是多方面的，据我所知，从农业教育、农业规划、农产品进出口检验、农业信贷，到农业外贸；从粮作、棉作到其他经济作物；从种植业生产资料的种子、农药、化肥到农业机械，等等，他都参加了改进提高的筹划和实施。在我们这一代人中，在农业工作方面，没有哪一位比他的工作涉及的范围更加广泛。他在农业对外交流方面，也是前无古人的，他以官员和中华农学会理事长的身份，在第二次世界大战期间与之后，到美国四处奔波，多方联系，争得奖学金名额和捐助参观实习的费用，先后派出我国各农业领域人员几百人赴美国学习，这些人成了新中国成立后，农业教育界、科技界和行政领导方面的栋梁之材。

解放初，他虽身居美国，得知上海棉种奇缺的信息后，他在华侨中做了大量具体工作，克服重重困难，采购近 500 吨岱字棉种，在当时美国对我国封锁禁运的条件下，克服了艰难险阻运回国内，为华东地区 20 世纪 50 年代初期棉花增产发挥了重要作用。经周恩来总理委派专人接迎，使他绕道欧洲，于 1956 年 8 月末平安飞抵北京。他出任农业部和高教部的顾问，对我国的农业教育和科学研究事业，进行过广泛深入的调查研究，提出过许多有益的意见和建议。

邹秉文先生是与世纪同行的人，是一位具有远见卓识的农业教育家、农学家，为祖国的农业贡献了毕生精力。近 30 年来，我们有机会见面时，都是谈农业。1985 年夏，他在协和医院住院，我去看望他，他握住我的双手，对在座的同志说："金善宝，他是我的好学生，好朋友哇！……"不久，他与世长辞了。是的，邹先生是我半个多世纪以来的良师益友，他为农业建设事业勤奋工作的精神，广结群贤助人为乐的美德，将永远铭刻在我的记忆中。

（邹秉文纪念集，1993：185-186）

在毛泽东思想指引下

金善宝

今年 12 月 26 日，是我们伟大领袖毛泽东主席诞辰一百周年纪念日。毛主席已经离开我们整整十七个年头了。十七年来，我们的国家在党中央改革开放方针的指引下，无论在政治、经济、科学技术等方面，都发生了前所未有的巨大变化。回顾往事，缅怀我们伟大领袖毛主席，不由感慨万千。

在毛主席的感召下

日本侵略军侵略我东北三省之后，1937 年发动了七七卢沟桥事变，“八一三”又突然向上海进攻。蒋介石采取不抵抗主义。当时我所在的中央大学随国民党政府一起迁往重庆。四大家族拼命搜括民财，准备逃往国外。全国人心惶惶，中国向何处去？四亿人民的中国面临亡国的危险。就在这个关键时刻，毛主席及时发表了《中国共产党在抗日时期的任务》、《反对日本进攻的方针、办法和前途》，《为动员一切力量争取抗日战争胜利而斗争》等重要文章，提出“只有全民族实行抗战，才是我们的出路”，号召“全国人民、政府和军队团结起来，筑成民族统一战线的坚固长城，抵抗日寇侵略”，建议“国共两党亲密全作，驱逐日寇出中国……”就像黑夜中一盏明灯，给全国人民指明了方向。中央大学学生会在学校地下党组织的领导下，多次上街游行，高呼“打

在毛泽东思想指引下

金善宝

今年12月26日，是我们伟大领袖毛泽东主席诞辰一百周年纪念日。毛主席已经离开我们整整十七个年头了。十七年来，我们的国家在党中央改革开放方针的指引下，无论在政治、经济、科学技术等方面，都发生了前所未有的巨大变化。回顾往事，缅怀我们伟大领袖毛主席，不由感慨万千。

在毛主席的感召下

日本侵略军侵略我东北三省之后，1937年发动了七七卢沟桥事变，八·一三又突然向上海进攻。蒋介石采取不抵抗主义。当时我所在的中央大学随国民党政府一起迁往重庆。四大家族拼命搜括民财，准备逃往国外。全国人心惶惶，中国向何处去？四亿人民的中国面临亡国的危险。就在这个关键时刻，毛主席及时发表了《中国共产党在抗日时期的任务》《反对日本进攻的方针、办法和前途》《为动员一切力量争取抗日战争胜利而斗争》等重要文章，提出“只有全民族实行抗战，才是我们的出路”，号召“全国人民、政府和军队团结起来，筑成民族统一战线的坚固长城，抵抗日寇侵略”，建议“国共两党亲密合作，驱逐日寇出中国……”就像黑夜中一盏明灯，给全国人民指明了方向。中央大学学生会在学校地下党组织的领导下，多次上街游行，高呼“打倒日本帝国主义”“全国人民团结起来，打倒汉奸、卖国贼”等口号，大大鼓舞了人民群众的抗战士气。从此，全国人民就把挽救中华民族的希望，寄托在毛主席、共产党身上。

国共开始合作、共同抗日。周恩来同志受中央大学学生会的邀请，来校做报告。做报告时，校方故意把大礼堂的大门关闭，饭厅里的桌椅都搬走了，可是却阻挡不住人山人海的听众，饭厅内内外外都挤满了人，师生们都站着。周恩来同志详细分析了抗日战争的形势，传达、讲解了毛主席关于持久战的重要论点，批驳了亡国论，报告长达3个小时，开阔了人们观察世界形势的视野，进一步增强了人民群众抗战必胜的信心。

新华日报社迁到重庆后，在化龙桥附近一个小山上设了办事处。我和梁希、潘菽、涂长望等进步教授，经常到报社去探听前线战况，请潘梓年、章汉夫同志为我们讲解时事。有时还承周恩来同志为我们传达毛主席对国内外形势的精辟分析，每次都颇有教益。我身体虽不好，但只要一听说到新华日报社去，马上就拿起拐杖一同前往。从学校沙坪坝到新华日报馆，要走很长一段山路。在这段山路上，布满了特务，暗中监视过往行人，到新华日报馆去是非常危险的。但我们出于对毛主席、共产党的向往，追求真理的渴望，使我们每次都冒着危险，积极前往。

1938 年 7 月，为了纪念“七七”抗战，学校设立了一个献金台。校长捐了 30 元，有些教授捐了 10 元、5 元不等，我担心这些献金会落入某些贪官污吏的腰包，就主动到新华日报办事处去捐了 100 元，请办事处转交给八路军前线将士。我对办事处的同志说：“我相信毛主席，我的心在延安，在八路军将士身上。”到了秋天，学校又号召向前线将士献送寒衣，我和梁希教授商量，还是把寒衣款送到新华日报办事处去。我送去后，第二天新华日报专门登出一条消息：“梁金先生为抗日战士捐赠寒衣款 200 元。”

1942 年，听说延安搞大生产运动，我很想去延安，为抗日战争做一点贡献。我去找林伯渠同志谈了自己的想法和要求，林老为我写了一封介绍信。后来因我身体不好没有去成，只好把介绍信退还给林老。林老恳切地对我说：“后方同样可以干革命，不一定要到延安去。”于是，我就把自己亲自选育出来的中大 2419 等几个小麦优良品种，托新华日报办事处送往延安，表达了我对延安大生产运动的一片心意。后来，邓颖超同志亲自对我说：“延安已经收到你的小麦种子了，同志们都很感谢你。”听到这个消息，我感到十分欣慰。

在毛主席的感召下，许德珩、梁希、潘菽、涂长望和我们一些进步知识分子一起，组织了“民主科学座谈会”，经常在一起议论时局、切磋时政，主张内争民主，外御强寇，拥护毛主席的抗日民族统一战线。后来，为了纪念抗日战争和世界反法西斯战争的伟大胜利，“民主科学座谈会”以 1945 年 9 月 3 日日本投降签字之日，改名为“九三学社”。

亲切的接见

抗日战争胜利后，蒋介石假和平、真内战。为了欺骗舆论，邀请毛主席到重庆进行和平谈判。毛主席在美国大使赫尔利的陪同下，于 1945 年 8 月 28 日与周恩来、王若飞同志等一起，从延安乘飞机到达重庆。

毛主席在谈判期间，曾多次抽时间接见了重庆市各界群众代表和社会进步人士，宣传党的政治主张和各项政策，并曾抽空来中央大学，探望他在湖南第一师范学校学习时的老同学。后来又在嘉陵江畔张治中的住宅亲切地接见了梁希、潘菽、涂长望、谢立惠、李士豪、干铎和我等一些进步教授。毛主席首先问我们：“各位对时局有什么看法吗？”梁老首先回答：“我们感到很苦闷。”毛主席连声说：“噢，苦闷！噢，苦闷！噢，苦闷！”一连说了 3 次。我坐在后面，毛主席问：“那位白发老先生有什么意见啊？”当毛主席知道我刚 50 岁时，便伸出两个手指笑着说：“啊！我比你大两岁。”我递给毛主席一张名片后说：“革命是要流血的。孙中山先生为了求得和平，让位给袁世凯，终于遭到二次革命的失败。看目前形势，蒋介石对和平谈判并没有诚意，今后的内战还是要打的，重庆是虎狼之地，不宜久留，希望毛主席早日离渝回延安。”毛主席听了，频频点头。

毛主席的接见，更加鼓舞我积极投入反饥饿、反内战、反压迫和营救进步学生的斗争，使我看到了光明，更加坚信一个崭新的中国，一定会在毛主席、共产党的领导下建立起来。

五张任命书

1949 年新中国成立，缠绕在我身上多年的病魔，大概也知道了这个好消息，它就悄悄地溜走了。从此，我就抛掉了拐杖，得到了新生。多少年来，党给了我许多崇高荣誉，毛主席曾给我五张任命书。1949 年 7 月，原中央大学改名南京大学，中央人民政府主席毛泽东任命我为南京大学农学院院长；1950 年 4 月，毛主席任命我为华东军政委员会农林部副部长；同年 6 月，毛主席又任命我为南京市副市长；1952 年大学院系调整，南京大学农学院与金陵大学农学院合并，改名为南京农学院，毛主席又发出任命书，任命我为南京农学院院长；1952 年 11 月，毛主席又给我第五张任命书，任命我为江苏省人民政府委员。每张任命书都表达了毛主席对我的无限信任，无限关怀；每张任命书都给了我无穷的力量，使我这个在旧社会一无所有的知识分子，能在毛主席的阳光沐浴下，为新中国的建设，贡献自己的一技之长。更主要的是，自我 1895 年出生，直至新中国成立的几十年间，亲眼目睹祖国人民多灾多难，内战连年、外患频繁。年轻时我进过陆军学校，出国留学，和许多爱国人士一样，寻求救国救民的真理，均未能实现。年轻时壮志未酬，年过半百后亲眼看到新中国成立，祖国人民有了希望，怎能不使我感到由衷的高兴呢？

我是学农的，要为人民工作，只有从农业开始。1950 年，长江下游洪水泛滥，华东地区、长江流域有一亿亩良田受到水灾。如何抗灾、救灾、挽救人民的损失？我根据华东地区历年来气候变化的规律和特点，提出“多种马铃薯、移植冬小麦渡春荒的建议”。这个建议很快得到党和人民政府的重视，南京新华日报全文登载了我的合理化建议。我亲自到郊区给农民做田间示范，使这一措施迅速推广，补救了农业受灾的损失。

1951 年春天，正当南方小麦处于返青拔节季节，苏北地区突然遭到历史上罕见的寒潮，大面积小麦被冻坏。江苏省委要求我带领十名专业教授，迅速赶往小麦冻害现场，研究抢救办法。当我们赶到现场时，发现大部分小麦的主茎都已冻坏了。当时很多专家认为，小麦主茎已经冻死，没有任何挽救希望，不如趁早翻掉，另种其他庄稼。但是，这样做不知有多少群众要面临挨饿的危险。为此，我们走遍了苏北、淮北 10 多个县，对各地防冻经验进行系统总结、分析。调查中我们发现，小麦主茎虽然冻死了，但小麦的分蘖节并没有冻死。根据这一情况，我们向江苏省委提出适时浇水、增施肥料、加强麦田管理等一系列栽培技术措施。经过努力，当年苏北 100 多万亩受冻害小麦，最后仍然获得亩产 200 多斤的好收成。

我的研究成果南大 2419 和矮立多这两个优良小麦品种，解放前 1942 年至中华人民共和国成立近 7 年时间内，推广种植面积仅百万亩左右。1950 年以后，由于毛主席和人民政府的重视，它们很快在我国南方冬麦区扩大应用。20 世纪 50 年代中后期至 60 年代，每年推广面积在 7 000 万亩以上，品种寿命长达 40 余年。

1957 年，我根据多年潜心研究结果，发表了《中国小麦之种类及其分布》的论文，对研究中国小麦的起源、进化和分布都起了重要作用，对世界小麦研究也是一个贡献。

1958 年因工作需要，我被调至北京，历任中国农业科学院副院长、院长等职。但是，毛主席的五张任命书，仍然是推动我进行农业科学研究的巨大动力。就在这一年，农业生产上刮起一股浮夸风，毛主席委托当时的农垦部部长王震同志了解下情。王震同志即派我去河南、山东等地考察。我考察回来后，将农村的实际情况向王震同志做了汇报。王震同志将我反映的情况及时报告了毛主席，较快地刹住了这股浮夸风。事隔 30 年之后，身任国家副主席的王震同志，于 1988 年 6 月 3 日亲临寒舍，还提起此事，并说：“金老，这件事你是立了功的。”

1967—1973 年，在那动乱的年代，每年五一、十一毛主席都给我发出请柬，请我登上天安门观礼台观礼。这种荣誉无形中保护了我，使我能够避开种种干扰，克服重重阻力，腾出时间和精力，利用中国幅员广阔的自然条件，进行南繁北育，加速世代育种的方法。我们春天3月在北京播种，6、7月收种子，立即拿到南方高山夏播，9月收获以后，再去海南岛或云南秋播，这样一来，一年就可以繁育两三代春麦了。经过春麦组全体同志的不懈努力，我们终于相继育成了一批京红号和中字号优质高产品种。第一批育成的京红号品种，在全国10个省、市、区29处品种比较试验中，有24处占第一位，平均亩产比当时引入我国号称“绿色革命”的墨西哥小麦，普遍增产1~2成。这一异地加代繁育良种的方法，成了中国小麦加代繁育的有效措施，大大缩短了作物育种周期。

在毛主席五张任命书的鼓舞下，我3次去云南，2次去青海高原，5次去内蒙古，考察农业生产，总结各地群众的小麦栽培育种经验，我的足迹踏遍了祖国的山山水水。1985年跨入90岁高龄之后，仍然坚持每年外出考察1~2次。1992年我已经97岁了，还乘飞机去过一次新疆。现在，全国只有西藏、台湾两个省区我还没有去过。如果说，我为祖国的农业和农业科学做出了一点贡献，应该全部归功于毛主席，归功于共产党。

“教育、科学研究要与生产相结合”

我从事农业教育30余年，农业科学研究70余年，深深体会到毛主席关于“教育、科学研究要与生产相结合”的方针是十分正确的。有一件事至今难忘。那是在1952年，我在南京任南京大学农学院院长时，看到学校的实验农场只有100多亩地，不能适应教育与生产相结合的要求，加上教室、宿舍都十分紧张，就提出把南京大学农学院从丁家桥迁到城外孝陵卫的建议，当时受到不少人的反对。后来，我利用到北京开会的机会，向聂荣臻副总理（当时主管农业）做了汇报。我的建议很快得到了中央领导的支持，学院很快迁到了城外孝陵卫，实验农场大大扩大，为农业教育、农业科学研究与生产相结合创造了良好条件，使南京农学院得到了很快发展。

“文化大革命”期间，由于“左”的干扰，中国农业科学院内科研人员几乎全部“下放”，中国农业科学院实际上只剩下一块空牌子，南京农学院也被迫迁到扬州，农业科学技术遭到严重摧残。对此，我感到十分痛心。这时不由使我想起20世纪60年代初期精简机构时，中国农业科学院各研究所为了完成上级的精简指标，研究人员精简过了头，伤了元气。当时任中国农业科学院首任院长的丁颖同志，向中央检查组如实反映了情况，中央检查组的同志将丁院长的意见写在“情况反映”上，毛主席阅后批示：“这个老专家的意见很重要。”正是在毛主席的关怀、支持下，后来又给中国农业科学院增加了400名编制，基本保住了中国农业科学院的研究力量。这个事例使我认识到毛主席关于教育、科研要与生产实践相结合的方针，正是为了确立教育、科学研究的正确方向，提高教育质量和科学研究水平。那种把教育、科研与生产对立起来的论调，实质上是反对毛主席关于教育、科研要与生产相结合的方针，企图取消农业教育和农业科学。为此，我冲破层层阻力，积极向中央反映，要求收回中国农业科学院各下放所，并建议把原南京农学院仍迁回南京。“四人帮”倒台后，我的建议终于陆续得到采纳，毛主席关于“教育、科研要与生产实践相结合”的方针得到了正确贯彻。

新中国成立以来，在毛主席关于“教育、科学研究要与生产实践相结合”的方针指引下，我国农业科学有了很大发展，研究领域不断扩大，许多薄弱空白学科有了加强和发展。1978 年向全国科学大会推荐的科技成果 3 000 多项，评选上的重大科技成果 381 项，其中有 30 余项达到或超过世界先进水平。1957 年我国育成第一个水稻矮秆良种——矮脚南特，接着又育成了广场矮、珍珠矮等良种；1973 年又育成了杂交水稻，每年推广面积达 7 000 万亩；采取多倍体育种方法育成的异源 8 倍体小黑麦，在西南、西北地区推广，一般比当地黑麦增产两成以上；1965 年以来，小麦条锈病得到了基本控制；牛瘟、猪瘟疫苗达到世界先进水平……所有这些极大地推动了农业生产，充分显示出农业科学与生产结合的巨大作用。

现在毛主席虽然离开了我们，可是他对中国人民立下的丰功伟绩，将永远载入史册，伟大的毛泽东思想将永存于中国人民中间，将永远激励和鼓舞中国人民前进。

（毛泽东与我，山西人民出版社，1993：245-252）

序

《夏播小麦理论与实践》终于和读者见面了。这是反映我国夏播小麦成果和成就的第一部研究专著，是一件值得庆贺的喜事，也圆了我多年来魂绕情牵的一个梦。

早在60年代，我在北京搞春小麦育种工作，就萌发了研究夏播小麦的念头。开始在北京搞试验，但因温度太高，小麦不能抽穗结实，后来想到高寒山区。在朋友们的建议下，先到安徽爬了两天黄山，因找不到可耕的土地而作罢。后来又到井冈山和庐山两地试种，都长得很好。那年庐山植物园还把夏播小麦拿到南昌展览会展出。

良好的社会环境，是保证科学实验的重要条件。80年代以来，夏播小麦在河北、山西、河南、云南、辽宁、内蒙、广东、广西、贵州等地都获得试验和试种的成功。

历史经验告诉我们，一个新生事物的发生与发展，总要经过一段迂回曲折的过程。假使它是错误的，就会在中途夭折；如果它是正确的，总会取得成功。夏播小麦就是一个很好的例证。夏播小麦所以能够成功，从客观上讲，它符合事物发展的规律，无论是北方的高寒山区，还是南方的高原和平原地区，都是围绕当地的水分和温度状况采用强春性的小麦品种以及相应的栽培措施，充分而合理地利用光、热、水、气、土等自然资源，既符合自然规律，又能趋利避害。这是新生事物得以成功的根本原因。从主观上讲，是各级党政领导、科技人员和广大农民群众辛勤努力的结果。通过多类型区、多层次、多内容、定性定量的多次试验和研究，总结了夏播小麦比较全面而系统的理论和经验，这是我国农业科技领域的宝贵财富。

目前，夏播小麦在全国的种植面积已达60万亩，并且已经在全国范围内形成了小麦加代育种的网络，为增强农业后劲开辟了一条新途径，也为缺粮地区提高粮食自给能力，改善农民食品结构闯出一条道路。所以，随着夏播小麦经验的推广和深入地再试验、再研究，将会给更大范围地区的农民实现稳定脱贫和小康目标带来新的希望。

本书由杜振华、曹广才、贵蕴等同志发起，其写作和出版是全体编委和作者共同努力的结果。中国农业科学院、河北省张家口市人民政协以及农业局对本书的出版给予了大力支持，在此谨致谢忱。

限于编者水平，错误和不当之处请同行专家和读者指正。

金善宝

1994年6月

《夏播小麦理论与实践》序

金善宝

《夏播小麦理论与实践》终于和读者见面了。这是反映我国夏播小麦成果和成就的第一部研究专著，是一件值得庆贺的喜事，也圆了我多年来魂绕情牵的一个梦。

早在20世纪60年代，我在北京搞春小麦育种工作，就萌发了研究夏播小麦的念头。开始在北京搞试验，但因温度太高，小麦不能抽穗结实，后来想到高寒山区。在朋友们的建议下，先到安徽爬了两天黄山，因找不到可耕的土地而作罢。后来又到井冈山和庐山两地试种、都长得很好。那年庐山植物园还把夏播小麦拿到南昌展览会展出。

良好的社会环境，是保证科学实验的重要条件。80年代以来，夏播小麦在河北、山西、河南、云南、辽宁、内蒙古、广东、广西、贵州等地都获得试验和试种的成功。

历史经验告诉我们，一个新生事物的发生与发展，总要经过一段迂回曲折的过程。假使它是错误的，就会在中途夭折；如果它是正确的，总会取得成功。夏播小麦就是一个很好的例证。夏播小麦所以能够成功，从客观上讲，它符合事物发展的规律，无论是北方的高寒山区，还是南方的高原和平原地区，都是围绕当地的水分和温度状况采用强春性的小麦品种以及相应的栽培措施，充分而合理地利用光、热、水、气、土等自然资源，既符合自然规律，又能趋利避害。这是新生事物得以成功的根本原因。从主观上讲，是各级党政领导、科技人员和广大农民群众辛勤努力的结果。通过多类型区、多层次、多内容、定性定量的多次试验和研究，总结了夏播小麦比较全面而系统的理论和经验，这是我国农业科技领域的宝贵财富。

目前，夏播小麦在全国的种植面积已达60万亩，并且已经在全国范围内形成了小麦加代育种的网络，为增强农业后劲开辟了一条新途径，也为缺粮地区提高粮食自给能力，改善农民食品结构闯出一条道路。所以，随着夏播小麦经验的推广和深入地再试验、再研究，将会给更大范围地区的农民实现稳定脱贫和小康目标带来新的希望。

本书由杜振华、曹广才、费道等同志发起，其写作和出版是全体编委和作者共同努力的结果。中国农业科学院、河北省张家口市人民政协以及农业局对本书的出版给予了大力支持，在此谨致谢忱。

限于编者水平，错误和不当之处请同行专家和读者指正。

（夏播小麦理论与实践，气象出版社，1994）

战时科研生涯回忆（二十三）

抗日烽火炼真金

□金善宝

百岁老人金善宝先生亲自为本栏撰写了这篇回忆文章，使本报同志深为感动。我们衷心敬祝他老人家健康！幸福！长寿！

——编者

抗日战争时期的教学生活（上）

1937年我在南京中央大学农学院任教，“七七”事变，抗日战争爆发，校长宣布学校立即迁往重庆，教职员工一律不许带家属，我只好匆忙把家眷送到浙江诸暨老家，自己只身一人随学校迁往重庆。

艰苦教学

到了重庆，学校在沙坪坝用竹子和泥土盖了一批简易平房，我们在这些平房里一住就是八年。这八年，虽然我们身在后方，但心却时刻悬念着前方，在毛泽东主席抗日民族统一战线的思想指导下，我们坚信抗战必胜。正是这种信念，团结了全体师生员工，克服了各种困难，坚持了敌后教学与科研工作。

在战争动乱中，学校从南京迁往重庆，遥遥数千里，教学仪器设备和图书资料，丢的丢，坏的坏，损失大半。在当时的条件下，学校既没有能力，也根本无法购置到需要的仪器设备和图书资料。怎么办？没有教科书、参考书，教师们就自己编讲义，有时来不及编讲义，就全靠学生自己记笔记了，很多学生家境贫寒，没有生活来源，就只好用蘸水笔尖代替自来水钢笔，用蓝色染料泡成水代替墨水，用又粗又黄的纸张订成笔记本，记录老师讲的内容。到了晚上，还要在煤油灯下自习到深夜。缺少仪器设备，我们学农的，就用试验田来代替，教师们将课堂上讲的理论，到试验田里去边讲、边示范，巩固了学生对课程的理解，也提高了学生的实践工作能力。我从事农业教育近三十年，其中有很多优秀的学生，就是在抗日战争的烽火中培养造就出来的，新中国成立后，他们都成为祖国农业生产、教育、科研战线上的骨干，各项学科的带头人，有的还光荣地被评选为科学院院士，为祖国农业教育、农业科学研究做出了重要贡献。

“上帝保佑”

1940年，我的妻子姚壁辉带着四个孩子，从浙江诸暨老家，经过一个多月的长途跋涉，辗转七千余里，终于到重庆来全家团聚了。我在嘉陵江边中渡口租了一间平房，一家六口总算暂时安顿下来。

嘉陵江的江水绿茵茵的，波浪起伏，像一条绿色的缎带，十分美丽。但是这条美丽的河流，在灾难深重的年代，也吞噬了不少受苦受难的生命。那时嘉陵江上行驶的都是小帆船、小木船，每当气候变化，风浪刮起，常常会看到远处的小船被风浪打翻，船上的人被无情的江水吞没；风平浪静之后，又会看到那些披麻戴孝的少妇，跪在江边，哭天号地地祭奠她们的亡夫。此情此景，即使铁石心肠，也无不为之心酸落泪。

我的妻子曾是一个虔诚的基督教徒，她们来重庆途中，快到贵阳时，汽车掉进山谷。她告诉我说，汽车翻了三个跟斗后，幸亏上帝保佑，遇到一块大石头才挡住了，否则山下是一条大河，掉进河里，全车的人就都没命了。翻车后，车上的旅客，有的摔断了腿，有的摔断了胳臂，鲜血淋淋的；又是上帝保佑，我们一家五口安然无恙。我虽然不信上帝，但是听了妻子的话，也不得不承认，和祖国成千上万的难民们相比，和灾难深重的劳苦大众

抗日烽火炼真金

——战时科研生涯回忆（二十三）

金善宝

百岁老人金善宝先生亲自为本栏撰写了这篇回忆文章，使本报同志深为感动。我们衷心敬祝他老人家健康！幸福！长寿！

——编者

一、抗日战争时期的教学生活（上）

1937 年我在南京中央大学农学院任教，“七七”事变，抗日战争爆发，校长宣布学校立即迁往重庆，教职员工一律不许带家属，我只好匆忙把家眷送到浙江诸暨老家，自己只身一人随学校迁往重庆。

艰苦教学

到了重庆，学校在沙坪坝用竹子和泥土盖了一批简易平房，我们在这些平房里一住就是八年。这八年，虽然我们身在后方，但心却时刻悬念着前方，在毛泽东主席抗日民族统一战线的思想指导下，我们坚信抗战必胜。正是这种信念，团结了全体师生员工，克服了各种困难，坚持了敌后教学与科研工作。

在战争动乱中，学校从南京迁往重庆，遥遥数千里，教学仪器设备和图书资料，丢的丢，坏的坏，损失大半。在当时的条件下，学校既没有能力，也根本无法购置到需要的仪器设备和图书资料。怎么办？没有教科书、参考书，教师们就自己编讲义，有时来不及编讲义，就全靠学生自己记笔记了，很多学生家境贫寒，没有生活来源，就只好用蘸水笔尖代替自来水钢笔，用蓝色染料泡成水代替墨水，用又粗又黄的纸张订成笔记本，记录老师讲的内容。到了晚上，还要在煤油灯下自习到深夜。缺少仪器设备，我们学农的，就用试验田来代替，教师们将课堂上讲的理论，到试验田里去边讲边示范，巩固了学生对课程的理解，也提高了学生的实践工作能力。我从事农业教育近三十年，其中有很多优秀的学生，就是在抗日战争的烽火中培养造就出来的，新中国成立后，他们都成为祖国农业生产、教育、科研战线上的骨干，各项学科的带头人，有的还光荣地被评选为中国科学院院士，为祖国农业教育、农业科学研究做出了重要贡献。

“上帝保佑”

1940 年，我的妻子姚璧辉带着四个孩子，从浙江诸暨老家，经过一个多月的长途跋涉，辗转 7 000 余里，终于到重庆来全家团聚了。我在嘉陵江边中渡口租了一间平房，一家六口总算暂时安顿下来。

嘉陵江的江水绿茵茵的，波浪起伏，像一条绿色的缎带，十分美丽。但是这条美丽的河流，在灾难深重的年代，也吞噬了不少受苦受难的生命。那时嘉陵江上行驶的都是小帆船、小木船，每当气候变化，风浪刮起，常常会看到远处的小船被风浪打翻，船上的人被无情的江水吞没；风平浪静之后，又会看到那些披麻戴孝的少妇，跪在江边，哭天号地地祭奠她们的亡夫。此情此景，即使铁石心肠，也无不为之心酸落泪。

我的妻子曾是一个虔诚的基督教徒，她们来重庆途中，快到贵阳时，汽车掉进山谷。她告诉我说，汽车翻了三个跟斗后，幸亏“上帝保佑”，遇到一块大石头才挡住了，否则山下是一条大河，掉进河里，全车的人就都没命了。翻车后，车上的旅客，有的摔断了腿，有的摔断了胳膊，鲜血淋淋的。又是“上帝保佑”，我们一家五口安然无恙。我虽然不信上帝，但是听了妻子的话，也不得不承认，和祖国成千上万的难民们相比，和灾难深重的劳苦大众相比，我们全家确实是幸运多了。

那时，日本飞机经常到重庆来轰炸，空袭警报一响，学校马上停课，机关、商店立刻关门，大家扶老携幼都去防空洞躲避。那时，教学、科研任务都很繁重，躲警报要占去很多时间，但常常是，空袭警报响了两三个小时之后，敌机没有来，警报就解除了。久而久之，我找到一个窍门，就是可以利用这段躲警报的时间来工作。后来空袭警报时，我就让妻子带着孩子们先走，自己则留在家里工作，等紧急警报之后再去防空洞。有一次空袭警报时，我照例安排她们先走，但妻子在防空洞口听见人们在议论：“今天要来轰炸中央大学”，就急忙派大女儿下山来叫我，我没有相信；过了不久，二女儿又受母命下山来叫我了，我也没有理会。不一会儿，紧急警报就一阵紧似一阵地鸣叫起来，我们刚要动身，敌机就已经在上空盘旋了，并在附近丢了几个炸弹，炸弹爆炸的风浪，掀开了我家的屋顶，我急忙把两个女儿藏在桌子底下躲避弹片的袭击……警报解除后，妻子回到家中，一个劲儿地埋怨我，我只好笑着安慰她说，“你放心，我们有‘上帝保佑’，死不了”。其实，我心里明白，当时利用空袭警报抓紧工作的人，又何止我一个人呢？

本文作者是中国科学院院士，中国农业科学院名誉院长，我国最著名的农业教育家和农业科学家

主持人：陈恂清

科技日报：

今年一月收到贵报来函约我写“二战”回忆文章，今寄上《抗日战争时期的教学生活》《抗日战争时期在重庆》两篇。如有问题可电话联系。

此致

敬礼！

1995 年 7 月 26 日

（科技日报，1995-7-31（2））

战时科研生涯回忆（二十四）

抗日烽火炼真金

□金善宝

一、抗日战争时期的教学生活（下）

贫病交困

由于国库空虚，物价飞涨，民不聊生，加上各种苛捐杂税，迫使广大劳苦大众在饥饿和死亡线上挣扎，大学教授的生活与抗战前相比，也早已一落千丈。当时学校曾流传过这样一个故事，某教授走过一家面馆，摸摸口袋里的钱，刚够吃一碗面的，就进去要了一碗面；但等他吃完面算帐时，他口袋里的钱已经不够了，原来这碗面的价格又上涨了。这个故事形象地说明当时物价上涨的速度和大学教授的生活状况。

那时，我一个人的工资，要维持一家六口人的生活，也很不容易，加上妻子到重庆后不久就病倒了，常年卧病在床，开销很大，常常入不敷出；没钱买菜时，只好倒点酱油泡饭吃。至于穿的，自然更不能讲究了。有一次，我去某地办事，行至半路，忽然感到肚子疼痛难忍，我捂着肚子到处找厕所，看见对面来了一个人，就急忙上前询问，谁知此人不但不告诉我厕所的地点，反而用怀疑的目光，从头到脚地打量着我，过了好久，才神气十足地质问我道："你是什么人？干什么的？"这时，我又急又气，才猛然想起自己穿的是一件破旧的棉袍，因而被人看不起，甚至连上厕所都要受到审查了。这件事情虽小，却能充分说明当时大学教授生活之清苦和社会地位之低下。

工作的劳累，生活的煎熬，使我的身体越来越差了，虽然还不到五十岁，却已经是满头白发了，是当时中大有名的"四老"之一。1944年我开始便血，有一天早起，我便了一马桶血，照常去学校上课，讲着讲着，只觉得全身无力，一阵头昏眼花，昏倒在课堂上。学生们急忙把我扶起来，躺在一条长板凳上，过了好久，我才慢慢苏醒过来，学生们商量把我送到医院去，我不同意，因为我知道住院费十分昂贵，一个穷教授怎么住得起呢？学生们又商量把我抬回家去，我也没同意，因为我想到家中有重病的妻子和四个还不懂事的孩子，这样把我抬回去，会把家里人吓坏的……所以，我只能在这条板凳上躺了好久，待精神稍好后，才慢慢走回家去。

事后，我在课堂上昏倒的消息，对学生们震动很大，尽管他们大都依靠救济金维持学习，生活困难，但他们仍然节衣缩食，凑了一些钱，买了两只鸡和鸡蛋等营养品送到我家，给我滋补身体。这种深厚的师生情谊，使我十分感动。

喜育良种

1939年夏天，我与助教蔡旭一起，沿嘉陵江、涪江北上，去川北松潘一带进行农业考察。没想到此举竟引起重庆特务机关的怀疑，他们发出密电称，中央大学教授金善宝协助教蔡旭去川北一带进行非法活动，令各县紧密监视。当我们路经平武县县城时，遭到特务的非法扣留和审讯，他们粗暴地搜查我们的行装，没收了我们收集的小麦品种，撕毁了我们的笔记，对我们进行百般刁难，致使这次川北考察不得不半途夭折。对此，我们十分气愤，回重庆后向有关方面提出了抗议。后来，我们总结了经验教训，巧妙地避开了特务们的跟踪监视，一次考察不成，再去第二次、第三次，对四川全省的小麦品种进行了系统收集和整理。最后，我们终于从三千多个国内外小麦品种中，成功地选育出适合我国长江中下游地区栽培的"南大2419"和"矮粒多"两个优良品种；新中国建立后，很快发展成为我国南方冬麦区的主栽品种，其中"南大2419"推广面积最高年份达七千万亩。

主持人：陈恂清

抗日烽火炼真金

——战时科研生涯回忆（二十四）

金善宝

一、抗日战争时期的教学生活（下）

贫病交困

由于国库空虚，物价飞涨，民不聊生，加上各种苛捐杂税，迫使广大劳苦大众在饥饿和死亡线上挣扎，大学教授的生活与抗战前相比，也早已一落千丈。当时学校曾流传过这样一个故事，某教授走过一家面馆，摸摸口袋里的钱，刚够吃一碗面的，就进去要了一碗面，但等他吃完面算账时，他口袋里的钱已经不够了，原来这碗面的价格又上涨了。这个故事形象地说明当时物价上涨的速度和大学教授的生活状况。

那时，我一个人的工资，要维持一家六口人的生活，也很不容易，加上妻子到重庆后不久就病倒了，常年卧病在床，开销很大，常常入不敷出；没钱买菜时，只好倒点酱油泡饭吃。至于穿的，自然更不能讲究了。有一次，我去某地办事，行至半路，忽然感到肚子疼痛难忍，我捂着肚子到处找厕所，看见对面来了一个人，就急忙上前询问，谁知此人不但不告诉我厕所的地点，反而用怀疑的目光，从头到脚地打量着我，过了好久，才神气十足地质问我道："你是什么人？干什么的？"这时，我又急又气，才猛然想起自己穿的是一件破旧的棉袍，因而被人看不起，甚至连上厕所都要受到审查了。这件事情虽小，却能充分说明当时大学教授生活之清苦和社会地位之低下。

工作的劳累，生活的煎熬，使我的身体越来越差了，虽然还不到 50 岁，却已经是满头白发了，是当时中大有名的"四老"之一。1944 年我开始便血，有一天早起，我便了一马桶血，照常去学校上课，讲着讲着，只觉得全身无力，一阵头昏眼花，昏倒在课堂上。学生们急忙把我扶起来，躺在一条长板凳上，过了好久，我才慢慢苏醒过来，学生们商量把我送到医院去，我不同意，因为我知道住院费十分昂贵，一个穷教授怎么住得起呢？学生们又商量把我抬回家去，我也没同意，因为我想到家中有重病的妻子和四个还不懂事的孩子，这样把我抬回去，会把家里人吓坏的……所以，我只能在这条板凳上躺了好久，待精神稍好后，才慢慢走回家去。

事后，我在课堂上昏倒的消息，对学生们震动很大，尽管他们大都依靠救济金维持学习，生活困难，但他们仍然节衣缩食，凑了一些钱，买了两只鸡和鸡蛋等营养品送到我家，给我滋补身体。这种深厚的师生情谊，使我十分感动。

喜育良种

1939年夏天，我与助教蔡旭一起，沿嘉陵江、涪江北上，去川北松潘一带进行农业考察。没想到此举竟引起重庆特务机关的怀疑，他们发出密电称，中央大学教授金善宝协助教蔡旭去川北一带进行非法活动，令各县紧密监视。当我们路经平武县县城时，遭到特务的非法扣留和审讯，他们粗暴地搜查我们的行装，没收了我们收集的小麦品种，撕毁了我们的笔记，对我们进行百般刁难，致使这次川北考察不得不半途夭折。对此，我们十分气愤，回重庆后向有关方面提出了抗议。后来，我们总结了经验教训，巧妙地避开了特务们的跟踪监视，一次考察不成，再去第二次、第三次，对四川全省的小麦品种进行了系统收集和整理。最后，我们终于从3 000多个国内外小麦品种中，成功地选育出适合我国长江中下游地区栽培的南大2419和矮立多两个优良品种，新中国成立后，很快发展成为我国南方冬麦区的主栽品种，其中南大2419推广面积最高年份达7 000万亩。

主持人：陈恂清

（科技日报，1995-8-7（2））

科技日报 1995.8.14

●战时科研生涯回忆（25）

抗日烽火炼真金

●金善宝

二、敢教日月换新天

在重庆时，我和林业化学教授梁希先生（解放后任中央林业部部长、九三学社创始人之一）同住在一间面积不到九平米的竹制简易平房里，房间里只放了两张单人床和一张二屉桌。从1937年到1940年我和梁希教授在这里共同生活了整整三年，我们经常在一起交流对抗战时局的看法，积极支持中央大学学生的革命运动，一道参加了共产党领导下的各种进步活动，在斗争中结下了深厚的友谊。

雾都灯塔

雾都重庆，闻名世界。抗日战争时期的重庆，雾更浓了——国难当头，中国的前途如何？中国向何处去？困扰着雾都的人民，也困扰着众多的知识分子。1938年10月，新华日报从武汉迁到重庆，我和梁希一见到这张报纸，就如获至宝，大有拨云雾见青天之感，几乎到了饭可以一天不吃，新华日报不可一天不读的地步。从此，我们就和新华日报结下了不解之缘，并成为新华日报的忠实读者和亲密战友。当时在国统区的严格控制下，新华日报曾几度被查封，并严格控制广大群众订阅，后来中央大学各院系教职员工、学生订阅的新华日报也纷纷被取消了，只有我们农艺系订阅的这张新华日报，却通过种种秘密方式保留了下来，成为当时中央大学校园内最后一张新华日报。因此，学校内很多新华日报的热心读者，都悄悄到农艺系来看新华日报。新华日报成了雾都的灯塔。不久，我和梁希教授又结识了潘菽、涂长望、干铎、谢立惠等人，我们经常在沙坪坝松林坡聚会，交换听到的抗战局势，特别是有关共产党的政治主张，并通过潘菽长兄潘梓年同志是新华日报社长的关系，与《新华日报》取得了联系，经常去化龙桥虎头岩新华日报社听抗战局势报告，参加座谈会。那时我身体很不好，经常便血，可是只要一听说去新华日报社，立刻精神抖擞，扶杖前往。有一次，学校组织“七七”献金活动，校长带头捐了5元，有的教职工捐了3元、2元不等，我担心捐的钱到不了前方战士手中，就悄悄来到新华日报社，捐了100元献给前方战士，我对报社的同志说：“我相信共产党，我的心在八路军战士身上”。第二次，学校又组织给前方捐献寒衣，我和梁希商量，又把寒衣款送到新华日报社，第二天新华日报登出一则消息：“梁金捐献寒衣款200元。”

心向延安

1939年，我曾两次去八路军驻重庆办事处找林伯渠同志，要求前往延安，林伯渠同志为我做了周密安排，办妥了去延安的一切手续。正当我和我的助手李崇诚积极准备奔赴延安时，一件意外的不幸发生了，李崇诚因患破伤风，突然病逝。这次意外事故打乱了我们去延安的计划，以致我在很长时间内心神不定，闷闷不乐。林伯渠同志知道后，专门找我谈心，要我保重身体，并鼓励我说，一个革命者，无论在哪里，都可以为革命工作，不一定要到延安去。虽然我的延安之行未能实现，但我的心一直向往着延安，延安开展的每一次运动，取得的每一个胜利，都有力地鼓舞着我。当我知道延安开展大生产运动时，立即把自己多年来选育的小麦优良品种，分别用纸口袋一袋一袋包好，附上详细的品种说明书，亲自送到新华日报社，托人转送到延安去。半个多月后，在一次茶话会上，邓颖超同志告诉我，延安已经收到你的种子了，同志们都很感谢你。听到这个消息，我感到十分欣慰。 （下转第二版）

本版编辑 李玉成 张克 王淑芬

全国优质果品生产基地县——江苏丰县，今年广大果农在省委驻县扶贫工作队的指导下，积极推广红富士苹果双层套袋技术，提高果品着色度，消除果品表层农药残量，为优质果品出口创汇奠定了基础。全县35万亩果树硕果累累，丰收在望，预计总产可达1亿公斤以上。王汝楫 宋金星摄

本报讯 记者乔地、通讯

抗日烽火炼真金
——战时科研生涯回忆（二十五）

金善宝

二、敢教日月换新天

在重庆时，我和林业化学教授梁希先生（解放后任中央林业部部长，九三学社创始人之一）同住在一间面积不到9平方米的竹制简易平房里，房间里只放了两张单人床和一张二屉桌。从1937年到1940年我和梁希教授在这里共同生活了整整三年，我们经常在一起交流对抗战时局的看法，积极支持中央大学学生的革命运动，一道参加了共产党领导下的各种进步活动，在斗争中结下了深厚的友谊。

雾都灯塔

雾都重庆，闻名世界。抗日战争时期的重庆，雾更浓了——国难当头，中国的前途如何？中国向何处去？困扰着雾都的人民，也困扰着众多的知识分子。1938年10月，《新华日报》从武汉迁到重庆，我和梁希一见到这张报纸，就如获至宝，大有拨云雾见青天之感，几乎到了饭可以一天不吃，《新华日报》不可一天不读的地步。从此，我们就和《新华日报》结下了不解之缘，并成为《新华日报》的忠实读者和亲密战友。当时在国统区的严格控制下，《新华日报》曾几度被查封，并严格控制广大群众订阅，后来中央大学各院系教职员工、学生订阅的《新华日报》也纷纷被取消了，只有我们农艺系订阅的这张《新华日报》，却通过种种秘密方式保留了下来，成为当时中央大学校园内最后一张《新华日报》。因此，学校内很多《新华日报》的热心读者，都悄悄到农艺系来看《新华日报》。《新华日报》成了雾都的灯塔。不久，我和梁希教授又结识了潘菽、涂长望、干铎、谢立惠等人，我们经常在沙坪坝松林坡聚会，交换听到的抗战局势，特别是有关共产党的政治主张，并通过潘菽长兄潘梓年同志是新华日报社社长的关系，与新华日报社取得了联系，经常去化龙桥虎头岩新华日报社听抗战局势报告，参加座谈会。那时我身体很不好，经常便血，可是只要一听说去新华日报社，立刻精神抖擞，拄杖前往。有一次，学校组织“七七”献金活动，校长带头捐了5元，有的教职工捐了3元、2元不等，我担心捐的钱到不了前方战士手中，就悄悄来到新华日报社，捐了100元献给前方战士，我对报社的同志说：“我相信共产党，我的心在八路军战士身上”。第二次，学校又组织给前方捐献寒衣，我和梁希商量，又把寒衣款送到新华日报社，第二天《新华日报》登出一则消息：“梁金捐献寒衣款200元。”

心向延安

1939 年，我曾两次去八路军驻重庆办事处找林伯渠同志，要求前往延安，林伯渠同志为我做了周密安排，办妥了去延安的一切手续。正当我和我的助手李崇诚积极准备奔赴延安时，一件意外的不幸发生了，李崇诚因患破伤风，突然病逝。这次意外事故打乱了我们去延安的计划，以致我在很长时间内心神不定，闷闷不乐。林伯渠同志知道后，专门找我谈心，要我保重身体，并鼓励我说，一个革命者，无论在哪里，都可以为革命工作，不一定要到延安去。虽然我的延安之行未能实现，但我的心一直向往着延安，延安开展的每一次运动，取得的每一个胜利，都有力地鼓舞着我。当我知道延安开展大生产运动时，立即把自己多年来选育的小麦优良品种，分别用纸口袋一袋袋包好，附上详细的品种说明书，亲自送到新华日报社，托人转送到延安去。半个多月后，在一次茶话会上，邓颖超同志告诉我："延安已经收到你的种子了，同志们都很感谢你。"听到这个消息，我感到十分欣慰。

初识周恩来

到了 1940 年，抗日战争已经连续打了 3 年，人们的思想又产生了混乱。抗日战争究竟还要持续多久？"亡国论""速胜论"等种种论调开始在山城蔓延。就在这个关键时刻，周恩来同志要来中央大学做报告的消息传开了，全校师生欣喜若狂，奔走相告。但是与此同时，也受到种种刁难和阻力。最后，学生们把周恩来同志请到学生餐厅，为大家做了国内外形势的报告。我也和学生们一齐挤到餐厅里。只见餐厅里人头拥挤，水泄不通，四周的窗户上、桌子上、凳子上都站满了人，我好不容易才挤到餐厅后面一张凳子上，聆听周恩来的演讲。周恩来高瞻远瞩，对国内外形势作了精辟透彻的分析。报告长达 3 个小时，全场听众全神贯注，鸦雀无声，不时爆发出阵阵热烈的掌声。这是我生平第一次听到这样激动人心的讲话。周恩来同志的报告，使我的眼亮了、心宽了。晚上回到家里，孩子们围坐在妻子的病榻前，我向妻儿们详细传达了周恩来的报告，诉说了自己的感受。我说，"共产党里真有能人呀""中国有希望了"。后来，周恩来同志曾多次利用喝茶等方式，约请我们去他的住所开座谈会，听形势报告，对我们进行各种鼓励和帮助。

亲切的会见

1945 年 8 月 15 日，日本帝国主义宣布无条件投降，中国人民抗日战争胜利结束了。8 月 28 日晚上，我同梁希、潘菽等人在中央大学一块草坪上乘凉谈天，突然听到毛主席飞抵重庆的消息，大家又高兴又担心。在紧张的谈判期间，毛泽东同志曾到中央大学来看望他的老同学。我们万万没有想到，我和梁希、潘菽、涂长望等人也接到了毛主席接见的通知。我们来到嘉陵江边张治中将军的公寓里，王炳南同志在门口迎接。毛主席问我们对战后时局有什么意见，梁希首先向毛主席汇报说："我们感到很苦闷。"毛主席听后频频点头，若有所思地重复着："噢，苦闷！噢，苦闷！噢，苦闷！"一连说了三次。接着，大家就抗日战争胜利后中国的时局、前途等提出一些问题，毛主席一一答复。潘菽问："为什么把已经解放的一些地方让给国民党？"毛主席站起来，在椅子旁边向后退了两步说："让步是可以的，让两步也可以，再让就不可以了。"并作了一个还击的手势。大家都会意地笑了。后来，毛主席注意到坐在后边的我，就亲切地问道："坐在后边的那位白发老先生有什么意见吗?”我站起来将自己的名片递给毛主席。当毛主席知道我刚刚50岁时，就伸出两个指头说:“我比你大两岁。”我十分激动地对他说“今天见到毛先生，我们大家都很高兴，但是毛先生是吃惯小米的人，到重庆来吃大米是不习惯的。重庆是虎狼之地，还是早点回延安好。”劝毛主席早日离开重庆。毛主席朝我频频点头，表示会意。

毛主席的接见，使我们看到了新中国的曙光，进一步增强了斗争的信心。

主持人：陈恂清

(科技日报，1995-8-14(1，2))

风雨同舟忆当年

——纪念建社五十周年感怀

金善宝

在我国深入改革开放，全国人民为建设有中国特色社会主义团结奋斗的一派大好形势下，迎来了我社建社五十周年大庆。我作为一个老社员，心情格外激动，感慨系之。许多往事已随着时间流逝而淡漠了，遗忘了，但党对我们科技文教界同志的爱护培养，毛主席、周总理对我们九三学社的关怀帮助，却永远铭记心间，终生难忘。

抗日战争初期，1937年，我和挚友梁希教授随前中央大学迁到重庆沙坪坝，并同居一室。当时的重庆在国民党统治下，政治腐败，经济萧条，法西斯反动势力猖獗，阴霾笼罩，黑云压城，令人窒息。科技文教界的朋友普遍感到茫然和苦闷，经常在一起议论时局。我们和同校的潘菽、涂长望、干铎、李士豪，还有重庆大学的谢立惠教授等逐渐熟悉了。潘菽的长兄潘梓年同志，当时是中共办的《新华日报》社社长。通过潘菽的关系，我们不但能看到《新华日报》，并且和《新华日报》社取得了联系，经常去周恩来同志住所听抗战形势报告和参加座谈会。《新华日报》在当时的重庆，象一座熠熠闪光的灯塔，冲破黑暗，驱散严寒，给人民以光明和希望。当时我们都是《新华日报》的热心读者，梁希当时曾说，饭可一天不吃，《新华日报》不可一日不看。在中国共产党的帮助教导下，我们的觉悟不断提高。

大约1939年春，我们在周恩来、潘梓年同志帮助指导下发起了"自然科学座谈会"，这个组织并不保密，但参加的成员却是不公开的。潘梓年同志经常直接或间接指导我们的活动。基本成员主要是几个著名大学的教授，前后约近20人，活动地点也不固定，多半以座谈会、聚餐等形式进行。经常出席的人主要有梁希、潘菽、涂长望、谢立惠、李士豪、干铎和我。大家在一起主要是学习马列主义读物，分析讨论时局。梁希学习《自然辩证法》很有收获，他根据辩证法的原理，观察分析了林业科学和森林事业发展的问题，还写了论文《用唯物辩证法观察森林》在《群众》杂志上发表。周恩来同志看了后说："梁老是位实干家，写得好，我们还写不出来。"经过学习，开阔了眼界，提高了觉悟，也参加一些对革命有益的实际工作。特别是梁希，他对反动黑暗势力敢怒、敢言、敢骂。有一次，我在讲课时因胃病大出血而晕倒，被同学们抬回办公室，他关切地照料我，并向学生痛诉当局只顾自己贪污、享乐，无视教授们的疾苦等劣迹。当时重庆大学有位教授饥寒贫困，为五斗平价米没有买到，悲愤交加而自杀了，梁希闻说，对当局怒不可遏，击碎了校庭的水缸，以示抗议，并挥笔疾书一副挽联挂在校园里，联曰："寒士死生五斗米，贪官反正一团糟。"大大激发了广大科教人员的斗争觉悟。

大约自1940年春开始，周恩来和潘梓年同志要我们参加"自然科学座谈会"的四、五位同志负责编辑《新华日报》的《自然科学副刊》，这是对我们的信任，也是对我们的锻炼，每期稿件编定后，便送到化龙桥虎头岩

风雨同舟忆当年
——纪念建社五十周年感怀

金善宝

在我国深入改革开放，全国人民为建设有中国特色社会主义团结奋斗的一派大好形势下，迎来了我社建社五十周年大庆。我作为一个老社员，心情格外激动，感慨系之。许多往事已随着时间流逝而淡漠了、遗忘了，但党对我们科技文教界同志的爱护培养，毛主席、周总理对我们九三学社的关怀帮助，却永远铭记心间，终生难忘。

抗日战争初期，1937 年，我和挚友梁希教授随前中央大学迁到重庆沙坪坝，并同居一室。当时的重庆在国民党统治下，政治腐败，经济萧条，法西斯反动势力猖獗，阴霾笼罩，黑云压城，令人窒息。科技文教界的朋友普遍感到茫然和苦闷，经常在一起议论时局。我们和同校的潘菽、涂长望、干铎、李士豪，还有重庆大学的谢立惠教授等逐渐熟悉了。潘菽的长兄潘梓年同志，当时是中共办的新华日报社社长。通过潘菽的关系，我们不但能看到《新华日报》，并且和新华日报社取得了联系，经常去周恩来同志住所听抗战形势报告和参加座谈会。《新华日报》在当时的重庆，像一座熠熠闪光的灯塔，冲破黑暗，驱散严寒，给人民以光明和希望。当时我们都是《新华日报》的热心读者，梁希当时曾说，饭可一天不吃，《新华日报》不可一日不看。在中国共产党的帮助教导下，我们的觉悟不断提高。

大约 1939 年春，我们在周恩来、潘梓年同志帮助指导下发起了“自然科学座谈会”，这个组织并不保密，但参加的成员却是不公开的。潘梓年同志经常直接或间接指导我们的活动。基本成员主要是几个著名大学的教授，前后约近 20 人，活动地点也不固定，多半以座谈会、聚餐等形式进行。经常出席的人主要有梁希、潘菽、涂长望、谢立惠、李士豪、干铎和我。大家在一起主要是学习马列主义读物，分析讨论时局。梁希学习《自然辩证法》很有收获，他根据辩证法的原理，观察分析了林业科学和森林事业发展的问题，还写了论文《用唯物辩证法观察森林》在《群众》杂志上发表。周恩来同志看了后说：“梁老是位实干家，写得好，我们还写不出来。”经过学习，开阔了眼界，提高了觉悟，也参加一些对革命有益的实际工作。特别是梁希，他对反动黑暗势力敢怒、敢言、敢骂。有一次，我在讲课时因胃病大出血而晕倒，被同学们抬回办公室，他关切地照料我，并向学生痛诉当局只顾自己贪污、享乐，无视教授们的疾苦等劣迹。当时重庆大学有位教授饥寒贫困，为五斗平价米没有买到，悲愤交加而自杀了，梁希闻说，对当局怒不可遏，击碎了校庭的水缸，以示抗议，并挥笔疾书一副挽联挂在校园里，联曰：“寒士死生五斗米，贪官反正一团糟。”大大激发了广大科教人员的斗争觉悟。

大约自 1940 年春开始，周恩来和潘梓年同志要我们参加“自然科学座谈会”的四五位同志负责编辑《新华日报》的《自然科学副刊》，这是对我们的信任，也是对我们的锻炼，每期稿件编定后，便送到化龙桥虎头岩下的新华日报社编辑部，到那里去必须经过化龙桥头再转一条小路。新华日报社的负责同志关照我们说，桥头的茶馆里经常坐着特务，要警惕特务的盯梢和跟踪。回想起来，当时在中共领导人的爱护帮助下，确实受到许多锻炼。对中国共产党了解愈多，便油然产生一种向往之情。1941 年“皖南事变”发生之后，我和梁希不约而同产生去延安的念头。我们分别向林伯渠、周恩来同志谈了自己的想法，中共领导人鼓励我们留在重庆更好地发挥作用，我们愉快地留了下来。

中国共产党对我们是十分信任和关怀的，梁希在我们当中年龄最大，威望最高，中共曾派定一位当时在中央大学工作的陈晓原同志和他经常联系。1943 年 12 月 28 日是梁希 60 岁寿辰，这个日子连梁希自己都忘记了。这一天新华日报社请我们去会餐，到了以后才知道是为梁希祝寿。到会的有周恩来、董必武、邓颖超、潘梓年、熊瑾玎、章汉夫、石西民、于刚等；潘菽、涂长望、谢立惠、干铎、李士豪和我都被请去作陪。周恩来同志在祝酒时说：“新中国总要到来的，新中国需要大量的科学家。”梁希这天格外兴奋愉快，他无限感慨地说：“我无家无室，有了这样一个大家庭真使我温暖忘年!”

到 1944 年年底，日本帝国主义对我国大陆发动了新的进攻，民族存亡面临严重关头，国统区军事、政治、经济全面危机日益加剧，在中国共产党的抗日民族统一战线政策的影响和感召下，国统区的抗日民主运动风起云涌。抗战时期从各地来到重庆的文教、科学技术界人士，纷纷联合，组织社团。为了扩大党的抗日民族统一战线，周恩来、潘梓年同志授意“自然科学座谈会”的同志，积极团结更多的科学技术工作者和文教工作者，成立“中国科学工作者协会”，参加协会的有竺可桢、李四光、任鸿隽、丁燮年、严济慈等一百多位著名的科学家。

同年，由许德珩、税西恒、潘菽、黄国璋、黎锦熙等人发起了“民主科学座谈会”(即九三学社的前身)，主张发扬“五四”反帝反封建，民主、科学的精神，团结、民主、抗战到底。他们与中共也有密切的联系。经周恩来、潘梓年同志的工作，“自然科学座谈会”的梁希、涂长望、谢立惠、干铎、李士豪等人和我，由潘菽介绍，先后以个人身份参加了“民主科学座谈会”。总之，抗日民族统一战线出现空前的好形势。在中国共产党的正确领导下，我们终于迎来了抗战胜利的一天。

抗战胜利后，毛主席在赴重庆谈判期间会见了许德珩、劳君展等故友和梁希、潘菽、涂长望、干铎、谢立惠、李士豪和我。毛主席在会见许德珩、劳君展时，得知“民主科学座谈会”的情况，给予了热情鼓励。毛主席针对座谈会的同志想建立永久性的组织，而又担心人数少的顾虑，勉励说：“人数不少，即使人数少也不要紧，你们都是有影响的代表性人物，经常在报上发表文章，不是也起很大的作用吗?”毛主席的启发和鼓励，对九三学社的正式建立有决定性的影响。

毛主席接见的情景，我至今记忆犹新，激动不已。记得 1945 年 8 月 28 日毛主席飞抵重庆的那天晚上，天气闷热异常，我和梁希、潘菽等几个人在中央大学一个场地上乘凉、闲谈，忽然听到毛主席飞抵重庆的消息，我们又高兴又担心，心情复杂，议论纷纷。不久，就接到毛主席接见我们的通知。我们来到嘉陵江边张治中将军的公寓，王炳南同志在门口迎接，我们见到了日思夜想的毛主席。寒暄过后，我们都坐在成排的木凳上。这是一间长条形的房间，室内除了木凳，别无他物。毛主席坐在我们的对面，他和蔼地问大家说：“你们有什么意见？”（指战后时局）梁希首先向毛主席汇报说：“我们感到很苦闷。”毛主席听后频频点头，细声重复梁希的话：“噢，苦闷！噢，苦闷！噢，苦闷！”接连重复了三次。接着大家就抗日战争胜利后中国的时局、国共谈判、中国的前途等提出一些问题，毛主席一一答复，解释中国共产党在抗战胜利后的路线、方针和政策。潘菽问：“为什么把已经解放的一些地方让给国民党？”毛主席站起身，在椅子旁边向后一边退了两步一边说，“让一步是可以的，让两步也可以”，毛主席挥动手掌，作了个还击的手势接着说，“再让就不可以了！”大家都会意地笑了。在大家发言以后，毛主席和蔼的目光注视着我。当时我坐在后边，想发言而插不上嘴，手里拿着早已准备好的名片，想呈于毛主席。毛主席亲切地问：“后边那位白发先生有什么意见？”我当时50岁，但鬓发皆白。我赶忙走向前去，把名片呈给毛主席。毛主席看过名片，连声说：“噢，你就是金先生。”毛主席请我谈谈意见，我们当时最担心的是毛主席的安全，于是说道：“今天我们都很高兴。从历史上看，人民总是要革命的，而革命又总是要流血的，不流血的革命是不会成功的。毛先生是吃惯了小米的人，到这里来吃大米是不习惯的，我们都希望毛先生早日回延安去。”毛主席很理解大家的心情，频频点头表示会意。

1945年9月3日，是日本签字投降正式生效的日子，它不但标志着抗日战争的胜利，而且标志着世界反法西斯战争的全面胜利，是值得纪念的日子。在这举世庆祝的一天，“民主科学座谈会”召开了扩大座谈会。鉴于战后中国面临着“两个中国之命运”的决战，“座谈会”的同志感到斗争的道路方长，而战后各自都要回到自己原来的地方去，有必要建立永久性的组织以加强联系，团结奋斗，决定扩大成员，建立组织，以“九三”这个日子给组织命名，称“九三座谈会”。1946年1月9日，为促进政治协商会议的召开，又举行扩大座谈会。至此，“九三座谈会”的政治色彩和以学术界人士为主要成分的组织特点已明显突出。为了保护组织，加强团结和扩大统一战线的需要，决定以“学社”名之，并成立“九三学社筹备会”。经过4个多月的积极工作，选定标志着“彻底的反帝反封建”的“五四”纪念日，于1946年5月4日，在重庆召开了九三学社成立大会。从此，一个以文教、科学技术界高级知识分子为主体，高举“民主与科学”旗帜的民主政团，在灾难深重的半殖民地半封建的旧中国正式诞生了。它是在抗战末期受到中国共产党抗日民族统一战线政策的影响和感召而孕育发展起来的；它诞生于战后“两个中国之命运”的激烈斗争中；它诞生伊始就加入了中国共产党领导的新民主主义革命的行列；它在新民主主义革命斗争中，始终同中国共产党保持着密切的联系，亲密合作，并且在成立以后的长期斗争中，发展了这种亲密合作的关系。

只要稍微了解一些中国新民主主义革命的历史，只要了解一些九三学社创始人的经历以及他们同中国共产党人的源远流长的关系，对九三学社成立伊始就同中国共产党密切联系，亲密合作的关系，就不难理解了。九三学社许多创始人及前辈，都是在爱国主义思想驱使下走上革命道路的；孙中山先生领导的辛亥革命和旧民主主义革命运动使他们受到革命的启蒙；第一次国共合作破裂及大革命失败后，他们努力寻求救国救民的道路，受到许多挫折而不退缩。他们经过观察、对比，特别是经过抗日战争的实践考验，在中国共产党的抗日民族统一战线的影响和感召下，终于选择了代表中国人民根本利益的中国共产党。

当前，我国改革不断深入，经济发展，社会稳定，人民生活水平大大提高，建设有中国特色社会主义的宏伟事业顺利推进。中国共产党领导的多党合作和政治协商制度也得到发展和完善，成为国家的基本政治制度。九三学社作为参政党，正在国家政治生活中发挥越来越大的作用。我相信，在中国共产党的领导下，我们九三学社必将迎来更加光辉灿烂的明天。

（九三中央社讯，1995（9）：20-22）

序

小麦是世界性的重要谷物，其种植面积、总产量和总贸易额均居各类作物之首位。在中国，小麦是仅次于水稻的第二位重要粮食作物。不论在国外或国内，小麦遗传改良和栽培技术进步对小麦生产的发展起着极其重要的作用。有关小麦的科学文献浩如烟海。中国农业科学院曾于50年代后期，组织全国部分小麦专家共同编著一部《中国小麦栽培学》，并由原农业出版社于1961年出版，有力地推动了中国小麦生产和科学技术以及农村经济的发展。尔后的30多年间，又陆续编著出版了《小麦栽培理论与技术》(1979)、《中国小麦品种及其系谱》(1983)、《河南小麦栽培学》(1988)、《山东小麦》(1990)等全国性和地方性的小麦育种或栽培专著。但是，近十几年来，我国小麦生产有了很大发展，新的科研成果不断涌现；世界小麦科学技术也有显著进步。为了适应这一新的形势，迫切需要编写一部反映最新成就的小麦理论著作。中国农业科学院于1989年5月开始组织全国力量编写一部涉及育种、栽培和各个相关领域的小麦科学著作，并确定书名为《中国小麦学》。

1989年9月14—18日《中国小麦学》编辑委员会第一次会议在北京召开。会议确定本书编写的指导思想是在较高的起点上，全面论述我国近30多年特别是近10多年来小麦生产的发展，育种、栽培和有关学科的研究成就，以及国外在这些领域的新进展。要求写成一本具有中国特色的、理论联系实际的、体现国家水平的小麦科学专著，即立足中国，洋为中用，比大学教科书更富有实用性和针对性，比专题论文集更富有整体性和系统性，比技术专著和工具书更富有理论性和独创性，能给读者在从事创造性的小麦生产活动和科学实验中，起到高屋建瓴、触类旁通的指导作用。

本书共二十八章。第一、二、三章分别介绍了我国小麦生产概况、种植历史和现行种植区划。第四、五、六、七章为基础理论阐述，包括小麦生长发育与器官建成、生理生化、育种的遗传学基础和遗传资源。其中生长发育与器官建成和遗

《中国小麦学》序

金善宝

小麦是世界性的重要谷物，其种植面积、总产量和总贸易额均居各类作物之首位。在中国，小麦是仅次于水稻的第二位重要粮食作物。不论在国外或国内，小麦遗传改良和栽培技术进步对小麦生产的发展起着极其重要的作用。有关小麦的科学文献浩如烟海。中国农业科学院曾于20世纪50年代后期，组织全国部分小麦专家共同编著一部《中国小麦栽培学》，并由农业出版社于1961年出版，有力地推动了中国小麦生产和科学技术以及农村经济的发展。尔后的30多年间，又陆续编著出版了《小麦栽培理论与技术》（1979）、《中国小麦品种及其系谱》（1983）。《河南小麦栽培学》（1988）、《山东小麦》（1990）等全国性和地方性的小麦育种或栽培专著。但是，近十几年来，我国小麦生产有了很大发展，新的科研成果不断涌现；世界小麦科学技术也有显著进步。为了适应这一新的形势，迫切需要编写一部反映最新成就的小麦理论著作。中国农业科学院于1989年5月开始组织全国力量编写一部涉及育种、栽培和各个相关领域的小麦科学著作，并确定书名为《中国小麦学》。

1989年9月14—18日《中国小麦学》编辑委员会第一次会议在北京召开。会议确定本书编写的指导思想是在较高的起点上，全面论述我国近30多年特别是近10多年来小麦生产的发展，育种、栽培和有关学科的研究成就以及国外在这些领域的新进展。要求写成一本具有中国特色的、理论联系实际的、体现国家水平的小麦科学专著，即立足中国，洋为中用，比大学教科书更富有实用性和针对性，比专题论文集更富有整体性和系统性，比技术专著和工具书更富有理论性和独创性，能给读者在从事创造性的小麦生产活动和科学实验中，起到高屋建瓴、触类旁通的指导作用。

本书共28章。第一章至第三章分别介绍了我国小麦生产概况、种植历史和现行种植区划。第四章至第七章为基础理论阐述，包括小麦生长发育与器官建成、生理生化、育种的遗传学基础和遗传资源。其中生长发育与器官建成和遗传资源，国内的研究内容比较充分，而生理生化和遗传的研究基础相对而言比较薄弱，故适当引用和借鉴了国外的科学资料。第八章至第十五章为育种部分，其中第八章专门论述了小麦育种目标与育种策略，是带有概括性、指导性的一章，其余各章则分别按不同育种途径，总结和阐明了品种间杂交育种、轮回选择、诱变育种、选缘杂交、双单倍体育种、杂种小麦以及目标性状选育的原理、方法、成就和经验。第十六章至第二十一章为栽培部分，其中第十六章专门论述了小麦栽培的基本原则和技术体系，也是带有概括性、指导性的一章，其余各章分别论述了麦田土壤耕作、培肥与灌排、麦田种植制度、北方（包括水浇地、旱地）和南方（包括平原、丘陵和华南）冬小麦栽培技术以及春小麦（包括东部、西部）栽培技术。第二十二章至第二十八章，分别论述了小麦主要气候灾害、病害、虫害、草害、产量预测预报、收获与干燥、品质和大规模机械化生产。这样的框架结构基本上体现了以总论引路，理论部分奠基，育种栽培为主体，有关学科紧密配合的思想体系。在编著过程中，依靠全国有关方面从事小麦科研、教学和生产与科研管理的专家、学者，在总结各地小麦生产技术经验、科研成果和借鉴国外先进技术的基础上，力求处理好理论与实践、基础与应用、历史与现状、当今与展望等方面的关系。在全体编委、撰稿人、审稿人的共同努力以及中国农业出版社的大力支持下，历时五年终于胜利完成了本书的编著出版工作。但是，与预期目标，特别是与党的十四大提出建设社会主义市场经济体制和发展高产优质高效农业的要求相比还有一定距离。如在小麦贮藏、加工、运输、贸易以及生产经营管理、经济效益等方面，涉及甚少或者完全未涉及。此外，由于掌握资料和水平所限，可能有所遗漏、不妥以至错误之处，敬希读者批评指正。

（中国小麦学，中国农业出版社，1994）

只有新中国才能实现中华民族几代人的夙愿

——有感香港回归

金善宝

20世纪末的中国，正日新月异地发展着、变化着，并以崭新的面貌、崭新的姿态面对世界，令世界瞩目。而最使占世界人口五分之一的华夏子民振奋而自豪的，令世界震惊而不得不睁大眼睛看中国的，是公元1997年7月1日，中国政府将恢复对香港行使主权。这举世瞩目的历史性盛事洗雪了旧中国因积贫积弱而饱受帝国主义欺凌宰割的屈辱，而且为国际社会解决复杂争端，为人类社会和进步树立了榜样，做出了独特贡献。

被誉为“东方明珠”的香港岛，将结束长达一个半世纪的殖民统治，重又回到祖国的怀抱，这使世界上所有的炎黄子孙无不扬眉吐气。150多年来中华民族几代人的夙愿今天终于得以实现。我以期颐之年能够躬逢其盛，看到这一天的到来，更是欣喜万分，欣慰之至。

我出生在上一个世纪末，亲身经历了百余年来中国的历史变迁，亲眼目睹了在收复香港问题上的种种风云变幻。辛亥革命后，北京政府时期，在1919年的巴黎和会和1921年的华盛顿会上，中国代表曾提出收回租借地问题，却终因英国的顽拒和当时军阀混战，政局不稳和缺乏实力作外交的后盾而严重受挫。1924年，孙中山先生在中国共产党的支持和帮助下主持召开了中国国民党第一次全国代表大会。在大会通过的宣言中，明确提出了废除帝国主义强加给中国的不平等条约的奋斗目标，其中将取消列强在华租借地放在突出的地位。而以蒋介石为首的南京政府置孙中山先生遗愿和宣言于不顾，直到太平洋战争爆发之前，从来没有向英国正式提出过归还九龙租借地。更令人痛心的是，从1941年太平洋战争爆发到1945年8月日本无条件投降，本来有两次绝好的机会收回香港和九龙租借地。可是，由于蒋介石实行错误政策，坐失收复良机。尤其是1945年8月，日本宣布无条件投降，蒋介石作为同盟国中国战区的最高统帅，本来有权接受在香港(属中国战区)的日军投降，但他却忙于抢夺抗战胜利果实，奉行矛头对内，坚决反共的政策，致使香港再次被英国人占领。这使得四万万中国人无不痛心疾首。

1949年，中华人民共和国的成立，宣告了中国半封建、半殖民地时代的结束，第一次为香港回归祖国奠定了坚实的基础。随着我国国力的日趋强盛，香港新界租地期的行将期满和国际形势出现的有利变化，到80年代初，收回香港提上了议事日程。邓小平同志为此提出了“一国两制”的伟大构想，中国政府为此作出了坚持不懈的努力。10年间，我国政府同英国政府进行了22轮针锋相对的艰苦的谈判，最终签署了《中英联合声明》，使中国对香港恢复行使主权指日可待。

从晚清时期、民国时期到新中国，从1841年英国强占香港岛到1997年7月1日香

只有新中国才能实现中华民族几代人的夙愿

——有感香港回归

金善宝

20世纪末的中国，正日新月异地发展着、变化着，并以崭新的面貌、崭新的姿态面对世界，令世界瞩目。而最使占世界人口1/5的华夏子民振奋而自豪的，令世界震惊而不得不睁大眼睛看中国的，是公元1997年7月1日，中国政府将恢复对香港行使主权。这举世瞩目的历史性盛事洗雪了旧中国因积贫积弱而饱受帝国主义欺凌宰割的屈辱，而且为国际社会解决复杂争端，为人类社会的进步树立了榜样，做出了独特贡献。

被誉为“东方明珠”的香港岛，将结束长达一个半世纪的殖民统治，重又回到祖国的怀抱，这使世界上所有的炎黄子孙无不扬眉吐气。150多年来中华民族几代人的夙愿今天终于得以实现。我以期颐之年能够躬逢其盛，看到这一天的到来，更是欣喜万分，欣慰之至。

我出生在19世纪末，亲身经历了百余年来中国的历史变迁，亲眼目睹了在收复香港问题上的种种风云变幻。辛亥革命后，北京政府时期，在1919年的巴黎和会和1921年的华盛顿会上，中国代表曾提出收回租借地问题，却终因英国的顽拒和当时军阀混战，政局不稳和缺乏实力作外交的后盾而严重受挫。1924年，孙中山先生在中国共产党的支持和帮助下主持召开了中国国民党第一次全国代表大会。在大会通过的宣言中，明确提出了废除帝国主义强加给中国的不平等条约的奋斗目标，其中将取消列强在华租借地放在突出的地位。而以蒋介石为首的南京政府置孙中山先生遗愿和宣言于不顾，直到太平洋战争爆发之前，从来没有向英国正式提出过归还九龙租借地。更令人痛心的是，从1941年太平洋战争爆发到1945年8月日本无条件投降，本来有两次绝好的机会收回香港和九龙租借地。可是，由于蒋介石实行错误政策，坐失收复良机。尤其是1945年8月，日本宣布无条件投降，蒋介石作为同盟国中国战区的最高统帅，本来有权接受在香港（属中国战区）的日军投降，但他却忙于抢夺抗战胜利果实，奉行矛头对内，坚决反共的政策，致使香港再次被英国人占领。这使得四万万中国人无不痛心疾首。

1949年，中华人民共和国的成立，宣告了中国半封建、半殖民地时代的结束，第一次为香港回归祖国奠定了坚实的基础。随着我国国力的日趋强盛，香港新界租地期的行将期满和国际形势出现的有利变化，到20世纪80年代初，收回香港提上了议事日程。邓小平同志为此提出了“一国两制”的伟大构想，中国政府为此作出了坚持不懈的努力。10年间，我国政府同英国政府进行了22轮针锋相对的艰苦的谈判，最终签署了《中英联合声明》，使中国对香港恢复行使主权指日可待。

从晚清时期、民国时期到新中国，从1841年英国强占香港岛到1997年7月1日香港回归祖国，这漫长的一个半世纪中，一代又一代的中国人期盼着香港回归，一雪百年国耻。但是在旧中国，这种期望一次次破灭，历史一次次向国人证明了落后必然挨打、弱国无外交。只有共产党领导的社会主义新中国使国家一天天繁荣富强，最终实现了中华民族几代人梦寐以求的夙愿。我深切地体会到只有共产党才是中国的希望所在，只有共产党才能使我们的国家以巨人的姿态自立于世界民族之林。

香港回归祖国，是“一国两制”伟大构想和“港人治港”方针的成功实践，它为解决澳门和台湾问题树立了范例。我今年已经102岁了，但我为自己祈愿，在有生之年还能看到澳门也回到祖国的大家庭中，更期盼着祖国统一大业的早日实现。

（民主与科学，1997（3）：5-6）

科技日报 1997.6.25

扬眉吐气话夙愿

□ 金善宝

被誉为“东方明珠”的香港岛，将结束长达一个半世纪的殖民统治，重又回到祖国的怀抱，这使世界上所有的炎黄子孙无不扬眉吐气。150多年来中华民族几代人的夙愿今天终于得以实现。我以期颐之年能够躬逢其盛，看到这一天的到来，更是欣喜万分，欣慰之至。

我出生在上一个世纪末，亲身经历了百余年来中国的历史变迁，亲眼目睹了在收复香港问题上的种种风云变幻。

从晚清时期、民国时期到新中国，从1841年英国强占香港岛到1997年7月1日香港回归祖国，这漫长的一个多世纪中，一代又一代的中国人期盼着香港回归，一雪百年国耻，但是在旧中国，这种期望一次次破灭，历史一次次向国人证明了落后必然挨打、弱国无外交。只有共产党领导的社会主义新中国使国家一天天繁荣富强，最终实现了中华民族几代人梦寐以求的夙愿。我深切地体会到只有共产党才是中国的希望所在，只有共产党才能使我们的国家以巨人的姿态自立于世界民族之林。

香港回归祖国，是“一国两制”伟大构想和“港人治港”方针的成功实践，它为解决澳门和台湾问题树立了范例。我今年已经102岁了，但我为自己祈愿，有生之年还能看到澳门也能回到祖国的大家庭中，更期盼着祖国统一大业的早日实现。

（已是102岁的世纪老人金善宝，因故未能到会，本文系书面发言。）

金善宝：中国农业科学院名誉院长，科学院院士。

近日，在京的九三……归在即，许多院士发表……留念。本报节选了部分……对香港回归的兴奋心情……

扬眉吐气话夙愿

金善宝

被誉为“东方明珠”的香港岛，将结束长达一个半世纪的殖民统治，重又回到祖国的怀抱，这使世界上所有的炎黄子孙无不扬眉吐气。150多年来中华民族几代人的夙愿今天终于得以实现。我以期颐之年能够躬逢其盛，看到这一天的到来，更是欣喜万分，欣慰之至。

我出生在19世纪末，亲身经历了百余年来中国的历史变迁，亲眼目睹了在收复香港问题上的种种风云变幻。

从晚清时期、民国时期到新中国，从1841年英国强占香港岛到1997年7月1日香港回归祖国，这漫长的一个多世纪中，一代又一代的中国人期盼着香港回归，一雪百年国耻，但是在旧中国，这种期望一次次破灭，历史一次次向国人证明了落后必然挨打、弱国无外交。只有共产党领导的社会主义新中国使国家一天天繁荣富强，最终实现了中华民族几代人梦寐以求的夙愿。我深切地体会到只有共产党才是中国的希望所在，只有共产党才能使我们的国家以巨人的姿态自立于世界民族之林。

香港回归祖国，是“一国两制”伟大构想和“港人治港”方针的成功实践，它为解决澳门和台湾问题树立了范例。我今年已经102岁了，但我为自己祈愿，有生之年还能看到澳门也能回到祖国的大家庭中，更期盼着祖国统一大业的早日实现。

（已是102岁的世纪老人金善宝，因故未能到会，本文系书面发言。）

金善宝：中国农业科学院名誉院长，中国科学院院士。

（科技日报，1997-6-25（4））

深切怀念我的挚友潘菽同志

金善宝

(原中国农业科学院院长)

我一生交往的朋友不多，潘菽是我一生中有数的几个挚友之一。

我和潘菽相识在30年代初期，那时我们都在南京第四中山大学（后改名为中央大学）任教，他是理学院心理系教授，我是农学院农艺系教授，两人从事的学科专业不同，教学工作中也没有更多交往，但是我早就知道潘菽为人正直、秉性忠厚、善良、学识渊博，深受学生们的爱戴，我也从心里敬重他。

1 山城的友谊

1937年抗日战争爆发，中央大学内迁重庆，国难当头，中国的前途如何？中国向何处去？全国人民忧心忡忡。当时，中央大学一些思想观点相近的教授们经常聚在一起，打听前线的消息，交换对时局的看法。也就是从这个时候开始，我和潘菽、梁希、涂长望等人结下了深厚的友谊。

潘菽的家乡江苏宜兴，是共产党领导民主运动开展较早的一个地区，潘菽的四个兄弟都参加了革命队伍，对潘菽的影响很大。那时潘菽的长兄潘梓年是重庆新华日报社的社长，潘菽经常从他那里得到有关解放区的消息。由于潘菽的消息比较灵通，学校里一些关心时局的人士就经常去找他，了解全国的抗日形势和共产党的路线、政策、主张。时间长了，我们这些政治观点相近、抱着一颗抗日救国之心的朋友们便自发地组织起来，因为都是搞自然科学的，所以就起名为"自然科学座谈会"。"自然科学座谈会"定期聚会，聚会地点却经常变动，有时在中央大学的松林坡，有时也轮流在"座谈会"会员的家里举行。轮到在谁家聚会，东道主除了准备必要的茶水之外，还要负责为聚会放哨，以防特务破坏。同时，潘菽还通过他长兄潘梓年与新华日报联系，经常邀请我们去化龙桥虎头岩新华日报社听抗战时局报告，参加座谈会，周恩来同志还多次利用喝茶等方式接见我们，对我们进行各种鼓励和帮助。

共同的思想，共同的追求，使我和潘菽、梁希等人成为最亲密的挚友，相互之间做到无话不谈，在那乌云压城城欲摧的日子里，有什么比这种友谊更可珍贵的呢？由于我和潘菽接触多了，自然而然地，我的妻子姚壁辉和潘夫人也成了很好的朋友。几十年来我们两家一直保持着亲密的友谊。

2 毛主席的接见

1945年8月25日，日本帝国主义无条件投降，中国人民抗日战争胜利结束了，全国人

深切怀念我的挚友潘菽同志

原中国农业科学院院长　金善宝

我一生交往的朋友不多，潘菽是我一生中有数的几个挚友之一。

我和潘菽相识在20世纪30年代初期，那时我们都在南京第四中山大学（后改名为中央大学）任教，他是理学院心理系教授，我是农学院农艺系教授，两人从事的学科专业不同，教学工作中也没有更多交往，但是我早就知道潘菽为人正直、秉性忠厚、善良、学识渊博，深受学生们的爱戴，我也从心里敬重他。

一、山城的友谊

1937年抗日战争爆发，中央大学内迁重庆，国难当头，中国的前途如何？中国向何处去？全国人民忧心忡忡。当时，中央大学一些思想观点相近的教授们经常聚在一起，打听前线的消息，交换对时局的看法。也就是从这个时候开始，我和潘菽、梁希、涂长望等人结下了深厚的友谊。

潘菽的家乡江苏宜兴，是共产党领导民主运动开展较早的一个地区，潘菽的四个兄弟都加入了革命队伍，对潘菽的影响很大。那时潘菽的长兄潘梓年是重庆新华日报社的社长，潘菽经常从他那里得到有关解放区的消息。由于潘菽的消息比较灵通，学校里一些关心时局的人士就经常去找他，了解全国的抗日形势和共产党的路线、政策、主张。时间长了，我们这些政治观点相近、抱着一颗抗日救国之心的朋友们便自发地组织起来，因为都是搞自然科学的，所以就起名为“自然科学座谈会”。“自然科学座谈会”定期聚会，聚会地点却经常变动，有时在中央大学的松林坡，有时也轮流在“座谈会”会员的家里举行。轮到在谁家聚会，东道主除了准备必要的茶水之外，还要负责为聚会放哨，以防特务破坏。同时，潘菽还通过他长兄潘梓年与新华日报联系，经常邀请我们去化龙桥虎头岩新华日报社听抗战时局报告，参加座谈会，周恩来同志还多次利用喝茶等方式接见我们，对我们进行各种鼓励和帮助。

共同的思想，共同的追求，使我和潘菽、梁希等人成为最亲密的挚友，相互之间做到无话不谈，在那乌云压城城欲摧的日子里，有什么比这种友谊更可珍贵的呢？由于我和潘菽接触多了，自然而然地，我的妻子姚璧辉和潘夫人也成了很好的朋友。几十年来我们两家一直保持着亲密的友谊。

二、毛主席的接见

1945 年 8 月 25 日，日本帝国主义无条件投降，中国人民抗日战争胜利结束了，全国人民欢欣鼓舞。这个时候，一个新的问题又产生了，抗日战争胜利后，中国的时局如何？会不会打内战？又开始困扰着众多的知识分子。8 月 28 日晚，我们正在中央大学松林坡草坪上聚会，潘菽带来一个好消息，毛主席飞抵重庆来谈判了，大家都十分高兴。同时我们万万没有想到，我和潘菽、梁希、涂长望等八人竟会在嘉陵江畔张治中的寓所内，受到毛主席的接见。记得接见时，潘菽提了关于当时我们大家都想不通的问题。他问毛主席："共产党为什么把自己付了很大代价解放的一些地区让给国民党呢？"毛主席讲，为了避免内战，达成全国统一，共产党人向来以民族大义为重。然后，毛主席站起来，在椅子后面退了两步说："让是有限度的，让一步、两步是可以的，再让第三步就不可以了"。并用手作了一个还击的手势，大家都会意地笑了。后来，潘菽和其他同志对抗日战争胜利后中国的时局、前途等提出了一些问题，毛主席一一作了答复。毛主席的接见，使我们看到了新中国的曙光，进一步增强了斗争的信心。

三、潘菽的倡议

在抗战胜利前夕，为了进一步广泛地团结爱国知识分子，潘菽还与许德珩、梁希等人一起，发起组织了"民主与科学座谈会"，旨在发扬"五四"反帝反封建的光荣传统，为实现民主与发展科学而奋斗。1945 年 9 月 3 日国际反法西斯战争宣告胜利结束。在一次讨论会上，潘菽同志提出一项倡议。他说，9 月 3 日是个伟大的日子，应该永远载入史册，为了纪念这个伟大的日子，纪念国际反法西斯战争的伟大胜利，建议将"民主与科学座谈会"改名为"九三学社"。潘菽的倡议得到了与会同志的一致赞同。1946 年 5 月 4 日"民主与科学座谈会"正式采纳了潘菽的倡议，改名为"九三学社"。在成立大会上，潘菽当选为中央理事。此后，他一直是九三学社的主要领导人之一。

四、全力支持"五二〇"

抗战胜利后，我和潘菽等人随中央大学迁回南京。蒋介石撕毁了《双十协定》，发动了全面内战。1948 年 5 月 20 日，正值国民参政会开会之际，南京、上海、苏州、杭州四地区 16 所大专院校学生 5 000 余人在南京游行示威，向国民参政会请愿，反对内战，拥护张澜、黄炎培的和平提案，当请愿队伍行至珠江路口时，受到国民党军警的围攻，造成震惊全国的"五二〇"血案。潘菽、梁希和我等人自始至终全力支持这场爱国的学生运动，去医院慰问受伤的学生，在教授会上发起联名上书营救被捕的学生，潘菽还代表我们在报上写文章揭露、谴责国民党当局假和平、真内战、迫害爱国学生的丑恶行径，为支持"五二〇"爱国学生运动，做了许多有益的工作。

五、新的旅程

解放后，中央大学改名为南京大学，潘菽被任命为南京大学第一任校长，我担任南京农学院院长，1956年我们两人又双双光荣地加入了中国共产党。这一年我已经61岁，潘菽59岁，花甲之年加入党，实现了我们多年来的愿望，当我们站在鲜红的党旗下宣誓时，不由得感慨万千。我们共同感到，作为一名党员知识分子，新的人生旅程才刚刚开始。从此，我和潘菽都把自己所学的一技之长，毫无保留地投入新中国的建设中去。

六、不屈不挠，献身心理科学

1956年，中国科学院筹建心理研究所，潘菽辞去南京大学校长的职务，接受新的任命，调到北京担任中国科学院心理研究所所长。临别之前，他对我们几个朋友说，解放以前，国家动乱，生活也不安定，自己把大部分时间投入社会活动中去了。现在有这个机会，可以集中精力从事心理学的研究，真是再好也没有了。

潘菽调到北京之后，1957年我也被调到北京任中国农业科学院副院长，1958年我的家也搬到北京来了。两个老朋友又重新相聚在一个城市，我们两家都十分高兴。

1963年，正当潘菽领导心理研究所的同志，努力攀登心理科学的高峰时，突然得了心肌梗死，在医院住了一年多。出院后医生仍让他全休养病，但他却抓紧这段休息时间，对心理学的问题进行了认真研究，并把自己研究的心得一条条记在纸上，到1966年已经写了240多条，汇编成一本书。这就是潘菽在病中写成的《心理学简札》第一稿。

1966年“文化大革命”开始了，潘菽被打成“反动学术权威”，我也被勒令“靠边站”，为了避免不必要的是非，我们两家暂时中止了联系。听说潘老和心理学界的其他老前辈被戴上了高帽子游街、批斗，在数九寒天被迫出去扫炉灰、打扫街道积雪，我不禁为他的健康深深担忧；又听说他在病中写成的《心理学简札》，连同一大批心理学书籍资料都被扔进了火堆，这种对科学的粗暴践踏，使我十分震惊、心痛。可是，我再也没有想到，就在那极其险恶的形势下，潘老竟支撑着病弱之躯，在“写检查”“交待”的掩护下，拿起笔重新开始了《心理学简札》的写作，再一次完成了这部长达50多万字的心理学巨著。潘老这种不畏强暴、不屈不挠追求科学真理，献身心理科学的精神令人十分崇敬。

1976年10月“四人帮”被粉碎了，1978年召开全国科学技术大会，迎来了科学的春天。百废待兴，任务十分繁重。这一年，我已经82岁，潘老也迈入了80高龄，为了弥补失去的一切，我和潘老都在各自的岗位上加倍努力地工作。为了祖国的心理科学事业，潘老不顾自己体弱多病的身体，经常带着氧气袋到各地去参加学术会议，几年来他撰写、主编了许多心理学方面的重要著作，并亲自主持有关心理学基本理论的研究……

1988年春节，我女儿陪我一起去拜望潘老，潘老却因公外出了。我对潘师母说，我们年纪大了，应该保重身体，潘老身体不大好，要劝他注意休息，不要太劳累了。潘师母关心地问起我老伴去世的情况，对我表示慰问。我们谈了一会儿就告辞了。临行，潘师母还歉意地说，过几天，他会去看您的。我回去后一直在等待潘老来访。可是，我等了好多天也没有等来潘老，却等来了一张潘老的讣告，使我十分震惊，十分悲痛。没想到春节登门拜访未迁，竟成了与故友的永诀，成为我终身的遗憾。

1997 年 7 月 13 日，是潘菽同志诞辰 100 周年。纪念潘菽同志，引起了我对往事的回忆，也激发了我对故友的无限怀念。纪念潘菽同志，要学习他不屈不挠追求革命、追求真理的精神，学习他热爱祖国、热爱人民、热爱祖国的科学教育事业，并为之毕生奋斗的献身精神。纪念潘菽同志，要把潘菽同志的精神一代一代地传下去。潘菽同志永远活在我们心中。

（心理学动态，1997，5（3）：7-9）

《科学的道路》上卷
上海教育出版社

七十二行　以农为本

金善宝

我国是世界文明古国之一，有着悠久的农业历史。早在六七千年前，我们的祖先就在肥沃的黄河、长江流域种植粟米和水稻等农作物。在农业专著方面，我国不仅出现得早，而且数量、种类之多均居世界前列。据不完全统计，二千多年来，我国撰著的古农书（包括现存的和已经散失的）总数达376种。其中《氾胜之书》、《齐民要术》等古农书中讲的代田、轮作绿肥、灌溉等经验，至今仍有重要的参考价值。这些论著，与国外相比，起码要早数百年乃至上千年。有人计算过，秦汉时，每个人占有粮食1100斤，平均单产为140斤；明朝时，每人占有粮食达到3000斤，平均单产达250斤；到清朝初期的康熙、乾隆年代，每人占有粮食仍达1120斤，平均单产达300斤。可以这样讲，我国古代科学技术和农业是光辉灿烂的。它使中华民族赢得了世界文明古国之称。

作为炎黄子孙的后代，我们感到无比的骄傲，同时也感到责任重大。尤其在今天，我国的农业科学和农业生产虽然取得了较大的发展，但与农业先进的国家相比，差距仍很大。

就全国来讲，农业生产发展还不平衡，一些地方，农业耕作水平还很落后，甚至是刀耕火种。整个农村的经济力量还不雄厚，农民的生活水平还不高。面对这些，我们应该奋发努力，继承前人的遗志，发扬前人的精神，将我们中华民族的历史，谱写得更加灿烂辉煌。

金 善 宝
Jin Shanbao

农学家。1895年7月2日生于浙江诸暨。1920年毕业于南京高等师范学校农业专修科。1926年毕业于东南大学农学系。1932年获美国明尼苏达大学硕士学位。1955年选聘为中国科学院学部委员（院士）。1957年被授予苏联全苏列宁农业科学院通讯院士称号。曾任中央大学教授兼农艺系主任，南京农学院院长，中国农业科学院研究员、副院长、院长、名誉院长、研究生院院长。我国小麦科学的奠基人。在小麦育种方面，选育出一批优质高产春麦良种；倡导小麦育种南繁北育、异地加代，大大缩短了育种进程，加速了新品种的繁殖工作；在小麦品种资源方面，主持中国小麦种类及其分布的研究，鉴定了从全国征集到的5544个小麦品种，结合小麦生态类型的研究，将我国小麦划定为5个种，为中国小麦育种打下了基础。主编的《中国小麦品种及其系谱》获农业部科技进步奖一等奖、国家科技优秀书刊一等奖。1997年6月26日在北京逝世。

七十二行　以农为本

金善宝

我国是世界文明古国之一，有着悠久的农业历史。早在六七千年前，我们的祖先就在肥沃的黄河、长江流域种植粟米和水稻等农作物。在农业专著方面，我国不仅出现得早，而且数量、种类之多均居世界前列。据不完全统计，二千多年来，我国撰著的古农书（包括现存的和已经散失的）总数达376种。其中《氾胜之书》《齐民要术》等古农书中讲的代田、轮作、绿肥、灌溉等经验，至今仍有重要的参考价值。这些论著与国外相比，起码要早数百年乃至上千年。有人计算过，秦汉时，每个人占有粮食1 100斤，平均单产为140斤；明朝时，每人占有粮食达到3 000斤，平均单产达250斤；到清朝的康熙乾隆时期，每人占有粮食仍达1 120斤，平均单产达300斤。可以这样讲，我国古代科学技术和农业是光辉灿烂的。它使中华民族赢得了世界文明古国之称。

作为炎黄子孙的后代，我们感到无比的骄傲，同时也感到责任重大，尤其在今天，我国的农业科学和农业生产虽然取得了较大的发展，但与农业先进的国家相比，差距仍很大。

就全国来讲，农业生产发展还不平衡，一些地方农业耕作水平还很落后，甚至是刀耕火种。整个农村的经济力量还不雄厚，农民的生活水平还不高。面对这些，我们应该奋发努力，继承前人的遗志，发扬前人的精神，将我们中华民族的历史，谱写得更加灿烂辉煌。

金善宝

农学家。1895年7月2日生于浙江诸暨。1920年毕业于南京高等师范学校农业专修科。1926年毕业于东南大学农学系。1932年获美国明尼苏达大学硕士学位。1955年选聘为中国科学院学部委员(院士)。1957年被授予苏联全苏列宁农业科学院通讯院士称号。曾任中央大学教授兼农艺系主任，南京农学院院长，中国农业科学院研究员、副院长、院长、名誉院长、研究生院院长。我国小麦科学的奠基人。在小麦育种方面，选育出一批优质高产春麦良种；倡导小麦育种南繁北育、异地加代，大大缩短了育种进程，加速了新品种的繁殖工作；在小麦品种资源方面，主持中国小麦种类及其分布的研究，鉴定了从全国征集到的5 544个小麦品种，结合小麦生态类型的研究，将我国小麦划定为5个种，为中国小麦育种打下了基础。主编的《中国小麦品种及其系谱》获农业部科技进步奖一等奖、国家科技优秀书刊一等奖。1997年6月26日在北京逝世。

我大半辈子生活在旧社会，对旧中国农业的状况体会深切。由于长期的封建统治，我国科学技术的发展遭到了极大的压抑和摧残。到20世纪初，帝国主义列强纷纷入侵中国，宰割中华。国内军阀混战，自然灾害频繁，人民处于水深火热之中，农业生产落后、退化。由于国家贫弱，所以在国际上中华民族处处受人欺凌，被人瞧不起，西方国家称我中华民族为“东亚病夫”，这是我们民族的奇耻大辱、国家的耻辱。国家兴亡，匹夫有责。面对灾难深重的祖国，当时的热血青年，没有悲观消沉，而是以自己的实际行动投入救国运动中去。

我生在农村，长在农村。农谚说：“七十二行，以农为本”。在农村，我目睹广大农民对粮食的珍爱和希望，粮食就是他们的命啊！在这样的情况下，为了报效中华，我毅然报考了南京高等师范学校农业专修科，决心为中国农业科学奋斗终生。

1920年，我从南京高等师范学校农业专修科毕业。不久，农科主任邹秉文先生找我谈话，介绍我到本校的一个附属小学去当教员。按说，这是件好事情。因为在当时，学生毕业就是失业，能找到工作是不容易的。但我心里不愿意，既然下决心学了农，就应当踏踏实实地为我国农业科学事业，为振兴中华农业出一把力，哪怕这点力是微不足道的。于是，我谢绝了邹先生的一片好意。后来，邹先生第二次找我，这次介绍我到南京市丁家桥新筹建的小麦试验场工作。听说是搞小麦，我欣然答应了。尽管试验场条件很差，设备落后，除了从美国引进的一台五行小麦条播机外，其他农活全靠人工劳动和牲畜耕种，但我心里是高兴的。

要学好专业，并在科学研究上有所作为，必须有一颗强烈的爱国心和事业心。

后来，我到美国去留学。在留学期间，我备尝了中华民族深受异国欺侮的痛苦。有一次，在聚餐会上，一位美国学生公然叫喊：“把这些剩饭拿去给中国穷人吃吧！”我听后又气愤、又痛苦，最后终于压抑不住心底的愤怒，回敬道：“先生，中国太远了，还是拿到美国芝加哥公园去吧，那里需要的人很多。”在我的回击下，挑衅者快快而去。当时我多么盼望生育我的祖国能尽快强大起来啊！在美国，许多事教育了我，使我认识到，祖国的强大关联着数以万计的海外赤子，关联着每一个中华民族儿女。我是炎黄的子孙，我爱我的祖国，尽管她还灾难深重，在呻吟、挣扎。我决然离开了生活条件和工作条件都很优厚的美国、投入到祖国的怀抱，决心为振兴祖国的农业而效力。

学习有两种方法。一种是向书本学，通过书本丰富自己的知识，以便在开拓科学技术和新的科学领域中，少走弯路。另一种方法是在实践中学习。记得有两件事对我的教育很深。一是在大学头一年的暑假，我们学生到浙江农事试验场进行生产实习。该场有一位从日本留学回来的农业技术员，整天钻在办公室里不到田里去，脱离生产实际。有一次，他为我们示范配制防治作物病害用的波尔多液，原料是硫酸铜和生石灰，由于他很少实践，只是从书本到书本，结果配了半天，也没有配出来。

第二件事是我刚刚跨出校门，来到小麦试验场工作。秋播小麦时，一位技术工人在调节五行播种机前问我：“一亩地播多少斤小麦种子？”当场我张口结舌，答不出来，弄得很尴尬。最后还是那位老工人告诉了我。

从这两件事，我深深体会到，光从书本上学还不够，必须结合中国的具体实际，认真、虚心地从实践中学。在劳动人民中蕴藏着丰富的农业生产经验。这些经验无论是在推动我国农业生产的发展上，还是在建设具有中国特色的农业现代化中，都是不可忽视的。

有了知识，怎样使这些知识为我国农业生产服务呢？如果生搬硬套书本上的东西是不行的，这样做，往往容易闹出笑话来，给生产上带来损失。因为我国幅员辽阔，各地水、土、气候条件及耕作管理水平等千差万别，用同一个模式来套显然是不行的。别的不说，就拿小麦为例，从小麦的越冬性上来分，小麦可分为冬性的、春性的和半冬性的。从品种来讲，小麦又分为普通小麦、硬粒小麦、波兰小麦和密穗小麦等。每一个种又包括许许多多的品种，每一个品种都有它自己的特征特性，有它的耕作要求和一定的适应范围，如果条件满足了，它就能高产；满足不了，就要减产。明白了这个道理，并努力掌握我国农业生产的特点，我们就可以充分发挥自己的聪明才智，利用我们所学到的各种知识，来为当前的农业生产服务。同时，在改造农业生产的过程中，不断地去探索、研究、解决生产上发生的新问题和新课题。如此勇往直前，坚持不懈，我们必将会为灿烂的中华农业增加光辉，为我国的农业现代化作出贡献。也许，在你走过的路上，你所洒下的汗水和留下的足迹，就是一位真正的科学家成长的道路。

（科学的道路，2005：805-807）